Grundriß zu Vorlesungen

über das

Deutsche Privatrecht

mit Einschluß des Lehn- und Handelsrechts

nebst beigefügten Quellen

von

Dr. Wilhelm Theodor Kraut,

weil. Geh. Justizrathe und ordentl. Prof. der Rechte zu Göttingen,

neu bearbeitet

von

F. Frensdorff,

ord. Professor der Rechte zu Göttingen.

Sechste vermehrte und verbesserte Auflage.

Berlin und Leipzig.

Verlag von J. Guttentag

(D. Collin).

1886.

Frommann'sche Buchdruckerei (Hermann Pohle) in Jena. — 138

Vorwort.

Der „Grundriß zu Vorlesungen über das Deutsche Privatrecht" erschien zuerst 1830 und erlebte neue Auflagen in den Jahren 1839, 1845, 1856 und 1872. Während dieser vierzig Jahre war der sel. Verfasser stets bemüht, sein Buch den Bedürfnissen des akademischen Unterrichts anzupassen und mit der fortschreitenden Entwicklung der Privatrechtswissenschaft in Einklang zu erhalten. Er hat sich des Erfolges zu erfreuen gehabt, daß sein Buch nicht blos an einer Reihe von Universitäten den Vorlesungen oder Uebungen zu Grunde gelegt, sondern auch in germanistischen Schriften als Quellensammlung benutzt wurde, „ein kleines deutsches Corpus juris" nach Gerbers Ausspruche (Privatr. § 26 A. 9), der dem Verf. zu besonderer Genugthuung gereicht hat. Noch bei der letzten Ausgabe hat er sich zu einer durchgreifenden Aenderung entschlossen und im Interesse einer schärfern Abgrenzung des Privatrechts von der Rechtsgeschichte das Einleitungskapitel, soweit es außer der Geschichte der Quellen auch die der Verfassung im Grundrisse gab, vollständig beseitigt. Kraut hat das Erscheinen der 5. Auflage seines Buches um nicht mehr als ein Jahr überlebt. Er starb am Neujahrstage 1873.

Dem Wunsche der Verlagshandlung, welche die letzte Ausgabe veranstaltet hatte, eine neue erscheinen zu lassen, habe ich um so bereitwilliger entsprochen, als der Krautsche Grundriß vielen Fachgenossen wie mir selbst von jeher ein lieber Begleiter bei Vorlesungen und Arbeiten gewesen ist und mir nach seiner ganzen Anlage und Einrichtung fortdauernd geeignet erscheint, als ein nützliches Hülfsmittel nach beiden Richtungen hin zu dienen. Die Vereinigung dieser beiden Aufgaben ist es m. E. auch, die dem Buche neben den verwandte Zwecke verfolgenden Schriften, welche im letzten Jahrzehnt erschienen sind, seinen eigenthümlichen Werth sichert. Ein so vorzüglich gearbeiteter Grundriß wie der Franklins (unt. S. 87) hat es doch wesentlich darauf abgesehen, eine Unterlage für Vorlesungen zu bieten. Das Buch von Lörsch und Schröder (unt. S. 12), ein so überaus willkommenes Hülfsmittel für die Geschichte des deutschen Privatrechts, beschränkt sich plangemäß auf Urkunden und die Zeit des Mittelalters. Sollte der Grundriß aber fortfahren, dem Studium des heutigen deutschen Privatrechts zu dienen, das sein Verfasser sich nicht anders als in dem gründlichen, historischen Sinne K. Fr. Eichhorns, seines unvergeßlichen Lehrers, denken konnte, so mußte die Arbeit des Herausgebers dieser neuen Auflage sich auf zwei Punkte richten, auf Revision und Ergänzung.

Die Revision ist in dem Sinne gehandhabt, daß die Quellenauszüge nach den verbesserten Hülfsmitteln der Gegenwart berichtigt und von den Litteraturangaben die veralteten beseitigt sind. Die Ergänzung zeigt sich besonders in dem Nachtragen der neuen Litteratur und Fortführen der Quellenmittheilungen bis auf die Gegenwart. Es wäre noch eine andere Art der Ergänzung möglich gewesen. Die große Zahl von Urkundenbüchern, die in den letzten Jahrzehnten erschienen sind, hätte es leicht gemacht, die alten von Kraut gesammelten Stellen um zahlreiche und charakteristische Nummern zu vermehren. Ich habe es unterlassen und nur vereinzelt mir naheliegende, meistens kurze Quellenzeugnisse historischer Art eingefügt, weil ich es mir zum Gesetz gemacht, das Buch nicht über Gebühr zu vergrößern. Aller Ergänzungen und Nachträge ungeachtet, und es sind wenige Paragraphen unerweitert geblieben, habe ich den alten Plan und Rahmen des Buches festgehalten. Und auch von der alten Füllung des Rahmens habe ich nichts aufgegeben. Die Quellenzeugnisse der 5. Auflage sind also alle in dieser wiederzufinden und zwar an derselben Stelle wie früher — mit Ausnahme von einigen wenigen, die aus Versehen doppelt aufgenommen waren. Es ist in neuern germanistischen Arbeiten so häufig auf Quellenstellen der jüngsten Auflage des Grundrisses Bezug genommen, daß es im beiderseitigen Interesse geboten erschien, die Zählung der Paragraphen und der Belegstellen in den Paragraphen wie in der 5. Auflage (1872) zu belassen. Es sind daher auch unechte oder verdächtige Urkunden stehen geblieben und nur mit der erforderlichen Bemerkung versehen worden. Ebenso ist das ganze alte System, so änderungs- und verbesserungsbedürftig auch manches daran war, beibehalten. Auch der Einleitung blieb in gleicher Consequenz ihr alter Umfang bewahrt, obschon es der heutzutage immer üblicher werdenden Methode nicht mehr entspricht, in der Einleitung des deutschen Privatrechts die Geschichte und Litteratur der Volksrechte und der Rechtsbücher vorzutragen. Albrecht hat schon vor dreißig Jahren in seinen Vorlesungen über deutsches Privatrecht sich auf die Quellen seit der Rezeption beschränkt. Stobbe in seinem Handbuch des deutschen Privatrechts ist mit Recht diesem Beispiele gefolgt. Da aber die gebrauchtesten Compendien des deutschen Privatrechts, auf welche Kraut in seiner letzten Ausgabe Rücksicht nahm, Beseler und Gerber, die ältere Methode befolgen, so habe ich den quellengeschichtlichen Theil nicht nur aufrechterhalten, sondern auch einer Umarbeitung unterzogen, die ihn mit dem gegenwärtigen Stand der wissenschaftlichen Forschung in möglichste Uebereinstimmung bringt. Gerade in diesem Theil des Buches gab es sehr viel aufzuräumen. Schon in der letzten Auflage war manches veraltete stehen geblieben. Die schon früher (Dortmunder Statuten S. 15 A. 2) gemachte Bemerkung, daß mein Antheil an der 5. Auflage des Grundrisses, den der verewigte Verf. weit über Verdienst anerkannt hat, sich nicht auf die Einleitung bezogen, darf ich hier wohl wiederholen. Leider hatte die Darstellung in diesem Theile mit mancherlei Unfertigkeit des Materials zu kämpfen. Namentlich beklage ich es, daß Zeumers Ausgabe der Formeln und Boretius' Capitularien mir noch nicht vollständig vorlagen. Anderes, was während des Druckes des vorliegenden Grundrisses erschien, ist in den Nachträgen wenigstens noch verzeichnet worden. Daß es die „Einleitung" dieser Auflage so wenig wie die der frühern auf eine litterärgeschichtliche oder bibliographische Vollständigkeit abgesehen hat, brauche ich nicht erst hervorzuheben; es war immer an dem Charakter eines Grundrisses zu Vorlesungen festzuhalten, und ich hoffe, von den wichtigern und wissenswerthesten Erscheinungen keine übergangen zu haben. Abgesehen von den kleinern Zusätzen, welche dieser Abschnitt erfahren, erwähne ich hier: die Berücksichtigung der „öffentlichen Bücher" in § 12 und die Umstellung der §§ 16—18. Eine Classificirung der Litteratur des deutschen Privatrechts nach dem Gegensatz von Landrecht, Lehnrecht und beiden gemeinschaftlichen Schriften, wie sie in den bisherigen §§ 31—33 unternommen war, entspricht dem heutigen Stande der Privatrechtswissenschaft, nachdem das Lehnrecht dem Leben größtentheils abgestorben ist, nicht mehr. Ich habe Gemeines Recht (§ 32) und Particularrecht (§ 33) unterschieden und die lehnrechtliche Litteratur, soviel davon überhaupt beibehalten ist, in die Einleitung zum siebenten, vom Lehnrecht handelnden Buche (§ 197) verwiesen.

In dem „System des deutschen Privatrechts" (§ 34 u. ff.) gab die neuere Gesetzgebung reichen Stoff zu Ergänzungen. Außer der Reichsgesetzgebung habe ich insbesondere die preußische berücksichtigt, so das Bergrecht, die Vormundschaftsordnung, das Auflassungs- und Grundbuchrecht, das bäuerliche Erbrecht u. a. m. Daneben boten auch andere, namentlich norddeutsche Landes- und Stadtlegislationen Anlaß zu Nachträgen. Die Ergänzungen sind entweder der letzten Quellenstelle des bezüglichen Paragraphen mit fortlaufender Nummer angehängt oder sie sind mit Buchstabenbezeichnung an gehöriger Stelle eingeschoben oder es sind neue Paragraphen aus ihnen zusammengestellt, die, um nicht die alte Zählung zu stören, mit Buchstaben neben der Ziffer bezeichnet sind. So ist aus den Bestimmungen der Reichsgewerbeordnung und einigen andern reichsgesetzlichen Vorschriften ein dem Pacht und Miethe überschriebenen § 136 nachgestellter § 136a gebildet, der den Dienst-, Arbeits- und Lehrvertrag behandelt. In § 163a ist das moderne Eheschließungsrecht, nicht blos das des Reichsgesetzes vom 6. Februar 1875, zur Anschauung gebracht. Die das Urheber- und Erfinderrecht in seinen verschiedenen Zweigen illustrirenden Zeugnisse sind in den §§ 145a—145g gesammelt und aus ihnen zugleich ein neues, dem Obligationenrecht (Buch III) folgendes Buch gebildet, so daß die gegenwärtige Auflage statt der frühern acht Bücher neun zählt.

Nicht blos die neue Gesetzgebung hat zu Ergänzungen genöthigt. Auch wo in der frühern Ausgabe eine Materie lediglich durch eine Paragraphen-Ueberschrift angezeigt war oder in den gesammelten Quellenzeugnissen zu dürftig behandelt erschien, habe ich neue Stellen hinzugefügt. Wir fassen heute das deutsche Privatrecht in reicherer Ausstattung, als das ehedem geschah. Materien, die man früher den Darstellungen des römischen Rechts überließ, werden jetzt für das deutsche Privatrecht in Anspruch genommen, wo sie viel richtiger als unter den modernen Modificationen des Pandektenrechts ihren Platz einnehmen: eine Erweiterung ihres Stoffes, welche die Wissenschaft des deutschen Privatrechts vorzugsweise Stobbe zu danken hat. Nachträge und Ergänzungen dieser Art finden sich z. B. § 120, wo die Abweichungen des heutigen Obligationenrechts vom römischen früher durch 6, jetzt durch 24 Quellenstellen beleuchtet werden; oder § 136 unter a—f, wo das Verhältniß von Kauf und Miethe zu einander behandelt ist, oder in den §§ 144 und 145, die jetzt unter: Forderungen aus unerlaubten Handlungen und Schadensersatzpflicht einen ganz neuen Inhalt bringen, da der früher hier berücksichtigte Nachdruck in dem § 145b, wo vom litterarischen Urheberrecht die Rede ist, Aufnahme gefunden hat.

Das Handels-, Wechsel- und Seerecht wird gegenwärtig selten noch in Vorlesungen mit dem deutschen Privatrecht verbunden. Ich habe aber aus denselben Gründen, die Kraut schon in der Vorrede zur letzten Auflage entwickelt hat, an der Aufnahme dieser Rechtstheile und in demselben Umfange wie früher festgehalten. Man wird also aus dem Handelsgesetzbuche nur die gewissermaßen das Gerippe bildenden Stellen abgedruckt finden. Die Wechselordnung und die Nürnberger Novellen sind vollständig mitgetheilt und die auf S. XXIX gegebene Uebersicht orientirt über den Standort der einzelnen Artikel. Aus dem Seerecht sind die leitenden Grundsätze herausgehoben und durch Berücksichtigung der Reichsgesetzgebung, wie Strandungs-, Seemannsordnung, Gesetz über die Nationalität der Kauffahrteischiffe ergänzt. Der von den Quellen des Seerechts handelnde § 312 ist gemäß den neuern Untersuchungen umgearbeitet worden.

Hat sich trotz alles Wegschneidens veralteter Litteratur bei dem Anwachsen des Stoffes eine Vermehrung des Buches um fast 100 Seiten nicht vermeiden lassen, so bin ich doch darauf bedacht gewesen, das Vorwort und seine Anlagen nach Möglichkeit zu kürzen. Es ist nicht nur der Wiederabdruck der Vorreden früherer Auflagen unterblieben, sondern auch das Verzeichniß der abgekürzten Citate erheblich gekürzt und von den Tabellen, die sich hier fanden und theils eine Zusammenstellung der §§ der 5. Auflage mit denen der 3. und 4., theils eine Vergleichung der §§ des Grundrisses mit denen der Systeme von Beseler und Gerber gaben, da die erstere gegenwärtig von geringerm Interesse ist und die letztern durch die neben jedem § des Textes befindliche Angabe des bezüglichen § bei Beseler und Gerber, bei Stobbe und Roth überflüssig gemacht sind, nur eine beibehalten. Da nämlich während des Druckes eine neue Auflage von Beselers System erschien, die mehrfach von der Anordnung der vorhergehenden abweicht, so ist in der Tabelle das Verhältniß der §§ der neuesten Auflage des Beselerschen Buches zu den §§ des Grundrisses übersichtlich gemacht.

Das letzte Jahr hat der Wissenschaft des deutschen Privatrechts durch die Vollendung von Stobbes Handbuch, eine neue Auflage von Beselers System und die Institutionen von Heusler eine wesentliche Förderung und Bereicherung gebracht. Möge auch dies alte Buch im neuen Gewande an seinem Theile den germanistischen Studien und Arbeiten nützen und das Andenken an den Verfasser lebendig erhalten, der sein ganzes Leben hindurch in Treue seiner Wissenschaft und seinem Berufe gedient hat!

Göttingen, den 17. März 1886.

F. Frensdorff.

Uebersicht des Systems.

Einleitung.

Zweites Buch.

Sachenrecht.

Erſtes Capitel. Verſchiedene Arten von Sachen.

Zweites Capitel. Rechte an Sachen.

Drittes Capitel. Forderungen aus unerlaubten Handlungen und Schadensersatzpflicht.

Viertes Buch.

Urheber- und Erfinderrecht.

Fünftes Buch.

Erbrecht.

Erstes Capitel. Gründe der Erbfolge.

Erster Abschnitt. Gesetz.

Zweiter Abschnitt. Abänderung der gesetzlichen Erbfolge durch Verfügungen des Erblassers.

Sechstes Buch.

Familienrecht.

Seite

Drittes Capitel. Seerecht.

Zum Verständniß der abgekürzten Citate.

Neben den Paragraphenüberschriften: B. = Beselers System Aufl. 3 (unten S. 1), G. = Gerbers System Aufl. 14 (das.), St. = Stobbe Handb. des D. Privatrechts 5 Bde. (1871—1885), R. = von Roth Syst. (unt. S. 86). Gött. gel. Anz. = Göttingische gelehrte Anzeigen. LR. = Landrecht. Nd. BG. = norddeutsches Bundesgesetz. O. = Ordnung. Der Sachsenspiegel (Ssp.) ist nach Homeyer, der Schwabensp. regelmäßig nach Wackernagel, das Rechtsb. nach Distinctionen nach Ortloff citirt. RG. = Reichsgesetz. SS. = Scriptores. StChron. = Städtechroniken (unt. S. 24). StR. = Stadtrecht. UB. = Urkundenbuch. W. = Weisthum. Ueber die Stadtrechte u. städtischen UB. vgl. S. 24—33 und S. 70.

d'Achery Spicilegium s. collectio veterum aliquot scriptorum, nova edit. von *de la Barre*. 3 T. Paris. 1723 f.

Acta academiae Palatinae (Historia et Commentationes acad. Pal. 1766 ff. 4.

— Osnabrugensia (hg. v. Lodtmann) Th. 1, 2, 3 St. 1. Osnabr. 1778—82.

Aeneas Sylvius histor. Friderici III imp. — c. praef. Schilteri. Argent. 1702. f.

Archiv, N(eues) Archiv unten S. 80.

Augsburg. Stat. oder StR., cit. nach der Ausg. v. Meyer (S. 29) u. von Freyberg Sammlg. D. Rechtsalterth. I 1 (Mainz 1828).

Augsburger UB. hg. v. Ch. Meyer. 2 Bde. Augsb. 1874—78.

Baltische Studien hg. v. d. Gesellschaft f. Pommersche Gesch. 1832 ff.

Bartolus de Saxoferrato († 1357) de insigniis et armis hinter dess. Comment. in institut. et authent. (Basil. 1562. f.) p. 605.

Bentheim. LR. = Bentheimische Hof- u. Landgerichts-O. v. 23. Nov. 1690, gedr. Bentheim 1691 f.

Berthold von Regensburg († 1272). Vollständige Ausg. seiner Predigten v. Franz Pfeiffer u. Strobl. 2 Bde. Wien 1862—80.

Bielefeld. Bürgersprache v. 1518 Walch 3, 58—80. Jus statut. Bielef. Bielef. 1685. 4.

Binterim u. Mooren Rhein.-Westphäl. diplom. Cod. Th. 1. Mainz 1830.

Bluntschli s. S. 83.

Bodmann Rheingauische Alterth. 2 Bde. Mainz 1819. 4.

Böhme s. S. 15 u. 47.

Boehmer (*I. Fr.*) Codex diplom. Francofurtanus. Urkundenbuch der Reichsstadt Frankfurt. Frankf. a|M. 1836.

B. mit nachfolgender Ziffer giebt die Nr. in Böhmers Regesten an, *BF.* und *BH.* die in den von Ficker und von Huber hg. Abtheilungen (unt. S. 57).

— Fontes rer. Germanicar. Geschichtsquellen Deutschlands. 4 Bde. Stuttg. 1863—68.

— (*GL.*) Electa iuris civ. 3 Tom. Gott. 1767—1778. 4.

— El. iur. feud. s. S. 475.

— Obs. feud. s. S. 475.

Bondam s. S. 83 Nr. 2).

Fr. E. Boysen allg. histor. Magazin. 6 Stcke. Halb. 1767—70.

Braunschweig. StR. nach dem UB. hg. v. Hänselmann s. S. 29.

Bremisches UB. hg. v. Ehmck u. v. Bippen. 3 Bde. Brem. 1863—80.
Bréquigny. Chartae, epistolae et alia documenta ad res Francicas spectantia ed. *Feudrix de Bréquigny.* 2 Partes. (jeder in 2 Bänden) Par. 1791. f.
— neue vermehrte Ausg. v. *Pardessus.* 2 T Par. 1841—49. f.
Bruns Beitr. s. S. 16.
Buder amoenitates s. S. 475.
Burchardi leges et statut. s. S. 36 § 9.
Burgermeister bibliotheca ordinis equestris. Ulm. 1720. 4.
Celle s. S. 30. St. v. 1537. gedr. Zelle 1712. 4. (v. Bilderbeck) Aufl. 2. Zelle 1739. 4; von neuem hg. mit Anmerk. v. Th. Hagemann. Hannov. 1800. Th. Hagemann Miscellen z. Erläuter. des Celleschen Stadt- u. Bürgerrechts. Celle 1798. 4.
Clasen erste Gründe der Köln. Schreinspraxis s. S. 139 Nr. 12.
Codex Augusteus oder neu vermehrtes Corp. iuris Sax. 3 Thle. 1724. f. 1. Forts. 3 Thle. 1772. f. 2. Forts. 1805—1806. 3 Thle. f. Vgl. S. 67.
Codex Laureshamensis abbatiae diplomaticus. 3 Tom. Manhem. 1768—70 4.
Codex diplomaticus Lubecensis. Lübeckisches Urkundenbuch. Th. 1—7. Lübeck 1843—1885.
Cod. Max. Bav. = Codex Maximilianeus Bavaricus s. S. 67.
Cöln s. S. 25 u. 70.
Corpus constitutionum Calenbergensium, oder Churbraunschweig-Lüneburg. LandesO. u. Gesetze — Calenberg. Theils. 4 Bde. Gött. 1739—40. 4.
Corpus constitutionum Regio-Holsat. 5 Voll Alton. 1749—57. 4.
Corpus constitutionum Marchicarum s. *Mylius.*
Cramer Nebenstunden s. S. 88.
Danzig. St. = Neue Willkühr der St. Danzig. Danz. 1761. f.
Datt Volumen rerum Germ. s. de pace imperii publica. Ulm. 1698 f.
Delbrück. LR. b. Grimm Weisth. 3 S. 101.
Dieren. (Utrecht) Markenr. v. 1524. *Bondam* 1, 544.
Dreyer Einl. z. Kenntniß der — v. Rath der St. Lübeck ergangenen Verordnungen Lüb. 1769. 4. Andere Schriften dess. Vfs. S. 16.
Dronke = Codex diplomaticus Fuldensis hg. v. Dronke. Cassel 1850. 4.
I. U. Dürr de curiis dominicalib. im Anhang b. *Schilter* Codex iur. Alem. feud.
Eigenbrodt Handb. der Großh. Hessisch. Verordnungen v. J. 1803 an. 4 Bde. Darmst. 1816—18. 4.
Ennen Quellen zur Gesch. der St. Köln s. S. 25.
Erath Codex diplomaticus Quedlinburgensis. Frcf. ad M. 1764. f.
Erbach. LR. s. S. 66.
Erhard Codex dipl. Westfaliae hg. v. Erhard u. R. Wilmans 3 Bde. nebst Additam. u. Reg. Münster 1847—80. 4.
Falckenstein Cod. dipl. antiquitatum Nordgaviensium. Neustadt 1788. f.
Falke Codex Traditionum Corbeiensium. Lips. et Guelferb. 1752. f.
Sebast. Fesch de insignibus et armis. Altorf. 1727 4.
Marq. Freheri rer. Germanic. SS. ed. 3. cur. *B. G. Struvii.* 3 Tom. Argentor 1717 f.
Gaill Obs. pract. s. S. 88.
Gaupp Stadtrechte des Mittelalters s. S. 24.
Gengler Stadtrechte u. Codex jur mun. s. S. 24.
M Gerberti Codex epistolaris Rudolphi I. R. R. San-Blas. 1772. f.
Gercken Codex diplomaticus Brandenburg. 8 Tom. Salzwedel 1769—82. 4.
— Diplomataria veteris Marchiae Brandenb. 2 Bde. Salzwedel 1767.
— Fragmenta Marchica. 6 Thle. Wolfenb. 1755—63.
Gierke Untersuchungen s. S. 88.
Glafey anecdotorum s. Rom. imperii historiam ac ius publ. illustrantium Collectio. Dresd. et Lips. 1734.
Goldast Constit. Imp. s. § 6.
— Reichssatzungen. 2 Thle. Frkf. 1712—14. f.
Gotha. St. v. 1579 b. Brückner Handb. (unt. S. 92) S. 253—278.
Grimm RA. = Rechtsalterthümer s. S. 1.

Grimm = Grimm Weisthümer s. S. 16.
Grupen Disceptationes forenses. Lips. 1737. 4.
— Observationes oder Anmerkungen a. d. Teutsch. u. Röm. Rechtsalterthümern. Halle 1763. 4.
— Origines et Antiquitates Hannoverenses. Gött. 1740. 4.
— Origines Pyrmontanae et Swalenbergicae. Gött. 1740. 4.
Gudenus Codex diplomaticus. 5 Tom. Gott., Frcf. et Lips. 1743—68. 4.
— Sylloge variorum diplomatariorum. Frcf. 1728.
W. Günther Codex dipl. Rheno-Mosellanus. 5 Thle. Coblenz 1822—26.
K. G. Günther das privileg. de non appellando des Hauses Sachsen. Dresd. u. Leipz. 1788.
F. D. Häberlin Analecta medii aevi. Norimb. et Lips. 1764.
Haltaus = Dess. Glossarium s. S. 82.
Hamburger Landrecht hinter der S. 70 angef. Ausg. v. 1771 der Hamb. Stat. (vgl. Baumeister Hamb. Privatr. 1 S. 15.)
Hamburg. Urkundenbuch hg. v. Lappenberg Bd. 1. Hamb. 1842. 4.
Hameln. St. v. 1277 b. *Pufend.* 2, 267. v. 1335 ib. p. 270. u. b. *Ludewig* Rel. Mss. 10, 26—31; vgl. auch *Pufend.* 4, 228—231.
Hannoversche nützliche Sammlungen von 1754—58.
Ch. E. Hanßelmann diplomatischer Beweis daß dem Hause Hohenlohe die Landeshoheit lange vor dem Interregno zugestanden. Nürnb. 1751. f.
Harburg. St. v 1739 b. *Pufend.* 4, 236.
Harduin Concil. = Conciliorum collectio regia max. — stud. *I. Harduin* 12 Voll. Par. 1714 sqq. f.
(J. H. Harpprecht) Staatsarchiv des H. R. R. Cammergerichts. 6 Thle. Ulm 1757—68. 4.
Heda = *Io. de Beka* et *Guil. Heda* de Episcopis Ultraiectinis. Ultrai. 1643. f.
Herrgott Genealogia diplomatica gentis Habsburgicae. 3 Tom. Vienn. 1737. f.
Heumann = Dess. Opuscula s. S. 87.
Heydemann Joachim Const. s. S. 67.
Hoffstetten. (Franken) Gerichtsw. v. 1552. Schneider Hoch-Gräfl. Erbach. Stammtafel oder H. G. Erbachische Hist. (Frkf. 1736. f.) S. 570—572.
Homeyer Syst. = System des Lehnrechts s. S. 45.
Hommel acad. Reden s. S. 474. 2).
I. N. ab Hontheim Historia Trevirensis. 3 Tom. Aug. Vindel. 1750. f.
Horn Iurispr. feud. s. S. 475. 4).
I. G. Horn Henricus illustris. Lips. 1726. 4.
— — Gesch. Friedrich des Streitbaren. Leipz. 1733. 4.
I. H. Hottinger Historia ecclesiastica Novi Testamenti. Tiguri 1651—67.
Höxter St. v. c. 1300 b. Wigand Arch. III 3 S. 14; St. v. 1355. über Heergew. u. Gerade, das. S. 25; zu ersterer Aufzeichnung vgl. Frensdorff Dortm. Stat. S. 193.
Hund Metropolis Salisburgensis c. not. *Ch. Gewoldi.* Ratisp. 1719. f.
A. L. Jacobi Lüneburgische Landtagsabschiede. 2 Bde. Hannov. 1794—95.
Iacobus de Ardizone Summa de feudis Colon. 1569.
Jaffé Bibliotheca rer. Germanicar. 6 tom. Berol. 1864—73.
Jahrbücher f. Preuß. Gesetzg., Rechtswiss. u. Rechtsverwalt. hg. von v. Kamptz. Seit 1814.
Janson Materialien zu einem künftigen Gesetzbuche für Churpfalz. Th. 1. Heidelb. 1792. 4.
Ioannis Spicilegium tabularum literarumque veterum. Frcf. ad M. 1724.
I. P. O. = Instrumentum pacis Osnabrugensis.
Irmino = Polyptique de l'abbé Irminon ou état des terres, des revenus et des serfs de l'abbaye de Saint-Germain-des-Prez sous le règne de Charlemagne publié par *M. B. Guérard.* 2 Voll. Par. 1844. 4.
C. F. Iung Miscellanea. 5 Tom. Frkf. u. Leipz. 1739—48.
v. Kamptz Mecklenburgische Rechtssprüche. 2 Bde. Rostock 1800—1804. 4.
— Provinzial- u. stat. Recht s. S. 72.
(Karl IV.) Landbuch des Churfürstenthums u. der Mark Brandenburg v. 1375. Berl. u. Leipz. 1781. hg. v. E. F. v. Herzberg.

Kettner Antiquitates Quedlinburgenses. Leipz. 1712. 4.
Kindlinger Münsterische Beiträge. 3 Bde. Münster 1787—93.
— Geschichte der Deutschen Hörigkeit, insbes. der Leibeigenschaft. Berlin 1819.
— — der Familie u. Herrschaft von Vollmestein. 2 Bde. Osnabr. o. J.
Kleinschmidt Landtagsabschiede = Samlg. v. Landtags-Abschieden der Fürstenth. Calenberg, Grubenhagen u. Göttingen hg. v. Kleinschmidt. 2 Thle. Hannov. 1832. 4.
(Kleinschmidt) Samlg. fürstlich (Hessen-Cassel.) Ordnungen u. Ausschreiben. 8 Bde. 1767 ff. f.
Klingen Sächsisches Landr. Ausg. 1. Leipz. 1572. f.
(Klotzsch) Ursprung der Bergwerke in Sachsen. Chemnitz 1764.
Klüber de nobilitate codicillari. Erlang. 1788. 4.
J. Koch Geschichte, Natur — der Erbleihe im Erzstift Mainz. Mainz 1791. 4.
C. Ph. Kopp ausführliche Nachricht v. der — Verfassung der — Gerichte in den Hess. Casselischen Landen. 2 Thle. Cassel 1769—71. 4.
J. A. Kopp Lehnproben s. S. 475. 6).
— — de testamentis Germanorum iudicialibus et sub die conditis (Iuris Germ. priv. Spec. I.) Frcf. 1736. 4.
Krantzius (*Albert.*) Metropolis. Basil. 1568. f.
Kraut = Kraut die Vormundschaft s. S. 383.
Kremer akadem. Beitr. z. Gülich- u. Bergischen Gesch. 3 Bde. Mannh. 1769. 4.
— Geschichte des alten Ardenn. Geschlechts s. S. 21 § 7 I.
(Dess.) Geschichte des Kurf. Friedrich I. von der Pfalz. Frkf. u. Lpz. 1765. 4.
F. v. Krenner Bair. Landtagshandlungen in den Jahr. 1429—1513. 18 Bde. München 1803—5.
Kuchenbecker Analecta Hassiaca. 2 Collectionen. Marb. 1728—42.
Lacomblet Arch. = Archiv f. d. Geschichte des Niederrheins. Bd. 1. Düsseld. 1832. (unt. S. 16).
Lacomblet = UB. f. d. Geschichte des Niederrheins. 3 Bde. Düsseld. 1840—53. 4.
Lambecius Origines Hamburgenses per *I. A. Fabricium.* Hamb. 1706. f.
Lang Regesta s. Rerum Boicar. autographa, cura *Max. de Fregberg.* continuat. Vol. 1—7. Monac. 1822—1838. 4.
Fr. v. Ledebur allgem. Archiv für die Geschichtskunde des Preuß. Staats. 18 Bde. Berl. 1830 - 36.
Leges feud. Tecklenburg. Dienstrecht der Grafen von Tecklenburg s. S. 36.
Leibnitz Scriptores rerum Brunsvicensium. 3 Tom. Hannov. 1707—11. f.
Lennep Abh. von der Leihe zu Landsyedelrecht. Marb. 1769. Cod. probationum dazu. Das. 1768. 4.
Sam. Lenz Marggräflich Brandenburg. — Uhrkunden. 1753. Forts. 1754.
Leukfeld Antiquitates Poeldenses. Wolfenb. 1707. 4.
— Antiquitates Walkenriedenses. Leipz. 1705. 4.
Lingen. Bauersprache v. 1562. Piper Beschreibung des Markenrechts in Westphalen. (Halle 1763. 4.) S. 170—202.
Lehmann Speirische Chronik verm. durch J. M. Fuchs. Frkf. 1698. f.
Lippstadt. Statuten des 13. Jhrh. b. Gengler S. 254. St. v. 1575 b. Runde Beitr. z. Erläuterung rechtl. Gegenstände. Bd. 2 S. 397 ff.
Ll. fam. S. Petri s. S. 36 § 9.
Lodtmann de iure holzgraviati, praesertim in episcopatu Osnabr. Lemgo 1770.
Longolischer (P. D. Longolius) Vorrath allerlei brauchbarer nützlicher Nachrichten v. Brandenb. Culmbach. 10 Thle. Hof 1751.
Lorch. (Rheingau) Gerichtsw. v. 1331. Bodmann Rheing. A. S. 267.
Lüb. OStB., NStB. = Lüb. Ober- u. Nieder-Stadtbuchs-Inscript., vgl. S. 59.
de Luca politischer Codex oder Darstellung sämmtlicher die k. k. Staaten betr. Gesetze u. Anordnungen im polit. Fache. 14 Bde. Wien 1789 ff.
Ludewig Reliquiae manuscriptorum. 12 Tom. Frcf. et Lips. 1720—41.
— SS. rer. episcopatus Bamberg. et Germanicar 2 Voll. Frcf. 1718. f.
Ludolf observ. for s. S. 88.
Lünen. Stadtpriv. v. 1341 b. v. Steinen Westph. Gesch. 2, 237—244.
Lünig Corpus (C.) iuris (I.) feudalis (F.) s. S. 15 B.

Lünig RA. = Teutsches Reichsarchiv Th. 1—4: Pars gener. mit 2 Continuationen. 5—14: Pars. spec. mit 4 Cont. 15—21: Spicilegium eccles. mit 3 Cont. 22, 23: Spicil. seculare. 24: Register. Leipz. 1713—22.
Lüntzel die bäuerlichen Lasten im Fürstenth. Hildesheim. Hildesh. 1830.
Mabillon Annales ordinis S. Benedicti. 6 Tom. Par. 1703. f.
Mader Antiquitates Brunsvicenses. ed. 2. Helmst. 1678. 4.
Staatsbürgerliches Magazin hg. v. Carstens u. Falck. 10 Bde. Schlesw. 1821—30.
Mansi Concil. = conciliorum nova et amplissima collectio — evulgavit — *I. D. Mansi*. 31 Voll. Florent. et Venet. f.
E. Martene et *U. Durand* Thesaur. anecdotorum. 5 Tom. Par. 1717. f. Collectio ampliss. veterum SS. 9 Tom. Par. 1724—33. f.
Ant. Matthaei Analecta veteris aevi. 10 Tom. Lugd. Bat. 1698—1710.
— — de iure gladii. Lugd. Bat. 1689. 4.
Maurenbrecher Rhein. Preuß. Landr. s. S. 73.
M. B. = Monumenta Boica.
Mecklenb. LGG. Erbvergleich = Mecklenburgischer Landesgrundgesetzlicher Erbvergleich v. 1755, abgedr. b Zachariae Verfassungsgesetze (s. unten S. 75).
Mecklenb. UB. B. 1—13. Schwerin 1863—84.
H. Meibom Scriptores rerum Germ. 3 Tom. Aug. Vindel. 1724—29. f.
Meichelbeck Historia Frisingensis. 2 Tom. Aug. Vindel. 1724—29. f.
Meichsner Decisiones camerales ed. *N. Thessmer*. 4 Partes. Frcf. 1604. 2. Ausg. 1658 vgl. Thudichum Gauverf. S. 176.
Mencken Scriptores rerum Germanic. praecipue Saxon. 3 Tom. 1728—30. f.
Noe Meurer Wasserrecht. 1570. 4.
F. J. F. Meyer Versuch einer Geschichte der Bergwerksverfassung u. der Bergrechte des Harzes im Mittelalter. Eisenach 1817.
J. Meyer u. Erhard Zeitschr. f. vaterl. Gesch. u. Alterthumskunde. Münster 1838 ff.
Michelsen Oberhof s. S. 16 § 5.
Mieris Groot Charterboek s. S. 83.
Miraeus Op. diplom. et hist. per *I. F. Foppens*. 4 Tom. Brux. 1723—48. f.
Mittelrhein. UB. = UB. z. Gesch. der — mittelrhein. Territ. hg. v. Beyer, Eltester u. Görz. 3 Bde. Koblenz 1860— 74.
Mone = Anzeiger zur Kunde des D. Mittelalters hg. von v. Aufseß u. Mone. München u. Karlsruhe 1832- 39. 4.
Monumenta Boica ed. academia scientiarum Boica voll. I—XLIV (von vol. 28 an collectio nova, bis jetzt 1—17) Monachii 1763—1883. 4.
Monum. Germ. histor. s. S. 1.
J. J. Moser Deutsch. Staatsrecht. 50 Thle. u. 2 Thle. Zusätze. Nürnb. 1737—54. 4.
Möser Osnabr. Geschichte s. S. 81.
Mühler s. S. 46 unter C.
Muratori Antiquitates Italicae medii aevi. 6 Tom. Mediol. 1738—42. f.
C. O. Mylius Corp. constitutionum Marchicar. 6 Bde. Berlin u. Halle 1736 ff. f.
v. d. Nahmer s. S. 67.
Neugart Cod. dipl. Alemanniae. 2 Tom. Sanblas. 1791—95. 4.
v. Neurath von der Regredienterbschaft. Gießen u. Darmst. 1807.
J. Niesert Beiträge zu einem Münsterischen UB. Bd. 1 Abth. 1 u. 2. Münster 1823. 4.
— Münsterische Urkundensammlung. 7 Thl. Crefeld 1826.
N. Samml. der RA. s. §§ 6 u. 14.
Nunningh Monasterii monumenta. Vesal. 1747. 4.
A. F. Oefele rerum Boicarum Scriptores. 2 Tom. Aug. Vind. 1763. f.
Oldenburg. St. v. 1348 b. Oelrichs Brem. Gesetzbücher. S. 787 ff., v. 1433 b. *Oetken* Corp. const. Oldenb. 6, 228—361.
v. Olenschläger Neue Erläuterung der gold. Bulle. Frkf. u. Leipz. 1766. 4.
Origines Guelficae. 5 Tom. Hannov. 1750—81. f.
Orlamünde. St. a. d. 14. Jhrh. b. Walch 2, 61—78.
Ostheim. (Wetterau) W. (16. Jhrh.) Steiner Ostheim S. 301—320.

Otterndorf. St. v. 1541. Otternd. 1730. f. u. b. *Pufend.* 2, 161—184.
Passau. St. v. 1225 u. 1300 b. Gengler StR. S. 343.
Pauli s. S. 92 u. 59.
Paullini Dissert. hist. varior. monasteriorum originum — interpretes. Giss. 1694. 4.
Peine. St. v. 1597 b. *Pufend.* 4, 242—281.
Petri de Vineis († 1249) Epistolarum Lib. VI. ed. *I. R. Iselin.* 2 Tom. Basil. 1740.
Pez Thesaurus anecdotorum novissimus. 6 Tom. Vindob. 1721—29. f.
Pfeffinger Vitriarius illustratus = Corpus iuris publ. — ad ductum institutionum iuris publ. *Ph. R. Vitriarii* — a *I. Fr. Pfeffinger.* 4 Tom. Goth. 1739. 4.
I. Pistoris SS. rerum Germ. rec. *B. G. Struv.* 3 Tom. 1726 f.
P. GO. = Peinliche Gerichtsordnung K. Karls V.
Pufendorf = Dess. Observationes s. S. 15.
Püttmann Obs. iur. feud. s. S. 475. 6).
Quix Gesch. der St. Achen mit e. Codex Aquensis dipl. 2 Bde. Achen 1841. 4.
C. L. Rathlef Geschichte der Grafsch. Hoya u. Diepholz. 3 Thle. Brem. 1766.
Remling UB. zur Geschichte der Bischöfe zu Speyer. Mainz 1852.
J. F. C. Retter Hessische Nachrichten. 3 Sammlungen.
A. L. Reyscher vollst. Samml. der Würtem. Ges. 19 Bde. Stuttg. u. Tüb. 1828—51.
— Sammlung Altwürtembergischer Statutarrechte. Tüb. 1834.
Rheda. Privilegien u. Rechte v. 1355 b. Wigand Archiv VI 259.
Riedel Codex dipl. Brandenburgensis. 1. Hauptthl. Bd. 1—25. Berl. 1838 u. ff.
Rive über Bauergüterwesen in den Grafschaften Mark 2c. Th. 1. Cöln 1824.
Rübel Dortmunder UB. Bd. 1. Dortm. 1881—85.
Rugian. Landbr. s. S. 66.
Runde eheliches Güterrecht s. S. 395.
(*Maur. Sarti*) de claris archigymnasii Bononiens. professoribus a saec. XI. usque ad saec. XIV. Tom. I in 2 Partes. Bonon. 1769—72. f.
Sattler Geschichte des Herzogthums Würtemb. unter der Regierung der Herzoge. 13 Thle. Ulm 1769—70. 4.
Schannat Corp. traditionum Fuldensium. Lips. 1724. f.
— Fuldischer Lehnhof s. de Clientela Fuld. Frcf. 1726. f.
— Hist. episcopatus Wormatiensis. 2 Tom. Frcf. 1734. f.
— Vindemiae litterariae, 2 Collectiones. Fuld. et Lips 1723. f.
Schaten Annales Paderborn. 2 Tom Neuhusii 1693—98. f.
Scheidt Historisch diplomatische Nachrichten von dem hohen u. niedern Adel in Deutschl. Hannov. 1754. 4.
— Mantissa documentorum, wodurch die historischen diplomatisch. Nachrichten von dem hohen u. niedern Adel in Deutschl bestärkt u. erwiesen werden. Hannov. 1755. 4.
— bibliotheca Goettingensis. Gött. u. Hannov. 1758. 4.
Scheplitz Consuetudines electorales et Marchiae Brandenb. auctae Berol. 1744. f.
Schilter de bonis laudemial. in Eiusd. Cod. iur. Alem. p. 379 sqq.
— Codex iur. Alem. u. Comment. ad I. F Alem. s. S. 49.
Schmauss Corp. iur. publici academicum. Neueste Aufl. Leipz. 1794.
Frz. Ant. Schmidt Chronologisch-systematische Sammlung der Berggesetze der Oesterreichischen Monarchie. 3 Abthlgn. Wien 1832—39.
I. Ch. Schmincke Monumenta Hassiaca. 4 Thle. Cassel 1747—65.
Schneidt Thesaur. iuris Francon. Abschn. 1 in 24 Heften. Abschn. 2 in 15 Heften. Wirzburg 1787—91.
Schöpflin Alsatia diplomatica. 2 Ps. Manh. 1772—75. f.
Schott = Dess. S. 16 angef. Sammlung.
Schottelius s. S. 87 Nr. 4).
Schöttgen Gesch. Konrad des Gr. Markgrafen z. Meißen. Dresd. 1745.
— u. Kreysig diplom. Nachlese der Historie von Obersachsen. 12 Thle. in 3 Bden. Dresden u. Leipz. 1730—33.
Schreiber UB. der St. Freiburg im Breisgau. 2 Bde. Freib. 1828, 29.
A. G. Schwartz Geschichte der Pommersch-Rüg. Städte. Greifsw. 1755.

A. G. Schwartz Versuch einer Pommersch-Rugian. Lehnshistorie. Greifsw. 1740. 4.
Ausführung des Gräfl. u. Freiherrl. Schwartzenberg. Stammregisters. 1659. f.
Seibertz UB. zur Landes- u. Rechtsgesch. des Herzogth. Westphalen. 3 Bde. Arnsberg 1839—54.
H. Ch. v. Senckenberg Gedanken von dem jederzeit lebhaften Gebrauch des uralten D. Rechts. Frkf. 1759.
— Selecta iuris et hist. 6 Tom. Frcf. 1734—42.
— Visiones s. S. 15.
Siebenkees Beitr. zum D. Recht s. S. 87.
Sögeln. (Westph.) Marktw. v. 1590. Piper Markenr. Nr. 4. S. 202—221.
St. = Stumpf-Brentano die Kaiserurk. s. S. 58 ob.
J. D. v. Steinen Westphälische Geschichte. 5 Thle. Lemgo 1755—1801.
Steiner Geschichte u. Beschreibung der Stadt u. ehemaligen Abtei Seligenstadt. Aschaffenburg 1820.
Stenzel = Tzschoppe u. Stenzel Urk.-Samlg. s. S. 25.
Sternberg Umrisse einer Geschichte der Böhmischen Bergwerke. 2 Bde. Prag 1836—38.
Stisser Forst- u. Jagdhistorie der Deutschen. Leipz. 1754.
Strube de iure villicorum. Hildes. 1735 4.
— N. St. = Nebenstunden s. S. 87. R. B. = rechtl. Bedenken s. S. 88.
— Observationes iuris et hist. Hildes. 1745. 4.
Struv. ius feud. = Dess. Syntagma iuris feud. s. S. 475 Nr. 4).
Stryk U. M. P. s. § 32 unter 1).
Sudendorf UB. zur Gesch. der Herzöge v. Braunschweig u. Lüneburg u. ihrer Lande. 10 Thle. Thl. 11 Register v. Sattler. Hannov. 1859—83. 4.
Tentzel. ad Sagittar. = *Sagittarii* historia Gothana c. supplem. et not. *W. E. Tentzelii.* Jen. 1700. Suppl. per *Tentzel.* 1701—16. 4.
Teschenmacher Annales Cliviae. Frcf. et Lips. 1721 f
Thuringia sacra. Frcf. 1737. f.
Tolner Codex diplomaticus Palatinus. Frcf. 1700. f.
Torgau. St. gedr. Torgau 1677. 4.
Treuer Geschlechtshistorie der Herren v. Münchhausen. Gött. 1740. f.
I. Trouillat et *L. Vautrey* Monuments de l'ancien évêché de Bâle. 5 Tom. Porrentruy. 1852—67.
Tschudi Chronicon Helveticum. 2 Tom. Basil. 1734. f.
Ulm. St. v. 1296 b. Jäger Schwäb. Städtewesen des M. A. 1. (1831.) S. 729 u. Ulmisches UB. hg. v. Pressel 1 (Stuttg. 1873) nr 194. Gesetz u. Ordnungen revidirt u. gedr. 1683. f.
Urstisius Germaniae historici illustres. 2 Tom. Frcf. 1585. f.
V. A. = Vetus autor de benef. s. S. 43.
Verhandelingen van het (Groninger) Genootschap pro excolendo iure patrio. 5 Thle. Groning. 1773—1828.
Verpoorten Comm. de investitura allodiorum. Helmst. 1743. 4.
Vogt Monumenta inedita rer Germ. praecipue Bremens. 2 Voll. Brem. 1740—63.
Vridank Bescheidenheit von W. Grimm. Gött. 1834; 2. Ausg. das. 1860.
Walch = Dessen Beiträge s. S. 16.
Wartmann UB. der Abtei St. Gallen. 3 Thle. Zürich 1863—82. 4.
H. B. Wenck Hess. Landesgeschichte. 3 Thle. Darmst. u. Frkf. 1783—1803. 4.
Wendisch-Rügianischer Landbrauch s. S. 66.
Wesel s S. 83. Justizpunkte v. 1682 Kamptz Provinzialrechte 3, 76—82.
Westhoven. (Westph.) Hofr. v. 1332. v. Steinen Westph. Gesch. 1, 1561.
Westphalen Monumenta inedita rer. Germ. praec. Cimbricar. et Megapolens. 4 Tom. 1730—45. f
Wigand Archiv für Gesch. Westphalens s. S. 16.
— das Femgericht Westphalens. Hamm 1825.
— Provinzialrecht für Paderborn s. S. 72.
Wilmans Kaiserurkunden der Prov. Westfalen. 2 Bde. Münster 1867—80.
Winterthur. StR. Bluntschli Züricher Staats- u. Rechtsgesch. 1 S. 478—485.

Wirtembergisches UB. hg. v. d. königl. Staatsarchiv in Stuttgart. 4 Bde. Stuttg. 1849—83. 4.
Joh. Wolf Geschichte u. Beschreibung der Stadt Duderstadt. Gött. 1803.
Wolfenbüttel. Privilegia, Statuten u. Ordnungen der Heinrichsstadt a. 1602. gedruckt zur Heinrichsstadt. in 4to. Privilegia der Heinrichsstadt, auch andere Landes-Constitutiones u. s. w. Wolfenb. 1731. 4.
Wyß Alamannische Formeln s. S. 15.
Udalr. Zasius Reponsa sing. in Eiusd. Operib. (6 Tom. Frcf. 1550. f.) T VI.
Zeitsch. f. Archivkunde, Diplomatik u. Gesch. hg. v. Höfer u. a. 2 Bde. Hamburg 1834—36.
— für die Geschichte des Oberrheins hg. v. Mone. Karlsr. seit 1850.
Zellweger Gesch. des Appenzellisch. Volks. Urkunden. 3 Bde. Trogen 1831—38.
Zepernick Abhandl. u. Miscellaneen zum Lehnrechte s. S. 475.

Die Deutsche Wechselordnung und die Nürnberger Novellen sind unter den folgenden §§ vollständig abgedruckt, nämlich:

Art. 1—3 . .	§ 294	Art. 56—65 . .	§ 302	Art. 94. 95 . .	= 294
= 4—5 . .	= 296	= 66—72 . .	= 303	= 96—99 . .	= 304
= 6 . .	= 289	= 73—76 . .	= 307	= 100 . .	= 306
= 7 . .	= 296	= 77—80 . .	= 306	Nov. 1 . .	= 119
= 8 . .	= 295	= 81 . .	= 301	= 2 . .	= 294
= 9—17 . .	= 297	= 82 . .	= 309	= 3. 4. . .	= 296
= 18—24 . .	= 298	= 83 . .	= 306	= 5 . .	= 298
= 25—29 . .	= 301	= 84—86 . .	= 292	= 6 . .	= 301
= 30—40 . .	= 299	= 87—90 . .	= 300	= 7 . .	= 299
= 41—48 . .	= 300	= 91. 92 . .	= 298	= 8 . .	= 304
= 49—55 . .	= 301	= 93 . .	= 299		

Vergleichungs-Tabelle der §§ in Beseler's System des deutschen Privatrechts Aufl. IV (Berlin 1885) mit denen in diesem Grundrisse.

Beseler	hier	Beseler	hier	Beseler	hier
§ 1—7		§ 78. 79	§ 67—69	§ 124	§ 164. 165
= 8	§ 13	= 80	= 73	= 125	= 166. 167
= 9—11		= 81	= 74	= 126	= 169—173
= 12—15		= 82	= 75	= 127	= 165
= 16. 17		= 83. 84	= 60. 76	= 128—130	= 174—182
= 18—25	= 17. 18	= 85	= 82. 83	= 131. 132	= 187—189
= 26—28	= 19	= 86	= 127	= 133	= 190
= 29	= 20	= 87	= 77	= 134	= 191—193
= 30—36		= 88. 89	= 78. 79	= 135	= 194. 195
= 37	= 24. 25	= 90	= 84	= 136. 137	= 147. 161
= 38. 39	= 27	= 91	= 98	= 138	= 147
= 40		= 92	= 85	= 139	= 160
= 41	= 17. 18	= 93. 94	= 130—135	= 140	= 183
= 42	= 32. 33	= 95—98	= 110—117	= 141—144	= 148—154
= 43	= 2—4	= 99	= 99—101	= 145	= 155
= 44	= 8—10	= 100	= 114	= 146. 147	= 158
= 45	= 15—17. 33	= 101	= 102	= 148	= 159
= 46	= 31	= 102. 103	= 103—105	= 149—151	
= 47—54		= 104	= 106	= 152. 153	= 11. 197
= 55	= 107. 108	= 105—109	= 119—125	= 154	= 198. 222
= 56		= 110. 111	= 126	= 155	= 200. 201
= 57—59	= 34	= 112	= 128. 129	= 156	= 223—226
= 60	= 51	= 113	= 136	= 157	= 199. 207
= 61	= 49	= 114	= 138	= 158	= 202—206
= 62	= 50. 51	= 115	= 142	= 159	= 208. 209
= 63	= 52—54	= 116	= 143	= 160	= 210
= 64	= 48	= 117	= 141. 143	= 161	= 211
= 65—68	= 55	= 118	= 139	= 162	=227.228.232
= 69	= 57—60	= 119	= 144. 145	= 163	= 229—231
= 70	= 281	= 120	= 162	= 164	= 234—236
= 71	= 62	= 121. 122	= 163. 163a	= 165. 166	= 237—242
= 72—77	= 63—66	= 123	= 185. 186	= 167	= 244

Beseler	hier	Beseler	hier	Beseler	hier
§168	§ 243	§201	§ 93	§245	§ 298. 300
=169—171	= 212—221	=202—208	= 94—96	=246	= 296
=172	= 245—247	=209	= 97	=247	= 297
=173. 174	= 35—37	=210	= 145a	=248	= 298
=175	= 38	=211	= 145b	=249	= 299
=176	= 40—42	=212	= 137	=250	= 301
=177	= 251	=213	= 145c-145e	=251	= 302
=178	= 155. 156	=214	= 145g	=252	= 303
=179	= 39	=215—218	= 61	=253	= 307
=180. 181	= 249—252	=219	= 118	=254	= 306
=182—184		=220	= 136a	=255	= 305. 309
=185	= 253	=221		=256	= 304
=186. 187		=222	= 267—269	=257. 258	= 311—313
=188	= 254	=223	= 270—271	=259	= 314
=189. 190	= 257—260	=224. 225	= 272	=260	= 315
=191	= 65	=226	= 273	=261	= 316
=192	= 261	=227	= 274	=262	= 317. 318
=193	= 262	=228	= 284	=263	= 319
=194	= 263	=229—234	= 275—280	=264	= 322
=195—197	= 136	=235—240	= 282—288	=265	= 320
=198	= 86. 101	=241	= 291—293	=266	= 323—326
=199	= 87. 88	=242. 243	= 289. 310	=267	= 327
=200	= 89—91	=244	= 294		

Nachträge und Berichtigungen.

Zu S. 5. Lex Alamannorum. K. Lehmann zur Textkritik und Entstehungsgeschichte des alam. Volksrechts (N. Archiv 10 [1884] S. 469). Brunner über das Alter der Lex Alam. (Sitzungsber. der Akad. der Wiss. z. Berlin 1885 S. 149).

Zu S. 13 Z. 10. Zeumer neue Erörterungen über ältere fränkische Formelsammlungen (N. Archiv 11 [1886] S. 313).

Zu S. 30. Göttinger Statuten v. 1330—1354 hg. v. A. Ulrich in Ztschr. des histor. V. f. NSachsen 1885 S. 129.

Zu S. 51. Der Codex Altenberger. Textabdruck der Hermannstädter Hs. hg. v. G. Lindner. Klausenburg 1885. Dazu: G. Lindner der Schwabenspiegel bei den siebenbürger Sachsen (Ztschr. der Sav.-Stftg. 6 [1885] S. 86).

Zu S. 52 Abs. 2. Wird in den Schriften der kgl. Gesellsch. der Wiss. zu Göttingen erscheinen.

Zu S. 57 Abs. 1. Der Ingelheimer Oberhof von H. Lörsch. Bonn 1885.

Zu S. 86. 2) G. Beseler 4. Aufl. Berl. 1885. Stobbe Bd. 5. Berlin 1885. A. Heusler Institutionen des Deutschen Privatrechts. Bd. 1. Leipzig 1885.

S. 16 § 5. Die Ziffer 1 vor „Rechtsbildung überhaupt" ist zu streichen.

S. 287 § 119 Litt. a. Statt Verbindlichkeit lies: Wechselverbindlichkeit.

S. 290 § 121 Nr. 6. Jetzt: Jäger Duderstädter UB. n. 521 § 111.

S. 556 Z. 6 des Textes lies: Pardessus Collection (unten S. 587 B) t. IV.

Einleitung.

Heinrich Thöl Einleitung in das deutsche Privatrecht. Gött. 1851. Georg Beseler System des gemeinen deutschen Privatrechts. 3. Aufl. (Berl. 1873) § 1—46. C. F. v. Gerber System des deutschen Privatrechts. 14. Aufl. (Jena 1882) § 1—32. Otto Stobbe Handbuch des deutschen Privatrechts Bd. 1, 2. Aufl. (Berl. 1882) § 1—34. Paul v. Roth System des deutschen Privatrechts Thl. 1 (Tüb. 1880) § 1—57.

Erstes Capitel. Begriff des deutschen Privatrechts.

(Bes. § 1—4. Gerb. § 1—10. Stobbe § 5—11.) § 1.

Zweites Capitel. Quellen des deutschen Privatrechts.

I. Geschichtliche Uebersicht.

Karl Friedr. Eichhorn deutsche Staats- und Rechtsgeschichte. 1. Ausg. 4 Thle. Gött. 1808—23. 5. Ausg. Gött. 1843—44. Jacob Grimm deutsche Rechtsalterthümer Gött. 1828, zweite (unveränderte) Ausg. 1854, dritte (mit einem Inhaltsverzeichniß versehene, sonst unveränderte) Ausg. 1881. Georg Waitz deutsche Verfassungsgeschichte Bd. 1—8. Kiel 1844—1878; Bd. 1 u. 2 zweite Aufl. 1865—70, dritte Aufl. (Bd. 2 in zwei Abth.) 1880—82; Bd. 3 u. 4 zweite Aufl. 1883—85.

O. Stobbe Geschichte der deutschen Rechtsquellen. 2 Abthlgn. Braunschweig 1860 u. 64.

Heinrich Brunner Geschichte und Quellen des deutschen Rechts (in: Encyklopädie der Rechtswissenschaft in systemat. Bearbeitg. hg. v. F. v. Holtzendorff. 4. Aufl. Leipzig 1882 S. 191—276). Unten § 30.

Monumenta Germaniae historica inde ab anno Christi D usque ad MD edidit societas aperiendis fontibus rerum Germanicarum medii aevi. Von den 5 Abtheilungen des Werks: Scriptores, Leges, Diplomata, Epistolae, Antiquitates enthalten für das deutsche Privatrecht insbesondere die 2. und 3. wichtige Quellen. Von den Geschichtschreibern bieten einzelne für diesen Zweck erhebliche Nachrichten. Erschienen sind Hannov. 1826—1885 von den Scriptores (cit.: Mon. SS.) in Folio Bd 1—2 die Geschichtschreiber der karol., 3—4 der sächs., 5—12 der fränk. Zeit, 13—14 Nachträge; 16—27 Geschichtschreiber der staufischen und der nachfolgenden Zeit bis 1300. In der Quartausgabe sind 1876—1884 veröffentlicht SS. rer. Meroving. tom. I p. 1 (Gregorii episc. historia Francorum ed. *W. Arndt*) 1884; SS. rer. Langobard. et Ital. saec. VI—IX (Paulus Diaconus ed. *G. Waitz*) 1877; Deutsche Chroniken Bd. 2 (insb. die Sächsische Weltchronik enth., hg. v. L. Weiland) 1877 und Bd. 4 Abth. 1, die Limburger Chronik enth., hg. v. A. Wyß 1883. Von den Leges (cit. Mon. LL.) sind Hannov. 1835—1883 erschienen: tom. I—IV, tom. V fasc. 1 und 2 fol.; in der Quartausgabe Legum sectio II, den Capitularia regum Francorum, tom. 1 (1883); sectio V, den Formulae bestimmt, pars prior (1882). Von den Diplomata (cit. DD) sind, abgesehen von den dipl. regum Francor. e stirpe Merow. ed. *K. Pertz* (1872), ausgegeben Dipl. regum et imperatorum Germaniae tom. I (1879—1884), die Urkunden Konrad I, Heinrich I und Otto I umfassend. — Die neue Ausgabe der Capitularien ist mit Mon. C, die der Formulae mit Mon. F und nachfolgender Seitenzahl citirt.

A. Die Quellen der ältesten Zeit bis zur Auflösung der Fränkischen Monarchie gegen Ende des neunten Jahrhunderts.

Corpus juris Germanici antiqui consilio J. G. Heineccii adornavit P. Georgisch. Halae 1738. 4. Corpus juris Germanici antiqui ed. F. Walter. 3 tom. Berol. 1824. Mon. Germ. hist., Legum t. I—V. — Germanische Rechtsdenkmäler. Leges, Capitularia, Formulae. In Auszügen und Proben hg. v. H. G. Gengler. Erlangen 1875. Gengler deutsche Rechtsgeschichte im Grundrisse, Heft 1 u. 2 (unvollendet). Erlangen 1849, 50.

§ 2. 1. **Die Volksrechte.** (B. § 43. G. § 11. Stobbe Rqu. § 2—19.)

a. Ueberhaupt.

v. Savigny Geschichte des Röm. Rechts im Mittelalter (6 Bde. Heidelb. 1815—31. 2. Ausg. 7 Bde. 1834—51) Bd. 1. Kap. 3. Eichhorn R.G. § 29. 30. 46. 143. Walter R.G. § 136—40. Brunner § 9. Gaupp über die Familien der alt Germanischen Volksrechte in dessen: Das alte Gesetz der Thüringer ꝛc. (vgl. unten S. 9) S. 1—200. *Davoud Oghlou* histoire de la législation des anciens Germains. 2 Vols. Berlin 1845. — Ueber die deutschen Glossen in den Volksrechten s. Grimm R. A. S. 1 u. ff.

Ausgaben. Ueber die ältesten Ausgaben der Volksrechte von Joh. Sichard 1530 und Johannes Tilius (du Tillet) vor 1553 vgl. Stobbe Rqu. 1 S. 8 und dess. Beitr. z. Gesch. des deutschen R. (Brschwg. 1865) S. 83. *Basil. Heroldi* originum ac Germanicarum antiquitatum libri, leges videlicet Salicae, Ripuariae, Allemannor., Boioarior., Sax., Westphalor., Anglior., Werinor., Thuringor., Fris., Burgund., Langob., Francor., Theutonum. Basil. 1557. f.

1. Karoli II. edict. a. 864. c. 6 (Ll. I. 490): lex consensu populi fit et constitutione regis.

2. Decret. Tassilonis c. 9 (Ll. III 460): ut nullus hereditate sua privetur nisi per tres causas, quas in *pacto* scribentur.

3. Cap. Sax. a. 797. c. 7 (Mon. C 72): quicquid eorum hominibus factum fuerit, omnia tripliciter faciant restaurare et secundum eorum *ewa* componere.

4. Id. c. 10. De malefactoribus, qui vitae periculum secundum *ewa Saxonum* incurrere debent.

5. Ansegisi Capit. Append. II. c. 35 (C 449): tripla conpositione secundum legem et secundum *ewam* . . . emendare studeat.

6. Chlothocharii II. praeceptio c. a. 600. c. 4 (C 19): *inter Romanus* negotia causarum *Romanis legubus* praecepemus terminari.

7. L. Rib. 58. c. 1: secundum legem Romanam, quam ecclesia vivit.

8. L. Rib. 31. c 3. Hoc autem constituemus, ut infra pago Ribuario tam Franci, Burgundionis, Alamanni, seu de quacumque natione conmoratus fuerit, in iudicio interpellatus, sicut lex loci contenit, *ubi natus fuit*, sic respondeat. c. 4. Quod si damnatus fuerit, *secundum legem propriam*, non secundum Ribuariam, damnum susteneat.

9. Pippini R. Cap. a. 768. c. 10 (C 43). Ut omnes homines eorum legis habeant, tam Romani quam et Salici, et *si de alia provincia advenerit, secundum legem ipsius patriae vivat.*

10. Agobardi († 840) Liber adv. legem Gundobadi c. 4 (Opera ed. *Baluz.* T. I. p. 111.): tanta diversitas legum quanta non solum in singulis regionibus aut civitatibus, sed etiam in multis domibus habetur. Nam plerumque contingit, ut simul eant aut sedeant quinque homines, et nullus eorum communem legem cum altero habeat.

b. Einzelne Volksrechte.

Lex Salica. Stobbe § 3. — Ausgg. a) Die oben S. 2 angeführte von Herold. b) Liber legis Salicae. Glossarium s. interpretatio rerum et verborum obscuriorum quae in ea lege habentur ex biblioth. *Fr. Pithoei.* Paris. 1602. 8. (herausgegeben von Lindenbruch). c) *Ge. Eccard* leges Francorum Salicae et Ripuariorum cum additionibus etc. Francof. et Lips. 1720. f. d) Die Lex Salica und ihre verschiedenen Recensionen von E. A. Feuerbach. Erlang. 1831. 4. (Abdruck nach einer Münchener Handschrift.) e) Loi Salique ou recueil contenant les anciennes rédactions de cette loi et le texte connu sous le nom de Lex emendata avec des notes et des dissertations par *J. M. Pardessus.* Par. 1843. 4. (enthält 5 Haupttexte und als Anhänge zu den 4 ersten: einen verbesserten Abdruck der von Eccard herausgegebenen Wolfenbüttler Handschrift, einen neuen Abdruck der von Feuerbach herausgegebenen Münchener Handschrift und den von Herold herausgegebenen Text der Lex Salica. f) Ausg. von Waitz s. unten. g) Lex Salica herausgeg. von J. Merkel mit einer Vorrede von J. Grimm (welche eine selbstständige Abhandlung über die Malbergische Glosse enthält). Berlin 1850. h) *Romuald Hubé,* la loi Salique d'après un ms. de la bibl. centrale de Varsovie. Varsov. 1867. i) Lex Salica herausg. von J. Fr. Behrend nebst den Capitularien z. l. Sal. bearb. v. A. Boretius. Berlin 1874. k) De Salische wet . . door F. J. E. van *Zinnicq Bergmann.* Hertogenbosch 1877 (Text der Wolfenb. H.). l) A. Holder, Lex Salica. Leipz. 1879 u. 1880 (6 Hefte, Abdrücke einzelner Handschriften enthaltend). — Lex Salica ex variis, quae supersunt recensionibus, una cum lege Ripuariorum synoptice edidit etc. *E. A. Th. Laspeyres.* Hal. Sax. 1833. 4. (enthält neben einander die Texte der Wolfenbüttler, der Münchener und der b. Schilter abgedruckten Pariser Handschrift und den Heroldschen Text). Lex Salica: the ten texts with the glosses and the lex emendata synoptically edited by *J. H. Hessels* with notes on the Frankish words in the lex Salica by *H. Kern*. London 1880. — Ueber die Handschriften s. *Pardessus* Préface (zu dem oben angef. Werke) § II. p. IX—LXXII (Beschreibung von 65 noch nachzuweisenden und von 7 jetzt vermißten Handschriften). Ueber die Geschichte dieses Volksrechts: *Pardessus* a. a. O. p 415 sqq. G. Waitz das alte Recht der Salischen Franken. Kiel 1846. Inhalt: a) das Salische Gesetz (Entstehungsgeschichte desselben), b) das Salische Recht (Inhalt der L. Sal.), c) der Text der L. Sal. (Versuch den ältesten Text wiederherzustellen), d) die Sprache der L. Sal. R. Sohm die Fränkische Reichs- und Gerichtsverfassung. Weimar 1871 S. 41 ff. J. Hartmann Beiträge z. Entstehungsgesch. des sal. R. in Forschgn. Bd. 16 (1876) S. 609. Behrend die Textentwicklung der lex Salica in der Zeitschr. f. Rechtsgesch. Bd. 13 (1878) S. 1 ff. R. Schröder Untersuchungen zu den fränk. Volksrechten. Würzbg. 1879, neu bearbeitet in Pick's Monatsschr. f. die Gesch. Westdeutschl. Bd. 6 S. 468; die Franken und ihr Recht (Zeitschr. der Savigny-Stiftg. 2 S. 1). Waitz über die Entstehung der lex Sal. (deutsche Verf.-Gesch. Bd. 2, 1 S. 88 ff. 119 ff.). — Nach den vielen Handschriften, welche wir von dieser Lex haben, kann man 4 Familien derselben unterscheiden: 1) den ältesten Text in 65 Titeln unter dem Namen Pactus legis Salicae, wahrscheinlich noch in heidnischer Zeit, vor der Eroberung Galliens durch Chlodowich, im 5. Jahrh. verfaßt. Enthalten in Text I u. II b. *Pardessus*, in der Wolfenbüttler Handschrift b. Eccard und der Münchener Handschr. b. Feuerbach. Nach diesen 4 Handschriften ist die Ausgabe von Waitz gebildet. Von der Wolfenbüttler, der Münchener und der zweiten Pariser (Pard. II) Hs. hat Holder a. a. O. besondere Abdrücke veranstaltet. — 2) einen jüngern aus Hss. der ersten Familie compilirten und um Zusätze bereicherten Text gleichfalls in 65 Titeln (Pard. III). — 3) einen ungeachtet der Eintheilung in 99 Titel verkürzten Text, der in Westfranken entstanden ist und die Glosse beibehält, wie in Pard. IV, in der von Holder edirten St. Galler und Pariser (früher in Schilter's Thesaurus abgedruckten), oder dieselbe ausstößt, wie in der von Hubé publicirten Warschauer (früher Kellerschen) Hs. — 4) einen Text in 70 Titeln (Pard. V), der durch die größte Zahl von Hss. überliefert und, da er die Glosse beseitigt und die Latinität bessert, Lex Salica emendata oder reformata genannt wird. Von zwei Leidener Codd. dieser Familie hat Holder Abdrücke veranstaltet. Für den Heroldschen Text (ob. S. 2), welchen Holder wieder abgedruckt hat, haben sich die handschriftlichen Vorlagen bisher nicht gefunden; vgl. Behrend a. a. O. S. 30. In der Form der Emendata war die l. Sal. unter den Karolingern im officiellen Gebrauch, s. capitula l. Sal. addita c. 819 (Mon. C 292). — Die merowingischen und die karolingischen Könige fügten der lex Sal. einzelne Verordnungen bei: außer in den Ausgaben der Capitularien (s. unten § 3) sind sie abgedruckt von Merkel a. a. O. S. 35 und von Boretius bei Behrend S. 83. Die Prologe und Epiloge des Gesetzes: Merkel S. 93, Behrend S. 124; über das Verhältniß der beiden Prologe zu einander: Waitz Verf.-Gesch. S. 120. Remissorien: Merkel S. 95, Behrend S. 128. Extravaganten: Merkel S. 99, Behrend S. 119. Bruchstück einer althochdeutschen Uebersetzung: Merkel S. 104 und 109. In den die lex Sal. in ihrer älteren Form überliefernden Hss. sind dem lateinischen Text Wörter einer fremden Sprache eingefügt, die nach dem ihnen vorgesetzten malb. als Malbergische Glosse bezeichnet und als Gerichtsglosse, kurze Formeln für den Gerichtsgebrauch verstanden werden. Eine Zeitlang als keltisch betrachtet (Leo die Malbergische Glosse. Halle 1842—45), sind sie der deutschen Sprache revindicirt von J. Grimm Vorrede zu Merkels Ausgabe; H. Kern die Glossen in der l. Sal. und die Sprache der sal. Franken (Haag 1869) und in der cit. Ausg. von Hessels. Zum Inhalt: Sohm Beil. II S. 558.

Lex Ribuaria s. Ribuariorum. Ueber die Geschichte: *Rogge* Observationes de peculiari legis Ripuar. cum Salica nexu (Regiom. 1823). Sohm über die Entstehung der lex Rib. in der Ztschr. f. Rechtsgesch. 5 (1866) S. 380. Ausg. in M. LL. V fasc. 2 (1883) p. 185 von R. Sohm; daraus: lex Ribuaria et lex Francorum Chamavorum ed. *R. Sohm*, Hannov. 1883. 8. Die ersten 31 Artikel sind wahrscheinlich in der ersten Hälfte des 6. Jahrh. entstanden, der zweite Theil, die Art. 32—64 umfassend, aus dem Ende des 6. Jahrh., enthält eine Umarbeitung der l. Sal.; das Uebrige sind Zusätze des 7. und des beginnenden 8. Jahrh. — Waitz Verf.-Gesch. II 1 S. 113.

Lex Francorum Chamavorum oder, wie der handschriftliche Titel lautet, Notitia vel commemoratio de illa ewa, quae se ad Amorem habet, ist eine amtliche, aus dem Anfange des 9. Jahrh. stammende Aufzeichnung der besondern Rechtssätze, welche in dem zu Ribuarien gehörigen Hamalande, der alten terra Chamavorum, den an Sachsen und Friesen grenzenden Grafschaften Hamaland, Twente und Drenthe galten. Zuerst von Baluzius in s. Ausg. der Capitularien als Capitulare Karls d. G. vom J. 813 herausgegeben; dann von Pertz für ein Xantener Gaurecht erklärt (Abhdlgn. der königl. Academie der Wiss. zu Berlin 1848 S. 411), ist es erst von Gaupp lex Francorum Chamavor. Bresl. 1855 richtig erkannt; dazu: Zöpfl in den Heidelb. Jahrbüchern Jg. 49 (1856) S. 337. Ausgaben: Gaupp a. a. O.; Sohm in M. G. LL. V p. 269 und in der cit. Octavausgabe der l. Rib. — Schröder Z. der Sav.-Stiftg. 2 (1881) S. 47.

Lex Burgundionum unter der Regierung des Königs Gundobad († 516) verfaßt; danach lex Gundobada, loi Gombette und die ihr gemäß Lebenden Gundbadingi genannt. K. Sigismund nahm 517 eine neue Publication vor unter Einschaltung einiger weniger von ihm selbst herrührender Gesetze, behielt aber den alten Namen Gundobadi regis liber constitutionum bei. Ausgabe: M. Ll. III p. 497—578 ed. *Fr. Bluhme*. Die kritischen Grundlagen dieser Ausgabe sind angegriffen von *R. Hubé* Revue hist. de droit franc. 13 (1867) p. 209; Boretius in Histor. Ztschr. Bd. 21 (1869) S. 1. Auf Grund einer neuen Collation der drei besten Hss. in Fontes rerum Bernensium 1 (Bern 1883) S. 90—134 hg. von C. Binding. Z. Inhalt: Binding Gesch. des burgundisch-romanischen Königreiches. Leipzig 1868 (mit e. Beilage: Sprache und Sprachdenkmäler der Burgunden v. Wilhelm Wackernagel, wiederholt in dessen Kl. Schriften 3 [Leipz. 1874] S. 334).

Lex Alamannorum; das Volksrecht der Alamannen wurde in seiner ältesten, nur fragmentarisch erhaltenen Form, dem pactus lex Alam., um die Mitte des 6. Jahrh. aufgezeichnet. Seine ausgebildete, allgemein in Gebrauch gekommene Gestalt erhielt es unter dem fränkischen Könige Chlotachar II zwischen 613 und 628. Nach dieser Zeit traten allmählich einige Zusätze hinzu, deren Aufnahme einzelne Hss. veranlaßt hat, sich als eine zu den Zeiten des alamannischen Herzogs Lantfrid († 730) veranstaltete Erneuerung zu bezeichnen. Noch weniger berechtigt ist die Annahme einer neuen Recension unter Karl dem Großen. Ausgabe von J. Merkel in Mon. LL. III fasc. 1 (1851) p. 1—182. Merkels Annahme verschiedener Recensionen ist widerlegt von *E. de Rozière* in Revue histor. de droit français et étranger I (1855) p. 69, Hinschius in Histor. Zeitschr. 11 (1864) S. 152, Waitz Göttinger Nachr. 1869 Nr. 14, G. Meyer v. Knonau in Mitthlgn. der antiquar. Gesellsch. in Zürich 19 (1876) S. 52. — Waitz Vf.-Gesch. Bd. II 1 S. 115. De lege Alamannorum commentarios scripsit *I. Merkel*. Berol. 1849. Christoph Friedr. Stälin Wirtemb. Gesch. 1 (Stuttg. 1841) S. 198. Paul Fr. Stälin Gesch. Würtembergs 1 (Gotha 1882) S. 90.

Lex Wisigothorum s. Forum iudicum. Gesetze für die Westgothen wurden aufgezeichnet unter den Königen Eurich (466—483), Leovigild († 586) und Reccared I (586—601). Nur von dem Gesetzbuche des letztern haben sich Bruchstücke erhalten. Fr. Bluhme die westgothische Antiqua oder das Gesetzbuch Reccared I. Bruchstücke eines Pariser Palimpsesten (entziffert durch den 1841 verstorbenen Dr. Knust). Halle 1847. Von den Herrschern des 7. Jahrh. hob K. Chindaswinth (642—653) die Geltung des röm. Rechts für die in seinem Lande wohnenden Römer nach Beseitigung der lex Romana Wisigothorum (s. unten S. 10) auf, veranstaltete sehr wahrscheinlich eine Neuredaction des nunmehr als Reichsrecht geltenden Westgothenrechts, die dann als Grundlage des umfassenden neuen Gesetzbuches diente, welches K. Reccesswinth (649—672) aus dem bisher erwachsenen Materiale herstellen ließ. Die Gesetze K. Reccareds tragen darin oft die Ueberschrift Antiqua. Eine neue Redaction des westgoth. Rechts 682 unter K. Erwig wiederholt die Reccesswinthiana mit unbedeutenden Aenderungen. Auch die folgenden Könige bis Witiza erließen Gesetze. Die in den Vulgathandschriften sich findende Form entspricht wahrscheinlich der unter den letzten Königen publicirten. Eine neuere kritische Ausgabe fehlt noch. Codicis legum Wisigothorum libri XII etc. ex bibliotheca *Pet. Pithoei*. Paris. 1579. f. Fuero Juzgo en Latin y Castellano, cotejado con los mas antiguos y preciosos Códices por la Real Academia Española. Madr. 1815. f. *Walter* C. J. G. I (1824) S. 415—669. — v. Savigny Gesch. des RR. im MA. Bd. 2 S. 67; Zusatz in Bd. 7 S. 42 v. Joh. Merkel. Merkel in Ztschr. f. deutsches R. Bd. 12 (1848) S. 281. Gaupp germanist. Abhdlgn. (1853) S. 27. Adolf Helfferich Entstehung und Geschichte des Westgothenrechts. Berlin 1858. Bluhme z. Texteskritik des Westgothenrechts und Reccareds leges antiquae. Halle 1872. F. Dahn Westgothische Studien. Entstehungsgeschichte, Privatrecht, Strafrecht u. s. w. Würzburg 1874. 4. Waitz Göttinger Nachrichten 1875 Nr. 15. Schmeltzer Ztschr. der Savigny-Stiftg. 2 (1881) S. 123.

Lex Baiuwariorum scheint der Hauptsache nach im 7. Jahrh., unter

K. Dagobert entstanden zu sein und hat dann später Zusätze und Aenderungen erfahren. Das Gesetz hat das alamannische Volksrecht und die Antiqua Reccaredi (s. S. 6) benutzt. — Ueber die meisten und wichtigsten Punkte der Entstehungsgeschichte herrscht noch Streit. Ausgabe: M. G. Ll. III (1863) 183—196 ed. *I. Merkel.* — P. Roth Entstehung der l. Baiuwariorum. München 1848. J. Merkel bei Savigny Gesch. Bd. 7 S. 46; Archiv f. ält. deutsche Gesch. 11 S. 533. P. Roth zur Gesch. des Bair. Volksrechts. München 1869. Waitz Göttinger Nachrichten 1869 St. 8 u. 14; Verf.-Gesch. II 1 S. 116. Riezler Forschgn. 16 S. 411; ders. Geschichte Baierns 1 (Gotha 1878) S. 113 ff. Ueber Stellen, die auf Kenntniß des Röm. Rechts zurückgehen: Savigny Gesch. Bd. 2 S. 84—92.

Leges Langobardicae (Gesetze von 643 an bis in das 12. Jahrh. hinein). Das Volksrecht der Langobarden wurde zuerst unter König Rothari aufgezeichnet und am 22. Nov. 643 unter dem Namen Edictus (edictum) zu Pavia publicirt. Unter dessen Nachfolger Grimoald wurde es 668 um einige abändernde Zusätze bereichert. Unter K. Liutprands Regierung (zw. 713—735) wurden auf 15 Reichstagen neue Gesetze erlassen und in 15 Büchern dem Edict angehängt, unter einander aber durch fortlaufende Zahlen verbunden. Darauf promulgirte K. Ratchis am 1ten März 746 eine Gesetzgebung, welche aber nicht vollständig ins Edict aufgenommen ist. Endlich erließ K. Aistulf in den Jahren 750 und 755 eine Reihe von Gesetzen, die in 2 Büchern dem Edict einverleibt wurden, von welchen aber das erste Buch später wieder beseitigt worden ist. Das Edict in dieser Gestalt war die Grundlage einer für Salerno bestimmten Griechischen Uebersetzung; s. Fragmenta versionis Graecae legum Rotharis Longobardorum R. — primus ed. *C. E. Zachariae.* Heidelb. 1835, wieder abgedruckt in den Mon. Ll. IV p. 225—234. — Diese Gesetzgebung der Langobardischen Könige wurde, nachdem die Langobarden unter die Fränkische Herrschaft gekommen waren, durch die Karolingischen Könige und dann auch durch die späteren Beherrscher der Lombardei fortgesetzt, ohne daß jedoch diese späteren Gesetze jemals als Bestandtheile des Edicts betrachtet wären. Schon seit den Zeiten K. Otto's I wurde sie ein Gegenstand der wissenschaftlichen Bearbeitung auf der Rechtsschule zu Pavia. „Die Urtheilssprüche des dortigen kaiserlichen Pfalzgerichts aus dem Anfang des 11ten Jahrhunderts erlangten als Interpretation der Gesetze das Ansehn oberrichterlicher Präjudicien und seine Grundsätze und Formen im Verfahren wurden als die Lehre vom Proceß wie eine Gerichtsordnung verbreitet" (Merkel). Die einzelnen Stücke suchten schon Zeitgenossen jener Pfalzrichter zu redigiren, wie sie auch Formeln anfertigten und Glossen sammelten. Zwischen 1000 und 1014 veranstaltete man eine Sammlung der in Italien zur Geltung gelangten Capitularien und setzte sie unter dem Namen Capitulare oder Capitulare Langobardorum, mochte es auch der Regel nach Recht für alle damals in Italien lebenden Nationen enthalten, dem Edict entgegen. Beides wurde dann zu einem Ganzen verbunden, dem Liber legis Langobardorum oder nach J. Merkels Vorgange sg. Liber Papiensis. Bald nach Mitte des 11ten Jahrh. machte man den Versuch, die bisherige chronologische Sammlung zu systematisiren, und am

Ende des Jahrh. wurde die anfangs aus 3, dann aus 4 Büchern bestehende systematische Sammlung zu Pavia (durch wen ist nicht zu ermitteln) zum Abschluß gebracht. Diese Sammlung wurde auf der Schule zu Bologna als Liber Longobardae oder Lombarda den Vorlesungen zu Grunde gelegt und von den Lehrern des Römischen Rechts bei Citaten benutzt. — Ausgaben: Edicta regum Langobardorum edita ... opera et studio *Caroli Baudi a Vesme*. Aug. Taurin. 1855. fol. (in den Mon. hist. patriae), danach eine Handausgabe von *I. F. Neigebaur* ed. 2. Monach. 1856; in Mon. Ll. IV (1868) p. 1—225 ed. *Frid. Bluhme*, und eine Handausgabe unter dem Titel: Edictus ceteraeque Langob. leges cum constitutionibus et pactis principum Beneventanorum ed. *Fr. Bluhme*. Hannov. 1869. — Unter dem gemeinschaftlichen Namen Liber Papiensis sind in M. G. Ll. IV p. 290 ff. von Boretius herausgegeben: 1) das Capitulare Langobardorum, 2) eine mit Glossen und Gerichtsformeln ausgestattete und für Schulzwecke zwischen 1019 und 1037 veranstaltete Bearbeitung, die vielfach auf einen berühmten Juristen Walcausus Rücksicht nimmt (Collectio Walcausina glossata), 3) die Expositio zum Papienser Rechtsbuch, ein für den Gerichtsgebrauch nach 1070 verfaßter fortlaufender Commentar, der nach der in der Brancatianischen Bibliothek zu Neapel aufbewahrten Hs. auch wohl Expositiones Brancatianae bezeichnet wird. Von der Lombarda sind M. G. l. c. p. 607—623 durch Bluhme nur die Rubriken unter Verweisung auf die Stellen des liber Papiensis mitgetheilt. — Schon zu Anfang des 12. Jahrh. fing man an, Commentarien darüber abzufassen: Anschütz die Lombarda-Commentare des Ariprand und Albertus nach den Handschriften zum ersten Mal herausgeg. Heidelb. 1855; dazu Siegel die Lombarda-Commentare aus den Sitzungsberichten der philolog. histor. Classe der Kaiserl. Akademie der Wissenschaften Bd. XL besonders abgedruckt. Wien 1862. Zu Anfang des 13. Jahrh. schrieb Carolus de Tocco eine Glosse zur Lombarda und um 1250 stellte Andreas de Barulo in einem Commentar zu derselben die Abweichungen des langobardischen Rechts vom römischen zusammen (Savigny Bd. 5 S. 155 und 370). — Die systematische Sammlung ohne die Glosse des Carolus de Tocco b. *Lindenbrog* Codex legum antiquarum, mit dieser und dem Commentar von Andreas de Barulo in: Leges Longobardorum c. accuratissimis glossis D. *Caroli de Tocco* Siculi multis marginalibus Postillis decoratae. Una cum Capitulari Car. M. Addita fuere insuper in easdem leges luculentissima commentaria Eminentissimi Doctoris D. *Andree de Barulo* nec non annotationes Cl. Iur. utr. interpretis *Nicolai Boerii*. Venet. 1537. 8., auch hinter mehreren glossirten Ausgaben des Corpus iuris civilis, unter anderen als Anhang zum Volumen. Lugdun. 1600. 4. unter dem Titel: Veteres renovatae Longobardorum leges. — J. Merkel die Geschichte des Langobardenrechts. Berl. 1850. v. Bethmann-Hollweg Civilproceß Bd. 4 (1868) § 60, Bd. 5 (1873) § 104. J. Ficker Forschgn. z. Reichs- und Rechtsgesch. Italiens Bd. 3 (1870) § 452 ff. Ueber die zahlreichen Spuren des R. R. in den Langob. Gesetzen v. Savigny Bd. 2 § 77.

Lex Frisionum unter Karl dem Großen, wahrscheinlich 802 aufgezeichnet, aber doch unter Festhaltung sehr alterthümlicher Rechtssätze oder unter Benutzung einer ältern Sammlung. Sie besteht aus zwei Haupttheilen, dem Gesetz selbst und einer Additio Sapientum (d. i. Rechtskundiger), des Wlemarus und Saxmundus. Eine Handschrift hat sich nicht erhalten; die Ausgaben gehen deshalb auf die editio princeps des Herold (ob. S. 2), dessen Vorlage verschollen ist, zurück. Die ältern Herausgeber haben an Herolds Text willkürlich geändert, so auch: Lex Frisionum in usum scholarum recensuit *E. Th. Gaupp*. Vratisl. 1832. Eine correcte Ausgabe ist veranstaltet durch: K. Frhr. v. Richthofen Friesische Rechtsquellen (Berlin 1840. 4) p. XXVII—XLII und in Mon. Ll. III p. 631 ff. Lex Frisionum edente *K. de Richthofen* repetita curis societatis Frisiacae; accedit recensio *B. G. Lintelo de Geer* (Leeuwarden 1866). Die kritische Abhandlung von de Geer ist deutsch abgedruckt in Z. f. RGesch. 8 (1869) S. 134 ff. Altfriesisches Wörterbuch von K. v. Richthofen. Göttingen 1840. v. Richthofen Untersuchungen über Friesische Rechtsgeschichte 2 S. 403 ff. — Waitz Vf.-Gesch. III S. 156.

Lex Saxonum unter Karl dem Großen und wahrscheinlich unter seinem Einflusse zu Stande gekommen. Ausgaben: Recht und Verfassung der alten Sachsen, in Verbindung mit e. krit. Ausg. der Lex Saxonum von E. Th. Gaupp. Bresl. 1837. Lex Saxonum hg. v. J. Merkel. Berl. 1853. v. Richthofen in Mon. Ll. V (fasc. 1 1869) p. 47—84. Zur Entstehungsgeschichte: R. Usinger Forschgn. z. lex Sax. Berl. 1867. v. Richthofen zur lex Sax. Berl. 1868. Boretius Histor. Ztschr. 22 (1869) S. 148 ff. Waitz Gött. gel. Anz. 1869 S. 367 ff.; Verf.-Gesch. III S. 156 ff. und 207 ff. v. Amira Histor. Ztschr. N. F. IV (1878) S. 305 ff.

Lex Angliorum et Werinorum hoc est Thuringorum (unter Karl dem Großen). Das alte Gesetz der Thüringer oder die lex Angl. et Werin. h. e. Thuring. in ihrer Verwandtschaft mit der L. Sal. und L. Ripuaria dargestellt und mit erklärenden Anmerk. herausg. v. E. Th. Gaupp. Breslau 1834. Lex Angliorum et Werinorum, h. e. Thuringorum herausgeg. v. J. Merkel. Berl. 1851 (Nachtrag dazu in der angef. Ausg. der L. Sax. v. Merkel p. 21). v. Richthofen in Mon. Ll. V p. 103—144. Zu einer Lex der Thoringer in den Niederlanden (Südholland) will sie machen H. Müller der lex Sal. und der lex Angl. et Werin. Alter und Heimat. Würzburg 1840. — W. T. Kraut in v. Dalwigk u. Falck Eranien z. deutschen Recht. Liefrg. 3 (Heidelb. 1828) S. 122 ff. v. Richthofen zur lex Sal. S. 394 ff. v. Amira Histor. Ztschr. N. F. IV (1878) S. 310.

Während alle bisher angeführten Volksrechte in lateinischer Sprache abgefaßt sind, sind in einheimischer aufgezeichnet die Angelsächsischen Gesetze (vom Ende des 6ten bis in das 11te Jahrhundert). Ausg.: *Wilkins* Leges Anglosaxonicae ecclesiasticae et civiles. Lond. 1721. f. Ancient laws and institutes of England; comprising laws enacted under the Anglo-Saxon kings from Aethelbirht to Cnut, with an English translation of the Saxon, the laws called Edward the Confessor's; the laws of William the Conqueror and those ascribed to Henry the first: also, monumenta ecclesiastica anglicana from the seventh to the tenth century, and the ancient Latin version of the Anglo-Saxon laws. With a compendious glossary etc. (by *Benj. Thorpe*). London 1840. fol. Die Gesetze der Angelsachsen in der Ursprache mit Uebersetzung, Erläuterungen und einem antiquarischen Glossar hg. v. Reinhold Schmidt. 2. Aufl. Leipz. 1858. F. Liebermann in Ztschr. der Sav.-Stftg. 3 S. 127 u. 5 S. 198; ders. in Forschn. 16 S. 582. Phillips Versuch einer Gesch. des angels. Rechts. Gött. 1825. Brunner a. a. O. S. 301—304.

Anhang: Leges Romanae, Aufzeichnungen des Röm. R. von germanischen Herrschern für ihre römischen Unterthanen veranstaltet. Dahin gehören:

Lex Romana Wisigothorum oder breviarium Alaricianum, von K. Alarich II für die Römer in seinem Reiche im J. 506 publicirte, aus den Gesetzen der röm. Kaiser und Schriften der römischen Juristen (Leges und Ius) zusammengesetzte Rechtssammlung. Lex Rom. Visig. ed. *G. Haenel*, Lips. 1849. 4. Das Gesetz wurde mit einer fortlaufenden Interpretatio versehen, welche die Anwendung des Röm. R. auf die westgothischen Verhältnisse vermitteln sollte. Eine Bearbeitung erfuhr die l. Rom. Wisig. in der sg. lex Romana Utinensis (wie man sie nach der ersten zu Udine gefundenen Hs. zubenannt hat) oder Curiensis, die in der Mitte des 9. Jahrh. in Churrhätien entstand. Herausg. von Hänel l. c. *O. Stobbe* de lege Rom. Utinensi. Diss. inaug. Regiom. 1853. *Fr. Schupfer* la legge Romana Udinese. Roma 1881 (Accademia dei Lincei vol. VII). R. Wagner Ztschr. der Sav.-Stiftg. 4 S. 54. Brunner das. S. 263. Waitz Verf.-Gesch. III S. 627. — Capitula Remedii, Gesetze des Bischofs Remedius v. Chur aus dem Anfang des 9. Jahrh. *Haenel* l. c. p. 455. Fr. v. Wyß Arch. f. Schweiz. Gesch. 7 (Zürich 1851) S. 205—227. *Haenel* in Mon. Ll. V p. 180—184.

Lex Romana Burgundionum (sg. Papian) zwischen 506 und 534 erlassen; eine Bearbeitung der Quellen des Röm. R., zum Theil unter Benutzung des Breviar. Alaricianum, später durch letzteres aus dem Gebrauch verdrängt. Ausg. von Bluhme in Mon. Ll. III p. 579—630.

Edictum Theodorici, von Theodorich dem Großen zwischen 506 und 526 für Gothen und Römer seines Reiches erlassene Gesetzsammlung, die ihren Stoff den Schriften des Paulus und den römischen Kaisergesetzen entnommen hat. Ausg. von Bluhme in Mon. Ll. V p. 145—179.

§ 3. 2. Gesetze der fränkischen Könige (Capitularien). (B. § 43 II. G. § 12. Stobbe Rqu. § 20—22.)

Eichhorn RG. § 142. 143. 149. 150. v. Savigny Bd. 2 S. 96—106. Gengler D. RG. S. 208—244. Walter RG. § 159. 160. Waitz Verf.-Gesch. III S. 599 ff.

Ausgaben: Capitularia regum Francorum, additae sunt Marculfi monachi et aliorum formulae veteres, collegit *Steph. Baluzius*. 2 tomi. Paris 1677. fol. und curante *P. de Chiniac*. 2 tom. Paris. 1780. G. H. Pertz in Mon. Ll. I und II (1835 und 37).

Zur Kritik dieser Ausgabe Alfr. Boretius die Capitularien im Langobardenreiche. Halle 1864. Capitularia regum Francorum denuo edidit *A. Boretius* I (1883) in Mon. Ll. sectio II (oben S. 2) die Capitularien bis 827 umfassend. Die älteren Capitularien, mit manchen schätzenswerthen Erläuterungen auch abgedruckt in den Diplomata, chartae, epistolae, leges et alia instrumenta ad res Gallo-Francicas spectantia — — — prius collecta a v.v. c.c. *de Bréquigny* et *La Porte du Theil* ed. *J. M. Pardessus.* Tom. I. Lutet. Paris. 1843. fol.

Die Gesetze der Fränkischen Könige führen die Benennungen Praeceptiones, Constitutiones, Decretiones, Edicta, Pactiones (d. i. Vereinbarungen unter mehreren Theilhabern der Fränkischen Monarchie über als Gesetz zu erlassende oder von ihnen selbst zu beobachtende Bestimmungen); seit den Karolingern werden sie von ihrer Eintheilung in Capitel häufig mit dem Gesammtnamen Capitula, Capitularia, Capitulationes bezeichnet. Von diesen Gesetzen gab es in den verschiedenen Archiven der Fränkischen Monarchie officielle Sammlungen; allein diese waren nie vollständig. 827 veranstaltete der Abt Ansegisus von Fontanella (St. Wandrille im Bisth. Rouen) eine Sammlung von Capitularien Karl des Großen und Ludwig des Frommen in 4 Büchern und 3 Anhängen, die ihres privaten Ursprungs ungeachtet in allgemeinen Gebrauch kam und selbst von den fränkischen Herrschern wie eine authentische Ausgabe benutzt wurde. Ausg.: Pertz a. a. O. I p. 271—325; Boretius a. a. O. p. 382—450. Mit der Sammlung des Ansegisus ist später äußerlich zusammengestellt die zwischen 840 und 847 entstandene Rechtssammlung des Benedict, eines Mainzischen Diaconus, daher gewöhnlich Benedictus levita genannt. Seine 3 Bücher sind aber eine aus dem verschiedenartigsten echten und unechten Material planlos zusammengestellte Sammlung von Quellen des damaligen Kirchenrechts, und enthalten in dieser Eigenschaft auch Capitularien, aber nicht einmal zum vierten Theil. Die späteren Handschriften und die früheren Ausgaben enthalten 4 Anhänge. Von diesen hat der erste wohl schon von Anfang an dem Ganzen angehört, während die drei anderen, denselben Quellen entlehnt und in der ganzen Haltung durchaus ähnlich, bestimmt sehr bald nach Benedict beigefügt sind. Ausg.: Knust in Mon. Ll. II 2 (unter den Capitula spuria) p. 17—158, wo zugleich jedes Stück der Sammlung auf seine wahre Quelle zurückgeführt ist. Von den Capitularien sind einige für das Fränk. Reich und Italien erlassen worden (capitularia generalia), andere für Italien allein: Boretius in Mon. Ll. IV p. XLVI ff. — Über die Capitularien überhaupt: Boretius Capitularien im Langobardenreich (s. o.), Beseler die Gesetzeskraft der Capitularien. Berl. 1871, Boretius Beiträge zur Capitularienkritik. Leipz. 1874. — Von einem Capitular Ludwig des Fr. v. 818 c. 6 (Mon. C. p. 282) hat sich ein Bruchstück einer deutschen Übersetzung erhalten; da die Hs. verschollen ist, so mußte der älteste Druck in *Brower*, antiquitates et annales Trevir. (1670) von den Ausgaben zu Grunde gelegt werden: Mon. C. p. 378 nach J. Grimms Restitution (auch in Kl. Schr. 6 S. 420) und Müllenhoff und Scherer Denkmäler deutscher Poesie und Prosa (Ausg. 2) n. 66 und p. 538. Vgl. unten § 78 n. 1.

1. Hincmari Remens. (Opp. ed. Sirmond II, 224) epist. XV, c. 15. Quando vero per *legem* non aestimant acquirere, ad *capitula* confugiunt, sicque interdum fit, ut *nec capitula* pleniter conserventur, — *nec lex.*

2 Cap. a. 803 c. 19 (Mon. C. p. 116). Ut *populus interrogetur* de capitulis quae in lege noviter addita sunt. Et postquam *omnes consenserint*, subscriptiones et manufirmationes suas in ipsis capitulis faciant.

3. Inscript. capitulorum, quae in lege Sal. mittenda sunt in cod. Paris. (Mon. C. 112). Anno tertio clementissimi domni nostri Karoli augusti sub ipso anno haec capitula facta sunt et consignata Stephano comiti, ut haec manifesta fecisset in civitate Parisius *mallo pubplico*, et ipsa legere fecisset *coram illis scabineis;* quod ita et fecit. Et *omnes in uno consenserunt*, quod ipsi voluissent omni tempore observare usque in posterum; etiam omnes scabinei, episcopi, abbatis, comitis manu propria subter firmaverunt.

4. Cap. a. 820 c. 5 (p. 295). Generaliter omnes admonemus, ut capitula, que praeterito anno legis Salicae *per omnium consensum* addenda esse censuimus, jam *non ulterius capitula, sed tantum lex dicantur, immo pro lege teneantur.*

5. Cap. Karoli M inc. anni (p 218). Sicut consuetudo nostrorum est, ut Langobardus vel Romanus si evenerit quod causam inter se habeant, observamus ut Romanus populus successionem eorum *iuxta suam legem* habeant. Similiter et omnes conscriptiones *iuxta suam legem* faciant. Et quando iurant, *iuxta suam legem* iurent. Et quando componunt, *iuxta legem cui malum fecerint* componant. Et Langobardos similiter convenit componere. De ceteris vero causis *communi lege vivamus, quam domnus — Karolus rex — in edicto adiunxit.*

§ 4. 3. Quellen des ungeschriebenen Rechts. (B. § 43 III u. IV. G. § 13.)

a. Römische Schriftsteller: Taciti Germania; edidit et quae ad res Germanorum pertinere videntur e reliquo Tacitino opere excerpsit *Jac. Grimm.* Gotting. 1835. Germania antiqua. Cornelii Taciti libellum post M. Hauptium cum aliorum veterum auctorum locis de Germania praecipuis ed. *K. Müllenhoff.* Berol. 1884. Corn. Taciti Germania erläutert von H. Schweizer=Sidler. 3. Aufl. Halle 1879.

b. Urkunden: Regesta chronologico-diplomatica Karolorum. Die Urkunden sämmtlicher Karolinger in kurzen Auszügen, mit Nachweisen der Bücher, in welchen solche abgedruckt sind. Von J. Fr. Böhmer. Frkf. a. M. 1833. 4. — *I. F. Böhmer* regesta imperii I. Die Regesten des Kaiserreichs unter den Karolingern 751—918 nach Joh. Fr. Böhmer neu bearbeitet von Engelb. Mühlbacher. Liefrgn. 1—3 (bis 858). Innsbr. 1880—83. 4. Acta regum et imperatorum Karolinorum digesta et enarrata a *Th. Sickel.* 2 Thle. Wien 1867—68.

Urkunden zur Geschichte des deutschen Privatrechts hg. v. H. Lörsch und R. Schröder unter Mitwirkg. von A. Reifferscheid. 2. Aufl. Bonn 1881.

H. Brunner zur Rechtsgeschichte der röm. und german. Urkunde. Berlin 1880. — Vgl. unten § 12 II.

c. Formelsammlungen: Eichhorn RG. § 156. Walter RG. § 161. Stobbe Rechtsqu. § 23. 24. *Seidensticker* commentatio de Marculfinis aliisque similibus formulis, liber singularis. Jenae 1818. 4. *Sickel* Acta regum 1 S. 109 — Über die Handschriften: K. Zeumer im N.Archiv Bd. 6 (1881) und in den Einleitungen zu s. Ausgabe. Marculfi monachi formularum libri duo item veteres formulae incerti auctoris ed. *Hier. Bignon.* Lutet. Paris. 1613. Marculfi monachi aliorumque auctorum formulae veteres; accessit liber leg. Sal. opera — *Theod. Bignonii.* Paris 1665. 4. Recueil général des formules usitées dans l'empire des Francs du Ve au Xe siècle par *Eugène de Rozière.* 3 Tom. Paris 1859—71 (vereinigt die Formeln aller Sammlgn. unter sachliche Rubriken). Formulae Merowingici et Karolini aevi edidit *Karolus Zeumer.* Pars prior (Mon. Ll. sectio V, oben S. 2). Hannov. 1882. 4. Zu dieser Ausgabe vgl. Zeumer in Gött. gel. Anz. 1882 S. 1389 und R. Schröder in Ztschr. der Sav.-Stftg. 4 (1883) S. 75.

Einzelne Formelsammlungen: A. Fränkische. 1. Die wahrscheinlich ältesten aller fränkischen sind die Formulae Andecavenses (Andegavenses), in Angers entstanden und zwar die Formeln 1—36 um das J. 514, die folgende kleinere Hälfte nach dem Ende des 6. Jahrh. Mit Ausnahme der drei letzten Formeln lag die Sammlung im J. 678 abgeschlossen vor. Zuerst von Mabillon 1685 herausg., neuerdings: Formulae Andegavenses publiées d'après le ms. de Weingarten actuellement à Fulde par *Eug. de Rozière.* Paris 1844, wiederholt in *Giraud* Essai sur l'histoire du droit français au moyen âge vol. 2, Paris 1846, p. 425 ff. *K. Zeumer* in Mon. l. cit. p. 1—25; dazu derselbe im N.Archiv S. 91. Krusch in Forschgn. 22 S. 486. 2. Formulae Arvernenses, Bruchstück einer in der Auvergne um die Mitte des 6. Jahrh. entstandenen Formelsammlung. Zuerst von Baluze 1713 (mit anderen nicht dazu gehörigen Stücken) veröffentlicht; jetzt: Zeumer in Mon. p. 26—31; dazu N.Archiv S. 95. 3. Marculfi formulae, eine in zwei Bücher, von denen das erste cartae regales, das andere cartae pagenses enthält, eingetheilte Sammlung, welche gegen 700 (früher: 650) entstand und einen Mönch Marculf zum Verfasser hat, der seine Arbeit dem Bischof Landerich von Meaux (früher: von Paris) widmete. Gegen Mitte des 8. Jahrh. wurde ein Supplement von Formeln hinzugefügt. Ältere Ausgaben: von Bignon (oben unter c), *Lindenbrogius* Codex legum antiquarum (Francof. 1613. f.) p. 1205 ff. und Baluze (ob. § 3); jetzt: Zeumer in Mon. p. 32—106; dazu N.Archiv S. 13. 4. Formulae Turonenses um die Mitte des 8. Jahrh. in Tours von einem Gerichtschreiber, der mit römischem Recht durch Vermittlung der l. Rom. Wisigoth. bekannt war und Marculfs Sammlung benutzte, verfaßt. Die Formeln 34—45 sind erst später hinzugefügt. Früher nach ihrem Entdecker Sirmond, der sie Bignon zur Herausgabe übersandte, zubenannt. Zeumer in Mon. p. 128—165; Archiv S. 50. 5. Formulae Bituricenses, Formeln aus Bourges stammend und der Zeit Karls d. G. angehörig, die nicht wie die übrigen in einer planmäßigen Sammlung vereinigt sind, sondern in drei Hss. zerstreut vorliegen. Zeumer in Mon. p. 166—181; Archiv S. 79. 6. Formulae Senonenses, ältere und jüngere Formeln von Sens enthaltend, die erstern um 770, die letztern in den ersten Jahrzehnten des 9. Jahrh. entstanden. Wegen ihrer handschriftlichen Verbindung mit Marculf früher unrichtig als Appendix Marculfi bezeichnet. Zeumer in Mon. p. 182—226; Archiv S. 69. 7. Formulae Salicae Bignonianae, auf salfränkischem Gebiet vor 775 entstanden, nach ihrem ersten Herausgeber zubenannt. Zeumer in Mon. p. 227—238; Archiv S. 83. 8. Formulae Salicae Merkelianae im westlichen Theil des Frankenreichs (nach Schröder: in Burgund) entstanden und zwar in ihrem ältesten Bestand nach der Mitte des 8. Jahrh., dann mehrfach, zuletzt um 820 mit Zusätzen versehen. Herausg. von Joh. Merkel in der Zeitschr. f. Rechtsgesch. 1 (1861) S. 194—233; dazu Waitz in Forschungen 1 (1862) S. 533—541. Jetzt: Zeumer in Mon. p. 239 bis 264; Archiv S. 85. Schröder a. a. O. S. 86. 9. Formulae Salicae Lindenbrogianae Formelsammlung aus dem Ende des 8. Jh., zuerst von Lindenbruch in dem cit. Codex herausgegeben. Wegen ihrer eigenthümlichen bairischen Beziehungen will Schröder als den Verfasser Erzbischof Arno von Salzburg erkennen, der vordem Abt zu St. Amand war. Ausg.: Zeumer in Mon. p. 265—284. Dazu Archiv S. 99 ff.; G. G. Anz. S. 1406. Schröder S. 95 ff. 10. Formulae imperiales, aus der Kanzlei Ludwigs des Frommen stammende Sammlung von Formeln, die fast sämmtlich nach wirklichen Diplomen gearbeitet und zu Mustern für die Entwerfung von Kaiserurkunden bestimmt sind. Früher nach dem ersten Hg. Carpentier (Alphabetum Tironianum. Paris 1747) zubenannt, jetzt aus der zum größten Theil in tironischen Noten geschriebenen Pariser Hs. edirt von Zeumer in Mon. p. 285 bis 328 und von Wilh. Schmitz Monumenta tachygraphica, fasc. prior, Hannov. 1882, 4. Zeumer G. G. A. 1882 S. 1415. B. Außerfränkische Formelsammlungen: I. Formulae Visigothicae aus der ersten Hälfte des 7. Jahrh. Erste Ausgabe: Formules Wisigothiques inédites publiées d'après un manuscrit de la bibliothèque de Madrid par *Eugène de Rozière.* Paris 1854; abgedruckt und commentirt b. *O. Biedenweg* commentatio ad formulas Visigothicas novissime repertas (Dissert. inaug.). Berol. 1856. II. Alamannische Formeln. Über die Hss. Zeumer N.Archiv 8 S. 475 ff. 1. Formulae Murbacenses zu Murbach im Elsaß gegen Ende des 8. Jahrh. gesammelt, durch eine St. Galler Hs. zusammen mit Reichenauer Formeln (s. u.) überliefert. *E. de Rozière* formules inédites publiées d'après un manuscrit de la bibl. de Saint-Gall. Paris 1883. Zeumer S. 477. 2. Formulae Argentinenses in der Nähe von Straßburg im 9. Jahrh. entstanden, hg. v. H. Hagen 1872. Zeumer S. 480. 3. Formulae Augienses, aus Reichenau stammend, in drei dem 8. und 9. Jahrh. angehörenden Sammlungen überliefert. Ausg.: Mone Zeitschr. für Gesch. des Oberrheins 3 (1852) S. 385; *de Rozière* Formules inéd. publ. d'après un ms. de la bibl. de Strassbourg. Paris 1851. Irrig ist eine dieser Sammlungen von neuern Schriftstellern als Formulae Isonis bezeichnet. Zeumer S. 481 ff. 4. Formulae Salomonis. Darunter werden aus St. Gallen stammende Formelsammlungen begriffen, die unabhängig von einander in den 70er und 80er Jahren des 9. Jahrh. entstanden, zur Zeit Salomo III. Bischofs von Constanz und Abts von St. Gallen († 920) mit einander in Verbindung gesetzt worden sind. Eine dem Pariser Codex der form. Salom. angehörige war die frühest veröffentlichte: Le Pelletier, Codex canonum (Paris 1687, fol.) p. 431 mit dem irrigen Titel: formulae

Alsaticae. Das Formelbuch des Bischofs Salomo III. v. Konstanz hg. u. erläutert v. E. Dümmler. Leipz. 1857. Zeumer S. 506—540. 5. Formulae Sangallenses aus dem Ende des 9. Jahrh., hg. aus einer früher Rheinauer, jetzt Züricher Hs. v. Fr. v. Wyß in Mitthlgn. der antiquar. Gesellschaft in Zürich Bd. 7 (1850) 4. Ebendahin nach Ort und Zeit gehören auch die fünf von Goldast in s. Alam. rerum scriptores II 1 (1606) p. 35 ff. aus einem ehemals St. Galler, jetzt Vaticanischen Codex publicirten Formeln, die er willkürlich einem der berühmten Lehrer von St. Gallen, dem Mönch Iso (852—868), zugeschrieben hat. Zeumer S. 543—552. III. Baierische Formeln. Solche sind aus einer zu Anfang des 9. Jahrh. in Salzburg veranstalteten Sammlung hg. als: Salzburgisches Formelbuch aus des Erzbischofs Arno Zeit von Rockinger in den Quellen zur baier. und deutschen Geschichte 7 (München 1858) S. 45—186. IV. Langobardische Formeln. a) Prozeßformeln, sind einzelnen Stellen der leges Langobardorum beigefügt zur Erläuterung der darin ausgesprochenen Rechtssätze durch Rechtsfälle, welche in oder um Pavia vorgekommen waren (oben S. 7). Merkel Gesch. des Langobardenrechts S. 28 ff. Abgedruckt unter den betreffenden Stellen der Leges Langob. bei *Walter* C. J. G.; jetzt in der Ausg. des liber Papiensis von Boretius. b) Formeln der freiwilligen Gerichtsbarkeit (sg. Notariatsformeln), gesammelt in dem vor 1070 zu Stande gekommenen Cartularium Langobardicum. Hg. v. Boretius Mon. l. c. p. 595 ff. (früher gedruckt bei Walter III S. 547 ff.); dazu Brunner zur Rechtsgeschichte der röm. und german. Urkunde S. 96 ff. Bluhme bei Merkel a. a. O. S. 33.

B. Die Quellen der mittleren Zeit seit Auflösung der Fränkischen Monarchie bis gegen Ende des 15ten Jahrhunderts.

(B. § 44. G. § 14. 15. Stobbe Rqu. § 26 ff.)

Corpus iuris Germanici publici ac privati — *e bibliotheca Senckenbergiana* emissum — curante — *G. G. Koenig a Koenigsthal.* 2 Tomi. Francof. 1760—66. f. Corpus iuris feudalis Germanici d. i. Sammlung derer teutschen Lehenrechte u. Gewohnheiten, worinnen nicht nur die allgemeinen Reichs-Lehenrechte, sondern auch die in denen teutschen Provinzien hergebrachten iura feudalia u. s. w. beigebracht worden von J. Ch. Lünig. Frankf. a. M. 1727. 3 Thle. Fol. Corpus iuris feudalis Germanici oder vollständige Sammlung derer teutschen gemeinen Lehens-Gesetze — durch H. Ch. Senkenberg. Gießen 1740; von neuem mit einigen Zusätzen vermehrter herausgeg. von J. F. Eisenhart. Halle 1772. Fr. Ortloff Sammlung deutscher Rechtsquellen. 2 Bde. Jena 1836 u. 1860. *F. E. a Pufendorf* Observationes iuris universi — adiecta est appendix variorum statutorum et iurium. 4 Tomi. Hannov. 1744 seq. Ed. altera rev. Cellis 1757—70. 4. *H. Ch. de Senkenberg* Visiones diversae de collectionibus legum Germanicarum etc. acced. statutorum et monimentorum anecdotorum appendices. Lips. 1765. (J. E. Böhme) Diplomatische Beiträge zur Untersuchung der Schlesischen Rechte und Geschichte. 6 Thle. oder 2 Bände. Berlin 1770—1775. 4. C. F. Walch vermischte Beyträge zu dem deutschen Recht. 8 Bde. Jena 1771—93. A. Fr. Schott Sammlungen zu den teutschen Land- und Stadtrechten. 3 Thle. Leipzig 1772—75. 4. J. C. H. Dreyer Sammlung vermischter Abhandlungen zur Erläuterung der teutschen Rechte und Alterthümer. 3 Thle. Rostock und Wismar 1754—63. Dess. zur Erläuterung der teutschen Rechte, Rechtsalterthümer u. Geschichte angewandte Nebenstunden. Bützow u. Wismar 1768. 4. Dess. Beiträge zur Literatur und Geschichte des teutschen Rechts. 3 Stcke. Lübeck u. Leipz. 1783. 4. P. J. Bruns Beiträge zu den deutschen Rechten des Mittelalters. Helmstädt 1799. E. Spangenberg Beyträge zu den Teutschen Rechten des Mittelalters, vorzüglich zur Kunde u. Kritik der altgermanischen Rechtsbücher u. des Sachsen- u. Schwabenspiegels. Halle 1822. 4. Dess. Beiträge zur Kunde der teutschen Rechtsalterthümer und Rechtsquellen, enthaltend Mittheilungen aus Dreyer's u. Grupen's handschriftlichem Nachlasse u. ungedruckte Rechtsquellen des Mittelalters. Hannov. 1824. 4. Archiv für Geschichte und Alterthumskunde Westphalens, herausgeg. v. P. Wigand. 7 Bde. Lemgo 1826—37. Archiv für die Geschichte des Niederrheins, herausgeg. von Th. J. Lacomblet. Bd. 1—7. Düsseldorf 1831—1870. M. Frhr. v. Freyberg Sammlung historischer Schriften und Urkunden. 5 Bde. Stuttg. u. Tüb. 1827—39. Weisthümer gesammelt von Jac. Grimm 7 Thle. Th. 5. 6. 7 (Namen- u. Sachregister), bearb. von Rich. Schröder. Göttingen 1840—78. Die Österreichischen Rechtsbücher des M.A. hg. v. Kaltenbaeck Reihe I Bd. 1 die Pan- u. Bergtaidingsbücher in Österr. unt. der Enns. Wien 1846. Bd. 2 Hälfte 1. 1847. Österreichische Weisthümer, gesammelt von der kaiserlichen Akademie der Wissenschaften: Bd. 1, die Salzburgischen Taidinge hg. v. H. Siegel und Karl Tomaschek. Wien 1870. Bd. 2—4, die Tirolischen Weisthümer hg. v. v. Zingerle und v. Inama-Sternegg. Wien 1875—80. Bd. 6, Steirische und Kärnthische Taidinge hg. v. F. Bischoff und A. Schönbach. Wien 1881. Luxemburger Weisthümer als Nachlese zu Jacob Grimms Weisthümern gesammelt und eingeleitet von Hardt. Luxemburg 1870. Aargauer Weisthümer erhoben und rechts- und ortsgeschichtlich erklärt von E. L. Rochholz. Aarau 1876.

§ 5. 1. Rechtsbildung überhaupt. (Eichh. Einl. § 5 u. 9.)

Stobbe Rechtsqu. S. 266—285. Eichhorn R.G. § 257. 258. Walter R.G. § 313—315. — G. L. Maurer Geschichte des Altgerman. und namentl. Altbairischen Gerichtsverfahrens. Heidelb. 1824. 4. Grimm Rechtsalterth. S. 745 ff. A. L. J. Michelsen der ehemal. Oberhof z. Lübeck u. seine Rechtssprüche. Altona 1839. Der Oberhof zu Frankfurt a. M. u. das Fränkische Recht in Bezug auf denselben. Ein Nachlaß von J. G. Ch. Thomas herausgeg. von L. H. Euler u. bevorwortet von Jac. Grimm. Frankf. a. M. 1841.

1. Widukind. Res gestae Saxon. II c. 10 (Mon. SS. III 440). De legum — varietate facta est — contentio, fueruntque qui dicerent, quia filii filiorum non deberent computari inter filios hereditatemque legitime cum filiis sortiri, si forte patres eorum obissent avis superstitibus. Unde exiit edictum a rege, ut

universalis populi conventio fieret apud villam, quae dicitur Stela, factumque est, ut causa inter arbitros iudicaretur debere examinari. Rex (Otto I) autem meliori consilio usus noluit viros nobiles ac senes populi inhoneste tractari, sed magis rem *inter gladiatores discerni iussit.* Vicit igitur pars, qui filios filiorum computabant inter filios, et firmatum est, ut aequaliter cum patruis hereditatem dividerent *pacto sempiterno.*

2. Friderici II. Constit. pacis a. 1235 (Mon. Ll. II 313): licet per totam Germaniam constituti vivant in causis et negociis privatorum *consuetudinibus antiquitus traditis et iure non scripto.*

3. Chron. Ursperg. ad a. 1187 (Mon. SS. XXIII). Eo anno Fridericus imperator — conventum principum apud Nurinberc coadunavit, ubi de pace terrae disposuit et in litteras redigi iussit; quas litteras Alamanni usque in praesens fridebrief, id est literas pacis, vocant, *nec aliis legibus utuntur;* sed nec eisdem recte utuntur tanquam gens agrestis et indomita.

4. Erringer Gewonh. (Grimm 3, 644): alle gepurn, seldner u. all ander husheblich lüt zu Erringen wol reht mugen sprechen.

5. Buch der i. J. 1555 beschehener Erkundigung i. Fürstenth. Berg von wegen eines jeden Gerichts alten herkommen b. Lacomblet Archiv 1, 292. Amt Borg. Ist in diesem Ampt ein Dingstuel; hat gein Scheffen, sonder weiset der umbstand das recht.

6. Urk. v. 1491 b. Niesert Münster. Urk. Buch II n. 53 S. 133: en sy eyn ordell, wes daer recht umme sy, bestadet an Johan ten B., de utgenck myt den ghemeynen erffexen u. buren u. berett sick u. queme weder int gerichte u. wysede voer recht myt ghemeyner volge des ummesteindes.

7. Wetterer W. v. 1239 (Grimm 3, 343): hi sunt articuli, quos dictavit *communitas* et scabini in Wettera.

8. Heuseilser W. (Grimm RA. S. 769): nach weisung der schöffen ist der gemeine lantmann samentlich mit offentlich aufgerufner stimme befragt, ob die gemelte weisung recht geschehen sei? ist von ihrentwegen durch den genannten jüngling geantwortet: sie wißen nicht mehr oder beßer.

9. Urk. K. Heinrich II a. 1015 ap. *Ludewig* Scr Bamb. 1, 1118: Ceterum si coloni in litibus causarum decidendis inter se dissentiunt, *ad proximam curti marchiam* eos pro sententiis ferendis statuimus habere recursum (Unecht vgl. St. 1645).

10. Rechtsb. nach Dist. im Eingang (Böhme): Dis buch ist ein buch des rechten czu wichbilde in Sachsischer art, als is Meideburg gebrucht u. die von Halle, die ir volbort do neimen, u. die von Lipczk volbort czu Halle; dornoch vil stete in der marggrafeschaft czu Misen ire volbort des rechten nemen czu Lipczk. Also wenne des rechten broch were, das man denne den volczug hette von Lipczk ken Halle, von Halle ken Meideburg.

11. Priv. f. die Stadt Wittstock v. 1248 b. *Riedel* C. diplom. Brand. 2 S. 447: civibus in Witstock oppido — donavimus uti eo iure civili —, quo utuntur incole Stendalenses. — Preterea sententias ignoratas et dubias querent Stendal, si velint, vel ubi illi de Stendal querere consueverunt

12. Witzenhäuser Salbuch v. 1555 (b. Kopp v. d. Hess. Gerichten Thl. 1 Beil. S. 153). Item, do sie (die Richter der Stadt Witzenhausen) zwey sprüchig in den Urtheilen würden, oder dieselbige nicht verstünden, haben sie ihren Oberhoff Urtheil zu erlernen zu Cassel.

13. Crombacher W. (Grimm 3, 407). Item so sein auch etliche untergericht in dem landgericht Crombach u. diese — untergericht, — die haben ihren oberhof u. ihre urtheil zu holen an dem obg. landgericht zu Crombach.

14. Sch. Urth. b. Mühler S. 69: haben wir uns verwillekort vor den rethen zcu Nuemburg, waz sy mir sprechen vor recht nach orer bucher lute, daran schal mir wol genugen. Wo sy des nicht treffin kunnen, so schollen sy sych der irholen, da sye sich ores rechten phlegen zcu irholende.

15. Peinl. Ger. Ordn. K. Karl V. Art. 219. Und — sollen allwegen die gericht — bei jren oberhofen, da sie auß altem verjertem gebrauch bißher underricht begert, jren rath zu suchen schuldig sein. Welche aber

nit oberhoffe hetten, — sollen — bei irer oberkeyt, die dasselbig peinlich gericht — zu bannen u. zu hegen macht hat, rath suchen.

16a. Friderici II. Imp. Const. pacis a. 1235 c. 15 (Ll. II 317. 318). Statuimus — ut curia nostra iusticiarium habeat. — Idem habebit notarium specialem, qui — scribet omnes sentencias coram nobis in maioribus causis inventas, maxime contradictorio iuditio optentas, que vulgo dicuntur gesamint urteil, *ut in posterum in casibus similibus ambiguitas rescindatur.*

16b. Dieselbe in deutscher Sprache (l. cit. 580—82). Item wir setzen das unser hoff hab einen hoffrichter. — Der richter sol haben einen sunderlichen schriber, der — sol auch schreyben all dye urtail, dye umb gros sach von uns gesament werden u. da sy funden werdent, darumb das man nach denselben urtailen richten.

17. Brokmerbrief § 174 (Richthofen fries. Rqu. S. 175). Alsar sketh en thictega, ther naut nis inna brewe, sa endigie tha redia thene bi liuda skiffene, and efter lidszemane inna thet bref. (Wenn ein Rechtsstreit vorkömmt, worüber nichts in dem Brief steht, so sollen die Richter den endigen nach Entscheidung der Leute, u. dann lege man (das Erkenntniß) in den Brief.)

18. Erfurt. Stat. v. 1306 (Walch Beitr. 1, 97) Art. 6. Welch orteil vor gerichte wirt gestrafit, daz sal man brengen vor den rat u. also iz der rat mit andern retin uffe iren eit gebin, also sal man iz in die buch scribe u. sal iz ewiclichen halde.

19. Münchener Stadtrecht Art. 451 (Auer S. 171). Swaz für recht chumpt, des daz puoch nicht enhat, da sol der richter an der schrannen fünf nemen die pesten die da sein des tags, u. die sullen also still sitzen, u. sullen sich nicht darumb gesprechen, u. sol sie der richter fragen auf ir aid, waz si recht darum dunck nach jens anclag u. nach jens antwurt; u. werdent die fünf ainig mit irer urtail, damit hat der behabt dem daz recht gefelt. So sol der richter ain lärez plat habn in dem puoch, u. sol an daz selb puoch haizzen schreiben die ansprach u. die urtail u. waz darüber ertailt ist.

20. Erlenbacher W. (Grimm 1, 577). Dis vorgeschriben hant die eltisten gewiset, die jezunt lebent an den dreien marken, fur ein recht, als das von altem an sie komen ist u. von den eltesten hant horen weisen.

21. W. zu Hirzenau (Grimm 2, 231). Hiebey ist zu wissen, daß man kein beschrieben weisthumb hat, sonder das mündlich weissen uf fragen eines schultheissen u. vogts, wie das von unsern vorfharen schöffen gehort u. auch han helffen weissen u. von einem uf den andern kommen ist, alles — ist geschrieben aus der schöffen mund.

22. W. v. 1369 b. Lacomblet Arch. 1, 280. Scheffen ind gemeynde — havent eyndrechtlichen onder oeren eyden ind geloeven — dye gewoende ind recht des slotz zoe Leedberch gesacht ind geoffenbart — ind beeden ind willen alre vurschreven, alsus as hernae geschreven steit.

23. Offnung von Höngg v. 1338 (Grimm 1, 6). Und sullent vor allen dingen luterlich u. vernemplich geofnet werden ällü reht u. gewonheit der kilchen u. des probstes ze Zürich u. des dorfs u. der dorflüten ze Höngg.

24. Offn. v. Berg (Bluntschli 1, 212). Item nachdem das Gericht verbannen wirt, sol er (der Probst als Grundherr) die offnung lesen u. uf jeden articel umbfrag halten.

25. Urk. v. 1245 b. Hanßelmann Landesh. des H. Hohenlohe S. 406: si heredes habuero qui decedant, quia iuxta *ius commune* ex tunc legatio vires non haberet, volo ut dominus sororius meus et sui heredes succedant.

26. Stat. v. Hörter um 1300 (Frensdorff Dortmunder Stat. S. 194): arbitrio sive consuetudine, que vulgariter wilkore dicitur, quod tamen non est *ius commune.*

27. Urk. v. 1272 b. Wigand Archiv 1 H. 3 S. 91. Unde nos — monuimus eundem, quatinus — suum warandum — impeteret, prout deposceret *ius commune.*

28. Erfurt. Willkür, Stadtr. u. Gewohnh. üb. Erbfälle a. 1300 (Mscr.) Art. 2. Die Sache ist geurtheilet nach der Stadt Rechte u. Gewonheit des Reichs u. anderer Städte &c.

29. Karoli IV Imp. dipl. a. 1360 ap. *Glafey* Anecdot. p. 322 (BH. 3289): gemein recht ist, daz man alle sachen vor iren rechten richtern sol handeln.

30. Dipl. Friderici I a. 1181 (*Mencken* Scr. I 770). H. et W. de St. — profitentes se *iuri Franconum cum progenitoribus suis addictos*, possessionem suam in B. — coram marchione O. et provinciali (comite) L., in quorum ditione possessio ipsa sita est, *iure et iudicio Franconum* publice contradiderunt.

31. Henrici R. const. a. 1234 (Ll. II 301). Comes — vel alius nobilis iudicium habens, si non iudicaverit *secundum provinciarum consuetudinem*, domino regi — centum marcas argenti componet.

32. Ssp. III 54 § 4. Die koning sal hebben vrenkesch recht svenne he gekoren is, von svelker bord he ok si.

33. Urk. v. 1246 (Orig. Guelf. IV 201, vergl. m. Urk. v. 1292 b. Sudendorf U. B. I Nr. 121): civitas dicta (Gemunden), cum *in terra Franconica sita* sit, *iure Francorum* fruitur et potitur.

34. Dipl. a. 1094 ap. *Schannat* Vindem. 1, 175. Bodo Noricus natione, vivens *Bavarica lege*.

35. Dipl. post a. 1024 (eod. 1, 41): fecit abnegationem praedii —, quod est situm in Wedereiba —, primo — secundum *morem Saxonum* — et deinde — *more Francorum*.

36. Urk. v. 1127 i. Wirtemb. U. B. I Nr. 291: ego C. filius comitis B. de Loufo (Laufen am Neckar) — in familiam beati Petri (zu Worms) — octo ex ministerialibus meis — cum omni possessione et proprietate ipsorum, *secundum legem Francorum* — contradidi.

37. Aurea Bulla Cap. 5 § 1. Quotiens — sacrum vacare continget imperium, illustris comes palatinus Rheni — in partibus Rheni et Suevie et in *iure Franconico* — esse debet provisor ipsius imperii. — § 2. Et eodem iure provisionis illustrem ducem Saxonie — frui volumus in illis locis, *ubi Saxonica iura servantur*. (Roth in Ztschr. f. Rgesch. 1 S. 25.)

38. Ssp. I 30. Jewelk inkomen man untveit erve binnen deme lande to Sassen na des landes rechte u. nicht na des mannes, he si Beier oder Svaf oder Vranke.

39. Schwsp. 32. Ein jegelich man, der uz einem lande in daz andere kumt u. wil vor gerihte reht nemen umb ein guot, daz in dem lande lit, er muoz reht nemen nach des landes rehte, niht nach sines landes rehte.

40. K. Rudolf I Urk. a. 1277 ap. *Ludewig*. Rel. Ms. 4, 260: quicunque fidelis noster de Styria cum aliquo de Austria, vel Australis cum Styriense contraxerit, *utatur — consuetudinibus et iuribus provinciae, in qua degit et suam elegit mansionem*.

41. Rsb. nach Dist. Eingang (O. S. 15.) Nu haben die von Meydeburg u. die von Sachsen, mit der wiczigisten rate in deme lande, lantrecht u. wichbilderecht u. lenrecht mit der keiser kor u. willen gesaczt.

42. Dipl. a. 1357 (*Haltaus* p. 1172). Auch ist in diß verbuntniz geredt alz ouch gemeine lantrecht ist.

43. Görlitz. Landr. 35 § 2. Swaz so die vorvarin undir in nach ir mutwillen u. nicht na lant rechte kiesin u. sezzin, daz die kure ir nachkumelinge muzin mit rechte wol brechin.

44. Ssp. I 14. Al si't lenrecht, dat de herre nicht ne lie mer eme sone sines vaders len, it n'is doch nicht lantrecht, dat he't al ene behalde.

45. Sächs. Weichb. b. Homeyer Sachsensp. II 2 S. 177. Das recht ist drierhande. Gotis recht ist das erste, marktrecht das ander, lantrecht das dritte. — Marktrecht ist das dy marktlute bynnen wichbilde under en gesaczt haben von willkore, alse di von Kolne u. von Meydeburg u. von andere guten steten. — Lantrecht ist das di lantlute gesaczt haben.

46. Zweites Straßburger Stadtr. (UB. der Stadt Straßburg 1 Nr. 617) Art. 6: consules autem non iudicabunt secundum ius provincie quod dicitur landreht, sed secundum veritatem et statuta civitatis subscripta.

Deutsche Uebers. von 1270 (*Grandidier* oeuvr. hist. II p. 187): der rat der enrihtet nicht nach deme lantrechte, wenn nuwen nach der wahrheite und der stette rehte, die hie geschrieben stan.

47. Gosl. St. 71 Z. 32 ff.: des mut he vullenkomen na unser stat rechte mit gherichte u. mit twen mannen; na lantrechte aver vulkumt he des wol selve dridde guder lüde, de dat saghen u. horden.

48. Urk. v. 1182 b. Lacomblet I S. 342: quicquid scabinus per sententiam requisitus decrevit, si est de *iure curie*, decernet secundum ius curie, si de *generali iure patrie*, decernet secundum ius patrie.

49. Schwsp. Art. 4 Z. 25: uz decreten u. uz decretalen — nimt man alliu diu reht, diu geistlich sint. aber diz buoch seit niht wan von wereltlichem gerihte (a. Hdschr. fügen hinzu:) u. darumbe haizet ditz buoch daz lantreht buoch u. daz elliu diu reht diu an disem buoche sint daz diu uber alliu lant reht unde gewer sint.

50. Dipl. a. 1386 (*Matthaei* de iure gladii p. 132 bei *Haltaus* l. c.). Et peto — michi fieri *ius patriae* videlicet lantrecht des gestichts van Utrecht aut keyserrecht, quod *imperiale* dicitur.

51. Dipl. a. 1336 ap. *Ludewig*. Rel. Mss. 7, 30: quod *iuri imperiali* et *privilegio Saxonico* contrarium (unten § 146 Nr. 110).

52. Kl. Kaiserr. 1, 2. Der keiser hat geboten u. bestetiget —, daz man obir alle die werlt sal gerichtes phlegen als es der keiser hat beschriben in dez riches recht.

53. Rsb. nach Dist. I 24, 1. Es en darf nymant sin gud teylen mit den stifkindern, daz he mid orkunde had inbracht. Daz ist keysers wichbildes, unses landes wichbilde u. lantrecht. Dist. 2. — Do ged lantrecht u. wichbilde u. keyserrecht obir enander.

54. Gl. z. Ssp. III 33 § 1. Die Könige (haben) selbst das gemeine Recht aller Welt gegeben, welches man das Kaiserrecht nennt.

55. Sächs. Lehnr. 69 § 8: al lantrecht u. lenrecht (hevet) begin an ime (dem koninge).

56. Kl. Kaiserr. Prolog: der Keiser — satzt — alsolich recht als hernach geschriben stet, u. gebot daz zu halden von siner keiserlichen gewalt u. bi dez riches hulden uber alle die werlt.

57. Urk. K. Heinrich VII v. 1309 (Mon. Ll. II 497). Alle die urteil die vorgeschriben sint, sint gesprochen aus der cheyser geschriben reht.

A. Quellen des geschriebenen Rechts.

§ 6. 1. Reichsgesetze. (B. § 44 z. Anf. G. § 17 z. Anf.)

Eichhorn RG. § 262. Walter RG. § 332. J. D. Olenschlager Einleitung in die Geschichte der deutschen Reichsabschiede, vor der Neuen Sammlung der Reichsabschiede (s. unten). Ein Verzeichniß der Reichsgesetze dieses Zeitraums b. J. F. Böhmer die Reichsgesetze von 900 bis 1400 nachgewiesen. Frankf. 1832. 4. — Gesammelt sind sie bei *Goldast* Collectio constitutionum imperialium. 4 Tomi. Francof. 1713. f. (v. Senckenberg u. Schmauß) Neue u. vollst. Sammlg. der Reichsabschiede (4 Thle. Frkf. bei E. A. Koch. 1747. fol.) Thl. 1 bis 1492 (vgl. wegen der flgdn. Thle. unten § 14). Die ältern Reichsgesetze bis 1313 in Mon. Ll. t. II hg. v. Pertz. Deutsche Reichstagsacten hg. durch die histor. Commission (zu München) Bd. 1—3 unter K. Wenzel (1376—1400) hg. v. J. Weizsäcker; Bd. 4 unter K. Ruprecht (—1401) v. Weizsäcker u. E. Bernheim; Bd. 7 u. 8 unter K. Sigmund

(1410—1426) v. D. Kerler. München 1867—1878, Gotha 1882—83. 4.

Die goldene Bulle K. Karl IV von 1356 oft gedruckt, zuletzt: O. Harnack das Kurfürstencollegium bis zur Mitte des 14. Jahrh. Nebst kritischem Abdrucke der ältesten Ausfertigung der Goldenen Bulle. Gießen 1883. Joh. D. v. Olenschlager neue Erläuterung der goldenen Bulle. Frankf. u. Leipzig 1766. 4.

1. Friderici II const. pacis a. 1235 oben § 5 Nr. 2.

2 Chronica regia Coloniensis ad a. 1235 (ed. *Waitz* p. 267): Curia celeberrima in assumptione beate Marie (15. August) apud Maguntiam indicitur, ubi fere omnibus principibus regni Teutonici convenientibus pax iuratur, vetera iura stabiliuntur, nova statuuntur et *Teutonico sermone* in membrana scripta omnibus publicantur.

2. Landes- oder Territorialrechte. (S. § 17.) § 7.

Eichhorn RG. § 264. 285a. 427 u. 443. Walter RG. § 327. 328. Stobbe Rqu. § 54.

I. Ritter- und Landrecht von Berg a. d. ersten Hälfte des 14. Jahrh. b. Lacomblet Archiv Bd. 1 S. 79. Landrecht der Grafschaft zum Bornheimer Berge v. 1303 b. *Boehmer* Cod. dipl. Moenofrancofurtanus 1, 355; danach Grimm Weisth. 3, 481. Landrecht der Grafschaft Saarbrück (wohl eine bloße Privatarbeit) b. J. M. Kremer Gesch. des alten Ardennisch. Geschlechts (Frkf. u. Leipz. 1785. 4.). Cod. dipl. S. 551 u. b. von der Nahmer Handb. des Rheinisch. Partikularrechts Bd. 2 S. 938. Rheingauisches Landrecht (wahrscheinlich eine bloße Privatsammlung). Auszüge daraus b. Bodmann Rheingauische Alterthümer S. 529. 625 und hiernach b. Grimm Weisth. 1, 539. Ueber die Eigenthümlichkeiten dieser Compilation, ihre Beziehung zu holländischen Quellen, insbesondere dem Drenter Landrecht von 1412 (s. S. 23): H. Brunner in Zeitschr. der Savigny-Stiftg. 3 (1882) S. 88—101. Landgerichts-Protokoll des Bremischen Erzbischofs Balduin (mit Unrecht Rechtsbuch des Erzbisch. B. genannt) herausg. von D. Möhlmann b. Schlüter jurist. Zeitung f. Hannover Jahrg. 18 Hft. 3 S. 9 ff. u. daraus besonders abgedruckt. Stade 1843. Dithmarscher Landrecht v. 1447 mit Zusätzen bis 1467 u. einer hochdeutschen Uebersetzung b. A. L. J. Michelsen Sammlung altdithmarscher Rechtsquellen (Altona 1842) S. 1. Dat recht und ghesette des Billenwerders (Recht des seit 1385 Hamburg gehörigen Billwärders) aus dem Ende des 14. Jahrh. hg. v. Lappenberg Hamburg. Rechtsalterth. S. 321—344; nach einem Text des 16. Jahrh. vorher von demselben Hg. veröffentlicht in Falcks Staatsb. Magazin 8 (1828) S. 129 und bes. Abdruck (Schlesw. 1828).

II. Culmische Handfeste, 1233 von dem Hochmeister des deutschen Ordens, Hermann v. Salza, und Hermann Balk, Landmeister, dem eroberten preußischen Lande gegebene Ordnung, die nach Verlust der Originalurkunde 1251 durch den Landmeister Eberhard von Sayn erneuert wurde; ursprünglich nur für die Städte Culm und Thorn und deren Gebiet bestimmt, ist sie seit Erweiterung des Ordensbandes auf die neu eroberten

Gebiete ausgedehnt. Ausg.: die U. von 1233 Preußisches UB. I 1 hg. v. Philippi (Königsb. 1882) n. 105, die von 1251 in Monum. Warmiensia 1 n. 28 und Preuß. UB. n. 252 (mit einer deutschen Uebers. des 13. Jahrh.). Wegen der Beziehungen zu Magdeburg s. unten § 8, 4. — Oesterreichisches Landrecht aus dem 13. Jahrh. in einer kürzern und einer längern Form überliefert, jene 66, diese 86 Art. umfassend, hg. v. Meiller im Archiv f. Kunde österreich. Gesch.-Qu. 10 (1853) S. 148 und v. Hasenöhrl Oesterr. Landesrecht im 13. u. 14. Jahrh. Wien 1867. Ueber Entstehungszeit und Character dieses Rechtsdenkmals ist eine reiche Litteratur erwachsen: v. Zieglauer in Sitzungsber. der Wiener Acad. 21 (1856) S. 71; v. Meiller das. S. 137; Heinr. Siegel das. Bd. 35 (1860); Hasenöhrl Bd. 36. Luschin Entstehungszeit des österr. LR. Graz 1872. 4. Stobbe Rqu. S. 563. — Steiermärkisches Landrecht des MA. (aus dem 14. Jahrh.) bearbeitet von F. Bischoff. Graz 1875. — Landesordnung des Erzb. Friedrich III. v. Salzburg v. 1328 gedr. b. Rößler über d. Bedeutung und Behandlung der Gesch. des Rechts in Oesterreich (Prag 1847) Anhang S. I—VI. — Kaiser Ludwigs Landrechtsbuch für Oberbaiern von 1346, durch die Söhne Ludwigs publicirt, Umarbeitung einer etwas ältern, zwischen 1333 und 1336 erlassenen Gesetzgebung desselben Herrschers. Ausg.: v. Freyberg Sammlg. histor. Schriften 4, 381 ff. Rockinger im Oberbair. Archiv 23 (1863) S. 215 und Abhdlgn. der Münchener Akad. 11 (1868) S. 1 ff. Roth Bayrisches Civilrecht 1 S. 25. v. d. Pfordten Studien zu K. Ludwigs oberbair. Stadt- und Landrechte. 1875. Riezler Gesch. Baierns 2 (1880) S. 540. — K. Ludwigs Stadtrechtsbuch für München und die andern Städte Oberbaierns bestimmt, wahrscheinlich 1334, vor den beiden Formen des Landrechts entstanden. Der ursprüngliche Bestand wurde alsbald erheblich vermehrt. Ausg.: Auer das Stadtrecht v. München nach bisher ungedruckten Hss. München 1840. v. d. Pfordten a. a. O. Rockinger a. a. O. Roth S. 35. — Breslauer Landrecht s. unten § 10.

III. Beispiele von eigentlicher Territoriallegislation: Thüring. Landesordnung H. Wilhelm III v. Sachsen v. J. 1446 bei J. J. Müller Reichstagstheatrum unter Maximilian I S. 86. Baierische LO. v. 1491 bei *Westenrieder* Glossar. t. 1 p. XXXIV. Sächsische LO. v. 1482 bei *Lünig* Codex Augusteus t. 1 Bl. 1. Hessische Gerichtsordng. v. 1497 (v. Art. 27 an Privatrecht enth.) bei Kleinschmidt Sammlg. fürstl. hess. LO. 1 S. 15. Würtemberg. LO. v. 1495 b. Sattler Gesch. der Graven Forts. 4 Beil. 16 S. 59.

IV. Friesische Rechte sämmtlich gedr. b. Richthofen Fries. Rqu. (ob. S. 9); dazu dess. Untersuchungen über fries. Rgesch. Thl. I und II, 1 u. 2 (Berlin 1880—82). Sie zerfallen in A. Allgemeine Friesische Gesetze. Dahin gehören 1) die XVII allgemeinen Küren, früher von Richthofen um 1200 angesetzt, nach s. Untersuchungen 1 S. 96 ff. aber um etwa 50 Jahre älter; neue Textausgabe das. S. 33. 2) die XXIV allgemeinen Landrechte, einige Jahre später als die Küren verfaßt. Richthofen Unters. S. 194; neue Textausg. das. S. 42. Beide Rechtsaufzeichnungen sind nur durch Vermittlung des zu Anfang des 13. Jahrh.

zusammengestellten vetus ius Frisicum (das. S. 26) überliefert. 3) die allgemeinen Bußtaxen, gleichfalls dem 12. Jahrh. angehörig; neue Textausg. das. S. 52. 4) die Ueberküren (d. i. neue Küren) gegen Mitte des 13. Jahrh. entstanden, nur in friesischer und niederdeutscher Sprache überliefert, während die unter 1—3 aufgezählten Rechte in lateinischer Sprache erhalten sind (das. S. 232); neue Textausgabe das. S. 33. 5) die leges Upstalsbomicae von 1323 in lat. Sprache, Statut des wiederaufgerichteten Bundes friesischer Landschaften (S. 455); neue Textausg. das. S. 250. — Vgl. v. Amira in G. G. A. 1881 S. 1345; 1883 S. 1057. — B. Gesetze einzelner Friesischer Gemeinden. Diese sind: 1) Rüstringer. — Auch abgedruckt in Friesischer Sprache in dem: Asegabuch herausgegeben, übersetzt u. erläutert von T. D. Wiarda. Berlin u. Stettin 1805. 4. u. in einer plattdeutschen Uebersetzung in dem sg. Wurster Landrecht b. *Pufendorf* Observ. T. III Adp. p. 72—112. — 2) Brokmerland. Besonders wichtig ist der Brokmerbrief (a. d. 13. Jahrh.), auch abgedruckt in: Die Willküren der Brockmänner herausgegeben, übersetzt und erläutert von T. D. Wiarda. Berlin 1820. — 3) Emsigerland. Die Gesetze hierfür sind auch abgedruckt in Het Emsiger Landregt door *Montanus Hettema*. Leeuwarden 1838. 4. Besonders wichtig ist das sg. Emsiger Pfenningsschuldbuch. — 4) Westerwold. Das Westerwolder Landrecht von 1470, auch abgedr. in den Verhandelingen der Groninger Genootschap pro excolendo iure patrio Deel IV Stuk II. — 5) Fivelgo. Die Fivelgoer Küren, auch gedr. in den angef. Groninger Verhandelingen Deel III Stuk II Anal. p. 52—67. — 7) Hunsingo. Gesetze der Hunsingoer, auch gedr. in den Groninger Verhandelingen Deel II Anhang. — 7) Humsterland. Gesetze der Humsterländer, auch gedr. in den Groninger Verhandelingen Deel III Stuk II. — 8) Langewold. Gesetze der Langewolder, auch gedr. in den Groninger Verhandelingen Deel I. — 9) Fredewold. Gesetze der Fredewolder, auch gedr. in den Groninger Verhandelingen Deel IV Stuk I. — 10) Westerlauwersches Friesland. Die hieher gehörigen Rechte zerfallen in a) Allgemeine Gesetze des Westerlauwerschen Frieslands, auch gedr. in den: Oude Friesche Wetten (herausgeg. von *Wierdsma* u. *Brantsma*) Campen u. Leeuwarden St. I u. II. 1782. 4. — b) Gesetze aus dem Ostergo. — c) Gesetze aus dem Westergo. — d) Gesetze aus den Sevenwolden. — 11) Drenthe. Der Drenther Sendbrief v. 1332, auch abgedr. in den Groninger Verhandel. Deel V p. 282. Die Küren der Oster- u. Westerhammerick bei Groningen v. 1386, auch abgedr. b. *Driessen* Mon. Groning. St. II p. 391. Das Drenther Landrecht v. 1412, auch abgedr. in: De rebus Ultraiectinis auctoris incerti narratio hist. ed. *Ant. Matthaeus* (Hagae Com. 1710. 4.) p. 72 sqq.

1. Heinrici R. (VII) dipl. a. 1231 (Ll. II 283). Notum esse cupimus universis, quod, nobis apud Wormaciam curiam solennem celebrantibus, in nostra presentia petitum fuit diffiniri: *si aliquis dominorum terre aliquas constitutiones vel nova iura facere possit, melioribus et maioribus terre minime requisitis.* Super qua re requisito consensu principum fuit taliter diffinitum: *ut neque principes neque alii quilibet constitutiones vel nova iura facere possint, nisi meliorum et maiorum terre consensus primitus habeatur.*

§ 8. 3. Stadtrechte. B. § 44 II. G. § 18. Stobbe Rqu. § 50—53.

Eichhorn über den Ursprung der städtischen Verfassung in Deutschland in d. Zeitschr. f. gesch. Rechtswiss. Bd. 1 und 2 (Berlin 1815 u. 16). E. Th. Gaupp über deutsche Städtegründung, Stadtverfassung u. Weichbild im MA. Jena 1824 (dazu Eichhorn in Gött. gel. Anz. 1825 S. 1249). M. A. v. Bethmann=Hollweg Ursprung der Lombardischen Städtefreiheit. Bonn 1846. C. Hegel Geschichte der Städteverfassung von Italien. 2 Bde. Leipz. 1847 (Bd. 2 Anhang V: die deutschen Städte). W. Arnold Verfassungsgesch. der deutschen Freistädte im Anschluß an die Verfassungsgeschichte der Stadt Worms. 2 Bde. Hambg. u. Gotha 1854. (Recens. von Waitz in Gött. gel. Anz. 1854 S. 41; von Hegel in [Kieler] Allg. Monatsschr. f. Wiss. 1854.) K. W. Nitzsch, Ministerialität u. Bürgerthum im 11. u. 12. Jahrh. Leipz. 1859. G. L. v. Maurer Gesch. der Städteverfassung in Deutschland. 4 Bde. Erlangen 1869—71. A. Heusler der Ursprung der deutschen Stadtverfassung. Weimar 1872. O. Gierke das deutsche Genossenschaftsrecht 1. 2 (Berl. 1868—73).

W. Arnold zur Geschichte des Eigenthums in den deutschen Städten. Mit Urkunden. Basel 1861. Ders. das Aufkommen des Handwerkerstandes im MA. Basel 1861, j. auch in des Vfs.: Studien zur deutschen Kulturgeschichte. Stuttg. 1882 S. 171; die Anfänge des Grundeigenthums und Kapitalverkehrs in den Städten das. S. 270. W. Roscher Nationalökonomik des Handels u. Gewerbfleißes (des Systems der Volkswirthschaft Bd. 3) Stuttg. 1881. — H. G. Gengler deutsche Stadtrechts=Alterthümer. Erlangen 1882.

J. C. v. Fichard die Entstehung der Reichsstadt Frankfurt a. M. Frankf. 1819. F. Donandt Versuch einer Geschichte des Bremischen Stadtrechts. 2 Thle. Bremen 1830. A. Heusler Verfassungsgeschichte der Stadt Basel im MA. Basel 1860. F. Frensdorff die Stadt= und Gerichtsverfassung Lübecks im 12. und 13. Jahrh. Lüb. 1861.

Riccius zuverlässiger Entwurf von Stadtgesetzen. Frankf. 1740. 4. Gaupp deutsche Stadtrechte des MA. mit rechtsgesch. Erläutrgn. 2 Bde. Bresl. 1851, 52. Gengler deutsche Stadtrechte des MA. theils verzeichnet, theils vollständig oder in Probeauszügen. Erl. 1852 (1866 Titelaufl.); desselb. Codex iuris municipalis Germaniae medii aevi. Bd. 1 (A—D). Erl. 1863. (Dazu vgl. W. Arnold in d. krit. Zeitschr. f. d. gesammte Rechtswiss. Bd. 1 [Heidelbg. 1853] und F. Frensdorff in G. G. Anz. 1864 S. 864 und N. Archiv Bd. 2 [1876] S. 11 ff.) — F. Bischoff Oesterr. Stadtrechte und Privilegien. Wien 1857.

Die Chroniken der deutschen Städte v. 14. bis ins 16. Jahrh. hg. durch die histor. Commission zu München; unter Leitung von K. Hegel, Bd. I—XIX. Leipz. 1862—1884: I—III Nürnberg (1—3) hg. v. Th. v. Kern, IV. V Augsburg (1. 2) v. F. Frensdorff, VI Braunschweig (1) v. L. Hänselmann, VII Magdeburg v. K. Janicke, VIII. IX Straßburg (1. 2) v. Hegel, X. XI Nürnberg (4. 5) v. v. Kern, XII—XIV Köln (1—3) v. H. Cardauns, XV Bairische Städte: Re=

gensburg, Landshut, Mühldorf, München v. v. Oefele, Heigel und v. Muffat, XVI Braunschweig (2) v. Hänselmann, XVII. XVIII Mainz (1. 2) v. Hegel, XIX Lübeck (1) v. K. Koppmann.

Tzschoppe und G. A. Stenzel Urkundensammlg. z. Gesch. des Ursprungs der Städte u. der Einführg. u. Verbreitg. deutscher Kolonisten u. Rechte in Schlesien u. der Oberlausitz. Hambg. 1832. 4. (cit. als Stenzel). L. A. Warnkönig Flandrische Staats- nnd Rechtsgeschichte bis z. J. 1305. 3 Bde. Tüb. 1835—42. Hansisches Urkundenbuch bearb. v. Konstantin Höhlbaum. Bd. I—II, III Abth. 1 (Halle 1876—1883).

Unter den Mutterrechten sind die wichtigsten:

1) Cöln. Ein altes Weisthum über die Stellung des Burggrafen und des Vogts angeblich vom J. 1169, gedruckt bei Lacomblet UB. 1 n. 433 und Ennen und Eckertz, Quellen zur Gesch. der Stadt Köln (6 Bde. Köln 1860—79) Bd. 1 n. 76, Gengler StR. S. 67 hat sich als eine in der ersten Hälfte des 13. Jahrh. unternommene Fälschung erwiesen. Stumpf, zur Kritik deutscher Städteprivilegien. Wien 1860 (bes. abgedr. aus den Sitzungsber. der kais. Akad. XXXII). Hegel in Städtechron. 14 S. XXX. — Schiedsspruch zwischen Erzb. Konrad von Hochstaden und der Stadt über die gegenseitigen Rechte und die Regimentsordnung in der Stadt v. 1258 (laudum Conradinum) gedr. b. Lacomblet 2 n. 452, Ennen 2 n. 384. Vgl. unten § 16. Auf das Recht von Cöln ist gegründet

Freiburg im Breisgau (s. unten § 8 Nr. 9 u. 10 und a.). 1. Freiheitsbrief Herzog Konrads v. Zähringen v. 1120. Schreiber die älteste Verfassungsurk. der Stadt Freiburg i. Br. zum ersten Mal in ihrer ächten Gestalt hg. Freibg. 1833. 4., ein verbesserter Abdruck bei *Dumgé* Regesta Badensia (1836) S. 122 und Schreiber Gesch. der Stadt Freiburg, Thl. 1 (1857) S. 29; Gengler S. 125, Gaupp 2 S. 19. Ueber die Entstehungszeit: Hegel in (Kieler) allg. Monatsschr. 1854 S. 703 ff. Waitz Verf.-Gesch. 7 (1876) S. 405 ff. 2. Stadtrecht aus dem Anfange des 13. Jahrh. (sg. Stadtrodel). Schreiber UB. der St. Freiburg i. Br. 1 (1828) S. 3. 3. Stadtrecht v. 1275 (in deutscher Sprache, Entwurf) das. S. 74. 4. Stadtrecht v. 1293 das. S. 123.

Die Rechte von Freiburg wurden auf Bern übertragen. Das Privileg, angeblich von K. Friedrich II 1218 ausgestellt [BF 935], ist in dieser Form gefälscht, aber nachmals wiederholt bestätigt, zunächst durch K. Rudolf 1274, in ausführlicher Wiederholung durch K. Karl IV 1365 [BH n. 4166]. Gedruckt nach dem Originale b. G. Walther Versuch zu Erläuterung der Geschichten des vaterländ. Rechts (Bern 1765) S. 134 ff. (danach b. Schreiber UB. 1 S. 26—51 und Gaupp 2 S. 44—57), Schnell Commentar über d. Civilrecht des Kantons Bern (Bern 1811) S. 529—547, K. G. König Beiträge zur bernischen Rechtsgeschichte Heft 1 (Bern 1860), Fontes rer. Bernensium 2 n. 3 S. 2. — Ueber die Echtheit s. die cit. Regestenstellen.

Das Recht von Freiburg i. Br. liegt auch zu Grunde der Handfeste für Freiburg im Uechtlande v. 1249, abgedr. im Schweizerischen Geschichtsforscher Bd. 1 (Bern 1812) S. 81—114 (danach Gaupp 2 S. 82—107), Fontes rer. Bern. 2 n. 281 S. 298. Ueber Spuren einer ältern Rechtsurkunde *Lefort* in Mémoires de la société d'histoire de Genève Bd. 19 (1877) S. 134. Gaupp die Familie des Stadtrechts von Freiburg i. B. in s. Stadtrechten des MA. Bd. II. E. Huber das kölnische Recht in den zähringischen Städten in Zeitschr. für schweiz. Recht Bd. 22 (Basel 1882) S. 3 ff.

2) Das Stadtrecht von Soest. Die älteste Form in lateinischer Sprache ist im Laufe des 12. Jh. entstanden. Gedr. b. Seibertz UB. zur Landes- u. Rechtsgesch. des Herzogth. Westfalen Bd. 1 (Arnsb. 1839) n. 42 S. 48—57 (unter Angabe der Abweichungen einer dem 13. Jahrh. angehörigen Redaction); danach: Gengler Stadtr. S. 441. Berücksichtigt ist das Recht von Soest in den Privilegien für Medebach von 1144 und 1165 b. Seibertz n. 46 und 55. Ueber die Entstehungszeit des Soester R.: Hegel in Ital. Städteverf. II S. 443 ff. Waitz Verf.-Gesch. Bd. 7 S. 404. — Dey aude Schrae der Stat van Soist in niedersächsischer Sprache aus der Mitte des 14. Jh. mit Zusätzen bis gegen die Mitte des 15. Jh. b. Seibertz Bd. 2 (1843) n. 719 S. 387 —417.

3) Das Stadtrecht von Lübeck. Das älteste der Stadt von Herzog Heinrich dem Löwen ertheilte Privileg ist nicht erhalten, aber erkennbar aus dem ihr von K. Friedrich I 1188 Sept. 19 [St. 4502] ausgestellten Freiheitsbriefe, gedr. UB. der Stadt Lübeck I (Lüb. 1843) n. 7 S. 9. Ueber die Beziehung zu Soest s. unten § 8 n. 12 und K. W. Nitzsch in Hansische Geschichtsbl. Jg. 1880 S. 7 ff. Die sg. Rathswahlordnung Heinrichs des Löwen in deutscher Sprache, gedr. Lüb. UB. n. 4 S. 5 und Hach S. 170, ist wahrscheinlich eine gegen Ende des 13. Jh. entstandene Aufzeichnung eines autonomischen Erzeugnisses, der man die Form einer von dem Gründer der Stadt herrührenden Urkunde gab. Frensdorff in Hans. Gesch.-Bl. Jg. 1876 S. 136 ff. Die frühesten uns erhaltenen Sammlungen von Statuten in lateinischer Sprache gehören der ersten Hälfte des 13. Jahrh. an. Die älteste Redaction bietet 1) das gegen 1230 entstandene sg. lübische Fragment, abgedr. im Staatsbürg. Magazin v. Carstens u. Falck Bd. 4 (Schlesw. 1824) und im Lüb. UB. I n. 32 S. 37. Ihr schließt sich am nächsten an 2) die in einer Breslauer, einigen Krakauer Hss. und dem alten Drucke des von Johann von Lasko veranstalteten Communè incliti Polonie regni privilegium (Cracov. 1506. f.) enthaltene Form. Darauf folgt 3) die Ausfertigung für Tondern von 1243, gedr. b. *Westphalen* Mon. ined. III p. 619 ff., dazu vgl. Frensdorff Hans. Gesch.-Bl. Jg. 1883 S. 91; 4) die für Reval von 1257 b. Bunge die Quellen des Revaler Stadtrechts I (Dorpat 1844) S. 1; 5) die für Danzig von 1263 b. Dreyer Sammlg. vermischter Abhandlgn. (1754) S. 445. J. Fr. Hach das alte Lübische Recht (Lüb. 1839) hat seiner Ausg. die letztgenannte Hs. zu Grunde gelegt und die Varianten der übrigen mit Ausnahme von 4. u. einiger Hss. von 2. berücksichtigt. Gegen seine Anordnung der Hss. ist gerichtet: Frensdorff das Lübische Recht nach seinen ältesten Formen. Leipz. 1872 S. 7; Hans. Gesch.-Bl. Jg. 1873 S. XXXI. Bruchstücke der lat. Recension sind neuerdings bekannt geworden durch Tomaschek Oberhof von Iglau S. 371 (aber irrig gedeutet S. 353), durch Laband Ztschr. f. RG. 11

S. 44, Frensdorff Hans. Gesch.=Bl. Jg. 1879 S. 33. — Nach der Mitte des 13. Jahrh. beginnt die Abfassung von Statuten in deutscher Sprache. A. Die älteste Hs. ist 1) die nach Elbing etwa um 1270 übersandte (noch ungedruckt); ihr von 1240 datirter lateinischer Prolog ist herübergenommen aus einem früher derselben Stadt zugeschickten (uns nicht erhaltenen) lateinischen Codex v. 1240, zu dessen Ergänzung und Berichtigung die neue deutsche Abfassung dienen sollte. Eine Abschrift derselben blieb in Lübeck zurück und diente als Grundlage für weitere Rechtsversendungen, sowie zur Aufnahme neuer am Schluß angehängter Rechtssätze. Dieser Codex liegt vor in dem jetzt (5) Kieler, ehemals Lübecker Ms., gedruckt bei *Westphalen* III p. 637 ff., das den Elbinger Bestand von 161 Artikeln durch Anschieben von Artikelserien bis zu 252 Artt. vermehrt hat. Derselben ersten Classe von Hss., deren Anfangs= und Endpunkt die beiden genannten Codd. repräsentiren, gehören an: 2) Codex f. Reval v. 1282, gedr. bei Bunge S. 40; 3) Kopenhagener Codex (vgl. Hans. Gesch.=Bl. 1873 S. XXXVI; 4) der Codex f. Colberg v. 1297, vgl. Riemann Gesch. der St. Colberg (Colbg. 1873) S. 87 u Beil. S. 100. Sie stimmen in Anordnung und Inhalt mit der Elbinger Hs., nur daß sie ihrem Bestande am Schluß immer mehr Statuten anhängen. Andere der gleichen Classe zugehörige Mss. sind nicht in ihrer originalen Form, sondern in Umarbeitungen oder Ableitungen erhalten: zu ihnen gehört der bei *Brokes* sel. observ. for. (Lub. 1765 f.) app. p. 1 unter I gedr. Codex. — B. Im J. 1294 veranstaltete der Kanzler der St. Lübeck, Albrecht v. Bardewik, einen neuen officiellen Codex in 266 Artikeln, der sich von der ersten Classe durch einige materielle Abweichungen, hauptsächlich aber durch eine völlig neue Ordnung der Bestimmungen unterscheidet. Eine wiederum andere Ordnung beobachtet der 1348 im Auftrage des Bürgermeisters Tidemann Güstrow geschriebene Codex. Eine Hs. nicht officiellen Characters mit eigenthümlicher Ordnung ist der von Oldenburg (in Holstein), gedr. bei W. E. Christiani Gesch. der Herzogth. Schleswig u. Holstein Thl. 2 (1776) S. 519. Hachs Ausgabe Codex II S. 246 ff. benutzt als Grundtext die Hs. des Albrecht v. Bardewik und verzeichnet die Varianten älterer (nicht A 1, 2, 4) und jüngerer Mss. — C. Eine dritte Kategorie bilden Hss. des lüb. Rechts, welche zugleich Hamburgisches Recht aufgenommen haben, dieses entweder blos am Schluß anhängend oder aber dem lübischen größtentheils einverleibend. Jener Art ist der Segeberger b. *Cronhelm* Corpus statut. provinc. Holsatiae (1750. 4) Bd. 4 Nr. 6 und ein Göttinger b. Hach als Codex III S. 380 ff. abgedruckter und mit jenem verglichener Codex. Hss. der zweiten Art sind die bei Brokes als Codex II und III abgedruckten. — Lappenberg Hamb. RA. S. LXXXI und XCII ff.

Ueber die Verbreitung des lübischen Rechts Michelsen Oberhof S. 47. Stobbe Rqu. S. 541. Böhlau Mecklenb. LR. 1 S. 230. Steffenhagen Rqu. in Preußen S. 230. Die Bewidmungsurkunden sind, größtentheils in Regestenform, mitgetheilt von Höhlbaum im Hans. UB. Ableitungen aus dem lüb. Recht liegen vor im Recht von Ripen v. 1269, gedr. bei P. Hasse Quellen des Ripener StR. (Hamb. 1883), vgl. Frensdorff Hans. Gesch.=Bl. Jg. 1883 S. 89; in der Skra von Nowgorod aus dem Ende des 13. Jahrh., gedr. im Lüb. UB. 1 S. 703 ff. —

Die nach *Westphalen* III p. 635 bei Hach S. 42 unter dem Titel Accessiones ad iustitias Lubecenses abgedruckten 8 Rechtssätze finden sich alle als Einträge im Kieler Stadtbuch: Kieler StB. aus den J. 1264—1289 hg. v. P. Hasse (Kiel 1875) n. 165 und 793, bis auf einen Satz ein von Lübeck 1270 ergangenes Urtheil bildend.

4) Das Magdeburgische Recht. E. Th. Gaupp das alte Magdeburgische u. Hallische Recht. Breslau 1826. Nachträge hierzu in Dess. das Schlesische Landrecht (unten § 10) S. 215—276. Magdeburger Rechtsquellen herausgeg. v. Paul Laband. Königsb. 1869, in welchen alle 8 folgenden Magdeb. Rechte enthalten sind. Es beginnt mit einem kurzen lat. Privilegium für die Stadt von Erzbischof Wichmann vom J. 1188: Stenzel Urkundensammlung S. 266. Fortgebildet wurde es besonders durch den dortigen Schöffenstuhl. Seine allmähliche Entwicklung lernen wir besonders aus anderen Städten darüber mitgetheilten Urkunden kennen, welche aber nicht immer von dem Magdeburgischen Schöffenstuhl selbst, sondern oft auch von dem Schöffenstuhl einer solchen Stadt, die schon früher Magdeburgisches Recht angenommen hatte, ausgestellt worden sind. Die bisher gedruckten Urkunden dieser Art sind folgende: 1) eine in Lateinischer Sprache ohne J. u. T., welche die Magdeburger Schöffen dem Schlesischen Herzoge Heinrich I ausstellen (sg. Magdeburg-Goldberger Recht), b. Stenzel S. 270. 2) eine gleichfalls Lateinische Urkunde v. 1235, worin die Schöffen zu Halle ihre Rechte der Stadt Neumarkt in Schlesien mittheilen, ebendas. S. 294; Ueberarbeitungen b. Stobbe Ztschr. f. RG. 1 (1861) S. 403 und Homeyer Extravag. des Ssp. S. 259. 3) eine Urkunde in deutscher Sprache v. 1261, worin die Schöffen von Magdeburg das Recht ihrer Stadt dem Schlesischen Herz. Heinrich III und den Bürgern von Breslau mittheilen, Stenzel S. 351; Breslauer UB. bearb. v. G. Korn (Bresl. 1870) n. 20. 4) ein Nachtrag hierzu v. 1295, ebendas. S. 428; Bresl. UB. n. 66. 5) eine gleichfalls deutsche Urk. v. 1304, worin die Schöffen von Magdeburg das Recht ihrer Stadt der Stadt Görlitz mittheilen, Stenzel S. 448. 6) Magdeb. Weisthum für Culm v. 1338 b. Gaupp Schles. Landr. S. 272 ff. 7) für Schweidnitz v. 1363 b. Stenzel S. 587. 8) für Halle v. 1364. — Später sind die unter 3 — 5 genannten Formen des Magdeburgischen Rechts von Privatpersonen häufig mit Zusätzen versehen und mit diesen zu einem Rechtsbuche verarbeitet, welches gewöhnlich das Sächsische Weichbild genannt wird; s. unten § 10 C. Auch bilden sie die Grundlage eines systematischen Schöffenrechts a. d. Mitte des 14. Jahrh., das in Breslau in amtlichem Gebrauch stand, hg. v. Laband das Magdeburg-Breslauer systematische Schöffenrecht. Berl. 1863. Eine eigenthümliche Recension desselben kam gegen Ende des 14. Jahrh. nach Preußen, erhielt eine Reihe von Zusätzen aus dem Schwabenspiegel und erlangte weite Verbreitung (sg. Alter Culm). Ausg.: d. alte Cölmische Recht (nach e. Hs. v. 1394) hg. v. dem Culmer Bürgermeister Heinr. Stroband. Thorn 1584. fol.; d. alte culm. Recht m. e. Wörterb. hg. v. C. K. Leman. Berl. 1838 (zu verbessern aus Labands Ausg. des syst. Schöffenr.). O. Stobbe Ztschr. f. deutsches Recht Bd. 17 (1857) S. 406. Laband a. a. O. E. Steffenhagen deutsche Rqu. in Preußen S. 201. Eine Geschichte des Magdeb. Rechts b. Ferd. v. Martitz das eheliche Güter-

recht des Sachsenspiegels und der verwandten Rechtsquellen (Leipz. 1867) S. 11—69. Ueber die Verbreitung des Magdeburger Rechts: R. Röpell über die Verbreitung des Magd. StR. im Gebiete des alten poln. Reichs (Abh. der hist.-philol. Ges. in Breslau Bd. I) Bresl. 1857. Stobbe Rqu. 1 S. 536. v. Martitz S. 20.

5) Stadtrecht von Goslar. — Vergl. überhaupt Ortloff das Rechtsb. nach Distinctionen. Einl. S. XXIII—XXVI und O. Göschen die Goslarischen Statuten m. einer systematischen Zusammenstellung der darin enthaltenen Rechtssätze und Vergleichung des Sachsenspiegels und vermehrten Sachsenspiegels. Berl. 1840. Einleitung. Das Goslarer Recht beginnt mit einem ausführlichen Privileg K. Friedrich II v. 1219 (BF n. 1025), gedr. b. Göschen S. 111. Die Statuten, welche in 5 Bücher eingetheilt sind und eine Verbindung des Ssp. mit städtischem Rechte zeigen, sind zuerst von *Leibniz* SS. rer. Brunsv. III (1711) p. 484 veröffentlicht, jetzt am besten bei Göschen S. 1—108. Göschen setzt die Entstehung um die Mitte des 14. Jahrh.; A. Hänel in Ztschr. für RG. 1 (1861) S. 274 vor 1283. Ein neuer Handschriftenfund entscheidet zu Gunsten einer ältern Entstehungszeit als Göschen angenommen: G. Bode in Ztschr. des Harzvereins f. Gesch. u. Alterthumskunde Jg. 1873 S. 467. — Ueber die Verbreitung des Goslarer R. Hänel a. a. O.

Unter den übrigen Stadtrechten sind wegen ihrer Wichtigkeit für das Privatrecht etwa noch die folgenden hervorzuheben:

Achen. Achener Rechtsdenkmäler aus dem 13., 14. und 15. Jahrh. hg. v. H. Lörsch. Bonn 1871.

Augsburg. Das Stadtbuch von Augsburg, insb. das Stadtrecht v. J. 1276 hg. v. Christian Meyer. Augsb. 1872.

Bamberg. St. a. d. 14. Jahrh. b. H. Zöpfl das Bamberger Recht als Quelle der Carolina (Heidelbg. 1839). UB. S. 1—128.

Berlin. Stadtbuch von 1397 enthält in s. 3. Theile, dem Schöffenrecht, reiche Auszüge aus dem Ssp. Fidicin histor.-diplom. Beitr. z. Gesch. der St. Berlin (3 Thle. Berl. 1837) 1 S. 77. Homeyer Ssp. S. 66. Unten S. 44.

Braunschweig. Iura et libertates Indaginis, ein Privileg wahrscheinlich Herzog Otto I c. 1227 für den Hagen, einen der fünf Stadttheile, UB. der St. Braunschweig. Bd. 1 Statute und Rechtebriefe 1227—1671 hg. v. L. Hänselmann (Brschwg. 1861—73. 4.) n. 1; danach Gengler C. dipl. S. 286. Frensdorff Hans. Gesch.-Bl. 1876 S. 119. — Stadtrecht in deutscher Sprache (sg. Ottonianum) um 1250, Orig. Guelf. IV p. 107 ff., danach Gengler Stadtr. S. 36; nach dem Orig. UB. n. 2. Frensdorff a. a. O. S. 117. — Ausfertigung des sg. Ottonianum durch die Herz. Albrecht und Johann v. 1265 UB. n. 6. — Uebertragung des Braunschwg. Stadtrechts auf Duderstadt durch H. Heinrich den Wunderlichen 1279: UB. der St. Duderstadt hg. v. J. Jäger (Hildesh. 1883) n. 6; auf Celle durch H. Otto 1301 b. Gengler Codex S. 479. — Stadtrecht im Rechtsbuche der Neustadt aus Anfg. des 14. Jahrh., Brschwg. UB. n. 16. — Statutensammlungen des 14. Jahrh., das. n. 39 u. 53. — Systematisch in Titel und Artikel geordnetes Stadtrecht v. 1402, mit einigen spätern Anhängen, in vier Codd. erhalten. Nach dem für den Sack bestimmten v. J. 1433 abgedruckt von Bode bei Bülow u. Hagemann prakt. Erörtrgn. IX (1831) S. 522; jetzt nach dem ältesten Codex mit Varianten der jüngern UB. n. 61. Mit den Statuten verbinden die Hss. Sammlungen städtischer Satzungen, vorwiegend polizeilichen Inhalts und zur öffentlichen Verlesung beim Echtdinge bestimmt, daher selbst Echtding geheißen; das. n. 62. Ordinarius des rades to Brunswik, Feststellung der dem Rathe obliegenden Geschäfte v. 1408, das. n. 63. — Ueber die Statuten von Braunschweig Bode a. a. O. S. 123 ff. Frensdorff G. G. A. 1862 S. 785 und 1873 S. 1937 ff. Unten § 16.

Bremen. Statuten v. 1303 b. G. Oelrichs vollständige Samml. alter u. neuer Gesetzbücher der fr. Stadt Bremen (Brem. 1771. 4) S. 1—302; v. 1428 ebendas. S. 303—410; die neuesten v. 1433 das. 425—550. Die letzten auch b. *Pufendorf* Obs. iur. II 21 sqq. *G. Oelrichs* Glossarium ad statuta Bremensia antiqua. Frkft. 1767.

Breslau s. ob. S. 28. Über eine zu Ende des 15. Jahrh. auf Grund des systemat. Schöffenrechts, sonstiger Schöffensprüche, Breslauer Privilegien und Willküren u. a. zu Breslau entstandenes Rechtsbuch, das sich den Rechten Weg nennt Laband syst. Schöffenr. S. XXX, Böhlau in Ztschr. f. Rechtsgesch. Bd. 8 (1869) S. 165 ff., 9 (1870) S. 1 ff.

Brünn. Schöffenbuch a. d. 14ten Jhrh. b. E. F. Rößler deutsche Rechtsdenkmäler aus Böhmen u. Mähren. Bd. 2: die Stadtrechte von Brünn a. d. XIII. u. XIV. Jhrh. (Prag 1852) S. 1—339.

Celle. Priv. v. 1292 mitgethlt. v. Brock in Ztschr. des histor. V. für Nieders. Jg. 1868 S. 403. S. oben b. Braunschweig.

Cleve. Mittheilungen aus dem Clevischen Stadtrecht des 15. Jh. macht R. Schröder Ztschr. f. RGesch. Bd. 9 (1870) S. 421 und 10 (1872) S. 206.

Colmar. Stadtrecht K. Rudolf v. 1278 noch ungedruckt; 1293 fast wörtlich wiederholt v. K. Adolf, gedr. b. *Schöpflin* Als. dipl. II p. 55, daraus Gaupp StR. 1 S. 112; nach dem Orig. auf Grund einer Abschrift J. F. Böhmers: *Gengler* C. dipl. S. 617. Eine modernisirte Abschrift des Priv. v. 1278 abgedr. b. *Trouillat* monuments de l'hist. de l'ancien évêché de Bâle t. II n. 234.

Dortmund. Lateinische Statuten nach 1250 aufgezeichnet: Frensdorff Dortmunder Statuten u. Urtheile (Hansische Gesch.-Quellen Bd. 3, Halle 1882) S. 1. Dem 14. Jahrh. gehören an: das große Stadtbuch von Dortmund, das. S. 57 und Dortm. Urtheilsbuch S. 103. Die jüngsten Statutensammlgn. aus dem Ende des 15. Jahrh. das. S. 149.

Erfurt. Urkunde des Erzb. Gerhard v. Mainz v. 1289 über die ihm in der Stadt zustehenden Rechte b. A. Kirchhoff die ältesten Weisthümer der Stadt Erfurt (Halle 1870). Statuten v. 1306 b. Walch Beitr. 1, 95, Zusätze dazu ebendas. 2, 20. Beide nach einer späteren Handschrift b. K. W. A. Heinemann die statutarischen Rechte f. Erfurt u. sein Gebiet (Erf. 1822) S. 67. Lambert d. ältere Gesch. u. Verfassg. der St. Erfurt. Mit Urkunden. Halle 1868.

Frankfurt a. M. Weisthum üb. das R. der Stadt v. 1297 b. Fichard Wetteravia. Bd. 1 Hft. 1 S. 252 ff., b. Thomas Oberhof S. 217 u. *Boehmer* C. dipl. Moenofrancof. 1, 304. Statuten bestehend aus Bestimmungen der Schöffen u. des Raths v. 1352—1378 b. *Senckenberg* Selecta iuris et hist. T. 1 p. 1. Ueber das 1417 zusammengestellte Statutenbuch s. Euler im Archiv für Gesch. Frankfurts Heft 7 S. 118.

Freiberg. Statuten c. a. 1294 b. Walch 3, 147 u. besser b. Schott 3, 141. Demnächst im Codex dipl. Saxoniae regiae, zweiter Hauptthl. Bd. 14 hg. v. *Ermisch.*

Freysing. Stadtrecht v. Bisch. Albrecht 1359 gegeben b. v. Freyberg Samml. hist. Schriften Bd. 5 S. 161—238.

Göttingen. Statuten v. 1354—1420. *Pufendorf* Obs. 3, 145. Ueber andere noch ungedruckte *Seidensticker* observat. quae ad jus Germ. pertinent. Jenae 1809. 4.

Hagenau (im Elsaß). K. Friedrich I. Stadtrecht v. 1164 Juni 15 [St. 4019]. Gaupp StR. 1 S. 93.

Halle. Ueber die Rechtsmitthlg. v. 1235 ob. S. 28. Willküren des 14. und 15. Jahrh. bei v. Dreyhaupt Beschreibg. des Saalcreises 2 (Halle 1750) S. 303 u. 310 und Förstemann N. Mitthlgn. I 2 (1834) S. 62. v. Martitz S. 8 ff.

Hamburg. Statuten v. 1270, dat Ordelbok, v. 1292 u. v. 1497; sämmtlich u. am besten b. J. M. Lappenberg Hamburgische Rechtsalterthümer Bd. 1, auch u. d. Titel: Die ältesten Stadt-Schiff- u. Landrechte Hamburgs. Hamb. 1845. Die Miniaturen zu dem Hamb. Stadtrechte v. J. 1497 erläutert von

J. M. Lappenberg. Hamb. 1845. 4. Eine Vergleichung des Rechts v. 1270 mit dem Ssp. u. den b. *Westphalen* u. *Brokes* abgedruckten Codices des Lüb. Rechts in dem Commentar zum Hamb. Stadtrechte v. 1603 a. d. handschriftl. Nachlaß v. J. K. Gries herausg. v. N. A. Westphalen (Hamb. 1837) Bd. 2 S. 359 ff. Baumeister Privatr. der St. Hamburg § 1. Über das Verhältniß des Hamb. Ordelbok zum Sachsenspiegel: Homeyer Ssp. S. 62.

Hamm. Privileg des Grafen Adolf v. d. Mark v. 1193 hg. v. Erhard in Höfers Ztschr. f. Archivkunde 1 (Hambg. 1834) S. 465, und in Codex diplom. Westfaliae 2 (Münster 1851) n. 526 S. 224. Gengler StR. S. 183.

Hannover. Das Hanöverische Stadtrecht — m. Anmerk. versehen v. J. Reichsfreih. Grote u. Brönnenberg i. Vaterländ. Archiv des hist. Vereins f. Niedersachs. Jahrg. 1844. S. 117. R. Döbner die Städteprivilegien Otto des Kindes und die ältesten Statuten der St. Hannover. Hannov. 1882. Frensdorff die Stadtverfassung Hannovers in alter und neuer Zeit. Leipz. 1883 (auch in Hans. Gesch.-Bl. Jg. 1882).

Herford. Statuten a. d. 14ten Jahrh., worin sich viele Stellen aus dem Sachsenspiegel finden, b. Wigand Archiv f. d. Gesch. Westph. Bd. 2. S. 8.

Hildesheim. Lateinisches Stadtrecht in 54 §§ c. 1249 nach dem Orig. b. Döbner UB. der St. Hildesheim Bd. 1 (Hildesh. 1881) n. 209. Deutsche Statuten in 176 Artt. um 1300 (nicht v. 1422) das. n. 548. Dazu Frensdorff G. G. A. 1883 S. 328 ff.

Iglau (in Mähren). Stadt- u. Bergrecht v. 1248 (?) b. *Gelas. Dobner* Monum. hist. Boemiae IV 205 u. in Schmidt Samml. der Berggesetze I 1. Vergl. überhaupt Ferd. Bischoff Oesterreich. Stadtrechte S. 43 u. Tomaschek Deutsches Recht in Oesterreich im 13. Jahrh. auf Grundlage des Stadtrechts von Iglau. 1859.

Ingolstadt. Stadtrecht v. 1312 in Quellen u. Erörtrgn. z. Bayer. u. Deutschen Gesch. 6 (1861) S. 204. Statuten gedr. b. *Heumann* Opusc. p. 145.

Landshut. Priv. v. 1279 und v. 1335. Wie das Münchner Stadtrecht auf Oberbaiern, so ist das von Landshut auf Niederbaiern ausgedehnt. Roth Bayr. Civilr. 1 S. 36. Auszüge aus dem Stadtbuche des 14. u. 15. Jahrh. b. E. Rosenthal Beiträge z. deutschen Stadtrechtsgesch. (Würzb. 1883) S. 185.

Lüneburg. Priv. Herzog Otto I. v. 1247, nach dem Orig.: Döbner Städtepriv. H. Ottos S. 27. UB. der St. Lüneburg Bd. 1 (Hannov. 1872) hg. v. W. F. Volger n. 67. Statuten des 14. Jahrh. aus dem 1401 angelegten Stadtbuche Donat gen. hg. v. W. T. Kraut das alte Stadtrecht von Lüneburg. Gött. 1846.

Medebach (in Westfalen). Priv. des Erzb. Rainald v. Cöln v. 1165 b. Seibertz UB. 1 n. 55 S. 73; Stadtrecht v. c. 1350 Bd. 2 n. 718 S. 380.

Moringen (in Hannover). Statuten des 15. Jahrh. hg. v. F. Steinhoff in Ztschr. f. RGesch. 7 (1868) S. 290 ff.

Mühldorf. Statuten aus der zweiten Hälfte des 14. Jahrh. hg. v. K. Th. Heigel in Städtechron. 15 (1878) S. 392 ff.

Mühlhausen (in Thüringen). Deutsche Statuten c. 1250 hg. v. *Grasshof* de orig. atque antiqu. Mulhusae (1749) p. 231, E. G. Förstemann in N. Mitthlgn. Bd. 7 (1843), Fr. Stephan neue Stofflieferungen. f. die deutsche Gesch. (Mühlh. 1846), E. Lambert Rathsgesetzgbg. der fr. Stadt Mühlhausen (Halle 1870); am besten: UB. der St. Mühlhausen bearb. v. Herquet (Halle 1874) S. 609 ff. Statuten des 14. Jahrh. in lat. und deutscher Fassung bei Lambert a. a. O.

München s. oben S. 22.

Münden (Hannov. Münden). Priv. Otto I. v. 1246 gedr. b. Gengler StR. S. 302, Döbner Städtepriv. S. 26. Statuten und Urtheile überwiegend des 14. Jahrh. hg. v. Döbner in Ztschr. des histor. Vereins f. Niedersachsen Jg. 1883 S. 212.

Münster. Statuten v. 1326 im Ius statutarium civitatis Bilefeld. p. 13—19 u. b. v. Kamptz Provinzialrechte Th. 2 S. 501—504. Willküren a. d. 14ten

u. 15ten Jahrh. unter dem Namen: Alte Polizeiordnung b. Deiters die eheliche Gütergemeinsch. rc. S. 117—129.

Nordhausen. Das Schulzenbuch a. d. Anf. des 14ten Jahrh., bestehend aus dem Zollbriefe u. dem Stadtrechte b. K. E. Förstemann N. Mittheilungen Bd. 3 Hft. 1 S. 32; die Statuten c. a. 1300, ebendas. S. 44; Statutensammlung v. 1308 das. Hft. 2 S. 2; Statutensammlung, angelegt um 1350, m. Nachträgen bis 1456, das. Hft. 3 S. 40 u. Hft. 4 S. 32.

Prag. Rößler deutsche Rechtsdenkmäler aus Böhmen u. Mähren Bd. 1: das Altprager Stadtrecht a. d. XIV Jahrh. Prag 1845.

Regensburg. Priv. K. Friedrich II. v. September 1230 [BF 1825] b. Gaupp 1 S. 167; Gengler StR. S. 373. Statuten und Privilegien des 14. Jahrh. bei v. Freyberg Sammlg. histor. Schriften 5 S. 1.

Reval s. Lübeck (S. 26).

Riga. Lat. Aufzeichnung des Rigischen R. für Reval in 48 Artt. b. J. G. L. Napiersky die Quellen des Rigischen StR. bis z. J. 1673 (Riga 1876) S. 3. Riga-Hapsaler R. nach 1279 das. S. 15. Redaction des Hamburg. Ordelbok für Riga zw. 1279 u. 1285 das. S. 53—130. Umgearbeitete Rigische Statuten aus dem Anfg. des 14. Jahrh. das. S. 133—200. Frensdorff Hans. Gesch.-Bl. Jg. 1875 S. 177 ff.

Rüden. Statuten v. 1310 b. Wigand Archiv f. die Gesch. Westph. Bd. 5 S. 55 u. am besten b. Seibertz Urk. Bd. 2 Nr. 540 S. 69.

Saalfeld. Statuten a. d. 14ten (nicht 13ten) Jahrh. b. Walch 1, 1—72.

Salzwedel. Priv. der brandenburg. Markgrafen v. 1273 und 1278 bei *Riedel* cod. dipl. Brand. 14 (1857) n. 17 u. 18. Ins Niederdeutsche übersetzt und mit Zusätzen, die bis ins 15. Jahrh. reichen, vermehrt b. Danneil in N. Mitthlgn. IV, 1 (1840) S. 83; daraus Gengler StR. S. 395, wo auch eine Vergleichung mit den benutzten Quellen, insbesondere dem Ssp. gegeben ist, und Riedel n. 19. Homeyer Ssp. § 11 n. 23.

Speier. Priv. K. Heinrich V. v. 1111 Aug. 14 [St. 3068], Erweiterung desselben durch K. Friedrich I. [St. 4341] gedr. b. Remling Speierer UB. 1 (1852) n 80 und 107; Gengler StR. S. 449 ff.

Stade. Priv. K. Otto IV. v. 1209 Mai 2 [BF. 276] Gengler StR. S. 456. Priv. des Erzb. Hildebold v. Bremen v. 1259 bei *Pufendorf* 2 p. 157. Statute v. 1279 bei *Pufendorf* 1 p. 163 und *de Grothaus* statuta Stadensia. Gottingae 1766. 4. *Hülsemann* observ. ad stat. Stad. Gott. 1820. 4. Ueber das Verhältniß zum Hamburger Ordelboke s. Lappenberg Hamb. RA. S. LXXVIII.

Stendal. Priv. der brandenburg. Markgrafen von 1151 (Locationsprivileg), von 1297 und 1345 bei *Riedel* cod. dipl. 15 (Berlin 1858) n. 3, 58, 168; letzteres auch bei Gengler StR. S. 461.

Straßburg. Weisthum über das Bischofsrecht (sg. erstes StR.) nach 1129 Gaupp StR. 1 S. 36, Gengler StR. S. 472; jetzt nach *Grandidier* oeuvres histor. inédites 2 (Colmar 1865) p. 42 im UB. der St. Straßburg Bd. 1 bearb. v. W. Wiegand (Straßbg. 1879) S. 467. Ueber die Entstehungszeit: Hegel Städtechron. Bd. 8 Einltg. S. 18; 9 S. 925. Zweites StR. um 1200 gedr. *Grandidier* S. 186; danach UB. 1 S. 477. Drittes StR. aus der Mitte des 13. Jahrh. Aus Grandidier's hs. Nachlaß Mone Anz. f. Kunde der deutschen Vorzeit 6 (1837) S. 23; danach Gaupp 1 S. 80, UB. p. 482. Stadtrecht von 1322; über seine Abfassung: Chron. des Königshofen, Städtechron. 9 S. 743; die Hss. sind 1870 untergegangen, Fragmente b. Heusler Basel S. 483. Stadtrechtsrevisionen von 1433 und 1441 noch ungedruckt. Hegel Städtechron. 9 Beil. 1: Stadtrechte und Schwörbriefe von Straßburg.

Straubing. Mittheilungen aus dem Stadtbuche des 15. Jahrh. b. Rosenthal a. a. O. S. 303.

Unna. Freibrief v. J. 1346 hg. v. K. Koppmann in Forschgn. 11 (1871) S. 129.

Verden. Lat. Statuten der Altstadt v. 1330 bei Spiel vaterl. Archiv Bd. 1 (1819) S. 81; deutsche Statuten mit Beibehaltung der alten Jahreszahl aus dem Ende des 15. Jahrh. bei *Vogt* Mon. ined. 1 (1740) S. 276. Die bei Pufendorf I S. 77 gedruckten Statuten gehören gleichfalls der Altstadt, aber dem Ausgang des 16. Jahrh. an. Ritter die Statuten der St. Verden und das in ders. geltende ehel. Güterr. in N. Magaz. f. Hannov. Recht Bd. 8 (Hannov. 1868) S. 347.

Wesel. Priv. v. 1241 b. Lacomblet UB. 2 n. 258; v. 1277 b. Wigand Archiv 4 S. 407; v. 1329 Frensdorff Dortm. Stat. S. 265. Ueber Rechtsbeziehungen Wesels zu Dortmund das. S. 254 ff., Wesels zu kleinen niederrhein. Städten S. 261 ff.

Wien. Priv. H. Leopold VI. v. 1221 gedr. b. v. Meiller im Archiv f. Kunde österr. Gesch.-Qu. 10 (1853) S. 100, jetzt: Geschichtsquellen der Stadt Wien Abthlg. 1: Die Rechte u. Freiheiten der St. Wien bearb. v. J. A. Tomaschek Bd. 1 (Wien 1877) n. 5. Stadtrecht H. Friedrich II. v. 1244 b. Meiller S. 131, Tomaschek n. 10. K. Rudolfs Freiheitsbrief v. 1278 b. Tomaschek n. 15—17, dazu: Tomaschek in Sitzgsber. der kais. Akad. der Wiss. (Bd. 83) 1876 Maiheft. Stadtrecht H. Albrecht I. v. 1296 das. n. 23, H. Albrecht II. v. 1340 das. n. 37. Zwischen 1276 und 1360 entstand auf Grund des städtischen Gewohnheitsrechts ein Rechtsbuch hg. v. Schuster das Wiener Stadtrechts- oder Weichbildbuch, Wien 1873. Das Rechtsbuch entlehnt eine Anzahl Artikel dem Schwabenspiegel, wie es denn auch in Hss. verbunden mit dem Schwsp. vorkommt. Andere Hss. verbinden es mit dem österr. Landrecht. Vgl. G. G. A. 1874 S. 513.

Wiener-Neustadt. Das Stadtrecht, unter dem Namen Herzog Leopolds auftretend, ist eine in der zweiten Hälfte des 13. Jahrh. aus Privilegien, Statutarrecht und Gewohnheiten combinirte Privatarbeit. Hg. v. Joseph v. Würth, Wien 1846, neuerdings G. Winter das Wiener-Neustädter StR. Kritik und Ausgabe (lat. u. deutsch). Wien 1880.

Worms. Priv. K. Heinrich V. v. 1114 Nov. 30 [St. 3119] u. K. Friedrich I. v. 1184 Janr. 3 [St. 4370] gedr. b. *Bresslau* Diplomata centum (Berol. 1872) n. 82 und 85, letzteres auch b. *Stumpf* Acta imp. ined. (1865 ff.) n. 160; beide nach ältern Drucken Gengler StR. S. 449.

Zürich. Richtebrief der Bürger (neu redigirt 1304) herausgeg. v. Fr. Ott im Archiv f. Schweizer. Gesch. Bd. 5 (Zürich 1847) S. 149—284.*)

1. Augsb. St. v. 1276 (Meyer S. 59). Chumt ein gast her, der burger hie sin wil, dem sol ein vogt burchreht lihen uf sogtan reht, als diu stat von alter her braht hat.

2. Priv. des Gr. v. Habsb. f. Winterthur v. 1264 (Bluntschli RG. von Zürich 1, 479). Och hain wir inen gesezzet, — das sü nieman ze rehte stan suln, der inen ir aigen anspricht, dem wir burgreht u. marctes reht gegeben hain, anderswa wan vor uns alder vor unserem nachkomen, der denne ir rehter herre ist, u. vor ir schulthaissen ze der burgerre gegeni gemainliche.

3. Das.: hain — inen gesezzet —, das ir fridecraisses invang hinnanhin iemer eweklich marctes reht haben sol nach der stat sitte u. gewonhait.

4. Brem. Urk. v. 1206 (Bremer UB. 1 n. 103): sub *iure civili, quod vulgo wicbeletd* dicitur.

5. Urk. der Grafen v. Holstein f. Hamburg v. 1258 (Lappenberg Hamb. UB. S. 519 n. 631): concedentes ipsis ut infra prescriptos terminos *jure* utantur *oppidano*, quod *wikbeledhes recht* vulgariter nuncupatur.

6. Urk. des Markgrafen Wilhelm I. v. Meißen v. 1403 (*Gengler* Codex diplom. S. 896): wir haben unsern liben getruwen zcu Alden-Dresden burgerrecht gegeben und den fleg in zcu eynem wigbilde usgesatzt, getirmet und gemacht .. in solcher masze, daz dasselbe Alden-Dresden furbaz meher ewiglichen ein wigbilde heissen und bliben sall, darinne man kauffen und verkauffen und allerley kauffmanschatz und handelunge triben und uben sall und mag mit bruwen, backen, wein bier und mete zcu schencken, allerleye hantwergk und innunge

*) Mehrere Stadtrechte sind angegeben in dem diesem Grundriß vorgedruckten Register zum Verständniß der abgekürzten Citate.

die yn zcu haben und der zu gebruchen in aller masze, als in andern unsern stetin und wigbilden gewonlich ist; sundern fremde bier sollen sie andirs da nicht schencken denne in der vasten und ober den advent ..... Sunderlichen haben wir yn gegeben und bestetiget eynen fryen margtag allewochelich ... da man fleisch broth und alle andir kauffmanschatz fry habin kauffen und verkauffen sall .. und bestetigen yn die obingenante wigbilde recht fryheit und gewonheit.

7. Schwsp. Art. 40 Z. 12—14. Swaz der keiser u. die fürsten den stetten rehte hant gegeben, u. si selben gemachet hant mit ir gunst, daz ist reht, ob ez joch niht geschriben ist.

8. Urk. K. Ottos I. v. 962 b. Seibertz UB. I 13: indulsimus incolis ville, que dicitur Horohusun et adjacens est urbi que dicitur Eresburg, *eo iure vivere et ipsa legitima habere per omnia que Throtmannici habent.* Ueber diese gefälschte Urk.: Frensdorff Dortm. Stat. S. CLX.

a. Freiburger Stiftgsbrief v. 1120. Si qua disceptacio vel questio inter burgenses meos orta fuerit, non secundum meum arbitrium vel rectoris eorum discucietur, sed pro consuetudinario et legitimo jure *omnium mercatorum precipue autem Coloniensium* examinabitur judicio.

9. Freiburg. Stadtrodel. Eingang. Berhtoldus dux Zeringie in loco proprii fundi sui Friburc videlicet *secundum iura Colonie* liberam consituit fieri civitatem.

10. Berner Handfeste v. 1218 Art. 1. Cum Berctoldus dux Zeringie burgum de Berno construxit *cum omni libertate, qua Chuonradus dux Friburgum in Briscaugia construxit* et libertate donavit *secundum ius Coloniensis civitatis.*

11. Freiburger Urk. von 1403 b. Schreiber Urk.-B. II 182. Dis sint die stette die irü recht nement hie zuo Friburg: die von Endingen, die von Kentzingen, die von Lar, die von Malberg, die von Rynow, die von Hasela, die von Wolfa, die von Rynfelden, die von Waltzhuot, die von Munderchingen, die von Horenberg, die von Sultze am Necker, die von Mengen, die von Rüdlingen, die von Oberndorf, die von Dornstetten, die von Brülingen, die von Vilingen, die von Kilchhein, die von Tüwingen u. von Ueberlingen, die von Offenburg, die von Ehingen, die von Brembach, die von Enselingen, das dorf ze Mülebach, die von Fürstenberg, die von der Nüwenstat, das dorf zuo langen Enslingen, die von Eltzach, die von Waltkilch, das dorf Stetten zuo Kaltenmarkt.

12. Arnold. Lubec. (Mon. SS. XXI, 141) ad a. 1181: (cives Lubecenses) exierunt ad eum (scil. imperatorem Fridericum I.) rogantes, ut *libertatem civitatis* quam a duce (Henrico Leone) prius traditam habuerant obtinerent, et iustitias quas in *privilegiis scriptas* habebant *secundum iura Sosatie* — ipsius auctoritate et munificentia possiderent.

13. Urk. des Grafen v. Holstein a. 1235 (b. *Westphalen* Mon. ined. 4, 3203): unsen Borgheren, de so wonaftich willen wesende binnen Oldenborg den geven wy — dat Lubisch recht. Weret et aver, dat wy kriegene worden mit de stadt to Lubecke, so verlehne wy unsen borgheren to Oldenborg, dat se mogen brucken des rechtes unser stadt to Hamborg. Were ock, dat zee sick an etlicken ordelen nicht vorwesten, so mogen zee an dessen vorscrevenen twen steden recht söcken. (Die Urk. ist verdächtig.)

14. Sächs. Weichb. Art. 10. Nu vernehmet, wie die Stadt Magdeburg allererst besetzet ward mit des Landes Willkür u. bestätiget an ihren Rechten. — Und Hall ward daraus gestifft, u. also sind die von Hall u. die von Magdeburg gantz u. gar mit einem Recht begriffen. Darumb sollen all die von Pohlen u. Böhmen, u. aus der Marck von Meissen u. Lausitz, u. die aus der Marck zu Brandenburg u. die aus dem Herzogthum zu Sachsen u. von der Graffschafft zu Ascherdleben u. alle die aus den Städten, so darinnen begriffen sind, ihr Recht zu Magdeburg hohlen. Könten aber die von Magdeburg des Urtheils nicht finden — so mögen sie es zu Halle holen.

15. Urk. K. Rudolfs f. Achen v. 1273 (*Quix* C. d. Aq. I 2 p. 140 n. 211). Damus — auctoritatem nostris fidelibus supradictis (scil. civibus Aquensibus), *ut inter se constitutiones necessarias et utiles constituere valeant, et eas, dum voluerint, revocare.*

16. Urk. K. Rudolfs f. Colmar v. 1278 b. *Trouillat* Monuments de Bâle T. II nr 234 p. 309. Uber dis alles mögent die burgere von Colmere uber sich selben einunge setzen als si dunket, das es in selben u. der stette nutze si.

17. Bern. Handf. v. 1218 § 54: omnia iura et libertates que in rodalibus vestris — continentur vel illa, que adhuc pro communi utilitate et honore civitatis vestre et honore imperii conservando et augmentando rescriptis et rodalibus vestris communi et sano consilio decreveritis apponenda, vobis et cunctis posteris vestris auctoritate regia concedimus et confirmamus.

18. Priv. der St. Hamm v. 1193: ego Adolfus comes de Altena et in Marca opidum in Marca volens construere *iuris sui electionem opidalibus contuli*, unde *sibi ius illorum de Lippia elegerunt*, quod tale est: Liberum primo possidentes opidum sunt, deinde *Sosatiensium ius sibi eligunt*, *nisi aliquod melius et expeditius sibi cogitent vel inveniant.*

19. Urk. der Grafen v. Holstein v. 1292 (Lappenberg Hamburg. UB. 722 n. 860). Concedimus etiam et donamus eisdem (civibus Hamburgensibus) ius tale, quod vulgo *kore* dicitur: *statuta mandare et edicta promulgare secundum beneplacitum eorum* pro utilitate et necessitate civitatis predicte ac eorundem, et *revocare eadem*, quocienscunque et quandocunque ipsis visum fuerit expedire. — Donamus eis preterea *plenam* et *perfectam potestatem* super causis emergentibus, de quibus non est sentenciatum in libro predicto, *novum ius creandi et statuendi de communi consensu consulum et presencia pro sue libito voluntatis.*

20. Aelteste Soest. Stat. (Seibertz 1 S. 48) § 1. Audiat universitas antiquam et *electam* Susattensis oppidi iusticiam.

21. Aude Schrae v. Soest. Eingang (Seibertz 2 S. 388). Nu sal horen dey ghemeynheyt der borghere dat alde ghekorne u. gheprüvede recht.

22. Erfurt. St. v. 1306 (Walch 1, 95). Dit ist de willekur der stat zu Erforte. — In deme selbin jare wurden der stat recht gerichtit uffe den eit mit alle der rete willen, also die recht an diesen buchin beschriben sten.

23. Vorr. deutscher Codices des lüb. Rechts, datirt v. 1240 (Codex dipl. Warmiensis 2 n. 514). Sicut edicta imperialis dignitatis ab omnibus personis laicalibus firmiter ac inviolabiliter sunt observanda, ita recte persimile quicquid Civitatis discretorum statuit et ordinat consilium secundum iusiurandum civitatis, debet a suis concivibus firmiter observari.

24. Urk. K. Rudolfs v. 1276 (Meyer Augsb. UB. 1 n. 51). supplicantibus nobis — civibus Augustensibus, ut, cum ipsi quasdam sententias sive iura pro communi utilitate omnium in unum collegerint ac scripturarum memorie commendaverint et adhuc ampliora et utilia cum prioribus velint reponere et exinde codicem conficere, nos tam scripta quam scribenda velimus auctoritatis nostri munimine confirmare. Nos ipsorum precibus benignum prebentes assensum iura sive sententias scriptas et scribendas sub debito iuramenti confirmamus.

25. Augsburg. St. v. 1276. Eingang. Do disiu gnade der stat gemeinlichen widerfur von unserm herren kunch Rudolfe —, do chomen sie (näml. die biderben burger, die eltesten u. auch die witzigsten ratgäben von Auspurch) an ir rat u. namen mit guter beschaidenheit vier biderbe man u. swuren die zen hailigen, daz si uf ir eit elliu diu reht — hiezzen schriben u. swaz sie schrieben, daz si daz braehten fur ganzen rat.

26. Goslar. St. Eing. b. Göschen S. 1. De rad der stat to Goslere is to rade ghewordeu mit endrechtigher vulbort der koplüde u. der woltwerchten u. der ghelden der sülven stat, dat se ere recht in dit boch willet bringhen, uppe dat it deste redelekere si mallikem na rechte to to vorschedene.

27. Vorrede zu den Lüneburger Statuten v. 1401 b. Kraut das alte Stadtrecht von Lüneburg S. 1. In godes namen amen. In dem jare siner bort alse men scref verteinhundert jar dar na in dem ersten jare des vrigdages na sunte Andreas des hilghen apostels daghe — weren to samende — de nabenomeden borgermestere u. radmanne der stad Luneborgh alse (es folgen die einzelnen Namen) u. vorghingen sik endrechtliken van des rades u. der stat weghene umme der stad Luneborgh stadrecht na meer in tokomenden ewighen tiden dat to holdende aldus: dat me tovorn sik holden scal an dit jeghenwardighe buk

u. an der stad privilegia. Dar de to schedinge welker sake wes drepet, wol dat der utscrifte hir nicht in geschreven weren, und wes me in dessem boke edder in den privilegien nicht en vind, dar willet de rad u. borghere in allen saken u. schelingen na desser tyd sik mer richten an mene sassech lantrecht; u. wes me dar nicht ane vind, dar schal me sik denne in den stucken richten u. holden an dat keyserrecht. Und wes me dar vort nicht ane vind, dar scal me sik holden an dat gheistlike recht.

§ 9. 4. Hof- und Dienstrechte. (B. § 44 I. G. § 19.)

Stobbe Rqu. S. 577 ff. Eichhorn § 259. Walter § 301. 315. v. Fürth die Ministerialen (Cöln 1838) S. 247—260.

Registrum Prumiense b. *Hontheim* Hist. Trevirens. diplom. I p. 661 — 698. Burchardi episc. Wormatiensis leges et statuta familiae b. Petri c. a. 1024 b. *Schannat* Hist. episc. Wormat. Cod. prob. nr. 51 p. 43 sq., b. *Walter* C. I. G. 3 p. 775 sq. u. b. Grimm Weisth. 1, 804—808, verbesserte Lesarten dazu v. Böhmer im Archiv f. Hess. Gesch. 2, 149. Das Hofrecht des Bischofs Burchard von Worms erklärt von Gengler. Erlangen 1859. 4.

Eigentliche Dienstrechte: Privilegium de iustitia ministerialium Babebergensis ecclesiae aus dem 11. Jahrh. b. *Eccard* Corp. hist. II p. 101 n. 113. Weißenburger Dienstrecht aus dem Anfang des 12. Jh. in der Form einer von K. Konrad II 1029 ertheilten Urkunde [St. n. 1991] b. Giesebrecht Gesch. der deutschen Kaiserzeit Bd. 2 (Aufl. 2 u. ff.) S. 667. Waitz Vf.-Gesch. 5 S. 306. Recht der Dienstmannen des Erzbischofs von Köln (iura ministerialium beati Petri) in lat. Sprache aus der zweiten Hälfte des 12. Jahrh. Gedruckt b. Kindlinger Münsterische Beitr. 2 (1790) Urk. S. 68 ff.; diesen (fehlerhaften) Abdruck wiederholen: Walter C. I. G. 3 S. 799, v. Fürth a. O. S. 511, Grimm Weisth. 2 S. 749, Ennen Quellen 1 S. 211; einen Text nach einem Copialbuch des 15. Jh.: Lacomblet Archiv 4 S. 348. Nach dem Original des Kölner Stadtarchivs hg. u. erläutert v. Frensdorff in Mitthlgn. aus dem Stadtarchiv von Köln hg. v. Höhlbaum, Heft 2. Köln 1883. — Nach der Mitte des 13. Jahrh. entstand eine deutsche Umarbeitung, gedr. b. Kindlinger das. S. 84 ff.; bei Fürth S. 519 und Ennen Quellen 1 S. 220 und S. 217 ff.; nach den ältesten Hss. hg. u. erläutert v. Frensdorff a. a. O. S. 37 ff. Recht der Dienstmannen von Magdeburg aus dem 13. Jh. b. *Mencken* SS. rer. Germ. III p. 359, Gaupp das alte Magdeb. R. S. 353, v. Fürth S. 523 und unten n. 6. R. des Stifts v. Hildesheim aus dem 13. Jh. b. Bruns Beitr. S. 160, v. Fürth S. 525 und unten n. 7. Bischofs- und Dienstmannenrecht von Basel in deutscher Aufzeichnung des 13. Jh. hg. v. Wackernagel (Basel 1852) und von demselben mit einzelnen Textverbesserungen (aber ohne die Erläuterungen) in: Rechtsquellen von Basel 1 (1856) S. 6—12. Leges feudales Tecklenburgicae aus dem Ende des 13. Jh. b. *Ludewig* Reliq. mss. II p. 297, *Lünig* C. i. feud. III 113, v. Fürth S. 528. Ministeria curiae Hanoniensis, Amtsrecht für die Grafschaft Hennegau c. 1210, gedr. bei Warnkönig von der Wichtigkeit der Kunde des Rechts u. der Gesch. der belg. Prov. (1837) S. 50, wiederholt v. Fürth S. 533; jetzt hg. v. *W. Arndt* in Mon. SS. XXI p. 602 (als Anhang zu Gisleberti chronicon Hanoniense). —

Hennegauisches Lehnrecht unter dem Titel: Hec est declaratio legum in curia et comitatu Hainoensi a. 1200 hg. v. *W. Arndt* ebenda S. 621.

Als Beispiel eines Hofrechts s. das unten n. 8 abgedruckte Hildesheimische Ius litonicum. Eine große Menge von Hofrechten sind abgedruckt in Grimms Weisthümern (ob. S. 16).

1. Ssp. III 42 § 2. Nu ne latet jük nicht wunderen, dat dit buk so lüttel seget von dienstlüde rechte, went it is so manichvalt, dat is nieman to ende komen kan: under iewelkem bischope u. abbede u. ebbedischen hebben die dienstlüde sunderlik recht, dar umme ne kan ik is nicht besceiden.

2. Wirceburg. episc. dipl. a. 1036 ap. *Schaten* 1, 508: ministerialium iure —, litonum iustitia.

3. Ottonis II dipl. a. 983 (M. G. SS. IV 481 ex Sigiberti vita Deoderici ep.): Deodoricus Mettensis aecclesiae episcopus — petiit —, ut *familiis* aecclesiae scti Stephani —, cui ipse praesidet, *legem a praedecessoribus nostris*, regibus scilicet et imperatoribus, illis concessam, auctoritate nostrae donationis noviter eis concederemus atque confortaremus. Cuius petitionem — benigne suscipientes familiarum praefatae aecclesiae legem — imperiali dono — concedimus atque confortamus.

4. Episcopi Babenb. dipl. a. 1153 in Mon. Boic. 11, 167: statuimus, ut — ministeriales sine disturbatione permaneant, — et nulli successorum nostrorum liceat *illis invitis* aut tollere que sunt, aut iura eorum nisi in melius *ex consensu communi* commutare.

5. Urk. K. Heinr. III für S. Maximin b. Trier v. 1056 (Beyer Mittelrhein. UB. 1 n. 345 S. 401): in presentia nostri aliorumque fidelium nostrorum . . . XII de servientibus qui scaremanni dicuntur et XXIV ex antiquioribus de familia per sacramentum iurare et confirmare decrevimus, *quibus legibus* vel iuri sub tempore Heinrici ducis senioris et Heinrici ducis iunioris servientes aut familia loci illius subiaceret, qualiter placita et iudicia fierent . . . . ut ipsi et posteri eorum eodem iure eademque lege exinde perfruerentur. (Die in den früh. Aufl. hier abgedruckte U. K. Heinr. III v. c. 1054 ist unecht. St. 2520.)

6. Dit is der denstlude recht van Magdeburgh des godeshuses*). Dit is dat erste recht, dat de denstlude van Magdeborch gewunnen hebben: dat neman up se ordel vinden ne mach, he ne sy to deme herschilde geboren. Off jenich ordel wert geschulden, dat schal men bringen an de palenze, u. de bisschop schal senden umme de vere, de ammecht hebben. De denstman schal geven deme bisschope en pund umme dat gewedde, u. de denstman scholen de**) pund under en geven to bote. Dat hovelen schal erven uppe sone, dochtere, brodere, sustere, vader, moder; uppe dat hovelen der denstlude ne hevet de bisschop nen anevelle. Off de denstman sterft, sin negeste des swerdes schal siner kindere voremunde sin. De bisschop ne mach nenen denstman vervesten, he ne hebbe erst vorloren mit rechte hoverecht. Off jenich denstman up den anderen hevet ene gemene clage, de bisschop schal jenem bescheden enen dach over verteyn nacht in welke stad, de des bisschopes is. Off de bisschop spricket uppe jenich gud, dat en denstman under em hevet u. in siner gewalt is, de bisschop schal eme leggen enen beschedenen dach in ene stad vore to komende. Off en denstman heved gud in siner gewalt, de bisschop ne mach it eme nicht nemen ane ordel. Nen denstman de wile he en kind is, mach vorkopen sin gut ane sines voremunden willen. Off jenich denst-

*) Dieses Magdeburgische Dienstrecht, wie auch die unter Nr. 7 u. 8 folgenden Urkunden sind abgedruckt nach einer, wahrscheinlich im 14. oder zu Anfang des 15. Jahrh. geschriebenen pergamentenen Handschrift der Lüneburger Rathsbibliothek, welche das (Schwäbische) Land- und Lehnrecht und das kleine Kaiserrecht, dat lutteke keyserrecht (wie es darin heißt), beide in plattdeutscher Sprache, enthält. Zwischen diesen beiden Hauptstücken in der Mitte steht 1) die sonst vor dem Sachsenspiegel befindliche Vorrede: Von der heren bord van Sassenlande, 2) das Hildesheimische Dienstrecht, 3) das Hildesheimische Ius litonicum und 4) das Magdeburgische Dienstrecht. Diese Handschrift (*Homeyer* n. 423) ist genauer beschrieben in der unten S. 39 angeführten Comment. de codicibus Luneburg. p. 9. Ueber die Hs. vgl. jetzt Rockinger Münch. Sitzgsber. 1874 S. 420.

**) In anderen Handschr. dri.

man wiff nympt, de denstwiff is, it sy to Magdeborch edder to Ascherslevе*) eder to Engeres eder to Bevera eder to Berghe, de kindere volgen dem vadere, u. behalden doch in beydent halven ire recht.

7. Van der denstlude rechte to Hildensem.

Alse en bischop to Hildensem gekoren u. gestediget is, u. he sine gave van deme rike entfangen hefft, so is dat recht, dat he sinen denstmannen enen dach leggen schal, so scholen se vor ene komen u. hulde don mit dessen worden: dat ik minem heren dem bisschope N. also truwe u. also holt sy als van rechte en denstman sinen heren schal, u. eme helpen behalden sine bischopliken ere wedder alle man ane dat rike, dat my God so helpe u. hilgen, so delet men en mit ordelen al ere hovelen. So is des bisschopes recht, sine denstman to holdene u. to helpene to alle ereme recht. Wedder spreke de bisschop dat hovelen deme denstmanne, dat were deme denstmanne nagher**) to beholdene mit sinem ede. Ok is der denstmanne recht, dat se ere hovelen 'nemende laten ne mogen ane erven geloff, de en even bordich sin. It ne mach ok nenem bisschope leddich werden, de wile jeman is, de sik to deme bosmede ghethen mach, it sy wiff eder man. Sterfft en denstman, de wile sin weddewe de eme evenbordich is sitten wil mit eren kinderen ane man, so mach sik dar neman to nener vormuntschap then. Nimpt ok de vrowe ene anderen man, de kindere nemet al dat erve, off se to iren jaren komen sint; sint se aver binnen eren jaren, so vorsteit se ere rechte voremund. Kofft en denstman deme anderen sin rechte hovelen aff mit erven gelove, dat is eme nagher to behaldene mit rechten tughen, dan man it eme gebreken moge. Hedde en denstman hovelen gekofft, dat mach he laten ane erven geloff. Welk denstman den anderen beclagen 'wil umme hovelen edder umme schuld, dat schal to utgelegeneme dage schen, dar schal he rechtes pslegen. Vorsumede he dre daghe, so schal men den verden dach mit wettene vore degedingen, ne queme he denne nicht vore, des mochte men ene mit den weten bat vortugen, dan he des mochte entgan; he is ok in der clage verwunnen. So schal de bisschop deme kemerere beten, dat he ute des beclageden mannes were richte; ne hefft he nene were, so schal ene de clegere mit deme kemere upholden vor sin geld. Dat hogeste wedde wedder den bisschop umme geld***), dat is en nye hildensemesch pund penninge†). Gifft de bisschop schuld sinem denstmanne, he schal eme antworden vor sinen denstmannen. Jowelk denstman schal ok antworden allen geistliken luden, de deme bisschope underdan sin, vor deme bisschope; de wile he dar richtes pleget, so ne schal men ene anders nergen laden. Were ok dat en denstman des bisschopes hulde verlore, so vorclagede he ene vor sinen denstmannen dar umme, so vundeme eme to rechte, he scholde in sine kemenaden komen, de scholde men besluten mit enen sidenen vademe, dar ne schal he nicht ut komen, he untrede sik der schuld mit minnen eder mit rechte. Were ok ener clage nod dem denstmanne over den bisschop, he scholde ene vor sinen mannen vorclagen, so vundeme eme to rechte, he scholde enen richter setten an sine stad, vor deme scholde he eme rechtes plegen. Besterfft ok en rade, en is dar nen dochter, so nympt it de sone. Dat sulve recht is ok umme dat herwede; en is dar nen sone, so nympt it de dochter.

8. *Ius litonicum est istud.*

Istud est ius litonicum omnium officiosorum ecclesie et ecclesiarum omnium Hildensis diocesis. Si lito moritur sine herede, dominus officii recipiet omnia pecora sua, equos et annonam, et breviter omnia mobilia sua, mansos et agros si habet. Si autem eius propinquior venit patris, velit domino officii facere amiciciam, ut relinquat ei mansum et agros mortui; dominus debet ei dimittere pro eodem iure litinico sed non gratis. Si autem ex parte patris nullum propinquum lito mortuus habuerit, tunc propinquior ei ex parte matris idem ius habebit. Quod si lito mortuus habuerit heredes, dominus officii dimidietatem omnium mobilium optinebit, alia dimidietas erit heredum. Advocatus officii

---

*) Andere Handschr. Alsleve.
**) Bruns: var.
***) Br. recht.
†) Br. hat nicht: penninge.

nichil habebit de mortuo, sed ipse debet sequi mansura defuncti cum servicio vel petitione aut cum censu, (?) habet rationemadvocacie aliquem in mansis (?) nulla bona litonum mortuorum sequuntur advocatum, sed ius petendi habet solum in viventes et in mortuos.

B. Quellen des ungeschriebenen Rechts.

1. Rechtsbücher. (B. § 44 III.)

Eichhorn RG. § 277—284. 443. Walter RG. § 320—326. Stobbe Rqu. § 28—45.

a. In Deutschland. (G. § 15.) § 10.

H. Ch. de Senckenberg Visiones de collect. leg. Germ. p. 25—134. *Biener* Comment. de orig. iur. Germ. P. II Vol. 1 p. 250—314. Vol. 2 p. 266—310. Grupen in Spangenbergs Beitr. z. d. D. Rechten des Mittelalters S. 1—176. — *W. T. Kraut* Comment. de codicibus Luneburgensibus, quibus libri iuris Germanici medio aevo scripti continentur. Goett. 1830. 4. Beiträge zur Kunde u. Kritik der älteren D. Rechtsbücher von W. E. Wilda im Rheinisch. Museum f. Jurisprudenz Bd. 7 Hft. 3 S. 279—371. Die Handschriften sind am vollständigsten angegeben b. G. Homeyer die deutschen Rechtsbücher des Mittelalters u. ihre Handschriften. Berlin 1856. Nachträge dazu von Böhlau in der Zeitschr. für RG. und Steffenhagen deutsche Rechtsquellen in Preußen v. 13. bis z. 16. Jahrh. Leipz. 1875.

1) Sächsische Rechtsbücher.

A) Land- und Lehnrechtsbücher.

Sassenspegel mit velen nyen Addicien san dem Leenrechte und Richtstige. Augsb. 1516. f. Der Sachsenspiegel od. d. sächs. Landrecht nach der Berliner Hs. v. 1369 mit Varianten aus 17 andern Texten hg. v. C. G. Homeyer. Berl. 1827. Die 2. vermehrte Ausg. unter dem Titel: Des Sachsenspiegels erster Theil od. d. sächs. Landrecht. Berl. 1835 vergleicht 24 Texte. Die 3. umgearbeitete Ausg. gleichen Titels Berlin 1861 (cit. Ssp.) vergleicht 59 Texte vollständig, 60 beschränkt. Homeyer des Sachsenspiegels zweiter Theil nebst den verwandten Rechtsbüchern: Bd. 1, das Sächsische Lehnrecht u. der Richtsteig Lehnrechts. Berl. 1842. Bd. 2, der Auctor vetus de beneficiis, das Görlitzer Rechtsbuch u. das System des Lehnrechts. Berl. 1844. — Ueber die Geschichte dieser Rechtsbücher s. die Einleitgn. Homeyers zu s. Ausgaben.

Sächsisches Land- und **Lehnrecht** oder **Sachsenspiegel** (speculum Saxonum), in seiner jetzigen Gestalt ursprünglich in Niederdeutscher Sprache geschrieben, später auch ins Hochdeutsche übertragen und ins Lateinische übersetzt. Der Verfasser des zwischen 1198 und 1235, vermuthlich um 1230 in der Gegend des linken Ufers der Mittelelbe in der Nachbarschaft der untern Saale geschriebenen Landrechts ist ein Anhaltischer Ritter, Namens Eike von Repkow (Repegowe). Das wahrscheinlich von ihm gleichfalls herrührende Lehnrecht ist etwas später geschrieben und ursprünglich von dem Verfasser als ein eigenes Buch betrachtet, aber bald nach seiner Entstehung mit dem Landrechte verbunden. Dem Landrechte liegt wahrscheinlich, dem Lehnrechte gewiß ein Lateinisches Original zum Grunde; das Original des Landrechts ist uns aber verloren gegangen, denn die Lateinischen Texte, welche wir besitzen und die sich in den meisten älteren Ausgaben dieses Rechtsbuchs abgedruckt finden, sind spätere Uebersetzungen aus dem Deutschen. Das Original des Lehnrechts dagegen besitzen wir noch in dem Lehnrechtsbuche, welches von den Neueren als Vetus Auctor de beneficiis bezeichnet wird. Der Urtext des Landrechts wie des Lehnrechts bekam später mehrere Zusätze von verschiedenen Händen. In dieser Gestalt wurde er mit einer Glosse versehen, welche nicht so sehr eine Erklärung des Inhalts, als einen Versuch, denselben auf das Römische Recht zurückzuführen und aus diesem zu ergänzen, enthält. Zur Erläuterung des Textes sind in einigen Handschriften demselben auch Bilder hinzugefügt; s. hierüber Grupen b. Spangenberg S. 13, diesen selbst S. 162, Grimm RA. S. 202, Stobbe S. 387, Homeyer Ssp. S. 42 u. 113 und v. Alten in der unten S. 42 cit. Ausg. Solche Bilder sind abgedruckt b. Kopp Bilder u. Schriften der Vorzeit (Mannheim 1819 u. f.) Bd. 1 Nr. 2, Bd. 2 Nr. 1, b. Batt, v. Babo, Eitenbenz, Mone u. Weber deutsche Denkmäler Liefer. 1 (Heidelb. 1820. f.), b. Spangenberg Tafel IV—X und in der Ausg. des Oldenburger Codex (unten S. 42). — Eine Classification der Hss. u. Geschichte der Textesgestaltung: Homeyer Genealogie der Handschriften des Sachsenspiegels i. d. Abhandlungen der philosophisch-histor. Klasse der Akademie der Wissenschaften zu Berlin 1859 S. 83—204, u. in Ssp. S. 25 ff. Unter den gedruckten Hss. kommt die Quedlinburger [Hom. 575] dem Urtext am nächsten; das Landrecht in ihr ist abgedruckt b. Gärtner (s. unten) und correcter in: Das Sächsische Landrecht nach der Quedlinburger Pergamenthandschrift hg. v. C. Göschen. Halle 1853; das Lehnrecht b. Homeyer Des Sachsenspiegels zweiter Theil Bd. 1. Die älteste datirte Hs. des Ssp. ist von 1295: Lörsch Ztschr. f. RG. 11 (1873) S. 267. — Ueber die dem Sachsenspiegel verwandten Rechtsdenkmäler s. Homeyer Ssp. § 11.

Das Sächsische Landrecht führt vorzugsweise den Namen Sachsenspiegel. Der Urtext bekam zwar schon früh mehrere Zusätze, eine durchgreifende Redaction erfolgte aber erst bald nach 1325, bei welcher die meisten (aber nicht die letzten) Zusätze in dieses Rechtsbuch hineinkamen, u. es zuerst mit einer in Niederdeutscher Sprache geschriebenen Glosse durch Johann von Buch, einen Ritter in der Altmark, versehen wurde, der es auch bei dieser Gelegenheit in 3 Bücher zerlegte, während es früher bloß in Artikel eingetheilt war. J. v. Buch hat auch den in mehreren Hss. vor der Glosse stehenden Prolog verfaßt, wahrscheinlich zuerst den Lateinischen und dann den Niedersächsischen Text desselben. Später hat die v. Buch'sche Glosse Bereicherungen u. Umarbeitungen erfahren, u. zwar 1) geringeren Umfangs, theils durch Glossirung der von v. Buch nicht berücksichtigten Artikel, theils durch Bemerkungen über das besondere Recht einzelner Gegenden, theils durch weitere Erklärungen einzelner Ausdrücke u. Vermehrung der Allegate aus fremden Rechten. Unabhängig von Buch, wenn auch mit Kenntniß seiner Arbeit, ist in Stendal Ende des 14. Jahrh. eine gemischt lat. und deutsch geschriebene Glosse (sg. altmärk. oder brandenburgische Glosse), die in der Breslauer [Hom. 83], theilweise auch in der Berliner Hs. [Hom. 30] erhalten und in dem Augsburger Druck des Ssp. von 1516 (ob. S. 39) neben der Buch'schen mitgetheilt ist. Homeyer Verz. S. 5; Ssp. II 1 S. 79. v. Martitz ehel. Güterr. S. 75. Steffenhagen die Stendaler Glosse (Wien 1882) in Wiener Sitzgsber. Bd. C S. 887. — 2) Eine Umarbeitung der von Buch'schen Glosse enthält die in einer Görlitzer und einer Liegnitzer Hs. des Ssp. befindliche, noch ungedruckte Glosse des Nicol. Wurm u. eine reiche Vermehrung derselben durch fortgesetzte Erläuterung aus den fremden Rechten die Recension derselben von Dietrich (Theodorich) von Bocksdorf († 1466). Die letztere ist abgedruckt in allen Ausgaben des Sächs. Landrechts vom 15ten bis zum 17ten Jahrhundert, mit Ausnahme der Cölner von 1480 u. der mehrgedachten Augsburger v. 1516, u. in der Gärtner'schen. Ueber die Glosse des Brand von Tzerstede (Sarstedt), Rathsherrn zu Lüneburg († 1451), vgl. Steffenhagen die Tzerstedische Glosse (Wien 1884) in Wiener Sitzgsber. CVI S. 197. Weitere Litt. über die Glosse s. unten.

„Den Hss. des Ssp. zugefügte, aber nicht allgemein anerkannte, namentlich nicht in die Drucke übergegangene, für sich verständliche Rechtssätze" hat als Extravaganten des Ssp. gesammelt und hg. Homeyer in den Abhdlgn. der Berliner Akademie v. J. 1861 S. 223 ff. Vgl. Homeyer Ssp. S. 105.

Ueber den Verfasser, die Gegend der Abfassung und die Sprache des Ssp.: Homeyer Ssp. § 1; ders. in Berliner Monatsber. 1866 S. 630. F. Winter Forschgn. 14 (1874) S. 305, 18 (1878) S. 380. J. Jolly im deutschen Staatswörterb. hg. v. Bluntschli u. Brater 3 (1858) S. 322; Brie in der Allgem. deutschen Biogr. 5 (1877) S. 751; Ueber die angebliche Verfasserschaft der Sächsischen Weltchronik L. Weiland in s. Ausg. (ob. S. 2) S. 49. — Ueber die Entstehungszeit: Homeyer Ssp. § 2. J. Ficker über die Entstehungszeit des Ssp. und die Ableitung des Schwabenspiegels aus dem Deutschenspiegel. Innsbr. 1859: zwischen 1224—1235. Die Unhaltbarkeit dieses terminus a quo: Frensdorff über das Alter niederdeutscher Rechtsaufzeichnungen (Hans. Gesch.-Bl. Jg. 1876 S. 101). — Ueber die Vorreden: Homeyer Ssp. § 9. Zur praefatio rhythmica: *Carolus Schulz* Speculum saxonicum num latino sermone conceptum sit? Jenae 1875. Zu der Herren geburt Winter a. a. O.: spätestens 1240 abgefaßt. — Ueber die Glosse: Homeyer d. Prolog zur Glosse des sächs. Landrechts in Abh. der Berl. Akad. 1854; ders. in Genealogie der Hss. des Ssp. S. 115 u. 135. Steffenhagen Plan z. e. krit. Bearbeitung der Ssp.-Glosse, Land- u. Lehnrecht in Ztschr. der Sav.-Stiftg. 2 (1881) S. 232. Insbesondere: über Johann von Buch: Homeyer Richtsteig Landr. (unten S. 45) S. 28. Steffenhagen in Allg. d. Biogr. 3 (1876) S. 463. Stintzing S. 7. Ueber Nicol. Wurm unten S. 45 u. § 18; über Dietrich v. Bocksdorf: Muther in Z. f. RG.

4 (1864) S. 388 und in Allg. d. Biogr. 2 (1875) S. 789, Frensdorff in G. G. A. 1869 S. 1753. — Steffenhagen die Entwicklung der Landrechtsglosse des Ssp. I—IV (Wien 1881—84, in den Berichten der kais. Akad.). Ueber die Schrift Klenkoks gegen den Ssp. und die hierdurch hervorgerufene, einzelne Sätze desselben verdammende Bulle P. Gregor XI. v. 1374: Homeyer Johannes Klenkok wider den Ssp. in Abh. der Berl. Akad. v. J. 1855. O. Stobbe in Allg. d. Biogr. 16 (1882) S. 161. Böhlau Ztschr. der Sav.-Stftg. 4 (1883) S. 118. Franklin Joh. Klenkok. Tüb. 1884.

Ueber die Ausgaben: Homeyer Ssp. § 12—14. Die erste Ausgabe des Sächs. Landrechts (LR.) erschien zu Basel 1474, fol., wenn nicht eine Ausgabe ohne Orts- und Jahresangabe noch älter ist. Fast sämmtliche Ausgaben des 15ten Jahrhunderts haben keine Aufschrift; am Schluß steht gewöhnlich: „Hye endet sich der sachsenspiegel den der erwirdige in got vater u. herr Theodericus von Bockstorf byschop zu Neunburg säliger gecorrigieret hat". Im 16ten Jahrhundert wurden die Ausgaben von Christoph Zobel die vorherrschenden; die erste derselben u. die einzige, welche bei seinen Lebzeiten (aber ohne Zobel's Namen) herausgekommen ist, erschien zu Leipzig 1535, f., die letzte (Heidelb.) 1614. f. Eykens von Repgow Sachsenspiegel oder das Sächsische Landrecht — nebst — dessen Lateinischer Version u. einer neuen Uebersetzung, — ferner die vollständige Teutsche Glosse des Landrechts — aus Manuscripten restituiret, u. von denen neuern Zusätzen befreyet — ausgefertigt v. C. W. Gärtner. Leipz. 1732. f. Ueber Homeyer's Ausg. oben S. 39. Der Sachsenspiegel hg. v. J. Weiske. Leipzig 1840. 16. (nach einer Leipziger obersächsischen Hs. [Hom. 393]), seit der 3. Ausg. neu bearbeitet (und mit einem trefflichen Glossar versehen) von R. Hildebrand, zuletzt Ausg. 6 Leipz. 1882. Sachsenspiegel oder Sächs. LR., zusammengestellt mit dem Schwäbischen nach Cod. palat. 167 [Hom. 314] ... mit Uebersetzung u. reichhaltigem Repertorium v. C. R. Sachße. Heidelbg. 1848. Ueber die Ausg. v. O. Göschen ob. S. 40, von v. Daniels s. unten S. 50. Der Sachsenspiegel, Landrecht und Lehnrecht. Nach dem Oldenburger Codex picturatus von 1336 [früher Varel, Hom. 659] hg. von A. Lübben. Mit Abbildungen in Lithographie und e. Vorwort zu denselben von F. v. Alten. Oldenbg. 1879. Eine systematische Zusammenstellung des Ssp. u. der dazu gehörigen Glosse: Das gantze Sächs. Landrecht mit Text u. Gloß in eine richtige Ordnung gebracht durch M. Klingen. Frankf. (3. Aufl. 1600) f. Vgl. Stobbe Rqu. 2 S. 147 und Stintzing 1 S. 305. — Commentar: C. Meckbach Anmerkungen über den Sachsenspiegel. Jena (1764). 4. — Eine kurze Zusammenstellung der Grundsätze des Ssp.: J. Weiske Grundsätze des deutsch. Privatrechts nach dem Ssp., mit Berücksichtigung u. Vergleichung des Schwabenspiegels, vermehrten Ssp. u. Sächs. Weichbilds. Leipz. 1826.

Das Sächsische Lehnrecht, in den Hss. Lehnrecht, Lehnbuch, Lehnrechtsbuch, Usus feudorum Saxonum genannt, ist eine freie und bedeutend mehrende deutsche Bearbeitung des s.g. Vetus Auctor de beneficiis. Die Erweiterungen erhielt es schneller, als das Landrecht; die Hauptmasse derselben war nicht lange nach der Mitte des 13. Jahrh. bereits vorhanden, s. Ficker über e. Spiegel S. 289. Eingetheilt ist es nur in Artikel (nicht in Bücher). Schon im 13ten Jahrh. wurde es ins Lateinische übersetzt. Die deutsche Glosse dazu rührt von einem unbekannten Verfasser her, ist ursprünglich in Obersächsischer Sprache und frühestens um die Mitte des 14ten Jahrhunderts geschrieben. In einer Hs. finden sich auch, von verschiedenen Händen des 15ten Jahrh. herrührende u. das Recht der Mark Brandenburg berücksichtigende Lateinische Glossen, welche allein abgedruckt sind in der oben S. 39 angef. Augsburger Ausgabe des Ssp. — Ein Verzeichniß der Ausgaben b. Homeyer Des Sachsensp. zweiter Theil. Bd. 1 Einl. § 2. — Ausgaben: von Zobel in Verbindung mit dem Sächs. Weichbilde; die älteste unter dem Titel: Sechsisch Weichbild u. Lehnrecht, itzt auffs new, nach den wahrhafften alden exemplaren vnnd texten mit vleis corrigirt etc. (ohne Zobel's Namen) Leipz. 1537, f., später häufig neu aufgelegt, ist vorzuziehen der neuesten, von Franciscus Romanus besorgten, unter dem Titel: S. Lehnrecht vnndt Weichbilt durch — Herrn Christoff Zobel — seligen — zugerichtet Leipz. 1589. f. Das Sächs. Lehnrecht in der altdeutschen, Lateinischen u. jetzo gebräuchlichen hochdeutschen Sprache, nebst nöthigen Auszügen aus der Glosse, — herausg. von J. Fr. Ludovici. Halle 1721, 4. Beste Ausg. b. C. G. Homeyer s. oben S. 39. Die Glosse findet sich vollständig nur in den älteren Ausgaben.

Vetus Auctor de beneficiis (citirt *V. A. de benef.*), ein in Lateinischen Reimen geschriebenes Sächsisches Lehnrechtsbuch, in den ersten Jahrzehnten des 13ten Jahrh., wahrscheinlich von Eike von Repkow verfaßt (ob. S. 40), später mit einigen Zusätzen vermehrt. In dieser Gestalt mit geringen Abweichungen, Zusätzen und Auslassungen wurde es gegen Ende des 13ten oder im Anfange des 14ten Jahrhunderts von einem Unbekannten reimlos ins Deutsche übersetzt in dem

Görlitzer Lehnrecht Capitel 1—30, s.g. nach der einzigen bekannten Hs. zu Görlitz, in welcher es überschrieben ist: „Diz ist ein buch von dem lenrehte." Der übrige Theil (Cap. 31—47) enthält, wahrscheinlich auch von dem Uebersetzer des Vet. Auct. herrührende, dem Landrechte angehörige Grundsätze u. wird daher passender genannt:

Das **Görlitzer Landrecht.** Es ist aus dem Ssp. u. anderen Quellen geschöpft und wohl erst nach 1304 jener Uebersetzung des Vet. Auctor hinzugefügt.

Ueber die Geschichte und den Character des Vetus Auctor u. Görlitzer Rechtsbuchs s. Homeyer in s. Ausg. § 1—9. In Ermangelung von Hss. haben folgende Ausgaben einen eigenthümlichen Werth: 1) *Franc. Duareni* commentarius in consuetudines feudorum — authore *Io. Havichorstio*. Editio secunda. His adiecimus — *vetustum libellum de feodis sive feudis, et de ordine placitationis et urbano beneficio per Aphorismos distinctum, incerto authore*. Coloniae Agrippinae 1569. 8. p. 386—460. 2) *Christiani Thomasii* Selecta feudalia (ed. 2. 2 Tomi Hal. Magdeb. 1728) T. I nr. II p. 71 sqq. Der letztere Text ist rein nachgedruckt in der Ausg. von v. d. Lahr in *Senckenberg* Corp. iur. Germ. medii aevi T. II P. 2 p. 189. — Das Görlitzer Rechtsbuch im Ganzen abgedruckt b. K. F. Zepernick Miscellaneen

z. Lehnrechte 1 (1787) S. 1—82; das Landrecht in den SS. rer. Lusaticarum 1 (1839), das Lehnrecht das. 2 (1841) hg. v. G. Köhler (beides auch in Separatausg.) 4. Homeyer's Ausg. des Vetus Auctor u. des Görlitzer Rechtsbuches ob. S. 39. (Fr. v. Rohrscheidt) Kritische Bemerkungen zum Vetus Auctor de beneficiis. Ein Nachtrag zu Homeyer's Ausgabe. Liebwerda 1846.

Als systematischer Sachsenspiegel wird eine um die Mitte des 14. Jahrh. in Niederdeutschland vorgenommene, bisher ungedruckte Zusammenstellung der Sätze des Landrechts nach sachlichen Rubriken bezeichnet. Homeyer Verz. S. 8; Genealogie S. 148.

Eine systematische Bearbeitung des Ssp. unter Zufügung von Sätzen brandenburgischen Gewohnheitsrechts liegt auch vor in dem Berliner Stadtbuch Thl. 3 (oben S. 29). Neue Ausgabe des Stadtbuchs Berlin 1883.

Breslauer Landrecht ist eine 1356 durch eine 1346 von König Johann von Böhmen beauftragte Commission von drei Vasallen des Fürstenthums und drei Rathmannen der Stadt Breslau vollendete Arbeit, bestimmt, als Landrecht des Fürstenthums gebraucht zu werden, aber im Wesentlichen nur eine Wiedergabe des Sachsenspiegels, der einige Aenderungen erfahren und am Schluß 13 Zusatzartikel erhalten hat. In drei Breslauer Hss. [Hom. 100, 98, 101] erhalten, ungedruckt, aber der Hauptsache nach bekannt durch: Gaupp Schles. Landrecht od. eigentlich Landrecht des Fürstenth. Breslau an sich und in seinem Verhältnisse zum Ssp. dargestellt. Leipzig 1828. Grünhagen Gesch. Schlesiens 1 (Gotha 1884) S. 193.

Der sg. Holländische Sachsenspiegel ist ein unter Benutzung des Ssp. und seiner Glosse wahrscheinlich im Gebiet des Bisthums Utrecht entstandenes Rechtsbuch in niederländ. Sprache, das außerdem mosaisches und territoriales Gewohnheitsrecht heranzieht. Holländ. Ssp. nach der raren Goudaischen Ausg. von 1479 mit Grupen's u. Meermann's Nachrichten von den Holländ. Editionen des Ssp. Frankf. u. Leipzig 1763. 4. Jetzt nach der einzigen bekannten Hs. hg. von *J. J. Smits* in Nieuwe Bijdragen voor Regtsgeleerdheid en Wetgeving deel XXII 1872. Brunner bei Holtzendorff S. 225.

Als Livländischen Spiegel bezeichnet man eine für Livland im 14. Jahrh. unternommene Bearbeitung des Ssp. Land- und Lehnrechts, welche zahlreiche für jene Gegend unanwendbare Sätze ausscheidet und die beibehaltenen größtentheils formell oder sachlich verändert. Dies Rechtsbuch ist nicht in seiner originalen Gestalt überliefert, sondern nur als die drei ersten Bücher des im 14. Jahrh. zusammengetragenen Lehnrechts für Wiek und Oesel bildend und als ein Bestandtheil des mittlern livländischen Ritterrechts aus dem Anfang des 15. Jahrh. v. Bunge über den Ssp. als Quelle des mittlern und umgearbeiteten Livländ. Ritterrechts. Riga 1827. Dazu Homeyer in den (Berl.) Jahrb. f. wiss. Kritik 1828 S. 548. v. Bunge Einleitung in die Livländ. RGesch. S. 106 ff. Ausgabe: v. Bunge Altlivlands Rechtsbücher (Leipz. 1879) S. 95—158: Der Spiegel Land- u. Lehnrechts. Das mittlere Ritterrecht im Ganzen ist nach einem sehr mangelhaften Drucke von 1537 wiederabgedruckt v. G.

Oelrichs dat Rigische Recht u. de gemenen stichtischen Rechte ym Sticht von Riga. Bremen 1773. 4.

Homeyer's Ssp. II Bd. 2 S. 261—634 enthält eine ausführliche systematische Darstellung des Inhalts der sächsischen Lehnrechtsbücher mit Benutzung anderer Quellen, so weit sie zur Aufklärung desselben dienen.

B) Rechtsgangbücher.

Richtsteig Landrechts, des richtes stich d. i. Steig, Weg des Gerichts in Gemäßheit der Grundsätze des Ssp., in den Hss. auch genannt: scheveclot, schedenclot, schepenclot (über die Bedeutung: Homeyer in s. Ausgabe S. 42), ist eine von Johann von Buch (ob. S. 40) um 1335 in niedersächsischer Mundart verfaßte Darstellung des Verfahrens der Landgerichte auf Grund des Ssp. — Ausgaben: Ludovici Einleitg. zum Lehnsproceß 1718 (nach einem Drucke v. 1516, Homeyer S. 26, 56, 72 s. Ausg.). *Senckenberg* C. j. Germ. I p. 125 ff.; was hier als zweiter Theil gegeben ist, ist dem Richtsteige ganz fremd (Homeyer S. 63 s. Ausg.). Fr. Wilh. Unger des Richtes Stig oder der Richtstig Landrechts. Gött. 1847. Homeyer der Richtsteig Landrechts nebst Cautela u. Premis. Berlin 1857.

Richtsteig Lehnrechts, von einem unbekannten Verfasser in der zweiten Hälfte des 14. Jahrh. nach dem Vorbilde des Richtsteig LR. bearbeitet. Ausg.: Homeyer Ssp. II Bd. 1 S. 409—540.

Die Weise des Lehnrechts, eine dem Richtsteig Lehnrechts verwandte Arbeit aus der Mitte des 15ten Jahrh., abgedruckt b. Homeyer das. S. 543—554.

Cautela und **Premis** (d. i. Bremse), Aufsätze geringen Umfangs, in den Hss. mit den Richtsteigen verbunden und dazu bestimmt, die Parteien über eine vorsichtige Einrichtung ihrer Vorträge vor Gericht zu belehren. Ihr Verfasser ist ein Magdeburger Jurist Hermann v. Oesfelde (Oesvelt, j. Oebisfelde), den die Magdeburger Schöffenchronik nach der Mitte des 14ten Jahrh. erwähnt (Städtechron. VII S. 226). Gedruckt bei Unger a. a. O. S. 1, bei Homeyer Richtsteig LR. S. 390 ff.

Die Blume von Magdeburg nennt sich eine um 1386 von Nicolaus Wurm verfaßte Arbeit, welche Sachsenspiegel, Richtsteig Landrechts und das sächsische Weichbild, noch wenig die fremden Rechte benutzend, praktisch-prozessualische Zwecke verfolgt, sich den Anschein einer vom Magdeburger Schöffenstuhl ausgehenden Sammlung giebt und ihre Sätze in Form von Schöffenurtheilen vorträgt. Nachdem Homeyer Richtstg. LR. S. 339 Proben des Rechtsbuches mitgetheilt hatte, ist es vollständig hg. v. Böhlau die Blume von Magdeburg. Weimar 1868. Ein ähnliches Werk desselben Verfassers, die Blume des Sachsenspiegels genannt, ist später als das erstgenannte entstanden, umfangreicher und stützt sich außer auf die dort genannten Quellen auf geistliches und kaiserliches Recht und den Gerichtsgebrauch. Dies Rechtsbuch, das größern Anklang fand als das erste, nur in einer Hs. erhaltene, ist noch ungedruckt. Characterisirung und Proben b. Homeyer Richtstg. LR. S. 355.

Informacio ex speculo Saxonum betitelt sich eine der zweiten Hälfte des 15. Jahrh. angehörige, wahrscheinlich in Westfalen entstandene Schrift, welche die zeitige Praxis der Gerichte an dem Maßstabe des Ssp. mißt und ihre Abweichungen scharf tadelt. Homeyer über die inform. ex speculo Saxonum in Abhandlgn. der Berliner Akad. 1856 S. 629 u. 676.

Gerichtsformeln des Dietrich von Bocksdorff (ob. S. 41) aus der Mitte des 15. Jahrh. mitgetheilt von Böhlau in Ztschr. für RG. 1 (1861) S. 415.

C) Stadtrechtsbücher.

Sächsisches Weichbild, in den Hss. Weichbild, Weichbildrecht, Stadtrecht, Fronrecht, Magdeburgisches Recht genannt, ist aus zwei Theilen erwachsen: a) einem doctrinellen Aufsatze über die Gerichtsverfassung, Art. 6 bis 18 der Vulgathandschr. und Ausgaben umfassend, der vor dem J. 1304 entstand und durch Zusätze am Anfang wie am Ende bis auf 27 Artt. vermehrt wurde, b) dem sg. Magdeburger Schöffenrechte, das zwischen 1261 und 1304 entstanden sein muß, da einen Hauptbestandtheil desselben die Magdeburg-Breslauer Rechtsmittheilung v. 1261 und es selbst wieder eine wichtige Quelle für das Magd.-Görlitzer Weisthum von 1304 (ob. S. 28) bildet. Eine Ausg. und krit. Untersuchung der beiden Grundbestandtheile b. Laband Magd. Rqu. S. 32 u. S. 70, wo zugleich eine Breslauer Hs. [Hom. 90] als der Urform des Magd. Schöffenrechts sehr nahe kommend nachgewiesen ist (S. 73, 78). Die äußerliche Verbindung der Stücke a) und b) bildet die Grundlage der Vulgata des sächs. Weichbildes. Dieselbe wurde unter starker Benutzung der fremden Rechte im 14. Jahrh. glossirt und ins Lateinische, Polnische und Czechische übersetzt. Ausg. Das Sächsische Weichbild in der Lateinischen u. jetzo gebräuchlichen hochdeutschen Sprache — nebst nöthigen Auszügen aus der Glosse — herausg. v. J. F. Ludovici. Halle 1721. 4. Die vollständige Glosse findet sich nur in den älteren Ausgaben in fol., namentlich in denen von Christoph Zobel, von welchen die erste Leipz. 1537 erschienen ist. — In den Hss. kommt das Sächs. Weichbild in sehr verschiedenen, von der Druckausgabe abweichenden Gestalten vor. Veröffentlicht sind: 1) der Codex Uffenbachianus [Hom. 308] b. Wilda im Rhein. Mus. Bd. 7 S. 345, 2) ein Codex Palatinus [Hom. 324] b. W. v. Thüngen Das Sächs. Weichbildrecht nach dem Codex Palatinus Nro. 461. Heidelberg 1837, 3) eine zu Naumburg a. d. S. befindliche Hs. [Hom. 501] nebst einem Anhang Naumburger Statuten v. 1337 b. H. Mühler deutsche Rechtshss. des Stadtarchivs zu Naumburg (Berl. 1838) S. 37, 4) e. Berliner Hs. v. 1369 [Hom. 24] b. A. v. Daniels dat buk wichbelde recht. Berl. 1853, 5) e. Berliner Hs. des 15. Jahrh. [Hom. 32] b. v. Daniels u. Fr. v. Gruben in Rechtsdenkmäler des deutschen MA. Berl. 1858. 4. u. 6) e. Gothaer Hs. v. 1381 [Hom. 279] b. O. A. Walther das Sächs. oder Magdeburg. Weichbildrecht. Leipz. 1871. Eine noch unbekannte, durch e. Danziger Hs. [Hom. 138] überlieferte Form weist nach Steffenhagen in Ztschr. f. RG. 12 (1876) S. 1.

Das Rechtsbuch nach Distinctionen, früher unrichtig **Vermehrter Sachsenspiegel** oder **Schlesisches Landrecht** genannt. Handschriftliche Titel: Buch der Ausscheidungen, liber distinctionum, Buch der Beweisungen, conclusiones legum, distinctiones legum, Magdeburgisches Recht, optimus liber legum secundum distinctiones. Dieses Rechtsbuch wurde wahrscheinlich um die Mitte des 14ten Jahrh. von einem unbekannten Verfasser, welcher in der Markgrafschaft Meißen lebte, zum Gebrauch in den Städten, wo Sächsisches u. Magdeburgisches Recht galt, verfertigt. Eingetheilt ist es in 5, 6, 7, auch 8 Bücher, welche in eine Anzahl von Capiteln, u. diese wieder in Distinctionen zerfallen. Die Quellen sind der Sachsenspiegel, das Sächs. Weichbild und das Goslarische Stadtrecht, welches als Kaiserweichbild, auch als Kaiserrecht bezeichnet wird. S. die Vergleichungs-Tabellen b. Ortloff in s. Ausgabe S. 767. S. überhaupt Gaupp Schles. Landrecht S. 1—48 vergl. mit Nietzsche in der (Hallisch.) Allg. Lit.Zeit. 1829 Nr. 5—7. Homeyer Verzeichniß S. 33, über die Hss. das. S. 171. — Ausg.: unter dem Namen Schlesisches Landrecht b. (Böhme) Diplomat. Beiträge (s. oben S. 15) Bd. 1 und eine bessere: Das Rechtsbuch nach Distinctionen nebst einem Eisenachischen Rechtsbuch hg. v. Fr. Ortloff. Jena 1836. (Sammlung deutscher Rechtsquellen Bd. 1 ob. S. 15 u. unten § 13.)

Die neun Bücher Magdeburger Rechts sind ihrer Grundlage nach ein von Walter Ekhardi aus Bunzlau, Stadtschreiber zu Thorn, in den Jahren 1400—1402 verfaßtes Rechtsbuch, dessen Quelle vornehmlich der Ssp. und dessen Glosse, außerdem das Rechtsbuch nach Distinctionen, die Magdeburger Fragen (unten § 12), der Alte Kulm, das Sächsische Weichbild u. a. bilden. Eine vorwiegend verkürzende, anderntheils aber auch wieder vermehrende Umarbeitung, die wenig Jahre später wahrscheinlich der Verfasser selbst besorgte, wurde handschriftlich und durch Drucke stark verbreitet und wird nach ihrem Herausgeber Albert Pölmann, Notar zu Königsberg, als Pölmannsche Distinctionen bezeichnet. Eine weitere Bearbeitung, die gleich der Grundlage noch ungedruckt ist und auf Ausscheidung des in Preußen Unpraktischen und Heranziehung neuer, namentlich kanonistischer Quellen bedacht ist, unternahm gegen die Mitte des 15ten Jahrh. Johannes Lose zu Königsberg. Stobbe Rqu. 1 S. 427. Steffenhagen die IX Bücher Magd. Rechtes. Königsberg 1865 (Sep.-Abdr. aus Altpreuß. Monatsschr.); derselbe Rqu. in Preußen S. 138 ff. Ueber die Drucke, die alle Wiederholungen der editio princeps von 1547 (wahrscheinlich Druckfehler statt 1574) sind: Kraut Vorrede zur ersten Ausg. des Grundrisses (1829) S. V—VIII; Stobbe S. 429; Steffenhagen Rqu. S. 143.

Das sg. Glogauer Rechtsbuch v. 1386, gedr. b. Wasserschleben Sammlg. D. Rqu. S. 1—79 aus e. Leipziger Hs. [Hom. 400], hat zu seiner Hauptquelle das Magd.-Bresl. syst. Schöffenrecht, vgl. Laband in s. Ausg. S. XXXIII.

Ueber den Alten Kulm s. ob. S. 28.

Als Landläufige Kulmische Rechte sind Rechtssätze, welche in Preußen unter dem Einfluß des Kulmer Oberhofes in Uebung waren, im 15ten Jahrh. in Danzig gesammelt und auch in anderen Städten des Landes bis in den Anfang des 17. Jahrh. gebraucht worden. Eine Verbindung derselben mit lokalen Danziger Normen, Sätzen des Rechtsbuchs nach Distinctionen und der Pölmannschen Distinctionen zeigt die Form, welche M. Toeppen das Danziger Schöffenbuch. Danzig 1878 veröffentlicht hat. Steffenhagen Rqu. S. 211—224.

Eisenachisches Rechtsbuch aus der zweiten Hälfte des 15ten Jahrh. Seine Hauptquelle ist das Rechtsb. nach Distinctionen. Ausg. b. Ortloff a. a. O. S. 625—756. Homeyer Verz. S. 35.

Sg. **Stück vom Mustheil,** eine namentlich häufig dem Richtsteige angehängte Aufzeichnung des 14ten Jahrh. über die zu dem Erbe, dem Heergewäte, der Morgengabe, der Gerade, dem Leibgedinge u. besonders zu dem Mustheile gehörigen Gegenstände. — Abgedruckt b. Bruns Beiträge S. 171, b. Wilda im Rhein. Museum f. Jurisprudenz Bd. 7 S. 288; aus dem mittlern Livländischen Ritterrechte v. Bunge Altlivl. Rb. S. 159. — Homeyer Verzeichniß S. 9.

Die Regeln der Sippzahl, eine Erläuterung des Vormundschaftsbaumes nach dem Ssp., wahrscheinlich eine Arbeit des Merseburger Domherrn Tammo (Damian) von Bocksdorff, eines Bruders des oben S. 41 erwähnten Dietrich von B. Herausg. v. Wasserschleben Prinzip der Successionsordnung (Gotha 1860) S. 125 ff. Homeyer Verz. S. 9. Steffenhagen in Ztschr. f. RG. 4 (1864) S. 201. Muther in Allg. D. Biogr. 2 (1875) S. 790.

Das Stück von der Beweisung um Lehn und Leibzucht, ein dem 15ten Jahrh. angehöriger Aufsatz, vielleicht von dem Verf. der Stendaler Glosse des Ssp. (ob. S. 41) herrührend, hg. v. Homeyer Ssp. II 1 S. 363. v. Martitz ehel. Güterr. S. 76. Steffenhagen die Stendaler Glosse S. 11.

2) Außersächsische Rechtsbücher.

Spiegel deutscher Leute (cit.: Dsp.) nennt sich ein nach der Mitte des 13ten Jahrh. in Süddeutschland, wahrscheinlich in einer Stadt, verfaßtes Rechtsbuch, das gleich seiner Vorlage, dem Sachsenspiegel, in Land- und Lehnrecht zerfällt und diese in der Absicht umarbeitet, um ein für ganz Deutschland anwendbares Recht herzustellen. Zu diesem Zwecke scheidet es in Süddeutschland unbekannte Rechtsinstitute der Vorlage aus und berücksichtigt dagegen süddeutsche Sitten und Rechtssätze; außerdem zieht es einen großen Kreis geschriebener Quellen heran, römisches und kanonisches Recht, **lex Alamannorum**, Freiburger Stadtrecht, und verbindet sie mit seiner Vorlage. Eine chronikalische Quelle, das Buch der Könige, wird dem Ganzen vorangestellt; in die Darstellung werden zwei Gedichte (bispel) des Stricker (1225—1250) eingeflochten. Nach dem Verhalten zu seiner Vorlage zerfällt das Landrecht in zwei Theile: in Art. 1—109 ist der Ssp. bis II 12 § 12 in der gedachten umfassenden Weise umgestaltet worden; die Artt. 110 bis z. Ende (Art. 353) begnügen sich mit einer oberflächlichen Bearbeitung der übrigen Vorlage, oft mit einer bloßen Uebersetzung derselben ins Hochdeutsche. In gleicher Weise wie der zweite Theil des Landrechts ist das Lehnrecht gearbeitet. Der Dsp. ist nur in einer Hs. erhalten, die erst neuerdings bekannt geworden ist: Ficker über e. Spiegel deutscher Leute (Wiener Sitzgsber. Bd. 23) 1857; Homeyer Berliner Monatsber. 1857 S. 622. Ficker der Spiegel deutscher Leute. Textabdruck der Innsbrucker Hs. Innsbr. 1859.

Sg. **Schwabenspiegel, Schwäbisches Land- und Lehnrecht,** Jus provinciale et feudale Alemannicum. Handschriftliche Titel: Land- u. Lehnrecht, Kaiser-, Land- u. Lehnrecht, Kaiserrecht, Leges imperiales u. s. w. (citirt Schwsp.). — Die ältesten Drucke sine loco et anno sind von Anton Sorg, Buchdrucker zu Augsburg; der älteste datirte ist von 1480. Aus dem 16. Jahrh. liegen Frankfurter Drucke von Meichsner vor. Goldast von Reichshandlungen und Reichssatzungen I (Hanau 1609. f.) S. 31 ff. *I. A. de Berger* Collatio codicis iuris Alamannici tam provincialis quam feudalis etc. Lips. 1726. 4. Jus provinciale Alemannicum — ex codice msc. *Raymundi Krafft* — cum codicibus XI msc. ut et IX impressis — contulit — et Latina versione donavit, notis — illustr. — *I. G. Scherzius*. Ulm. 1727. f., auch b. *Schilter* Thesaurus antiquitatum Teuton. T. II. Ulm. 1727. f. Ius provinciale et feudale Alemannicum Germanice et Latine cum commentario *Hieronymi von der Lahr* b. *Senckenberg* Corp. iur. Germ. Tom. II. Ebendas. im Anhange auch: Ius provinciale et feudale Alem. ex codice msc. —, qui est bibliothecae Augustae Caesareae. (Diese Hs. [Hom. 672] wird gewöhnlich Codex Ambrasianus [seltener Caesareus] genannt, weil sie früher der Propstei Ambras in Tirol gehörte.) Das deutsche Kaiserrecht aus einer für das Stift Asbach bestimmt gewesenen Hs. b. v. Freyberg Samml. histor. Schriften u. Urk. Bd. 4 (1834) S. 501—718. Beste Ausgaben: Der Schwabenspiegel oder Schwäbisches Land- u. Lehen-Rechtbuch nach einer Hs. v. J. 1287 hg. von F. L. A. Frh. v. Laßberg m. e. Vorrede v. A. L. Reyscher. Tüb. 1840. Der Schwabenspiegel in der ältesten Gestalt mit den Abweichungen der gemeinen Texte u. den Zusätzen derselben hg. von W. Wackernagel. Th. 1. Landrecht. Zürich u. Frauenfeld 1840. gr. 8. — Des Schwabenspiegels Landrechtsbuch m. einem Wörterbuche hg. von H. G. Gengler. Erlangen 1853; 2. verb. Aufl. 1875. 16. Das Lehnrecht auch b. *Senckenberg* Corp. i. feud. p. 29—207, in einer etwas anderen Gestalt unter dem Titel: Bayerisches Lehnrecht das. p. 208—237; u. nebst einem sehr brauchbaren Commentar b. *I. Schilter* Codex iuris Alemannici feudalis, accedit commentarius. Argentor. 1696. 4. ed. 2. cum praefat. *I. G. Scherzii*. Argentor. 1728. f. — Das Rechtsbuch, in Land- und Lehnrecht zerfallend, verfolgt die gleiche Tendenz wie der Dsp., das Recht des Ssp. in ein für ganz Deutschland geltendes umzugestalten. Nach dem Verhältniß zu seiner Vorlage läßt sich das Landrecht in drei Theile sondern. Die beiden ersten, Art. 1—117 und 118—313 (Laßberg) umfassend, entsprechen den beiden im Dsp. unterscheidbaren Abschnitten (ob. S. 48); der erste von ihnen hält sich im Wesentlichen an die Arbeit des Vorgängers, der zweite dagegen führt die die Vorlage umgestaltende Thätigkeit, welche im Dsp. bei II 12 § 12 aus unbekannten Gründen abgebrochen war, bis zu Ende durch; der dritte Theil, von Art. 314 bis zum Schluß (377), ist ebenso wie das Vorwort des Ganzen dem Schwabenspiegel eigenthümlich. Der Verfasser zieht für seine Arbeit einen noch größeren Quellenkreis heran als der des Dsp.: so die lex Baiuwariorum, Capitularien und Ansegisus, Reichsgesetze, Predigten und canonistische Tractate (s. u. S. 51). Das Lehnrecht des Schwsp. geht auf das des Dsp.

zurück. — Während das Lehnrecht fast ungeändert blieb, war das Landrecht manchen Veränderungen unterworfen, bis es zu den Gestaltungen gelangte, in welchen es die allgemeinste Verbreitung erhielt. In Einzelheiten der Fassung gingen die Texte so schnell aus einander, daß sich selbst unter den ältesten Gliedern der einzelnen Formen die erheblichsten Abweichungen zeigen. Der Urtext ist später mit Zusätzen versehen, von welchen vielleicht mehrere schon von dem Vf. selbst herrühren, und durch spätere Abschreiber in vielen Punkten verändert. Die Sprache desselben ist die süddeutsche Mundart, in welcher auch die meisten Handschriften geschrieben sind; nur vereinzelt kommen niederdeutsche vor. Landrecht u. Lehnrecht sind in den Drucken nur in Artikel oder Capitel eingetheilt, deren Zahl und Anordnung nicht nur in den Ausgaben, sondern auch in den Handschriften sehr verschieden ist, obgleich in den besseren und älteren in der letztern Beziehung doch eine große Uebereinstimmung herrscht. —

Verhältniß von Ssp. und Schwsp. zu einander: gegenüber der herrschenden und richtigen Ansicht, welche in dem Schwsp. eine Umarbeitung des Ssp. erblickt, ist eine dies Verhältniß umkehrende unter den Neuern vertreten worden: außer durch Reyscher in Laßbergs Ausg. des Schwsp. S. XXIII, der aber in der Ztschr. für deutsches Recht 8 (1843) S. 363 seine frühere Aeußerung widerrufen hat, durch *Alex. a Daniels* **de Saxonici speculi origine ex juris communis libro, Suevico speculo perperam nominari solito.** Berol. 1852, ders. Alter und Ursprung des Ssp. Berlin 1853. Dagegen ist gerichtet: Homeyer Stellung des Ssp. zum Schwsp. Berl. 1853. Die Auffindung des Dsp., die eine Bestätigung der herrschenden Ansicht brachte, veranlaßte zur Wiederaufnahme der Polemik: v. Daniels Spiegel der deutschen Leute. Berl. 1858. Dagegen: Ficker über die Entstehungszeit des Ssp. (ob. S. 41). Zugleich veranstaltete v. Daniels zur Bewährung seiner Ansicht eine Ausgabe: Rechtsdenkmäler des deutschen MA. 1. Band: Landrechtbuch (Berl. 1858), 2. Bd.: Lehenrecht (das. 1863), die synoptisch dem Laßberg'schen Text des Schwsp. und der französ. Uebersetzung nach Matile zwei Texte des Ssp. (die Quedlinburgensis u. den Sachßeschen Text, ob. S. 42) in einer jenen angepaßten Ordnung zur Seite stellt.

Die von Homeyer Verz. S. 40 versuchte Classification der Hss., welche ähnlich wie beim Ssp. ein Aufsteigen von knappen zu vollern Formen annahm, ist seit Auffindung des Dsp. der entgegengesetzten gewichen, so daß die reichern Texte als die ursprünglichen, die verkürzten als die spätern erscheinen. Ficker über e. Spiegel S. 105; Homeyer Monatsber. S. 636. Laband Beitr. (unten S. 51) S. 26. Ficker z. Genealogie der Hss. des Schwsp. (Wiener Sitzgsber. der kais. Akad. Bd. 39) 1862. — Beschreibungen einzelner Hss. oder Hss.-Gruppen: Finsler in Eranien 2 (1826) S. 38 über die Züricher Hs. [Hom. 731]; *Kraut* **Commentatio** p. 10 über die Lüneburger Hs. [Hom. 423]; über die Hs. v. Freiburg i/B., die, soweit der Schwsp. auf dem Dsp. beruht, dem Urtext des Schwsp. am nächsten steht, *Amann* **Notitia aliquot codd. mss. fasc.** 1 u. 2 (**Frib.** 1836 u. 37) und Laband Ztschr. f. RG. 3 (1864) S. 125. Ueber Bruchstücke einer Berliner Hs. [Hom. 44], die Pertz der Schrift nach in die Mitte des 13. Jahrh. rücken wollte:

Archiv f. ält. deutsche Gesch.=Kunde 10 (1851) S. 415; dazu Ficker über e. Spiegel S. 126. Laband über die Uber'sche Hs. in Breslau [Hom. 97] in s. Beitr. S. 37. Mandry über zwei auf Schloß Wolfegg (in Würtembg.) befindliche Hss. in Ztschr. f. RG. 5 (1866) S. 303. Ueber Münchener Hss. Schmeller in den Münchener gel. Anz. 4 (1837) Nr. 30. Ein Verz. von 197 Hss. in der Laßberg'schen Ausg. des Schwsp. S. XXIX — XC. Eine Synopsis der Reihenfolge der Capp. in den versch. Ausg. das. S. 225 ff. Eine neue Ausgabe im Auftrage der Savigny=Stiftung bereitet Rockinger vor, der in einer Reihe von Berichten (Nr. I—VII, 1873—1884), welche in den Sitzungsber. der Wiener Akad. abgedruckt sind (Bd 73—76, 79, 80, 107), über von ihm untersuchte Hss. referirt hat. Haiser zur Genealogie der Schwsp.=Hss. 1 u. 2 (Weimar 1876, 77). — Unter den Drucken kommt die Laßberg'sche Ausgabe dem Urtext näher als, wie man häufig annimmt, die Ambraser in der Ausg. v. Wackernagel. — Die Stellen, in welchen sich Spuren einer Benutzung der Capitularien der Fränk. Könige finden, sind zusammengestellt von Zöpfl RG. (A. 3) I § 26 Not. 1, die Spuren des Röm. Rechts ebendas. § 27 No. 13. Eine Zusammenstellung des übrigen vom Verf. des Schwsp. benutzten Materials ebendas. S. 145—151.

Entstehungszeit: Ist auch die zweite Hälfte des 13ten Jahrh. von den Neuern allgemein als Entstehungszeit anerkannt, so hat doch über deren genauere Begrenzung die Forschung lange geschwankt. *Merkel* de republ. Alam. S. 99 ff.: 1276 — 1281; Stobbe Rqu. 1 S. 345: 1273 — 1282. Laband Beiträge z. Kunde des Schwsp. Berl. 1861: 1257 — 1272. Dagegen: Frensdorff G. G. Anz. 1862 S. 257. Rockinger Sitzgsber. der Münchener Akad. 1867 S. 408 glaubte eine Existenz des Rechtsbuches schon im J. 1268 nachweisen zu können (vgl. Böhlau Ztschr. f. RG. 9 S. 181); doch ist die dazu benutzte Bemerkung einer Hs. [Hom. 191] als gefälscht erwiesen: Ficker über die Entstehungszeit des Schwabenspiegels 1874 (Wiener Sitzgsber. Bd. 77), wo zugleich positiv vornehmlich auf Grund des c. 137 (Laßberg) das Jahr 1275 ermittelt wird. Den Verfasser kennt man nicht. Die Versuche, einem zu Augsburg lebenden Geistlichen, dem Bruder David († 1272) von Augsburg (F. Pfeiffer in Haupt's Ztschr. für deutsches Alterthum 9 (1853) S. 3 ff.) oder dem Bruder Berthold († 1272) von Regensburg (Laband a. a. O.) die Autorschaft beizulegen, haben sich als verfehlt erwiesen. Die mannigfachen Parallelstellen, welche das Rechtsbuch zu den Predigten der beiden gedachten Geistlichen und noch mehr zu der Summa de poenitentia des Raimund von Pennaforte, des Compilators der Decretalensammlung Gregor IX., darbietet, erklären sich aus einer Benutzung dieser Schriften durch den Autor des Schwsp. Rockinger Berthold von Regensburg und Raimund von Pennafort im sg. Schwsp. (Abhdlgn. der Münchener Akad. Bd. 13 Abth. 3 [Münch. 1877] S. 167). Daß der Verfasser geistlichen Standes war, bleibt im Uebrigen wahrscheinlich genug; sein Interesse für Recht und Geschichte erhellt aus dem handschriftlich im Dsp. und oft im Schwsp. mit dem Rechtsbuch einheitlich verbundenen chronikalischen Werke, dem Buch der Könige alter und neuer E. (hg. von Maßmann in v. Daniels Rechtsdenkmälern I). Rockinger der Könige

Buch u. der sg. Schwabenspiegel. München 1883 (Abhdlgn. der Münchener Akad. Bd. 17 Abth. 1). —

Uebersetzungen. Eine lateinische Bearbeitung, die das Landrecht im liber judiciorum provincialium, das Lehnrecht als zweites Buch im liber feudorum wiedergiebt, unternahm 1356 der Benedictiner Oswald von Anhausen im Brenzthal [Hom. 487—9], s. Schmeller in Münch. gel. Anz. 1841 Nr. 130—132. Die lat. Uebersetzungen der Drucke rühren erst von neuern Herausgebern her. Eine französische des 14ten Jahrh. nach einem Ms. in Bern [Hom. 66] hg. v. *G. A. Matile* le miroir de Souabe. Neuchatel 1843. kl. fol. Ueber böhmische Uebersetzungen Homeyer Verz. S. 53.

Die herrschende, auf Ficker's Darlegungen zurückgehende Ansicht, daß der Schwabenspiegel den Sachsenspiegel gar nicht direct, sondern nur durch Vermittlung des Deutschenspiegels benutzt habe, bedarf noch näherer Untersuchung; ebenso auch die Art der Benutzung des Augsburger Rechts in den süddeutschen Spiegeln. Vgl. Nachträge.

Das **kleine Kaiserrecht** (dat lutteke keyserrecht), gewöhnlich **Kaiserrecht** schlechthin genannt. Ausg. b. *Senckenberg* Corp. iur. Germ. Tom. I Pars 1 p. 1 sqq.; schon vorher das dritte Buch allein als „Fränkisches u. Reichslehnrecht" in dess. Corp. iur. feud. p. 1—28. Besser: Das Keyserrecht nach der Hs. v. 1372 hg. v. H. E. Endemann. Cassel 1846. — Das Rechtsbuch, vermuthlich auf fränkisch-hessischem Gebiete zu Ende des 13ten oder Anfang des 14ten Jahrh. entstanden, erlangte in Mitteldeutschland, aber auch darüber hinaus nach Norden wie nach Süden Verbreitung. Wenn der Verfasser, der übrigens unbekannt ist, auch den Schwsp. gekannt und benutzt hat, so wird doch unrichtig sein Werk als eine „kürzere und freiere Bearbeitung desselben" (Eichhorn § 283) betrachtet. In den angef. Ausgaben wie in den meisten Hss. ist es in 4 Bücher getheilt, von denen das erste das gerichtliche Verfahren, das zweite Landrecht, vorwiegend Privatrecht, das dritte das Recht der Reichsdienstmannen, das vierte Stadt- und Bürgerrecht behandelt. Homeyer Verz. S. 54. Weiske in Elvers allg. jurist. Ztg. Jg. 3 Nr. 39 und Abhdlgn. (1830) S. 59. Kraut in G. G. Anz. 1836 S. 435 ff. Wilda a. a. O. S. 311. Jetzt besonders: J. v. Gosen d. Privatrecht nach dem kleinen Kaiserrechte. Heidelbg. 1866. S. 1—22. P. Roth kurhess. Privatr. 1 S. 35 u. 39; bayr. Civilrecht § 3 n. 9. Rockinger Sitzgsber. der Münchener Akad. 1874 S. 417 ff., wo in der Münster'schen Hs. [Hom. 494] von 1349 (st. 1449) eine um 20 Jahre ältere nachgewiesen wird als die von Endemann benutzte angeblich älteste.

Das **Freisingsche Rechtsbuch**. Eine Bearbeitung des Schwsp. zum Zweck der Herstellung eines Rechtsbuches für die Stadt Freising wurde von dem Fürsprech Ruprecht von Freising 1328 vollendet. Ein gleichzeitig unternommenes Landrechtbuch bearbeitet den Schwsp. für das Stift Freising; ob von dem gleichen Verf. herrührend, ist neuerdings zweifelhaft geworden. Diese beiden ursprünglich selbständigen Werke wurden im 15ten Jahrh. mit einander verbunden, zunächst äußerlich, so daß das Landrechtsbuch Buch I, das Stadtrechtsbuch B. II bildete; dann aber auch innerlich, durch Weglassung dessen, was schon in B. I enthalten war, in

B. II. Ausg. des Stadtrechtsb. allein b. Westenrieder Beitr. z. vaterländ. Historie Bd. 7 (1803) und daraus auch besonders München 1802; der beiden zu einem Ganzen verschmolzenen Rechtsb.: G. L. v. Maurer das Stadt- und das Landrechtsbuch Ruprechts v. Freysing. Stuttg. 1839. Rockinger über die Grundlage des dem Ruprecht v. Fr. beigelegten Landrechts (Sitzgsber. der Münchener Akad. v. 1871 S. 463). — Eine Vergleichung des Ssp. mit dem Rechtsb. des Ruprecht b. Homeyer Ssp., Ausg. 2 S. LXVII.

Würzburger Rechtsgangbuch aus dem 14ten Jahrh., aus Sätzen des Schwabenspiegels Landrechts und des kleinen Kaiserrechts zusammengestellt: Rockinger in Münch. Sitzungsber. 1869 S. 191—225.

Elbinger Rechtsbuch wird eine durch eine einzige Hs. [Hom. 181] überlieferte, im 15ten Jahrh. in Preußen entstandene Rechtsaufzeichnung genannt, welche als ihre Hauptquelle den Schwabenspiegel, daneben das Rechtsbuch nach Distinctionen und Magdeburger Recht benutzt hat. Steffenhagen Rqu. S. 118—137.

3) Arbeiten gemischter Art.

Abecedarien, Repertorien, Remissorien, Register, Schlüssel (Slossil, Slötel). Mit diesen Ausdrücken werden alphabetische Arbeiten über die Rechtsbücher bezeichnet, welche nach ihrer verschiedenen Einrichtung eine verschiedene Benennung haben. — Vergl. Grupen b. Spangenberg S. 72, Gaupp Schles. Landrecht S. 307 u. Homeyer Verzeichniß S. 26. *H. G. Ph., Gengler* de codice saec. XV Erlangensi inedito cui promptuarium iuris maximam partem a Saxonicis Romanisque fontibus repetitum inest Commentatio. Erlang. 1854. — Gedruckt sind von diesen Arbeiten bisher nur die Remissorien hinter den älteren Ausgaben des Sächs. Landrechts, Lehnrechts und Weichbilds.

1. Praef. rhythm. z. Ssp. b. Homeyer S. 135 u. f.
Vers 261. Nu danket al gemeine
dem von Valkensteine,
der greve Hoyer ist genant,
daz an diutisch is gewant
— 265. diz buch durch sine bete:
Eyke von Repgowe iz tete.
— 271. Des herren liebe in gare verwan,
daz her des buches began,
des ime was vil ungedacht,
do her'z an latin hatte gebracht
— 275. ane helphe und ane lere;
do ducht in daz zu svere,
daz er'z an dütisch wante;
zu lest er doch genante
des arbeites, unde tete
— 280. greven Hoyeres bete.

2. Dieselbe V. 151. Diz recht ne han ich selve nicht underdacht;
iz haben von aldere an unsich gebracht
unse gute vore varen.

3. Dieselbe V. 178. Spigel der Saxen
sal diz buch sin genant,
wende Saxen recht ist hir an bekant,
als an einem spiegele de vrouwen
ir antlize beschouwen.

4. V. A de benef. I § 1 Si quis velit instrui
in jure beneficiali,
hunc libellum respiciat
et ejus doctrinam non despiciat.

§ 11. b. Langobardisches Lehnrechtsbuch (Liber feudorum, usus s. consuetudines feudorum). (B. § 148. G. § 16. Stobbe § 58.)

C. F. Dieck Literärgeschichte des Longobardischen Lehnrechts bis zum vierzehnten Jahrhundert. Halle 1828. E. A. Laspeyres über die Entstehung u. älteste Bearbeitung der libri feudorum. Berl. 1830. A. Anschütz Fragmente der ältern Recension der Libri feudorum i. d. Kritisch. Ueberschau III S. 310. Eichhorn RG. § 278. Walter RG. § 319. Vergl. auch v. Savigny Gesch. des Röm. Rechts 3 S. 520—527. — Abgedruckt b. *Senckenberg* C. I. F. p. 492—640 u. hinter den Ausgaben des Corpus iuris civilis. — Gewöhnlich ist es in 2 Bücher eingetheilt, welche wieder in Titel u. diese in §§ zerfallen. In den neueren Ausgaben ist zugleich auf eine von *Cuiacius* gemachte Eintheilung in 5 Bücher Rücksicht genommen, woraus sich erklärt, daß in ihnen auf Lib. II Tit. 58 (citirt II F. 58) gleich Lib. IV Tit. 73 folgt, ohne daß etwas dazwischen fehlte. Je nachdem die Stellen dieses Rechtsbuchs glossirt sind oder nicht, werden sie eingetheilt in Capitula ordinaria u. Capitula extraordinaria oder Extravaganten. Die ersteren erstrecken sich vom Anfang des Werks bis Lib. II Tit. 58. Das Ganze ist aus mehreren, zu verschiedenen Zeiten verfaßten Abhandlungen u. Zusätzen dazu allmälig entstanden. Mit Sicherheit lassen sich in den capitulis ordinariis 3 Hauptbestandtheile unterscheiden: 1) eine Abhandlung über das Lehnrecht u. dessen Abweichungen vom Römischen Rechte, von einem unbekannten Lombardischen Juristen außerhalb Mailand in der ersten Hälfte des 12ten Jahrh., vor 1136 (unten § 237, 13) geschrieben, welche später viele Zusätze erhielt, u. mit diesen zusammen unser jetziges erstes Buch bildet, 2) ein die Titel 1—5 und 7—24 des zweiten Buchs umfassendes Rechtsbuch, entstanden aus 2 zwischen 1137 u. 1158 (unten § 237, 15) verfaßten Aufsätzen des Mailändischen Consuls *Obertus ab Orto*, welche mit Einschiebseln und Zusätzen bereichert wurden, 3) eine die zweite Hälfte von B. II füllende Zusammenstellung verschiedener auf das Lehnwesen bezüglicher, namentlich Mailand berücksichtigender Rechtssätze und Rechtssatzgruppen. Verbindungen dieser Stücke kamen in den sechsziger und siebziger Jahren des 12ten Jahrh. in Bologna zu Stande; nach 1180 vereinigte man daselbst das Ganze zu einem Rechtsbuche. Hier wurden zu Ende des 12ten Jahrh. die von K. Friedrich I. mit seinem Sohn Heinrich VI. gemeinschaftlich erlassenen Gesetze hinzugefügt, das Ganze an die Novellen Justinians als decima collatio angereiht und in dieser Gestalt mit einer Glosse versehen. Unter K. Friedrich II. stellte *Hugolinus Presbyteri* († 1233) am Ende der Consuetudines alle Constitutionen Friedrichs I. u. Friedrichs II. zusammen u. verband damit zugleich die Lehnsgesetze Conrads II. Der Text der Consuetudines, so wie er in Bologna in Umlauf gekommen war, wurde schon frühzeitig als litera vulgata betrachtet. Die capitula extraordinaria sind um 1230 von *Iacobus de Ardizone* in seiner Summa zusammengestellt. Von diesen Ergänzungen sind zufällig 2 Stücke (II F. 57 u. 58) in den Text der litera vulgata hineingekommen.

Die Glossen zur litera vulgata bearbeitete *Iacobus Columbi* in einem Apparatus ums J. 1240, welcher mit wenigen Veränderungen die Grundlage der Glossa ordinaria des *Accursius* geworden ist.

1. *Baldus* († 1400) super feudis. Prooem., qui multi glossatorum vertices istum (feudorum) librum glossaverunt, et super eo fecerunt utilissimas summas. Inter quos fuerunt magni viri, scilicet *Pyleus* († c. a. 1207), *Iacobus Columbinus*, *Iacobus de Ardizone* Veronensis, *Ioannes Fasolus* archiepiscopus Ebrudunensis, *Iacobus de Ravano* Ultramontanus, *Odofredus*; postremo *Iacobus de Belvisio*, *Andreas de Isernia*, *Petrus de Cervisio* et multi alii.

2. *Alvarotti* († 1453) Lectura super feud. in prooem. Bulgarus († 1166) enim et Pileus primitus glossaverunt.

3. *Ioannis* (*Bassiani*) (lehrte gegen Ende des 12ten Jahrh.) Summa Authent. (mit Zusätzen von Accursius [† ums J. 1260] hinter *Azonis* Summa in Codicem. Venetiis 1610. p 1210 sq.; s. v. Savigny Gesch. des Röm. Rechts 4, 255). Prooem. (Et durat collatio) nona usque ad finem libri. Ultimo autem loco, quia utile visum est, *leges novas Friderici et Henrici et consuetudines in scriptis redactas* circa feuda legitime approbatas placuit legitime copulari et sub idoneis titulis collocari, ut omnia per ordinem evidentiorem praestent intellectum; *quae decima poterit collatio seu compilatio non irrationabiliter nuncupari* (v. Savigny 3, 524 Note c).

4. *Odofredus* († 1265) ad Auth. Cassa. C. de sacros. eccles. (1, 2): Ut unum sciatis, Authenticum quod fuit compositum a Iustiniano, habet novem collationes. Postea quando venit imperator Federicus junior, misit has constitutiones ad civitatem istam (Bononiam) doctoribus legum, ut aptarent eas singulis legibus sub congruentibus titulis: et ita fecerunt doctores, dum convenerunt in S. Petro, quoniam istam adaptaverunt ad legem istam. Postea quid fecerunt! *Dominus Hugolinus post nonam collationem posuit librum feudalem et omnes constitutiones Federici antiqui et iunioris et aliquas Conradi imperatoris, et vocatur decima collatio. Sed pauci sunt, qui habeant* ***ita*** *ordinate in libris suis.*

5. *Iacobi de Ardizone* Summa iur. feudor. c. 1: Nam et Py. (Pillius) dicit, quod primo consideranda est consuetudo, quae adeo vim suam extendit, ut leges vincat aut mores, ut in ti. explicit liber primus § in iudicio (II F. 1 pr).

6. *Matthaeus de Afflictis* († 1523) Comment. in feud. praelus. Nr. 9. 13. 14. Venio nunc ad — quaestionem, utrum liber iste sit authenticus, ita quod possit pro lege allegari. Ista quaestio fuit disputata per doctores antiquos. — (Nam) Obertus de Orto, — qui hunc librum composuit, non habuit a publico authoritatem componendi hunc librum. — Ergo iste liber non est authenticus. — His (tamen) non obstantibus in contrarium est veritas, — quod iste liber feudorum auctoritate imperatoris (Federici II.) positus fuit in libro, qui dicitur volumen. — Et sic — concludit Baldus et alii, hunc librum esse authenticum.

7. Gl. ad II F 57. Haec lex (II F. 57) in paucis consuetudinibus invenitur, et ideo super eam dubito, sit lex, vel non: unde circa eam non insisto.

8. Gl. ad II F. 58. Hinc intitulatur de notis feudorum: quia potius puta fore notas, sive notulas super feudis factas, quam debeant esse de textu consuetudinum.

2. Schöffensprüche, Urkunden, öffentliche Bücher. (S. § 12. § 14.)

I. Schöffensprüche d. h. Urtheile u. auf Veranlassung eines einzelnen Falls ertheilte Rechtsbelehrungen. Ein Verzeichniß gedruckter Schöffensprüche b. Stobbe Rqu. I § 27 S. 282, § 41 S. 421.

Urtheile und Weisthümer der Reichsversammlung u. des kaiserlichen Hofgerichts vom 12ten bis in den Anfang des 14ten Jahrh. hg. v. *Pertz* in

Mon. Ll. T. II. *O. Franklin* Sententiae curiae regiae, Rechtssprüche des Reichshofs im MA. Hannov. 1870. Dazu: O. Franklin das Reichshofgericht im MA. (Geschichte — Verfassung — Verfahren). 2 Bde. Weimar 1869.

Magdeburgische Schöffensprüche. Vgl. überh. Gaupp Magd. Recht S. 166; Nachträge in dess. Schles. LR. S. 255. v. Martitz ehel. Güterr. des Ssp. S. 51—69. Böhlau in Ztschr. für RG. 9 (1870) S. 1 ff. — Die Schöffensprüche sind theils einzeln, theils in geschlossenen und meistens auch überarbeiteten Sammlungen erhalten. Ersterer Art sind: Th. Neumann Magdeburger Weisthümer aus den Originalen des Görlitzer Rathsarchivs. Görlitz 1852 (aus dem 15ten u. 16ten Jahrh.); andere aus derselben Zeit b. Walch Beiträge 8 S. 257. Franklin Magd. Weisthümer f. Breslau. Bresl. 1856. Der zweiten Art gehören an, abgesehen von den oben S. 28 erwähnten Rechtsbüchern, dem Magd.-Bresl. syst. Schöffenr. und dem Alten Culm, welche den Inhalt Magd. Schöffensprüche in abstracte Rechtssätze umwandeln, die sg. Magdeburger Fragen: eine Sammlung an den Magd. Schöffenstuhl gerichteter Anfragen und von ihm ertheilter Entscheidungen, die in dreifacher Gestalt überliefert ist: 1) unsystematisch, 2) systematisch und 3) alphabetisch. Die mittlere Recension erhielt die weiteste Verbreitung, namentlich seit sie in die 1517 zu Augsburg erschienene Ausgabe des Ssp. als Anhang aufgenommen, von da in die Straßburger Ausg. v. 1521, die Leipziger Drucke des Ssp. von 1528 und in die sämmtlichen Zobel'schen Ausg. v. 1535 an oft unter der Ueberschrift: „Urteyl der werden schöppfen zu Magdeburgk in 3 bücher geteilt" überging (Stobbe Ztschr. f. D. R. 17 S. 413). Ihre Grundlage bildet die unsystematische Recension, erhalten in den Hss. Hom. 60, 138, 361, die gegen Ende des 14ten Jahrh., etwa 1386—1400, in Preußen, vielleicht in Thorn, entstanden ist und vorzugsweise aus einer Krakauer Sammlung dorthin ergangener Magdeburger Schöffensprüche geschöpft hat. Sehr bald nach seiner Abfassung ist das Buch systematisch geordnet, in Bücher und Capitel abgetheilt und auch inhaltlich vervollständigt worden, wobei besonders das Culmische Rechtsbuch und eine Thorner Sammlg. von Magd. Schöffensprüchen benutzt worden sind. Die drittgenannte Recension ist eine im 15ten Jahrh. in Pommern unternommene Ordnung der unsystematischen Sammlung nach dem Alphabet. — Die Magdeburger Fragen hg. v. J. Fr. Behrend. Berlin 1865. Wasserschleben Sammlg. D. Rqu. S. XIII. v. Martitz die Magdeburger Fragen kritisch untersucht in Ztschr. f. RG. 11 (1873) S. 401. Steffenhagen D. Rqu. S. 50. Sammlungen Magdeb. Schöffensprüche ähnlicher Art enthalten: der in Böhme's diplomat. Beiträgen V S. 60, 61 und VI S. 90—157 unkritisch abgedruckte Codex Bregensis [Hom. 161], die Compilation der Dresdener Hs. [Hom. 172] gedr. b. Wasserschleben S. 80—120, die der Leipziger Hs. [Hom. 400] das. S. 335—443. — Ein in Stendal geführtes Urtheilsbuch, das von Magdeburg empfangene Rechtsbelehrungen der J. 1329 — 40 in sich aufgenommen hat, ist aus der Berliner Hs. [Hom. 29] mit Commentar hg. v. J. Fr. Behrend ein Stendaler Urtheilsbuch aus dem 14. Jahrh. Berlin 1868. — In das Kulmer Stadtbuch, welches der Rath 1431 durch seinen Stadtschreiber Konrad Bitschin zusammentragen ließ, sind auch die von

Magdeburg geholten Urtheile aufgenommen, hg. v. O. Stobbe Magd. Schöffenurtheile aus e. Königsberger Hs. in Beiträge z. Gesch. des D. R. S. 91 ff. Steffenhagen Rqu. S. 54.

Urtheile der Schöffen zu Leipzig hinter den Leipziger Ausgaben des Sächs. Landrechts von 1539, 1545, 1553 (1554) u. den sämmtlichen Zobel'schen. — „Urteil u. rechtssprüche in den hochberümpten schöppen- u. gerichtsstülen da man sich Sechsisches rechtes u. ubunge gebraucht" hinter den älteren Ausgaben des Sächs. Weichbilds u. Lehnrechts, namentlich in denen v. 1537, 1547, 1551, 1555, 1557 u. 1589. — Dohnaische Schöffensprüche b. Ch. Bartsch Historie der alten Burg u. des Städtchens Dohna (1735) S. 139. — Fragmente a. d. Urtheilsbuche des Schöffenstuhls zu Brandenburg b. v. Kamptz Jahrbücher für die Preuß. Gesetzgebung Bd. 34 S. 226—235. — Schöffensprüche von Magdeburg, Leipzig, Halle, Dresden und Dohna aus den Hss. Hom. 400 und 172 bei Wasserschleben Rqu. S. 128 und 355. — Goslarische Schöffensprüche b. Bruns Beiträge S. 178 u. b. Holzmann Hercynisches Archiv Bd. 1 (Halle 1808) S. 441, die letzteren auch b. v. Kamptz die Provincial- u. statut. Rechte i. d. Preuß. Monarchie Th. 1 S. 375 ff. Decisiones consulum Goslariensium ed. *Alb. Haenel* Lips. 1862. — Schöffensprüche für den Rath der Stadt Nordhausen u. von demselben a. d. 14ten u. 15ten Jahrh. b. Förstemann N. Mittheilungen des Thüringisch-Sächs. Vereins Bd. 1 Hft. 3 S. 13—82, und daraus besonders abgedruckt. Nordhausen 1834. — Bremische Entscheidungen b. Oelrichs Gesetzbücher der Stadt Bremen S. 161—262. — Soester Rechtsbelehrungen b. Wigand Westph. Archiv Bd. 7 Hft. 1 S. 57. Rechtweisungen Dortmunds für Wesel b. Frensdorff Dortmunder Statuten S. 254 und 273 ff. — Sammlung von Urtheilen des Oberhofs z. Lübeck von 1401—1598 b. Michelsen der Oberhof z. Lübeck S. 83—349. Weisthümer Lübecks für Elbing b. Stobbe Beitr. S. 160 ff. — Frankfurter Rechtsfälle aus dem 14ten u. 15ten Jahrh., b. Thomas Oberhof zu Frankfurt S. 452—519. Frankfurter Oberhofsfälle aus derselben Zeit ebendas. S. 521—580. — Der Oberhof Iglau in Mähren u. seine Schöffensprüche a. d. XIII.—XVI. Jahrh. hg. u. erläutert von J. A. Tomaschek. Innsbr. 1868 (vergl. Frensdorff in G. G. A. 1869 S. 736).

II. Urkunden. A. Regesten. Die in diesen Zeitraum gehörenden Kaiserurkunden sind verzeichnet b. *I. F. Boehmer* Regesta chronologico-diplomatica regum atque imperatorum Romanorum inde a Conrado I. usque ad Heinricum VII. Frankf. a. M. 1831. 4. Reg. imperii 1313—1347. Frankf. 1839. Addit. I 1841, II Leipz. 1846, III hg. v. J. Ficker aus dem Nachlasse, Innsbr. 1865. — Neue Bearbeitungen: Reg. imp 1198—1254. Stuttg. 1849. Reg. imp. 1246—1313. Stuttg. 1844. Addit. I das. 1849, II 1857. — Neue Bearbeitungen und Fortsetzungen: *I. Fr. Böhmer* Reg. imp. Die Regesten des Kaiserreichs 1198—1272, neu hg. und ergänzt v. J. Ficker. Abth. 1 Innsbr. 1881 (die Regesten Philipps, Otto IV. und Friedrich II); Abth. 2 Innsbr. 1882 (die Reg. K. Heinrichs, Konrads IV., Wilhelms, Richards u. Alfons umfassend). Die Regesten des Kaiserreichs unter K. Karl IV. 1346 bis 1378 hg. u. ergänzt v. Alfons Huber. Innsbr. 1877. — K. Fr.

Stumpf=Brentano die Kaiserurkunden des X., XI. und XII. Jahrh. chronologisch verzeichnet (von Heinrich I. bis Heinrich VI., 920—1197) Innsbr. 1865—1882 (Bd. 2 von: die Reichskanzler); Nachträge 1883 das. erschienen. *I. Chmel* Regesta chronologico-diplomatica Ruperti regis Romanorum. Frkf. a. M. 1834. 4. Dess. Regesta Friderici III. regis Rom. Wien 1838—40. 4. — G. Beseler die deutschen Kaiserurkunden als Rechtsquellen in Ztschr. f. RG. 2 (1863) S. 367.

B. Urkundensammlungen. S. das Verz. bei Dahlmann Quellenkunde der deutschen Geschichte, Aufl. 5 von G. Waitz (Gött. 1883) S. 27—38. — Unter den einzelnen Sammlungen verdienen wegen ihrer Wichtigkeit für das Privatrecht hervorgehoben zu werden: *Ludewig* Reliquiae manuscriptorum, Lünig deutsches Reichsarchiv, *Senckenberg* Selecta juris et histor., *Westphalen* Mon. inedita, *Gudenus* Codex diplom. — Acta imperii selecta. Urk. deutscher Könige u. Kaiser. Aus Böhmer's Nachlasse hg. v. J. Ficker. Innsbr. 1866—70. *Stumpf* Acta imperii inde ab Heinrico I. ad Heinricum VI. usque adhuc inedita. Innsbr. 1865—81 (Bd. 3 von: die Reichskanzler, s. ob. Z. 3). *E. Winkelmann* Acta imperii inedita seculi XIII. Innsbr. 1880. — Monumenta *Boica*, *Meichelbeck* Historia Frisingensis (dazu: Häberlin System. Bearbeitung der in Meichelbecks hist. Frising. enthalt. Urk.=Sammlg. Thl. 1 Rechtsgesch. Berl. 1842). *Schöpflin* Alsatia diplomatica, Wartmann UB. v. St. Gallen, Wirtembergisches UB., *Günther* Codex dipl. Rheno-Mosellanus, Mittelrheinisches UB., Lacomblet UB. z. Gesch. des Niederrheins, Seibertz UB. z. Landes= u. Rechtsgesch. des Herzogth. Westfalen, Codex diplom. Westfaliae, Kindlinger Münster. Beiträge, Sudendorf UB. zur Gesch. der Herzöge v. Braunschweig u. Lüneburg, Mecklenburg. UB., *Riedel* Codex diplom. Brandenb., Codex diplom. Saxoniae regiae, Lörsch und Schröder s. oben S. 12. Wegen anderer Urk.=Sammlgn. vgl. das Register der abgekürzten Citate vor diesem Grundrisse, wo auch die genauern Angaben über die vorstehenden Werke zu finden sind.

III. Oeffentliche Bücher, insbesondere Stadtbücher. (Stobbe Privatrecht Bd. 1 § 67.)

Homeyer die Stadtbücher des MA., insbes. das Stadtbuch v. Quedlinburg. Berlin 1860 (Abhdlgn. der Berl. Akad.).

Unter den der laufenden Geschäftsverwaltung der Rathsbehörden in den Städten dienenden Büchern kommen als Quellen des Privatrechts besonders folgende in Betracht: a) Bürgerbücher (liber civium, littera civilitatum), Listen über die Aufnahme in das Bürgerrecht. Das älteste Hamburger Bürgerbuch 1277—1452 bearb. v. Laurent in Ztschr. f. Hamburg. Gesch. 1 (1841) S. 141. b) Willkürenbücher (liber arbitriorum, auch wohl liber memorialis, Rathsdenkelbuch). c) Wettebücher, Verzeichnisse der vom Rath erkannten Strafen. Auszüge aus einem 1321 beginnenden Lübecker Wettebuche b. Pauli in Ztschr. des V. f. lüb. Gesch. 1 (1860) S. 203. d) Verfestungsbücher (liber proscriptorum od. proscriptionis). Liegnitzer Buch der Verfestgn. 1339—1354 b. Schuchard die Stadt Liegnitz. Berlin 1868. Verfestungsbuch der Stadt Stralsund (1310—1472) von O. Francke mit e. Einleitung (über das Verfestungswesen) v. F. Frens=

dorff. Halle 1875 (Hans. Gesch.-Qu. Bd. 1). e) Der Handhabung der freiwilligen Gerichtsbarkeit dienende Bücher: 1) insbesondere bei Auflassung und Verpfändung von Grundstücken unternommene Aufzeichnungen. Die frühesten sind auf einzelne lose Pergamentblätter großen Formats fortlaufend niedergeschrieben: so in Köln, wo sie nach der öffentlichen Aufbewahrungsstelle als Schreinskarten bezeichnet werden und nach Pfarreien gesondert seit dem 12ten Jahrh. vorkommen; um 1230 treten Schreinsbücher an die Stelle der cartae. Kölner Schreinsurkunden des 12ten Jahrh. bearb. von R. Hoeniger, Liefrg. 1 (Bonn 1884). Ders. in Mitthlgn. aus dem Stadtarchiv v. Köln hg. v. Höhlbaum Bd. 1 (Köln 1883) S. 35. Der Rotulus der Stadt Andernach 1173—1256 hg. v. R. Hoeniger in Annalen des histor. V. f. d. Niederrhein Heft 42 (Bonn 1884, auch Separatausg.). An anderen Orten finden sich Bücher dieser Art unter dem Namen: liber hereditatum, der stat ervebok, liber traditionum, resignationum, Verlaßbuch; wenn sie Verpfändungen davon sondern, liber obligationum oder impignorationum. Das älteste Hamburger Stadterbebuch 1248 beginnend hg. v. Reimarus in Ztschr. f. Hamburg. Gesch. 1 (1841) S. 329. Von dem ältesten Lübecker Ober-Stadtbuch (registrum superius civitatis), das mit 1227 begann, haben sich nur einzelne Reste in spätern Abschriften erhalten, zusammengestellt v. W. Brehmer in Ztschr. f. Lüb. Gesch. 4 (1884) S. 222. Aus den folgenden 1284 beginnenden Lüb. O.-StB. reiche Mittheilungen bei C. W. Pauli in dessen Abhdlgn. aus dem Lübischen Rechte und dess. Lübeckischen Zuständen; vgl. insbes. Abhdlgn. 1 S. 5. Hallische Schöffenbücher sind von 1266 an das ganze MA. durch erhalten; Auszüge bei Dreyhaupt Saalkreis 2 S. 460; jetzt: die Hallischen Schöffenbücher Thl. 1 (1266—1400) bearb. v. G. Hertel. Halle 1882. Ueber die öffentlichen Bücher in Oesterreich: Randa in Grünhuts Ztschr. 6 S. 81 ff. 2) Verzeichnisse der Rentenkäufe (liber reddituum od. censuum). 3) Bücher zur Aufnahme der vor dem Rath abgelegten Schuldbekenntnisse (liber recognitionum od. debitorum, wittschopsbok). Das Rigische Schuldbuch (1286—1352) hg. v. Hermann Hildebrand. St. Petersbg. 1872. K. Koppmann d. Hamburgische Schuldbuch von 1288 in Ztschr. f. Hamb. Gesch. 6 (1875) S. 482. In Lübeck waren für diese Zwecke die Nieder-Stadtbücher (registrum inferius civitatis) bestimmt. Mittheilungen aus denselben, deren ältestes 1311 beginnt, bei Pauli a. a. O. Aehnlich waren die seit 1386 vorhandenen Breslauer libri signaturarum eingerichtet, nur daß hier alle vor dem Rath gepflogenen Verhandlungen, die auf Immobilien bezüglichen ausgenommen, Aufnahme fanden: über dieselben Laband in der Ztschr. f. Gesch. Schlesiens 4 (1862) S. 9; Auszüge aus den Büchern giebt Stobbe das. Bd. 6—10 (1864—70) und Ztschr. f. Handelsrecht 8 S. 36. Ueber Basler Einrichtungen Heusler Ztschr. f. RG. 6 S. 143.

Neben den für bestimmte Zweige der städtischen Verwaltung und Rechtspflege angelegten Büchern kommt aber auch die Einrichtung vor, daß alles vor dem Rath Verhandelte in ein Buch oder in die verschiedenen Abtheilungen eines Buches eingetragen wird. Beispiele sind: d. älteste Stralsundische Stadtbuch (1270—1310) hg. v. F. Fabricius. Berlin 1872; d. Kieler Stadtbuch (ob. S. 28); d. Olmützer v. 1343 ff. vgl. darüber Bischoff Wien

1877; das Quedlinburger Stadtbuch hg. v. Homeyer (auszugsweise) in der ob. S. 58 cit. Schrift, vollständig und in seiner originalen Ordnung: im UB. der Stadt Quedlinburg hg. v. K. Janicke Bd. 2 (Halle 1882) S. 229—254.

Eine Uebersicht über die verschiedenen Arten von Stadtbüchern in den Hansestädten: K. Koppmann in Hans. Gesch.-Bl. Jg. 1872 S. 188 ff.

Ueber Formelbücher Stobbe Rqu. § 46. L. Rockinger über Formelbücher vom 13ten bis z. 16ten Jahrh. München 1855; ders. Briefsteller und Formelbücher des 11ten bis 14ten Jahrh. in Qu. u. Erörtrgn. zur Bair. u. D. Gesch. Bd. 9 (1863—64). Bärwald das Baumgartenberger Formelbuch eine Qu. z. Gesch. des 13ten Jahrh., vornehml. der Zeiten Rudolfs v. Habsburg. Wien 1866 in Fontes rer. Austriac. Abtheil. II t. 25.

C. Die Quellen der neueren Zeit vom Ende des 15ten bis gegen Ende des 18ten Jahrhunderts.

§ 13. 1. Aufnahme des römischen Rechts und Langobardischen Lehnrechts in Deutschland. (B. § 8. G. § 2.)

Herm. Conring de orig. juris Germanici c. 31—33. *H. Ch. de Senckenberg* Methodus jurisprudentiae (Francof. 1756. 4.) adp. 3 p. 95 sqq. Stobbe Rqu. 1 § 59, 2 § 61—65; Handb. des deutschen Privatr. Bd. 1 Aufl. 2 (1882) § 4.

Stintzing Gesch. der populären Literatur des röm.-kanon. Rechts in Deutschland. Lpzg. 1867. Schaeffner das röm. R. in Deutschland während des 12ten und 13ten Jahrh. Erlang. 1859. Carl Adolf Schmidt die Reception des röm. R. in Deutschland. Rostock 1868 (dazu: Stobbe in Krit. Vierteljahrsschr. 11 [1869] S. 1). A. Stölzel die Entwicklung des gelehrten Richterthums in deutschen Territorien. 2 Bde. Stuttg. 1872. W. Arnold die Rezeption des RR. und ihre Folgen in dessen Studien z. deutschen Kulturgeschichte. Stuttg. 1882. Moddermann die Reception des röm. R. Uebers. aus dem Holländ. mit Zusätzen von K. Schulz. Jena 1875. Stintzing Gesch. der deutschen Rechtswiss. 1 S. 37 ff. — Stintzing Ulrich Zasius. Beitrag zur Gesch. der Rechtswiss. im Zeitalter der Reformation. Basel 1857. Th. Muther zur Quellengesch. des deutschen Rechts in Ztschr. f. RG. 4 (1864) S. 380 ff. E. R. Frey die Quellen des Basler Stadtrechts nebst einigen Nachr. über die Schicksale des RR. in der Schweiz, bes. in Basel. Basel 1830. E. A. Laspeyres die Reception des RR. in der Mark Brandenburg u. die preuß. Gesetzgebung vor K. Friedrich II. in d. Ztschr. f. D. R. 6 (1841) S. 1. O. Franklin Beitr. z. Gesch. der Reception des RR. in Deutschland 1863 (bes. für Baiern). Ueber Hessen s. ob. Stölzel. Ott Beitr. zur Receptionsgesch. des röm.-kanon. Prozesses in den böhmischen Ländern. 1879.

Ueber die Rechtsbücher des Nikol. Wurm (s. ob. S. 41); dazu *H. Böhlau* novae constitutiones domini Alberti d. i. der Landfriede v. J. 1235 mit der Glosse des Nikol. Wurm. Weimar 1858. 4. — Das Rechtsbuch Johann Purgoldts, Stadtschreibers zu Eisenach, ist eine um 1500 verfaßte Compilation aus den fremden Rechten, dem Ssp., dem Rsb. nach Dist., dem Eisenacher Rechtsbuche (ob. S. 48) und den Gerichtsläuften zu

Eisenach, einer lokalen Quelle des 14ten Jahrh. Ausg.: das Rechtsbuch Joh. Purgoldts nebst statutar. Rechten v. Gotha und Eisenach, hg. v. Fr. Ortloff (Sammlg. deutscher Rqu. Bd. 2). Jena 1860.

Formulari darin begriffen sind allerhand Brief auch Rethorick. Augsb. 1483. fol. Formulare und teutsch Rhetorica (durch Heynrich Geßler). Straßbg. 1493 u. ff. Fr. Riederer Spiegel der wahren Rhetorik. Freiburg 1493 u. öfter (Riederer war Stadtbuchdrucker in Freiburg, vgl. Muther a. a. O. S. 441).

Ulrich Tengler's Layenspiegel von rechtmäßigen Ordnungen in bürgerlichen u. peinlichen Regimenten. Augsb. 1509 f. u. öfter. Der richterlich Clagspiegel u. s. w. durch Doctorem Sebastianum Brandt wider durchsichtiget u. mit mererm fleiß von newem zum teyl gebessert. Strasb. 1516 f. u. öfter. (Dazu Adrian in d. Zeitschr. f. Civilr. u. Proc. N. F. 1 S. 425 ff., besonders aber Stintzing Gesch. der Rwiss. 1 S. 43 ff.) Institutiones, Auszug u. anzaigung etlicher geschriben Kaiserlichen u. deß heiligen Reichs rechte, wie die gegenwärtiger Zeiten in ubung gehalten werden: in den Titeln underschidlich nach ordnung der vier Bücher Kaiserlicher Institution gestelt, — daneben auch etlicher Lande u. Oberkaiten besonderer gewonhaiten u. Statuten; zu nutz u. dienstlichem gebrauch aller jungen anfahenden Schüler, u. anderer solcher rechtlichen satzung noch unerfarner personen 2c. durch Andreas Perneder. Ingolstadt 1544 u. 1561. f. Desselben Gerichtlicher Proceß. Ingolst. 1551 u. 1561. f. Der Lehnrecht kurtze u. aygentliche Verteütschung, nit allain auß den Kayserlichen satzungen u. derselben Texten, sonder auch vilen Hochberümbten Doctorn — gezogen, u. fürnemlich auff die gemainen u. in Lehnsachen täglich fürfallenden jrrungen gestelt, wie dieselben dem rechten u. der billigkait gemäß zu entschaiden: mit einfürung allenthalb an gelegen orten der gemainen des Hayligen Reichs, u. besunder des Bayrischen Hofs dieser zeit üblichen Lehengebreüchen 2c. durch Andr. Perneder. Ingolst. 1561 u. 1565. f. Institutiones —: Sampt angehängtem gerichtlichen Proceß, Lehenrecht 2c. durch A. Perneder —, gebessert, restituiert u. corrigiert durch — Rochum Freymon von Obernhausen. Ingolstadt 1592. f. Der Rechten Spiegel, Auß Natürlichem, den Beschribnen, Gaistlichen, Weltlichen, u. andern gebreuchlichen Rechten, Auch gemeynen im Heil. Reich Teutscher Nacion Constitutionen u. übungen, zugericht 2c. durch Justin Goblern. Frkf. a. M. 1552. f. Statuten Buch, Gesetz, Ordnungen u. Gebräuch, Kaiserlicher, Allgemainer, u. etlicher Besonderer Land u. Stett Rechten. Frankf. a. M. 1553, 1557, 1558 u. 1572. f. Liberey Keyserlicher, Auch Teutscher Nation Landt u. Statt Recht. Das ist: Ordentliche u. gantz nützliche Beschreibung, Erstlichen, der gemeinen Keyserlichen Recht. Zum andern, Wie an dem — Keyserlichen Cammergericht gemeinlichen geurtheilt, u. von etlichen dieses Iudicii — Doctorn u. Beysitzern observiert worden. Und dann zum dritten, Wie es etliche — Chur-Fürsten, Graffen, u. Freye Reichs Stätt, nach jren eygnen — Land Rechten, Reformationen u. Statuten, angeordnet u. zu halten pflegen 2c. durch Noe Meurer. I. Von Gerichten u. Gerichtlichem Proceß. II. Von Contracten, Handthierungen, u. was denen anhangt. III. Von Testamenten, u. andern letzten Willen. IIII. Von Erbschafften u. Erbgerechtigkeiten, wann kein Testament noch anderer letzter

Will vorhanden ist. Heydelb. 1582. f., verbessert u. vermehrt durch N. Rücker. Frkf. a. M. 1597. f.

1. Curia Roncaliae a. 1158. Oratio archiepiscopi Mediolanensis (Mon. Ll. II 111): Der Erzbischof von Mailand erklärt auf dem Reichstage dem Kaiser Friedrich I im Namen aller Italienischen Reichsstände: Scias itaque omne ius populi in condendis legibus tibi concessum. Tua voluntas ius est, sicuti dicitur: *Quod principi placuit, legis habet vigorem, cum populus ei et in eum omne suum imperium et potestatem concesserit.* Quodcunque enim imperator per epistolam constituerit vel cognoscens decreverit vel edicto praeceperit, legem esse constat. (cf. § 6 I de i. naturali et civ. I 2).

2 Constit. Friderici I. de bonis clericor decedent. a. 1165 Sept. 26 (eod. 139). Nos igitur, *predecessorum nostrorum* divorum imperatorum, magni Constantini videlicet et Iustiniani et Valentiniani nec non Karoli et Ludowici vestigiis inherentes, et *sacras leges eorum tanquam divina oracula venerantes.*

3. Dipl. Conradi III. Imp. a. 1144 Oct. 17 (*Wenck* 2 S. 91). Iustitiae definitio est, constantem ac perpetuam habere voluntatem tribuendi unicuique quod sibi iure competit (cf. pr. I de iustitia et iure).

4. Friderici I. Imp. dipl. a. 1166 Apr. 10 in M. B. 5, 160: notificamus — qualiter fideles — nostri — prudenter advertentes, quod *qui auctore Pretore possidet, iuste possidet presentiam nostram adierunt deprecantes, ut concambium — auctoritate nostra confirmaremus.*

5 Dipl. Rudolphi I. a. 1273 ap. *Günther* 2, 382: renuntiantes omni auxilio *iuris canonici et civilis.*

6. Xantische Urk. v. 1289 b. Binterim Rhein.-Westph. dipl. Codex 1, 365. Renunciantes — *exceptioni non numerate pecunie*, non tradite, non solute, *subsidio dotis et ypotece ac Welliano, legis Iulie de fundo dotali non alienando, omni privilegio in favorem mulierum et dotis introducto.*

7. Lüb. R. b. Hach II 102. Vord mer hebe wi des keiser recht, also dat nu vord mer en iewelic jungelinc, al en he mundich si u. to sinen achtein iaren comen si, he schal untfan van deme rade uth sime slechte ofte andere bederve lude, de eme de rat gift, to bisorgheren, bet also lange dat viv u. twintich jar si al umme komen.

8. RA. v. 1342 (N. Samml. der RAbsch. 1, 44): komen uber ein —, daz man furbatz vor des — keisers hofgericht allermanniclichen richten sulle — nach kunig u. keisern, seiner vorfare an dem romischen riche, gesetzen u. ire geschriben rechten. (Franklin Beitr. S. 107.)

9. Landfrieden v. 1438 § 25 (das. 1, 157): wollent wir unser Obergerichte mit wisen, verstendigen, fürsichtigen Rittern u. Gelehrten bestellen, gehalten, jedem recht geben u. zu tun nach gemeinen Rechten, guter Gewohnheit u. s. w.

10. RA. v. 1442 § 18 (das. 1, 173): soll zu in nach des Richs recht gericht werden.

11. K. Friedrichs Landfrieden v. 1467 (das. 1, 225) § 7. Und nachdem nun in geistlichen u. keyserlichen geschriebenen rechten, auch in den güldenen bullen — zu halten geboten.

12. Dess. Landfriedens-Concept v. 1471 (das. 1, 226) § 1: u. darzu in ander pene, nemlich des gemeynen geschrieben rechten u. unser königlichen reformation gefallen syn.

13. Landfried. v. 1486 a. E. (das. 1, 277). U. sol dieser Fride u. Gebote dem gemeinen unsern u. des Reichs Recht u. andern Geboten — nit abbrechen.

14. RA. v. 1498 § 37 (das. 2, 46): laut gemeyner geschribner keyserlicher Recht (unt. § 146, 112).

15. K. Maximilians I. Satzung von den Gotteslästerern a. 1495 (das. 2, 28). Demnach — weyland kayser Justinianus, unser Vorfahr am reich — männiglich zu halten ernstlich ermahnet, u. strenglich gebotten hat (darauf folgen die Bestimmungen der Nov. 77).

16. Ordn. des Kammerger. v. 1495 § 1 (das. 2, 6). Das Camer Gericht zu besetzen mit eynem Richter, der ein — Fürst, oder ein Graf oder Frey-

herr sey, u. 16 Urtailern — teütscher Nacion — u. ye der halb tail der Urtailer der Recht gelert u. gewirdigt, u. der ander halb tail auf das geringest aus der Ritterschaft geboren sein sollen.

17. Dieselbe § 3 (das. S. 7). Item die all (Kammerrichter u. Beisitzer) sollen — zu den Heyligen schweren, — nach des Reychs gemainen Rechten, auch nach redlichen, erbern u. leydlichen Ordnungen, Statuten u. Gewonheyten der Fürstenthumb, Herrschafften u. Gericht, die für sy bracht werden, dem hohen u. dem nydern — gleich zu richten.

18. Reichshofr. Ordn. Tit. 1 § 15 (das. 4, 50 Anhang). Unser Präsident u. Reichshofräthe — sollen — die Wahlkapitulation, Reichsabschied, — wie auch jedes Stands, Lands, Orts u. Gerichts — Privilegia, gute Ordnungen u. Gewohnheiten, u. im Mangel derselben die Kayserliche Rechten u. rechtmäßige Observationes u. Gebräuch in acht nehmen.

19. Würtemb. Hofger.O. v. 1514 (Reyscher Ges. Samml. 4, 108 No. 84). Unser Hoverichter u. Urteilsprecher (sollen globen), das sie — nach unser vorEltern gemeinen satzungen, sovil deren in gepruch u. ubung sind, ouch nach redlichen Erbern gewonheiten, Statuten, u. Ordnungen unsers lands, so die für sie gepracht u. bewisen worden, u. so die nit vorhanden, nach des heil. Reichs Rechten — zu richten.

20. (Kremer) Gesch. des Kurf. Friedrich I. v. d. Pfalz S. 636 Not. 6. Darna (a 1462) hoit der Pfalzgraff dem Rechten zu Liebe ein Hoef-Gericht geordnet, — u. ist das Recht besezt mit Doctori gegrund in weltlichen u. geistlichen Rechten u. vill wisen leihen von der Ritterschaft.

21. Sg. Landesordn. Herz. Georgs v. Landshut v. 1501 (b. Krenner Baier. Landtagshandl. 13, 269). Fürder ist auch unser Wille u. Meynung, daß es mit Besetzung unserer Hofgerichte, unserer Landleute vom Adel, auch der Doctoren halben ungefährlich gehalten werden soll, daß allweg mehr Landleute dann Doctores, wie sich dann je zu Zeiten nach Gelegenheit oder Nothdurft der Sachen, die im Hofgericht sollen gehandelt werden, gebühren will, zu solchen Hofgerichten von Unsern wegen geordnet werden sollen.

21a. Magdeb. Frag. 1 1, 28 (Behrend S. 38 f.). Juristen noch legisten sullen der herren brive, dy sy iren undirseszen gebin, nicht beduten noch ußlegen.

22. Wünsche der Aufständischen im Bauernkriege nach der Reformation (vergl. Homeyer über die sg. Reformation K. Friedrich III. in Monatsberichten der Berliner Akademie Juni 1856 S. 292) b. Stobbe Rechtsqu. 2 S. 53. Alle Doctores der Rechten, sie seyndt geystlich oder weltlich, — sollen — an kaynem gericht bey kaynem Rechten, auch in kayns Fürsten oder andern Räthen mer gelitten, sunder gantz abgethon werden. Sie sollen auch fürbas hin vor Gericht oder Recht nit weiter reden, schreiben oder rathgeben. — In der Declaration zu diesem Artikel heißt es: Darzu seindt es nur besoldt Knecht, u. nicht Erbdiener des Rechten. — Darumb, daß sie Stieffvätter u. nit die rechten Erben des Rechten seind. Dann sie nemen ime den Grundt der Warheit, u. bringen durch iren unordentlichen Geitz das Recht zu aynem sollichen Unglauben, das kein frum Man sein Vertrawen darein mer setzen mag. Das hat ewer verkerte Lere inner 50 Jahren zu wegen bracht.

23. Beschwerden der Baier. Rittersch. v. 1499 (*Scheidt* bibl. hist. Goetting. p. 281). In iudicibus intolerabilis error. Non enim eliguntur iudices more antiquo, *sed multi iuris Romani professores*, pauci magistratus, nobiles atque provinciales. — Cum ius municipale servandum sit, et antique consuetudines pro legibus habende sint, fit, ut multa his contraria fiant, unde deceptiones, errores et turbe oriuntur. *Illi enim iuris professores nostrum morem ignorant, nec etiam si sciant, illis nostris consuetudinibus quicquam tribuere volunt.*

24. Berathschlagungsprotoc. über einige landschaftliche Beschwerden (in Baiern a. 1501) b. Krenner a. a. O. 13, 191: Item auf den ersten Artikel die Hofgerichte antreffend, wäre den Landleuten zu antworten, daß Ew. Gnad es der Landleute u. Doctoren halben ungefährlich bisher gehalten habe: will es füran auch thun. Daß aber der Doctoren an den Hofgerichten so

viel, ist die Ursache, nachdem sie der Rechten mehr, denn die Layen, verständig sind, daß desto förmlicher u. rechtmäßiger Urtheile gesprochen, u. die Leute mit ungebührlichen Urtheilen u. wann die an das Kammergericht wuchsen nicht beschwert u. zu Schaden gebracht werden.

25. Kurmärk. Kammerger.-O. v. 1516 (Corp. Const. March. Th. 2 Abth. 1 Nr. 1 Sp. 10). Als wir auch in Unsern Landen u. Fürstenthum der vielfeltigen Rechtsverordnung (l. Rechtsunordnung) u. Mangel befunden, — setzen Wir, daß hinführo in Unserm Cammer-Gericht, Fürstenthum, Landen u. gebieten gemeine Kayserliche Recht gehalten u. darnach gesprochen werden soll.

26. Beschwerden der Würtemb. Landstände v. 1514 (b. Sattler Gesch. der Würt. Herzoge 1, 161). Wenn die Sache Unterthanen betreffe, daß die Doctoren nicht zu Rathe zu ziehen, das Hofgericht mit ehrbaren, redlichen u. verständigen Personen vom Adel u. den Städten zu besetzen, die nicht doctores seyen.

27. Erinnerung der unmittelb. Reichsritterschaft. i. Franken wider die Reformation des Landger. z. Bamberg a. 1503 (b. *Verpoorten* de investitura allodior. p. 124). Item in dem XLIII. Art. so die Urtayler in Urtayl zu sprechen Zweifel haben, so sollen sie der gelehrten Rath gebrauchen auf der parteyen Kost. Sagen die vom Adel, daß sie u. die ihren dadurch abermals wider Recht u. Billigkeit zu kosten, u. durch die gelehrten von iren alten Land-Rechts Uebung u. Gebrauch getrungen werden.

27a. Nauclerus Chronicon 1564. fol. Vol. III p. 332 seq. b. Stobbe Gesch. der Rechtsqu. I S. 277 Not. 6. (Die Schöffen schwören): se facturos *secundum quod eis visum fuerit justius atque melius* et — sententiam dicunt *non ut leges* (das Röm. Recht) *censent*, quarum nullam notitiam habent, *sed prout ratio et consuetudo judiciorum dictat.*

28. Schreiben des Raths z. Lübeck a. d. Reichs-Kammerger. a. 1555 (b. Dreyer Einl. in d. Lübeck. Verordn. S. 310). Wir befinden, daß in Appellations- u. andern unsern Sachen an Kayserlich Majestät hochlöblich Cammer-Gericht kegen uns u. unser Stadt-Recht in viel Wege nach Kayserlichen geschrieben Recht geurtheilt u. erkannt wird, des auch unsre Vorfahren sich für hundert u. mehr Jahre hochlich beschweret haben. Und dieweil aber solchs unsern Stadt Lübischen Recht u. Gerechtigkeit, alter löblichen u. wohl hergebrachten Gewohnheiten u. Gebrauch — entgegen — ist, deshalben wir uns von Ampts- Ehr- u. Rechtswegen nicht allein zum höchst beschwerlich, sondern auch mit Stillschweigen einzufolgen u. zu gedulten nicht ziemen will. — Demnach ist an E. E. Gn. — unser Bitt, sie wollen — in Fällen u. Sachen, darin wir nach unser Stadt-Lubsch-Recht u. alte löbliche Gewohnheit geurtheilet u. erkandt haben, bei solcher unser Erkendniß u. Stadt-Lubsch-Recht u. Gewohnheit lassen, dieselbe Urteile confirmiren u. approbiren, u. uns darüber mit Kayserliche Rechte, die wir nicht ertragen mögen, nicht beschweren lassen.

29. *Busch* Liber reformationis monast. c. 4 (*Leibnitz* Scr. rer. Brunsv. 2, 480) (a. 1428). Quidam — vasallus — de consilio *iurisperitorum*, *quorum copia est in Frisia*, retulit ad episcopum. — Episcopus autem — misit illio — *viros doctos et iurisperitos.* — Episcopus — *de consilio iurisperitorum*, *et ipse iurisperitus*, iudicavit et sententiavit.

30. Eisenach. Rechtsb. II 27 (Ortloff S. 692). Di geistlichin u. wertlichin rechtbuchir, do daz beschrebin recht yn latine ynne stehit, daruz alle dutsche buchir u. rechte gezcogin sint ꝛc.

31. *Petr. de Andlo* de imp. Rom. Germ. (c. a. 1460) L. 2 c. 16. Nunc equestre indoctumque consilium — senatus principum regit; doctissimorum autem virorum sententia reipublicae salutaris, si quando limen concionis ingreditur, aut omnino contemnitur, aut stolida irridetur. Quid dicam de legum aequissimarum iurisque scripti observatione, quae vere nulla est, sed *iure incerto* vivitur et in multitudine illiterata, *quod unicuique sui arbitrii discretione visum est, id in iudiciis vim legum obtinere volunt.*

32. Würtemb. LR. v. 1555. Wo aber der Handel so wichtig, dapffer,

oder auch irrig, das sich Unsere Undergericht der Urthel nit entschliessen köndten, mögen sie bey jren Obergerichten, wie von alter herkommen, oder aber, da der Handel so gar im Rechten u. desselben *apicibus* u. scherffin stiende, bey den Rechtsgelehrten Raht suchen.

33. R.Deput.=Absch. v. 1600 § 16. — Es soll — den Unterthanen unbenommen seyn, — da sie unter benannter (Appellations=)Summa der 300 Reichs=Güldener, darvon nicht appellirt werden mag, sich beschwert zu seyn befinden, solche ihre Beschwerde — per viam supplicationis an ihre ordentliche Oberkeit — anzubringen, welche auch schuldig seyn sollen, — per modum revisionis ex eisdem actis — endlich zu entscheiden, oder aber — auf einer Universität, oder aber zweyen oder dreyen Rechtsgelehrten *ad revidendum* zu überschicken.

34. Ausz. a. den Reichstagsprotoc. v. 1498 b. v. Harpprecht Staats=archiv S. 341 § 63 vergl. S. 126 § 154: hat löbl. Reichsstadt Mühlhausen Sendbott im Rathe der Städte gesagt: er versehe sich, daß solches (näml. daß des verstorbenen Bruder oder Schwesterkind mit dem verschiedenen Bruder oder Schwester zu Erbfalls=Rechte gehen sollen) wider den Sachsen=Spiegel seyn werde, des sich dann beynahe das Drittel deutscher Nation gebrauche.

35. H. Steronis († c. a. 1300) Annal. ad a. 1295. (*Freher* Germ. rer. Script. 1, 399): Renovaverat (A.) — clero (Ratisbonnensi) — nuper ante apud Frankfurt quoddam privilegium olim Friderici Romani imperatoris quod incipit: Ad decus et honorem etc. et fere de verbo ad verbum *in libro usus pheodorum* est expressum.

36. Schiedsspruch des Fürsten Heinrich v. Mecklenburg in einer Streitsache zwischen den Herzögen Johann und Erich v. Sachsen=Lauenburg v. 1321 (Meklenburg. UB. 6 n. 4311). Umme de were, de hertogh Erik sprikt in deme gude, dat he dat in sinen weren hebbe ghehat teyn jar unde lenk ane rechte wedersprake, dar spreke wi alsus tu na beschrevenem keyserrechte: welk man in lengude de were heft sunder len (sine investitura) bruttich jar ane rechte wedersprake unde binnen des sinem lenhere plichtich denest darvan deyt, de lenge unde de vorjaringe dar bruttich jar ghift eme recht dat gut to beholdende vor en recht len weder alle ansprake.

37. Notiz hint. der Oldenburg. Hs. des Ssp. v. 1336 (ob. S. 42): quem librum Iohannes comes in Oldenborch scribi fecit, non pro quod vellet suis militaribus *nova* introducere *iura civilia* vel statuta, sed pro eo tantummodo quia suis temporibus fere omnes milites et militares sui dominii seniores moriebantur, ita quod per absenciam illorum *iura parentum suorum* fuerant iuvenibus militaribus tunc existentibus multum incognita et in ipsis iuribus sepius claudicabant; item pro eo, ut si aliqui militares super quacumque re fierent discordantes, ita quod sibi *ius Saxonum eligerent* propter presenciam istius libri huiusmodi rei et cause, pro quibus fuerunt discordantes, parcere possent suis laboribus et expensis.

38. Gl. z. Ssp. 1, 63. Du möchst ferner sagen: Ich sagte gleichwohl unrecht, daß dieses ein sunderlich Recht der Sachsen sey. Denn man gemeiniglich um solche Sachen auch nach dem Keyserrecht kempffte, ut in lib. feudor. de pace tenen. § 2 (II F. 27 § 1).

39. K. Ruprechts Litera legitimationis a. 1408 (*Schilter* Cod. i. feud. c. 40 § 4 S. 216). Et insuper feudorum mediocrium te reddimus capacem — non obstantibus legibus, statutis, constitutionibus, observantiis, consuetudinibus, feudorum usibus scriptis et non scriptis, et *praesertim Capitulo Naturales in Rubrica: Si de feudo controversia fuerit, collatione X in libro feudorum.*

40. Uebersetzung des Langob. Lehnr. gedr. zu Worms 1541. f. in der Vorrede. Vil seind der Lehenhern u. jrer mannen, welch, so der Lehen halb Irrung u. Zweifel fürfallen, u. dieselbige inn oder außerhalb recht hinzulegen u. zu entscheyden sind, fallen eyns theyls auff etlich alte geschribne Lehenbücher, welche zum theil auch im truck außgangen, u. Keyser Carlen dem großen u. sunst andern zugeschriben worden. Die andern üben sich in den hofbreuchen u. der höf gewonheyten, wie sie dieselbigen etwan von jren vorältern oder sunst gehört, vermeynen also hierdurch die fürgelegte zweiffel auffzulösen, zu entscheyden u. hin=

zulegen. — Hierdurch die recht Lehenbreuch, sö durch etlich Römisch Keyser — zu halten gebotten: auch den andern gemeynen Keiserlichen rechten ingeleibt, in vergeß, auch zu zeiten in verachtung gestelt u. gehalten werden.

§ 14. 2. Reichsgesetzgebung. (B. § 41. G. § 21. Stobbe § 68 und 69.)

Eichhorn RG. § 528 u. § 530. Walter RG. § 382. *Goldast* Collectio constitutionum imp. oben § 6. Neue vollständige Sammlung der Reichsabschiede (s. ebendas.) Th. 2—4 (geht bis 1736). J. J. Pachner von Eggenstorf Sammlung aller von Anfang des Reichstags vom J. 1663 bis anhero abgefaßter Reichsschlüsse. 4 Thle. Regensb. 1740—1777. f. K. Fr. Gerstlacher Handbuch der deutschen Reichsgesetze. 11 Thle. Karlsruhe 1786—94. (Eine systematisch geordnete Sammlung; der 10. Thl. enthält das Privatrecht.)

§ 15. 3. Landesgesetzgebung. (B. § 45. G. § 22.)

Eichhorn RG. § 560. Walter RG. § 381. Stobbe Rqu. § 81 ff.

Beispiele von Aufzeichnungen des Gewohnheitsrechts: Landrecht des Amts Hagen oder das Osterstadische Landrecht v. 1581 b. *Pufendorf* Obs. T. 3 adp. p. 3. Verordnung des Hadelerschen Landgerichts u. Rechtens v. 1583 ebend. 1, 3. Wurster Landrecht v. 1611 ebend. 1, 60. Wurster Willkühr v. 1508 das. 3, 113—118. (Vgl. Wiarda Vorrede zum Asegabuche § 50.) Kedinger Landrecht das. 1, 141. Rechtsbuch des Alten Landes von 1517 b. Dreyer Sammlung vermischter Abhandlungen 1, 529; *Pufendorf* 4, 48 ff. Des Olden Landes Ordeninge und Rechteboeke hg. v. Krause in Archiv f. Gesch. v. Stade 1881 S. 97 ff. Statuta des Stedinger Landes v. 1525 b. *Oetken* Corp. constit. Oldenb. 3, 114. Westfriesisches Landrecht des Landes zu Würden v. 1574 ebend. S. 87. Altammersches Recht u. Gewohnheit v. 1614 ebend. S. 120. Landr. des Stadt- u. Budjadinger Landes v. 1664 ebend. S. 91 u. b. *Pufendorf* 4, 596. Erbacher Landrecht, s. Das Landrecht der Grafschaft Erbach u. Herrschaft Breuberg ges. von Beck u. Lauteren. Darmst. 1824. Matth. v. Normann's, vormals fürstl. Landvogts auf Rügen, Wendisch-Rügianischer Landbrauch (im 16ten Jahrh. gesammelt). Stralf. 1777. 4. Vgl. *C. G. Homeyer* Hist. iuris Pomeranici capita quaedam. Berol. 1821.

Eine Uebersicht der Landesgesetze dieser Periode b. Eichhorn Einleitung § 16, b. Ortloff Grundzüge eines Systems des D. Privatrechts S. 43—46 u. S. 70—111. Mittermaier Grundsätze des gem. D. Privatrechts § 19 [§ 17] in den Noten, Stobbe Privatr. § 14 II. Zu den wichtigern Gesetzgebungen gehören:

Der Marggrafschaft Baden Statuten u. Ordenungen in Testamenten, Erbfellen u. Vormündschaften v. 1511 (bearbeitet v. Ulr. Zasius). Land-Recht der Fürstenthümer u. Lande der Marggrafschaften Baaden u. Hochberg 2c. in 7 Theilen verfaßt (a. 1622, publicirt 1654) von neuem wieder aufgelegt. Durlach 1710. f.

Das Buch der gemeinen Landpot, Landsordnung, Satzung u. Gebreuch des Fürstenthums in Obern- u. Niedern Baiern im 1516. J. aufgericht f. Reformacion der Bayrischen Landrecht im 1518. J. aufgericht. f. Landrecht ꝛc. der Fürstenthumben Ober- u. Niedern-Bayern. München 1616. f. Codex Maximilianeus Bavaricus civilis oder neu verbessert u. ergänzt Churbayrisches Landrecht v. 1756 in vier Theilen. München 1756. f (verfaßt von Freih. v. Kreittmayr). Anmerkungen über den Codicem Max. Bav von demselben. 5 Thle. Münch. 1758—1768. f. u. öfter, zuletzt 1821. 5 Thle. 8.

Des Hochstifts u. Fürstenthums Bamberg Landrecht. Bamberg 1769. 4.

Kurf. Joachim I. v. Brandenburg Constitution, willkör u. ordenung der Erbfelle u. anderer Sachen 1527. Heydemann die Elemente der Joachimischen Constitution. Berlin 1841.

Landrecht der Obergrafschaft Catzenellenbogen vom Landgrafen Georg I. a. 1589 b. Selchow Magazin f. deutsch. Recht Th. 1 S. 47 ff.

Erzstifts Cölnische Rechtsordnung v. 16. März 1663 b. Schlüter Provinzialrecht der Provinz Westphalen Bd. 3 S. 149 ff. u. b. Maurenbrecher Rheinpreuß. Landrechte Bd. 1 S. 383 ff.

Dithmarsisches Landrecht v. 1567. Glückst. 1667 u. 1711. 4.

Landrecht f. die Grafschaft Eberstein v. 1508 b. G. H. Krieg v. Hochfelden Gesch. der Grafen v. Eberstein in Schwaben (Karlsr. 1836) S. 442 ff.

Des Stifts Würzburgs u. Herzogthums Franken Kayserl. Landt-Gerichts-Ordn. Würzb. 1618 u. 1733. f.

Das Ostfriesische Landrecht nebst dem Deich- u. Syhlrechte — zum ersten Mahle durch den Druck ausgefertiget. Aurich (1746 durch M. v. Wicht). 4.

Landtsordnung der fürstl. Grafschaft Henneberg (1539) f., aufs neue aufgelegt. Meiningen 1720. 4. Größtentheils aus der revidirten Tyrolischen Landesordnung (s. unten) entnommen; s. *C. L. Schmidt* Progr. de ordinationis provincialis Hennebergicae origine, fontibus et auctoritate. Jen. 1831.

Der Grafschaft Hohenlohe gemeinsames Landrecht. Oehringen 1738. f.

Landrecht des Fürstenth. Jülich v. 1537 b. Lacomblet Archiv Bd. 1 Hft. 1 S. 111 ff. Herzogen Wilhelm (von Jülich) Rechts-Ordnung u. Reformation. Cöln 1558 u. Düsseld. 1582. f., auch b. Maurenbrecher Rheinpreuß. Landrechte B. 1 S. 99 ff.

Churfürstl. Mayntzisches Landrecht. Maintz 1755. f, auch b. v. d. Nahmer Handbuch des Rheinisch. Particularrechts (3 Bde. Frkf. a. M. 1831—1832, die beiden ersten Bände auch unter dem Titel: Die Landrechte des Ober- u. Mittel-Rheins). Bd. 2 S. 682 ff.

Nassau-Catzenellenbogische Land-Ordnung v. 1616 b. v. d. Nahmer Rheinisch. Particularrecht. Bd. 1 S. 115 ff.

Landrecht der Churfürstl. Durchlaucht in Bayern ꝛc. Fürstenthumbs der Oberpfaltz. Münch. 1657. f.

Churfürstlicher Pfalz Landt-Recht in 5 Thlen. Heydelb. 1582 u. 1657. f. Neustadt a. d. H. 1594. f. Churfürstl. Pfaltz beym Rhein Erneuertes u. verbessertes Land-Recht in 5 Thlen. Heidelb. 1611. f. Weinheim 1700. f.; nach der letzteren Ausg. abgedr. b. v. d. Nahmer 1 S. 401 ff.

Landrecht des Herzogth. Preußen v. J. 1620, revid. 1684 und 1721 unter dem Titel: Friedrich Wilhelms Königes in Preußen verbessertes LR. des Kgr. Preußen (von Sam. v. Cocceji verf.).

Churfürst Augusten (von Sachsen) Landes-Constitutiones v. 1572. 4., nachher öfter; auch im Codex Augusteus v. J. Ch. Lünig (2 Bde. u. 2 Fortsetzungen. Leipz. 1724—1806. fol., Fortf. 3 1824 in 4.) Bd. 1 S. 73—138. Zu deren Verständniß dienen: Consultationum Saxonicarum, a celeberrimis Wittembergensis et Lipsiensis Scabinatuum Adsessoribus iussu Electoris Augusti decisarum Libri V Ed. II studio *P. Friderici Mindani*. Frcf. ad M. 1616. f. H. Th. Schletter die Constitutionen des Kurf. Augusts von Sachsen vom J. 1572. Geschichte, Quellenkunde u. dogmengeschichtl. Charakteristik derselben. Leipz. 1857. Als Erläuterung u. Fortsetzung der Constitutionen sind zu betrachten die (91) älteren Decisionen v. 1661 im Cod. Aug. Bd. 1 S. 293 bis

340 u. die (40) neuen Decisionen v. 1746 im Cod. Aug. Cont. I p. 346 bis 362. Muther in Ztschr. f. RG. 4 S. 168.

Gericht- u. Landordnung der Grafschaft Solms u. Herrschaft Minzenberg (verfaßt von Joh. Fichard † 1581). Lich. 1599 u. Frkf. a. M. 1612. in fol. ebendas. 1688 u. 1716; nach der im J. 1571 zu Frkf. a. M. erschienenen ersten Ausg. abgedr. b. v. d. Nahmer a. a. O. I S. 1 ff. A. Carl über das von Joh. Fichard verfaßte Solmsische Landrecht; in dess. Kl. jurist. Aufsätzen (Frkf. 1830) S. 1 ff. Fuchs in Ztschr. f. D. Recht 17 S. 292 u. Ztschr. f. RG. 8 S. 270.

Revidirte Landtsordnung der Fürstl. Grafschaft Tirol v. 1532 gedr. nach 1538 s. l. et a u. Inßprugg 1570. 4. Neue reformirte Landsordnung der fürstl. Grafschaft Tyrol. 1573. 4.

Landrecht des Erzstifts Trier aufgericht im J. 1668. Trier 1668. 4. Erneuert u. vermehrtes Landrecht des Ertz-Styfts Trier rc. aufgericht 1753. Coblentz 4., auch b. Maurenbrecher Rheinpreuß. Landrechte. Bd. 2 S. 1 ff. u. b. v. d. Nahmer a. a. O. S. 591 ff.

Würtembergisches Landrecht, erstes v. 6. Mai 1555; zweites v. 1. Jul. 1567; gedr. Tübingen 1567. f., auch b. A. L. Reyscher vollständige, historisch u. kritisch bearbeitete Sammlung der Würtembergischen Gesetze. Bd. 4 (enthaltend den ersten Theil der Sammlung der Gerichts-Gesetze. Stuttg. u. Tüb. 1831) S. 171 ff.; drittes unter d. T.: Der Herzogth. Würtemberg Erneuert Gemein Land-Recht v. 1. Jul. 1610. Stuttg. 1626. f. 1653. 12. Tüb. 1658. f. 1680. 1743, auch b. Reyscher a. a. O. Bd. 5 (enthaltend den zweiten Theil der Samml. der Gerichtsgesetze, ebendas. 1832) S. 1 ff. Vergl. über die Geschichte der Landrechte Reyscher Würtemb. Privatr. Bd. 1 § 33 (31). 37 (35) u. Wächter Handb. des Würtemb. Privatr. Bd. 1 Abth. 1 § 35—38 u. § 48—50. Vorarbeiten zum Württembergischen Landrechte herausgeg. von Faber u. Schloßberger. 1859.

1. Ordn. des Oberhofg. z. Leipz. v. 1488 (b. K. G. Günther das privilegium de non appellando des Hauses Sachsen. Dresd. u. Leipz. 1788. S. 105). Es sollen auch alle Sachenn vor dem gerichte noch Sechßigischenn Rechtenn, wo das rechtlich u. bestendigk außgedruckt, vorsprochenn werden, wo es aber unausgedrucket, tunkel adder unvornemlich ist, Sal es erfüllunge u. dewtunge nach gemeynenn rechtenn nehmen.

2. Ordn. des Hofger. z. Jena v. 1566. Nachdem aber in unserm Ort Lande zu Franken die sächsischen Rechte nicht dermassen, wie hie disseits des Düringer Waldes in üblichen gebrauch herkommen sind, So soll das Sächsische Recht in denen fellen, darinne es den gemeinen beschrieben Rechten zu wieder statuirt, unsere Unterthanen in Franken nicht binden —, sondern den gemeinen Rechten nachgegangen werden.

3. Ordn. des Hofger. z. Coburg v. 1598 P. I Tit. 6 Alß sollen auch unsere Hofrichter u. Beysitzere solchen unterscheidt hinfüro halten, Und in den Düringischen Landen, jenseidt des Waldes, nach Sächssischen Rechten, wie die außgedruckt, u. in Landtleufftiger ubung vor Alters herkommen, In welchen fällen aber das Sächsische Recht nichts sonderliches ordnet oder statuiret, nach den Keyserlichen Rechten erkennen u. sprechen. Dargegen sollen in der Coburgischen Pflege, u. hie disseidt deß Düringischen Waldes, soviel die decisoria u. merita causae betrifft, die Keyserlichen Recht, des heiligen Reichs Constitutiones, u. jedes Orts hergebrachte, aufgefurte, rechtmessige, erbare gewohnheiten — in gebürende gute acht genommen werden.

4. Ernest. Landesordn. v. 1666 P. 2 Cap. 1 Tit. 12 Ferner sollen — die Sachsen-Rechte, so ferne solche Land üblich seynd (auch durch diese unsere Verordnung nichts bekommen unsern Orten in Franken, sowol Sächsischen als Hennebergischen Theils, soferne bei ihnen in meritis causae die Kayserlichen Rechte sonderbahr herkömmlich) zur Richtschnur des Rechtsprechens gebraucht werden.

5. Rescr. der Regierung zu Weimar v. 24. Oct. 1817 b. Sachse Handb. des Großherz. Sächs. Privatr. § 39 No. 3. Da nun die Anwendung des

Sachsenspiegels, worauf sich Appellant bezogen, *in subsidium* allerdings statt findet u. s. w.

6. Ern. (Anhalt.) L.= u. Prozeß=Ordn. v. 1665 Tit. 35: wir uns in andern Fällen desselbigen gemeinen Sächsischen Rechten auch gebrauchen.

7. Bordesholmer Landesvergleich v. 1522. Jd schall ock im Herzogdom to Holsten na eren olden Gewohnheiten ende Statuten, ock na dem Sassenspegel gericht u. geordeelt werden, im Vermüg der Privilegien.

8. Dithmarſ. Landr. Art. 135. So ein Fall vorguehme, de in disser Rechtsverordning nicht begrepen, so schölen unsere Gerichts=Befehlhebbere ansehn: Wat up solcke Fälle dat Sächsische Recht verordnet, u. demsülvigen folgen.

9. Rev. Hofger.Ordn. f. d. Herzogth. Lauenburg v. 1674 Tit. 1 § 6. In Unserm Hofgerichte soll zuvörderst nach Unsers Fürstenthums, Städte u. Aemter Universal= oder Local=Gewohnheiten, sofern sie fürgebracht u. gebührend erwiesen, — dann nach Unsers Fürstenthumes Constitutionen u. Statuta, sofern sie von uns confirmiret u. bestätiget seyn, u. wo diese nicht zureichen, nach dem alten Sachsenrechte, keineswegs aber nach den Chursächsischen Constitutionen, die in Unsern Fürstenthumb niemahlen recipiret seyn, u. wo auch dieses aufhöret, nach dem gemeinen beschriebenen geist= u. weltlichen Kaiser=, wie auch Lehnrechte, Reichsdeputations= u. Visitations= u. Craisabschieden — geurtheilet werden.

10. Lauenb. Landesreceß v. 15. Septbr. 1702 § 7: soll in dem Herzogthumb Sachsen=Lauenburg — das allda übliche Sachsenrecht verbleiben.

11. H. Heinrichs des Jüng. Braunschw. Wolfenb. Hofger. Ordn. v. 1556 Tit. 5. Unsere Vice=Hofrichter — sollen richten, nicht nach Sachsenrecht, als welches in unserm Fürstenthum — nicht statt hat, sondern nach des h. R. Reichs gemeinen Rechten.

12. Landtags=Absch. z. Salzdahlum (Braunschw. Wolfenb.) a. 1597 Art. 32. Dan des — hochgedachts fursten H. Heinrichen — u. der furnembsten Land=Stende, so darzu gezogen worden, auch zuforderst Kay. Mtt. (in der Bestätigung der unter der vorigen Nr. angeführten Hofger.=Ordn.) eigentliche meinung gewesen, daß man sich nicht allein in Proceß, sondern auch in Entscheidung der Sachen, der gemeinen beschriebenen Kaiser=, aber nicht der Sachsen=Rechten, dan allein woferne in diesem Fürstenthumb eine sonderliche ordnung, Statutum oder gewohnheit dem Sachsenrecht gemeß verhanden und zu beweisen, am — Hoffgericht gebrauchen solle.

13. Priv., Statuta u. Ordnunge der Heinrichstadt (Wolfenbüttel) v. 1602 Tit. 7. Unser Schuldtheiß, Bürgermeister u. Rath sollen nicht nach Sachsen=, sondern den gemeinen beschriebenen Kay.=Rechten ꝛc. urtheilen, Gleichwol aber was aus dem Sachsen Recht oder sonsten in unserm Fürstenthumb Wolfenbüttelschen Theils jederzeit durch einen bestendigen gebrauch beweißlich — wohlhergebracht, in gebührliche Acht nehmen.

14. Lüneburg. Reformat. Th. 1 Tit. 8. Was vor Recht in diesem Gericht soll gehalten werden: Lüneburgische Statuta, oder Stadt=Recht, bewehrte Gewohnheit u. darnechst Sächsisches Recht, wie die in Sachsen=Spiegel, Weichbild u. dergleichen Büchern begriffen, u. in gebräuchlicher steter Uebung u. Observanz allhie in unser Stadt von Alters herkommen, auch in dieser Ordnung nicht geändert sein, sollen an unserm Obern=Stadt=Gericht, sowol als an unserm Nieder=Gericht gehalten u. darnach gesprochen, wo aber das Sächsische Recht aufhöret, da soll es nach den gemeinen beschriebenen Rechten gehalten werden. — In Gleichniß, wo hierin ausdrücklich nicht gemeldet ist, wie es in diesem oder jenem Fall zu halten, als zum Exempel, wie der Parteien Ungehorsam im Gericht zu straffen oder dergleichen, so wollen wir allezeit die Verordnung der gemeinen alhie üblichen Sächsischen Rechte u. daß nach demselben erkannt u. gesprochen werden soll, darunter verstanden haben.

15. Statut des Weichb. Otterndorf im Eingang: wat averst vor felle in desenn Statutene u. Stettinge nicht begrepen, schollen na Sassischken Wikbilde, darmede wy gemeldt unsse bleck Otterndorp u. dessulvigen inwoner begnadet, geordelet u. gerichtet werden.

§ 16. **4. Stadtrechte.** (B. § 45. G. § 24. Stobbe Privatr. § 14 I.)

Eichhorn RG. § 561. Walter RG. § 381. Stobbe Rqu. § 71 u. 75 ff.

Die wichtigsten hierher gehörigen Stadtrechte sind die der folgenden Städte:

Braunschweig. Stadtrecht von 1532 gedr. b. Pufendorf 4 S. 78, correct im UB. der St. Braunschweig Nr. 137 S. 298; dazu Frensdorff in G. G. A. 1873 S. 1944.

Breslau. Statuten des 16ten Jahrh., 1577 in eine officielle Redaction gebracht. Wendroth in Ztschr. f. Gesch. Schlesiens 4 (1862) S. 39; dazu Laband das. 5 S. 172.

Cöln. Statuta u. Concordata der fr. Reichs Statt Cöln u. s. w. v. 1437 gedr. nach 1570. 4., auch mit vorgedrucktem Titel: Cölnische Reformation. Nürnb. 1621. 4. Ius municipale Coloniense ed. 2. Cöln 1762. 4.

Eisenach. Statuten v. 1. März 1670 b. v. Göckel Samml. großherz. S. Weimar-Eisenach. Gesetze u. s. w. Th. 1 S. 17—64.

Frankfurt a. M. Reformation v. 1509 gedr. durch Johannem Schöffer, Bürger zu Meintz. 1509. f., erneuerte Reformation (bearbeitet von Joh. Fichard) gedr. 1578 u. 1579. f 'geendert, verbessert u. vermehrt. Frkf. 1611. f. (Orth) Nöthig u. nützlich erachtete Anmerkungen über die erneuerte Reformation der Stadt Frkf. a. M. 1731. Forts. 1—4. 1742—1757. Nachtrag 1775. 4. Souchay Anmerkungen zu d. Reform. der fr. Stadt Frankf. 2 Bde. Frkf. 1848. 49. Ueber die Geschichte der Reformation s. v. Lersner Frankfurter Chronik Th. 1 (1706) S. 259 ff.

Freiburg i. Breisgau. Nüwe Stattrechten u. Statuten v. 1520. f. (verfaßt v. Ulr. Zasius).

Hamburg. Statuten v. 1603 revidirt 1605 gedruckt unter dem Titel: Der Stadt Hamburg Gerichtsordnung u. Statuten 1605. 4. Neue unveränderte Aufl. Hamb. 1771. 4. Der correcteste Abdruck ist: Der Stadt Hamburg Gerichts-Ordnung u. Statuta. Hg. auf Veranlassung des Vereins f. Hamb. Gesch. Hamb. 1842. 4.; in der Einleitung Nachrichten über die verschiedenen Revisionen des Stadtrechts. Commentar hierzu v. Gries hg. v. Westphalen, oben S. 31, u. ein Auszug aus einer großen Reihe von Commentaren u. Glossen verschiedener Schriftsteller i. d. Noten zu der cit. Ausg. Eine Uebersicht der Quellen der einzelnen Artikel b. Gries S. 363—375 u. eine vollständigere in der cit. Ausg. S. XXXIX ff.

Lübeck. Das revidirte Lübische Recht erschien zuerst im J. 1586 in 4to unter dem Titel: Der Stadt Lübeck Statuten u. Rechtsbuch aufs neue übersehen. Später ist es in mehreren neuen Auflagen mit unbedeutenden Veränderungen gedruckt. Es ist aus dem älteren Lüb. Recht entsprungen und erscheint in den meisten Artikeln als eine Uebersetzung desselben aus der Niedersächsischen Sprache in die Hochdeutsche. Hin u. wieder sind Aenderungen u. Zusätze gemacht, u. manche Artikel eingeschoben, von welchen das ältere Recht nichts weiß. Dagegen ist Vieles, was sich hierin befand, ganz weggelassen. *Dav. Mevius* Commentarius in ius Lubecense Lips. 1642, 43 4; zweite Ausg. Francof. 1664. f., letzte v. Schöpf besorgte Ausg. Ulm 1744. f.

Lüneburg. Reformation von 1577, 1581—1583 publicirt, zum ersten Mal gedruckt Lüneb. 1722. 4., b. *Pufendorf* 4, 624—856. Consuetudines reipublicae Luneburgensis commentariis et additionibus illustratae a *Hardv. a Dassel.* Hamb. 1592 4. Der Verf. der Lüneb. Reformation ist Heinr. Husanus († 1587) s. v. Stintzing Gesch. 1 S. 546. C. Ubbelohde Erörterungen zum Lüneburgschen Stadtrechte. Lünebg. 1884.

Mühlhausen. Stadtrecht v. 1566 und 1692. Statuten u. Gerichtsordn. v. 1740. f Erbrecht. 1742. f. A. Hänel in Ztschr. f. RG. 1 S. 338.

Nordhausen. Die Gesetzsammlungen der Stadt N. in der Gestalt, welche sie im

15ten u. 16. Jahrh. erhielten, mitgetheilt von E. G. Förstemann in den N. Mittheilungen des Thüring.-Sächs. Vereins Bd. 5 Hft. 3 S. 41—57, Bd. 6 Hft. 2 S. 42—82, Hft. 4 S. 20—42, Bd. 7 Hft. 1. Daraus auch besonders abgedruckt. Nordhaus. 1843.

Nürnberg. Reformation v. 1479 gedr. durch Antonien Koberger. 1484. f. m. einz. Aenderungen 1503, 1522. f. Der Stadt Nürnb. erneuerte Reformation. Nürnb. 1564. f. nachgedr. 1595. f. u. 1755. (*L. K. Wölkeren*) Commentatio succincta in codicem iuris statutarii Norici. 3 Thle. Nürnb. 1737. f Lahner Einleitung in die Nürnb. Rechte. Nürnb. 1780.

Wimpfen. Erneuert u. vermehrtes Stadtr. v. 1775 b. v. d. Nahmer Rheinisch. Particularr. Bd. 2 S. 1044—1240.

Worms. Reformation v. 1498 gedr. 1499. 1513. 1542 u. 1561. f.

II. Quellen des heutigen Privatrechts.

A. Uebersicht der jetzt in Deutschland geltenden Rechtsquellen.

R. Schröder Rechtskarte von Deutschland nebst Erläuterungen. Gotha 1870. 4. (abgedr. aus Petermanns Geogr. Mitthlgn. 1870 Heft 4).

Friedr. Thibaut über die Nothwendigkeit e. allgemeinen bürg. Rechts für Deutschland. Heidelberg 1814, vermehrt in dessen civilist. Abhandlgn. Heidelb. 1814. S. 404 ff. (vgl. Archiv f. civilist. Praxis 21 [1838] S. 391 ff.). v. Savigny vom Beruf unserer Zeit für Gesetzgebung und Rechtswissenschaft. Heidelb. 1814 (Aufl. 2. 1820, 3. 1840). Gönner über die Gesetzgebg. u. Rechtswiss. in unserer Zeit. Erl. 1815. v. Savigny Ztschr. f. gesch. Rechtswiss. 1 (1815) S. 373; 3 H. 1 (1816) S. 1. — Kierulff Theorie des gem. Civilrechts (1839) S. XXI. Sintenis zur Frage v. d. Civilgesetzbüchern 1853. P. Roth über Codification des Privatrechts i. Archiv f. prakt. Rechtswiss. 8 (1860) S. 303. v. Wächter der Entwurf des bürg. Gesetzb. f. d. Kgr. Sachsen 1853. Danz die Wirkungen der Codificationsformen auf d. mater. Recht 1861. J. Unger der revid. Entwurf e. bürg. Gesetzb. f. Sachsen 1861.

Fitting Archiv. f. civilist. Praxis 55 (1871) S. 263. L. Goldschmidt die Nothwendigkeit e. D. Civilgesetzb. in der Wochenschrift im Neuen Reich, Leipzig 1872, Nr. 13. P. v. Roth Unification und Codification in Ztschr. f. Reichs- u. Landesrecht hg. v. Hauser 1 (1874) S. 1. Zeitschr. f. Handelsrecht Bd. 20 (1875) S. 137; 23 (Beil.-Heft) S. 1. P. v. Roth über den Stand der Bearbeitung des deutschen Civilgesetzb. in Hirths Annalen des deutschen Reiches 1876 S. 931. Berichte im Deutschen Reichsanzeiger 1877 u. ff.

J. Fr. Behrend die neuern Privatrechts-Kodificationen in Holtzendorffs Encyclop. Aufl. 4 S. 362—381.

1. Gesetz.

a. Particularrecht. (B. § 45 B. G. § 23. Stobbe Privatr. § 15. § 17.

Allgemeines Landrecht für die Preußischen Staaten. Berl. 1794. 4 Bde. oder 2 Thle. und nachher öfter. Th. 1 Tit. 18

enthält das Lehnrecht (die §§ des ersten Anhangs sind in den Ausgaben des A. L. R. seit 1803 den betreffenden Stellen des Gesetzbuchs eingereihet). — Allg. Landrecht f. d. Preuß. Staaten unter Andeutung der obsoleten oder aufgehobenen Vorschriften, u. Einschaltung der jüngeren, noch geltenden Bestimmungen hg. m. Kommentar in Anmerkungen v. C. F. Koch. 4 Bde. Aufl. 5 Berl. 1870 f. Ergänzungen u. Erläuterungen der Preußischen Rechtsbücher durch Gesetzgebung und Wissenschaft herausgegeben von Gräff, v. Rönne und Simon u. A. (auch unter dem Titel: Ergänzungen u. Erläuterungen d. Allg. Landrechts f. d. Preuß. Staaten) (sg. „Fünfmännerbuch"). Ausg. 5. Breslau seit 1864. Ueber die Geschichte der Preuß. Gesetzgebung s. (Simon) Bericht über die Redaction der Materialien der Preuß. Gesetzgebung in Matthis jurist. Monatsschrift f. die Preuß. Staaten Bd. 11 S. 191—286. Dernburg Lehrb. des preuß. Privatr. 1 § 3 ff. v. Kamptz Literatur des Preuß. Rechts Bd. 1. Gieß. u. Wetzl. 1807.

Unter den Provinzialrechten sind bisher erst das der Provinzen Ostpreußen u. Westpreußen officiell gesammelt; s. Ostpreußisches Provinzialrecht. Berlin 1801. Provinzialrecht f. Westpreußen v. 19. April 1844; nebst dem K. Patent weg. Publication desselb. i. d. Ges.=Samml. v. 1844 S. 103—110. Dazu A. C. Freih. v. Vegesack Westpreuß. Provinzialrecht. 2 Bde. Danzig 1845. — Ein Verzeichniß der Provinzialrechte enthält: v. Kamptz die Provinzial= u. statutarischen Rechte in der Preuß. Monarchie. 3 Thle. Berl. 1826—28. — Bloße Privatarbeiten sind: Provinzialrechte aller zum Preußischen Staat gehörenden Länder= und Landestheile, insoweit in denselben das Allg. Landrecht Gesetzeskraft hat, verfaßt u. nach demselben Plane ausgearbeitet von mehreren Rechtsgelehrten; herausg. v. Fr. H. v. Strombeck. Th. 1, welcher das Provinzialr. der Provinz Sachsen enthält. Bd. 1 auch unter dem Tit.: Provinzialr. des Fürstenth. Halberstadt u. der zu demselben gehörigen Graf= u. Herrschaften Hohenstein, Regenstein u. Derenburg v. L. A. W. Lentze. 1827. — Th. 2, welcher das Provinzialr. der Provinz Westphalen enthält. Bd. 1 a. u. d. T.: Provinzialr. der Provinz Westphalen v. C. A. Schlüter in 3 Bdn. Bd. 1 enthaltend das Provinzialr. des Fürstenth. Münster —, ingleichen der Grafsch. Steinfurt u. der Herrschaften Anholt und Gehmen 1829. Bd. 2 enthaltend das Provinzialr. der Grafsch. Tecklenburg u. der Obergrafsch. Lingen. 1830. Bd. 3 enthaltend das Provinzialr. der ehemal. Kurköln. Grafsch. Recklinghausen. 1833. — Th. 3, enthaltend das Provinzialr. der Provinz Westpreußen in 3 Bdn. v. Leman. Bd. 1 u. 2 enthaltend das Provinzialr. der Districte des Preuß. Landrechts v. 1721. 1830—1832. Bd. 3 enthaltend die Statutarrechte der Stadt Danzig. 1832. — Das Provinzialr. des Herzogth. Magdeburg u. d. Grafschaft Mansfeld v. W. v. Klewitz. 2 Thle. Magdeb. 1837. Die jetzt bestehenden Provinzialr. des Herzogth. Schlesien u. der Grafschaft Glatz v. A. Wentzel u. J. Wentzel. 2 Thle. Bresl. 1839—40. Das Provinzialr. der Altmark v. Götze. 2 Thle. Magdeb. 1836. C. v. Scholtz das bestehende Provinzialr. der Kurmark Brandenburg. Ausg. 2 Bd. 1 u. 2. Berl. 1854. W. v. Kunow das jetzt bestehende Provinzialr. der Neumark. 2 Thle. Berl. 1836. Die Provinzialr. des Fürstenth. Minden, der Grafschaften Ravensberg u. Rietberg, der Herrsch. Rheda u. des Amtes Reckenberg in Westphalen v. P. Wigand. 2 Bde. Leipz. 1834. Die Provinzialr. der Fürstenthümer Paderborn u. Corvei v. demselben. 2 Bde. Leipz. 1832. Das Provinzialr. des Herzogth. Westfalen u. der Grafschaften Wittgenstein=Wittgenst. u. Wittgenst.=Berleburg v. Rintelen. 2 Thle. Paderb. 1837. Die Statutar= u. Gewohnheitsrechte des Herzogth. Westfalen v. J. S. Seibertz. Arnsberg 1839. Das Provinzialr. des Fürstenth. Eichsfeld v. Hartmann. Berl. 1835. Das Provinzialr. des Herzogth. Alt=, Vor= u. Hinter=Pommern. Stettin 1835. Das Provinzialr. des Herzogth. Neu=Vorpommern u. des Fürstenth. Rügen. 6 Thle. Greifswald 1836 bis 1837. (Der 6. Theil enthält das Statutarrecht der Städte.) Das Pommersche Lehnrecht von v. Zettwach. Lpz. 1832. Das Provinzialr. der K. Preuß. vormals K. Sächs. Landestheile mit Ausschluß der Lausitz v. Pinder. 2 Thle. Lpz. 1836. Das Provinzialr. des Markgrafth. Niederlausitz v. Neumann. Frkf. a. d. O. 1837. Provinzialrechte der Preuß. Oberlausitz. Bresl. 1837. — Die Rheinpreußischen Landrechte herausg. v. R. Maurenbrecher. 2 Bde. Bonn 1830 u. 31.

Allgemeines bürgerliches Gesetzbuch für die gesammten deutschen Erbländer der Oesterreichischen Monarchie. Wien 1811. 3 Thle. F. v. Zeiller Commentar üb. das allg. bürgerl. Gesetzb. 4 Bde. Wien 1811 u. ff. Ueber die Geschichte der Entstehung vgl. v. Zeiller a. a. O. Bd. 1 S. 7—12.

Bürgerliches Gesetzbuch für das Königreich Sachsen, publ. 2. Jan. 1863. Commentar dazu von E. Siebenhaar. 3 Bde. Lpz. 1864. 65.

Code Napoléon mit Zusätzen und Handelsgesetzen als Landrecht für das Großherzogthum Baden. Karlsr. 1809. Brauer Erläuterungen über den Code Napoléon u. die Großh. Bad. Gesetzgebung. 6 Bde. Karlsr. 1809—1813.

1. Cabinets-Ordre K. Friedrichs II. v. Preuß. die Verbesserung des Justizwesens betr. v. 14. April 1780 b. Eichh. RG. § 618 Note i [1]). Was die Gesetze selbst betrifft, so finde ich es sehr unschicklich, daß solche größtentheils in einer Sprache geschrieben sind, welche diejenigen nicht verstehen, denen sie doch zu ihrer Richtschnur dienen sollen. Eben so ungereimt ist es, wenn man in einem Staat, der doch seinen unstreitigen Gesetzgeber hat, Gesetze duldet, die durch ihre Dunkelheit u. Zweideutigkeit zu weitläuftigen Disputen der Rechtsgelehrten Anlaß geben, oder wohl gar darüber: ob dergleichen Gesetz oder Gewohnheit jemals existirt oder eine Rechtskraft erlangt habe? weitläuftige Processe veranlaßt werden müssen. Ihr müßt also vorzüglich dahin sehen, daß alle Gesetze für unsere Staaten u. Unterthanen in ihrer eigenen Sprache abgefaßt, genau bestimmt, u. vollständig gesammelt werden. — Da nun aber fast jede unserer Provinzen ihre besondere Verfassung, Statuten u. Gewohnheiten hat, welche sehr von einander unterschieden sind, so muß für jede derselben ein eigenes Gesetzbuch gesammelt u. darin alles eingetragen werden, wodurch sich die Rechte der einen Provinz von der andern unterscheiden.

2. Dieselbe ebendas. Note i [3]). Weilen aber — das Corpus iuris vom Kayser Justinian als das subsidiarische Gesetzbuch fast aller europäischen Staaten von vielen Jahrhunderten her auch bei Uns angenommen worden ist, so kann dieses auch künftig nicht ganz außer Acht gelassen werden. Inzwischen ist bekannt, daß dieses Römische Gesetz-Buch größtentheils nur eine Sammlung der Meinungen u. Entscheidungen der Rechts-Gelehrten in einzelnen Fällen enthält; sich vielfältig auf die alten u. jetzt gar nicht mehr passenden Römischen Verfassungen u. Formalitäten bezieht; auch mit vielen Widersprüchen angefüllt ist. Es muß also nur das Wesentliche mit dem Natur-Gesetz u. der heutigen Verfassung übereinstimmende aus demselben abstrahirt; das Unnütze weggelassen; Unsere eigene Landes-Gesetze am gehörigen Orte eingeschaltet, u. solchergestalt ein subsidiarisches Gesetz-Buch, zu welchem der Richter beim Mangel der Provinzial-Gesetze recurriren kann, angefertigt werden.

3. Publications-Patent f. das Preuß. Landr. im Eingang: haben — resolviret, besagter Gesetzsammlung — unter dem Titel: Allgemeines Landrecht für die Preußischen Staaten — vom 1ten Junius 1794 an volle Gesetzeskraft beizulegen. § 1. Das — Landrecht soll an die Stelle der, in unsern Landen bisher aufgenommen gewesenen Römischen, gemeinen Sachsen- u. anderer fremden subsidiarischen Rechte u. Gesetze

treten. § 3. Die — besondern Provinzialgesetze u. Statuten behalten zwar vor der Hand noch ihre gesetzliche Kraft; — § 4. (doch sollen) auch diese besondern Gesetze innerhalb dreier Jahre gesammelt, revidirt u. nach dem Plane der allgemeinen Gesetzgebung geordnet werden. § 7. Bei der Entwerfung der Provinzialgesetzbücher ist zwar auch auf die (besondern) Gewohnheitsrechte u. Observanzen — Rücksicht zu nehmen. — Nach Ablauf des § 4 bestimmten Zeitraums aber soll auf dergleichen ungeschriebene Rechte oder vermeintliche Observanzen, welche von den Vorschriften des allgemeinen Landrechts abweichen, nur in sofern Rücksicht genommen werden, als sie entweder den Provinzialgesetzbüchern einverleibt sind, oder das allgemeine Landrecht selbst darauf — ausdrücklich in der Art verwiesen hat, daß die gesetzlichen Bestimmungen nur für den Fall gegeben worden, wenn über den Gegenstand durch wohl hergebrachte Gewohnheiten eines Orts oder Distrikts nicht ein anderes eingeführt wäre.

4. Publicat.-Pat. f. das Oesterreich. Gesetzb.: haben — beschlossen, dieses allgemeine bürgerliche Gesetzbuch für unsere gesammten deutschen Erbländer kund zu machen, u. zu verordnen, daß dasselbe mit dem ersten Januar 1812 zur Anwendung kommen solle. Dadurch wird das bis jetzt angenommene gemeine Recht — sammt allen auf die Gegenstände dieses allgemeinen bürgerlichen Rechtes sich beziehenden Gesetzen u. Gewohnheiten außer Wirksamkeit gesetzt. — Die Vorschriften dieses Gesetzbuches sind zwar allgemein verbindlich; doch bestehen für den Militärstand, u. für die zum Militär-Körper gehörigen Personen besondere, auf das Privatrecht sich beziehende Vorschriften. — Handels- u. Wechsel-Geschäfte werden nach den besonderen Handels- u. Wechsel-Gesetzen — beurtheilt. Auch bleiben die über politische, Cameral- oder Finanz-Gegenstände kundgemachten — Verordnungen — in ihrer Kraft.

5. Allg. (Oesterr.) Gesetzb. § 359. Von dem Lehen wird in dem besonders bestehenden Lehenrechte — gehandelt.

6. Dass. Einl. § 11. Nur jene Statuten einzelner Provinzen u. Landesbezirke haben Gesetzeskraft, welche nach der Kundmachung dieses Gesetzbuches von dem Landesfürsten ausdrücklich bestätigt werden.

7. Promulgations-Pat. zum *Code Napoléon* f. Baden § 17. Von dem Tag an, da dieses Gesetzbuch — in Verbindlichkeit übergeht, ist damit — die gesetzliche Kraft des Römischen und Kanonischen Gesetzbuches, die Kraft aller Land- u. Stadtrechte u. aller Rechtsgewohnheiten für bürgerliche Rechtssachen aufgehoben, so, daß solche darinn durchaus nicht weiter zur Richtschnur, noch zur Grundlage von gerichtlichen Verhandlungen dienen. — Was jedoch die Wirkung der älteren Gesetze über kirchliche, peinliche u. polizeyliche Verhältnisse betrifft, so bleibt diese hierdurch unberührt u. deren Kraft ohne Weiteres unvermindert.

8. Kgl. Sächs. Verordnung v. 2. Janr. 1863, die Publication des bürgerl. Gesetzb. betr. § 2: von dem Zeitpunkte an, mit welchem das bürgerliche Gesetzbuch .... in Kraft tritt, werden alle bisher gültige Bestimmungen des bürgerlichen Rechts, welche in dem Gesetzbuche nicht aufgenommen oder in § 3 nicht ausdrücklich ausgenommen worden sind, aufgehoben.

§ 18. b. Gemeinsames und Gemeines Recht. (Stobbe Privatr. § 13.)

Deutsche Bundesakte (BA.) v. 8. Juni 1815. Schlußakte (Schl.-A.) der über Ausbildung und Befestigung des deutschen Bundes zu Wien gehaltenen Ministerial-Conferenzen v. 15. Mai 1820, durch Beschluß der D. Bundesversammlung vom 8. Juni 1820 zu einem Grundgesetz des Bundes erhoben. Protokolle der D. Bundesvers. seit dem J. 1816. Frankf. a. M. in 4. Zur Erläuterung der BA. dienen: Klübers Uebersicht der diplomat. Verhandlgn. des Wiener Congresses. 3 Abthlgn. Frankf. 1816. und Dessen Acten des Wiener Congresses. 9 Bde. Erlang. 1815—35.

Emminghaus Corpus juris Germanici tam publici quam privati academicum. Thl. 1 Aufl. 2 Jena 1844; Thl. 2 das. 1856. Corpus juris confoederationis Germanicae hg. v. Ph. A. G. von Meyer, ergänzt und bis auf die neueste Zeit fortgeführt von H. Zöpfl. Aufl. 3. Thl. 1: Staatsverträge. Frankf. 1858. Thl. 2: Beschlüsse der D. Bundesvers. bis z. 9. Sept. 1858 (das. 1859). Thl. 3: Protokolle u. Beschlüsse ders. bis z. 24. Aug. 1866 (das. 1869).

Verfassung des Norddeutschen Bundes, verkündet am 25. Juni 1867, in Geltung seit dem 1. Juli 1867; abgedruckt in dem Publicandum des Königs Wilhelm von Preußen vom 26. Juli 1867 (Bundesgesetzblatt des Norddeutschen Bundes 1867 Nr. 1). Bundesgesetzblatt des Norddeutschen Bundes. Berlin 1867—1870. 4 Bde. 4.

Verfassung des Deutschen Reiches vom 16. April 1871, in Kraft seit 4. Mai 1871 (Bundesgesetzbl. des Deutschen Bundes Nr. 16). Reichsgesetzblatt seit 1871 (die Nr. 1—3 BGesetzbl. des Nordd. B., die Nr. 4—18 BGesetzbl. des Deutschen Bundes; von Nr. 19 an Reichs-Gesetzblatt), jährlich ein Band 4.

H. A. Zachariae die deutschen Verfassungsgesetze der Gegenwart einschließlich. der Grundgesetze des D. Bundes. Gött. 1851. Forts. 1 u. 2 das. 1858 und 1862. Stoerk Handbuch der deutschen Verfassungen (die Verf.-Gesetze des D. Reiches u. s. Bundesstaaten). Leipz. 1884.

R. Schröder Corpus juris civilis f. das Deutsche Reich u. Oesterreich. Thl. 1: die handelsrechtl., Thl. 2: die privatrechtl. Gesetze. Ausg. 2. Bonn 1880. Mandry der civilrechtliche Inhalt der Reichsgesetze. 2. Aufl. Freiburg i. B. 1882.

1. **Rheinbundsakte Art. 2:** Toute loi de l'Empire germanique, qui a pu jusqu'à présent concerner et obliger Leurs Majestés et Leurs Altesses Sérénissimes les Rois et Princes et le Comte, dénommés en l'article précédant, leurs sujets et leurs Etats ou partie d'iceux, sera à l'avenir relativement à leurs dites Majestés et Altesses et au dit Comte, à leurs Etats et sujets nulle et de nul effet.

2. Privatrechtliche Normen der BA. s. unten § 36 Nr. 6, 38 Nr. 1, 48 Nr. 16, 52 Nr. 7, 53 Nr. 33.

3. Beschlüsse der BVers. über privatrechtliche Gegenstände s. unten § 48 Nr. 17, § 145 Nr. 4a.

4. Wiener Schl.-A. Art. 32. Da jede Bundesregierung die Obliegenheit hat, auf Vollziehung der Bundesbeschlüsse zu halten, der Bundesversammlung aber eine unmittelbare Einwirkung auf die innere Verwaltung der Staaten nicht zusteht ....

5. Beschluß der deutschen Nationalversammlung v. 24. Novbr. 1848, publicirt durch den Reichsverweser im Reichsgesetzblatte Stück 6 am 26. Novbr. Art. 1: die nachstehende allgemeine deutsche Wechselordnung tritt mit dem 1. Mai 1849 in dem deutschen Reiche in Gesetzeskraft.

6. B.-Beschluß vom 31. Mai 1861: nunmehr an sämmtliche höchsten und hohen Bundesregierungen die Einladung zu richten, dem ... vorgelegten Entwurfe eines allgemeinen deutschen Handelsgesetzbuches baldmöglichst und unverändert im geeigneten Wege Gesetzeskraft in ihren Landen zu verschaffen.

7. Norddeutsches Bundesgesetz v. 5. Juni 1869 § 1. Die Allgemeine Deutsche Wechselordnung nebst den die Ergänzung und Erläuterung derselben betreffenden sogenannten Nürnberger Novellen, sowie das Allgemeine Deutsche Handelsgesetzbuch werden zu Bundesgesetzen erklärt und als solche in das gesammte Bundesgebiet eingeführt.

8. Verfassung des Deutschen Reichs Art. 2. Innerhalb dieses Bundesgebietes übt das Reich das Recht der Gesetzgebung nach Maßgabe des Inhalts

dieser Verfassung und mit der Wirkung aus, daß die Reichsgesetze den Landesgesetzen vorgehen. Die Reichsgesetze erhalten ihre verbindliche Kraft durch ihre Verkündigung von Reichswegen, welche vermittelst eines Reichsgesetzblattes geschieht. Sofern nicht in dem publizirten Gesetze ein anderer Anfangstermin seiner verbindlichen Kraft bestimmt ist, beginnt die letztere mit dem 14. Tage nach Ablauf desjenigen Tages, an welchem das betreffende Stück des Reichsgesetzblattes in Berlin ausgegeben worden ist.

9. Das. Art. 5. Die Reichsgesetzgebung wird ausgeübt durch den Bundesrath und den Reichstag. Die Uebereinstimmung der Mehrheitsbeschlüsse beider Versammlungen ist zu einem Reichsgesetze erforderlich und ausreichend.

10. Das. Art. 17. Dem Kaiser steht die Ausfertigung und Verkündigung der Reichsgesetze und die Ueberwachung der Ausführung derselben zu.

11. Das. Art. 4. Der Beaufsichtigung Seitens des Reichs und der Gesetzgebung desselben unterliegen die nachstehenden Angelegenheiten: — — 13) die gemeinsame Gesetzgebung über das Obligationenrecht, Strafrecht, Handels- und Wechselrecht und das gerichtliche Verfahren.

12. Reichsgesetz vom 20. December 1873. An die Stelle der Nr. 13 des Art. 4 der Verfassung des Deutschen Reichs tritt die nachfolgende Bestimmung: Die gemeinsame Gesetzgebung über das gesammte bürgerliche Recht, das Strafrecht und das gerichtliche Verfahren.

§ 19. 2. Autonomische Rechtsnormen (Statuten). (B. § 26—28. G. § 29. Stobbe Privatr. § 19—20. Roth § 43.)

Wilda Art. Autonomie in Weiskes Rechtslexikon 1 (1839) S. 539. v. Gerber über den Begriff der A. im Arch. f. civilist. Praxis 37 (1854) S. 35 und in den Jahrb. f. Dogmatik 3 (1859) S. 411; wiederholt in dessen gesammelten jurist. Abhdlgn. S. 36 und 63. Konr. Maurer in Krit. Ueberschau 2 (1854) S. 229. *R. Hermann* de autonomia juris privati Germanici fonte. Jenae 1859. Thöl Einltg. § 49. 50. Gierke Genossenschaftsrecht 1 S. 749. Brunner Art. Autonomie in Holtzendorffs Encyclop. 1 S. 218. G. Hanssen die Dorfwillküren oder Nachbarbeliebungen in norddeutschen Gegenden in dessen agrarhistor. Abhandlungen 2 (Leipz. 1884) S. 84. Ueber das Autonomierecht des hohen Adels unten § 38.

a. Priv. des Herzogs Rudolf August f. die Stadt Braunschweig 1671 Juni 10 (Liebhaber Einltg. in das Braunschwg. Privatr. 2 S. 236): .. haben Sr. fürstl. Durchlaucht sich dahin gnädigst erkläret, daß ... das jus statuendi zu fodern denen subditis nicht zustände.

b. Preuß. LR. Einleitg. § 2. Besondere Provinzialverordnungen und Statuten einzelner Gemeinheiten und Gesellschaften erhalten nur durch die landesherrliche Bestätigung die Kraft der Gesetze.

1. Hannover. Verordn. v. 12. Jul. 1857. Nachdem der Magistrat der Stadt Hildesheim unter Zustimmung der Bürgervorsteher die Aufhebung des in der Stadt H. bestehenden, auf Observanz u. verschiedenen städtischen Rathsschlüssen beruhenden Retractrechts oder Eintrittsrechts der Verwandten u. der Nachbarn (retractus ex iure consanguinitatis u. ex iure vicinitatis) für dienlich erachtet u. um Unsere landesherrliche Sanction dieses Beschlusses geziemend nachgesucht hat —, so verordnen Wir hiedurch die Aufhebung des vorerwähnten Retractrechts.

2. Hannover. Verordn. v. 6. März 1858. Nachdem der Magistrat der Stadt Osnabrück, unter Zustimmung der Bürgervorsteher, die Aufhebung des im Bezirke der Stadt O. bestehenden — Retractrechts oder Eintrittsrechts der Verwandten (retractus ex iure consanguineitatis) beschlossen u. um Unsere landesherrliche Sanction dieses Beschlusses — nachgesucht hat —, so verordnen Wir hierdurch die Aufhebung des vorerwähnten Retractrechts im Bezirke der Stadt O.

3. Hannover. Verordn. v. 26. Aug. 1862. Nachdem der Magistrat der — Stadt Hannover Unsere landesherrliche Bestätigung des nachstehenden unter Zustimmung der Bürgervorsteher gefaßten Beschlusses wegen Abänderung der in dieser Stadt gewohnheitsrechtlich bestehenden Fristen für die Räumung der Miethwohnungen (Ziehezeiten) nachgesucht hat ꝛc. (Eine derartige Verordn. auch für Hildesheim v. 22. Oct. 1859, für Goslar v. 28. Dec. 1862.)

4. K. Sächs. GB. § 29. Statuten, Hausgesetze und Familienverträge, welche dem öffentlichen Rechte gemäß errichtet sind, gehen den allgemeinen bürgerlichen Gesetzen vor.

3. Gewohnheitsrecht. (B. § 29. G. § 28. Stobbe § 21 bis 23. Roth § 44.) § 20.

G. Fr. Puchta das Gewohnheitsrecht. 2 Thle. Erlang. 1828—1837. G. Beseler Volksrecht u. Juristenrecht. Leipz. 1843. H. Thöl Volksrecht. Juristenrecht. Genossenschaften. Stände. Gemeines Recht. Rostock u. Schwerin 1846. Ders. Einltg. § 51, Handelsrecht § 11—13.

1. Ordn. des Kammerger. v. 1495 § 3; s. oben § 13 Nr. 17.

2. Reichshofr.-Ordn. Tit. 1 § 15; s. oben § 13 Nr. 18.

3. Preuß. LR. Einl. § 60. So wenig durch Gewohnheiten — — — neue Gesetze eingeführt werden können, eben so wenig können schon vorhandene Gesetze auf dergleichen Art wieder aufgehoben werden.

a. Oesterreich. Ges.-B. § 10. Auf Gewohnheiten kann nur in den Fällen, in welchen sich ein Gesetz darauf beruft, Rücksicht genommen werden. (Dazu Unger Oesterr. Privatr. § 5 S. 36.)

b. Sächs. Ges.-B. § 28. Durch Gewohnheiten können weder Gesetze aufgehoben oder abgeändert noch neue Vorschriften mit Gesetzeskraft eingeführt werden.

c. H.GB. Art. 1. In Handelssachen kommen, insoweit dieses Gesetzbuch keine Bestimmungen enthält, die Handelsgebräuche .... zur Anwendung.

4. Wormſ. Ref. v. 1531 B. III Th. 3 Tit. 11. Wie gewohnheyten beweist werden mögen. Gewohnheyt unserer Stadt mag beweist werden durch 5 Zeugen —, so die gleich sagen wie dann die Gewohnheyt angezogen wirt u. artikulirt wird, daß dieselbe gewohnheyt also u. bey seiner gedenken, auch von den alten u. alle seine Tage nicht anders gesehen, gehört noch wissens habe, je u. je gehalten u. genannt worden sey. Und ist nit vonnöthen, das die Zeugen sagen oder benennen die Partheyen zwischen denen solche Gewohnheyt gehalten sey, oder von dem sie gehört haben solicher ein gewohnheyt zu nennen.

5. Deutsche Civilprozeßordnung § 265. Das in einem anderen Staate geltende Recht, die Gewohnheitsrechte und Statuten bedürfen des Beweises nur insofern, als sie dem Gericht unbekannt sind. Bei Ermittelung dieser Rechtsnormen ist das Gericht auf die von den Parteien beigebrachten Nachweise nicht beschränkt; es ist befugt, auch andere Erkenntnißquellen zu benutzen und zum Zweck einer solchen Benutzung das Erforderliche anzuordnen.

Anhang. Von den Rechtssprichwörtern und Rechtssymbolen. (B. § 31. G. § 28.) § 21.

Deutsche Rechtssprichwörter gesammelt u. erklärt von E. Graf u. M. Dietherr. Nördlingen 1864. Zusätze dazu von R. Schröder i. Zeitschr. f. Rechtsgesch. 5 S. 28 ff.

1. Proceß-Cautel a. e. Hs. des 15ten Jahrh. b. Dreyer N. St. S. 65. Wan du zu recht stellest, — sage —, worauf deyne Sache stehet, u. wo kanst ein Sprichwort anhengen, so thue es, den nach Sprichwörter pflegen die Bauern gerne zu sprechen.

4. Von dem Juristenrechte. (B. § 34—36. G. § 30. Stobbe § 25.) § 22.

Thöl Einleitung § 55—57; Handelsrecht § 15.

§ 23. B. Interpretation der deutschen Rechtsquellen. (B. § 24. 25.)

C. Verhältniß der in Deutschland geltenden Rechtsquellen zu einander.

§ 24. 1. Der deutschen Rechtsquellen zum fremden Rechte. (B. § 8 u. 9. G. § 2. Stobbe § 4.)

2. Der deutschen Rechtsquellen zu einander.

§ 25. a. Rangordnung derselben im Allgemeinen. (B. § 37. G. § 31. Stobbe § 26.)

1. Sächs. Weichb. Art. 24. Gelübd u. Willkühr bricht allerhand Recht, da man es gezeugen mag.

a. Ulrich Boner (c. 1340) Edelstein (hg. v. Benecke [Berlin 1816] S. 72, 47): do sprach der man: min red is slecht, gedinge brechent lantrecht.

2. Gl. z. Sächs. Weichb. 26: alle geding brechen ein gemein recht.

3. Reichshofr.-Ordn. Tit. 1 § 15; s. oben § 13 Nr. 18.

4. Dieselbe T. 5 § 1. (Wie bei den übrigen Streitigkeiten) ist es auch in Lehens-Strittigkeiten zu halten, jedoch daß in deren Relation vornehmlich die Originales Investiturae, u. was für Pacta darinn ausdrücklich begriffen, wohl erwogen, u. dann gegen unsern klaren Lehn-Rechten den allegirten, aber nicht zu Recht probirten Lehengebräuchen — (nicht) deferirt werden.

§ 26. b. Anwendung der recipirten deutschen Particularrechte.

1. Rescr. des (Herzogl. Holstein.) Conseils (an den Magistrat z. Kiel) v. 7. April 1766 (im Staatsbürgerl. Magaz. hg. v. Carstens u. Falck 4 S. 92) haben — Unsere — Willens-Meinung dahin wiederholend kund machen wollen, daß in regula alle u. jede in denen in Curia üblichen Editionen des Lübischen Rechts enthaltene gesetzliche Verordnungen (ausgenommen in so ferne sie sich auf die Immedietaet der Reichsstadt Lübeck beziehen) beobachtet — werden sollen, daß aber wenn sich zeigen lasset, daß in einem oder andern Falle in dem alten Codice iuris Lübecensis eine Disposition vorhanden, welche das Gegentheil der in den neueren Editionen des Lübischen Rechtes enthaltenen Vorschrift im Munde führt, oder mit letzterer zugleich nicht bestehen kann, alsdann das in dem alten Codice befindliche Gesetz den Vorzug haben — soll.

§ 27. 3. Rangordnung unter den Rechtsquellen, welche sich coordinirt sind. (B. § 38. 39. G. § 32. Stobbe § 29—34. Roth § 51.)

Story Commentaries on the conflict of laws zuerst 1834, 7. edit. Boston 1872. v. Wächter im Archiv für civil. Praxis 24 (1841) S. 230; 25 S. 1 ff., 161 ff., 361 ff. *Foelix* Traité du droit international privé Paris 1843, 4. édit. revue et augmentée par *Demangeat*. Paris 1876. v. Savigny System des heut. Röm. R. 8 (1849) S. 1—367. Thöl Einltg. § 71—85. L. v. Bar das internationale Privat- und Strafrecht. Hannover 1862; ders. in krit. Vierteljahrsschrift 15 (1873) S. 1. Reinh. Schmid die Herrschaft der Gesetze nach ihren räuml. u. zeitl. Grenzen. Jena 1863. *Wharton* a treatise on the conflict of laws or private international law. Philad. 1872, 2. edit. 1881. Fr. Mommsen im Archiv f. civil. Praxis 61 (1878) S. 149. Asser das internat. Privatrecht bearb. aus dem Holländ. v. Max Cohn. Berlin 1880. International law private and criminal by Dr. *L. Bar* translated with notes by *G. R. Gillespie*. Edinb. 1883. v. Bar internat. Privatrecht in Holtzendorffs Encycl. Aufl. 4. S. 673—718.

1. Cod. Maximil. Bavar civ. I 2 § 17. Dafern aber die Rechten, Statuten u. Gewohnheiten in loco iudicii, delicti, rei sitae, contractus u. domicilii unterschiedlich seynd, so soll quoad formam Processus auf die bei selbigen Gericht, wo die Sache rechtshängig ist, übliche Rechten, mit Bestraffung eines Verbrechens aber auf die Rechte des Orts, wo solches begangen worden, so viel hingegen die bloße Solennität einer Handlung betrifft, auf die Rechten des Orts, wo solche unter Todten oder Lebendigen gepflogen wird, in mere personalibus auf die Statuta in loco domicilii, u. endlich in realibus vel mixtis auf die Rechten in loco rei sitae ohne Unterschied der Sachen, ob sie beweglich oder unbeweglich, cörperlich oder uncörperlich seynd, gesehen und erkannt werden.

2. Preuß. Landr. Einleit. § 23. Die persönlichen Eigenschaften und Befugnisse eines Menschen werden nach den Gesetzen der Gerichtsbarkeit beurtheilt, unter welcher derselbe seinen eigentlichen Wohnsitz hat.

3. K. Sächs. bürgerl. Ges.-B. § 7. Die Rechts- und Handlungsfähigkeit einer Person ist nach den Gesetzen des Staates zu beurtheilen, dessen Unterthan dieselbe ist.

4. Ebendas. § 8. Die Handlungsfähigkeit eines Ausländers wird nach den Gesetzen des Inlandes beurtheilt, wenn eine Verpflichtung desselben aus einer im Inlande vorgenommenen Handlung in Frage ist.

5. Ebendas. § 9. Die bei Rechtsgeschäften zu beobachtende Form richtet sich nach den Gesetzen des Ortes, wo dieselben vorgenommen werden. Es genügt jedoch die Beobachtung der Gesetze des Ortes, an welchem das Geschäft in Wirksamkeit treten soll.

6. Ebendas. § 10. Die Rechte an beweglichen und unbeweglichen Sachen, ingleichen der Besitz derselben, werden nach den Gesetzen des Ortes beurtheilt, wo die Sachen liegen.

7. Ebendas. § 11. Forderungen werden nach den Gesetzen des Ortes beurtheilt, an welchem sie zu erfüllen sind.

8. Preuß. Landr. Einleit. § 28. Das bewegliche Vermögen eines Menschen wird, ohne Rücksicht seines gegenwärtigen Aufenthaltes, nach den Gesetzen der ordentlichen Gerichtsbarkeit desselben beurtheilt.

9. Ebendas. § 32. In Rücksicht des unbeweglichen Vermögens gelten, ohne Rücksicht auf die Person des Eigenthümers, die Gesetze der Gerichtsbarkeit, unter welcher sich dasselbe befindet.

10. Ebendas. § 33. Provinzialgesetze u. Statuten, welche die äußerliche Feierlichkeit einer Handlung bestimmen, gelten nur bei Handlungen, die unter der Gerichtsbarkeit, für welche das Gesetz gegeben ist, von den ihr unterworfenen Personen vorgenommen werden.

11. Ebendas. § 34. Auch Unterthanen fremder Staaten, welche in hiesigen Landen leben, oder Geschäfte treiben, müssen nach obigen Bestimmungen beurtheilt werden.

12. Ebendas. § 35. Doch wird ein Fremder, der in hiesigen Landen Verträge über daselbst befindliche Sachen schließt, in Ansehung seiner Fähigkeiten zu handeln, nach denjenigen Gesetzen beurtheilt, nach welchen die Handlung am besten bestehen kann.

13. Preuß. LR. I 5 § 111. Die Form eines Vertrages ist nach den Gesetzen des Ortes, wo er geschlossen worden, zu beurtheilen.

14. Das. § 115. In allen Fällen, wo unbewegliche Sachen, deren Eigenthum, Besitz oder Nutzung der Gegenstand eines Vertrages sind, müssen wegen der Form die Gesetze des Ortes, wo die Sache liegt, beobachtet werden.

Drittes Capitel. Methode des deutschen Privatrechts.

J. St. Pütter Beiträge zum deusch. Staats- u. Fürstenrecht 2 (1779) Abh. 27 u. 31. Tafinger Bestimmung des Begriffs der Analogie des deutsch. Privatrechts Th. 1. Ulm 1787. J. Fr. Runde Grundsätze des gemeinen D. Privatr. § 79—82. G. Hufeland Beiträge zur Berichtigung u. Erweiterung der posit. Rechtswissenschaft (1792) Stück 1

Abh. 3, St. 5 Abh. 15. Dess. Einleitung in die Wissenschaft des D. Privatr. (1796) § 18—21. K. Fr. Eichhorn über das geschichtl. Studium des D. Rechts, in der Zeitschrift f. geschichtl. Rechtswissenschaft 1 S. 124. Dess. Einleit. § 39—41. N. Falck Handb. des Schleswig-Holsteinschen Privatrechts Bd. 1 § 5. Dess. jurist. Encyclopädie (Ausg. 4 Lpz. 1839) § 124. R. Maurenbrecher Lehrbuch des deutsch. Privatr. (Ausg. 2) B. 1 § 111—116. Reyscher über das Dasein u. die Natur des D. Rechts in Zeitschr. f. D. Recht Bd. 1 (1839) S. 11, 9 S. 341. C. G. v. Wächter gemeines Recht Deutschlands insb. gemeines D. Strafrecht. Leipz. 1844, bes. Cap. 1 u. Cap. 3—5. C. F. Gerber das wissenschaftliche Princip des gem. D. Privatrechts. Jena 1846. Bruns Art. Gemeines Recht in Ersch u. Gruber's Encyclopädie Bd. 57 (Leipz. 1853) S. 213; jetzt auch in dess. Kl. Schriften 1 (1882) S. 20. Stobbe § 5 ff.

§ 28. I. Giebt es ein gemeines deutsches Privatrecht? (B. § 4. S. § 1—7.)

1. Beschl. der B.-V. v. 16. Juni 1817 enth. die Bundes-Austrägalordn. Nr. 7. Das Erkenntniß in der Hauptsache — erfolgt, in Ermangelung besonderer Entscheidungsquellen, nach den in Deutschland hergebrachten gemeinen Rechten.

2. Wien. Schl.A. v. 1820 Art. 23. Wo keine besonderen Entscheidungsnormen vorhanden sind, hat das Austrägal-Gericht nach den in Rechtsstreitigkeiten derselben Art vormals von den Reichsgerichten subsidiarisch befolgten Rechtsquellen, in sofern solche auf die jetzigen Verhältnisse der Bundesglieder noch anwendbar sind, zu erkennen.

§ 29. II. Begründung einer wissenschaftlichen Theorie des gem. D. Privatrechts. (B. § 12—15. S. § 8—10.)

§ 30. Viertes Capitel. Hülfsmittel des deutschen Privatrechts. (B. § 42 ff. S. § 25.)

Deutsche Geschichte. Dahlmann-Waitz s. ob. S. 58. W. Wattenbach Deutschlands Geschichtsquellen im MA. bis zur Mitte des 13ten Jahrh. 2 Bde. Aufl. 4. Berlin 1877, 78; Bd. 1 Aufl. 5 das. 1885. O. Lorenz Deutschlands Geschichtsquellen im MA. seit der Mitte des 13ten Jahrh. 2 Bde. Aufl. 2. Berlin 1876, 77. — Historische Zeitschrift hg. v. H. v. Sybel. Bd. 1—36 Münch. 1859—76; neue Folge 1—16 = 37—52 das. 1877—84; Register zu Bd. 1—36 1878. Forschungen zur Deutschen Geschichte hg. v. der Histor. Commission bei der k. Akad. der Wiss. zu München. Göttingen seit 1862. Register zu Bd. 1 bis 20. 1880. Archiv der Gesellschaft für ältere D. Geschichtskunde. 12 Bde. 1820—74, fortges. als: Neues Archiv seit 1876. Hansische Geschichtsblätter seit 1871. Leipzig 1871 ff. (zu je drei Jahrggn. ein Sachregister). — Pütter vollständiges Handbuch der deutschen Reichshistorie. Aufl. 2. Gött. 1772. Dess. historische Entwickelung der heutigen Staatsverfassung des deutschen Reichs. Gött. 1786 u. öfter, aber unverändert. 3 Bde. W. v. Giesebrecht Geschichte der deutsch. Kaiserzeit 1—5, 1. Braunschwg. 1855—1884. W. Arnold Deutsche Geschichte. 2 Bde.

Gotha 1879—83. K. W. Nitzsch Gesch. des D. Volkes bis z. Augsb. Religionsfrieden. 3 Bde. Leipz. 1883—85. — Ch. Fr. v. Stälin Wirtembergische Geschichte. 4 Bde. (Bd. 4 in 2 Abthlgn.). Stuttg. 1841 bis 1873. W. Havemann Geschichte der Lande Braunschweig u. Lüneburg. 3 Bde. Gött. 1853—57. Just. Möser Osnabrückische Geschichte. Neue Aufl. 3 Thle. Berl. u. Stettin 1780—1824. Ch. E. Weiße Gesch. der chursächsischen Staaten. 7 Bde. Leipz. 1802—1812. W. Wohlbrück Gesch. des ehemaligen Bisthums Lebus u. des Landes dieses Namens. 3 Thle. Berl. 1829—32. A. Fr. Riedel die Mark Brandenburg im J. 1250 oder historische Beschreibung der Brandenburgischen Lande u. ihrer politischen u. kirchlichen Verhältnisse um diese Zeit. 2 Thle. Berl. 1831 u. 32. Tittmann Gesch. Heinrichs des Erlauchten. 2 Thle. Dresd. 1845. J. S. Seibertz Landes- u. Rechtsgeschichte des Herzogthums Westfalen. Bd. 1 Abth. 1—3. Arnsberg 1845 bis 1864. F. Walter das alte Erzstift u. die Reichsstadt Cöln. Bd. 1. Bonn 1866.

Deutsche Rechtsgeschichte. Oben S. 1. G. Phillips deutsche Gesch. mit besonderer Rücksicht auf Religion, Recht und Staatsverfassung. 2 Bde. Berl. 1832—34. Dess. deutsche Staats- u. Rechtsgesch. Aufl. 4. 1859. H. Zöpfl deutsche Rechtsgesch. Aufl. 4. Brschwg. 1872. Walter deutsche Rechtsgesch. A. 2. Bonn 1857. J. Fr. v. Schulte Lehrb. der deutsch. Reichs- u. Rechtsgeschichte. 5. Aufl. Stuttg. 1881. A. v. Daniels Handb. der deutsch. Reichs- u. Staatengeschichte. 2 Thle. in 4 Bdn. Tüb. 1859—63.

Deutsches Staats- und Verwaltungsrecht. O. Mejer Einltg. in das Deutsche Staatsrecht. Aufl. 2. Freibg. i. Br. 1884. H. A. Zachariae deutsches Staats- und Bundesrecht. 2 Bde. Aufl. 3. 1865—67. P. Laband das Staatsrecht des Deutschen Reiches. 3 Bde. (Bd. 3 in 2 Thln.). Tüb. 1876—82. Georg Meyer Lehrb. des Deutschen Staatsrechts. Leipz. 1878. Ders. Lehrb. des deutschen Verwaltungsrechts. 2 Bde. das. 1883—85. Edgar Loening Lehrb. des Deutschen Verwaltungsrechts. Leipz. 1884. Herm. Schulze das Preußische Staatsrecht. 2 Bde. Leipz. 1872—77.

Hülfswissenschaften der Geschichte. *Walther* Lexicon diplomaticum. 3 t. Gött. 1745—47 hg. v. Jung. Gött. 1752, Ulm 1756. f. *U. F. Kopp* Palaeographia critica. 2 t. Mannh. 1817. 4. W. Wattenbach Anleitg. zur lat. Paläographie. 3. Aufl. Leipz. 1878. 4. Ders. das Schriftwesen des MA. 2. Aufl. Leipz. 1878. Schönemann Versuch e. vollst. Systems der allgem., besonders ältern Diplomatik. 2 Bde. Hambg. 1801 u. 2; dess. Codex für die prakt. Diplomatik. 2 Thle. Gött. 1800—3. — Zinkernagel Handb. f. angehende Archivare und Registratoren. Nördl. 1800. 4. — H. Grotefend Handb. der histor. Chronologie des MA. u. der Neuzeit. Hannov. 1872. 4. — L. A. Cohn Stammtafeln zur Geschichte der Deutschen Staaten u. der Niederlande. Braunschwg. 1871. quf. — H. Oesterley Historisch-geogr. Wörterb. des deutschen MA. Gotha 1881, 82. 4.

W. Wackernagel Gesch. der deutschen Litteratur. 2. verm. Aufl. besorgt v. E. Martin. Bd. 1 (Basel 1879). K. Gödeke Grundriß zur

Gesch. der deutschen Litteratur. 2. ganz neu bearb. Aufl. Bd. 1 (Dresd. 1884): das Mittelalter. R. Schröder Beitr. zur Kunde des D. Rechts aus deutschen Dichtern in Ztschr. f. D. Alterth. 13 (1867) S. 139; ders. in Ztschr. f. RG. 7 (1868) S. 131; dessen Corpus juris germanici poeticum in der Zeitschr. f. deutsche Philologie Bd. 1 u. 2 (Halle 1869, 70).

Sprachkenntnisse. Für das Latein des MA.: Glossarium mediae et infimae Latinitatis conditum a *Carolo Dufresne domino du Cange* auctum a monachis ordinis s. Benedicti cum supplementis integris dom. P. Carpenterii et additamentis Adelungii et aliorum digessit *G. A. L. Henschel*. 7 voll. Paris. 1840—50. 4. Editio nova ... a *L. Favre*. Paris seit 1882. 4. Diez etymolog. Wörterb. der roman. Sprachen. 4. Ausg. 1878. Für das Deutsche des MA.: *Haltaus* Glossarium germanicum medii aevi. 2 tom. Lips. 1758. f. *Scherz* Glossar. germ. medii aevi potissimum dialecti Suevici ed. *I. I. Oberlinus*. 2 tom. Argentor. 1781—84. f. Jacob Grimm deutsche Grammatik. 4 Thle. Gött. 1819—1837. Thl. 1 (Ausg. 3) 1840. Thl. 1 u. 2 neuer vermehrter Abdruck, besorgt v. W. Scherer. Berlin 1870—78. E. G. Graff Althochdeutscher Sprachschatz oder Wörterb. der ahd. Sprache. 5 Thle. Berl. 1834—40. 4.; vollständiger alphab. Index von Maßmann. Berl. 1846. 4. W. Müller u. Fr. Zarncke Mittelhochd. Wörterbuch mit Benutzung des Nachlasses von G. F. Benecke. 3 Bde. Leipz. 1854—67. M. Lexer Mittelhochd. Handwörterbuch. 3 Bde. Leipz. 1869—78; dess. Mhd. Taschenwörterb. 2. Aufl. 1881. — Der Teutonista oder Deutschländer von G. v. d. Schueren. Cöln 1477. f., neue Aufl. Leiden 1804. 4. Frisch Teutsch-Lateinisches Wörterb., darinnen ... auch die bey den meisten Künsten und Handwerken, b. Berg- u. Salzwerken, Fischereyen, Jagd- Forst- u. Haus-Wesen u. a. m. gewöhnliche Teutsche Benennungen befindlich. 2 Thle. Berl. 1741. 4. Jacob u. Wilhelm Grimm Deutsches Wörterbuch. Leipzig 1854 ff. 4., fortgesetzt von R. Hildebrand, K. Weigand, M. Heyne, M. Lexer, bis jetzt erschienen Bd. I—III, IV 1a, 1b Lfrg. 1—6 (A—Gemüt), IV 2, V, VI Lfrg. 1—13 (H—Mönchthum), VII Lfrg. 1—6 (N—Oder). K. Weigand Deutsches Wörterbuch. Aufl. 4. 2 Bde. Gießen 1881—82. — Für einzelne deutsche Dialekte: v. Richthofen Altfriesisches Wörterbuch ob. S. 9. Homeyer's Glossare zu seinen Ausgaben der Rechtsbücher. Versuch eines Bremisch-Niedersächsischen Wörterbuchs, hg. von der bremisch-teutschen Gesellschaft. 5 Thle. Bremen 1767—1771. Thl. 6: Zusätze u. Verbesserungen. Brem. 1869. Mittelniederdeutsches Wörterb. von K. Schiller u. Aug. Lübben. 6 Bde. Bremen 1875—81. Vilmar Idiotikon von Kurhessen. Marb. 1868. A. Schmeller Bayerisches Wörterb. 2. mit des Vfs. Nachträgen verm. Aufl. bearb. von Karl Frommann. 2 Bde. Münch. 1872—77.

§ 31. Fünftes Capitel. Rechte verwandter Völker. (B. § 46. G. § 25.)

Kritische Zeitschr. f. Rechtswiss. und Gesetzgbg. des Auslandes hg. v. Mittermaier, K. S. Zachariae, R. v. Mohl, Warnkönig. Bd. 1—28. Heidelbg. 1829—56. Revue historique de droit français et étranger par *Foelix* et *J. B. Duvergier* et *Valette*. 4 tom. Par. 1844—47.

1) Schweizerisches Recht. Bluntschli Staats- u. Rechtsgesch. der Stadt u. Landschaft Zürich. 2 Thle. Zürich 1838—39; 2. Aufl. 2 Thle. in 1 Bde. Zürich 1857. Blumer Staats- u. Rechtsgeschichte der Schweizer Demokratieen od. der Kantone Uri, Schwyz, Unterwalden, Glarus, Zug u. Appenzell. 2 Thle. St. Gallen 1850—59. Stettler Staats- u. Rechtsgesch. des Kantons Bern. Bern 1845. Schnell u. Stürler Uebersicht über die ältern Rechtsqu. des Kantons Bern. Basel 1871. v. Segesser RG. der Stadt u. Republik Lucern. 4 Bde. Lucern 1850—58. A. Heusler Basel s. ob. S. 24. Rechtsquellen von Basel Stadt u. Land. 2 Thle. Basel 1856—65. — Zeitschrift für Schweizerisches Recht hg. v. Ott, Rahn, Schnell, F. v. Wyß, Heusler u. a. B. 1—22. Basel 1852—82; in Bd. 22 Generalregister zu allen Bdn., S. XV Verzeichniß der zahlreichen in dieser Zeitschr. veröffentlichten Rechtsquellen; neue Folge: Bd. 23, 24 (seit 1882). — Privatrechtliches Gesetzbuch für den Canton Zürich, publicirt 1853—55, hg. v. seinem Redactor Bluntschli mit Erläutrungen in 4 Bdn. 1853—56. Ulmer Commentar z. privatr. Gesetzb. 2 Bde. Zürich 1870, Supplementbd. 1878. Civilgesetzbuch f. den Canton Bern, 1824—31 publicirt; dazu König Bernische Civil- und Civilprozeßgesetze erläutert. 3 Bde. 1879—81. — Schweizerisches Bundesgesetz über das Obligationenrecht vom 14. Juni 1881, in Kraft seit 1. Januar 1883.

2) Holländisches Recht. *Hugo de Groot* Inleyding tot de Hollandsche Rechtsgeleertheit bevestigt met Placaaten — door *Simon van Groenewegen*. Amst. 1738. 4. — *F. van Mieris* Groot Charterboek der Graaven van Holland, van Zeeland en Heeren van Vriesland. 4 Tom. Leyden 1754—56. f. *Bondam* Charterboek der Hertogen van Gelderland en Graaven van Zutphen. Deel I. Utrecht 1783. f. *I. Schrassert* Codex Gelro-Zutphanicus. Harderwyck 1749. 4. Groot Placaat en Charter-Boek van Vriesland, verzamelt door *G. F. Bar. thoe Schwarzenberg en Hohenlansberg*. 5 Deele. Leeuward. 1768—93. f. Oorkondenboek van Holland en Zeeland hg. v. *L. Ph. C. van den Bergh*. 2 Thle. Amsterd. 1866—71. 4. Oorkondenboek der graafschappen Gelre en Zutfen door Baron *Sloet*. 's Gravenhage. 3 Thle. 1872. — Nederduitsche Regtsoudheden door *M. J. Noordewier*. Utrecht 1853. Oude vaderlandsche Rechtsbronnen. 's Gravenhage 1880—84. 6 Bde. in 8 Thln. — *I. A. Fruin* de Nederlandsche Wetboeken 3 Thle. Utrecht 1879—82. — Vgl. Frensdorff im N. Archiv 5 (1879) S. 33 und Brunner Ztschr. der Savigny-Stftg. 4 (1883) S. 235.

3) Belgisches Recht. Warnkönig oben S. 25. Ders. von der Wichtigkeit der Kunde des Rechts u. der Gesch. der belgischen Provinzen f. die D. Staats- u. RGesch. Freibg. 1837. *Defacqz* ancien droit de Belgique. 2 t. 1846—73. Recueil des anciennes coutumes de la Belgique seit den 60er Jahren im Erscheinen begriffen; vgl. Brun-

ner in Holtzendorffs Encycl. S. 291 und Frensdorff a. a. O. Bd. 4 S. 45 ff.

4) Französisches Recht. Brunner Ueberblick über die Geschichte der Französischen, Normannischen und Englischen Rechtsquellen bei Holtzendorff S. 279—301. Rivier das Französ. Civilrecht das. S. 649 bis 669; auch dessen Art. Coutümenkommentare das. 1 S. 481. Warnkönig und L. Stein französ. Staats- und Rechtsgesch. 3 Bde. Basel 1846—48. Schäffner Gesch. der Rechtsverf. Frankreichs. 4 Bde. Frankf. 1848—50. *Giraud* essai sur l'histoire du droit franç. au moyen âge. 2 t. Paris 1846. — K. S. Zachariae Handb. des franz. Civilrechts, zuerst Heidelbg. 1808, 5. verm. Aufl. hg. v. Anschütz. 4 Bde., Heidelbg. 1852, 6. Aufl. hg. v. Puchelt 1874—75.

5) Englisches Recht. Brunner a. a. O. S. 301—317. G. Phillips Englische Reichs- und Rechtsgeschichte seit 1066. 2 Bde. Berl. 1827 u. 28. Konr. Maurer über angelsächs. Rechtsverhältnisse in Krit. Ueberschau 1—3 (1853 ff.). — Commentaries on the law of England by Sir *William Blackstone*. 4 vols. Oxford 1764 - 69. New commentaries on the laws of England (partly founded on Blackstone) by *Henry John Stephen*. 4 vols. London 1848. Blackstones Handbuch . . . im Auszuge . . v. J. Gifford; übers. von v. Colditz. 2 Bde. Schlesw. 1822—23. Gundermann Englisches Privatrecht. Thl. 1. Tüb. 1864.

6) Skandinavisches Recht. K. Maurer Ueberblick über die Geschichte der nordgermanischen Rechtsquellen bei Holtzendorff S. 321 bis 358. — J. Grimm Literatur der altnord. Gesetze in Ztschr. f. gesch. Rechtswiss. 3 (1817) S. 73—128. Wilda Strafrecht der Germanen (Halle 1842) S. 7—61. — K. Maurer Udsigt over de nordgermaniske Retskilders Historie. Christ. 1878. a) Dänemark. Kofod Ancher Dansk Lovhistorie. 2 Bde. Kopenh. 1769 u. 76. 4., auch in dess. samlede juridiske Skrifter udgivne af Schlegel og Nyerup. 3 Thle. Kopenh. 1807—11. Kolderup-Rosenvinge Grundrids af den danske Retshistorie. Kopenh. 1822—23; 2. Ausg. 1832, nach der 1. Ausg. übers. u. mit Anm. begleitet v. Homeyer. Berl. 1825. Stemann Dansk Retshistorie. Kopenh. 1871. — Samling af gamle danske Love hg. v. Kolderup-Rosenvinge, 5 Thle. erschienen 1821—1846. Das Jütsche Low (Jydske Lov K. Waldemar II. v. 1241) in der cit. Samling Thl. 3, a. d. Dänischen übers. v. Blasius Eckenberger, hg. v. N. Falck. Altona 1819. 4. — Dahlmann Gesch. v. Dänemark. 3 Bde. Hambg. 1840—43. b) Island. K. Maurer Art. Grágás (Ersch und Gruber Thl. 77, Leipz. 1864), in d. Krit. Ueberschau 1 (1853) S. 277 und Germania 15 (Wien 1870), Krit. Vierteljahrsschr. 7 (1865) S. 162. Dahlmann a. a. O. 2 S. 180 ff. K. Maurer Beitr. z. RGesch. des german. Nordens. Münch. 1852; ders. Island v. seiner ersten Entstehung bis z. Untergang des Freistaats. Münch. 1874. c) Norwegen. Norges gamle love indtil 1387 udgivne ved *R. Keyser* og *P. A. Munch*. 3 Bde. Christiania 1846—49. 4. K. Maurer Art. Gulathingslög in Ersch u. Gruber Thl. 97 (1878). d) Schweden. Corpus juris Sueo-Gotorum antiqui od. Samling af Sveriges

gamla Lagar hg. v. H. S. Collin und J. C. Schlyter. 13 Bde. 1827—77. 4. Gutalagh d. i. der Insel Gothland altes Rechtsbuch. In der Ursprache u. e. wieder aufgefundenen altdeutschen Uebers. hg. v. K. Schildener. Greifsw. 1818. 4. Stjernhöök de jure Sueonum et Gothorum vetusto libri duo. Holm. 1672. K. Maurer in Krit. Vierteljahrsschr. 13 (1871) S. 51 ff. — K. v. Amira Nordgermanisches Obligationenrecht. Bd. 1: Altschwedisches Obligationenrecht. Leipzig 1882.

7) Recht der Russischen Ostseeprovinzen. Fr. G. v. Bunge Einleitg. in die Liv-, Esth- und Curländ. Rechtsgesch. Reval 1849. Dessen Gesch. des Liv-, Esth- u. Curländ. Privatrechts. St. Petersbg. 1862. Dessen Liv- u. Esthländ. Privatrecht. 2 Bde. Aufl. 2. Reval 1847—48; das kurländ. Privatr. Dorpat 1851. Liv-, Esth- und Curländisches Privatrecht, zusammengestellt (von v. Bunge) auf Befehl K. Alexander II. St. Petersbg. 1864; durch Ukas vom 20. Nov. (2. December) 1864 mit Gesetzeskraft vom Juli 1865 ab versehen.

8) Privatrecht der Siebenbürger Deutschen (Sachsen) im systemat. Grundrisse v. Fr. Schuler v. Libloy. Hermannst. 1858.

Sechstes Capitel. Literaturgeschichte und Literatur des Deutschen Privatrechts. (B. § 9 u. 42. G. § 26. Stobbe § 16. Roth § 52 ff.)

I. Gemeines Recht. § 32.

Herm. Conring (geb. 1606 † 1681). De origine iuris Germanici. Helmst. 1645 u. öfter. 4. Dess. Opera ed. *F. W. de Goebel.* 7 Tom. Brunsv. 1730. f. *Conr. Sinceri (I. G. Kulpis)* Diss. de Germanicarum legum veterum ac Romani iuris in republica nostra origine et auctoritate praesenti. Lips. 1682. 12., u. am besten als Anhang zu den Notis ad singulos institutionum et pandectarum titulos etc. in usum auditorii Thomasiani. Hal. 1713. 4.

Stobbe Hermann Conring, der Begründer der Deutschen Rechtsgeschichte. Berl. 1870. — Frensdorff Art. K. Fr. Eichhorn in Allg. D. Biographie 6 (Leipz. 1877) S. 469—481. Dessen Rede zur Feier des 100jähr. Geburtstages v. Eichhorn. Gött. 1881. v. Schulte K. F. Eichhorn, sein Leben u. Wirken. Stuttg. 1884. — Brunner Carl Gustav Homeyer in Preuß. Jahrb. 36 (1875) S. 18—60. Frensdorff Art. C. G. Homeyer in Allg. D. Biogr. 13 (1881) S. 44—53. — Stobbe Wilhelm Eduard Albrecht in der Wochenschrift Im Neuen Reich. Leipz. 1876. II Nr. 27 u. 28.

1) Schriften, in denen das deutsche Recht in Verbindung mit dem Römischen abgehandelt ist: *Io. Schilter* (geb. 1632 † 1705) Praxis iuris Romani in foro Germanico iuxta ordinem pandectarum (früher auch unter dem Titel Exercitationes ad pandectas) cum praefat. *Ch. Thomasii.* Frcf. 1733. f. *Sam. Stryk* Usus modernus pandectarum. 1690 u. öfter in 4. u. fol. *A. de Leyser* Meditationes ad pandectas. 11 Voll. Lips. 1745 et Guelph. 1717—1748. 4., ed. 2. 1772.

Voll. 12 cura *L. I. F. Hoepfner*. Giess. 1774. Vol. 13. 1780. 4. *I. E. I. Müller* Observationes practicae ad Leyseri Medit. ad Pand. 6 Tom. Lips. 1786—1793. *I. H. Boehmer* Exercitationes ad pandectas. 6 Voll. 1745—64. 4.

2) Lehr- u. Handbücher: *Georg Beyer* († 1714) Delineatio iuris Germanici cura *M. H. Griebneri*. Hal. 1718. 4. u. cura *Ch. G. Hoffmanni*. Lips. 1723. 4. *I. G. Heineccii* Elementa iuris Germ. tum veteris tum hodierni. 2 Tom. Hal. 1736—1737. *I. R. Engau* Elementa iuris Germ. civilis veteris pariter ac hodierni. ed. 3. Ienae 1748, hierzu, jedoch nur bis Lib. 2 Tit. 6: *Ch. G. Riccius* Spicilegium iuris Germ. ad Engav. elementa iur. Germ. Goett. 1750. *I. F. Eisenhart* Institutiones iuris Germ. priv. ed. 3. Hal. 1775. *I. St. Pütter* Elementa iuris Germ. privati hodierni. ed. 3. Goett. 1776. *I. H. Ch. de Selchow* Elementa iuris Germ. privati hodierni. Goett. 1757. ed. 8. Goett. 1795. J. Fr. Runde Grundsätze des gemeinen deutsch. Privatrechts. Gött. 1791. 8. Aufl. herausg. v. Ch. L. Runde. Gött. 1829. Commentar hierzu: Danz Handb. des heut. deutsch. Privatr. Bd. 1—6. 2. Ausg. Stuttg. 1800—1802. Bd. 7. 1801. Bd. 8 nach dem Tode des Verf. fortgesetzt (v. Schott). 1807. Bd. 9 u. 10 (v. Griesinger). 1822 u. 23. *Goede* Ius Germ. privatum. Goett. 1806. K. Fr. Eichhorn Einleitung in das deutsche Privatrecht. Gött. 1823, 5. Aufl. 1845. Mittermaier Grundsätze des gem. D. Privatr. m. Einschluß des Handels-, Wechsel- u. Seerechts. Heidelb. 1824. 7. A. in 2 Bdn. Regensb. 1847. Phillips Grundsätze des gem. D. Privatrechts. 2 Bde. Berl. 1829, Aufl. 3 das. 1846. R. Maurenbrecher Lehrb. des heut. gem. deutsch. Privatrechts. 2 Bde. Bonn 1832—34, A. 2 1840—55 hg. v. F. Walter. C. W. Wolff Lehrb. des gem. deutsch. Privatr. Bd. 1. Gött. 1843. A. Renaud Lehrb. des gem. D. Privatr. Bd. 1. Pforzh. 1848. G. Beseler System des gem. D. Privatr. 3 Bde. Berl. 1847—55, 2. Aufl. in einem Bde. das. 1866, 3. Aufl. 1873. Gerber System des D. Privatrechts. Jena 1848, 14. Aufl. 1882. Bluntschli Deutsch. Privatrecht. 1853, 54. A. 3 besorgt v. Dahn. Münch. 1864. Jul. Hillebrand Lehrb. des gem. D. Privatr. 1848, Aufl. 2 1865. Gengler das D. Privatr. in s. Grundzügen. Erlangen 1854, 3. Aufl. 1876. F. Walter Syst. des gem. D. Privatr. Bonn 1855. O. Stobbe Handbuch des D. Privatrechts, bis jetzt 4 Bde. Berlin 1871—84, Bd. 1 u. 2 in zweiter Aufl. 1882, 83. P. von Roth System des D. Privatrechts, bis jetzt 2 Thle. Tüb. 1880—81.

J. Fr. Behrend das Deutsche Privatrecht bei Holtzendorff (4. Aufl. 1882) S. 537—581.

3) Grundrisse: Weiße Einl. in die Wissenschaft des heut. D. Privatr., nebst einem tabellarischen Grundriß. Aufl. 2. 1832. Dieck Geschichte, Alterthümer u. Institutionen des D. Privatr. im Grundrisse m. beigefügten Quellen. Halle 1826. Ortloff Grundzüge eines Systems des Teutschen Privatr. mit Einschluß des Lehnrechts. Jena 1828. Gareis Grundriß zu Vorlesungen über d. deutsche bürgerl. Recht mit Einschluß des Handels-, Wechsel- und Seerechts nebst beigefügten Quellennachweisungen.

Gießen 1877. Franklin Geschichte und System des deutschen Privatrechts. Ein Grundriß zu Vorlesungen. Aufl. 2. Tüb. 1882. Dahn Deutsches Privatrecht. Grundriß I. Privatrecht u. Lehnrecht. Leipz. 1878.

4) Sammlungen von Abhandlungen: *I. G. Schottelius* de singularibus quibusdam et antiquis in Germania iuribus et observatis. Kurtzer Tractat von unterschiedlichen Rechten in Deutschland. Frkf. u. Leipz. (1671). *I. W. Gericken* Schottelius illustratus et continuatus s. spicilegium ad Schottelii tractat. etc. oder Nachlese u. s. w. Leipz. u. Wolfenb. 1718. *Sam. Stryk* Disputat. iurid. Francofurtenses. Vol. 1. Frcf. 1692. Vol. 2—5. ib. 1683—1699. 4. Halenses. 2 Voll. Lips. 1715 et 1720. 4. *Ch. Thomasius* Dissertationes. 4 Voll. Halae 1774—80. 4. N. G. Gundling rechtl. Ausarbeitungen. 2 Thle. Halle 1772 u. 73. 4. *I. P. de Ludewig* Opuscula miscella. 2 Tom. Hal. 1720. f. J. G. Estor auserlesene kleine Schriften. 3 Bde. oder 12 Stücke. Gießen 1734—39. J. J. Reinhard jurist. u. historische kleine Ausführungen. 2 Thle. Gieß. 1745—1749. D. G. Strube Nebenstunden. A. 2. 6 Thle. Hannov. 1759—65. Dess. Observationum iuris et historiae Germanicae decas. ed. 2. Hannov. 1769. 4. *H. Ch. Senckenberg* Meditationum ex universo iure et historia volumen. Giessae 1740. *I. U. Cramer* Opuscula. 4 Tom. Marb. 1742—56. 4. *I. Heumann* Opuscula, quibus varia iuris Germ. itemque historica et philologica argumenta explicantur. Norimb. 1747. 4. Dess. Exercitationes iuris universi praecipue Germ. 3 Tom. Altorf. 1749—57. 4. Dreyer's Schriften s. oben S. 16. *I. H. Ch. de Selchow* Electa iuris Germanorum privati. Lips. 1771. Dess. Magazin f. die deutsch. Rechte u. Gesch. 2 Bde. Gött. u. Lemgo 1779—83. *F. E. a Pufendorf* Animadversiones iuris. Tom. 1. Hannov. 1783. 4., auch 1791. 4. J. Ch. Siebenkees jurist. Magazin. 2 Bde. Jena 1782 u. 83. Dess. neues jurist. Magazin. Bd. 1. Ansp. 1784. Dess. Beiträge z. D. Recht. 6 Thle. Nürnb. u. Altorf 1786—90. E. Ch. Westphal das deutsche u. reichsständische Privatr., in wissenschaftlich geordneten u. s. w. Abhdlgn. 2 Thle. Leipz. 1783 u. 84, auch 1798. Just. Möser patriotische Phantasien. 4 Thle. 1786. A. 4. 3 Thle. Berl. 1820; auch in Dess. sämmtl. Werken — durch B. R. Abeken (10 Thle. Berl. 1842—43) Th. 1—4. J. Ch. K. Schröter vermischte Abhdlgn. z. Erläuterung des D. Privat-, Kirchen- u. peinlichen R. 2 Bde. Halle 1785 u. 86. *C. F. Walch* Opuscula, quibus plura iuris Rom. ac Germanici capita explicantur. 3 Tom. Hal. 1785—93. 4. K. G. v. Zangen Beiträge z. D. Recht. 2 Bde. Gieß. 1788 u. 92. F. E. K. Mereau Miscellaneen z. D. Staats- u. Privatr. 2 Thle. Gotha 1791 u. 92. U. F. Kopp Bruchstücke z. Erläuterung der deutsch. Gesch. u. Rechte. 2 Thle. Cassel 1799 u. 1801. 4. J. Fr. Runde Beiträge zur Erläuterung rechtl. Gegenstände. 2 Bde. Gött. 1799 u. 1802. A. F. Posse Abhdlgn. einiger vorzüglichen Gegenstände des deutsch. Staats- u. Privatr. 2 Hefte. Rostock u. Leipz. 1802—1804. *Ch. E. Weisii* Opuscula academica. Tom. I. Lips. 1829. *Ch. Gottl. Biener* Opuscula academica ed. *F. A. Bie-*

ner. 2 Voll. Lips. 1830. 4. Gaupp Miscellen des D. Rechts; meist Beiträge zur Geschichte der Standesverhältnisse im Mittelalter enthaltend. Breslau 1830. J. Weiske Abhdlgn. a. d. Gebiete des D. Rechts theoretischen u. pract. Inhalts. Leipz. 1830. Ch. L. Runde patriot. Phantasien. Oldenb. 1836. Fr. Ch. Arnold Beiträge z. D. Privatr. Th. 1. Familienr. u. Erbr. Ansb. 1840. Th. 2. Dingl. u. persönl. Recht. Erlang. 1844, 45. Dess. pract. Erörterungen a. d. Rechtsgebiete. 2 Hfte. Erlang. 1844, 45. C. G. v. Wächter Erörterungen a. d. Röm., Deutsch. u. Würtemb. Privatr. 3 Hfte. Stuttg. 1845, 46. Gaupp Germanist. Abhdlgn. Mannh. 1853. Sandhaas germanist. Abhdlgn. Gießen 1852. Stobbe Beiträge zur Gesch.. des D. Rechts. Brschwg. 1865. v. Gerber ges. jurist. Abhdlgn. 2. Ausg. in 1 Bde. Jena 1878. Untersuchungen zur D. Staats- und Rechtsgesch. hg. v. O. Gierke, bisher Heft 1—18. Breslau 1878—85. — **Repertorium reale practicum iuris privati imperii Rom. Germ.** oder vollständige Samml. aller üblichen u. brauchbaren Rechte u. s. w. ausgearbeitet unter der Aufsicht J. A. Hellfelds. 4 Thle. Jena 1753—62. 4. Rechtslexicon aller D. Staaten redig. v. J. Weiske. Ausg. 2. 15 Bde. Leipz. 1838—61. Repertorium dazu. Ebendas. 1862. Encyklopädie der Rechtswissenschaft hg. v. F. v. Holtzendorff. 1. systemat. Theil. Leipz. 1870. 4. umgearb. u. theilweise vermehrte Aufl. Leipz. 1882. 2. Thl.: Rechtslexikon. 3 Bde., Bd. 3 in zwei Hälften, 3. vermehrte Aufl. Das. 1880—81.

5) Schriften der Praktiker und Entscheidungen der obersten Landesgerichte: *Joach. Mynsinger* **singularium observationum centuriae**. 4. 1563. 8. u. öfter 4. *Andr. Gail* **practicarum observationum — libri duo**. 1578. 8. u. öfter 4. *Hartmanni Pistoris* **Opera**. Lips. 1621. 1679. 2 Vol. f. *Ben. Carpzovii* Decisiones Saxon. 3 Tom. Lips. 1646. f. u. öfter. *Eiusd.* Iurisprudentia forensis Romano-Saxonica sec. ordinem Constitutionum Augusti Elector. — definitiones iudiciales exhibens. Frcf. ad M. 1638. f. u. öfter. *Dav. Mevii* Decisiones. ed. 10; praefatus est *L. I. F. Hoepfner*. 2 Tom. Frcf. 1791 u. 94. 4. *I. Balth. a Wernher* Observationes forenses. 10 Partes. Viteb. 1710—1723. 4. ed. 3. 3 Voll. Jen. 1755 u. 56. f. *G. Melch. de Ludolf* Variar. observation. forens. P. 1—3. Wetzlar 1732—34. 4. Suppl. 1738. 4. *I. H. Boehmer* Consilia Halensium ICtor. 2 Voll. Hal. 1733, 34. f. J. St. Pütter Rechtsfälle. 4 Bde. Gött. 1760—1809. f. J. U. v. Cramer Wetzlarsche Nebenstunden. 128 Thle. in 32 Bänden. Ulm 1755—73. Dess. **Observationes iuris universi ex praxi recentiori supremor. imperii tribunalium haustae.** 6 Voll. Ulm. 1758—76. 4. *Pufendorf* Observationes oben S. 15. D. G. Strube rechtliche Bedenken. A. 2. 5 Thle. Hannov. 1772—1803. 4.; neue systematisch geordnete u. mit Anmerk. versehene Aufl. v. E. Spangenberg. 3 Bde. Hannov. 1827, 28. 4. F. v. Bülow u. Th. Hagemann pract. Erörterungen a. allen Theilen der Rechtsgelehrsamkeit. 10 Bde. (seit dem 8. fortg. v. Spangenberg). Hannov. 1798—1837. 4. F. W. B. v. Ramdohr jurist. Erfahrungen — erläutert durch die merkwürdigst. —

Erkenntnisse des O. A. Ger. zu Celle. 3 Thle. Hannov. 1809—10. G. H. v. Berg Beobachtungen und Rechtsfälle. 4 Thle. Hannov. 1802—9. *L. H. L. G. de Canngiesser* Collectio notabil. decisionum supremi tribunal. appell. Hasso-Cassellani. 3 Tomi (Tom. III cur. *B. G. Pfeiffer*). Cassel. 1768—1821. f. B. W. Pfeiffer Practische Ausführungen aus allen Theilen der Rechtswissenschaft m. Erkenntnissen des OAppellationsgerichts zu Cassel. 8 Bde. Hannov. 1825—46. 4. Hauptregister zu sämmtl. 8 Bdn. Hannov. 1850. 4. Dess. Neue Samml. bemerkenswerther Entscheidungen des OAG. zu Cassel. 5 Bde. Hannov. 1818—21. 4. J. G. L. Strippelmann Neue Samml. bemerkenswerther Entscheidungen des OAG. zu Cassel. 8 Thle. 1842—54. *K. F. Hommel* Rhapsodia quaestionum in foro quotidie obvenientium. ed. 4. 7 Voll. Lips. 1783—87. 4. G. L. Böhmer Rechtsfälle hg. v. K. W. Hoppenstedt. 3 Bde. Gött. 1799—1802. 4. J. H. C. v. Selchow Rechtsfälle. 4 Thle. Lemgo 1782—85. 4. Dess. neue Rechtsfälle. 3 Thle. Frankf. 1786—89. 4. J. Ch. v. Quistorp rechtliche Bemerkungen a. allen Theilen der Rechtsgelahrtheit, besonders f. prakt. Rechtsgelehrte. 2 Thle. Leipz. 1793—98. 4. *F. A. Kind* Quaestiones forenses. 4 Tom. Lips. 1792—1802. ed. 2. 1807. *C. A. Gottschalk* Selecta disceptationum forens. capita, add. decis. Sax. supremi provocat. tribunalis. 4 Tom. Dresd. 1816—23. ed. 2 auctior et emendatior 1830. v. Langenn u. Kori Erörterungen praktischer Rechtsfragen aus dem gemeinen und Sächsischen Civilrechte u. Civilprocesse. Ausg. 2. 3 Thle. Dresd. u. Leipz. 1836, 37. Juristische Abhandlungen u. Rechtsfälle mit bes. Rücks. auf die Länder des Sächs. Rechts u. die Entscheidungen des Gesammtoberappellationsger. zu Jena v. Ortloff, Heimbach, Schüler u. Guyet. 2 Thle. Jena 1847 u. 57. C. W. E. Heimbach Erörterungen a. d. gem. u. Sächs. Rechte. Bd. 1. Jena 1849. Sammlung auserlesener Bayerisch. Rechtsfälle, Präjudicien u. a. interessanten Erkenntn. hg. vom Freih. du Prel. 8 Bde. Landsh. 1836—40. W. v. d. Nahmer Samml. der merkwürdigeren Entscheidungen des OAG. zu Wiesbaden. 2 Bde. Frankf. 1824, 25. Ch. Flach Entscheidungen des OAG. z. Wiesbaden. Th. 1—3. Gieß. 1842—53. Archiv f. die Praxis des gesammten im Großherzogth. Oldenburg geltenden Rechts hg. v. G. C. Großkopff, C. Ruhstrat u. R. v. Steun. Bd. 1—4. Oldenb. 1844—49. Controversenentscheidungen des gemeinschaftl. OAG. zu Wolfenbüttel, gesammelt u. mit Meditationen begleitet v. P. G. L. W. v. Walbeck. Th. 1. Braunsch. 1827. Juristische Abhandlungen mit Entscheidungen des OAG. der freien Städte v. A. Heise u. F. Cropp. 2 Bde. Hamb. 1827 u. 30. H. Thöl Ausgewählte Entscheidungsgründe des OAG. der 4 fr. Städte Deutschlands. Gött. 1857. Sammlung der Erkenntnisse u. Entscheidungsgründe des OAG. z. Lübeck in Hamburger Rechtssachen. Hamburg v. 1843 an. Sammlung der Entscheidungsgründe des OAG. z. Lübeck i. Bremisch. Civilrechts-Sachen. Bremen 1846 ff. Sammlung der Entscheidungen des OAG. z. Lübeck in Lübecker Rechtssachen hg. v. C. A. T. Bruhn. 2 Bde. Lüb. 1858. Wunderlich die Jurisprudenz des OAG. der 4 fr. St. in bürg. Rechtssachen aus Lübeck. 2 Thle. Bremen

1866. Sammlung d. Entscheidgn. d. OAG. d. 4 fr. Städte z. Lübeck i. Frankf. Rechtssachen hg. durch einen Verein von Juristen. 7 Bde. Frkf. 1854—67. Sammlung der Entscheidungen des OAG. z. Lübeck in Frankf. Rechtssachen v. J. J. Römer. 6 Bde. Frkf. a. M. 1854—63. Kierulff Sammlg. der Entschdgn. des OAG. der vier freien Städte zu Lübeck. 7 Bde. Hambg. 1865 — 74. Rechtssprüche des OAG. z. Parchim hg. von v. Nettelbladt. 6 Bde. Parchim 1834—40. 4. Buchka u. Budde Entscheidungen des OAG. z. Rostock. Wismar von 1855 an. H. L. F. v. Bolley vermischte jurist. Aufsätze m. Erkenntnissen u. Gemeinbescheiden des k. Würtemb. Obertribunals. Bd. 1. Stuttg. 1831. Rechtsfälle u. Rechtsbestimmungen, gesamm. a. d. Acten des KOA. u. höchsten Gerichts z. Greifswald von Bornemann. Hft. 1. Lübisches Recht. Berl. 1832. P. L. Kritz Sammlung von Rechtsfällen u. Entscheidungen derselben m. wissenschaftl. Excursen versehen. Bd. 1—5. Leipz. 1833—45. Entscheidungen des K. Geh. Ober-Tribunals (zu Berlin), hg. im amtlichen Auftrage v. A. H. Simon, H. L. v. Strampf u. A. 83 Bde. 1837 — 79. Archiv f. Rechtsfälle, die z. Entscheidung des kgl. OT. gelangt sind, hg. v. Striethorst. 100 Bde. Berlin 1851—80. Jahrbücher des Oberhofgerichts z. Mannheim. Mannheim v. 1824 an. — Repertorien u. Hülfsmittel für den Gebrauch der practischen Schriftsteller: *P. M. Wehneri* Practicarum observationum iuris selectarum liber singularis. 1608. 4. u. öfter, die neueste Ausg.: *P. M. Wehneri* et *I. Rudingeri* Pract. observ. cum notis diversor. ICtor. additionib. — et praefat. *Io. Schilteri.* Argent. 1701. f. *Ch. Besoldi* Thesaurus practicus. Tub. 1629. 4. aux. *I. I. Speidel.* Aug. Vind. 1641, ed. nov. stud. *Ch. L. Dietherr.* 2 Tom. Norimb. 1679. f. *I. C. C. Schroeter* Repertorium iuris consultatorium in praecipuas decisiones et responsa tam summor. per I. R. G. eiusque status provinc. tribunalium, quam scabinatuum et facultatum iurid. 2 Voll. Lips. 1793 et 94. (Vol. 2 ad ius Germanicum concinnatum.) K. G. Rössig Repertorium der in den seit 1790 erschienenen practischen juristischen Sammlungen befindl. rechtl. Aufsätze u. Fälle. Leipz. 1802. K. Sickel Repertorium über die in den Jahren 1802 bis mit 1834 erschienenen Sammlungen juristischer Aufsätze u. rechtlicher Entscheidungen. 2 Bde. Leipz. 1835. Angabe der Stellen in den Schriften der Praktiker, an welchen sich auf das deutsche Recht bezügliche Rechtsfälle u. Aufsätze befinden, b. v. Löw Germanistische Rechtsfälle (Heidelb. 1836) S. 367—388.

J. A. Seuffert Archiv f. Entscheidungen der obersten Gerichtshöfe in den deutschen Staaten, 1849—84, bisher 39 Bände; von Bd. 11 an hg. v. E. A. Seuffert, Bd. 16—34 v. Preußer, Bd. 35 ff. von Schütt.

Entscheidungen des Reichsoberhandelsgerichts hg. v. den Räthen des Gerichtshofes. 25 Bde., 1870—80; 4 Bde. Generalregister.

Entscheidungen des Reichsgerichts hg. v. den Mitgliedern des Gerichtshofes. Entschdgn. in Civilsachen, bisher 11 Bde., Leipz. 1880 — 84; in Strafsachen, bisher 10 Bde., das. 1880 — 84 (in Citaten ohne Beisatz sind die erstern gemeint). Generalregister z. erstern Bd. 1 — 10, bearb. v. Fels. Leipz. 1885.

6) Zeitschriften: Eranien zum Deutsch. Recht. Lief. 1 von v. Dalwigk. Heidelb. 1825. Lief. 2 u. 3 von Falck. 1826, 28. Ch. Elvers Themis, Zeitschr. f. prakt. Rechtswissenschaft. 2 Bde. Gött. 1827, 29. Dess. u. Bender's Allg. jur. Zeitung. 3 Jahrgg. Gött. 1828—30. 4. Zeitschrift für deutsches Recht und deutsche Rechtswissenschaft hg. von Reyscher u. Wilda, von Bd. 9 an auch von G. Beseler, v. Bd. 17 an v. Stobbe (an Stelle von Wilda). 20 Bde. Leipz. u. Tübgn. 1839—61. — Zeitschr. f. geschichtl. Rechtswissenschaft hg. von v. Savigny, Eichhorn u. J. F. L. Göschen. 15 Bde. Berl. 1815 bis 1850. Rheinisches Museum f. Jurisprudenz, Philosophie u. s. w. hg. v. Hasse, Böckh, Niebuhr, Brandis; v. dem 2. Bde. an die Jurisprudenz getrennt von der and. Hauptabtheilung hg. v. Blume, Hasse, Puchta u. Pügge. Bonn 1827—35. Krit. Jahrb. f. D. Rechtswiss. hg. v. Aem. L. Richter u. Schneider. 24 Bde. Leipz. 1837—48. Jahrbuch des gem. deutsch. Rechts hg. v. E. J. Bekker u. Th. Muther. 6 Bde. Leipz. 1857—63. Zeitschr. f. Rechtsgeschichte hg. von Rudorff, Bruns, Roth, Merkel u. Böhlau. 13 Bde. Weimar 1861—78. Register das. 1880. Zeitschr. f. Reichs- u. Landesrecht mit bes. Rücksicht auf Bayern hg. v. Hauser. 5 Bde. Nördl. 1874—81. Zeitschr. f. Gesetzgbg. und Rechtspflege in Preußen hg. v. F. u. P. Hinschius, fortges. v. Behrend u. Dahn als: Zeitschr. f. die deutsche Gesetzgbg. u. f. einheitl. Recht. 8 Bde. Berl. 1867—75. Kritische Ueberschau der deutsch. Gesetzgebung und Rechtswissenschaft hg. von Arndts, Bluntschli u. Pözl. 6 Bde. 1853—59. Forts. derselb.: Kritische Vierteljahrschrift f. Gesetzgebung u. Rechtswissensch. von Pözl, Bekker u. A. Münch. seit 1859. Jahrbücher für die Dogmatik des heut. röm. und deutschen Privatrechts, Jena seit 1857, hg. von v. Gerber und v. Jhering, seit Bd. 10 von v. Jhering und v. Unger. Zeitschrift der Savigny-Stiftung für Rechtsgeschichte hg. v. Bruns, v. Roth, Böhlau, Pernice (Forts. der Zeitschr. für Rechtsgeschichte). Germanist. Abthlg., bisher 5 Bde. Weimar 1880—84. Zeitschrift für das Privat- u. öffentliche Recht der Gegenwart hg. v. Grünhut. Wien seit 1874. Zeitschrift für vergleichende Rechtswissenschaft hg. v. Bernhöft u. G. Cohn. Stuttg. seit 1878.

II. Particularrecht. (Stobbe § 17.) § 33.

Uebersichten über das in den einzelnen deutschen Ländern geltende particulare Recht in Holtzendorffs Encyclopädie. Aufl. 3 (Leipz. 1877, auch in Aufl. 2, nicht in den übrigen) S. 1041—1195. — Literaturangaben bei Roth Privatrecht § 53—57.

Preußen. Bornemann syst. Darstellung des Preuß. Civilr. 6 Bde. Ausg. 2. Berlin 1842—45. Koch Lehrb. des Preuß. gem. Privatr. 2 Bde. Aufl. 3. Berl. 1857—58. Fr. Förster Theorie und Praxis des heut. gem. preuß. Privatrechts. 3 Bde. 3. Aufl. 4 Bde., Berl. 1873—74; 4. Aufl. hg. v. Eccius 1880 ff. Dernburg Lehrb. des preuß. Privatr. 3 Bde. 3. Aufl. 1881 ff. — Gruchot Beitr. z. Erläutrung des preuß. R., Berlin 1857 ff., seit 1877 hg. v. Rassow

u. Küntzel. Stölzel Carl Gottl. Suarez. Berl. 1885. — Grefe Hannovers Recht. 3. umgearb. Aufl. des Leitfadens z. Studium des hannov. Privatr. 2 Bde. Hannov. 1860—61. O. Rudorff d. hannov. Privatrecht. Hannov. 1884. Magazin f. hannov. Recht. 9 Bde. seit 1851, fortges. seit 1860 als Neues Magaz. 8 Bde., als Ztschr. f. hannov. R. 10 Bde. 1869—79. — P. Roth u. v. Meibom Kurhessisches Privatrecht. Bd. 1. Marbg. 1858. V. Platner Sachenrecht mit bes. Beziehung auf Hessen. Marbg. 1875. — Bertram d. Nassauische Privatrecht. 2. Aufl. 1878. — N. Falck Handb. des Schlesw.-Holst. PR. I—IV, V 1. Altona 1825—48. v. Stemann Gesch. des öfftl. u. PR. des Herzogth. Schleswig. 2 Bde. Kopenh. 1866. — Bender Lehrb. des PR. der fr. St. Frankfurt. 1835; Handbuch des PR. 1848, 1854. — Baiern. P. v. Roth Bayrisches Civilrecht. 3 Bde. mit Registerheft. Tüb. 1871—75, 2. umgearb. Aufl. seit 1881. — Sachsen. Haubold Lehrb. des kgl. sächs. Privatr., Ausg. 3 in 2 Bdn. v. Hänsel 1847—48. B. G. Schmidt Vorlesungen über das im Kgr. S. geltende PR. 2 Bde. 1869. Siebenhaar Lehrb. des Sächs. PR. Leipz. 1872. — Würtemberg. Wächter Handb. des im Kgr. W. geltenden PR. 2 Bde. Stuttg. 1839—51. Reyscher d. gesammte Württ. PR. 3 Bde. Aufl. 2. Tüb. 1846—48. — Mecklenburg. Böhlau Meckl. Landrecht I—II, III 1. Weimar 1871—80. — Sächsisch-Thüring. Länder. Heimbach Lehrb. des partic. PR. der zu dem OAG. zu Jena vereinigten Länder. 2 Thle. Jena 1848, 53. Sachse Handb. des großherzogl. Sächs. PR. Weimar 1824. Brückner Handb. des Sachs.-Goth. PR. Gotha 1830. — Braunschweig. Steinacker partic. PR. des Herzogth. Br. Wolfenb. 1843. — Freie Städte. Baumeister d. Privatrecht der freien u. Hansestadt Hamburg. 2 Bde. 1856. Post Entwurf e. gem. deutschen und hansestadt-bremischen PR. 3 Bde. 1866—71. C. W. Pauli Abhandlungen aus dem Lübischen Rechte. 4 Thle. Lüb. 1837—65; ders. Lübeckische Zustände im MA. 3 Thle. Lüb. 1847—78.

J. Unger System des österr. allgem. Privatrechts. Bd. 1, 2 und 6. Leipz. 1856—64; Bd. 1 u. 2 in 4. unveränd. Aufl. 1876.

System des deutschen Privatrechts.

Erstes Buch.

Personenrecht.

Erstes Capitel. Natürliche Erfordernisse der Rechtsfähigkeit. (B. § 57—59. G. § 34. 35. St. § 37—41. R. § 60—62. 65.) § 34.

Kraut Vormundschaft 1 § 12 u. 14; 2 § 62—67. Wackernagel die Lebensalter. Basel 1862. Fr. Rive Gesch. der D. Vormundschaft I S. 212; II 1 S. 56; 2 S. 61. C. G. Bruns die Verschollenheit (Jahrb. des gem. deutschen R. 1 (1857) S. 90 ff.); jetzt auch in dessen Kl. Schriften 1 S. 48—135.

Reichsgesetz über die Beurkundung des Personenstandes und die Eheschließung. Vom 6. Februar 1875. In Kraft seit 1. Janr. 1876.

Reichsgesetz betreffend das Alter der Großjährigkeit. Vom 17. Febr. 1875. In Kraft seit 1. Janr. 1876.

Commentare zu dem erstgedachten RG. von Völk 1875, Hinschius 2. Aufl. 1876, v. Sicherer Personenstand und Eheschließung. Erl. 1879; über das zweite vgl. Mandry civilr. Inhalt S. 1.

1. Oesterr. Ges.B. § 16. Jeder Mensch hat angeborne, schon durch die Vernunft einleuchtende Rechte, u. ist daher als eine Person zu betrachten. Sclaverey oder Leibeigenschaft, u. die Ausübung einer sich darauf beziehenden Macht wird in diesen Ländern nicht geduldet.

a. Preuß. LR. II 5 § 196. Sklaverei soll in den Königl. Staaten nicht geduldet werden. § 197. Kein Königl. Unterthan kann und darf sich zur Sklaverei verpflichten. § 198. Fremde, die sich nur eine Zeitlang in Königl. Landen befinden, behalten ihre Rechte über die mitgebrachten Sklaven. § 199. Doch muß ihnen die Obrigkeit Schranken setzen, wenn sie diese Rechte bis zu lebensgefährlichen Mißhandlungen der Sklaven ausdehnen wollten.

b. Preuß. Gesetz v. 9. März 1857 § 1. Sklaven werden von dem Augenblick an, wo sie preußisches Gebiet betreten, frei. Das Eigenthumsrecht des Herrn ist von diesem Zeitpunkt ab erloschen.

c. Sächs. Ges.B. § 31. Sklaverei, Leibeigenschaft und die Ausübung einer darauf sich beziehenden Gewalt sind unstatthaft.

d. Bremische Verfassg. v. 1854, 1875 § 5. Die Freiheit der Person ist Jedem im Bremischen Staate gewährleistet. § 6. Sklaverei und Leibeigenschaft finden in demselben keine Anerkennung.

2. L. Alam. Lib. II Tit. XCV (Mon. LL. III p. 78). Si quis mulier, qui hereditatem suam paternicam habet, post nuptum et prignans peperit puerum,

et ipsa de partu mortua fuerit, et infans vivus remanserit tantum spacium, ut vel unius horae possit *aperire oculos* et *videre culmen domus et quatuor parietes*, et postea defunctus fuerit: hereditas materna ad patrem eius perteneatur.

3. Ssp. I 33. Nu vernemet umme en wif die kint dreget na irs mannes dode, u. sik barehaft bewiset to der bigraft oder to me drittegesten: wirt dat kint levendich geborn, u. hevet de vrowe des getüch an vier mannen de't gehort hebbet, u. an twen wiven de ire hulpen to irme arbeide, dat kint behalt des vader erve; u. stirft it dar na, it erft up de muder, of sie ime evenbürdich is, u. brict al gedinge an des vader lene, wend'it levede na des vader dode, so werdit de len den herren ledich, of it kint bewist wirt u. gesen also grot, dat it lifhaftich mochte wesen. Wirt it aver to der kerken gebracht openbare, swe it siüt u. hort, de mut sines lives wol getüch wesen.

4. Sächs. Lehnr. 20 § 1. Swenne die sone na des vader dode levet also lange dat man sine stimne gehoren mach in vier wenden des huses, so ist he beerft mit sines vader lene.

5. Eisenach. Stat. v. 1670 I 4 Art. 7 (Göckel 1 S. 30). Stürbe aber das Kind zu Hand nach der Geburt, so fällt das Gut u. Erbe auf die Mutter, sie muß aber mit der Wehmutter, so ihr in der Geburt geholfen, u. mit noch einer ihres Nachbarn Frauen beweisen, daß das Kind nach der Geburt gelebet, u. das heißt die Wände beschreyen.

6. Ssp. I 36 § 1. Swenne dat wif erst man nimt, wint se kint er erer rechten tiet, dat dat kint leven moge, man mach it bescelden an sime rechte, went it to vro geborn is. § 2. Wint ok en wif kint na irs mannes dode na irer rechten tiet, man mach it ok beschelden, wend'it to spede geborn is.

7. Cod. Max. Bavar. I 3 § 2. Gebohrne, welche der Rechten theilhaftig werden sollen, müssen in menschlicher Gestalt lebendig zur Welt kommen, in Zweifel aber, ob sie lebendig oder todt gebohren, ist regulariter darauf zu sehen, ob die Geburt vollkommen, von einer gesunden Mutter, u. zu rechter Zeit geschehen seye. Bey diesen Umständen wird vermuthet, daß das Kind gelebt habe, sonst aber nicht, so lange das Gegentheil nicht erwiesen ist.

8. Oesterr. Ges.B. § 23. Im zweifelhaften Falle, ob ein Kind lebendig oder todt geboren worden sey, wird das Erstere vermuthet. Wer das Gegentheil behauptet, muß es beweisen.

9. Schwsp. 47. Wir erziugen mit dem salter (Psalm 90 V. 10) wol u. mit der schrift daz der man ze sinen tagen komen ist so er 80 jar alt ist.

10. Cod. Max. Bav. I 7 § 39. Dafern — die Abwesenheit solang daurt, daß man entweder hieraus, oder sonst aus anderen Umständen, den Tod wahrscheinlich vermuthen kan, so bedarf es keiner Curatel mehr, sondern der Abwesende wird für abgestorben erklärt, u. seine Hinterlassenschaft auf Art u. Weis, wie in Sterb-Fällen gebräuchig ist, denen rechtmässigen successoribus jedoch andergestalt nicht als gegen genugsame Sicherheit ausgefolgt, daß solche seiner Zeit dem Abwesenden, auf allenfallige Zurückkunft, samt allen Nutzungen, getreulich wiederum restituirt werde.

11. Preuß. LR. II 18 Abschn. 8 § 823. Sind binnen zehn Jahren von dem Leben oder Tode des Abwesenden keine Nachrichten eingegangen: so kann auf seine Todeserklärung angetragen werden. — § 828. Der zehnjährige Zeitraum ist von dem Tage, da die letzte Nachricht eingegangen, oder wenn gar keine Nachricht eingekommen, von der Zeit an, da der Abwesende sich entfernt hat, oder vermißt worden ist, zu rechnen. — § 830. Ist er erst in oder nach dem 65. Jahre seines Alters verschollen, so kann er nach Verlauf von fünf Jahren für todt erklärt werden.

12. Das. I 1 § 37. Außer diesen [hier nicht zu erwähnenden] Fällen kann ein Mensch, der einmal gelebt hat, u. dessen Tod nicht erwiesen werden kann, nur nach Ablauf der in dem Gesetze näher bestimmten Fristen durch richterlichen Ausspruch für todt erklärt werden (II 18 Abschn. 8 ob. Nr. 11). § 38. Kommt es aber darauf an, ob Jemand einen gewissen Erb- oder andern Anfall noch erlebt habe, so wird vermuthet, daß ein Mensch, von dessen Leben oder Tode keine Nachricht zu erhalten ist, nur siebenzig Jahre alt geworden sey.

13. Oesterr. Ges.B. § 24. Wenn ein Zweifel entsteht, ob ein Abwesender oder Vermißter noch am Leben sey oder nicht; so wird sein Tod — vermuthet: 1. wenn seit seiner Geburt ein Zeitraum von achtzig Jahren verstrichen, u. der Ort seines Aufenthaltes seit zehn Jahren unbekannt geblieben ist; 2. ohne Rücksicht auf den Zeitraum von seiner Geburt, wenn er durch dreißig volle Jahre unbekannt geblieben; 3. wenn er im Kriege schwer verwundet worden; oder wenn er auf einem Schiffe, da es scheiterte, oder in einer andern nahen Todes-Gefahr gewesen ist, u. seit der Zeit durch drei Jahre vermißt wird. In allen diesen Fällen kann die Todeserklärung angesucht — werden.

14. Ebendas. § 277. Sucht Jemand — die gerichtliche Todeserklärung eines Abwesenden an, so hat das Gericht — diesen Abwesenden — durch ein auf ein ganzes Jahr gestelltes Edict mit dem Beisatze vorzuladen, daß das Gericht, wenn er während der Zeit nicht erscheint, oder das Gericht auf eine andere Art in die Kenntniß seines Lebens setzt, zur Todeserklärung schreiten werde.

15. K. Sächs. Ges.B. § 37. Der Tod einer Person wird vermuthet, wenn sie verschollen u. eine Todeserklärung erfolgt ist.

16. Das. § 38. Als verschollen gilt Derjenige, von dessen Leben seit 20 Jahren — keine Nachricht vorhanden ist. § 39. Als verschollen gilt Derjenige, von dessen Leben seit 5 Jahren keine Nachricht vorhanden ist, wenn er vor oder während dieser Zeit das siebenzigste Lebensjahr erfüllt hat. § 40. Wer in den Krieg gezogen u. nicht zurückgekehrt ist, gilt als verschollen, wenn seit 5 Jahren von dem Friedensschlusse an keine Nachricht von seinem Leben vorhanden ist. § 41. Wer auf einem Schiffe war, während es unterging, oder wer sich in einer anderen dringenden Todesgefahr befand, oder wer im Kriege schwer verwundet wurde, gilt als verschollen, wenn seit 5 Jahren von Zeit der Gefahr oder Verwundung an keine Nachricht von seinem Leben vorhanden ist.

17. Das. § 43. Als Todestag gilt der Tag, an welchem die den Antrag auf Todeserklärung begründende zwanzigjährige oder fünfjährige Frist abgelaufen ist.

18. Oesterr. Ges.B. § 278. Der Tag, an welchem eine Todeserklärung ihre Rechtskraft erlangt hat, wird für den rechtlichen Sterbetag eines Abwesenden gehalten; doch schließt eine Todeserklärung den Beweis nicht aus, daß der Abwesende früher oder später gestorben, oder daß er noch am Leben sey. Kommt ein solcher Beweis zu Stande, so ist derjenige, welcher auf den Grund der gerichtlichen Todeserklärung ein Vermögen in Besitz genommen hat, wie ein anderer redlicher Besitzer zu behandeln.

19. Brem. Verordn. weg. der Verschollenen v. 28. Jun. 1826. § 16. Der Tag des Edictal-Termins gilt für den Sterbetag des Verschollenen.

e. Bair. G. v. 23. Febr. 1879 zur Ausführung der Reichs-Civilprozeßordng. Art. 103. Ist über das Leben eines Abwesenden seit 10 Jahren keine Nachricht vorhanden, so kann beantragt werden, daß der Verschollene durch Richterspruch für todt erklärt werde. Art. 118. In Ansehung des zurückgelassenen Vermögens der für todt erklärten Person wird vermuthet, daß dieselbe an dem Tage des Ausspruchs der Todeserklärung gestorben sei. Art. 119. Die Ausfertigung des Urtheils auf Todeserklärung vertritt die Stelle der Sterbeurkunde.

20. Lüb. Verordn. v. 30. Dec. 1829 § 12. Der Abwesende ist bis zu dem im § 11 als seinen Sterbetag bezeichneten Tage durch seinen Curator Rechte, namentlich auch Erbrechte, vollgültig zu erwerben fähig zu achten.

21. K. Würtemb. Ob.-Tribunals-Erlaß an sämmtl. Gerichtshöfe v. 17. Aug. 1826 (Reg.Bl. v. 1838 S. 87). Hiernach ist es in Würtemberg allgemein, zu einem Gewohnheitsrecht geworden, u. auch durch die General-Verordn. v. 28. Febr. 1817 bestätigte Praxis, daß „Verschollene, so lange sie das siebenzigste Jahr nicht zurück gelegt haben, für erbfähig angenommen, ihre Curatoren zum Erbschaftsantritt für sie zugelassen, auch die sie betreffenden Erbtheile ihnen mit vollem Recht zugeschieden, u. für sie verwaltet werden, so daß zur Zeit ihres präsumtiven Todes nicht die Erben des Erblassers, sondern die des Verschollenen sich die Erbschaft zueignen dürfen."

22. Präjudiz des Berliner Obertribunals v. 6. April 1848 (Entscheidungen Bd. 17 S. 91). „Es wird vermuthet, nicht nur, daß ein Verschollener nach vollendetem siebenzigsten Jahre nicht mehr gelebt, sondern auch, daß er bis zu diesem Zeitpunkt gelebt habe, namentlich auch dann, wenn es sich um den Anfall der Erbschaft an den Verschollenen handelt."

23. Edict. Langob. Rhotar. 204. *Nulli mulieri liberae* — liceat in sui potestatem arbitrium, id est *selpmundia* vivere.

24. Tacit. Germ. c. 13. Arma sumere non ante cuiquam moris quam *civitas suffecturum probaverit.* Tum in ipso concilio vel *principum* aliquis vel *pater* vel *propinqui scuto frameaque iuvenem ornant:* haec apud illos toga, hic primus iuventae honos: ante hoc domus pars videntur, mox reipublicae. (Vergl. Sohm die Altd. Reichs- u. Gerichtsverfassung 1 S 545 ff.)

25. Der Angelsächs. KK. Hlothar u. Eadric Ges. Cap. 6 (Schmid 1, 12). Gif ceorl acwyle be libbendum wife and bearne, riht is, thaet hit, thaet bearn, medder folgige and him man an his faederingmagum wilsumne berigean geselle, his feoh to healdenne, odh thaet he X wintra sie. (Wenn der Mann stirbt bei Lebzeiten von Frau u. Kind, so ist recht, daß das Kind der Mutter folge, u. man gebe ihm von seinem väterlichen Magen einen willigen Bürgen, der sein Vermögen bewahre bis es 10 Winter alt ist.)

26. Dithmarf. LR. v. 1447 § 185: en junghe, dede olt is 11 jahr u. 6 weken, de schal u. mach sin eghen vormunt wesen.

27. Edict. Langob. Rothar. c. 155. Legitima aetas est, postquam filii *duodecim annûs* habuerint.

28. V. A. de benef. c. 1 § 65. *Adolescentia a duodecimo anno* incipit et *vigesimo quarto* desinit.

29. Richtst. Landr. 43 § 4: de wile dat it (näml. das Kind) binnen sinen jaren si, dat sin twelf jar.

30. Sächs. Dist. b. Pölman I 15 2. Kinder, die zu iren jaren komen sein, das sie mündig werden, das ist dreierley, zu dem Ersten sollen sie sein 12 jar alt, so sein sie mündig zu Landtrechte.

31. Kl. Kaiserr. 2, 17. Ein iglich mensche sal wissen, daz der keiser hat gegeben von allererst deme sune zwelf jar zu sinen bescheiden tagen, — u. die hat der babist bestetigit in dem geistlichem rechte ... Der keiser gab aber sider zwelf jar zu den zwelfen, daz wern vier und zwenzig jar; der enheltdet man aber in dem riche nit, wan die erste gifte von zwelf jaren, die heldet man durch alle die werlte an geistlichem und an weltlichem rechte.

32. L. Rib. 81. Si quis homo Ribuarius defunctus fuerit vel interfectus et filium reliquerit, usque 15. anno pleno nec causam prosequatur nec in iudicium interpellatus responsum reddat.

33. L. Burg. 87. Minorum aetati ita credidimus consulendum, ut ante XV aetatis annos eis nec libertare nec vendere liceat nec donare, ut si circumventus per infantiam fecerit, nil valebit.

34. Liutpr. LL. c. 19 (a. IX 1) I. Hoc prospeximus, ut intra X *et* VIII *annos* non sit legitimus homo res suas alienandum. — Et in *nonodecimo anno* sit homini Langobardo *legitima aetas,* et quodcumque fecerit vel iudicaverit de rebus suis, stabili ordine debeat permanere. (Vgl. oben Nr. 27.)

f. Ssp. I 42 § 1. Er sinen dagen unde na sinen dagen mut en man wol vormunden hebben, of he's bedarf, unde mut is wol untberen, of he wel. Over ein unde twintich jar so is de man to sinen dagen komen. § 2. Svenne en kint to sinen jaren kumt (ob. Nr. 29), so mut it wol vormünde sines wives sin unde dar to sves it sal, of it wel .... al si't binnen sinen dagen. (Homeyer Jahrb. f. wiss. Kritik 1827 S. 1316 ff.)

35. Schwsp. 51 (Laßberg). Als ein man kumt hinz ahtzehen jarn, so hat (er) sine volle tage.

36. Aurea bulla c. VII § 4: *legitimam aetatem* — in principe electore *decem et octo* annos completos censeri volumus.

37. Lüb. R. b. Hach II 203 (Elbing 116). Alse en knecht is achtein jar olt, so is he fulsmundich. (Vgl. oben § 13, 7.)

38. Dithmarf. Landr. v. 1567 Art. 24 pr. Wannehr de Unmündige 18 Jahr olt geworden, so worth he vor Mündig geachtet. (Oben Nr. 26.)

39. Augsb. Stat. v. 1276 Art. 98: die phläge (sol) wärn unze ze zwainzik jaren.

40. Schwsp. 54 Z. 16 ff. Ein jegelich sol phleger han unz er kumet ze fünif u. zwenzic jaren, daz hat der künic Karel geboten.

41. Cod. Max. Bavar I 7 § 36. Minderjährige Personen werden — genannt, welche — nach Bayrischen u. hinführo auch Oberpfälzischen Rechten, das ein- u. zwanzigste Jahr noch nicht völlig erfüllt haben.

42. Code Napol. art. 488. La majorité est fixée à *vingt-un ans* accomplis.

43. K. Sächs. Ges.B. § 47: — die Minderjährigkeit (dauert) bis zum erfüllten einundzwanzigsten Lebensjahre.

44. RG. v. 17. Febr. 1875. Das Alter der Großjährigkeit beginnt im ganzen Umfange des Deutschen Reichs mit dem vollendeten einundzwanzigsten Lebensjahre.

45. Oest. Ges.B. § 21. Minderjährige, die das vier u. zwanzigste Jahr ihres Lebens noch nicht zurück gelegt haben.

g. RG. v. 6. Febr. 1875 § 1. Die Beurkundung der Geburten, Heiraten und Sterbefälle erfolgt ausschließlich durch die vom Staate bestellten Standesbeamten mittels Eintragung in die dazu bestimmten Register. § 15. Die ordnungsmäßig geführten Standesregister beweisen diejenigen Thatsachen, zu deren Beurkundung sie bestimmt und welche in ihnen eingetragen sind, bis der Nachweis der Fälschung, der unrichtigen Eintragung oder der Unrichtigkeit der Anzeigen u. Feststellungen, auf Grund deren die Eintragung stattgefunden hat, erbracht ist. § 17. Jede Geburt eines Kindes ist innerhalb einer Woche dem Standesbeamten des Bezirks, in welchem die Niederkunft stattgefunden hat, anzuzeigen. § 18. Zur Anzeige sind verpflichtet: 1) der eheliche Vater; 2) die bei der Niederkunft zugegen gewesene Hebamme; 3) der dabei zugegen gewesene Arzt; 4) jede andere dabei zugegen gewesene Person; 5) die Mutter, sobald sie dazu im Stande ist. Jedoch tritt die Verpflichtung der in der vorstehenden Reihenfolge später genannten Personen nur dann ein, wenn ein früher genannter Verpflichteter nicht vorhanden oder derselbe an der Erstattung der Anzeige verhindert ist. § 19. Die Anzeige ist mündlich von dem Verpflichteten selbst oder durch eine andere aus eigener Wissenschaft unterrichtete Person zu machen. § 56. Jeder Sterbefall ist spätestens am nächstfolgenden Wochentage dem Standesbeamten des Bezirks, in welchem der Tod erfolgt ist, anzuzeigen. § 57. Zu der Anzeige verpflichtet ist das Familienhaupt, und wenn ein solches nicht vorhanden oder an der Anzeige behindert ist, derjenige, in dessen Wohnung oder Behausung der Sterbefall sich ereignet hat.

Zweites Capitel. Von der Standes-Verschiedenheit.

I. Von der Verschiedenheit der Stände überhaupt. (B. § 144 bis 146. G. § 36. St. § 44. R. § 70.) § 35.

II. Vom Adel.

Quellensammlung: J. C. Lünig Collectio nova von der mittelbaren oder landsässigen Ritterschaft in Deutschland Prärogativen u. Freiheiten. 2 Thle. Leipz. 1730. f. — Ritter- u. Landrecht der Grafschaft Berg oben § 7 S. 21. Bremisches Ritterrecht v. 1577, gedr. Stade 1673. 4. u. b. Lünig Corp. iur. feud. 2 p. 1383, von Neuem revidirt u. bestätigt 1738 b. *Pufendorf* Obs. T. IV adp. p. 3 (vgl. Grefe Hannov. Recht 1 § 7); revid. Ritterr. publicirt durch K. Verordn. vom 19. April 1847, Abänderungen u. Ergänzungen dazu v. 31. Dec. 1860, v. 11. Dec. 1863 (Rudorff S. 181—221). Privilegien der Schleswig-Holsteinschen Ritterschaft hg. v. Jensen u. Hegewisch. Kiel 1797. 4. (Falck Privatr. Bd. 1 § 43). Preuß. Landrecht Th. II Tit. 9 vgl.

Koch Commentar II 2 S. 1 ff. Würtemberg. Adelsstatut. v. 3. März 1817, als Anh. z. Verf.Entwurf v. 1817 (b. Reyscher Würtemb. Ges.-Samml. 3 S. 410). Baier. Adelsedict v. 26. Mai 1818.

A. Haupteintheilungen des Adels.

§ 36. 1. Hoher und niederer Adel. (B. § 168. G. § 37.)

J. St. Pütter über den Unterschied der Stände, besonders des hohen u. niederen Adels in Deutschland. Gött. 1795. — Berchtold Art. Standesherren im D. Staatswörterb. 10 (1867) S. 163.

1. Sächs. Lehnr. 21 § 2. It ne hoget nicht des mannes schilt denne vanlen, of ime dat gelegen wert.

2. RA. v. 1548 § 66. Wo einige Grafen oder Herren wären, welche kürtzlich ihre Dignitäten erlangt u. dem Reich immediate nicht, sondern — ihren Landesfürsten unterworffen, auch nicht Güter ohn Mittel von oder unter dem Reich hätten, daß dieselbe in die Anschläge nicht gezogen, aber diejenige, so in dem heil. Reich begütert, oder anderer Fürsten *Subditi immediate* nicht wären, daß dieselbige — gleich andern mit des Reichs Anschlägen belegt werden.

3. J. RA. v. 1654 § 197: solle forthin — ohne der Churfürsten u. Ständen Vorwissen u. Consens keiner zur Seßion u. Stimm im Fürstenrath zugelassen werden.

4. Neueste Wahlkapit. Art. 1 § 5. (Wir wollen) auch keine Fürsten, Grafen u. Herrn in fürstlichen oder gräflichen Kollegiis an- oder aufnehmen, sie haben sich dann vorher dazu mit einem Immediat-Fürstenthume, respektive Graf- oder Herrschaft genugsam qualificiret, u. mit einem standeswürdigen reichs- u. kammergerichtlichen Matrikularanschlage — in einem gewissen Kreise eingelassen u. verbunden, u. über solches Alles neben dem kurfürstlichen auch dasjenige Kollegium u. Bank, darinnen sie aufgenommen werden sollen, in die Admission ordentlich gewilliget.

5. Dieselbe Art. 24 § 9. Daß in unserem Reichshofrath auf der Ritterbank zwischen denen vom Ritterstande, welche zu Schild u. Helm ritter- u. stiftsmäßig gebohren, u. den Grafen u. Herrn, so in den Reichskollegien keine Session oder Stimme haben, oder von solchen Reichssession habenden Häusern entsprossen u. gebohren sind, in der Rathssession dem alten Herkommen gemäß kein Unterschied gehalten, sondern ein jeder nach Ordnung der angetretenen Rathsdienste ohne einigen von Standes wegen suchenden Vorzug verbleibe.

6. Deutsche Bundes-A. Art. 14. Um den im Jahr 1806 u. seitdem mittelbar gewordenen ehemaligen Reichsständen u. Reichsangehörigen, in Gemäßheit der gegenwärtigen Verhältnisse, in allen Bundesstaaten einen gleichförmig bleibenden Rechtszustand zu verschaffen, so vereinigen die Bundesstaaten sich dahin: a. daß diese fürstlichen u. gräflichen Häuser fortan nichts desto weniger zu dem hohen Adel in Deutschland gerechnet werden, u. ihnen das Recht der Ebenbürtigkeit („le droit de naissance égale avec les maisons souveraines" franz. Uebersetzung) in dem bisher damit verbundenen Begriff **verbleibt**. — c. Es sollen ihnen überhaupt in Rücksicht ihrer Personen, Familien u. Besitzungen alle diejenigen Rechte u. Vorzüge zugesichert werden oder bleiben, welche aus ihrem Eigenthum u. dessen ungestörtem Genuß herrühren u. nicht zu der Staatsgewalt u. den höhern Regierungsrechten gehören. — Bei der nähern Bestimmung der angeführten Befugnisse sowohl, wie überhaupt u. in allen übrigen Puncten, wird zur weiteren Begründung u. Feststellung eines, in allen deutschen Bundesstaaten übereinstimmenden Rechtszustandes der mittelbar gewordenen Fürsten, Grafen u. Herren, die in dem Betreff erlassene königlich-baierische Verordnung vom J. 1807, als Basis u. Norm unterlegt werden.

7. R.Deput.Hauptschl. v. 1803 § 48. Allen abtretenden Regenten bleibt ihre persönliche Würde mit dem davon abhangenden Range u. dem Fortgenusse ihrer persönlichen Unmittelbarkeit.

8. Würtemb. Adelsstat. v. 1817 § 1. Zu den vormals Reichsständischen Fürstlichen u. Gräflichen Familien werden diejenigen gezählt, deren Haupt auf Reichs- oder Kreis-Tagen Viril- oder Curiatstimme hatte, wenn die Besitzungen, auf denen die Stimmen ruhten, nun ganz oder zum Theil der Krone Würtemberg unterworfen sind.

9. Baier. Adelsedict v. 1818 § 6. Der Baierische Adel hat fünf Grade: 1) Fürsten, 2) Grafen, 3) Freiherren, 4) Ritter, 5) Adelige mit dem Prädikate von.

2. Uebrige Eintheilungen. (B. § 168. G. § 37 Not. 5.) § 37.

Eichhorn RG. § 447.

1. *Dubravii* Hist. Bohem. a *Iordano* illustr. (Frcf. 1687) L. 25 p. 665. Habuit (Sigismund imp.) in aula sua iureconsultum Georgium, cognomine Fiscellinum, quem paulo ante ad ordinem equestrem provexerat: — is caeteris, ut in consilio fit, in partes deliberandi gratia per ordinem quisque suum discedentibus, et ipse discessurus anceps haerebat, ad doctosne iurisconsultos an ad equestrem ordinem discederet, ad equites postremo velut honorificentiores se contulit. Quod intuens Sigismundus: Nae tu Georgi, inquit, nimis ridiculus es, qui militiam literis anteponis, cum scias, ex idiotis me vel sexcentos uno die equites creare posse; at ex eodem genere ne unum quidem doctorem.

2. Urk. v. 1247 (*Ried* Codex dipl. episcopatus Ratisbon. 1 n. 426): ecclesia major Ratisp. ab antiqua et approbata consuetudine multis floruit libertatum privilegiis et precipue harum duarum: ut videlicet nisi *nobiles* aut *viri litterati* vel in divinis sufficienter exercitati officiis ad consortium ejusdem recipi consueverunt et ut nulli nisi presentes et deservientes gaudeant perceptione proventuum prebendarum.

3. Priv. des P. Bonifaz IX. v. 1401 für d. Halberstädter Domcapitel ap. *Lünig* Spicil. eccles. P 2 Anh. S. 35. Ordinamus, quod — nullus in canonicum vel ad aliquam praebendam seu dignitatem vel officium eiusdem ecclesiae admitti possit, — nisi aut de *nobili* vel ad minus de *militari genere* ex *utroque parente* procreatus, vel saltem in *sacra theologia* professus, aut *in iure canonico vel civili licentiatus et doctor* existat.

4. RA. v. 1500 Tit. 23 § 6. Bürger in Städten, die nicht vom Adel, Ritter oder Doctores sind u. s. w. § 7. Item: Die vom Adel, so nicht Ritter oder Doctores sind, sollen kein Gold noch Perlin offentlich tragen, u. ihre Kleidung mit Farben u. Stückeln, ob sie dero machen lassen wolten, ziemlich machen lassen. § 8. Item: Die vom Adel, so Ritter oder Doctores sind, sollen kein gülden Stück tragen.

5. R. Pol. O. v. 1577 Tit. 11 § 2. Und so einer eines Fürsten Hofmeister, Cantzler, Marschalck, oder Rath, u. doch nicht vom Adel wäre, der mag sich — denen von Adel — gleich tragen. Tit. 12. Desgleichen — die Doctores, — ihrem Stand u. Freyheit gemäß.

6. Baier. Adelsedict § 5. Die Ertheilung des Militär- oder Civilverdienstordens an Inländer schließt die Verleihung des Adels in sich. Dieser Adel beschränkt sich für die Zukunft nur auf die Person des Begnadigten.

7. Urk. v. 1148 (Wirtemb. UB. 2 n. 327): domnus Waltherus de Lomersheim vir nobilis ac ex antiqua prosapia in *utraque* parentum *linea* liber.

8. V. A. de benef. I § 4: omnes, qui non sunt *ex homine militari ex parte patris eorum et avi*, iure carent beneficiali.

9. Kl. Kaiserr. 3, 5: und sal auch niman des riches gut besizen von lehens wegen, dan ein ritter, der von dem (riche) geborn ist, daz sin stam von allen sinen vir anen hat gehort in des riches ritterschaft.

a. Ssp. I 51 § 3. Swelk man von sinen vier anen, dat is von twen eldervaderen unde von twen eldermuderen unde von vader unde muder umbesculden is an sime rechte, den ne kan neman besceldens an siner bord (Homeyer Ssp. II 2 S. 303; Heimat S. 6).

b. Urk. des Vogts Nicolaus v. Hunolstein v. 1427 (Lörsch u. Schröder Urk. Nr. 280): und sint des egenanten Hugels (v. Honoltstein) aicht ainchen zum schilde und wappen geboren wol u. unvermenget bit (= mit) einicher burgersart und haut auch alle zu der ee gesessen u. ist mir daz wol kundig u. wisselichen.

10. Dipl. a. 1330 ap. *Strube* de orig. ordinis equestr § 8: de domo comitum de Woldenberge ex linea masculina descendens, et *antiquae nobilitatis conditionem* obtinens.

B. Rechte des Adels.

§ 38. 1. Autonomierecht. (B. § 170. 174. G. § 29. 37. St. § 20. R. § 43.)

Eichhorn RG. § 428. 540 u. 541.

J. C. Maier von der Autonomie vornehmlich des Fürsten- u. — unmittelbaren Adelstandes. Tübing. 1782. J. St. Pütter Beiträge z. deutschen Staats- u. Fürstenrecht 2 (1779) Nr. 29. 30 u. 34. Dess. primae lineae iuris privati principum. ed. 3. Goett. 1789. Kohler Handb. des D. Privatfürstenrechts. Sulzb. 1832. Beseler Erbverträge. Th. II 1 § 15—17. Herm. Schulze die Hausgesetze der deutschen Fürstenhäuser bei Stobbe Gesch. der Rechtsqu. 2 S. 498 ff. Ders. das Erb- u. Familienrecht der deutschen Dynastien des MA. Halle 1871. Heffter die Sonderrechte der souv. u. der mediat. Häuser Deutschlands. Berl. 1871. Hausgesetz im Geschlecht der Grafen und Herren von Giech nebst Motiven hg. v. Gerber. Tüb. 1858. Jolly in Krit. Ueberschau 6 (1859) S. 331. Lewis in Ztschr. f. Gesetzgbg. hg. von Behrend 3 (1869) S. 687. O. Mejer in Grünhuts Zeitschr. 5 (1878) S. 229; 6 S. 201; G. Beseler das. 5 S. 540; Gierke das. 5 S. 591. — Herm. Schulze die Hausgesetze der regierenden deutschen Fürstenhäuser. 3 Bde. Jena 1862—83. J. D. Reiche chronologisch-systematisches Verzeichniß zur Erläuterung des Privatfürstenrechts gehöriger Urkunden. Bückeb. 1785. 4.

1. D. Bundes-A. Art. 14 (vgl. § 36 Nr. 6). 2. werden nach den Grundsätzen der früheren deutschen Verfassung die noch bestehenden Familienverträge (der mittelbar gewordenen ehemaligen Reichsstände) aufrecht erhalten, und ihnen die Befugniß zugesichert, über ihre Güter und Familienverhältnisse verbindliche Verfügungen zu treffen, welche jedoch dem Souverain vorgelegt u. bei den höchsten Landesstellen zur allgemeinen Kenntniß u. Nachachtung gebracht werden müssen (Französ. Uebers. lesquelles toutefois doivent être portées *à la connaissance* du souverain). Alle bisher dagegen erlassenen Verordnungen sollen für künftige Fälle nicht weiter anwendbar seyn (Zachariae Staatsrecht 1 S. 522). — Dem ehemaligen Reichsadel werden die sub Nr. 2 — angeführten Rechte zugesichert. Diese Rechte werden jedoch nur nach Vorschrift der Landesgesetze ausgeübt.

2. K. Würtemb. Verordn. v. 22. Apr. 1808. Wir finden uns in Erwägung der vorliegenden Verhältnisse bewogen, andurch zu verordnen: daß die in dem Würtembergischen Landrecht enthaltenen Bestimmungen der Erbfolge auch für alle der höchsten Souverainität unterworfenen Fürsten, Grafen u. Rittergutsbesitzer die einzige allgemeine verbindliche Rechtsnorm sein sollen, so daß alle bisherigen Rechtsgewohnheiten, testamentliche Verordnungen, Erbverträge u. andere Familiengesetze, welche bisher ein von den landrechtlichen Bestimmungen ab-

weichendes Erbfolgerecht für einzelne Familien festgesetzt hatten, von nun an unkräftig sind.

3. Königl. Würtemb. Deklarationen in Betr. der staatsrechtl. Verhältnisse der Mediatisirten v. 1822 u. ff. (ausgezogen bei Reyscher Privatr. I § 68 No. 4): die nach den Grundsätzen der früheren deutschen Verfassung noch bestehenden Familienverträge der fürstlichen u. gräflichen Häuser bleiben aufrecht erhalten, u. alle bisher dagegen erlassenen Verfügungen sollen für künftige Fälle nicht weiter anwendbar sein.

4. Würtemb. Deklarat. in Betr. des fürstl. Hauses Taxis v. 1819 § 10 (Reyscher Privatr. I § 68 No. 6). In Gemäßheit derselben (näml. der früheren deutschen Verfassung) kann das Haupt der Familie über seine Güter u. Familienverhältnisse verbindliche Verfügungen treffen, welche dem Souverain vorgelegt werden müssen, worauf sie, so weit sie nichts gegen die Verfassung enthalten, durch die obersten Landesstellen zur allgemeinen Kenntniß u. Nachachtung gebracht werden.

5. Großherz. Hess. Edict v. 17. Febr. 1820. Unsere Bestätigung ist zwar zur Giltigkeit solcher Familienverträge u. Verfügungen nicht erforderlich; allein Unsere Gerichte können auf den Inhalt künftiger Familienverträge nur alsdann erkennen, wenn solche vorstehender Maaßen zu Unserer Kenntniß bereits gebracht, u., in so fern es dabei von Rechten u. Verbindlichkeiten dritter Personen handelt, von dem Geh. Staatsministerium öffentlich bekannt gemacht worden sind, hiernächst aber der Zeitraum verflossen ist, binnen dessen gesetzliche allgemeine Vorschriften in Wirksamkeit treten sollen.

6. K. Bayer. Deklaration v. 19. März 1807 Lit. A 12. Ihre (der, der K. Bayer. Souverainität unterworfenen Fürsten, Grafen u. Herren) Familien-Verträge — müssen Uns zur Bestätigung vorgelegt werden.

7. Großh. Bad. Edict die standes- u. grundherrl. Rechtsverhältn. betr. v. 16. Apr. 1819 § 4. Ihre noch bestehenden Familienverträge werden, nach den Grundsätzen der frühern deutschen Verfassung, aufrecht erhalten, u. ihnen die Befugniß zugesichert, über ihre Güter u. Familienverhältnisse verbindliche Verfügungen zu treffen; diese müssen Uns jedoch, so weit es noch nicht geschehen ist, zur Bestätigung vorgelegt werden, welche ihnen niemals ohne erhebliche Ursachen verweigert oder erschwert werden soll.

8. Preuß. Gesetz v. 27. Juni 1875 § 7. Ausdrücklich aufrecht erhalten werden folgende Vorzugsrechte und besondere Gerechtsame: 1) das Herzoglich Arenbergsche Haus gehört gemäß Art. XIV der vormaligen Deutschen Bundesakte zum hohen Adel und es verbleibt ihm das Recht der Ebenbürtigkeit in dem bisher damit verbundenen Begriffe; 6) die zu Recht bestehenden Familienverträge des Herzoglichen Hauses bleiben aufrecht erhalten. Auch verbleibt dem Herzoge und den Mitgliedern seiner Familie nach Maßgabe des § 21 der Instruction v. 30. Mai 1820 das Recht über ihre Güter und Familienverhältnisse verbindliche Verfügungen zu treffen.

2. Uebrige Rechte. (B. § 174 u. S. 698. G. S. 89 ff.) § 39.

Eichhorn RG. § 341 Anm. — Entschdgn. des Reichsgerichts 2 Nr. 39.

1. Tacit. Germ. c. 6: *scuta* — lectissimis coloribus *distinguunt.*

2. Dipl. a. 1391 ap. *Senckenberg* Sel. 5, 543: unde soln datz selbe altar lihen Gerlach — unde syne rechten erben zu sinen wapen geborn.

3 Dipl. a. 1374 ap. *Grupen.* Orig. Pyrmont. p. 187: unse dienstmann, ritter u. knechte, de to dem schilde gebohren sindt.

4. Handlung des zu Onolzbach gehaltenen Turniers a. 1485 b. *Iung* Miscell. 1, 390. Welcher von seinen vier ahnen nicht edel u. wappens genoß ist, solichem sol man nit teylen (d. i. zu dem Turnier zulassen).

5. Dipl. Sigismundi Imp. a. 1420 in *Paullini* Diss. hist. 12 p. 138: wie andre erbare ritter u. edelknechte, unser u. des heil. reichs recht gebohrne wapen u. lehn genoßen.

6. Dipl. a. 1409 ap. *Schilter* Comm. ad I. feud. Alem. p. 216 b; s. § 43 Nr. 5.

7. Sendschreiben Seitz Marschalls von Oberndorff an Rappern Rosenharth v. 1399 b. (*Wurmbrand*) Collectanea genealogico-historica ex archiv. Austriae infer. Vindob. 1705 f. p. 34: und bin ze Zell — gewesen zu einem turnay — u. han den brieff den du mir gesendt hanst, tragen für herrn ritter u. knecht, u. han die verhören lasen u. han an den erfahren, daß dein helm noch keins Rosenharts helm an keinem theil zu dem turnay nie kommen ist in diesen landen, u. kundt an den rittern u. knechten, die dazumahl den brieff hörttend, nie erfahren, wie du gewapnet warest im schild oder uf helm.

8. Attest v. 1399 b. *Wurmbrand* loc. cit. p. 36. Wir graff Rudolph von Montfort — urkundent, — daß der Rauper von Rosenhartz — u. sein vatter seeliger u. ir vordern wappengnoßen sind u. eigne wappen hand, u. daß och ritter u. knecht unter ihnen gewesen sind, u. hand och unsern vorderrn u. uns mit ihrn wapen gedienet — in vil ritterlichen guten sachen — u. sind ihre wapen also: (folgt eine Beschreibung der Wappen) u. des — Raupers von Rosenhartz ehlich vatter seel. war genandt Cunrad von Rosenhartz, der och ein rechter von Rosenhartz gewesen ist, u. sein ehliche mutter — ist genant Agnes von Wonbrechts, die och ein rechte Wonbrechts is. Und sind derselben Agnesen — wapen also u. s. w.

9. Schwsp. (v. d. Lahr) 311 § 1. Ist aber, das eyn man eynem frewnde gud schaffen wil nach seinem tode, — er sol ihm geschrifft darüber geben eyn handtfeste, und daran eyn insigel eynes bischoffs, oder eynes leyenfürsten, oder eynes klosters, oder eyner statt, oder der stette herren eynsigeln, oder des landrichters.

10. Urk. v. 1306 b. Scheidt Adel. S. 547. Nos H. — de Regenstein et Th. — de Heimborch *milites*, — cum sigillis propriis careamus.

11. Ruprecht v. Freising II 52. Wir sprechen, das aller fürsten u. aller prelaten, aller capitl, grafn, freyenherren jnsigel rechte crafft habn, wo sy anligen oder angelegt werdn. Ein yedlich man wie er genant ist hat auch wol ein jnsigel. das hat krafft wo er es anlegt umb sein selbs guet oder sach. wil er es aber anlegen ainem andern uber sein sach das hat nit krafft. es sey dann als vil das jn paid partei darumbn pitn.

12. *Bartol.* de insigniis nr. 3. Quaedam sunt *insignia* seu *arma* privatorum hominum, seu *nobilium* vel popularium. De istis *quidam* — habent *arma* et *insignia* — *ex concessione imperatoris vel alterius domini.* — Arma autem *quidam* et insignia sibi assumunt *propria auctoritate:* et istis an liceat videndum est: et puto, quod licet.

13. Riederer Formularbuch Bl. 84. Burger, die — etwas lang hergebracht haben schilt u. helm.

14. *Fesch* de insign. (1672) cap. 11 nr. 5. Nostris temporibus consuetudine, quae legis instar est, introductum videmus, *ut sua cuique honestiori familiae propria sint insignia*, quibus non secus ac nominibus ab aliis discernuntur.

15. Id. ibid. cap. 9 nr. 26. Sic etiam *doctores iuris* nobilibus comparantur et in multis horum privilegiis fruuntur — ideoque et his permissum est, etiam sine speciali imperatoris concessione, *nobilium insignia cum apertis galeis gerere*, dummodo ab insignibus certae familiae propriis abstineant.

16. Baier. Adelsedict. § 9. Anmaßung nicht gebührender Titel u. Wappen können sowohl von den bestellten Kron-Fiscalen, als den Mitgliedern der betheiligten Familie entweder zur unmittelbaren Abstellung dem Staatsministerium des königlichen Hauses angezeigt, oder nach Umständen gerichtlich verfolgt werden.

17. Riederer Formularb. Bl. 82. (Wessen) alt vorderen u. sin gebererin gräfin u. fryefrowen sind, — (der bekommt im Kanzleistyl): dem edlen oder dem vesten edlen; — (dagegen das Prädikat): dem edlen und vesten — (die, welche) nit gegräft noch gefryght gebererin hätten; — (sowie die) noch minder von alten herkommen Adel, u. doch edel, rittermäßig u. wapensgenoß wären, — (den Beisatz): dem vesten (erhalten); — Darnach fürter denen, so by unserm gedenken oder by menschlicher Gedechtnuß erst in gebruch der Wapen

durch kaiserlich oder küniglich Majestät verhengt worden, (das Prädikat): dem vesten ersamen, (ertheilt wird).

18. Beschl. der D. Bundes-Vers. v. 18. Aug. 1825: daß den mittelbar gewordenen, vormals reichsständischen Familien, ein ihrer Ebenbürtigkeit mit den souverainen Häusern angemessener Rang u. Titel gewährt, u. den Fürsten das Prädicat: Durchlaucht ertheilt werde.

19. Beschl. der D. BV. v. 13. Febr. 1829: den Häuptern der vormals reichsständischen Gräflichen Familien (wird) die nachgesuchte Auszeichnung durch Verleihung des Prädicats „Erlaucht" gewährt.

20. Preuß. Landr. II 9 § 51. Personen bürgerlichen Standes können ohne besondere landesherrliche Erlaubniß keine adliche Güter besitzen.

21. Baier. Edict. v. 1818 § 1. Familienfideicommisse — können künftig nur zum Vortheil adeliger Personen u. Familien errichtet werden.

C. Begründung des Adels.

1. Des hohen durch Geburt aus einer gleichen Ehe.

Eichhorn RG. § 340, 342, 351, 363. Pütter über Mißheirathen deutscher Fürsten u. Grafen. Gött. 1796. Heffter Beitr. z. D. Staats- u. Fürstenrecht (Berl. 1829) S. 1 ff. Göhrum geschichtl. Darstellung der Lehre von der Ebenbürtigkeit nach dem gem. deutsch. Rechte. 2 Bde. Tübing. 1846. Herm. Schulze Art. Ebenbürtigkeit im D. Staatswörterb. 3 (1858) S. 187. Ders. Preuß. Staatsrecht 1 S. 186 ff.

a. Von dem Unterschiede zwischen gleichen und ungleichen Ehen überhaupt. (B. § 171. G. § 224.) § 40.

1. Gl. z. Ssp. III 73 § 1. Hir sedt he van der evenbort, dy ime rechte vele beworrens maket. Des wete, dat evenbort kumpt thu drierleie wyß: thom ersten is van ambachte —; wan schepenbar vry dat is dar van. — dat ander stucke der evenbort dy kumpt van dinste: wy den eines anderen heren dinstman is, dy en is eme nicht evenbordich, des gut hir tu ambachte lyt, u. darumme mach dit gut an em nicht komen. — di drüdde sake der evenbort, dat is dy eigen is, dy is nicht evenbordich deme, dy vry is. Dy eigen mach des vryen erve nicht nemen, wente dy vrye syne nicht en nimpt. — Dy virde evenbort is in ridderliker werdicheit, als ime herschild, dat wy adel heiten. supra lib. I ar. III § II. Des is not, dat du wetest umme desse evenbort, wan sy bewerret mennigen man, dat kumpt dar van, wan sy vinden van der evenbort, dat sy denne nicht en weten tu welker sy horen under dessen vir stuken, dy wy hir vor gesettet hebben.

b. Einzelne Arten der ungleichen Ehen.

α. Von der Mißheirath. (B. § 171. G. § 224. St. § 213.) § 41.

F. de Martitz Qui sint ingenuitate sibi compares jure speculi Saxonici? Diss. inaug. Regiom. 1861. R. Schröder z. Lehre v. d. Ebenbürtigkeit nach dem Ssp. in Ztschr. f. RGesch. 3 (1864) S. 461; 7 (1868) S. 147. Schuster Versuch e. Deutung von Ssp. III 73 in Ztschr. der Sav.-Stiftg. 3 (1882) S. 136.

1. Rudolf. et Meginh. Transl. S. Alexandri c. 1 (Mon. Scr. II 675). Quatuor — differentiis gens (Saxonum) consistit, *nobilium* scilicet et *liberorum*, *libertorum* atque *servorum*. Et id legibus firmatum, ut *nulla pars in copulandis conjugiis propriae sortis terminos transferat*, sed *nobilis nobilem* ducat *uxorem*, et *liber liberam*, *libertus* conjugatur *libertae* et *servus ancillae*. Si vero quispiam

horum sibi non congruentem et *genere praestantiorem* duxerit uxorem, *cum vitae suae damno componat.*

2 L. Rib. 58 c. 10 Si — tabularius *ancillam Ribuariam* acceperit, *non ipsi*, sed *generatio eius* serviat.

3. Ib. c. 11 Si — *ecclesiasticos, Romanus* vel *regius homo ingenuam Ribuariam* acciperet; aut si *Romana* vel *regia* seu *tabularia ingenuum Ribuarium* in matrimonium acciperet, *generatio eorum semper ad inferiora declinentur.*

4. Ib c 14. Si — *Ribuarius ancillam regis seu ecclesiasticam* vel *ancillam tabularii* sibi sociaverit, *non ipse*, sed *procreatio eius* serviat.

5. L. Alam. Hlothar. I 57 (Mon. Ll. III 64). Si — duas sorores — relictas post mortem patris fuerint, et ad ipsas hereditas paternica contingat, et una nupserit *sibi coaequalum liberum*, alia autem nupserit aut *colonum regis aut colonum ecclesiae:* illa qui illum liberum nupsit sibi coaequalem illa *teneat terram patris earum; res* enim *alias aequaliter dividant.* Illa enim, qui illum colonum nupsit, non intret in porcionem de terra, *quare sibi coaequalem non nupsit.*

6. Edict Rothar. 222 Si quis *ancillam suam propriam* matrimoniare voluerit sibi ad uxorem —, debeat eam libera thingare, sic libera, quod est vurdibora et legetimam facere per gairthinx. Tunc intellegatur libera et legetimâ uxor, et filii, qui ex ea nati fuerint, legetimi heredes patri efficiantur.

7. Form. Senon. 42 (Mon. F. 204, früher Marculf. app. 47). Dum non est incognitum, quod ego in ancilla mea — tibi generavi, et postea — *tibi ingenua dimisi*, et tu *minime in hereditate mea sociare potebas* etc.

8 Cap. a. 805 c. 22 (Mon. C 125). De *liberis hominibus*, qui *uxores fiscalinas regias*, et *feminis liberis*, quae *homines* similiter *fiscalinos regios* accipiunt, ut *non de hereditate parentum vel de causa sua quaerenda nec de testimonio pro hac re abiiciantur*, sed talis etiam nobis in hac causa honor servetur, qualis et antecessoribus nostris regibus vel imperatoribus servatus esse cognoscitur

9 Gregor Tur. 5, 20 *Praetermissis nunc generibus feminarum*, regis vocitantur liberi, qui de regibus fuerint procreati. (Waitz Verf.-Gesch. II 1 S. 184.)

10. Ssp. I 51 § 1: en rechtlos man mut wol elik wif nemen u. kindere bi ire gewinnen, die ime evenburdich sin; die muten ok wol sin erve nemen u. irer muder also, wende si en evenburdich sin, se ne tveien von in mit egenscap [fehlt in den ältern u. bessern Hss. des Schsp.].

11. Ssp. I 17 § 1. Sve so dem anderen evenburdig nicht ne is, de ne mach sin erve nicht nemen [nicht im Schwsp.].

12. Gl. hierzu. Nicht ebenbürtig ist (als viel), ob der verstorbene frey u. sein sohn eigen wäre.

13. Ssp. I 5 § 1. Nimt de sone wif bi des vader live de eme evenburdich is [ebenso im Dsp. 7 u. Schwsp. b. Wackern. 7 Z. 1; fehlt b. Laßberg 4] u. wint sone bi ire, u. stirft he darna er sineme vadere unbedelet von dem erve, sine sone nemet dele in ires elder vader erve, gelike irme veddern in ires vader stat.

14. Gl. der Görlitz. Hs. hierzu b. v. Sydow Erbrecht No. 170. Mit deme worte ebenburtigkeit meint der do, daz daz kint frey u. elich geborn sy –, daz er ein frey wip, kein eigen weip neme, anders sine kinder weren nicht sine erben.

15. Sächs. Lehnr. 21 § 1. Die sone behalt des vader schilt to lenrechte die im evenbordich is.

16. Richst. Lehnr. 28 § 3. So vrage de andere, sint din broder dineme vader nicht evenbordich en was, wen sin moder was enes bures dochter, eft du med eme dorvest deilen dines vader erflen. Dar vrage du jegen, sint din moder vri was u. nemandes eigen, eft se di an dineme herscilde icht siden (d. i. erniedrigen) mochte, eft se wol enes bures dochter were. So vindme se ne mochte, wan de herscilt kumpt van deme vadere u. van dem eldervader.

17a. Ssp. I 33: wirt dat kint levendich geborn (na des vader dode), — dat kint behalt des vader erve, u. stirft it darna, it erft up de muder, of sie ime evenburdich is.

17b. Schwsp. 35: u. geniset (ein wip nach irs mannes tode) des kindes —: daz kint behabet des vater erbe u. stirbet ez dar nach, swaz daz kint an geerbet hette, daz erbet ouch die muoter an. [Die Worte des Ssp.: „ob sy im ebenbürtig ist" finden sich nicht in den älteren u. besseren Hss., wohl aber im Dsp. 38.]

18. Ssp. III 72. Dat echte kint u. vri behalt sines vader schilt, u. nimt sin erve u. der muder also, of it ir evenvurdich is oder bat geboren.

19a. Ssp. I 16 § 2. Svar't kint is vri u. echt, dar behalt it sines vader recht. Is aver die vader oder de muder dinstwif, it kint behalt sogedan recht, als it in geboren is.

19b. Schwsp. 13. Ein iegelich kint beheldet sines vater reht, [Zusatz:] ob es im elich ebenburtig ist.

20. Ssp. III 73 § 1. Nimt en vri scepenbare wif enen biergelden oder enen landseten, u. wint sie kindere bi ime, die ne sint ire nicht evenburdich an bute u. an weregelde, wende sie hebben irs vader recht.

21. Ssp. III 73 § 2: der Wendinne kindere horet na deme vadere, of he en Went is; is he aver düdisch, so horet sie na der muder. § 3. Man seget dat alle Wendinne fri sin, durch dat ire kindere na deme wendischen vadere horet; des is doch nicht, rc.

22. Görlitz. Landr. Art. 47 § 5. Swelich man u. sin wip nicht evenburdich ne sin, swaz von in geborin wirt, daz sol dem vatir volgin u. nicht der mutir.

23. Gl. z. Ssp. III 73. Mer dat hir steyt, dat de denstlude dat sulve recht hadden, dat de schepenbaren vryen hebben, den en is nicht; — wente schepen nemen erve u. recht al na vaderhalven, aver de denstmanne horen al na moderhalven. Alse neme eyn denstman van Megdeborch eynes denstmannes dochter van Brunswyk, de kindere horeden to Brunswyk; darumme hedden se dat sulve recht.

24. Gl. z. Ssp. I 5 § 1: „evenburdich." Wo, est ein ridder neme eines buren dochter, weren di kindere erven edder nicht? seghe ja tu landrechte, aver nicht tu lenrechte.

25a. Ssp. I 45 § 1. Al ne si en man sime wive nicht evenburdich, — se is (doch) sin genotinne u. trit in sin recht, svenne se in sin bedde gat. Svenne he aver stirft, so is se ledich von sime rechte, u. behalt recht na irer bord.

25b. Schwsp. 55 Z. 28 ff.: ist ein man sinem wibe niht ebenbürtic, — u. ist si vri, si muoz doch sin genoezin sin, als si an sin bette get, u. gewinnet si kint, diu gehoerent nach der ergern hant. als aber der man stirbet, so ist si ledic von sinem rehte, u. behabet reht von ir geburt. u. nimet si einen man nach im, der vri ist, so gewinnet si vriu kint, als von erste.

26. Schwsp. 57 Z. 25 ff. Ez ist nieman sempervri wan des vater u. muoter sempervri waren; die von den mittern vrien sint geboren, die sint mitter vrien. Und ist joch diu muoter sempervri u. der vater mitter vri, oder ist der vater sempervri u. diu muoter mitter vri: so werdent diu kint doch niht wan mitter vrien.

27. Schwsp. 139. Die phafenfürsten u. der künic habent in ein reht genomen umbe ir beider dienstliute. Ob des riches dienstman eines phafenfürsten dienstwip nimet, oder des phafenfürsten dienstman des riches dienstwip nimet, u. gewinnent si kint, diu sol man geliche teilen. Diu selben kint erbent ir vater guot u. ir muoter guot geliche, daz eigen heizet. — Der gewanheit mac der künic mit den leienfürsten niht gehan; wan der künic mac sine dienstman niht genidern; wan gibet er si in der leienfürsten gewalt, so hette er si genidert.

28. Henrici VI. Imp. dipl. a. 1190 (Mon. Ll. II 187): *quod filii ministe-*

rialium ecclesie cuiuslibet ex liberis matribus progeniti et filie similiter patrum imitando conditionem ecclesie debeant esse ministeriales.

29. Ssp. I 63 § 1. Sve kampliken grüten wille enen s i n e n g e n o t ꝛc. — § 3. Jewelk man mach kampes weigeren deme, d e w e r s g e b o r e n i s d e n n e h e. Die aver bat geboren is, den ne kan die wers geborne nicht verlecgen mit der beteren gebord, of he en ansprict.

30. *Petrus de Andlau* (unter K. Friedrich III.) de imp. Germ. 2, 12. Est autem Alamannis *inveteratus usus et longe retro observata consuetudo*, — ut *baro* copulando sibi *militaris et inferioris generis* coniugem prolem suam inde creatam *degeneret* atque *debaronizet*, filiique de caetero barones minime vocitentur. *Comites* vero per connubium cum simplicis militaris generis feminis natos filios *non decomitant*, sed si eorum filii itidem in militarium genus nubant, extunc illorum demum proles decomitatur, militariumque generis ordini deinceps connumeratur, quae profecto observantia *haud satis honesta esse videtur.*

31. *Felix Malleolus* (1444) Dial. de nobilitate et rusticitate c. 14 (*Burgermeister* Biblioth. equestr. II p. 394): usus et observantia presertim in Germania tenet, quod quemadmodum liberi rustici, sic comites, barones — et illustres per uxores et matres *non suae libertatis*, sed *villarum et minoris nobilitatis suas conditiones et suarum successorum in infinitum faciunt experienter viliores.*

32. Hist. Welforum Weingart. c. 5 (Mon. SS. XXI 459). Eticho — sine *legitimi matrimonii* copulatione de hac vita discessit. — Genuit tamen ex quadam de *ministerialibus* suis filiam, quam frater eius Roudolfus *libertate donatam* — cuidam nobili — copulavit.

33. *Beniam. Leuber* Catalog. comit. Sax. (*Menken* Scr. rer. Germ. p. 1934) ad a. 1242 duxit — B. — (nobilis Dominus in Querfurt) duas uxores E., cuius genus ignoratur, et M., comitissam Schwarzburgicam. Ex secunda nullos suscepit liberos, ex prima suscepit Burchardum, P. et G.; sed quia *mater ex equestri tantum erat ordine*, successio in comitatibus illis fuit denegata —, proinde — nobilium dominorum de Querfurt titulo abstinuerunt saltemque appellati sunt domini de Schraplau.

34. Urk. K. Rudolf I. v. 1273. L ü n i g Reichs-Arch. 11, 519. Nobili mulieri Adelheidi, natae quondam Ulrici de Munzenberc salutem. — Cum, — sicut oblata nobis *nobilis viri* Reinhardi de Hagenowe *mariti tui* petitio continebat, ipse te olim ea intentione duxerit in uxorem, quia te nobilem fore credebat, et *parem sibi in originis libertate*, et quidem postea asseruerunt, te nobilem non fuisse, supplicavit nobis, ut providere sibi super hoc de benignitate regia dignaremur. Hinc est, qui personam tuam — ad tollendum huiusmodi dubium, eo quae a *patre ministeriali genita dicebaris*, a te notam originis si qua extitit super eo adimimus et de consensu principum nostrorum, qui coronationi nostrae — interesse — poterant, *te puerosque tuos — reddimus et donamus nobiles et ingenuos de utroque parente, ac ab omni servitute ministerialium libertamus.* (Die Willebriefe der bei der Krönung gegenwärtigen Fürsten hierzu s. ebendas. S. 520 u. f.)

35. Urk. desselb. v. 1279 b. (H e i d e n r e i c h) Hist. der Pfalzgr. v. Sachs. (Erfurt 1740. 4.) S. 150. Noveriut — universi — quod nos — (Heinrici marchionis Misnensis) supplicationibus inclinati, Elizabeth (de Maltitz) legitimam thori sui consortem, Fridericum natum legitimum utriusque et universos liberos, si quos ab eisdem parentibus procreari contigerit, in futurum ab *omni labe servilis seu ministerialis conditionis respectu* de plenitudine regie maiestatis *eximimus et ingenuitatis ac liberi partus honore et titulo insignimus*, volentes eos sic semper in antea *in ingenuorum et nobilium sorte et numero recenseri*, *ac si de ventre libero nati essent*, ita quod *ad successionem bonorum feudalium et aliorum quorumlibet* pari forma *sicut ingenui et nobiles admittantur.*

36. Dipl. a. 1393 ap. *Herrgott.* Geneal. Habsb. 3, 770. Wir (K.) Wenzlaw — tun kunt — das wir von wegen des edlen Hansen grafen von Habsburg — gebeten sin: wan er Nezen von Landenberg zu siner elichen husfrowen genommen habe, die nicht von grafen, sondern v o n d i e n s t l e u t e n s t a m m e n geboren ist, das wir die erben, die er — mit ir hat, — edelen — geruhten —. Haben darumb — mit — rate unser fürsten — die egenant sine erben — ge-

edelt u. in grafen würdigkeit gesetzt —; also — daß sie — grafen seyn u. genannt werden sollen, — (u. alle väterlichen) herrschaften — erblich besitzen (mögen).

37. Ludovici R. dipl. a. 1323 ap. *Oefele* rer. Boic. Scr. 1, 745: rex nobilem virum Heinricum, comitem de Woldenburch, qui de matre sua —, filia marschalci I. *servilis conditionis*, *servus fuit* H. ducis Brunswicensis, *manumissum* per dictum ducem liberavit, et iura libertatis plene sibi tribuit per totum sicut progenitores sui habuerunt.

38. Elench. vicedominor. Rhingav. ap. *Guden.* 1, 965 (a. 1396). Und were es sach, das sie (die Töchter eines Dynasten von Limburg) sich verendern werden, so sollen sie sich mannen mit iren **glichen** edeln Mannen, u. dieselben mannen sollen dan daz (weiber=)lehn haben.

39. Würtemb. Hausvertr. v. 1489 b. Lünig RArch. Pars spec. Cont. 2 Forts. 1 S. 1060. Wer auch, daß graf Eberharts ehlich gemahl vor ihm mit todt abgieng; würd er sich dann wieder verheurathen, so soll das geschehen mit einer, die sein gnos ist. Ob er sich aber mit einer mindern u. niedern persohn verheurathen (würde); — so sollen die (Kinder) an seinem Theil Landes — keinen Erbtheil haben.

40. Würtemb. Hausvertr. v. 1617 ebendas. S. 751. (Daß keiner sich) außer dem Fürstlichen Stande verheirathen solle.

41. Wahlkap. Leopold I. v. 1658 Art. 44 (Ziegler Wahlcapitulat. Frkf. 1711). Wollen auch zu Präjuditz oder Schmälerung einiges alten Hauses oder Geschlechts desselben Dignitaet, Stands und üblichen Tituls keinen, wer der auch seye, mit neuen Prädikaten, höheren Tituln oder Wapen=Briefen begaben.

42. Urk. K. Karls VI. v. 1727 b. Moser Staatsr. XIX S. 50. Wie Wir (Carl VI.) denn auch — ihre (der Philippine Caesarea Schurman aus Cassel) mit Anton Ulrichs, Hertzogs zu Sachsen (Meinungen) Liebden ehelich erzeugte (Kinder) u. deren Erbes=Erben nach gemeinen Rechten — für rechtgebohrne Fürsten u. Fürstinnen — erklären.

43. Wahlkap. v. 1742 Art. 22 § 4. Noch (wollen wir) auch denen aus ohnstrittig notorischer Mißheirath (oder einer gleich anfangs eingegangenen morganatischen Ehe [Zus. zur Wahlkap. K. Leopold II.]) erzeugten Kindern eines Standes des Reichs, oder aus solchem Hause entsproßnen Herrns, zur Verkleinerung des Hauses, die väterliche Titul, Ehren u. Würden beylegen, vielweniger dieselben zum Nachtheil der wahren Erbfolger u. ohne deren besondere Einwilligung für ebenbürtig u. succesionsfähig erklären, auch, wo dergleichen vorhin bereits geschehen, solches für null und nichtig ansehen.

44. Zusatz z. Wahlkap. v. 1792 Art. 22 § 4. Soviel aber die noch erforderliche nähere Bestimmung anbetrifft, was eigentlich notorische Mißheirathen seyen; wollen wir den zu einem darüber zu fassenden Regulative erforderlichen Reichsschluß bald möglichst zu befördern uns angelegen seyn lassen.

45. Bundes=Acte Art. 14; s. § 36 Nr. 6.

46. Cod. Max. Bav. I 6 § 45. Die zwischen ungleichen Standes=Personen vorgehende Verehelichungen werden ohne Unterschied, ob die Antrauung zur link- oder rechter Hand geschehen, sowol nach Geistlich= als Weltlichen Rechten für eine wahre Ehe geachtet, u. seynd mithin auch *quoad Effectus Civiles* von der nemlichen Würkung, außer soweit durch besondere Geding, Herkommen oder *Statuta* ein anderes versehen ist.

47. Präjudiz des Ober=Tribunals z. Berlin v. 29. Jan. 1846 b. Koch Allg. Landr. Bd. 3 S. 13 No. 35. Nach den Grundsätzen des deutschen Privatfürstenrechts ist eine Ehe, welche von einem dem hohen deutschen Adel angehörigen Reichsgrafen mit einer Person von niederem, wenn auch neuem Adel eingegangen wird, für eine Mißheirath nicht zu achten.

48. Preuß. LR. II 1 § 30. Mannspersonen von Adel können mit Weibspersonen aus dem Bauer= oder geringerem Bürgerstande keine Ehe zur rechten Hand schließen.

49. Ebendas. § 940. Ehen, welche die Gesetze wegen Ungleichheit des Standes verbieten, werden, wenn sie ohne die erforderliche Dispensation dennoch geschlossen werden, für nichtig angesehen.

a. Preuß. G. v. 22. Febr. 1869. Das Eheverbot wegen Ungleichheit des Standes (§§ 30—33 Tit. 1 Thl. II des Allgem. Landrechts) ist mit allen seinen Folgen aufgehoben. Ehen, welche diesem Verbote zuwider geschlossen sind, bedürfen zu ihrer Gültigkeit der nochmaligen feierlichen Vollziehung nicht.

§ 42. β. Von der Ehe zur linken Hand, *matrimonium ad morganaticam* s. ad legem Salicam. (B. § 171. G. § 224. St. § 214.)

1. Tacit. Germ. c. 18: singulis uxoribus contenti sunt, exceptis admodum paucis, qui non libidine sed *ob nobilitatem plurimis nuptiis ambiuntur.*

2. Caesar de B. G. 1, 53. *Duae* fuerunt Ariovisti *uxores*, *una Sueva natione*, quam domo secum eduxerat, *altera Norica*, regis Vocionis soror, quam in Gallia duxerat.

3. L. Wisig. III 1, 1. Quae (scil. prisca lex) incongrue dividere maluit personas in coniuges, *quas dignitas compares aequaverit in genere.* Ob hoc — priscae legis remota sententia — sancimus: ut tam *Gothus Romanam*, quam etiam *Gotham Romanus*, si sibi coniugem habere voluerit, praemissa petitione dignissima, facultas eis nubendi subiaceat: liberumque sit libero, liberam quam voluerit, *honesta coniunctione consulta perquirendo prosapiae solenniter consensu, comite permittente, percipere coniugem.*

4. Epist. Stephani Papae ad Carolum et Carlomannum Reges c. a. 770 (*Jaffé* Bibl. 4 p. 158). Nostrae perlatum est notioni, quod — Desiderius Langobardorum rex, vestram persuadere dinoscitur excellentiam, (Sibyllam) suam filiam, uni ex vestra fraternitate in conuvio copulari; — (sed) iam — *coniugio legitimo* — copulati estis, accipientes, sicut praeclari et nobilissimi reges de eadem vestra patria, scilicet *ex ipsa nobilissima Francorum gente*, pulchrissimas coniuges.

5. Paul. Warnefrid. de episc. Mettens. (Mon. Scr. II 265). (Carolus M.) ex Hildegard *coniuge* quattuor filios et quinque filias procreavit. Habuit tamen, *ante legale connubium, ex Himiltrude, nobili puella*, filium nomine Pippinum.

6. An. Lauresham. ad a. 792 (Mon. Scr. I 35). Pippinus, filius regis (Karoli M.), ex *concubina Himildrude* — genitus, contra regis vitam seu filiorum eius, qui *ex legitima matrona* geniti sunt, etc.

7. Annales Bertiniani (ed. *G. Waitz*, Hannov. 1883) p. 107: Karolus (Calvus) certo nuncio comperiens, obisse Hyrmentrudem uxorem suam 2. Nonas Octobris [a. 869] — Richildem mox sibi adduci fecit et in *concubinam* accepit —. Et in die festivitatis septuagesimae [870 Ian. 22] predictam concubinam suam Richildem *desponsatam* atque *dotatam in conjugem sumpsit.*

8. Hludowici Germ. R. Convent. Mogunt. a. 851 c. 15 (Mon. Ll. I 415). De eo, qui uxorem habet, si concubinam habuerit, non communicet. Ceterum autem is qui non habet uxorem et pro uxore concubinam habet, a communione non pellatur, tantum aut unius mulieris, *aut uxoris aut concubinae*, ut ei placuerit, sit coniunctione contentus.

9. Concil. Tribur. a. 895 c. 39 (*Mansi* 19, 151). Quicunque *alienigenam*, hoc est alienae gentis foeminam, verbi gratia, Francus mulierem Baioaricam, *utrorumque consulto propinquorum* legitime vel sua vel mulieris lege acquisitam in coniugium duxerit, velit nolit *tenenda erit*, nec ultro ab ea separanda, excepta fornicationis causa. — Quare si unus e duobus — copulam nuptialem machinetur disiungere, dicendo *non secundum suae gentis legem iura matrimonii contraxisse et idcirco separari posse*, canonica institutione diffinimus, — ut — *ius matrimonii nequaquam resolvatur.* — Nos — cognita referimus, quia quemdam Francum et mulierem Saxonicam talia egisse cognovimus.

10. II F. 29. Quidam habens filium ex nobili coniuge, post mortem eius non valens continere, aliam *minus nobilem* duxit: qui nolens existere in peccato, eam desponsavit ea lege, *ut nec ipsa nec filii eius amplius habeant de bonis patris, quam dixerit tempore sponsaliorum:* verbi gratia decem libras, vel quantum voluerit dare quando eam desponsavit: quod Mediolanenses dicunt accipere uxorem *ad morganaticam*, alibi *lege Salica;* hic filiis ex ea susceptis decessit. Isti *in proprietatem non succedunt, aliis extantibus:* sed *nec in feudo, etiam aliis*

non exstantibus: qui *licet legitimi sint*, tamen in beneficio minime succedunt. *In proprietate vero succedunt patri, prioribus non existentibus;* succedunt etiam fratribus sine legitima prole decedentibus secundum usum Mediolanensium.

11. II F. 26 § 16. Filii nati ex ea uxore, cum qua matrimonium *tali conditione* contractum est, *ne filii ex ea nati patri ab intestato succedant, nec in feudum succedunt;* nam quamvis ratione improbetur talis conditio, *ex usu tamen admittitur.*

12. Preuß. Ges.Samml. v. 1824 S. 209 u. 210. Wir, Friedrich Wilhelm, — König von Preußen — haben — den Entschluß gefaßt, — die Gräfin Auguste von Harrach — zu Unserer künftigen Gemahlinn zu erwählen. Wir haben die Gräfin von Harrach an dem heutigen Tage zu einer Fürstin von Liegnitz u. Gräfin von Hohenzollern ernannt, u. wollen, daß diese Ehe nach der Verfassung Unseres Königlichen Hauses als eine morganatische Ehe für jetzt u. für die Zukunft betrachtet werden soll, weßhalb Wir hierdurch bestimmen, daß, im Fall dieselbe mit Kindern geseegnet würde, solche u. deren Kinder und Nachkommen den Namen u. Titel: Fürsten u. Fürstinnen von Liegnitz, Grafen u. Gräfinnen von Hohenzollern führen u. sich des unserer Gemahlin — verliehenen Wappens bedienen sollen. Diese — Nachkommen sind u. bleiben hiernach von aller Succession an Land u. Leuten, u. von jedem Erbschafts- oder andern Anspruche, welcher den Prinzen u. Prinzessinnen des Königlichen Hauses zusteht, ausgeschlossen, u. sollen durch diejenige Anordnung für gänzlich abgefunden geachtet werden, die Wir ebenfalls heute durch eine besondere — Urkunde vollzogen, u. in welcher Wir die Nadelgelder u. das Witthum Unserer Gemahlinn — festgesetzt haben. — Berlin, den 9ten Novbr. 1824.

13. Cod Max. Bav I 6 § 45; s. oben § 41 Nr. 46.

2. Des niederen Adels. (B. § 174. G. § 37 Not. 1. St. § 44.) § 43.

1. Sächs. Lehnr. 21 § 1. Die sone behalt des vader schilt to lenrechte die im evenbordich is.

2. Gl. z. Ssp. I 5; s. oben § 41 Nr. 24.

3 Cod. Max. Bav. I 6 § 45; s. oben § 41 Nr. 46.

4. Baier. Adelsedict. § 1. Der Adel wird durch eheliche Abstammung von einem adelichen Vater ererbt oder durch Königliche Verleihung erworben.

5. Dipl. a. 1409 ap *Schilter* Comment. ad I. feud. Alem p. 216b (Die per subsequens matrimonium Legitimirten werden von Kaiser Ruprecht) zu merer sicherheit rittermessig, lehenbar u. schilts u. wapengenosse geschepfet u. gemacht, — (daß sie) manlehn, burglehn, u. erblehn entpfenglich sin, -- als andere des Geschlechts von Zeissenheim, die eelich geboren, u. von vater u. mutter rittermessig schildes- u. wapensgenoß sind.

6. R. Hofr.-Conclus. v. 1715 b. Moser Staatsr. 5, 461. Wird des H. Chr. von Künsperg *per subsequens matrimonium* legitimirter Sohn, Ph. H. von Künsperg *in possessorio* davor *et pro successionis capace* in allen denjenigen der Legitimität anklebenden *Iuribus* tam in feudis et fideicommissis, quam in Allodio, erkläret, u. ist in der Canzley anstatt Wohsern künftig von Künsberg zu setzen.

7. Preuß. Landrecht II 9 § 5. Auch das von einem adelichen Vater außer der Ehe erzeugte Kind wird durch gesetzmäßige Vollziehung einer Ehe zur rechten Hand mit der Mutter, ingleichen durch eine derselben gleich zu achtende gerichtliche Erklärung des Vaters (II 2 § 596. 597) des Adelstandes theilhaft.

8. Ebendas. II 2 § 603. Durch die Legitimation (*per rescriptum*) erhält das Kind den Stand des Vaters u. in Ansehung seiner alle Rechte u. Pflichten eines ehelichen Kindes. § 604. Es tritt aber dadurch nicht

in die Familie des Vaters. § 605. Soll es auch in diese aufgenommen werden, so muß solches durch einen Familienvertrag geschehen.

9. Baier. Adelsedict. § 2. Die durch nachfolgende Ehe Legitimirten werden den ehelich Gebohrenen gleichgeachtet. Durch Legitimation mittelst königlichen Rescripts, durch Adoption, oder irgend einen andern Privatact, kann der Adel nur mit ausdrücklicher königlicher Bewilligung übertragen werden, welche dann für eine neue Verleihung gilt. Soll der Legitimirte, der Adoptirte, den Besitz der adelichen Titel u. Wappen der Familie desjenigen, von welchem er sein Recht ableitet, erlangen, so ist überdies die Einwilligung der Agnaten erforderlich.

10. Oesterr. Ges.B. § 182. Eine wesentliche, rechtliche Wirkung der Annahme an Kindesstatt ist: daß die angenommene Person den Nahmen des Wahlvaters oder den Geschlechtsnamen der Wahlmutter erhält; sie behält aber zugleich ihren vorigen Familien-Nahmen u. den ihr etwa eigenen Familien-Adel bey. Wünschen die Wahlältern, daß der ihnen eigene Adel u. Wapen auf das Wahlkind übergehe, so muß die Bewilligung des Landesfürsten angesucht werden.

11. Ssp. III 81 § 1. Togat die scepenen binnen ener grafscap, die koning mut wol des rikes dienstman mit ordelen vri laten u. to scepenen dar maken. — He sal aver des rikes gudes also vele to egen in geven, dat sie scepenen dar af wesen mogen: ir iewelkeme dri hoven oder mer.

12. Schwsp. 135. Lat ein herre sinen eigen man vri, der behaltet vrier lantsaezen reht, u. mac niht ferrer komen; daz ist da von, daz er eigen was. Unde lat ein leienfürste sinen dienstman vri, der von ritterlicher art ist geborn, der behabet mittervrien reht.

13. Dipl. a. 1323; s. oben § 41 Nr. 37.

14. Urkk. K. Rudolfs I. v. 1273 u. 1279; s. oben § 41 Nr. 34 u. 35.

15. Gl. z. Sächs. Lehnr. 2 (Homeyer Sächs. Lehnr. S. 350). Wurde eyn gebuer ritter — von dem konige, u. gebe her ym ritterschafft u. ritterrecht, so ergerte der konig das recht, u. mochte nicht geheissin werdin eyn mererer des riches; wenne her ergert da mit das recht der erbin wartin, u. ergert damitte des herren lehen; wenne die gebuer by not keyn lehin haben sullen, wenne lege man ym ritterrecht, so muste er by not lehen haben, u. das sal nicht syn das man eynen richet mit des andern schaden. — Dis vorantwerte alzo: wurde eyn gebuer ritter, do mete hette her nicht ritters art, wenn yn unserm rechte ist keyn man ritters art, syn vater u. syn elder vater syn denne ritter gewest ader ritters genos.

16. Urk. K. Karl IV. a. 1357 (Fontes rer. Austr., Dipl. t. 24 p. 58). *Vos, vestros heredes et liberos* per *masculinam* lineam de vestris corporibus legitime descendentes, *nobilitatis et honoris civium nobilium titulo*, privilegio et honoroficentia — decoramus.

§ 44. D. Verlust und Erneuerung des Adels. (G. § 37.)

1. Urk. K. Sigmunds v. 1417 in Schlözers Staats-Anzeigen Hft. 6 S. 152 a. E. Doch sollen die Personen, so — in den Stand — des Adels erhoben werden, sich aller bürgerlichen Handtirung u. Gewerbs, samt andern unadlichen Sachen u. Taten, bei Verlierung dieser unserer Concession gänzlich enthalten.

2. Baier. Adelsedict. § 21. Suspendirt wird der Gebrauch des Adels-Titels durch die Uebernahme niederer bloß in Handarbeit bestehender Lohndienste, durch die Ausübung eines Gewerbes bei offenen Kram- u. Laden oder eines eigentlichen Handwerkes.

a. Preuß. Edict v. 9. Oct. 1807. Jeder Edelmann ist ohne allen Nachtheil seines Standes befugt, bürgerliche Gewerbe zu treiben.

3. Baier. Adelsedict. § 17. Mit jeder Verurtheilung in eine Criminal-Strafe ist der Verlust des Adels verbunden.

4. Preuß. Landr. II 9 § 84. Personen weiblichen Geschlechts verlieren die persönlichen Vorrechte des Adels, wenn sie durch Verheirathung mit einem Unadlichen ihren Geschlechtsnamen ändern. § 85. Auch nach getrennter Ehe treten sie, der Regel nach, in den Adelsstand nicht wieder zurück. — § 87. Wenn eine Person adlicher Geburt, nachdem ihre Ehe mit einem Bürgerlichen durch den Tod, oder durch richterliches Erkenntniß getrennt worden, wiederum einen Adlichen — heirathet: so kann ihren Abkömmlingen aus dieser Ehe — in Ansehung der Rechte des alten Adels in der Regel keine Ausstellung gemacht werden.

5. Ebendas. § 83. Wer sich von Jemanden niederen Standes an Kindesstatt annehmen läßt, u. dabei seinen adlichen Namen verändert, kann ohne besondere Dispensation des Landesherrn den Adel nicht beibehalten.

6. Ssp. I 45 § 1. Schwsp. 55 Z. 28 ff.; s. oben § 41 Nr. 25a u. 25b

III. Bürgerstand. (S. § 38.) § 45.

1. Rsb. nach Dist. V 2, 1 (vergl. Sächs. Dist. b. Pölmann VIII 4, 1). Wer burgerrecht in wichbilde wel — irwerben, der sal elich (Pölm.: u. frey) geborn sin. — He sal ouch nicht rechtelos sin. He sal ouch eyn unvorsprochin man sy, edir eyn unvorsprochin frowe, ab iz eyn wip ist.

2. Freiburg. Stadtpriv. v. 1120 § 15 (vergl. Stadtrodel § 36). Nullus de hominibus vel ministerialibus domini ducis vel miles aliquis in civitate habitabit, *nisi ex communi consensu omnium urbanorum* et voluntate.

3a. Hamb. R. v. 1270 I 4. It ne schal nen riddere wonen bynnen desseme wycbelde.

3b Hamb. R. v. 1603 I 2, 1. Es soll kein Ritter oder Rittermessige Persone in dieser Stadt oder Weichbilde wohnen.

a. Bremische Verfassung v. 17. Nov. 1875 § 17. Der Staat erkennt bei seinen Angehörigen keinen Adel an.

4. Danzig. St. II Art. 1. Wer unser Bürger ist, der soll in keiner andern Stadt Bürger seyn.

5. Zürich. Richtebr. IV 32 (Bluntschli 1, 146). Swer ze Zurich burger ist, u. doch hie nit seshaft ist, es si ritter ald burger ꝛc.

6 Aurea bulla cap. XVI § 1 2. Quia nonnulli cives et subditi principum, — iugum originarie subiectionis quaerentes abiicere, — in aliarum civitatum cives recipi se procurant, — et nichilominus in priorum dominorum — terris, civitatibus, oppidis et villis corporaliter residentes, civitatum, ad quas — se transferunt, libertatibus gaudere — contendunt, qui in partibus Alamaniae *pfalburgerii* consueverunt — appellari: — sancimus, quod predicti cives — civitatum, in quarum cives tali fraude recipi se procurant, — iuribus et libertatibus in nullo potiantur.

7. Rsb. nach Dist. V 2, 2. Wan man eynen czu burger macht etc. — Wen her den eyd getan had, so gebe her sin recht, wy daz in wichbilde irsaczt ist. Jar u. tag sal her eyn ynwanende borger sy u. sal daz vorwissen by eyme ersaczten gelde. Noch der zciit mag her syne borgerschaff behalden adder uffgebin. Wanne her su denne uffgegebin hat, so gebe her sine uzfart u. fare mit glucke.

8. Kursächs. Verordn. v. 1717 Cod. Aug. 1. 1876. (Nachdem die Brau-gerechtigkeit) zum öfftern von denen Brau-berechtigten Häusern — auf unbrau-berechtigte Häuser — verkauffet wurde, — so haben wir der Nothdurfft befunden, — solcherley Alienationes — zu verbieten.

9. Rechte d. St. Rheda v. 1355 (Wigand Westph. Arch. Bd. 6 S. 260): in der vryheyt en sal nemand wicbelde got hebben noch sellen noch kopen, he en sy dar eyn borghere.

10. Urk. K. Karls IV f. Nordhausen v. 1358 b. Lesser Chronik. S. 223. Auch — setzen wir, daß niemandt in der — stadt — icht einerley guth, das zu der stadt gehört, u. in burgerrecht gelegen ist, u. bishero der stadt zu dienste gestanden hat, kaufsten soll, er sey denn ein eingesessener burger in der stadt — u. in alle weise einunge u. burgerrecht halte mit derselben — stadt.

11. Dipl. a. 1291 ap. *Günther* 2, 480. 481. Nos — scultetus, *ministeriales* et scabini opidi Bopardiensis — ordinamus —, et quod fuit ab initio, quod quicunque consules vel persone ad consilium Bopardiense pertinentes eligi contigerit, *due partes de numero militum et ministerialium*, tertia vero de numero civium et scabinorum assumentur.

12. Dipl. a. 1268 ap. *Boehmer* Cod. dipl. Frcf. p. 147: scultetus, *milites*, scabini, consules et universi cives Frankenvordenses.

13. Ssp. III 45 § 1. Den scepenbaren vrien lüden gift man drittich schillinge to bute pündeger penninge. — Ire weregelt sin achtein punt pündeger penninge.

14. Goslar. Stat. S. 85 Z. 16 f. Enes borgheres bute van Goslere is drittich schillinghe lutteker pennighe, sin wereghelt is achteyn punt pündigher pennighe.

15. Görlitz. Landr. 45 § 4: scheffinbare markit liute.

16. RA. v. 1500 ob. § 37 Nr. 4.

17. Urk. K. Ludwigs v. 1316 f. Augsburg (Augsb. UB. 1 n. 235): volumus, ut — cives Augustenses, qui discreti probantur et idonei tanquam *alii fideles et ministeriales regni*, in quovis consistorio iurisdictionis temporalis valeant sententias sive ius dicere *cum aliis nobilibus et vasallis*.

18. Dipl. Ludovici R. a. 1315 ap. *Lünig*. corp. iur. feud. T. I p. 1191: befestigen — den burgern von Speyer, daß sie lehnbar mögen seyn u. urtheil sprechen mögen mit den rittern allenthalben.

19. Urk. K. Rudolfs I. f. Winterthur v. 1275 § 3 (Bluntschli 1, 481). Dü erste genade, die wir inen (den Bürgern von Winterthur) gegeben — hain, ist das sü nach edlr lüte sitte u. rehte lehen suln enphahen u. haben u. ander belehennen nach lehens reht.

20. Urk. K. Ludw. v. 1340 b. Göschen Gosl. R. S. 215. Volentes (burgenses civitatis Goslarie) in ipso iure heerschild nuncupato, quoad omnia feoda tam a dominis superioribus ad quoscunque per alicuius sui inferioris obitum devoluta fuerint, recipienda, habenda et tenenda *habiles dignos* et *incolumes* et firmiter observari etc.

21. Priv. Caroli IV. Imp. a. 1350 ap. *Lünig*. l. c. T. II p. 545: *universis* (*Misniae et Thuringiae*) *civibus et oppidanis* per principatus, terras et civitates suas — hanc gratiam facimus specialem, quod ipsi *bona feodalia*, quae *Quiritibus* [i. e. equitibus] proprie debentur, *emere* vel quovis alterius contractus titulo recuperare valeant. [BH. 1212.]

22. *Senckenberg* Sel. iur. 1, 265—267. (Einige Bürger von Mainz baten 1430): weil dieselbe von guten, erbarn u. freyen geschlechten herkommen, sy wider in ihre alde freyheit zu setzen. (Ihren Wünschen entsprach K. Sigismund folgendermaaßen): Haben — betrachtet, daz sy von aldersher freier u. erberer geschlecht sind u. irer wapen u. kleinot gebrauchet haben, — u. geben in — in crafft diß briefes, daz sy u. ire eeliche erben — wappensgenoß sein u. — alle ere, wirdigkeit, recht, freiheit, adel — haben sollen.

23. I. P. O. art. V § 17. Ne *nobiles*, *patricii*, *gradibus academicis insigniti*, aliaeque personae *idoneae*, ubi id fundationibus non adversatur, (a dignitatibus et beneficiis) excludantur.

a Hannov. Städteordng. v. 24. Juni 1858 § 22. Verbunden zum Erwerbe des Bürgerrechts sind: diejenigen, welche innerhalb des Stadtbezirks ein Wohnhaus eigenthümlich erwerben — oder behuf der selbständigen Ausübung einer Kunst, einer Wissenschaft oder eines bürgerlichen Gewerbes sich dauernd niederlassen oder ein stehendes bürgerliches Gewerbe dort betreiben wollen.

b. Gewerbeordnung § 13 f. unten § 59 Nr. 15.

c. Priv. H. Albrechts für München v. 1500 (Auer Stadtrecht S. 195): bekennen, das uns — burgermeister und rat unser stat München etlich — loblich guot und alt gewonhait, die über menschlich gedachtnuß bey inen — herbracht und on underlaß gebraucht u. gehalten sind, fürtragen und eröffnet haben — nemlich: wo zwo personen man u. fraw, die unser — stat M. burger und burgerin sind, eelich u. heuslich bei einander wonen und ain person aus inen on eelich leibserben vor der andern tods abgee, und kain tail den heirat, so der in recht gekriegt wurde, das er mit sonderm geding abgeredt — sey, zu recht gnug fürbringen mag, so solle alsdann die lebendig person aus inen des abgestorben verlassen hab und gut, nichts ausgenomen, on alles mitel in craft des statrechtens alhie erben. (v. Roth D. Privatr. 1 § 70, 43; Bayr. Civilr. 1 § 86, 54 ff.)

IV. Bauernstand. (B. § 185. G. § 38.) § 46.

Quellen: Kurf. Johann Georg I. Polizeiordn. f. die Markgrafschaft Niederlausitz v. 1651 Tit. 2, 3 in Lünig Cod. Augusteus Th. 3 S. 450. Dessen Confirmation über der — Stände des Markgrafth. Oberlausitz — Bedenken, die Unterthanen, deren Kinder u. Gesinde betreffend v. 1651 das. S. 211. (Pommersche) Bauernordnung v. J. 1616 b. Dähnert Samml. Pommerscher Landesurkunden Bd. 3 S. 835. Ravensbergische Eigenthumsordnung v. 8. Nov. 1669 b. Wigand Provinzialr. des Fürstenth. Minden Bd. 2 S. 301 ff. Osnabrückische Eigenthumsordn. vom 25. April 1722 b. (J. Fr. A. Lodtmann) Osnabrückisches Eigenthumsrecht oder Verordnungen für die Gutsherren u. eigenbehörigen Leute. Osnabr. 1777. 4. u. b. Wigand Provinzialr. der Fürstenth. Paderb. u. Corvei Bd. 3 S. 144 ff. (Mecklenburgischer) Erblandsvergleich § 330 u. f. Königl. Preußische Eigenthumsordn. des Fürstenth. Minden u. der Grafschaft Ravensberg v. 26. Nov. 1741. Bielefeld 1741. 4., auch b. Wigand 3 S. 123 ff. u. in dess. Provinzialr. des Fürstenth. Minden Bd. 2 S. 332 ff. Fürstl. Münsterische Eigenthumsordn. v. 10. May 1770. Münster. f., auch b. Schlüter Provinzialr. der Provinz Westphalen Bd. 1 S. 257 ff. Vestische Eigenthumsordn. v. 3. Apr. 1781 das. Bd. 3 S. 224 ff.

Ein Verzeichniß der Aufhebungsgesetze der Leibeigenschaft bei Eichhorn Einltg. § 69, b. Klüber Oeffentl. Recht des D. Bundes § 266 [201] Not. c u. b. Mittermaier § 99 in den Noten. — Georg Hanssen die Aufhebung der Leibeigenschaft — in Schleswig und Holstein. Petersbg. 1861. Sugenheim Gesch. der Aufhebung der Leibeigenschaft u. Hörigkeit in Europa. Petersbg. 1861. Böhlau Ursprung und Wesen der Leibeigenschaft in Mecklenburg (Ztschr. f. RGesch. 10 [1872] S. 357). L. Korn Gesch. der bäuerl. Rechtsverh. in der M. Brandenburg bis 1700 (das. 11 S. 1).

1. *Udalr. Zasius* († 1535) Respons. sing. 1, 3 nr. 75. Servi anonymi in nostra Germania *homines proprii* dicti, nec adscriptitii, nec coloni, nec capite censi, nec statu liberi, nec liberti sunt, *de omnium tamen natura participantes.*

2. *Schardii* († 1572) lexic. iuridic. edit. 1593 p. 903 in fin. Quicquid in toto iure *de servis* est sancitum, id referendum est ad rusticos nostri seculi, *quatenus fert aequitas similitudinem colligi.*

3. *Felix Malleolus* de nobil. et rustic. l. c. (oben § 41 Nr. 31). De huiusmodi liberis rusticis plures in dioc. Constant. et Augusten. et presertim in dioc. Basilien. in quodam territorio dicto Frigenberg notabiliter sunt constituti, qui exquisita cavere solent diligentia, ne per connubia mulierum non liberarum libertatis privilegia perdant successores. Unde iuxta statuta et privilegia vetustissima monasteriorum sanctorum Felicis et Regule abbatie Thuricensis dicte Constantien. dioc., ubi tantum comitisse et baronisse nec non libere nobiles et illustres mulieres instituuntur prebendande, sua non credunt privilegia violasse,

si liberi rustici liberam filiam sibi sumerent in sororem conventualem; idem fuit in multis monasteriis Alamanie superioris. Item huiusmodi liberi rustici solent in vicecomites creari et tribunalibus comitatuum seu baroniarum presidere.

4. *Mager* de advocatia armata (Frcf. 1625. f.) c. 6 nr. 27. Rustici *homines liberi nullique domino subiecti* plurimi in Franconiae partibus, praesertim marchionatu Brandenburgensi ac principatu Elwacensi et passim aliis in locis reperiuntur, adeo ab omni vicinorum dominorum iugo ac potestate *exemti ac liberi, ut sese una cum suis praediis, bonis ac tota familia in cuiuscunque principis ac domini vicinioris fidem et protectionem pro lubitu conferre possint*, ea conditione ut exiguum duntaxat — honorarium ad indicium susceptae protectionis *advocato* annuatim persolvant.

5. Preuß. LR. II 7 § 1. Unter dem Bauerstande sind alle Bewohner des platten Landes begriffen, welche sich mit dem unmittelbaren Betriebe des Ackerbaus u. der Landwirthschaft beschäftigen; in sofern sie nicht durch adliche Geburt, Amt, oder besondere Rechte, von diesem Stande ausgenommen sind.

6. Münst. Eigenth.-Ordn. I 1 § 1. Die Leibeigenschaft ist eine Personal-Dienstbarkeit u. rechtliche Verbindung, vermög welcher jemand seinem freyen Stande zum Nachtheil, einem andern in Absicht auf einen gewissen Hof, Erbe oder Kotten mit Gut u. Blut zugethan, u. zu Abstattung sicherer Pflichten, neben dem auch, wann er einen Hof, Erbe oder Kotten nach Eigenthums-Recht würcklich unter hat, gegen den Genuß u. Erbnies-Brauch seinem Guts-Herrn die hergebrachte oder vereinbarte jährliche Praestanda abzutragen schuldig ist.

7. Vestische Eigenth.-O. § 1. Das Leibeigenthums-Recht unterstellet eine rechtliche Verbindung, vermög welcher jemand wegen eines ihm in erblichen Genuß u. Niesbrauch überlassenen Guts, Hofes oder Kotten dem andern, dem solches Gut, oder Hof, oder Kotten zusteht, mit Gut u. Blut zugethan, oder zu sichern Dienstleistungen u. Abgaben verpflichtet ist.

8. Osnabr. Eigenth.-O. C. 1 § 2. Solches Recht (das Eigenthumsrecht) auch nicht in allen Stücken einerley u. allgemein ist, sondern theils dem Herkommen nach, theils auch wann freie Güter mit gewissen Bedingungen und Contracten neuen Colonis untergethan werden, variiret, gestalt der Landesherr, das Domcapitel, die Ritterschaft, Städte u. sonst Privatleute im Land ihre Eigenbehörige besitzen, deren etliche von Alters her mit starker, andere mit wenigerer Pflicht verbunden sind.

9. Cod. Max. Bav. I 8 § 2. Die Leibeigenschaft ist zwar regulariter nur eine blosse *Personal*-Sache, haftet aber zuweilen auf den Gütern, u. da nun beedes öffters zusammentrift, so giebt es auch eine Gattung von vermischter Leibeigenschaft.

10. Minden. Eigenth.-O. I § 1. Derjenige soll für Eigen geachtet werden, welcher entweder der Geburt nach Eigen, oder sich ins Eigenthum begeben, oder aber auch, wann ein Eigenthums-Herr einen freyen Mann wie einen Eigenbehörigen 30 Jahr aneinander gehabt u. gehalten hat.

11. Münst. Egth.O. I 2 § 3. Weiter ist einer der Geburt nach Leibeigen, oder ein Eigenbehöriger, der von einer Leibeigenen Mutter gebohren wird, wann schon der Mann und Vatter freyen Standes wäre.

12. Ebendas. § 4. Wären die Eheleute zwar beyde, jedoch unterschiedlicher Herren Leibeigene; so sind die Kinder dem Guts-Herrn der Mutter Leibeigen.

13. Ebendas. § 6. Wann hingegen ein Weibsbild freyen Standes mit einem Eigenbehörigen in- oder ausser der Ehe Kinder zeuget, so sind dieselbe nicht Leibeigen, sondern frey, weil auch in diesem Fall die Kinder den Stand u. die *Condition* der Mutter folgen.

14. Ebendas. § 7. Wann eine freye Manns- oder Weibs-Person sich auf ein eigenbehöriges Gut, Erbe oder Kotten mit dem Anerben oder der Anerbinne verheyrathet, u. von dem Gutsherrn zur Gewinnung zugelassen wird, oder auch nur der Gutsherr die geheirathete auf dem Erbe wohnen, u. von denenselben sich die jährliche Pächte u. übrige Praestanda drey Jahr nach einander entrichten lasset, so ist eine solche Person so wohl auf den 1ten, als

2ten Fall, ohne weitere Eigengebung u. *Renuntiation* auf seinen freyen Stand sofort Leibeigen.

15. Cod. Max. Bav. I 8 § 5: haben (die Leibeigenen Eltern) nicht einen, sondern verschiedene Herrn, so folgen nach hiesigem Land=Recht die Söhne der Mutter, u. die Töchter dem Vatter.

16. Münst. Egth.O. I 2 § 9. Die, so freyen Standes sind, u. ein vorhin mit eigenbehörigen Leuten besetzt gewesenes oder auch ein anderes Erbe nach Eigenthums=Recht annehmen u. gewinnen, begeben sich dadurch freiwillig u. *ipso facto* in die Leibeigenschaft.

17. Cod. Max. Bav. I 8 § 8. Das Gut macht den Innhaber niemal zu Leibeigen, ohngeachtet schon vor ihm ein oder mehr Leibeigne darauf gesessen seynd, ausgenommen an Orten, wo es wenigstens von dreyssig Jahren also hergebracht ist, u. der Innhaber bey seinem Aufzug gute Wissenschaft davon gehabt hat.

18. Ibid. § 7. Wenn sich ein Freyer mit einer Leibeigner Weibs=Person ehelichet, so wird er dadurch niemal Leibeigen, sondern bleibt ohngeacht dessen frey. Gleiche Beschaffenheit hat es mit freyen Weibs=Personen, welche sich mit Leibeignen verehelichen.

19. Hessisch. Eigenbuch b. Eichhorn RG. § 448 No. c. Item welch Mann oder Weib kommt aus anderen Landen — in dieß Land, nemblich in das Gericht zu Gladenbach, in das Gericht zu Lixfeld oder in andere unseres gn. Herrn zu Hessen Gericht, die sollen unsers gn. Herrn von Hessen Eigen sein, u. mit Beedte u. Hünern auf das Haus zu Blankenstein gehören.

20. Kellerei=Lagerbuch die Ober= u. Unterherrlichk. (i. Würt.) betr. v. 1606 (Reyscher Würtemb. Statuten=Samml. 1, 547). Unnd werden alle Inwoner (außerhalb deren, so frembden Usherren mit Leib=Aigenschafft verwandt seyn) für Leibaigen geachtt.

21. Cod. Max. Bav. I 8 § 15. Ein Leibeigner kan, ohne Bewilligung seines Herrns, nicht von ihm abziehen, u. da er dieses gleichwohl thut, so mag er — wiederum zurückberuffen werden.

22. Ibid. § 11: (der Leibeigene) kann von seinem Herrn verkaufft, verschenkt, vertauscht, verpfändet, verschrieben, vermacht, vererbt, u. überhaupt, wie all anderes Eigenthum veräussert u. verhandlet werden. Jedoch andergestalt nicht als nach der *Observanz*, welche in Leibeigenschafts=Sachen sowol in diesem als all anderen Puncten zur vorzüglichen Regul dienen soll.

23. Münst. Egth.O. I 2 § 11. Wann einer sein eigenbehöriges Gut oder Erbe vertauschet, verschencket, verkaufet, oder auf eine andere gültige Art einem andern eigenthümlich übertraget, so tretten die dazu gehörige Leibeigene aus dem Eigenthum ihres vorigen Herrns in die Leibeigenschaft des neuen Guts=Herrn.

24. *Heda* episc. Traiect. 20 (Grimm RA. S. 383). *Pro licentia nubendi* intra sive extra dentur XII denarii.

25. Dipl. a. 1173 ap. *Miraeum* 1 c. 71. Ita ut de unoquoque eorum tam servo, quam ancilla habeat annuatim sex den. censuales, et de *mortua manu* duos sol. et de *maritagio* duos sol.

26. Urk. K. Lothars f. Königslutter (Or. Guelf. IV 524) v. 1135. Volumus ut si qua mulier de familia ecclesiae servo nostro — nupserit, data iustitia quae *bumeda* dicitur. (Waitz Verf.=Gesch. 5 S. 236.)

27. Urk. des Abts von Liesborn v. 1166 b. Kindlinger Hörigk. S. 240: ad cameram nostram pertinentibus iusticiam recognovimus, scilicet ut *de nuptiis unus* tantum *nummus aureus vel pellis hircina, de suppellectili* autem *morientium*, quidquid *melius* habuerint, nostris utilitatibus proveniat. Hunc autem — modum iusticie tamdiu illis indulsimus, quamdiu uxores de sua conditione vel de ministerialibus sibi copulaverint: sin vero in inferiori gradu, id est in ancillis vel mancipiis matrimonia contraxerint, — hereditas morientium *iure mancipiorum integraliter utilitati nostrae deputabitur:* porro per succedentes generationes — dimidium censum et *nuptialia commoda*, *quod dicitur beddemunt*, ac hereditates per omnia *more litonum* persolvent.

28. Cod. Max. Bav. I 8 § 12. Drittens soll er bei Vermeidung willkührlicher Straf ausser Lands gar nicht, u. im Land nicht ohne Bewilligung seines Herrns heyrathen, dahingegen aber auch der Herr für den ertheilten Consens nichts zu fordern hat, ausser das sogenannte Abzugsgeld, wo solches hergebracht ist.

29. W. von Mure b. Zürich v. 1543 § 4 (Grimm 1, 43). Aber sprechent die hoflüt, weller hie zu de helgen ee kumbt, der sol einen meyger laden u. ouch sin frowen, da soll der meyger lien dem brütgam ein haffen, da er wol mag ein schaff in gesyeden, ouch sol der meyger bringen ein fuder holtz an das hochtzit, ouch sol ein meyger u. sin frow bringen ein viertenteyl eines swynbachen, u. so die hochzit vergat, so sol der brütgam den meyger bi sim wyb laßen ligen die ersten nacht oder er sol sy lösen mit 5 sch. 4 pf. (Dazu: Bluntschli Zürich. RG. 1, 189, Waitz 5 S. 239, K. Schmidt Jus primae noctis 1881 u. Zeitschr. der Sav.-Stftg. 4 S. 241.)

30. Osnabr. Egth.O. C. 16 § 1—3. Das sogenannte Bettemunds-Recht exerciret der Guts-Herr gegen denjenigen, welcher dessen eigenbehörige Magd geschwängert hat; — derselbe muß nach altem Gebrauch sich mit dem Guts-Herrn mittelst einer Tonne Butter oder sonst, so gut er kann, abfinden. Solte aber solche Magd zum zweyten u. mehreren mahlen geschwängert werden, so kann der Guts-Herr zwar weiter keinen Bettemund, jedoch aber vom Thäter deßwegen, daß er die eigenbehörige Magd noch mehr deterioriret hat, eine billigmäßige *Satisfaction* fordern.

31. Cod. Max. Bav. I 8 § 13. Viertens bezahlt (der Leibeigene) dem Herrn alljährlich den bedungenen oder hergebrachten Leib-Zinß.

32. Lagerb. des Kl. Blaubeuren v. 1573 b. Reyscher a. a. O. S. 362. Ain jede Manns und Frawen Person dem Cl. Bl. mit Leibaigenschafft verwandt — die gibt alle Jar uf Martini — zu Beweißung der Leibeigenschafft Ain hennen genannt Leibhennen. Wa aber zway Eegemecht baide Leibaigen, geben sie nur Ain hennen.

33. Höfstätter W. (Grimm RA. S. 375). Item, es ist auch jede hofraith daselbst, der rauch ausgehet, unserm gn. h. ein herdhun zu geben schuldig.

34. Gl. z. Ssp. III 44. Wer aber mein eigen ist, dem mag ich den bescheid an meiner arbeit setzen, wie ich will.

35. Osnabr. Egth.O. C. 13 § 1. Es ist wohl zu beobachten, daß in hiesigem Hoch-Stift die Dienstleistungen der Eigenbehörigen nicht bey allen gleich, dahero darunter nichts generales zu verordnen seye, sondern es beruhet solches auf der von Alters hergebrachten Possession vel quasi, kraft deren ein Gutsherr solche Dienste ruhig zu geniessen hat.

36. Ebendas. § 2. Es kann aber ein Eigenthums-Herr dem Colono die Dienste nach seiner Willkühr nicht verhöhen, oder, an statt der Dienste dem Eigenbehörigen wider seinen Willen Dienst-Geld aufdringen.

37. Münst. Egth.O. Th. 1 Tit. 4 § 5. Dann müssen auch der Eigenbehörigen Kinder nach erreichtem Dienstfähigen Alter bey ihren Guts-Herren den Zwang-Dienst verrichten, u. ein halb Jahr (es wäre dann, daß der Guts-Herr einen längeren, oder der Eigenhörige einen kürtzeren, oder gar keinen Zwang-Dienst hergebracht zu seyn, beweisen könte) ohne Lohn für die Kost dienen.

38. Cod. Max. Bav. I 8 § 10. Erstens ist der Leibeigene seinem Herrn zu all anständig- u. herkommlichen Diensten verbunden, jedoch gegen gebührenden Lohn.

39. Ssp. III 32 § 7, 8. Sve sik vor gerichte to egene gift — behalt ine de herre went an sinen dot, he nimt sin erve na sime dode.

40. Schwsp. (Laßberg) 155. Erstirbet ein eigen des ein halbiu huobe ist von einem gebure, der ane erben ist, diu ist sins herren des er eigen ist u. hat er ander gut, daz mag er an dem tode oder mit gesundem libe geben swem er wil, u. hat er me eigens dann ein halbe huobe, daz sol dem lantrihtär werden u. lat er vaernde guot u. hat da mit niht geschaffet, daz sol des landes herren werden.

41. Zweiter Hofrodel von Engelberg (Grimm 1, 3). Das gotzhus erbet ouch alle, die an liberben sterbent, es sigen frowen oder man.

42. Hausbrief von Bubikon v. 1483 (Grimm 1, 68): das die kind ir vatter u. muter erben söllen, u. dero kindskind, u. ein bruder, ob da nit kint werent, ein andern, die alle des huses vorgenant eigen weren u. sölich erben bestan u. bliben biß an das viert glid —; u. wenn es also wyter über das viert glid kompt, das denn demnach das huß vorgenant des huses eigen lüt, so die absterbent, in irem verlaßnen guot, ligendem u. varendem, fallen u. erben mag.

43. Hildesheim. ius litonicum; s. oben S. 38 Nr. 8.

44. Offn. v. Birmenstorf v. 1347 (Grimm 1, 32). Wa ein gotzhußman stirbet, der git das beste lebent houbt, das er hat, ze valle, u. damit hat er sin erbe, das er von dem gotzhuß hatte, sinen rechten erben verschatzet. — Stirpt ouch ein gotzhusman ane liberben, wenne von deswegen ein val dem gotzhus — gerichtet wirt, so söllen sin nechsten erben, die genoß sint, ligendes u. varendes gut erben, das er gelassen hat.

45. Urk. K. Heinrich II. v. 1015 b. Kindlinger Hörigk. S. 223. *Censum — ultimum, per quem utique omissa et neglecta supplentur servitia, ius* videlicet *capitale*, a viris decedentibus *optimum equum*, aut si equo carent, *optimum caput pecoris*, et a feminis *induvias* et *exuvias* transmitti ad ecclesiam ordinamus. Die Urk. ist falsch, Waitz 5 S. 242.

a. Urk. K. Friedrich I. f. Worms v. 1184 (*Stumpf* Acta imp. ined. S. 220 n. 160): indulsimus, ut sicut ab exactione juris quod *buvteil* dicitur indulgentia privilegii antiqui sunt immunes, ita etiam ab exactione *optimi animalis* sive *preciosioris vestimenti*, quod in vulgari *houbitreht* vocatur, de cetero sint absoluti.

46. Urspringer W. (Grimm 3, 577). Item so aber kein pferdt da were, so wers das besthaupt bis auf den hann.

47. Urk. v. 1267 b. Reyscher a. a. O. S. 305: ius *mortuarium*, quod vulgo val et hobreht dicitur.

48. Münst. Egth.O. II 8 § 2. Wann — von Eigenbehörigen Ehe-Leuten — der Mann oder die Frau zu sterben kommet, erbet der Guts-Herr von dem zur Zeit des Absterbens obhandenen **sämtlichen Vermögen** die eine Halbscheid, u. verbleibet die andere Halbscheid dem überlebenden Ehegatten; u. wann demnächst auch dieser ohne Hinterlassung Ehelicher Leibs-Erben mit Todt abgehet, ist die dem letzt-lebenden verbliebene Halbscheid, u. was derselbe weiter für sich gebracht u. erworben hat, mithin das gantze *Peculium* nach Abzug der Schulden dem Guts-Herrn mit Ausschluß deren nächsten Verwandten u. Erben ab Intestato verfallen. § 3. Wann aber der letztlebende Kinder hinterliesse, — muß (der Guts-Herr) sich mit der Halbscheid des nachgelassenen Vermögens — begnügen lassen.

49. Minden. Egth.O. C. 8 § 1. Bey Absterben eines Eigenbehörigen gehöret dem Eigenthums-Herrn der so genannte Sterb-Fall, oder dimidia omnium mobilium et moventium bonorum, u. kan davon der Eigenbehörige weder per testamentum noch per donationem mortis causa disponiren.

50. Alpirsbach. Lagerb. v. 1560 b. Reyscher a. a. O. S. 59. Von einer jeden Mansperson zu Alpersbach gesessen, sie — besitzen für Güter was sie wollen, u. seien dem Closter A. mit Leib verwandt oder nit, wan die mit Tod ist abgangen, so gefelt der Herrschaft Alpersbach von Ir Person wegen zu Thott- oder Leibfall das best Haupt Viehs.

51. Dasselbe ebendas. S. 64. So viel einer derselbigen (Hofstätten) innen hat, gibt er von einer jedwedern insonderheit nach sein des Inhabers absterben neben dem Leibfall noch einen Fall, nemlichen auch allwegen ein Haubtviehs, u. wurdet dieser Fall genannt der Gütter Fall, u. geht allwegen nach dem Leibfall.

52. Urk. v. 1253 b. Hanselmann Hohenlohe nr. 43. Swer in der stat (Oehringen) ze marketrehte sitzet, stirbet er, so suln sin erben sin beste vihes houbet geben ze houbetrehte, hat er des niht, so sal man geben wat u. wafen, als er gienc ze kirchen u. ze strazen.

53. Jülich. Landr. v. 1537 VIII (Lacomblet Arch. I 120). Item so die Curmoidighe gueter mennicherleye natuyren haven, liest man jecklicher ordt lands by syner alder gewonheit, herkomen u. gebruychongen.

54. Urk. Herz. Otto v. Braunschw. v. 1314 b. Sudendorf Braunschw.-Lüneb. Urk.B. I nr. 236: viri nostri pro iure coram nobis invenerunt, quod quilibet servus et proprius sanus et incolumis possit licite *dominis suis irrequisitis vendere* vel *donare* res suas *cuicunque voluerit*, et domini sui non possint impedire vel irritare venditionem seu donationem huiusmodi, dummodo ipse res suas illas extra possessionem suam dimiserit et eas emptori vel donatario duxerit assignandas.

55. Osnabr. Egth.O. C. 6 § 9. Weil denen Eigenbehörigen — alle testamentarische Verordnung untersagt ist, so ist u. bleibet folglich, wann sie auch ein Testamentum solenne errichtet haben, solches ohne Kraft u. ungültig, zumahl sie *mortis causa* nichts verschencken können.

56. Münster. Egth.O. I 5 § 1. Solte ein Eigenbehöriger der aufhabenden Pflicht in Erzeigung geziemender Ehrerbietung, welche er seinem Guts-Herrn schuldig ist, nicht nachkommen, sondern gegen denselben oder die Seinige sich mit unanständigen Gebährden, Worten, oder Wercken ungeziemend aufführen, oder halsstärrig u. widerspenstig bezeigen, so gebühret dem beleidigten Guts-Herrn, wann er schon keine Iurisdiction oder Gerichtbarkeit hat, eine mäßige *Correction* u. Züchtigung, mithin kan derselbe seinen Eigenbehörigen nach Maß des Verbrechens entweder auf einige Stunden in den Spannischen Mantel, oder auch auf 24 Stunden in einer Kammer auf Wasser u. Brod einschliessen, obsonst demselben eine andere gelinde Straf empfinden lassen, u. wann deswegen der Guts-Herr von seinem Eigenbehörigen fiscaliter denunciiret, oder durch eine Injurien Klag gerichtlich belangt werden wolte, soll die Obrigkeit dem Anbringen nicht anderst Gehör geben, als wann bey der *Correction* die Mäßigung mercklich überschritten zu seyn befunden würde.

57. Ebendas. § 4. Wann sich der Eigenbehörige in Leistung schuldiger Diensten saumseelig oder weigerlich haltet, oder seine Korn- u. Geld-Pacht — u. übrige Praestanda zu gebührender Zeit nicht abführet, u. die Praestanda keinem Zweifel unterworfen sind, hat der Guts-Herr Macht —, gegen den Saumseeligen oder Widerspenstigen ohne Zuziehung des Richters mit der *Execution* zu verfahren, denselben pfänden — zu lassen.

58. Dieselbe IV 1 § 4. Wann — ein Eigenbehöriger der Leibeigenschaft gern entlassen seyn möchte, muß er seinem Guts-Herrn — solches, u. die Ursachen, warum er die Freyheit verlanget, geziemend anzeigen, u. wann dieselbe wahr u. erheblich befunden werden, der Guts-Herr die Bitt des Eigenbehörigen — ohne rechtmäßiges Bedencken nicht abschlagen, sondern demselben für ein billiges u. gebräuchliches Löße-Geld die Freyheit — ertheilen.

59. Beschl. der D. Bundesversamml. v. 23. Jun. 1817 Nr. 4; s. unten § 48 Nr. 17.

60. Vestische Egth.O. Tit. 11 § 84. Wenn — ein Eigenbehöriger einen rechtmäßigen *Titulum* u. guten Glauben für sich, oder auch sich auf eines andern Gutsherrn Erbe, oder Kotten verheirathet hätte, u. nach der Zeit dreißig Jahr verflossen wären, ohne daß er immittels wegen der Leibeigenschaft angesprochen worden, so soll er für frei u. freigelassen gehalten werden, ausser diesen Fällen aber kann kein Leibeigener sich mit der Verjährung schützen, oder es hätte denn derselbe auf geschehene Erinnerung gegen den Leibeigenthum erweislich protestiret, u. der Gutsherr durch ein dreyßigjähriges Stillschweigen es dabei belassen.

61. General-Rescr. des Markgr. Karl Friedr. z. Baden v. 23. Jul. 1783 b. Drais Gesch. der Regierung v. Baden unter Karl Friedrich Bd. 2 Beil. S. 23: erklären, — daß Wir — ohne Absicht auf einigen Ersatz der Einkünfte, welche aus der Leibeigenschaft fliesen — in Unsern gesammten Landen — die Leibeigenschaft von dem heutigen Tag an völlig aufheben, u. unsere Unterthanen in ersagten Landen hiemit für leibesfrei erklären. — In unsern Landen — wollen Wir — Unsere Unterthanen von folgenden Abgaben ganz — befreien: — 3) von dem Manumissions- u. Expeditions-

Tax; — 5) von dem Leibschilling; 6) von dem Todtfall u. Hauptrecht oder Besthaupt — so weit diese letzte Schuldigkeit auf Personen u. nicht auf gewissen Gütern haftet.

62. K. Westphäl. Verordn. v. 23. Jan. 1808 Art. 1. Als Leibeigenschaftsverbindlichkeiten werden betrachtet u. als solche aufgehoben 1) bloß persönliche Dienste u. Personen-Frohnen — 2) alle Dienste, die zwar in Rücksicht des Besitzes eines Grundstücks obliegen, aber unbestimmt u. von der Willkühr dessen, der sie zu fordern hat, abhängig sind. — 3) die Verbindlichkeit der Bauern in dem Hause ihres bisherigen Herrn als Gesinde zu dienen. — 4) die Verbindlichkeit zur Eingehung einer Heirath die Einwilligung des bisherigen Herrn einzuholen, u. an diesen unter der Benennung von Bedemund — oder einem sonstigen Namen, für eine solche Einwilligung zu bezahlende Abgaben zu entrichten. — Art. 4. Er kann sie zu Erfüllung ihrer Verbindlichkeit gegen ihn — weder durch körperliche noch durch Geldstrafen nöthigen. — Art. 5. Dem Bauern steht es frei, das Gut zu verlassen, — auch sich an irgend einem andern Ort niederzulassen. — Art. 6. Aufgehoben ist ferner das unter — dem Namen des Mortuarii bekannte Recht. — Art. 9. Die bisherigen Herren behalten das Obereigenthum u. alle diejenigen Rechte, welche nicht, als von der Leibeigenschaft abhängig, aufgehoben sind, sondern in Abgaben u. Verbindlichkeiten bestehen, die mit der Constitution verträglich, u. als Preis der Ueberlassung des nutzbaren Eigenthums zu betrachten sind. — Art. 13. Alle bestehen bleibende Grundgerechtsame sind durchaus ablösbar.

63. Decret des K. Napoleon f. d. Großherzogth. Berg u. Cleve v. 12. Decbr. 1808 Art. 3. Abgeschafft sind ohne Entschädigung: 1) der Gesindezwang; 2) das Recht der Freylassung u. der Freykäufe; 3) der Sterbfall, der nicht auf einem Colonate haftet; 4) die Frohnden, Hand- u. Spanndienste, u. alle andere persönliche Dienstleistungen. Art. 4. Abgeschafft sind gegen Entschädigung die aus dem Colonat entspringenden Rechte; nämlich 1) der Sterbfall oder das Recht der Erbfolge; 2) die Erbgewinn-, Auffahrts- oder Weinkaufsgelder bei Auflassung eines neuen Colonen zum Erbnießbrauche; 3) der Heimfall oder die Erlöschung des Erbnießbrauches, wenn der Colon keine zur Auflassung auf das Colonat geeignete Erben hinterläßt.

64. Preuß. LR. II 7 § 148. Es findet — die ehemalige Leibeigenschaft, als eine Art der persönlichen Sklaverey, auch in Ansehung der unterthänigen Bewohner des platten Landes, nicht Statt. — § 150. Sie dürfen das Gut, zu welchem sie geschlagen sind, ohne Bewilligung ihrer Grundherrschaft nicht verlassen. § 151. Sie können aber auch von der Herrschaft, ohne das Gut, zu welchem sie gehören, nicht verkauft, vertauscht oder sonst an einen Andern wider ihren Willen abgetreten werden. — § 172. Ohne ausdrückliche Erlaubniß der Gutsherrschaft können (die Kinder der Unterthanen) zur Erlernung eines bürgerlichen Gewerbes oder zum Studiren nicht gelassen werden. — § 185. Die Kinder aller Unterthanen, welche in fremde Dienste gehen wollen, müssen sich zuvor der Herrschaft zum Dienen anbieten.

65. K. Preuß. Edict. v. 9. Oct. 1807 § XII. Mit dem Martinitage 1810 hört alle Gutsunterthänigkeit in Unsern sämmtlichen Staaten auf. Nach dem Martinitage giebt es nur freie Leute, so wie solches auf den Domainen in allen Unsern Provinzen schon der Fall ist, bei denen aber, wie sich von selbst versteht, alle Verbindlichkeiten, die ihnen als freien Leuten, vermöge des Besitzes eines Grundstücks, oder vermöge eines besondern Vertrags obliegen, in Kraft bleiben.

66. K. Preuß. Ges. v. 21. Apr. 1825 üb. die gutsherrl. bäuerl. Verhältn. im vormal. Königr. Westph., Großh. Berg u. Französisch-Hanseat. oder Lippe-Departement. § 4. Die Leibeigenschaft (Erbunterthänigkeit, Eigenbehörigkeit u. s. w.), in sofern sie irgendwo noch bestanden hätte, ist u. bleibt mit ihren Folgen ohne Entschädigung aufgehoben. — § 5. Es bleiben ferner aufgehoben: 1) die bloß persönlichen Dienste oder Personalfrohnen; 2) die Verbindlichkeit in dem Hause des Gutsherrn als Gesinde zu dienen (das sogenannte Gesindezwangsrecht); 3) die

Verbindlichkeit zur Eingehung einer Heirath die Einwilligung des Gutsherrn einzuholen, u. an diesen für die Einwilligung eine Abgabe (z. B. Bedemund, Brautlauf ꝛc.) zu entrichten; 4) alle ungemessene Dienste.

67a. K. Preuß. Ges. üb. die gutsherrl. bäuerl. Verhältn. in d. vormals Westph. u. Französ. Landestheilen v. 21. Apr. 1825 § 10. Eben so ist das unter dem Namen: Sterbefall, Besthaupt, Kurmede, Mortuarium ꝛc. bekannte Recht eines Guts- oder Gerichtsherrn, einen Antheil aus dem Mobiliarnachlaß eines Verstorbenen, oder ein einzelnes Stück aus diesem Nachlaß zu fordern, allgemein aufgehoben, ohne Rücksicht auf den Stand u. die persönlichen Verhältnisse des Verstorbenen.

67b. K. Preuß. Gesetz über die gutsherrl. bäuerl. Verhältn. i. d. vormal. Großh. Bergisch. Landestheilen v. 21. April 1825 § 10. Aufgehoben ist ferner das unter dem Namen: Sterbefall, Mortuarium etc. bekannte Recht eines Guts- oder Gerichtsherrn, einen Antheil aus einer Verlassenschaft zu fordern; wenn jedoch dieses Recht nicht auf einen aliquoten Theil der Erbschaft, sondern auf ein einzelnes Stück derselben (Besthaupt, Kurmede, Sterbebette ꝛc.) gerichtet ist, u. zugleich auf einem Bauerngute haftet, so soll es ausnahmsweise fortdauern.

68. Angef. K. Preuß. Ges. üb. d. gutsh. bäuerl. Verhältn. i. d. vorm. Westph. Landestheilen § 44 u. 37, i. d. vorm. Großh. Berg § 24, i. d. vorm. Französ. u. s. w. § 23. Die Gutsherren behalten — die bei Besitzveränderungen zu zahlenden Antrittsgelder (Annahmegelder, Laudemien, Weinkauf ꝛc.). — Das Heimfallsrecht dauert in allen Fällen, in welchen es vor Bekanntmachung der fremden Gesetze bestand, auch fernerhin fort.

69. Bayer. Verf.Urk. v. 1818 Tit. 4 § 6. In dem Umfange des Reichs kann keine Leibeigenschaft bestehen, nach den näheren Bestimmungen des Edicts vom 3. Aug. 1808.

70. H. Nassau. Ges. v. 1. Jan. 1808. Haben erwogen, daß die Leibeigenschaft in unseren Rheinischen Gegenden seit undenklichen Jahren das meiste von ihrer Härte schon verloren hatte; daß auch der zurückgebliebene Name sich mit dem Grade der Cultur unter den Völkern nicht mehr verträgt, daß sie unter Unsern Unterthanen — eine schädliche Ungleichheit hervorbrachte; daß insbesondere die Abgabe des Besthaupts zur Epoche der Erhebung drückt; daß die übrigen allenfalls damit in Verbindung stehenden Prästationen ohne Nachtheil fortbestehen können; — so heben wir die Leibeigenschaft im ganzen Umfange unsers Herzogthums andurch auf, u. gebieten, daß die Abgabe, die da heißt: das Besthaupt, oder wie sie sonst im Deutschen Recht mag genannt worden sein, von Anfang dieses Jahrs an, nicht mehr gehoben werde. Den Standesherren, Edelleuten, Vasallen u. andern, die dadurch in ihren Einkünften geschmälert worden, werden Wir anf ihr Begehren Ersatz leisten.

71. H. Nass. Ges. v. 1. u. 3. Septbr. 1812. Wir wollen Unsern Unterthanen — für die Zukunft nunmehro auch die Freiheit ihres Grundeigenthums von aller drückender Beschwerung veralteter leibes- u. gutsherrlicher Abgaben u. Leistungen zuwenden, während zugleich Wir Bedacht nehmen, daß Standes- u. Grundherren, auch sonstigen Gutsbesitzern u. Vasallen, deren Einkünfte hierdurch Abgang erleiden, aus allgemeinen Mitteln des Staats ein billiger Ersatz geleistet werde.

72. Großherzogl. Hess Verordn. v. 25. Mai 1811. Wir finden die in mehreren Theilen Unserer Provinzen Starkenburg u. Hessen noch fortbestandene Leibeigenschaft weder dem Geiste der Zeit, noch der Würde angemessen, die Wir in Unseren sämmtlichen geliebten Unterthanen als Staatsbürgern anerkannt haben wollen.

73. K. Würtemb. II. Edikt v. 18. Nov. 1817 (Reyscher Ges.Samml. 3, 452). In der Ueberzeugung, daß in einem Staate, dessen vorzüglichster Reichthum in dem Grundeigenthume, u. in der zweckmäßigen Benutzung desselben besteht, der Wohlstand des Volkes auf die Grundlage einer dem Recht u. dem Zeitgeiste entsprechenden Freiheit des Grund-

eigenthümers u. des Bauern gebaut werden müsse, — verordnen Wir —: I. Die persönliche Leibeigenschaft mit allen ihren Wirkungen soll vom 1. Januar 1818 an, in dem ganzen Umfange Unsers Königreichs aufgehoben seyn. 1) Unter der persönlichen Leibeigenschaft ist dasjenige Leibeigenschafts-Verhältniß verstanden, nach welchem, ohne Rücksicht auf Güterbesitz, entweder einzelne Personen, oder ganze Gemeinden, einem andern als eigengehörig angesehen, u. zu gewissen Abgaben verbindlich gemacht werden (Personal- u. Local-Leibeigenschaft). 2) — Der Leibeigenschaftsherr soll, da derselbe — unter den hiernach folgenden Bestimmungen auch künftig noch zum Bezug gewisser Real-Leibeigenschafts-Gefälle berechtigt bleibt, über dieselben nicht mehr Rechte, als über jeden andern Grundholden u. Gültpflichtigen auszuüben befugt seyn. 3) Die bisherigen Personal- u. Local-Leibeigenen sollen von dem vorstehend vorgeschriebenen Termin an, auf ewige Zeiten von allen u. jeden Abgaben, welche sie in dieser Eigenschaft an die Königl. Kammern, an die unter der Aufsicht des Staats stehenden Gemeinde-Stiftungs- u. andere öffentlichen Administrationen, zu entrichten haben, unentgeldlich, von jenen aber, welche sie an andere Gutsherrschaften zu entrichten verpflichtet sind, gegen eine gesetzlich zu regulirende Entschädigung, befreit seyn, mithin von da an a) weder jährliche Leibsteuern, Leibschillinge, Leibhennen, Leibhahnen, Leibesbeeten, Weisat-Gelder, rc. b) noch bei ihrer Verheirathung, einen Brautlauf, Ungenossame u. dergleichen zu entrichten haben, c) eben so wenig auf ihr Absterben ihre Erben ein Hauptrecht oder Besthaupt, kleinen oder großen Fall, Heerdrecht, Gürtelgewand rc. zu bezahlen schuldig seyn, endlich d) für die Loslassung ein Manumissionsgeld nicht Statt finden können.

74. Angef. Preuß. Ges. f. die vorm. Westph. Landestheile § 46, f. die vorm. Berg. § 25, f. die vorm. Franz. § 24. Bei einem über die Verpflichtung zu den im § 44 [resp. 24 u. 23] genannten Leistungen (namentlich die bei Besitzveränderungen zu zahlenden Antrittsgelder (Annahmegelder, Laudemien, Weinkauf rc.), die Zinsen, Renten, Geld- u. Natural-Abgaben, imgleichen die Dienste nach den im § 5 [vgl. oben Nr. 66] u. 6 enthaltenen näheren Bestimmungen) entstehenden Streite, soll für deren rechtliche Fortdauer, wenn dieselben auf einem Grundbesitz haften, so lange vermuthet werden, bis der Verpflichtete wegen der bestrittenen einzelnen Leistung den Beweis führt, daß dieselbe lediglich als Folge der Leibeigenschaft (§ 4 [s. oben Nr. 66]) zu betrachten sei.

75. Großh. Mecklenb. Schwerin. Verordn. v. 18. Jan. 1820. Die Leibeigenschaft u. Guts-Unterthänigkeit hört mit ihrem Namen u. Wesen, u. mit allen aus ihr herrührenden wechselseitigen Rechten u. Verbindlichkeiten der Gutsherren u. bisherigen Gutsbehörigen sofort auf, jedoch wird die Freizügigkeit für die gemeinschaftliche Wohlfahrt des Gutsherrn u. der freigelassenen Familien vorerst solchergestalt beschränkt, daß 1) sie überhaupt bis zum 24. October 1821 ganz versagt bleibt, — daß 2) am 24. Oct. 1821 nur der vierte Theil aller in einem Gute wohnenden leibeigenen Tagelöhner abziehen kann u. so fort bis zum 24. Oct. 1824. — 4) Auch die Gutsherrschaft darf nicht mehr als den vierten Theil der beim Eintritt des Gesetzes in jedem seiner Güter wohnenden leibeigenen Familien-Väter kündigen. — 11) Wenn zwar — alle Lasten u. Pflichten, die erkennbar aus dem Leib-Eigenschafts-Verbande flossen, gänzlich aufhörn, so bleiben doch, so lange weder der Gutsherr noch der Gutsgehörige von der wechselseitigen Kündigungs-Befugniß Gebrauch machen, diejenigen Rechte u. Pflichten, welche an sich damit verwandt oder durch Dienstordnungen, Gesetze und besondere Contracte bedungen sind, bei vollem Bestande. — 13) Auch auf die Bauern geht mit der Freiheit die wechselseitige Kündigungs-Berechtigung u. Freizügigkeit über, in sofern sie nicht durch Erb- oder Zeit-Pacht-Contracte absonderlich beschränkt ist. — Die Kündigungen der Gutsherren bleiben aber — eben so wie die Aufkündigungen andrer leibeigen gewesener Familienväter eingeschränkt auf 1/4tel der in jedem Gute Termino Johannis 1821 befindlichen Zahl für die Jahre von Johannis 1821 bis 1825.

76. K. Hannov. Verordn. v. 10. Nov. 1831 § 18. Die Eigenbehörigkeit soll gegen Entschädigung der Berechtigten für die nutzbaren Rechte

aufgehoben u. die gesetzlichen Bestimmungen hierüber sollen in der Ablösungs-Ordnung erlassen werden. Dieselbe hört jederzeit auf, wenn die Besitzer eines eigenbehörigen Colonats den Gutsherrn für die ungewissen Gefälle des Sterbefalls, der Auffahrt u. der Freibriefe nach dem Maßstabe entschädigt, der bei der Abstellung sonstiger veränderlicher Gefälle Statt findet. Die bisherigen Zwangs-Dienste der eigenbehörigen Kinder fallen sodann ohne Entschädigung weg.

77. K. Hannov. Ablösungs-O. v. 23. Jul. 1833 § 133. Die Eigenbehörigkeit wird durch Abstellung der im § 18 der Verordnung vom 10. Nov. 1831 benannten zufälligen oder veränderlichen Rechte, nämlich der Auffahrt, des Sterbefalls u. der Freibriefe, so wie auch des Heimfalls, insoweit dem Gutsherrn ein Anspruch auf dieselben zusteht, in Beziehung auf den Besitzer des Hofes, dessen Ehegatten, die Nachkommen derselben u. alle übrige Abkömmlinge vom Hofe, wenn diese nicht etwa bereits auf einem andern eigenbehörigen Hofe sich besetzt haben, wie auch auf die Altentheiler (Leibzüchter) aufgehoben. — Sollten die vier, vorher namhaft gemachten Rechte in einzelnen Fällen überall nicht vorkommen, so erfolgt die Aufhebung der Eigenbehörigkeit doch stets durch Abstellung derjenigen zufälligen oder veränderlichen Rechte, welche dem Gutsherrn in Beziehung auf den zu befreienden Hof und dessen Besitzer zustehn.

78. K. Preuß. Edict v. 9. Oct. 1807 § X Nach dem Datum dieser Verordnung entstehet fernerhin kein Unterthänigkeitsverhältniß, weder durch Geburt, noch durch Heirath, noch durch Uebernehmung einer unterthänigen Stelle, noch durch Vertrag.

79. Verordn wegen Aufhebung der Leibeigensch. f. d. Herzogth. Schlesw. u. Holst. v. 19. Decbr. 1804 § 6. Kein Ausländer, der sich in Unseren Herzogthümern Schleswig u. Holstein ꝛc. – aufhält, soll angehalten u. ausgeliefert werden, wenn er als Leibeigener vindicirt würde.

a G. des Nd. Bds. v. 4. Mai 1868 § 1. Bundesangehörige bedürfen zur Eingehung einer Ehe oder zu der damit verbundenen Gründung eines eigenen Haushaltes ... nicht der Genehmigung der Gemeinde (Gutsherrschaft).

§ 47. V. Beamtenstand. (G. § 38.)

1. Baier. Edict üb. die Verhältn. der Staatsdiener v. 26. May 1818 § 21. Der in Amtsthätigkeit stehende Staatsdiener bleibt von der Ausübung der streng bürgerlichen Gewerbe, von der Führung einer Bank oder ähnlichen Anstalt, u. von dem ausschließenden persönlichen Betriebe einer Fabrik ausgeschlossen.

2. Ebendas. Dem äußern Justiz-Policey- u. Finanz-Beamten ist außerdem noch untersagt, in seinem Amtsbezirke eine Guts-Realität zu erwerben.

3. Ebendas. Alle übrigen zulässigen Privat-Verhältnisse müssen aber auch in jeder Collision mit den Verhältnissen der Amtsverrichtungen weichen.

4. Würtemb. Dienstpragmatik v. 28. Jun. 1821 § 19. (Kein Staats-)Diener, es mag sich ein solcher im aktiven Dienste oder im Quiescenz-Stande befinden, darf ohne vorgängige Anzeige u. hierauf erfolgte Entschließung sich in eine eheliche Verbindung einlassen.

5. Dieselbe § 11. Besoldungen, Quiescenz-Gehalte, Pensionen der Diener sowohl als ihrer Hinterbliebenen, so wie andere Unterstützungen aus der Staats-Casse, dürfen nicht über den dritten Theil zu Gunsten von Gläubigern in Beschlag genommen werden.

6. Hannov Staatsdienerges. v. 8. Mai 1852 § 39 (= G. v. 24. Juni 1858 § 38). Kein Staatsdiener darf ohne Genehmigung der vorgesetzten Dienstbehörde einen anderen Erwerbszweig oder ein Nebengeschäft betreiben.

7. Das. § 40 (= § 39 v. 1858). Kein Staatsdiener darf ohne erhaltene Genehmigung von einer andern Regierung Titel, Ehrenzeichen, Geschenke oder Belohnungen annehmen.

a. RG. betr. die Rechtsverhältnisse der Reichsbeamten v. 31. März 1873 § 16. Kein Reichsbeamter darf ohne vorgängige Genehmigung der obersten Reichsbehörde ein Nebenamt oder eine Nebenbeschäftigung, mit welcher eine fortlaufende Remuneration verbunden ist, übernehmen oder ein Gewerbe betreiben. Dieselbe Genehmigung ist zu dem Eintritt eines Reichsbeamten in den Vorstand, Verwaltungs- oder Aufsichtsrath einer jeden auf Erwerb gerichteten Gesellschaft erforderlich. Sie darf jedoch nicht ertheilt werden, sofern die Stelle mittelbar oder unmittelbar mit einer Remuneration verbunden ist. — Die ertheilte Genehmigung ist jederzeit widerruflich.

b. Preuß. G. v. 10. Juni 1874. Unmittelbare Staatsbeamte dürfen ohne Genehmigung des vorgesetzten Ressortministers nicht Mitglieder des Vorstandes, Aufsichts- oder Verwaltungsrathes von Aktien-, Kommandit- oder Bergwerks-Gesellschaften sein und nicht in Komités zur Gründung solcher Gesellschaften eintreten. — Eine solche Mitgliedschaft ist gänzlich verboten, wenn dieselbe mittelbar oder unmittelbar mit einer Remuneration oder mit einem anderen Vermögensvortheile verbunden ist.

c Preuß. Vormundschaftsordng. v. 5. Juli 1875 § 22. Wer ein Staatsamt oder ein besoldetes Amt in der Kommunal- oder Kirchenverwaltung bekleidet, bedarf zur Führung einer von dem Vormundschaftsgericht eingeleiteten Vormundschaft der Genehmigung der zunächst vorgesetzten Behörde.

8. Preuß. Ldr. II 10 § 21. (Militärpersonen) dürfen für sich selbst keine andere bürgerliche Nahrung treiben, als die ihnen — unter Genehmigung des Regimentschefs, ausdrücklich zugelassen ist.

9. Ebendas. § 27. Den Unteroffiziers u. Soldaten sollen, so lange sie in wirklichen Kriegsdiensten stehen, weder bürgerliche Grundstücke u. Häuser, noch Ackerwirthschaften, ohne ausdrückliche Genehmigung des Regimentschefs übergeben werden.

10. Ebendas. § 31. (Dagegen) können sie von der Uebernehmung solcher Grundstücke, die ihnen während des Soldatenstandes durch Erbschaft, Vermächtniß, Schenkung, oder Heirath zufallen, nicht ausgeschlossen werden.

11. Ebendas. § 35. Ihre Grundstücke können Unteroffiziers u. Soldaten, ohne schriftliche unter dem Regimentssiegel ertheilte Einwilligung des Chefs oder Kommandeurs, nicht veräussern, noch verpfänden. — § 37. Veräusserungen u. Verpfändungen, bey welchen die Vorschriften des § 35 nicht beobachtet worden, sind nichtig.

12. Ebendas. § 41. Die besondern Rechte der Militärpersonen in Ansehung der Verjährung, des Schuldenmachens, der letztwilligen Verordnungen, ihrer Heirathen, u. der Bevormundung ihrer Kinder, sind gehörigen Orts bestimmt.

d. Reichsmilitairgesetz v. 2. Mai 1874 § 40. Die Militairpersonen des Friedensstandes bedürfen zu ihrer Verheirathung der Genehmigung ihrer Vorgesetzten. § 41. Die Militairpersonen des Friedensstandes und die Civilbeamten der Militairverwaltung können die Uebernahme von Vormundschaften ablehnen, und sind zu deren Uebernahme nur mit Genehmigung ihrer Vorgesetzten berechtigt. § 42. Die landesgesetzlich für einzelne Klassen von Militairpersonen bestehenden Beschränkungen hinsichtlich der Erwerbung, Veräußerung und Belastung von Grundstücken werden aufgehoben. § 43. Zum Betriebe eines Gewerbes bedürfen die Militairpersonen des Friedensstandes für sich und für die im Dienstgebäude bei ihnen wohnenden Mitglieder ihres Hausstandes der Erlaubniß ihrer Vorgesetzten, in sofern nicht das Gewerbe mit der Bewirthschaftung eines ihnen gehörigen ländlichen Grundstücks verbunden ist.

Drittes Capitel. Von dem Unterschiede zwischen Einheimischen und Fremden. (B. § 65. G. § 47, 48. St. § 42, 43. R. § 67.) § 48.

Laband Reichsstaatsrecht 1 S. 175. Mandry civilr. Inhalt § 4. — RG. über die Erwerbung u. den Verlust der Bundes- u. Staatsangehörigkeit vom 1. Juni 1870.

1. Transl. S. Alexandri (ob. § 41, 1) c. 13: quaedam mulier —, quae nata fuit in Fresia, mansit exul in vicinitate loci illius (Wildeshausen) —, cum (alia) muliere —; quae cum cogitasset, quomodo *illam peregrinam vendidisset, eo quod peregrina esset, et patronum non habuisset* etc.

2. Brokmer-Brief § 129. Hwasa thene uthemeda husath jestha howath, jestha oppa sinne werf set: sa skel hi thes wachtia hwetsa hi deth. (Wer einen Ausheimischen in sein Haus oder seinen Hof nimmt, oder auf seinen Werf setzet, soll für das einstehen, was dieser thut.)

3. L. Baiuv. Tit. III c. 14 § 1 et 2. Nemo ausus sit inquietare vel nocere peregrinum, quia alii propter Deum, alii propter necessitatem discurrunt, tamen *una pax omnibus necessaria est.* Si autem aliquis — peregrinum nocere voluerit, et fecerit, — centum sexaginta solidos *in fisco* cogatur exsolvere; et peregrino, si viventem reliquit, omnia iniuria, quod fecit ei, — dupliciter componat.

a. Lex Francor. Chamavor. c. 9. Si quis *wargengum* occiderit, solidos 600 in dominico componat.

4. Magdeb. Fr. I 2, 14 (Behrend S. 47): Der richter mag ungerichte, das enelenden luten geschyt, clagen glicherweyz, als ir swertmog thun mochte, ab her zcu keginwortig were.

5. Cöln. Urk. v. 1258 b. Lacomblet II 247 nr. 53. Camerarius archiepiscopi *bona adventitiorum hominum, qui decedunt,* potest et debet *recipere.*

6. Braunschw. sg. Ottonianum § 44 (UB. S. 6): Swaz so binnen der muren besterft rede oder herewede, dar ne hevet de voget nen recht an; man ne geve it buten de stat, so es des vogedes dat stucke neist deme besten.

7. Gebrauch der Herrschaft Losburg b. Reyscher Würtemb. Privatr. Bd. 1 § 167 No. 3. Kommt ein Fremder gen Losburg, u. stürbe daselbst, den fahlet man nach dem besten, das er hat.

8. Goslar. Stat. S. 7 Z. 22 ff. Sterft en unser börgere eder burgerschen, des erve up enne gast valt, de gast schal laten den dridden pennigh des erves deme rade to hulpe to der stad nod, tornen, muren u. graven. Wolde aver de gast to Gosler wonen —; so stadet me ome to deme erve alse eyneme anderen unseme medebörgere.

9. Götting. Rathsschl. v. 1462 (*Pufend.* III adp. p. 191). Welk man — eder fruwe syne varende have edder redeschup in synem testamento eder zelegerede vorgeve dem edder den, de der stad neine plicht en dede, it weren utlude edder nicht, von der gifft egent de rad u. stad den dritten penning gelik alse efft de darmede beervet were, uthgenomen wat de kerken, klosteren eder godesdienste gegeven worde.

10. Kleebronner Lagerb. b. Reyscher Altwürt. Statutarr. S. 472: wan ein Underthan oder hintersäß zu Cleebronn -- daß burger Recht aufgibt — u. — in ein ander orth sich begibt —, waß er also auß allen seinen haab u. liegenden güettern erlöst u. sonsten an Vermögen hatt, davon ist er den Junckern alß dises orths herrschafft — den zehenden pfennig zu herrn wein kauf, nachsteur u. abzug zu geben schuldig. Also auch waß außgeseßene durch Erbfall, geschäfft oder gemechtsweiß alda — hinweg bringen, seyen dieselbe ebenmäßig von denselbigen allen den zehenden pfennig zu abzug u. Nachsteur zu geben schuldig.

11. K. Preuß. Cabinets-O. v. 11. Apr. 1822. Daß — gegen andere Staaten, in denen das *ius detractus* nicht mehr zur Anwendung kommt, forthin weder Abschoß- noch Abfahrtsgeld genommen werden soll.

12. Preuß. Verf. Art. 11. Abzugsgelder dürfen nicht erhoben werden.

b. Dortmunder Statut v. 1354 (Frensdorff S. 205): queme dath erflike gut eder wordet gegyftet in eynes gastes hanth, dhe gast zael borghere werden eder — zael dath erflike gud vorcopen iin borghere hanth binnen jare ende dage neyst tho komende.

13. Rev. Lüb. R. I 2 Art. 5. Es sol kein Bürger sein Erbe, Rente u. Eigenthumb einem Gast oder Frembden oder andern, welche unser Bürger nicht seyn, vorsetzen oder vorpfenden, vorkauffen oder zu trawen Handen, demselben zum besten, zuschreiben lassen; — wer

darüber sich zu handeln understehen würde, der soll das Erbe zuvorderst vorlustig seyn u. darzu dem Rathe Straff geben. — Gleicher gestalt sol es auch gehalten werden, wann einem Frembden ein Erbe allhir anstirbet, der sol dasselbe auch nicht an Frembde voreußern, sondern an Bürgere bringen. (Stobbe Ztschr. f. RG. 7 S. 433.)

14. Würtemb. LR. II 9. Wir setzen — auch, daß Unsere Underthanen keinem, der in Unserm Herzogthumb nicht gesessen, noch Unserer Landtsfürstlichen Oberkeit seiner Person u. Gütter halb underworffen, — einig ligends Gut zukauffen geben, vertauschen, oder in andere weg eigenthümlich verändern sollen, ohne Unsere erlaubnus: bey Straff Zweinzig Gulden. — Es soll auch solcher Contract durchauß kein Krafft haben.

c. Lüb. R. Hach I 24: nullus *hospes vel extraneus* potest esse *mundibordius* puerorum alicujus civis aut burgensis.

d. Preuß. LR. II 18 § 156. Fremde .... können inländischen Pflegebefohlenen nur aus überwiegenden Gründen des Bestens derselben und nur unter Genehmigung des Justizdepartements zu Vormündern bestellt werden.

15. Preuß. LR. Einl. § 41. Fremde Unterthanen haben, — bei dem Betriebe erlaubter Geschäfte in hiesigen Landen, sich aller Rechte der Einwohner zu erfreuen, so lange sie sich des Schutzes der Gesetze nicht unwürdig machen. § 42. Die Verschiedenheit der Rechte auswärtiger Staaten macht von dieser Regel noch keine Ausnahme. § 43. Wenn aber der fremde Staat, zum Nachtheil der Fremden überhaupt, oder der hiesigen Unterthanen insbesondere, beschwerende Verordnungen macht —, so findet das Wiedervergeltungs-Recht statt.

16. D. Bundes-A. Art. 18. Die verbündeten Fürsten u. freien Städte kommen überein, den Unterthanen der deutschen Bundesstaaten folgende Rechte zuzusichern: a) Grundeigenthum außerhalb des Staates, den sie bewohnen, zu erwerben u. zu besitzen, ohne deßhalb in dem fremden Staate mehreren Abgaben u. Lasten unterworfen zu seyn, als dessen eigene Unterthanen. b) Die Befugniß: 1) des freien Wegziehens aus einem deutschen Bundesstaate in den andern, der erweislich sie zu Unterthanen annehmen will; auch 2) in Civil- u. Militär-Dienste desselben zu treten. Beides jedoch nur, in sofern keine Verbindlichkeit zu Militär-Diensten gegen das bisherige Vaterland im Wege stehe. c) Die Freiheit von aller Nachsteuer (ius detractus, gabella emigrationis), in sofern das Vermögen in einen andern deutschen Bundesstaat übergeht, u. mit diesem nicht besondere Verhältnisse durch Freizügigkeits-Verträge bestehen.

17. Beschl. der D. Bundes-Versamml. v. 23. Jun. 1817. — 2) Jede Art von Vermögen, welches von einem Bundesstaat in den andern übergeht, es sey aus Veranlassung einer Auswanderung, oder aus dem Grunde eines Erbschaftsanfalls, eines Verkaufs, Tausches, einer Schenkung, Mitgift oder auf andere Weise, ist unter der bundesvertragsmäßigen Abzugsfreiheit begriffen; u. 3) jede Abgabe, welche die Ausfuhr des Vermögens aus einem zum Bunde gehörigen Staate in den andern, oder den Uebergang des Vermögenseigenthums auf Angehörige eines andern Bundesstaats beschränkt, wird für aufgehoben erklärt. Dagegen ist unter dieser Freizügigkeit nicht begriffen jede Abgabe, welche mit einem Erbschaftsanfall, Legat, Verkaufe, einer Schenkung u. dergl. verbunden ist, u. ohne Unterschied, ob das Vermögen im Lande bleibt oder hinaus gezogen wird, ob der neue Besitzer ein Inländer oder ein Fremder ist, bisher entrichtet werden mußte, namentlich Collateralerbschaftssteuer, Stempelabgaben u. dergl. — 4) Die zum Vortheile der in einzelnen Staaten oder Gemeinden bestehenden Schuldentilgungskassen oder überhaupt wegen der Communalschulden eingeführten Abzüge von auswanderndem Vermögen werden — als aufgehoben angesehen. Manumissionsgelder, da wo die Leibeigenschaft oder Hofhörigkeit noch zur Zeit besteht, sind, in sofern sie nur von den aus einem Bundesstaate in den andern

auswandernden Unterthanen zu entrichten wären, unter der Nachsteuer-Freiheit begriffen. — 6) Die durch die Bundesacte festgesetzte Nachsteuer- u. Abzugsfreiheit findet ohne Unterschied statt, ob die Erhebung dieser Abgabe bisher dem landesherrlichen Fiscus, den Standesherren, den Privat-Berechtigten, Communen oder Patrimonial-Gerichten zustand; u. die ausgesprochene Aufhebung aller u. jeder Nachsteuer kann keinen Grund zu einer Entschädigungs-Forderung an den Landesherrn für die den Berechtigten entgehende Einnahme abgeben.

18. Reichsverf. Art. 3. Für ganz Deutschland besteht ein gemeinsames Indigenat mit der Wirkung, daß der Angehörige (Unterthan, Staatsbürger) eines jeden Bundesstaates in jedem andern Bundesstaate als Inländer zu behandeln u. demgemäß zum festen Wohnsitz, zum Gewerbebetriebe, zur Erwerbung von Grundstücken . . . u. zum Genusse aller sonstigen bürgerlichen Rechte unter denselben Voraussetzungen wie der Einheimische zuzulassen — ist.

19. RG. üb. die Freizügigkeit v. 1. Nov. 1867 § 1. Jeder Bundesangehörige hat das Recht, innerhalb des Bundesgebietes: 1) an jedem Orte sich aufzuhalten oder niederzulassen, wo er eine eigene Wohnung oder ein Unterkommen sich zu verschaffen im Stande ist; 2) an jedem Orte Grundeigenthum aller Art zu erwerben; 3) umherziehend oder an dem Orte des Aufenthalts, beziehungsweise der Niederlassung, Gewerbe aller Art zu betreiben, unter den für Einheimische geltenden Bestimmungen.

Viertes Capitel. Verschiedenheit der Personen nach ihrem Anspruch auf bürgerliche Ehre.

Marezoll über die bürgerliche Ehre. Gießen 1824. Buch 2 u. 3. Budde über Rechtlosigkeit, Ehrlosigkeit u. Echtlosigkeit. Bonn 1842. J. Hillebrand über die gänzliche u. theilweise Entziehung der bürgerl. Ehre nach den D. Rechtsbüchern des MA. Gießen 1844. Köstlin die Ehrverletzung nach D. Rechte in Ztschr. f. D. R. 15 (1855) S. 151. Hälschner d. Preuß. Strafrecht 3 (Bonn 1868) S. 204 ff.

§ 49. I. Aelteres deutsches Recht. (B. § 61. G. § 39. St. § 47.)

1. Richtst. Landr. 28. Das wete, dat dit recht geft vifleie pin. Tum ersten pineget it so, dat it deme brochaften nimpt sin lif. Tum anderen nimpt it sin gesunt. Tume drudden benimpt it sin recht. Tum virden sine ere. Tum vesten benimpt it eme den gemeinen vreden.

2 Karoli II. Capit. Caris. a. 873 c. 3 (Mon. Ll. I 519). De illis liberis hominibus, qui *infames* vel *clamodici* sunt, de *testeiis* vel *latrociniis* et *rapacitatibus* et *assalturis* vel *infidelitate* nostra, et cum furto non comprehenduntur, si eis jam vita perdonata est propter aliquod malefactum, fiat de illis sicut — continetur in libro 3 capitulo 47 (Vgl. unten Nr. 6.)

3. Berthold Predigten (a. d. 13. Jahrh., hg. v. Pfeiffer I S. 364): ze banne getuon u. dar nach in die ahte tuon u. dar nach elos u. rehtelos sagen u. dar nach den lip nemen.

4. Hiesfelder Weisthum (Grimm 6, 720; vgl. dazu Dortm. Stat. S. 281 A. 4): ghi sult se leegen achtelois, rechtelois, eerlois, vredelois unde neemen oen een guet geruchte unde geven en quait gerucht.

5. Verfemungsformel b. Wigand Femgericht S. 434. So verfeme u. verführe ich ihn hier von königl. macht u. gewalt wegen u. nehme ihn aus dem friede u. setze ihn von aller freiheit u. rechte, so er je hatte, seit er aus der taufe gezogen wurde, in königsbann u. wette, in den höchsten unfrieden. — und ich weise ihn forthin echtlos, rechtlos, friedelos, ehrlos, sicherlos, misthätig, fempflichtig, leiblos. — und er soll nun forthin unwürdig

gehalten werden u. keines rechtes genießen, noch gebrauchen, noch besitzen.

6. Ansegisi Capit. L. 3 c. 47 De illis hominibus, qui propter eorum culpas *ad mortem diiudicati* fuerint, et postea eis vita fuerit concessa, — si aliquid in postmodum, postquam eis vita concessa est, — in *testimonium non suscipiatur, nec inter scabinios* ad legem iudicandam *teneatur.*

7. Friderici I. const contra incendiarios a. 1187 (Mon. Ll. II 184, 32). Si quis — a proscriptione et excommunicatione simul infra annum et diem non fuerit absolutus, *universo iure* et *honore* et *legalitate sua* privatus habeatur, ita ut *in ferendo testimonio* vel *ad causandum* de cetero *nequaquam sit admittendus.* Omni quoque *feodali jure* perpetuo *carebit.*

8 Heinrici R. treuga. c 14 (das. p. 268): qui in *infamia*, que loimunt dicitur, laborant etc.

9a. Friderici II. const. pacis a. 1235 (das. S. 316, 27): in omnibus causis memoratis sit omnis testis liber, integri status et *bone fame.*	9b. Deutsche Texte das. S. 573, 40: an allen disen sachen — mag ein igelich sentbere friman, der sin reht hat, — helfen diz beziugen.

10. Schwsp. 187. Und ist daz ein mensche dem andern raetet daz er stilt, — u. daz geschit; u. daz guot wirt funden in des gewalt, der ez da stelen hiez, u. derselbe ist e niht beliumet: wie sol man daz rihten? ꝛc.

11. Gl. z. Ssp. 1, 38. Hir vore spriht he van den, de rechtelos dat is anruchtich syn.

12. Goslar. St. S. 102 Z. 18 ff.: worde der elderen jennich na der kindere bord mid undad berochtiget ꝛc.

13. Literae reversal de feudis a. 1240 ap. *Guden.* 1, 565 De castro, — quod in feodo recepimus — constituimus nos eidem (domino) — fidelitatis — debitores, — prestito hoc — sacramento: Et quandocunque — erga ipsum violaverimus *fidem* nostram — reputabimur et erimus, *ipso facto infames*, quod vulgo dicitur erlos et rechtlos.

14. Dipl. a. 1237 ap. *Ludewig.* Reliq. Mss. 2, 222: obligans me, quodsi contra aliquam predictorum fecero, extunc sim *exlex*, quod in vulgari dicitur ehrloß u. rechtlos.

15. Urk. K. Heinrich III v. 1054 in M B. Vol. 29 P. 1 p. 118: beneficium —, quod in nostram imperialem potestatem ex Herimanno, qui fuit *exlex*, quod vulgariter dicitur elosh, devenit.

16. Urk. K. Friedrich II. v. 1219 b. Göschen Gosl. Recht S. 114. Quod si falsarius manum redemerit, *exlex* vel *infamis* erit, quod vulgariter echlos dicitur, ac si pro falso manum perdidisset.

17. Goslar. St. S. 93 Z. 10 f. Löst de velschere de hant, he is doch rechtlos u. erenlos.

18. Ssp. II 19 § 2. Die herre mut wol ut nemen enes sinen man, svenne he verdelt is, of he dat geweren darn —, dat he der dat unscüldich si, dar he mede beklaget is. So blift jene erenlos u. rechtlos.

19. Rsb. nach Dist. III 17, 3: rechtelos under den jodden u. cristen. (Unten § 53, 26.)

20. Schwsp. 75 Z. 1 f. Ez enmac mit rehte (nieman) rihter gesin, der sin reht verloren hat.

21. Ssp. II 12 § 3. Buten koninges banne mut iewelk man over den anderen ordel wol vinden u. ordel scelden, die vulkomen is an sime rechte.

22. Ssp. III 70 § 1. Svar man nicht ne dinget under koninges banne, dar mut iewelk man ordel vinden u. tüch sin over den anderen, den man nicht rechtlos bescelden ne mach.

23. Richtst. Landr. 32 § 8: vrag: we tu rechte en tuch wesen moge? So vintme: we vulkomen an sime recht si.

24. Schwsp. 54 Z. 44, 45: man überziuget si des roubes u. der diupheit mit allen liuten, die ir reht niht verloren hant.

25. Ssp. I 38 § 1. Kempen u. ir kindere, spelüde, u. alle die unecht geborn sin, u. die düve oder rof sünet oder weder gevet, u. se des vor gerichte

verwunnen werdet, oder die ir lif oder hut u. har ledeget, die sint alle rechtlos. § 2. Die ok jar u. dach in des rikes achte sin, die delt man rechtlos, u. verdelt in egen u. len, dat len den herren ledich, dat egen in die koningliken gewalt.

26. Gl. z. Ssp. I 39. „Kempen". Dit weren lude hir vormales, de plegen tu striden um gelt, u. darumme weren si scalbar.

27. Gl. z. Ssp. III 17. Des Reichs Acht — ist — zweierlei. Das erste Jahr heißt sie schlecht eine Acht. — Diese Acht wehret ein Jahr. — Zum andern ist es die Oberacht, dadurch verurtheilt man ihm Leib, Gut, Ehre, Echt u. Recht.

28. Rsb. nach Dist. IV 24, 1. Wer wip adder mayt notczaget adder eynes andern wip behuret —, dy sin alle rechteloz. Wer vater adder muter, bruder adder swester mort —, dy sin alle rechteloz. Wer sinen rechten hern vorred adder tod —, der ist ouch rechteloz. — Alle dy do keczczerie triben u. mit czobernisse umbgen —, dy sin alle rechteloz. Alle dy oren rechten hern entsagen unvorclaget u. sy orlougen —, dy sin alle rechteloz in lantrechte u. in wichbilde. Wer ouch meyneyde swert —, der ist ouch rechteloz.

29. Sächs. Dist. b. Pölman IV 14 dist. 14. Anrüchtige Leute, Diebe, Kirchenbrecher, Buben, Loterer, u. die Todten berauben, Uberhurige leute, Mörder, Meineydige, Tafernirer, u. die mit Vergiftung umbgehen, u. den Leuten vergeben, u. falsch Rüger, die sint alle Rechtloß. Dist. 15. Auch Anrüchtige Leute u. Rechtlose Leute, die jr Recht verloren haben umb unrechte Masse, falsche gewichte, Eilen u. Speisekauff, die sind Rechtlos.

30. Ssp. I 65 § 2. Sve lief eder hant ledeget, dat ime mit rechte verdelt is, die is rechtlos.

31. Görlitz. Landr. 47 § 19. Swen sin herre sundir orteil dwingit, daz er daz gluwinde iser trage, daz ne schadit ime zo sime rechte nicht; swer abir mit orteile dar zo bedwungin wirt, odir von mutwillen daz ysern tregit, der wirt an sime rechte gekrenkit.

32. Ssp. I 16 § 1. Nieman ne mach irwerven ander recht, wan als im an geboren is. Versmat aber he sin recht vor gerichte u. seget he ime to en ander recht, des he nicht vulkomen ne kan, he verlüset beide.

33. Görlitz. Landr. 47 § 15. Swer den lip odir die hant odir die schemede vor eine diube mit siner buze losit, der hat recht u. ere vorlorn.

34. Ssp. II 13 § 1. (Die dief) blift — erenlos u. rechtlos.

35. Const. pacis Friderici II. a. 1235 c. 11 (l. c. 316, 5). Filius, qui mortem patris fuerit machinatus, aut vulnerando aut vinculando manus violentas in eum injecerit, si de hoc coram suo judice fuerit convictus, — *omni iure omnique actu legitimo perpetuo sit ipso iure privatus*, quod vulgo dicitur erenlos et rehtlos.

36. Das. Z. 14. *Ministeriales* vero et *servilis conditionis* homines eiusdem, *quorum consilio et auxilio filius aliquod prefatorum scelerum perpetravit*, coram suo judice — a patre convicti, supra dicte pene, que vulgo dicitur erenlos et rehtlos, perpetuo *cum infamie nota* subiaceant ipso iure.

37. Ssp. III 84 § 2. Dodet en man sinen herren, he hevet verworcht sinen lif u. sin ere u. dat gut, dat he von ime hadde. Dit selve verwerct die herre, of he sinen man dodet.

38. Schwsp. 39 Z. 31 ff. Swer umb den rehten strazroup in die ähte kumet, als er dar inne vierzehen tage ist, so sol in geistlich geriht ze banne tuon, u. als er sehs wochen in den beiden ist, so ist er erlos u. rehtlos.

39. Goslar. St. S. 96 Z. 39, 40: de valsche tüch is rechtlos u. erenlos.

40. Dieselb. S. 94 Z. 23 — 29. Wert en man erre sake overtüghet mit gherichte dat he to rechte holden schal, dat sin vader oder moder oder sin vormunde ghedan hebbe ane sine witscap, dar umme ne wert he nicht erenlos noch rechtlos. Dat he aver selven ghedan hevet seder der tid dat he to sinen jaren komen is, wert he des vortüghet mit ghrichte u. borgheren also recht is, de is rechtlos u. erenlos, of he des hevet vor ghrichte vorsaken.

41. Gl. z. Ssp. III 78 § 1. Nu set he van der werden ere —, wente alle ere van truwe kumpt.

42. Ssp. I 40. Sve so trüwelos beredet wert, oder herevlüchtich ut des rikes denste, dem verdelt man sin ere u. sin lenrecht.

43. Magdeb. Weichb. b. Mühler § 61: mac he daz — bewisen mit bederven luten, daz sin allerhande man, di ire truwe u. ere wol behalden haben, u. unvorleget sin an irme rechte.

44. Mühlhäus. Stadtr. a. d. 13. Jahrh. (Mühlh. UB. S. 625): mac he iz brenge mit den lutin — di uri truwe u. ur ere bihalden habin.

45. Ssp. III 8: svie den vörsten vrede lovet u. in truwen plichtich is ꝛc.

46. Gl. hierzu: „plichtich is." hir ment he di undersaten mede; disse sin ern heren nicht allene plichtigh (in) unvrede (nicht) tu verlaten, mer se sin plichtig en in allen noden tu helpen bi eren eren (I 40 [s. oben Nr. 42]).

47. Schwsp. 55 Z. 22 ff. Swer sine triuwe an den kinden niht behaltet oder an der vrowen, der er phleger ist, den sol man palmunden.

48. Richtst. Landr. 33 § 9. Wert en balemundet, — alse verdelet man eme — sin ere.

49. Schwsp. (Laßb.) 278. Daz wir sprechen an ir ere, daz meinen wir also: ob man einen man an seinen eit sprichet, oder an siniu e werch, oder daz man giht er si niut geloubig, oder daz man in seit von der cristenheit, daz er diu ding getan habe, diu uncristenlich sint.

50. Richtst. Landr. (*Senck.*) 51. De uch truweloiß wurde vur eide, deme verdeilt men zo der dritten clage sin leen u. sin ere.

51. Dipl. a. 1336 ap. *Guden.* 3, 291. Were aver dat sache, dat wir eyniche wyß hierwyder deden, so solin wir truwelos, erlos ind meyneydich sin.

52. Ssp. I 5 § 2. Wif mach mit unkuschheit irs lives ire wifliken ere krenken; ire recht ne verlüst se darmede nicht.

53. Kl. Kaiserr. 3, 5 Ueberschr. (Senckenbg.). Von großen eren der rittere.

54. Das. 4, 1 Ueberschr. (das.). Von den rechtin u. waz se ere haben sollen di borgere.

55. Gl. z. Ssp. I 51. Rechtlose lude synt drierleye. De ersten sint rechtelos also dat se in gerichte nicht tugen moghen, u. dat se nemandes word vor gerichte spreken mogen. — De anderen, de rechtelos syn, de synt rechtelos in erem gude, so dat se des nicht moten vorgeven noch vorkopen. De drudden synt rechtlos an lyve u. an gude. An lyve also dat me se wol erslan mot. He is ok rechtelos an dem gude also dat he des nicht erven ne mach. De ersten synt spellude u. erlose lude. ut s. ar. xxxviij. (s. oben Nr. 25) xxxix. (s. unten Nr. 63). De anderen synt de, den ere gud in de koningliken wald u. achte gedeled is. ut s. ar. xxxviij. § ii. De drudden synt de, de vredelos gelecht syn. ut j. li. ij. ar. x. Dit geschud ok twierleyewiis. Etlik werd van deme richtere vredelos gelecht, alse vorvestede lude u. vorachtede lude. ut s. ar. xxxviij. et j. li. ij. ar. x. De anderen don wat, dar se sik sulven mede vredelos leggen, alse de des nachtes in der lude huse breken. ut j. li. ij. ar. x. § iij. et li. iij. ar. xxxvj. edder de mit echterlude wyven alto heymelik syn.

56. Tacit. G. c. 6: nec sacris adesse aut concilium inire ignominioso fas.

57. Cap. missor. a. 809 (Mon. C 151). Ut postquam quisque ad mortem fuerit judicatus, neque judex fiat neque scabinius neque testis neque ad sacramentum recipiatur; sed unde alii jurare debent, ipse semper ad judicium Dei examinandus accedat.

58. Ssp. I 61 § 4. Jewelk man mut wol vorspreke sin — to lantrechte, den man an sime rechte nicht bescelden ne mach.

59. Sächs. Lehnr. 2 § 1: alle die rechtes darvet oder unecht geboren sin, die solen lenrechtes darven.

60. Gl. z. Sächs. Lehnr. 2 b. Homeyer des Ssp. 2ter Th. Bd. 1 S. 348: alle die des rechtis darbin die syn alle von dem herschilde vorlegit, u. darumme so haben sie keyne lehen.

61. Ssp. III 16 § 2. Rechtlose lüde ne solen nenen vormünden hebben.

62. Rb. nach Dist. I 49, 4. Alle dy, dy unelich geborn sin, u. dy sich rechtelos gemacht haben, dy en mogen nicht vormunde sin, noch vormunde haben an orer clage, noch an orem kampphe.

63. Ssp. I 39. De ir recht mit rove oder mit düve verloren hebbet, of man se düve oder roves anderwerve scüldeget, se ne mogen mit irme ede nicht unscüldich werden. Se hebbet drier kore: dat glogende isern to dragene, oder in enen wallenden ketel to gripene bit to dem ellenbogen, oder deme kempen sik to werene.

64. Naumb. Stat. v. 1337 § 14 (Mühler S. 66). Swelch man sine truwe u. sine ere hat gehalden, den man sal nimant uberzuge wes man in beschuldiget, sundern he sal mit sime rechte davor ste.

65. Nordhaus. Stat. c. a. 1300 § 32 (Förstemann III 1 S. 40). Si actio fit in virum *perfectum iure* pro furto vel pro spolio, nullo vincetur testimonio, sed *iuramento se expurgabit.*

66. Burchardi Worm. leges c. 32. Si quis ex familia furtum fecerit, — et quod furatus est, si V solidis appreciari potest, et superari potest, quod aut in macello publico, aut in conventu concivium *debitori vadiatus sit supradictum furtum,* — constituimus, ut *legem sibi innatam propter furtum perditam habeat,* et si ab aliquo de aliqua re inculpatus fuerit, *non se expurget iuramento*, sed aut *duello* aut *bullienti aqua* aut *ferventi ferro;* similiter faciat ille, qui *in periurio publico captus est;* similiter et ille, *qui in falso testimonio captus est;* similiter et ille, qui *propter infamiam furti in duello ceciderit;* similiter et ille, qui *contra seniorem suum — cum suis inimicis consiliatus est, sive contra eius honorem, sive contra eius salutem.*

67. Ssp. II 26 § 2. Sve sin recht verworcht hevet mit düve oder mit rove, vint man under ime virdehalven penning, it gat ime an die hant. — Sve an sime rechte vulkomen is, vint man bi eme enen schilling valscher penninge, die penninge hevet he verloren u. nicht mer.

68. Goslar. St. S. 38 Z. 11 ff. Den def scal men henghen, dar de düve vif scillinghe wert is. Is dar aver min, so gheyt it to hut u. to hare; it ne si dat he anröchtich si —: so scal men ine henghen.

69. Ssp. I 48 a. E. Mit kempen ne mach (man) enen unbesculdenen man an sime rechte nicht bereden.

70. Ssp. I 50 § 2. Al si ok en man speleman oder unecht geboren, he n'is doch dieves noch roveres genot nicht, alse man kempen up ine leden moge.

71. Sächs. Dist. IV 12, 16 b. *Nietzsche* de prolocut. p. 12 no. 33. Erholunge u. wandil sullen darben alle dy, dy do rechtelos syn.

72. Nordhaus. St. c. a. 1300 § 28 (Förstemann III 1 S. 40). Si aliquis qui *non est de legitimo thoro,* vel si est *filius pugilis nel garcionis* (deutsche Uebers. v. 1538: eines Lotterers), vel *si patitur iuris defectum* quod vulgariter rechteloz dicitur, sicut est talis *qui satisfaciet de furto, vel in spolio, vel in falsis denariis, vel falso argento, vel qui est privatus suo iure manifeste coram iudicio,* si ille egerit in aliquem pro violacione pacis, *nullum ius sibi exhibebit.*

73. Rb. nach Dist. V 2 pr. (vgl. Sächs. Dist. b. Pölman VIII 4, 1). Wer burgerrecht in wichbilde wel gewynnen adder irwerben, der sal elich (Pölm. u. frey) geborn sin, — he sal ouch nicht rechtelos sin, her sal ouch ein unvorsprochin man sy, edir ein unvorsprochin frowe, ab iz ein wip ist.

74. Goslar. Stat. S. 76 Z. 25 ff. Welde — en unse borghere kopen ene inninghe erre ghelden in user stat, u. de vormunden der ghelden spreken, he were onecht gheboren, he ne vüghede en nicht to emme gheldebrodere ꝛc.

75. Goslar. Stat. S. 93 Z. 5 — 8. Keveskindere u. menedighe lüde u. de düve ghebot hebbet oder utghelopene mönike, noch de besculden sin an ireme rechte, ne moghen nicht tüghen, oder de dufrof hebben ghebot.

76. Berner Handfeste v. 1218 Art. 41. Nullus — liberorum hereditabit, nisi qui de legitimo thoro fuerit generatus.

77. Ssp. I 51 § 1. It is menich man rechtlos de nicht n'is echtlos; wende en rechtlos man mut wol elik wif nemen u. kindere bi ire gewinnen, die ime evenburdich sin; die muten ok wol sin erve nemen. — Echt man noch echt wif ne nimt ok unechtes mannes erve nicht.

78. Ssp. I 38 § 3. Echte kindere ne mach de unechte man seder mer nicht gewinnen.

79. Schwsp. (v. d. Lahr) 167, 15. Dye kind, dye nit eelich geboren seyn, dye erbent nit ir vatter noch ir mutter gut, noch keynes irer vordern gut.

80. Magdeb. R. f. Görlitz v. 1304 § 136 (Laband Magd. Rqu. S. 137). Nimet eines pfaffen sun ein elich wib — u. gewinnet her kinder mit ir, daz sint echte kindere; stirbet her sider, sine kindere nement sin gut. — Stirbet aber her ane kindere, so getritet siu gut an die koniclìche gewalt.

81. Lüneb. Ref. Th. 5 Tit. 2: nach unserm Stadrecht erbet kein unecht Kind die Mutter so wenig, als den Vater, wie denn auch eines unechten Menschen Güter dem gemeinen Gut allhie ansterben u. heimfallen, wo keine eheliche Leibeserben von ihm vorhanden. (Aufgehoben durch kgl. Verordng. v. 1865 unten § 147, 21.)

82. Schwsp. 38 Z. 4 ff. Die unelich geboren sint, die mugen ir reht wider gewinnen, ob si elichiu hygeräte tuon. si erbent aber kein guot von ir vordern, aber iriu kint erbent wol von iren vordern ir erbguot.

83. Schwsp. (Laßb.) 77. Alle die unelich geborn sint u. die sich elos gemachet hant an ir rehte mit untat, den sol man keinen vormunt geben, ane die, die unelich sint u. zer e gegriffen habent, den mac man wol vormunt geben; wan dannoch gebristet in vil rehtes, daz die hant, die da elichen geborn sint.

84. Priv. K. Friedrichs II. f. Goslar v. 1219 b. Göschen S. 114 Z. 31 ff. Item advocatus civitatis nullius haereditatem debet accipere praeterquam *histrionum*, *ioculatorum* et advenarum.

85. Goslar. Stat. S. 8 Z. 28 folg. Onecht kint ne nimt nen erve, sin erve aver nimt syn neyste.

86. Ludovici R. dipl. a. 1318 in *Tschudi* Chron. Helvet. 2, 283. Oblata nobis petitione — fidelium nostrorum hominum vallis Urach, quatenus quandam consuetudinem (*quae non consuetudo*, *sed potius dicitur corruptela*) dignaremur auctoritate regia abolere, hanc videlicet, *pro naturalibus filiis vel filiabus eorumdem decedentibus advocati vallis praedictae, non progenitores eorum a quibus naturaliter descenderunt*, *res ipsorum mobiles seu immobiles in usus advocaticios colligant et assumant. Quod quia nec rationi consonum videtur*, *nec congruit aequitati*, auctoritate imperatoria *cassamus*. Et ne inantea committatur sub comminatione regia inhibemus, sed praecise — mandamus, *ut progenitores talium decedentium seu paternae lineae viciniores haereditarie succedant eisdem in universis rebus et facultatibus derelictis*.

a. Kgl. schwedische Verordnung für Bremen und Verden v. 1710 (der Herzogth. Bremen u. Verden Polizeiordng. u. s. w. Stade 1732 Bd. 1 S. 777): alle sothane Verlassenschaften unehlich gebohrner Kinder, so weit keine Erben in linea descendenti vorhanden, dero königlichem Fisco jederzeit anheim fallen und zu gute kommen sollen.

b. Hannov. Gesetz v. 7 Dec. 1848. Die für die Herzogth. Bremen und Verden erlassene Verordnung, den Nachlaß der unehelich Gebornen betreffend, wird hierdurch aufgehoben.

87. L. Fris. V 1. De his qui sine compositione occidi possunt: campionem . . .

88. Ssp. III 45 § 9. Papen kindere u. die unecht geboren sin, den gift man to bute en vüder houwes, alse twene jarge ossen getien mogen. — Spelluden u. alle den, die sik to egene geven, den gift man to bute den scaden enes mannes. — Kempen u. iren kinderen,

den gift man to bute den blik von eme kampscilde jegen die sunne. — Tvene besmen u. en schere is der bute, die ire recht mit düve oder mit rove oder mit anderen dingen verwerken. — § 10. Unechter lude bute gevet al lüttik vromen u. sint doch dar umme gesat, dat der bute des richteres gewedde volge. — § 11. Ane weregelt sin unechte lude. Doch sve so ir enen dodet oder wundet oder rovet, oder unechte wif nodeget, u. den vrede an en brict, man sal over in richten na vredes rechte

89. Gl. z. Ssp. III 45 § 9. „Kempen." dit is dor dat si sic u. ere kindere mit dissem snoden ambachte generen.

90. Sächs. Weichb. 111. Welck man sleit enen spelman, kempen, varnde vrowen u. varnde lüde ane wunden, wert he des beklaget vor deme richtere u. bekenne he des, he weddet 8 schillinge u. gift dem klegere selve bute, dat sin 15 schillinge.

91. Schwsp. 207 Z. 4 ff. Swer einen ähter oder einen vridebrecher vahen wil u. wert er sich, u. slehet er in ze tode oder wundet er in: er ist weder dem rihter noch den friunden dar umbe niht schuldic.

92. Gl. z. Ssp. I 38. Eyn achte is eyn vestinge. Overachte is eyn beswaringe der vestinge. „de deled men rechtlos." dat is vredelos. Merke id underscheyt: di ersten sint schalbar, me moit si aver nicht wunden oder doden, dat moit men dissen wol don.

93. Kl. Kaiserr. 3, 7. Ist eyner (der dinstlute dez riches) so unselig daz her sin ere verlieset, der hat se allen den verlorn, die nach im komen, dy werdin geworpen ut erme rechten.

94. Görlitz. Landr. 44 § 1. Iz ne sol durch recht ne heime kinde schadin, ob sin vatir odir sin mutir ir recht vor liesin nach der zit, daz dit kint von siner (mutir) untfangit wirt u. geborn is.

95 Cap. missor. Karoli M. c. a. 802 c. 54 (Mon. C 104). Ut ii, qui *in mundeburde domni imperatoris* sunt *pacem et defensionem ab omnibus habeant.*

96. Fries. 17 Küren. Nr. XIII (R. S. 21). Thit is diu thredtinde liodkest, ther us thi kinig Kerl urjef, thet thera liodafretho bi thian reilmerkon stont. (Das ist die 13te Volkskür, welche uns der König Karl gab, daß der Volksfriede bei 10 Reilmarken steht.) Vgl. Richthofen Untersuchungen 1 S. 38.

§ 50. II. Einfluß des Römischen Rechts. (B. § 62. G. § 39. St. § 48. R. § 68.)

1. Gl. z. Ssp. III 16. „Rechtelose lude." dat synt de, de an der ere bevlecket synt.

2. Tenglers Laienspiegel Thl. III fol. 175 (Ausg. v. 1512). Als ain guter leumandt, zu latein genannt fama, ain unvermailigter standt aus guten sitten und wesen verstanden, also mage auch ain unleumandt wider den der ains zerstreuten verruchten und unordenlichen lebens, nicht gotzforchtig, sunnder aines vermailigten stands und guter sitten wesens u. wandels verworffen . . . (Vgl. l. 5 § 1 D de extraord cogn 50, 13.)

§ 51. III. Heutiges Recht. (B. § 60, 62. G. § 40—42. St. § 48. R. § 68.)

Deutsches Strafgesetzbuch § 31 — 37. Mandry civilrechtl. Inhalt § 8. Entscheidungen des RG. 2 (1880) Nr. 20.

1. Peinl. Ger.Ordn. Art. 107 u. 108. Welcher vor richter oder gericht eyn gelerten meineidt schwert (oder eyn urphede mit sachen, darumb er das leben nit verwürckt hat, fürsetzlich u. frevenlich verbrech), — soll verleumbt u. aller ehren entsetzt seyn.

2. Ebendas. Art. 122. So jemandt sein eheweib oder kinder — zu unehrlichen unkeuschen u. schendtlichen wercken gebrauchen lest, der ist ehrloß.

3. R. Pol. O. v. 1577 Tit. 1 § 7. Und so solcher obgemeldter Gottslästerer — zu gebührender Leib- oder Tod-Straff nit bracht werden möcht, der-

selb, — so er deß mit Recht überwunden, soll darumb Ehrloß sein, — der dann auch darauf als Ehrloß gescholten werden mag, u. dannocht nichts desto minder, wo es geschehen kan, peinlich — gestrafft werden.

4. Reuterbestallung v. 1570 § 62, 63. Item, welcher zu den Feinden hinüber fallen würde, der soll — zu einem Schelmen u. unehrlichen Mann gemacht — werden. Item da einer im Feld von seiner Fahnen fliehen, oder sonsten heimlich oder offentlich Flucht machen würde, der soll an Ehr, Leib u. Leben gestrafft werden.

5. Culm. R. B. 5 Th. 2 Tit. 23 C. 2 (Ausg. v. 1767 S. 259). Wer Jemanden anrüchtig machen — will — muß beweisen, daß der Beklagte durch Urtheil u. Recht vertheilet, oder solche Strafe erlitten, die ihn an seinen Ehren beschmitzen, oder daß sonsten der Beklagte so eine Person sey, die zu Rechte für anrüchtig gehalten wird.

6. RA. v. 1551 § 80. Wo aber einige Oberkeit, Notarii, oder andere Schreiber (Contract, da ein Jud eines Christen Schuld einem anderen Christen verkaufft, — verfertigen), — dieselbigen sollen ihrer Ehren und Aemter entsetzt seyn.

7. Preuß. Strafges.B. v. 1851 § 7. Mit der Todesstrafe ist zugleich auf den Verlust der bürgerlichen Ehre zu erkennen, wenn diese entweder für einzelne Fälle im Gesetz ausdrücklich bestimmt ist, oder wenn festgestellt wird, daß das mit der Todesstrafe bedrohte Verbrechen unter besonders erschwerenden Umständen begangen worden ist.

8. Das. § 11. Die **Verurtheilung** zur Zuchthausstrafe zieht den Verlust der bürgerlichen Ehre von Rechtswegen nach sich.

9. Das. § 12. — — — Der Verlust der bürgerlichen Ehre tritt mit dem Tage ein, an welchem das Urtheil rechtskräftig wird.

10. Peinl. Ger.Ordn. Art. 104. Inn was sachen vnser keyserlich recht keynerley peinlicher straff am leben, ehren, leib oder glidern setzen u. s. w.

11. Notariatsordn. v. 1512 § 2. Ordnen wir, daß — nicht die — ehrloß, *infames* genandt, — (als *Notarii* approbirt werden).

12. Rchsschl. weg. der Handwerksmißbr. v. 1731 § 13 Nr. 5. Da etwa ein Meister ein schweres *Delictum* verübet, u. nachgehends dessen *abolitionem* (oder *restitutionem famae*) erlanget, — wieder angenommen wird.

13. Baier. Strafges. v. 1813 I Art. 23. Verlust des Adels u. aller Würden, Staats- u. Ehrenämter ist eine nothwendige rechtliche Folge der Verurtheilung in die Todes-, Ketten-, Zuchthaus- oder Arbeitshausstrafe.

14. K. Sächs. Crim.Ges.B. v. 1838 Art. 9. **Wirklich erlittene** Zuchthausstrafe zieht als nothwendige Folge den Verlust aller politischen Ehrenrechte u. s. w. nach sich. Gewerbtreibende einem Innungsverbande angehörige Personen können zwar das Gewerbe fortsetzen, oder das Meisterrecht, wenn sie solches noch nicht gehabt, erlangen, dürfen jedoch den Innungsversammlungen nicht beiwohnen.

15. Deutsches Strafgesetzb. § 32. Neben der Todesstrafe u. der Zuchthausstrafe kann auf den Verlust der bürgerlichen Ehrenrechte erkannt werden u. s w. § 33. Die Aberkennung der bürgerlichen Ehrenrechte bewirkt den dauernden Verlust der aus öffentlichen Wahlen für den Verurtheilten hervorgegangenen Rechte, ingleichen den dauernden Verlust der öffentlichen Aemter, Würden, Titel, Orden u. Ehrenzeichen. § 34. Die Aberkennung der bürgerlichen Ehrenrechte bewirkt ferner die Unfähigkeit —: 1) die Landeskokarde zu tragen; 2) in das Deutsche Heer oder in die Kaiserliche Marine einzutreten; 3) öffentliche Aemter, Würden, Titel, Orden u. Ehrenzeichen zu erlangen; 4) in öffentlichen Angelegenheiten zu stimmen, zu wählen oder gewählt zu werden, oder andere politische Rechte auszuüben; 5) Zeuge bei Aufnahme von Urkunden zu sein; 6) Vormund, Nebenvormund, Kurator, gerichtlicher Beistand oder Mitglied eines Familienraths zu sein, es sei denn, daß es sich um Verwandte absteigender Linie handele u. die obervormundschaftliche Behörde oder der Familienrath die Genehmigung ertheile.

a. Deutsche Gewerbeordnung v. 1. Juli 1883 § 106. Gewerbetreibende, welchen die bürgerlichen Ehrenrechte aberkannt sind, dürfen, solange ihnen diese Rechte entzogen bleiben, mit der Anleitung von Arbeitern unter 18 Jahren sich nicht befassen. Vgl. unten § 61, 32 und 34.

b. Das. § 100. Vom Eintritte in eine (neue) Innung sind diejenigen ausgeschlossen, welche sich nicht im Besitz der bürgerlichen Ehrenrechte befinden, oder welche in Folge gerichtlicher Anordnungen in der Verfügung über ihr Vermögen beschränkt sind. § 100ª. Von der Ausübung eines Stimmrechts oder eines Ehrenrechts in der (neuen) Innung sind alle diejenigen ausgeschlossen, welche sich nicht im Besitz der bürgerlichen Ehrenrechte befinden. Vgl. unten § 61, 32 und 34.

16. Angef. Rchsschl. v. 1731 § 11. Demnach auch öffters vorkommen, daß bei denen Handwerckern — zwischen denen unehlich erzeugten, u. vor oder nach der Priesterlichen Copulation gebohrnen Kindern ein Unterschied gemacht werden wolle, wie auch denen, so von Kayserl. Majest. oder sonst aus Kayserlicher Macht legitimiret worden, — so solle erstgemeldter Unterschied aufgehoben seyn, u. die auf jetztbesagt- einen oder andern Weg legitimirte Manns- oder Weibs-Personen wegen Zulassung zu denen Handwerckern einander gleich geachtet, u. denenselben nichts mehr in den Weg gelegt werden.

17. Preuß. Landr. II 2 § 662. In den Angelegenheiten des bürgerlichen Lebens haben uneheliche Kinder mit den ehelich gebornen, oder dafür erklärten, gleiche Rechte.

18. Das. II 8 § 279. Wegen unehelicher Geburt soll Niemanden, welcher die Legitimation erhalten, die Aufnahme in die Lehre versagt werden.

19. Oesterr. Ges.B. § 162. Die uneheliche Geburt kann einem Kinde an seiner bürgerlichen Achtung u. an seinem Fortkommen keinen Abbruch thun. Zu diesem Ende bedarf es keiner besonderen Begünstigung des Landesfürsten, wodurch das Kind als ein eheliches erklärt wird.

20. K. Sächs. Ges. v. 23. März 1831. Die unehelich Geborenen — sollen — allenthalben rücksichtlich der bürgerlichen u. Ehren-Verhältnisse den ehelich Geborenen völlig gleich gestellt seyn, ohne daß es erst einer besondern — Legitimation zur Beseitigung des Fleckens der unehelichen Geburt bedarf.

21. R. Pol. Ordn. v. 1577 Tit. 38 § 1. Daß die Leinweber, Barbierer, Schäffer, Müller, Zöllner, Pfeiffer, Trommeter, Bader, — so sie sich ehrlich u. wohl gehalten haben, hinfüro in Zünfften, Gaffeln, Ampten u. Gilden keines Wegs ausgeschlossen — werden sollen.

22. Angef. Rchsschl v. 1731 § 4. Nicht weniger (sollen) auch die Kinder derer Landgerichts- u. Stadt-Knechte, wie auch derer Gerichts-, Frohn-, Thürn-, Holtz- u. Feld-Hüter, Todtengräber, Nachtwächter, Bettelvögten, Gassen-Kehrer, Bach-Feger, Schäfer u. dergleichen, in Summa keine Profession u. Handthierung, dann bloß die Schinder allein bis auf deren zweyte Generation, insoferne allenfalls die erstere eine andere ehrliche Lebens-Art erwählet, u. darinn mit denen Ihren wenigst 30 Jahr lang continuiret hätten, ausgenommen, verstanden, u. bey denen Handwerckern ohne Weigerung zugelassen werden.

23. Kaiserl. Patent v. 23. Apr. 1772 § 5. Daß die Kinder u. Abkömmlinge (der Wasenmeister), welche die verwerfliche Arbeit (ihres Vaters) noch nicht getrieben haben, noch treiben wollen, von den Handwerken — nicht auszuschließen.

24. Preuß. LR. II 8 § 280. Nur diejenigen, welche bisher die Geschäfte eines Schinders oder Abdeckers wirklich getrieben haben, ist eine Zunft oder Innung aufzunehmen nicht schuldig.

25. Cabinetsordre K. Friedrich Wilhelm III. v. Preußen v. 21. Oct. 1827 (Kamptz Annalen der preuß. inneren Staatsverwltg. 11 S. 1011). Es ist kein Grund vorhanden, (das) Vorurtheil bei dem Gewerbe der Scharfrichterknechte fortdauern zu lassen und, wenn es von moralisch untadelhaften Personen ausgeübt wird, solche von dem Genuß der bürgerlichen Rechte auszuschließen. Ich habe deshalb bereits durch meine Ordre v. 4. Dec. 1819 festgesetzt, daß die Scharfrichtergehülfen zur Leistung ihrer Militairpflicht zugelassen werden sollen und hierdurch ihre bürgerliche Ehre hergestellt, weil niemand um seiner bürgerlichen Geschäfte willen für unehrbar gehalten werden kann, wenn er der Ehre des Kriegsdienstes fähig erachtet ist.

Fünftes Capitel. Verschiedenheit der Personen nach ihrer Religion.

I. In Rücksicht der christlichen Religionsparteien. § 52.
(B. § 63. G. § 43. St. § 45. R. § 69.)

1. RAbsch. v. 1555 § 15. Sollen die Kayserl. Maj. — u. Stände — keinen Stand des Reichs von wegen der Augspurgischen Confession — mit der That gewaltiger Weiß überziehen, beschädigen, vergewaltigen oder in andere Wege — von dieser Augspurgischen Confessions-Religion, — Kirchengebräuchen, Ordnungen u. Ceremonien, so sie aufgericht oder nochmals aufrichten möchten, in ihren — Landen — tringen, — oder in einiger anderer Gestalt beschweren oder verachten, sondern bey solcher Religion, auch ihren Haab, Gütern u. s. w. friedlich bleiben lassen.

2. Derselbe § 24. Wo aber unsere, auch der Churfürsten, Fürsten u. Stände Unterthanen der alten Religion oder Augspurgischen Confession anhängig, von solcher ihrer Religion wegen, aus unsern, auch der Churfürsten, Fürsten u. Ständen des Heil. Reichs Landen, — an andere Ort ziehen — wolten, denen soll solcher Ab- u. Zuzug — gegen zimlichen billigen Abtrag der Leibeigenschafft u. Nachsteuer — unverhindert männiglichs zugelassen — seyn.

3. I. P. O. art. 5 § 1: inter *utriusque religionis Electores, Principes, Status omnes* et singulos sit *aequalitas exacta mutuaque*, quatenus formae Reipublicae, constitutionibus imperii et praesenti conventioni conformis est, ita ut quod uni parti justum est, alteri quoque sit justum.

4. I. P. O. art. 5 § 34. *Subditi*, qui — religionis suae exercitium nulla anni (1624) parte habuerunt, nec non qui — diversam a territorii domino religionem profitebuntur, — *patienter tolerentur*. — § 35. Sive autem Catholici sive Augustanae confessionis fuerint subditi, nullibi ob religionem — a mercatorum, opificum ac tribuum communione, hereditatibus, legatis, hospitalibus, leprosoriis, eleemosynis, aliisque iuribus aut commerciis, multo minus publicis coemiteriis, honoreve sepulturae arceantur, — sed in his et similibus *pari cum concivibus iure* habeantur *aequali iustitia protectioneque* tuti.

5. Eod. § 36 Quod si vero subditus, qui nec publicum nec privatum suae religionis exercitium *anno* 1624 habuit, vel etiam, qui post publicatam pacem religionem mutabit, — *a territorii domino iussus fuerit* (*emigrare*), liberum ei sit, aut retentis bonis aut alienatis discedere.

6. Id. art. 7 § 1. Unanimi quoque Caesareae Maiestatis omniumque ordinum Imperii consensu placuit, ut quicquid iuris aut beneficii cum omnes aliae constitutiones Imperii, tum pax religionis et publica haec transactio in eaque decisio gravaminum caeteris catholicis et *Augustanae confessioni addictis* statibus et subditis tribuunt, id etiam iis, qui inter illos *reformati* vocantur, *competere debeat*.

7. D. Bundes-A. Art. 16. Die Verschiedenheit der christlichen Religionspartheien kann in den Ländern — des deutschen Bundes keinen Unterschied in dem Genusse der bürgerlichen und politischen Rechte begründen.

8. Klüber Akten des Wiener Congr. Bd. II S. 439, 440. Ad Art. 14 (des Entwurfs = 16 der BA.): wurde, soviel die christlichen Religions-Parteien betrifft, bemerkt, daß in einigen Abschriften des Entwurfes der Ausdruck: drei christliche Religionsparteien eingeschlichen sei, u. auf die Frage hierauf: ob die Bestimmung dieses Artikels auch auf andere christliche Sekten, z. B. Anabaptisten, Mennoniten, Herrnhuter u. s. w. zu ziehen sey? zwar diese Ausdehnung bedenklich gefunden, gleichwohl, da die Bezeichnung von 3 christlichen Religionsparteien selbst der vormahligen teutschen Reichsverfassung nicht angemessen sey, beliebt, die Zahl 3 zu streichen, u. bloß zu setzen: "christliche Religions-Parteien."

9. Baier. Verf.Urk. v. 1818 Tit. 4 § 9. Jedem Einwohner des Reichs wird vollkommene Gewissensfreiheit gesichert.

10. Würtemb. Verf.Urk. v. 1819 § 27. Den vollen Genuß der staatsbürgerlichen Rechte gewähren die drei christlichen Glaubensbekenntnisse. Andere christliche u. nicht christliche Glaubensgenossen können zur Theilnahme an den bürgerlichen Rechten nur in dem Verhältnisse zugelassen werden, als sie durch die Grundsätze ihrer Religion an der Erfüllung ihrer bürgerlichen Pflichten nicht gehindert werden.

11. K. Sächs. Verf.U. v. 1831 § 33. Die Mitglieder der im Königreiche aufgenommenen christlichen Kirchengesellschaften genießen gleiche bürgerliche u. politische Rechte. Alle anderen Glaubensgenossen haben an den staatsbürgerlichen Rechten nur in der Maße einen Antheil, wie ihnen derselbe vermöge besonderer Gesetze zukommt.

12. Preuß. Verf.U. v. 1850 Art. 12. Der Genuß der bürgerlichen u. staatsbürgerlichen Rechte ist unabhängig von dem religiösen Bekenntnisse.

13. D. RG. (Norddeutsch. Bundesges.) v. 3. Juli 1869. Alle noch bestehenden, aus der Verschiedenheit des religiösen Bekenntnisses hergeleiteten Beschränkungen der bürgerlichen u. staatsbürgerlichen Rechte werden hierdurch aufgehoben. Insbesondere soll die Befähigung zur Theilnahme an der Gemeinde- u. Landesvertretung u. zur Bekleidung öffentlicher Aemter vom religiösen Bekenntniß unabhängig sein.

II. In Rücksicht der Juden.

Quellen: die ältern sind zusammengestellt bei *I. W. Starck* (praes. *I. Ch. Maier*) de Judaeorum tolerantia legum series temporum ordine digesta ac speciatim Moeno-Francofurtensi ad reformat. P. II Tit. XII. Tubing. 1782. 4. Sachsensp. III 7. Schwabensp. 214 u. 215. Rb. nach Dist. III 17. Priv. K. Friedrich II. für die Juden zu Wien v. 1238 (Gesch.-Qu. der St. Wien 1 S. 20); Herzog Friedrichs für Oesterreich v. 1244 (das. S. 21; beide Urk. auch bei Stobbe Juden S. 295 ff.), K. Ottokar v. Böhmen und Mähren v. 1268 (*Boczek* Cod. diplom. Moraviae 4 n. 16); mit einigen Aenderungen wiederholt v. Herzog Bolko I. v. Schlesien 1295, v. H. Heinrich v. Glogau 1299 (*Sommersberg* SS. rer. Siles. 3, 91 u. 105), endlich als Priv. K. Kasimir v. Polen 1343 (*Joh. v. Lasco* Commune incliti Pol. regni priv. p. 163 sqq.). — Priv. H. Heinrich v. Meißen v. 1265 b. *Biener* Opusc. acad. Lips. 1830. I 248; Stobbe das. S. 305. Judenordnung Joseph II. v. 2. Jan. 1782. Edict, betreffend die bürgerlichen Verhältnisse der Juden in dem Preuß. Staat v. 11. März 1812, auch b. Buchholz Actenstücke, die Verbesserung des bürgerl. Zustandes der Israeliten betr. Stuttg. u. Tüb. 1815 S. 84 u. f. Baier. Edict v. 10. Juny 1813 b. Buchholz S. 130. Corp. Constit. Calenberg. P. 3 Cap. 4. C. C. Luneburg. Cap. 3 p. 417. Hannover. Gesetz über die Rechtsverhältnisse der Juden v. 30. Septbr. 1842. Ergänzendes Gesetz v. 15. Apr. 1847. Würtemb. Gesetz in Betreff der öffentl. Verhältnisse der Israelitischen Glaubensgenossen v. 25. Apr. 1828. Für das Kurfürstenthum Hessen: Judenordnungen v. 1539, 1679, 1739, 1749, 1779 u. Gesetz v. 14. May 1816. Badisch. Edict v. 13. Jan. 1809 b. Buchholz S. 104, v. 4. März 1814. Mecklenb. Edict v. 22. Febr. 1812 (suspendirt 11. Septbr. 1817) b. Buchh. S. 94. S. Weimar. Judenordnung v. 20. Jun. 1823. S. Hildburghäus. Edict die bürgerlichen Verhältnisse der Juden betreffend v. 11. May 1814. Der Juden zu Frankfurth Stättigkheit undt Ordnung, wie die im Nahmen der kaiserl. Maytt. geendert u. verbessert worden v. 1616 b. Lünig Reichsarchiv Pars. spec. cont. 4. Th. 1 S. 699. Neue Stättigkeits- u. Schutzordnung der Judenschaft zu Frankfurt a. M. v. 30. Novbr. 1807. Verordn. der freien Stadt Frkf. v. 1. Septbr. 1824.

A. Beschränkungen der Rechtsfähigkeit der Juden. § 53.
(B. § 64 I. G. § 44, 45. St. § 46.)

Eichhorn RG. § 297, 350. Walter RG. § 431 ff. Waitz Verf.-Gesch. 5 S. 370. — Stobbe die Juden in Deutschland während des MA. Braunschw. 1866. — Kaim Art. Juden in Weiskes Rechtslexikon 5 S. 813—863. Hinschius bei Holtzendorff 2 S. 415. — Mandry civilr. Inhalt § 6. Roth Privatr. § 69.

1. Cap. de Iudaeis (Mon. C 258) c. 3. Ut nemo Iudaeus monetam in domo sua habeat, et neque vinum nec annonam vel aliam rem vendere praesumat. Quodsi inventum fuerit, omnis substantia sua ab illo auferatur, et in carcerem recludatur.

2. Edict. Pist. a. 864 c. 23 (Mon. Ll. I p. 493). Ut nullus — mixturam auri vel argenti ad vendendum facere — praesumat. — — — Si — Iudaeus — mixtum protulerit, ipsum perdat; et bannum nostrum — componat.

3. Treuga Henrici R. c. 1 (Mon Ll. II 267). Iudei omni die et omni tempore firmam *pacem habeant in personis et rebus*.

4. Schwsp. 214. Und git ein jude einem kristen iht ze koufen: er sol des kristen gewer sin nah kristenlichen rehte, ezn dinge der jude danne uz nach sinem rehte. — Deheines juden eit get über deheinen kristen man mit rehte; wil man ouch einen juden überziugen, da muoz man zem minnesten einen juden zuo haben. — Daz reht habent in die Romischen künige gegeben. Swaz die juden rehtes u. gnade habent, daz irwarp in Josephus umbe den künic Titum; daz geschach do Jerusalem gewunnen wart. — Der juden wart besezen in Jerusalem dristunt ahtzic tusent. Der starp ein teil hungers, daz ander teil wart erslagen. Daz dritte teil nerte Josephus. — Die selben gap der künic Tytus in des romischen küniges kamer ze eigen; u. da von sullen si des riches knehte sin, u. der romische künic sol sie beschermen. Slehet ein jude einen kristen oder tuot er im ander ungerihte, man sol über in rihten als über einen andern kristen man. — Slehet ein kristen einen juden, man rihtet über in, als ob er einen kristen hette irslagen. — Dar nach gab den juden Vespasianus aber bezer reht. — Koufet der jude diubic oder roubic guot, er muoz da von antwürten, als ein kristen. — U. lihet ein jude uf diubic oder uf roubic guot, u. kumet jener dar nach als reht ist, er sol ez wider geben als ein kristen. daz ist reht. Nu hant si ein bezer reht erworben: daz gaben in die künige wider reht; daz si lihen uf diubic u. uf roubic guot. Daz sullen si aber tuon vor ire türe ofenlichen an der straze u. kumet jener, des ez da was —: man sol im sin houbetguot wider geben u. niht gesuoches (al. den wuocher). Hat aber er heimelich dar uf gelihen, er muoz umbe sus wider geben. — Die juden sullen niht kristen liute bi in han die in dienen, u. die ir brot u. ir spise ezent. Die selben sint in dem banne.

a. Dortmunder Statuten Art. 38 u. 39 (Frensdorff S. 40). Cum judei a sacro imperio sint privilegiati jure speciali, quod possint in rebus sibi inpignoratis per furtum et rapinam ablatis summam pecunie, que widdescat dicitur, optinere per juramentum —, sciendum est, quod *nichil possunt optinere* in vestibus pollutis sanguine sive vestibus madefactis tamquam ad abluendum et in calicibus conculcatis sive convolutis, *quia in hiis est manifestum signum suspicionis et infidelitatis*.

b. Wiener Stadtrechtsbuch Art. 145 (Schuster S. 131). Die verfluchten juden vil pezzer recht habent gegen den christen, denn die christen gegen den juden, wan alle die phant, die gestoln u. geraubt werdent, swo man die vindet datz (= da ze, bei) den christen, — die müzzen die widergeben an alle lösung — und hat der arm man sein phenning verlorn, die er auf die phant geparigt (= geborgt) hat, er hab denn sein gewern —. Wirt ein guet — verstoln oder geraubt u. ist in eines juden gewalt vervangen, so schol man dem juden geben, swas er mit seinem aid darauf bestetten mag u. das er nicht west, ob das phant gestoln oder geraubt wer, das man im satzt, u. sein guet darauf lech.

5. Urk. K. Richards v. 1262 (*Schöpflin*. Als. dipl. 1, 441): volumus —, ut iudei de Hagenowe, *camere nostre servi*, nostre camere tantum et per nostras patentes litteras serviant, nec ab aliquo quicunque fuerit ad indebita et inconsueta servicia compellantur.

6. Urk. des Markg. Albrecht v. Brandenburg v. 1462 (Spieß archival. Nebenarbeiten 1 S. 127). So ein romischer konig oder kaiser gekrönt wird, mag er den juden allenthalben im reich alle ir güt nehmen, darzu ir leben u. sie tödten bis auf ein anzal, der lutzel sein soll, zu einer gedechtnus zu enthalten.

7. Urk. des Bischofs v. Speier v. 1084 b. Remling UB. Nr. 57. Cum ex Spirensi villa urbem facerem, putavi milies *amplificare honorem loci*, si et *iudeos colligerem.* Collectos igitur locavi *extra communionem et habitacionem ceterorum civium*, et ne a peioris turbe insolencia facile turbarentur, muro eos circumdedi. Locum — illum *tradidi eis* ea condicione, ut *annuatim persolvant tres libras et dimidiam* Spirensis monete *ad communem usum fratrum.* Attribui eis eciam intra ambitum habitacionis sue et e regione extra usque ad navalem portum liberam potestatem commutandi aurum et argentum, emendi vero et vendendi omnia, que placuerint, eandem quoque licenciam tradidi eis per totam civitatem. — Deinde sicut tribunus urbis inter cives, ita *archisynagogus* omnem *iudicet* querimoniam, que contigerit *inter eos vel adversus eos.* At si quam forte determinare non potuerit, ascendat causa *ante episcopum* civitatis vel eius camerarium. — Nutrices quoque et conducticios servientes ex nostris licite habeant. Carnes mactatas, quas viderint sibi illicitas secundum legis sue sanctionem, licite vendant christianis.

8. Urk. K. Heinrich IV. v. 1090 f. die Juden v. Speier das. Nr. 67. Habeant liberam facultatem, — intra ambitum regni nostri libere et pacifice discurrere, negocium et mercimonium suum exercere, emere et vendere, et *nullus ab eis thelonium exigat*, vel aliquam exactionem publicam vel privatam repetat. — Si autem *res furtiva apud eos inventa fuerit*, si dixerit iudaeus *se emisse*, iuramento probet secundum legem suam quanti emerit, et *tantumdem recipiat et sic rem ei cuius erat restituat.* — *Mancipia* — eorum *pagana* etc. — Liceat eciam *christianos homines* ad opera sua facienda *conducere*, exceptis diebus festis et dominicis, nec eis liceat *christianum emere servum.* Quod si christianus contra iudaeum vel iudaeus contra christianum litem aliqua pro re vel contencionem habuerit, *uterque* prout res est *secundum legem suam iusticiam faciat et causam suam probet.* — Quodsi iudaei litem *inter se* aut causam habuerint discernendam, *a suis paribus et non aliis convincantur et iudicentur* Et si aliquis eorum perfidus rei alicuius inter eos geste occultari voluerit veritatem, ab eo *qui ex parte episcopi praeest synagoge* iuxta legem suam cogatur, ut de eo quod quaeritur verum fateatur (Beseler Ztschr. f. RG. 2 S. 374; Waitz Verf.-Gesch. 5 S. 370.)

9. Urk. K. Adolfs v. 1292 (*Guden.* 1, 866): promittimus — nos effecturos, — quod G Archiepisc., successores sui et ecclesia Maguntina, *judeos civitatis Maguntine*, quos *a nobis et imperio* dinoscuntur habere *in feodum*, libere rehabeant; — ita quod — archiepiscopo Maguntino — *consueta* impendant *servicia* in praecariis, exactionibus ac modis aliis *ad instar aliorum judeorum*, qui in eorundem — archiepiscopi et ecclesie Magunt. opidis seu villis morantur.

10. Urk. des Cöln. Mannenger. v. 1352 (Lacomblet III 412). Wir — ritter, edele ind ouch andere manne des gestichts van Colne, donen cunt —: want unse — herre — der ertzbusscof — as van deme vervalle der juden, die vur diser zyt van eime geschichte ind van eime geleuffe der gemeynden — doit bleven

sint, — dise ordeile — an uns gesat het, ind uns darumb reichts gevraecht het, zo deme ersten: Sint he die juden helt vamme ryche zo lene, — of die juden mit reichte yet syn weren, die in sime gestichte gesessen waren? so — dunkt uns recht syn, dat die vurschreven juden — durch recht syn waren — Vort satde he an uns mit eyme ordeile: Sint die juden syn waren, of alsulch erve ind guet, als die juden gelassen haint, sulle yet mit rechte syn syn —? des hant eme gedeylt —, dat alsuch erve ind guet — mit rechte syn is, ind nyemans anders.

11. Iura archiepiscopi Trevir. X 3 (Lacomblet Arch. 1, 320). Iudei tenentur singulis annis 150 marcas ad monetam. — 4. *Camerarius est magister iudeorum.* — 6. Iudei dabunt singulis annis archiepiscopo 6 libras piperis in natale Domini et in pascha, et 2 libras piperis camerario eisdem temporibus. — 7. *episcopus iudeorum* tenetur credere singulis annis archiepiscopo 10 marcas sine usura, et archiepiscopus dabit *episcopo iudeorum* vaccam, amam vini et 2 modios tritici, et mantellum vetus, quo abiecto deinceps indui non vult.

12. Köln. Urk. v. 1280 b. Clasen erste Gründe der Köln. Schreinspraxis (Köln 1782. 4.) S. 44. (G. Sch., Miles) assignavit (filio suo) — 6 marcas Col. recipiendas a judeis, *quas tenet ratione homagii a domino archiepiscopo Col.*

13. Dipl. a. 1315 ap. *Schannat.* Hist. Wormat. I Prob. 164. Und was die juden je jars dienten dem könige odir sine landfaude, daz sollen sie auch geben dem von Stralenberg von des königs heissen u. gebot.

14. Urk. K. Karl IV. v. 1349 (*Senckenberg.* Select. iur. et hist. 1 p. 634). Für dieselben summen geldtes haben wir ihn (den schoeffen, dem rath u. den burgern zu Frankfurth) — verpfändet unsser juden gemeinlichen zu Frankf., unsser cammer-knechte, ihr leib u. ihr guth, u. mit nahmen ihre hoeffe, ihre häußer, ihren kirchhoff, ihren schulhoff, ihr eigen u. ihr erbe, — daß die juden u. ihr guth, unssern u. des reichß burgern u. der stadt zu Fr. — zu dienste sollen stehen mit allen nutzen, allen gefällen, allem dienste, oder was sie ehr geniessen mögen oder von ihnen auffheben.

15. Dess. Urk. v. 1363 (*Boehmer.* C. d. Francof. 1, 685): haben — den burgermeistern, dem rate u. der stat zu Frankenfurt gnade getan u. vollemacht gegeben, juden — zu sich in die stat zu Frankenfurt zu cziehen u. zu nemen, u. mit den uberein zu komen umb jerlichen czins.

16. Aurea bulla IX 1 et 2: statuimus, — quod — *universi et singuli principes electores* — judeos habere (possint).

17. R. Pol. Ordn. v. 1548 Tit. 20. Daß führohin niemand Juden anzunehmen oder zu halten gestattet werden soll, dann denjenigen, die von Uns u. dem heiligen Reich Regalia haben, oder insonderheit derhalben privilegirt seynd. — Daß auch jede Obrigkeit — Einsehens thun u. Ordnung fürnehmen solle, damit — ihre Unterthanen durch die Juden u. ihren — Wucher nicht beschwert — werden.

18. Urk. K. Otto II. v. 981 (M. B. 28 P. 1 p. 233): *praedium* —, quod — ex *quodam iudeo* — praetio comparaverunt.

19. Urk. v. 1326 (Sudendorf Br. Lüneb. UB. 1 Nr. 413): vendidimus Meyger judeo in Luneburg *curiam nostram* sitam in B. — ad vendendum, comittendum, dandum cuicunque voluerit.

20. Urk. v. 1288 (*Boehmer.* C. d Francof. 1, 240). Nos Anselmus *magister judeorum* in Frankenvort — nec non *universitas judeorum* ibidem — recognoscimus —, quod Heinrico sacerdoti — fratribus domus Theutonice Sassenhusen cohabitanti, super *domum quondam Gotschalci judei Frankenvordensis* —, *ad nos* — *pertinentem pleno iure,* vendidimus — redditus trium marcarum den. bonorum.

21. Urk. v. 1296 (Bodmann Rheing. Alterth. S. 585): ego S. comes Reni — teloneum meum in Gisenheim ad manus suas (scil. Adolfi Romanorum regis) libere resignavi, in hunc modum videlicet, quod Anselmo de Oppenheim, *judeo, idem teloneum,* cum de regno michi in feodum sit collatum, sex annis *obligaret* —, tamdiu quousque trecentas marcas Colon. monete integraliter est recepturus.

22. Convent. civitatum Moguntinus a. 1255 (Mon. Ll. II 372): quod nullus judeus plus *quam duos denarios ad septimanam de libra reciperet* in eadem quantitate.

23. Sächs. Dist. b. Pölman IX 15 dist. 1. Juden söllen von Gottes Rechte kein Wucher nemen, doch ist ihre ordnung anders geschickt, den sie hie zu Lande nicht Eygens mögen haben, Denn sie sind von den Keysern u. Fürsten begnadet, durch jhres geldes willen, das sie ersatzt sind, u. begnadet mit sonderlichem Rechte. Dist. 2. Von der Juden gesetztem Rechte u. gesuche schreibe ich nicht, denn es ist in sonderlichen Landen in einem anders gesetzt, denn in dem andern (vergl. Rb. nach Dist. III 17).

c. R. Pol. O. v. 1530 Tit. 27. Setzen, ordnen und wöllen Wir, daß die Juden, so wuchern, von niemands im Heiligen Reich gehauset, gehalten oder gehandhabt werden — und ihnen an keinen Gerichten um solche Schulden, mit was Schein der Wucher bedeckt, geholffen. — Wer dann Jüden bey ihm leyden will, der soll sie — halten, daß sie sich des Wuchers und verbottener wucherlicher Kauff enthalten und mit ziemlicher Handthierung und Hand-Arbeit ernehren —, hiemit alle Freyheiten, so gemeine Jüdenschafft dargegen hätte oder künftiglich erlangen würde, auffhebend und vernichtigend.

24. Urk. K. Karl V v. 1541 (*Emminghaus*. C. I G p 217). Und nachdem auch die Juden u. Jüdin des mehrern Theils in allen des Reichs Anlagen u. Hülfen mit Leib, Haab u. Gut um ein viel höheres dann die Christen belegt — werden, u. da aber daneben weder liegende Güter noch andere stattliche Handthierung, Aemter oder Handwerk bei den Christen haben, — davon sie solche Anlagen erstatten; — so lassen wir zu u. gönnen denselben Juden u. Jüdin, daß sie — ihre Baarschaften u. Zinnß u. sonst zu ihrem Nutzen u. Nothdurft um so viel desto höher u. etwas weiter u. mehrers dann den Christen zugelassen ist, anlegen u. verwenden.

25. R. Pol. O. v. 1577 Tit. 20 § 6: soll ihnen (den Juden) nicht mehr dann Fünf vom hundert zum Wucher zu nehmen erlaubt seyn. Doch soll hierdurch — Ständen an ihren — Gerechtigkeiten, Ordnung zu machen, nichts praejudiciret — seyn.

26. Rb. nach Dist. III 17, 3 u. 4. Der jodde sal nicht by nacht lien, noch vor deme ufgange der sonnen, noch nach dem undergange der sunnen. Der jodde sal nicht lien vorsprochen luten, also diben adder roubern; wo sy den lien heymelich, wert dy dipheyt adder roublich gud under on funden, daz mussen sy ledig weddergeben mit gewette, u. wert rechtelos under den jodden u. cristen. Was der jodde uffenbar liet uff phand, sy sin gestoln adder geroubet, ab dy wol in siner gewer funden werden, u. he or nicht vorlouckent, doch so vorlust her nicht sine phennige dorane. Loukent er aber des dubigen gutes, so vorlust er siner pfenninge daran; man mac in auch czu einem mitheler czelen u. vorluset judisch recht u. alle recht, dy von keysern u. fursten in geben sint.

27. R. Pol. O. v. 1577 Tit. 20 § 2. Daß sich auch die Juden der gestolnen oder raublichen Haab u. Güther zu kauffen enthalten, oder so die hinter ihnen befunden, dieselbige denjenigen, denen sie zuständig, — ohn alle Entgeltnuß wiederum zustellen — sollen. (Ebenso schon R. P. O. v. 1548 Tit. 20.)

28. Das. § 3: sollen sie die Zetteln ihres Anleyhens nicht in Jüdischer, sondern in Teutscher Sprachen verfassen.

29. RAbsch. v. 1551 § 79. Es soll auch kein Christ hinfürter einem Juden sein Action u. Forderung gegen einem andern Christen abkauffen, oder ein Jud als Schuldglaubiger einem andern Christen solche Actionen u. Forderungen in einigem Weg cediren oder einigs Contracts-Weiß zustellen bei Verlust derselben Forderung. (Vgl. oben § 51, 6.)

30. Gl. z. Ssp. III 7. Daß der Jüden Weiber leibgedings Recht nicht haben mögen.

31. RAbsch. v. 1551 § 79. Daß die Juden hinfürter kein Verschreibung oder Obligation vor jemands anders dann der ordentlichen Oberkeit, darunter der contrahirend Christ gesessen, auffrichten. Doch

sollen den Juden die aufrichtige Handthierungen u. Commercien in den offnen freyen Messen u. Jahrmärkten hiemit unbenommen seyn.

32. Preuß. Ges. v. 1787 b. *Mylius* corp. const. March. S. 1649. Da Sr. Königl. Maj. — den bisherigen Jüdischen Leibzoll aufzuheben geruht hat, u. s. w.

33. D. Bundes-Acte Art. 16. Die Bundesversammlung wird in Berathung ziehn, wie auf eine möglichst übereinstimmende Weise die bürgerliche Verbesserung der Bekenner des jüdischen Glaubens in Deutschland zu bewirken sey, u. wie insonderheit denselben der Genuß der bürgerlichen Rechte gegen die Uebernahme aller Bürgerpflichten in den Bundesstaaten verschafft u. gesichert werden könne. Jedoch werden den Bekennern dieses Glaubens bis dahin die denselben von den einzelnen Bundesstaaten bereits eingeräumten Rechte erhalten.

34. Klüber Acten des Wien. Congresses Bd. 2 S. 535: wurde ad art. 13 (des Entwurfs = BA. 16) — die Fassung unverändert beibehalten, da am Schlusse statt „in den Bundesstaaten" — zu setzen: von den Bundesstaaten, — schon früher beliebt war.

35. Preuß. G. S. von 1812 S. 17—21. Die in unsern Staaten jetzt wohnhaften, mit General-Privilegien, Naturalisations-Patenten, Schutzbriefen u. Concessionen versehenen Juden u. deren Familien sind für Einländer u. Preußische Staatsbürger zu achten; — sollen — gleiche bürgerliche Rechte u. Freyheiten mit den Christen genießen. — Sie sind aber gehalten, alle den Christen gegen den Staat und die Gemeinde ihres Wohnortes obliegende bürgerliche Pflichten zu erfüllen. — Die privatrechtlichen Verhältnisse der Juden sind nach denselben Gesetzen zu beurtheilen, welche andern Preußischen Staatsbürgern zur Richtschnur dienen. Ausnahmen finden bei solchen Handlungen u. Geschäften statt, welche wegen der Verschiedenheit der Religionsbegriffe u. des Kultus an besondere gesetzliche Bestimmungen u. Formen **nothwendig** gebunden sind. In Absicht des Gerichtsstandes findet ebenfalls zwischen Christen u. Juden kein Unterschied statt. — In keinem Fall dürfen sich Rabbiner u. Juden-Aelteste weder eine Gerichtsbarkeit noch eine vormundschaftliche Einleitung u. Direction anmaaßen. Fremden Juden ist es nicht erlaubt in den hiesigen Staaten sich niederzulassen, so lange sie nicht das Preußische Staatsbürgerrecht erworben haben, (zu dessen) Erwerbung sie nur — mit Genehmigung unseres Ministerii des Innern gelangen (können).

d. Preuß. Verf. oben § 52 Nr. 12.

36. RG. v. 3. Juli 1869 oben § 52 Nr. 13.

37. RG. über die Freizügigkeit v 1. Nov. 1867 § 1. Keinem Bundesangehörigen darf um des Glaubensbekenntnisses willen — der Aufenthalt, die Niederlassung, der Gewerbebetrieb oder der Erwerb von Grundeigenthum verweigert werden.

38. Baier. Ges. v. 1851 Art. 1. Alle Ausnahmsbestimmungen, welche — bezüglich der Verhältnisse der israelitischen Glaubensgenossen zu den Christen in Ansehung des bürgerlichen Rechts bestehen, so wie die Bestimmung der — Gerichtsordnung über die Exceptionsmäßigkeit der Juden als Zeugen in Processen ihrer Glaubensgenossen gegen Christen sind aufgehoben. Dasselbe gilt in Bezug auf die Verhältnisse der israelitischen Glaubensgenossen unter sich von allen Specialgesetzen, Verordnungen u. Gewohnheitsrechten (Ritualgesetzen) in so weit sie das bürgerliche Recht, insbesondere das eheliche Güterrecht u. Erbrecht betreffen. In allen diesen Beziehungen kommen für die israelitischen Glaubensgenossen die für die Christen geltenden Civil- u. Proceßgesetze zur Anwendung. (Vgl. Nr. 15 zum folg. §.)

39. Allg. Handelsgesetzb. Art. 32. Bei der Führung der Handelsbücher und bei den übrigen erforderlichen Aufzeichnungen muß sich der Kaufmann einer lebenden Sprache und der Schriftzeichen einer solchen bedienen.

40. Preuß. LR. II 2 § 642. Uneheliche Kinder werden bis zum geendigten 14. Lebensjahre in dem Glaubensbekenntnisse der Mutter erzogen. § 643. Doch muß, wenn der Vater ein Christ, die Mutter aber irgend einer andern Religions-

Parthey zugethan ist, ein solches uneheliches Kind bis nach zurückgelegtem 14. Jahre in der christlichen Religion erzogen werden. (Der § 643 ist aufgehoben durch Preuß. Gesetz v. 14. März 1871.)

41. Sächs. bürg. Gesetzb. v. 1863 § 1617. Christen können mit Personen, welche sich nicht zur christlichen Religion bekennen, eine Ehe nicht eingehen.

42. Preuß. Gesetz über die Form der Eheschließung v. 9. März 1874 § 56. Alle diesem Gesetze entgegenstehenden Vorschriften treten außer Kraft. Ein Gleiches gilt von den Bestimmungen, welche die Schließung einer Ehe wegen Verschiedenheit des Religionsbekenntnisses verbieten.

43. Reichsgesetz v. 6. Febr. 1875 § 39. Alle Vorschriften, welche das Recht zur Eheschließung weiter beschränken, als es durch dies Gesetz geschieht, werden aufgehoben.

§ 54. B. Anwendbarkeit des Jüdischen Rechts. (B. S. 228 Lit. f. u. S. 229. G. § 46.)

J. D. Michaelis Mosaisches Recht. Frkf. a. M. 1770—1775. Aufl. 2. 6 Thle. Frankf. 1775—1803. J. L. Saalschütz das Mosaische Recht, nebst den vervollständigenden thalmudisch-rabbinischen Bestimmungen. Aufl. 2. 2 Thle. Berlin 1853. Ritualgesetze der Juden betreffend Erbschaften, Vormundschaftssachen, Testamente u. Ehesachen, in so weit sie das Mein u. Dein angehen, entworfen von Mos. Mendelssohn auf Veranlassung u. unter Aufsicht Hirschel Lewin Oberrabbinen zu Berlin. Berl. 1778. Aufl. 5. 1826. N. Duschak das Mosaisch-Talmudische Eherecht mit besonderer Rücksicht auf die bürgerl. Gesetze. Wien 1864.

1. Rb. nach Dist. III 17, 28. Es ensal keyn jodden icheyn cristen twingen, daz her ome an sinen firtage sin phant gebe zcu losen.

2. Schwsp. 215 Ueberschr. Diz ist der juden eit.

3. Gl. z. Ssp. III 7. Daß sich die jüden der gemeinen Keyserrecht zu gebrauchen haben solln.

4. Sächs Dist. b. Pölman IX 16, 10. Der Jude leidet eines Fridebrechers Recht, ob er einen Christen tödtet, denn in Sachsen haben die Jüden gemein Recht.

5. Rb. nach Dist. III 17, 40. Slehet oder wundet oder totet ein jude den andern, das ist zcu richten als under den cristen. Waz darnach nach judischem gesecze ist, daz schol er liden.

6. Urk. v. 1315 (*Schannat.* Hist. Worm. Cod prob. p. 162). Daz der juden ratlude — alle wege 12 solln sin; u. die 12 solln unter in nach jutschem Recht richten, als ez von alter herkomen ist. Under den 12 Juden soll unser herr bischof von Wormsse — eynen benennen zu eyme judenbischofe.

7. Ex libro Iudaeorum (zu Cöln) b. Clasen Köln. Schreinspraxis S. 49: quia judei quam plures, videlicet *episcopus* et *alii seniores* in *lege sua* coram nobis asseruerunt, quod filie in *lege eorum* in bonis immobilibus parentum non succedant; volumus *hoc officio nostro salvum esse.*

8. Henrici marchionis Misn. dipl a. 1245 ap. *Horn.* Henricus Illustr. p. 319 Nullus judeus tenetur respondere *coram alio*, *quam suo iudice*, *quem nos dederimus iisdem.*

9. Rb. nach Dist. III 17, 30. Geschit eyn czweyunge under den jodden, dy en had nymant zcu richten wen der herre adder sin richter, deme sich dy jodden undertan gemacht haben.

10. Urk. K. Karl IV. v. 1349 (*Senckenberg.* Sel. iur. et hist. 1 p. 640): hat ihn (den Juden) jemandt icht zuzusprechen, der soll recht von ihn nehmen vor unssern schultheissen u. schöffen zu Franchfurth an gerichte u. nirgends anders, als von alter gewöhnlichen gewesen.

11. Hildburghaus. Edict v. 11. Mai 1814 § 4. Alle Angelegenheiten der Juden sowohl mit Nichtjuden als unter sich werden nach den allgemeinen Gesetzen u. Ordnungen des Landes, u. soviel die Ausübung ihrer Religion u. ihre Familienverhältnisse betrifft nach den Mosaischen Vorschriften beurtheilt.

12. Hannov. Ges. v. 30. Septbr. 1842 § 4. Die Trennung jüdischer Ehen kann nur durch Erkenntniß der bürgerlichen Gerichte erfolgen. Diese haben bei ihren Entscheidungen außer den gemeinrechtlichen Ehescheidungsgründen die in den nachzuweisenden Religionsgrundsätzen u. Ritualgesetzen der Juden begründeten zu berücksichtigen u. in letzterer Hinsicht in Zweifelsfällen das Gutachten eines Landrabbiners einzuziehn.

13. Mecklenb. Edict v. 22. Febr. 1812 § 11. In Ansehung der jüdischen Ehen, mithin auch der Ehescheidungen, der verbotenen Grade, der Trauerzeit, der Eheverträge, u. der von andern abhängigen Consense zu selbigen, u. dergleichen, müssen in Zukunft mit alleiniger Ausschließung der Trauungsceremonie, alle für unsere christlichen Unterthanen vorhandenen Gesetze gelten.

14. Dasselbe § 13. Da die Juden ihren bisherigen Gebrauch, daß die erstgeborenen Söhne allemal einen doppelten Erbtheil, die Töchter hingegen von den Vätern einen beliebigen Ausspruch erhalten, für ein in ihrer Religion begründetes Recht ansehen, so soll es dabei fernerhin verbleiben.

15. Baier. Gesetz v. 1851 (Art. 1 ob. § 54, 38) Art. 2. In Beziehung auf die Bedingungen u. die Form der Eingehung der Ehe, sowie in Beziehung auf Ehehindernisse u. Ehescheidung verbleiben die israelitischen Glaubensgenossen auch ferner unter denjenigen besonderen Gesetzen, welche mit ihrer Religion unzertrennbar zusammenhängen.

16. RG. v. 6. Febr. 1875 § 76. In streitigen Ehe- und Verlöbnißsachen sind die bürgerlichen Gerichte ausschließlich zuständig. Eine geistliche oder eine durch die Zugehörigkeit zu einem Glaubensbekenntniß bedingte Gerichtsbarkeit findet nicht Statt.

Sechstes Capitel. Von den juristischen Personen.

I. Im Allgemeinen. (B. § 66—69. G. § 49. St. § 49. R. § 71.) § 55.

II. Von den Genossenschaften.

Mittermaier Grundsätze § 120—141. Beseler Volksrecht S. 158—194. Thöl Volksrecht § 13. Schüler i. d. Jurist. Abhandlungen von Ortloff u. A. 1 (1847) S. 223—326. Gerber i. Zeitschr. f. Civilr. u. Proc. N. Folge 12 (1855) S. 193 ff. O. Gierke das deutsche Genossenschaftsrecht. 3 Bde. Berlin 1868—81. v. Roth zur Lehre v. d. Genossenschaften. München 1876. Gierke Art. Jurist. Person u. Korporation bei Holtzendorff 2 S. 418 u. 560. Thöl Handelsrecht § 87, 88, 150.

A. Ueberhaupt. (B. § 71.) § 56.

1. Preuß. LR. II 6 § 11. Die Rechte u. Pflichten der Mitglieder erlaubter Gesellschaften unter sich werden nach dem unter ihnen bestehenden Vertrage u. s. w. beurtheilt. § 12. Bey Handlungen, woraus Rechte u. Verbindlichkeiten gegen Andere entstehen, werden sie nur als Theilnehmer eines gemeinsamen Rechts, oder einer gemeinsamen Verbindlichkeit betrachtet. § 13. Dergleichen Gesellschaften stellen im Verhältnisse gegen Andere, außer ihnen, keine moralische Person vor, u. können daher auch, als solche, weder Grundstücke, noch Capitalien auf den Namen der Gesellschaft erwerben. § 14. Unter sich aber haben dergleichen Gesellschaften — die innern Rechte der Corporationen u. Gemeinen. § 15. Es kann

daher ein ausscheidendes Mitglied von dem Gesellschaftsvermögen nur insofern einen Antheil fordern, als das Mitglied einer Corporation u. Gemeine dazu berechtiget ist.

2. Oesterr. GB. § 26. Die Rechte der Mitglieder einer erlaubten Gesellschaft unter sich werden durch den Vertrag oder Zweck u. die besonderen für dieselben bestehenden Vorschriften bestimmt. Im Verhältnisse gegen Andere genießen erlaubte Gesellschaften in der Regel gleiche Rechte mit den einzelnen Personen. — Unerlaubte Gesellschaften sind aber diejenigen, welche durch die politischen Gesetze — insbesondere verbothen werden. (In margine dieses §: Personenrechte aus dem Verhältnisse einer moralischen Person.)

B. Insbesondere:

1. Von den Gemeinden.

Quellen: J. Weiske Sammlung der neueren teutschen Gemeindegesetze nebst einer Einleitung: die Gemeinde als Corporation. Leip. 1848. — Preuß. Städteordnung v. 19. Novbr. 1808. Revidirte Städteordnung v. 17. März 1831. Landgemeindeordnung für Westphalen v. 21. Oct. 1841. Gem.-Ordng. für die Rheinprovinz v. 23. Juli 1845. Für die östlichen Prov.: Gesetz betr. die Landgem.-Vf. v. 14. April 1856; Städte-O. v. 31. Mai 1853. Kreisordng. v. 13. Dec. 1872. — Städte-O., Landgem.-O. für Westphalen, beide v. 19. März 1856. — Städte-O. f. die Rheinprov. v. 15. Mai 1856. — Hannov. Städte-O. v. 1. Mai 1851, revid. v. 24. Juni 1858; Landgem.-O. v. 4. Mai 1852, revid. v. 28. Apr. 1859. Städte-O. für Schleswig-Holstein v. 14. April 1869. Kurhessische Gem.-O. v. 23. Oct. 1834. — Baier. Verordnung die Verfassung u. Verwaltung der Gemeinden betr. v. 17. May 1818. Ges. v. 1. Jul. 1834 die Revision des Gemeinde-Edicts v. 1818 betr. Gem.-O. v. 29. Apr. 1869. — Würtemb. Edict über die Gemeindeverwaltung v. 31. Dec. 1818. Verwaltungsedict f. die Gemeinden 2c. v. 14. März 1822. Revidirtes Gesetz über das Gemeinde-, Bürger- u. Beisitzer-Recht v. 4. Dec. 1833. — Allgemeine Städteordnung f. das Königr. Sachsen v. 2. Febr. 1832. K. Sächsische Landgemeindeordnung v. 7. Nov. 1838; revid. StO. u. LGO., beide v. 24. Apr. 1873. Großherzogl. Hess. Gemeindeordnung v. 30. Juny 1821, jetzt Gesetze v. 13. u. 15. Juni 1874. Badisches Gesetz über die Verfassung u. Verwaltung der Gemeinden v. 31. Dec. 1831. Gesetz üb. die Rechte der Gemeindebürger von demselben Datum. StO. v. 24. Juni 1874. Oldenburg. Landgemeindeordnung v. 28. Dec. 1831; Städteordnung v. 12. Aug. 1833; revid. Gem.-O. v. 15. April 1873. Braunschw. Edict über die Gemeinde-Verwaltung v. 4. Jun. 1834; Städteordnung von demselben Datum; StO. v. 19. März 1850, LGO. v. gl. Datum. Lippische Gemeindeordnung v. 2. März 1841. Vgl. die Uebersicht der Gem.-O. bei Gierke Art. Gemeinde bei Holtzend. 2 S. 46 ff.; Ernst Meier im Verwaltungsrecht das. S. 1099 ff.

G. L. v. Maurer Einleitung zur Geschichte der Mark-, Hof-, Dorf- u. Stadtverfassung u. der öffentlichen Gewalt. Münch. 1854; Geschichte der Markenverfassung in Deutschland. Erlangen 1856; Geschichte der Frohnhöfe, der Bauernhöfe und der Hofverfassung in Deutschland. 4 Bde. 1862; Geschichte der Dorfverfassung in Deutschland. 2 Bde. 1866; Gesch. der

Städteverf. ob. S. 24. Thudichum die Gau- und Markverfassung in Deutschland. Gießen 1860. Landau die Territorien in Bezug auf ihre Bildung u. ihre Entwicklung. Hamb. u. Gotha 1854. — Stüve Wesen u. Verfassung der Landgemeinden u. des ländlichen Grundbesitzes in Niedersachsen u. Westphalen. Jena 1851. Reyscher Gemeindesachen u. Rechte der Einzelnen i. d. Zeitschr. f. deutsch. Recht Bd. 16 S. 133—200.

a. Ueberhaupt. (B. § 70. G. § 50.) § 57.

1. RG. üb. die Freizügigkeit v. 1. Nov. 1867 § 1 oben § 48, 19.

b. Insbesondere.

α. Von den Landgemeinden. (G. § 54. St. § 55, 56.) § 58.

G. Hanssen agrarhistorische Abhandlungen. 2 Bde. Leipz. 1880 bis 1884. Waitz Verf.-Gesch. I S. 97 ff. v. Inama-Sternegg Deutsche Wirthschaftsgeschichte. Bd. 1. Leipz. 1879. v. Miaskowski die schweizerische Allmend 1879; ders. die Agrarverfassung der Schweiz. Basel 1878.

1. Caes. de b. Gall. 4, 1: privati ac separati agri apud eos (sc. Suevos) nihil est, neque longius anno remanere uno in loco incolendi caussa licet.

2. Id. ibid. 6, 22. Agriculturae non student: — neque quisquam agri *modum certum* aut fines habet *proprios*: sed magistratus ac principes in *annos singulos* gentibus cognationibusque hominum, qui tum una coierunt, quantum et quo loco visum est, agri attribuunt, atque anno post alio transire cogunt.

3. Tac. Germ. c. 16. *Nullas* Germanorum populis *urbes* habitari satis notum est: ne pati quidem inter se *iunctas sedes*. Colunt *discreti ac diversi*, ut fons, ut campus, ut nemus placuit. *Vicos* locant, non in nostrum morem, connexis et cohaerentibus aedificiis: suam quisque domum spatio circumdat, sive adversus casus ignis remedium, sive inscitia aedificandi.

4. Id. ib. c. 26. Agri pro numero cultorum ab *universis in vices* occupantur, quos mox *inter se* secundum dignationem partiuntur. Facilitatem partiendi camporum spatia praebent. *Arva per annos mutant, et superest ager.*

5. Cod. Laurish. 1, 451: unam *hobam*, *in qua* Erlebandus *manere* videtur, cum aedificio in *ipso manso* posito.

6. Glossae sec. 10 ap. *Eckardt.* de reb. Franc. orient. T. 2 p. 997: mansus, hauba.

7. Cod. Laurish. 1, 312. VIII. mansos et hobas ad ipsas pertinentes.

8. Idem 1, 619: trado — servum unum et mansum in quo *ipse manet*, cum *sorte sua*, hoc est cum terris, campis, silvis, domibus, aedificiis, pascuis, perviis, cultis et incultis, aquis et aquarum decursibus etc.

9. Id. 1, 618. Unum *mansum* — *indominicatum* cum omni aedificio suprapositо et terram arabilem ad eundem mansum pertinentem et alias hobas serviles VI et prata et carradas CL et molendinum unum, et quidquid in ipsa villa vel marca proprietatis habemus tam *mansis*, quam *terris* etc.

10. Dipl. a. 861 ap. *Neugart.* C. dipl. Alem. p. 313. Hobas tres pleniter *emensas*.

11. Dipl. a. 904 ib. nr. 646: hobam 1 hoc est *XL iugera*, curtem cum domo.

12. Trad. Fuld. 2, 14 (*Schannat* nr. 61 a. 779): una hoba, quod est *XXX iugera* terrae aratoriae.

13. Priv. f. Leobschütz v. 1270 § 3. Item quilibet mansus debet apud eos habere *XXXVI iugera*.

14. Iura archiepiscopi Trev. sec. 13 XLIV 1 b. Lacomblet Archiv 1, 381: habet dominus in Y. 20 mansus quorum quilibet continet 15 *iurnalia*.

15. Dipl. a. 885 ap. *Neugart* nr. 557: una hoba — cum servo in ea sedente.

16. Dipl. a. 805 ibid. nr. 150: trado servum meum — *cum hoba* sua.

17. Trad. Fuld. 1, 23: unam arialem cum sua structura et *ad illam pertinentem hobam.*

18. Eaed. 1, 26: duas huobas et tres ariales.

19. Eaed. 2, 79: duas *hobas serviles.*

20. Ann. Bertiniani ad a. 866 (ed. *Waitz* p. 81): indicta per regnum suum conlatione ad idem exsolvendum tributum de unoquoque *manso ingenuili* exiguntur sex denarii et de *servili* tres.

21. Iid. ad a. 877 (ibid. p. 135): (Carolus Calvus), quomodo tributum — exigeretur, disposuit, scilicet ut de *mansis indominicatis* solidus unus, de unoquoque *manso ingenuili* quatuor denarii de censu dominico et quatuor de facultate *mansuarii*, de *manso* vero *servili* duo denarii de censu dominico et duo de facultate *mansuarii* — redderent. (cf. Karoli II. I. Edict. de tributo Nordmann. Mon. Ll. I 536.)

22. C. Laurish. 1, 68. *Mansum indominicatum* — habentem hobas tres.

23. Ib. 2, 247: *mansum indominicatum* cum solario lapideo e casa lignea —, *hubam I indominicatum* et alias VII *hubas serviles.*

24 Cap. a. 808 c. 1 (Mon. C. 137): *mansos vestitos.*

25. Capit. de villis. c. 67. De mansis *absis* et mancipiis aquisitis. (Ueber die Bedeutung von mansi vestiti u. absi s. Eichhorn Rgesch. I § 84b, Grimm RA. S. 536 No. ***), Beseler Erbvertr. 1, 29 u. Waitz die altdeutsche Hufe S. 44.)

26. Edictum Pistense. a. 864 c. 5 8. Villae nostrae *indominicatae.*

27. Dipl. a. 722 ap. *Grandidier* Hist. de l'église de Strasb. T. 1 C. dipl. nr. 31. Actum Stratburgo civitate, in *curte regia ville*, que est in suburbano civitatis novo.

28. Dipl. a. 886 ap. *Neugart* I 359: unum locum *curtis* id est *hovistat.*

29. Urk. v. 873 i. Wirtemb. UB. I S. 173: ad eandem *curtim dominicam* (*cum aedificiis et sepibus bene vestitam*) pertinent *jurnales LXXX*, insuper *hobae serviles* XVIII. Et ad unamquamque hobam pertinent *jurnales XLV*, de *pratis* ad singulas hobas carratas V, et ad *exstirpandum* hobas XIIII.

30. Urk. K. Otto III. b. Remling Speir. UB. n. 19: infra civitatem Spira — aut in circuitu extra civitatem id est *in villa Spira* et in *marca* quae eidem urbi adiacens est.

31 L Alam. 46, 1. Si quis — liberum extra *terminos* vendiderit.

32. Ead. 47, 1. Si quis — feminam liberam extra *marcham* vendiderit.

33. C. Laurish. 1, 70: in pago Darnau in *marca* vel villa Sodoja.

34. Trad. Fuld. 1, 72: in pago Salagewe et in *marcu* Salagewono.

35. Eaed. 1, 17: quidquid in pago Salagewe et in villa Kizziche, et *in marcu eius* proprietatis habeo.

36. Urk. a. d. 13. Jhrh. b. Bodmann Rheingau. Alterth. S. 442: communia iura, quae *marke* dicuntur.

37. Urk. b. v. Maurer Einleit. S. 146: pro *silva comuni,* que *almende* vulgariter nominatur.

38. Urk. v. 1256 b. Landau S. 165: *communis silva* que *almende* dicitur

39. L. Burg. XIII. Si quis — in silva communi *exartum* fecerit, *exartum,* quem fecit — possideat.

40. Dipl. a. 796 ap. *Henschium* ad vitam S. Ludgeri episc. Mimigard. n. 22. Tradidi particulam haereditatis et *proprii laboris*, id est, totam *comprehensionem in silva,* quae dicitur H. —, quam ibi dudum comprehendi —, *communionemque in eandem silvam.*

41. Urk. v. 805 b. Lacomblet I 15: quidquid ibi habuimus, aut per ius hereditatis, aut per *comprehensionem*, aut per *aliam* quamcumque *adquisitionem.*

42. *Pez* Thesaur. I 3 p. 103: in sylva *communi* — tale praedium silvaticum, quale ipse cum suis sequacibus — *circumeundo sibi in proprium captivaverat.*

43. Liber de fundat. Schirens. monasterii (*Böhmer* Fontes III 499). Nobilis quidam — ingressus cum servis et rusticis suis de legitimis curtiferis apud W. *liberam silvam* — sibi eam — apprehendit, sicut mos erat et est, *communem* silvam de *legitimis curtiferis apprehendere* et in potestatem iuris sui, tam populari modo, arborum scilicet *incisione, ignium ustione, domorumque edificatione,*

quam trium dierum in eodem loco, quod hereditario iure hereditatem retinere mos est, sessione — vendicavit. — Tum ex hoc silva ab eadem familia excolitur et inhabitatur.

44. Urk. v. 801 b. Lacomblet Urk.B. Nr. 22: tradidi — curtile unum et duodecimam partem in silvam — cum pascuis et *plena dominatione*, *quae iure legali ad illud curtile pertinere compertum est.* (Waitz Hufe S. 40.)

45. Dipl. ap. *Haltaus* p. 252: communitatem sylvae, quae dicitur achtwort.

46. Dipl. Domini de Lippia a. 1306 ap. *Schaten* Ann. Paderb. T. II p. 207: usagia — in nemore, quae dicuntur echtwort.

47. Urk. v. 1256 b. *Scheidt* Mant. p. 364 not. I: *incisiones lignorum*, que vulgariter agtwert appellantur, — que proprietati eiusdem H. attinebant.

48. Dipl. Henrici Ducis Sax. a. 1224 ibid. A. — et sui fratres emerunt ius quoddam, quod echtwort dicitur, ad ignem et aedificationem in silva — A.

49. Dipl. a. 1291 ap. *Vogt* Mon. I p. 515: mansum vel domum in D. cum terris duorum mansorum vel domorum, quos vulgus appellat echtwort.

50. Dipl. a. 1376 ap. *Scheidt* Mant. p. 332. (To) deme ene hove — hort anderhalff achtwort to in der woldemene.

51. W. der Gerechts. eines Erzbisch. v. Trier a. d. 13. Jahrh. XIII 1 (Lacomblet Archiv 1, 330). In P. sunt 17 *mansi veteres*. — 3. Sciendum est quod quando solvitur wisunge, solvit quelibet pars *mansi divisi quantum mansus integer et indivisus*. Econtra aliquis dives agricola *plures habens mansos* non de multis mansis plus solvit quam pauper solvit de solo manso vel de *parte mansi*. — 4. Preterea sunt ibidem 4 *novi mansi actuales* dicti ab actu archiepiscopi. — 8. In R. sunt 13 *mansi veteres*. — Preterea est ibi *dimidius mansus* et *octava pars mansi novi*.

52. Lüttinger Hofr. II § 1 (Lacomblet Archiv 1, 197). Item so is all jair ein hoffdach to L. neist vur sent Margaretendage, dair sullen komen alle die ghoene, die an der vorder hant sitten aen den guede, dat men van dem hove helt. § 2. Ind die kater to L., die wonen up des hoeffs gude, en sullen dair neit wisen des hoeffs rechten.

53. Ebendas. III § 1. Item in den hoff to L. gehoiren XLIII halve huven lantz, de men dair affhelt to lyffgewin ind tot dryen handen to winnen. — IV § 1. Item in den hoff gehoiren XXIIII kaitstede, geheiten wytlike kaetstede, gelegen to L., die men sunderlinge wint van den here. — VI § 1. Item tot den hoff van L. ind tot den kaetsteden — gehoirt lant off weide off gemeint gelegen by Luttingen.

54. Offn. von Höngg v. 1338 (Grimm 1, 10): ist das der meiger u. die huober ze H. gemeinlich u. einhelleklich kein holtz, es si vil oder wenig, gros oder klein, ushowen wellint u. verkouffen, daz guot, — daz von demselben holtz erlöset wird, soll geteilt werden — unter die huober nach teiltig (?) der güter des hofs u. jeglichs huobers.

55. Episc. Hildesh. dipl. a. 1259 ap. *Struben* O. i. et hist. p. 79: dedimus (abbati et fratribus monasterii S. M.) donationis titulo —, ut novare faciant — in nemore — XXXII mansos etc.

56. Dipl. c. a. 1293—1300 b. Seibertz Westf. UB. 1 S. 617: dedit ad unamquamque illarum arearum unum mansum continentem XXV iugera terre que exstirpatur aut eradicatur in silva adiacente.

57. *Pez* anecdot. I P. III 103: tradidit — in sylva communi tale praedium silvaticum, quale ipse cum suis sequacibus contra suam proprietatem Steveninga prospiciens circumeundo sibi in proprium ad eundem locum St. captivaverat.

58. Extract a. d. Frohnreceß der Aemter Rudolstadt u. Blankenburg (Hdschr.) Cap. V Sect. 1 § 2. Die Bauern-Güther pflegen durchgängig in Anspann- u. Hintersattler-Güther eingetheilt zu werden.

59. Vibrau. W. (Grimm 1, 515). Auch wysen wir, daz der einleffige kein recht ensal han in der marcke, dan waz er gnaden von den merkern hat.

60. Urk. v. 1264 b. Kindlinger Hörigk. S. 296: homines, qui dicuntur hindersesse sive eynleffigede lüde — sunt homines sic vocati illi, *qui non habent hereditatem vel agros vel possessiones in villa.*

§ 59. β. Von den Stadtgemeinden. (G. § 52 u. 53.)

1. Altenburg. Grundges. v. 29. Apr. 1831 § 116. Die Städte haben, unter der Aufsicht u. dem Ordnen eines Stadtraths, die Befugniß zur Betreibung bürgerlicher Nahrung, in freiem städtischen Verkehr oder unter zunftmäßigen Beziehungen.

2. Dasselbe § 117. Ihnen steht das Kämmereirecht zu, d. h. die Berechtigung auf Besitz, Benutzung u. Verwendung des gemeinschaftlichen städtischen Eigenthums u. (wenn dessen Ertrag für die Bedürfnisse der Stadtverwaltung, so wie zur Errichtung u. Erhaltung der gemeinnützlichen Anstalten nicht zureicht) der Anspruch auf aushülfliche Zuziehung der einzelnen Bürger mit verhältnißmäßigen Beiträgen.

3. Dasselbe § 118. Sie üben das Ortspolizeirecht aus.

4. Dasselbe § 119. Die Stadtgemeinde hat ausserdem das Recht, durch Vertrag, Stiftungen, Concessionen u. auf andere rechtsbeständige Weise, einzelne, aus der Natur obiger beiden Rechtsgattungen nicht fließende Gerechtsame (als Patronat, Mitaufsicht über Kirchen u. Schulen, Marktrecht u. s. w.) zu erwerben.

5. Dasselbe § 120. Bei Ausübung dieser allgemeinen Rechte hat auch die Stadtgemeinde, mittelst des Statutenrechts, die Befugniß, für ortsbürgerliche Zuständigkeiten u. allgemeine Ordnung — zu Beförderung der städtischen Zwecke, verbindende Bestimmungen festzusetzen, deren Wirksamkeit jedoch von der landesherrlichen Genehmigung abhängig ist.

6. Sächs. Dist. b. Pölman VIII 5 dist. 1. Wo eine Stadt Magdeburgisch Recht hat, da haben die Rathsmanne die Gewalt u. macht, daß sie mögen willköre setzen mit der Witzigesten rathe, ohne volbort ihres Burggraffen, also daz die Willköre den Bürgern unschedlich sei dem (Burggrafen an) seinem Rechte, und das beschriebene Recht nicht krenke. Was auch geistlich Recht antrifft, u. weltlich Recht nicht rüret, da mögen sie nicht wilköre auffsetzen, aber uber alle ding, die weltliche Recht antreffen, da mögen sie wol wilköre auffsetzen, als übrige Hoffart zu stüren, ihrer Bürger Frawen u. Man, u. auff ihr Gesinde, u. über Erbe an zu sprechen, u. unrecht zu stören, aber ja nicht bey Busse Hals oder Hand, sondern bey pfennig Buße, oder bei weichen aus der Stad ein Jar weiniger oder mehr, oder solle kein Bürger mehr sein, oder bei anderm gezwange. Auch mögen sie wilköre setzen auff Geste, die ihre Kaufmannschaft treiben in der Bürger schaden. Dist. 2. Die Rahtsmanne mit dem witzigesten Rathe mögen setzen allerhande Speisekauff, u. allen Trank, als Wein, Mehl, Bier u. andern Trank, u. über Fische, Brot, u. was zu Speisekauf gehört, nach der Zeit u. der Stadt Bequemlichkeit, sondern zuthun der Herrschaft, denn sie haben sich mit den Dingen nicht zu beweren. Dist. 4. Auch mögen sie alle ire Willköre, die sie gesetzt haben zu der Stad nütze u. fromen, mit der witzigesten Rathe alle Jahr verwandelen, u. ablegen u. mehren, nach der Stad u. Gemeine Bequemigkeit, nutze u. fromen, u. haben das mit niemande zu thun.

7. Ssp. III 66 § 1. Man ne mut nenen market buwen deme anderen ene mile na.

8. Priv. Herzogs Bolko v. Schlesien v. 1337 b. Stenzel Urk.Samml. S. 545: conferimus nostrae civitati Friburg omnia iura et consuetudines, habitas ex antiquo, *more iuris Franconiae et Teutonicalis*, primo et principaliter, — quod omnes eius incolae *civilia iura* habentes, pannos et stamina — possint vendere et incidere per ulnas. — Extranei autem forum ibi quaerentes, debent adducere stamina qualiacunque et vendere sine incissura. — Item conferimus, — quod in — villis — a dicta civitate *infra milliare* circumferentialiter situatis *non debeat haberi taberna aliqua nec aliquis operarius*, *nocivus civitati*, sicuti pistores, sutores, carnifices, sartores et fabri.

9. Ilzstädt. W. v. 1256 (M. B. Vol. 28 P 2 p. 511) § 12. Item *quilibet nobilis* — habebit *mercatorem* ante domum, qui *potum et victum et vestes pro domo tantum sui domini* comparabit. — Item non debet aliquis esse mercator in dictis terminis, *nisi in foro legitimo et civitate*, hiis exceptis qui fuerint ante domos *ministerialium*, ut prediximus.

10. Revers Joachim II. v. Brandenb. v. 1538 b. *Scheplitz* Consuetud. March. ed. 1744 p. 344. Die Prälaten u. vom Adel, auch Baurschaft sollen sich Kaufmannschaft enthalten, u. den Bürgern in Städten als ihre zugehörige Nahrung u. Gewerbe alleine bleiben; was aber einem jeden wächset oder er selbst gezeuget oder gewunnen, soll ihme gesambt seinen Pächten zu verkaufen frey stehen.

11. Gandersheim. Landtags-Absch. v. 1601 Art. 51 (Corp. Const. Calenb. T. 4 c. 8 p. 40). Soll das Bierbrauen auf den Dörfern zu gemeinem, feilen Kauf, wie auch daselbst die Aussellung fremder ausländischer — Bier eingestellt, — dazu die Handwerker auf den Dörfern, welche von den Städten nur eine halbe, oder drei Viertel Meile gelegen, eingestellet u. hinfüro keine mehr, jedoch den Clöstern u. denen von der Ritterschaft an ihrer hergebrachten Frei- u. Gerechtigkeit unverhinderlich, eingenommen, gleichwohl aber auch sonsten auf jedem Dorfe etwa ein Schmidt, Rademacher, Schuhflicker u. Schneider, so allein Bauerkleider machet, jederzeit geduldet — werden mögen.

12. Kursächs. Landes-O. v. 1482 (Cod. Aug. 1, 10). Daß nun hinführo niemands, welches Standes, Würden oder Wesens die seyn, in seinem Hause, oder sonst in denen Dörffern, anders dann er vor seine Haushaltung nothdürftig ist, u. nicht auf den Kauff brauen soll.

13. R.-Gewerbeordn. § 2. Die Unterscheidung zwischen Stadt u. Land in Bezug auf den Gewerbebetrieb u. die Ausdehnung desselben hört auf.

14. RG. üb. die Freizügigkeit v. 1. Nov. 1867 § 1. Keinem Bundesangehörigen darf — wegen fehlender Landes- oder Gemeindeangehörigkeit der Aufenthalt, die Niederlassung, der Gewerbebetrieb — verweigert werden.

15. R.-Gewerbeordn. § 13. Von dem Besitze des Bürgerrechts soll die Zulassung zum Gewerbebetriebe in keiner Gemeinde u. bei keinem Gewerbe abhängig sein. — — — Nach dem begonnenen Gewerbebetriebe ist, soweit dies in der bestehenden Gemeindeverfassung begründet ist, der Gewerbtreibende auf Verlangen der Gemeindebehörde nach Ablauf von 3 Jahren verpflichtet, das Bürgerrecht zu erwerben. Es darf jedoch in diesem Falle von ihm das sonst vorgeschriebene oder übliche Bürgerrechtsgeld nicht gefordert und ebenso nicht verlangt werden, daß er sein anderweit erworbenes Bürgerrecht aufgebe.

16. Preuß. Landr. II 8 § 103. Messen, Jahr-, Wochen-, Woll- u. Viehmärkte sollen der Regel nach nur in Städten gehalten werden. § 104. Wochenmärkte kann die städtische Obrigkeit unter Genehmigung der Landespolizeibehörde anordnen. § 105. Das Meß- oder Jahrmarktsrecht zu ertheilen, gebührt allein dem Landesherrn.

c. Einzelne Rechtsverhältnisse. (B. § 84. G. § 51.) § 60.

1. Preuß. Landr. II 7 § 37. Zu den Gemeinarbeiten, u. andern nachbarlichen Pflichten, zu welchen ein jedes Mitglied der Gemeine Dienste u. Beiträge leisten muß, werden der Regel nach gerechnet: 1) die Ausbesserung der gemeinschaftlichen Wege u. Brücken; 2) die Räumung der Dorf- u. gemeinen Feldgräben; 3) die Einhegung der Nachtkoppeln u. Viehtriften; 4) der Bau u. die Besserung gemeinschaftlicher Dorfgebäude, Schmieden, Hirtenhäuser, Brunnen u. s. w.; 5) die Versorgung der Dorfhirten, u. anderer im Dienste der Gemeine stehender Personen; 6) die Versehung der Nachtwachen, oder die Versorgung des Dorfwächters; 7) die Anhaltung u. Bewachung der Verbrecher; 8) der Transport, u. die Begleitung der — von einem Orte zum andern zu bringenden Verbrecher, oder Landstreicher; 9) die sogenannten Deserteurwachen; 10) das Herbeiholen u. Zurückführen des Gerichtshalters, u. anderer zur gehörigen Besetzung des Gerichts, ingleichen bei Criminal-Untersuchungen nöthigen Personen; 11) die Unterhaltung des Dorfbullen u. Zuchtebers; 12) die Unterhaltung der Dorfspritzen, u. anderer gemeinschaftlichen Feuer-Löschinstrumente; 13) das Feuerlöschen im Dorfe, u. den dazu gehörigen Waldungen.

2. Ebendas. § 38. In sofern die — Gemeindienste mit Gespann zu verrichten sind, müssen dieselben von den damit versehenen Gemeinegliedern allein besorgt werden.

3. Ebendas. § 42. Die Handdienste hingegen werden nach der Zahl der dazu verpflichteten Wirthe vertheilt.

4. Ebendas. § 43. Die baaren Geldausgaben werden in der Regel nach dem Verhältnisse der Landesherrlichen Steuern aufgebracht.

5. Schwsp. (Laßb. 214). Unde ist ein dorf da ein rihter inne is, swaz der gesetzet mit der meren mengi der geburen, daz mag der minre teil niut wider reden. daz selbe reht sol man halten in den stetten.

6. Ostbevernsch. Markenr. v. 1339 (Grimm 3, 179): weß de holtgreve u. de twe dele van den marckenoten overgedreget, dat se menet, dat der marcke beste si, deß sal de derde deel mit en volgachtich sin.

7. Preuß. Landr. II 6 § 52. Bey gewöhnlichen Vorfällen, u. in den ein für allemal dazu bestimmten Versammlungen, entscheidet der Schluß der in dieser Versammlung gegenwärtigen Mitglieder.

8. Ebendas. § 64. Zu neuen Beiträgen, die weder in der Stiftungsverfassung, noch in den allgemeinen Gesetzen des Staates gegründet sind, ist die Einwilligung aller Mitglieder erforderlich.

9. Preuß. Landr. II 6 § 68. Gesellschaftliche Rechte, welche nicht sämmtlichen Mitgliedern, sondern nur Einem oder dem Andern unter ihnen, als Mitgliede, zukommen, können denselben, wider ihren Willen, durch die bloße Stimmenmehrheit nicht genommen oder eingeschränkt werden. § 69. Eben das gilt, wenn nicht allen, sondern nur Einem oder etlichen Mitgliedern neue Lasten oder Verbindlichkeiten auferlegt werden sollen.

10. Bair. Edict v. 1818 § 41. Beschlüsse, welche nicht das allgemeine, sondern nur das besondere Interesse eines Individuums oder einer einzelnen Classe betreffen, sind ohne ihre Beistimmung von keiner Wirkung.

11. Hannov. Ges. die Landgemeinden betr. v. 1844 § 59. Es kann ein gültiger Beschluß nur gefaßt werden, wenn mindestens ein Drittel der vorhandenen Stimmen in der Versammlung vertreten ist.

12. Hannov. G. die Landgem. betr. v. 1852 § 34. Gemeindebeschlüsse, wodurch besondere Bestimmungen getroffen werden für einen Theil der Gemeindeglieder, z. B. für die Spannhaltenden oder für die Häuslinge, gelten nur dann, wenn die Mehrheit der dadurch Betroffenen dafür ist.

13. Königl. Sächs. Landgemeindeordn. v. 1838 § 6. Als Gemeinde-Angelegenheiten sind nur diejenigen zu betrachten, welche die Verhältnisse, Rechte u. Verbindlichkeiten einer Ortsgemeinde als solcher betreffen. Es sind daher die besonderen Angelegenheiten einer einzelnen Classe der Gemeindeglieder den Gemeinde-Angelegenheiten nicht beizuzählen.

§ 61. 2. Von den Zünften. (B. § 211. G. § 55—57.)

Allgemeine Quellensammlung: J. A. Ortloff Corpus iuris opificiarii oder Sammlung von allgemeinen Innungsgesetzen u. Verordnungen für die Handwerker. Ausg. 2. Erlangen 1820. — Reichsgesetzgebung: R. Pol. O. v. 1530 Tit. 39, v. 1548 Tit. 36, 37. RAbsch. v. 1551 § 83, 84, v. 1559 § 75, v. 1566 § 177, v. 1570 § 152. R. Pol. O. v. 1577 Tit. 37, 38. RAbsch. v. 1654 § 106. Reichsschluß wegen der Handwerksmißbräuche v. 1731; Reichsgutachten v. 15. Jul. 1771 u. 3. Febr. 1772, Kaiserl. Commissionsdecret v. 30. Apr. 1772. — Landesgesetzgebung: 1) in Oesterreich: Vollständige Sammlung aller seit dem Jahr 1729 bis gegenwärtig ergangenen Generalien u. Verordnungen f. sämmtliche Innungen u. Zünfte in systemat. chronol. Ordnung. Brünn 1793. 2) in Preußen: Gesetz über die Einführung einer allgemeinen Gewerbsteuer v. 2. November 1810. Ges. über die policeilichen Verhältnisse der Gewerbe v. 7. Sept. 1811. Allg. Gewerbeordn. v. 17. Jan. 1845. 3) Königr.

Sachsen: Generalinnungsartikel für Künstler, Professionisten u. Handwerker v. 8. Jun. 1780. Mandat, die Abstellung verschiedener Innungsgebrechen betr. v. 7. Decbr. 1810. 4) Baiern: Ges. die Grundbestimmungen für das Gewerbwesen betr. v. 11. Septbr. 1825. 5) Würtemberg: Sammlung derer sämmtlichen Handwerksordnungen des Herzogthums Würtemb. Stuttg. 1758. Gewerbsgesetz v. 5. Aug. 1836. 6) Hannover: Gewerbeordn. v. 1. Aug. 1847. 7) Großherz. S. Weimarische allgemeine Zunftordnung v. 15. May 1821. 8) Oldenburg: Gesetz v. 27. Febr. 1830. 9) Nassau: Edict v. 15. März 1819.

Gewerbeordnung für das Deutsche Reich (f. den Nordd. Bund) v. 21. Juni 1869. — Novellen zur Gew.=O.: v. 12. Juni 1872, 2. März 1874, 8. April 1876, 11. Juni u. 17. Juli 1878, 23. Juli 1879, 15. Juli 1880, 18. u. 26. Juli 1881, 12. Juli u. 23. Decbr. 1882, 1. Juli 1883. — Neue Redaction der Gewerbeordng. v. 1. Juli 1883. RG. v. 8. Dec. 1884 (Zusatz zu § 100 e der Gew.=O.).

Ortloff das Recht der Handwerker. Erlang. 1803. Wilda das Gildewesen im Mittelalter. Halle 1831. K. Werner Geschichte der Iglauer Tuchmacherzunft. Th. Hirsch Danzigs Handels= und Gewerbsgeschichte. Böhmert Beitr. z. Gesch. des Zunftwesens (urkdl. Gesch. der Bremischen Schuster=Zunft); (alle drei in den Preisschr. der Jablonowskischen Gesellsch. VII—IX. Leipz. 1858—62). Wehrmann die älteren Lübeckischen Zunftrollen. Lüb. 1864. G. Korn Schles. Urk. zur Gesch. des Gewerberechts. Bresl. 1867. (Cod. dipl. Siles. VIII.) Rüdiger die ältesten Hamburgischen Zunftrollen. Hambg. 1874. Bodemann die ältern Zunfturkunden der Stadt Lüneburg. Hannov. 1883 (Quellen und Darstellgn. z. Gesch. Niedersachsens Bd. I). Hartfelder die alten Zunftordnungen der Stadt Freiburg i. B. Freiburg 1879 (Gymn.=Progr.). Schmoller die Straßburger Tucher= und Weberzunft. Straßbg. 1879. — Vgl. Frensdorff in G. G. A. 1869 S. 41; 1875 S. 609; 1883 S. 1505.

Thöl Handelsrecht § 45—50. Ernst Meier Artt. Gewerbebetrieb, Gewerbefreiheit, Gewerbeordnung b. Holtzendorff 2 S. 161 ff.

1. L. Burg. t. 21 c. 2. Quicunque — *servum* suum aurificem, argentarium, ferrarium, fabrum aerarium, sartorem vel sutorem *in publico attributum artificium* exercere permiserit etc.

2. L. Alam. Lib. II LXXXI 7. Faber aurifex aut spatarius, *qui publice probati sunt*, occidantur, 40 solidos conponat.

3. Cap. Karoli M. de villis c. 45. Ut unusquisque iudex *in suo ministerio* bonos habeat artifices, id est *fabros ferrarios* et *aurifices* vel *argentarios*, *sutores*, *tornatores*, *carpentarios*, *scutarios*, — *saponarios*, *siceratores*, id est qui cervisam vel pomatium sive piratium vel aliud quodcumque liquamen ad bibendum aptum fuerit facere bene sciant, *pistores* — nec non et *reliquos ministeriales*.

4. Dipl. a. 1112 ap. *Mieris*. Charterboek I p. 82: fraternitas, quam *gilda* vocant.

5. Urk. Erzb. Wichmanns von Magdeburg v. 1158 (*Ludewig*. Rel. Mss. 2, 389). *Officia* civitatis nostre, *magna* sive *parva*, — in suo *honore* secundum *ius suum* — integra esse volentes, ius et *magisterium sutorum* ita consistere volumus etc. Cum enim ius et distinctio, que inter eos est, eos qui eo iure participare non debent *ita excludat*, *quod opus operatum alienigene infra ius communis fori vendere non debeant*, constituimus, ne alienigene opus suum ope-

ratum ad forum non deferant, nisi cum omnium eorum voluntate, qui iuri illo, quod *Inninge* appellatur, participes existant.

6. Hall. Schöffenbr. f. Neumarkt v. 1235 § 36 (Stenzel S. 298). Hec est *innunge pistorum* civium in Hallo. Si aliquis alienus vult *societatem pistorum, quod innunge dicitur*, ille dabit duas marcas, et due partes spectabunt ad civitatem, una pars ad pistores. § 37. Si pistor aliquis, habens *innunge* et moritur, filius ipsius dabit solidum *magistro pistorum* et *budello ipsorum* sex denarios. — § 39. Hec est *innunge carnificum*. — § 41. *Innunge sutorum* constat ex 2 fertonibus, 3 lotti cedunt ad civitatem, dimidius ferto ipsis sutoribus, lottus *magistro ipsorum*.

7. Alt. Straßb. Stadtr. C. 44. Ad officium burcgravii pertinet ponere *magistros omnium officiorum* fere in urbe, scilicet sellariorum etc.

8. Priv. K. Friedrich II. f. Goslar v. 1219 b. Göschen S. 114 Z. 46 ff.: datum est regali praecepto quod nulla sit *coniuratio* nec *promissio* vel *societas*, quae theutonice dicitur eyninge vel ghilde, nisi solum monetariorum.

9. Friderici II. edict. a. 1232 (Mon. Ll. II 286). *Irritamus — et cassamus* cujuslibet *artificii confraternitates seu societates*, quocunque nomine vulgariter appellantur.

10. Cöln. Schiedsspr. v. 1258 (Lacomblet II 247 § 44). Quod cum diversorum *officiorum* diverse sint *fraternitates* in civitate Colon.

11. Derselbe das. S. 250: ab *antiqua consuetudine* fraternitates elegerunt et eligunt sibi quosdam, qui *magistri fraternitatum* dicuntur.

12. Derselbe § 22 das. S. 245. Quod quociens placet *maioribus civitatis*, ipsi faciunt — nova exactionum statuta, quarum exactionum onus portant *fraternitates et alii populares, qui communitas appellantur*.

13. Braunschw. Stadtr. v. 1402 Art. 22 § 195. De inninge schal stan alzé by keysers Otten (IV.) tyden.

14. N. Freiburg. Verf.Urk. v. 1293 b. Schreiber 1, 133. Der herre hat ouch mit der alten vierundzweinzigen u. des rates u. der gemeinde von Friburg gemeinlichem rate wissende u. guoten willen gewalt gegeben den zunftmeisteren — ze sezzende u. ze machende einunga, die iren antwerken u. iren zünften notdürftig u. nüzze sint, u. der stette u. der herschefte unschedelich si, als sie dunket uf iren eit.

15. Urk. K. Karl IV. v. 1360 (*Boehmer*. C. d. Frcf. 1, 672): haben — der gemeinde zu Frankenfurt — erlaubet —. daz si eynunge under sich redliche seczen mugen, in aller weis als auch di hantwerk doselbst noch iren guten gewohnheiten pflegen zu tun.

a. Lüb. R. II 198 (Hach). Dar lude sint in der stat, den de rat gegheven heft morghensprake, dat se dar inne vorderen des stades nut, unde de mestere dar to gesworen hebben, dat se dat truwelike don, maket se dar boven en andere morghensprake, de weder de stat si, dar umme scholen se wedden.

b. Wismarsches Statut c. 1345 (Mecklenbg. UB. 9 n. 6531). Nullum officiorum hujus civitatis maneloquia dicta morghensprake servabit *nisi ad ipsum habuerit duos consules* a communi consilio — ad hoc missos.

c. Zunftrolle der Lübecker Kürschner vor 1409 (Wehrmann S. 356). Gy erbaren heren van Lubeke, dyt is de rechticheid der kortzenwerter, de wy hebben van Gode u. van juw (d. i. dem Rathe).

16. RSchluß v. 1731 § 1. Die Handwercker (sollen) unter sich keine Zusammenkünfte ohne Vorwissen ihrer ordentlichen Obrigkeit, welcher bevorstehet, darzu jemand in ihrem Nahmen — zu deputiren, anzustellen Macht haben, auch an keinem Ort einige Handwercks-Articuln, Gebräuche u. Gewohnheiten passirt werden, sie seyen dann entweder von der Landes- oder wenigst jedes Orts darzu berechtigten Obrigkeit — confirmiret.

17. Das. § 7: sollen der mannigfaltige Unterschied zwischen geschenkt- u. ungeschenkten Handwerkern, zumahlen was dieser bißhero eingebildete bessere Ehre u. Redlichkeit belanget, Krafft dieses, völlig hinwegfallen, auch ein jeder wandernder Geselle zum Geschenke, wo solches hergebracht, an einem Ort mehr nicht dann höchstens 4 biß 5 gute Groschen oder 15 biß 20 Kr. Rheinisch, es sei nun gleich baar oder statt dessen an Essen u. Trinken auf der Herberge

bekommen, hingegen des Bettelns vor denen Thüren sich gänzlich enthalten; wann aber ein Gesell, als deren viele nur um des Geschenks halber von einem Ort zum andern lauffen, eine angebotene Arbeit anzunehmen verweigern solte, wäre ihm das Geschenk nicht zu halten.

18. Das. § 9: weil ferners theils die jüngste oder zuletzt aufgenommene Meister von denen älteren mit herumschicken, aufwarten u. dergleichen Diensten zu ihrem merklichen Schaden u. bald anfänglichen Ruin von der Arbeit gehindert u. abgehalten werden, ist auch hierauf, u. daß man solchergestalt junge Meister nicht zu hart beschwere — von jeder Obrigkeit zu sehen u. die Billigkeit zu verfügen.

19. I. P. O. art. 5 § 34 oben § 52 Nr. 4.

20. R. Pol. O. v. 1577 Tit. 38 § 1. Reichsschl. v. 1731 § 4. Kaiserl. Patent v. 1772 § 5 oben § 51 Nr. 21—23.

21. Reichsschl. v. 1731 § 2. Soll hinführo weder denen Meistern, noch vielweniger Gesellen, einen Angeschuldigten — zu bestraffen, nachgelassen, sondern die (Obermeister u. Beamten, oder die zu Handwercks-Sachen Obrigkeitlich-Verordneten) zusammen die Sache untersuchen — (u.) ohne Entgeld zu entscheiden verbunden, allenfalls aber, u. da die Sache — (nicht) durch eine geringe Handwercks-Straffe von ohngefehr 1 bis 2 Fl. Rheinisch füglich zu verbüssen stehet, — bey der ordentlichen des Orts Obrigkeit Verhaltens sich zu erholen, hiemit ernstlich angewiesen seyn.

22. Ebendas. § 6 a. E. (Da die Gesellen) keine Brüderschafft ausmachen können, (ist) ihnen auch kein Siegel zu gestatten.

23. Ebendas. § 12 a. E. Da — zwischen denen Meistern u. denenjenigen, welche ein Meister-Stück verfertiget, Streit u. Irrung vorfiele, ob solches recht u. gut gemacht seye, stehet zu der Obrigkeit Willkühr, dasselbe — eines andern Orts ohninteressirter Handwercks-Censur — zu untergeben.

24. Ebendas. § 13 a. E.: sollen — die Obrigkeiten — insonderheit dahin sehen, damit die gute Künstler u. Handwercker, wie auch die jüngere Meister insgemein, nicht dergestalten, wie an vielen Orten im Brauch ist, mit denen Zunfft- oder Aufnahms-Kösten, Innungs-Geldern u. dergleichen übernommen — werden, inmassen einem jedem Stand ohnedas ohnbenommen bleibt, mit einem oder andern guten Arbeiter u. Künstler nach Gelegenheit der Sache zu dispensiren, u. denselben auch wider der Zunfft Willen, noch vielmehr aber an denen Orten, wo so viele Meister, die eine Zunfft machen könnten, nicht wären, anzunehmen u. zur Meisterschaft kommen zu lassen.

25. Ebendas. § 9. Ingleichen so halten sie auf ihren Handwerks-Grüssen, läppischen Redensart u. — dergleichen ungereimte Dinge so scharf, daß derjenige, welcher etwa in Ablegung oder Erzehlung derselbigen nur ein Wort oder Jota fehlet, sich alsobald einer gewissen Geldstrafe untergeben, weiter wandern, oder wohl öffters einen fernern Weg zurucklauffen, u. von dem Ort, wo er herkommen, den Gruß anders holen muß.

26. Preuß. Edict v. 2. Nov. 1810. (Wir gewähren) unsern Unterthanen die ihnen — zugesicherte vollkommene Gewerbe-Freiheit. — Wir verordnen daher: — Ein jeder, welcher in unsern Staaten — sein bißheriges Gewerbe — fortsetzen oder ein neues unternehmen will, ist verpflichtet, (jährlich) einen Gewerbeschein darüber zu lösen. — Ein Gewerbeschein giebt demjenigen, auf welchen er lautet, das Recht, in dem ganzen Umfange unserer Staaten, sowohl in den Städten, als auf dem platten Lande, das in demselben benannte Gewerbe, u. auf die bestimmte Zeit zu treiben, u. von den Behörden dabey geschützt zu werden. Keiner Corporation u. keinem einzelnen steht ein Widerspruchsrecht, welcher Grund auch angeführt werden mag, zu.

27. Baier. Ges. v. 11. Septbr. 1825 Art. 7. Bei denjenigen Gewerben, welche sich bisher in einem Innungsverbande befunden haben, bestehen die Zünfte als Vereine der Genossen eines oder mehrerer verwandter Gewerbe unter obrigkeitlicher Aufsicht, Leitung u. Schutz ausschließend zu den nachstehenden Zwecken, unter Aufhebung aller anderer Befugnisse, fort. Die erwähnten Zwecke sind: 1) Verbreitung nützlicher Gewerbskenntnisse unter den Vereinsgliedern, 2) Erleichterung der Ausbildung in den Gewer-

ben, 3) entsprechende Aufsicht auf Lehrlinge, Gesellen u. Gehülfen, 4) geordnete Verwaltung u. nützliche Verwendung des gemeinsamen Vereins-Vermögens, 6) Unterstützung dürftiger Gewerbsangehöriger.

28. Gewerbeordn. f. d. Deutsche Reich § 4. Den Zünften u. kaufmännischen Korporationen steht ein Recht, Andere von dem Betriebe eines Gewerbes auszuschließen, nicht zu.

29. Dies. § 1. Der Betrieb eines Gewerbes ist Jedermann gestattet, soweit nicht durch dieses Gesetz Ausnahmen oder Beschränkungen vorgeschrieben oder zugelassen sind.

30. Dies. § 81. Alle zur Zeit gesetzlich bestehenden Korporationen von Gewerbetreibenden (Innungen, Zünfte) dauern fort. Ihre Statuten (Innungsartikel, Zunftartikel) bleiben in Kraft, soweit sie nicht durch die Vorschriften dieses Gesetzes oder nach Maaßgabe der Bestimmung im § 92 abgeändert werden. — § 92. Abänderungen des Statuts können in einer Versammlung der Innung, zu welcher sämmtliche stimmberechtigte Genossen unter ausdrücklicher Bezeichnung des Gegenstandes der Berathung schriftlich eingeladen sind, durch absolute Mehrheit der Anwesenden beschlossen werden. Der Beschluß bedarf der Genehmigung der höheren Verwaltungsbehörde, wenn er Zahlungen aus den Einnahmen oder dem Vermögen der Innung an Genossen derselben oder andere Verfügungen über das Innungsvermögen zum Gegenstande hat.

31. Dieselb. § 97. Neue Innungen. Diejenigen, welche ein Gewerbe selbstständig betreiben, können zur Förderung der gemeinsamen gewerblichen Interessen zu einer Innung zusammentreten. § 98b. Das Innungsstatut bedarf der Genehmigung durch die höhere Verwaltungsbehörde. § 99. Die Innung kann unter ihrem Namen Rechte, insbesondere Eigenthum u. andere dingliche Rechte an Grundstücken erwerben, Verbindlichkeiten eingehen, vor Gericht klagen u. verklagt werden. Für alle Verbindlichkeiten der Innung haftet den Gläubigern nur das Vermögen der Innung.

32. Dieselb. § 83. Bestehende Innungen. Von dem Eintritt in eine Innung können diejenigen ausgeschlossen werden: 1) welche sich nicht im Besitz der bürgerlichen Ehrenrechte befinden oder 2) welche in Folge gerichtlicher Anordnung in der Verfügung über ihr Vermögen beschränkt sind. (Oben § 51 litt. b.)

33. Dies. § 84. Bedarf es (zum Eintritt) der Ablegung einer Prüfung, so ist dieselbe auf den Nachweis der Befähigung zur selbstständigen Ausführung der gewöhnlichen Arbeiten des Gewerbes zu richten. Die deshalb zu lösenden Aufgaben, sowie der zur Bestreitung der Prüfungskosten von dem zu Prüfenden zu zahlende Betrag, werden von der Innung bestimmt. — — Die Ablegung einer Prüfung kann von denjenigen nicht gefordert werden, welche das betreffende Gewerbe mindestens seit Einem Jahre selbstständig ausüben.

34. Dies. § 86. Durch Beschluß der Innung kann von Ausübung des Stimmrechts, sowie der Ehrenrechte innerhalb der Innung, derjenige ausgeschlossen werden, welcher in einem der im § 83 (s. oben Nr. 32) unter 1, 2 bezeichneten Verhältnisse sich befindet. (Oben § 51 litt. b.)

35. Dies. § 87. Wird nach dem Tode eines Innungsgenossen dessen Gewerbe durch einen Stellvertreter für Rechnung der Wittwe oder minderjährigen Erben fortgesetzt, so gehen die Befugnisse u. Obliegenheiten des Verstorbenen, mit Ausnahme des Stimmrechts in der Innungsversammlung, auf die Wittwe für die Dauer des Wittwenstandes, beziehungsweise auf die minderjährigen Erben für die Dauer der Minderjährigkeit, über.

36. Dies. § 88. Die Innung wird bei gerichtlichen wie bei außergerichtlichen Verhandlungen durch ihren Vorstand vertreten. — Die Befugniß zur Vertretung erstreckt sich auch auf diejenigen Geschäfte u. Rechtshandlungen, für welche nach den Gesetzen eine Spezialvollmacht erforderlich ist.

37. Dies. § 91. Die executivische Beitreibung der Innungsbeiträge u. der von Innungsgenossen wegen Verletzung statutarischer Vorschriften verwirkten Geldstrafen im Verwaltungswege findet ferner nicht statt. (Vgl. unt. Nr. 40.)

38. Dies. § 93. Ihre Auflösung kann die Innung in einer Versammlung, zu welcher sämmtliche stimmberechtigte Genossen unter ausdrücklicher Be-

zeichnung des Gegenstandes der Berathung schriftlich eingeladen sind, durch absolute Mehrheit der Anwesenden beschließen. Der Beschluß bedarf der Genehmigung der höheren Verwaltungsbehörde. — § 94. — Eine Vertheilung des — verbleibenden Reinvermögens unter die zeitigen Mitglieder kann die Innung bei ihrer Auflösung nur soweit beschließen, als dasselbe aus Beiträgen dieser Mitglieder entstanden ist.

39. Dies. § 96. Alle Bestimmungen der Gesetze oder der Statuten (Innungsartikel, Zunftartikel), durch welche der Gemeindebehörde in Angelegenheiten der Innungen größere Befugnisse beigelegt sind, als durch gegenwärtiges Gesetz, treten außer Kraft.

40. Dies. § 100b. (Neue Innungen.) Die auf Grund des Innungsstatuts oder der Nebenstatuten umgelegten Beiträge u. verhängten Ordnungsstrafen werden — auf dem für die Beitreibung der Gemeindeabgaben landesrechtlich vorgesehenen Wege zwangsweise eingetrieben.

41. RG. v. 18. Juni 1881 betr. die Abänderung der Gew.-O. Art. 3. Die bei Erlaß dieses Gesetzes bestehenden Innungen, welche bis zum Ablauf des J. 1885 ihre Verfassung den Bestimmungen des Art. 1 entsprechend nicht umgestaltet haben, können durch die Centralbehörde aufgefordert werden, diese Umgestaltung innerhalb bestimmter Frist zu bewirken. Wird der Aufforderung nicht entsprochen, so ist die Centralbehörde befugt, die Schließung der Innung anzuordnen.

42. Gew.-O. § 100e. Für den Bezirk einer Innung, deren Thätigkeit auf dem Gebiete des Lehrlingswesens sich bewährt hat, kann durch die höhere Verwaltungsbehörde — bestimmt werden: 1) daß Streitigkeiten aus den Lehrverhältnissen — von der zuständigen Innungsbehörde auch dann zu entscheiden sind, wenn der Arbeitgeber, obwohl er ein in der Innung vertretenes Gewerbe betreibt u. selbst zur Aufnahme in die Innung fähig sein würde, gleichwohl der Innung nicht angehört — (RG. v. 8. Dec. 1884:) 3) daß Arbeitgeber der unter Nr. 1 bezeichneten Art von einem bestimmten Zeitpunkte an Lehrlinge nicht mehr annehmen dürfen.

III. Von den Stiftungen. (B. § 72. St. § 62. R. § 73.) § 62.

Roth in Jahrb. f. Dogmatik 1 (1856) S. 189—220.

1. Würtemb. Landr. III 6 § ult. Und damit man wissen möge, welche Verordnungen für Testamenten u. Legaten ad pias causas zu halten, so erklären Wir solches dergestalt, daß alles was zur erhaltung u. beförderung deß heil. Gottesdiensts u. Predigtamts, der Kirchen, Schulen u. derselben Diener, deßgleichen der Spitäl, Armenkästen, Siechen- Seel- u. Lazarethäuser, wie auch was der studierenden Jugend zu gutem in die Collegia oder Stipendia, oder sonsten insonderheit einem oder mehr zu hilff u. fortsetzung der Studien, Item zur Außsteurung armer Jungfrawen (Verwannten, Ohnverwannten), u. dann insgemein, was zu underhaltung der armen Preßhafften u. Krancken also verlassen oder verschafft würdt, für Geschäfft u. Legata ad pias causas gehalten werden, so unsere Amptleut u. Gericht vor andern Sachen zu gebührlicher schleuniger Execution u. Vollstreckung mit allem Fleiß richten sollen.

2. Cod. Max. Bav. III 4 § 5. Unter Causis piis aber seynd nicht nur Kirchen, Spitäler, Waisen-Häuser, sondern auch was zum Unterricht der Jugend in nutzlich- oder nöthigen Dingen, Unterhalt armer Bedürftiger, Erlösung Gefangener, oder sonst unmittelbar zur Ehre Gottes, oder zum Dienst des *Publici* gereichen mag.

3. Preuß. LR. II 19 § 42. Die vom Staate ausdrücklich oder stillschweigend genehmigten Armen- u. andere Versorgungsanstalten, haben die Rechte moralischer Personen.

4. Das. § 43. Ihr Vermögen hat die Rechte der Kirchengüter. § 44. Dagegen sind sie bey den Geschenken u. Vermächtnissen solchen Einschränkungen, wie die geistlichen Anstalten nicht unterworfen.

5. Das. II 4 § 21. Unter Familienstiftungen werden hier Anordnungen verstanden, wodurch Jemand gewisse Hebungen von bestimmten Grund-

stücken oder Capitalien für eine Familie aussetzt u. anweiset. § 22. Auch ist es für eine Familienstiftung zu achten, wenn Jemand die Ausübung gewisser Vorrechte u. Befugnisse einer Familie verschafft u. zueignet.

6. Das. II 6 § 74 verb. m. § 193. Bey veränderten Umständen, nach dem Ableben des Stifters, muß der Staat dafür sorgen, daß die Absicht des Stifters — fernerhin so viel als möglich erreicht werde.

7. Dortmunder Statuten Art. 27 (Frensdorff S. 33). Nemo potest legare vel eciam dare ecclesiis vel claustris aliquam hereditatem vel aliqua bona inmobilia infra muros nostros jacencia vel in campo nostro in agris, pratis, molendinis, pascuis vel piscariis existentia; denarios potest dare, si vult et quot vult.

8. Preuß. Gesetz v. 23. Febr. 1870 § 1. Schenkungen u. letztwillige Zuwendungen bedürfen zu ihrer Gültigkeit der Genehmigung des Königs: 1) insoweit dadurch im Inlande eine neue juristische Person ins Leben gerufen werden soll, 2) insoweit sie einer im Inlande bereits bestehenden Korporation oder andern juristischen Person zu andern als ihren bisher genehmigten Zwecken gewidmet werden sollen. § 2. Schenkungen u. letztwillige Zuwendungen an inländische oder ausländische Korporationen bedürfen zu ihrer Gültigkeit ihrem vollem Betrage nach der Genehmigung des Königs oder der durch Kgl. Verordnung zu bestimmenden Behörde, wenn ihr Werth die Summe von 1000 Thalern übersteigt.

9. Sächs. Gesetzb. § 2074. Juristische Personen sind fähig, aus einem letzten Willen zu erwerben, selbst wenn sie zur Zeit der Errichtung desselben noch nicht bestanden haben, dafern sie später, gleichviel ob vor oder nach dem Tode des Erblassers, vom Staate anerkannt werden.

Zweites Buch.

Sachenrecht.

Erstes Capitel. Verschiedene Arten von Sachen.

§ 63. I. Unterschied zwischen beweglichen und unbeweglichen Sachen.
(B. § 75. G. § 58. St. § 63. R. § 75.)

W. Arnold z. Gesch. des Eigenthums in den deutschen Städten (Basel 1861), insb. S. 14 ff., 57 ff.

1. Urk. v. 1423 b. Horn Leben Friedrich des Streitbaren S. 869: Ire guter u. habe varende u. legende.

2. Württemb. Landr. I 75 § 3: weder ligende, noch fahrende Haab u. Gütter.

3. Augsburg. St. v. 1276 (Freyberg S. 109, Meyer Art. 98 § 1): gut —, ez sin aigen, lehen, varnde gut, oder ander gut.

4. Ssp. II 58 § 1. Of en man nenen lenerven ne hevet na sime dode, sve sin erve is na lantrechte, die sal nemen sin verdenede gut in deme lene.

5. Ssp. I 31 § 2: nene gave — an irme egene, noch an irer varende have.

6. Ssp. III 76 § 3. Nimt en man ene wedewen, die egen oder len oder liftucht oder san tinsgut hevet, svat so he in deme gude mit sinem pluge arbeidet ꝛc.

7. Ssp. I 32. Nein wif ne mach ok to egene behalden ire liftucht —, de wile man dat getügen mag, dat it ire to irme live gegeven si. Sprikt se, dat it ir egen si, u. wirt se dar af gewiset mit rechte, se hevet beide egen u. liftucht dar an verloren.

8. A. Soester R. § 27: predium fundale, quod vulgo dicitur *torfhaht egen.*

9. Lüb. R. **Hach** I 4. Hereditaria bona id est *torfhacheigen.*

10. Lüb. Oberstadtbuch z. J. 1262 (Ztschr. f. Lüb. Gesch. 4 S. 235): tam de bonis que dicuntur **torf** h. e. eigen —, quam de bonis feodalibus.

11. Brem. Stat. v. 1303 Ord. 47: u. kome en ander u. spreke de **varende have** de in dhen weren is, dhe si sin **echtliken eghen.**

12. Dipl. a. 1251 b. **Kindlinger** M. Beitr. 3, 192. Hermannus miles de V. domum — *ab omni semper obligatione liberrima*, utpote *legitimum allodium* suum, quod vulgo dicitur **thurslacht egen** — ecclesiae appropriavit.

13. Dipl. a. 1253 das. 3, 190: *mera proprietate* — quod vulgo dicitur **thurslacht egen.**

14. Dipl. a 1359 das. 3, 452: hebben dat ghued — upgelaten vor eyn **vry dorslachtich eghen.**

15. Ansegisi Capit. L. 1 c. 126: ut unusquisque de suo *beneficio* suam familiam nutricare faciat et de sua *proprietate* propriam familiam nutriat. Et si — super se et super familiam suam aut in *beneficio* aut in *alode* annonam habuerit etc.

16. Ibid. L. 3 c. 20. Audivimus, quod aliqui reddant *beneficium* nostrum ad alios homines in *proprietatem*, et in ipso placito dato pretio comparant ipsas res iterum sibi in *alodem* (= Cap. a. 806 § 7 Mon. C 131).

17. Cap. a. 807 c. 4 (Mon. C 136). Similiter et illorum *alodes* praevideant, utrum melius sint constructi ipsi *alodi* aut illud *beneficium.*

18. Rudolfi I. pact. c. Ottakaro (*P.* Ll. II 414): restituet omnia, que — de eorum *hereditatibus*, *allodiis* et *feudis* notorie occupavit.

19. Baier. Landtag v. 1669 b. **Schmeller** Bayer. Wörterb. 1, 1445: wann die hofmarch **ludaigen** wäre.

20. L. Sal. Cod. *Pard.* I et II 59. Guelf. tit. 61. C. Monach. tit. 59. *Herold.* tit. 62. De *alodis.* C. *Pard.* III 59. De *alodes.* IV 92. De *allodiis.* L. Sal. emend. tit. 62. De *alode.* — L. Rip. tit. 56 u. L. Angl. et Wer. tit. 6. De *alodibus.* (Unter dieser Ueberschrift wird in allen 3 Leges die Erbfolge abgehandelt. Ueber die Bedeutung des Ausdrucks alodis in diesen Stellen *Pardessus* loi Salique. p. 691—694; **Waitz** Verf.-Gesch. II 1 S. 285.)

21. Cap. pacto legis Sal. add. c. 1 (**Boretius** b. Behrend l. Sal. S. 93). Si quis super alterum de rebus in *alode* patris inventas intertiaverit etc.

22. Chron. Centulense (*d'Achery* Spicilegium ed. II 2 p. 291 sqq.) L. 1 c. 14. Paternae *hereditati*, quam nostrates *alodium* vel patrimonium vocant, sese contulit.

23. L. Sal. emend. tit. 62 § 6. De *terra* vero *Salica*, nulla portio haereditatis mulieri veniat: sed ad virilem sexum tota terrae haereditas perveniat. (Ueber die Bedeutung des Ausdrucks terra Salica s. *Hubé* loi Salique p. XI; **Waitz** Vf.-Gesch. II 1 S. 107 u. **Sohm** Fränk. Verf. S. 45.)

24. L. Rip. 56, 4. Sed dum virilis sexus extiterit, femina in *hereditatem aviaticam* non succedat.

25. Marculf. form. 2, 12. Diuturna sed impia inter nos consuetudo tenetur, ut de *terra paterna* sorores cum fratribus portionem non habeant. — Ideoque — te, — filia mea, contra germanos tuos filios meos — in omni hereditate mea aequalem et legitimam esse constituo heredem, ut tam de *alode paterna* quam de *comparatum* vel mancipia aut presidium nostrum vel quodcumque morientes relinquaeremus equo lance cum filiis meis germanis tuis dividere vel exequare debias.

26. Form. Senon. 45 (früher App. Marculfi 49). Dulcissima — filia mea — — non habetur incognitum que, *sicut lex Salica contenit*, de res meas, quod mihi *ex alode parentum meorum obvenit*, apud germanos tuos, filios meos, minime in hereditate succidere potebas.

27. Urk. v. 764 i. Wirtemb. UB. 1 Nr. 9: quidquid in Ch. habeo, hoc est: casa, curtile et *terra salica.*

28. Dipl. a. 1163 ap. *Günther.* 1, 374: decimam *salice vel dominicalis terre.*

29. Dipl. a. 824 ap. *Meichelbeck.* I p. 244 nr. 464: propriam hereditatem suam — duos *selilant* et alias colonias VI.

30. Urk. v. 1215 b. Mone Ztschr. f. die Gesch. des Oberrheins XI 179. *Allodia sua*, quae vulgo dicuntur sielgut.

31. Ssp. I 6 § 1. Mit svelkeme gude de man bestirft, dat het allet erve.

32. Magd.-Bresl. syst. Schöffenr. 3, 75: u. man ym pfandis dorumme hilfit czu erbe adir czu varnder habe.

33. Mühlh. Stat. a. d. 13. Jahrh. b. *Grashof* p. 243: beide an egine u. an erbi u. och an varndir habe.

34. Gosl. St. S. 26 Z. 43: van varendem gude oder van ervegude oder van lengude.

35. Ebendas. S. 29 Z. 27 f.: ervegut noch liftucht noch tinsgut.

36. Allg. Fries. 17 Küren. 6. K. (Richthofen S. 8 Z. 17 ff.):

Hunsingoer Text I.	Hunsingoer II.	Emsig. I.	Westerl.
emptam terram et *possessiones* — ecclesiarum.	caplond and godes huses egin.	caplond — and godes huses erve.	caepland ende godes huses land.

37. Hamb. Stat. v. 1497 G. 1. So we syn erve, dat eme nicht angeervet is, verkopen wil ꝛc.

38. Magd.-Bresl. syst. Schöffenr. 1, 23. Hot eyn burger eyn eygin, das sy eyne koufkamir, eyn krome adir eyne fleischbank, der mag wol heysin eyn erbseze adir eyn geerbit man.

39. Urk. v. 1251 b. Bluntschli 1, 265: area — ad monasterium abbatie — *proprietario*, ad ipsos vero homines *iure hereditario* spectante.

40. Descript. bonor. monasterii Michelfeld. a. 1500 in M. B. XXV nr. 250 p. 569. Alle obgeschriebene dorffer — sind mit grundt u. boden unsers closters aigen, das erbe der gepauern.

41. Dipl. a. 1387 ap. *Schilter*. Glossar. p. 258: recognovit, se sibi et eius heredibus universis in *emphyteusin perpetuam*, quod vulgariter dicitur: zu einem rechten erbe, a dom. abbatissa — bona infra scripta conduxisse.

42. Lüb. Urk. v. 1301 b. Pauli 1 S. 17: *promptiora bona* —, tam *hereditaria*, quam *mercatoria*.

43. Lüb. Urth. v. 1478 (Michelsen Oberhof S. 185): wohlgewunnen gud, id zy erfgud edder ander gud.

44. Frankfurt. St. v. 1297 § 2. Si actio est pro *hereditate*, monstrabimus in *curiam;* si pro *proprietate*, monstrabimus ad *civitatem*, ubi bona sunt sita, de quibus questio movetur; si est pro *feodo*, ostendemus ad *dominum feodi*.

45. Kieler Testam. v. 1339 b. *Westphalen* 2, 139: utensilia dicta *inghedom*.

46. Brem. Stat. v. 1303 Ord. 27. Ingedome dhat sint gropen, ketele, kisten, bodene, kuvene unde alle dhat tho bruwe towe hort, ane pannen the tho hure gat; vortmer alle cledere, linen u. wullen, vedherwant, alle smide, gulden u. sulvern, alle vles dhat tho sneden is, und alle vlicken (d. i. Speckseiten) dhen dhe hovede avesnedhen sin, unde dhat mele.

47. Schwsp. 145 Z. 11 ff.: varende guot heizet —: golt u. silber u. edel gesteine, u. vie u. ros u. allez daz man getriben u. getragen mac.

48. Brokm. Br. § 102 (Richth. S. 165): driwant and dregant god.

49. Sch. Urth. b. Bodmann Rheing. Alterth. S. 672. Wan der win — in den zober komet, daz korn in daz seil, so ist iz farende hab.

50. Offn. v. Stäfa (Grimm 1, 45). Aber sprechen sy, das kornn ligend guot ist, byß das es unnder die wid kumpt, u. win ligend guot ist, byß das er unnder die reiff kumpt. Aber sprechen sy, das hüser farend guot ist gegen den fründen, u. ligend guot ist gegen dem herren.

51. Alt. livl. Ritterr. 21 (v. Bunge Altlivl. Rbücher S. 80). Tins u. tegeden in den dorpen is nene varende have, u. wat ertvast u. nagelvast is.

52. Nürnb. Ref. Bl. 64b. Es werden auch Rent, Zinß, Gült, Weysat, Frücht u. Nutzungen, so die auf bestimpte u. erschine Zeit u. Zil verfallen sein u. s. w. für farende Hab gehalten.

53. Erfurt. Stat. v. 1306 b. Walch 1, 120. Wanne getreide oder same uffe den ackir geworfen wirt u. ez di eide (eggide, egge) bestrichet, so sal iz varnde habe sin.

54. Alt. Bergisch. Ldr. § 20 b. Lacomblet Archiv I 1, 88. Spricht ein man den andern an umb schuld, ind wanne em aff, so en sall men eme gein mansguith noch heufftguith darvur penningen; doch wat die ette (Egge) oeverstricken, ind die axs gehouen, ind die wett begert hedde (d. i. ein Pfandvertrag, wodurch eine Rente constituirt worden, ergeben hat, also fällige Renten) up den dagh, als dat gewin geschege: dat is gereidt guith.

55. Ssp. III 76 § 2: in der varender have, sunder dat gebu.

56. Schöffenspruch v. 1632 (C. Stammler Recht d. Breidenbacher Grundes S. 92 in Gierkes Unters. XII): berichten die Schöpfen, daß im gericht Breidenbach alle Baue, was die Fackel oder Brand hinweg nehme vor Fahrnis gehalden u. erkannt würden, massen solches alt herkommens (vgl. das. S. 41).

57. Salfeld. St. b. Walch 2, 29. Was uf lengute stet, daz der wint bubet [Grimm RA. 566: bauet scheint unpassend, vielleicht bewet, bewehet] u. die sunne beschinet, daz ist varnde habe.

58. Schöff. Urth. f. Naumburg b. Mühler S. 78 Nr. 15 Lit. c. Alle daz eyn man lest nach synem tode, sunder stande eygen u. erbe, u. daz dy rade, musteil u. herwede nicht en ruret, daz is allis varende habe.

59. Zürich. Rathsverordn. v. 1410 (Bluntschli 1, 415). Daz alle hüser u. trotten — so in unser Statt, in unsern gerichten u. gebieten stand, — ewenklich ligend guot sin u. heissen sol, u. sol man es für ligend guot erben u. verstüren.

60. Kyburg. Grafschaftsrecht der 2ten Rec. das. S. 417. Item was och ein frow irem emann zuobringt in heinstür wyß, es sig bar gelt oder sust varende habe, das sol ligend guot heissen u. sin u. nit varendts.

61. Aachen. Stat. (*Ludolf* p. 585). Demnach allhier — zweierlei bewegliche Güter sind, zu wissen, die einen Erb, die anderen gereidt, darob zwarn diejenige, so vor Erb gehalten werden, einer Naturen mit den unbeweglichen seynd, derowegen in Sachen bewegliche Güter betreffend durch die Herrn Schöffen nachfolgende Ordnung gehalten wird: Alles gegossene Eisen, Kupfer- u. Zinnwerk, das geschlagen Eisen in u. um sich hat, wird vor Erb gehalten; das kein Eisen in, noch um sich hat, ist gereidt; alles gewirkt Silber oder Gold ist Erff, ungewirkt ist gereidt, alle Perlen u. Gesteins so versetzt oder verstickt, seind Erff, so unversetzt u. unverwirkt, seind gereidt.

62. Frankf. Ref. II 3 § 1: zu wissen, daß allhie zu Franckfurt — liegende Güter — geachtet werden, nicht allein diejenigen, so von Natur liegend, u. unbeweglich seind —: Sondern auch järliche Renten, Zinß, Gülten, Ewig oder ablösig, Pfacht, verpfendte Schulden, Erbbestendnussen, sampt den Brieffen u. Verschreibungen uber solche Stück sagend. (Vergl. Souchay Anmerk. I S. 81.)

63. Ebendas. § 2: wöllen wir — solche Handels Güter (damit die Gewerbs- u. Kauffleut, u. Krämer, handthieren) nicht under diesen Titul gezogen, — Sondern hiemit erklärt haben, daß dieselben allein in den Erbschafften — für liegende u. unbewegliche Güter sollen geachtet werden.

64. Das. § 3. Auch werden im Rechten Iura, Gerechtigkeiten, Dienstbarkeiten u. Ansprüch auff oder zu liegenden Gütern für unbeweglich gehalten.

65. Das. § 5. Aber alle andere Haab u. Güter, so hieoben nicht specificirt, seyndt alle in der Zahl der beweglichen Güter, als, — verfallene oder betagte Rennt, Zinß, betagte Geltschulden — — —.

66. Cod. Max. Bav. II 1 § 9: unkörperliche (Dinge seynd), welche leiblicher Weis nicht begriffen werden, als da seynd z. E. alle Rechten, Gerechtigkeiten, Dienstbarkeiten, Erbschaften, Klagen, Pflichten u. Befügnussen, u. obwol diese — ihrer Natur nach weder zu den beweglich- noch unbeweglichen Dingen gehören, so folgen sie doch dem *Objecto*, worauf sie gehen, oder der *Qualität* desjenigen Dings, welchem sie anhangen.

67. Preuß. LR. I 2 § 7. Rechte werden als bewegliche Sachen betrachtet. § 8. Wenn aber die Befugniß zur Ausübung eines Rechts mit dem Besitze einer unbeweglichen Sache verbunden ist, so ist das Recht selbst als eine unbewegliche Sache anzusehen. § 9. Außerdem hat ein Recht die Eigenschaft einer unbeweglichen Sache nur alsdann, wenn ihm dieselbe durch besondere Gesetze ausdrücklich beigelegt worden.

68. Oesterr. Ges.B. § 298. Rechte werden den beweglichen Sachen beygezählt, wenn sie nicht mit dem Besitze einer unbeweglichen Sache verbunden, oder durch die Landesverfassung für eine unbewegliche Sache erkläret sind.

69. Dasselbe § 295. Die Fische in einem Teiche u. das Wild in einem Walde werden erst dann ein bewegliches Gut, wenn der Teich gefischet u. das Wild gefangen oder erlegt worden ist.

70. K. Sächs. Bürgerl. Ges.B. § 59. Unbewegliche Sachen sind Grundstücke. Denselben werden Berechtigungen, welche ein Folium im Grundbuche erhalten haben, u. Schiffmühlen gleichgestellt. Andere Sachen werden unter den beweglichen begriffen. § 60. Bei einer nach der Unterscheidung zwischen beweglichem u. unbeweglichem Vermögen zu bewirkenden Sonderung werden Rechte an unbeweglichen Sachen, mit Ausnahme der Hypotheken, ferner Rechte, welche mit einer unbeweglichen Sache verbunden sind, zu den unbeweglichen Sachen, andere Rechte zu den beweglichen Sachen gerechnet.

§ 64. II. Hauptsachen und Zubehörungen. (B. § 78. G. § 59. St. § 65. R. § 81.)

K. F. Hommel Pertinenz- u. Erbsonderungsregister. 6. Ausg. v. C. L. Winkler. Leipz. 1805.

1. Goslar. Stat. S. 26 Z. 23. We en hus vorkoft eder ene boden, wat dar ane is ertvast u. neghelvast, dat hört dar to, it ne si anders ghewilleköret.

2. Nürnb. Ref. II 16 Ges. 6. So yemand ain Behausung, Hofrait oder ander Gut — an sich pringt, so sollen Prunnenketten, Prunensayl u. Aimer, auch die Läger in Kellern sampt den eingemaurten oder eingezimmerten Beheltern, u. was Niet u. Nagel begreift, für ain Zugehörung des erkauften Guts gehalten werden u. dem Kauffer volgen u. pleiben, es were dann im Kauffen oder andern Contracten ain anders bedingt u. außgenommen.

3. Preuß. LR. I 2 § 48. Als Pertinenzstücke eines Landguts werden, in der Regel, alle darauf befindlichen Sachen angesehen, welche zum Betriebe des Ackerbaues u. der Viehzucht gebraucht werden. — § 50. Auch das Feldinventarium, an Düngung, Pflugarten u. Aussaat, gehört zu den Pertinenzstücken eines Landgutes. — § 52. Alles auf dem Gut befindliche, zu dessen Bewirthschaftung bestimmte Zug- u. Lastvieh, ingleichen alles vorhandene nutzbare Vieh, nebst den zu beiden gehörigen Geräthschaften, sind Pertinenzstücke dieses Landguts.

4. Das. § 62. Risse, Karten, Urkunden u. andere Schriften, welche zur nähern Kenntniß eines Grundstückes oder zur Begründung der Gerechtsame desselben dienen, sind als Pertinenzstücke davon anzusehen.

5. Oesterr. Ges.B. § 297: zu den unbeweglichen Sachen (gehört) —: nicht nur Alles, was erd-, mauer-, niet- u. nagelfest ist, als Braupfannen, Branntweinkessel u. eingemauerte Schränke, sondern auch diejenigen Dinge, die zum anhaltenden Gebrauche eines Ganzen bestimmt sind: z. B. Brunneneimer, Seile, Ketten, Löschgeräthe u. dergl.

6. K. Sächs. Ges.B. § 68. Unter den allgemeinen Voraussetzungen, welche die Eigenschaft als Zubehörung begründen, sind insbesondere bei einem Grundstücke die darauf befindlichen Anlagen, — bei einem Wohnhause der Hofraum, die Fensterladen, die Winterfenster, die Oefen, die Löschgeräthschaften als Zubehörungen anzusehen. Das Nämliche gilt von den auf eine unbewegliche Sache sich beziehenden Urkunden, Rissen u. Karten.

§ 65. Anhang: Reunion der Pertinenzen. (B. § 78. G. § 59.)

1. Ssp. I 34 § 1. Ane des richteres orlof mut en man sin egen wol vergeven — deste he's behalde ene halve hüve u. ene word, dar man enen wagen uppe wenden moge; dar af sal he deme richtere sines rechten plegen.

2. Frankf. Ref. II 3 § 16: ordnen —, daß in Erbverkauffen die Häuser u. Bäuw —, so zusammen erbauwet, u. gehörig, als Keller, Kornschütten, Ställ, Höff, Gärten, beysammen gelassen, u. — ohn grosse unvermeidliche Ursachen, u. ohne unser des Raths sonderliche Vergünstigung nicht sollen von einander abgesöndert u. zerrissen werden, — Bey einer ernstlichen Straff.

3. Landgr. Hess. Ausschreiben v. 12. März 1584 b. Kleinschmid Samml. Hess. Landesordn. 1, 455: befehlen, daß ihr (Ambtleuthe) — ein eigentlich Verzeichnuß aller u. jeder Unserer u. anderer Leuthe Güter, daran Wir Lehen, Zins, Dienst, Geschoß u. andere Pflicht haben, — machet, wie u. welcher gestalt dieselbe vor 20, 30, 40 u. mehr Jahren beysammen gewesen u. nun jetziger Zeit zerrissen u. zertheilet seynd, Uns darinnen zuersehen, u. diesem Ubel mit zeitigem Rath u. gutem bedacht, — vorzukommen — u. die Güther wieder zusammen zubringen haben, damit dieß schädliche Zerreissen, Zertheilen u. Zerstücken der Güther verbleiben möge, Wir wollen auch — befohlen haben, solche Zerreissung u. Zertheilung der Güther hinführo ohne Unsern — Befehl — nicht zuverstatten.

4. Kursächs. Instruct. v. 14. Oct. 1799 § 28 (Cod. August. cont. II P. II p. 1075). Pertinenzstücke sind diejenigen, welche a. 1628 unter dem vollen Schock-Quanto eines Gutes oder Hauses in einer unzertrennten Schock-Summe mit verschatzt worden sind; dagegen diejenigen einzelnen Grundstücke an Aeckern, Wiesen, Hölzern u. s. w., die in ermeldetem Jahre mit ihren eigenen besonderen Schocken in Ansatz stehen, oder erst nachher einzeln beschockt worden sind, für walzende Grundstücke geachtet werden.

5. Hildesheim. Dienst-O. v. 1733 § 28. Die partes integrantes derer dienstpflichtigen Höfe, so — ohne Dienst- u. Gutsherrn-Konsens davon abgesplissen, versetzt, zum Brautschatz mitgegeben, oder sonst auf andere Weise getrennet sind, sollen den Höfen, wozu sie gehören, wieder beigelegt, u. wenn der Diensther, Gutsherr, oder der Meyer, welcher einen dienstpflichtigen Hof cultivirt, deren Reunion bei der ordentlichen Obrigkeit suchet, ihm ohne Aufenthalt dazu verholfen werden, wie denn, wenn der Dienst- oder Gutsherr, welcher nicht konsentirt hat, Klage erhebet, u. den dienstpflichtigen Hof redintegriret wissen will, die Restitution sofort geschehen, u. der Inhaber seinen Regreß wider denjenigen, welcher das Stück veräussert oder verpfändet, u. dessen Erben nehmen soll.

6. Kursächs. Generale v. 15. Aug. 1766. Wir lassen es zwar bey denen bisherigen Dismembrationen einzelner Güter — im Hauptwerke ferner bewenden. — In denenjenigen Bezirken aber, — wo die Grundstücken walzend sind, sollen die einzelnen Grundstücken, so ihre eigene Schocke haben, auch anders nicht, als zugleich mit der Bedingung des Spaltrechts, u. der reciprocirlichen Vertretung in casum caducitatis dismembrirt werden. Dagegen bey Hufen u. starken Gütern Eine Viertel Hufe des besten Landes, bey Halben Hufen Gütern eine Achtel Hufe dergl. Landes u. s. w. als consolidirt, u. von dem Hause unzertrennlich beyzubehalten sind.

7. Oldenb. Rescr. v. 18. März 1699: daß so wol bey den Adelichen als anderen Gütern Theilung u. Zerstückelung derselben — solte verhütet werden, auf daß es der Matrikul dadurch desto weniger zu einigem Abgang gereiche, auch den Streitigkeiten, die sonst nicht anders, dan daraus erwachsen könten, — vorgebauet (werde).

8. Mecklenb. Pol. O. v. 1572 Tit. 15 V. Gewerb. Wir wollen auch, das keine Bürgerliche, oder auf dem Lande Pawerngüter von einander gerissen, oder zerteilt werden sollen, Damit in den Stetten die wonungen nicht geringert, u. auff dem Lande die Dienste nicht geschwecht u. die Pechte ungewiß gemacht werden, Sondern was hiebevor aus unverstande in unsern Embtern von einander gerissen, widerumb zusammen gelegt u. gestossen werden sol.

9. Goslar. Stadtges. v. 1708 b. Grefe Hannov. Recht Th. 1 Beil. 5: daß alle u. jede unserer Bürger — nichts (von ihren Brau- u. Kothhäusern) veräußern sollen, oder sich gewärtigen, daß — die etwa abalienirte Stücke ohne einige Erstattung mit dem vorigen Hause wiederum consolidiret werden.

10. Attest des Magistr. z. Parchim v. 9. Jan. 1787 b. v. Kamptz Meckl. Rechtsspr. 1, 80: daß hieselbst die Gewohnheit obtinirt, nach welcher die Aecker, welche zu einem Hause oder Stelle gehören, von selbigem auf beständig unzertrennlich sein u. von denjenigen, in deren Besitz diese Grundstücke gerathen, an den Eigenthümer der Häuser u. der wüsten Stellen auf deren Verlangen gegen Erlegung einer gewissen Taxt, welche solche hieselbst haben, — abgetreten werden.

11. Herzogl. Braunschw. Ges. v. 20. Mai 1858 § 1. Den Eigenthümern der Ritter-, Schrift- u. Freisassengüter —, so wie auch den Eigenthümern sonstiger mit Wohn- u. Wirthschaftsgebäuden zur selbstständigen Bewirthschaftung versehenen, nicht zu den Bauerhöfen gehörigen Güter, soll es freistehen, durch eine zu Protocoll vor dem zuständigen Amts- oder Stadtgerichte abgegebene oder demselben überreichte öffentlich beurkundete Erklärung solchen Gütern u. deren genau zu specificirenden Zubehörungen — die Eigenschaft der Untheilbarkeit beizulegen. — § 3. Die Veräußerung der in den Lagerbüchern als Zubehörungen solcher Güter verzeichneten Bestandtheile ohne landesherrliche Genehmigung ist verboten u. daher ungültig. — Dem jedesmaligen Gutsinhaber steht das Reunionsrecht — zu.

§ 66. III. Sachen in und außer dem Verkehr. (B. § 76. G. § 60. St. § 64. R. § 79.)

Zweites Capitel. Rechte an Sachen.

§ 67. I. Geschichtliche Einleitung. (B. § 73—80. G. § 72—75. St. § 72.)

W. E. Albrecht die Gewere als Grundlage des älteren deutschen Sachenrechts. Königsb. 1828. *Budde* diss. de vindicatione rer. mob. Germanica. Bonn 1837. Gaupp in Ztschr. f. D. R. 1 (1839) S. 86. Brackenhöft das. 3 (1840) S. 1; 5 S. 133. Homeyer Sachsensp. II 2 (1844) S. 402—25. Bruns das Recht des Besitzes im MA. u. in der Gegenwart. Tüb. 1848 (vorzügl. § 36 — 39). Sandhaas in s. Germanist. Abhandlungen (Gießen 1852) S. 79 ff. Gerber in Ztschr. f. Civilr. u. Prozeß N. F. 11 (1854) S. 1; jetzt auch in dessen jur. Abh. S. 372. B. Delbrück in Ztschr. f. D. R. 14 (1853); ders. die dingl. Klage des D. Rechts. Leipz. 1857. Stobbe Art. Gewere in Ersch u. Grubers Encycl. 65 (1857) S. 428—488. Fr. Stein Untersuchungen über d. Entwicklg. des D. Sachenrechts. Abth. 1. Erlang. 1857. L. Rückert Unters. über das Sachenrecht der Rechtsbücher. Leipz. 1860. L. v. Bar das Beweisurtheil des german. Prozesses (Hannov. 1866) S. 163; ders. in Ztschr. f. RG. 10 (1872) S. 110. Laband die vermögensrechtl. Klagen nach den Sächsischen Rechtsquellen des MA. Königsb. 1869 (dazu Rec. v. Stobbe in krit. Vierteljahrsschr. 11 [1869] S. 234). *W. Sickel* de possessione legitima. Diss. Berol. 1871. Andr. Heusler die Gewere. Weimar 1872 (dazu Rec. v. Laband in krit. Vierteljahrsschr. 15 [1873] S. 378). Planck d. D. Gerichtsverfahren im MA. 1 (Braunschwg. 1879) S. 681 ff. Sohm Fränk. u. Röm. Recht (Ztschr. der Sav.-Stiftg. 1 [1880] S. 27 ff.); ders. z. Gesch. der Auflassung in: Festgabe für Thöl. Straßbg. 1879. Brunner b. Holtzendorff S. 248.

A. Altdeutsches System.

1. Im Allgemeinen. § 68.

1. Ssp. II 18 § 2: wo en man en gut oder ene gewere des gudes getügen sole.

2. Ssp. I 32 oben § 63, 7.

3. Ssp. I 15 § 1. Swe dem anderen sin varende gut lit oder sat oder to behaldene dut —, wil's ime jene dar na besaken, — dese is't nar to behaldene selve dridde, dan jene al ene dar vor to sverene. Mach aver jene, de't in geweren hevet, sin varende gut dar an getügen oder sin erve gut, he brikt ime sinen getüch; ime ne werde burst an sime geweren.

4. Ansegisi Capitul. L. 4 c. 18; s. unten § 78 Nr. 1.

5. Trad. Fuld. 1, 91: item testes, qui *vestitionem* viderunt.

6. Das. 1, 92: et isti sunt testes, qui — viderunt *giweridam*.

7. Orlamünd. Stat. 7 (Walch 2, 72): wann eyn burger deme andirn obirclagit huß u. hoff, da sal unser stadtknecht die hülfe tun u. der richter die gewere.

8. Dipl. a. 816 ap. *Neugart*. C. d. Alem. nr. 189: de *vestitura* s. Galli per vim abstulerunt.

9. Cap. missorum a. 819 c. 2 (Mon. C 217). Volumus — ut de his libertatibus et rebus reddendis, quae in nostra *vestitura* sunt, — inquiratur.

10. Cap. Wormat. a. 829 c. 8 (*Walter* 2, 381). De *vestitura* triginta annorum, sive de rebus ecclesiae, quae — per triginta annos possessae sunt. (Ist nur spätere Ueberschrift, vgl. M. G. Ll. I 351 c. 10.)

11. Respons. imperat. c. a. 820 c. 1 (Mon. C 296). *Vestitura* domni et genitoris nostri — *si invenitur esse iusta atque legitima*, *tunc vestitura* dicatur; nam aliter ne vestitura nominari debet, sive sit in ecclesiasticis, sive in palatinis rebus.

12. Dipl. Ludovici Imp. a. 823 (*Boehmer*. C. d. Francof S. 2): invenerunt —, quod — N — iniuste *ipsam investituram* de potestate praedicti monasterii abstulisset.

13. Dipl. a. 850 ap. *Meichelbeck*. nr. 692: curtilem — cum omni *vestitura* tali, sicut ad ipsam sedem pertinere dinoscitur.

14. Sächs. Lehnr 62 § 1. Nieman ne mach sime herren gut mit der gewere untvören des ammechtman he is, of he't eme to lene seget, went ime sin herre al sin gut in sine gewere bevolen hevet.

15. Ssp. II 24 § 1. Man ne sal niemanne ut sinen geweren wisen von gerichtes halven, al si he dar mit unrechte ankomen, man ne breke sie eme mit rechter klage.

16. Ebendas. § 2. Jewelk man mach sines rechten gudes wol mit rechte anich werden; of he't verkoft oder versat oder uplet, oder sic verjaret jegen sinen herren, oder of it ime verdelt wirt to lantrechte oder to lenrechte, oder to svelker wis he's af gat unbedvungen, so is he der were geloset mit rechte.

17. Sächs. Lehnr. 39 § 1. Sweme sin gut mit lenrechte verdelt wert oder he't up let, die sal der gewere darven.

18. Stad. Stat. 6, 2 (*Puf*. 1, 200): so we then anderen vorebeden let ene — anderwarve — u. druddewarve u. ne kumt he nicht, so scal men ome en thinc legghen vor the were u. rechten ome ut, also statrecht is.

19. Sächs. Dist. II 4, 12. Mitet eyn fruwe eyn hus, vor den hußzins sal or eliche man mit der fruwen antworde sin, ab her mit or gewont had in derselben gewer.

20. R. Henrici treuga c. a. 1224 c. 11 (Mon. Ll. II 267). Nullus a possessione rerum quas possidet eiicietur, nisi possessio ab eo in iuditio evincatur.

21. Ssp. II 70. Man ne sal niemanne wisen von sime gude, dat he in geweren hevet, ime ne werde die gewere mit rechte afgewunnen.

22. Schw. Lehnr. (Laßb.) 77. Ob der herre dem man sin guot verteilt mit unrechte, da der man niut zegegen ist u. den clager wiset uf das guot u. im die gewer antwiurtet, daz schadet jenem niut, er habe sine gewer fiur sich.

23. Alt. Bair. Landr. 203. Wär aber ob iemant ains aigens oder ains lehens saezz pey nucz u. pey gewer u. wurd er dez entwert mit herrenbriefen oder von welcherlay sache oder von welchem gewalt das geschaech, daz sol dem unschedlich sein an seiner gewer.

24. Sächs. Lehnr. 6 § 1. Die vader erft uppen sone die gewere des gudes mit sament deme gude; darumme ne bedarf die sone nicht, dat man ime des vader gut bewise. (Vgl. Homeyer a. a. O. S. 418 u. f.)

25. Ssp. III 83 § 1. Svat man enem manne oder wive gift, dat solen sie besitten dre dage. Svat sie mit klage irvorderet, oder uppe sie geervet wert, des ne dorven sie nicht besitten. (Vgl. *Budde* l. c. p. 8—10.)

26. M.-Bresl. syst Schöffenr. 4, 25: zo sal der man synyn czins behaldin alzo her den in der gewere hot an dem vorkoustin erbe.

27. Rechtsspr. der Schöppen z. Dohna b. Schöttgen u. Kreysig Nachlese Th. 8 S. 692: u. kann die gewere, gebrauchunge u. ubunge der gerichte, oberste u. niederste — gezewgen. — (u. weiter unten:) das Gunther v. B. der gewere der gerichte darbt u. s. w.

28. Dipl. a. 1416 in M. B. XXII p. 411: (bekennen, daß wir) unser — vogteye u. vogtreht uff des Gotzhawßhof — als wirs — von recht oder gewonhait mangew jar mit nutz, mit gewer u. in stiller gewer herbracht — u. rehts aigen gewesen ist für ein freys — gut u. für rehts aigen — verchaufft — haben.

29. Magdeb. Fr. I 6, 8: wirt eyme ein erbe vor gerichte gesaczt, der hat eine rechte gewere doran, (ab jener der is setzte nu wol blebe in deme erbe).

30. Sächs. Lehnr. 14 § 1. En gut mach maniges herren sin, also dat it en von deme anderen hebbe; doch mut enes die gewere sin. Svie so it in nut u. in gelde hevet u. den tins dar ut nimt, — die hevet die gewere dar an, u. deme sal man dar af antwerden, of dar jeman uppe misse dut. (Vgl. Albr. S. 4 u. 5.)

31. Ssp. II 57. Al si en gut manges mannes, also dat dat en von dem anderen hebbe, svat so man up deme gude dut, dat sal man beteren deme, die't in ledichliken geweren hevet, u. anders nemanne.

32. Richtst. Landr. 20 A § 2: oft he dat benande gut — in rechter hebbende were heft, (is) he's — neger tu behaldende — mit siner rechten hebbenden were —, wan it em ennich ave tu winnende si met iengerhande ansprake.

33. Ssp. II 44 § 3. Sve so an sime lene, oder an lifgedinge siner muder oder nichtelen ime egen seget, he mut die egenlike gewere mit ses scepenbaren vrien mannen getugen, oder ime wirt dar burst an.

34. Sächs. Lehnr. 38 § 2. Al hevet die man it gut in sinen geweren mit der nut, dar umme n'is sime herren die lenes gewere deste vernere nicht. § 3. Lenes gewere ne mach nieman getüch sin ane die von' me herren belent is. Gemener gewere si getüch jewelk unbesculden man an sime rechte.

35. Sächs. Lehnr. 74 § 2. Lenes geweren mut man getügen mit ses mannen des herren. Ene blote gewere getüget en man selve sevede mit unbesculdenen lüden an irme rechte, svie sie sin.

36. Richtst. Lehnr. 29 § 7: enes lenes gewere, dat is dat en gud di vorlegen si, motestu tügen med sessen des heren mannen; sunder eine hebbende were, dat is dat du de nud darut borest, tügestu med soven bedderven mannen we se sin.

37. Stück v. d. Beweisung (Homeyer Ssp. II 1 S. 364): eyner gemeynen hebbenden u. brukenden gewere mot wol getüch syn eyn yowelk umbeschulden man an syneme rechte.

a. Dortm. Stat. IV 4 (Frensdorff S. 109): sete wey in ersliken ghude in hebbender were, dar he ynne geseten hedde in heve u. in bore jaer u. dach ... sunder rechte bysprake, dat were hey naer to verstane.

b. Das. IV 158 (S. 146): J. L. dat erve u. gud ... dat sine olderen vore beseten hebbet u. hey na umbesproken u. sittet des noch in hebbender brukeliker upborender were, des is hey nager to behaldene.

38. Ssp. II 43 § 1. Sve en gut eme seget to lene, u. en ander seget it si sin egen; spreket se't mit geliker were an, jene mut it bat to egene behalden mit twier scepenen getüge, denne die andere to lene.

39. Ssp. II 25 § 1. Wirt aver en man beklaget umme roflike gewere ꝛc.

40. Schw. Lehnr. (Laßb.) 96. Lehen ane gewer ist nit lehen, gewer ane lehen ist nit lehen. Swem man sine gewer mit gewalte nimt, der verliuset weder gewer noch lehen. dem man och sin lehen mit gewalte nimt, der verliusct och weder lehen noch gewer.

41. Ssp. III 82 § 2. Svie en gut enem anderen gift u. let it in sine gewere, dar he selve nene gewere an ne hadde, u. wert jene von gerichtes halren dar in gewiset; jene die de gewere hevet mut die inwisunge wol wederspreken u. jenen utwisen, — wende en man n'is nicht plichtich sine were to rumene, he ne werde dar umme beklaget u. vorgeladet.

42. Sächs. Lehnr. 11 § 1. Svelk gut en man an sinen geweren nicht ne hevet u. ime nicht bewiset n'is, deme ne mach he nicht volgen an enen anderen herren, noch erven an sinen sonen. Svelk gut man aver nimt mit gewalt deme manne, u. he dat irvolget mit rechter klage, dat gut erft he an sinen sone u. volget ime selven an enen anderen herren, al darve he der gewere, of he der rechten klage getüch hevet.

43. Das. 14 § 1. Doch ne het dat nen recht gewere dat die man mit gewalt besitt, of man die gewalt irvolget mit rechter klage.

44. Das. 22 § 4. Svar dem manne sin gut mit gewalt genomen wert, die sal sine klage jarlikes vernien, durch dat he der gewere darvet.

45. Ssp. II 40 § 1 u. 47, § 3: herre (des vies).

46. Augsb. St. v. 1276 (Meyer S. 155). Ist — ez (näml. das Lehn) des herren aigen niht, von dem er ez ze lehen hat, so mag er ez niht ze erbelehen gemachen wan mit des herren hant, von dem daz lehen des ersten chomen ist, u. des diu eigenschaft ist.

47. Dipl. Alsat. a. 1296 ap. *Schilter*. Glossar. p. 644: hat dieselben guter in unsere hande u. das recht der eigenschaft derselben guter uns ufgegeben.

48. Barther Urk. v. 1320 in d. Baltisch. Studien Bd. 1 S. 203: u. schal (de bode) buwen u. under dake beholden alse syn eghendom.

49. Dipl. a. 1323 ap *Westphalen*. II p. 91: contradidimus — plenam *proprietatem* et libertatem, quae in vulgari alamannico *egendom* dicitur.

50. Urk. v. 1322 (Schlesw.-holst. Urk.-Sammlg. 2 S. 51): plenam *proprietatem*, que vulgariter dicitur *eghendam*, super 20 marcarum reditus.

51. Ssp. III 83 § 2. Svie en gut liet oder let enem anderen ꝛc.

52. Sächs. Lehnr. 32 § 3: nenen deil lien noch laten.

2. Rechte an unbeweglichen Sachen insbesondere. § 69.

1. Brem. Stat. v. 1303 Ord. 6. Swor en claget — umme erve, — dat eme bestorve si van sine olderen ether van sinen vrunden, — the andere sprict also: dat erve, dhar men ene um beclaget — hevet, dat si sin echtilich eghen u. hebbe dat beseten jar u. dach u. hebbet an nud u. in ghelde u. in hebbende were ane rechte bisprake; mach he thes alsus vullencomen, so is he thes nagere to holdene thenn et eme jenech man untwinnende.

2. Das. Ord. 27: u. kome en ander u. spreke de varende have in dhen weren is, dhe si sin echtliken eghen.

3. Priv. f. Cassel v. 1239 (*Kuchenbecker* Anal. Hass. 4, 263). Si quis forte per aliquem provocatus aut ebrius vel naturali furore repletus sanguinem cuiuscunque effuderit aut quemcunque interficeret aut locum transgressionis evadens in *domo sua* se recepit, vel si in *domum alicuius civis* fugerit, *ab omni violenta impetitione securum esse volumus eundem* etc. In *domo propria seu aliena* transgressor receptus, die sibi praefixo iuri stare cautionem praestabit.

4. Goslar. Stat. S. 51 Z. 31, 32. En vorvestet man oder en overhörich man heft uppe siner were dar he wonet vrede sine rechten tyd.

5. Ebendas. S. 50 Z. 6, 7. Wes de were is oder se heft ghemedet, deme beteret men de husvredebrake de dar uppe ghescüt.

6. Ebendas. S. 50 Z. 4, 5. We den husvrede brict, de ne hevet nenne vrede in huse, in hove, in kerken, noch in kerkhove.

7. Braunsch. Stat. v. 1402 VIII 1 (Hänselm. S. 108). Welk man den husvrede brikt de hefft to rechte sinen hals vorloren.

8. Richtst. Landr. 26 § 6. So vrag: we an deme gude tu rechte were hebbe? So vintme: de it in nut u. in gelde hebbe.

9. Sächs. Lehnr. 7 § 3. Svelk herre en gut liet sinen manne, dar mede n'is ime de gewere nicht gevernet jegen sinen herren, of ime sin herre des gudes nicht bekant, so doch sin man von sinenthalven dat gut in geweren hadde.

10. Urk. v. 794 b. Lacomblet UB. I Nr. 4: tradidi — terram *proprii iuris mei* in pago H. in villa — W id est totam terram illam, quam L. *litus* meus incolebat et proserviebat et unum agrum quem H *ingenuus* homo in meo *beneficio* ante habuit.

11. Schwsp. 22 Z. 1 ff. Ist — daz ein man sinem friunde guot schafen wil nach sinem tode, wil er ez im — stäte machen, so seze er im einen zins dar uz. da mit hat er die gewer, u. mac daz guot niht verliesen mit rehte.

12. Richtst. Lehnr. 15 § 8. Vraget ok de man, sint he dat gud in rechten geweren heft u. boret dat up (hat den Genuß davon), eft he darumme der were tüginge icht neger sy. So vindme, he ne si; wente allene hebbe he de hebbende were, dar umme is de here des lenes gewere de vorder nicht to betügende u. to beholdende jegen sinen heren, dor des willen dat id sin man van siner wegen in geweren heft. (Albr. 7.)

13. Ssp. II 43 § 1 oben § 68, 38.

14. Ssp. I 21 § 1. Man mut ok wol vrowen geven egen to irme live. § 2. Liftucht ne kan den vrowen neman breken ꝛc.

15. Dipl. a. 1420 in M. B. XVIII nr 308 p. 359: bekennen — umb die zway gut, — die L. R. — von uns ze lehen gehabt hat, daz wir jm — der lehenschaft der obgenanten gut — vertzigen u. die jm u. seinen erben übergeben u. geaigent haben.

16. Dipl a. 1310 in M. B. XVIII nr. 65 p. 64: wan Agnes — iren hof ze M. —, den si von uns (ze) lehen het, hat gegeben dem chloster u. den vrawen sant Chlaren ordens ze M. —; haben wir den selben vrawen diu aigenschaft desselben hofs gegeben.

17. Dipl a. 1302 ap *Falckenstein*. Antiq. Nordgav. nr. 130. Partem curie — quam — C. — *titulo feudali* tenuit et possedit a nobis, quoad *ius proprietatis et dominii* nobis competens in eadem etc.

18 Dipl. a. 1378 ibid. nr 273. Ich — tun chunt, — daz ich den — grafen zu Oe. ufgeben han — alle die gut, — die mein rechte aygene gut bisher gewesen sint, u. von meinen obgenanten herrn von Oe. wider zu lehen empfangen han, — die alle fürbaz lehen sint u. nit mer aygen.

19. U. v. 1254 (Monum. Wittelsbac. in Quellen u. Erörtrgn. z. bair. Gesch. 5 Nr. 56): quesitum fuit, utrum aliquis feoda vel proprietates que *inwartes eigen* dicuntur absque consensu domini ad manus posset tradere alienas, quod ab omnibus extitit reprobatum. (Vgl. Schmeller Bayer. Wörterb. II 1008.)

20. Alt. Baier. LR. § 199. Chlagt ainer den andern an umb aigen als verr daz der antwurter ze antwurt chumt u. spricht, dez aigens sicz er pey nucz u. pey gewer, u. sey dez gotzhaus rechtz einwartz aigen; u. nennet auch den herren, so sol si der richter paid vertigen mit seinem brief für den herren, davon si paid jehent, des einwart aigen ez sey ꝛc.

§ 70. Insbesondere von der Veräußerung unbeweglicher Sachen und dem Recht der nächsten Erben des Veräußerers. (B. § 124 Lit. a. G. § 81. St. § 87.)

Walter RG. § 469—477. Beseler Erbverträge Th. 1 § 5. C. W. Pauli Abhandlungen a. d. Lüb. Rechte, insbesondere Th. 1: das

Recht der Erbgüter (1837). Dess. Recension von Dreves das Recht der Erbgüter (Hamb. 1844) in der Zeitschr. f. deutsch. R. 10 (1846) 325 ff. *Gerber* Meditationes ad locum Speculi juris Saxonici I 52. Erlang. 1847. 4. Sandhaas Abhdlgn. S. 163. Siegel Erbrecht S. 116 ff. v. Gosen Privatr. des kl. Kaiserr. S. 171. L. Zimmerle das deutsche Stammgutssystem nach seinem Ursprunge u. seinem Verlaufe. Tüb. 1857. W. Lewis die Succession des Erben in die Obligationen des Erblassers nach D. Recht (Berl. 1864) S. 7—70. R. Schröder in Ztschr. f. RGesch. 9 (1870) S. 410. Fipper d. Beispruchsrecht nach altsächs. R. Bresl. 1879 (in Gierkes Unters. III).

1. L. Sax. 61, 62 (14). Nulli liceat traditionem hereditatis suae facere praeter ad *ecclesiam* vel *regi*, ut heredem suum *exheredem faciat, nisi forte famis necessitate coactus*, ut ab illo, qui hoc acceperit, sustentetur.

2. Das. 64 (16). Liber homo, — si hereditatem suam *necessitate coactus* vendere voluerit, offerat eam primo *proximo suo; si ille emere noluerit: — vendet eam cuicumque libuerit.*

3. L. Rib. 48. Si quis procreationem filiorum vel filiarum non habuerit, omnem facultatem suam in praesentia regis — cuicumque libet — adoptare in hereditatem — licentiam habeat.

4. L. Baiuv. 1, 1 (Mon. Ll. III 269). Ut si quis liber persona voluerit et dederit res suas ad ecclesiam pro redemptione animae suae, licentiam habeat de portione sua, *postquam cum filiis suis partivit;* — nec ulla persona habeat potestatem prohibendi ei.

5. L. Burg. Tit. I c. 1. Ut patri, *antequam* (*cum filiis*) *dividat*, —, de communi facultate et de labore suo cuilibet dare liceat, *absque terra sortis titulo adquisita.*

6. L. Angl. et Werin. Tit. 13. Libero homini liceat hereditatem suam *cui voluerit* tradere.

7. Ansegisi Capit. L. 4 c. 18; s. unten § 78 Nr. 1.

8. Ssp. I 52 § 1. Ane erven gelof unde ane echt ding ne mut nieman sin egen noch sine lüde geven. — Gift he't weder rechte sunder erven gelof, die erve underwinde's sik mit ordelen, als of he dot si jene de't dar gaf, so he's nicht geven ne mochte.

9. Lüb. Oberstadtb. Inscript. v. 1321 (Pauli 1 S. 123). Notum sit, quod medietatem illius domus — que pertinuit olim — Nicholao C. — Woltherus C. avunculus eiusdem pro suis debitis est coram iudicio prosecutus. — Alii autem creditores prosecutionem eciam fecerunt cum ipso, *sed quia proximus erat dictus Nicholao — dicta medietas cum omni proprietate ipsi est asscripta.*

10. Herford. Stadtb. (Wigand Archiv Bd. 2 Hft. 1 S. 49). Do A. v. L. starf de en led nyne kindere na — u. hadde sin god vorgiftet. Sint he des nicht hadde ghedan vor dem rade u. dat ute der were nicht hadde ghelaten, do nemen sines broder kindere u. siner suster kindere al sin god.

11. Kl. Kaiserr. 2, 103. Da der man verkouffet gut, damit der sun geerbet ist, und verzihet dez nit, daz gewinnet der sun mit recht wider bi dez vaters lebetage u. ist dez sunes u. nit des vaters — sint der vater sines rechten daran verzech, da er ez verkouffte. Daz sal auch der sun tun inwendig dez jars frist, alz ez sin vater verkouffte.

12. Ll. familiae S. Petri (Wormat.) c. 2. Si quis praedium vel mancipia in hereditatem acceperit et *in paupertatem inciderit* et *ex hac necessitate hereditatem vendere voluerit*, prius *proximis heredibus suis* cum testimonio proponat ad emendum; *si autem emere noluerint, vendat socio suo cui voluerit.*

13. Goslar. Stat. S. 26 Z. 37—42. Men ne mach nen ervegut laten ane der erven lof sunder lives not. Men erve mach men bekomeren oder vorköpen ane — der erven lof; men ne wille dat sweren uppen hileghen, dat it ime livesnot do: so vorkoft het oder bekomeret it wol. Wel aver de erve ime sine nottorft gheven u. sine scult gheldem, de behalt dat erve.

14. Das. S. 28 Z. 28 ff. Let en ervegut oder bekomeret he dat, dat sin neyste erve vulbordet, de an der sibbe vernere is de mach dat nicht weder spreken: is aber der erven twene oder dre oder mer de to dem erve like sibbe sin, de ne wilkören dat alle, so ne mach he des nicht laten.

15. Rsspr. des Lüb. Oberhofs v. 1470 (Michelsen Oberhof Nr. 44; Pauli S. 162). Na deme der kinder vader u. erer moder vader — over deme kope gewest sind, de do tor tyd der sulften kindere negesten erven u. oversten vormundere weren, u. dosulves den koep nicht bispraket hebben, so is de koep by macht u. van werde.

16. Urk. v. 1305 b. Kindlinger Münst. Beitr. III 1 Urk. S. 123 Nr. 46. Praedium comparavimus a Hermanno, — consentientibus — coheredibus eius, ad *quos post eius mortem praedictum praedium devolvi debuisset*, si ipse sine legitimis filiis moreretur.

17. Dipl. a. 1302 ap. *Ludewig.* Rel. Ms. 1, 244: profiteor — de consensu — *patrui mei, nec non liberorum meorum,* partem agri, — quam — XX marcis — comparaveram, vendidisse me.

18. Dipl. in Thuringia sacra p. 367 Consenserunt — mei liberi et heredes immediati, consenserunt denique et mei *heredes mediati,* — frater meus et — sorores meae — nec non et patrueles universi.

19. Keur v. Zeeland c. 1258 (OB. van Holland en Zeeland 2 n 40): quicunque terram suam vendere voluerit —, *prebebit* eam per tres dies dominicos *fratribus suis et sororibus suis, vel filiis eorumdem, patruis suis, avunculis suis, materteris et amitis suis et filiis eorumdem et non ulterius* Si emere voluerint, emant sicut extranei; si emere noluerint, vendat cuicumque voluerit.

20. Hamb. Stat. v 1270 I 5b. So we syn erve vorkopen wil, — de schal it beden twen synen negesten frunden, dar sin erve upvallen mach, u. wil it erer nen kopen, so mot he sin erve wol vorkopen deme, de eme dar umme allermest geven wil.

21. Lüb. R. Cod I 4 *Hereditaria bona,* id est torfhacheigen, nemo potest *impignorare, vendere vel dare* sine *heredum conniventia* Art. 5 Quicunque — *bona hereditaria* — proponit vendere, primum debet ea offerre *proximis heredibus,* — si heredes emere velint, emant, — si non, hereditatem — vendat.

22. Das. I 1. Vir liberum habet arbitrium *impignorandi, vendendi, dandi* cuicunque vult *proprietates sibi conquisitarum facultatum,* sine contradictione qualibet.

23. Hamb. Stat. v. 1270 1, 8. So wor een man u. een vrouwe erve kopet, des synt se weldich to gevende u. to sellende, so weme se willet. — Allerhande erve, dat enen manne edder ener vrouwen anvallen mach van eren elderen ofte van eren vrunden, dat hetet ervegud. Alsodan erve — dat ne mach nen man wedder setten ofte sellen ane erve loff, it ne sy also, dat it eme not do, des dat erve syn is, u. he de not bewisen moge, — u. vorkopen it dar he wil.

24. Sächs. Weichb. 20: ob ein mann sein eigen vergeben will, — so frage (er), wie er sein eigen vergeben soll, — so findet man: — mit der erben laub, ob es erb= oder gabhafft guth ist, das ist, daß es nicht unbeerbet, oder ungabhafft guth sey, also daß ers gekauffet habe um sein geld, denn so mag er es geben, wem er will, ohn jemandes widersprechen.

25. Rsb. nach Dist. I 45, 2. Welch gud uf eyn geerbit ist, daz heyst sin erbegud; daz her abir gekouft had, daz heyst sin gewunnen gud. Dist. 3. Man en mac kein erbegut gelasen an erben gelubde, sundern ane libes nod, czu lantrechte u. czu wicpilde.

26. Schwsp. 170 Z. 3 f. Swaz jeman erbes zuo siget ane von sippe, daz heizet nit erbeguot.

27. Lüb. O. Stadtb. Inscript. v. 1351 b. Pauli 2 S. 130. Arnoldus B. emerat — domum —, *hec eadem domus postmodum per obitum uxoris sue facta est eius in iure devolucionis per mortem.*

28. Lüb. O. Stadtb. Inscr. v. 1358 das. S. 132. Th. R. domum suam —, quam — emerat —, *que postea per obitum uxoris sue ad iusticiam devolucionis per mortem astricta fuit,* nunc cum puero suo, de consensu proximorum et tutorum eius, *iterato ad iusticiam mobilium bonor.* transtulit, ut ea uti amodo possit sicut *mercatoris bonis* suis.

29. Rsb. n. Dist. I 47, 4. Kumt ein frowe u. ein man czusamne u. ercrigent gut mit einander, das heist ir gewunnen gut, u. stirbet ir eines, daz erbet daz uff das andere, u. darnach wirt es erbegut.

30. Hamb. Stat. v. 1497 K. 3. Myt wat gude de elderen ere kyndere, edder frunde ere negesten erven beraden u. voranderen by erer wolmacht, dat wert ene billick vor erfgud gerekent.

31. Das. Wes aver — uth sunderger gunst u. toneginge ghegeven worde, edder dorch vornunft u. sorchvoldych arbeyt van jemande vorworven u. medelavet, dat dorff men vor neen erfgud holden.

32. Magdeb. Fr. I 12, 1. Eyn man mag syn gegebin stehende erbe, gewunnen erbe u. gut u. varnde habe vor gerichte wol vorgeben, wy manchen personen her will ꝛc.

33. Lüb. O. Stadtb. Inscription v. 1327 (Pauli 1 S. 93). Hinricus et Hermannus de A. fratres emerunt a fratre suo Iohanne — omnem porcionem, quam ipse Iohannes habuit in domo quadam, que olim pertinuit patri eorum —, quam porcionem ipsis coram consulibus resignavit. Item predicti duo fratres emerunt etiam a sororibus suis — porciones suas, quas ipse — eis coram consulibus resignaverunt, ita videlicet, quod predicta domus tota ipsis Hinrico et Hermanno de A fratribus pertinebit; *sed cum dimidietate domus eiusdem facere poterunt et dimittere sicut cum mercatoriis bonis suis. Alia autem dimidietas domus est ipsis hereditata a patre suo predicto.*

34. Lüb. R. Cod. II 256. Were dat sake dat iement hadde vorstorven erve, in welker achte dat id eme to komen were, vorbuwede he dar jenich ghelt ane, dat scal bliven to vorstorvenem rechte lyke dem anderen, id ne were den, dat id mit vorworden schen were van den jenen, de id van rechte vulborden scolen.

35. Eisenach. Rsb. I 69. Vorkoiffit eyn man erbliche guthe, u. legit daz geld in zcinße uff wedirkoiff, di zcinße stehin in allen stuckin u. habin sich mit allen rechtin zcu vorerbin adir zcu vorkoiffin, also ab ez erpliche guthe noch werin.

36. Lüb. R. Cod. II 41. Wert — eneme manne en hus oder en wort van erve van siner vrunde dodhe u. doit dat hus of de wort to wicbelde, dat wicbelde ne mach he nicht vorkopen — eder sine erven ne gheven dar volbort to.

37. Gl. z. Ssp. III 77 § 1: met der vormidinge muchte man den erven er egen also vaste entfernen, alse met vorkopende.

38. Stat. v. Gent v. 1192 Art. 19 (Warnkönig II 1 S. 14). Est autem tanta libertas oppidi Gandensis, quod, si quis hereditatem suam infra iusticiam oppidi contentam vendere vel invadiare voluerit, licet ei, tam extraneis quam proximis, *nec aliquis ratione consanguineitatis vel proximitatis poterit contradicere.*

3. Rechte an fahrender Habe insbesondere. (B. § 86. G. § 102. St. § 145—147.) § 71.

Vgl. auch unten § 82.

1. Ssp. II 60 § 1. Svelk man enen anderen liet oder sat perde oder en kleid oder ienegerhande varende have, to svelker wis he die ut von sinen geweren let mit sime willen, verkoft sie die, die sie in geweren hevet, oder vorsat he sie, oder verspelet he si, oder wert sie ime verstolen oder afgerovet; jene die sie verlegen oder versat hevet, die ne mach dar nene vorderunge up hebben, ane uppe den, deme he sie leich oder versatte. § 2. Stirft aver jene —, so tie he sik to sime gude mit rechte jegen den erven, oder jegen den richtere, of it an in geboret. (*Budde* l. c. p. 42 sqq.)

2. Rsb. n. Dist. IV 42, 14. Welch man eyme andern manne seczt adder lihet pherde (u. s. w. wie in der vorhergehenden Stelle): der sy vorlegen adder vorsaczt hatte, en mag keyne vorderunge getun noch anefang doruf gehaben. Forderunge mag her wol czu deme haben, deme her sy liet adder seczt.

3. Das. 42, 1. Von rechte sal man keyn gud anefangen, wen dubig gud adder geroubet gud adder gud, daz eyn gesinde — syme herren obel czu brengen.

4. Ssp. III 6 § 1. Verdobelet en knecht sines herren gut, oder versat he't, oder vorkoft he't, die herre mach it wol weder vorderen mit rechte, deste he sik dar to tie als recht is.

5. Gosl. Stat. S. 82 Z. 18 ff. Of en sines heren gut — övele tobringt oder vordobelet, to deme gude mach de here — sich ten in der stat gherichte, liker wis also alse it ime vorstolen were.

6. Das. Z. 22 ff. Deyt men emme wat to truwer hand to behaldene, untvernet he dat oder wert it ime untvernet van sime ghesinde weder sinen willen, dar mach de sich to ten deme dat untvernet is, also alse it eme vorstolen were. (Vgl. Göschen S. 310 Nr. 4, S. 319 Nr. 6 u. S. 501 Nr. 2.)

7. Rsb. n. Dist. IV 9, 5. Waz der man ffindet adder diben adder roubern abejaget, daz sal her ufbiten vor sinen nackeburen u. in der kerchen. Kempt denne jener —, deme is zcugehort, he sal sich dorczu zcien selbdritte.

8. Magdeb. Sch.Urth. (Walch 8, 275): — hette denn Fr. an dieselben swyne eynen rechten anfangk gethan u. also darzu geklagt, das ym die roublich, oder dublich genommen, u. also an seynen willen u. fulbord uß seynen geweren gekommen weren.

9. Magdeb. Sch.Urth. 4 (Böhme 6, 129). Is ist gescheen, das — myne muter — von todis wegin abestorbin ist, u. mich alleine, iren son — hod gelassin, als habe ich mich — angeczogin u. allis ires guts — underwunden. — Des anefangit mich noch irem tode derselbin myner muter schwestir umb dy gerade.

10. Salfeld. Stat. 4 (Walch 1, 14). Ab einem manne — ein verstolen ding versatzt wirt, komt her darnach, dez iz ist, her sal iz anvangen.

11. Zus. z. d. Erfurt. Stat. (ebendas. 2, 22): wirdit dieselbe habe genomen in eime offen orloge, de mag sine habe anefange, wa he ankumt.

12 Ssp. II 29. Sweme enes anderen mannes have, dat varende have het, in watere to vlüt, die sal se jeneme weder geven, deste he sik dar to tie als recht is.

13. Fries. Lantr. XVII nach dem Ems. Ms. I b. v. Richthofen S. 67 Not. 17: sa huet sa thi mon otherum a hond rekth, thet him wither jeve, huande hond scel hond wera, jesha anda withem undsuera, hit ne se thet ma sin hus berna and sin god ter mithe 2c. (Was ein Mann einem andern in die Hand giebt [ins Depositum], das soll dieser ihm wieder geben [zurück geben], denn [seine] Hand muß [der andern] Hand Gewähr leisten [d. i. denn der Empfänger muß dem Geber dafür haften] oder auf den Reliquien sich davon freischwören, es sei denn, daß man sein Haus verbrennt u. sein Gut zugleich 2c.) Vgl. v. Richthofen Wörterb. S. 1136.

14. Ssp. I 52 § 2. Alle varende have gift de man ane erven gelof in allen steden.

§ 72. B. Aenderungen in dem älteren System seit dem späteren Mittelalter. (B. § 94. G. § 67.)

L. Duncker über den Quasibesitz der auf Grund u. Boden radicirten eigenthümlich deutschen Rechte u. den possessorischen Schutz derselben in Zeitschr. f. D. Recht 2 S. 26—114.

1. Vridank (hg. v. W. Grimm) 76, 5—12 (a. d. 13. Jahrh.):

die vürsten twingent mit gewalt
velt, steine, wazzer unde walt,
dar zuo wilt unde zam:
sie taeten lufte gerne alsam;
der muoz uns noch gemeine sin.
möhtens uns der sunnen schin
verbieten, wint unde regen,
man müesen zins mit golde wegen.

2. Engersgauer Bergpflegen-Freiheit v. 1538 (Grimm 4, 590). Weisen wir unserm gn. herrn — funt u. prunt, den hohen wald, den vogel in der luft, den fisch im waßer, dat fließende ist, dat wilt in der hecken, also ferre unser gn. h. oder siner gn. diener bezwungen moegen.

3. Glenzer W. (Grimm RA. S. 249). Klockenklank, waßergang, die fisch in den wooegen, das wild uf dem land, den vogel in dem grünen wald, daß den niemand soll eingen (engen, drängen) noch zwingen ohne erlaubnis des gepietenden herrn.

II. Einzelne Rechte an Sachen.

K. Ziebarth die Realexecution u. die Obligation mit besonderer Rücksicht auf die Miethe erörtert nach Römischem u. Deutschem Recht im Vergleich mit dem Preußischen. Halle 1866.

Erster Abschnitt. Vom Eigenthum.

A. Von dem Eigenthum im Allgemeinen. (B. § 81. G. § 76. St. § 78.) § 73.

1. Kl. Kaiserr. 2, 90. Welchem man Got hat gegeben eygen gut, der sal wissen, daz er mit sym eygen mag tun, waz er wil.

2. Urk. v. 1315 b. *Westphalen.* III p. 578: dedimus proprietatem dictam egendom super quibusdam bonis.

3. Dipl. a. 1313 ap. *Falkenstein.* C. d. Nordgav nr. 177: ne *reditus* ad dictorum *proprietatem* laicorum transirent.

4. Urk. v. 1402 das. nr. 299: verkauffen unser gatter geld zu W. — u. geben auch daß — für ein rechtes freyes lediges aigen.

5. Urk. v. 1229 b. Wenck Hess. Landesgesch. Bd. 2 Urk. Nr. 111: dominium *decimarum.*

6. Dipl. a. 1315 in Mon. Boic. XVIII p. 79: aigenschaft des zehnten.

7. Dipl. a. 1282 ap *Falkenstein.* C. d. Nordgav. nr. 75: cum — abbas — *advocatiam* donavit et transtulit in — episcopum — *titulo proprietatis sive dominii* perpetuo possidendam.

8. Dipl. a. 1308 in Mon. Boic. XXIV p. 341: die chirchensätze, di sin rechtez aigen waren.

9. Dipl. a. 1302 ap. *Falkenstein.* C d. Nordgav. nr 133: *ius patronatus* eiusdem ecclesiae *iure proprietatis et dominii* — possidebat.

10. Dipl. a. 1416 in Mon. Boic. XXII p 411; s. oben § 68 Nr. 28.

11. Oberhirzenach. W. v. 1451 (Grimm 4, 737). Die scheffen wysen — eyme proibste zu Hertzenauwe — u. dem gotzhuse daselbs zu das eygentome des gereichtz.

12. Preuß. LR. I 8 § 1. Eigenthümer heißt derjenige, welcher befugt ist, über die Substanz einer Sache oder eines Rechtes, mit Ausschließung Anderer, aus eigener Macht, durch sich selbst oder einen Dritten, zu verfügen. § 2. Alles, was einen ausschließenden Nutzen gewähren kann, ist ein Gegenstand des Eigenthums.

13. Oesterreich. Gesetzb. § 353. Alles, was jemanden zugehöret, alle seine körperlichen u. unkörperlichen Sachen, heißen sein Eigenthum.

14. Das. § 354. Als ein Recht betrachtet, ist Eigenthum das Befugniß, mit der Substanz u. den Nutzungen einer Sache nach Willkühr zu schalten, u. jeden Anderen davon auszuschließen.

B. Von dem sg. getheilten Eigenthum. (B. § 82. G. § 77. St. § 80.) § 74.

L. Duncker über dominium directum u. utile in Zeitschrift f. D. Recht 2 S. 177—212. Sohm in Grünhuts Zeitschr. 1 (1874) S. 249. Arnold z. Gesch. des Eigenthums S. 147.

a. II F 8 § 1. Rei per beneficium recte investitae vasallus hanc habet potestatem, ut *tanquam dominus* possit a quolibet possidente sibi *quasi vindicare*, et si ab alio ejus rei nomine conveniatur, defensionem opponere; nam et servitutem eidem rei debitam petere potest et retinere

1. *Bartolus* ad L. 16 D de acquir poss. (41, 2) Nr. 5, 6 Quidam Doctor Aurelianus dicit, quod unum solum est dominium. Sed duo sunt, — *directum* et *utile*.

2. Gloss. ad L. 1 et 2 D. de bonor. poss. (37, 1). Bonorum possessio tribuit dominium sc. *utile*, nam *directum* solus heres habet. — Non autem (bonorum possessores) vere sunt heredes, unde non habent petitionem hereditatis *directam*, sed *utilem*

3. Gloss. ad L 2 D. de superficiebus (43, 18). Non enim iure *directo* sed *utiliter* superficiarius est dominus.

4. Gloss. ad L. 1 D. si ager vectigalis (6, 3). Ioannes non dicit quod (emphyteuta) etiam *utile* habeat *dominium*: sed satis potest dici

5. Gloss. ad L. 3 D. de usurpat. (41, 3). Non solum usucapione quaeritur dominium, quod secundum omnes constat; sed etiam praescriptione, quod *Martinus* concessit. Sed *Bulgarus* dixit, principaliter quaeri exceptionem, secundario *utile dominium*. — *Patet ergo quod hoc verbum dominii diversimodo accipitur pro directo et utili. Accurs.*

6. L. 1 C. de thesaur. (10, 15). *Nam in suis* quidem locis unicuique — thesaurum — quaerere, et invento uti, liberam tribuimus facultatem.

7 Gloss. ad L 1 C. cit. „*Nam in suis.*" Appellatione *sui* accipe sive sit dominus *directo*, vel *utiliter*, ut *feudatarius*, *emphyteuta* et similes: licet inutiliter dominus P. (Pillius) dixerit contra.

8. Urk. K. Friedrich I. v. 1156 (UB. des Landes ob der Enns 2 n. 187). Eadem feoda ad ducem Austrie devoluta libere sibi ex tunc iure proprietatis et *directi dominii* pertinebunt. (Gefälschte Urk. des 14. Jahrh., sg. priv majus.)

9. Urk. v. 1306 b. Scheit v. Adel S. 275. Iure proprietatis seu *directi dominii*.

10. Strasb. Urk. v. 1315 b. Mone Zeitschr. V 389: *dominis directis*, videlicet decano, capitulo et choro predicto.

11 *Matthaeus de Afflictis* in Comment. in feudor usus. 1629 p. 416 a. Nr 3 Et scias, quod triplex est dominium: videlicet *directum*, *utile*, et *dominium utile subalternatum* quod subalternatur directo, et istud habent *feudatarii et emphyteutae*.

12 Inst. pac. Osnabr. art. V § 27 *Domino directo* liberum esse debet in terras oppignoratas ad se reversas suae religionis exercitium publice introducere.

13 Id. art. XI § 12. Regia Majestas Sueciae restituat domino Electori — Pomeraniam ulteriorem cum omnibus appertinentiis — pleno iure, tam quoad *dominium utile* quam *directum*.

14. *Alvarottus* de feud. Prooem.: notandum insuper, quod habemus sex contractus, ex quibus transfertur dominium rei *retento dominio directo*, quorum quilibet habet nomina diversa, nempe *contractus superficiarius*, — *locationis ad longum tempus*, *emphyteuticarius*, *libellarius*, *precarius*, *feudalis*.

15. Kursächs. Const. II 39: wird — die erbliche Nutzbarkeit des Guts, *utile dominium*, in den Erbenzinsmann, Emphyteutam gewandt, u. behält der Lehnherr darauff den Grundeigenthumb, *directum dominium*.

16. Cod. Max. Bav. civ. II 2, 2 Dominium — directum et utile wird genannt, wenn die Sach mehr Herren hat, u. einem davon die Grundherrschaft, dem anderen aber nur das nutzbare Eigenthum, wie z. E. bey Lehen, Erb-Recht, Leibgeding, veranleiteter Freystift u. anderen dergleichen Gütern, zugehört.

17. Preuß. LR. I 8 § 19. Wer nur die Proprietät der Sache ohne das Nutzungsrecht hat, wird Eigner genannt. § 20. Wer Miteigner der Proprietät ist, u. zugleich das Nutzungsrecht hat, dem wird ein nutzbares Eigenthum der Sache beigelegt.

18. Dasselbe I 18 § 1. Wenn das Eigenthum getheilt ist (Tit. 8 § 16 bis 20), so wird derjenige, welchem nur ein Miteigenthum an der Proprietät,

aber kein Antheil an dem zum Eigenthume gehörenden Nutzungsrechte zukommt, Obereigenthümer genannt.

19. Oesterr. Gesetzb. § 357. Kommt — Einem nur ein Recht auf die Substanz der Sache; dem Andern dagegen nebst einem Rechte auf die Substanz das ausschließliche Recht auf derselben Nutzungen zu, dann ist das Eigenthumsrecht getheilt u. für beyde unvollständig. Jener wird Obereigenthümer; dieser Nutzungseigenthümer genannt.

b. Preuß. LR. II 4 § 72. Dem jedesmaligen Fideicommiß-Besitzer gebührt das nutzbare Eigenthum des Fideicommisses. § 73. Das Obereigenthum befindet sich bei der ganzen Familie.

c. Das. I 18 § 696. Dem Erbzinsmanne gebühren alle Rechte des nutzbaren Eigenthümers.

20. K. Sächs. Ges.B. § 226. Die im Eigenthume enthaltenen Befugnisse können nicht unter mehreren Eigenthümern so getheilt sein, daß der eine ein Obereigenthum u. der andere ein nutzbares Eigenthum hat.

21. Preuß. LR. I 9 § 94. Das Recht des Eigenthümers auf einen Schatz kommt dem nutzbaren Eigenthümer allein zu, u. derjenige, welchem bloß ein Antheil an der Proprietät zusteht, kann darauf keinen Anspruch machen.

22. Oesterr. Ges.B. § 399. Von einem Schatze wird der dritte Theil zum Staatsvermögen gezogen. Von den zwei übrigen Drittheilen erhält eines der Finder, das andere der Eigenthümer des Grundes. Ist das Eigenthum des Grundes getheilt, so fällt das Drittheil dem Ober- u. Nutzungseigenthümer zu gleichen Theilen zu.

23. Baier. Ges. v. 4. Jun. 1848 § 17. Vom Erscheinen dieses Gesetzes an darf keine Verleihung unter Vorbehalt des Obereigenthums (Leibrecht, Neustift, Freistift, Erbrecht) mehr statt finden.

24. Preuß. Verf.U. v. 31. Jan. 1850 Art. 42. Bei erblicher Ueberlassung eines Grundstücks ist nur die Uebertragung des vollen Eigenthums zulässig.

d. Preuß. Gesetz v. 2. März 1850 s. unten § 256 Nr. 38.

C. Von dem Gesammteigenthum. (B. § 83. G. § 77. St. § 81, 82.) § 75.

Hasse Revision der bisherigen Theorie von der ehelichen Gütergemeinschaft (Kiel 1808) S. 20—53. Grimm Rechtsalterthümer S. 494 ff. G. Beseler Erbverträge Th. 1 S. 73—88. Bluntschli Zürich. Rechtsgeschichte II S. 73 ff. L. Duncker das Gesammteigenthum. Marb. 1843. Homeyer Sachsensp. II 2 S. 461. O. Stobbe Miteigenthum u. gesammte Hand in Zeitschr. f. Rechtsgesch. 4 S. 207 ff. Gierke Genossenschaftsrecht Bd. 2 § 8 — 14, 29, 36; ders. bei Holtzendorff 2 S. 126. Schröder ehel. Güterr. II 3 S. 308. v. Roth Genossenschaft S. 63, 103; ders. Bayr. Civilrecht § 120.

1. Urk. a. d. 13. Jahrh.; s. oben § 58 Nr. 36.

2. Weisth. z. Wetter v. 1239 (Grimm 3, 343): quicunque extraneus accedens ad opidum in Wettera vult habere communionem que volgariter *almeinde* dicitur, dabit advocato 20 den. leves et communitati 20 den leves.

3. Urk. v. 1314 b. Bluntschli Zürich. RG. 1, 85. Da das vorgenant rieth als lang so ieman gedenket ein gemeinmerch gewesen ist der vorgenanden drier dörfern u. der liegenden gütern, die ze dien dörfern hörent.

4. Offn. v. Höngg. v. 1338; s. oben § 58 Nr. 54.

5. Dipl a. 948 ap. *Meichelbeck.* T. I nr 1030: tradidit — curtem I. —, *communionem in silvis*, et saginationem porcorum et fontium —, singulariter etiam *communionem in marchis* de loco Utinga usque ad Urinleo foenum secandum et pascua habenda.

6. Urk. Ludwigs d. Fr. v. 833 (Seibertz UB. 1 Nr. 3): concessimus — fideli nostro R. — ad proprium res nostrae proprietatis sitas — in villa —

I. id est mansos tres cum terris cultis et incultis et *silvis communibus ad eos pertinentibus*, similiter et — in villa — A. mansos duos c. t. c. e. i. et *silvis communibus ad eosdem mansos pertinentibus.*

7. Chartular. Werthin. nr. 59 ap. *Leibnitz.* Script. I p. 119: ego B. — tradidi particulam haereditatis meae L. abbati, — in villa — H. id est curtile cum — omnibus, quae ad ipse curtile *legaliter respiciunt*, — dominiatonemque in sylvas ad supradictam villam pertinentes cum pastu plenissimo *iuxta modulum curtilis ipsius.*

8. Urk. a. d. 9. Jhrh. ib. p. 104: tradidi — particulam haereditatis meae —, id est curtile unum et *duodecimam partem in sylvam*, quae dicitur Bracleg.

9. Oberurseler W. (Grimm 3, 488): han — gewist, das die marg der obgeschr. dorffer u. mercker rechtlich eigen sy.

10. Bibrauer W. (Grimm 1, 512). Wir wysen — Bygermark walt, waßer u. weide — den merkern zu rechtlichem eigen u. han die von nymand zu lehen —, dan sie ihr recht eigen ist.

11. Kl. Kaiserr. 4, 20. Da ein walt oder ein mark ist, darin sechs dorffe oder zwelfe oder me oder minner gehorn, da han alle die lute macht u. recht, die mark zu behuten u. zu besetzen zu aller der zit, als ez in fuget; u. sin etzlich lute uzwendig geseßin, die in der mark han gut ligende, di enhan dez nit zu tun, wie die ingesezzin lute ir mark bestellen.

12. Altenhaslau. W. v. 1354 Nr. 9 (Grimm 3, 414). Auch weiset man niemand keinen eigenen Wald, wann er auch wohl seine eygene güter darzu verwachsen lassen wollte; sondern ist der gemeind alleine.

13. Erfeld. W. b. Grimm RA. S. 528: item so eigenthumb u. allmen im feld zu hauf stoßen, ob das eigenthum dem allmen soll frid geben oder das allmen dem eigenthum? hat der bergschöff geweist, derjenige der eigenthum auf das allmen stoßen hat, sall sein eigenthum befriden; so er das nit thete, nehme er den schaden, soll ihme niemand kehren, noch pflichtig sein.

14. Osnabr. Gemeinh. Theil.-O. v. 1822 § 3. Die Markenverfassung im — Fürstenth. Osnabr., wenn sie gleich in ihren eigenthümlichen Gewohnheiten, Herkommen u. Verhältnissen nach Unterschied der Marken verschieden ist, (stimmt) dennoch in ihrer Grundlage darin überein, daß 1) die Marken als gemeinschaftliches oder gesellschaftliches Grundeigenthum der als Genossen darin berechtigten Bewohner angesehen u. gehalten werden; 2) daß die Marken mit wenigen Ausnahmen unter einem sg. Holzgrafen stehen, der die Aufsicht darüber führt u. ein gewisses Strafrecht ausübt, wofür er in den geeigneten Fällen gewisse Emolumente genießt —; 3) die zu theilende Grundmasse unter den Genossen nicht nach dem gehabten zufälligen Genusse, auch nicht nach dem Viehstande, nicht nach dem wirklichen Bestande ihrer Höfe —, sondern bloß nach ihrem sg. Erbes-Verhältnisse, d. h., wie sie als Voll- oder Halb-Erben, Erb- oder Mark-Kötter ꝛc. bis dahin in der Mark gegolten haben —, vertheilt werde.

15. Urk. v. 1202 (Lacomblet 4 n. 646). Comes G. de Are — et L. comes de Hostade — nota — esse volumus iura castro nostro Are attinentia ab antiquo — observata. Mortuo siquidem sine prole Theoderico —, cui castrum Are ex integro attinebat, idem castrum ad duos dominos hereditario iure pervenit —. Hi quidem in divisione hereditatis sibi vacantis ita statuerunt, — quod castrum Are et omne predium castro attinens — eis et successoribus suis *perpetuo indivisum permanebit.* — Siquis dominorum guerram vel aliqua adversa incurrerit super quibus iustitie stare voluerit, *alter sibi fideliter assistet.* Si guerra utrique domino institerit, qui prior eorum castellanos vel ministeriales ad suum servitium vocaverit preter familiares, quibus alter eorum in vestibus et equis et necessariis providerit, ad eum sine offensa alterius transibunt. Comites iam sepe dicti compromiserunt quod neuter apud Are dominorum alteri dampno fiet sua persuadente conscientia XII denarios excedendo. — Rustici qui vocantur huvenere *indivisi habebuntur* preter servitium eorum quod divisum est utrique domino; mansos quoque scilicet huven divisos habent. — Feralis bannus qui attinet Are *indivisus communiter est comitum in Are* sive in aquis sive in silvis et ab omnibus licebit venari sive communiter sive singulariter.

16. Dipl. a. 1285 ap. *Günther.* II nr. 317: in — bonis que adhuc omnes domini castri *communiter et indivisa* tenent — Udo et sui heredes *communionem* habebunt, ita tamen quod si dicta bona *de communi consensu dominorum* dicti castri divisa fuerint, Udo prefatus et sui heredes portionem eos attingentem habebunt.

17. Dipl. a. 1310 ib. III 1 nr. 45. Vorwert sprechen wir J. greve van S. inde K. unse eevrowe —, dat eyn dritteyl an der niederre burg zu K. heren Arnolde van P., Jutten sienre eevrowen inde eren erven wir geven sulen, inde darinne setzen inde sitzen sulen, — alse gude erven bi eyn billichen sitzen sulen; mit deme unterscheyde, dat unser gheyn sien deyl huses noch verkayffen noch versetzen en mach noch en sal an gheyne vremde hant brengen, of it sin ganerve an deme selven hus wilt geldin umbe redelichen penning, so sulen wirs unsen ganerven bas gunnen dan gheyme vremden manne.

18. Dipl. a. 849 ap. *Meichelbeck.* T. I p. 334 nr. 659. Venit quidam vir — pro remedio animae suae cogitans; ipsa vice contigit, quae iam ipsius fuerit uxor ibidem venisse, nomine Liutswind, qui iam *alter altero tradiderunt proprietatem suam;* sed dum divisi essent, uterque illorum suam habuit proprietatem. Tunc vero, ut firmior fieret traditio eius, iam dicta L. *dimisit ei ipsam traditionem,* quam olim ei peractam habuisset etc.

19. Dipl. c. a. 800 ib. nr. 183 p. 119. Cotescalh presbyter et Cozpald presbyter. — conventione — facta inter nos — *uterque tradidit alio propriam hereditatem suam* usque ad obitum eorum —, sed tamen super illam potestatem habens Cotescalh, et postea simul *commune manu* tradidimus supra dictam hereditatem nostram ad s. Mariam —, totum ex integro post obitum nostrum — redeat ad supra dicto domo, eo ordine, ut tamdiu vixerimus super terram, potestatem habendi sicut usus est fruendi.

20. Dipl. a. 824 ib. nr. 466 p. 245: ego Keroldus diaconus et carnalis frater meus nomine Kernod habuimus inter nos *communem paternam et maternam hereditatem* firmiter confirmatum et *traditum uterque alio,* si superstis fuisset illi, quia Kernod advocatus fuit fratris sui Kerolti — proinde convenit, illos, ut uterque eorum alio dimitteret traditionem, quam antea factam habuerunt invicem. — Deinde exierunt — et dimiserunt alter alterius traditionem —. Post ipsam traditionem dimissam inter illos — tradidit Keroldus propriam partem hereditatis suae, *quicquid legitime in portionem de fratre suo Kernodo accepisset* in loco A.

21. Urk. v. 1294 (*Haltaus* Gl. col. 678). Nos L. de I. et uxor et filius ecclesiae Maguntine vendidimus — castrum et oppidum D. — *unanimi consensu et manu composita,* quod mit gesamter hand vulgariter appellatur.

22. Urk. v. 1270 das. G. — de E. et E. collateralis nostra *iunctis palmis* — contulimus.

23. Lüb. Testam. v. 1373 (Pauli 2 S. 136): do Ghertrudi, uxori mee, et I., compatri meo, *simul* domus mee *proprietatem* tali cum condicione, quod uxor mea erit *domina* domus et domestica in illa domo et potestatem habebit eligendi in qua parte domus velit et desiderat commorari, quod ibi commoretur.

24. Dipl. a. 1516 ap. *I. A. Kopp.* de testamentis Germanor. Anh. S. 206. Item uff hude ist erschynen Michelbachs Cuntz, Ludwig, u. Elßes jre schwestern u. han sich alle drüve geirbt, jrs eins das ander, welches unter enne abgehet, sollen die andern dasselbige gut jrben, ißs sey erkaufft gudt, jrb gudt oder fahrende habe, nichts ußs geschieden, wie das unter jnen dryen namen hat aber gehaben magk nichtgs ußgeschieden, u. seindt alle druwe obgenannte ye eins in des andern gudt u. fahrende habe gesetzt u. gewert, mit handt halm u. mundt.

25. Grafschaftsr. v. Kyburg § 25 vgl. § 26 (Grimm 1, 20). Ist aber mer denn ein man in einem hus, die teil u. gemein mit einandern hand, die von todes wegen abgand, so sol doch nur der eltest gevallet werden, wenn der abgat, u. daz ye von dem eltesten an den eltesten gan.

26. Offn. v. Stäfa § 12 (Grimm 1, 45). Aber sprechen sy, wer da begert eines zuosamenstoß ze tuond, der mag gan zuo einem amman oder zuo einem vogt, wo die ligenden güter hin gehören, u. umb das varend

mogen sy das wol tuon, wo sy wellen oder under welichem richter sy wellen, u. sol inen das nieman weren.

27. Offn. v. Dürnten v. 1480 (Bluntschli Zür. RG. 1, 444, vgl. Grimm 4, 276 u. 275). Wir mügend ouch einnander über unser ligent u. varent guot ze getheilit u. ze gemeindern nemen u. zemen stossen, es sygend man, frowen, jung ald alt, we die sind, u. sol daz offennlich vor gericht beschechen.

28. Erbrechtsregeln b. Wasserschleben Successionsordn. S. 138 Art. 5. Stirbet auch ein kint noch der mutter tode —, es erbet sein teil, die weil sie **ungesundert** sein von der mutter gute, an seyne geschwistern —. Sundern sie sich aber u. stirbet denne der kinder eynes noch der teilung, so hat er kein teil an dem gutte.

29. Hamburg. Stat. v. 1292 E. 22. So wor en man u. en vrowe — toghen — kindere tosamene, u. storve de vader ofte de moeder, — u. de kindere tosamene bleven unschedhen: storve na der thit der kindere ienich, des goet scal vallen uppe sine broedere u. sustere de ungheschеden sint.

30. Urth. z. Hoheneggelsen u. Lafferde v. 1480 (Grimm 3, 247): efte — dryger süster kinder u. twiger broder kinder seten im unverdelden gude u. der broder ein storve —, se scholden deme gude alle like na wesen, nachdeme se alle seten in unverdelden gude.

31. Hofrodel von Einsiedeln (Grimm 4, 348). Ob ein vatter der sün — hat ald brüder on ein vatter, diewil u. sy teil u. gemein mit eins andern habent u. in einer cost sind, die vallet je der eltest, ob er abgannt bis an den jungsten; u. wenn dann sy von ein anndern teilten u. jettlicher sunder husete —, so vallet jettlicher ouch besunder nach sinem dot.

32. Grafschaftsr. v. Kyburg § 32 (Grimm 1, 22). Item wo ouch ungeteilte geswistergit by ein andern hushablich sind u. teil u. gemein mit einandern habent, — das die, die wile sy mit einandern in teil u. gemein sind, einandern erben söllent. wenn aber sy von einandern teilent u. darnach an elich liberben von todes wegen abgand, so sol ein herr zu Kiburg sy — erben.

33. Sächs. Lehnr. 35 § 2. Svar — die vader u. die kindere ene gemene u. ene gelike gewere hebbet an enem gude etc.

34. Dipl. a. 1245 ap. *Gercken*. Cod. dipl. Brand. T. V p. 77 nr. 57: principibus Iohanni et Ottoni — bona, que a — nobis tenent, *integraliter simul utrisque in solidum* concessimus, quod *coniuncta manu* appellatur.

35. Sächs. Lehnr. 32 § 1. Man mach vele brüderen en gut lien, of sie't mit samender hant untvat u. gelike were dar an hebbet.

36. Gl. hierzu b. Homeyer Sächs. Lehnr. Bd. 2 S. 458 „gelike were": dat vernemen ytlike nicht allene an upboringe des gudes, sunder se seggen, dat se ock scholen hebben ein samende woninge u. ungescheiden roek (Rauch) —, dat he nu hir secht gelike were, dat is an einen schepel u. an einen roeck u. brot.

37. Sächs. Lehnr. 32 § 3. Die wile sie en gut to samene hebbet die to samene belent sin, ir nen ne mach ane den anderen nenen deil dar af lien noch laten, dat he't den anderen mede verne; wendes die man nenen deil untvangen ne hevet, des ne mach he nenen deil lien noch laten.

38. Zepernick Misc. III 121: *collectis manibus sive in solidum.*

39. Urk. v. 1275 b. Schwarz Pommersche Lehenshist. S. 220. Contulimus Ursis *manu coniuncta et indivisa* omnia bona, quae a nobis possident in feudum, ita ut quamdiu aliquis ex ipsis vixerit, *integraliter* possideant bona — *hereditando de uno ad alium et cadendo.*

40. Züricher privatr. Gesetzb. § 567. Gehört — das Grundeigenthum — einer Genossenschaft mit Theilrechten, — oder sonst einer dauernd organisirten Verbindung zweier oder mehrerer Personen, welche nicht eine juristische Person im engeren Sinne bilden, so ist dasselbe als Gesammteigenthum zu behandeln. § 568. Die Benutzung des Gesammteigenthums, sei es durch die gesammte Verbindung, sei es durch die einzelnen verbundenen Personen, wird durch die Verfassung der

Genossenschaft u. durch die Art u. Bestimmung der organischen Verbindung regulirt. § 569. In der Regel entscheidet hier die **Mehrheit** der Theilungsrechte über die Benutzung, Veränderung u. Veräußerung des Gesammtguts.

41. U v. 1465 b. **Mone** Ztschr. V 431. Wir — pfalzgrave by Rine bekennen —, das wir den — apte u. convent zu Cl. — bewilligt haben —, das sie **gemeiner** u. **ganerben** in u. an den slos Drachenfels sin u. **teyle** u. **gemeinschafft** desselben slos haben, das auch als ander gemeiner gebruchen u. geniessen mogen zu allen iren noten u. geschefften, u. wie ine zu einer iglichen zit gelegen ist nach lute des burgfriedens.

42. *Veracius in libello consuetud. princip. Bamberg.* (ed. 1681 12.) Tit. Communio bonor qu. 1 Argumentum hoc communionis bonorum proprie sic dictum Ein versamlet Haab u. Gut nostra in patria longo alio sensu, quam in iure Romano accipi — solet: Romanis enim — communio rerum aliud nihil est, quam si plures rem unam pro indiviso possident, ita tamen, ut iure ipso res divisa, et nemo possessorum in solidum, sed pro parte tantum rei dominus sit: quae omnia alia sunt in nostra communione bonorum —: per eam enim sic utriusque coniugis bona confunduntur, ut *quivis eorum totius patrimonii in solidum dominus sit*, et quae uxoris fuerunt, iam et eiusdem et mariti sint; vicissim quae maritus habuerat, iam sua et uxoris suae sint, uno verbo *et maritus et uxor dicere potest: totum patrimonium meum est.*

43. Haubergordng. f. den Kreis Siegen v. 17. März 1879 § 2. Die Hauberge bleiben ein **ungetheiltes** u. untheilbares **Gesammteigenthum** der Besitzer.

44. K. Sächs. Bürgerl. Ges.B. § 225. Das Eigenthum an einer Sache kann zu gleicher Zeit Mehreren **nicht ungetheilt**, wohl aber nach idellen Theilen zustehen.

Von dem Eigenthum an den Gemeindegütern und deren Theilung insbesondere. (B. § 84, 85. G. § 51. St. § 55, 56.) § 76.

S. oben die Litt. vor § 56—58. **Bitzer** die Realgemeinderechte m. bes. Beziehung auf Württemb. Stuttg. 1844. **Renaud** die Gemeindenutzungen in Ztschr. f. D. R. 9 (1845) S. 13. **Römer** über die rechtl. Natur der Realgemeinden das. 13 (1852) S. 94. **Weiske** über die Gemeindegüter u. deren Benutzung durch die Mitglieder. Leipz. 1849. v. **Wyß** in der Ztschr. f. Schweizer. R. 1 (1852) S. 81; **Heusler** das. 10 (1862) S. 44. — **Gierke** Art. Gemeinheitstheilung bei Holtzendorff 2 S. 72.

Gemeinheitstheilungsverordnung für das Fürstenthum Lüneburg vom 25. Juny 1802. Fol. Preuß. Gemeinheitstheilungsordnung v. 7. Juny 1821. Gemeinheits- u. Markentheilungsordn. f. das Fürstenth. Osnabrück v. 25. Jun. 1822. Königl. Sächs. Ges. v. 17. März 1832. Kurhess. Ges. v. 24. Octbr. 1834. Badische Gemeindeordnung v. 1831 § 92—113. Braunschw. Gemeinheitstheilungsordn. v. 20. Dec. 1834.

1. Hannov. Landgemeinde-Ges. v. 1852 § 45. Zum **Gemeindevermögen** gehört Alles, was **der Gemeinde als solcher** zusteht. Verschieden vom Gemeindevermögen ist das Vermögen, welches **den Gemeindegliedern** oder **einzelnen Classen derselben** oder **sonstigen Genossenschaften** zusteht. — § 47. Sind bisher aus dem Genossenschaftsvermögen Verwendungen für die Gemeindelasten erfolgt, so ist ein jenen entsprechender Theil dieses Vermögens zu gleichen Zwecken auszuscheiden oder das Vermögen mit einer entsprechenden Rente oder Leistung zu belasten.

2. Weimar. Gemeinde-O. v. 1840 § 31. Nur diejenigen Gegenstände des Gemeindevermögens, deren Naturalnutzung, z. B. an Brennholz, Obst, Gras,

Weide, herkömmlich den einzelnen Gemeindegliedern oder den Ortsnachbarn überlassen worden ist, u. nach Gemeindebeschluß ferner überlassen werden soll, dürfen in dieser Weise auch ferner benutzt werden, so lange nicht besonders wichtige u. dringende Bedenken entgegen treten. Auch die hergebrachte Vertheilung der Naturalnutzungen muß sofort hinwegfallen oder beschränkt werden, wenn u. soweit die Verzinsung oder Tilgung der Gemeindeschulden sonst nicht gesichert, oder die laufenden Ausgaben u. Bedürfnisse der Gemeinde nach ortobrigkeitlichem Ermessen außerdem nicht gedeckt sein würden.

3. Dieselbe § 32. Nutzungsrechte, welche nicht den Gemeindegliedern als solchen zustehen, welche vielmehr von einzelnen Gliedern in der Gemeinde oder von einer bestimmten Classe (Genossenschaft) der Gemeindeglieder, z. B. den Anspanngutsbesitzern, einer Braugenossenschaft oder auch von dritten Personen, vermöge erweislichen Rechtstitels, durch verjährtes Herkommen oder durch Ersitzung selbstständig u. unwiderruflich erworben sind, unterliegen der Verfügung der Gemeinde u. namentlich einer Einziehung zu deren Lasten nicht.

4. Würtemb. Gemeindeges. v. 1833 Art. 51. In Orten, in welchen sogenannte Realgemeinderechte (Nutzungen, die aus besondern, einer Anzahl von Grundeigenthümern in unzertrennter Gemeinschaft zustehenden Gemeinheitsgütern bezogen werden) bestehen, hat es in Ansehung der Theilnahme derjenigen Gemeindegenossen, welche kein Realgemeinderecht besitzen, bei der auf dem Herkommen, auf Verträgen oder andern gültigen Rechtstiteln beruhenden Localverfassung sein Verbleiben. — Bei entstehendem Streite ist darauf hinzuwirken, daß von jenen Gemeindegütern ein bestimmter Theil als wirkliches Gemeindeeigenthum ausgeschieden, u. der Ertrag desselben als persönliche Gemeindenutzung unter sämmtliche Gemeindegenossen vertheilt werde.

5. Schwyzer Allmeindverordnung v. 1849 § 1. Weidgang, Pflanzland, Waldungen so wie aller übrige Grundbesitz der Oberallmeindscorporation verbleiben ungetheiltes, unverpfandbares u. unveräußerliches Eigenthum der Corporationsgenossen. § 2. Jeder im Bezirk Schwyz wohnende Oberallmeindsgenosse hat Anspruch auf einen verhältnißmäßigen Allmeindnutzen u. bezieht denselben in Natura. § 5. Zum Zweck der Benutzung des Weidganges ist von allen im Bezirk Schwyz gelegenen Heimwiesen der Winterungsertrag in Kühessen auszumitteln. So viel Winterung das Kühessen eines Oberallmeindgenossen erträgt: für so viel Kühessen Sömmerung hat derselbe oder ein anderer Genoß, welcher dessen Heu aufhirtet, oder das selbst gewinterte Vieh desselben ankauft, Anspruch zum Auftrieb auf die Allmeind. Das mit Wildheu gewinterte Vieh eines Genossen ist auf gleiche Weise zum Auftrieb berechtigt. (Nach Bluntschli D. Privatr. I S. 274 Nr. 20.)

6. Dipl. archiepisc. Colon. a. 1275 ap *Günther*. 2, 411: hominibus, qui holzgenoze dicuntur sive consilvani — *indulgemus* —, ut ipsi — silvam *inter se condividant*, ita quod quilibet eorum *proportionaliter* partem recipiat —, et quod liceat eisdem dictam silvam ad agriculturam reducere vel ad alios quoscunque usus.

7. Dipl. abbatis de Campo a. 1303 b. Kindlinger M. Beitr. 2, 300: notum esse cupimus, quod *communis marcha* curtis nostre W., ob frequentem et importunam lignorum sectionem a retroactis temporibus temere factam ab hiis, qui ius cedendi ligna ratione domorum suarum in ipsa marcha dinoscuntur habere, qui vulgariter marchenote dicuntur, in tantum iam utilitate lignorum evacuata videatur, quod, nisi celeri remedio eidem succurratur, in solitudinem inutilem breviter redigi timeatur. Nos — huic periculo volentes obviare — *communi omnium commarchionum voluntate* — partienda duximus omnia ligna infructifera ipsius marche, assignantes unicuique marchioni *iuxta modum domus sue* legitimam portionem, quam secare liberum sibi est, — Preterea *concordi voluntate ac consensu* statutum est *a nobis et omnibus marchionibus*, quod nullus debeat partem lignorum sibi deputatam fossa vel sepibus communire, ut communibus pascuis pecora libere possint uti.

8. Preuß. Gesetz v. 1821 § 1. Die bisher gemeinschaftlich ausgeübte Benutzung ländlicher Grundstücke (soweit sie Weide- Forst- u.

solche Berechtigungen betrifft, die auf Plagge- Heide- u. Bültenhieb gehn) soll zum Besten der allgemeinen Landkultur, soviel als möglich ist, aufgehoben — werden. § 4. Die Theilung findet nur auf den Antrag eines oder mehrerer Theilnehmer statt. § 17. Jedes zur Benutzung (des städtischen- oder Dorf-Eigenthums) berechtigte Mitglied der Gemeine (ist) für die, seinem Grundbesitz anhängende Theilnehmungsrechte auf Auseinandersetzung anzutragen berechtigt. § 22. Gemeinheitstheilungen finden nur in sofern statt, als dadurch die Landeskultur im Ganzen befördert u. verbessert wird. § 30. Bei einer jeden Auseinandersetzung müssen die Betheiligten nach ihren Theilnehmungsrechten abgefunden werden.

9. Ausführungs-V. v. gl. Tage § 1. Die Ausführung der Gemeinheitstheilungs-Ordnung wird den bestehenden Generalcommissionen übertragen. § 25. Es steht den Theilnehmern frei, ohne Dazwischenkunft einer öffentlichen Behörde — sich auseinander zu setzen. Es müssen aber solche Privatrezesse jedesmal der Generalcommission zur Bestätigung eingesandt werden.

10. Osnabr. Gem.Th.O. § 15. So wie kein Mitglied einer Gesellschaft in fortdauernder Gemeinschaft wider seinen Willen zu bleiben angehalten werden kann: so steht auch einem jeden Mitgliede einer Markgenossenschaft frei, um seinen Antheil besser zu benutzen, die Ausmittelung desselben zu verlangen.

11. Baier. Gemeindeges. § 25. Die Theilung der zur Zeit noch in ungetheilter Eigenschaft vorhandenen Gemeindegründe findet nur wegen nachgewiesenen überwiegenden Vortheils für die Gemeinde mit Zustimmung der Mehrheit von drei Viertheil sämmtlicher wirklichen Gemeindeglieder der Gesammtgemeinde, unter welchen drei Viertheilen jedoch die Größtbegüterten der Gemeinde, so wie der oder die Schäfereiberechtigten begriffen sein müssen, u. mit höherer Curatelgenehmigung statt.

12. Bad. GO. § 106. Werden seither gemeinschaftlich benützte Allmendgüter zu Eigenthum vertheilt, so geschieht die Theilung, wenn von der Gemeinde nichts Anderes bestimmt ist, ohne Rücksicht auf den Genuß, unter sämmtliche Gemeindeglieder nach Köpfen, in Theilen von möglichst gleichem Werth, durch das Loos.

D. Von dem Erwerbe des Eigenthums.

1. Im Allgemeinen. (B. § 89. G. § 88, 91, 100.) § 77.

Fruchterwerb: unten Nr. 1—8. Heimbach die Lehre von der Frucht nach den gemeinen, in Deutschland geltenden Rechten. Leipz. 1843 (S. 270 ff. Th. 2 Deutsches Recht). Stobbe Beiträge S. 67 ff. Stobbe Privatr. § 152. — Ueberhang u. Ueberfall: Nr. 9—19. J. Grimm Ztschr. f. gesch. Rechtswiss. 3 (1817) S. 349. Hillebrand Ztschr. f. D. R. 9 (1845) S. 310. Stobbe § 85, 8. — Thiere, insb. Bienen: Nr. 20—29. Stobbe § 150. Witzenmühlenrecht von 1570 (nd.), 1584 (hochd.), beides bei *Mascov* notitia jur. brunsv.-luneb. (1738) im Anhang S. 1—46; erstere Rec. bei Grimm Weisth. 3 S. 231. Grefe Hannov. R. 1 S. 78. A. Ubbelohde Gött. gel. Anz. 1862 S. 1761—98. — Herrenlose Sachen: Nr. 30 ff. v. Meibom in Jenaer Litt.-Ztg. 1876 Nr. 37 (Recens. v. Stobbe Privatr.). Insbesondere: Strandgut: Nr. 30—34. Deutsche Strandungsordng. v. 17. Mai 1874, in Kraft seit 1. Janr. 1875. Stobbe § 149 IV. Brunner bei Holtzendorff 3 S. 814. Mandry S. 352. — Schatz: Nr. 38—43. Weiske Ztschr. f. D. R. 12 (1848) S. 273. Stobbe § 149 II. — Fund:

Nr. 35—37, 42 ff. Delbrück v. Finden verlorner Sachen in Iherings Jahrb. 3 S. 1. Stobbe § 149 I.

1. Ssp. II 58 § 1. Of en man nenen lenerven ne hevet na sime dode, sve sin erve is na lantrechte, die sal nemen sin verdenede gut in deme lene. § 2. Nu vernemet, wen it verdenet sie: in sente Bartholomeus dage (Aug. 24) is allerhande tins u. plege verdenet, in sente Wolburgen dage (Mai 1) is die lemmer tegede verdenet, to wortmissen (Aug. 15) die gense tegede, in sente Johannes dage (Juni 24) allerhande vleisch tegede, dar man mit penningen den tegeden jarlikes loset; svar man aver ine nicht ne loset, dar is he verdenet, wen it ve geworpen wert. In sente Margreten dage (Juli 13) al korn tegede; svat aver er geschocket is, dar an is die tegede verdenet. In sente Urbanusdage (Mai 25) sin wingarden u. bomgarden tegeden verdenet. — Des mannes sat, die he mit sime pluge wirkt, die is verdenet, als die egede dar over gat; u. die garde, als he geseit u. geharket is. — Geld von molen u. von tolne u. von münte u. von wingarden is verdenet, svenne die tins dach kumt, die ime to geldene bescheiden is.

2. Ssp. III 76 § 3. Nimt en man ene wedewen, die egen oder len oder liftucht oder san tinsgut hevet, svat so he in deme gude mit sime pluge arbeidet, stirft sin wif er der sat, he sal't vul arbeiden u. seien u. affniden, u. tins oder plege sal he dar af geven jenen, uppe den it gut irstirft.

3. Ebendas. § 4. Stirft — die vrowe na der sat, als die egede dat lant began hevet, die sat is ires mannes. — § 5. Svat ok tinses oder plege in der vrowen gude was, dar man ire af gelden solde, stirft sie na den rechten tinsdagen, dat gut is des mannes vordende gut, als it der erven wesen solde, of sie ane man were.

4. Schwsp. 129. Nimt ein man eine witwen, diu guot hat, daz man mit dem phluoge bowet, u. stirbet si, u. sol daz guot wider gen; u. ist ez gesähet u. gebowen, der man nimet den nuz mit rehte dar abe.

5. Urk. b. Meibom Pfandrecht S. 383 Not. 388: hetten wir die eckere gesat, so suldin sie unsern phluge sin recht laßin volgin, also daz wir mit dem getreide thetin, waz wir woldin.

6. Ssp. II 46 § 1. Sve so wirkt enes anderen mannes land unwetene, oder dat ime en ander gedan hevet, wert he darumme gescüldeget de wile he't eret, sin arbeit verlüset he dar an, of it jene behalt. Sve't ime aver gedan hevet, die sal ime erstaden sinen scaden. § 2. Sve so dat land saiet under der klage, die verlüset sin arbeit u. sine sat dar an. § 3. Svat so he saiet unverklaget, he behalt die sat u. gift sinen tins jeneme die dat lant behalt.

7. Schwsp. (Laßb.) 211. Swer buwet eines andern mannes acker mit wissende, wirt er dar umbe beschuldeget, er hat sin arbeit verloren —. Hat ez im jeman gelan ze buwenne, der sol im sinen schaden ab tuon. Swer daz lant buwet oder seiget, fiur daz ez ze clage kumet, der verliuset sin arbeit u. sine sat —. Swaz ein man buwet u. seiget daz umbeclaget ist, da sol er sin arbeit u. sin guot her abe niezsen, u. sol man davon geben zins oder gelt, daz sol er ouch geben swen daz an gebiurt.

8. Ssp. II 44 § 2. Sve — en gut in geweren hevet, dat ime an irstorven is, oder ime gegeven oder gelegen is, u. he't selve niemanne ne nimt, des ne darf he nicht wedergeven des he dar ut nimt, of ime dat gut afgewunnen wert, de wile he dar af nenes rechtes ne weigeret.

9. Ssp. II 52 § 1. Vlichtet hoppe over enen tun, sve die wortelen in deme hove hevet, die gripe deme tune, so he nest moge u. tie den hoppen; svat is ime volget dat is sin; svat is in anderhalf blift, dat is sines nakebures. § 2. Siner bome telge ne solen over den tun ok nicht gan, sime nakebure to scaden.

10. Gl. z. Ssp. II 52: ob du dein obst schüttelst, was davon in deines nachbauern hoff fället, das ist — sein.

11. Rietberg. Landr. § 35 (Grimm 3, 106). Wem die eicheln zugehören so von des nachbarn baume, dessen zweiger auf des andern nachbarn grund hengen, fallen? Resp. Der den bösen tropfen genießet, genießet auch den guten.

12. Delbrück. Landr. (Grimm 3, 102). Abgefallnes obst gehört dem, auf dessen grunde es liegend gefunden wird. Dies gilt auch für den holzfall; nicht

nur äste, sondern auch der gefallne baum selbst, soweit er des nachbars grund rührt, gehören diesem. Der baum folgt den enden, u. muß auf der schnade durchschnitten werden. Sollte ein gefällter oder sonst umgeschlagner baum auf den gemeinen fahrweg fallen, so eignet sich der landesgograf alles davon zu, was zwischen wagenspur u. nabel (nabe) befunden wird.

13. Herrnbreitinger Petersger. (Grimm 3, 591). Mer, so zwen baum zwischen iren guttern hetten, u. das obs, es wäre zcam oder wilde, auff den andern fiele, wie der sich dar mit halden soll? Urtheyll: wo paum uff einem felde sten, was dan uff einen iden felt, das sal im folgen; wo sie aber in garten stehen, was alsdan auff den andern fellet, mag er des obs mit willen des andern nit behalten, so sol er es dem andern dem stamme noch halb wiedder geben.

14. Augsb. Stat. Art. 81 (Meyer S. 162). Hanget ein baum uf eins andern mannes gut, swaz des obzes ist, daz uber sin gut hanget, daz ist sin, die wile er wil.

15. Sächs. Weichb. 126. Wo ein baum zwischen zweien reinen stehet u. breitet die zelgen in eins andern mannes hoff, der herr mag in wohl verhawen (ob er wil) u. hanget obs in seinen hoff, das ist zu recht sein.

16. Rsb. n. Dist. II 2, 14. Welch man by sime nackebur had eynen boymgarten legen, waz do obir dez andern were kempt mit sinen esten adder zcelcken, der denne den stam adder worczeln uf siner gewer had, der zcy sich der este adder zcelcke an u. griffe denne, so her nesten moge; waz om denne fulget, daz ist sin; waz im da nicht gevolgen en mac, das schol jenes sin.

17. Oesterreich. Ges.B. § 422. Jeder Grundeigenthümer kann die Wurzeln eines fremden Baumes aus seinem Boden reißen, u. die über seinem Luftraume hängenden Aeste abschneiden oder sonst benützen.

18. K. Sächs. Ges.B. § 362. Jeder ist berechtigt, die Wurzeln eines fremden Baumes oder einer fremden Hecke, soweit sie unter seinem Grund u. Boden fortlaufen, ingleichen Zweige eines fremden Baumes oder einer fremden Hecke, soweit sie auf seinen Grund u. Boden überhängen, abzuschneiden. — Die abgeschnittenen Zweige gehören dem Eigenthümer des Baumes oder der Hecke, die abgeschnittenen Wurzeln dem Eigenthümer des Grundstücks, in welchem sie sich befinden.

19. Das. § 363. Auf das Grundstück des Nachbars überhängende Früchte gehören dem Eigenthümer des Stammes, welcher jedoch zum Behufe ihrer Abbringung das Grundstück des Nachbars nicht wider dessen Willen betreten darf. Uebergefallene Früchte sind Eigenthum Dessen, welchem der Grund u. Boden gehört, auf den sie gefallen sind.

a. Züricher privatr. Gesetzb. § 590. Wenn die Aeste oder Zweige eines Baumes in den Luftraum des Nachbars überragen, so hat dieser die Wahl, ob er Kappung der Aeste und Zweige verlangen oder ob er das Recht des Anrieses benutzen wolle. § 591. Das Anries besteht in dem Recht des Nachbars, die überhängenden Früchte zu gewinnen und die überfallenden zu behalten.

20. Schwsp. 198 Z. 10. Swa vogel nistent uf einem boume, oder swa si nistent daz des mannes ist: die wile ez in siner gewalt ist, so ist ez sin. als ez fliegende wirt, swer ez danne gevahet, des ist ez.

21. L. Wisig. VIII 6, 1. Si quis *apes* in silva sua aut in rupibus vel in saxo aut in arboribus invenerit, faciat tres decurias, quae vocantur characteres, unde potius non per unum characterem fraus nascatur. Et si quis contra hoc fecerit atque alienum *signatum* invenerit et irruperit: duplum restituat.

22. Ed. Roth. 319. Si quis de *arbore signato* in silva alterius *apes* tulerit, componat sol. VI. Nam si signatum non fuerit, tunc quicumque invenerit iure naturale habeat sibi, excepto in gahagio (Gehege) regis. Et si contegerit dominum, cuius silva est, supervenerit, *tollat mel* et amplius culpa non requiratur.

23. L. Baiuv. 21, 8 (Mon. Ll. III 333). Si apes id est examen alicuius ex apile elapsus fuerit et in alterius nemoris arborem intraverit, et ille consecutus fuerit, tunc interpellat eum cuius arbor est, et cum fumo et percussionibus ternis de traverse secure, si potest, suum eiiciat examen, veruntamen ita ut arborem non laedetur; et quod remanserint, huius sint cuius arbor est.

24. Schwsp. 301. Unde ist daz bien uz fligent, u. vallent an einen boum u. in der man inner drin tagen nach volget: so sol er jenem sagen, des der boum ist, daz er mit im ge u. im sine bien helfe gewinnen; so sullen si mit einander dar gen, u. sullen mit azören an den boum slahen u. niht mit der sniden, daz man den boum iht verwüeste; u. mit kolben u. mit steken, daz man den boum iht versere, — swaz der imp her abe vallen, die sint sin; u. swaz ir dar ufe belibet, die sint jenes, des der boum ist.

25. Sächs. Weichb. 121. Fleugt ein Bienen-Schwarm aus eines Mannes Hauß oder Hoff zu seinem Nachbauren, er ist den Schwarm näher zu behalten, denn jener, der ihm nachfolget; dann die Biene ist ein wilder Wurm.

26. Witzenmühlenrecht S. 29. Wann ein ander käme u. jagte einen schwarm u. wolte sagen, der wäre von seinen immen geflogen u. der schwarm hätte sich in ein ander gehege gesetzet, so soll derselbe der nachjaget des ein beweis bringen, das ihm der schwarm entflogen ist, oder den strauch mit sich bringen, da der schwarm auf gesessen hat.

27. Westerwold. Landr. v. 1470 § 15—18 (v. Richthofen S. 265). Off daer emant syn eigen zwarm volgede van synen ymen, ende he dat bewysen konde, u. vlogen in een andermans ymen, daer sal he den eersten zwarm weder wth hebben, of weer dattet geen zwarm hadde, soe sal dat wesen half u. halff. Item of daer een vonde een zwarm by een andermans ymen, de zwarm sal daer af wesen soe veel he mit een hamer aff warpen kan over der luchteren arm, ende hy sal dat mytten luchteren hant holden an dat vorder ore; weren daer gene ymen neger, soe mach he den zwarm nemen. Daer ensal niemant gene lockhuven (lockekorb, alveare) setten in dat moer off velt of in dat broeck by synen halse; wel se vindet, machse den gerichte to seen laten. Item, wel daer na volget ymen, alsoe lange als he hem volget, soe hoert he hem toe waer hem vindet, in wes bomen of stede.

28. Preuß. LR. I 9 § 121. Auf zahme Bienenschwärme hat der Eigenthümer des Mutterstocks ein ausschließendes Recht. § 122. Er kann die schwärmenden Bienen auch auf fremden Grund u. Boden verfolgen u. daselbst einfangen. § 124. So bald der Eigenthümer des schwärmenden Stocks die Verfolgung gänzlich aufgegeben hat, ist der Eigenthümer des Grundes u. Bodens, auf welchem der Schwarm gefunden wird, denselben einzufangen berechtigt.

29. Oesterr. Ges.B. § 384. Im Falle, daß der Eigenthümer des Mutterstocks den Schwarm durch zwey Tage nicht verfolgt hat — kann ihn auf gemeinem Grunde jedermann; auf dem seinigen der Grundeigenthümer für sich nehmen u. behalten.

30. Urk. K. Wilhelms v. 1255 (Mon. Ll. II 371): nobis — pro tribunali sedentibus — requisitum fuit in iudicio coram nobis de quadam consuetudine, que inolevit in plerisque partibus regni Alamanie, que potest dici potius coruptela, ut cum contingit interdum aliquos predicti regni pati naufragium, circumadjacentes patrie superaddentes afflictionem afflictis, *omnia bona naufragantium velut propria sibi vendicant et usurpant.* Ad quod — sententiatum fuit —, *quod talis consuetudo de cetero cessaret omnino*, cum detestabilis et perniciosa existat.

31. Urk. K. Ludwigs v. 1316 (Bergmann Gesch. v. München [1783] S. 63): wöllen — daz daz selbe recht (der grunt ruere) daz billicher unrecht haizzet, iemer mere abe si u. von dhain man genomen werde auf der Isern u. auf allen wazzern, die durch unser lant flizent.

32. Urk. K. Karls IV v. 1355 f. Köln (Lacomblet III 455): *naufragia*, que vulgariter gruntroring dicuntur, a nostris predecessoribus divis imperatoribus et regibus Romanorum sententialiter per principes et omnibus legibus secularibus *sunt dampnata*

33. P. G.O. Art. 218. Deßgleichen an vielen enden der mißbrauch so ein schiffmann mit seinem schiff verferet, schiffbrüchig würde, daß er alsdann der oberkeit dessen orts mit schiff, leib u. gütern verfallen sein soll; — dergleichen gewohnheit wollen wir, daß ein jede oberkeit abschaffen — soll.

34. Hamb. Stat. II 17, 5. So jemand schiffbrüchig Gut berget, u. holet es über Reff, oder in der See; der soll haben den dritten Theil: es wäre denn,

daß er es ohne sonderliche Gefahr bey gutem Wetter bergete; so soll er davon, nach Gelegenheit, u. Erkenntniß guter Leute, was die Billigkeit erfordert, zu geniessen haben. Wofern es aber jemanden zufällig an des Schiffes Boort getrieben käme; — soll ihm der zwanzigste Penning allein davon bezahlet werden.

b. Handelsgesetzb. Art. 742 u. ff. unten § 321 Nr. 1 u. ff.

c. Strandungsordng. § 26. Behufs der Ermittlung des Empfangsberechtigten — tritt das Aufgebotsverfahren ein. § 27. Im Aufgebotsverfahren werden alle unbekannten Berechtigten aufgefordert, bis zu einem bestimmten Termine bei dem Strandamte ihre Ansprüche anzuzeigen. § 28. Diejenigen Gegenstände, auf welche ein Anspruch nicht angezeigt ist, werden nach Ablauf des Termins den nach § 35 Berechtigten gegen Erlegung der Bergungskosten — ausgeliefert.

d. Das. § 35. — Gegenstände, welche in Seenoth vom Strande aus geborgen sind, desgleichen Seeauswurf und strandtriftige Güter (werden) dem Landesfiscus — versunkene und seetriftige Gegenstände dem Berger überwiesen.

e. Das. § 35. Wer die ihm nach § 21 obliegende Anzeige (von den geborgenen Gegenständen) unterläßt, geht dieses Anspruchs zu Gunsten der Seemannskasse — und in Ermangelung einer solchen zu Gunsten der Ortsarmenkasse verlustig.

f. Das. § 28. Der Empfänger ist, wenn versäumte Ansprüche später geltend gemacht werden, nur insoweit, als er sich dann im Besitze der Sache noch befindet oder durch den aus derselben gelösten Werth noch bereichert ist, dem Berechtigten zur Entschädigung verpflichtet.

35. Edict. Rothar. c. 260. Si quis aurum aut vestis seu qualibet rem in via invenerit et super genuculum levaverit et non manefestaverit aut ad iudicem non adduxerit, sibi nonum reddat.

36. L. Wisig. VIII 5, 6. Caballos vel animalia errantia liceat occupare, ita ut qui invenerit denuntiet aut episcopo aut comiti aut iudici aut senioribus loci aut etiam in conventu publico vicinorum: quod si non denuntiaverit, furis dampnum habebit. Similis et de aliis rebus ordo manebit.

37. Ssp. II 37 § 1. Svat so jeman vind, besakt he's of man dar na vraget, so is it düvech. Svat so en man vint oder dieven oder roveren afjaget, dat sal he up bieden vor sinen buren u. to der kerken. — § 3. Nekumt — nieman binnen ses weken, die sik dar to tie, so nimt de richtere twene dele, u. jene behalt den dridden deil.

38. Ssp. I 35 § 1. Al schat under der erde begraven deper den ein pluch ga, die hort to der koningliken gewalt. § 2. Silver ne mut ok neman breken up enes anderen mannes gude, ane des willen des de stat is; gift he's aver orlof, de vogedie is sin dar over.

39. Gl. z. Ssp. I 35 § 1: dat alle schat hore in dat rike, dat is war, war man schat nimt vor ercze.

40. Engersgauer Bergpflegenfreiheit; s. oben § 72 Nr. 2.

41. Glenzer W.; s. oben § 72 Nr. 3.

42. Ausschr. Herz. Ludwigs v. Baiern v. 1474 (Krenner Bair. Landtagshandl. 7, 449). Item die Fund u. Schätze sollen der Herrschaft zustehen.

43. Meddersheimer W. v. 1514 § 15 (Grimm 4, 722). Item heimlich fünde u. bergwerke wiesen sie den herren.

44. Preuß. LR. I 9 § 15. Das Recht, unbewegliche verlassene Sachen in Besitz zu nehmen, ist ein Vorbehalt des Staats.

45. Ebendas. § 20. Ist (der Eigenthümer einer verlornen Sache) unbekannt, so muß der Finder den Fund der nächsten Obrigkeit anzeigen. — § 31. Ist binnen 8 Tagen, nach der geschehenen Anzeige, der Verlierer auf andere Art nicht auszuforschen, so muß derselbe öffentlich vorgeladen, u. ein Termin zu seiner Anmeldung bey Verlust seines Rechts bestimmt werden. — § 43. Hat sich der Verlierer weder vor noch in dem bestimmten Termin gemeldet, so muß der Richter mit dem Zuschlage der Sache verfahren. § 44. Dieser Zuschlag geschieht an den Finder allein, wenn die Sache nur 100 Thaler oder weniger am Werthe beträgt. § 45. Bey Sachen von höherem Werthe geschieht der Zuschlag an den Finder u. an die Armenkasse des Orts. — § 57. Meldet sich vor dem Zuschlage Jemand, welcher die Sache als von ihm verloren in Anspruch nimmt, so — § 62. muß er dem Finder den zehnten Theil des Werths der Sache,

welche nach Abzug der Kosten übrig bleibt, — **als eine Belohnung**, entrichten. — § 66. Wenn zahmes Vieh ausreißt, oder sich verläuft, so kann der Finder — nur so viel zur Belohnung fordern, als das Pfandgeld, wenn dergleichen Vieh wäre gepfändet worden, betragen hätte.

46. K. Sächs. Bürgerl. Ges.B. § 243. Der Finder, welcher den Fund, wenn der Gegenstand über 1 Thaler beträgt, nicht innerhalb 4 Wochen von der Zeit der Ansichnahme an bei der Polizeibehörde des Fundortes anzeigt, ingleichen der Finder, welcher den Fund, wenn der Gegenstand nicht über 1 Thaler beträgt, auf geschehene Nachfrage verheimlicht, hat keinen Anspruch auf die in § 239, 240, 242 angegebenen Vortheile. An der Stelle des Finders erwirbt **der Staat** das Eigenthum des Gefundenen.

2. Insbesondere:

a. Durch gerichtliche Auflassung.

§ 78. α. Aeltere Gestalt derselben. (B. § 90. G. § 89. St. § 94.)

Eichhorn RG. § 59a u. 358. **Albrecht** Gewere S. 63—78. **Beseler** Erbverträge 1 § 4. **Sandhaas** Germanist. Abhdlgn. Abth. 1. — **Grupen** Deutsche Alterthümer S. 554—558, S. 112—199. **Michelsen** über die festuca notata u. die germanische Traditionssymbolik. Jena 1856. — **Pauli** Abhandlungen a. d. Lübisch. Rechte Th. 1 S. 5 ff. **Homeyer** Stadtbücher des MA. ob. S. 58. *P. Bülowius* Utrum ad dominium rerum immobilium transferendum secundum jus Saxonicum medii aevi resignatione solemni in judicio opus fuerit necne. Regimont. 1870. O. **Stobbe** über die Salmannen (Ztschr. f. RGesch. 7 [1868] S. 405). **Merkel** das firmare des Bair. Volksrechts in Ztschr. f. RGesch. 2 (1863) S. 101. **Laband** verm. rechtl. Kl. S. 236 ff. **Stobbe** die Auflassung des D. R. in **Jherings** Jahrb. 12 (1872) S. 137. **Heusler** Gewere S. 1 ff., 163 ff. **Sohm** Eheschließung 1875 S. 78; **ders.** Trauung u. Verlobung 1876 S. 143; **ders.** zur Gesch. der Auflassung in Festgaben für Thöl. Straßbg. 1879. **Haiss** traditio u. investitura. München 1876. **Bewer** sala, traditio, vestitura. Rostock 1880. **Brunner** in Ztschr. f. Handelsr. 22 (1877) S. 525; **ders.** zur RGesch. der Urk. S. 272. v. **Duhn** deutschrechtl. Arbeiten (Lüb. 1877) Abth. 1. **Franken** d. französ. Pfandr. (Berl. 1879) S. 156.

1 Cap. a. 818 c. 6 (Mon. C 378, vgl. ob. S. 11). Si quis res suas pro
Altdeutsche Uebersetzung: Souuerse sachun sinu thuruch
salute animae suae vel ad aliquem venerabilem locum vel propinquo suo
salichedi selu sineru athe ce anderru eraftlicheru stat athe gelegenemo sinemo
vel cuilibet alteri tradere voluerit et eo tempore intra ipsum
athe seuuema andremo versellan vuilit inde ce themo cide inneneuuendiun theru
comitatum fuerit, in quo res illae positae sunt, *legitimam*
selueru grasceffi vuisit, in theru sachun thie gesat sint, **vuizzetahtia**
traditionem facere studeat. Quod si eodem tempore quo illas *tradere*
sala cegedune geulize. That auo themo seluemo cide that er thiu **sellan**
vult extra eundem comitatum fuerit, id est sive in exercitu sive in palatio
vuilit vzzeneuuendiun theru grasceffi vuisit, that ist athe in here athe in' palice
sive in alia quolibet loco, adhibeat sibi vel de suis pagensibus
athe in anderu sumeuuelicheru stedi, samantneme himo athe vane sinen gelandun
vel de aliis, qui eadem lege vivant qua ipse vivit, *testes*
athe vane andern thie theru selueru vuizzidi leuen theru er selvo leuit **vrcundun**
idoneos; vel si illos habere non potuerit, tunc de aliis quales ibi
rehtliche; auur auo thie hauan ni mach, thanne vane andern so vueliche thar

meliores inveniri possint; et *coram eis* rerum suarum *traditionem*
bezzera vundan mugen vuerthan; inde vora hin sachunu sineru salunga
faciat et fideiussores *vestiturae* donet, (ut?) ei qui illam *traditionem* accipit,
gedue inde burigun theru geuueri geue himo ther thia sala infahit
vestituram faciat. Et postquam haec *traditio* ita facta fuerit, heres
geuueri gedue. Inde ahter thiu sala so getan vuirthit, geaneruo
illius nullam de praedictis rebus valeat facere repetitionem.
sin selves neieina vona then vora gequetanen sachun mugi geduan iruangida.
Insuper et ipse per se fideiussionem faciat eiusdem *vestiturae*,
Thara uviri inde seluo thuruch sich burigun gedue theru selueru geuueri,
ne heredi ulla occasio remaneat hanc *traditionem* immutandi, sed
nio themu geaneruen thegein vrsach beliue thia sala cebekerine, sunder
potius necessitas incumbat illam perficiendi.
mera not ana lige thia thuruch cegefremine.

2. Fragm. Theot. versionis antiquiss evang. s. Matthaei ed. *Endlicher* p. 27: selita im siin guot, tradidit illis bona sua.

3 Dipl. a. 1200 in M. B. 22, 201 Tradidit ad altare predium suum — quod postmodo *confirmatione*, que vulgo sale nuncupatur, in manum comitis de G. delegavit.

4. Urk. v. 1195 b. Remling Speier. UB. 1, 128. Donatio que vulgo sale dicitur.

5. Dipl. a. 1245 ap. *Meichelbeck* Hist. Fris. II 29: per manum *mediatoris*, qui vulgo dicitur *salman*; stabilire debeam possessionis factam ecclesiae traditionem.

6. Dipl. a. 1258 ap. *Guden*. 2, 131. *Salam* etiam prenotatam — nunc duxi innovandam; videlicet dans eadem X iugera iterum in manus *salmannorum* et testium subscriptorum: ita sane, quod ea praefata cenobia iuxta *salmannorum ius et consuetudinem* obtinebunt.

7. Dipl. a. 1296 in M B 3, 357. Ich sol auch den genanten herren zu einem salmanne geben den N., ob der nicht wer, so sult ich jn die salung mit einem andern fryen herren geben.

8. Dipl. a. 1444 in M. B. 4, 188: salmannisch eigen.

9 Dipl. a. 1488 in M. B 4, 200: salmannisch lehen.

10. Urk. v. 1442 b. Schmeller Bayer. Wörterb. 2, 251: salmannisch lehen aigen sey ain solch guett, das besser sey, denn anders freys aigen, wan man habs vor ye u. ye gesalt von einem pauren, der dan salman gewesen seye als zu ainer bestättung der gewerschaft, u. wan ainer ain salmanisch aigen in der gewer gehabt hab jar u. tag, u. das mit dem salman erzeugen hab mögen, so hab er sein gewer durchsessen, u. weder ander brieff noch sigill darumb bedurft.

11. Schmeller das. Iste liber (der Codex traditionum des Klosters Geisenfeld) renovatus est et conscriptus propter inidoneitatem veteris libri dicti salpuoh a. D. 1281.

12. L. Sal. emend. 48 (vgl. Behrend Tit. 46). De *affatomiae*. Hoc convenit observare, ut tunginus vel centenarius mallum indicent, et scutum in ipso mallo habeant; — et requiratur postea homo, qui ei non pertinet, et sic *fistucam in laisum iactet* et ipsi, in cuius *laisum fistucam iactaverit*, dicat verbum de fortuna sua, quantum ei voluerit dare. Postea ipse, in cuius *laisum fistucam iactavit*, in casa ipsius manere debet et hospites tres suscipere, et de facultate sua, quantum ei datur, in potestate sua habere debet; et postea ipse, cui creditum est, ista omnia cum testibus collectis agere debet. Postea aut *ante regem* aut *in mallo legitimo*, ille cui fortunam suam deputavit, ei reddere debet, et accipiat postea *fistucam* in mallo ipso ante duodecim menses ipse, quos haeredes deputavit, in *laisum suum iactent*, et nec minus nec maius, nisi quantum ei creditum est.

13. Dipl. a. 997 ap. *Mabillon* Annal. Benedict. IV 116. Quam traditionem atramentario, penna et pergamena manibus suis de terra levatis, *lege Salica* fecit per *fistucum nodatum* (notatum) ramum arboris atque per cultellum et quasonem.

14. Urk. v. 1079 b. Grimm RA. S. 197: tradidi per *wasonem terrae* et *fistucam nodatam* seu ramo arborum atque per *cultellum et wantonem* seu *andilaginem*. (Ueber Andelang s. v. a. Handschuh s. Michelsen a. a. O. S. 27 f.; Grimm RA. S. 197, Wörterb. 1, 304.)

15. Urk. v. 1406 b. Lünig Reichsarch. P. spec. cont. 2 Suppl. 2 p. 27: u. hat das aufgegeben mit munde u. hat sich des verzihen u. abgethan mit hand u. halme nach gewohnlichen sitten in Frankenlande.

16. *Schminke* Monim. Hass. 2, 740: ist es acker, wisen oder garten, he sal einen kloiß uß der erden graben u. jenem den in sein hant thun.

17. L. Baiuv. T. 17 c. 2 (Mon. Ll. III 337). De his qui propriam alodem vendunt vel quascumque res, et ab emtore alter abstrahere voluerit, — tunc dicat emtor ad venditorem: Terram, aut quascumque fuerit res, abstrahere mihi vult vicinus meus. — Et iste respondet: Ego quod tibi donavi, cum lege integra et verbis testificatione firmare volo. Super septem noctes fiat constitutum. Si dicit, cum utrique utrasque partes conveniunt: Cur invadere conaris territorium quod ego iuste iure hereditatis donavi? et ille alius contra: Cur meum donare debuisti, quod mei antecessores antea tenuerunt? Iste vero dicit: Non ita, sed mei antecessores tenuerunt, et mihi in alodem reliquerunt: et *vestita est illius manu cui tradidi*, et firmare volo cum lege. (Tunc) ea ratione firmet: *per quatuor angulos campi*, aut designatis terminis, per haec verba *tollat de ipsa terra, vel aratrum circumducat, vel de herbis aut ramis, silva si fuerit*: Ego tibi tradidi et legitime firmabo, per ternas vices dicat haec verba, et cum dextra manu tradat, cum sinistra vero porrigat wadium huic, qui de ipsa terra eum mallet.

18. Dipl. a. 825 ap. *Meichelbeck.* nr. 492: traditionem — ita fecit —, ut *abscisso proprie arboris ramo* et coram cunctis ipse W. in manus Wagonis *tradito*, — tradidit, et tunc legitimos testes *per aures traxit*.

19. Dipl. a. 1314 ap. *Schöpflin.* nr. 877: vendiderunt, tradiderunt et libere resignaverunt *per porrectionem calami*, ut est moris, quae more *schottationis secundum consuetudinem civitatis et dioecesis Argentin. pro traditione* habetur.

20. Dipl. a. 951 ap. *Ducange* 3, 890: constat, me A. — ex natione Baiuburia secundum meam *Baiubariorum legem* per *festucam* et *gazonem* et andelaginem et per ramos de arboribus et per *ostium domorum* vendidi et manibus meis tradidi atque investivi tibi.

21. Urk. v. 1091 (Hamburg. UB. n. 118): super reliquias — cum *cyrotheca*, sicut *mos est liberis Saxonibus*, tradidit curtim etc. Aderat comes F. advocatus ecclesie qui cyrothecam sacris reliquiis inpositam, *ut mos est*, abstulit, et ab ipso Gerhardo *per digitorum extensionem* promissionem confirmationis accepit etc. Mater ex lege Saxonum donationem eius ore laudavit et *digito confirmavit*.

22. Urk. v. 1049 b. Möser Osn. Gesch. 2 Nr. 21. Tradidit — churtim, — statimque *iuxta legem ac ritum Westfalensium* eiusdem rei *investituram digito suo* promisit.

23. Urk. v. 1487 b. Kindlinger M. B. 3 Nr. 208. H. u. B. — syent — vor my (dem Richter to Asscheberge) u. vor dem — gerichte — dusses vorg. erves u. gudes — utgegaen u. hebben darup rechte vortichniße u. uplatinge gedan myt handen u. myt munden.

24. Dipl. a. 1200 ap. *Mencken.* 3, 452: ipsam hereditatem (trium mansorum) ecclesiae supradictae perpetuo iure contulimus, abbatem ipsum dominum Matheum *pilleolo nostro investivimus*.

25. Dipl. a. 1365 ap. *Guden.* 3, 466: unus de eisdem scabinis, antiquior, — quendam *pileum* in medium exhibuit et dedit cuilibet legitimorum *calamum* ad manus, eos informando, — quod quivis eorum suum *calamum ad pileum* deberet *ponere et iactare* in signum *resignacionis* et *renuntiationis*. Secundum eiusdem informacionem et iussionem praescripti legitimi tales *calamos ad pileum iactaverunt*.

26. Dipl. a. 1382 in Orig. Guelf. T. IV praef. 84: u. ek (richter) helt ön (dem Verkäufer u. seinen Erben) einen hoid to, dar grepen se alle an u. leten van deme gude u. deden des eine rechte vortícht met guden willen. do dat

geschehen was, do let ek (den Bevollmächtigten des Käufers) gripen an densulven hoid u. antwordede öme dat gud to.

27. Rugian. Landbr. S. 273, 274. Wer seinen bauerhof verkaufen will, muß vor dem gerichte erscheinen u. seinen hut halten: der richter fragt dreimal die beisitzer, ob er seinen hof verlaße wie recht sey? sie sagen ja. dann thut der verkäufer die hant vom hut. dann sagt der richter zum käufer: taste an! u. er tastet an; der richter sagt: ich verlaße dir den hof zum ersten, andern, drittenmal. dann muß der käufer den hut mit einem schilling lösen, den hebt der richter in die höhe: das sei jedermann kund, daß dies der wittelschilling ist, womit der hof ist verlaßen worden. der verkäufer nimmt seinen hut u. des richters knecht erhält den wittelschilling.

28. L. Rib. tit. 59 § 1. Si quis alteri aliquid vendiderit et emtor *testamentum venditionis accipere voluerit, in mallo hoc facere debet*, et pretium in praesente tradat, et rem accipiat, et testamentum publice conscribatur. (Brunner z. RGesch. der Urk. 1 S. 264.)

29. L. Baiuv. XVI 2, 1 (Mon. Ll. III 321). Si quis vendiderit possessionem suam alicui, — post accepto pretio aut per cartam aut per testes comprobetur firma emptio; *ille testis per aurem debet esse tractus*, quia *sic habet lex vestra.*

30. Cartular. Langob. (Mon. Ll. IV 595, ob. S. 15). Si est *Salichus*, si est *Roboarius*, si est *Francus*, si est *Gothus* vel *Alamannus* venditor, pone *cartulam in terram* et super cartam mitte *cultellum*, *festucam notatam*, *wantonem* et *wasonem terrae* et *ramum arboris* et *atramentarium* et in *Alamanna wandilanc*, et levet de terra; et eo cartam tenente, dic traditionem, — et adde in istorum cartulis et Baioariorum et Gundebadorum — *nam in Boioaria et Gundebada non ponitur insuper cultellum.*

31. Ibid. 596 nr. 5. Salichus et caeteri: pone atramentarium super cartam et ita levet de terra.

32. Form. Senon. 50 (Mon. F. 207, früher Lindenbr. 183): trado — res meas — per meos *wadios* et *andelangos.*

33. Salbuch des Grafen Siboto v. Falkenstein, sg. Codex Falkensteinensis (aus der 2. Hälfte des 12. Jahrh., hg. v. Petz in Drei bayerische Traditionsbücher [Münch. 1880. 4.], früher Mon. Bo. VII 434) S. 3. *De predio libertatis sue* notum sit omnibus, qualiter actum sit, quomodo illud testimonio optinuit coram Ottone palatino situm apud Giselbach possidendum jure perenni, eo quod *senior* in generatione illa videatur. — De *cyrografo*. Ne igitur posteros lateat suos *cyrographum*, quod teutonica lingua *hantgemalehe* vocatur, suum videlicet et nepotum suorum, filiorum scil. sui fratris, ubi situm sit, ut hoc omnibus palam sit, hic fecit subscribere: *cyrographum* illud est *nobilis viri mansus*, sittus est apud Giselbach in cometia Morsfuorte; et hoc idem *cyrographum* obtinent cum eis Hunespergere et Prucchepergere. (Homeyer über die Heimat S. 18. Petz S. XXVI. Waitz 5 S. 396.)

34. Cap. a 809 c. 26 (Mon. C 151). De traditionibus *ut in abscondito non fiant* propter conturbationes diversas.

35. *Schannat* Trad. Fuld. I nr. 313: (a. 819) facta haec traditio in *conventu publico* in villa S. *coram comite et iudicibus suis.*

36. Dipl. a. 819 ap. *Meichelb.* nr. 395: omnibus simul audientibus in publico synodo Frisinga congregato ibique *coram cuncta congregatione* accesserunt ad altare — ipse M. — et tradidit. — Fideiussores: S, A., C. *ad vestituram seu firmitatem huius traditionis perficiendam.*

37. Dipl. a. 1305 ap. *Guden.* III 28: ponendo et mittendo eos in *possessionem corporalem* bonorum omnium predictorum *literas per praesentes.*

38. Ssp. I 52 § 1. Ane — echt ding ne mut nieman sin egen — geven.

39. Schwsp. 349. Ane vogtes dink mag nieman sin aigen hin gegeben, das es kraft müge haben.

40. Lüb. R. II 36. So we en vorkoft erve wil uplaten oder de en erve setten wil, de schal beide don vor deme sittenden rade, so es it stede u. vast (vgl. II 23 und Frensdorff Lüb. R. S. 59).

41. Wismar. Bürgerspr. a. d. 16. Jhrh. b. Burmeister die Bürgersprachen — der Stadt Wismar (Wism. 1840) S. 94. Wenn ein Börger dem

Andern stahnde Erve u. liggende gründe verkopen, verpanden edder geven will, schall he vor dem Rade u. dem Statt boke u. nit mit Instrumenten effte Segell u. Breffen solches dohn, edder de verpanding, gave u. kop schall machtloß sin.

42. Brem. Stat. v. 1303 XXIV. Nen man mach wicbelethe copen, de ghene the dhat vorkoft the ne late id op vor theme richte to rechter dhing tit daghes u. dheghene the dhat coft the ne gheve sinen vrethe win theme voghede u. then ratmanne.

43. Magdeb.Görlitz. R. v. 1304 § 22. Ez en mac niemant sin eigen gegeben, wan in gehegeteme dinge vor dem richtere u. vor scheppheu.

44. Magdeb.Bresl. system. Schöffenr. IV I c. 21. Alle gobin u. vorreichunge, di in gehegtim dinge vor richter u. vor scheppfin geschit u. gegebin wirt, di sal blibin, u. sal craft u. macht habyn. Abir alle goben u. vorreichunge di do geschit vor eyme siczczinde rote, di ist machtelos noch Meydeburgischim rechte.

45. Braunschw. Stat. v. 1402 § 164 (Braunschwgr. UB. S. 115): alle erve schall me uplaten vor dem voghede to dingtijd dages in dem dinghus dar twene radmanne over syn, yd ne is anders nycht stede.

46. Rsb. nach Dist. I 45, 1. Keyn eygen mag man geloßen an gerichte in lantrechte u. in wichbilde. Wert abir in keyserwichbilde des riches stete vor deme rate icht — gelassen adder gegeben, — daz sal man halden vor gerichte u. anderswo. Doch so ist in unsen wichbilden: alle uffgelossen erbe gobe u. eygen gelobde sullen geschen vor gerichte, uf daz ab ymant dorin icht hette zcu sprechen von anefelle adder von schulde wegen, daz he icht vorsumet worde sins rechten.

a. Magdeb. Schöppenchronik (Städtechron. VII S. 142). In dusser tid (1215) worden de schepen to rade, dat men de gifte scholde in ein bok schriven, de me under koningbanne geven. (Vgl. das. z. J. 1293—1295 S. 175 ff.)

b. Stendaler Urtheilsbuch S. 2. Wat gyft men deyt in ghehechden dinghe, de scal men screven in der scepen buk u. anders nerghen, u. vor de gyft scal men gheven 14 penninghe to vredebote; der nemen de scepen 1 scilling u. de screver twene penninghe.

47. Urk. K. Ludwigs v. 1332 f. Dortmund § 18 (Frensdorff S. 199). Omnium emptionum sive venditionum tractatus super possessionibus, domibus, redditibus et *aliis bonis inmobilibus quibuscumque* — *resignationesque* predictorum venditionis aut emptionis tempore fiant *in presentia consulum in sede sedentium* et coram ipsis omnimode pertractentur, pertractata vero *libro civitatis inserantur*, ipsoque libro insignita temporibus se offerentibus in huiusmodi casibus pro iudicato — inantea teneantur.

48. Form. Sal. Lindenbrog. 1 (Mon. F 266, früher Lindenbr. 18). Omnia et ex omnibus, quicquid in ipso loco nostra videtur esse possessio vel dominatio — de nostro jure in jure et dominatione jam dicti monasterii per hanc cartolam donationis sive per fistucam atque per andelangum ad opus sancti illius a die praesente donamus tradimus adque perpetualiter in omnibus transfirmamus, in ea vero ratione *ut pars praedicti monasterii ab hac die hoc habeat, teneat adque possedeat, vel quicquid exinde facere voluerit*, *liberam hac firmissimam* — *habeat potestatem.*

49. Dipl. a. 824 ap. *Meichelbeck.* nr. 467: ipsi firmiter tradiderunt medietatem hereditatis eorum in loco H. — eo modo, *ut a die presente firmiter tenetur* ad domum sanctae Mariae. — *Postea vero* misit — episcopus missos suos —, *ut vestituram ipsius rei accepissent.*

50. Ssp. I 9 § 5. Sve dem anderen gut in siner were let, ir he't ime up late, he sal ine in der gewere vorstan, dewile he't ime nicht up gelaten ne hevet, svenne he siner werscap bedarf.

51. Sächs. Lehnr. 39 § 1 (s. oben § 68 Nr. 17), § 3. Of en man enem anderen gut up let vor sime herren, tohant so hevet he die gewere an'me gude, die des erren mannes was, die't lit.

52. Dasselbe 10 § 4. Svan — die herre (sinem manne) weigeret to bewisene sogedan gut, als he ime gelegen hevet, de man unterwinde sik so-

gedanes gudes, als ime de herre gelegen hevet, — sunder bewisunge.

53. Trad. Fuld. 1, 91: s. oben § 68 Nr. 5.

54. Eaed. 1, 92: s. oben § 68 Nr. 6.

55. Dipl. a. 758 ap. *Neugart.* nr. 23: *manu vestita* possidere.

56. Dipl. a. 793 ap. *Meichelbeck.* nr. 111: per circuitum — *vestivit* — et perduxit eum in circuitu et ostendit illi confinia.

57. Dipl. a. 829 ib. nr. 540. Isti sunt, qui hoc viderunt quod M. et filius eius circumduxerunt missos — episcopi omnem rem, *quam antea tradiderunt.*

58. Dipl. a. 839 ib. nr. 607. Ipse vero R. viriliter circumcinctus gladio suo stabat in medio triclinio domus suae *tradiditque* — quicquid ibidem habuit. — His omnibus firmiter peractis statim de omnibus rebus suis *per superliminarem domus suae vestivit* E. episcopum et advocatum suum R., et exivit ipse R. traditor et intravit E. episcopus et advocatus eius.

59. Dipl. a. 829 ib. nr. 538. Quicquid proprie hereditatis vel adquisitionis habui in — O. in aedificiis, curtiferis, territoriis etc. *tradidi.* — Sequenti vero dominico die — episcopus misit advocatum — *ut legaliter vestituram acciperet* ipsius rei — et illum A. *legaliter per postem et superliminarem domus — vestivit.*

60. Dipl. a. 828 ib. nr. 512: vestivit legaliter de omnibus rebus suis servum s. Mariae, et ille servus *ibi sedebat tres dies et noctes.*

61. Dipl. a. 845 ib. nr. 636. Episcopus et advocatus illius — acceperunt ipsam traditionem, et postea *sessionem iuxta morem Baiowariorum* adfieri decreverunt; hoc egit E. servus — *noctibus tribus.*

62. Dipl. c. a. 1008—1017 in Mon. Boic. T. VI nr. 1 p. 9: quod patrimonium fiscalis advocatus P. manu sua cum accepisset, *triduana sessione legitime peracta, in ius abbatis vendicavit.*

63. Ssp. III 83 § 1 s. oben § 68 Nr. 25.

64. Gl. z. Sächs. Weichb. 30. Wer denn ein ding unverholen drei tag besitzet, den mag man keiner handhafftigen that, noch ungerichts daran gezeihen.

65. Notariatsinstrum. v. 1595 in d. Braunschw. Ded. b. *Haltaus* 1759. Darauff ist man herunter in das Haus gangen, daselbst man dem Herrn Fiscaln einen Stul mitten in das Hauß gesetzt, darauff er sich auch in signum realis et vere apprehensae possessionis auffgesetzt.

c. Notariatsinstrument v. 1721 aus der Stadt Hannover (B. Hausmann Erinnerungen [Hannov. 1873] S. 7): es nahm (der) Käufer — einen Stuhl, setzte denselben mitten in der unteren vordersten Stuben — u. ging darauf sitzen. Ferner machte er ein Fenster nach der Gasse, weniger nicht die Stubenthür auf u. zu, ging darauf mit uns (d. i. Notar u. Zeugen) zur Haußthür, wovon u. zwar von der oberen Thür ein Spohn abgeschnitten wurde, welchen der (Verkäufer) hinnahm u. dem Käufer hinwieder zu Händen stellte, dieser auch selbigen annahm und beyde Haußthüren zu u. wieder aufmachte, bey allen u. jeden Actibus aber sowohl der Verkäufer declarirte, daß er damit — den ruhigen Besitz dieses Haus sambt dem Erbeigenthumb selbt tradiret u. übergeben wolle, alß auch Käufer jedesmal sagte, daß er die Posseß damit annähme u. ergrieffe.

66. Sächs. Weichb. Art. 20: ob ein mann sein eigen vergeben wil; — er sol kommen zu rechter dingstat u. vor die bencke mit dem, ders empfahen sol. — Wenn ers denn vergeben u. jener empfangen hat, so frag diser, ob ers also empfangen hab, das es im hülflichen sey an seinem rechten; wenn im das gefunden wird, so bit er die einweisung von gerichtshalben, so sol in der schultheis einweisen oder der vogt, u. die schöppen sollen mit im gehn. — Der richter sol in das haus gehen, oder auff die hoffstat, — u. sol jenen nemen bei der rechten hand, u. sol ihn leiten vor den schöppen in das haus, — u. sol sprechen diese wort: in die gabe, die dir gegeben ist vor dem gericht, weise ich dich — u. setze des die schöppen zu gezeugen u. die andern dingpflichtigen, daß ich dich hie eingeweist hab, als recht ist. — So ist er denn vollkomen an seinem rechten.

67. Ssp. III 82 § 2. Svie en gut enem anderen gift u. let it in sine gewere, dar he selve nene gewere an ne hadde, u. wert jene von gerichtes halven dar in gewiset; jene die de gewere hevet mut de inwisunge wol wederspreken u. jenen utwisen —; wende en man n'is nicht plichtich sine were to rumene, he ne werde dar umme beklaget u. vorgeladet; wert jeneme de were denne erdelt, u. wiset man ine denne dar in von gerichtes halven, so ne mut man ine nicht utwisen, man ne du't mit ordelen.

68. Rsb. n. Dist. I 31, 1. Wenne man obir eigen vrede wercket vor gerichte, so sal der richter fragen den, der is lessit, ab is sin wille sy. So sal der daz bekennen u. sal recken dy finger (al. ufrecken czwene vinger an der rechten hand); domete sal her sich der gewer vorczyn; u. sal denne daz eygen uflassen mit den fingern u. mit orkunde eynes hutes adder hantschus, so daz her is mit eyme zceychen ufgebe, domete enphet her dy gewer. Dornoch sal ome der richter frede wercken selber; doch mag daz ouch thun der fronebathe von gerichtes wegen. So spreche der richter adder der fronebate disse wort: hort gemeyne alle dinphlichtigen, dy hy zcu gerichte gehorn, N. hat vorkouft daz erbe, eygen adder huß, adder hoff, adder waz daz ist u. hat ome daz ufgelassen mit finger u. mit munde, u. hat on hy dez gewert, also recht ist, u. bite daz hie uf czu einem male, czum andern mole, czu deme dretten male; had ymant doruf czu sprechene waz, der la lute sine ansproche adder swige stille, had her nicht rechtes doran. Wert denne nicht anesproche, so spreche he vort: daz besitze ich hy mit gerichtes craft u. mit allen dingphlichten, daz nicht hie wedderspreche an ist u. werke hirober Gotes frede u. gerichtes frede czu einem male, czum andern male u. zum dritten male. Wurde auch vorgessen daz man die finger nicht ufrecke, daz en schadet ouch nicht; wen her is mit worten uffliß u. wenne dy gehort werden, so ist is doch gnugk. Wen daz geschen ist, dar daz so entphangen had, der sal sinen vredeschilling deme richter u. scheppen gebe dorobir u. nicht er, dorch daz ab wedderspreche dorin queme, daz denne der richter czu rechten tagen leythe u. sy beidersith zcume rechten bestetigete.

69. Das. I 46, 4. Wer hirczu kegenwertigk ist u. nu swiget, der sal ouch ummer swigen.

70. Sächs. Dist. b. Pölman IX 17, 2. Wenn man — ein Erbfriede wirken sol, das sol man thun auff der wehre nach Keyserrechte, aber nach Lantrechte u. Weichbilde sol man das thun vor Gerichte vor gehegter Dingbanck an rechtem Dingtage mit versprechen u. mit urteiln u. in keinem affterdinge.

71. Rsb. nach Dist. I 46, 5. Wer erbegud ufgeboten had vor gerichte, der sal is dornoch halden dri tage u. dri nacht, er he ome dorobir lassze frede wercken, u. wirt her denne in der czit nicht angesprochin, so mag her dorobir vrede lassin wirken, u. her sal es dornoch besitzen u. sin bote dri tage u. dri nacht. Noch 6 tagen en had her nicht mer rechtes doran von des wegen is ufgeboten ist; u. ist keiserrecht wichbilde. Dist. 5. Adder noch unseme lantrechte u. wichbilde sechsischer art: welche czit ein man gewere abetred u. uflesset u. sich or vorczuhet mit vinger u. mit munde, mit hentschu oder mit kogeln, addir mit hute, so had her sich gelediget von der gewer des gutis, u. muß dar ummer ein gewer sin vor allermenlich.

72. Urk. v. 1268 b. Kindlinger Vollmestein II Urk. 3 : sub testimonio scripti presentis sumus arbitrati — collationem nostram *non minus validam debere existere, quam si solempniter facta esset in iudicio.*

73. Dipl. a. 1484 ap. *Gerken.* C. dipl. Brandenb. 3, 340: ick sette en von stund an in die rouwelike fredesame were myt crafft dysses mynes bryfes, — u. to virderer verwaringe hebbe ick — myn — gut — vor geheget ding mit hande u. munde u. myt eyneme risse — vorlaten u. voreygent, dat A. vou deme richter u. gemeynen buren is bestedet — worden vor gerichte.

74. Hamb. Stat. v. 1270 I 6. So we sin erve vorkoft, de schal deme anderen id uplaten vor deme rade up deme hus, so wanne id eme vorgulden is, — u. me schal id ok in der stad erve bock scryven laten; u. so

weme erve upgelaten wert, de schal jummer borgen nemen, dat he waret werde jar u. dach, u. unbreke eme wat in der warschop, dat schal de borge uprichten.

75. Hamb. Stat. v. 1497 G 3 a. E. Wat averst vor deme rade vorlaten u. in der stad bock geschreven steyt, dat gheyt vor alle segele u. breve, edder rowelyke lange besyttynge, der me ghenetet na segelen u. breven, de er ankumpst u. recht vormelden u. medebryngen.

76. Tengler Laiensp. Ausg. v. 1638 Fol. 17 b. Bei übergab. u. verschreibungen umb ligende güter werden beyd theyl für offen Radt oder in gericht bescheyden, iren Contract — zu entdecken un dabei leuteren, ob un wem dieselben Stuck — vormals verpfent — sei; — (nun werden dann die Contract) durch die geschworen Stat- oder Gerichtsschreiber nach gewohnlichem *stilum* verfertigt.

β. Bedeutung im heutigen Recht. (B. § 91. G. § 89. St. § 95.) § 79.

Eichhorn RG. § 450 u. 564.

A. Leonhardt zur Lehre von den Rechtsverhältnissen am Grundeigenthum (Hannov. 1843) S. 41—50, 57. K. Ziebarth die Reform des Grundbuchrechts. Kritik der Preuß. Gesetzentwürfe über Grundeigenthum u. Hypothekenrecht. Halle 1870. G. Beseler die gerichtliche Auflassung in dem Mecklenburgischen Hypothekenrecht in Ztschr. f. D. Recht 10 (1846) S. 105.

Erb- und Handfesten-Ordnung der freien Stadt Bremen v. 1833, revid. v. 30. Juli 1860. Revid. Mecklenburg.-Schwerinsche Stadtbuchordnung v. 21. Dec. 1857. Preuß. Gesetz (f. d. landrechtliche Gebiet) über den Eigenthumserwerb u. die dingliche Belastung der Grundstücke, Bergwerke und selbstständigen Gerechtigkeiten v. 5. Mai 1872. Grundbuch-Ordnung vom 5. Mai 1872. Einführungsgesetze der beiden vorstehenden Gesetze für Neuvorpommern u. Rügen v. 26., für Schleswig-Holstein v. 27., für Hannover v. 28., den Bezirk des Appellationsgerichts zu Kassel v. 29., den Bezirk des Justizsenats zu Ehrenbreitstein v. 30., die Hohenzollernschen Lande v. 31. Mai 1873. — Turnau die Grundbuchordnung v. 5. Mai 1872 mit Erläutrungen. 3. Aufl. 2 Bde. Paderb. 1883. Bahlmann d. Preuß. Grundbuchrecht. 3. Aufl. 1880. Achilles d. Preuß. Gesetze über Grundeigenthum u. Hypothekenrecht mit Einl. u. Commentar. 4. Aufl. 1883.

1. Hamb. Stat. II 8, 6. Wenn liegende Gründe, stehende Erben, oder Zinsen, verkaufft sind; sollen dieselbigen vor dem sitzenden Rathe in offentlicher Audientz verlassen, u. folgends in dieser Stadt Erbe- oder Rente-Buch geschrieben werden.

2. Brem. Stat. v. 1433 Ord. 49. Nen man en mach wicbelde kopen, de ghene, de dat vorkost, de late id up vor deme richte to rechter dingtid dages, u. de ghenne, de dat kost, de geve synen vredewyn deme vogede u. den radmannen. O. 53. We ok en erve leet vor deme richte, de scal komen vor den rat myt deme gennen, deme he dat ghelaten heft, u. laten dat scriven in dat bok, dar men de schedinge des rades in scrift, in deme jare u. dage alse dat ghelaten is. Besid he dat dar na jar u. dach sunder rechte bisprake vor rade ofte vor richte, des mach he gheneten u. ane not bliven.

3. Rev. Lüb. R. III 6, 1. 2. Liegende Gründe — müssen vor dem Rathe verlassen, — u. die Verlassung in der Stadt Erbbuch geschrieben werden.

4. Lüneb. Stadtr. 2, 3. Wer sein Hauß oder Erbe einem andern verkauft, der ist schuldig vor allen Dingen — mit dem Käufer auf das Rath-Hauß für dem sitzenden Rath zu gehen, u. seine Gerechtigkeit, die er an solchem

Erbe oder Hause — hat, zu verlassen, u. sich derselbigen zu verzeichen, auch zu bitten um Mittheilung eines neuen Hauß-Briefes; wann solches geschehen u. befunden wird, daß der Verkäufer redliche u. rechtmäßige Ankunft zu dem Hause oder Erbe gehabt, so wird die Auflassung gestattet, u. müssen alsdenn Käufer u. Verkäufer für das Nieder-Gericht gehen, u. wann daselbst der Verkäufer — dem Käufer mit Hande u. Munde das Erbe oder Haus aufläßt, so wird durch die Gerichtsbefehlshaber dem Hause Friede gewirkt, u. der Kauf bestätiget, also, daß wer etwas darein zu sagen hat, solches innerhalb Jahr u. Tag mit Rechte thun muß, darauf auch der Käufer den Besitz des Hauses erlanget, u. die alten Hauß-Briefe getilget, u. neue aufgerichtet werden. Würde aber dieses nicht gehalten, — so soll dasselbige hinführo keine Kraft haben. — Jedoch da jemand ein erkauft Hauß oder ander unbeweglich Gut 30 Jahr u. Tag — unangefochten inne gehabt, so kann er in Kraft derselbigen Verjährung — dabey geschützt — werden.

5. Frankf. Ref. II 6 § 1. Es mögen nicht allein wesentliche liegende Güter —, sondern auch Incorporalia Iura u. Gerechtigkeiten — verkaufft — werden. — § 3. Und dieweil solche *Iura* u. Gerechtigkeiten, den unbeweglichen Gütern verglichen u. darunter gerechnet werden: So wöllen wir, daß auch die Auffgifften u. Wehrschafften darüber in unser Canzlei, vor unsern Bürgermeistern u. Rahts Personen, geschehen sollen.

6. Pfälz. LR. Th. II Tit. 7. Daß hinfüro alle Verkäuff — unbeweglicher Güter anders nicht — gültig seyn sollen, sie seyen dann — vor jedes Orts Gerichten insinuirt u. eingeschrieben auch die Kaufbrief darüber zu fertigen u. zu siegeln gebeten worden; dann solang solches nicht geschehn, soll jeder Theil — wiederabzutreten Macht haben.

a. Braunschweig-lüneb. Verordng. v. 6. Oct. 1712 (Corpus const. Calenb. cap. 2 p. 633). Nachdemmahln die Erfahrung gegeben, wie bei denen meisten Städten — die übele Gewohnheit eingerissen, daß die — Bürger-Güter ohnwissend der Obrigkeit des Orts — alieniret worden; daraus erfolget, daß die Feldmarcken u. Grenzen verwirret — die Catastra derer Städte gar sehr confundiret u. geschwächet, die davon gehörige Schosse u. andere onera publica nicht richtig bezahlet worden — die Eigenthums-Herren mit der Zeit unbekand — worden; daß wir demnach zu Verhütung solcher Unordnungen — zu verordnen der Nothdurft erachtet — daß von nun an überall keine bürgerliche Häuser, Aecker, Garten, Wiesen oder andere unbewegliche Bürger-Güter an jemanden anders — ohne Vorwissen u. vorhergegangener Anmeldung an die ordentliche Stadt-Obrigkeit, unter deren Jurisdiction oder in deren Feldmark das zu veralienirende Stück belegen, veräussert oder sonsten einiges *Jus in re* transferiret werden solle, mit dem Anhange, daß alle solche heimliche — actus alienationis für Null, nichtig u. ungültig erkläret, cassiret u gäntzlich aufgehoben u. so wohl derjenige welcher das Stück also heimlicher Weise transferiret als derjenige, welcher solches an sich bringet, ein jeder mit der Hälfte des Werths des also veräusserten Stücks bestraffet — werden solle.

7. Kurhess. Verordn. v. 17. Jun. 1828 § 1. Bei allen unter Lebenden statt findenden freiwilligen Veräusserungen von Grundstücken nebst den als deren Zubehör geltenden Sachen u. deren Gerechtsamen, so wie von Grundgefällen, als Zehnten u. Natural- oder Geld-Grundzinsen —, soll das Eigenthum erst mit der gerichtlichen Bestätigung des Vertrages übergegangen erachtet werden.

8. Preuß. LR. I 10 § 1. 6—9. Die mittelbare Erwerbung des Eigenthums einer Sache erfordert, außer dem dazu nöthigen Titel, auch die wirkliche Uebergabe derselben. — Wer jedoch über ein Grundstück vor Gerichte Verfügungen treffen will, der muß sein darauf erlangtes Eigenthumsrecht — in dem Hypothekenbuche vermerken lassen. Der — eingetragene Besitzer wird, in allen mit einem Dritten über das Grundstück geschlossenen Verhandlungen, als der Eigenthümer desselben angesehen. Wer mit einem solchen eingetragenen Besitzer in dergleichen Verhandlungen sich einläßt, dessen

Befugnisse kann so wenig der nicht eingetragene Eigenthümer, als der, dessen Recht nur von diesem sich herschreibt, anfechten. Vielmehr bleiben (diesem), — wegen des ihm daraus entstehenden Nachtheils, seine Rechte zur Schadloshaltung nur gegen den eingetragenen Besitzer vorbehalten.

9. Oesterr. Gesetzb. § 431. Zur Uebertragung des Eigenthums unbeweglicher Sachen muß das Erwerbungsgeschäft in die dazu bestimmten öffentlichen Bücher eingetragen werden Diese Eintragung nennt man Einverleibung (Intabulation).

10. Das. § 432. Vor Allem ist zur Einverleibung in das öffentliche Buch nothwendig, daß derjenige, von dem das Eigenthum auf einen Anderen übergehen soll, selbst schon als Eigenthümer einverleibt sey.

b. Das. § 436. Wenn das Eigenthum unbeweglicher Sachen zu Folge eines rechtskräftigen Urtheils, gerichtlichen Theilungs-Instrumentes oder einer gerichtlichen Ueberantwortung einer Erbschaft übertragen werden soll, so ist — die Einverleibung dieser Urkunden erforderlich. § 437. Ebenso — um das Eigenthum eines vermachten unbeweglichen Gutes zu erwerben.

c. Das. § 441. So bald die Urkunde über das Eigenthumsrecht in das öffentliche Buch eingetragen ist, tritt der neue Eigenthümer in den rechtmäßigen Besitz.

d. Das. § 444. Das Eigenthum der unbeweglichen Sachen — wird nur durch die Löschung aus den öffentlichen Büchern aufgehoben.

e. Code civil art. 1583. La vente est parfaite entre les parties, et *la propriété est acquise* de droit à l'acheteur à l'égard du vendeur, *dès qu'on est convenu de la chose et du prix*, quoique la chose n'ait pas encore été livrée ni le prix payé.

11. Code Napoléon f. Baden § 1583. (Der Verkauf) ist abgeschlossen, u. das Eigenthum des Verkäufers geht kraft Gesetzes auf den Käufer über, sobald man über die Sache u. den Preis einig ist, ohne daß dazu die Uebergabe der Sache oder Zahlung des Kaufschillings vorausgehen muß. § 1583a. Dessen ungeachtet muß der Käufer einer Liegenschaft solchen Kauf nachmals in das Grundbuch eintragen lassen, auch bey markfäßigen Gütern Gewährung darüber nehmen; ehe dieß geschehen ist, kann er in Gerichten solch sein Eigenthum nicht geltend machen, auch keine Pfandverschreibung darauf geben, muß vielmehr alle vom vorigen Eigenthümer darauf noch kommende Pfand-Eintragungen gegen sich gelten lassen.

f. Meckl.-Schwerinsche Stadtbuch-O. § 1. Die Stadtbücher haben die Bestimmung, den Erwerb, Bestand u. Wechsel der dinglichen Rechte an den städtischen Grundstücken zu vermitteln. Es bewendet bei der früheren gesetzlichen Anordnung, nach welcher seit dem 1. Februar 1830 dingliche Rechte aller Art an Grundstücken, welche in den Städten u. innerhalb ihrer Feldmark zu Stadtrecht belegen sind, nur durch Eintragung in die Stadtbücher entstehen können.

12. K. Sächs. Ges.B. § 276. Eigenthum an Grundstücken wird durch Eintragung des Erwerbers in das Grundbuch erworben, ohne daß es dazu der Erwerbung des Besitzes bedarf. Die Eintragung setzt einen Rechtsgrund zur Eigenthumserwerbung voraus. § 277. Einen Rechtsgrund zur Eigenthumserwerbung geben: auf Eigenthumsübertragung gerichtete Rechtsgeschäfte unter Lebenden, richterliche Entscheidung, Erbfolge, Vermächtniß u. Anwartschaft. — § 279. Eigenthum an Grundstücken kann nicht durch Ersitzung erworben werden.

13. K. Sächs. Ges. die Grund- u. Hypothekenbücher betr. v. 6. Nov. 1843 § 2. Das bürgerliche Eigenthum an Grundstücken als dingliches Recht wird nur durch Eintragung in das Grund- u. Hypothekenbuch erlangt. Der Uebergabe des Besitzes bedarf es nicht noch nebenher zur Uebertragung des Eigenthums an Grundstücken. § 3. Ebenso werden Hypotheken u. andere nach den in §§ 15 u. 16 folgenden Bestimmungen [s. unten Nr. 17] zur Eintragung in das Grund- u. Hypothekenbuch an sich geeignete dingliche

Rechte an fremden Grundstücken als solche nur durch Eintragung in das Grund- u. Hypothekenbuch erlangt.

14. Das. § 4. So lange diese Eintragung — nicht erfolgt ist, besteht nur erst ein Rechtstitel zur Erlangung des bürgerlichen Eigenthums, oder der Hypothek, oder der andern dinglichen Rechte.

15. Das. § 5. Als bürgerlicher Eigenthümer eines Grundstücks, sowie als Inhaber einer hypothecarischen Forderung wird jedesmal derjenige angesehen, welcher als solcher im Grund- oder Hypothekenbuche eingetragen ist.

16. Das. § 14. Das Grund- u. Hypothekenbuch ist nur für Grundstücke u. solche andere körperliche Sachen, welche nach den Gesetzen den Immobilien gleich zu achten sind, bestimmt. Nächstdem können aber auch solche fruchtbringende dingliche Rechte, welche nicht Zubehörungen eines Grundstücks sind, u. deren Ausübung nicht von dem Besitze eines Grundstücks abhängt, welche aber zugleich die Eigenschaft haben, daß sie mit des Berechtigten Tode nicht erlöschen, sondern als für sich bestehende Gerechtsame veräussert u. verpfändet werden dürfen, jedoch, in sofern sie nicht schon bisher gleich einem unbeweglichen Gute in Lehn gereicht worden sind, nur mit Genehmigung der Oberbehörde, in das Grund- und Hypothekenbuch aufgenommen werden —. Insoweit es ferner gewisse Gewerbsberechtigungen giebt, welche nicht als zu einem Grundstücke gehörig zu betrachten, aber auch nicht an die Person des Berechtigten gebunden, sondern im Verkehr sind, kann mit ihnen ein Gleiches geschehen.

17. Das. § 15. Jedes Folium im Grund- u. Hypothekenbuche muß enthalten: 1) das Grundstück, für welches das Folium bestimmt ist; 2) die eine Beschränkung des jedesmaligen Besitzers in der Verfügung über das Grundstück bedingende besondere rechtliche Eigenschaft des letztern, also die Lehnseigenschaft, die Eigenschaft eines Erbenzinsguts, Erbpachtgrundstücks, Familienfideicommisses; 3) sämmtliche zu dem Grundstücke als zu der Hauptbesitzung gehörige Grundstücke —; 4) alle Veränderungen, die sich an den eingetragenen Bestandtheilen oder Zubehörungen des Grundstücks in der Folge ergeben; 5) die auf dem Grundstücke vermöge eines Privatrechtstitels haftenden bleibenden Lasten u. Beschwerungen, also namentlich Grundzinsen aller Art, Laudemialpflicht, Ablösungsrenten, u. die an diesen Lasten- u. Beschwerungen sich ergebenden Veränderungen. — — — § 16. — 6) den Besitzer oder die mehreren Besitzer des Grundstücks (Eigenthümer, Lehnsmann, Erbenzinsmann, Erbpächter) nebst dem Besitztitel, unter Bemerkung des Kaufpreises, wenn der Besitztitel in einem Kaufe besteht, u. die am Besitze sich ergebenden Veränderungen; 7) die nicht aus einer besondern rechtlichen Eigenschaft des Grundstücks (§ 15, Nr. 2) fließenden, sondern auf den Besitzer sich beziehenden Beschränkungen des letztern in der Verfügung über das Grundstück, jedoch nur solche Beschränkungen, die nicht in allgemeinen persönlichen Eigenschaften des Besitzers, wie z. B. dem minderjährigen Alter beruhen, sondern sich auf einen speciellen Rechtstitel gründen, wie Vorkaufsrechte, Wiederkaufsrechte, einfache fideicommissarische Substitutionen, das einem Andern zustehende Nießbrauchsrecht, die gegen einen Abmiether eingegangene Verpflichtung, bei Veräußerung des Grundstücks dem Käufer die Erfüllung des Miethscontracts zur Bedingung zu machen, oder welche aus einem gerichtlichen Veräußerungsverbote herrühren, u. die mit dergleichen Dispositionsbeschränkungen vorgehenden Veränderungen; 8) die auf dem Grundstücke haftenden Schulden nebst den daran sich ereignenden Veränderungen.

18. Das. § 21. Jeder in das Grund- u. Hypothekenbuch eingetragene Besitzer eines Grundstücks, jeder darauf eingetragene Gläubiger, desgleichen jeder Andere, der wegen eines mit dem Besitzer oder Gläubiger bestehenden oder einzugehenden Rechtsverhältnisses ein Interesse glaubhaft nachweiset, kann von denjenigen Stellen des Grund- u. Hypothekenbuchs, worauf sich sein Interesse bezieht, Einsicht nehmen, auch beglaubigte Auszüge erlangen.

19. Das. § 22. Vermöge der Oeffentlichkeit des Grund- u. Hypothekenbuchs bringt jede im Vertrauen auf dasselbe vorgenommene Handlung, die sich auf das Eigenthum bezieht oder ein anderes dingliches Recht an einem Grundstücke, in Ansehung Desjenigen, welcher nach den im Grund- u. Hypothekenbuche befindlichen Einträgen u. im guten Glauben gehandelt hat, alle

rechtlichen Wirkungen hervor, die der Handlung, nach jenen Einträgen, angemessen sind. Auch kann Niemand die Unwissenheit dessen, was im Grund- u. Hypothekenbuch eingetragen ist, für sich anführen.

20. Das. § 24. Zur Abwendung solcher Nachtheile kann der Betheiligte, wenn wegen eines zu beseitigenden Mangels die Eintragung des erworbenen Rechts oder beziehendlich die Löschung oder Abänderung, auf welche er Anspruch hat, nicht sogleich erfolgen kann, sich der Protestation bedienen, die aber nur dann Wirkung gegen Dritte äußert, wenn sie selbst in das Grund- u. Hypothekenbuch eingetragen ist.

21. Das. § 25. Die Wirkung einer solchen Protestation besteht darin, daß von ihrer Eintragung in das Grund- u. Hypothekenbuch an nichts weiter darin zum Nachtheile des Rechts aufgenommen werden kann, dessen Sicherung durch die Protestation bezweckt wurde.

22. Das. § 26. Wiedereinsetzung in den vorigen Stand findet gegen die Unterlassung der Eintragung eines Rechts in das Grund- oder Hypothekenbuch oder einer Löschung in demselben u. gegen die daraus entstehenden Nachtheile nicht statt.

23. Das. § 28. Gegen ein in das Grund- u. Hypothekenbuch eingetragenes Recht an einem Grundstücke kann, solange es nicht darin gelöscht ist, eine Verjährung weder angefangen noch vollendet werden.

24. MSchwerinsche Stadtbuch-O. § 5. Das Eigenthum der städtischen Grundstücke kann nur durch die Verlassung, die Eintragung des neuen Eigenthümers in die erste Rubrik, übertragen u. erworben werden. Dieselbe geschieht zu allen Rechtsfolgen ohne Ausnahme, ohne daß es der Uebergabe des Grundstücks bedarf.

25. Bremische Erbe- u. Handfesten-O. § 10. Das Eigenthum eines Immobile — kann nur bei einem öffentlichen Verkaufe durch Einhändigung des Zuschlagsprotokolls, bei Veräußerungen unter der Hand durch Lassung — übertragen werden. § 12. Die Einhändigung des Zuschlagsprotokolls — an den Käufer sowie die Lassung bei Veräußerungen unter der Hand vertritt in jeder Hinsicht u. mit der nämlichen Wirkung die Stelle der gemeinrechtlichen Tradition. § 13. (Dadurch) erlangt der Erwerber unbedingt das Eigenthum u. vollkommene Sicherheit.

26. Das. § 63. Die Lassung geschieht in der Sitzung der Commission (des Obergerichts, jetzt Landgerichts, des sg. Erbe- und Handfestenamtes) auf Ansuchen des Erwerbers u. unter Zustimmung des Veräußerers.

27. Preuß. G. über den Eigenthumserwerb § 1. Im Fall einer freiwilligen Veräußerung wird das Eigenthum an einem Grundstück nur durch die auf Grund einer Auflassung erfolgte Eintragung des Eigenthumsüberganges im Grundbuch erworben. § 5. Außerhalb der Fälle einer freiwilligen Veräußerung wird Grundeigenthum nach dem bisher geltenden Rechte erworben. Das Recht der Auflassung und Belastung des Grundstücks erlangt aber der Erwerber erst durch seine Eintragung im Grundbuch.

28. Mecklenbg.-Schwerinsche Stadtbuch-O. § 7. Der neue Erwerber eines Grundstücks, auch der Universalerbe, ist verbunden, die Verlassung innerhalb eines Jahres nach dem Eintritt des Rechtsgrundes, durch welchen die Veränderung veranlaßt worden ist, nachzusuchen.

29. Preuß. G. über den E.-Erwerb § 2. Die Auflassung eines Grundstücks erfolgt durch die mündlich und gleichzeitig vor dem zuständigen Grundbuchamt abzugebenden Erklärungen des eingetragenen Eigenthümers, daß er die Eintragung des neuen Erwerbers bewillige und des Letzteren, daß er diese Eintragung beantrage. § 3. Ein Erkenntniß, durch welches der eingetragene Eigenthümer eines Grundstücks zur Auflassung rechtskräftig verurtheilt ist, ersetzt die Auflassungserklärung desselben.

30. Preuß. LR. I 10 § 25. Der, welcher zur Zeit der Eintragung oder Uebergabe den früher entstandenen Titel eines Andern weiß, kann zum Nachtheile desselben die früher erhaltene Eintragung oder Uebergabe nicht vorschützen. (Ueber dies sg. jus ad rem vgl. Ziebarth Realexecution S. 203 ff. Dernburg preuß. Privatr. 1 § 184 u. 37.)

31. Preuß. G. über den E.-Erwerb § 4. Die Kenntniß des Erwerbers eines Grundstücks von einem ältern Rechtsgeschäft, welches für einen Anderen ein Recht auf Auflassung dieses Grundstücks begründet, steht dem Eigenthumserwerb nicht entgegen.

32. Grundbuch-O. § 1. Für jeden Gemeinde-, selbstständigen Guts- oder besonderen Grundsteuer-Erhebungsbezirk werden ein oder mehrere Grundbücher angelegt. In diese werden die selbstständigen, in den Grundsteuerbüchern verzeichneten Grundstücke eingetragen.

33. Das. § 7. Jedes Grundstück erhält ein eigenes Grundbuchblatt. Dasselbe besteht in einem Titel und drei Abtheilungen. § 8. Der Titel giebt — an: 1) die Bezeichnung, 2) die Eigenschaft des Grundstücks; 3) die Nummer, welche das Grundstück im Steuerbuch führt; 4) die Größe und den Grundsteuerreinertrag oder Nutzungswerth. § 10. In die erste Spalte der ersten Abtheilung ist einzutragen: der Eigenthümer nach Vor- u. Zunamen, nach Stand, Gewerbe oder andern unterscheidenden Merkmalen, Wohnort oder Aufenthaltsort; in die zweite Spalte: das Datum der Auflassung und der Eintragung — u. auf Antrag des Eigenthümers der Erwerbsgrund; in die dritte Spalte: auf Antrag des Eigenthümers der Erwerbspreis, die Schätzung des Werths nach einer öffentlichen Taxe und bei Gebäuden die Feuerversicherungssumme mit Angabe des Datums.

34. Das. § 11. In die erste Hauptspalte der zweiten Abtheilung werden eingetragen: 1) dauernde Lasten u. wiederkehrende Geld- und Naturalleistungen, welche auf einem privatrechtlichen Titel beruhen; 2) die Beschränkungen des Eigenthums und des Verfügungsrechts des Eigenthümers. In die zweite Hauptspalte „Veränderungen" werden alle Veränderungen eingetragen, welche die in der ersten Hauptspalte vermerkten Rechte u. Beschränkungen erleiden. Ist ein in der ersten Hauptspalte eingetragenes Recht aufgehoben, so erfolgt die Löschung in der Hauptspalte „Löschungen"; die Löschung einer Veränderung wird unter der zweiten Hauptspalte in der Nebenspalte „Löschungen" bewirkt.

35. Das. § 12. In die erste Hauptspalte der dritten Abtheilung werden die Hypotheken und Grundschulden eingetragen.

36. Das. § 30. Die Grundbuchämter verfahren, mit Ausnahme der im Gesetz bestimmten Fälle, nur auf Antrag.

37. Preuß. G. über den E.-Erwerb § 9. Die Eintragung des Eigenthumsüberganges u. deren Folgen können nach den Vorschriften des bürgerlichen Rechts angefochten werden. Es bleiben jedoch die in der Zwischenzeit von dritten Personen gegen Entgelt u. im redlichen Glauben an die Richtigkeit des Grundbuchs erworbenen Rechte in Kraft. Gegen diesen Nachtheil kann sich der Anfechtungskläger durch die — Eintragung einer Vormerkung sichern.

38. Grundbuch-O. § 46. Der Grundbuchrichter ist verpflichtet, die Rechtsgültigkeit der vollzogenen Auflassung, Eintragungs- oder Löschungsbewilligung nach Form u. Inhalt zu prüfen. — Mängel des Rechtsgeschäfts, welches der vollzogenen Auflassung, Eintragungs- oder Löschungsbewilligung zu Grunde liegt, berechtigen nicht, die beantragte Eintragung oder Löschung zu beanstanden.

39. G. über den E.-Erwerb § 10. Die mangelnde Form des Rechtsgeschäfts (in dessen Veranlassung die Auflassung erfolgt ist) wird durch die Auflassung geheilt.

40. Grundbuch-O. § 19. Die Einsicht der Grundbücher — ist Jedem gestattet, welcher nach dem Ermessen des Vorstehers des Grundbuchamts ein rechtliches Interesse dabei hat.

41. Das. § 29. Die Beamten des Grundbuchamts haften für jedes Versehen bei Wahrnehmung ihrer Amtspflichten, soweit für den Beschädigten von anderer Seite her Ersatz nicht zu erlangen ist. Soweit der Beschädigte nicht im Stande ist, Ersatz seines Schadens von dem Grundbuchbeamten zu erhalten, haftet für denselben der Staat.

42. Preuß. Ausführungsgesetz v. 24. April 1878 z. Deutschen Gerichtsverf.-Gesetze § 31. Die Bildung von Grundbuchämtern findet nicht Statt. Die Geschäfte der Grundbuchrichter werden von den Amtsrichtern, die Geschäfte der Grundbuchführer von den Gerichtsschreibern wahrgenommen.

b. **Verjährung.** (V. § 89 Nr. VI. G. § 101. St. § 93 u. 153.) § 80.

Unterholzner ausführliche Entwickelung der gesammten Verjährungslehre (Ausg. 2 bearbeitet von **Th. Schirmer**) Bd. 1 (Leipz. 1858) S. 63—86. **Eichhorn** RG. § 59 u. 200. **Albrecht** Gewere S. 99 bis 124. **Laband** verm.-rechtl. Kl. S. 292.

1. Decret. Childeberti a. 596 c. 3: convenit — ut qualibet res ad unum ducem et unum iudicem pertinentes per *X annos* quicumque — possedit, nullam habeat licentiam interciandi, nisi tantum causa orfanorum usque *vicesimo anno*. — De reliquis vero conditionibus omnes omnino *tricenaria lex* excludat.

2. Edict. Rothari c. 228 Si quis alium de rem — pulsaverit, — et possessor negaverit, ita prospeximus: quod si per *annos V* fuerit possessio, tunc ipse, qui possedit, aut per sacramentum debeat negare, aut per pugna defendere. (Cf c. 227)

3. Liutprandi Ll. c. 70: qui per *XL annos* possedit.

4. Eaed. c. 78. De possessione, qui aliquit de puplico habit — et per *LX annos* — possedit.

5. Ll. Langob. Pippini R. 32. De rebus forfactis, quae per diversos comitatus sunt, volumus ut ad palatium pertineant transacto *anno et die*.

6. L. Sal. 45, 3. Si quis migraverit (in villam alienam) et *infra XII menses* nullus testatus fuerit, securus sicut et alii vicini maneat.

7. Dipl. Theodorici III R. Francor. a. 680 (*Bréquigny* I p. 290; Mon. Dd. reg. Franc. n. 49): fimena (i. e. femina), nomene Acchildis, Amalgario interpellavit dum dicerit eo quod porcione sua in villa — B., quem de parti genetrici sua B. quondam ligebus obvenire debuerat, post se malo ordene retinirit: qui ipse Amalgarius taliter dedit in respunsis, eo quod ipsa terra in predicto loco B. de *annus triginta et uno* inter ipso Amalgario vel genetore suo G. quondam semper tenuerant et possiderant —. Propterea iobimus ut ipsa porcione in predicto loco B. memoratus Amalgarius contra ipsa Acchilde — omne tempore abiat evindecata.

8. Urk. K. Heinrich V f. Speier v. 1111 (**Remling** S. 89). Si quis curtem aut domum *per annum et diem sine contradictione possederit*, nulli *hoc interim scienti* ultra inde respondeat.

9. Ssp. II 42 § 1. Sve so klaget up enen anderen, he neme ime sin gut, dat ir jeweder ime to lene seget; secget se't in von twen herren, ir jeweder sal sinen geweren to dinge bringen; sve gewerd werd de behalt, sves gewere nicht ne kumt die verlüset, of se't beide sunder gewere anspreket u. to like mit deme gude belent sin. § 2. Hevet aver ir en **ene rechte were an deme gude jar u. dach gehat ane rechte wedersprake**, he ne verlüset dar mede nicht, of ime sin gewere afweke dut to rechter werscap, deste he't selve vorsta na sime rechte.

10. Ssp. II 44 § 1. Svelk gut en man in geweren hevet **jar u. dach ane rechte wedersprake**, die hevet dar an **ene rechte gewere**. Die wile man aver en gut under eme manne beklaget na rechte, swo lange he't halt dar boven **mit gewalt**, nimmer ne gewint he dar rechte gewere an, die wile man de rechten klage getügen mach.

11. Sächs. Lehnr. 13 § 1. Of die herre sinem manne besact gudes, dat die man an sinen geweren hevet **ses weken u. en jar na deme dat he it untving**, ane des herren rechte wedersprake, of die man die **rechten geweren** dar an getügen mach —, des lenes gewere sterct he **al ene uppen hilgen**, u. **behalt dat gud ane getüch**, of man mit rechter klage die gewere ime nicht breken ne mach.

12. I. F. 26 § 1 Si aliquis in possessione feudi sit, de quo dominus dicit eum investitum non fuisse, tunc *sine probatione ulla testium* debet *solus iurare*, se vel patrem suum fuisse investitum, — *si per unum annum sciente domino et non contradicente in possessione feudi permansit*.

13. Iura Indaginis § 10 (Braunschw. UB. S. 2). Quicumque domum aut aream aut quamlibet aliam rem in civitate emerit et *annum et diem* pacifice possederit, et *pax ei secundum ius civitatis facta fuerit*, nullus eum de cetero super eadem re poterit inquietare.

14. Brem. Stat. v. 1433 Ord. 53; s. oben § 79 Nr. 2.

15. Ssp. III 83 § 2. Swie en gut liet oder let enem anderen, die sal is im geweren jar u. dach.

16. Richtst. Lehnr. 15 § 8; s. oben § 69 Nr. 12.

17. Hamb. Stat. v. 1270 I 6; s. oben § 78 Nr. 74.

18. Rüden. St. 39 (Seibertz UB. 2 n 540). Is dat also, dat eyn weder den anderen eyn huys copet in der stat efte eyne hovestat, deghene de dat vercopet, de sal borghen setten yar u. dach vor rechte ansprake; ne comet dan neyment binnen der tyet, dat ys ein jar u. ses weken, de darna dan queme u. spreke en an mit rechte, deghene de dat gecoft hevet u. beseten hevet, deme is dat nar tho behaldene mit syner eynen hant over den hilghen, dan et eme yen man afghedeghedingen moghe mit rechthe.

19. Münchener StR. Art. 34. Swer inner jars vrist umb aigen wirt angesprochen, der sol sich an sein gewern haben. Art. 33. Swer umb aigen wirt angesprochen, des er jar u. tag bey nutz u. gewer gesezzen ist u. daz bereden mag, der sol fürbaz sein aigen an alle ansprach haben.

20. Augsb. Stat. v. 1276 Art. 109 (Meyer S. 186, Freyberg S. 113). Ist daz ein man ein gut hat, daz ein aigen ist, jar u. tak ane rehte widersprache —, so sol er damit furbaz geruet sin. Ist aber ez lehen, hat er ez danne furst, daz ez im geliehen wirt, jar u. tak u. sähs wochen u. einen tak ane rehte widersprache in nutze u. in gewer, so sol er ez furbaz geruelichen haben. — Ist aber ez erbelehen oder zinslehen, swär daz hat jar u. tak in stiller gewer ane rehte widersprache, der sol furbaz ein geruet man damit sin, mag er ez bringen mit sinen zwain vingern als reht ist.

21. Rsb. nach Dist. I 44, 3. Vorkoufst einer ein erbe, do her nicht rechtes zcu had u. des ouch kein vormunde ist, ab daz eyner vorkouft, u. wel is on gewern iar u. tag u. had gehabt an, ane alle ansproche, daz en hilft nicht, he muchte denne volkomen mit rechte, daz is mit sinen willen geschen sy, der is om anspricht.

22. Magd.-Bresl. R. v. 1261 § 16. Swaz so ein man gibit in hegeteme dinge, besitzet her damite jar u. tach an iemannes widersprache, — der ist her naher zu behaldene —, dan iz jeme iman untvuren muge.

23. Richtst. Lehnr. 22 § 5. Wo lange ok din vader en len in sinen weren gehat heft, dat machstu reken to der tid dat du id gehad hest in geweren —, wen de vader ervet up den sone also vaste de were des gudes also dat gud.

24. Brem. St. v. 1303 Ord. 6; s. oben § 69 Nr. 1.

25. A. Soester R. § 34. Quicumque *de manu schultheti* — domum — vel agros — receperit et per annum et diem legitimum quiete possederit, si quis in eum agere voluerit, possessor tactis reliquiis *sola manu* obtinebit, et sic de cetero *sui warandus* erit nec amplius supra predictis gravari poterit.

26. Magd.-Bresl. syst. Schöffenr. III 2, 8. Ist das erbliche gut der eldistin swestir man myt er gegebin vor richter u. vor schepfin in deme gehegtin dynge u. habin ze daz vorsessin jar u. tag ane alle ansproche, zo sal di gobe macht habin u. dy jungiste swestir kan do nicht czu komen, u. ist der eldistin swestir man u. er nicht gegebin vor richter u. vor scheppfin in gehegtim dinge, zo kumpt dy jungiste swestir mit der eldisten glych zu eris vatir erbe u. czu irre mutir erbe; u. daz dy eldiste swestir u. ir man das besessin habin in der gewer u. dy jungiste swestir daz nicht gevordirt hat, daz sal er nicht schadin an irme rechte.

27. Magd. Fragen I 7, 4. Wem erbe anstirbit, der sal komen in gehegit ding u. sal benümen den, der das erbe hat gelossin u. wy nohe her im gesippet sey u. sal die mogenschafft — bewisen mit sins eynis hant uff den heiligin, also sal her sich czu dem erbe czihen u. sal das erbe vorgewissen mit stendem eigen, ab imand komme binnen jare u. tage, der dem toten nehir sey gemoget u. geborn, daz her den dar kommen lissze. Dist. 5. Kumpt dornoch ein andir sprechende, her si neher, der sal ouch in gehegetem dinge sine mogenschafft bewisen, — u. der ander sal abetreten; — wer sich czu deme erbe czüet, der sal das erbe vorgewissen mit stendem eigene, ab imand queme binnen jare u. tage, der neher mog gesippet sey.

28. Richtst. Lehnr. 29 § 2. Spreke — orer islik, se hedden dat gehad ses weken u. en jar in geweren, so vrage de here, we dar denne die rechte were an hebbe. So vindme: de den tins dar ut boret. Spreken se denne beide, se hedden den tins dar beide ut geboret, so vrage de here enes rechtes, eft sie en icht vor deme jare scolen hebben dar ut geboret. Dat vindme. Up welkeren denne dat kumpt de vrage, sint he dat in olderen weren hebbe, eft he des icht neger to beholdene si. Dar vrage jegen, sint he dat clagede vor sinem heren — eft eme dat upborent icht to scaden komen moge, u. jenneme sine were icht sterken moge. So vindme: id ne moge. — So vrage he vort: — sint dat he alle jarlikes dat ut gepandet heft, u. id dar mede in sinen weren gehad heft, eft he eme dar umme icht antwerden mote. Dat vindme.

29. Magdeb. Fr. I 12, 3. Ab eyn man queme in geheget ding mit syme wibe u. gebe do der selbin syn stehende erbe — adir andir syn — gut —, adir eynem fromden noch syme tode erblich zcu thunde u. zcu lossende u. doch der gobe eyn herre wolde syn, dy wile her lebete, also unschedelich der selbin gobe, ab nu dy selbin luthe dy gobe behalden mochten noch syme tode mit merem rechte, wenne syne erben in keynerley wyz dy gobe vorsweygen mochten, adir wy sy sy vorsweygen mogen vor syme tode adir dornoch? — Hiruff sprechen wir scheppin zcu Magdeburg recht: Stehende erbe, daz eyme manne vor gerichte gegobet ist u. dorczu andir syn gut das her selber gewunnen u. irerbeit hat u. varnde habe mag der man geben syme wibe, frunde adir fromden, wy her wil, ane der erben ansproche. Vorgebe abir eyn man syn anirstorben steende eigen, daz mochten syne erben wedir sprechen bynnen iare u. tage, wenne is en wissentlich worde, dornoch als dy gobe were geschen.

30. Lüb. R. I 20. Cum aliquis egreditur de terra etc. — *Si vir ille revertitur* et sua est vendita possessio, et *existens in civitate anno et die* et possessionem ipsam litigiosam, hoc est bisprake, non facit, et si hoc emptor probare potuerit, quod emit, emptor obtinebit.

31. Hamb. Stat. v. 1270 VII 2. So wat in deme erveboke der stad steit bescreven u. jar unde dach darinne stan hevet, dar ne geit nen tuch en boven, it ne were also, dat de man buten landes were, de it bespreken wolde, u. mochte he dat tugen, he ne hadde sine clage nicht vorloren.

32. Augsb. Stat. Art. 71 § 2 (Meyer S. 138): kumt aber ein rehter erbe der in dem lande niht gewaesen ist, swie lange der uzerhalb landes ist gewaesen, dem sol man umbe sin erbe reht tun, (ob er) berede, daz er inerhalp landes niht enwäre u. auh niht enwesse, daz er geerbet hete.

33. Das.: u. swaer uber 20 mile ist von dirre stat, der ist wol uzerhalp landes.

34. Rsb. n. Dist. I 34, 1. Unten Nr. 46. Dist. 2. Daz heyst in deme lande: zcwusshen Bohemschen gemercke u. zcwuschen deme Frenckeschen walde, zcwuschen der Elbe u. Doringeschen gemercke; daz ist Missenlanth, ime Osterlande, in Plisenland u. in der voite land von Widow. Wer dorinne besessen wurde, der vorlore sine ansprache.

35. Baier. Landr. Art. 7 (Freyberg S. 397): — der pey dem lande nicht en waere, d. i. auzzerhalben der vier waelde waer, d. i. Duringerwalt, Behaimerwalt, Swartzwalt u. die Schärntz.

36. Goslar. Stat. S. 26 Z. 5 ff. Weme men enes eghenen vrede warcht alse recht is, heft he dat dar na jar u. dach in sinen weren ane rechte wedersprake, dat ne mach ime neman anspreken, de binnen deme jare hevet binnen landes ghewesen, he ne hedde denne in vangnisse gheleghen, dat he it nich wedersperken ne mochte.

37. Ebendas. S. 27 Z. 11 ff. Wert en eghen utghesat, de dat binnen jare u. daghe nicht weder ne sprikt, de ne mach dat seder nicht wederspreken, it ne were of he buten landes hedde ghewesen, oder of it ime echt not beneme, de he bewisde.

38. Rsb. n. Dist. II 1, 1. Welch man in wichbilde ein huß kouft adder vorkouft, der sal in jare u. tag wern. Wenne jar u. tage ußkemmet, so en had her on furder nicht zcu gewern vor alle den, dy in wichbilde adder in lantrechte sin gewest. Hette aber ymant — icht rechtes dorczu, der ussewendigk landis wer, vor des anesprache muß he sin gewere sin. Ouch sal

he gewere sin vor kinder, dy nicht mundig sin u. ouch dy poben oren jarn sin.

39. Sächs. Lehnr. 26 § 9. Nieman ne mach ene rechte gewere gewinnen mit lenunge oder mit sattunge noch mit uplatene an enes kindes gude, dat up it kint irstorven is to lantrechte oder to lenrechte binnen sinen jaren, dar he ime sine rechten u. sine erren geweren mede breken moge die up it kint geerst is, noch die uppe den it geerst wert mit unrechte binnen des kindes jaren.

40. Augsb. Stat. (Meyer S. 141). Swan chint geerbent, die zir tagen niht chomen sint, — swan die choment ze 13 jaren, habent diu aigen, — daz in ander hant chomen ist, daz sulen si rehtvertigen in dem 14ten jare in vogtes dinge oder suß vor gerichtes.

41. Münch. StR. Art. 31. In der stat gericht sal man aygen bestaeten jar u. tach mit anderm aigen oder mit porgen — u. für erben, die auzzer landes sint, — 10 jar u. 1 tag.

42. Bair. Landr. Art. 200 (Freyberg S. 197). Wir wellen auch, wer aigen verchauft in dem lande, der sol nicht lenger gewerschaft tuon wann jar u. tag für erben in dem lande, für erben auzzer lande 2 jar.

43. Ssp. I 28. Svat süsgedanes dinges ervelos irstirft, herwede oder erve oder rade, dat sal man antwerden deme richtere. — Dit sal der richter halden jar u. dach unvordan u. warden, of sik jeman dar to tie mit rechte. Sint kere't de richter in sinen nut, it ne si of de erve gevangen si, oder in des rikes denist gevaren, oder in godes denst buten lande. So mut he sin warden mit dem erve, wente he weder kome, wande he ne kan sik an sinem erve de wile nicht versumen; dit is geredet van varender have. (29) An egene u. an huven mach sik die Sasse versvigen bynnen drittich jaren u. jar u. dage u. er nicht. Dat rike u. de Svavee ne mogen sik nümmer versvigen an irme erve, de wile se't getugen mogen.

44. Richtst. Landr. 27. Na deme dat erfeigens recht jegen de erven u. jegen den richter sy, dat me sic binnen druttich jaren nicht vorswigen moge rc.

45. Urk. Herz. Erichs v. Sachs. v. 1314 b. Sudendorf Braunschw.L. UB. I nr. 237. En ordel quam us van iu (dem Grafen von Wunstorf). Tve knapen biseten en ghut van erem rechten echten vadere in manscap jar u. dach u. dritich jar —. Do spreken andere knapen up dat ghut u. spreken, se weren benestlude to dem selven ghode, alse gi us beden vraghede (wi) use man, we dat vorsprokene ghut neghere to biholdende were? Dat deleden se aldus: De dat ghut in der were hadden jar u. dach u. dritich jar, kunnen se des vollenkomen mit der kuntscap, dat se dat ghut also langhe ane rechte bisprake biseten hebben, so biholden se dat ghut.

46. Rsb. nach Dist. I 34, 1. Jor u. tagk ist eyn jar u. sechs wochen u. dry tage. Obir drisig jar u. tag steth zcu gewin u. zcu vorlust den, dy anewartunge haben zcu erblicheme gute, ab sy in der czith nicht in daz lanth komen.

47. Görlitz. Landr. 33 § 1. Ein jegelich Sazze mac bin drizich jarin u. binnen jare u. tage sinir clage beginnin; beit er icht langir, so ne mac her nicht beginnin. Swelich man avir ein Swaf is, swie lange der beitit, der mac siner clage beginnin u. vornuowin alse ein kuonnig, al die wile er lebit; wande er sin erbe an den kuonnic erbit, ob er ne heinen suon ne hat noh ne heinen erbin von sinis vatir halbin.

48. Gl. z. Sächs. Weichb. 26. Verschweigen (die kinder) sich jar u. tag nach der zeit als sie mündig worden sind, so were jr ansprach denn unnütz. Füret man sie aber aus dem land in den jaren als sie mündig worden sind, so möchten sie sich in 30 jaren u. in jar u. tag nicht versaumen, ut Landr. Lib. I art. 29.

49. Gl. z. Ssp. I 70 § 1: „binnen der jartale." Wo eft de ingewysede man lenger sete wen jar u. dach sunder weddersprake, mochte jene darna dat gud untreden. Dit mostu mit underscheide vornemen mennigerleyewiis. To dem ersten so besee, eft dat gud dar he is ingewyset sy leen, edder eygen, edder varende gud. Is dat varende gud, so besee, eft de cleger sy ge-

weldiget van erves rechte edder van anevanges rechte. j. li. ij. ar. xxxvi. To dem ersten vorweret id de ingewysede binnen eyneme jare. Werd he aver dar jngewyset van anevanges wegen, so vorweret he id altohand. j li. ij ar xxxvj. darumme dat id eme dat ordel heft to gedeled, wende dat ordel en schal nicht torugge gan. j. li. ij. ar. vi. § ii. Is id aver eygen, dar mach de erve sik nicht ane vorswygen jegen den anderen, de dar ok van erves rechte jngewyset is, wen binnen druttich jaren u. jare u. dage. ut s. ar xxix. Spreke aver genne, dat eygene were eme mit wald genomen; u. were genne cleger dar jngewyset unvorantwordet, de jnwysinge mochte he weddersprekē binnen syner jartale, alse hir. Is id aver eyn leen, dat behold he in eyme jare u. dage ane weddersprake. ut in auth li feu. coll. x

50. Rsb. n. Dist. IV 42, 12. Waz eyn man farninges gutes vorkoufft, des sal her ewiglichen vor allen anefang eyn gewer sin u. sin erbe, ab her sterbet.

51. Ssp. II 31. Sve von gerichtes halven sinen lief vorlüset, oder dut he ime selven den dot, — düve oder rof, die man under ime vint, dat sal die richtere behalden under ime jar u. dach; of sik dar binnen nieman to ne tüt na rechte, die richtere kere't in sine nut.

52. Ebendas. II 29; s. unten § 82 Nr. 38.

53. Das. II 37 § 1 u. 3; s. oben § 77 Nr. 37

54. Berner Handfeste v. 1218 Art. 22. *Omnia bona* in allodiis et aliis rebus, que burgensis *diem et annum* in quieta habuit possessione, de his non tenetur postmodum aliter respondere, nisi is, qui eum impetierit, probare possit, *se in terra et patria non fuisse.*

55. Hamb. Stat. v. 1270 VII 9. Is it ok jeniger hande gud, dat (nicht over de solten see) gekomen sy, dat hyr in der stad wesen hevet jar u. dach sunder bysproke, dat is en man neger to beholdende in sinen hebbenden weren mit tween guden mannen to tuge, denne it eme jenich man af to winnende sy.

56. Lüb. R. III 6, 3. Will Jemand verkauffte liegende Gründe, stehende Erbe u. Rente ansprechen, der soll es binnen Jahr u. Tag thun. Nach dieser Zeit soll es nicht zugelassen werden, er beweiset dann, daß er außerhalb Landes gewesen, so hat er noch *a tempore scientiae* Jahr u. Tage.

57. Das. I 8, 2. Wann über Jahr u. Tag ein Gebäude unangesprochen gestanden, das kann nach Jahr u. Tag nicht mehr angefochten werden.

58. Hamb. Stat. II 8, 7. Nach Ausgang Jahres u. Tages kann niemand verkauffte, verlassene, u. in der Stadt Buch zugeschriebene Erben anfechten: es sei denn, daß er durch rechtmässige Ursache ausheimisch gewesen: so hat er billig von Zeit der Wissenschaft noch Jahr u. Tag zu geniessen.

59. Das. I 30, 3. Was vor dem Rathe in offener Audientz an Erb u. Eigen, Hauptstul u. Rente, verlassen, u. in dieser Stadt Erbe- oder Rente-Buch geschrieben, u. in Jahr u. Tag nicht angefochten, u. davon unter des Secretarii Hand ein Extract im Gerichte vorgeleget wird; dagegen kann niemand einige Einrede thun: es wäre dann derjenige, welcher daran interessiret, ausserhalb Landes gewesen. Der wird von der Zeit an, daß er solches erfahren, innerhalb Jahres u. Tages billig zugelassen.

60. Hamb. St. III 3, 18. Fället Erbe auf dieser Stadt Bürger oder Einwohner, darin sie mit Rechte gewäldiget u. immittirt sind, u. haben solches Jahr u. Tag besessen; käme darnach ein anderer aus fremden Landen, der sich im nähern oder gleichen Grade angebe; wird derselbe bey seinem leiblichen Eyde erhalten, daß er sich, als ihm wissend geworden, daß sein Verwandter gestorben, auf den Weg gemacht: so hindert ihm solches nicht an seinem Rechte, sondern — mag das Erbe nochmals binnen Jahr u. Tag, nachdem er den tödtlichen Abgang seines Verwandten erfahren, forderen.

61. Lüneb. Stadtr. 2, 3; s. oben § 79 Nr. 4.

62. Dasselbe 2, 9. Wann der Kauf beweglicher Güter aufrichtig ist zugegangen, dieselben auch nicht gestohlen noch geraubt seynd, so werden sie unter den Gegenwärtigen u. die darum Wissenschaft haben, in Jahr u. Tag, aber unter den Abwesenden, es tragen gleich dieselben davon

Wissenschaft oder nicht, in 3 Jahren u. 3 Tagen verjähret u. zum Eigenthum ersessen.

63. Hadeler Landr. 2, 18. Welcher beweglich Gut mit einem guten Titul u. Ankunft an sich bringt, u. hat es Jahr u. Tag sonder Anspruch besessen, solch Gut ist verjährt. Hat einer unbeweglich Gut mit guter Ankunft an sich gebracht, — ist er zu jeder Zeit zu erweisen schuldig, wie er an das Gut gekommen, ungeacht der Verjährung, aber dessen Erben — haben sich mit der Verjährung zu schützen, sonderlich der 30 Jahren.

64. Nürnb. Ref. v. 1564 II 16, 9. So jemand durch redliche Käuff oder sonst auffrichtige Handlung fahrende — Hab in seine Hand bringt, so wird dieselbig in 3 Monaten den nächsten zwischen den Gegenwärtigen, die das kundlich wissen tragen, aber gegen den abwesenden — in Jahres Frist ersessen. — Doch sollen hiemit geraubte oder gestolne Güter nit — verstanden werden u. s. w.

65. Lüb. R. I 8, 1. Alles das Gut, welches in diese Stadt kömpt, doch nicht über See u. Sand, u. ein Mann bey sich hat Jahr u. Tag, mag er solches beweisen, so kan ihme das niemand mit Rechte abgewinnen, oder vor gestolen u. geraubt Gut ansprechen; doch so ferne derjenige, der solch Gut ansprechen wil, auch binnen Landes gewesen.

66. Das. VI 5 art. ult. Alles gut, welches über See u. Sand kommen, u. jemand Jahr u. Tag bey sich gehabt; kann er solches beweisen, so bleibet er dabey, ob es gleich für gestohlen oder geraubet angesprochen wird, doch so fern derjenige binnen Landes gewesen, welcher die Ansprach thut.

67. Hamb. Stat. II 9, 3. Alles Gut, welches über See u. Sand anhero gekommen, u. allhier Jahr u. Tag ohne Anspruch gewesen, — ist ein jeder, ohngeachtet ob es für gestohlen oder geraubet angesprochen wird, näher zu behalten, als ihm das jemand abzugewinnen: jedoch soferne derjenige binnen Landes gewesen, welcher den Anspruch thut.

68. Frankf. Ref. II 9 § 9. So viel dann ingemein der verkaufften beweglichen Güter Usucapion u. Verjährung belangt: Sollen dieselben, wann sonst der Kauff recht u. auffrichtig zugangen, auch dieselben weder gestohlen, noch geraubt seyndt, — under den Anwesenden, so des Kauffs Wissenschafft bekommen, in einem halben, aber den Abwesenden, so gleicher gestalt deß Kauffs wissend seynd, in einem Jahr, Sonst aber gegen den Unwissenden, ingemein, in dreyen Jahren, ersessen werden.

69. Oesterr. Ges.B. § 1466. Das Eigenthumsrecht, dessen Gegenstand eine bewegliche Sache ist, wird durch einen dreijährigen rechtlichen Besitz ersessen.

70. Das. § 1467. Von unbeweglichen Sachen ersitzt derjenige, auf dessen Nahmen sie den öffentlichen Büchern einverleibt sind, das volle Recht gegen allen Widerspruch ebenfalls durch Verlauf von drey Jahren. Die Gränzen der Ersitzung werden nach dem Maße des eingetragenen Besitzes beurtheilt.

71. Das. § 1469. Dienstbarkeiten u. andre auf fremdem Boden ausgeübte besondere Rechte werden — von demjenigen, auf dessen Nahmen sie den öffentlichen Büchern einverleibt sind, binnen drey Jahren ersessen.

72. Sächs. bürg. GB. § 279 oben § 79 Nr. 12.

73. Preuß. G. über den E.-Erwerb § 6. Gegen den eingetragenen Eigenthümer findet ein Erwerb des Eigenthums an dem Grundstück durch Ersitzung nicht Statt. § 7. Gegen seine (des eingetragenen Eigenthümers) Eigenthumsklage steht dem Beklagten die Einrede der Verjährung nicht zu.

§ 81. 3. Beschränkungen der Erwerbsfähigkeit.

1. Alt. Lüb. R. I 26. Nemini — licet *immobilia* id est torfachteigen conferre *ecclesiis*.

2. Das. II 226. Nen borghere ne schal vorcopen en erve papen oder gheistlichen luden noch ridderen jof hoveluden to neghener wis; so we dat brecht, de schal dat erve to voren vorloren hebben u. dar to schal he der stat gheven L mark sulvers.

a. Dortmunder Stat. ob. § 62 Nr. 7.

3. Nordhaus. Stat. a. 1300 § 101 (Förstemann Neue Mittheil. Bd. 3 Hft. 2 S. 15). Swelich burger oder burgerinne ir hus, ure hof, ir lant, oder ir legende gut wilchirleye daz ist, daz zu der stat vlure gehort, vorgibt oder vorliehet, oder versezzit oder vormitet um cyns oder vorgebins pfaffen oder nunnen oder decheime geistlichem man oder vrowen, welche ir daz tete unsere burgere oder burgerinne, di suln daz wicbilde rumen — also lange biz si daz gut wider an di stat brengen.

4. Erfurter Urk. v. 1281 (Lambert S. 137). Statuimus — quod nullus civis Erphordensis vel hospes — sua bona immobilia sita intra civitatem E. vel extra in loco qui wichbilde dicitur in vulgari, sive hereditaria sive fribona vel feudalia fuerint — *ecclesiis vel ecclesiasticis personis*, sive religiosi fuerint sive clerici seculares, *vendere vel legare debeat vel donare*. Si vero aliquis religionem voluerit subintrare — vel dare vel legare pro suorum remedio peccatorum — personis secularibus vendat ea et pecuniam paratam — dare poterit et legare cuilibet, quando volet. Si quis vero excesserit in omnibus supradictis – omnia illa bona ad civitatis operas convertentur.

5. Landgräfl. Hess. Beschl. v. 1491 (Richter-Dove Lehrb. des Kirchenr. [A. 7] § 303 a 5): daß niemants, wer der sy, keine werntliche Gutere, es sy an Zinsen, Renthen aber Gefellen, geistlichen Personen noch Cloistern nicht mehr verkeuffe.

6. Rev. Lüb. R. I 2 Art. 5, 6. Es soll kein Bürger sein Erbe, Rente u. Eigenthum — andern, welche unser Bürger nicht seyn, versetzen oder — verkauffen, oder zu trewen Händen demselben zum besten zuschreiben lassen. — Wann einem Frembden ein Erbe allhier anstirbe, der soll dasselbe auch nicht an Fremde voreussern, sondern an Bürger bringen. — Stiffte u. Klöster — sollen in der Stadt ihre Reume nicht erweitern.

7. Preuß. LR. II 11 § 194. Keine Kirchengesellschaft kann, ohne ausdrückliche Bewilligung des Staats, liegende Gründe an sich bringen.

8. Großherz. Hess. Verordn. v. 6. Jun. 1832 Art. 39. Bei Erwerbungen, namentlich Schenkungen, Stiftungen von Gütern u. Kapitalien an Kirchen- u. geistliche Fonds ist die Ermächtigung zur Annahme bei dem Ministerium des Innern u. der Justiz dann einzuholen, wenn der Geldwerth des zu erwerbenden Objects einhundert Gulden oder mehr beträgt.

9. Mecklenb. LGG. Erbvergl. § 471. Daß Niemand eine Veräusserung seines Allodial- (Ritter-) Guths an einen auswärtigen *potentiorem* oder an Stifter u. Communen unternehme. Gestalt diese hiemit ein für allemal verbothen, mithin sothane Handlungen an u. für sich null u. nichtig seyn, auch dem Unternehmenden zu besonderer willkührlicher Strafe gereichen sollen.

10. D. Bundes-A. Art. 18 Lit a; s. oben § 48 Nr. 16.

11. Preuß. Verfassung Art. 42. Das Recht der freien Verfügung über das Grundeigenthum unterliegt keinen anderen Beschränkungen als denen der allgemeinen Gesetzgebung. — Für die todte Hand sind Beschränkungen des Rechts, Liegenschaften zu erwerben u. über sie zu verfügen zulässig.

12. Preuß. Gesetz v. 23. Febr. 1870 oben § 62 Nr. 8.

E. Klage um Gut, insbesondere um fahrende Habe.

1. Aelteres Recht. § 82.

Albrecht a. a. O. S. 81. *Budde* l. cit. Bruns Recht des Besitzes S. 306. Delbrück Ztschr. f. D. R. 14 (1853) S. 241. Ders.

die dingliche Klage des D. R. (Leipz. 1857) u. in Jhering's Jahrb. 10 (1871) S. 110. Gerber Abhdlgn. S. 396. v. Bar Beweisurtheil S. 152. Homeyer Richtsteig Landr. S. 439. *Behrend* observationes de actione simplici juris Germ. 1861. Stobbe Privatr. § 146. Laband verm.-rechtl. Kl. S. 70 ff. Fruin de anfang en de slichte clage umme varende have. Amsterd. 1871. 4. Heusler die Beschränkung der Eigenthumsverfolgung bei Fahrhabe und ihr Motiv im D. R. Basel 1871. 4. Sohm Prozeß der lex Salica S. 55. Bruns die Besitzklagen des röm. u. heut. Rechts (1874) S. 228. Planck d. deutsche Gerichtsverfahren im MA. 1 (1879) S. 393, 2 S. 417. Franken franz. Pfandrecht 1 S. 270 ff. Kern Entwicklung des Grundsatzes: Hand muß Hand wahren. Bresl. Diss. 1881.

1. L. Sal. emend. tit. 49 (vgl. Behrend t. 47). Si quis — quamlibet rem suam sub alterius potestate agnoverit, mittat eam *in tertiam manum*, et ille, apud quem agnoscitur, debet adrhamire. Et si intra Ligere aut Carbonaria ambo manent, et qui agnoscit, et apud quem agnoscitur, in noctes XL placitum faciant. Et in ipso placito, quanticunque fuerint, qui rem *intertiatam* vendiderunt aut cambiaverunt, aut fortasse in solutionem dederunt, omnes intra placitum istum commoneantur, ut unusquisque cum negotiatoribus suis alter alterum admoneat. Si quis vero commonitus fuerit —, et ad placitum venire distulerit, tunc ille, qui cum eo negotiavit, habeat tres testes, quod enunciasset ut ad placitum venire debuisset; et alios tres similiter habeat, quod cum eo publice negotiasset. Hoc si fecerit, *exuit se de latrocinio*. Ille autem, qui ammonitus non venerit, super quem testes iuraverint, *erit latro illius qui res suas agnoscit; et ei secundum legem ipsas conponat, et insuper pretium illi reddat, qui cum eo negotiavit.* — Quod si trans Legerem aut Carbonariam manet ille apud quem res agnoscitur, in noctibus LXXX lex ista custodiatur.

2. L. Rib. 33 § 1. Si quis rem suam cognoverit, *mittat manum super eam;* et si ille, super quem intertiatur, tertiam manum quaerat, tunc in praesente ambo coniurare debent cum dextera armata, et cum sinistra ipsam rem teneant; unus iuret, quod in *propriam rem* manum mittat, et alius iuret, quod ad eam manum trahat, *qui ei ipsam rem dedit.* Et si infra ducatum est, super XIV noctes auctorem suum repraesentet; si foris ducatu, super XL; si autem extra regnum, super LXXX ad regis stafpolum vel ad eum locum, ubi mallus est, auctorem suum in praesente habeat. § 2. Quod si eum ibidem habere non potuerit, sibi septimus in haraho coniuret, quod eum ibidem legibus mannitum habuisset, et sibi ab alio homine ipsa res tradita non fuisset. Sic ei placitum super XIV seu super XL vel LXXX noctes detur, ut cinewerduriam suam (= pretium suum) in praesentia testium recipiat, et ei, qui rem suam intertiavit, probabiliter ostendat. Et tunc ipse *de furto securus* sit, et ille, qui intertiavit, furtum et delaturam ab eo requiret, qui solvere coepit. § 3. Quod si auctor suus venerit et rem intertiatam recipere renuerit, tunc ille, super quem intertiata est, *capitale et delaturam atque furtum* solvere studeat. § 4. Quod si in ipsa hora, quando res intertiatur, responderit, quod fordronem suum nesciat, tunc in praesente de sacramento sibi septima manu fidem faciat, et super XIV noctes adiurare studeat, quod auctorem, vel casam seu postem ianuae auctoris sui nesciat, et ipsam rem sine damno reddat.

3. Edict. Rotharis c. 231. Si quis conparaverit ancillam et postea venerit alter homo, qui eam *suam* dicat esse, revertant pariter *ad auctorem.* Tunc auctor, si vindicare non potuerit, praebeat sacramentum, *quod conscius non sit fraudi, nec nullo conludio fecissit;* reddat pretium tantum, quantum in die illa, quando eam tradedit, accepit et ancilla ipsa proprio domino restituatur.

4. Form. ad h. l. Longobardus semper dat *auctorem*, et nunquam stat loco auctoris; et Romanus semper stat *loco auctoris,* et *nunquam* dat *auctorem.* (Laband S. 124.)

5. Ed. Rothar. c. 232. Si quis caballum emerit et *auctorem ignoraverit,* et venerit certus homo, qui ipsum caballum *suum* dicat, tunc ille, qui emit, si

auctorem non habuerit, nec scit de quo conparassit, praebeat sacramentum emptor, quia *nec fur nec collega furoni*, nisi simpliciter cum pretium suum conparassit —. Tunc post praestitum sacramentum *reddat caballum*, et *sit sibi contemtus*. Ille autem qui se *proprio domino* dicit esse, sub tali titulo eum tollat *ut si cognitum fuerit, quod nalo ordine vindicassit, et alter certus auctor venerit, qui suum ficerit, ipse caballus sibi nonus ei reddatur*.

6. Ll. Liutpr. c. 131. Si quis *comendaverit* res suas in cuiuscumque casa —, et contegerit ut adveniens fur res ipsas furaverit —: nos ita statuimus —, ut qui res alienas comendatas susceperent, et eas perdederit, *restituat res ipsas cui fuerent;* et si postea ipse furtus inventus fuerit, *ei conponat ipse fur, de cuius casam ipsas res rapuit aut furavit.* Quia ideo hoc prospeximus, quoniam, si illi conponat ipsum furtum cui res ipsa fuerit, postea ille cuius casam rupit, querat ei ruptura casae suae, et *non possumus in unam causam duas calomnias inponere.* Ideoque sic nobis iustum fuit, ut ille qui res suas comendavit, *recepiat eas ab ipso, de cuius casa perierunt:* et ipse de cuius casam perierunt aut ipsum furtum exivit, querat ad ipsum *furonem compositionem et tollat* sicut lex est.

7. Ottonis I. et Ottonis II Edict. a. 967 c. 7 (*P.* Ll. II 33). Si quis — rem suam super aliquem reppererit, et ipse *warentem dare* se dixerit, statim iuret ut ad certum warentem eum conducat, et *super tertium warentem et tertium comitatum non procedat.* Et si hoc facere noluerit, rem perdat, et secundum legem componat.

8. Priv. f. Colmar v. 1278 b. *Trouillat* Monuments de Bale T. 2 nr. 234 p. 305. Vindet jeman by dem anderen dekein sin gut das ime verstoln oder genomen ist raubliche oder diebliche, das en sol er nicht angrifen niwan mit gerichte, u. sol vor gerichte behaben mit dem eyde, das es sin sy. Sprichet aber der, by deme es funden ist, das er es uf eime offenen markete koufte, u. es weder diubic noch roubic enwiste, u. daz er jenen niht erkande von dem er es gecoufte, darumbe sol man sinen eyt nemen, u. sol ihn unbekumbert lassen. Wil er aber desselben gutes sinen weren han, so sol ime der richter vierzehen nacht frist geben, daz er denselben suche, swa er ihn vinden möge, das er desselben gutes vor gerichte sin wer sye. Mag er sin nicht vinden, so sol der diube besserunge uber in gan.

9. Augsb. Stat. (Meyer S. 100). Ist daz daz gwant oder daz gut jemen anspricht, daz ez sin wär u. im verstoln wurde, der sol — bereden, daz ez sin aigenlich gut waer unz an den tak, daz ez im diuplich verstoln wurde, u. sol ims jener damit wider geben, der ez da vant.

10. Das. S. 110. Ist ouch daz einem man sin gut ouzzgetragen wirt an sine wizzen u. daz vindet in eines andren mannes gewalt, u. niht gechlagen mack, dazz im verstolen oder geroubet si, ist der ein gewiß man u. mack bereden zen heiligen, daz daz sin eigenlich gut ware untz an die zeit, dazz im ane sine wizzen ouzzgetragen wurde, so sol manz im wider geben.

11. Freiberg. Stat. 9 b. Schott 3, 189 a. E.: he muz sweren also: daz daz pfert sin were, e iz im abegeroubet wurde —, u. noch sin si mit mererme rechte, denne anderes imandes.

12. Sächs. Weichbild (v. Thüngen) 88: yener der das pfert hat geanvanget, der spricht also: her richter ich han das pfert gekaufft vor frommen leuten auff dem freyenn marckte umb meyn reyn gut. Dyser hat dat pfert geanvanget.

13. Das. 91. Wo eyn man — ein pfert ader vich angefangenn hat, der soll — is auff den hilgenn selb dritte bezceugen, das er es tot u. lebennde habe gezcogenn.

14. Ssp. III 6 § 1; s. oben § 71 Nr. 4.

15. Ssp. I 20 § 4. Blift de wedewe na irs mannes dode mit iren kinderen in der kindere gude, dat ire nicht n'is, u. ungesceiden van deme gude, u. nemet ire sone wif bi irme live, stervet ire sone dar na, des sones wif nemet mit mereme rechte ires mannes morgengave u. müsdele u. ire rade an ires mannes gude, dan sin muder, of se irs mannes u. irs selves umbesculdenen were dar an getügen mogen. § 5. Bestirft aver de sone in der

muder gude, so is't de muder nar to behaldene mit getüge, dan irs sones wedewe. § 6. Morgengave behalt dat wif uppen hilgen, de gewere aver mit getüge. § 7. — Die muder is gast in des sons geweren u. die sone in der muder. (Vgl. Planck in Ztschr. f. D. R. 10 S. 268; Delbrück das. 14 S. 238.)

16. Ssp. II 42 § 1 u. 2; s. oben § 80 Nr. 9.

17. Ssp. II 36 § 1. Sve so over den anderen dach sine düve oder sinen rof under enen manne vint, die dat openbare gekoft hevet, u. unhalinge gehalden hevet, — den ne mach man nener hanthaften dat sculdegen, — he ne hebbe vor sin recht verloren. Wan mit des richteres orlove mut he sin gut wol anevangen mit rechte. § 2. Wil aver jene sin gut weren ime, er it vor dat richte kome, so bidde he ine weder keren vor gerichte; weigeret he des, he — gripe in an vor sinen dief, alse of die dat hanthaft si, wende he sik scüldich hevet gemaket mit der vlucht. Kumt aver jene willes vor gerichte, he sal sik underwinden sines gudes to rechte. § 3. Sprikt aver jene dar weder, of it laken is, he hebbe't geworcht laten, of it en perd is oder ve, he hebbe't in sime stalle getogen, he mut it mit mereme rechte behalden jene die it in geweren hevet, of he't selve dridde siner gebure getügen mach, denne jene de't anegevanget hevet. § 4. Spriet aver jene, he hebbe't gekoft uppe deme gemenen markete, he ne wete weder wene, so is he düve unsculdich —. Sine penninge verlüset he aver, die he dar umme gaf, u. jene behalt sin gut dat ime verstolen oder afgerovet was, of he sik dar to tiüt uppe'n hilgen selve dridde vulkomener lüde an irme rechte, die dat weten, dat it ime düslike oder roslike geloset si. § 5. Seget aver jene, it si ime gegeven oder he hebbe't gekoft, so mut he benomen sinen geweren weder den he't gekoft hebbe, u. die stat dar he't kofte; he mut aver sveren, dat he't tie to rechter tücht. So mut eme jene volgen over virteinnacht svar he tiüt, ane over sceprike water. Wirt he's gewert alse recht is, die gewere mut antwerden an siner stat vor it gut. Wert aver ime burst an'me geweren, he mut dat gut mit gewedde u. mit bute laten; u. tiet man ime düves oder roves dar an, des mut he sik untscüldegen na rechte. Verlüset it ok die, de't anevanget hevet, he mut it laten mit bute u. mit gewedde. § 6. Man mut wol tien uppe mangen geweren, die ene uppe den anderen, alse lange went man kome uppe den, de't in sime stalle getogen hebbe of it ve is, oder it selve getiücht hebbe of it gewand is. § 7. Selve dridde sal he sik dar to tien de't anevanget hevet, of jeme burst wirt an deme geweren. § 8. Under deme dat gud geanevanget wirt, die sal dat gut halden in sinen geweren, went it ime mit rechte afgewunnen werde.

18. Ssp. II 37; s. oben § 77 Nr. 37.

19. Augsb. Stadtr. (Meyer S. 97). Swa ein man sin reubigez oder sin diupiges vihe vindet, — daz sol er anvallen — unz an den rihtere — u. sol ez fur daz gerihte furen u. sol ez vervahen als reht ist. Dem rehte ist also, daz man im grifen sol an daz zeswe ore u. sol zen heiligen bereden, daz ez im diuplichen verstoln si oder geraubet. Darnach sol er ez uf jenen schieben, in des gewalt er ez funden hat, der sol ez danne widervahen auch mit gelerten worten: ich widervahe daz ros oder rint oder daz vihe u. tun ez dahin, dannan ez mir komen is, ob ich mac.

20. Ssp. II 60 § 1; s. oben § 71 Nr. 1.
21. Rsb. n. Dist. IV 42, 14; s. oben § 71 Nr. 2.
22. Ebendas. 42, 1; s. oben § 71 Nr. 3.
23. Ebendas. 9, 5; s. oben § 71 Nr. 7.
24. Magdeb. Sch.Urth. (Walch 8, 275); s. oben § 71 Nr. 8.
25. Magdeb. Sch.Urth. 4 (Böhme 6, 129); s. oben § 71 Nr. 9.
26. Ssp. I 28; s. oben § 80 Nr. 43.
27. Gosl. Stat. S. 82 Z. 22 ff.; s. oben § 71 Nr. 6.
28. Salfeld. Stat. 4; s. oben § 71 Nr. 10.
29. Zus. z. d. Erfurt. Stat. (Walch 2, 22); s. oben § 71 Nr. 11.

30. Ssp. III 47 § 1. Svie dem anderen des sines icht nimt mit gewalt, oder ane sine witscap — dat sal he weder geven mit bute, oder sveren, dat he's

nicht weder geven ne moge; so sal he't gelden na der werdunge, dat it jene werderet, di it verloren hevet.

31. Schwsp. 191. Unde lihet ein man dem andern — guot, — u. wirt ez im verstolen, er muoz imz gelten. — Unde ist daz mir ein guot verstolen wirt, daz min niht ist, da sol ich der klager umbe sin; u. stirbe ich, oder entwich ich von der klage, so sol der dar nach klagen, des ez da ist.

32. Ssp. I 15 § 1. Sve dem anderen sin varende gut lit oder sat, oder to behaldene dut, — wil's ime jene dar na besaken, oder sin erve na sime dode, dese is't nar to behaldene selve dridde, dan jene al ene dar vor to sverene. Mach aver jene, de't in geweren hevet, sin varende gut dar an getügen oder sin erve gut, oder hevet he's geweren to rechte, he brikt ime sinen getüch; ime ne werde burst an sime geweren. (Gaupp in Ztschr. f. D. R. 1 S. 136; Laband S. 135.)

33. Das. § 2. Sculdeget man den man umme dat, des he nicht ne hevet, des untgat he mit siner unscult. Svat man aver under ime bewisen mach, dar vore mut he antwerden ane unscult. (Delbrück i. Ztschr. f. D. R. 14 S. 246; Laband S. 63.)

34. Rsb. n. Dist. IV 42, 5. Wer deme andern icht sines gutes lihet mit willen, behilt he daz dissem vor wedder willen u. recht, daz mag he nicht anegefangen; he mus is wedder an deme furdern mit rechte.

35. Ebendas. 42, 6. Tud eyn man deme andern icht czu getruwer hand czu behaldene, entwendet he daz, adder wert is om entwant von sime gesinde u. wedder willen, do mag sich der czu czin, deme is entwand waz, u. nicht der, dez is waz. (Laband S. 84; Stobbe 2 S. 621.)

36. Freiburg. Stadtr. v. 1120 Art. 28. (Vgl. Stadtrodel. § 58.) Nemo rem sibi quoquo modo sublatam vendicare potest, nisi iuramento probaverit sibi *furto vel preda* ablatam. Si autem herus in cuius potestate invenitur dixerit, se *in publico foro* pro non furato vel predato ab ignoto sibi emisse, cuius etiam domum ignoret, et hoc iuramento confirmaverit, *nullam penam subibit*. Si vero a sibi noto se confessus fuerit emisse, 14 diebus ei per comiciam nostram [querere] licebit; quem si non invenerit et waranciam habere non poterit, *penam latrocinii sustinebit*.

37. Ssp. II 37 § 1. Svat so en man vint, oder dieven oder roveren afjaget, dat sal he up bieden —; kumt jene binnen ses weken, deme dat gut tohort, he sal sik dar to tien selve dridde.

38. Ssp. II 29. Sweme enes anderen mannes — varende have — in watere to vlüt, die sal se jeneme weder geven, deste he sik dar to tie als recht is, u. he ime sine kost gelde na guder lüde kore. He sal't ok up bieden u. halden unverdan ses weken. Vreget dar jeman na, he sal's bekennen. Besakt he's so man dar na vreget, so is it diuvech, of man't seder under ime vint, u. mut it mit bute weder geven u. mit gewedde, wende he't düfliken gehalden hevet.

39. Verden. Stat. Art. 57 (*Puf.* 1, 98). So welk man dem andern lenet sin pert offte kledt, — verkofft, versettet, verspelet oder verbringet idt de genne; de idt ersten vorlenet oder versettet hefft, de waret sinen man, deme he idt gedan hefft (vgl. Stad. Stat. VI 18 das. S. 205 = Hambg. 1270 IX 21).

40. 24 Friesische Landrechte Nr. 17. Plattdeutsch. Emsiger Text (Richthofen S. 67 Note 17): waer eyn man enen anderen wat yn de hant ghift, dat sal he em weder gheven, wente hant sal hant waren.

41. Billwärder Landr. A. 69. We deme anderen wat lenet, de schal eme dat wedder afesschen, wente hand schal hand waren.

42. Ssp. III 22 § 1 u. 2. Sve dem anderen liet en perd oder kledere to bescedenen dagen, halt he it over den dach, u. wert he dar umme beklaget, — düve noch roves ne mach man ine nicht tien dar an, wende he it ime leich. — § 3. Underwinden mut sik ok wol en man sines gudes, svar he't süt, mit rechte, dat man ime mit unrechte vor unthalde over bescedene tiet. (*Budde* p. 47; Gaupp Ztschr. f. D. R. 1 S. 130.)

43. Richtst. Ldr. 11 § 3. Dit (näml. varende have) mach de cleger anspreken twierleye wis. He mach it anspreken mit ener slichten clage, edder he mach it anvan. Sprickstu sin wort in slichter clage, so sprik alsus:

her richter, N. claget —, dat N. des sines hebbe. Sprikt denne de antwerder: her richter unsculdich bin ic, dat ic des sines icht hebbe; wen he sus mit dem ede wil van di komen, so hefstu twier kor. Wultut bewaren, dat he nicht sweren ne moge, so vrag sus: her richter, ic bidde ens ordels, na deme dat wit under eme bewisen mogen, offt hes mit sime ede vorsaken moge, dat hes nicht ne hebbe edder wat recht si; so vintme: he ne moge. Wultu en aver ene scenden, so lat ene den ed don u. aneva dar na din ding; so helpet em sin ed nichtes nicht, u. du crigest dat dine wedder. Wete aver, dat itlike secgen, dat anevank an neneme dinge to rechte gescin moge, wen an deme dat vorstolen odder genomen si. Des is nicht, den en islik mut sik des sinen wol mit rechte underwinden war het süt. (*Budde* p. 48. Gaupp a. a. O. S. 131, 46 u. Delbrück a. a. O. S. 248 ff.)

44. Lüb R. II 194. En jewelic mensche se, weme he sines — ghudes wat lene, wante cumt it so dat de, deme it ghelenet is, it verkoft oder vorsettet u. ofte it bekummeret wert oder holt it jement up, de deme anderen dat ghelenet hevet, de is plichtich it to losende, ofte he't weder hebben wil, u. de gene, de it under sic hevet, maghet bet beholden —, den de gene, de deme anderen dat gelenet hevet (vergl. Zeitschr. f. gesch. Rechtsw. I S. 40).

45. Lüb. R. Cod. *Brokes.* II 333 Ein jewelick minsche see tho, weme he sin gudt belove, lenet en dem anderen wat, u. werdt idt bekummert mit rechte van jennen wegen, de dat gudt gelenet heft, so kan de dat nicht wedder fryen, de dat uthgelenet heft, men idt mot tho den schulden denen, deme idt gelenet is, he mach dat ok wol vorkopen, deme wat gelenet is, sunder broke.

46. Münchner Stadtr. Art. 191. Swer gewant — oder anderlay guot — hin leicht umb lon oder umb zins oder durch treue, wirt das von dem, dem ez gelihen ist, versetzt oder verchummert, so sol der, des ez ist, an enen chömen, dem ez gelihen ist — u. enen nicht bechlagen, dem ez gesetzt ist. Chaem auch iemant an enen, dem ez gelihen ist, u. wolt im daz guot nemen mit dem rechten umb gelt, so sol ez ener versprechen, des aigen ez ist; waer auch daz ez mit fronboten auz wurd getragen, als der stat recht ist, u. verchauft u. daz er ez nicht verspraech, ob er es west, so mag der, des ez gewesen ist, nicht mer darnach gesprechen; doch chümpt er wol an enen, dem er ez gelihen hat, er mach ez auch wider lösen als teur, als ez versetzt oder verchauft ist.

47. Gosl. Stat. S. 68 Z. 8 ff. Heft en en pant, dat he heft weder ghelovet to antwardene, wanne dat van ime lost werde, dat ne mach men under eme nicht besetten.

48. Hamb. Stat. v. 1270 VII 9 a. E. So wat en man under enes heren banneren vindet u. winnet in eme stride, spriet dat gud jenich man an an duve ofte an roff, dat is de man nager to beholdende —, denne it em jenich man aftowinnende si.

49. Das. VII 9, 1. So welker hande gud en man bringet an desse vryen stad over de solten zee, spreke dat jenich man an vor duve edder vor roff, dat is he nager to beholdende in sinen hebbenden weren mit twen bederven mannen, de dar weren, dar he dat gud kofte.

50. Lüb. R. II 193. Doit en man kledere oder anders wat jemende to makende u. verkoft oder vorset dat jene, deme it is gedan to makende, de gene de it dede to makende, magh et bet beholden, den it jement eme untsecghen moghe.

51. Augsb. Stadtr. (Meyer S. 168): enphilhet ain man dem andern sin gut, daz er imz verkauffe, — vert der damit etteswar in ain gerihte u. begriffet in etteswaer dem er gelten sol — u. git dem selben (seinem Gläubiger) ze gelte daz gut, daz im iener enpholhen hete, — kumt danne iener hernach, des daz gut gewaesen ist — so sol manz im wider geben.

52. Brem. Stat. v. 1433 St. 43 (Oelrichs 467). So we se en hus wint jeghen use borghere, — bringet dar yement gicht in, id si korn edder jenigherleye gud; were de ghenne de dat hus huret heft — dingvluchtich edder storven, — de ghenne, de sin gud dar ynne brocht heft, wil he dat uth den weren hebben, he schal id kundigen den ghennen des dat hus is.

53. Hamb. Stat. v. 1270 VI 16. So we syn gud deit eneme ammetmanne [d. i. Handwerker] to makende, de ammetman ne mach dat gud nicht hogere vorsetten, den vor sin lon; untfore he ok ute der stad, de husheere ne mach dat gud

nicht hoger holden, den dat lon is ofte wert was, dat de ammetman hebben scholde to lone. (Stobbe 2 S. 621.)

54. Sächs. Dist. b. Pölman V 13 Dist. 4. Ein Man gibt zu behalten oder leyhet einem andern Manne seine Habe, oder thut sie jm zu machen, Derselbe Man versetzt die Habe furbaß einem andern für ein geld, So kümpt der erste u. spricht jenen an, dem sie versatzt ist, so darff derselbe Man, deme die Habe versetzt ist, deme Ersten Ansprecher nicht antworten umb die Habe, Sondern er mus ansprechen den, dem er die Habe zu dem ersten thet zu machen oder geliehen. — Dist. 6 Thut ein Man sein Gewand zu machen einem Schneider, oder vermietet einem andern sein Pferd oder Vihe, welcherley das ist, u. wird der Schneider oder der Mieteman abtrünnig, u. bleibet den Leuten schüldig, u. lassen das Gewand oder Habe in ihren Gemache, darinnen sie gewohnet haben, so mögen die Leute, den das Gewand oder Habe ist, darzu sich wol ziehen, u. verantworten mit Rechte, u. die Leute, den der abtrünnige Man schüldig ist blieben, mögen das Gewand oder Habe nicht für jre Schuld besitzen.

55. Augsb. Stat. v. 1276 (Freyb. S. 136, Meyer S. 217). Swem auh ein verkaufferin iht git ze verkauffene, daz ir enpholhen wirt, ez si ze gelte oder umbe phenninge, ob diu verkaufferin jenen nit wärt [d. i. bezahlt]? hat si jener gewärt, so ist ez sin u. muz sich jener haben an den keuffel oder an die verkaufferinne, der er sin gut enphalch. Ist aber daz jener druf kumt e daz ez der verkaufferin vergolten wärde, so sol man dem selpscholn die phenninge antwurten oder sin gut wider, swederz er wil.

2. Heutiges Recht. § 83.

Goldschmidt über den Erwerb dingl. Rechte u. die Beschränkung der dingl. Rechtsverfolgung insb. nach handelsrechtl. Grunds. (Zeitschr. f. Handelsr. Bd. 8 u. 9 [1865]). Otto Mayer die dingl. Wirkung der Obligation. Erlang. 1879. Franken Gutachten f. d. Juristentag 1880. Stobbe Privatrecht § 147.

1. Hamb Stat. v. 1603 II 2, 7. Welcher Mann dem andern leihet sein Pferd, Kleid, oder was es für Gut sey, u. auf wasserley Weise er das aus seinen Wehren lässet, mit seinem Willen; u. verkaufft es derjenige, der es in seinen Wehren hat, oder versetzt er dasselbige, oder wird es ihm abgeraubet oder abgestohlen; so mag derjenige, der es erstlich verliehen oder versetzt hat, darauf wider den Einhaber desselben, woferne derjenige solches mit gutem Titel an sich gebracht, keine Forderung haben, sondern muß sich deswegen an denselben, welchem er es geliehen oder versetzt hat, oder so derselbige verstorben, an dessen Erben halten.

2. Rev. Lüb. R. III 2, 1. Was ein Mann dem andern lehnet, das soll er jme unverdorben wieder geben, oder bezahlen nach seiner Würde, wann es verlohren were. Verkaufft, vergäbe, versetzte, oder alienirte er aber das gelehnete Gut, — so hat der Commodans oder Ausleiher keine Ansprache wider diejenigen, welchen es verkaufft, vergeben oder versetzet worden, sondern muß bey seinem Manne dem Commodatario, dem er es gelehnet, oder bey seinen Erben, auff den Todesfall bleiben; dann Hand muß Hand wahren.

3. Ebendas. Art. 2. Ein jeglicher sehe wol zu, weme er das seine ausleihe u. vertrawe. Dann würde es sich zutragen, daß derjenige, dem es gelehnet oder vertrawet, dasselbe verkauffte, versetzte oder sonsten alienirte, will dann der Ausleiher das Gut wieder haben, von dem, welchem das ausgelehnet Gut per contractum gebracht, so muß er es selbsten lösen, sonsten bleibet, der es gekaufft, oder an sich gebracht, näher dabey dann derjenige, welcher das Gut ausgelehnet. Dann do jemand seinen Glauben gelassen, da muß er ihn widerumb suchen.

4. Das. III 8, 17. Verdinget einer Kleider oder etwas anders einem Handwercksmann zumachen, u. derselbige verkaufft oder versetzt den Zeug, welchen er bearbeiten soll, So ist der näher dabey, welchem der Zeug gehöret, zu bleiben dann der jenige, dem er verkaufft oder versetzt worden; u. darff dem jenigen, bey welchem er seinen Zeug findet, nicht mehr als das Machelohn, soviel er daran verdienet, bezahlen.

5. Preuß. LR. I 15 § 25. Wer die dem rechtmäßigen Eigenthümer oder Besitzer abhanden gekommene Sache von einer unverdächtigen Person, durch einen lästigen Vertrag an sich gebracht hat, muß dieselbe zwar — zurückgeben; § 26. Er kann jedoch dagegen die Erstattung alles dessen, was er dafür gegeben oder geleistet hat, fordern.

6. Das. § 42. Sachen, die von dem Fisko oder bey öffentlichen Versteigerungen erkauft worden, sind keiner Vindication unterworfen.

7. Das. § 43. Ein Gleiches gilt von Sachen, die in den Läden solcher Kaufleute, welche die Gilde gewonnen haben, erkauft worden.

8. Das. § 44. Wer außerdem eine Sache auf Messen u. Märkten, oder sonst von Leuten, welche Sachen dieser Art unter obrigkeitlicher Erlaubniß öffentlich feil haben, erkauft hat, dem kommen, wegen der nur gegen Ersatz zu leistenden Rückgabe, die Rechte eines redlichen Besitzers zu.

9. Oesterr. Gesetzb. § 367. Die Eigenthumsklage findet gegen den redlichen Besitzer einer beweglichen Sache nicht Statt, wenn er beweiset, daß er diese Sache entweder in einer öffentlichen Versteigerung, oder von einem zu diesem Verkehre befugten Gewerbsmanne, oder gegen Entgeld von jemanden an sich gebracht hat, dem sie der Kläger selbst zum Gebrauche, zur Verwahrung oder in was immer für einer anderen Absicht anvertraut hatte. In diesen Fällen wird von den redlichen Besitzern das Eigenthum erworben, u. dem vorigen Eigenthümer steht nur gegen jene, die ihm dafür verantwortlich sind, das Recht der Schadloshaltung zu.

10. Allg. Handelsgesetzb. Art. 306. Wenn Waaren oder andere bewegliche Sachen von einem Kaufmann in dessen Handelsbetriebe veräußert u. übergeben worden sind, so erlangt der redliche Erwerber das Eigenthum, auch wenn der Veräußerer nicht Eigenthümer war. Das früher begründete Eigenthum erlischt. — Dieser Artikel findet keine Anwendung, wenn die Gegenstände gestohlen oder verloren waren. Art. 307. Die Bestimmungen des vorigen Artikels finden bei Papieren auf Inhaber auch dann Anwendung, wenn die Veräußerung — nicht von einem Kaufmann in dessen Handelsbetrieb geschehen ist, u. wenn die Papiere gestohlen oder verloren waren.

F. Von den Beschränkungen des Eigenthums durch Rechte des Staats.

§ 84. 1. Ueberhaupt. (B. § 92 u. 94. G. § 67 u. 174b. St. § 92.)

Eichhorn RG. § 362.

Preuß. Gesetz über die Enteignung von Grundeigenthum (E.-G.) v. 11. Juni 1874. Dazu Commentar v. Bähr u. Langerhans Berl. 1875. Die Gesetze der übrigen deutschen Staaten verzeichnet G. Meyer Verwaltungsrecht 1 S. 265 Note 3.

RG. v. 21. Dec. 1871 betr. die Beschränkungen des Grundeigenthums in der Umgebung von Festungen (sg. Festungsrayongesetz). — RG. (nordd. BG.) v. 7. April 1869, Maßregeln gegen die Rinderpest betr. RG. v. 23 Juni 1880, die Abwehr u. Unterdrückung von Viehseuchen betr. RG. v. 6. März 1875 u. v. 3. Juli 1883, Maßregeln gegen die Reblauskrankheit betr. — RG. v. 13. Juni 1873 über die Kriegsleistungen. RG. v. 13. Febr. 1875 über die Naturalleistungen für die bewaffnete Macht im Frieden.

Brinz Art. Expropriation in Bluntschli u. Brater Staatswörterb. 3 (1858) S. 467. H. A. Zachariae Gött. gel. Anz. 1861 S. 118. Georg Meyer das Recht der Expropriation. Leipz. 1868. Laband die rechtliche Natur des Retracts u. der Expropriation in Archiv f. civilist. Praxis 52 (1869) S. 169 ff. Grünhut das Enteignungsrecht. Wien 1873. v. Rohland zur Theorie u. Praxis des deutschen Enteignungsrechts. Leipz. 1875. Seydel die neuere Entwicklung der Lehre von der Enteignung (Zeitschr. f. Reichs- u. Landesr. hg. v. Hauser Bd. 3). Ernst Meier Art. Expropriation b. Holtzendorff 1 S. 764. Georg Meyer Verwaltungsrecht 1 S. 264.

1. Aurea bulla c. 9: statuimus, — quod — Boemie reges, nec non universi et singuli principes electores — *universas auri et argenti fodinas*, *atque mineras stanni*, *cupri*, *ferri*, *plumbi*, *et alterius cuiuscunque generis metalli*, *ac etiam salis* tam inventas quam inveniendas in posterum, — in principatibus, terris, dominiis, et pertinenciis suis tenere iuste possint et legitime possidere.

2. Const. Friderici I. a. 1158 (Mon. Ll. II 111) (II F. 56). Regalia sunt hec: Arimanie (i. e. ducatus, marchiae, comitatus, consulatus Vgl. *Rahewini* de gest. Frid. I. Lib. II c. 5), vie publice, flumina navigabilia et ex quibus fiunt navigabilia, portus, — argentariae — piscationum redditus et salinarum, — et dimidium thesauri inventi in loco Caesaris, non data opera, vel loco religioso: si data opera, totum ad eum pertinet (§ 39 Inst. de rer. divis. II 1).

3. Meddersheim. W. v. 1514 (Grimm 4, 723). Item uns schultheiß u. schöffen ist wissen, u. herkommen von unsren voraltern uf uns bracht worden: undts wäldt u. alle gemein veldt unser gemeinen zustehet. Item — wer bey unß sitzt u. wohnhaftig ist, u. den herrn dienstlich lieb u. leydten, gnad u. ungnadt lytt, der hat macht u. freyheit zu gebrauchen wasser u. weydt, fischen u. jagen, gleich ein ander gemeindsmann.

4. Preuß. LR. II 16 § 1. Auf Sachen, welche noch in keines Menschen Eigenthume gewesen sind, hat der Staat ein vorzügliches Recht zum Besitze.

5. Preuß. LR. Einl. § 74. Einzelne Rechte u. Vortheile der Mitglieder des Staats müssen den Rechten u. Pflichten zur Beförderung des gemeinschaftlichen Wohls, wenn zwischen beiden ein wirklicher Widerspruch (Collision) eintritt, nachstehn. § 75. Dagegen ist der Staat denjenigen, welcher seine besondern Rechte u. Vortheile dem Wohle des gemeinen Wesens aufzuopfern genöthigt wird, zu entschädigen gehalten.

6. Preuß. Verf.Urk. Art. 9. Das Eigenthum ist unverletzlich. Es kann nur aus Gründen des öffentlichen Wohles gegen vorgängige, in dringenden Fällen wenigstens vorläufig festzustellende, Entschädigung nach Maßgabe des Gesetzes entzogen oder beschränkt werden.

7. Oesterr. Ges.B. § 365. Wenn es das allgemeine Beste erheischt, muß ein Mitglied des Staates gegen eine angemessene Schadloshaltung selbst das vollständige Eigenthum einer Sache abtreten.

8. Preuß. E.-G. § 1. Das Grundeigenthum kann nur aus Gründen des öffentlichen Wohles für ein Unternehmen, dessen Ausführung die Ausübung des Enteignungsrechtes erfordert, gegen vollständige Entschädigung entzogen oder beschränkt werden.

9. Das. § 2. Die Entziehung u. dauernde Beschränkung des Grundeigenthums erfolgt auf Grund königlicher Verordnung, welche den Unternehmer u. das Unternehmen, zu dem das Grundeigenthum in Anspruch genommen wird, bezeichnet.

10. Deutsche Reichsverf. Art. 41. Eisenbahnen, welche im Interesse der Vertheidigung Deutschlands oder im Interesse des gemeinsamen Verkehrs für nothwendig erachtet werden, können kraft eines Reichsgesetzes auch gegen

den Widerspruch der Bundesglieder, deren Gebiet die Eisenbahnen durchschneiden, unbeschadet der Landeshoheitsrechte, für Rechnung des Reichs angelegt oder an Privatunternehmer zur Ausführung konzessionirt u. mit dem Expropriationsrechte ausgestattet werden.

11. Pr. Landr. I 11 § 4. Der Staat ist jemanden zum Verkaufe seiner Sache zu zwingen — berechtigt, wenn es zum Wohle des gemeinen Wesens nothwendig ist.

12. Das. § 10. Ob der Fall einer Nothwendigkeit des Verkaufs zum gemeinen Wohl vorhanden sei, bleibt der Beurtheilung und Entscheidung des Oberhaupts des Staates vorbehalten. § 11. Ueber die Bestimmung des Preises aber soll dem bisherigen Eigenthümer rechtliches Gehör nicht versagt werden.

13. Preuß. E.-G. § 15. Vor Ausführung des Unternehmens ist für dasselbe -- ein Plan aufzustellen. § 18. Auf Antrag des Unternehmers erfolgt das Verfahren behufs Feststellung des Planes. § 19. Plan nebst Beilagen sind (in dem betreffenden Gemeinde- oder Gutsbezirke) während 14 Tagen zu jedermanns Einsicht offen zu legen. Während dieser Zeit kann jeder Betheiligte im Umfange seines Interesses Einwendungen gegen den Plan erheben. § 20, 21. Nach Ablauf der Frist werden die Einwendungen vor einem von der Bezirksregierung [jetzt: Regierungspräsidenten] zu ernennenden Kommissar erörtert. (Derselbe) hat die Verhandlungen — der Bezirksregierung [jetzt: dem Bezirksausschusse] vorzulegen, welche mittelst motivirten Beschlusses über die erhobenen Einwendungen entscheidet und danach den Gegenstand der Enteignung — feststellt. § 22 Gegen die Entscheidung — steht den Betheiligten der Rekurs [an den Minister der öffentlichen Arbeiten] offen. (Vgl. Preuß. Zuständigkeitsgesetz v. 1. Aug. 1883 § 150.)

14. Das. § 7. Die Pflicht der Entschädigung liegt dem Unternehmer ob. Die Entschädigung wird in Geld gewährt.

15. Preuß. LR. I 11 § 9. Bei — Bestimmung (des Preises) ist nicht blos auf den gemeinen, sondern auch auf den außerordentlichen Werth Rücksicht zu nehmen.

16. Pr. E.-Gesetz § 8. Die Entschädigung — besteht in dem vollen Werthe des abzutretenden Grundstücks, einschließlich der enteigneten Zubehörungen u. Früchte. Wird nur ein Theil des Grundbesitzes desselben Eigenthümers in Anspruch genommen, so umfaßt die Entschädigung zugleich den Mehrwerth, welchen der abzutretende Theil durch seinen örtlichen oder wirthschaftlichen Zusammenhang mit dem Ganzen hat, sowie den Minderwerth, welcher für den übrigen Grundbesitz durch die Abtretung entsteht.

17. Das. § 9. Wird nur ein Theil von einem Grundstück in Anspruch genommen, so kann der Eigenthümer verlangen, daß der Unternehmer das Ganze gegen Entschädigung übernimmt, wenn das Grundstück durch die Abtretung so zerstückelt werden würde, daß das Restgrundstück nach seiner bisherigen Bestimmung nicht mehr zweckmäßig benutzt werden kann. Bei Gebäuden, welche theilweise in Anspruch genommen werden, umfaßt diese Pflicht (zur Mitübernahme) jedenfalls das gesammte Gebäude.

18. Das. § 10. Die bisherige Benutzungsart kann — nur bis zu demjenigen Geldbetrage Berücksichtigung finden, welcher erforderlich ist, damit der Eigenthümer ein anderes Grundstück in derselben Weise u. mit gleichem Ertrage benutzen kann.

19. Das. Eine Wertherhöhung, welche das abzutretende Grundstück erst in Folge der neuen Anlage erhält, kommt bei der Bemessung der Entschädigung nicht in Anschlag.

20. Das. § 13. Für Neubauten, Anpflanzungen, sonstige neue Anlagen u. Verbesserungen wird beim Widerspruch des Unternehmers eine Vergütung nicht gewährt, vielmehr nur dem Eigenthümer die Wiederwegnahme auf seine Kosten — vorbehalten, wenn -- erhellt, daß dieselben nur in der Absicht vorgenommen sind, eine höhere Entschädigung zu erzielen.

21. Das. § 11. Der Betrag des Schadens, welchen Nutzungs-, Gebrauchs- und Servitutberechtigte, Pächter u. Miether durch die Enteignung erleiden, ist — besonders zu ersetzen.

22. Das. § 24. Der Antrag auf Feststellung der Entschädigung ist von dem Unternehmer — bei der Bezirksregierung [j. dem Regierungspräsidenten] einzubringen. § 29. Die Entscheidung der Bezirksregierung [j. des Bezirksausschusses] — erfolgt mittelst motivirten Beschlusses. § 30. Gegen die Entscheidung — steht sowohl dem Unternehmer als den übrigen Betheiligten innerhalb 6 Monaten nach Zustellung des Beschlusses die Beschreitung des Rechtsweges zu.

23. Das. § 32. Die Enteignung des Grundstücks wird auf Antrag des Unternehmers von der Bezirksregierung ausgesprochen, wenn der — Rechtsweg dem Unternehmer gegenüber durch Ablauf der sechsmonatlichen Frist, Verzicht oder rechtskräftiges Urtheil erledigt u. wenn nachgewiesen ist, daß die vereinbarte oder endgültig festgestellte Entschädigungssumme — rechtsgültig gezahlt — ist. Die Enteignungserklärung schließt — die Einweisung in den Besitz in sich.

24. Das. § 33. Gleichzeitig mit der Enteignungserklärung hat die Regierung — die zuständige Gerichtsbehörde — um Bewirkung der Eintragung zu ersuchen. Der Enteignungsbeschluß der Regierung steht hierbei dem Erkenntnisse eines Gerichts gleich.

25. Das. § 44. Mit Zustellung des Enteignungsbeschlusses (§ 32) an Eigenthümer u. Unternehmer geht das Eigenthum des enteigneten Grundstücks auf den Unternehmer über. Erfolgt die Zustellung — nicht an demselben Tage, so bestimmt die zuletzt erfolgte Zustellung den Zeitpunkt des Ueberganges des Eigenthums. Diese Vorschrift gilt auch (da, wo) — der Uebergang des Eigenthums von der Einschreibung in die Grundbücher — abhängig gemacht ist.

26. Das. § 45. Das enteignete Grundstück wird mit dem in § 44 bestimmten Zeitpunkt von allen darauf haftenden privatrechtlichen Verpflichtungen frei.

27. Preuß. G. über die Eisenbahn-Unternehmungen v. 3. Nov. 1838 § 16. Hat die (Eisenbahn-)Gesellschaft ein — der Expropriation unterworfenes Grundstück, sei es durch Expropriation oder durch freien Vertrag, erworben, so soll für dasselbe ein Anspruch sowohl auf Wiederkauf als auf Vorkauf eintreten, wenn in der Folge entweder die Anlage dieser Eisenbahn aufgegeben oder das Grundstück zu ihren Zwecken entbehrlich wird. § 17. Den Anspruch auf Wiederkauf u. Vorkauf hat der zeitige Eigenthümer des durch den ursprünglichen Erwerb (§ 16) verkleinerten Grundstücks. § 18. Den Wiederkauf kann der Eigenthümer -- zu jeder Zeit geltend machen; bestreitet die Gesellschaft das Dasein der im § 16 bestimmten Bedingungen, so tritt richterliche Entscheidung ein. — Bei dem Wiederkauf zahlt der Eigenthümer den ursprünglichen Kaufpreis. § 19. Der Vorkauf tritt ein, wenn die Gesellschaft das entbehrlich gewordene Grundstück anderweit zu verkaufen Gelegenheit findet. Sie hat diese Absicht sowie den angebotenen Kaufpreis dem — berechtigten Eigenthümer anzuzeigen, welcher sein Vorkaufsrecht verliert, wenn er sich nicht binnen zwei Monaten darüber erklärt.

28. Preußisches Berggesetz § 141. Wegen aller zu Zwecken des Bergbaubetriebes veräußerten Theile von Grundstücken findet ein Vorkaufs- u. Wiederkaufsrecht Statt, wenn in der Folge das Grundstück zu den Zwecken des Bergbaues entbehrlich wird. (Es) steht dem zeitigen Eigenthümer des durch die ursprüngliche Veräußerung verkleinerten Grundstücks nach denselben gesetzlichen Grundsätzen zu, welche in dieser Beziehung den Eisenbahngesellschaften gegenüber gelten.

29. Preuß. E.-G. § 57. Ein gesetzliches Vorkaufsrecht findet — Statt — wenn in der Folge das abgetretene Grundstück ganz oder theilweise zu dem bestimmten Zweck nicht weiter nothwendig ist u. veräußert werden soll. Das Vorkaufsrecht steht dem zeitigen Eigenthümer des durch den ursprünglichen Erwerb verkleinerten Grundstücks zu. Wer das Enteignungsrecht ausgeübt hat, muß die Absicht der Veräußerung u. den angebotenen Kaufpreis dem berechtigten Eigenthümer anzeigen, welcher sein Vorkaufsrecht verliert, wenn er sich nicht binnen zwei Monaten darüber erklärt. Wird die Anzeige unterlassen, so kann der Berechtigte seinen Anspruch gegen jeden Besitzer geltend machen.

30. Pr. LR. I 11 § 7. Bei entstehendem Getreidemangel ist der Staat zur Abwendung einer drohenden Hungersnoth berechtigt, die Besitzer von Getreidevorräthen zur Ausstellung derselben zum feilen Verkaufe, jedoch mit Vorbehalt ihres eigenen Bedürfnisses, zu nöthigen.

31. RG. gegen die Rinderpest § 2. Maßregeln (welche die Verwaltungsbehörden der Bundesstaaten zu ergreifen haben) sind: Tödtung selbst gesunder Thiere u. Vernichtung von giftfangenden Sachen — Transportmitteln, Geräthschaften; Enteignung des Grund u. Bodens für die zum Verscharren getödteter Thiere u. giftfangender Dinge nöthigen Gruben. § 3. Für die auf Anordnung der Behörde getödteten Thiere, vernichteten Sachen u. enteigneten Plätze — wird der durch unparteiische Taxatoren festzustellende gemeine Werth aus der Bundeskasse vergütet.

32. RG. v. 1875 gegen die Reblauskrankheit § 2. Die von dem Reichskanzler — (beauftragten) Organe sind befugt, — den Zugang zu jedem mit Weinreben bepflanzten Grundstücke in Anspruch zu nehmen, die Entwurzelung einer — Anzahl von Rebstöcken zu bewirken und die entwurzelten Rebstöcke, sofern sie mit der Reblaus behaftet sind, an Ort u. Stelle zu vernichten. § 3. Die — nöthigenfalls im Rechtswege festzustellende Ersatzleistung für etwa zugefügte Schäden wird aus Reichsmitteln bestritten.

33. RG. über die Kriegsleistungen § 25. Zur Beschaffung u. Erhaltung des kriegsmäßigen Pferdebedarfs der Armee sind alle Pferdebesitzer verpflichtet, ihre zum Kriegsdienst für tauglich erklärten Pferde gegen Ersatz des vollen von Sachverständigen unter Zugrundelegung der Friedenspreise endgültig festzustellenden Werthes an die Militairbehörde zu überlassen.

§ 85. 2. Erwerb der Regalien von Privatpersonen. (G. S. 172 u. ff.)

1. Oesterr. Gesetzb. § 1457. Dem Staatsoberhaupte zukommende, doch nicht ausschließend vorbehaltene Rechte z. B. auf Waldungen, Jagden, Fischereyen u. dgl. können zwar überhaupt von — Staatsbürgern, doch nur binnen einem längern als dem gewöhnlichen Zeitraume ersessen werden.

G. Von den Eigenthumsverhältnissen bei den der Regalität unterworfenen Gegenständen.

§ 86. 1. Von den Eigenthumsverhältnissen bei Waldungen. (B. § 198. G. § 85. St. § 84 III.)

Stieglitz geschichtl. Darstellung der Eigenthumsverhältnisse an Wald u. Jagd in Deutschland von den ältesten Zeiten bis zur Ausbildung der Landeshoheit. Leipz. 1832. Grimm Rechtsalterthümer S. 494—531. v. Löw über die Markgenossenschaften. Heidelb. 1829. Thudichum Gau- u. Markverfassung S. 306. — Frhr. Edm. v. Berg Geschichte der deutschen Wälder bis z. Schluß des MA. 1871. A. Bernhardt Gesch. des Waldeigenthums, der Waldwirthschaft u. Forstwissenschaft in D. 3 Bde. Berl. 1872—75. Ebing die Rechtsverhältnisse des Waldes. Berl. 1874. K. Roth Gesch. des Forst- u. Jagdwesens in D. Berl. 1879.

Eine große Anzahl von Markenordnungen u. Markweisthümern ist angegeben in dem Verzeichniß von Weisthümern b. Grimm a. a. O. S. 957 ff. Hannov. Ges. über die Aufhebung der Marken- u. Holzgerichtsbarkeit u. die Abstellung der markenrichterlichen, holzgräflichen u. markenherrl. Berechtigungen v. 13. Febr. 1850.

Ahasv. Fritsch Corpus iuris venatorio-forestalis. ed. 2 cum praef. *Sam. Strykii.* Lips. 1702. f. Müllenkampf Samml. der Forstordnungen verschiedener Länder. Th. 1 Mainz 1791. Th. 2 Salzb. 1796. 4. Behlen u. Laurop System. Sammlung der Forst- u. Jagdgesetze der deutschen Bundesstaaten von den ältesten bis auf die neuesten

Zeiten. 5 Bde. Bd. 1. Großherzogth. Baden. Mannh. 1827. Bd. 2. Herzogth. Nassau. Hadamar 1828. Bd. 3—5. Königr. Baiern. Karlsruhe 1831, 33.

1. Chlotharii II. R. Edict. a. 614 c. 21. Porcarii fescalis in *silvas ecclesiarum aut privatorum* absque voluntate possessoris in silvas eorum ingredere non praesumant.

2. L. Sal. emend. 8, 4 (Behrend T. 7 Zus. 11). Si quis in silva *alterius* materiamen furatus fuerit, aut incenderit vel concapulaverit aut ligna alterius furaverit, DC dinariis — culpabilis iudicetur.

3. L. Burg. 13. Si quis — in *silva communi* exartum fecerit, aliud tantum spatii de silva hospiti suo consignet, et exartum, quem fecit, remota hospitis commotione possideat.

4. Dipl. ap. *Schannat.* Trad. Fuld. p. 300: silvam, *sicut alii lidi habere videntur*, X iugerum.

5. L. Burg. 28, 1. Si quis — silvam non habet, incedendi ligna ad *usus suos* de iacentivis et sine fructu arboribus in *cuiuslibet silva* habeat liberam potestatem, neque ab illo *cuius silva est* repellatur.

6. Alam. Formeln (hg. v. Wyß, ob. S. 15) Nr. 11: cum *silvis communibus aut propriis.* — Nr. 16: de silva *proprii mei iuris* iuchos CL, *communem pascuam communesque silvarum usus.*

7. Urk. v. 1261 b. Wenck 2, 160: de silva apud Selem sita, quae vulgariter *marcha* vocatur.

a. Urk. v. 1238 (Rübel Dortmunder UB. n. 75): renunciavimus — omni actioni et omni inpetitioni si quas nobis dicebamus competere in quodam manso — et in quibusdam agris qui teutonice *rodelant* dicuntur et in judicio civium et in *judicio luci quod markerichte* teutonice vocatur.

8. *Vogt* mon. ined. p. 572: in communem silvam civium, vulgariter vocatam *holtmark.*

9. Dipl. a. 1311 ap. *Meibom.* Scr. 2, 226: pro iudicio, quod appellatur holtgerichte, per totam sylvam ibi, quae vulgo *marcha* dicitur.

10. Zeugenaussf. b. *Meichsner.* Decis. cam. 2, 706: holz sei mark, aber äcker u. wiesen sei schutzband, solches mög einer dem andern zu kaufen geben. (Thudichum S. 178.)

11. Ib. 2, 691: es werde diese wiese ein markgut genant, denn es daselbst um die wiesen her allenthalben mark u. stehen auch etliche bäum uf der wiesen, die mark seien.

12. Oberurseler W.; s. oben § 75 Nr. 9.

13. Bibrauer W.; das. Nr. 10.

14. Trad. Fuld. 1, 5: trado — terram, silvam et illam *marcam, sicut est mea.*

15. Dipl. a. 948 ap. *Meichelbeck.* T. I nr. 1030; s. oben § 75 Nr. 5.

16. Urk. v. 833 oben § 75 Nr. 6.

17. Chartular. Werthin. nr. 59; das. Nr. 7.

18. Dipl. saec. 9 ib. p. 104; das. Nr. 8.

19. Kl. Kaiserr. 2, 57; das. Nr. 11.

20. Altenhaslau. W.; das. Nr. 12.

21. *Meichsner* 2, 953. Item, sprechen wir auf den eid, was man der wälde, in dieser mark beschlossen u. begriffen, verkaufen jemand wolte, der sol sie ufgeben u. bieten in dem märkerdinge.

22. Ib. 2, 932. Kein markgut, es sei bodem oder schar, soll nirgend anders verklagt, vergift, vergeben oder gewehrt werden, dann am markergericht zu B. (Thudichum S. 179; Mnd. Wb. 4 S. 50.)

23. Ib. 2, 932. Item teilen wir, das das holz niemand kaufen mag oder sol, dann die marker gemeinlich u. keiner besonder.

24. Altenhaslauer W. § 8. Item wisen wir, wenn die märker in u. auswendig des gerichts ire güther zu verkaufen noth angienge, (haben) die einwohner u. leuth in deme gericht seßhaft die nechste, u. zu allen zeiten, ein ewigen abtrieb hergebracht.

25. L. Baiuv. 12, 8. Quotiens de *commarcanis* contentio nascitur, ubi evidentia signa non apparent in arboribus aut in montibus nec in fluminibus, et iste dicit: hucusque antecessores mei tenuerunt et in *alodem* mihi reliquerunt etc.

26. Ead. 22, 11. Ut nullus de *alterius* silva — aves tollere praesumat, nisi eius *commarcanus* fuerit.

27. Ostbevern. Markenr. (Grimm 3, 177). Markenoten, de in der marcke sit, u. ware besetten hefft.

28. Urk. K. Rudolf I. v. 1275 (*Zeuss* tradit. Wizenburg. p. 331): pronunciamus —, quod tres montes silvestres, scilicet Banholz, Douwelberg et Bremelberg *ad abbatis cameram debent perpetuo specialiter pertinere*, sed omnes alie silve, quas monasterium s. Petri — in Wissenburgensi territorio possidet, sint *communes* et *almende* vulgari vocabulo, ita quod abbas sit super hiis *magister et dominus*, nulli tamen *nisi cui abbas consilio mediante lecenciam dederit*, in eisdem silvis tradita facultate secandi, sed habeat idem abbas liberam — facultatem in ipsis silvis omnia ligna secandi, quibus ad necessariarum curiarum suarum et ecclesiarum structuras et edificia indigebit. Item quando facta fuerit cum *consilio quod dicitur einunge* vulgariter ordinatio super silvas, transgressor ipsius abbati tenebitur ad emendam. Item custodes silvarum *communi consilio* statuantur. Item *pecora gregum pascantur* in silvis predictis —. Item omnes homines habitantes in territorio plenum *ius* habeant *adigendi* et *inpellendi ad glandes silvarum* omnes *porcos*, quos in suis curiis aut in domibus nutrierunt. Insuper quilibet memorati territorii porcos non nutriens viginti quinque porcos emere poterit et non ultra in dictis silvis et glandibus depascendos. Item quicunque non in territorio constitutus ad glandes ipsarum silvarum porcos adegerit, abbas militum atque civium assistente presidio porcos capere poterit, et de ipsis libere facere seu beneplacitum voluntatis. Item libere liceat cuivis homini civitatis ipsius opus habenti in silvis ipsis *secare tres arbores* ad torcular.

29. Bibrau. W. (Grimm 1, 513). Wir wysen myn herren von Falkenstein vur einen rechten gekaren foyd, nit vor einen geboren foyd. die wile das er den merkern recht u. ebin tut, so han sie in lieb u. wert; dede er aber den merkern nit recht u. ebin, sie mochten einen andern setzen.

30. Bellersheim. W. (Grimm RA. S. 503). Item ist zu B. — alt herkommen, daß jedes jahr einer vom adel von den gemeinen markern gezogen werden soll u. hinwiederumb, daß die von adel einen aus den gemeinen markern zu ziehen macht haben, welche beide markermeister das jahr alle sachen handeln.

31. Birgel. W. b. Kindlinger Hörigk. S. 557. Item plegen die merker alle eynen faut zu kiesen über den walt, der den walt beschirme u. der merker recht.

32. Ebendas. Item die waltfürster geben laube zu hauwen mit willen der inmerker.

33. Urk. des Gr. v. Rienbrokhausen v. 1327 b. Niesert Münster. UB. II S. 128: dimittimus — ecclesie Monast. episcopo *proprietatem dimidietatis holtgraviae*.

34. Berisborn. W. (Grimm 2, 528): item weist der scheffen dem gehoffner sein gebrauch auff dem waldt, zum baw, zum feuer, zum pflugh u. wagen, u. so vil als ers behuff nach seiner notturfft.

35. Steinecker W. (Grimm 2, 400). Weyset der lehnmann von den wälden, — es seind (zu St.) 4 hoffstätt, so in den hoff St. gehoren, die haben den haw u. den baw; u. seindt 4 hoffstädt, so zu W. gehörig seindt, dieselbige haben allein den baw u. nicht den hawe.

36. W. von Lauffen b. Bluntschli I S. 258. Es ist auch zu wissen, daz zuo ainer huob gehört IV fueder holzrecht u. zu einer schuopoß zwei fueder.

37. Dipl. a 905 ap. *Neugart*. nr. 653: curtile unum — cum — tali usu silvatico, ut, qui illic sedent, *sterilia et iacentia ligna* licenter *colligant*.

38. W. v. 1521 b. Niesert Münst. UB. II S. 138: alle Verfalle, Pfechtte, Upkumst u. Rente des Westrenwaldes komme den Holtgreven in stedde meines

gn. H. de eine Deel to, de ander Deel den Erbexen u. die deerde Deel den Markgenoten.

39. Babenhauser W. (Grimm 4, 548): auch teylen wir den aldesten Grozlog nach unseme Herren (von Hanauwe) obersten merker.

40. W. zu Altenstadt (Grimm 3, 454). Furters weisseten sie, so ein oberster merckermeister wil wissen was sein recht sei —, so ist das sein recht, wan man ruge duth, ruget man dan viel puißen, derselben ist ein ruge sein, u. die uberigen seint der mercker —. Und von holcz wegen weisen sie ime zu recht, ist der oberste merckermeister in der marg geseßen, so sal man jme geben alle wochen ein drucken wagen vol holcz, urholcz. — Eckernshalben weisen sie ime zu recht, ist der oberste merckermeister in der marg geseßen, so sal he so viel wer in das eckern han, als drei ackermenner.

41. W. v. Oberursel, richtiger: der hohen Mark (das. 3, 488 vgl. 5, 733): han — gewist, das (uber) die marg — eyn oberster herre u. walpode sy eyn herre von Eppenstein —, u. der walpode sulle jerlichs off sant Kathr. tag mit den merckern die marg bestellen.

42. Das. 3 S. 489. Und wen die etellute u. der lantman off sant Kathrinen tag zu merckermeistern kiesen, den hat der walpode zu bestedigen. — Und sal man kiesen zu merckermeistern uß den eteln, mag man der nit han, uß den priestern; mag man der auch nit han, uß den lantman, die darzu die besten u. nutzten weren.

43. Bellersheim. Markgeding (Grimm RA. 513). Item wann ein windwehung oder groß gefell im walde geschähe, soll jeglich markmeister ein wagen mit holz haben, das ander der mark zu gut kommen.

44. Sögler Holzgeding (das. S. 513). Da die wind holt umweiede, das zur zimmerunge müge, dasselbe mogen die besitzer des hauses Söglen alz holzgreve zu sich nehmen u. gebrauchen; was aber von holz niedergefallen, so zur zimmerunge nicht müge, wer von den markgenoßen solches ehr gefunden u. zeichnet, der soll es mächtig sein.

45. Linger Bauersprache (das. S. 515). Soe wanner jemantz unberechtiget ut sinen huse umb bloemholt to hauwen geit, vorbört he van ideren tredde, bis he uf den stam kumt, vif schillinge, u. wanner he dat holt gehouwen heft u. daraver befunden werd, mag der befinder dem selven houwer sine rechter hand uf den stam leggen u. afhouwen, oder he mote handlosunge doen, u. so he uf der daet nicht befunden wurde, so manigen tredde, als he tuischen sinen huse u. den stamme wedder to rugge geit, so mannichmal broeke he dem herren vif mark u. den woltmarken van dem bloemholte eine tunne beers.

46. Markenr. von Dieren (Grimm RA. 516). Item so wie befonden wort met groenen hout in der marken gehouwen, is IV pont. — end wolde hy oek des to markenrecht staen, zal men hem markrecht laten wederwaren.

47. Bellersheimer Markgeding (das. S. 517). Ein ausmärker, der ein aichenstamm freventlich abhauet, soll geben 10 pf. heller. ein inmärker, der ein stamm freventlich abhauet, soll geben 5 pf. heller.

48. Dreieicher Wildbann (Grimm 1, 498; besser 6, 397) § 10. Und sal (der faut der mark) werin eschinbürnen: wer das tede, der begriffen würde, den sülde ein forstmeister binden, sine hende uf sinen rücke u. sine bein zu houf, u. einen phal zuschen sine bein geslagen, u. für vür sine füße gemacht, u. das sulde alse lange burnen, bis ime sine salen gebrentin von sinen füßen u. nicht von sinen schuhen.

49. Altenhaslauer W. v. 1461 § 7 (das. 3, 416). Auch weist man, wer einen stehenden baum scheelet, den soll man aufgraben ahn seinem nabel, u. ihn mit einem hufnagel mit dem darme an die flecke ahnheften, da er hat ahngehoben zu scheelen, u. ihn solang bis er dasjenige bedeckt, das er gescheelet hat, umb den baum treiben, u. sollte er keinen darm mehr haben, ohne gefehrde.

50. Erbach. W. b. *Reinhard* p. 196: forth hant sie geweist die grafen u. herren der graveschaft von Dietze für oberste merker — u. bekennen inen ires wildfangs.

51. W. b. *Reinhard* p 269. Item weisen si graven zu Catzenelnbogen ein obristen herrn über die mark — u. sey auch der wildtfangk, der schwandt u. das wildtpfandt des ehegen. grave.

52. Holting zu Alten v. 1551 (Grimm 3, 281): gefragt, weme de ersen bei jagt up dem Ahlten wolde gestendig? Darup tho rechte gebracht dorch Ollrich D: de rehejagt gehoret thom huse Ruhte u. die andere jagt sey gemeine. Gefragt, uft man noch jemanne der jagt gestendig in dem wolde? Darup ingebracht durch Cord V.: man halte dat de ersen rohtjagt hebben u. m. g. herr oick de macht hebbe tho jagen.

53. Urk. v. 1631 ap. *Lodtmann.* de iure holzgr. p. 203 (Grimm RA. 57). Wie weit einer dem andern von seinen hofzäunen mit dem plaggen siegede u. auch von feldzäunen verbleiben müße? welche urteilfrage wir an den ganzen umbstand der dreien kirchspiele Br., E. u. U. geschoben, welche sich darüber zusammen gethan u. nach gehabtem bedenken für recht eingebracht, daß von alters her bräuchlich gewesen, auch noch im gebrauch sei, so weit einer mit dem haerhammer unter dem linken beine her werfen könne, müße ein jeder von des andern erbhofzäunen mit dem siegede bleiben.

54. Cap. Karoli M. de villis imperial. c. 36. Ut *silvae vel forestes nostrae* bene sint custoditae.

55. Cap. a. 802 c. 39 (Mon. C 98). Ut in *forestes nostras* feramina nostra nemine furare audeat, quod iam multis vicibus fieri contradiximus, et nunc iterum *banniamus* firmiter, ut nemo amplius faciat.

56. Cap. Aquisgr. c. 18 (das. S. 172). De forestis, ut *forestarii* bene illas defendant, simul et custodiant *bestias* et *pisces*.

57. Urk. K. Heinrich IV. v. 1063 (Hamb. UB. Nr. 87 vgl. St. 2622): forestum — *cum banno regali per totum pagum Wimodi* — Hammaburgensi aecclesiae in proprium tradidimus.

58. Cap. Ludovici Pii. a. 818 c. 7 (Mon. C 288). De *forestis noviter institutis:* ut quicumque illas habet, dimittat, nisi forte — ostendere possit, quod *per iussionem sive permissionem domni Karoli* genitoris nostri eas instituisset; praeter illas quae ad nostrum opus pertinent, unde nos decernere volumus, quicquid nobis placuerit. (Waitz Verf.-Gesch. 4 S. 131.)

59. Cap. missor. a. 819 c. 22 (das. S. 291). De *forestibus nostris*, ut, ubicumque fuerint, diligentissime inquirant, quomodo salvae sint et defensae, et ut comitibus denuntient, *ne ullam forestem noviter instituant;* et ubi noviter institutas *sine nostra iussione* invenerint, dimittere praecipiant.

60. Cod. trad. Scheyern. circ. a. 1030 in M. B. 10 p. 382: comes de Ch. — ingressus cum servis et rusticis suis — liberam silvam — sibi eam suaeque uxori — absque omni contradictione apprehendit, *sicut mos est et erat communem silvam de legitimis curtiferis apprehendere, et in potestatem sui iuris tam populari more, arborum scilicet incisione, ignium ustione domorumque edificatione, quam trium dierum in eodem loco, quod hereditario iure hereditatem retinere mos est, sessione — vendicavit.*

61. Urk. K. Zuentibold v. 896 (Mittelrhein. UB. 1 n. 140): deprecati sunt ut quandam silvam in *bannum mitteremus*, et ex ea sicut Franci dicunt *forestem* faceremus, ut sub banno nostro sit quicquid silvarum abbatia — inter subscriptos fines. Omnem ergo silvam — *per bannum nostrum omnibus prohibemus et ex ea forestem facimus*, ne deinceps ullus hominum in ipsa *bestiam capere* quacunque venationis arte absque possessoris eius licentia presumat. (Waitz Vf.-Gesch. 4, 128 u. 131.)

b. Urk. K. Otto I. für Fulda v. 951 (Mon. Dd. n. 131): decrevimus, ut forestam quae ad villam Achizwila pertinet, *in qua prius erat communis omnium civium venatio*, nullus venandum audeat ingredi nisi licentia — abbatis successorumque illius. (Thudichum S. 306.)

62. Urk. K. Otto III. v. 992 (Mittelrh. UB. 2 n. 133, St. 965): fidelibus nostris S. — concessimus, ut faciant *forestum* infra spacium — praenotatum etc. Et in eodem *foresto* dedimus eis *bannum nostrum, excepto solummodo fidelis nostri C. ducis praedio*, ita ut nulla persona — infra spacium praedictum *aliquam feram vel bestiam*, hoc est cervum aut cervam, aprum vel apram, aut hinnulum, sive aliam bestiam, *quae ad bannum nostrum pertineat*, sine licentia eorum insequi,

venari aut capere praesumat, nisi statim sibi, sicut nobis fieri solet in forestis nostris, *regium bannum* persolvat.

63. Urk. K. Heinrich IV. v. 1067 (Fickler Quellen u. Forschungen zur Gesch. Schwabens u. der Ost-Schweiz [1859. 4.] Urk. S. 20): comiti E. — *bannum legitimum foresti* infra *praedium suum* in pago G. et H. in comitatibus G. et L. comitum siti — super *cervos et cervas*, *apros et sues silvaticas* nostra regali potestate in proprium dedimus.

64. Urk. K. Konrad II. v. 1023 (Mon. Bo. XXXIa n. 156, St. 1811): bannum nostrum super feras videlicet *cervos* et *cervas*, *sues* atque *capreolos* — *consentientibus* — *E. episcopo cum suis militibus*, *R. abbate Fuldensi cum suis militibus*, *ipso etiam episcopo Wirzeburgensi M. cum suis*, *O. comite cum suis*, *A. cum suis*, *G. comite eiusque fratribus cum suis ceterisque insuper eiusdem regionis cum provincialibus maioribus et iunioribus* ex nostra imperiali traditione donamus — et de nostro iure in *legitimum forestum* — stabilimus eidem ecclesiae.

65. Urk. K. Konrad II. v. 1029 (*Erhard* Cod. dipl. Westf. 1 n. 116 p. 90): quandam silvam, — sitam singulariter in proprietate praediorum — Mindensis aecclesiae — in comitatu B. ducis *cum consensu* — *praefati ducis* — *et sui fratris D. ceterorumque civium in eadem silva usque modo communionem venandi habentium* — *forestari* concessimus et *banni nostri districtu circumvallavimus*, ea videlicet ratione, ut nemo ulterius in eodem foresto *absque* prelibati *episcopi* — *licentia* potestatem habeat venandi, sagittandi, retia aut laqueos ponendi aut ullo ingenio feras decipiendi, *quae merito sub iure banni continentur.*

66. Schwsp. 197 Z. 7 ff. Swer in panforsten wilt wundet oder vellet oder jaget, der ist dem herren, des ez da ist, schuldic ze geben driu phunt der lantphenninge (al. sechzig schillinge).

67. Urk. K. Rudolf I. v. 1289 b. Stisser Forst- u. Jagdhist. Beil. Lit. K S. 48: *officium foresti nostri* in Nuremberg contulimus Ottoni dicto *Forstmeister* fideli nostro — et *omnibus suis heredibus* talium feudorum capacibus — a nobis et imperio deinceps *in feudum* possidendum: ita quod ipse Otto — una cum suis servis sibi ad regimen eiusdem officii necessariis silvam — foveat et omni loco impingeret, ubi eandem silvam succisam indebite viderit aut nocive. *Nulli etiam sine sui demonstratione pro structura aliqua silvam succidere liceat antedictam.*

68. Seulberger Markw. v. 1493 (Grimm 3, 491). Den wildbahn mag herr Ph. graf zu Hanau als der oberherr u. waldbott — eines jeden jahrs uf sontag lätare zu mittfasten, so man die mark bestellet, zuthun; also daß in der mark dasselbe jahr aus niemand darin jagen oder wildwerk treiben soll; wollte aber der waldbott — das aufthun u. darein jagen oder wildwerk treiben, daß mag er thun; u. so er darinn gejagt, so ist es drey tage darnach rittern, edelleuthen u. pastorn in der mark gesessen, — auch erlaubt zu jagen —, u. wann solches also 6 wochen 3 tage gewähret, so mag der waldbott darnach allwege, wenn er will, den wildbahn wiederum zuthun nach seinem gefallen —, alsdann soll — niemands darin jagen, also biß der waldbott wieder von neuem 3 tage — gejagt hat.

69. Dreieicher W. v. 1338 (Grimm 1, 502, besser 6, 400) § 32. Auch deilen sie, wo ein man hat wiesen ader eckere, die in sine hube gehorind, die mag he allewege haldin, das sie icht zu walde werdin; verhengit he in abir, das er zu walde wirt, u. das holz also stark wirt, das es zwene ossen mit eime joche nicht niddir mügen gedrücken, so sal he es nicht raden ane loube eines forstmeisters.

70. Cod. Laurisham. a. 1168 I p. 266: fratribus nostris in S. novellationem agrorum seu pratorum quatuor aratris sufficientem in foraste ad V. pertinente, *cuius quidem fundus Laureshamense monasterium*, *regalis vero bannus nostram* (sc. Wormatiensem) *respicit ecclesiam*, — indulsimus.

71. Iura Maurimonasterii circ. a 1144 (*Schöpflin*. Alsat. dipl. 1 p. 229). Unusquisque qui in hoc banno ignem ardentem habet, de silva Wasegen ante pascha persolvere debet gallinam, V ova, *exceptis consociis* et eorum servis. Ipsi vero exinde licentiam habeant, ut aedificia — ibi incidant et ad comburendum quantum necesse est sumant —. Si autem ista parte incidere voluerit, hoc *a custode nemoris querere oportet*, et omnes, qui ibi aliquid ad vendendum incidere cupiunt, — similiter *a custode petere debent*. Illo quoque anno, quando *pleniter glandes creverint*, custos nemoris ante festivitatem s. Michaelis omnibus

hominibus s. Martini notificare debet, et *omnium porcorum, qui ibi pasti fuerint, decima pars abbati proveniat.*

72. Dreieicher W. (Grimm 1, 502; 6, 400) § 35. Auch ist geteilt, das — keine swine sollint in den walt gen nach sant Walpurge tag ane des forstmeisters willin.

73. Urk. v. 1076 (M. B. IV 294): eidem monasterio — damus: primo ut in nostro foresto sibi contiguo recipere debeant sine exactione iuris, quod *forstrecht* dicitur, omnia *ligna* que ad *edificandum necessaria* habuerint, vel *cremandum.*

74. Urk. K. Karl f. Lüttich v. 915 (*Miraeus* I 254): delegavimus — ipsam forestem praelibatis partibus iure perpetuo *in proprium tenendam* et totum undecunque ad integrum, velut dudum semper in regum manibus constiterat, firmavimus omni tempore possidendam in tantum, ut neque a quoquam venatio ullatenus fiat per illam, nisi praelati illius ecclesiae licentiam omnino habuerit indeptam. Si quis ita temerario ausu in ea venari praesumserit, sic *bannum regium* inde componat, quomodo *antea* componebatur *dum regum in manibus steterat.*

75. Urk. K. Heinrich II v. 1008 (Lünig RArch. 17 S. 492): bannum nostrum bestiarum — s. Leodinensis ecclesiae praesuli nec non B. comiti *super eorum proprias sylvas* — concedimus — ea videlicet ratione, ut — de praenominato banno eiusque utilitate dehinc liberam habeant quidquid sibi placuerit potestatem faciendi.

76. Urk. K. Lothar v. 1132 (*Leukfeld.* Antiq. Walkenrid. p. 355: quod Adelheida — locum — Walkenrit —, qui sui iuris erat, — divino cultui mancipavit. — Nos itaque — eandem donationem contigua quaedam adiicientes *et jus nostrum quod wildban dicitur eidem loco permittentes,* regia nostra potestate amplificavimus. (Verdächtige Urk., St. 3268.)

77. Urk. K. Heinrich IV. v. 1065 (*Schöpflin* Alsat. dipl. 1 p. 172, St. 2668): duas villas — *cum foresto* Heiligenforst nominato — E. comiti *in proprium* dedimus.

78. Urk. K. Friedrich I. f. Heinrich den Löwen v 1158 (Or. Guelf. 4, 228, St. 3793). H. dux — obtulit nobis privilegium praedecessoris — nostri, — in quo continebatur, quod — imperator — duo comitis U. beneficia, comitatum suum videlicet et *forestum* in montanis, quae dicuntur Hartz, sibi suaeque uxori — *in beneficium* perpetualiter tradiderit —, eo videlicet tenore, ut quicunque suorum — praedium illorum in loco qui Einbike vocatur obtineret, is quoque praedicta duo beneficia — praedicti comitis U. — *iure beneficiali* possidere deberet.

79. Urk. K. Friedrich I. v. 1156 (UB. des Landes ob der Enns 2 n. 187): *bannum silvestrium et ferinarium*, piscine et nemora in ducatu Austriae debent *iure feodali* a duce Austriae dependere (aus dem unechten priv majus)

80. Urk. K. Heinrich V. v. 1108 f. Graf Otto v. Zütphen (*Lindenborn* hist. episc. Daventr. p. 214, *Sloet* OB. van Gelre en Zutfen 1 n. 214): comiti de Sutfen — confirmamus — bannum ferarum ex utraque parte Isle —, quod totum praedecessores ejus et ipse *ex proprietate sua, non ex dono regali* habet. (Verdächtige Urk., St. 3023 vgl. mit Zus.)

81. Ssp. II 28 § 1. Sve so holt houwet, — sin wandel dat sint dre schillinge; den scaden gilt he uppe recht. § 2. — houwet he holt, dat gesat is, oder barende böme, oder brict he sin ovet, — he mut drittich schillinge geven.

82. Baier. LR. 76 (Freyb. S. 421). Waz panholtz ist: wer ains holtz, ez sey aigen oder lehen gesezzen ist pey rechter nutz u. gewer an all ansprach, daz mag wol sein panholtz gehaizzen u. sein.

83. Urk. v. 1329 b. Steiner Seligenstadt S. 585. Item dicimus, quod dom. abbas debet dare unicuique oppidano *novam domum aedificanti* 7 ligna, ad horreum novum 4 ligna et ad restaurationem veteris domus 3 ligna.

84. W. van Suesteren v. 1260 (Grimm 3, 862). Item dicunt, quod dominus de V. potest *inbannire seu ad pacem ponere* silvam super omnes forestarios, ne aliquis secet eam, et ad hoc potest destinare nuncium suum.

85. Lüneb. Satebrief v. 1392 b. Jacobi Lüneb. Landtagsabschiede Th. 1 S. 51, 52. In demsülven gohegerichten, höltingen u. friegerichten en möge we noch jemandt von unserntwegen, nenerley gohgreven noch holtheren

setten noch entsetten noch icht anders richten laten, men alse dat olde recht uthwieset, dat me in densülffen gerichten findet, dar scholle wy u. willet uns gänzliken na richten, u. de gerichte u. lüde, de darlho höret, rowlicken darby laten.

86. Artikel der Bauerschaft b. Sartorius Gesch. des Bauernkriegs S. 348. Denn unsere Herren haben ihnen alle Hölzer allein zugeeignet, u. wenn der arme Mann was bedarf, muß ers um zwei Geld kaufen.

87. Fürstl. Braunschw. Forstordn. v. 1591 Art. 6: (wollen, daß) unserer Unterthanen eigene Holtzunge mit aller Verwüstung gleich den unsern verschonet seyn, u. ihre Theilung oder Nothdurft darin nicht erhaben, oder zu haben mächtig seyn, sie habens dann im Forstamte dem Oberverwalter oder Oberförster angezeigt, die dann ihnen auf ihre Anforderung die Nothdurft ausweisen, auch demnächst ihre Holztheilung also machen, daß sie — künftig — nothdürftiglich haben mögen, was über ihre Nothdurfft u. sonsten zu verlassen, daran wollen wir uns den angestammeten Vorkauff — vorbehalten haben.

88. Baierische Forst-Ordn. v. 1616 Art. 76. (Es) sollen die Bauersleute, so von alters her ihren Holtzschlag an den Gemein-Höltzern haben, derselben, soviel immer müglich, verschonen. — Damit auch solchem Vollziehung beschehe, solle durch die Bauersleute — ein Forstknecht, der ihnen — das Holtz auszeichnet u. abgiebt, gehalten u. besoldet, auch durch dieselben Forstknechte wöchentlich 2 oder 3 Holtz-Täge, wie in unseren Banförsten, fürgenommen werden; — Es sollen auch die Forstknecht oder Holtzhäyen — unsern Hoff-Kammer-Präsidenten u. Räthen — gebührliche Eydspflicht thun, der Forstordnung — treulich nachzukommen, u. nichts zu unterlassen, was zur Aufbringung u. Unterhaltung des Gemein-Holtzes — dienlich wäre.

89. *Lünig.* C. j. feud. T. II p. 845 (a. 1717). Es haben Se. Königl. Majestät der (Churmark-Brandenburgischen) Ritterschaft — die Gnade gethan, daß sie von ihren Holtzungen, sowohl Eichen als Fichten, ohne einigen von der Jägerey oder Jagtcantzley deßhalb vorher extrahirten Consens von nun an frey disponiren können; jedoch wann es damit zum Ruin der Holtzungen ausschlagen wollte, daß sodann — seiner königl. Majestät selbsten frey stehen solle, die — Sache untersuchen u. darüber erkennen zu lassen.

90. Baier. Forstges. v. 28. März 1852 Art. 6. Die Bewirthschaftung der Gemeinde- u. Stiftungswaldungen steht unter der Oberaufsicht der Staatsregierung.

91. Dasselbe Art. 19. Privatwaldbesitzer sind hinsichtlich der Benützung u. Bewirthschaftung ihrer Waldungen an die forstpolizeilichen Bestimmungen des gegenwärtigen Gesetzes gebunden.

92. Preuß. Edict z. Beförderung der Landcultur v. 14. Sept. 1811 § 4. Die Einschränkungen, welche theils das A. LR., theils die Provinzial-Forstordnungen in Ansehung der Benutzung der Privatwaldungen vorschreiben, hören gänzlich auf. Die Eigenthümer können solche nach Gutbefinden benutzen u. sie auch parzelliren u. urbar machen, wenn ihnen nicht Verträge mit einem Dritten oder Berechtigungen Anderer entgegen stehen.

93. Hannov. Verordn. v. 1. Sept. 1830 § 1. Die Verwaltung der Landgemeinde-Forsten bleibt, wie bisher, der Oberaufsicht der königl. Oberforstämter unterzogen. — § 6. Die Aufsicht der Forst-Inspectionen — begreift alle ungetheilte Gemeindeholzungen der Dorfgemeinden; es sollen davon jedoch ausgenommen sein: 1) die eigentlichen Holzmark- oder Holzgräfschaften; 2) die nicht über 50 Morgen Forstgrund enthaltenden Gemeindeforsten, in Ansehung deren von Seiten der Obrigkeiten nur auf eine gehörige Erhaltung u. Nachpflanzung im Allgemeinen, so wie namentlich darauf gehalten werden soll, daß in der Regel keine Eiche vor erlangter Haubarkeit gefällt werde; u. 3) die Gemeindeforsten der Patrimonial-Gerichte, insofern darüber eine gute Aufsicht unter Zuziehung der Forstbedienten der Gerichtsherren bereits besteht.

94. Hannov. Verordn. v. 21. Oct. 1815: 1) Die den Gemeinden, Kirchen u. öffentlichen Anstalten im Fürstenthum Hildesheim zugehörigen Forsten bleiben ferner der bisherigen Aufsicht Unsrer Forstbedienten unterworfen —. — — — Was 3) die Privat-Waldungen betrifft, so bleibt deren Verwaltung u. Bewirthschaftung den Eigenthümern derselben in der Maasse überlassen, dass diese ohne Zuziehung Unsrer Forstbedienten Schläge anlegen u. damit nach Belieben schalten können, vorausgesetzt jedoch, dass dergleichen Schläge einem regelmäßigen Forstbetriebe angemessen sind u. die Waldung nicht verwüstet werde. — — — 7) soll kein Privat-Waldeigenthümer ohne Einwilligung des Oberforstamts — einen Wald-District ausroden u. umbrechen können.

2. Bei wilden Thieren (Jagdrecht). (B. § 199 St. § 151.)

§ 87. a. Regalität der Jagd. (G. § 92.)

Eichhorn RG. § 58, 362, 548. Ch. G. Riccius zuverlässiger Entwurf von der in Teutschland üblichen Jagtgerechtigkeit. 2te viel vermehrte Aufl. Frkf. 1772. Für die Regalität der Jagd besonders: *F. U. de Cramer* vindiciae regalis iuris venandi, in dess. Opuscula Tom. 3 nr. 1. Gegen die Regalität der Jagd: (Ch. L. Bilderbeck) Gründliche Deduction gegen die vermeintliche Regalität der Jagden. 1723 u. verm. 1741. Fol. *D. G. Strube* Vindiciae iuris venandi nobilitatis Germanicae. Hildesh. 1739. 4. Dess. Nebenstunden Th. 1 Nr. 2, Th. 2 Nr. 11. Berchtold Art. Jagdrecht b. Bluntschli u. Brater 5 S. 380. Brunner Art. Jagdrecht b. Holtzendorff II S. 407. — W. v. Brünneck die Jagdgenossenschaften. Halle 1867.

Preuß. Ges. betr. die Aufhebung des Jagdrechts auf fremdem Grund u. Boden u. die Ausübung des Jagdrechts v. 31. Oct. 1848. Jagdpolizei-Ges. v. 7. März 1850. Pr. G. v. 1. März 1873 betr. die Aufhebung des Jagdrechts auf fremdem Grund u. Boden in den vormals kurfürstl. Hessischen u. großherzogl. Hessischen Landestheilen u. der Prov. Schleswig-Holstein. — Württemberg. Ges. üb. das Jagdwesen v. 17. Aug. 1849. — Bair. Ges. v. 4. Juni 1848. Jagdausübungsges. v. 30. März 1850. — Hannov. Ges. v. 29. Juli 1850; Jagdordnung v. 11. März 1859.

1 L Rib. 42, 1. Si quis de *diversis venationibus furaverit* et celaverit, seu et de piscationibus, quindecim solidos culpabilis iudicetur; *quia non hic re possessa, sed de venationibus agitur* (cf. *Budde* loc. cit. p. 13 sq).

2. Ead. 76 Si quis Ribuarius in *silva communi* seu *regis* vel *alicuius* locata materiamen vel ligna fissa abstulerit, XV solidis culpabilis iudicetur, sicut de *venationibus* vel de *piscationibus*, *quia non res possessa est, sed de ligna agitur* (cf *Budde* l. c. p. 16—22).

3. L. Baiuv 21, 11; s. oben § 86 Nr. 26.

4 Cap. a. 802 c. 39; s. oben § 86 Nr. 55.

5. Ottonis I. dipl a. 952 (Mon DD nr 439). Abbatie (Palithi) partem curie nostre Palithi *cum omnibus ad hanc rite pertinentibus* — donamus h. e. areis, terris cultis et incultis, — pascuis, silvis, piscationibus, *venationibus*, molendinis etc (Fälschung des 13. Jahrh.)

a Urk. Ludwig des Deutschen f Herford v. 868 (*Erhard* C. dipl. Westf. 1 n 25 S. 20): concessimus — duas videlicet casas dominicatas O. L. — cum 30 mansis et omnibus suis appendiciis — pascuis, aquis — molis, molendinis, piscationibus, silvis, *venationibus*,

6. Dipl. a. 1294 ap *Guden*. Cod. dipl. 1, 876: castrum et opidum Durne — cum suis *pertinentiis* universis, videlicet silvis, nemoribus, *venacionibus*, que *wiltpant* appellantur vulgariter

7. Ssp. II 61 § 1. Do Got den menschen geschup, do gaf he ime gewalt over vische u. vogele u. alle wilde dier. Dar umme hebbe wie is orkünde von Godde, dat nieman sinen lief noch sin gesunt an dissen dingen verwerken ne mach. § 2. Doch sint drie stede binnen deme lande to Sassen, dar den wilden dieren vrede geworcht is bi koninges banne, sunder beren u. wolven u. vössen; dit hetet ban vorste. Dat eine is die heide to Koyne; dat andere die Hart; dat dridde die Maget heide. Sve so hir binnen wilt veit, die sal wedden des koninges ban, dat sin sestich schillinge.

8. Pürschordn. f. die freien Pürschdistricte zw. der Riß, Donau u. Blau v. 1722 b. Riccius S. 100. Gleichwie in diesem — Pürschbezirk sowohl die Herrschaften u. Obrigkeiten, als auch Bürger u. Unterthanen des freien Pürschens von uralten Zeiten her fähig seyn, u. in dessen wirklicher Uebung stehen; also sollen dieselben auch fürterhin dabei gelassen u. insonderheit die Bürger u. Unterthanen deren keineswegs excludiret werden.

9. Urk. K. Albrecht I. v. 1302 ap. *Guden.* 3, 9: nobili viro, Conrado de W., *custodiam ferarum et venacionum*, quod vulgariter dicitur *wiltpand*, de opido Neckirgemonde usque Laufen; et ex alia parte de ripa que dicitur Elsentze usque ad aliam partem que dicitur Zabern, *nostro et imperii nomine* duximus committendam. Hoc edicto regio districtius inhibentes, ne quis, — memorato Conrado et suis heredibus — exceptis, in dictis districtibus *venaciones exerceat.*

10. Urk. Johann I. v. Brabant v. 1283 (*Miraeus* Opera dipl. 1 p. 319): recognoscimus venationem, piscationem et aucupium seu avium captionem, teutonice vogelen, ubique *supra bona sua esse suas.* Eo salvo, quod cum aliis nostris hominibus aucupium de iure habentibus, inhibuerimus, ne *cum retibus anates capiant*, nostrum teneat mandatum in praemissis.

11. Urk. v. 1393 b. Horn Friedr. d. Streitb. S. 693. Wir — versetzen das genante sloz — mit allen zcugehorungen, usgeslozen — unsir wiltbann.

12. Rsb. nach Dist. VI 1, 2. Es — haben sommeliche des riches stete czu jagen suchse u. fogele u. ander cleyne wilt, also daz hun, fogele in der stad flur u. gerichte, daz von des gerichtes wegen beschriben u. vormacht ist. Wert auch uff denselbeu fursten wilt gejaget von den, dy den herschilt haben, die mogen daz selbe wilt dorinne jagen unde ome fulgen, u. keyn ander sullen sy mit den hunden heczen noch grussen.

13. Jckstädt. W. v. 1256 (M. B. 28 P. 2 p. 511). *Ministeriales* venabuntur lepores et vulpes praeter rete, et si lupum ceperit, capiet pro eo cervum. Alias non venabitur *rotwild.*

14. Bergisch. Ritterr. (14. Jahrh.) § 34 (Lacomblet Arch. H. 1 S. 93). De ridderschafft mach jagen rehe, haisen, wilde schwyn ind feldthoener; sie mogen nith jagen hertz noch hinden noch hasselhoener.

15. Dasselbe von 1478 § 64 (das. S. 103). De Ritterschafft en sal dem heren nyt tasten in sine hoejacht (bedeutet hier einen Bezirk, näml. den alten Wildbann oder Forst). Ouch ist gewonlich, dat de ritterschafft haven gefangen rehe, haesen ind velthoinre buyssen des heren zorn, doch also dat dat in des heren hoejacht nyt geschien en sal.

16. Herz. Albrechts v. Baiern Verordn. v. 1487 b. (Krenner) Baier. Ldtagshandl. 10, 95: sind — im Willen unsre kleine u. grosse Wildbann — zu hayen. Schaffen darauf ernstlich mit dir (näml. Unserm Jägermeister), daß Du allenthalben in deinem Amt alles Gejaid verbiethen lassest, — ohne allein Füchse u. Haasen sollen den Edelleuten erlaubt seyn. — Den kleinen Wildbann sollst du füran niemand verlassen, dann ein Grub oder Selbstgeschoss zu Füchsen u. Wölfen magst du den Leuten vergonnen. Bist auch darob, daß niemand pausse oder abschrecke, damit die Haasen desto mehr gehayet werden. Daß auch niemand kein Huhn mehr fange, es geschehe dann mit Federspielen.

17. Herz. Albrechts v. Baiern Verordn. v. 1493 b. (Krenner) Baier. Ldtagshandl. 9, 242. Uns ist vor unsern Landleuten — unter andern angebracht, wie unsre Jägermeister ꝛc. unsre kleine Wildbanne den Edelleuten u. ihren Gesessen zu nahe, den Bauern verlassen, dadurch ihnen ihr Kurzweil

entzogen werde —; so befehlen Wir —, daß ihr füran solche unsre kleine Wildbanne, als Fuchs, Haasen, Hühner u. Vögel den Edelleuthen u. ihren Gesessen — nicht zu nahe verlasset, sondern auf den Gränzen u. an Enden, da nicht Edelleute seßhaft sind. — Ihr sollt auch den Edelleuten gestatten —, daß sie Rehe, Schweine u. Bären fangen mögen, doch an unsern Bannförsten, u. ihren Vorhölzern, u. an den Hölzern daran oder in der Nähe dabei gelegen, nicht.

18. Baierisch. Landpot (Münch. 1520) Fol. 41. Es sol auch hiemit sonderm ernst allen Bürgern; die nit auß den Stetten von geschlechten sein, — samt allem andern gemainen volkh u. sonderlich aller pawrschaft die Hasen u. Fuchs zu schießen oder sonnsten in was weg das geschehen möcht, auch fliegendt wiltpret mit den Netzen, Pern u. schiltn ze fahen, in unnsern Land ganzlichen u. gar verpoten sein u. bleiben.

19. Tengler's Laiensp. edit. 1538 Bl. 19 b. in fin. Die weil — die Keyser u. Künig dem Rittermässigen adel — als Regalien — verleihen, das sie mit hunden u. federspiel weydwerck zu treyben haben; so gezimpt doch solchs den geystlichen in keynen weg, noch auch den baurn.

20. Revers des Kurf. Joh. Sigism. v. 1611 b. *Scheplitz.* Consuet. March. p 468 Wir — wollen uns auch auf der (Märckischen) Prälaten, Herrn u. denen von der Ritterschaft Gütern, nicht weiters, denn von Alters beschehen, oder — die sonderbahre — Verträge besagen, oder wir sonsten aus Hoheit zu jagen Macht haben, der Jagten anmaßen.

21. Cod. August. tom. II p. 611, 612. Nach dem Sächsischen Mandat von 1717 gehören 1. zur Hohen Jagd: Bäre, Bärinnen, junge Bäre, Hirsche, Stücken-Wild, Wilds-Kälber, Tannhirsche, Tannwild, Tannwilds-Kälber, Luchße, Schwanen, Trappen, Kraniche, Auerhähne, Auerhühner, Phasanhähne, Phasanhühner, Bocken; 2. zur Mitteljagd: Reheböcke, Rehe, Rehekälber, Hauende Schweine, Angehende Schweine, Keyler, Bachen, Frischlinge, Wölffe, Birckhähne, Haselhühner, Große Brachvogel; 3. zur Niedern Jagd: Haasen, Füchse, Dachse, Bieber, Fischotter, Marder, Wilde Katzen, Elthiere, Eichhörner, Wiesel, Hamster, Schneppen, Rephühner, wilde Gänse, wilde Enten, — u. alle andere kleine Vogel, wie sie Nahmen haben mögen.

22. Preuß. LR. II 16 § 37. Zur hohen Jagd werden gewöhnlich nur Hirsche, wilde Schweine, Auerochsen, Elendthiere, Phasanen, Auerhähne u. Hennen gerechnet. § 38. Wo die Provinzialgesetze keine mittlere Jagd bestimmen, gehört alles übrige Wild zur niedern Jagd.

23. L. Baiuv. 20, 7. De his canibus, qui ursis vel bubulis i. e. *maioris feris*, quod suarzwild dicimus, persecuntur.

24. Dipl. a. 1472 ap. *Gercken.* Dipl. vet. March. Brandenb. T. 2 p. 491: lihen — die wild jaget grot u. kleine.

25. Dipl. a. 1479 ap. *Kettner.* Antiqu. Quedlinb. p. 571. Hoch u. nieder Jagt.

26. Lauenburg. Landes-Receß v. 15. Sptbr. 1702 Art. 32 (Spangenberg Samml. der Verordn. Th. 4 Abth. 2 S. 330): was den Punct der hohen Jagd, wornach dem Landes-Gebrauch im — Herzogthumb Lauenburg nach, bloß die Jagd nach Hirschen verstanden, die Schweine aber u. alles übrige Wild unter dem niedern Wild begriffen wird, betrifft, — Ritter- u. Landschaft bei dem, was sie, oder ein jeder darunter besitzlich hergebracht, geruhiglich gelassen werden.

27. Bremen- u. Verdensche Jagdordn. v. 20. Jul. 1692 (Bremen- u. Verd. Gesetzs. Bd. 1 S. 172) § 2. Wird auch nöthig sein, weil fast ein jeder von Adel im Lande die hohe u. niedere Jagt *praetendi*ret, daß ein jedweder, bei welchem sich ein gegründeter — Zweiffel, ob er der hohen Jagt sich anzumassen berechtigt sey, entstünde, seine — Befugniß dazu — beweise.

28. Polizei-O. der Stend im Elsaß. Straßb. 1552. fol. ... Dieweil man auch zu täglicher erfarung befindet, das die Unterthanen diß Landes sich trefflich auff das Wildpret, Hasen u. gevögels schießen legen, dadurch sie ire Arbeiden versäumen, auch etwann vil unraths bishero darauß entstanden ist, u. noch täglich entsteht, ist gemeinlich abgeredet, bewilligt u. angenommen, das hinfürther

solch schießen den gemeinen Burgern u. Underthanen nit gestattet werden, sondern verbotten sein soll. — Doch sol damit ainem jeden in seinen wildfuren u. Oberkaiten selbs oder durch seine Diener u. wem er das bevelhen oder bewilligen würdt, schießen zu lassen, unbenommen sein.

29. Baier. Ges. v. 1850 § 1. Im Grundeigenthum liegt die Berechtigung zur Jagd auf eigenem Grund u. Boden. Die Jagdgerechtigkeit auf fremdem Grund u. Boden bleibt aufgehoben. § 2. Die Ausübung des Jagdrechts durch den Grundeigenthümer selbst ist nur zulässig: 1) auf allen unmittelbar an die Behausung stoßenden Hofräumen u. Hausgärten, sobald sie durch eine Umfriedung begränzt sind, 2) auf allen Grundstücken, welche mit einer Mauer oder dichten Umzäunung u. verschließbaren Thüren versehen sind, 3) auf einem zusammenhängenden Grundbesitze von mindestens 240 bayrischen Tagwerken im Flachlande u. 400 Tagwerken im Hochgebirge.

30. Preuß. Ges. v. 1848 § 1. Jedes Jagdrecht auf fremdem Grund u. Boden ist ohne Entschädigung aufgehoben. — § 2. Eine Trennung des Jagdrechts vom Grund u. Boden kann als dingliches Recht künftig nicht Statt finden. § 3. Die Jagd steht jedem Grundbesitzer auf seinem Grund u. Boden zu. — Den benachbarten Grundbesitzern bleibt überlassen, ihre Grundstücke zu einem gemeinschaftlichen Jagdbezirke zu vereinigen u. die Jagd durch öffentliche Verpachtung oder durch einen angenommenen Jäger ausüben oder auch gänzlich ruhen zu lassen. § 4. Die Grundbesitzer sind in der Ausübung der Jagd nur beschränkt durch die allgemeinen u. die besonderen jagdpolizeilichen Vorschriften, welche den Schutz der öffentlichen Sicherheit u. die Schonung der Feldfrüchte bezwecken.

31. Preuß. Jagdpolizei-Ges. v. 1850 § 1. Die Ausübung des einem jeden Grundbesitzer auf seinem Grund u. Boden zustehenden Jagdrechts wird nachstehenden Bestimmungen unterworfen. § 2. Zur eigenen Ausübung des Jagdrechts auf seinem Grund u. Boden ist der Besitzer nur befugt: a) auf solchen Besitzungen, welche in einem oder mehreren an einander gränzenden Gemeindebezirken einen land- oder forstwirthschaftlich benutzten Flächenraum von wenigstens 300 Morgen einnehmen u. in ihrem Zusammenhange durch kein fremdes Grundstück unterbrochen sind —; b) auf allen dauernd u. vollständig eingefriedeten Grundstücken; c) auf Seen, auf zur Fischerei eingerichteten Teichen u. auf solchen Inseln, welche Ein Besitzthum bilden. § 3. Wenn die im § 2 bezeichneten Grundstücke mehr als dreien Besitzern gemeinschaftlich gehören, so ist die eigene Ausübung des Jagdrechts auf diesen Grundstücken nicht sämmtlichen Mitbesitzern gestattet. Dieselben müssen vielmehr die Ausübung des Jagdrechts Einem bis höchstens Dreien unter ihnen übertragen. Doch steht ihnen auch frei, das Jagdrecht ruhen oder durch einen angestellten Jäger ausüben zu lassen oder zu verpachten. Gemeinden oder Korporationen dürfen das Jagdrecht auf solchen ihnen gehörenden Grundstücken (§ 2) nur durch Verpachtung oder durch einen angestellten Jäger ausüben.

32. Das. § 14. Ein Jeder, welcher die Jagd ausüben will, muß sich einen, für den ganzen Staat gültigen, zu seiner Legitimation dienenden, auf ein Jahr u. auf die Person lautenden Jagdschein — ertheilen lassen, u. selbigen bei der Ausübung der Jagd stets mit sich führen. — Für einen jeden Jagdschein wird auf das Jahr eine Abgabe von Einem Thaler — entrichtet. — § 15. Die Ertheilung des Jagdscheins muß folgenden Personen versagt werden: a) solchen, von denen eine unvorsichtige Führung des Schießgewehrs oder eine Gefährdung der öffentlichen Sicherheit zu besorgen ist; b) denen, welche durch ein Urtheil des Rechts, Waffen zu führen, verlustig erklärt sind, sowie denen, welche unter Polizei-Aufsicht stehen oder welchen die National-Kokarde aberkannt ist.

33. K. Sächs. bürgerl. Ges.B. § 231. Herrenlose Sachen, bei welchen ein ausschließliches Recht der Zueignung in Bezirken oder auf einzelnen Grundstücken besteht, kann nur der Berechtigte durch Besitzergreifung eigenthümlich erwerben.

§ 88. b. Ausübung der Jagdgerechtigkeit. (B. § 199. G. § 93 u. 220. St. § 202 III u. 151.)

Pfeiffer von der Verbindlichkeit der Jagdberechtigten zum Ersatze des den Grundeigenthümern zugefügten Wildschadens in dess. Practisch. Ausführungen Bd. 3 Nr. 5. W. v. Brünneck das heutige deutsche Jagdrecht u. der Eigenthumserwerb an widerrechtlich erlegtem Wild (Archiv f. civilist. Praxis 48 [1865] S. 80). Dernburg Preuß. Privatr. § 229.

1. Preuß. LR. II 16 § 32. Im Mangel andrer Bestimmungen gehören vierfüßige wilde Thiere u. wildes Geflügel, in so fern beide zur Speise gebraucht zu werden pflegen, zur ausschließenden Jagdgerechtigkeit.

2. L. Sal. Tit. 36 cap. 4 (vgl. Behrend t. 33). Si quis cervum, quem alterius canes moverunt aut lassaverunt, occiderit et celaverit, — sol. XV. culp. iudicetur. Cap. 5. Si quis aprum lassum, quem alieni canes moverunt, occiderit vel furaverit, sol. XV — culp. iud.

3. Ed. Rothar. c. 314. Si cervus, aut qualebit fera ab alio homine sagittata fuerit, tamdiu illius esse intellegatur, qui eam sagittavit, usque ad aliam talem horam diei aut noctis, i. e. oras XXIV, quo eam posposuit et se turnavit. Nam qui eam post transactas predictas horas invenerit, non sit culpavelis, sed habeat sibi ipsa fera.

4. Schwsp. 197 Z. 19—24: unde ist daz ein man ein tier wundet in sinem wiltpanne u. daz fliuhet in ein andern wiltpan: wes daz wilt si, daz sulle wir iu sagen. stirbet ez in dem wiltpanne e daz der dar über kome, der ez da gejaget hat: dez ist ez ze rehte. vindet erz lebende, er sol ez lazen sten, u. ez ist jenes, des der wiltpan ist. — Z. 26 ff. Ist daz ein man ein wilt jaget, u. wundet sin niht, u. ez wirt aber so müede, daz ez nider vellet u. niht für daz enmac; u. kumet ez uz sinen ougen, daz er sin niht mer siht: swer ez dar nach vindet u. vahet, des ist ez ze rehte, u. also ob er sich des suoches ab hat getan. Aber diwile er ez suochet, so ist ez sin; u. swer ez die wile vindet, der sol ez im wider geben, es si lebende oder tot. als ein wilt uz dinen ougen an sine vriheit kumet, so ist ez din niht.

5. Preuß. LR. I 9 § 130. Wo die Jagdfolge üblich ist, darf angeschossenes oder angehetztes Wild, auch auf fremdem Reviere, so lange verfolgt werden, als der Spürhund die Fährte noch nicht verloren hat. § 131. Wer die Jagdfolge ausüben will, muß nachweisen, daß das verfolgte Wild auf seinem Reviere wirklich verwundet oder angehetzt worden. — § 133. Wer die Jagdfolge ausübt, muß das Gewehr auf seinem Reviere zurücklassen. — § 137. Unter obigen Einschränkungen (§ 131 sqq.) wird im zweifelhaften Falle vermuthet, daß die Jagdfolge üblich sey.

6. Preuß. Ges. v. 31. Oct. 1848 § 4. Das Recht der Jagdfolge ist aufgehoben.

7. Hannov. Ges. v. 1850 § 13. Jagdfolge findet nicht ferner Statt; das Wild gehört demjenigen, in dessen Jagdbezirk es ergriffen wird.

8. Ssp. II 61 § 5. Neman ne mut die sat tredden durch jagen noch durch hitzen, sint der tiet dat dat korn ledekene (d. i. Glieder am Halm) hevet.

9. v. Normann Wendisch-Rugian. Landgebr. Tit. 16. Up Wittow datt gantze Landt iß Fürstl. Gn. Hasenhege, also dat nemandt dar moth — scheten edder werpen, wenn se em schon in den Kohlgarden gingen, by Poen des Halses —, idt sy Adell edder Anadell.

10. Ebendas. Dar moth nemandt by voriger Poen Winde edder Jagthunde up Wittow vöden, edder up dat Landt mitt sich nehmen, all wenn he schon nichts darmede hitzede edder grepe.

11. Tyrol. LO. v. 1536 B. 4 § 13. Es söllen auch den Underthanen — ain gebürliche Antzal Hundt zehalten, u. das Gewild (wo Sy dasselb in jren Weingärten, Ackern, Gärten, Wiesenäckern u. Veldern betretten) darauß zutreiben erlaubt sein, doch dergestalt, das sy dem Wildprädt nit Schaden thuen.

12. Oesterr. Ges. v. 1786 § 15 (de Luca polit. Cod. 3, 196). Jeder Wildschaden, er mag in landesfürstlichen oder Privatjagdbarkeiten an Feldfrüchten, Obstbäumen, Weingärten geschehen, ist dem Unterthan nach Maß des Schadens — ohne Verzug zu vergüten.

13. Großh. Hess. Verordn. v. 6. Aug. 1810 (Eigenbrod 3, 300) § 1. Der Schaden, welcher durch die Thiere, die ein Gegenstand des Jagdrechts sind, an Erzeugnissen der Aecker, der Gärten, Wiesen oder anderer kultivirten Grundstücke angerichtet wird, soll vom Jagdberechtigten vollständig ersetzt werden.

14. Großh. Bad. Ges. v. 31. Oct. 1833 § 13. Der Wildschaden, welcher, so weit er bei Waldungen zu ersetzen ist, weniger als 5 fl., u. bei anderen Grundstücken weniger als 40 kr. beträgt, kann nicht Gegenstand einer Ersatzforderung seyn.

15. Dasselb. § 12. In Waldungen wird nur derjenige Schaden vergütet, welcher sich 1) in besaamten oder angepflanzten Districten ergibt, wenn dadurch eine neue Besaamung oder Anpflanzung nöthig wird; 2) in Verjüngungs-Schlägen, wenn eine auf natürlichem Wege sich nicht mehr mit Holz bestockende Blöße entstehn sollte.

16. Herz. Braunschw. Verordn. v. 16. Septbr. 1827. Obwohl es in den Verhältnissen des Jagdrechts liegt, daß nicht ein jeder Wildschaden einen Anspruch gegen den Jagdherrn begründen kann, vielmehr ein solcher nur in dem Falle zulässig erscheint, wo die Anzahl des Wilds die Grenzen eines mäßigen Wildstandes überschreitet, u. daher verfassungsmäßig der durch den letztern den, in der Nähe u. innerhalb der Wildbahnen belegenen Grundstücken zugefügte Schaden den zufälligen u. vom Eigenthümer zu übertragenden Beschädigungen beigezählt wird —: so finden Wir uns dennoch veranlaßt, — die gesetzlichen Bestimmungen über Vergütung (der Wildschäden) zu ergänzen. Wir gehen dabei von dem Grundsatze aus, daß einerseits das Recht des Jagdherrn — des gesetzlichen Schutzes theilhaftig werden muß, — u. daß anderer Seits der Eigenthümer der dem Wildfraß ausgesetzten Grundstücke, so weit dieser als zufälliger Schaden oder Folge eines fremden Rechts zu betrachten ist, zu dessen Abwendung mitzuwirken die Verpflichtung hat, eine Vergütung der Wildschäden endlich aber nur gefordert werden kann, wo der Jagdherr seiner Obliegenheit nicht genügt, der Eigenthümer der Früchte hingegen dieselben erfüllt hat.

17. Preuß. Jagdpolizei-Ges. v. 1850 § 25. Ein gesetzlicher Anspruch auf Ersatz des durch das Wild verursachten Schadens findet nicht statt. Den Jagdverpächtern bleibt dagegen unbenommen, hinsichtlich des Wildschadens in dem Jagdpacht-Contracte vorsorgliche Bestimmung zu treffen.

3. Bei Gewässern und den damit in Verbindung stehenden Gegenständen. (B. § 200. St. § 64 II u. § 144.)

Eichhorn RG. § 58, 362, 548. Bluntschli deutsch. Privatr. I § 53, 75—77.

Preuß. Gesetz über die Benutzung der Privatflüsse v. 28. Febr. 1843. Baier. Ges. über die Benutzung des Wassers v. 28. Mai 1852; dazu Commentar v. Pözl, 2. Aufl. 1880. Hannov. Ges. über Entwässerung u. Bewässerung der Grundstücke, so wie über Stauanlagen v. 22. Aug. 1847. Preuß. G. über die Bildung v. Wassergenossenschaften v. 1. April 1879. — Schenkel Art. Wasserbenutzung u. Wassergenossenschaften bei Holtzendorff III 1243 ff. Roth Bayr. Civilr. 3 § 282 ff. — Baron in Ztschr. f. vergl. Rechtswiss. 1 S. 261; 2 S. 51.

a. Unterschied zwischen öffentlichen und Privatgewässern. (G. § 63. St. § 64 II.) § 89.

a. Urk. Ludwigs des Fr. (Waitz Verf.-Gesch. IV 133). Siquidem cujuscumque potestatis sint littora, nostra tamen est regalis aqua.

1. Ottonis I. dipl. a. 952; s. oben § 87 Nr. 5.

2. Ssp. II 28 § 1. Swe so — vischet in enes anderen mannes watere an wilder wage, sin wandel dat sint dre schillinge; den scaden gilt he uppe recht. § 2. Vischet he in diken, die gegraven sin, — he mut drittich schillinge geven. — § 4. Svelk water strames vlüt, dat is gemene to varene u. to vischene inne. Die vischere mut ok wol dat ertrike nütten, also vern alse he enes gestriden (= schreiten) mach ut dem scepe.

3. Gl. z. Ssp. 2, 28. „An wilder wage." Merke dit underscheyd. Wilde wage hetet water dat sik beweget van deme winde u. nicht anders. dat vornym: dar nen strom en is, de de vische uth u. in drecht, u. dar der vischegang vry sy, alse in den seen.

4. Görlitz. Landr. 34 § 1. Iegelich vlizinde wazzir heizet des riches straze; dar umme ne suln die schif u. alliz daz in deme wazzir uf u. nidir vliuzit ne heinen zoln gebin.

5. Schwsp. (v. Laßb.) 197 § 2. Iegeliches wazzers rames (Dsp. 138: isleich wazzer strames) fluz ist gemeine ze varenne u. ze vischenne. Die vischer suln ouch nüt daz wasser niessen, wan alse verre, so sie einest mit dem netze gestrichen mugen uz dem schiffe.

6. Const. Friderici I. a. 1158 (II F. 56); s. § 84 Nr. 2.

7. Rahewini gest. Frider. IV 7. (Bulgarus, Martinus, Iacobus, Hugo aliique legis periti Friderico I.) adiudicaverunt — molendina, piscarias, pontes, omnemque utilitatem ex decursu fluminum provenientem.

8. Langenfeld. W. v. 1567 (Grimm 2, 593): erkennen die scheffen den — Graven von Blankenheim vor einen rechten grundt- u. lehnherren, u. weisen iren gnaden gebot u. verbot u. widerbot über alle lehenguetter; — folgents auch gewalt muelen zu bauwen u. daß wasser zu laiten nach gefallen.

9. Meurer Wasserrecht v. 1570 Fol. 29. Wie es dann heutiges Tags fast mit allen flüßenden Wassern, welche anfangs u. von Natur menniglich frey u. gemein gewesen, ein solche Gestalt hat, daß sie eigen u. sondern Oberkeiten zustendig.

10. Preuß. LR. II 14 § 21. Die Land- u. Heerstraßen, die von Natur schiffbaren Ströme, das Ufer des Meeres u. die Hafen sind ein gemeines Eigenthum des Staats.

11. Preuß. LR. II 15 § 38. Die Nutzungen solcher Ströme, die von Natur schiffbar sind, gehören zu den Regalien des Staats.

12. Oesterr. GesB. § 287: allen Mitgliedern des Staats — zum Gebrauche verstattet werden —: Landstraßen, Ströme, Flüsse, Seehäfen u. Meeresufer.

13. Baier. Ges. üb. die Benutzung des Wassers v. 1852 § 2. Als öffentliche Flüsse werden diejenigen betrachtet, welche u. soweit sie zur Schiffahrt oder zur Floßfahrt mit gebundenen Flößen dienen. Die Nebenarme solcher Flüsse gelten als öffentliche Gewässer, soweit nicht entgegenstehende Rechte erworben sind.

14. Das. § 39. Flüsse u. Bäche, welche weder zur Schiffahrt noch zur Floßfahrt mit gebundenen Flößen dienen, werden mit Inbegriff des bestehenden Gefälls als Zubehör der Grundstücke betrachtet, zwischen welchen sie hindurchfließen, nach Maßgabe der Uferlänge eines jeden Grundstücks. Der Ufereigenthümer darf jedoch das Wasser nur mit Rücksicht auf die Rechte der übrigen Ufereigenthümer u. der sonstigen Wasserberechtigten u. unter den nachfolgenden Beschränkungen benutzen.

§ 90. b. Einzelne Benutzungsarten der Gewässer. (G. § 61.)

a. Ssp. II 56 § 3. Svelk werder sik ok irhevet binnen enem vliete, svelkeme stade he nar is, to dem stade hort die werder; is he vormiddes, he hort to beiden staden. Dat selve dut die agang, of he verdroget.

1 Adolphi R. Const. a. 1294 c. 1 (Mon. Ll. II 461). Quodsi *insula nata* est *in Rheno vel alio flumine* in comitatu alicuius comitis, qui in ipso flumine recipit telonia et conductus, habetque comitatum eundem, telonia et conductum

ab imperio in flumine predicto, *eadem insula potius spectat ad imperium et ad ipsum comitem, quam ad alium dominum*, cuius districtus protenditur ad ripam fluminis prelibati.

2. Sächs. Befehl v. 1563 Cod. Aug. II p. 715. Daß die Insulen oder Werder, so auf dem Elbstrohm entstanden, dem Fisco zugeeignet — werden sollen.

3. Urk. K. Heinrich IV. f. Minden v. 1063 (Wilmans Kaiserurk. 2 n. 207): curtem — cum omnibus suis *appendiciis*, id est — *aquis*, — molendinis, molis, piscationibus, silvis, venationibus etc. tradidimus.

b. Preuß. G. v. 4. Aug. 1865 f. d. Prov. Pommern Art. III. Inseln in öffentlichen Flüssen sind kein Vorbehalt des Staats.

4. Baier. Ges. v. 1852 § 54. Soferne nicht Localverordnungen, Herkommen, besondere Rechtstitel oder Verjährung eine Ausnahme begründen — ist jeder Ufereigenthümer berechtigt, das an seinem Grundstücke vorüberfließende Wasser zu jedem beliebigen Gebrauch zu benutzen unter der Beschränkung: 1) daß kein einem andern schädlicher Rückstau u. keine Ueberschwemmung oder Versumpfung fremder Grundstücke verursacht werden darf, 2) daß dem Wasser der Abfluß in das ursprüngliche Bett des Flusses gegeben werden muß, bevor dieser das Ufer eines fremden Grundstückes berührt.

5. Preuß. Ges. v. 1843 § 1. Jeder Uferbesitzer an Privatflüssen (Quellen, Bächen oder Fließen, so wie Seen, welche einen Abfluß haben) ist, sofern nicht Jemand das ausschließliche Eigenthum des Flusses hat, oder Provinzialgesetze, Localstatuten oder specielle Rechtstitel eine Ausnahme begründen, berechtigt, das an seinem Grundstücke vorüberfließende Wasser unter den in den §§ 13 u. f. enthaltenen näheren Bestimmungen zu seinem besonderen Vortheile zu benutzen. Jedoch verbleibt es in Ansehung der Benutzung des Wassers zu Mühlen u. anderen Triebwerken, so wie auch in Ansehung der Fischerei-Berechtigung u. der Vorfluth bei den bestehenden gesetzlichen Vorschriften.

6. Das. § 13. Das dem Uferbesitzer nach § 1 zustehende Recht zur Benutzung des vorüberfließenden Wassers unterliegt der Beschränkung, daß 1) kein Rückstau über die Grenzen des eigenen Grundstücks hinaus u. keine Ueberschwemmung oder Versumpfung fremder Grundstücke verursacht werden darf, 2) das abgeleitete Wasser in das ursprüngliche Bett des Flusses zurückgeleitet werden muß, bevor dieser das Ufer eines fremden Grundstücks berührt.

7. Das. § 14. Gehören die gegenüber liegenden Ufer verschiedenen Besitzern, so hat ein jeder von beiden ein Recht auf Benutzung der Hälfte des Wassers.

8. Ssp. II 56 § 2. Svat so dat water afschevet deme lande, dat hevet die verloren des dat lant is. Brict it aver enen nien agang, dar mede ne verlüset he sines landes nicht.

9. Baier. Ges. v. 1852 § 28. Erderhöhungen, welche sich außer Zusammenhang mit dem festen Lande in einem öffentlichen Fluße über den mittlern Wasserstand erheben (Inseln, Werder, Wörthe) sind in Ermangelung entgegenstehenden besonderen Herkommens oder ausdrücklicher Verleihung eines Anrechts auf dieselben Eigenthum des Staats.

10. Preuß. LR. II 15 § 42. Der Staat kann zwar den Eigenthümer eines auch nicht schiffbaren Privatflusses nöthigen, den Gebrauch desselben zum Holzflößen zu gestatten. § 43. Er muß aber auch für die vollständige Entschädigung eines solchen Eigenthümers sorgen.

11. Das. § 49. Unverbundenes Holz auf schiffbaren Strömen zu flößen, ist nach gemeinen Rechten ein Vorbehalt des Staats u. darf, ohne Vorwissen desselben, von Privatpersonen nicht unternommen werden.

12. Baier. Ges. v. 1852 § 67. Bei allen Triftgewässern sind die Ufereigenthümer verpflichtet: 1) sich jeden Gebrauchs des Wassers zu enthalten, welcher die Flößerei gefährdet, 2) die zur Beförderung der Floßhölzer nöthige Betretung des Ufers u. den Flößerpfad in der üblichen Breite ohne Entschädigung zu dulden, insofern ein Anspruch hierauf nicht durch ein erworbenes Recht begründet ist.

13. Preuß. LR. II 15 § 57. Die Eigenthümer der Ufer öffentlicher Flüsse können den Schiffahrenden nicht wehren, sich des Leinpfads

an selbigen zu bedienen; daran zu landen; die Schiffe zu befestigen; u. die Ladung, im Nothfalle, eine Zeit lang an das Ufer auszusetzen.

14. Preuß. Ges. v. 1843 § 19. — Der Uferbesitzer ist befugt, die Vermittelung der Polizeibehörde in Anspruch zu nehmen, — wenn er zur Ausführung neuer, oder zur Erhaltung bereits ausgeführter Bewässerungen verlangt, daß ein Anderer ihm ein Recht einräume, oder sich die Einschränkung eines Rechts gefallen lasse, welches einen Widerspruch gegen die Anlage begründen würde.

15. Das. § 24. Zu den (§ 19) bezeichneten Zwecken kann die Vermittelung der Polizeibehörde nur in Anspruch genommen werden in Fällen eines überwiegenden Landeskultur-Interesse u. unter der Verpflichtung zu vollständiger Entschädigung.

16. Das. § 25. Unter diesen Bedingungen (§ 24) kann der Unternehmer einer Bewässerungsanlage verlangen, daß ihm 1) zu den erforderlichen Wasserleitungen, insofern er solche auf seinem eigenen Grundstücke nicht herstellen kann, auf fremden Grundstücken ein Servitut eingeräumt, 2) die Benutzung des jenseitigen Ufers zum Anschlusse eines Stauwerks, so wie 3) eine Ausnahme von der im § 13 [oben Nr. 6] vorgeschriebenen Beschränkung gestattet werde, u. daß 4) der Besitzer eines Triebwerks sich eine Beschränkung des ihm zustehenden Rechts auf Benutzung des Wassers gefallen lasse.

17. Hannov. Ges. v. 1847 § 16 [vgl. m. § 64]. Den zu Entwässerungs-Anlagen [§ 64 zur Bewässerung] erforderlichen Grund u. Boden ist jeder Eigenthümer nach seiner Wahl entweder zum Eigenthume oder zur servitutischen Benutzung für jene Zwecke abzutreten verpflichtet.

18. Preuß. Ges. § 56. Wenn Unternehmungen zur Benutzung des Wassers, deren Vortheile einer ganzen Gegend zu Gute kommen, nur durch ein gemeinsames Wirken zu Stande zu bringen u. fortzuführen sind, so können die Betheiligten zu gemeinsamer Anlegung u. Unterhaltung der erforderlichen Wasserwerke durch landesherrliche Verordnung verpflichtet u. zu besonderen Genossenschaften vereinigt werden.

19. Hannov. Ges. § 6 u. 54. Theilnehmer einer Entwässerungs-Anlage [§ 54 Bewässerungs-Anlage] sind die Eigenthümer aller derjenigen Grundstücke, deren Entwässerung [§ 54 Bewässerung] dadurch bewirkt wird.

20. Das. § 8. Sind die Theilnehmer nicht einig, ob die Entwässerung, oder wie dieselbe bewirkt werden soll, so soll über beide Fragen durch absolute Mehrheit der Stimmen — entschieden werden.

21. Das. § 43. Die Beitragsverbindlichkeit zu den Unterhaltungskosten (der Entwässerungs-Anlagen) ist Reallast der verpflichteten Grundstücke u. kann durch Verjährung oder Verfügungen der Betheiligten weder aufgehoben, noch auf andere Grundstücke übertragen werden.

a. Preuß. G. v. 1879 § 4. Die (Wasser-)Genossenschaften werden durch Vertrag — freie Genossenschaften — oder durch Beschluß der staatlichen Behörde — öffentliche Genossenschaften — begründet.

b. Das. § 45. Die Begründung einer öffentlichen Genossenschaft erfordert den Nachweis eines öffentlichen oder gemeinwirthschaftlichen Nutzens. Das Vorhandensein dieses Nutzens wird durch die Bestätigung des Statuts endgültig festgestellt.

c. Das. § 46. Außer im Falle des § 65 kann niemand gezwungen werden, einer öffentlichen Genossenschaft als Mitglied beizutreten.

d. Das. § 65. Der Eintritt in eine neu zu bildende Genossenschaft zur Ent- oder Bewässerung von Grundstücken kann gegen widersprechende Eigenthümer der bei dem Unternehmen zu betheiligenden Grundstücke erzwungen werden: 1) wenn das Unternehmen Zwecke der Landeskultur verfolgt, u. 2) nur bei Ausdehnung auf die in dem Eigenthum der Widersprechenden befindliche Grundfläche zweckmäßig ausgeführt werden kann, u. wenn 3) die Mehrheit der Betheiligten, nach der Fläche u. dem Katastralreinertrage der zu betheiligenden Grundstücke berechnet, sich für das Unternehmen erklärt hat.

22. Preuß. LR. II 15 § 50 u. 51. Fähren oder Prahmen zum eignen Gebrauch kann jeder Anwohner eines — Flusses halten. Das Recht aber,

Fähren u. Prahmen zur Uebersetzung für Geld zu halten, gehört zu den Regalien des Staats.

23. Deutsche Reichsverf. Art. 4. Der Beaufsichtigung Seitens des Reichs u. der Gesetzgebung desselben unterliegen: 9) der Flößerei- u. Schiffahrtsbetrieb auf den mehreren Staaten gemeinsamen Wasserstraßen u. der Zustand der letztern.

24. Das. Art. 54, 3. Auf allen natürlichen u. künstlichen Wasserstraßen der einzelnen Bundesstaaten werden die Kauffahrteischiffe sämmtlicher Bundesstaaten gleichmäßig zugelassen u. behandelt. — Auf allen natürlichen Wasserstraßen dürfen Abgaben nur für die Benutzung besondrer Anstalten, die zur Erleichterung des Verkehrs dienen, erhoben werden. Diese Abgaben, sowie die Abgaben für die Befahrung solcher künstlichen Wasserstraßen, welche Staatseigenthum sind, dürfen die zur Unterhaltung u. gewöhnlichen Herstellung der Anstalten u. Anlagen erforderlichen Kosten nicht übersteigen. Auf die Flößerei finden diese Bestimmungen insoweit Anwendung, als dieselbe auf schiffbaren Wasserstraßen betrieben wird.

25. RG. v. 1. Juni 1870 § 1. Auf den nur flößbaren Strecken derjenigen natürlichen Wasserstraßen, welche mehreren Bundesstaaten gemeinschaftlich sind, dürfen von der Flößerei mit verbundenen Hölzern Abgaben nur für die Benutzung besonderer zur Erleichterung des Verkehrs bestimmter Anstalten erhoben werden.

26. Kaiserl. Verordnung v. 19. Febr. 1871. Mit dem 1. März d. J. hört auf dem Neckar die Erhebung der nach § 1 des G. v. 1. Juni 1870 — unzulässigen Abgaben auf.

c. Von der Fischerei insbesondere. (G. § 94. St. § 150 IV) § 91.

Fischereigesetz für den Preuß. Staat v. 30. Mai 1874; einige Abänderungen dess. enthält das Gesetz v. 30. März 1880. Ausführungsverordnungen für die einzelnen Provinzen v. 2. Nov. 1877. — v. Brünneck das Recht auf Zueignung der von der See ausgeworfenen oder angespülten Meeres-Producte u. das Bernstein-Regal. Königsbg. 1874.

1 L. Rib. 42, 1; 76 ob. § 87 Nr. 1 u. 2.

a. Urk. Karls des K. v. 859 (Bouquet VIII S. 558): *forestam piscationis* atque venationis, sicut — temporibus Karoli imperatoris H. ac postea A. tenuisse comprobantur.

b. Urk. desselben Ausstellers v. 867 (das. S. 601): *forestam piscationis* a loco — usque ad certum locum. (Waitz 4 S. 133.)

2. Ottonis I. dipl. a. 952; s. oben § 87 Nr. 5.

3. Urk. K. Otto I. v. 949 f. Utrecht (Mon. Dd n. 112): totam piscationem quam hucusque in A. — *ad nostrum regale jus habere* videbamur — ad aecclesiam s. Martini que est in loco Treht vocato constructa — in proprium concessimus.

4. Urk. K. Otto III. v. 994 (*Boehmer*. C. d. Francof. 1, 12): dedimus omnem piscationem, quae *ad nostrum regium ius pertinet*, in flumine Moynus vocato.

5. Priv. des Fürsten Heinr. Borwin v. Rostock f. Parchim um 1225 (Mecklenb. UB. 1 n. 319): piscatio per omnem provinciam *communis et libera est cum sportis et hamis et retibus*, exceptis solis sagenis.

6. Iura archiepiscopi Trevir saec. XIII, VII 2 (Lacomblet Arch. 1, 314). *Bannus illius fluminis* qui dicitur Luca, *est archiepiscopi* a Sarah usque ad Senchelstein. In banno isto habet archiepiscopus 2 *piscatores feodatos*, qui piscabunt archiepiscopo quando voluerit, et custodient ipsum flumen. 3. Item ibidem est *molandinus*, qui dat archiepiscopo 12 maldra siliginis et 12 maldra frumenti et porcum 5 solidorum.

7. Ead. XLIII 3. Item habet dominus *bannum in Mosella* a ripa iuxta monasterium b. Marie ad martyres, qui descendit usque ad Kylam, que aqua *locatur* uni piscatori pro maiori quod potest; — et *omnia iura*, que cedunt in aqua, sunt illius piscatoris et dicitur *vronevischere*.

8. K. Sächs. Patent v. 1685 (II. Contin. Cod. August. II p. 387). Der Perlnfang, welcher unter unsere Landesfürstliche Regalia mit gehörig.

9. Preuß. LR. II 15 § 73. Der Fischfang in öffentlichen Strömen gehört zu den Regalien.

10. Ssp. II 28 § 4 ob. § 89 Nr. 2.

11. Schwsp. (Laßb.) 197 § 2; s. oben § 89 Nr. 5.

12. Preuß. G. v. 4. Aug. 1865 für die Prov. Pommern Art. III. Der Fischfang in öffentlichen Gewässern ist kein Vorbehalt des Staats.

13. Preuß. G. v. 30. März 1880 Art. I. Die im Gebiete des Französischen Rechts Jedermann zustehende Befugniß, auf den Strömen und schiffbaren Flüssen die Angelfischerei zu betreiben, wird hierdurch aufgehoben.

14. Preuß. Fischereigesetz v. 1874 § 7. Das Recht zur Ausübung der Binnenfischerei in solchen Gewässern, welche bisher dem freien Fischfange unterlagen, soll den politischen Gemeinden in den innerhalb ihrer Gemarkung belegenen Gewässern zustehen. § 8. Gemeinden können die ihnen zustehende Binnenfischerei nur durch besonders angestellte Fischer oder durch Verpachtung nutzen. Das Freigeben des Fischfanges ist verboten.

15. Das. § 9. Behufs geregelter Aufsichtsführung u. gemeinschaftlicher Maßregeln zum Schutze des Fischbestandes — können die Berechtigten eines größeren zusammenhängenden Fischereigebietes auf Grund eines landesherrlich zu genehmigenden Statuts zu einer Genossenschaft vereinigt werden. Ueber die Genossenschaftsbildung u. das Genossenschaftsstatut sind die Berechtigten u. im Fall des Widerspruchs auch nur Eines derselben die Kreisstände — zu hören.

16. Das. § 10. Eine Ausdehnung des Genossenschaftszwecks auf die gemeinschaftliche Bewirthschaftung u. Benutzung der Fischwasser kann nur auf Antrag eines oder mehrerer Betheiligten erfolgen.

17. Preuß. G. v. 4. Aug. 1865 f. Pommern Art. III. Der Bernstein, soweit er in der Ostsee gefischt oder am Strande derselben gefunden ist, ist ein vorbehaltenes Eigenthum des Staats. Innerhalb des Landes ist dagegen jeder Grundeigenthümer berechtigt, auf seinem Grunde Bernstein zu suchen u. zu graben. Wer, ohne zum Bernsteinsammeln befugt zu sein, solchen zufällig auffischt, findet oder gräbt, hat alle Rechte u. Pflichten des Finders (Pr. LR. I 9 § 17—22 u. § 43—73).

18. Preuß. G. v. 22. Febr. 1867 f. d. Gebiet d. Ostpreuß. Prov.-R. Der Bernstein, gleichviel ob er in der Ostsee u. am Strande derselben, sowie im Frischen u. im Kurischen Haffe gefunden wird oder im Binnenlande vorkommt, ist ein vorbehaltenes Eigenthum des Staats. Wer ohne u. s. w. (wie Nr. 17).

19. Reichsstrafgesetzb. § 296a. Ausländer, welche in Deutschen Küstengewässern unbefugt fischen, werden mit Geldstrafe bis zu 600 M. oder mit Gefängniß bis zu 6 Monaten bestraft.

20. Internat. Vertrag v. 6. Mai 1882 betr. die Fischerei in der Nordsee (RGBl. 1884 Nr. 11) Art. 2. Die Fischer jeder Nation sollen das ausschließliche Recht zum Betriebe der Fischerei haben in dem Gebiete bis zu 3 Seemeilen Entfernung von der Niedrigwassergrenze (à partir de la laisse de basse mer), in der ganzen Längenausdehnung der Küsten ihres Landes u. der davor liegenden Inseln u. Bänke.

§ 92. d. Anlegung von Mühlen u. andern Triebwerken insbesondere.

1. L. Alam. II 86 1—4. Si quis *mulinum* aut qualecumque *clausuram in aquam* facere voluerit, sic faciat ut neminem noceat. Si autem nocuerit, rumpatur usque dum non noceat. Si ambas ripas suas sunt, licenciam habeat. Si autem una alterius est, aut roget aut conparet.

2. Urk. v. 888 (Mittelrh. UB. 1 n. 125): villam R. — in proprium concessimus et quidquid illuc *iuste pertinere* videtur: id est ecclesiam in eadem villa constructam cum — aquis, aquarumque decursibus, *molendinis* etc.

3. Traditiones Diessens. a. 1173—1204 in M. B. 8, 133. Tradidit (episcopus Babenbergensis) — predium — sanctae Mariae — in Diezzen, VI sci-

licet curias, III *molendina* — et decursum fluvii apud quem ipsa molendina sita sunt: ut *nulli* hominum *liceat iuxta eundem fluvium* in supradicto predio *plura exstruere molendina*, nisi per licentiam prepositi Diezzensis, — ne *reditus et tributa* eiusdem predii in aliquo attenuari vel corrumpi videantur.

a. Urk. K. Friedrich II. v. 6. Dec. 1220 über einen Rechtsspruch des Hofgerichts (*Huillard-Bréholles* hist. dipl. Frid. II. t. 2, 69): quod nulli liceat in aquis naves portantibus *sine voluntate* ipsius (des Patriarchen v. Aquilega) construere molendina.

4. Urk. des Fürsten Heinrich v. Werle f. Kloster Doberan v. 1287 (Meckl. UB. 3 n. 1936). Proprietatem medie partis molendini in Guzstrowe *censumque eiusdem annuum — cum captura anguillarum et piscationibus*, que retibus fieri possunt, que dicuntur stokenet et worpenet vendidimus — abbati totique conventui in Doberan; — salvis nichilominus aliis ipsius molendini libertatibus, quas ipsi — servare debebimus, — scilicet, ne quis in ampne fluminis, quo prefatum agitur *molendinum*, sursum vel deorsum nec extra ipsum ampnem ad miliare superius vel inferius aliquod construat *molendinum*, nec ipsum ampnem, in quantum *idem molendinum impediat*, permittetur aliquis occupare. — Nullus eciam molendinariorum extra civitatem G. longe vel prope residencium in civitate predicta annonam afferre et extra civitatem, molendi causa, debet ducere ad suum vel ad alterius molendinum.

5. Urk. v. 1531 (*Teschenmacher*. Ann. Cliviae Cod. prob. p. 23). Wy — Hertoug tho Cleve — doin kondt, — dat wy Burgemeister, Schepen en Raidt ind den gemeinen Borgeren ind Inngesetenen uenser Vryheit Rueroirth — vergünnen, dat sy op oeren kosten süllen moegen setten ind timmeren laten eyn Windmoelen — allein vor sich ind oere Borgere dair op to malen ind oir bereyst to hebben, ind suß voir niemantz anders unser undersaeten buiten derselver unser Vryheit gesetene, deß sullen sy ons jairlix — dairvan uytrichten — eynen alten Schilt.

6. II. Const. Cod. Aug. II. p. 396. (Zur Anlegung neuer Mühlen ist jedesmahl) ohne Unterschied zwischen öffentlichen u. Privatflüssen, zwischen Wind- u. Wassermühlen — Concession von der Behörde auszuwirken.

7. Preuß. LR. II 15 § 229. Das Recht, Wasser- u. Schiffsmühlen an u. in öffentlichen Flüssen anzulegen, ist ein Vorbehalt des Staats.

8. Das. § 233. Mühlen an Privatflüssen, ingleichen Windmühlen, mag — in Provinzen, wo nicht das Gegentheil durch besondere Gesetze oder Verfassungen bestimmt ist, jeder Eigenthümer auf seinem Grunde u. Boden anlegen.

9. Baier. Ges. v. 1852 § 64. Besitzer von Mühlen — sind verpflichtet, die Mühlgräben, Wasserherde, Gerinne u. sonstigen Einrichtungen in solchem Zustande zu unterhalten, daß keine nutzlose Verschwendung des Wassers zum Nachtheile anderer Betheiligter statt finde.

10. Deutsche Gew.-O. § 16. Zur Errichtung von Anlagen — ist die Genehmigung der — Behörde erforderlich. Es gehören dahin: — Stauanlagen für Wassertriebwerke. § 23. Bei den Stauanlagen für Wassertriebwerke sind außer den Bestimmungen (der Gew.-O.) die dafür bestehenden landesgesetzlichen Vorschriften anzuwenden.

e. Deichrecht und Uferschutz insbesondere. (B. § 201. G. § 60 Not. 2.) § 93.

Runde Grundsätze des D. Privatr. Aufl. 7 u. 8 § 113—123.

Eine Reihe von Deichordnungen ist aufgezählt bei Mittermaier § 224 Nr. 10. Deich- u. Sielordnung für Ostfriesland v. 12. Juni 1853. Lüneburgsche Deich- u. Sielordnung v. 15. April 1862. Deich- u. Abwässerungsordnung für Hoya u. Diepholz v. 22. Jan. 1864. Preuß. Ges. üb. das Deichwesen v. 28. Jan. 1848; ausgedehnt auf die Prov. Schleswig-Holstein u. Hannover (mit Ausnahmen u. Abänderungen) durch

G. v. 11. April 1872. Baier. Ges. v. 28. Mai 1852 über den Uferschutz u. den Schutz gegen Ueberschwemmungen.

1. Ssp. II 56 § 1. Svelke dorp bi watere licget u. enen dam hebbet, die sie vor der vlut bewaret, jewelk dorp sal sinen deil des dammes vestenen vor der vlut. Kumt aver die vlut u. brict sie den dam, u. ladet man mit deme gerüchte dar to, die binnen deme damme geseten sien, svelk ir nicht ne hilpt büten (d. i. bessern) den dam, die hevet verworcht sogedan erve als he binnen deme damme hevet.

2. Schwsp. (Laßb.) 215. Swelhiu dörfer bi wazser ligent u. ein fiurslag oder einen graben suln machen, daz in daz wazser iht schaden tuo, dez suln dörfer diu da bi ligent u. da umbe ligent elliu helfen u. alle die liute, an den man sich versiht, daz in daz wazser schaden muge, ob ez uz gat, u. swer dez niut tuot, den sol ez der lantrihter noeten; u. swer ez daruber niut tuot, dem sol man vor dem lantrihter sin guot verteilen, daz er da bewaren solte vor dem wasser, dez sol sich der rihter underwinden u. sol da von als daz guot buwen, daz in an gebiuret; u. sol der lantrihter sine buozze uf daz ander teil haben untz ez der löse, dez ez da ist ze rehte; u. alse daz wasser uz diusset, daz sol man weren von gemeinem guote u. nach der schazt stiure.

3. Preuß. Ges. v. 1848 § 1. Deiche oder ähnliche Erhöhungen der Erdoberfläche, welche die Ausbreitung der zeitweise aus ihren Ufern tretenden Gewässer beschränken, dürfen in der ganzen Breite, welche das Wasser bei der höchsten Ueberschwemmung einnimmt (Inundationsgebiet), nicht anders als mit ausdrücklicher Genehmigung der Regierung neu angelegt, verlegt, erhöht, sowie ganz oder theilweise zerstört werden.

4. Das. § 11. Ist es zur Abwendung gemeiner Gefahr oder zur erheblichen Förderung der Landeskultur erforderlich, Deiche u. dazu gehörige Sicherungs- u. Meliorationswerke anzulegen, zu erweitern oder zu erhalten, so sollen die Besitzer sämmtlicher der Ueberschwemmung ausgesetzten Grundstücke zur gemeinsamen Anlegung u. Unterhaltung der Werke unter landesherrlicher Genehmigung zu Deichverbänden vereinigt werden.

5. Das. § 14. Mehrere Deichverbände, welche ein gemeinschaftliches Interesse rücksichtlich der Erhaltung ihrer Deiche haben, können mit landesherrlicher Genehmigung entweder zu Einem Deichverbande vereinigt, oder unter eine gemeinsame Deichverwaltung gestellt u. zur gegenseitigen Unterstützung bei Durchbrüchen u. anderen außerordentlichen Beschädigungen der Deiche verpflichtet werden.

6. Brem. Deichrecht (*Pufendorf* 4, 63). Anno 1568 den 23ten Junii heft — (de) Gogreve im Wylande bey Arsten — Dieckrecht geholden u. ist darup ergangen wie folget: vörerst heft de Gogreve — uthwieset, dat se sich mit dem Lande schollden bespreeken: „off ack Dicke wesen schollden ane Landt u. Landt ahne Dicke." — Darup desulven tho rechte ingebracht: „idt en möge nehn Lande sin ohne Diecke, u. neue Diecke ohne Landt."

7. Preuß. Ges. v. 1848 § 16. Die Deichpflicht muß von allen einzelnen, durch die Deich- u. Meliorationswerke geschützten oder verbesserten ertragsfähigen Grundstücken, Hof- u. Baustellen, auch wenn dieselben sonst von den gemeinen Lasten befreit oder dabei bevorrechtet sind, — getragen werden. — Eine Befreiung von der Deichpflicht kann künftig auf keinerlei Weise, auch nicht durch Verjährung erworben werden.

8. Das. § 18. Die in einem Deichverbande zu leistende Deichpflicht ruht unablöslich auf den Grundstücken.

9. Brem. Deichrecht (S. 57). Int erste schal ein Dieck-Greve — (Dieck-) Schwaren uth dem Lande kesen. — Wen men den also schouwen will, schal men den Landtlüden dat — lathen verkündigen. — Denne schölen de Dieckgresen mit den Schwaren u. mit denjenen, — (de men) uth den Erffexen darmede beschicken werd, schouwen ernsthaftigen mit allen Truwen — by ehren eden — dreye in dem Jahre: — na Wälburgis, — na Jacobi, — na Simonis et Juda.

10. Das. S. 58, 59 vgl. S. 64—67. Queme ock binnen disser Tidt, dat up sodanen Dieck — ein brake brecke, schall der Meyer — macken den Dieck; — dede averst de Meyer dat nicht, — (so schall) de Dieckgreve mit den Schwaren — up de Bracke tehen, — u. stecken darup einen Spaden, u. verfolgen dat mit rechte na sede u. wahnte u. na Landrechte sunder gnade.

11. Des Herzogth. Brem. Deichordn. v. 1743 C. 9 § 10. Wann — alle gewöhnliche Zwangs-Mittel wider einen gebrauchet, u. dennoch derselbe dadurch zum fernern Teichen nicht gebracht werden können, lassen Wir zwar geschehen, daß alsdann das letztere Executions-Mittel zur Hand genommen, dero Behuf nach allgemeinen alten Teich- u. Spade-Landes-Recht, der Spade in den Teich gestochen, u. also dadurch der fahrläßige Teicher seines im Teichbande habenden Eigenthums u. Landes entsetzt werde; Gebieten — aber — zu Verhütung des vielfältigen gefährlichen Mißbrauchs —, daß hinkünfftig solches anderergestalt nicht statt haben — solle, denn wenn der Eigenthümer, auf dem Teiche stehend, u. den Spaden in der Hand haltend, in Gegenwart Unserer Teichs-Beamten einen leiblichen Eyd — schweret, — daß er nicht Mittel habe, — solchen Teich länger zu erhalten.

12. Preuß. Ges. v. 1848 § 25. Ist die Erhaltung eines Deiches zur Sicherung einer Niederung gegen Ueberschwemmung nothwendig, so müssen bei drohender Gefahr, nach Anordnung der Polizeibehörde, alle Bewohner der bedrohten u. nöthigenfalls auch der benachbarten Gegend zu den Schutzarbeiten unentgeltlich Hülfe leisten u. die erforderlichen Arbeitsgeräthe u. Transportmittel mit zur Stelle bringen. Die Polizeibehörde kann die in solchen Fällen nöthigen Maaßregeln sofort durch Exekution zur Ausführung bringen; sie ist befugt, die Verabfolgung der zur Abwehr der Gefahr dienlichen Materialien aller Art, wo solche sich finden mögen, zu fordern, u. diese müssen mit Vorbehalt der Ausgleichung unter den Verpflichteten u. der Erstattung des Schadens — von den Besitzern verabfolgt werden.

13. Des Herzogth. Brem. Deichordn. C. 17 § 5. Wegen Reparation u. Unterhaltung solcher Schleusen u. Siehlen wollen Wir, was — der Teichs-Onerum halber disponiret auf gewisse Maasse anhero erholet, im übrigen aber es bey eines jeden Ortes Observance, u. bei der bekannten Haupt-Regul, daß, nach welchen Schleusen u. Siehlen einer wässert, auch selbige mit zu unterhalten schuldig seye, gelassen haben.

14. Dieselbe C. 13 § 6. Und als auch in Unsern Marsch-Landen fast durchgehends hergebracht, daß vor dasjenige Land, so bey solchen Einlagen nothwendig aus dem Teich-Bande geworffen, oder Wasserwerts ausgeteichet werden muß, von der Teich-Acht keine Erstattung verfügt werde; hat es damit fernerhin sein Verbleiben.

15. Baier. Ges. v. 1852 § 2. An Flüssen, welche der Schiff- oder Floßfahrt dienen, bildet der Uferschutz vorbehältlich der nach besonderen Rechtsverhältnissen oder Herkommen bestehenden Verpflichtungen eine Kreislast. — § 13. Der Uferschutz an anderen — Gewässern ist Sache der betheiligten Eigenthümer.

4. Bei Fossilien. (B. § 202—209. G. § 95—98. St. § 141—144.)

Ueber Bergrechte älterer Zeit vgl. Stobbe Rqu. 1 S. 574; 2 S. 269. Ueber Iglau s. ob. S. 31 u. 57. Ueber Freiberg i/Sachsen: Wilh. Herrmann u. Hub. Ermisch im N. Archiv f. Sächs. Gesch. 3 (1882) S. 118; Ermisch im Correspondenzbl. des Gesammtvereins der D. Geschichtsvereine Jg. 1885 Nr. 3 u. 4. — *Th. Wagner* Corpus juris metallici. Leipz. 1791. f. — Freiesleben Handbuch d. Berggesetzgebung des Königreichs Sachsen. Leipz. 1852. C. J. B. Karsten Grundriß der deutschen Bergrechtslehre mit Rücksicht auf die Französische Bergwerksgesetzgebung. Berl. 1828. Weiske Rechtslexicon Th. 1

S. 931 ff. J. A. Schomburg Betrachtungen über die neuere deutsche Berggesetzgebung. Leipz. 1857.

Preuß. Landr. II 16 Abschn. 4: vom Bergwerksregal (§ 69—480). — Französische Berggesetze v. 28. Juni 1791 u. 21. April 1810. — Allgem. Berggesetz f. die Preuß. Staaten v. 24. Juni 1865, in Kraft seit 1. Oct. 1865; eingeführt in Nassau u. die ehem. großh. hessischen Landestheile 22. Febr., in Hannover 8. Mai, in Kurhessen, Frankfurt u. die ehem. bair. Gebiete 1. Juni 1867, in Schleswig-Holstein 12. März 1869. — Commentar z. Preuß. Berggesetz v. Klostermann. 3. Aufl. Berl. 1874.

Das Preuß. Berggesetz gilt (mit einigen Abweichungen) auch in Waldeck (G. v. 1. Janr. 1869), Anhalt (30. April 1875), Großh. Hessen (28. Janr. 1876), Elsaß-Lothringen (16. Dec. 1873), den sächsischen Herzogthümern (1868—72) u. a. m.

Dem Preuß. Berggesetze nachgebildet sind u. a. die BGesetze v. Bayern (20. März 1869), Braunschweig (15. April 1867), Würtemberg (7. Oct. 1874).

Kgl. Sächs. G., den Regalbergbau betr., v. 22. Mai 1851. Kgl. Sächs. allg. BG. v. 16. Juni 1868. BG. f. Sachsen-Weimar v. 22. Juni 1857. — Allg. Oesterr. BG. v. 23. Mai 1854.

R. Schröder Corpus jur. civ. 2 S. 383 ff. giebt neben dem Text des Preuß. BG. die Abweichungen der auf demselben beruhenden deutschen BG.

Zeitschr. f. Bergrecht hg. v. Brassert u. Achenbach (seit 1873 v. ersterm allein). 25 Bde. Bonn 1860—84. — H. Achenbach das gem. D. Bergrecht in Verbindung m. d. Preuß. Bergrechte Th. 1 (Bonn 1871). Klostermann Lehrb. des Preuß. Bergrechts mit Berücks. der übrigen D. Bergrechte (Berl. 1871). — Leuthold Artt. Bergrecht u. Bergwerkseigenthum b. Holtzendorff I S. 285 ff. H. Veith deutsches Bergwörterbuch. Bresl. 1870.

§ 94. a. Begriff und Geschichte des Bergregals. (B. § 203. St. § 142.)

Eichhorn RG. § 58, 297, 307, 362, 395, 534, 548. Karsten über den Ursprung des Bergregals in Deutschland. Berl. 1844. Weiske der Bergbau u. das Bergregal. (Eine Entgegnung auf die vorige Schrift.) Eisleben 1845. *Grueler* de regali metallorum jure. Berol. 1867. Kommer über die Entwicklung des Bergregals bis z. J. 1273 u. Ssp. I 35 (Ztschr. f. BR. 10 [1869] S. 376). *Virnich* de juris regalis metallorum orig. ac progressu. Tub. 1871. Ad. Arndt z. Gesch. u. Theorie des Bergregals u. der Bergbaufreiheit. Halle 1879 (vgl. Lit. Centralbl. 1880 Nr. 17). Böhlau zur Lehre von den Districtsverleihungen (Festschrift für Thöl). Rostock 1879. — Waitz Verf.-Gesch. II 2, 315; IV 127; VIII 269.

1. *Meibom.* rer Germ Tom. I p 759 (a. 936). Comes S. — tradidit *hereditatem suam* ad nostrum monasterium — cum — *metallis.*

a. Urk. K. Heinrich II. s. unten § 97 litt. a.

b. Urk. K. Konrad II. v. 1028 f. Basel (*Trouillat* 1 p. 161 n. 103): quasdam *venas et fossiones argenti* — in pago Brisichgouwe — inventas et sitas, quicquid inde nostrum jus attingit, cum omni utilitate que ullo modo inde provenire queat, ecclesie — contulimus. [St. 1984.]

2. Urk. K. Konrad III. v. 1150 (Wilmans Kaiserurk. 2 n. 227). Corbeiensi abbati — in perpetuum *venas metalli*, videlicet *auri*, *argenti*, *cupri*, *plumbi* et *stanni* et omnem pecuniam sive rudem sive formatam, que intra montem Eresburch, qui Corbeiensi ecclesie *iure proprietario* pertinere noscitur, latet, — concedimus.

c. Urk. K. Heinrich VI. v. 1189 März 21 (Wilmans Kaiserurk. 2 n. 243). Cum *omnis argenti fodina* ad jura pertineat imperii et *inter regalia nostra* sit computata, nulli venit in dubium, quin ea que nuper in episcopatu Mindensi dicitur inventa ad nostram totaliter spectet distributionem, unde in ea nulli hominum quicquam juris recognoscimus, nisi hoc a nostrae liberalitatis munificentia valeat specialiter impetrare. [St. 4638.]

3. Urk. desselben Ausstellers v. gl. Tage (das. n. 244). Cum — *argentifodina* — in episcopatu Mindensi constituta — *inter regalia nostra* sit computata: — nos — episcopo Mindensi et ecclesiae suae — concessimus — duas partes eiusdem argentifodinae cum omni fructu et iure exinde rationabiliter — proveniente, tertiam vero partem totius argentifodinae et totius fructus sive iuris inde provenientis sive ex *decima*, quae in aliis locis recipi solet, sive ex iurisdictione vel iudicio vel alio quocunque modo proveniat *nobis* — integre salvam esse volumus. [St. 4639.]

d. Const. de regalibus a. 1158 ob. § 84 Nr. 2.

4. Urk. K. Friedrich I. v. 1189 (*Böhmer* Acta imp. n. 159): perseverante actione nostra de argentifodinis apud episcopatum Tridentinum, *quas iuri nostro tam ibi, quam in aliis imperii nostri finibus repertas antiqui juris vel consuetudinis celebritas adiudicavit*, — ad preces (Cunradi Tridentini episcopi) — argentifodinas in ducatu Tridentino episcopatuve, *que nunc sunt vel que in posterum argenti*, *cupri ferrive omnisque metalli ibidem reperientur*, — ecclesie Tridentine — tradimus.

5. Urk. K. Friedrich II. f. den Bischof v. Meißen v. Mai 1232 (C. dipl. Saxon. II 1 n. 112): concedimus et donamus ei et ecclesiae suae, quicquid in *auro* vel *argento*, sive *cuiuslibet metalli genere in fundo proprietatis ecclesiae suae* ab hac die *in antea de novo* contigerit reperiri, sive sint argentifodinae seu metalli cuiuslicet speciei, aquarum etiam decursus, in quibus aurum repertum fuerit, eodem iure et eadem speciali gratia suis proventibus indulgemus. [BF. 1988.]

e. Culmer Handfeste (Philippi Preuß. UB. 1 n. 105) § 11. Retinemus — domui nostre in bonis eorum (civium) omnes — venas salis, auri argentique fodinas et omne genus metalli preter ferrum, ita tamen ut inventor auri sive in cujus bonis inventum fuerit idem jus habeat quod in terra ducis Slesie in hujusmodi inventione talibus est concessum. § 24. Inventor autem argenti sive is in cujus agris inventum fuerit *jus Freybergense* in hujusmodi inventione habeat in perpetuum.

6. Urk. K. Rudolf I. v. 1277 (*Meichelbeck.* II p. 81). Volumus notum esse, quod ubicunque in possessionibus — venerabilis Frisingensis episcopi — *auri* vel *argenti* vel *alterius cuiuscunque metalli* vel et *salis* venae repertae fuerint, idem episcopus in eisdem gaudebit per omnia *iure suo*, *nobis et imperio similiter iure nostro in omnibus reservato*. Concedimus etiam episcopo, ut *metallum cuiuslibet generis* in *ecclesiae suae fundo* quaerere valeat, *imperii iure salvo*.

7. Urk. K. Ottokar I v. Böhmen v. 1227 b. Sternberg Gesch. der Böhm. Bergwerke Bd. 1 Abth. 2 Urk.-B. S. 7. Insuper — *auctoritate regia* confirmamus eidem fideli nostro suisque heredibus usum et *urburam* aurifodinarum, que nunc ibidem in circuitu civitatis I. sunt, atque in futurum fuerint ibidem reperte, omnemque proventum de montibus ibidem, sive sint in auro, argento, plumbo, ferro aliisque metallis favorabiliter admittimus libere et hereditarie percipiendum.

8. Ssp. I 35; s. oben § 77, 38 u. Weiske a. a. O. S. 32—38. Stobbe § 142 A. 4.

9. Gl. z. Ssp. I 35 § 1 ob. § 77, 39.

10. Kursächs. Constit. II 53: weil der Text [des Ssp. I 35] von allen Schätzen, so unter der Erden etc., nicht von thesauris absconditis, sondern von dem Bergwerck u. Ertz zu verstehen etc.

11. Meddersheimer W. (a. 1514); s. oben § 77, 43.

12. Aurea bulla c. 9; s. oben § 84 Nr. 1.

13. Preuß. LR. II 16 § 69. Alle Fossilien, woraus Metalle u. Halbmetalle gewonnen werden können, gehören, in Ermangelung besonderer Provinzialgesetze, ausschliessend zum Bergwerksregal. § 70. Desgleichen alle Edelsteine u. andere Steinarten, welche nicht § 73 u. 74 ausgenommen sind. § 71. Ferner alle Salzarten mit den Salzquellen, vorzüglich Steinsalz, Salpeter, Vitriol u. Alaun; so wie auch Inflammabilien, als Schwefel, Reißblei, Erdpech, Stein- u. Braunkohlen. § 72. Andere Fossilien hingegen, die in ihrer natürlichen Gestalt sogleich zum ökonomischen Gebrauche, bei Künsten, Handwerken, oder zum Bauen genutzt zu werden pflegen, gehören dem Eigenthümer des Grundes u. Bodens, oder dem Gutsherrn, wenn derselbe nach den Provinzialgesetzen das Vorrecht darauf hat. § 73. Besonders werden Marmor, Porphyr, Granit u. Basalt, Serpentinstein, Kalk, Gips, Sandstein, Torf, Thon, Lehm, Mergel, Walker-, Umbra-, Ocker- u. andere Farbenerden, in sofern aus letzteren keine Metalle oder Halbmetalle gewonnen werden können, zu den Regalien nicht gerechnet. § 74. Dies findet auch von den nach § 70 zum Bergwerksregal gehörenden Steinarten Anwendung, wenn sie entweder auf den Aeckern liegen, oder durch die Pflugschar ausgerissen, oder bei Gelegenheit anderer ökonomischer Arbeiten einzeln gefunden werden.

f. Code civil art. 552. La *propriété du sol* emporte *la propriété* du dessus et *du dessous*.

g Franz. Gesetz v. 1810 Art. 5. Les mines ne peuvent être exploitées qu'en vertu *d'un acte de concession* delibéré en conseil d'état.

14. Preuß. Berggeſ. v. 1865 § 1. Die nachstehend bezeichneten Mineralien sind von dem Verfügungsrechte des Grundeigenthümers ausgeschlossen. Die Aufsuchung u. Gewinnung derselben unterliegt den Vorschriften des gegenwärtigen Gesetzes. Diese Mineralien sind: Gold. Silber, Quecksilber, Eisen mit Ausnahme der Raseneisenerze, Blei, Kupfer, Zinn, Zink, Kobalt, Nickel, Arsenik, Mangan, Antimon u. Schwefel, gediegen u. als Erze, Alaun u. Vitriolerze, Steinkohle, Braunkohle u. Graphit, Steinsalz nebst den mit demselben auf der nämlichen Lagerstätte vorkommenden Salzen u. die Soolquellen.

h. Preuß. G. v. 22. Febr. 1869 § 1. In den — vormals zum Königreich Sachsen gehörigen Landestheilen der Provinz Sachsen (u.) — der Provinz Brandenburg — dem Markgrafenthum Oberlausitz — dem Markgrafenthum Niederlausitz — unterliegen die Stein- u. Braunkohlen fernerhin lediglich dem Verfügungsrechte des Grundeigenthümers.

15. Oesterr. Berggeſ. v. 1854 § 3. Zum Bergregale gehören alle Mineralien, welche wegen ihres Gehaltes an Metallen, Schwefel, Alaun, Vitriol oder Kochsalz benützbar sind, ferner die Zementwässer, Graphit u. Erdharze, endlich alle Arten von Schwarz- oder Braunkohle. Solche Mineralien heißen vorbehaltene Mineralien.

16. K. Sächs. Berggeſ. v. 1851 § 1. Zum Bergregal gehören alle Mineralien, die wegen ihres Metallgehaltes nutzbar sind (metallische Mineralien).

17. Preuß. BG. § 250. An den Rechten der früher reichsunmittelbaren Standesherren, sowie derjenigen, welchen auf Grund besonderer Rechtstitel das Bergregal in gewissen Distrikten allgemein oder für einzelne Mineralien zusteht, wird durch das gegenwärtige Gesetz nichts geändert. Unbeschadet dieser Rechte unterliegt jedoch auch der Bergbau in jenen Bezirken den Bestimmungen des gegenwärtigen Gesetzes.

§ 95. b. Vom frei erklärten Bergbau. (B. § 203 III. G. § 96. St. § 143.)

Stündeck de jure metallorum quod vocant Bergwerkseigenthum. Berol. 1868.

1. Oesterreich. Berggeſ. v. 1854 § 14. Wer schürfen will, bedarf hiezu der Bewilligung der Bergbehörde. Diese Verpflichtung liegt auch dem Grundbesitzer ob, welcher auf seinem Grunde eine Schürfung beabsichtigt.

2. Preuß. Berggeſ. § 4. Auf öffentlichen Plätzen, Straßen u. Eiſenbahnen, ſowie auf Friedhöfen iſt das Schürfen unbedingt unterſagt. Auf andern Grundſtücken iſt das Schürfen unſtatthaft, wenn nach der Entſcheidung der Bergbehörde überwiegende Gründe des öffentlichen Intereſſes entgegen ſtehen. Unter Gebäuden u. in einem Umkreiſe um dieſelben bis zu 200 Fuß, in Gärten u. eingefriedigten Hofräumen darf nicht geſchürft werden, es ſei denn, daß der Grundbeſitzer ſeine ausdrückliche Einwilligung hierzu ertheilt hat. § 5. Wer zur Ausführung von Schürfarbeiten fremden Grund u. Boden benutzen will, hat hierzu die Erlaubniß des Grundbeſitzers nachzuſuchen. Mit Ausnahme der im § 4 bezeichneten Fälle muß der Grundbeſitzer, er ſei Eigenthümer oder Nutzungsberechtigter, das Schürfen auf ſeinem Grund u. Boden geſtatten. § 8. Kann der Schürfer ſich mit dem Grundbeſitzer über die Geſtattung der Schürfarbeiten nicht gütlich einigen, ſo entſcheidet das Oberbergamt durch einen Beſchluß darüber, ob u. unter welchen Bedingungen die Schürfarbeiten unternommen werden dürfen.

3. Sächſ. Berggeſ. § 50. Durch eine gültige Muthung erlangt der Muther einen rechtlichen Anſpruch auf Verleihung des von ihm gemutheten Grubenfeldes. Die Verleihung deſſelben ertheilt ihm das Eigenthum an den darin befindlichen, in der Verleihung bezeichneten metalliſchen Mineralien mit dem Rechte, dieſelben in dem Grubenfelde aufzuſuchen, zu gewinnen u. die dazu erforderlichen Vorrichtungen zu treffen.

a. Preuß. BG. § 12. Das Geſuch um Verleihung des Bergwerkseigenthums in einem gewiſſen Felde — die Muthung — muß bei dem Oberbergamte angebracht werden. § 15. Die Gültigkeit einer Muthung iſt dadurch bedingt, daß das in derſelben bezeichnete Mineral an dem angegebenen Fundpunkte auf ſeiner natürlichen Ablagerung vor Einlegung der Muthung entdeckt worden iſt u. bei der amtlichen Unterſuchung nachgewieſen wird, u. daß außerdem nicht beſſere Rechte Dritter auf den Fund entgegenſtehen.

b. Daſ. § 22. Die — Muthung begründet einen Anſpruch auf Verleihung des Bergwerkseigenthums —. Dieſer Anſpruch kann jedoch auf dem Rechtswege nicht gegen die verleihende Bergbehörde — verfolgt werden.

c. Daſ. § 24. Wer auf eigenem Grund u. Boden — oder durch Schürfarbeiten — ein Mineral — entdeckt, hat als Finder das Vorrecht vor andern nach dem Zeitpunkt ſeines Fundes eingelegten Muthungen. Der Finder muß jedoch innerhalb Einer Woche nach Ablauf des Tages der Entdeckung Muthung einlegen, widrigenfalls ſein Vorrecht erliſcht. § 25. In allen übrigen Fällen geht die ältere Muthung der jüngern vor. Das Alter wird durch das Präſentatum der — Bergbehörde beſtimmt.

4. Oeſterr. Berggeſ. § 40. Wer durch die Bergbehörde das Eigenthumsrecht auf die innerhalb einer beſtimmten Begrenzung vorkommenden vorbehaltenen Mineralien u. das Befugniß zur Gewinnung derſelben durch den erforderlichen Werksbetrieb, oder die Berechtigung zur Anlage u. zum Betriebe eigener Hülfsbaue oder Revierſtollen erwerben will, hat im erſten Falle um die Verleihung, im anderen aber um die Conceſſion anzuſuchen.

5. Conſtit. Kurf. Auguſt v. Sachſ. III 25: daß Bergtheil, u. alſo die Partes Metallicae unter unbewegliche Güter zu rechnen. (Vgl. § 96 litt. b.)

6. Preuß. Berggeſ. § 50. Das durch die Verleihungsurkunde begründete Bergwerkseigenthum gehört zu den unbeweglichen Sachen. § 52. (Es) finden hinſichtlich der Veräußerung, der Verpfändung u. des Arreſtes — die — Vorſchriften Anwendung, welche — für das Grundeigenthum gelten. § 54. Der Bergwerkseigenthümer hat die ausſchließliche Befugniß — das in der Verleihungsurkunde benannte Mineral in ſeinem Felde aufzuſuchen u. zu gewinnen, ſowie alle hierzu erforderlichen Vorrichtungen unter u. über Tage zu treffen.

d. Preuß. G. über den Eigenthumserwerb v. 5. Mai 1872 § 68. Das Bergwerkseigenthum wird durch die von dem Oberbergamte ertheilte Verleihung — erworben. Der Erwerber iſt — von Amtswegen zur Eintragung ſeines

Bergwerkseigenthums anzuhalten. Zu diesem Zweck hat das Oberbergamt dem Grundbuchamt eine beglaubigte Abschrift der Verleihungsurkunde — zuzustellen.

e. Pr. LR. II 16 § 133 unten § 96 litt. b; § 117: Dem Grundeigenthümer wird — der Erbkux ohne Unterschied der Metalle oder Mineralien gegeben. § 122. — zu irgend einem Beitrage wegen der Kosten oder Abgaben des Baues (ist er) nicht verbunden.

f. Das. § 124. Das Recht des Mitbaues zur Hälfte findet — Statt, wenn besondere Provinzialgesetze dasselbe dem Grundeigenthümer ausdrücklich beilegen.

g. Preuß. BG. § 224. Bei Bergwerkseigenthum, welches nach dem Eintritt der Gesetzeskraft des gegenwärtigen Gesetzes verliehen wird, findet ein Anspruch auf Freikuxe — nicht mehr statt. § 225. (Ebenso) kann ein Recht auf Mitbau zur Hälfte, wo solches bisher bestanden hat, nur noch alsdann in Anspruch genommen werden, wenn die Erklärung, mitbauen zu wollen, bereits vor (Eintritt der Gesetzeskraft) rechtzeitig abgegeben — ist.

7. Oesterr. Berggес. § 128. Auf Grubenwässer, welche der Bergbau-Unternehmer erschroten hat, bleibt demselben, auch wenn er sie zu Tage ausfließen läßt, bis zu deren Vereinigung mit anderen beständigen Tagwässern, das Vorrecht der Benützung zum Behuf des Bergwerks- u. Hüttenbetriebes sammt Zugehör vorbehalten.

8. Preuß. Berggeſ. § 135. Ist für den Betrieb des Bergbaues u. zwar zu den Grubenbauen selbst, zu Halden-, Ablade- u. Niederlageplätzen, Wegen, Eisenbahnen, Kanälen, Maschinenanlagen, Wasserläufen, Teichen, Hülfsbaueu, Zechenhäusern, u. anderen für Betriebszwecke bestimmten Tagegebäuden, Anlagen u. Vorrichtungen, zu den im § 58 bezeichneten Aufbereitungsanstalten, sowie zu Soolleitungen u. Soolbehältern die Benutzung eines fremden Grundstücks nothwendig, so muß der Grundbesitzer, er sei Eigenthümer oder Nutzungsberechtigter, dasselbe an den Bergwerksbesitzer abtreten. § 136. Die Abtretung darf nur aus überwiegenden Gründen des öffentlichen Interesses versagt werden. Zur Abtretung des mit Wohn-, Wirthschafts- oder Fabrikgebäuden bebauten Grund u. Bodens u. der damit in Verbindung stehenden eingefriedigten Hofräume kann der Grundbesitzer gegen seinen Willen niemals angehalten werden.

9. Oesterr. Berggeſ. § 100. Zu Schürfungsversuchen oder zu einer anderen bloß vorübergehenden Benützung für den Bergbau kann nur die zeitliche Ueberlassung des Grundes gefordert werden, bei der Entziehung zu Zwecken aber, welche eine bleibende Verwendung voraussehen lassen, ist der Grundeigenthümer berechtigt, auf die eigenthümliche Uebernahme zu dringen.

10. Preuß. BG. § 137. Der Bergwerksbesitzer ist verpflichtet, dem Grundbesitzer für die entzogene Nutzung jährlich im Voraus vollständige Entschädigung zu leisten u. das Grundstück nach beendigter Benutzung zurückzugeben. Tritt durch die Benutzung eine Werthsverminderung — ein, so muß der Bergwerksbesitzer bei der Rückgabe den Minderwerth ersetzen. — Auch ist der Eigenthümer — zu fordern berechtigt, daß der Bergwerksbesitzer, statt den Minderwerth zu ersetzen, das Eigenthum des Grundstücks erwirbt.

11. Das. § 138. Wenn feststeht, daß die Benutzung des Grundstücks länger als 3 Jahre dauern wird, oder wenn die Benutzung nach Ablauf von 3 Jahren noch fortdauert, so kann der Grundeigenthümer verlangen, daß der Bergwerksbesitzer das Eigenthum des Grundstücks erwirbt.

12. Das. § 141 ob. § 84, 28.

13. Das. § 223. Nach dem Eintritt der Gesetzeskraft des gegenwärtigen Gesetzes findet eine Verleihung von Erbstollenrechten nicht mehr Statt.

14. Das. § 60. Der Bergwerkseigenthümer ist befugt, in freiem Felde Hülfsbaue anzulegen. Dieselbe Befugniß steht ihm im Felde anderer Bergwerkseigenthümer zu, sofern die Hülfsbaue die Wasser- u. Wetterlösung oder den vortheilhaftern Betrieb des Bergwerks, für welches die Anlage gemacht werden soll, bezwecken u. der eigene Bergbau des Anderen dadurch weder gestört noch gefährdet wird.

c. Von den Eigenlöhnern und Gewerkschaften. (B. § 204. G. § 97. St. § 59.) § 96.

1. Preuß. LR. II 16 § 130. Eine Gesellschaft von Eigenlöhnern darf aus nicht mehr als 8 Personen bestehen, u. wenigstens 4 derselben müssen die Arbeit mit eigener Hand verrichten; widrigenfalls sie als Gewerke zu behandeln sind.

a. Das. § 131. Gesammteigenthümer, welche ihre Lehne nicht selbst bauen u. verwalten, führen den Namen einer Gewerkschaft.

2. K. Sächs. Berggeſ. § 13. Wenn die Besitzer eines Berggebäudes die Zahl 8 übersteigen, so müssen sie eine Gewerkschaft bilden. — Wenn 3 oder mehrere Personen ein Berggebäude gemeinschaftlich besitzen wollen, so können sie eine Gewerkschaft bilden.

3. Oesterr. Berggeſ. § 138. Die Gewerkschaft ist ein Verein zum Bergbau-Betriebe, in welchem jeder Theil sowohl für die Beiträge zum Betriebe des Geschäfts (die Zubuße) als für alle im Namen des Vereines gegen dritte Personen übernommene Verbindlichkeiten nur mit seinem Antheile an dem gemeinschaftlichen Vermögen haftet.

4. Das. § 140. Eine Gewerkschaft darf nicht in mehr als 128 Kuxe u. der Kux nicht in mehr als in 100 Theile getheilt werden.

b. Pr. LR. II 16 § 133. Jedes verliehene Bergwerkseigenthum wird in 128 Antheile oder Kuxe getheilt. § 134. Außer diesen werden zwei dem Grundherrn als Erbkux; auch, wenn die Provinzialgesetze keine Ausnahme enthalten, zwei der Kirche u. Schule — u. ebenso viel der Knappschafts- u. Armencasse zugelegt. § 253. Jedes verliehene Bergwerkseigenthum, u. also auch Bergtheile oder Kuxe werden zum unbeweglichen Vermögen gerechnet.

c. Preuß. BG. § 94. Zwei oder mehrere Mitbetheiligte eines Bergwerks bilden eine Gewerkschaft. § 96. (Dieselbe) kann unter ihrem Namen Rechte erwerben u. Verbindlichkeiten eingehen, Eigenthum u. andere dingliche Rechte an Bergwerken u. Grundstücken erwerben, vor Gericht klagen u. verklagt werden. § 100. Durch das Ausscheiden einzelner Mitglieder (Gewerken) wird die Gewerkschaft nicht aufgelöst. Auch können einzelne Gewerken nicht auf Theilung klagen.

d. Das. § 98. Das Bergwerk kann nur von der Gewerkschaft u. nur als Ganzes mit Hypotheken u. dinglichen Lasten beschwert werden. § 99. Für die Verbindlichkeiten der Gewerkschaft haftet nur das Vermögen derselben.

5. Preuß. BG. § 101. Die Zahl der gewerkschaftlichen Antheile (Kuxe) beträgt 100. Durch das Statut kann die Zahl auf 1000 bestimmt werden. Die Kuxe sind untheilbar. Sie haben die Eigenschaft der beweglichen Sachen.

6. Das. § 103. Ueber sämmtliche Mitglieder der Gewerkschaft u. deren Kuxe wird von der Gewerkschaft ein Verzeichniß (das Gewerkenbuch) geführt. Auf Grund desselben wird einem jeden Gewerken, welcher es verlangt, ein Antheilschein (Kuxschein) ausgefertigt. Die Kuxscheine dürfen nur auf einen bestimmten Namen, niemals auf den Inhaber lauten. § 104. Die Kuxe können ohne Einwilligung der Mitgewerken auf andere Personen übertragen werden. § 108. Die Verpfändung der Kuxe geschieht durch Uebergabe des Kuxscheins auf Grund eines schriftlichen Vertrages.

7. Das. § 102. Die Gewerken nehmen nach dem Verhältniß ihrer Kuxe an dem Gewinn u. Verluste Theil. Sie sind verpflichtet, die Beiträge, welche zur Erfüllung der Schuldverbindlichkeit der Gewerkschaft u. zum Betriebe erforderlich sind, nach Verhältniß ihrer Kuxe zu zahlen.

8. Das. § 111. Die Gewerken fassen ihre Beschlüsse in Gewerkenversammlungen. Das Stimmrecht wird nach Kuxen, nicht nach Personen ausgeübt. § 121. Der Repräsentant oder Grubenvorstand beruft die Gewerkenversammlungen. § 119. (Er) vertritt die Gewerkschaft in allen ihren Angelegenheiten gerichtlich oder außergerichtlich.

9. Das. § 65. Der Bergwerksbesitzer ist verpflichtet, das Bergwerk zu betreiben, wenn der Unterlassung oder Einstellung des Betriebes

nach der Entscheidung des Oberbergamts überwiegende Gründe des öffentlichen Interesses entgegenstehen. Das Oberbergamt hat in diesem Falle die Befugniß, den Eigenthümer — zur Inbetriebsetzung — oder zur Fortsetzung — aufzufordern u. für den Fall der Nichtbefolgung — die Entziehung des Bergwerkseigenthums — anzudrohen. (Vgl. § 156 ff. des G.)

10. Das. § 159. Jeder Hypothekengläubiger oder sonstige Realberechtigte — ist befugt — behufs seiner Befriedigung die nothwendige Subhastation des Bergwerks — zu beantragen. § 160. Wird (diese) nicht beantragt oder führt nicht zum Verkaufe des Bergwerks, so spricht das Oberbergamt — die Aufhebung des Bergwerkseigenthums aus. Mit dieser Aufhebung erlöschen alle Ansprüche auf das Bergwerk, von welcher Art sie auch sein mögen.

§ 97. d. Salzquellen. (B. § 209.)

I. H. Jungius de jure salinarum. Goett. 1743. v. Cancrin Grundsätze des teutschen Berg- u. Salzrechts. (5 Abthlgn. Frkf. 1790.) Abth. 5. H. A. Zachariä über Regalien überhaupt u. das Salzregal in Deutschland insbesondere (Ztschr. f. D. R. 13 [1852] S. 319). *Boehlau* de regalium notione et de salinarum jure regali. Vimar. 1855. R. Schröder die Erbsälzer zu Werl (Ztschr. f. RG. 10 [1872] S. 258). Laband Recht der Salzgewinnung im Fth. Reuß (Ztschr. f. BR. 20 [1879]. S. 34). — Waitz Vf.-Gesch. II 2, 315; IV 127; V 369; VIII 272.

1. Urk. K. Ludwig d. Fr. v. 833 f. Corvei (*Erhard* C. dipl. Westf. 1 n. 9): (abbas) — petiit —, ut in — ducatu Saxoniae locum provideremus, ubi sal fieri ad cibos monachorum — saliendos — potuisset; quod et per hoc — praeceptum in ducatu Budinisvelt, quantumcunque iuris nostri in illo sale, quod est super fluvium Wisara —; per quod statuentes decernimus, ut sub iure ipsius monasterii, quantumcunque in eodem sale habere visi sumus, perpetuo consistat — ad necessitates servorum Dei in memorato monasterio degentium fulciendas etc.

2. Urk. Ludwig d. K. v. 907 für Salzburg (Juvavia S. 120): curtem nostram Salzburghov vocatam — in proprietatem concessimus — cum omnibus censibus *in Halla* et *extra Halla, in salina et extra salinam* circa fluvios Sala et Salzaha vocatos, *in auro et sale* — cum theloneis duobus qui vulgo muta (Maut) vocantur. (Bestätigt durch K. Otto I. 940, Mon. DD. n. 32.)

a. Urk. K. Heinrich II. v. 1016 (Zahn Steiermärk. UB. 1 Nr. 38 S. 46): Wilhelmo comiti necnon et domine Hemme matri sue contulimus terciam partem *saline* nostre in valle Ademuntense cum omni jure sicut illam in usibus nostris habuimus —; et omnes *fodine cujuscumque metalli et saline* que in bonis suis reperientur, usibus eorum subjaceant, universum quoque *jus ad imperium spectans eis remisimus* et — proprietati ipsorum — assignavimus.

3. Dipl. comitis de Rocha a. 1239 (*Trouillat* Monum. de l'histoire de Bale I p. 552 nr 374): ad petitionem venerabilis abbatis T. de Lucela — de *censu annuali*, quo singulis annis nobis reddere tenebantur *de salino* de Sulce, qui talis fuit: tempore coctionis dabantur duae quartae salis; tempore non coctionis sola tantum; — de salino s. Ypoliti *concambium* — compositionis fecimus tali modo, — quicquid *juris habuimus in eisdem puteis salinorum* de voluntate et consensu matris nostrae — et uxoris nostrae et liberorum nostrorum in manus venerabilis abbatis de L. — *resignamus*.

4. Aurea bulla cap. 9 s. oben § 84 Nr. 1.

5. Dipl. a. 1574 (*Pfeffinger*. 3 p. 1445 b). Die Saltzbrunnen — wollen wir uns, u. unsern Nachkommen, den Königen zu Böhmen als — Regal — vorbehalten haben.

6. Urk. v. 1614 das. p 1446 a Dieweil es aber dennoch mit den Saltzquellen diese Gelegenheit hat, daß sie unter die (churfächsischen) Regalien gehörig 2c.

7. Preuß. LR. II 16 § 71 u. Preuß. BG. § 1 oben § 94, 13 u. 14.

8. Urk. v. 1263 b. Förster Gesch. des Hallisch. Salzwerks S. 213. Quod neque a nobis (Roperto, archiepiscopo Magdeburgensi), neque a successoribus nostris — intra muros *Hallis* puteus aliquis fodiatur, per quem — hominibus salinas habentibus — dampnum aliquod — valeat generari. Quicunque vero *feuda* nunc tenent — in puteis memoratis, salinas eorundem puteorum cum omnibus utilitatibus — *libere* possidebunt.

9. Contract zw. d. Preuß. Fiscus u. der Pfännerschaft zu Halle v. 1817. Werden auch fernerhin die Pfännerschaft u. die Soolenguthsbesitzer — als Eigenthümer der Brunnen anerkannt. — Die Pfännerschaft (aber) leistet ebenso wie bisher (seit 1810) so auch für die Zukunft — auf allen ihr zugestandenen Salzhandel — aller Art gänzlich Verzicht; — (Dagegen) für eine jede zu liefernde Last Salz (4000 Pfd.) sollen der Pfännerschaft 42 Thaler — vom Königl. Fisco bezahlt werden.

10. RG. v. 12. Oct. 1867 § 1. Das ausschließliche Recht des Staates, den Handel mit Salz zu betreiben, soweit solches zur Zeit besteht, wird aufgehoben.

Zweiter Abschnitt. Rechte an fremden Sachen.

A. Servituten.

1. Im Allgemeinen. (B. § 193. G. § 86, 87. St. § 97, 85, 86.) § 98.

1. L. Wisig. VIII 5, 5. *Qui* — *sortem suam* — *concluserit*, et aliena pascua absente domino invadit, sine pascuario non praesumat, *nisi forte dominus pascuae voluerit.*

2. Urk. v. 1291 b. Binterim Rhein.-Westph. dipl. Cod. Th. 1 S. 232: curtis de Z. — habet — *ius unius currus cum dimidio*, quod vulgariter dicitur *anderhalfwerwagen* in palude, in cespitibus, pascuis, virgultis et communitate parochie de W

3. Ssp. II 49 § 1. It ne mut nieman sine ovese (d. i. Traufe) hengen in enes anderen mannes hof (Zus. der Quedl. Hs.:) noch nichein venster solme haben in einis anderen mannis hof.

4. Ssp. II 51 § 1. Oven u. gang (Kloaken, Abtritte) u. swinekoven solen dre vote van me tune stan.

5. Ebendas. § 3. Genge sal men ok bewerken (d. i. einhegen) bit an die erde, die jegen enes anderen mannes hof stat.

6. Preuß. LR. I 8 § 125. Schweineställe, Kloake, Dünger- u. Lohgruben, u. andere den Gebäuden schädliche Anlagen müssen wenigstens 3 Fuß rheinländisch von den benachbarten Gebäuden, Mauern u. Scheunen entfernt bleiben. § 126. Auch müssen dergleichen Gruben u. Behältnisse von Grund aus aufgemauert werden.

7. Regensburger Wachtgerichtsordn. v. 1657 b. Walch 8, 216 (vgl. Roth Bayr. Civilr. 1 § 3 A. 81). Item so jemand in dem seinen, Paum, Stauden, oder Weingländer von neuem setzen lassen wolte, der mach solches aber doch nicht mehr, dann uffs wenigste 3 Werckschuch weit von seines Nachparn Mauern oder Wandt thun.

8. Munzinger Gerichtsb. b. *Senckenb.* C. I. G I, 2 p. 56: soll auch keiner bäum setzen in sein Güter, es sey wo es wolle, bey drey viertel der Meßruthen von andern, damit sein Nachbahr neben ihme nit zu klag verursacht werde.

9. Delbrück. Landr. S. 24. Eine lebendige hecke hat an des nachbarn grunde einen tropfenfall von 1½ fuß, weil ihr anpflanzer soviel von seinem eignen Grunde liegen laßen muß, daher er auch, vor dem zaun stehend, so weit er mit ellenlangem bardenhelf darüber reichen kann, befugt ist, wegzuhauen; bei setzung einer todten hecke braucht er dem nachbarn nichts zu reichen, darf aber auch keinen tropfenfall verlangen.

10. Freiberg. Stat. (Scholt S. 162). Ein iklich man, der hus u. hof hat, der hat gewalt u. fride, also verre alse sine troufe fellet, daz da nimant gesten noch gevaren mac wider sinen willen.

11. Preuß. LR. I 8 § 174. Will Jemand gegen die Gränze seines Nachbars eine neue lebendige Hecke anlegen, so muß er, ohne Unterschied der Holzart, welche dazu gewählt wird, anderthalb Fuß von des Nachbars Gränze zurücktreten.

12. Benker Heidenr. § 7 (Grimm 3, 41). Dar en düngelweg twischen tween erwen herget, so sall men foiren, dat auf jeder seiten des erses twe rader gan u. dat stellperdt in der foir.

13. Landr. der Sieben Freien oder Bochumer Landr. (Grimm 3, 69) § 29. Item, wer sein land düngen will u. hat dazu keinen düngweg, der soll klimmen auf sein achterste haus oder betgfrid u. suchen den nähesten weg, den minsten schaden u. belegen den weg mit garben.

14. Schwelmer Vestenr. (Grimm 3, 28). Ein jukweg (jochweg) ofte drefweg, dar men henne dripen u. misten sal, sal wesen VII. voet wit.

15. Wigand Femger. S. 558, 559. Ein noitwech sall sin so wit, dat ein getauwe oder kare mit eime boden ader lik moge varen ind op jeder side der karen ein fruwe mit einer witten felen moge gaen, so dat sei dei rader nicht en besprengen noch entreinen.

16. Offn. v. Flaach (Grimm 1, 94). Item es sol je ein vorder gut dem hinder wäg u. stäg geben, das einer mit dem sinen dar u. dannen komen mag zu zimlichen ziten.

17. Landtaiding der fünf Stäbe im Pongau (Oesterr. Weisth. 1 S. 192). Ich frag dich des rechtens, wie ain nachbar über den andern seinen weg haben soll. Urthail: das ainer über den andern seinen kirchweg, gehen (= gen) mihl, gehn schmidten — item im herbst mit dem krautkestl haben soll u. fahren mag, wie von alter herkommen ist; ob sich aber in anderweeg ain not zuetrieg zu fahren, so soll ainer den andern darumb begriessen u. mit seinem willen fahren, mit ablegung der schaden, so er thuen mecht.

18. Rietberg. Landr. § 41 (Grimm 3, 106). Wie weit ein Weg sein soll, dadurch man Korn u. Heu fährt? Resp. er sol so weit sein, daß drei Pferde voraus u. zwei hinten mit einem Knecht dabei unbeschädigt durchgehen können.

19. Dipl. a. 1304 (*Guden.* 3, 18). Abbati et conventui — hanc — amicitiam duximus faciendam; videlicet quod *canale*, quod canell in vulgari dicitur, quod posuerunt et ponere tenebantur suis — expensis — sub tegmine domus eorum lapideae — ad tollendum et amovendum stillicidium a curia eadem, inantea ponere — non debent.

20. Preuß. LR. I 8 § 118. Die Reine oder sogenannten Pflugrechte zwischen benachbarten Grundstücken werden in der Regel als gemeinschaftliches Eigenthum angesehen.

21. Offn. v. Tagenersellen (Segesser Rechtsgesch. von Luzern I S. 665). Item, Reiden, Uffikon, Rebikon, Allishofen, Langnow die Dörfer sind unser trettgenossen daselbs.

22. Rev. Lüb. Recht III 12 Art. 13. Es mögen auch keine neue Gänge, Wohnung oder Wohnkeller, Fenster, Thüren, Schure (Vordächer, Erkner), da vormals keine gewesen, angerichtet werden, wie denn auch keine Schornsteine, oder Feuerstädt, da hiebevor keine gestanden, ohne der Nachbarn Willen u. Vergünstigung.

23. Frankf. Ref. VIII 7, 2: daß keiner gegen seines Nachbarn Hauß oder Hoff zu Fenster, darauß in desselbigen Nachbarn Hauß oder Hof mag gesehen werden, von neuwen (wann dieselben zuvor nicht gewesen) machen: sonder es bei der vorigen Form u. Gestalt, wie der alt Bau gestanden, (so viel die Liecht belangt) bleiben lassen solle, damit sein Nachbar durch das verdrießlich Einsehen, auch etwan Außschütten u. Außwerffen nicht beschwert werde. Dann auch nicht vermuthlich, wann die Vorfahren, so den alten Bau machen lassen, deß Lichtrechts auff ihren Nachbarn weren berechtigt gewesen, oder man ihnen dasselbig gestatten hett wöllen, daß sie es anfangs würden underlassen, u. nicht auch so wol zu ihrem Vortheil, als der jetzig Nachbar, gesucht haben.

24. Nürnb. Ref. 26, 3. Es ist niemand zugelassen, auf oder gegen seins Nachpaurn Gepewen oder Hofrait ainiche Liecht oder Trüpfen zustellen oder zumachen, er hab dann desselben ain beding.te brwaißliche Gerechtigkeit, u. sollen yeder Zeit auf Ersuchen des Nachpaurn dieselben Liecht oder Trüpfen abgethan u. vermacht werden.

25. Hamb. Stat. II 20, 8. Hat jemand aufschlagende Fenster an der Gasse, oder an dem Wasser, die vor seines Nachbarn Haus oder Giebel schlügen, oder auch stehende Fenster in Höfen u. dergl. Plätzen; die mag sein Nachbar ihm wohl zubauen: es wäre denn, daß jennig anderer Schein u. Beweis dagegen vorhanden. Es mögen aber die stehenden Fenster, dem Nachbar zum Verdruß, mit Brettern alleine nicht zugekleidet werden. Da auch jemand aufschlagende Fenster in Hof-Räumen, oder anderen Plätzen, in ruhigem Besitz hätte, mögen dieselben, ohne dessen Willen, der sie hat, ihm nicht zugebauet, noch die Luft verbauet werden. An dem Orte aber, da kein Fenster zuvor gewesen, mögen, ohne Bewilligung des Nachbarn, keine gemacht werden.

26. Freiburg. Stadtr. v. 1520 Bl. 36a. Unser burger — sollend ouch die hüser mit keinen nüwen dienstbarkeiten, die von alterhar nit gewesen sind, beschweren, on unser oder deß gerichts erkantnuß. — Und wer, das ein nachpur wider den andern ein dienstbarkeit prescribiert, u. uß des andern hinlässigkeit oder abwesen ersesse, dieselbig gewer oder ersitzung sol nit fürgon noch krafft haben, es wer dann daz wir uß ursachen ichts zuliessen, dann wir wöllen, daß die hüser u. hofstett in ir volkomenheit u. fryheit wie von alterher bliben.

27. München. Bauordn. v. 1489 Art. 27 (Auer S. 210). Item neydpau, die ainem schaden prächten, sollen verpoten sein, u. sollen die pauleut dieselben neydpau abzuerkennen u. darynne nach gelegenheit der sachen allwegen zu entschaiden macht haben.

28. Oesterr. Ges.B. § 481. Das dingliche Recht der Dienstbarkeit kann auf unbewegliche Sachen u. überhaupt auf solche Gegenstände, die in öffentlichen Büchern eingetragen sind, nur durch die Eintragung in dieselben erworben werden.

29. Das. § 1469. Dienstbarkeiten u. andere auf fremdem Boden ausgeübte besondere Rechte werden — von demjenigen, auf dessen Nahmen sie den öffentlichen Büchern einverleibt sind, binnen drei Jahren ersessen.

30. Rev. Lüb. R. I 8, 2; s. oben § 80 Nr. 57.

31. Brem. Stat. v. 1433 Stat. 41. So wor en borgher sculdeget den anderen umme ene druppen — dat se dar nicht vallen schole van rechte, de ander spreke, dat de druppe dar vallen hebbe jar u. dach edder mer ane rechte bisprake; mach he des alſo vulkomen, so mach he syne druppen wol beholden.

32. Rev. Lüb. R. III 12, 11. (Es) sollen keine neue gemeine Badtstuben noch Backhäuser ohn außtrückliche Bewilligung des Raths u. der Nachbarn gebauet werden. Art. 12. Niemand soll — Brau- Schmide- Töpffer- oder Sehmhäuser — anrichten — ohne seiner Nachbaren Willen. Item Fischweicher, Tallichschmeltzer, Gold- u. Kupfferschläge, Grapengiesser, Knochenhauer, Bötticher, Seifensieder, Brantewein-Brenner, Krüger u. dergleichen gefährliche unleidtliche Handwercke mögen in denen Häusern nicht angerichtet noch geübet werden, da sie zuvorn nicht gewesen, ohne der Nachbarn Willen. Und wann gleich die Häuser zuvorn alle diese Gerechtigkeit gehabt hätten, wann sie aber in 20 Jahren nicht gebraucht, so ist dieselbe verloschen.

33. Reichsgesetz v. 5. Novbr. 1874. Die Artikel 11 u. 12 Buch III Titel 12 des revidirten Lübischen Rechts sowie die Art. 14 u. 16 Theil III Tit. 12 des Rostocker Stadtrechts sind aufgehoben.

34. D. Gewerbe-O. § 16. Zur Errichtung von Anlagen, welche durch die örtliche Lage oder die Beschaffenheit der Betriebsstätte für die Besitzer oder Bewohner der benachbarten Grundstücke oder für das Publicum überhaupt erhebliche Nachtheile, Gefahren oder Belästigungen herbeiführen können, ist die Genehmigung der — Behörde erforderlich.

35. Das. § 17. Das Unternehmen (wird) — zur öffentlichen Kenntniß gebracht mit der Aufforderung, etwaige Einwendungen gegen die neue Anlage binnen 14 Tagen anzubringen.

36. Das. § 51. Wegen überwiegender Nachtheile u. Gefahren für das Gemeinwohl kann die fernere Benutzung einer jeden gewerblichen Anlage durch die höhere Verwaltungsbehörde zu jeder Zeit untersagt werden. Doch muß dem Besitzer alsdann für den erweislichen Schaden Ersatz geleistet werden.

37. Das. § 26. Soweit die bestehenden Rechte zur Abwehr benachtheiligender Einwirkungen, welche von einem Grundstücke aus auf ein benachbartes Grundstück geübt werden, dem Eigenthümer oder Besitzer des letztern eine Privatklage gewähren, kann diese Klage einer mit obrigkeitlicher Genehmigung errichteten gewerblichen Anlage gegenüber niemals auf Einstellung des Gewerbebetriebes, sondern nur auf Herstellung von Einrichtungen, welche die benachtheiligende Einwirkung ausschließen, oder — auf Schadloshaltung gerichtet werden.

38. Reichs-Postgesetz v. 28. Oct. 1871 § 17. In besonderen Fällen, in denen die gewöhnlichen Postwege gar nicht oder schwer zu passiren sind, können die ordentlichen Posten, Extraposten, Kuriere u. Estafetten sich der Neben- u. Feldwege sowie der ungehegten Wiesen u. Aecker bedienen, unbeschadet jedoch des Rechts der Eigenthümer auf Schadensersatz.

39. RG. über die Friedensleistungen (ob. S. 211) § 12. Die Besitzer von Brunnen u. Tränken sind verpflichtet, marschirende, bivouakirende, kantonnirende u. übende Truppen, falls die vorhandenen öffentlichen Brunnen u. Tränken für die Bedürfnisse der Truppen nicht ausreichen, zur Mitbenutzung der Brunnen u. Tränken zuzulassen, auch wenn zu diesem Zwecke Wirthschafts- u. Hofräume betreten werden müssen.

40. Das. § 11. Ausgeschlossen von jeder Benutzung bei Truppenübungen bleiben Gebäude, Wirthschafts- u. Hofräume, Gärten, Parkanlagen, Holzschonungen, Dünen-Anpflanzungen, Hopfengärten u. Weinberge, sowie die Versuchsfelder land- u. forstwirthschaftlicher Lehranstalten u. Versuchsstationen. (Laband Staatsrecht III 1 S. 339.)

2. Einzelne Servituten.

§ 99. a. Hut- u. Weidegerechtigkeit. (B. § 193. G. § 145. St. § 98 II A.)

Th. Hagemann Handbuch des Landwirthschaftsrechts (Hann. 1807) § 290 u. f. B. W. Pfeiffer über die Beschränkungen des Eigenthümers eines der Hutegerechtigkeit unterworfenen Grundstücks in Beziehung auf die Kultur desselben (Zeitschr. f. D. R. 13 [1852] S. 165).

1. Ssp. II 54 § 2. Nieman ne mut ok sunderliken hirde hebben, dar he deme gemeinen hirde sin lon mede geminnere, he ne hebbe drie hove oder mer, die sin eigen oder sin len sin, die mut wol sunderlike schaphirde hebben.

2. Schwsp. 179 Z. 1—7. Swer sin vihe tribet anderswa wan vür den gemeinen herten, der sol dem herten sin vollez lon geben, u. dem rihter sehs phenninge. Nieman mac sinen eigen herter gehaben wan diu gotes hiuser u. herren die eigen wise hant. unde swer ein man ist der dri huoben hat u. daz wisemat daz da zuo gehoeret, der mac haben einen schafhirten. — Als sancte Georjen messe kumet, so sol man allez vihe uz triben.

3. Oest.err. Ges.B. § 499. Das Weiderecht erstreckt sich — auf jede Gattung von Zug-, Rind- u. Schafvieh, aber nicht auf Schweine u. Federvieh; ebenso wenig in waldigen Gegenden auf Ziegen.

4. Meggen. Hofr. (Grimm 1, 166). Ouch sol man wißen, das man in disem hof was der man gewintren mag uff dem sinen, das sol er ouch ane geverde sumren, u. ouch nüt me.

5. W. zu Dalheim (Grimm 2, 572). Item ein iglicher mach so viel schwein in den acker thun, als er in seinem haus ziehen mag, — u. also viel einer vor s. Johannes tag kaufen oder bestaen magh, u. noch 14 tage nach s. Johannes tag, mag er auch in den äcker thun, u. der nit schwein hette, wan man in den acker fahren soll, der mag dan zwey kauffen oder den pfacht von zweyen hollen.

6. Jülich. Ldr. v. 1537 LI. § 2. Item wanneir die fruchten van dem felde synt, so en sullen zom eirsten negheyne ander biesten dan vercken in die stuppelem gedrieven werden, die sullen acht dage gain, dairnae die kohe funff off seeß dage, r. dairnae die schaiff.

7. Preuß. LR. I 22 § 92. Hat — eine ganze Gemeine das Hütungsrecht, so muß der Besitzer des belasteten Grundstücks auch solches Vieh einzelner Mitglieder zulassen, welches von gepachteten Grundstücken der zur berechtigten Gemeine gehörenden Feldflur durchgewintert wird. § 93. Ist der Berechtigte ein nicht mit eigenem Ackerbaue versehenes Mitglied der Gemeine, so darf er nur so viel Vieh auf die Hütung bringen, als Leuten aus seiner Classe, an demselben Orte, zu halten gewöhnlich erlaubt wird.

8. Das. § 96. Ist der Berechtigte kein Grundbesitzer, sondern es wird von ihm nur zum Behufe seines Gewerbes Vieh gehalten, so darf er die Weide nur für das zu seinem Gewerbe u. zu seinem eigenen Bedürfniß erforderliche Vieh nutzen.

9. Das. § 99. Stehet dem berechtigten Gute die Hütungsgerechtigkeit ohne Bestimmung einer gewissen Art des Viehes zu, so begreift sie alles Zug-, Rind- u. Schaafvieh unter sich. § 100. Schweine u. andere Arten von Vieh dürfen auf eine solche Hütung nur in so fern gebracht werden, als die Einräumung des Rechts sich darauf ausdrücklich mit erstreckt, oder dieselben seit rechtsverjährter Zeit darauf mit vorgetrieben worden.

10. Das. § 98. Auch wenn die Anzahl des Viehes, welches der Berechtigte vortreiben darf, bestimmt ist, kann dennoch das von diesem gefallene junge Vieh, so lange es saugt, von der Hütung nicht ausgeschlossen werden.

11. Oesterr. Ges.B. § 500. Säugevieh wird nicht zur bestimmten Anzahl gerechnet.

12. Preuß. LR. I 22 § 110. Wann die geschlossene Zeit im Frühjahre anfange, u. wie lange sie daure, ist nach der hergebrachten Gewohnheit jedes Orts, u. wo diese nicht entscheidet, nach dem Gutachten vereideter Sachverständigen ein- für alle Mal festzusetzen.

13. Das. § 116. Der Eigenthümer des belasteten Grundstücks darf seine Brache zur Schmälerung der Hütung nicht anders als landüblich benutzen.

14. Das. § 135. Wenn zwischen den Besitzern angrenzender im ausschließenden Eigenthume eines jeden befindlichen Grundstücke die gemeinschaftliche Hütung auf diesen Grundstücken Statt findet, so wird dergleichen Koppelweide in der Regel als eine wechselseitige Grundgerechtigkeit angesehen. § 136. Wenn aber diese wechselseitige Hütung nicht regelmäßig u. beständig auf eben demselben, sondern nur zuweilen, u. bald auf diesen, bald auf anderen Stücken ausgeübt worden, so wird angenommen, daß dabei nur nachbarliche Freundschaft u. Gutwilligkeit zum Grunde liege. § 137. In diesem Falle steht also jedem Interessenten frei, davon nach Gutbefinden wieder abzugehen.

15. Hannov. Ges. über die Aufhebung der Weiderechte v. 8. Nov. 1856 § 1. Weidepflichtige Grundstücke können nach den Grundsätzen des gegenwärtigen Gesetzes von den auf denselben ruhenden Weiderechten gegen Entschädigung befreiet werden. § 2. Zu dem Antrage auf Aufhebung der Weiderechte ist sowohl der Eigenthümer des verpflichteten Grundstücks als der Weideberechtigte befugt.

16. Baier. Ges. üb. Ausübung u. Ablösung des Weiderechts v. 28. Mai 1852 Art. 34. Der Eigenthümer eines Grundstückes darf fernerhin kein Weiderecht als Dienstbarkeit bestellen u. eben so wenig bei Veräußerung von Grundstücken ein Weiderecht vorbehalten.

b. Schäfereigerechtigkeit und Pferchrecht. (B. § 193. G. § 145. St. § 98 II B.) § 100.

1. Ssp. II 54 § 2; s. oben § 99 Nr. 1.
2. Schwsp. 179; s. oben § 99 Nr. 2.

3. Preuß. LR. I 22 § 146. Die Schäfereigerechtigkeit, oder die Befugniß, Schaafe auf der ganzen Feldmark zu hüten, ist in der Regel — als ein Vorrecht der Gutsherrschaften anzusehn.

4. Das. § 149. Es wird nicht vermuthet, daß eine Gutsherrschaft das Recht habe, Schaafe von andern ausser der Feldmark gelegenen Vorwerken auf die Hütung zu bringen. § 150. Dagegen kann der Gutsherrschaft, welcher die Schäfereigerechtigkeit ohne Einschränkung zukommt, keine Anzahl von Schaafen, nach dem Verhältnisse der Durchwinterung mit eignem Futter, vorgeschrieben werden. § 151. Wo aber mehrern die Schäfereigerechtigkeit auf eben derselben Feldmark gebühret, da wird unter ihnen die Anzahl der vorzutreibenden Schaafe, nach dem Grundsatze der Durchwinterung mit eignem Futter, bestimmt.

5. Das. § 157. Wo der Hordenschlag üblich ist, da kann in der Regel den zur Schaafhütung berechtigten Unterthanen der Vortheil davon, nach Verhältniß ihrer Schaafe, nicht versagt werden.

6. Das. § 158. Durch eine Gemeinheitstheilung an u. für sich wird die Schäfereigerechtigkeit noch nicht aufgehoben.

§ 101. c. Servituten an Waldungen. (B. § 198. G. § 148. St. § 98 II C.)

1. Erzbischöfl. Cöln. Urk. v. 1184 (Binterim Rhein. Westph. dipl. Cod. 1 S. 153): aree de Lutingen in nemore episcopali *ius cedendi ligna sive in edificium sive in combustionem, pastum quoque porcorum* — tradidimus, similiter aree de Burthen ius simile in Berenkard nemore nostro episcopali — concessimus.

2. Urk. des Grafen v. Cleve v. 1263 das. S. 296: curtim in H. *ius secandi ligna combustionum et combustionibus deputata*, que dicuntur *unbenicholt*, in nostris nemoribus *uno curru* deducenda libere et sine receptione denariorum, quos de curribus aliorum recipere solemus, recognoscimus habere, et preterea singulis annis *quinquaginta plaustra lignorum, que dicuntur redewede.*

3. U. v. 1259 (*Günther*. II nr. 184). Nos centurio et universitas in B. vendidimus — abbati et conventui de H *perpetuum ius secandi et colligendi ligna* in nemore nostro —, ita videlicet, quod — accipient ligna ibidem *tam ad edificia, quam ad paxillos* et omnes necessarios usus curtis eorum in T. —. Porro si dicti viri religiosi indiguerint tollere ligna *iacentia sive stantia in nemore bannito*, ubi nos contigerit novellare, — ipsis concedimus ea tollere.

4. Urk. des Grafen v. Cleve v. 1236 b. Binterim S. 207: (ecclesiae Xantensi) dedimus — *pasturam ducentorum porcorum* annuatim *in nemoribus nostris*, ubi domino dante *glandes quercuum vel fagorum* contigerit haberi.

5. Birgeler W. (Grimm 1, 518). Auch wan eyn foll eckern ist, so mogen unser herren — triben 32 swyne in den eckern; ist er aber nit foll, so triben sie nach marczal.

6. Oesterr. Ges.B. § 499 ob. § 99, 3.

7. Preuß. LR. I 22 § 193. Wenn Jemanden das Mastungsrecht in einem fremden Forste als eine Grundgerechtigkeit zukommt, so kann er sich desselben der Regel nach nur bei voller Mast bedienen. § 194. Wenn nur Sprengmast ist, so muß er mit dem Lesen der Eicheln, Bucheln, u. anderer dergleichen zur Schweinefütterung tauglichen wilden Baumfrüchte sich begnügen.

8. Das. § 195. Die Mastgerechtigkeit ist unter einer selbst unbestimmten Hütungsgerechtigkeit nicht mit begriffen.

9. Das. § 218. Dem Waldeigenthümer kommt es zu, für diejenigen, welche nur Raff- u. Leseholz aus dem Walde zu nehmen berechtigt sind, gewisse Holztage zu bestimmen u. außer denselben ihnen den freien Eingang in den Wald zu untersagen.

10. Das. § 231 u. 232. Ist der Holzungsberechtigte nur auf eine gewisse Holzart eingeschränkt, so kann er, wenn diese in dem Walde nicht mehr anzutreffen ist, den Eigenthümer zur Wiederanpflanzung dieser Holzart anhalten.

B. Pfandrecht.

1. Historische Einleitung. (B. § 95. G. § 149. St. § 106, 107.) § 102.

Albrecht Gewere S. 130—157. v. **Madai** die Satzung des älteren deutsch., insbes. des Sächs. Landrechts u. ihre Fortentwickelung (Zeitschr. f. D. R. 8 S. 284). Dagegen **Budde** das Verhältniß der älteren deutschen Satzung zum Eigenthum (das. 9 S. 410). W. v. **Meibom** das deutsche Pfandrecht. Marb. 1867. Dazu Recens. v. **Stobbe** in krit. Vierteljahrsschr. 9 [1867] S. 285. **Sohm** über Natur u. Gesch. der modernen Hypothek (**Grünhuts** Zeitschr. 5 S. 1). **Franken** das Französ. Pfandr. im MA. Abth. 1 (Berl. 1879); dazu **Heusler** in Ztschr. f. Handelsr. 25 S. 411. **Kohler** pfandrechtl. Forschungen. Würzb. 1882. — **Brunner** bei **Holtzendorff** S. 255.

1. L. Alam. 86, 2. Si — dominus *voluntarie pignus dederit* pro aliqua re alicui etc.

2. Ll. Langob. Ratchis. c. 1 (Mon. Ll. IV p. 187). Si quis amodo in *presentia regis vel iudicis seu liberorum hominum* qualecunque modo *wadia* dederit etc.

3. Ll. Langob. Luitpr. de a. XI c. 10 (das. p. 125). Si quis alii homini *wadia* dederit —, et postea — *pignus* de manu tulerit, — componat sol. XX.

4. Form. Senon. 48 (früher Marculf. app. 50). Ad petitione mea mihi non denegasti, nisi ut — argento — valentes solidos tantos in manu mea — mihi prestitisti. Propterea *obpingero* tibi vinea proprietatis mei, — et *usque annos tantos fructum, quem ibidem Deus dederit, ad parte tua — habere debeas* et per temetipsum ipsa vinea condirgere (i. e. uti) facias; et quomodo ipsus fructus tantos annos transhactus habueris, et debito tuo tibi reddidero, cautione mea per manibus recipiam; stipulatione subnixa.

5. Zus. zu den Erfurt. Stat. (**Walch** 2, 27). Wirt ein man — vor gerichte irvordirt umme gelthafte schult u. irlegit, daz sal an deme clegere sten, ab he den schuldigen vorteile odir **frone** wolle.

6. Lüb. R. Cod. II 146. So we so deme anderen wat lovet uppe sin ghut, es it up erve, so is it **weddeschat**, sint it oc kledere oder anders welcker hande ghut dat si, — so es it oc **weddeschat**.

7. Brem. Stat. v. 1303 Ord. 123. So wor en borghere — beclaghet wort umme ghelt, dar renthe mede lost si, — vor dhe penninge ne mach men nen erve setten, me ne settet tho **kistenpandes rechte**. Also scal it oc wesen, we erve koft, wolde he betalen mit erve tho eneme pande, dhat scal he setten **tho kistenpandes rechte**. (**Schumacher** das Bremische Kistenpfandrecht an liegendem Gut in: Bremisches Jahrb. 1 [1863] S. 200.)

8. Ssp. II 24 § 2; s. oben § 68 Nr. 16.

9. Urk. v. 1415 b. **Schöttgen** u. **Kreysig** Diplom. I 76: haben in auch die vorgen. gueter — **versazt** u. aufgegeben u. ingeantwurtt **aus unser nutz u. gewer in ir nutz u. gewer — als wir sy — innegehabt haven**.

10. Urk. v. 1055 (*Baluz*. Capit. App. Tom. II, 1551). Valenciam filiam vestram in conjugio accipio et vobis manifeste convenio, ut eam semper cum honore teneam — et nunquam eam dimittam dum vixero —; ut totum, sicut superius est dictum, *teneam et faciam et adimpleam*, mitto vobis — *in pignore* castrum de A. — sub ea scilicet lege, ut si *praedictam omnem convenientiam non adimplevero et non observabero*, praefata omnia incurrant *in vestra potestate* sine aliqua contradictione *ad faciendum quodcunque volueritis facere*. Et sic de meo jure *trado hoc totum — in vestrum dominium et vestram potestatem*.

11. Dipl. a. 1152 (Mon. Ll. II 91). Haec est conventio inter dominum regem Fridericum et ducem Bertolfum. — Et quod dux *haec omnia servabit sine dolo*, dabit domino regi *in pignore* allodium suum.

12. Urk. v. 1233 b. Wippermann Reg. Schaumburg. Nr. 117: fructus decimae in H — 14 marcis arg. *impignoravimus*, si vero *redemptioni* intendere voluerimus, *praetaxatam pecuniam restituemus*.

13. Bair. Landr 223 (Freyberg S. 463). Antwurt man ainem pfant, daz varendeu hab ist, die man getreiben u. getragen mag, der sol er sich unterwinden — u. haymen in sein gewalt; tät er dez nicht u. liezz si jenem, der ims geantwurt hat, u. begriff si ain andrer in seiner gewalt mit dem rechten, der mag sich der selben pfant mit dem rechten wol underwinden.

14. Stadtr. v. Nordhausen (Förstemann N. Mitth. III 1, 38) § 15. Item quicunque *pignoraverit* talia, que de possessione pignorati possunt *duci sive pelli* sub potentiam pignorantis, et relicta in possessione pignorati fuerint, alius si supervenerit, *salvo iure pignorabit*.

15. Ssp. I 53 § 3. Sve gewedde u. bute nicht ne gift to rechten dagen, de vrone bode sal en dar vore panden, u. sal it to hant utsetten oder verkopen vor de scult.

16. L. Alam II 89 (Mon. Ll. III 77). Si *dominus* voluntariae pignus dederit —, et ille pignus, quando datus est, ibi aliquid damnum fecerit, dominus ejus, qui dedit pignus, damnum quod factum est, similem restituat.

17. L. Fris. Add. sap. VIII 1. Si quis in pignus susceperit aut servum aut equum, et ille servus aliquod damnum ibi fecerit, ad illum pertineat *cujus servus est, non ad illum, qui eum in pignus suscepit*.

18. Ssp. III 5 § 4. Svat man — deme manne liet oder sat, dat sal he unverderft weder bringen, oder gelden na sime werde. § 5. Stirft aver en perd oder ve binnen sattunge ane jenes scult, de it under ime hevet —, he ne gilt es nicht; he hevet aver verloren sin gelt, dar it ime vore stunt, ire gelovede ne stünde den anderes. (Vgl. v. Meibom S. 268 ff.)

19. Rsb. n. Dist. III 14, 11. Seczt eyner essende phande, also pherde, adder ander vih, dy aczunge sal der irlegen, des daz fih ist, noch rechter futterunge noch gliches kouffes. Unde waz deme fih wedderfert zcwissen wasszerz u. crippen, daz ist deme geschen, der is gesaczt hat; geschet is abir ussewendig, daz ist geme wedderfarn, des phant is ist.

20. Schwsp. 212 Z. 5 ff. Versezet ein man dem andern ein phert umbpfenninge u. stirbet daz in siner gewalt ane sine schulde, daz ist der gemeine tot: er sol es niht gelten. er virliuset aber sine phenninge dar an, die ez im stuont; ezn si danne ander gedinge dar an geschehen. Er sol ez ouch ninder riten ane jenes urloup. u. ritet erz dar über, swaz im geschiht, er muo den schaden haben. u. geschit im niht, er muoz doch ze bezerunge geben je von der mil sehs phenninge. daz ist da von, daz erz an sin urloup geriten hat. u. die wile erz arbeitet, so sol er im deheine fuore räiten; arbeitet erz in wagen oder in pfluoge, u. wirt ez geergert, daz sol er zwifalt gelten.

21. Brem. Stat. v. 1303 Ord. 3. So we dhen anderen set en perd tho pande, kumt eme gicht tho tuischen water u. cribben, it sterve idher wot eme to kome, dhe it eme seth heft, de scal eme geven sine penninghe, dhar it vore stunt, u. dhe ettinghe.

22. Magdeb. Fr. I 6, 6: hette ym yener — eyn pfant gesaczt vor syne bekante schult u. deßer kumpt by rechter cziet — u. wil syn pfant losen. So spricht yener, das pfant sey vorbrant adir vorloren: woromme gibist du mir nicht myn gelt, vorwar ich sal des nicht schaden han. — Welchir nu undir deßin den schaden dez — vorsaczten pfandes haben u. liden sulle? Uff das — sal man wissen: Tar der man, dem das pfant gesaczt ist, uff den heiligen sweren, das das pfant ane syne vorwarloßunge vorbrant adir vorlorn sey, so sal der schade irre beyder schade syn, also das her syn gelt doran vorloren hette u. yenir dy besserunge des pfandes. (Vgl. v. Meibom 289.)

23. Freiberg. Stat. 1, 40 (Schott 3, 165). Wirt einem manne gesatzit kistinpfant oder allirhande varnde habe, — di sal man nirgen eigen zu rechte, niwan in den vir benken, alse man si ußgebutet zwei dinc.

24. Rsb. n. Dist. III 14, 2 u. 3. Seczt einer pfant an farnder habe — daz an gerichte gewunnen ist, daz sal her ouch ufbiten dri firczen tage. — Pfant, dy eime vorsaczt werden unvorclaget an gerichte, der en darf man nicht ufbiten. Wan man sy nicht mer halden wel, so sal her

sy ome wedder anbiten wissentlich sinen nackebur. Wel her denne sy nicht lassze, so thu her sin beste domete.

25. Augsb. Stat. (Meyer S. 211). Ist daz einem man ein phant gesetzet wirt ane gerihte, gat der dar u. verkauffet daz ane gerihte, kumt danne jener u. sprichet den an, dem er daz phant satzte, so solz im dirre gelten, — u. hat auch niemen chein reht, daz er ane gerihte chein phant verkauffe.

26. Freiberg. Stat. 1, 40 b. Schott 3, 165 a. E. Waz die pfant bezzer sint wen si sten, daz mac he behalden, he mac iz ouch widergeben, ab he wil; waz ouch si erger sint wen si sten, da mac he jeme umme schult geben, der muz im darumme antwerten zu rechte.

27. Münchener StR. 197. Antwurt man im schreinpfant, die sol er behalten 14 tag in dem gericht, u. sol si enem anpieten, ob er si lösen well, — u. sol si dann verchauffen an allez gevaerd; gieng im daran icht ab, — sol im der richter mer geben.

28. Sächs. Lehnr. 55 § 8. Sal man gut setten als it helpende si, dat mut geschien vor des landes richtere, so dat man is die dingplichten to getüge hebbe.

29. Schw. Lehnr. 95b. Sol satzunge geschehen, daz helfende si, daz muz geschehen mit des herren hant; u. satzunge erziuget ein man wol mit luten, die nit des herren man sint.

30. Lüb. R. Cod. II 24. Set oc jeman sin erve dem andern vor schult, he schal it eme setten vor dem rade, de settinge blivet stede.

31. Münchener StR. 32. Wer erb u. aigen ze pfant wil setzen, der sol das tuon vor gerichts in ofner schrannen in den vier wenden u. daz sol man schreiben in daz gerichtbuoch.

32. Magdeb. system. Schöffenrecht IV 2, 47. Nymant mag syn an irsturbin erbe vorkummern noch vorseczczin ane syner erbin wille.

33. Lüb. Niederstadtbuchs-Inscript. v. 1326 (Pauli Abh. 1 S. 106). I. B. H. tenetur matri sue in L. marcas den., pro quibus *impignoravit VIII marcas reddituum annuatim*, quas sibi pater eius in hereditate sua, in qua moratur, assignavit, salva tamen Iohanni de L. sua impignoracione sibi facta *in eisdem redditibus*, qui prior erit in suo iure, sicut *prior est in sua scriptura*.

34. Urk. c. a. 1197 (Ennen Qu. 1 n. 102). H. burchravius Colon. *coram scabinis iurisdictionem comicie* que *burgraschaf* dicitur et *domum* suam *cum curte* in civitate sitam *de consensu uxoris sue* — per manum — archiepiscopi — Symoni — *in pignore* exposuit et pro *CC marcis obligavit*, ea conditione, ut predicta domus cum curte sua et prefata jurisdictio tota (burgrafschaf) *cum omni fructu et utilitate* preter id, quod ruminge dicitur, et preter tria wizliche dinc, pignus sint predicti Symonis. — Hoc autem pignus — *per quatuor annos* continue obligatum erit prefato Symoni. — intrante vero quinto anno, si burchravius — prefato Symoni — *CC marcas* dederit, — finito anno illo burchraschaf *penitus* erit *libera* et *soluta* burgravio. (Hegel Städtechron. 14 S. XXXV.)

35. Urk. v. 1276 (*Günther* 2, 420): archiepiscopo Colon. *comitatum nostrum* de N. — concedimus — tenendum et *gubernandum* usque ad IV annos continuos; — ita quod ipse — archiepiscopus *fructus* et *proventus comitatus et terre* — *suis usibus applicabit*, et de eis omnino suam faciet voluntatem, nec computare neque respondere nobis tenebitur de eisdem.

36. Urk. v. 1314 (ibid. 3, 161): bona predicta *titulo pignoris seu ypothece* — archiepiscopo — una cum omnibus iuribus obligamus. — Concedimus etiam —, quod *omnes et singulos fructus perceptos et percipiendos* ab eodem archiepiscopo — de omnibus et singulis superius expressis *suos faciat*, *nec in sortem aliqualiter computentur*.

37. Urk. v. 1333 (*Gercken.* Cod. Brand. I nr. 156): das er mir gesetzit umb 300 mark mit sogetaner bescheidenheit, daz ich das vorgen. gut inne sulle haben, alz lange, biz ich di 300 m. darabe genomen von dem nutz.

38. Urk. v. 1387 (Kindlinger M. Beitr. 1, 397): vor welke 55 mark pennige wy — settet — unsen schulten end hof geheyten die Bedynchof: — mit dem underscheyde, — dat wy — den vorg. hof alle jar unvorjaret 14 nacht vor end 14 nacht na sunte Mertens mogen wederlosen vor de vorg. summe gheldes.

39. Urk. v. 1446 (*Westphalen.* 4, 3120). Jck Cl. G. — sette E. Boyssen — ein gud — vor 500 marck to 30 jahren to enen brucklíken pande.

40. Urk. v. 1158 (*Meichelbeck.* I p. 564 nr. 1355). Dux C. de Dachawe a domino Al. episcopo talenta LX accommodavit, et ille praedia sua — in manus Heinrici comitis de Pl. delegavit, beneficia quoque in manus episcopi *sub pignore deposuit*, eo tenore, si ipse praedictam pecuniam in assumptione s. Mariae — episcopo *non reddat*, Heinricus comes de Pl. praefata praedia super aram s. Mariae deleget, *beneficia in usus episcopi libere pro voluntate sua cedant.*

41. Urk. v. 1235 (*Ludewig.* Rel. Mss. 2, 218). Ludovicus — promisit — Gottofredo mille marcas argenti —, pro quibus obligavit et assignavit ei castrum Sc. et reditus centum talentorum — ubicunque idem Gottofr. in bonis ipsius Ludovici sive in proprietate sive in feudis eiusdem velit accipere, — subscriptis conditionibus et pactis in eadem traditione et assignatione taliter intervenientibus, quod si termino praetaxato idem Ludov. non solverit praedictam pecuniae quantitatem, praedictus G. et heredes sui praedictum castrum Sc. cum pertinentiis suis et reditibus centum talentorum — *iure perpetuo, tam proprietatis titulo in his, quae propria sunt, quam iure feudali in feudalibus, retinebunt.*

42. Bair. Landr. 222 (Freyberg S. 462). Wer dem andern pfant antwurt, daz aigen oder lehen ist u. daz pfant dannoch in seiner gewalt beleibt u. daz er ez jenem, dem er ez gesetzt hat, ze hant nicht undertänig machet, mit welhem geding daz geschicht, da sol er im brief über geben mit seinem insigel — u. mit dez gerichtz insigel dar zuo.

43. Magdeb. Fr. I 6, 8. Eyn man versëczt eyme andern seyn erbe vor gehegetem dinge, u. das wirt vorsegilt mit der scheppin brive vorschrebin, welchir des selbin erbis besser gewere hette, der deme is vorsaczt u. vorbriffet ist, adir yener der is seczte, ab her nu wol blebe in dem erbe. U. ab desir syner besaczunge obir recht gehalden hat u. denne is vorkouffen wolle u. man yn von rechtes halbin doryn gewisen möge, u. sich der ander werit u. doch nicht loßen wil, waz do czwuschen recht sey? Hiruff sprechen wir — recht: Wirt eyme eyn erbe vor gerichte gesaczt, der hat eyne rechte gewere doran, u. man sal yn von rechtes weyn doryn wißen, is en sey denne das der andere dy inwisunge mit rechte entreden moge. (Vgl. v. Meibom S. 438 ff.)

44. Hamb. Stat. v. 1270 I 14. So wanne enen manne een pant geset wert, is sy erve ofte ander pant, dat schal he upbeden to deme nagesten dinge; so schal men eme to deme ersten male dachdingen dat pand to holdende 14 nacht; — to deme anderen dinge, also he it upbut, schal men eme dachdingen over 8 dage; to dem drudden male — over dwer nacht unde darna vorkopen. Unde is it erve, — so schal ene des erves weldegen de voget u. de rad u. scholen den man darut beden to varende.

45. Stader Stat. I 10 (*Pufend.* 1, 174). So wanne enen manne ein pant gheset wert, is si erve that eme ane sinen danch wert gheset ofte ein kistenpant, dat scal he upbeden to theme nagesten thinghe, to theme anderen thinge, to theme thridden thinge u. beden it theme goden manne — u. vorkopen thenne thar he wille. Lopt ome wat over, that scal he theme goden manne wether geven; u. untbrecht ome wat, scathe sin. Mer wert einen manne erve to pande gheset bi erer beither wilkore, that scal he upbeden dhre etdhage, u. beden it op mit goden luden theme manne u. verkopent thenne thar he wille. Lopt ome wat over, that scal he ome wether keren, u. untbrecht ome wat, schathe sin.

46. Brem. Stat. v. 1433 Ord. 31. So we se wikbelde upbeden wil, dat men eme weldigen scal, de scal id upbeden to ver echte dingen, also to welken echten dingen he dat erst upbut, to demesulven scal he id lest upbeden.

47. Verden. Stat. 47 (*Pufendorf* 1 S. 94). Nach he des aldüs vollenkamen mit dem rade u. richte, dat de upbedinge also geschen sy, so schall de radt mit des richtes baden den upbeder weldigen u. weren laten in dat erve, dat schall he den holden 6 weken u. 3 dage, werdt idt darinnen von dem schuldener nicht gelöset, so mag he dat erve laten werderen, u. wat idt den beter were alse sine schuldt, dat scholde he deme andern wedder keren; were id ock ringer, dat möchte he ohme affmanen mit rechte wen he konde.

48. Rsb. n. Dist. I 15. Wurden ouch phand do vor (brudschacz) gesaczt an erben adder an andern guten, man mag es wol vorsecczen vor dy phenge, ab man es zcu rechten tagen nicht loset. Dy sacczunge sal man abir saczen vor gerichte, ab daz phant wol an gerichte gesaczt ist. Ouch sal man den dorczu laden, dez daz phanth ist; u. kan man sy nicht vorsecczen, man sal es mit richtes orteyln vorkouffen. Gilt es me, man sal es jonem wedder kern. Gilt is myner, so clage man vort an gerichte u. lasse om furt helffen.

49. Hamb. Stat. v. 1270 VI 16 s. ob. § 82, 53.

50. Rsb. n. Dist. III 14, 6. Wert eyme eyn phant gesaczt adder gelegen, daz he vorbaz vorsecczen wel, vorseczt her is u. wert is vorlorn, daz sal her gelden na sinen werde adder na fruntschaft.

51. Leobschütz. Stat. (Böhme II 15): setzet (he) ym — ein pfand, daz mus her halten dry virzehn tage, — setzt her im aber erbe, daz muz er halten jar u. tag.

52. Magdeb. Fr. II 2, 14. Ab — eyn burger deme andirn pfant seczte vor bekante scholt.

53. Hamb. Stat. v. 1270 IX 19. So we deme anderen schult gift umme gelt u. bekent de andere de schult, but he eme erve to pande, dat erve ne darf he nicht nemen, he ne willet don. It ne sy, dat it de andere were uppe den hilgen, dat he noch pennynge, noch kistenpand, noch vlotware gud ne hebbe, so schal he eme vry erve setten.

54. Magdeb. Fr. II 2, 16. Bekennet eyn gelder vor gerichte, das her unvorczogentlich sulde habin bezalt uf eynen vorgangen tag u. hat der keyn gereyt gelt, wil her deme cleger seczen erbe u. eygen bynnen deme gerichte so gut, als das gelt ist, das muß der cleger nemen u. halden so lange czit, als das mit orteilen vor gerichte getedinget wirt adir mit willen gesaczt wirt. Wenne die cziet vorgangen ist, so mag her das erbe vorkouffen adir vorseczen vor syn gelt.

55. Lüb. Niederstddtb.-Inscript. v. 1327 (Pauli Lüb. Zustände 1 S. 222). Iohannes tenetur Wulfrado in 25 marc. den. — pro quibus sibi suos promones — coram consulibus impignoravit *ea condicione, ac si essent prosecuti coram judicio pleno jure.*

56. Gosl. Stat. S. 24 Z. 19 ff. Sat en en hus ut, — dat ne mach he nicht mer bekomeren, he ne hebbe dat ghelost: he ne mach it ok nicht vormeden, denne bente uppe de tyd dat it up geboden wert u. des vrede ghewarcht is u. beseten alse der stat recht is. Wanne dat al overgan is, so ne mach is de nicht leng gheweren de dat ut ghesat heft an medinghe oder an anderen dinghen, it ne si — de medinghe geschen — er der sattinghe, dat mot he deme irlekghen, deme he de sattinghe gedan heft.

57. Freiberg. Stat. I 37 (Schott III 163). Wirt ouch einem manne ein hus gesatzit oder eigen u. erbe vor gerichte u. wil he deme nachvolgen, — daz man iz im eigen sulle, so sal he iz ufbieten drie dinc, — so sal der richter mit im gen — u. sprechen also: set, ich eigene iz uch vor also vil geldis. — Kumit aber ienre, der daz erbe versatzit hat, in demeselben tage u. brenget silber u. pfennige, — he sal iz im zu losene geben. — Ist aber daz he den tac versumit, — so hat he iz verlorn, jenre mac denne wol sprechen, iz si sin eigen, — u. mac iz behalden, — ob iz joch 10 marke oder 20 bezzer were, er beheldit iz.

58. Goslar. Urthl. (Bruns Beitr. S. 242): u. de bur den twen anderen de vor en loveden, alle sin gud, beweglik u. unbeweglik, vor dem vogede to pande u. to wedderstadinge gesath hebben.

59. Magd. syst. Schöffenr. III 2, 91. Gelobit ein burger by alle syme gute — vor richter u. vor scheppfin in gehegtim dinge uf einin nemelichin tag czu gebin eyn gelt — dem man sal [man] helfin synis geldis tzu dem gelobtin tage vor alle den, dy noch dem gelobde ir gelt mit recht irstandin habin.

60. Das. c. 92. Gelobit ein man dem andirn vor richter u. vor scheppfin in gehegtim dinge ein gelt czu gebin — by alle sime gute, daz her hat, uf einin nemelichin tag, u. noch deme gelobde uf iczliche czeit kouft her ein erbe, uf

deme her eime andirn manne gebit u. vorreicht — jerlichis czinsis — zo mag sich der man, deme ein andir man gelobit hat — gelt zu gebin, — sines geldis nicht irholin an deme czinse des erbis, — zundir der koufman des czinses sal vornemlich ungehindirt bliben bi sime czinse.

2. Heutiges Recht.

a. Pfandrecht an unbeweglichen Sachen.

§ 103. α. Aelteres System. (B. § 96. G. § 150. St. § 108.)

1. Tengler Laiensp. Ausg. v. 1638 Fol. 17 b; s. oben § 78 Nr. 76.

2. Hamb Stat. II 4, 4. Unbewegliche Erbe u. Zinse sollen vor sitzendem Rathe, in offener Audientz, verlassen u. aufgetragen werden: u. was also vor dem Rathe verlassen, u. in dem Stadt-Buche geschrieben wird, da gehet kein Zeuge über. Wann aber der Schuldner solches bezahlt; so soll er sich vor dem Rathe los schelten, u. im Stadt-Buche tilgen lassen.

3. Das. II 5, 1. Wann, wegen Vorzugs der Gläubiger, Streit vorfällt; so soll zuvorderst, was vor dem Rathe verlassen, u. in das Stadt-Buch verzeichnet worden, allen anderen Verpfändungen, so nicht vor dem Rathe beschehen u. eingeschrieben, vorgezogen werden. Und unter diesen sollen allewege die älteren den Vorgang haben.

4. Lüb. R. III 4, 1. Will jemand seine ligende Gründe u. stehende Erbe versetzen, oder verpfänden, der soll es thun vor dem Rath; so ist es kräfftig u. bestendig.

5. Frankf. Ref. II 18 § 2. Verpfändungen u. Insätze (liegender Güter) — sollen — allwegen in unserer Cantzley vor unsern Burgermeistern —, u. sonst nirgendwo, geschehen. (Vergl. Souchay Anm. I S. 429.)

§ 104. β. Neueres System. (B. § 97. G. § 151. St. § 109—115.)

Allgemeine Hypothekenordnung (HO.) f. die gesammten königl. Preuß. Staaten v. 20. Decbr. 1783. Preuß. Landr. I 20 § 390—535. v. Strombeck Ergänzungen der allgem. Hypotheken- u. Depositalordnung od. vollst. Samml. aller noch geltenden die Preuß. Hypothek- u. Depositalordn. ergänzenden, erläuternden oder abändernden Gesetze. Ausg. 3. Halberstadt 1827. — Oesterr. Gesetzbuch § 447—71. — Mecklenburg-Schwerin: HO. für Büdner u. Erbenzinsleute auf dem Domanium v. 12. März 1814. HO. für die ritterschaftlichen Landgüter v. 12. Oct. 1819, revidirte v. 18. Oct. 1848. Stadtbuchordnung v. 22. Dec. 1829. Revid. Stadtbuchordn. v. 21. Dec. 1857. HO. für die von den Landesklöstern in Erbpacht gegebenen Grundstücke v. 20. Febr. 1837. Vgl. G. Beseler (Ztschr. f. D. R. Bd. 10). — Baierisches HG. v. 1. Juni 1822 u. Prioritätsordn. v. dems. Datum. Dazu Gönner Commentar. 2 Bde. München 1823 u. 24. — Würtembergisches Pfand- u. Prioritätsgesetz, beide vom 15. April 1825. Bolley Bemerkungen z. dem Pfandgesetze u. den damit in Verbindung stehenden Gesetzen. 3 Bde. Stuttg. 1827—29. — Großherzogl. Sächsisches Gesetz üb. das Recht an Faustpfändern u. Hypotheken v. 27. Mai 1839. Gesetz üb. das Vorzugsrecht der Gläubiger v. dems. Datum. — Königl. Sächsisches Gesetz, die Grund- u. Hypothekenbücher u. das Hypothekenwesen betr. v. 6. Nov. 1843. K. Sächs. bürgerl. Gesetzbuch § 387—465. — Hannoversch. Ges., das Pfandrecht u. die Befriedigung der Gläubiger im Concurse betr. v. 14. Dec. 1864. — Die neueste Gesetzgebung u. Literatur ob. zu § 79. Der Preuß. Gesetzgebung v. 1872 folgen Braunschweig: Gesetze v. 8. März 1878, Oldenburg: Gesetze v. 3. April 1876, Waldeck: G. v. 25. Jan. 1881, Lippe: G. v. 27. Juli 1882. Deutsches Hypothekenrecht nach d. Landesges. d. größern D. Staaten systematisch dargestellt (herausg. v. Meibom): I. v. Bar d. Hannov. Hypothekenrecht nach dem G. v. 14. Dec. 1864 (Leipz. 1871). II. v. Meibom d. Mecklenburg. HR. (1871). III. Regelsberger d. Bayerische HR. (1871). IV. Siegmann d. kgl. Sächs. HR. (1875). V. Exner d. Oesterreich. HR. (1876—81). VI. Römer d. Würtemb. Unterpfandrecht (1876). VII 1. Puchelt d. franz. Privilegien- u. Hypothekenrecht (1876). VII 2. d. rhein. HR. in seinen Abweichungen v. franz. R. (1876): Dreyer Elsaß-Lothringen; Gorius Preuß. Rheinprov.; Heinsheimer Baden; Thoma Rheinbayern; Lippold Rheinhessen. VIII. Dernburg u. Hinrichs d. Preußische HR. Abth. 1: die allgem. Lehren des Grundbuchrechts (Leipz. 1877). F. P. Bremer Hypothek u. Grundschuld. Gött. 1869. Ziebarth s. ob. S. 191. L. v. Bar üb. den selbständigen Charakter der Hyp. (Archiv. f. civil. Praxis 53 [1870] S. 562). O. Bähr d. Preuß. Gesetzentwürfe üb. d. Rechte am Grundvermögen in Iherings Jahrb. 11 (1871) S. 1. v. Roth die hypothek. Succession u. die Eigenthümer-Hypothek (das. Bd. 62 [1879] S. 97). Gerh. Buchka die Hyp. des Eigenthümers. Wism. 1875.

1. K. Sächs. Ges. v. 1843 § 29. Nur an Grundstücken u. solchen andern körperlichen Sachen, welche nach den Gesetzen den Immobilien gleichgeachtet werden, ingleichen an für sich bestehenden Gerechtsamen der im § 14 [s. oben § 79, 16] bemerkten Art, wenn ihnen ein Folium im Grund- u. Hypothekenbuche gegeben worden ist, können Hypotheken bestellt werden.

2. Sächs. Ges.B. § 495. Berechtigungen, welche ein Folium im Grundbuche erhalten haben, können verpfändet werden. Ihre Verpfändung wird nach den über das Pfandrecht an Grundstücken geltenden Vorschriften beurtheilt, soweit nicht die Natur des Gegenstandes etwas Anderes mit sich bringt.

3. Preuß. LR. I 20 § 411. Nur durch die wirkliche Eintragung in die öffentlichen Grundbücher wird das Hypothekenrecht selbst erworben.

4. Das. § 2. Das Recht, die Bestellung einer (Pfand-)Sicherheit zu fordern, kann durch Willenserklärungen u. Gesetze begründet werden. — § 6. (Ein solcher) Titel zum Pfandrechte giebt für sich allein noch kein wirkliches dingliches Recht auf eine gewisse bestimmte Sache; sondern es muß — annoch die gesetzmäßige Erwerbungsart (Uebergabe der Sache beim Faustpfande, oder Eintragung auf Grundstücke bei der Hypothek) hinzukommen. — § 9. So lange (dies) — nicht erfolgt ist, kann zwar der Gläubiger die seiner Forderung im Gesetze beigelegten Vorrechte auf das Vermögen des Schuldners — ausüben. § 10. Er kann aber dieselben auf Sachen, die rechtsgültiger Weise aus dem Vermögen des Schuldners herausgegangen sind, gegen einen dritten Besitzer derselben nicht verfolgen.

5. Oesterr. Ges.B. § 449. (Der) Titel zur Erwerbung des Pfandrechts — gründet sich auf das Gesetz, auf einen richterlichen Ausspruch, auf einen Vertrag, oder den letzten Willen des Eigenthümers.

6. Bair. Hyp.Ges. § 19. Jede Forderung kann nur auf eine bestimmte Summe eingetragen werden, daher sollen Rechte u. Forderungen, deren Betrag nicht an sich genau bestimmt ist, nach ihrem beiläufigen Betrage entweder durch Uebereinkunft zwischen Schuldner u. Gläubiger, oder, in deren Ermanglung, durch richterliches Urtheil auf eine bestimmte Summe festgesetzt werden; es bleibt

jedoch, wenn sich in der Folge die Umstände ändern, dem Schuldner das Recht vorbehalten, eine Minderung der festgesetzten Summe zu verlangen, so wie der Gläubiger für dasjenige, was an seiner Sicherheit mangelt, die Eintragung einer neuen Hypothek — fordern kann.

7. Das. § 11. Die Eintragung in das Hypothekenbuch — kann niemals anders, als — auf bestimmte Immobilien geschehen. Jede wirklich erworbene Hypothek muß demnach eine Special-Hypothek seyn.

8. Sächs. Ges.B. § 388. Die Eintragung der Forderung darf nur auf einzelne, mit einem besonderen Folium im Grundbuche versehene oder auf mehrere zu einer Gesammtsache vereinigte Grundstücke im Ganzen, sowie auf ideelle Antheile einzelner Miteigenthümer, nicht aber auf andere Theile u. Zubehörungen des einzelnen Grundstücks oder der eine Gesammtsache bildenden Grundstücke bewirkt werden.

9. Preuß. Hypoth.-O. Tit. 2 § 127. Bei den über Darlehns- u. andere verwandte Contracte bestellten u. zur Eintragung offerirten ausdrücklichen Hypotheken muß der Richter, in Prüfung eines solchen Eintragungs-Gesuches auf die Qualität der contrahirenden Personen; auf die Beschaffenheit des verpfändeten Grundstücks; u. auf den Inhalt sowohl, als die Fassung u. äußere Form des Instrumentes Rücksicht nehmen.

10. K. Sächs. Ges. v. 1843 § 191. — Der über die förmliche Eintragung einer hypothekarischen Forderung dem Gläubiger ausgestellte Recognitionsschein heißt Hypothekenbrief.

11. Bair. Hyp.Ges. § 23. — Der Vorzug der eingetragenen Forderungen ist bloß nach dem Tage des Eintrages zu beurtheilen.

12. Das. § 24. Jeder Besitzer einer unbeweglichen Sache, jeder darauf eingetragene Gläubiger, desgleichen jeder Andere, welcher wegen eines mit dem Besitzer oder Gläubiger bestehenden Rechtsverhältnisses ein Interesse glaubhaft nachweiset, kann von denjenigen Stellen des Hypothekenbuches, worauf sich sein Interesse bezieht, Einsicht nehmen, oder auch beglaubte Auszüge derselben erlangen. Jedem andern ist ohne Einwilligung des Eigenthümers der Sache die Einsicht nicht zu gestatten.

13. Das. § 25. Aus (der) Oeffentlichkeit des Hypothekenbuchs entsteht die Folge, daß jede im Vertrauen auf dasselbe vorgenommene Handlung, so weit sie mit dem Hypothekenwesen in Verbindung steht, in Ansehung desjenigen, welcher nach den im Hypothekenbuche befindlichen Einträgen, u. im guten Glauben gehandelt hat, alle jene rechtlichen Wirkungen hervorbringt, welche der Handlung nach jenen Einträgen angemessen sind. Auch kann Niemand die Unwissenheit Dessen, was im Hypothekenbuch eingetragen ist, zu seinem Vortheile anführen. Wer hierdurch einen Schaden leidet, dem bleibt bloß der persönliche Rückanspruch auf Schadensersatz wider denjenigen vorbehalten, der hiezu nach den Gesetzen verbunden ist.

14. Das. § 26. Der Schuldner kann die Einreden, welche er dem Gläubiger über die Richtigkeit einer eingetragenen Hypothekforderung entgegen setzen konnte, wider den Dritten, der die eingetragene Hypothek durch lästigen Titel u. in gutem Glauben an sich brachte, nur alsdann gebrauchen, wenn sein Widerspruch gegen die Forderung im Hypothekenbuche vorgemerkt ist.

15. Das. § 28. Eine Protestation hat die rechtliche Wirkung, daß, von ihrer Vormerkung im Hypothekenbuche an, Nichts zum Nachtheile des Rechts geschehen kann, dessen Sicherung durch die Protestation bezielt wurde. § 29. Die endliche Berichtigung des Gegenstandes, worüber eine Protestation eingetragen wurde, sie mag für oder gegen die Protestation erfolgen, wirkt in allen Fällen auf den Zeitpunkt der Eintragung derselben zurück.

16. Das. § 30. Ist eine Forderung, wodurch der Rechtstitel zur Erwerbung einer Hypothek an sich begründet wird, durch unverdächtige Urkunden bescheinigt, die Eintragung der Hypothek selbst aber wegen Mangels an einer noch zu ergänzenden u. die Wesenheit oder Gültigkeit der Handlung nicht betreffenden Formalität noch nicht zulässig, so kann die Forderung unter den Hypotheken vorgemerkt werden. Diese Vormerkung hat die rechtlichen Wirkungen

einer eingetragenen Hypothek nicht, sondern dient bloß zur Verwahrung des Rechts auf Erwerbung der Hypothek an der Stelle, wo die Forderung vorgemerkt ist. Uebrigens gilt von derselben alles dasjenige, was in den vorhergehenden §§ 28 u. 29 über Protestationen bestimmt ist. Werden die Anstände oder die Mängel gehoben, so wird die Hypothek so angesehn, als ob sie schon am Tage ihrer Vormerkung ganz rechtsbeständig u. förmlich eingetragen worden wäre.

17. Bair. Hyp.Ges. § 32. Gegen den Inhalt des Hypothekenbuchs findet insoweit keine Verjährung statt, als dieselbe den eingetragenen Hypotheken oder darin vorgemerkten Forderungen zum Nachtheil gereichte. Daher kann die Verjährung einer im Hypothekenbuche eingetragenen Forderung, so lange sie darin nicht gelöscht oder von dem die Löschung nachzusuchen Berechtigten eine dießfallsige Protestation in dem Hypothekenbuche aufgenommen worden, nicht angefangen werden; dagegen kommen in Ansehung der hievon verfallenen Zinsen die gesetzlichen Bestimmungen über Verjährung zur Anwendung.

18. Das. § 42. Die Hypothek erstreckt sich gegen den Schuldner sowohl, als gegen jeden dritten Besitzer der Sache, nebst dem Capital, auch auf die Zinsen des laufenden u. des unmittelbar vorausgegangenen Jahres, wenn dasselbe als ein verzinsliches im Hypothekenbuche — eingetragen ist.

19. Sächs. Ges.B. § 437. Eine eingetragene Forderung geht mit der Hypothek ohne Weiteres auf die Erben des Gläubigers über; dieselben können jedoch Umschreibung der Forderung auf ihren Namen verlangen. § 438. In anderen Fällen geht die eingetragene Forderung sowohl gegen Dritte als gegen den Schuldner erst durch die Umschreibung auf den neuen Gläubiger über.

20. Das. § 440. Das Vorrecht einer eingetragenen Forderung nach dem Alter kann auch ohne die Forderung abgetreten werden; dieß erfordert jedoch zur Wirksamkeit gegen Dritte die Eintragung in das Hypothekenbuch.

21. Das. § 442. Befriedigt der Eigenthümer des verpfändeten Grundstücks den hypothekarischen Gläubiger, so kann er, selbst wenn er zugleich persönlicher Schuldner ist, verlangen, daß die eingetragene Forderung entweder gelöscht oder auf seinen Namen in dem Hypothekenbuche umgeschrieben werde. Im letzteren Falle hat er das Recht, die Forderung Anderen abzutreten. § 443. Auch in anderen Fällen, wo sich das Eigenthum des verpfändeten Grundstücks u. die eingetragene Forderung in einer Person vereinigen, hat der Eigenthümer als Pfandgläubiger das Recht, die Forderung Anderen abzutreten.

22. Bair. Hyp.Ges. § 57. Der Besitzer der Sache kann der dinglichen Klage die Einrede, daß der Schuldner vorher ausgeklagt werden soll, nur in dem Fall entgegensetzen, wenn die Hypothek wegen einer für einen Andern geleisteten Bürgschaft — erworben wurde, sofern er nicht nach den geltenden Civilgesetzen als Selbstschuldner anzusehen ist.

23. Sächs. Ges.B. § 453. In andern Fällen (als § 450—52 angegeben) erlöscht die Hypothek nur durch Löschung der Forderung im Hypothekenbuche.

24. Preuß. LR. I 20 § 521, 522. Unterläßt es (der Schuldner auf Löschung der getilgten Post im Hypothekenbuche anzutragen), so kann er die Verhandlungen eines Dritten, worin derselbe mit dem eingetragenen Gläubiger redlicher Weise, auf den Glauben des Hyp.Buches — sich eingelassen hat, zum Nachtheile dieses Dritten nicht anfechten.

25. Das. § 526, 527. Ist die Löschung — zur Ungebühr erfolgt, so verliert zwar der Gläubiger dadurch noch nicht sein — dingliches Recht; doch kann er davon zum Nachtheile derjenigen, welche sich erst nach erfolgter Löschung haben eintragen lassen, keinen Gebrauch machen.

26. Das. § 534. So lange eine in das Hypothekenbuch eingetragene Forderung nicht wieder gelöscht worden, so lange kann die Verjährung derselben nicht angefangen werden.

27. Das. § 28. Der Verkauf des Pfandes muß in der Regel gerichtlich an den Meistbietenden geschehen.

28. Sächs. Ges.B. § 434. Das Alter, nach welchem mehrere auf demselben Grundstücke haftende Forderungen zur Befriedigung gelangen, bestimmt sich — nach der Reihenfolge, in welcher sie eingetragen worden sind.

29. Das. § 426. Der hypothekarische Gläubiger hat die Wahl, ob er vorerst die persönliche Klage gegen den Schuldner oder die Pfandklage, oder beide neben einander erheben will, selbst wenn das Pfand von einem Dritten bestellt worden ist, oder sich in den Händen eines Dritten befindet.

30. Preuß. G. v. 5. Mai 1872 (ob. S. 191) § 12. Dingliche Rechte an Grundstücken, welche auf einem privatrechtlichen Titel beruhen, erlangen gegen Dritte nur durch Eintragung Wirksamkeit u. verlieren dieselbe durch Löschung.

31. Das. § 17. Die Rangordnung der auf demselben Grundstück eingetragenen Rechte bestimmt sich nach der Reihenfolge der Eintragungen, die letztere nach der Zeit, zu welcher der Antrag auf Eintragung dem Grundbuchamt vorgelegt worden ist.

32. Das. § 18. Das Recht der Hypothek u. der Grundschuld entsteht durch die Eintragung im Grundbuch.

33. Meckl. revid. Stadtbuchordnung (ob. S. 254) § 18. Das durch die Eintragung erworbene Recht ergreift nur das Grundstück, auf welches dieselbe geschehen ist. § 19. Ferner ergreift (es) nur das Grundstück als solches, nicht die Person des zeitigen Eigenthümers u. ist daher unabhängig von den in der. letztern vorgehenden Veränderungen. 1) Durch die Eintragung entstehen keine bloßen Sicherheitsrechte für eine persönliche Verhaftung des die Eintragung Beantragenden, sondern selbständige dingliche Belastungen des Grundstücks. 2) Der Antrag auf Eintragung ist durch eine solche persönliche Verhaftung nicht nothwendig bedingt, vielmehr bleibt dieserwegen alles der Vereinbarung der Betheiligten überlassen.

34. Pr. G. v. 5. Mai 1872 § 19. Die Eintragung erfolgt: wenn der eingetragene oder seine Eintragung gleichzeitig erlangende Eigenthümer sie bewilligt. Die Bewilligung kann mit Angabe eines Schuldgrundes geschehen (Hypothek) oder ohne Angabe eines Schuldgrundes (Grundschuld). Im erstern Falle muß die Schuldurkunde vorgelegt werden.

35. Grundbuch-O. § 46 ob. § 79 Nr. 38.

36. Das. § 118. Eine aus Versehen — gelöschte — Post ist auf Verlangen des Gläubigers oder von Amtswegen mit ihrem frühern Vorrecht wieder einzutragen. Diese Wiedereintragung wirkt jedoch nicht zum Nachtheil derjenigen, die nach der Löschung Rechte an dem Grundstück oder auf eine der gelöschten gleich- oder nachstehende Post in redlichem Glauben erworben haben.

37. Pr. G. v. 1872 § 15. Der Erwerb des eingetragenen dinglichen Rechts wird dadurch nicht gehindert, daß der Erwerber das ältere Recht eines Anderen auf Eintragung eines widerstreitenden dinglichen Rechts gekannt hat, oder daß sich Letzterer bereits in der Ausübung dieses Rechts befindet. (Vgl. § 79 Nr. 30 u. 31.)

38. Preuß. Grundbuchordnung § 12 s. oben § 79 Nr. 35.

39. Pr. G. v. 1872 § 34. Die Rangordnung der auf demselben Grundstück haftenden Hypotheken u. Grundschulden bestimmt sich nach den im § 17 gegebenen Vorschriften (ob. Nr. 31). § 36. Die Rangordnung zwischen den Belastungen zur zweiten u. dritten Abtheilung des Grundbuchs (ob. § 79 Nr. 34 u. 35) bestimmt sich nach dem Datum der Eintragung.

40. Grundbuch-O. § 122. Ueber die Eintragungen der Hypotheken werden Hypothekenbriefe, über die — der Grundschulden Grundschuldbriefe ausgefertigt u. dem Eigenthümer des Grundstücks — eingehändigt. Mit dem Hypothekenbrief wird die Schuldurkunde durch Schnur u. Siegel verbunden. Ein Verzicht auf die Ausfertigung des Hypothekenbriefs ist zulässig; auf die Ausfertigung des Grundschuldbriefs darf nicht verzichtet werden.

41. G. v. 1872 § 20. Der eingetragene Gläubiger erlangt das Verfügungsrecht über die Grundschuld erst durch die Aushändigung des Grundschuldbriefs an ihn.

42. G. v. 1872 § 27. Der Eigenthümer kann auf seinen Namen Grundschulden eintragen u. sich Grundschuldbriefe ausfertigen lassen. Er erlangt dadurch das Recht, über diese Grundschuld zu verfügen u. auf dritte Personen die vollen Rechte eines Grundschuldgläubigers zu übertragen. § 28. Hat der Eigenthümer das Eigenthum des Grundstücks abgetreten, so erlangt er an der auf seinen Namen eingetragenen Grundschuld alle Rechte eines Grundschuldgläubigers. § 39. Mit dem Grundschuldbriefe können Zinsquittungsscheine ausgegeben werden. Ist dies geschehen, so ist nur der Inhaber des fälligen Zinsquittungsscheines gegen Aushändigung desselben zur Empfangnahme der Zinsen berechtigt.

43. Das. § 23. Die Eintragsbewilligung muß auf den Namen eines bestimmten Gläubigers lauten, das verpfändete Grundstück bezeichnen u. eine bestimmte Summe in gesetzlicher Währung, den Zinssatz oder die Bemerkung der Zinslosigkeit, den Anfangstag der Verzinsung u. die Bedingungen der Rückzahlung angeben. § 24. Wenn die Größe eines Anspruchs zur Zeit der Eintragung noch unbestimmt ist (Kautions-Hypotheken), so muß der höchste Betrag eingetragen werden, bis zu welchem das Grundstück haften soll.

44. Das. § 37. Durch die Eintragung der Hypothek u. der Grundschuld wird für den Gläubiger die dingliche Klage gegen den Eigenthümer begründet. Der Letztere haftet nur mit dem Grundstück.

45. Das. § 38. Gegen die Klage aus einer Grundschuld sind Einreden nur soweit zulässig, als sie dem Beklagten gegen den jedesmaligen Kläger unmittelbar zustehen oder aus dem Grundschuldbrief sich ergeben oder die Thatsachen, auf welche sich dieselben gründen, dem Kläger beim Erwerb der Grundschuld bekannt gewesen sind. Gegen die Klage aus einer Hypothek können Einreden aus dem persönlichen Schuldverhältniß einem Dritten, welcher ein Recht auf die Hypothek gegen Entgelt erworben hat, nur entgegengesetzt werden, wenn sie ihm vorher bekannt geworden sind oder sich aus dem Grundbuch ergeben. Einreden gegen das Verfügungsrecht des Klägers aus der Person seines eingetragenen Rechtsurhebers (Auctors) sind sowohl gegen die Klage aus einer Grundschuld als gegen die aus einer Hypothek unzulässig. (Stobbe § 109 a. E.; 114 I.)

46. Das. § 43. Der hypothekarische oder Grundschuldgläubiger, dessen Anspruch vollstreckbar geworden, hat das Recht, auf gerichtliche Zwangsverwaltung u. gerichtliche Zwangsversteigerung anzutragen. § 44. Der Antrag — ist auch dann zulässig, wenn seit der Zustellung der Klage ein Wechsel in der Person des Eigenthümers des Grundstücks eingetreten ist.

47. Das. § 41. Hat der Erwerber eines Grundstücks die auf demselben haftende Hypothek in Anrechnung auf das Kaufgeld übernommen, so erlangt der Gläubiger gegen den Erwerber die persönliche Klage, auch wenn er dem Uebernahmevertrag nicht beigetreten ist. Der Veräußerer wird von seiner persönlichen Verbindlichkeit frei, wenn der Gläubiger nicht innerhalb eines Jahres, nachdem ihm der Veräußerer die Schuldübernahme bekannt gemacht, die Hypothek dem Eigenthümer des Grundstücks gekündigt u. binnen 6 Monaten nach der Fälligkeit eingeklagt hat.

48. Das. § 26. Der bei der Veräußerung eines Grundstücks — bedungene Vorbehalt des Eigenthums gewährt dem Veräußerer nur das Recht, für die bestimmte Summe eine Hypothek auf das Grundstück eintragen zu lassen.

49. Das. § 52. Die Hypothek kann nur gemeinsam mit dem persönlichen Recht abgetreten werden. Wird eine zur Sicherung eines persönlichen Rechts dienende Grundschuld ohne den persönlichen Anspruch abgetreten, so erlischt letzterer.

50. Das. § 54. Der Erwerb der Hypothek oder Grundschuld durch Abtretung u. die Wirksamkeit der Verpfändung derselben hängt nicht von der Eintragung ab.

51. Grundb.-O. § 79. Zur Eintragung der Abtretung einer Hypothek ist die Vorlegung der Hyp.-Urk., zur Eintragung der Abtretung einer Grundschuld die Vorlegung des Grundschuldbriefes erforderlich. § 82. Die Eintragung der Abtretung wird auf der Hyp.-Urkunde oder dem Grundschuldbrief vermerkt u. dieser Vermerk mit der Unterschrift u. dem Siegel des Grundbuchamts versehen.

52. Pr. G. v. 5. Mai 1872 § 55. Grundschulden können ohne Nennung des Erwerbers abgetreten werden (Blankoabtretung). Jeder Inhaber erlangt dadurch das Recht, die Blankoabtretung durch einen Namen auszufüllen, die Grundschuld auch ohne diese Ausfüllung abzutreten und die dingliche Klage anzustellen.

53. Das. § 57. Das Hypotheken- u. Grundschuldrecht wird nur durch Löschung im Grundbuch aufgehoben. § 62. An die Stelle einer gelöschten Hypothek u. Grundschuld darf eine andere nicht eingetragen werden, vielmehr rücken die nachstehenden Posten vor.

54. Das. § 47. Der Ersteher (eines Grundstücks in der Zwangsversteigerung) erwirbt das Eigenthum frei von allen Hypotheken u. Grundschulden.

§ 105. γ. Papiere auf den Inhaber mit Realsicherheit. (B. § 97 a. E. G. § 151 a. E. St. § 104 a. E.)

Chur- u. Neumärckisches Ritterschafts Credit-Reglement v. 15. Juny 1777 im Nov. Corp. constit. March. v. demselb. Jahre Nr. 24. Westpreußisches Landschafts-Reglement v. 19. April 1787 im Nov. Corp. v. d. J. Nr. 46. Ostpreußisches Landschafts-Reglement v. 16. Febr. 1788. Ebendas. Nr. 12. Schlesische Pfandbriefvereinsstatute in Matthis jurist. Monatsschr. 5, 60. Statuten des ritterschaftl. Creditvereins f. das Herzogthum Bremen m. der königl. Bestätigung v. 17. Jan. 1826 in d. Hannov. Ges.Samml. v. 1826 Abth. 3 S. 33 ff. Vgl. über die Züricher Schuldbriefe Bluntschli Zürich. Rechtsgesch. 2 S. 224—257.

1. Ostpreuß. Landschafts-Reglem. Th. I Cap. I § 1, 3, 4, 5, 9, 11 Th. II princ. Landschaftliche Pfandbriefe sind Hypothekeninstrumente, welche von den verbundenen Ständen auf adliche Güter ausgefertigt, u. sowohl in Ansehung der Sicherheit des Capitals, als wegen richtiger — Abführung der Zinsen ihren Inhabern garantirt werden. — Sie werden auf ⅔ des — taxirten Werthes eines Gutes ausgefertigt; — den Inhabern ohne Unterschied — verzinset —.aus der Landschaftskasse. — Sie können im Publico ungehindert circuliren, u. aus einer Hand in die andere übergehn, ohne daß es dazu einer besondern Cession, Giro oder anderer Weitläuftigkeiten bedarf; also daß die bloße Production hinlänglich ist, jeden Inhaber — bei der Landschaft zu legitimiren. — Die Ablösung der Pfandbriefe geschieht durch die Landschaft. Die Besorgung alles dessen, was zu Aufrechthaltung dieses Creditwerkes erforderlich ist, beruht unter Generalaufsicht eines königl. Commissarii oder Hauptlandschafts-Präsidenten.

2. Statuten des Creditvereins f. d. Herzogth. Bremen § 2. Es bildet — der Verein eine Corporation, welche — die von ihr übernommenen u. contrahirten Schulden mit ihrem gesammten Vermögen garantirt, solche als Selbstschuldnerin verzinset u. abträgt. — So wie der Verein einziger unmittelbarer Schuldner seiner Gläubiger ist, so sind auch seine Mitglieder wegen der von ihm übernommenen oder bewilligten Schulden ihm allein unmittelbar verpflichtet. — § 7. (Jedem) der zur Reception sich meldet, — soll — bis auf die Hälfte (des Werths seiner Güter) creditirt werden. — § 16. Durch den wirklichen Eintritt in den Verein verpflichtet sich der Gutsbesitzer — insbesondere — zur pünctlichen Berichtigung seiner Beiträge zur Verzinsung u. allmähligen Abtragung des ihm creditirten Capitals. Zu diesem Ende hat er — einen Verpfändungs-Brief über dasjenige Gut, mit welchem er in den Verein tritt, auszustellen. — § 37. Der Credit-Verein nimmt Anlehen auf. — § 38. Ueber das Anlehen stellt der Credit-Verein dem Darleiher eine Schuldverschreibung aus, u. zwar nach der Wahl desselben, entweder auf den Namen des Gläubigers oder auf den Inhaber (au porteur). — § 42. Die Verschreibungen, welche der Verein seinem Gläubigern ausstellt, sind zu betrachten wie cedirte Partial-Obligationen von derjenigen gan-

zen Activ-Forderung, welche dem Vereine gegen die Gesammtheit seiner jedesmaligen Schuldner gebührt. Daher kommt jedem Gläubiger für sein Darlehn verhältnißmäßig gerade dieselbe hypothekarische Sicherheit an den Gütern aller einzelnen Vereins-Genossen vollständig zu Statten, deren der Verein daran selbst genießt. — Uebrigens wird hierdurch ausdrücklich festgesetzt, daß allen Gläubigern des Vereins, ohne Rücksicht auf die Zeit ihrer Schuld-Verschreibung, völlig gleiche Rechte zukommen.

b Pfandrecht an beweglichen Sachen.

α. Ueberhaupt. (Leihhäuser.) (B. § 98. G. § 152. St. § 154, 155.) § 106.

1. Preuß. LR. I 20 § 94. Zur Einräumung des Pfandrechts selbst — ist bey beweglichen Sachen die bloße Uebergabe ohne weitere besondere Form hinreichend.

2. Das. § 105. Wird die Sache in der Naturalgewahrsam des Schuldners gelassen, oder dahin zurück gegeben, damit er sie im Namen des Gläubigers besitzen solle: so ist kein Pfandrecht vorhanden.

3. Das. § 281. Ausstehende Forderungen können nur durch Aushändigung der darüber auf einen gewissen Inhaber ausgestellten Urkunden gültig verpfändet werden. — § 288. Sollen Activ-Forderungen, über welche kein Instrument vorhanden ist, verpfändet werden, so ist die Bekanntmachung an den Schuldner derselben dazu nothwendig.

4. Das. § 116. Durch ein gehörig bestelltes Pfandrecht erlangt der Gläubiger die Befugniß, das Pfand so lange in Besitz u. Gewahrsam zu behalten, bis der Hauptverbindlichkeit — eine Genüge geschehen ist.

5. Oesterr. Ges.B. § 452. Bey Verpfändung derjenigen beweglichen Sachen, welche keine körperliche Uebergabe von Hand zu Hand zulassen [§ 427: wie bey Schuldforderungen, Frachtgütern, bey einem Waarenlager oder einer anderen Gesammtsache], muß man sich, wie bey der Uebertragung des Eigenthums (§ 427), solcher Zeichen bedienen, woraus jedermann die Verpfändung leicht erfahren kann. Wer diese Vorsicht unterläßt, haftet für die nachtheiligen Folgen.

6. K. Sächs. Ges.B. § 498. Das Pfandrecht ohne die dadurch gesicherte Forderung kann nicht Gegenstand eines Pfandrechtes sein.

7. Das. § 499. Auf den Inhaber gestellte Werthpapiere — können nur durch Uebergabe an den Gläubiger verpfändet werden. Es gelten dabei die Vorschriften über das Faustpfand. Der Verkauf des Pfandes kann durch verpflichtete Mäkler nach dem Curswerthe aus freier Hand geschehen.

8. Das. § 500. Können auf verpfändete Werthpapiere — andere Werthpapiere, Capitalscheine, Zinsleisten, Zinsscheine, Gewinnantheilscheine erhoben werden, so ist der Pfandgläubiger berechtigt, dieselben zu erheben u. als Pfand zu behalten.

9. Das. § 501. Wird ein verpfändetes Werthpapier zahlbar, so hat der Pfandgläubiger den Betrag zu erheben u. sich daraus, wenn die durch das Pfand gesicherte Forderung fällig ist, bezahlt zu machen. Ist seine Forderung nicht fällig, so kann er den erhobenen Betrag zu seiner Sicherung inne behalten.

10. Reichs-Gewerbeordnung § 34 (RG. v. 23. Juli 1879). Wer das Geschäft eines Pfandleihers betreiben will, bedarf dazu der Erlaubniß. Diese ist zu versagen, wenn Thatsachen vorliegen, welche die Unzuverlässigkeit des Nachsuchenden in Bezug auf den beabsichtigten Gewerbebetrieb darthun. Die Landesregierungen sind befugt, außerdem zu bestimmen, daß — die Erlaubniß von dem Nachweis eines vorhandenen Bedürfnisses abhängig sein solle.

11. Das. § 34, Absatz 2. Als Pfandleihgewerbe gilt auch der gewerbmäßige Ankauf beweglicher Sachen mit Gewährung des Rückkaufsrechts. § 38. (Es) gilt die Zahlung des Kaufpreises als Hingabe des Darlehns, der Unterschied zwischen dem Kaufpreise u. dem verabredeten Rückkaufspreise als bedungene Vergütung für das Darlehn u. die Uebergabe der Sache als Verpfändung derselben für das Darlehn.

12. Preuß. G. v. 17. März 1881 betr. das Pfandleihgewerbe § 5. Der Pfandleiher erwirbt ein Pfandrecht an den ihm übergebenen Gegenständen erst dadurch, daß er das Geschäft in ein über alle solche Geschäfte nach der Zeitfolge derselben zu führendes Pfandbuch einträgt.

13. Das. § 1. Der Pfandleiher darf sich an Zinsen nicht mehr ausbedingen oder zahlen lassen als: a) 2 Pfennig für jeden Monat u. jede Mark von Darlehnsbeträgen bis zu 30 Mark, b) 1 Pfennig für jeden Monat u. jede den Betrag von 30 M. übersteigende Mark. Der Pfandleiher kann zugleich ausbedingen, daß an Zinsen mindestens der Betrag für 2 Monate gezahlt werden müsse. — § 2. Jeder auch nur angefangene Monat wird als ein voller Monat berechnet.

14. Das. § 4. Die Fälligkeit des von einem Pfandleiher gegebenen Darlehns tritt nicht vor Ablauf von 6 Monaten seit dessen Hingabe ein. Entgegenstehende Verabredungen sind nichtig. § 7. Der Verpfänder ist berechtigt, das Pfand jederzeit bis zum Abschlusse des Verkaufs einzulösen.

15. Das. § 9. Der Pfandleiher ist berechtigt, das Pfand zum Zwecke der Befriedigung wegen seiner Forderung an Kapital u. Zinsen nach eingetretener Fälligkeit des Darlehns zu verkaufen. Die Erlangung eines vollstreckbaren Schuldtitels oder die gerichtliche Ermächtigung zum Verkauf ist nicht erforderlich. § 10. Der Verkauf ist in öffentlicher Versteigerung durch einen Gerichtsvollzieher oder eine zu solchen Versteigerungen — angestellte Person auszuführen.

16. Das. § 6. Der Pfandleiher ist verpflichtet, dem Verpfänder einen Pfandschein zu geben. § 8. Bis zum Ablaufe von 3 Wochen nach der Fälligkeit des Darlehns erfolgt die Einlösung des Pfandes nur gegen Rückgabe des Pfandscheins. (Nach dieser Zeit) kann der Verpfänder das bis dahin nicht eingelöste Pfand auch ohne Vorlegung des Pfandscheins einlösen. § 17. Der Inhaber des Pfandscheins ist dritten Personen, insbesondere dem Pfandleiher gegenüber, zur Ausübung der Rechte des Verpfänders berechtigt, ohne die Uebertragung dieser Rechte nachweisen zu müssen.

17. Das. § 20. Die — Gemeinden beziehungsweise weitern kommunalen Verbände haften für alle Verbindlichkeiten der von ihnen errichteten Pfandleihanstalten. Die — Ueberschüsse sind zu Zwecken der Armenpflege zu verwenden.

18. Das. § 15. Der Pfandleiher hat unverzüglich nach erfolgtem Verkaufe des Pfandes den für den Verpfänder nach Abzug der Pfandschuld u. der Kosten des Pfandverkaufs etwa verbleibenden Ueberschuß des Erlöses an den Verpfänder zu zahlen oder für denselben nach Ablauf einer 14tägigen Frist die nicht abgehobenen Beträge bei der Ortsarmenkasse — zu hinterlegen. Diejenigen Geldbeträge, welche nicht binnen Jahresfrist von den Berechtigten in Anspruch genommen sind, gehen in das Eigenthum der Ortsarmenkasse über.

19. Reichs-Bankgesetz v. 14. März 1875 § 13. Die Reichsbank ist befugt: zinsbare Darlehne auf nicht länger als drei Monate gegen bewegliche Pfänder zu ertheilen (Lombardverkehr), u. zwar a) gegen Gold u. Silber, gemünzt u. ungemünzt — b u. c) gegen — Schuldverschreibungen — d) gegen Wechsel — e) gegen Verpfändung im Inlande lagernder Kaufmannswaaren, höchstens bis zu zwei Drittheilen ihres Werthes.

β. Pfändungsrecht.

Wilda das Pfändungsrecht (Ztschr. f. D. R. 1 [1839] S. 167). v. Meibom Pfandrecht S. 190. Nägeli das german. Selbstpfändungsrecht. Zürich 1876. Samuelsohn d. Wirkungen d. Privatpfändung nach D. R. Bresl. 1878.

§ 107. A. Historische Einleitung. (B. § 55. G. § 69. St. § 70.)

1. Edict. Rothar. c. 245. Si quis debitorem habens, appellet eum *semel bis et usque tertio;* et si debitum non reddiderit, aut non conposuerit, *tunc debeat pignerare* in his rebus quibus pignerare lecitum est.

2. Edict. Rothar c. 349. De porcus si in isca alterius paverint et inventi fuerint, si minus sunt de X, non occidatur neque unus ex ipsis; sed ille, qui eos invenerit, *teneat unum ex ipsis*, et habeat salvum, et componatur ei per porco siliquas III. Nam si super fuerint de X et usque ad X, occidatur unus mediocris, et non requiratur.

3. L. Wisigoth VIII 3, 13. Si quis caballum aut pecus alienum in vinea, messe, prato vel horto invenerit, — *ad domum suam inclusurus adducat*, et dominum — faciat certiorem, ut praesentibus his aut vicinis eorum damnum — aestimetur; — et postquam damnum inspexerint, pars campi — mensuretur, et donec fructus colligantur, expectetur, ut tantumdem de impasto loco ei — tradatur — Pecora vero, postquam ipsorum locorum spatia mensuraverint, — domino reformentur.

4. Ll. Langob. Liutpr. 108 (a. XVII c. 5). Si quis *fedeiussorem* aut devitorem suum pigneraverit, — et si per XXX dies pignera ipsa debitor aut fideiussor recollegere neglexerent, — *amittat ipsa pignera*, et non habeant facundiam requirendum.

5. L. Burg. 49 c. 3: ut caballos alienos per regionem vagantes *nemo corripiat*. Sane si eos *in rem suam damnum facientes* invenerit *clauseritque*, vicinis suis et consortibus contestetur: et si dominus eorum non venerit, tertio die eos praesentibus testibus extra suos fines expellet. Quod si quisquam aliter fecerit, tripl. redibitione teneatur obnoxius.

6. L. Baiuv. Tit. 13 c. 1 (Mon. Ll. III 314). Pignorare nemini liceat *nisi per iussionem iudicis*.

7 Cap de part. Saxon c. 25 (Mon C 70). De pignore: ut *nullatenus* alterum aliquis *pignorare praesumat;* et qui hoc fecerit, bannum persolvat.

8. Cap. pacto legis Sal. addita c. 10 (Boretius b. Behrend S. 91). Si quis debitorem suum per ignorantiam *sine judice pignoraverit* ante quam eum nesti canthe chigio [hoc est *accusante*] et *debitum perdat* et insuper *sol.* 15 *culpabilis judicetur*

9 Friderici II const. pac a. 1235 c. 10 (Mon. Ll. II 315). Nullus aliquem *sine auctoritate iudicis* provincie *pignorare* presumat, quod qui fecerit *tanquam predo* puniatur.

10. Rudolphi I. Const. pacis a. 1281 § 59 (Mon. Ll II 430). Ez pfendet ein igelich man sinen hindersazzen wol an fronboten umb sinen zins u. umb sein gulte.

11. Ssp. III 20 § 2. He mut ok wol panden up sime lande den die't eret ane des richters orlof, durch dat he rechtes mede bekame.

12. Das. II 27 § 4. Sve so unrechten wech sleit over gewunnen land, vor jewelk rat sal he geven enen penning, die ridene man enen halven, u. solen den scaden gelden, of dar sat uppe stat; dar vore mut man se wol panden. Weret se dat pand weder recht, man bestedeget se mit deme rüchte, so muten se beteren dat rucht mit dren schillingen u. muten doch pandes recht dun.

13. Das. II 28 § 2. Vischet he in diken, die gegraven sin, oder houwet he holt, dat gesat is, oder barende böme, oder brict he sin ovet, oder howet he malbome, oder grevet he up stene die to marcstenen gesat sin, he mut drittich schillinge geven. Vint man ene in der stat (al. dat), man mut ine wol panden oder uphalden vor den scaden ane des richteres orlof.

14. Das. II 47 § 1. Sve sin ve drift up enes anderen korn oder gras, he sal ime gelden sinen scaden uppe recht, u. büten mit dren scillingen. § 2. N'is aver he dar to jegenwerde nicht dar dat ve scadet, u. wert it gepandet, den scaden solen se gelden dere dat ve is, of man ine tohant bewiset, na der bure kore. — § 3. Is dat ve sogedan, dat man't nicht indriven ne mach —, so lade he dar to tvene manne, u. bewise en sinen scaden, u. volge deme ve in sines herren hus, u. scüldege ine dar umme; so mut he beteren vor dat ve, als of it gepandit were. § 4. Sve sin ve drift up ene andere marke uppe gemene weide, wert he gepandit zc. § 5. Ungewunnen land sve dar over veret, it ne si en geheget wese, die blift is ane wandel.

15. Schwsp. 310. Der sin vihe tribet uf eins andern mannes korn oder gras —, er mac ez — wol pfenden ane den rihter, u. sol ez triben in des rihters gewalt. — Ist das vihe so getan, daz er ez niht gevahen mac, als wildiu ros, — oder wilt daz zam ist, oder gense: daz sol er in sin gewalt triben, ob er ez hinz dem rihter niht bringen mac, u. sol ez dem rihter künden.

16. Das. 231. Swer den andern vindet an sinem schaden, der mac den phenden ane des rihters urloup.

17. Camberg. Markerding 14 (Grimm 1, 577): wer da geeigent u. geerbet ist zu Camberg —, die hant als gut recht zu pfenden ein außmerker oder uf dem markgelende als die forster.

18. *Fossenhelder W. (Grimm 1, 583). Queme ein mercker, — u. fünde einen ußmercker oder einen mercker hauen oder hinwegk führen, derselbe solte denselben, er wäre märcker oder ußmärcker, rüegen oder penden, gleich einem geschwornen schützen.

19. Waldordn. auf Kirst. (Grimm 2, 435). Were sach, daß jemant in den wälden holz hewe freventlich one eins waltbotten urlaub — so mag ein waltbott mit den erben, sonder eins amtmanns urlaub — gain in das dorff oder statt, da der mann gesessen were, der in frevel gehawen hette, u. mag den man pfenden u. ime das holtz nemen.

20. Kl. Kaiserr. 4, 21. Wer in ein mark nit en horet, wirt er darinne begriffen houwende, daz er mit recht sal gefangen sin der merker, u. hat virlorn waz er da by im hat: kumt er aber fur den walt an daz felt, u. kumen dan die lute, die da huter sint dez waldes, oder die lute, die in die mark horn, di en sullen in nit angrifen oder phenden; wan sie sullen im zusprechen — mit gerichte u. tun sie anders icht darzu, so mag er sie beclagen fur einen roub.

21. Goslar. Stat. S. 22 Z. 1. En pandet uppe siner were umme sinen tins ane gherichte. Z. 8. Oft men uppe der were nicht ne vint to pandene vor den tins, so mach men den wert oder de werdinnen, de dat erve ghemedet heft, wol vore upholden.

22. Dsp. 76. Ein isleich man mag wol pfenden auf seinem gute, da man im gelt von geit, an des richters urlaub. Wer man im aver daz phant u. ist gut u. man sein, er nimt uber haupt ein phant mit reht, u. ist daz der man sein niht ist, so sol er dem richter chlagen.

23. Augsburg. Stat. (Freyb. S. 132, Meyer S. 213). Ez mag auh ein man in sinen husern, in sinen gädemern oder uf anderm sime gute wohl phenden, diewile jener bi im ist, ane des burggrafen boten umbe sinen zins.

24. Das. (Freyb. S. 105, Meyer S. 172). Swär den andern beschadeget in sime chorn, ist daz bi der naht, wirt er daran begriffen, daz heizzet ein diupstal. — Vindet aber er in tages an sime schaden in sime chorne, so sol er in phenden.

25. Erfurt. R. (Walch II S. 23). Welch man eime werte sinen win odir sin bir entreit, erwischit he en an fluchtigem fuze, so sal he en fure in sin huz u. sal ome ein pfant neme; wirdit abir iz obirnechtig, so en sal he en nicht pfende, u. sal en vordere vor gerichte.

26. Alberti R Constit. pac. a. 1301 (Mon. Ll. II 476). Hett sich jeman verbunden mit sinen brieven, daz men in pfenden sule ane gerihte, den soll men pfenden an sine eigene, an sine erbe, an sine lehene u. an sine pfande.

27. K. Wencesl. Landfrieden v. 1398 § 5 (Weizsäcker RT.-Akten 3 S. 34). Auch hette ymand zu deme andern zu sprechen umbe kuntliche redeliche schult, der sal nit darumbe angriffen noch beschedigen, er habe dan den, zu deme er die schult fordert, vorhin darumbe ersucht u. die an yn erfordert; u. beczalt er yme die schult dan nit, so mag er darumbe phenden.

28. Dess. Landfr. v. 1389 (das. 2 S. 162). Der — pfenden (würde), — mit den pfanden sol er pfendlichen gefaren u. in das nehste slosse treiben, do ein gerichte ynne ist; — u. sind es essende pfande, die sol er lassen stan drey dag u. drey nachte; weren es aber andere pfande, die sol er lassen vier wochen stan. Ist es das jemand komet, der die pfande wollet usnemen,

dem sol man sie uf rechte u. uf gewisheit oder burgen usgeben, — nemen sie aber die pfande nicht uß in der vorgeschribnen czeite, so mag er sy verkaufen ungeverlichen so er tewriste mag.

29. RAbsch. v. 1442 § 3. (Wer einen andern umb kundlich u. unlogenbar Schuld) pfenden will, soll vor, ehe er darum pfendt (den Schuldner) schriftlich, münndlich oder under Augen erfordern, in umb sin Schult — unclaghafft zu machen, in den nechsten zwain Monaden nach solicher Ermanung —, u. ob er in solicher Zite — nicht unclaghafft gemacht wurde, so mag er den, der im schuldig ist, u. desselben Habe u. Gute darnach pfennden u. angryffen. Doch daz er — dieselben Pfande alle ungeverlich in die nechste Statt — treibe, da ein Gerichte in sye. — Unnd ist dan, daß yeman kompt, der diselben nome u. Pfande uß nemen wulle, dem sol man sie — ußgeben.

30. RCammerger.Ordn. v. 1555 Thl. II Tit. 22. Wenn einer einen andern — pfänden oder fahen würde, — daß alsdann auf Anruffen desjenigen — dem Thäter — bey namhaffter Pön — gebotten werden soll, ohn Verzug, auch einige Einrede die Pfändung wiederzugeben.

B. Heutiges Recht. (B. § 55. G. § 70, 71. St. § 70 a. E. R. § 89.) § 108.

1. R.Deput.Absch. v. 1600 § 32. Gleicher Gestalt ist gezweiffelt worden, ob Mandata sine clausula zu erkennen, da einer in einer Verschreibung dem Glaubiger Macht u. Gewalt gibt, seines Gefallens gegen den verschriebenen Gütern zu verfahren u. sich an den Pfanden oder Gütern mit oder ohne Recht bezahlt zu machen? Zu dessen Ausschlag haben wir uns — dahin verglichen, daß solche Wort: „mit Recht" *ad viam executivam* nicht zu extendiren; — da aber die Wort: „oder ohne Recht" — in der Verschreibung befunden — sollen Mandata — erkennt werden.

2. Landfr. v. 1495 § 9. Es sol wieder diesen Frieden nyemandt mit Verschreibung, Pflichten oder in eynich ander Wege verpunden seyn, — doch sol dasselbig in anndern Stücken, Puncten u. Artickeln derselben Verschreibung — unverletzlich u. unschedlich sein, u. sol dieser Landsfrieden an seiner aufrichtigen Schuldverschreibung nichts nemen oder geben.

3. Preuß. LR. I 14 § 413. Pfändung heißt die eigenmächtige Besitznehmung einer fremden Sache, in der Absicht, sich dadurch den Ersatz eines zugefügten Schadens zu versichern oder künftige Schadenszufügungen u. Beeinträchtigungen seines Rechts abzuwenden.

4. Das. § 414. Pfändungen sind — nur alsdann zulässig, wenn ohne dieselben der Zweck der Sicherstellung wegen eines schon erlittenen Schadens, oder der Abwendung noch bevorstehender Beeinträchtigungen durch richterliche Hülfe nicht erlangt werden kann.

5. Das. § 419. Die Pfändung darf nur auf frischer That, nachdem die Beschädigung oder Störung erfolgt ist, geschehen.

6. Das. § 420. Außerhalb der Gränzen der Feldflur, auf welcher die Beschädigung oder Störung erfolgt ist, darf der Beeinträchtigte den Beschädiger oder Störer mit Pfändung nicht verfolgen.

7. Oesterr. Ges.B. § 1321. Wer auf seinem Grunde u. Boden fremdes Vieh antrifft, — kann, — wenn er dadurch Schaden gelitten hat, das Recht der Privat-Pfändung über so viele Stücke Viehes ausüben, als zu seiner Entschädigung hinreicht. Doch muß er binnen acht Tagen sich mit dem Eigenthümer abfinden, oder seine Klage vor den Richter bringen; widrigenfalls aber das gepfändete Vieh zurück stellen.

8. Rsb. n. Dist. II 8, 3. Phendet eyner phert, swin adder ander vie, des sal her zcu siner notdorft an essene, an trincken, an stallunge phlegen. Tete he des nicht, waz sich denne daz vyhe geergert hette, den schaden muste er legen —, u. wen man daz vih wel losen, so sal man dy koste gelden, dy daz vih vortan had.

9. Sächs. Const. II 7: — daß die Pfändung von der Zeit an, als sie geschehen, die *praescription servitutis Juris pascendi* oder dergleichen *interrumpire*,

es wäre dann, daß nach solcher Pfändung der andere Theil wiederumb geruhiglich über 30 Jahr, Jahr u. Tag getrieben. U. wohl wahr, wann einer in solcher Servitut ein *quasi possession* erlanget, daß er so lang dabey gelassen werden soll, biß er ordentlicher Weise daraus entsetzet, So haben doch nichts desto weniger auch die Pfändung ihre Wirkung, als nemlich den effectum *interrumpendi*. — Es soll — mit der Pfändung gebührlich, u., wie Landbräuchlich gebahret, u. die Pfande in das Gericht, darinn der Grund gelegen, überantwortet — werden.

10. Preuß. Feld- u. Forstpolizeigesetz v. 1. April 1880 § 77. Wird Vieh auf einem Grundstücke betroffen, auf welchem es nicht geweidet werden darf, so kann dasselbe auf der Stelle oder in unmittelbarer Verfolgung sowohl von dem Feld- oder Forsthüter, als auch von dem Beschädigten oder von solchen Personen gepfändet werden, welche die Aufsicht über das Grundstück führen oder zur Familie, zu den Dienstleuten oder zu den auf dem Grundstücke beschäftigten Arbeitsleuten des Beschädigten gehören.

11. Das. § 78. Die gepfändeten Thiere haften für den entstandenen Schaden oder die Ersatzgelder u. für alle durch die Pfändung und die Schadensfeststellung verursachten Kosten.

12. Das. § 80. Der Pfändende hat von der geschehenen Pfändung binnen 24 Stunden dem Gemeindevorsteher — Anzeige zu machen. Der Gemeindevorsteher hat von der erfolgten Pfändung sofort der Ortspolizeibehörde Anzeige zu machen. § 81. Ist die Anzeige unterlassen, so kann der Gepfändete die Pfandstücke zurückverlangen.

13. Das. § 82. Wird der Ortspolizeibehörde eine Pfändung angezeigt, so ertheilt dieselbe — einen Bescheid darüber, ob die Pfändung — aufrecht zu erhalten oder aufzuheben oder ob ein anderweit angebotenes Pfand anzunehmen ist. § 84. Der Bescheid — ist dem Betheiligten zu eröffnen. Innerhalb einer Frist von 10 Tagen — steht jedem Theile die Klage (bei den Verwaltungsgerichten) — zu.

14. Das. § 85. Ist durch eine rechtskräftige Entscheidung die Pfändung aufrecht erhalten, so läßt die Ortspolizeibehörde die gepfändeten — Gegenstände — öffentlich versteigern. § 86. Der Erlös — dient zur Deckung aller entstandenen Kosten sowie der Ersatzgelder. Der — Rest wird dem Gepfändeten zurückgegeben.

15. Das. § 17. Mit Geldstrafe bis zu 150 M. oder mit Haft wird bestraft: 1) wer eine rechtmäßige Pfändung (§ 77) vereitelt oder zu vereiteln versucht; 2) wer — dem Pfändenden in der rechtmäßigen Ausübung seines Rechts durch Gewalt oder durch Bedrohung mit Gewalt Widerstand leistet oder den Pfändenden während der rechtmäßigen Ausübung seines Rechts thätlich angreift; 3) wer — Sachen, welche rechtmäßig in Pfand genommen sind, dem Pfändenden in rechtswidriger Absicht wegnimmt; 4) wer vorsätzlich eine unrechtmäßige Pfändung bewirkt.

16. Reichs-Strafgesetzb. § 117. Wer einem Forst- oder Jagdbeamten, einem Waldeigenthümer, Forst- oder Jagdberechtigten oder einem von diesen bestellten Aufseher in der rechtmäßigen Ausübung seines Amtes oder Rechtes durch Gewalt oder durch Bedrohung mit Gewalt Widerstand leistet oder wer eine dieser Personen während der Ausübung ihres Amtes oder Rechtes thätlich angreift, wird mit Gefängniß von 14 Tagen bis zu 3 Jahren bestraft.

17. Reichs-Postgesetz v. 28. Oct. 1871 § 18. Gegen die ordentlichen Posten, Extraposten, Kuriere u. Estafetten ist keine Pfändung erlaubt; auch darf dieselbe gegen einen Postillon nicht geübt werden, welcher mit dem ledigen Gespann zurückkehrt.

Dritter Abschnitt. Von dem Rentenkauf und den Reallasten.

Albrecht Gewere § 18. L. Duncker die Lehre von den Reallasten. Marbg. 1837; dazu Albrecht in Krit. Jahrb. 1839 S. 309.

Renaud Beitrag zur Theorie der Reallasten. Stuttg. 1846; dazu Gerber in Krit. Jahrb. 1846 S. 782. Heimbach Art. Reallasten in Weiskes Rechtslexikon Bd. 9. Friedlieb die Rechtstheorie der Reallasten. Jena 1860. v. Meibom über Realschulden und Reallasten bei Bekker u. Muther 4 (1860) S. 442. Gerber z. Theorie der Reallasten in Gerber u. Jherings Jahrb. 2 (1858) u. 6 (1863), j. in Ges. Abhdlgn. S. 213 ff. Mann Untersuchungen üb. d. Begriff der Reallasten im gem. R. Dessau 1869. O. Müller die Reallasten nach d. bürg. Gesetzb. f. Sachsen. Leipz. 1878.

A. Von dem Rentenkauf. (B. § 95. G. § 188. St. § 104.) § 109.

Eichhorn RG. § 361a, 450. Albrecht Gewere S. 157. Stobbe in Ztschr. f. D. R. 19 (1859) S. 178. Arnold ob. S. 24. *Max. Neumann* de foenore redituum annuorum emtionis. Hal. Sax. 1864. Dess. Geschichte d. Wuchers S. 212. Auer Ewiggeldrecht in dess. StR. v. München S. CXXIX—CCXL Roth Bayr. Civilr. § 176 ff. v. Wyß die Gült u. der Schuldbrief (Ztschr. f. Schweizer R. 9 [1861] S. 3). Pauli Abhdlgn. 4: die sg. Wieboldsrenten oder die Rentenkäufe des Lüb. R. Lüb. 1865. Höpken das Bremische Pfandr. am liegenden Gut (Brem. Jahrb. 7 [1874] S. 68). Rosenthal z. Gesch. des Eigenthums in Würzburg. Würzb. 1878. Gobbers Erbleihe u. Rentenkauf in Köln (Ztschr. d. Sav.-Stftg. 4 [1883] S. 130. — Brunner Art. Rentenkauf bei Holtzendorff 3 S. 434.

1. Urk. v. 1284 b. Binterim Rhein.-Westph. dipl. Codex Th. 1 S. 350: renunciacionem — super eisdem censibus *coram ipsis scabinis ut moris est* solempniter esse factam etc.

2. Lüb. OStB. z. 1289 (Pauli Abh. 1 S. 107): relicta Bertrami M. emit a Johanne de B. VI marcas den. wicb. annuatim *in tribus marcis wicbeldes* et in duabus areis — et in X iugeribus terre —: quas *coram Coss. resignavit eisdem.*

3. Freiburg. Stat. v. 1520 Bl. 36b. Es sol auch nün hinfür keiner ein nüwen zinß uff hüsern u. andern ligenden gütern verkouffen, — es werd dann vor gericht gevertigt u. darüber erkent.

4. Urk. v. 1393 (Kindlinger Volmestein II Nr. 106). Wy bekennet, dat wy mit wyllen all unser erven hebbet verkofft 2 mark ewiger gulde erflike to besittene ut dem hove N. u. — hebben desse twe mark upgelaten u. upgedragen vor H., richter to S., in gerichte, do her den richterstoel hadde.

5. Braunschw. Stat. um 1350 (UB. S. 64). Swe ghelt verkoft in sineme erve, dhe scal dat scriven laten in der stad bok, wodanewis he it vorkope, edder id en scal nicht binden.

6. Urk. v. 1472 (*Ludewig.* Rel Mss. 5, 210). Ich J. A. — bekenne —, daß ich uff eynen widderkouff vorkoufft habe — dem probste u. gantzen sampnunge des closters zcum N. — drie — Rinsche guldene jerlicher tzinsse an u. uß mynen huße — u. habe yn die gegebin vor sechtzig — Rinsche guldin, — u. ich habe sie sulcher tzinsse in eyne gerugliche nutzliche u. habende geweher gesetzt.

7. Lüb. OStB. z. 1309 (Pauli Abh. 4 UB. Nr. 162). Notum sit, quod soror Mechtildis de O. reemit a Hinrico Vorrat quinque solidos *antiqui wordtinses*, quos dare consuevit de domo, sita . . ., quos idem Henricus V *de mandato dominorum consulum coram consulibus resignavit*, dimittens ipsam domum *liberam et solutam.*

8. Lüb. R. II 238. Dor ene mene nut unser borghere so hebbe wi — to eme rechte ghesat: so wor wif u. man bi errer beyder levende hebben wichbelde —

in husen u. in erven, u. de dinghe also komen —, dat en de hus u. erve stande bliven vor den tins u. uppelaten werden vor deme rade u. darna deme manne dat wif storve, de hus u. erve schullen deme manne bliven varende have, ghelich deme wicbelde, dat se darinne hebben.

9. Lüb. OStB. z. 1350 b. Pauli Abh. 2 S. 31. Notum sit, quod L. B. pro suo wicbelde V marcarum den. annuatim, quas annuatim habuit *in domo* Hermanni C —, que ad ipsum pervenerunt *successione hereditaria* ab Elisabeth W. —, non quidem ad ipsum, sed ad uxorem suam et per uxorem suam ad ipsum, sibi non soluto eandem domum prosecutus est coram iudicio pleno iure, quam sibi consilium iussit propriam sic ascribi *pro mobilibus bonis suis*, *quia pro suo wicbelde mobili ipsam fuerat prosecutus.*

10. Rsb. n. Dist. II 4, 7. Nymant mag gephenden vor den hußzins, wen der, des daz eygen ist, adder sin gelt doruffe hette in gerichtes sacczunge, adder sin gesinde.

11. Goslar. Stat. S. 22 Z. 12. Neman mach panden umme hustins denne de, de dene daran hevet, oder sin ghesinde.

12. Schles. LR. 358 (Gaupp 195). Welch man czins hat czu wedirkouffe, der mak vor synen czins phendin mit synes selbis hant adder mit syner diner.

13. Hamburg Stat. v. 1270 II 3. So welk man uppe ervetinse sit, ne gift he nicht sinen ervetins to siner beschedener tyd — so schal he den ervetins twyschat geven u. he schal eme dachdingen 14 nacht; u. gift he ene denne nicht, so steit it an deme, des de tins is, ofte he ene af driven wille edder besytten laten.

14. Goslar. Stat. S. 21 Z. 1 ff. Weme sin hustins wert untseten, de mach dene panden up der were. Vint he aver dar nicht to pandene, — wert eme nu sin tins nicht untworren binnen emme verndel jares —, so scal he sek des huses underwinnen mit gherichte, u. scal sek dat laten eghenen. — Seder der tid ne heft jene dar nicht mer an, des dat hus ghewesen hadde.

15 Urk. v. 1612 (Mon. Boic. 19, 206). Tette ich — das nit u. mit bezahlung solches ewigen gelts — verzügen, so hat er — vollen gewalt — das ben. Hauss umb den verfallnen ewigen Gelt zu speren, nötten, pfentten auf der hofstat oder in dem hauß ohne gericht u. gerichtspotten, inmaßen umb solchen ewigen Gelt der Statt München Recht ist.

16. Urk. v. 1334 (M. B 18, 134). Man sol auch die sechs schilling ewiger gült — geben an sant Jörgentag oder darnach in den naechsten acht tagen aus dem egenanten hauz. — Swelhez jars ich oder swer daz hauz danne inne hat, dat versizzen, so geben wir ze pen dem der den gelt danne einnimpt vierzich Municher pfening. Dar zu swer den gelt ein nimpt, hat vollen gewalt unz ze nöten an alz recht mit zusperren, mit pfantung auzzer hauzz u. darinne alz vil u. alz lang untz er den ewigen gelt, der versezzen ist u. die pen darauf gaenzleich eingewint. Und swaz dem hauz geschicht von fewr, von wazzer, von wint, von faeul, von alter, dez sol der ewig gelt noch chainerley geschicht noch schadens nicht engelten.

17. Urk. v. 1439 (M B. 20, 296). Ich U. St. — thun kundt —, das ich — verkaufft — han zehen gulden Reinisch — ewiger — gült auß meiner aygen mül, — u. ob sye (die Rentenkäufer) an der obgeschriben mül u. gült icht abganck gewunnen —, der selben abgeng sollen sye allzeit habent u. gewartten sein zu mir —, zu meiner hausfrauen u. zu allen unsern erben — u. auff aller unser hab u. gutem ligentem u. varentem —, darauff sye uns — wol angreyffen, notten u. auch pfennden mugent —, alß verr piß auf volliu ganziu werung haubtgutz, gült, pen u. aller schäden.

18. Lüb. R. II 235. So welk man oder vrowe coft — in eneme hus oder an einer woert wicbelde oder wordthins, ergerd sic dat hus eder de word, — ne wel he (der Schuldner) den thins nicht utrichten, de gene, de den thins hevet, de scal sic daran holden, dar he den thins inne hevet u. ne mach anders uppe nemande ummme de sake vorderinge hebben, mer darup, dar he den thins inne hevet.

19. Brem. Stat. v. 1433 Ord. 15. So we koft heft rente in eneme erve, — de rente scal men vorderen up den ghennen, de in deme erve wonet, also verne, alse sin hure keret, de id huret heft; breke em dar wat an, dat scal he vorderen up dat erve.

20. Braunschw. StR. v. 1532 Tit. 18 (UB. S. 311). Welcker man heft ervetyns, tyns vor rade u. richte upgelaten u. ingeschreven —, blift de jenne, welcker den tyns uthgeven schal, schuldich, de den tyns daran heft beholt syne schult thovoren an dem erve, so he andern lüden ock schuldich were.

21. Gantprocess. v. 1616 b. Schmeller Bayr. Wörterb. 1, 906. Die ewige Gelt u. derselben Capitalsummen bey der Statt München, auch bey andern Statten u. Märkten sollen allen andern Gläubigern vorgezogen werden.

22. Magd.-Bresl. syst. Schöffenr. IV 1, 25. Vorkeuft ein man dem andirn ein erbe u. vorreicht ys im vor gehegtir bank u. vorswigit deme koufmanne — des jerlichin czinses, der uf dem selbin erbe — stet, zo sal der man sinin czins behaldin, alzo her den in der gewere hot an dem vorkouftin erbe.

23. Gosl. Stat. S. 21 Z. 11 ff. Gheyt ut emme huse tweyerleye tins oder dryerleye u. wert de untseten, de den lateren tins hevet, de scal den vorderen tins untweren binnen rechter tid of he wel, u. underwinde sek des huses.

24. Münch. Gerichtsb. v. 1401 (Auer Stadtr. v. Münch. S. CXXXV). Item her W. — kom für recht u. meldet —, ez wär ein haus —, da ging im aus ein pfunt ewigs gelts — u. wär im auch schuldig ettwie viel vergangens zins, dasselb haus wär verkauft u. hieten ettleich gelter verklagt, getraut er Gott u. dem rechten wol, er solt seins ewigen gelts u. seins vergangen zins der erst werer sein, als der stat recht ist.

25. Lüb. R. II 236. Wil — jemant an sineme — erve wikbelde verkopen, de ne schal it nicht mer ener weghene verkopen. Mer leghet eme darna mer not an, so mach he wol dat, des dat erve betere is, wan dat wikbelde, dat darut geyt, to pande setten vor dem rade. — Verkoft jemant twiger wegene wikbelde an eneme erve, — dat scal man richten like dufte.

26. Götting. Stat. v. 1371 (*Pufend.* 3, 181). Et en schal ock nement mer breve geven wenn eynen bref over eyne erve. — Doch is de rad overkomen a. D 1415 —, dat unse borgere — an der beteringe ores erves u. gudes, dar se unser stad odir oren eygenen breff over gegeven hebben —, geld verscriven mogen, dest se enkede uddruken in oreme breve dat geld, dat in dem ersten breve — vorbrevet is.

27. Verden. Stat. 40 (*Pufend.* 1, 91). De rahtmanne bewilligen nemande in sin erve u. hus mer radesbrefe, alse dre handfeste, u. de gelden alle gelik, de jüngeste alse de oldeste.

28. Rsb. n. Dist. II 4, 19. Welch man zcins uf sime garten had legen adder uf eckern, — der en mag her om vorbaz selber keynen zcins gemachen wedder des willen, der sinen rechten zcins doran had.

29. Hildesh. Stat. v. 1300 § 149 (UB. 1 S. 294). Swe erventins hevet, — welde he dat verkopen eder vorsetten eder vorgheven, darvan he den tins gheve, de den ersten tins hevet, den scal me erst bereden.

30. Braunschw. Stat. v. 1402 Tit. 18 (UB. S. 115). Wur eyn man hefft erventins an eynen — erve, des erves mach he nicht vorkopen, yd ne sy deme witlik, des de ervetins sy. Lustet is ome to gheldene umme densulven kop, — dar is he negher, wen eyn ander. Wel yenne, de den ervetins hefft, den sulven tins vorkopen, de, des dat erve is, de is dar negher to gheldene, wen eyn ander.

31. Hamb. Stat. v. 1292 D. II. Deit ein man wurde uth to ervetinse, — den erventins ne mach nen man copen, id ne si mit sinen willen, des dhe wurde sin, wante he is naghest cope.

32. Urk. v. 1333 (Kindlinger Volmestein II 318). Voluntate heredum meorum, *quorum consensus ad id existit necessarius*, vendidi redditus.

33. Münch. Gerichtsb. v. 1391 (Auer S. CXXXVI). Item so gende aus dem vorg. haus 7 guldein ewigs gelts dem vorg. C. D. u. der hat dem

vorg. L. — u. allen seinen erben die besunder friuntschaft getan, daz der L. — jaerlichen u. ewiglichen gewalt habent ze lösen die vorg. 7 guldein ewiges gelts, swann si mügen, ein tail oder gar ye 1 guldein umb 20 guldein.

34. Lüb. R. II 125. Dor ene gemene nut to handes na dem groten brande (1276) wart dat recht gemaket, dhat al dat wikbeldegelt, dat vordmer to queme, man wederkopen mochte, jo um alse vele alse id gekoft wart. — 127. We so aver sit uppe wortinse, dat vor dem brande was u. dat dho dat recht hadde, dat men it nicht wederkopen muchte, dat schal ok nu vordmer to kopende licghen. (Pauli 4 S. 19.)

35. Das. 126. Set aver sic jement thu wortinse up enes minschen wort, se ne hebben den undertuschen andere vorwort, de ghene mach de mark nicht neger wederkopen, den umme 9 marc sulvers. — 123. So war en man van dem anderen eine wort to worttinse nemet sunder vorewort, wil he den worttins wedercopen, he schal eme geven jo vor de mark 9 mark sulvers.

36. Lüb. OStB. v. 1305 (Pauli 1 S. 31). Th. de P. emit ab — Gerardo — domum. — Dabit autem dicto Gerardo — 2 mr. wicbeldes annuatim. — Cum autem idem wicbelde reemere voluerit, *predicet* dicto Gerardo *uno anno*.

37. Magdeb. Fr. II 1, 5. Ein man ist benotigit u. bittet einen andern, das her im 10 mark lihe, her wil im des jares 1 marg geben czinszes abeczuloszen. — Der zinsnemer stirbit nu spricht der zinsgeber zu dem erblinge: hy sint 10 mark, ich wil nicht lenger uwer czinsman syn. Dy erben sprechen: sy wissen von keyme zinse abezuloszen u. halten den czins vor erbeczinß, wy das faren sal? Hiruff sprechen wir — recht: der czinszgeber muss bewiszen — das der czins sey abeczuloszen u. der ander, der den czinsz doran hat, bedarf des nicht bewiszen.

38. Zürich. Rathserkenntn. v. 1419 b. Bluntschli 1, 416. Item so haben wir uns erkennet umb guot, so man lichet uff stett, uff guetter — u. man jerlich gult in kouffeswise oder suß darum geben sol, — darinn der, so daz gelt lichet u. die gült koft, umb daz hoptguot oder den widerkouff nit manen mag, wie wol der verkoffer den widerkouff u. die losung tuon mag, das dasselb guot sol heissen u. sin ligend guot u. nicht varend guot. Wo aber jeman — im selben vorbehept, umb sin houptguot u. den widerkouf ze manen u. man im daz gebunden weri ze geben ob er wölt, es sye über kurtz oder lang, sölich guot sol heissen u. sin varend guot u. nicht ligend guot.

39. Augsb. Stat. (Meyer S. 212). Daz erz im — satzte — mit nutz u. gewer u. mit rehter zinsgewer.

40. Dipl. 190a (*Gercken*. C d. Brandenb. 3, 332). Vendidimus unum chorum siliginis — in villa L. in curia nunc Arnoldi, et XVIII modios siliginis in villa B. in curia nunc Hennekini — renuntiantes — omni iuri, proprietati, *possessioni* — et predictum dominum *in dictorum bonorum corporalem possesionem admittimus* —, si in futurum aliquale vexationis obstaculum *in possessione predictorum reddituum* etc.

41. Freiberg. Stat. II 2 (Schott 3, 166). Erbe u. nicht eigen, das sind husere u. hove, da man erbecins von gibt.

42. *Schannat*. Trad. Fuld. 453. Eos, qui precarias acceperint, censum ideo dare teneri, ut cognoscatur, eos *non ex proprio iure* res possidere.

43. Nürnb. U. v. 1394 (*Heumann* Opuscula S. 322). Conrad G. — hatt — zu kaufen gegeben sein aigen an dem haus — der egenannten frau — u. iren erben zu haben — ewiglichen u. gelobet sie des zu weren für aigen, als recht were, mit der bescheidenheit, das das eegeschriebene aigen des vorg. Conrad — u. seiner erben erb solt sein yerlichen umb 3 gulden.

44. Möllner Urk. v. 1333 (Meiern vom sechsten Zinsthaler 69). Notum sit, quod dominus G. emit emptionis titulo a S. duos mansos pro *centum marcis Lubec. den.*, de quibus mansis dictus S. vel quicunque colit, dabit domino G. annuatim redditus 7 *m.;* quod si non faceret, ex tunc neque currum neque aratrum supra dictos mansos ducere debebit.

45. Priv. f. die Stadt Hamm v. 1193: aree singulis (opidalibus) ad IV denarios sunt locate per annum

46. Bremer Urk. v. 1494 b. Oelrichs S. 631. Wy N. N. ratmanne to Bremen weren dar an u. over, — dal E. Kindt u. W. Pestrop — sick vor deme rade — beklageden, dat one — ere rente ute Elers hus — nicht vornoget konde werden, — so dat — de radt de erbenompten (E. K. u. W. P.) — in dat vorgescreven huß u. erve wisede to kistenpandesrecht twischat vor ere vorsettene rente. Darna weren wy daran — vor unses heren — gerichte, dat E. u. W. — dar upboden u. verfolgeden dat vorgesc. huß u. erve to dren richten, — u. na dem drudden richte lede one de vageth ein dinggerichte vor dat vorgen. huß, — werede u. weldigede den erbenompten Eler — u. syne erven — dar uth u. de ergenanten (E. u. W.) u. ere nakomelinge — dar wedder in. — Vortmer weren wy daran — vor dem rade, dat — (E. u. W.) dar tugeden, — dat se — hadden verfolget dat vorgen. huß — to kistenpandesrecht, so dat do de radt — (de beiden) wysede in dat huß u. erve vor ere vorsettene renthe to wigboldesrechte. Darna weren wy daran — vor — gerichte, — dat E. u. W. — dar upboden u. vorfolgeden dat vorgen. huß — to deme ersten, tom andern, tom drudden u. to deme verden echten dinge, — u. na deme verden echtendinge werede u. weldigede de vageth den vorgen. Eler — dar uth u. (E. u. W.) dar wedder in.

47 Dipl. a. 1477 ap. *Gercken.* Fragm. March. I p. 127. Wenn averst — et also keme, dat de herrn K. auf dem hofe neynes rechten edder pandige inne bekomen kunden, so schollen sy sik holden an den hof, des syk gebrucken u. geneten na antal eres pachtes edder tynse, u. nicht högher.

48. Magdeb. system. Schöffenrecht IV 1, 41. Eyn man vorkoufe 10 marg czins eyme andirn manne uf syme hofe, czu gebin halb uf sente Michils tag u. halb uf sente Walpurgin tag ane hindernisse. Dornoch vorburne der hof, daz der sich synis czinses nicht irholn mag. Nu bete der man, der den czins hot, daz man em helfe czu dem manne der ym den czins vorkouft hot, sint dem mole, daz her sich synis czinses uf dem erbe nicht irholin mag. Daz sal nicht syn; sundir her mag sich irholin synis czinses an der hofstat adir an dem grunde, an dem manne mag her sich nicht irholn.

49. Freiberg. Stat. 24 (Schott 3, 159). Wo zwene man erbecins haben an eime huse, der erste cinsmeister — butit daz hus uf — u. let iz im eigenen —, he gibet dem anderen cinsmeistere als vil, als in lustet u. tribet ouch jenen uz der da inne ist, will he, mit rechte. — Ist ouch, daz dazselbe hus abeburnet, wil he iz wider buwen, jenre, de darinne ist gewest, wol u. gut; wil he des nicht, der andere cinsmeister (d. h. derjenige, welcher den jüngsten zins hat) mac iz buwen u. gebe den ersten cins davon; ist des nicht, so gewinnet si der erste cinsmeister di hovestat mit rechte u. genuzet ir, so he meiste mac. Ist ouch daz ein hus verburnet, daz einen cinsmeister hat, der cinsmann kume u. spreche: herre, ich in mac der hovestat nicht gebuwen u. laze sie uch uf — so muz he — sweren, daz he ir nicht gebuwen muge u. wirdet ledic.

50. Lüneb. Stadtr. II 7: — soll — männiglichen — frey stehen, entweder ewige Renthen in u. aus den Häusern zu kaufen, oder aber darauf, als auf ihre Unterpfände, Geld auszuleihen. Weil aber solche beyde Contract nicht einerley Art, — so soll auch der gebührliche Unterschied — in Acht genommen — werden, nemlich: wer Renthe — kauft, der soll nicht Macht haben, das ausgezahlte Kaufgeld wiederum abzumahnen, weil solches der Natur des Kaufes zuwider ist, sondern die Ablösung soll demjenigen, der die jährliche Renthe ausgiebt, allein frey stehen. — Wer aber Geld auf Häuser u. dergl. Erbstücke — ausleihet, — der soll — freye Macht haben, sein Geld — wiederum abzumahnen. — Es soll aber in Bezalung — der Renthener allezeit dem schlechten Ausleiher vorgehen, ungeachtet obgleich des Rentheners Contract jünger wäre, auf daß, weil der Renthener in dem einen, nemlich daß er die Kaufsumma nicht abmahnen mag, beschwert ist, er auch dagegen in dem Fürzuge u. Priorität wiederum erleichtert werde. (Ubbelohde S. 102.)

51. Das. Tit. 8. Wann diejenigen, so aus ihren Häusern jährliche Renthe jemand verkauft haben, in Bezahlung solcher Renthe säumig, so mögen die Renthener solche Häuser mit Recht verfolgen, u. darnach verkaufen, u. ihre Haupt-

stühle u. alle aufgeschlagene Renthe darin suchen; Wo aber von dem Kauf-Gelde noch etwas übrig bleibt, so kommt solches dem Schuldner oder desselbigen andern Creditoren zum besten.

52. Lüb. R. III 6, 8. Würde jemand — Rente kauffen, — der mag dieselben Rente vergeben, versetzen oder verkauffen, u. sonsten damit thun, — als mit andern Kauffmanns-Wahren.

53. (Baseler) Ordnung des blauen Buchs um 1450 (Rechtsquell. v. Basel 1 S. 140): das nyemant — dehein gülte uf — sin ligende guot slahen oder daruf vergaben noch vermachen solle denne mit gnade eins widerkoufs, also das des selben erben — oder die personen, zu der handen solich guot darnach kommende wirt, vollen gewalt — haben söllent, soliche gülte wider abe ze lösende, wenn u. zu welcher zite sy wellent, nemlich ist es 1 guldin geltz, mit 20 guldin houptgutz, 1 pfund geltz mit 20 pfunden (5 pCt.).

54. Lüb. R. III 6, 9. Alle verkauffte Rente — mag der Verkäuffer wiederumb zu sich lösen für das Geld, darumb die Rente verkaufft worden sind.

55. Das. 8, 3. (Niemand) ist — mächtig, sein Hauß zu verkauffen, er habe es dann zuvorn seinem Rentner angeboten, dem es frei steht zu kauffen oder nicht, doch für sich u. nicht für andere.

56. Das. Art. 13. Weil derjenige, welcher in seinem Hause — Rente stehen hat, dieselbe dem Rentner richtig zahlt, obwol sein Haus — sich — verringert, so hat der Rentner doch darumb nicht zu reden. Gibt er ihm aber die Rente nicht, so mag der Rentner mit dem Hause, als mit seinem Pfande — verfahren.

57 Frankf. Ref. II 3 § 21. Mit den jährlichen Pensionen u. Gülten, so auff Häusern, oder andern liegenden Gütern erkaufft werden, dieweyl dieselben auch für unbeweglich liegend Gut — geachtet, So soll es damit allermaßen, wie hier oben von andern liegenden Gütern statuirt worden, gehalten werden. Nemlich aber, daß — die Auffgifft in unser Canzley geschehen.

58. Das. § 42. Auch sollen — Gülten anderst nicht, als auff Ab- oder Wiederlösung — (so dem Verkäuffer allein u. seinen Erben, vorbehalten) verkaufft — werden.

59. Das. 7, 3. Daß alle — Ewige Zinß — für unablösig — bißhero — gehalten, nun hinfüro durchaus ablösig — seyn sollen.

60. Hamb. Stadtr. I 16, 5. Würde um verfallene Rente oder Erb-Zins geklaget; — u. — der Beklagte in den 3 Rechts-Tagen, oder peremtorie angesetzter Zeit, nicht erscheinet u. sein Erbe oder Haus entsetzet; soll — dem Kläger — das Haus oder Erbe im Stadt-Buche zugeschrieben werden.

61. Das. II 1, 6. Dem — Erb-Zins u. Rente in dieser Stadt Buche zugeschrieben stehen, der soll dieselben niemande verlassen, — oder sonst verändern, es geschehe denn vor dem Rathe.

62. Urk. v. 1276 (*Günther*. 2, 412). S. — promittens mihi — persolvere — 80 *marchas* — ad festum b. Martini —, et si forte ipsas 80 marchas ad illud festum non solveret, ipse — deputaverit — michi — 8 *marcharum* redditus — singulis annis recipiendos (10 pct.).

63. Urk. v. 1280 (Clasen Schreinspraxis S. 43). Sch. assignavit — Henrico, filio suo, 4 marcas Colonienses, quas ratione homagii tenet a domino comite de Monte, — de quibus 4 *marcis* idem dominus comes redemit *duas marcas pro* 20 *marcis* Coloniensibus (10 pct.).

64. U. v. 1361 (*Ludewig*. Reliq. Ms. 1, 363). 16 breite schock groschin, di wir in demselbin clostir jerlichs hattin, verkouft habn vor 110 schock (also fast 14 pCt.)

65. U. v. 1443 (das. 5, 177). Wir thun kunt: daß wir — verkoufft habin — 18 schock geldes jerlicher czinße; — darvor habin uns de vorgnanten herrn gegebin 220 schock (also über 8 pr. C.).

66. Lüneb. Testam. v. 1437 (Ms.). Item gheve ik den — moneken to unser leven vruwen 2 mk. geldes uthe mynem — wonehuse. Aver wan deme besittere dessulven huses dat bequeme is, so mach he de vorscrevene 2 mk. geldes wedder uthlosen vor 30 Lubesche mark ($6\frac{2}{3}$ pr. C.)

67. Läneb. Testam. v. 1444 (Ms.). Achtentich mark jarliker rente vor twelf hunderd mark (6⅔ pr C.).

68. M. B. 20, 520 (a. 1458): wan des vorgenanten järlichen geltz 12 schilling gewesen u. ist um 20 pfunt pfening gekaufft worden, also hat ain rat erkant, das solicher kauf nit redlich ist u. haben gesetzt das er nuhinfür järlichs 1 pfuntt pfening nemen sol u. das mag man losen umb 20 pfunt pfening (5 pr. C.).

69. R. Pol. O. v. 1577 Tit. 17 § 9. Und nachdem die Widerkaufsgülten allenthalben in Landen gemein seyn, so sollen mit hundert Gülden Hauptgelds nicht mehr dann fünf Gülden jährlicher Gülten, wie gebräuchlich, gekauft werden, u. die Loskündigung der Gültverschreibung auf Widerkauf, wie Widerkauffs Recht, bey dem Verkaufer u. nicht beym Kaufer stehen, unangesehen wie dieselbig Gültverschreibung gestellt ist: u. was darüber gegeben, genommen oder gehandelt, wollen wir, dasselbig u. alle andere unziemliche pacta oder Geding für wucherlich u. unkräftig geacht, gehalten, u. von dem Richter nicht darüber erkannt, — sondern — gestraft werden solle. Tit. 19 § 3: — daß gleichwohl männiglich — jährlich Wein- u. Traidgülten um ein bestimmte Geldsumme — zu kaufen erlaubt seyn soll. — Aber da Korn- oder Weingült kauft werden, daß von zwanzig Gülden Hauptsumma nicht mehr als ein Gülden Münz geraittet oder bezahlt, darzu auch den Verkäufer u. Schuldner die Ablösung jedes Jahrs mit Erstattung des empfangenen Hauptgelds, zu thun freygelassen werd.

70. Reichs-Deputationsabsch. v. 1600 § 35. Ferners ist biß anhero im Heil. Reich nicht austrücklich versehen gewesen, da der Schuldner sich selbsten obligirt —: da er in Zahlung der jährigen Gülten sich säumig erzeigen würde, alsdann dem Glaubiger alsobald die Kauff- oder Haupt-Summa neben den Gülten wiederzugeben, ob solcher Contract im H. Reich zugelassen. Derenthalben — setzen, ordnen u. wollen, daß solcher Contract den im H. Reich üblichen u. zugelassenen Gebräuchen nicht ungemäß, u. daß das *precium* auf den Fall von dem Verkauffer — wieder erfordert werden möge.

B. Von den Reallasten.

1. Ueberhaupt.

a. Historische Einleitung. (St. § 100.) § 110.

1. Urk. v. 1329 (*Ludewig*. Rel. Mss. 1, 320): predictorum omnium proprietatem et possessionem ea libertate tenebunt, quod nullam precariam, nullum *servitium reale* vel personale, nullum penitus onus vel ius nobis tenebimus in premissis.

2. Kursächs. Proc.O. v. 1622 Tit. 42 § 6: jährliche Zinsen von wiederkäuflichen Haupt-Summen u. dergleichen *onera realia*.

3. Tacit. Germ. c. 25. (Servorum) suam quisque sedem suos penates regit. Frumenti modum dominus aut pecoris aut vestis, *ut colono*, injungit.

4. Offn. v. Berg (Bluntschli 1 S. 277). Ein gotzhusman, der ze Berg sitzet, huslich u. hablich, u. in das gericht da hört, der sol dem vogt da tuon zwen tagwan u. ein vasnachthuon geben.

5. Vogtoffn. z. Meilen (das. S. 276): aber sol einem vogt von jeglicher hußröchi jerlich werden ein herbsthuon hie in der vogty.

6. Code Napol. f. Baden § 710b. Das Gesetz gibt u. erkennt keine andere (Erbdienstbarkeiten) als Zehenden, Gülten u. Zinsen.

7. Sächs. Ges.B. § 505. Ein Grundstück kann, soweit nicht ein Gesetz entgegensteht, in der Weise belastet werden, daß dessen Eigenthümer dem jedesmaligen Eigenthümer eines bestimmten anderen Grundstücks oder einer bestimmten Person etwas gebe oder zu deren Vortheile etwas thue.

b. Rechtliche Natur der Reallasten.

§ 111. α. Im Allgemeinen. (B. § 190. G. § 168. St. § 101.)

1. Urk. v. 897 (*Neugart.* 1, 510). Ego W. — do ad monasterium S. Galli — quicquid — in loco — P praesenti tempore videor possidere. Eo modo, ut ego ipsas res tempore vitae meae *sub censu unius denarii* possideam. — Similiter et legalis procreatio mea easdem res *sub eodem censu* possideat.

2. Urk. v. 1214 (*Guden.* 1, 430). Irmentrudis — cum pueris suis — molendinum a canonicis Wetflariensis ecclesie tali conditione et iure hereditario suscepit, ut singulis annis XIIII maldra siliginis, et totidem maldra tritici, et XXX solidos levis monete, et dimidium sextarium vini cellerario persolvat —; eaque defuncta *pueri eius — idem beneficium iuxta* prefatam *condicionem — obtineant.* Et si aliquis heredum necessitate compulsus suam in antedicto beneficio vendere voluerit porcionem, non in manus alienorum, *sed in manus transeat heredum, aut canonicorum.*

3. Birgeler W. (Grimm 1, 516 f.). Item hant dieselben herren nünczehen hube landes, die armer lüde lehen sin, der gibet igliche hube vier achtel kornes zu unser frauwen tage der leste. — Item gibet yedie hube vier summern habern gehüfft off sent Remigiusdag. — Item gibet yedie hube vierdenhalben u. zwentzig phenninge zu dem nüwen jare. — Item sal yedie hube geben alle jare off den grünen dunrstag nüne eyer eyn jar, daz ander aber eyn hune.

4. Urk. v. 1275 (*Guden.* 2, 195): sex maldra *siliginis*, — que dicuntur hubgelt.

5. W. über Haidenfeldt (Grimm 3, 563): auch sind zu H. fünff gute u. dry lehen, dieselbe gute u. lehen geben atzung u. futter mines herrn von Wertheim amptlüten u. dienern.

6. Schwsp. 69. Swer zins von guote geben sol, der sol in geben uf den tac, der im bescheiden wirt so man im daz guot lihet. u. git er im den zins des tages niht, er muozen zwivalteu gelten des nästen tages dar nach, u. alle tage als vil, die wile er den zins inne hat. u. als des zinses so vil wirt, als daz guot allez wert ist, so sol sich der herre des guotes underwinden mit des rihters boten.

7. Oeffn. v. Laufen (Grimm 1, 104). Wer aber, daz yeman sumsälig wurd an dem zins, so mag ains bischofs pfleger ainen vogt ald sinen botten zü im nemen u. mag darumb pfenden zü dem hus ald zü der hoffstatt, die in daz güt gehörrend, ob er da phand vindet, untz daz er gewert wirt —. wer aber, das sie nit phand funden, so mugent si daz hus u. die hoffstatt, acker, wisen, — oder was denn zü dem güt gehört angriffen, mit versetzen ald mit verkouffen, als verr, untz das si der zins die je denn ußständ u. der freslin, die denn von der zins wegen gevallen sind, gentzlich gewert werden.

8. Dieselbe ebendas. Wer ouch, das dahein hüber oder schüposser sinen zins gentzlich versäß drü jar, daz er nichtz daran geb, so wer daz güt zinsvellig u. möcht es denn ain bischoff lichen under den genossen, wem er welt.

9. Cod. Max. Bav II 7 § 2. Sie (die Dienstbarkeit) ist unterschiedlich u. zwar 1mo *affirmativa*, wenn derjenige, welcher hierzu verbunden ist, entweder in dem Seinigen etwas zu leiden oder zu thun hat.

a. Glosse z. Sächs. Weichb. Art. 20 (Ausg. v. 1537 Bl. XXXVb). Wer versessen zins auf dem gut u. hat denn dieser das gut verkaufft mit allem recht, als er es hette u. es jener also empfangen het vor gehegter banck, dieser müst den zins selber gelten, dem es uberreicht wer ut C. de agricolis et censiticiis (XI 47) l. III. (Brunner a. a. O.)

10a. Landrecht d. Herzogth. Preußen v. 1620 IV 6, 3 § 1. So jemands sein Gut einem andern aller Stewr, Scharwerck oder anderer Bürden — frey verkauft hette: da kann oder soll ihm	10b. Lat. Uebers. (Jus prov. duc. Pr., Rostoch. 1623 fol.). Si quis fundum debentem censum vel alia onera emat aut vendat ea lege, ne onus census sive publicorum tributorum, vecti-

dem Kauffer diese Freiheit keines weges fürtragen oder ersprießlich seyn: er muß auch nicht allein die künfftigen, sondern auch die vergangene Steur Zinß u. Bürden bezahlen u. gedulden. Dann in diesem Fall nicht die Person des Kauffers, sondern sein erkaufftes Gut, als auff welches das Onus reale gelegt, angesehen u. beklaget wird. Darzu so mögen auch durch pacta u. Gedinge der contrahirenden Partheyen jedes orts ihre Zugehörung u. was ihnen von Rechts wegen gebühret — keines weges entzogen werden.

galium et pensitationum emtorem sequatur, nulla libertas inde emptori adquiritur, sed ad onera census, non saltem futuri, sed etiam ad ejus *reliqua* praestanda et solvenda obligatur. Census enim et publicarum pensitationum *onera realia* sunt, quae personam minime concernunt, sed cum ipsa re in emtorem transeunt. Et praeterea pactis aut conventionibus privatorum juri magistratus neutiquam derogari potest aut debet.

11. Sächs. Ges.B. § 511. Das Recht auf die einzelnen Leistungen ist nach den Vorschriften über Forderungen zu beurtheilen.

12. Cod. Max. Bavar. II 10 § 4 7mo. Haftet der Guts-Innhaber für die unter seinem Vorfahrer etwan verfallen- u. ruckständige Zehenden nicht, er seye dann successor universalis.

13. Code Napol. f. Baden § 710 fh. Das Grundeigenthum des Guts oder ein dritter Besitzer des letztern kann für Gültrückstände nicht angegriffen werden.

14. Sächs. Ges B. § 510. — Mit Ausnahme des Falles der Zwangsversteigerung haftet der Nachfolger im Eigenthume auch für die unter seinem Vorgänger fällig gewordenen, nicht berichtigten Leistungen.

β. Entwicklung derselben im Einzelnen. (G. § 169 u. 171. St. § 102.) § 112.

1. RAbsch. v. 1548 § 59. Wo sich befinde daß ein ausgezogener Stand innerhalb Menschen-Gedencken — hätte dem Heil. Reich gesteuert, u. also das Reich in *quasi possessione* wäre, der soll nachmals ungeweigert steuern.

2. Das. § 63. Aber die Ausgezogen, so hievor einige Anlag nicht erlegt hätten u. also *in possessione vel quasi libertatis* wären, dieselbe sollen biß zu endlichem Austrag der Sachen dabei gelassen werden.

3. Urk. v. 1267 (*Schöpflin* Als. dipl. I nr. 45 p. 459). Nos assignamus et praesenti scripto damus redditus valentes annuatim viginti marcas — priori et fratribus in L. — Tradentes eisdem fratribus per presens instrumentum *corporalem possessionem* omnium predictorum etc.

4. I. P. O. art. V § 46. Illi vero *reditus*, *census*, *decimae*, *pensiones*, quae — *statibus Augustanae confessionis* — debentur, quorumque in *possessione vel quasi* — fuerunt.

5. Sächs. Ges.B. § 512. Rechtsbesitz findet bei Reallasten nicht statt.

c. Entstehung der Reallasten. (B. § 190. G. § 170. St. § 103.) § 113.

1. Urk. v. 1243 (*Quix* Cod. dipl. Aquens. I nr. 165): decimam — ad usus nostros *coram iudicio et civibus imperii* in S. — *resignaverunt* et *effestucaverunt*.

2. Sächs. Ges.B. § 506. Reallasten entstehen durch Eintragung in das Grundbuch. Rechtsgründe zur Eintragung in das Grundbuch sind: Vertrag, letzter Wille u. richterliche Entscheidung.

d. Erlöschen der Reallasten. (B. § 194. G. § 172. St. § 136 IV.) § 114.

Ueber die Landesgesetze, welche die Reallasten aufgehoben oder für ablösbar erklärt haben, s. Mittermaier Grundsätze § 199. Neuere Ablösungsgesetze: Baierisches v. 4. Jun. 1848, dazu Commentar v. Pözl in: Die Gesetzgebung des Königr. Baiern seit Maximilian II. v. Dollmann Th. 1 (Erlang. 1855) S. 153—272. Oesterreichische v. 7. Sept. 1848 u. 4. März 1849. Preußische v. 2. März 1850 u. v. 15. April 1857. Würtembergische v. 14. April 1848 u. 17. Jun. 1849. Preuß. G. f. Nassau v. 15. Febr. 1872, f. Schleswig-Holstein v. 3. Jan. 1873, Kurhessen v. 23. Juli 1876. Andere G. s. bei Stobbe a. a. O. und G. Meyer Verwaltungsrecht I. S. 276.

Judeich die Grundentlastung in Deutschland. Leipz. 1863. Gierke Artt. Ablösungssachen, Ablösungskapitalien u. Agrargesetzgebung b. Holtzendorff I 14 ff. u. 54 ff.

1. K. Wenzels Priv. f. Goslar v. 1390 b. Göschen S. 122 Z. 41 ff. Wer ouch an der burger huse gulde oder zinse hedde, de mag der burger ab kouffen, itliche march geldes vor zhen mark; nur en were datz der bewisen konde datz man dar mer vor gegeben hette. »Were ouch datz de tzinße grosser oder mynner were, den mach man losen nach antal alse sich datz geburet zu rechende, myt zhen marchen eyne abe zu kouffen, uf datz de huser nicht vorvallen u. jo der stad note trayen an stewer u. an wachte. Unde id en sol nummer keyn erbtzinse stein uff der burger huse, ab er wol gereit umb ghelt gekoufft were oder noch ghekofft worde. Was aber geistliche luthe van eigenthums weghen von alder erbes tzinses ghehat hetten, datz blibe bey seinem rechten.

2. Baier. Ges. v. 4. Jun. 1848 Art. 21. Alle fixen Grundgefälle des Staats, der Privaten, der Stiftungen u. Communen sind — ablösbar.

3. Preuß. Verf. Art. 42. Bei erblicher Ueberlassung eines Grundstücks ist nur die Uebertragung des vollen Eigenthums zulässig; jedoch kann auch hier ein fester ablösbarer Zins vorbehalten bleiben.

4. Preuß. Ges. v. 2. März 1850 § 6. Alle beständigen Abgaben u. Leistungen, welche auf eigenthümlich oder bisher erbpachts- oder erbzinsweise besessenen Grundstücken oder Gerechtigkeiten haften (Reallasten), sind nach den Vorschriften dieses Abschnitts ablösbar. Ausgeschlossen von der Ablösbarkeit nach den Bestimmungen dieses Gesetzes sind die öffentlichen Lasten mit Einschluß der Gemeindelasten, Gemeindeabgaben u. Gemeindedienste, sowie der auf eine Deich- oder ähnliche Sozietät sich beziehenden Lasten, ferner Abgaben u. Leistungen zur Erbauung oder Unterhaltung der Kirchen-, Pfarr- u. Schulgebäude.

a. Preuß. G. v. 27. April 1872 § 2. Das Gesetz v. 2. März 1850 — kommt fortan auch in Ansehung derjenigen Berechtigungen, welche Kirchen, Pfarren, Küstereien, sonstigen geistlichen Instituten, kirchlichen Beamten, öffentlichen Schulen —, höheren Unterrichts- u. Erziehungsanstalten, frommen u. milden Stiftungen oder Wohlthätigkeitsanstalten — zustehen, — zur Anwendung.

5. Preuß. Ges. v. 2. März 1850 § 94. Auf Ablösung — ist sowohl der Berechtigte als der Verpflichtete anzutragen befugt.

6. Hannov. Ges. v. 10. Nov. 1831 § 1. — — Dem Gutsherrn, Ober-Eigenthümer u. sonstigen Berechtigten steht ein Recht, jene Abstellung herbei zu führen, nur bei veränderlichen Gefällen zu.

7. Das. § 36. Neue Belastung von Grundstücken, welche erblich ausgethan werden, mit Natural-Zehnten u. Diensten ist untersagt.

8. Hannov. Verordn. v. 23. Jul. 1833 § 1. Die erbliche Uebertragung von Gütern u. Grundstücken unter Vorbehalt einer auf jeden Erwerber derselben übergehenden Abgabe ist, wenn letztere unablösbar seyn soll, in Zukunft nur unter folgenden Bedingungen zulässig: § 2. 1) Der Erwerber muß das volle Eigenthum an den übertragenen Gütern u. Grundstücken, unbeschadet der davon übernommenen Abgaben, erhalten. 2) Derselbe darf in der Befugniß über vorgedachte Güter oder Grundstücke frei zu verfügen, nicht weiter beschränkt werden, als in dieser Verordnung ausdrücklich ge-

stattet worden ist. § 3. 3) Die zu errichtenden Abgaben müssen in baarem Gelde oder in reinen Körnern von Feldfrüchten bestehen. — § 4. 4) Der Verlust des übertragenen Guts oder Grundstücks auf den Fall der versäumten Entrichtung der Abgabe darf nicht festgesetzt, auch überhaupt gedachte Abgabe durch Strafbestimmungen anderer Art (Conventionalstrafen) nicht gesichert, u. endlich 5) die Bedingung einer Solidar-Verbindlichkeit der Besitzer mehrerer mit Abgaben beschwerten Güter u. Grundstücke für die Entrichtung der Abgaben nicht hinzugefügt werden. (Bening Verleihung von Grundeigenthum mit Vorbehalt eines Grundzinses in Rau u. Hanssen Arch. d. polit. Oek. N. F. Bd. 10 Hft. 2.)

2. Einzelne Arten von Reallasten.

a. Von den Zinsen.

α. Ueberhaupt. (B. § 192 Lit. a. G. § 189. St. § 136 II.) § 115.

1. Cap. a. 805 c. 20 (Mon. C 125). *Census* regalis, undecumque *legitime exiebat*, volumus ut inde solvatur, sive de propria persona hominis sive *de rebus*.

2. Urk. c. a. 1240 (*Günther*. II nr. 94): legavi *ecclesie* de R. in qua elegi sepulturam post obitum meum *de bonis meis* in H. sitis *marcam* post decessum meum annuatim eidem ecclesie persolvendam, ita tamen quod si heredes predictorum bonorum memorate ecclesie 12 marcas — dederint, prefata bona ad eosdem heredes libere devolvantur.

3. Iura archiep. Trev. (Lac. Archiv 1, 322) X 13. *Scarhuvere* dabunt archiepiscopo somarios —, quando iturus est ad curiam imperatoris vel in expeditione transalpina; ubi si somarius moritur, capud et cauda inde reducta redditur camerario, et ipse 5 solidos de denariis archiepiscopi dabit illis quorum fuit somarius. 14. *Glashuvere* comburent cineres ad vitrum de siccis lignis et inutilibus, dabuntque vitrum — ad maiorem ecclesiam et ad domum archiepiscopi et eius capellani. *Pereminthuvere* dabunt pergamentum — notario archiepiscopi.

4. Urk. v. 1262 (*Guden*. 2, 141): bona sua — ecclesie in A. — contulerunt. — Quibus — resignatis rursus eadem ab ipsa ecclesia *iure coloniario* possidenda receperunt *pro annua pensione*, videl. libra una denar legalium — singulis annis in festo purif. B. V. persolvende.

5. Urk. v. 1229 (das. 1, 501). Prepositus — aream et mansum — pro IIII maldris siliginis et III maldris tritici —, et IIII denariis Aschaffinb. et II Colon. ei singulis annis persolvendis, *michi et omnibus heredibus meis iure hereditario contulit*. Hac conditione interposita, ut semper senior heres bonorum ea solus integra possideat et indivisa, *predictam annonam inde solvens*.

6. Hofstätter W.; s. oben § 46 Nr. 33.

7. Becheler W. (Grimm 1, 599). Und hant die scheffen darnach auch gewiesen: als manch hausgeseß in dem gen. dorfe B. ist, so manch faßnachthun hat auch der mehrgem. junker fallen im selben dorfe; u. darnach hant die scheffen gewiesen: wer bußen dem dorf ein garten mache, der soll auch dem gen. junkern ein gartenhun geben.

8. Urk. v. 878 (*Neugart*. nr 514): ut possessionem sub censu unius *hircinae pellis* possideret.

9. Alt. Einkünfterodel der Burg Kyburg b. Bluntschli 1, 276: ein friguot, das giltet ze vogtrecht ein mütt kernen ꝛc. u. ein faßnachthun.

10. Urk. v. 1445 (M. B. XIII 452): bekennen —, das — unnser behausung, hoff ꝛc. —, von dem closter zu W. recht lehen ist, dahin zinspär alle jar mit 18 Reg. zu gruntrecht, mit 2 Regensb. den. zu vogtrecht verkaufft haben.

11. Urk. v. 773 (*Neugart*. nr. 54). Et si de ipso censo negligens aparuero anno primo, in secundo anno redam *duplum*, et si tunc negligens aparuero, anno tercio redam *triblum*.

12. Ssp. I 54 § 2. Sve sinen tins to rechten dagen nicht ne gift, twigelde sal he ine geven des anderen dages, u. alle dage also, de wile he ine under ime hevet, deste — die herre — ine to sineme huse esche; wende man n'is nicht plichtich sinen tins buten sin hus to gevene.

13. Offn. v. Laufen (Grimm 1, 103). Es ist ouch gewonlich, daß ains byschofs pfleger sins herren zins sol gebütten vor sant Gallen tag viertzehen tag, u. wer denn den zins in den tagen git u. uff vertiget gen Constentz, wie denn dem zins myßlinget, da sol der bischoff den schaden han. Wär aber, das sich die lüt sumptin mit dem zins untz nach sant Gallen tag, mißlingt denn dem zins von unwetter, so sond die hüber u. die schüposser den schaden han.

14. Urk. v. 1206 (*Quix* C. d. Aq. I nr. 70). Propter *sterilitatem* vel. *quecunque alia infortunia* pensio IX marcarum *non est imminuenda*. Utiliores enim anni cum minus utilibus erunt compensandi. Curia et pensio solvendi manebit indivisa, ita quod nec per plures heredes dividetur nec aliquid venditione, inpignoratione, inbeneficiatione vel quocumque alio modo ab hac curia alienabitur, ut sic semper ecclesie *ad unam personam et ad integram curiam de solutione pensionis habeant respectum.*

15. Urk. des 10. Jahrh. (*Günther.* 1, 95): allodium ecclesie nostre in R. situm Wolframo et suis heredibus locavimus eo pacto, ut annuatim sex carratas vini inde persolvat. *Si vero vindemiarum sterilitas evenerit, tantum vini, quantum in vineis nostris creverit,. persolvat, pro reliquo vero XVIII solidos pro qualibet carrata solvat.* Hanc locationem prefato W et suis successoribus firmam esse volumus, quamdiu allodii nostri diligens cultor exstiterit et annuum vini canonem persolverit. Sin autem, liberum erit nobis allodium nostrum locare alteri.

16. Oesterr. Ges.B. § 1133: wenn ein Erbpächter durch Ueberschwemmungen, Krieg oder Seuchen sein Pachtgut zu benützen verhindert worden ist; so muß demselben für die Zeit der vermißten Benützung ein angemessener Erlaß vom Zinse gestattet werden. § 1134. Ein Erbzinsmann hat auf einen ähnlichen Erlaß keinen Anspruch; er muß, so lange ein Theil des Erbzinsgutes vorhanden ist, den festgesetzten Erbzins voll entrichten.

17. Cod. Nap. f. Baden § 710 ff. Die Gült muß gegeben werden in Jahren, wo wenig, so wie in jenen, wo viel erwächst. Nur wenn durch Heer u. Hagel in einem Jahr eine gänzliche Ertraglosigkeit entsteht, nemlich mehr nicht als Saatfrucht, auch Bau- u. Bestellungskosten gewonnen werden, ist der Gültherr zum Nachlaß verbunden.

18. Hannov. Verordn. v. 23. Jul. 1833 § 15. In Beziehung auf die Verhältnisse der Eigenthümer der mit einer Abgabe belasteten Güter gelten folgende Vorschriften: — 2) sie sind nicht befugt, Erlaß an der vorbehaltenen Abgabe (Remission) von den Berechtigten zu fordern; 3) geht das mit der Abgabe belastete Gut — durch unabwendbare Naturereignisse ganz oder zum Theil unter, so fällt die Abgabe gänzlich oder verhältnißmäßig weg. — Indessen ist der Berechtigte befugt, das Gut — statt einer verlangten Herabsetzung der Abgabe zurückzunehmen, wenn er das etwa empfangene Kaufgeld zurück giebt; 4) die Eigenthümer solcher Güter — können dieselben nach Gutbefinden — aufgeben (derelinquiren).

19. Preuß. LR. II 7 § 493. Wegen rückständig gebliebener Zinsen u. Abgaben hat die Herrschaft, bey einem über das Vermögen des Schuldners entstehenden Concurse, das Vorrecht der zweiten Classe.

§ 116. β. Insbesondere von den Zehnten. (B. § 192 Lit. b. G. § 190. St. § 105.)

Eichhorn RG. § 186, 325. Birnbaum die rechtliche Natur der Zehnten aus den Grundeigenthumsverhältn. des Röm. u. Fränk. Reichs histor. entwickelt. Bonn 1831. Waitz Verf.-Gesch. IV 120; VIII 347. Roth Beneficialwesen S. 365.

1. L. Wisig. X 1, 19. Si quis terram, vineam, aut aliquam rem aliam pro *decimis*, vel quibuslibet commodis praestationibusque reddendis — ab alio acceperit possidendam etc.

2. Das. VIII 5, 1 u. 2. Si — aliquis *sub pactione decimarum* porcos in silvam intromittat alienam etc.

3. L. Baiuv. I 13, 3 (Mon. Ll. III 279). Reddant *decimum fascem de lino*, de apibus *decimum vas*.

4. Concil. Turon. II a. 567 (*Harduin*. Concil. T. III p. 368). Illud vero instantissime commonemus, ut *Abrahae* (Genesis XIV v 20) documenta sequentes, *decimas ex omni facultate* non pigeat Deo — offerre.

5 Concil. Matiscon. II a. 583 can. 5 (ibid. p. 461). Leges divinae, consulentes sacerdotibus ac ministris ecclesiarum, *pro hereditatis portione omni populo praeceperunt decimas fructuum suorum locis sacris praestare*, ut nullo labore impediti, horis legitimis spiritualibus possint vacare ministeriis. Quas leges Christianorum congeries *longis temporibus custodivit intemeratas;* nunc autem paulatim *praevaricatores legum paene Christiani omnes* ostenduntur, dum ea quae divinitus sancita sunt, adimplere negligunt. Unde statuimus —, *ut mos antiquus a fidelibus reparetur*, *et decimas ecclesiasticis famulantibus caerimoniis populus omnis inferat.* — Si quis autem contumax nostris statutis saluberrimis fuerit, a membris ecclesiae omni tempore separetur.

6. Cap. a. 779 c. 7 (Mon. C 48). Ut unusquisque *suam decimam* donet, atque per *iussionem episcopi* dispensentur

7. Cap. de partib. Sax. c. 17 (das. S. 69): secundum Dei mandatum praecipimus, ut omnes *decimam partem substantiae et laboris* suis *ecclesiis et sacerdotibus* donent, tam nobiles quam ingenui similiter et liti, iuxta quod Deus unicuique dederit christiano, partem Deo reddant.

8. Cap. de villis c. 6 (das. S. 83). Volumus, *ut iudices nostri decimam ex omni conlaboratu pleniter donent* ad ecclesias quae sunt in nostris fiscis.

9. Cap. Francof. a. 794 c. 25 (das. S. 76). Ut *decimas et nonas* — omnes generaliter donent, qui debitores sunt ex beneficia et rebus ecclesiarum, secundum priorum capitularum domni regis. Et omnis homo ex sua proprietate legitimam decimam *ad ecclesiam* conferat.

10. Cap. a. 818 c. 5 (das. S. 287). *De nonis et decimis* considerandum est, ut de *frugibus terrae et animalium nutrimine* persolvantur. — Et qui nonas et decimas dare neglexerit, primum quidem illas cum lege sua restituat, et insuper bannum nostrum solvat, ut ita castigatus caveat, ne saepius iterando beneficium amittat.

11. Urk. v. 817 (*Schöpflin*. Als. dipl. 1, 66). Curtis — cum omni decima *salice terrae* sive in *vineis*, sive in *agris*, vel *pratis* etiam *forestis* et omnibus *novalibus* ipsorum vel etiam de *animalibus*, quae nutriantur in ipsa curte dominica.

12. Concil. Lateran. III a. 1179 can. 14 (*Harduin*. Concil. T. VI p. 1679). Prohibemus etiam, ne *laici* decimas cum animarum suarum periculo detinentes *in alios laicos possint aliquo modo transferre.* Si quis vero receperit, et ecclesiae non tradiderit, christiana sepultura privetur

13. Arnold. Lubec. chron. Slav. III 19 (Mon. SS. XXI 160) (Fridericus imp. a. 1186): curiam generalem edixit, ubi — sic omnibus locutus est: — Dicit domnus Papa, iniustum esse, aliquam laicam personam decimas possidere. — Scimus autem decimas — a Deo sacerdotibus et levitis *primitus* deputatas. Sed cum tempore christianitatis ab adversariis infestarentur ecclesie, easdem decimas *prepotentes et nobiles viri* ab ecclesiis in *beneficio stabili* acceperunt, ut ipsi defensores ecclesiarum fierent.

14. Urk. v. 1345 (Orig. Guelf. IV p. 504 Nr 38) Nos (nobiles domini de Homburg) vendidimus — dimidiam partem decime in villa N., — in campis — *iam novellatis et in posterum novellandis.*

15. Urk. v. 1086 (*Günther*. 1, 151): decimationem *novalium* —, que *secundum ius canonicum — episcopalis erat potestatis.*

16. I P. O. art. V § 47 Inter — Status Imperii et subditos id juris esto, quod jus commune vel cujusque loci consuetudo et observantia. de *decimis ex bonis novalibus* constituunt, aut per pactiones voluntarias conventum est.

17. Urk. des Erzb. Giselbert v. Bremen v. 1283 (*Vogt.* Monum. ined. II p. 98). Nos — necessitati sanctimonialium in L. consulentes ad precavendum villicorum nostrorum desidiam decimam, quam hactenus villici nostri *per mensuram* praesentare tenebantur, *in agris colligendi* liberam concedimus facultatem.

18. Urk. v. 1163 (*Günther* 1, 374) s. oben § 63 Nr. 28.

19. Urk. K. Otto I. v. 956 für S. Maximin b. Trier (Mon. Dd. n. 179): *dominicales* quas vulgo *salicas* vocant *decimationes*.

20. Urk. v. 1215 (Mittelrh. UB. 2 n. 31): cum apud N. maior ecclesia Treverensis haberet decimam, que appellabatur *selcende*, et — alii quidam in eadem villa decimam aliam possiderent, que *velcende* vocabatur.

21. Urk. v. 1258 (ib. 2, 292): (colonus), qui de *equis, vaccis, porcis, capris, anseribus, et pullis, ceterisque animalibus pusillis cum magnis* —, *nec non et frugibus* ecclesie — tenebitur decimam persolvere.

22. Iura archiepiscopi Trev. XLIII 6 (Lac. Arch. 1, 380). Item dominus habet *decimam magnam* ibidem — preter de campis, qui spectant ad monasterium P. et ecclesiam b. Iacobi in B. Item dominus habet *decimam parvulam* ibidem de ovibus, de porcis, de anseribus et de *aliis minutis*.

23. Urk. v. 1313 im Longolischen Vorrath allerlei brauchb. Nachr. 6tes Fach (1767) S. 3: recognoscimus —, a — domino preposito et conventu monasterii in Sch. proventum totalis decime in S, excepta decima que vulgariter dicitur *smaletegedhe*, — comparasse.

24. Preuß. LR. II 11 § 875. Wo der Zehente überhaupt u. ohne weitere Bestimmung hergebracht ist, wird darunter nur der sogenannte Großzehente verstanden.

25. Urk. v. 1351 (*Vogt.* loc. cit. p. 264): vendidi — *decimam unius domus* — et *decimam* dimiduae domus in villa — M. cum *minuta decima* in agris cultis et incultis per utrosque campos vulgariter dictos geyst et mersch.

26. Ssp. II 48 § 5. Jewelkes veis gift man den tegeden sunder hunre.

27. Urk. K. Otto I. v. 937 für Magdeburg (Mon. Dd. n. 14): venundationis acquisitionisque decimam in M et L. et H. congregationi concedimus.

28. Urk. v. 1243; s. oben § 113 Nr. 1.

29. Urk. v. 1352 (Lennep Leihe z. Landsiedelr. Cod. prob. nr. 393). Wir — bekennen —, daz wir vercouft hain — unsen halbin ctzendin ctzu W.; u. wir haben sie (die Käufer) in die were gesatzt vor T. H. dem richtere in dem egenantin dorfe.

30. I. P O. art. V § 46; s. oben § 112 Nr. 4.

31. Ssp. II 48 § 7. Svenne en man sin korn invoren wel, dat sal he kündegen deme tegedere —. Ne wardet he denne sines tegeden nicht, die man vertegede ime selven, — u. late'ne ute stan; so sal he's bliven ane schaden, of he seder geergeret wert oder verloren.

32. Das. § 11. Von benen — u. von allerhande ve nimt die tegedere sinen tegeden, of he's beden (d. i. warten) wel, von jare to jare — Ne wel he's aver nicht beden, so sal man ime geven, dat ime jarlikes gebort.

33. Ssp. II 58 § 2; s. oben § 77 Nr. 1.

34. Becheler W. (Grimm 1, 598): so manch haus zu B. ist, so soll ein iglich haus einen zehenhanen geben u. die hanen soll man ufheben nach unser lieben fr. tag nativitatis, u. wer dan keinen hanen hatt, so soll man 6 heller vor den hanen nemen, u. wen ein han also groß wer, daß er uf ein dreispitz geslien kond, so soll man in nemen.

35. Ssp. II 48 § 12. Von jewelkeme volne u. mule gift man enen penning. Von me kalve u. esele u. schape u. verkene enen halven penning, of ir is vive oder dar beneden; is ir aver sesse oder dar boven, so nimt ir die tegeder en to losene, dat seste mit twen penningen, dat sevede mit anderhalveme, dat achtede mit enem penninge, dat negede mit enem halven. Jene aver, des dat ve is, sal to voren twei utnemen under sessen, u. drie under negenen, er die tegedere kiese. To dirre selven wies verteget man die gense u. die czegen to hellingen (d. i. Hellern).

36. Urk. v. 1083 (Mittelrh. UB. 1 n. 378): duo morgani qui — reddunt ad messuram *tertiam garbam.*

37. Urk. des Erzb. Sifrid v. Mainz (*Guden.* 1, 382): terram — incultam eis concessimus, ut eam excolerent et in usum vinearum redigerent. — Hoc etiam in pactione posuimus, ut — de singulis — mansis carrata vini, et — de singulis — iugeribus — dimidia urna daretur; et hec omnia singulis annis *sub nomine et jure decime* solverentur.

38. Becheler W. (Grimm 1, 598). Were es sache, daß der junker Johan dem vorg. dorf zween wider hielt, so solt im alsdan das zehendlam vallen u. soll man dieselben lemmer zu s. Michaelstag geliefert nemen —, u. ob es sach wer, daß einer nit vollen den zehenden hatt oder darunder oder daruber hette, so soll man das behalen u. an ein kerb schneiden bis uf ein ander jahr, u. deht er sich der schaf darbinnen aus, so solt er nach anzahl zehenden geben —. auch wer es sach, wan der gen. junker dem vorg. dorf einen eber hielt, solt aldan das zehend ferkel desselbigen junkern sein, u. würd auf einmal nit als viel, so soll man uf das andermal daruf rechnen, also lang dem gen. junker das zehendferkel wird u. soll das ferkel vier wochen alt sein, oder als alt, daß es döge zu eßen. — u. hant auch geweist, ob die gemein eines gänsers bedürfe, so soll der vorg. junker der gemein einen bestellen, dan sollen sie von zehen gänsen ein gans geben; auch bedürfen sie eines füllens (l. Hengsts), so soll der vorg. junker der gemein einen bestellen, dan solten sie auch von zehen füllen eins geben.

39. Cod. Nap. f. Baden § 710 aa. Jedes Grundstück, das urbar ist, oder urbar wird, bringt auf seinen Inhaber die Schuldigkeit einen bestimmten Theil seiner Früchte zurückzulassen, wenn es nicht in einer zehendfreyen Gemarkung liegt, oder eine ihm besonders erworbene Freyheit geltend machen kann. Der zurück zu lassende Theil heißt der Zehenden.

40. Preuß. LR. II 11 § 880. Früchte, die im Brachfelde gebauet werden, sind der Regel nach zehntfrei.

41. Archiep. Col. dipl. a. 1245 (*Günther* 2, 204). Cum Ph. custos — coram nobis deduxerit in iudicium, quod medietas totius *decime vini* ecclesie in U — *ad ipsum* pertineat —. Item et quod *medietas decime segetum* — ad rectorem — ecclesie pertineat. — Item et quidam nobilis L. — et H de Bl. — *aliam medietatem decime segetum* et *quartam partem decime vini habeant in feodo* —, quas decimas — tenet *in feodo* H. miles de Br. ab eisdem nobilibus; et hucusque predecessores sui et ipse custos et antecessores sui huius modi decimam secundum divisiones supradictas quiete receperint — ita videlicet, quod et si *vinee in agriculturam segetum* redacte fuerunt, *custos* ab illis agris sic in agriculturam redactis *nullam decimationem recipiebat*, licet antea de vineis in eisdem agris decimam recepisset, sed ibi *decimam segetum receperunt rector ecclesie* predicte — *et H miles* predictus.

42. Preuß. LR. II 11 § 885. Nimmt der Zehntpflichtige eine Art von Cultur vor, wodurch die Gestalt u. Bestimmung des Grundstücks gänzlich verändert wird: so muß er den Zehntberechtigten, wegen des dadurch entstehenden Verlustes, auf andere Art schadlos halten.

43. Das. § 923. Wenn erhellet, daß der Berechtigte einen Naturalzehnten zu fordern habe: so hat derselbe sein Recht, diesen Zehnten in Natur zu ziehen, nicht verloren, wenn er gleich seit länger als rechtsverjährter Zeit selbigen in gedroschenen Körnern angenommen hätte. § 924. Hat aber der Berechtigte sein Recht zum Zugzehnten ausüben wollen; der Verpflichtete demselben widersprochen, u. ersterer seit diesem Widerspruche, durch rechtsverjährte Zeit, den Zehnten in gedroschenem Getreide angenommen: so ist eine Verwandelung des Zug= in einen Sackzehenten durch Verjährung erfolgt.

b. Von den Diensten. (B. § 192 Lit. c. G. § 186. St. § 136 I.) § 117.

1 Karoli II. Edict. Pistense a. 864 c. 29 (Mon Ll. I 495): illi coloni, tam fiscales quam et ecclesiastici, qui sicut in polypticis continetur, — *carro-*

pera [Spanndienste] et *manopera* [Handdienste] ex antiqua consuetudine debent etc.

2. Testam. des Propstes Adalbero v. Trier v. 1037 (Mittelrh. UB. 1 n. 308 III): ut *quelibet domus* dictarum villarum uno die singulis annis unius viri labore pro castro nostro Sarburch *laborare* tenebitur — ad edictum illius, qui ipsum castrum tunc pro tempore titulo possederit iusto.

3. Birgeler W. (Grimm 1, 516 f.). Item sall yedie hube zünen fünff ruden umbe sent Gertruden tag, wo sie der schotheiß heißet zünen vor unser herren gude. — Item sal auch yedie hube alle jare geben eynen snyder oder eynen bender.

4. Das. (das. 1, 519). Item sal der fronhof geben u. halden drü notzbare noßer, eynen oschen, eynen eber u. eynen sterre widder.

5. Preuß. LR. II 7 § 37; s. oben § 60 Nr. 1.

6. Der Fürstenth. Oppeln u. Ratibor Landes Robot=Ordn. v. 1562 b. (Böhme) dipl. Beitr. Bd. 1 Th. 1 S. 16 ff. Der Bauer soll seinem Erbherrn einen Morgen besäen —, den Acker gehörig zurecht machen u. die Frucht in die Scheuer bringen. — Welcher Bauer nicht eine Hube, sondern eine Halbe, eine Viertel mehr oder weniger, oder sonst ein Stück Ackers hat, dem soll es — ausgemessen u. die Roboth, nach Größe seines Ackers, darauf geschlagen werden.

7. K. Preuß. Ges. über die gutsherrl.=bäuerl. Verhältn. in d. vormals Westph. Landestheilen v. 21. Apr. 1825. § 6. Als ungemessene Dienste sollen nur diejenigen betrachtet werden, die von der Willkühr desjenigen abhängen, der sie zu fordern hat, bei welchen also die mehrere oder mindere Belastung der Dienstpflichtigen in dem Gutbefinden der Dienstherren steht.

8. Osnabr. Eigenth.Ordn. C. 13 § 4. Seine Spanndienste ist der (Pflichtige) — solchergestalt, daß er bey Sonnen=Aufgang von Hauß u. Wehr ab u. bey Sonnen=Untergang wieder zu Hauß seyn könne (welches nemlich bey langen Tagen von 6 Uhr Abends zu verstehen), oder wie es sonst bei jedem hergebracht, zu leisten schuldig.

9. Das. § 5. Der Colon muß (gut bespannten) Wagen, Pflüge, Eggeden (auch Futter) u. was sonst dazu gehörig ist, zum Dienst mitbringen.

10. Das. § 6. Die bey dem Spann dienende Leute bekommen des Mittags etwas zu essen, sonst weiter nichts; es wäre dann, daß dieserwegen ein anderes hergebracht, oder davor Geld gegeben worden.

11. Das. § 8 Insgemein müssen die Kötter — mit der Hand dienen, wozu sie die Geräthschaft, oder Instrumenta mit zu bringen schuldig.

§ 118. Vierter Abschnitt. Von den Bannrechten. (B. § 212 u. 213. G. § 156 Not. 3. St. § 105 a. E.)

Brunner Art. Bannrecht bei Holtzendorff I 231. Anschütz über d. rechtl. Natur der Zwangs= u. Bannrechte (Arch. f. civilist. Prax. 54 [1871] S. 407). Thöl Handelsrecht § 46. Ueber die Bair. Ehehaften: Roth Bayr. Civilr. § 241 u. 294.

1. Caesarius Comment. v. 1222 z. Registr Prumiense v. 893 (Mittelrh. UB. 1 n. 135 S. 144 a. 5). In qualibet curia potest — abbas *cambam suam*, sicut et *molendinum* habere. Cambam vulgariter appellamus bachus et bruhus. *In illa camba tenentur homines ibidem manentes panem fermentatum coquere et cervisiam braxare.*

2. Bergisch. Ritterr. Zus. v. 1478 § 75 (Lacomblet Archiv I 106). Item dae dwanckmoelen stain, — dae en sall nymantz ghein moelen in den twanck bouwen. Item der ritterschafft lehenguet ind ire halffman moegen ind sullen up yren moelen malen ungetwongen. Item de ritterschafft mogen malen wa sy willen.

3. Winterberg. Stadtr. v. 1331 b. **Walch** 6, 257. Me sullin wir hain zu der stad **banmülin** u. **banbachus**, darzu sullin sie malen u. backin als bannis recht is.

4. Eisenach. Stat. v. 1283 § 21 (**Gaupp** StR. 1 S. 202). Volentes etiam propter utilitatem praedictorum civium, ne aliqui a praefata nostra civitate Isenach *infra unum milliare* aliquam cerevisiam *vendibilem* braxare praesumant, *et ne aliqua cerevisia extranea ad iam dictam nostram civitatem seu ad villas in termino memorato sitas aliqualiter deducatur*

5. Urk. v. 1341 b. **Lacomblet** III Nr. 369. Nos A. comes — de Monte — consulibus, scabinis et opidanis opidi nostri Ratingen omne *ius fermentandi seu fermenti, aut emolumentum ex eodem proveniens fermento*, quod nobis — hactenus competebat, eisdem sub perpetuo et hereditario pacto quatuordecim marcarum — nobis — solvendarum perpetuo ac hereditarie damus —, ita quod consules, scabini ac opidani predicti de ipso fermento seu emolumento ex eodem proveniente de cetero *tamquam de proprio* disponere seu in usus suos convertere — possint secundum sue libitum voluntatis. Volumus etiam, ut *omnes — habitantes seu incole districtus ad castrum nostrum Angermont pertinentes* —, quatenus de cetero *omne fermentum, quo uti voluerint seu indiguerint, in ipso opido requirere et emere teneantur* — Predicti vero consules, scabini et opidani ipsis requirentibus et ementibus fermentum pro pecunia sua *bonum et valens fermentum* ibidem dare tenebuntur.

6. Urk. K. Friedrich I. f. Speier v. 1182 (**Remling** UB. n. 107): nullus unquam vinum quod appellatur *banwin* presumat vendere.

7. Jura archiep. Trevir. XXXVIII 2 (Lac. Arch. 1, 370). *Bannum vendendi vinum* habet villicus monasterii 15 dies ante festum s. Martini, 15 dies inter natale domini et festum purificationis s. M., et 15 inter pascha et rogationes; et *bonum vinum* vendi faciet.

8. Dinghof zu Ebersheimmünster v. 1320 (**Grimm** 1, 670). So hat min herre driewerbe in dem jare **ban**, u. weret jeder ban vierzehen tage, einre zu winachten, einre zu ostern, der dritte zu der uffart unsers herren, das **nieman hie sol win schencken** wenn min herre, oder der den ban von ime hat, u. wer den ban brichet u. win schenket —, der bessert 30 ß.

9. Urk. v. 1339 (*Schöpflin.* Alsat. dipl. II 163): swelch stathaft man durch sinen übermut **des bannes trinken niht wil**, dem sol man heim senden als denne müglich ist. **Wolt er in denne nit nemen, so sol der weibel den win umschütten in seinen wassereimer u. muß in doch gelten.**

10 Preuß. LR. I 23 § 15. Kann der Zwangsberechtigte den Bedürfnissen des Verpflichteten **kein Genüge leisten**, so muß er sich gefallen lassen, daß Letzterer sich seine Nothdurft **auf andere Weise verschaffe.**

11. Deutsch. Gewerbeordn. v. 21. Jun. 1869 § 7. Vom 1. Januar 1873 ab sind — aufgehoben: — — 3) **alle Zwangs- u. Bannrechte**, deren Aufhebung nach dem Inhalt der Verleihungs-Urkunde ohne Entschädigung zulässig ist; 4) sofern die Aufhebung nicht schon in Folge dieser Bestimmungen eintritt, oder sofern sie nicht auf einem Vertrage zwischen Berechtigten u. Verpflichteten beruhen: a) das mit dem Besitz einer Mühle, einer Brennerei oder Brenngerechtigkeit, einer Brauerei oder Braugerechtigkeit oder einer Schankstätte verbundene Recht, die Konsumenten zu zwingen, daß sie bei dem Berechtigten ihren Bedarf mahlen oder schroten lassen, oder das Getränk ausschließlich von demselben beziehen (der **Mahlzwang**, der **Branntweinzwang** oder der **Brauzwang**). — Ob u. in welcher Weise den Berechtigten für die vorstehend aufgehobenen — Zwangs- u. Bannrechte — Entschädigung zu leisten ist, bestimmen die Landesgesetze.

12. Dieselbe § 8. Von dem gleichen Zeitpunkte (§ 7) ab unterliegen — der Ablösung: 1) diejenigen Zwangs- u. Bannrechte, welche durch die Bestimmungen des § 7 nicht aufgehoben sind, sofern die Verpflichtung auf Grundbesitz haftet, die Mitglieder einer Korporation als solche betrifft oder Bewohnern eines Orts oder Distrikts vermöge ihres Wohnsitzes obliegt; 2) das Recht, den Inhaber einer Schankstätte zu zwingen, daß er für seinen Wirthschaftsbedarf das Getränk aus einer bestimmten Fabrikationsstätte entnehme.

13. Deutsch. Gewerbeordn. v. 21. Jun. 1869 § 10. — Zwangs- u. Bannrechte, welche durch das Gesetz aufgehoben oder für ablösbar erklärt worden sind, können fortan nicht mehr erworben werden.

14. Preuß. G. v. 17. Dec. 1872 § 1. Von den auf den Betrieb des Abdeckereigewerbes bezüglichen Berechtigungen werden — aufgehoben: 1) die noch bestehenden ausschließlichen Gewerbeberechtigungen d. h. die — Berechtigungen, Andern den Betrieb — zu untersagen oder sie darin zu beschränken, 2) alle Zwangs- u. Bannrechte, deren Aufhebung nach dem Inhalt der Verleihungs-Urkunde ohne Entschädigung zulässig ist, 3) alle Zwangs- u. Bannrechte, welche dem Fiskus oder einer Kämmerei oder Gemeinde innerhalb des Gemeindebezirks oder einer Korporation von Gewerbtreibenden zustehen. § 2. Der Ablösung unterliegen diejenigen Zwangs- u. Bannrechte der Abdecker, welche nicht durch § 1 aufgehoben sind, sofern die Verpflichtung auf Grundbesitz haftet, die Mitglieder einer Korporation als solche betrifft oder Bewohnern eines Orts oder Districts vermöge ihres Wohnsitzes obliegt.

Drittes Buch.

Von den Forderungen und Schulden.

Erstes Capitel. Allgemeine Grundsätze.

Stobbe zur Geschichte des deutschen Vertragsrechts. Leipz. 1855. — Sohm der Begriff des Forderungsrechts (Grünhuts Zeitschr. 4 [1877] S. 457). — C. Karsten die Lehre vom Vertrage bei den italiänischen Juristen des MA. Rostock 1882. O. Bähr die Anerkennung als Verpflichtungsgrund 1855; 2. Aufl. 1857. H. Siegel das Versprechen als Verpflichtungsgrund. Berlin 1873. Gareis Verträge zu Gunsten Dritter. Gießen 1873. Panofsky Verträge zu Gunsten Dritter. Diss. Berlin 1877. Scheurl Stellvertretung insb. bei Begründung von Obligationen (Krit. Ueberschau 1 [1853] S. 315). B. Delbrück Uebernahme fremder Schulden nach gem. u. Preuß. R. Berl. 1853; dazu Windscheid in Krit. Ueberschau 1 S. 27. Kuntze die Obligation u. Singularsuccession des Röm. u. heut. R. Leipz. 1856. Stobbe in Ztschr. f. HR. 11 S. 398. Brunner das. Bd. 22 u. 23. — Ehrenberg beschränkte Haftung des Schuldners nach See- u. Handelsrecht. Jena 1880. — R. Löning der Vertragsbruch im D. R. Straßbg. 1876. W. Sickel die Bestrafung des Vertragsbruches u. analoger Rechtsverletzungen in D. Halle 1876.

K. v. Amira Nordgermanisches Obligationenrecht. Bd. 1. Leipzig 1882.

Schweizerisches Bundesgesetz über das Obligationenrecht v. 14. Juni 1881, in Kraft seit 1. Jan. 1883.

§ 119. a. Historische Einleitung. (B. § 99. G. § 153. St. § 165, 174.)

Ernst Friedländer das Einlager aus Urkunden dargestellt. Münster 1868. Löning Vertragsbruch S. 239.

1. Richtst. Landr. 6. Scult het, dat en dem anderen wat plichtich is edder wat sculdich tu donde is.

2. Ansegisi Capit. L. 3 c. 65. Si quis liber homo aliquod — damnum cuilibet fecerit, pro quo plenam compositionem facere non valeat, semet ipsum *in wadio pro servo* dare studeat, *usque dum plenam compositionem adimpleat.*

3. Ssp. III 39 § 1 u. 2. Sve so scult vor gerichte vorderet up enen man, der he gelden nicht ne mach noch burgen setten, de richtere sal ime den man antwerden vor dat gelt, den sal he halden gelik sinem ingesinde mit spise u. mit arbeide. Wil he ine spannen mit ener helden (Fessel), dat mach he dun, anderes ne sal he ine nicht pinen. Let he ine oder untlopt he ime, dar mede n'is he des geldes nicht ledich, die wile he ime nicht vergulden ne hevet, u. he dat nicht vulbringen ne kan, so is he immer sin pand vor dat gelt.

4. Sächs. Weichb. 27. Wird ein Mann umb Schuld beklaget, die er selbst bekennet u. hat er erbe binnen dem Weichbild, das besser ist, denn die Schuld, er mag sich woll damit ausbürgen biß zum nächsten Tagding. Hat er aber kein Eigen nicht, so muß er Bürgen setzen, hat er der auch nicht, man antwortet ihn jenem bey der Hand. Ist er denn ein Gast, dem er geantwortet wird, er sol ihn mit ihm führen, ob er ihn nicht behalten mag binnen Weichbild, er muß aber Bürgen setzen, das er ihn unverderbt an seinem Leib oder an seinem Gesund wieder antworten wolle. Hat er aber der Bürgen nicht, er sol ihn lassen binnen dem Weichbild in des Richters Haus, mit solcher Hefftе, daß er ihm nicht entlauffe; mit einem Fesser mag er ihn woll spannen, anders sol er ihm keine Pein anlegen, sint daß er sich mit Willen inn das Gefängnis selbs geantwartet hat, u. er sol ihn halten mit Kost u. mit Arbeit gleich seinem Gesinde.

5. Rsb. n. Dist. III 9, 3. Mag der richter nicht gehelffe von eime, daz her so vel phandes nicht en findet, so teyle man on mit der hand dem zcu antwerten. He sal on abir halden glich sime gesinde ab her on an der schult wel lasse erbeyten. Fuget om daz nicht, so mag her on wol spanne in eyne helde in ein behelteniß, aber nicht uf swinkoben adder by profoysen (Böhmes Ausg.: noch bei seichflos da er bi erstinke mochte u. dovon her in eine crancheit ader sucht mochte vallin) noch zu kalt noch zu warm (u. noch zu nas) seczen. Dy koste sol her ome ouch gelden.

6. Lüb. R. III 200 Not. 1 (aus Cod. *Brok.* II 258). Welck minsche sik borgen u. dachdings begift vor schulde, de eme mit rechte afgemanet werden, so mach de ancleger des en berat nemen wente to deme negesten rechte, wer he sik an sin gud holden wille edder wer he ene to egene hebben wille. (Unten § 178, 15.)

7. Lüb. R. II 209 Not. 9 (aus Cod. *Brok.* III 392). Isset — sake, dat jennich man geschuldigt wert umb geld —, u. bekennet he der schult in dem richte, so mach me ene wol in de slote setten, so lange dree rechtdage vorschenen sind, offte he borgen hebben kan vor sine schuld, u. na dreen rechtdagen schal men ene vor recht bringen; isset dat he sick denne begifft borgen dachdinges, dat mach de kleger schriven laten, u. darnach mach he sick denne holden in sin overste kleth, dat he unbegordelt drecht, jo modt der stadt bade darby wesen. Weret ock sake, dat em darna gudt an ville, dat were van gave edder van erve edder wor he recht to hadde, dar mach he sick an holden wente so lange de schuld alle betalt is.

8. RPO. v. 1577 Tit. 23, 2: ordnen, daß Handthierer u. Gewerbsleut, so sie fürsetzlicher oder betrüglicher Weise, u. nicht aus kündlichem zugestandenem Unfall ausstehen, Bankenrott machen u. außtrinnig werden, — wo die betretten, zu Haften angenommen, den Klägern zu Recht gehalten — werden sollen.

9. Nürnb. Ref. v. 1564 Tit. 11 Ges. 8. Hette der beklagt keine ligende güter, auch kein fürstand mit pfanden oder pürgen, so soll er auf anhalten des glaubigers u. erlaubtnus des burgermaisters nach altem geprauch — erstlich in die eisen gefürt u. nach verscheinung dreyer tag in den schuldthurn gelegt u. darinn biß zu völliger bezalung enthalten werden.

10. Rev. Lüb. R. I 3, 1. Wann einer sein Gut aufftragen, u. bonis cediren wil, von Schulden, die ihme mit Rechte abgemahnet worden, so mag der Kläger u. Gläubiger sich des bedenken biß zu dem nehesten Gerichte, ob er sich

wil an das Gut halten, oder aber die Person zu eigen annehmen. Auf den ersten Fall, mag er das Gut schätzen u. wardieren lassen, u. seine Bezahlung daraus suchen. Zum Andern, nimpt er die Person an, mag er denselben gefänglich einziehen lassen, u. halten als einen Schuldgefangenen: Wil er ihn aber zu eigen annehmen, u. er ihme also gerichtlichen übergeben wird, soll er ihn speisen als das Gesinde u. vorwahren, wie man am besten kan, auch wol anlegen, wenn er wil, doch daß ihme an seiner Gesundheit kein Schaden geschehe. Er soll seinem Herrn seine Arbeit thun. Würde er aber entlauffen aus seines Herrn Verwahrung, so soll ihn an seiner Erledigung das Gericht nicht verhindern; wil er ihn aber ledig gehen lassen, damit er sich lösen möchte, das stehet auch in seinem Gefallen. Würde es darnach auch von jemands anders gehalten, hat er dennoch etwas von dem seinen übrig, so mag er sich damit ohne Widerrede desjenigen, dem er erstlichen an die Hand gegeben worden ist, wol lösen. Hiermit aber ist verbotten, Frawens-Personen den Creditoren an die Hand zu geben, die nicht bezahlen können; doch mag der Creditor zu allen Zeiten, wann er sie betrifft, ihr das öberste Kleid abnehmen, biß so lang sie bezahlet hat.

11. Wiener StR. (Schuster S. 53) Art. 13. Man vecht chain vraun umb gelte.

12. Ssp. III 85 § 1. Svar mer lüde den ein geloven to samene en weregelt oder en ander gelt, al sin sie it plichtich to lestene, die wile it unvergulden is, u. nicht ir iewelk al, mer manlik also vele alse ime geboret, u. alse vern als man in dar to gedvingen mach von gerichtes halven die, deme it dar gelovet is, oder die it mit ime gelovede, of he it vor ine vergulden hevet. (Vgl. Bluntschli 2, 246.)

13. Urk. v. 1227 b. Höfer Zeitschr. f. Archivkunde Bd. 1 S. 289. (Nos) — comes de Ravinsberg — bona in S. et G. — — comiti de Seyna remisimus — et de predictis bonis infra annum et diem ei sufficientem faciemus warandiam. Quod si non fecerimus secundum prescriptam formam, *Coloniam intrabimus nec inde exibimus, donec universum compleamus promissum.*

14. Urk. v. 1248 (Lacomblet II 342): archiepiscopus Colon. fideiussores ipse Walramo statuit comitem Juliacensem, ducem de Limburg —, qui fide data promiserunt, quod si in aliquo defectus fuerit premissorum, ipsi moniti Coloniam intrabunt infra mensem post factam eis monitionem, et *ibi, prout moris est fidejussorum, iacebunt non recessuri donec omnis defectus in predictis fuerit emendatus.*

15. Urk. v. 1254 b. Höfer a. a. O. S. 290. Archiepiscopus suis nunciis et expensis infra nunc et festum Galli obtinebit, ut — Conradus ab excommunicatione absolvatur et sepeliatur. Quodsi non fecerit, — praepositus de G. et — Ludolfus de H. Brunesvihc vel Goslariam intrabunt, *inde non exituri, quin omnia praescripta — compleantur.*

16. Urk. v. 1272 (Lüb. UB. I n. 330). (Ericus, — Danorum Slavorumque rex) — per presentes recognoscimus, nos a — dominis I. M., F. S. et H. G., civibus Lubicensibus, duo milia marcarum puri argenti mutuo recepisse, que eisdem civibus ad 14 dies post festum beati Michaelis proximum promisimus persolvendum ad eorum beneplacitum voluntatis; super quo *triginta milites nostri*, prout in litteris super hoc confectis sub sigillis suis continetur, promiserunt bona fide in hunc modum: quod si dictum argentum prefato termino persolutum non fuerit civibus supradictis, *intrare debeant Roztok*, si securitatem pro personis suis et rebus ibidem intrandi poterint obtinere, alioquin ad 14 dies post terminum iam predictum *intrare debeant civitatem aut villam forensem* eis securam in regno nostro, quamcunque predicti cives Lubicenses ipso argento non soluto *eis duxerint assignandum.* Volumus eciam bona fide promittentes, dictos cives, si eis in solucione predicti argenti ex parte militum nostrorum promittentium pro eodem aliquid defecerit, super hoc *indempnes* modis omnibus *conservare.*

17. Urk. v. 1349 (Scheidt vom Adel S. 154). Wir Karle — Römischer künig, — dunt kunt, — das wir schuldig sint — den erbaren luten, Huge zu der Tuben, H. Knoltz, — burgern zu Spire, — dusent pfunde heller. — Dieselbe schuld geloben wir in zu gelten u. zu geben unverzügenlichen,

bis zu sante Johans dage Baptisten. — Detdent wir des nicht, so sollen wir uffe unsern eit, den wir zu dem riche getan hant, u. der erbar ritter, Engelhart v. d. H., — den wir in darunter zu merer sicherheit zu gisel u. zu bürgen geben han, uffe sinen eit, uns beede antwurten zu Spire in die stat, in den nehesten acht tagen nach dem vorgenanten ziel sante Johans tag ungemanet, in rechte giselschaft, u. nyemer danne komen, bitz die vorgenant schult vorgolten wirt gar u. gentzlichen. [BH. 946.]

18. Urk. v. 1425 (*Anton* de obstagio [Lips. 1774] p: 33). Wir — H. von Uchterritz — u. N. von Ponkow — bekennin — das wir von — Hanns v. P. — wegen rechter u. redlicher gelt schulde 20 schock guter groschen schuldig seyn den — burgermeistern u. rathmann der stat zu Gorlicz, dyselben 20 schock groschen globen wir — mit gesampter hant ungesundert iglicher selbstschuldig dem rate zcu Gorlicz uff den senthe Johannes tag des teuffers — zcu beczahlen, u. ab wir das nicht thun worden, — so globen wir bey guten trawen — das wir denne czu hand ane alles sewmen nach der ersten vormanunge des rats zu Gorlicz iglicher mit seines selbis leibe mit czweyn pherden u. mit eynen knechte kegen Gorlicz in eyne gemeyne herberge, die uns denne von deme rathe zcu Gorlicz benumit wirt —, inreiten sullen, u. wollen, da selbisten eyn rechts inleger leisten u. us der leistunge nicht reiten noch komen in keynewais, wir haben sie denne der 20 schoke groschen mit allen gewoenlichen schaden, der von nicht bezalunge wegen doruff gehen odir gethan worde, zcu dancke wol beczalet.

19. Rudolfi I. sent. a. 1277 (Mon. Ll. II 412): quesivimus in sententia, utrum is, qui se datione fidei vel iuramento corporaliter prestito vel patentibus suis litteris ad *obstagium* vel solutionem alicuius debiti ad certum terminum obligavit, nec in ipso termino adimplevit, ad quod taliter se adstrinxit, de iure posset ubicumque etiam deprehensus per iudicium occupari? Et promulgatum extitit communiter ab omnibus: *quod is, qui modo predicto ad solutionem debiti vel obstagium obligatus*, *promisso non paruit, valeat ubicumque inveniatur auctoritate iudiciaria conveniri.*

20. R.Pol.O. v. 1577 Tit. 17 § 10. Wollen wir hiemit die Leistung in künfftigen Schuld- oder Gült-Verschreibungen einzuverleiben, gäntzlich verbotten haben.

a. Allgemeine D. Wechselordng. Art. 2. Der Wechselschuldner haftet für die Erfüllung der übernommenen Verbindlichkeit mit seiner Person u. seinem Vermögen.

b. Nürnberger Nov. 1. Dem Wechselgläubiger ist gestattet, neben der Execution gegen die Person seines Schuldners gleichzeitig die Execution in dessen Vermögen zu suchen.

21. RG. (Nd. BG.) betr. die Aufhebung der Schuldhaft v. 29. Mai 1868 § 1. Der Personalarrest ist als Exekutionsmittel in bürgerlichen Rechtssachen insoweit nicht mehr statthaft, als dadurch die Zahlung einer Geldsumme oder die Leistung einer Quantität vertretbarer Sachen oder Werthpapiere erzwungen werden soll. § 2. Die gesetzlichen Vorschriften, welche den Personalarrest gestatten, um die Einleitung oder Fortsetzung des Prozeßverfahrens, oder die gefährdete Exekution in das Vermögen des Schuldners zu sichern (Sicherungsarrest), bleiben unberührt. (§ 2 aufgehoben durch Einführungs-G. zur Civilprozeß-O. § 13, 1.)

22. Civilprozeß-O. § 798. Der persönliche Sicherheitsarrest findet nur Statt, wenn er erforderlich ist, um die gefährdete Zwangsvollstreckung in das Vermögen des Schuldners zu sichern.

b. Abweichungen des heutigen Rechts von dem Römischen. (B. § 100. G. § 154. St. § 166 ff.) § 120.

1. Preuß. LR. I 8 § 1 u. 2; s. oben § 73 Nr. 12.
2. Oesterreich. Gesetzb. § 353; s. oben § 73 Nr. 13.
3. Cod. Max. Bav II 3 § 8. Tritt Cessionarius in alle Rechten des Cessionarii (!), welche durch Gesatz oder Geding nicht besonders ausgenommen seynd,

durchgehends ein, u. ist der disfalls in Römischen Rechten gemachte Unterschied zwischen dem *Dominio vel Exercitio Iuris*, dann der *Actione directa vel utili*, nach teutsch- u. Landüblichen Rechten als eine unnöthige *Subtilität* aufgehoben.

4. Preuß. LR. I 11 § 382. Alle Rechte, welche nicht an die Person des Inhabers gebunden sind, können Andern abgetreten werden. (Vgl. Koch Allg. Landrecht Anm. 1 u. 7 z. I 11 Abschn. 3.)

5. Oesterr. Ges.B. § 1392. Wenn eine Forderung von einer Person an die andere übertragen u. von dieser angenommen wird, so entsteht die Umänderung des Rechtes mit Hinzukunft eines neuen Gläubigers. Eine solche Handlung heißt Abtretung (Cession).

6. Das. § 1393. Alle veräußerliche Rechte sind ein Gegenstand der Abtretung. Rechte, die der Person ankleben, folglich mit ihr erlöschen, können nicht abgetreten werden.

7. Preuß. LR. I 11 § 730. Zu einem vollständigen Schuldscheine wird erfordert: 1) das Bekenntniß der empfangenen Valuta, 2) die deutliche Bestimmung, worin selbige bestanden habe.

8. Allg. D. HGB. Art. 301. Anweisungen u. Verpflichtungsscheine, welche von Kaufleuten über Leistungen von Geld oder einer Quantität vertretbarer Sachen oder Werthpapiere ausgestellt sind, ohne daß darin die Verpflichtung zur Leistung von einer Gegenleistung abhängig gemacht ist, können durch Indossament übertragen werden, wenn sie an Ordre lauten. Zur Gültigkeit der Urkunde oder des Indossaments ist nicht erforderlich, daß sie die Angabe des Verpflichtungsgrundes oder das Empfangsbekenntniß der Valuta enthalten.

9. Schweiz. BG. über das Obligationenrecht Art. 15. Ein Schuldbekenntniß ist gültig auch ohne die Erwähnung eines besondern Verpflichtungsgrundes.

10. Sächs. Ges.B. § 1398. Ausstellung eines Schuldscheins u. Annahme desselben enthalten einen Anerkenntnißvertrag, selbst wenn der Grund der Schuld in dem Scheine nicht angegeben ist.

11. Das. § 1397. Der Vertrag, durch welchen ein Schuldverhältniß zwischen Gläubiger u. Schuldner anerkannt wird, berechtigt den Gläubiger, auf Grund des Anerkenntnisses die Bezahlung der Schuld zu verlangen.

12. Allg. D. HGB. Art. 294. Die Anerkennung einer Rechnung schließt den Beweis eines Irrthums oder eines Betrugs in der Rechnung nicht aus.

13. Pr. LR. I 16 § 178. Soll — eine — Zahlung widerrufen werden, so muß ausgemittelt sein: 1) daß für die Person des Zahlenden gar keine, auch nicht eine bloß moralische Verbindlichkeit zur Zahlung vorhanden gewesen sei. § 179. War bei dem Zahlenden eine, wenn auch nur unvollkommene Pflicht zur Zahlung vorhanden, so findet keine Rückforderung Statt, wenn gleich derselbe, wegen eines vorhandenen positiven Gesetzes, zur Zahlung wider seinen Willen nicht hätte angehalten werden können.

14. Code civil art. 1235. Tout paiement suppose une dette: ce qui a été payé sans être du, est sujet à répétition. La répétition n'est pas admise à l'égard des obligations naturelles, qui ont été *volontairement* acquittées.

15. Sächs. Ges.B. § 1519. Wer einem Anderen etwas leistet, was er zu leisten nicht schuldig war, kann das Geleistete von dem Empfänger zurückfordern, wenn er in der irrigen Meinung stand, zu der Leistung verpflichtet zu sein. § 1522. Wer eine verjährte Forderung erfüllt, kann das Geleistete nicht zurückfordern.

16. Schweiz. Oblig.-R. Art. 72. Wurde eine Nichtschuld freiwillig bezahlt, so ist die Rückforderung nur dann statthaft, wenn der Zahlende nachzuweisen vermag, daß er sich über seine Schuldpflicht im Irrthum befunden habe. Ausgeschlossen ist die Rückforderung, wenn die Zahlung für eine verjährte Schuld oder in Erfüllung einer sittlichen Pflicht geleistet wurde.

17. Sächs. GB. § 170. Bei Klagen aus Forderungen werden mit d Verjährung die letzteren selbst wirkungslos.

18. Pr. LR. I 11 § 557, 558. Der (Lotterie-)Unternehmer soll die Loose nur gegen baare Zahlung des Einsatzes verabfolgen. Hat er also auf den Einsatz Credit gegeben, so steht ihm deshalb keine gerichtliche Klage, sondern nur die Compensation gegen den auf ein solches Loos fallenden Gewinn zu.

19. Das. I 16 § 104. Eine gesetzmäßig eingerichtete Quittung bewirkt sogleich, als sie dem Schuldner ausgehändigt worden, für denselben einen rechtlichen Beweis der nach dem Inhalt der Quittung geleisteten Zahlung. § 105. Dem Aussteller bleibt aber das Recht, das Gegentheil nachzuweisen, vorbehalten.

20. Bürgerl. Prozeß-O. für Hannover v. 1850 § 342. Schuldverschreibungen über empfangenes Darlehn, welche nicht besonders ausdrücken, wie in einer bestimmten vergangenen Zeit die Zahlung wirklich erfolgt ist, beweisen erst nach Ablauf von 30 Tagen von der Ausstellung angerechnet, — gegen den Aussteller — in gleichem Maße wie andere Urkunden. — Auch nach dem Ablaufe diese(s) Zeitraume(s) steht es dem Aussteller frei, den durch die Urkunde erbrachten Beweis zu entkräften. — Quittungen — insonderheit über die Tilgung einer Schuld beweisen sofort nach der Ausstellung, vorbehältlich des Gegenbeweises.

21. Einführungsges. zur D. Civilprozeßordnung v. 30. Jan. 1877 § 17 (= Allg. D. HGB. Art. 295). Die Beweiskraft eines Schuldscheins oder einer Quittung ist an den Ablauf einer Zeitfrist nicht gebunden.

22. Pr. LR. I 11 § 390. Was für das abgetretene Recht bezahlt oder gegeben werden soll, hängt lediglich von dem Uebereinkommen der Parteien ab. § 391. Der Verpflichtete kann sich also gegen den Inhaber damit, daß dieser die Forderung für einen wohlfeilern Preis an sich gelöst hat, nicht schützen.

23 Allg. D. HGB. Art. 299. Im Falle der Abtretung einer aus einem Handelsgeschäft hervorgegangenen Forderung kann die Bezahlung ihres vollen Betrages auch dann verlangt werden, wenn dieser Betrag die Summe des für die Abtretung vereinbarten Preises übersteigt.

24. Einf.-G. zur D. Civilprozeßordng. § 14. Außer Kraft treten: die Vorschriften (der Landesgesetze) über die Bewilligung von Moratorien.

Zweites Capitel. Forderungen aus Verträgen.

Erster Abschnitt. Von den Verträgen überhaupt.

I. Von der Form der Verträge.

A. Geschichtliche Einleitung. (B. § 101, 102. St. § 165, 167.) § 121.

Eichhorn RG. § 67, 376. — H. Witte die bindende Kraft des Willens im D. Oblig.-R. (Ztschr. f. RG. 6 [1867] S. 448). Sohm Recht der Eheschliessung. Weimar 1875. Stobbe Reurecht u. Vertragsrecht (Leipz. Decanatsprogr. v. 1876 u. Zeitschr. f. RG. 13 [1877] S. 209). *Val de Lièvre* Launegild u. Wadia. Innsbr. 1877. Franken d. französ. Pfandrecht S. 210 ff. — Zu Ssp. I 7 vgl. Stobbe z. Gesch. des Vertragsr. S. 3; Beseler a. a. O.; Behrend in Ztschr. f. HR. 21 S. 583; Brunner b. Holtzendorff S. 252.

1. L. Rib. 59 c. 1. Si quis alteri aliquid vendiderit, et emtor *testamentum* venditionis accipere voluerit, in *mallo* hoc facere debet, et pretium in praesente tradat, et rem accipiat, et *testamentum publice conscribatur*. Quodsi *parva* res fuerit, *septem* testibus firmetur: si autem *magna*, *duodecim* roboretur. Cap. 2. Et si quis in posterum hoc refragari vel falsare voluerit, a *testibus convincatur*, *aut cancellarius cum sacramenti interpositione* cum simili numero, quorum robarata est, *idoneam confirmet*.

2. L. Burg. 43. Ut quinque aut septem testes *donationi* aut *testamento*, prout possunt, aut *signa* aut *subscriptiones* adiiciant. Quod si *minor testium numerus* interfuisse probatur, facta donatio aut conditum testamentum *nullam habere poterit firmitatem*. In *aliis* vero, *hoc est in minoribus*, *tres idoneos testes* iubemus admitti.

3. Ssp. I 7. Sve icht borget oder lovet, die sal't gelden, u. svat he dut, dat sal he stede halden. Wil he is aver versaken dar na, he untwort it ime mit sinem ede, svat he vor gerichte nit gelent (d. i. geschlossen) ne hevet. Svat he aver vor gerichte dut, des vertüget en de sakewoldige mit twen mannen, u. de richter sal de dridde sin.

4. Ssp. I 18 § 1, 2. Drierhande recht behelden de Sassen wider Karles willen. — Unde dat andere: svat so de man vor gerichte nicht ne dut, svo wetenlik it si, dat he des mit siner unsculd untgeit, u. man's in nicht vertügen ne mach.

5. Ssp. III 41 § 4. Svelk man vor gerichte gelt vorderet up enen anderen, vraget jene, war af man't ime sculdich si, he sal durch recht segen, weder he't von gelovede sculdich si oder von erve, dat he untvangen hebbe.

6. Stat. v. Duderstadt a. d. 2. Hälfte des 15. Jhrh. Art. 57 (*Gengler* Cod. jur. mun. I 927). Wy den anderen schuldiget vor gerichte — um genant gelt ader wort, jene dey geschuldiget wert, schal antworden dartho ja eder neyn ane jeniger hande bewysunghe. en deit hey des nicht, sou gewynnet dy cleger sine schult, darumme hey schuldiget.

7. Magdeb. Fr. II 10. — lessit (eyner dem andirn) — zcu dinge gebiten umme scholt adir umb dy gelobede mit slechtir clage, do muß ym yenir zcu antworten yo ader neyn uff den heiligen.

8. Goslar. Stat. S. 72 Z. 13. Wert en man beklaghet — umme sculte u. sprikt: ich was de sculd sculdich, de hebbe ich ghegulden; dar mede ne mach he sich nicht ledighen, he ne hebbe des dat gherichte to tüghe, dat he de sculd vorgulden hebbe: oder he scal sunder bekantnisse sich der sculd unsculdighen up den hilleghen.

9. Schwsp. 11. Swer borget oder entlehent, der sol daz gelten; u. swaz er lobet, daz sol er stäte han. Wil aber er lougenen, des sal man in uberziugen als reht ist. Swaz aber vor gerihte geschihet, da sol man niht um sweren, niwer bi dem eide sagen; ez enge danne dem manne an den lip oder an sines libes ein teil.

B. Heutiges Recht.

§ 122. 1. Im Allgemeinen. (B. § 102, 103. G. § 165. St. § 173.)

Eichhorn RG. § 457, 573.

1. Freiburg. Stat. v. 1520 Bl. 39. Welcher dem andern etwas mit bedachtlichkeit zusagt, es sig mit blossen worten, oder andern zusagungen, die wort syent wie sy wöllen, so sol der ihen der zugesagt hat, sin zusagen halten, u. mag mit recht dar zu gezwungen werden, dann es gepürt sich menschlicher erberkeit, das man glouben halte, es wer dann das zusagen umb unerlich sachen.

2. Oesterr. Ges.B. § 936. Die Verabredung, künftig erst einen Vertrag schließen zu wollen, ist nur dann verbindlich, wenn sowohl die Zeit der Abschließung, als die wesentlichen Stücke des Vertrages bestimmt, u. die Umstände inzwischen nicht dergestalt verändert worden sind, daß dadurch der ausdrücklich bestimmte, oder aus den Umständen hervorleuchtende Zweck vereitelt, oder das Zutrauen des einen oder andern Theiles verloren wird. Ueberhaupt muß auf die Vollziehung solcher Zusagen längstens in einem Jahre nach dem bedungenen Zeitpunkte gedrungen werden; widrigen Falls ist das Recht erloschen.

3. Preuß. LR. I 5 § 74. Auch die Vortheile eines Dritten können der Gegenstand eines Vertrages seyn. § 75. Der Dritte aber erlangt aus

einem solchen Vertrage, an dessen Schließung er weder mittelbar noch unmittelbar Theil genommen hat, erst alsdann ein Recht, wenn er demselben mit Bewilligung der Hauptparteien beigetreten ist. § 76. Bis dieser Beitritt erfolgt, kann der zu seinem Vortheile geschlossene Vertrag nach dem Einverständniß der Contrahenten geändert, oder gar aufgehoben werden. § 77. Ist aber dem Dritten der Antrag zum Beitritt einmal geschehen, so müssen die Contrahenten seine Erklärung über die Annahme abwarten.

4. Cod. Max. Bav IV 9 § 7 Was Mandatarius nicht für sich, oder in eigner Sach, sondern von *Commissions*=wegen mit einem Dritten handlet u. schliesset, ist eben soviel, als hätte solches der *Principal* selbst gethan, u. erwachset mithin hieraus seines Orts *Actio et Obligatio* in Ansehen des Drittens, ohne daß man zu dem Ende von Mandatario einer vorläuffiger *Cession* heut zu Tag mehr bedarf, u. hat auch auf Seiten des Mandantis, wenn er von dem Dritten belangt wird, die Exception, daß das Geschäft nicht ex Mandato, sondern nur ex Locato ausgericht worden, niemal Platz.

5. Preuß. LR. I 13 § 85. Was der Bevollmächtigte, zufolge des erhaltenen Auftrags, mit einem Dritten verhandelt, verpflichtet den Machtgeber ebenso, als ob die Verhandlung mit ihm selbst vollzogen wäre.

6. Das. § 153. Wer mit einem Bevollmächtigten contrahirt hat, muß sich wegen Erfüllung des Vertrags in der Regel an den Machtgeber halten.

7. Das. § 154. Hat der Bevollmächtigte bloß in seinem eigenen Namen contrahirt, so kann der Andere nur von ihm die Erfüllung fordern.

8. Oesterr. Ges.B. § 1017. In so fern der Gewalthaber nach dem Inhalte der Vollmacht den Gewaltgeber vorstellt, kann er ihm Rechte erwerben u. Verbindlichkeiten auflegen. Hat er also innerhalb der Gränzen der offenen Vollmacht mit einem Dritten einen Vertrag geschlossen, so kommen die dadurch gegründeten Rechte u. Verbindlichkeiten dem Gewaltgeber u. dem Dritten, nicht aber dem Gewalthaber zu.

9. Sächs. Ges.B. § 788. Aus Verträgen, welche durch Willenserklärungen (eines Stellvertreters, welcher sich als solcher zu erkennen gegeben hat), geschlossen werden, entstehen unmittelbare Forderungen zwischen dem Vertretenen u. Demjenigen, mit welchem der Stellvertreter den Vertrag geschlossen hat.

10. Das. § 853. Aus einem Vertrage, durch welchen Jemand dem Anderen eine Leistung an einen Dritten verspricht, in der Absicht, dem Anderen u. dem Dritten verpflichtet zu sein, erwirbt sowohl Derjenige, welchem das Versprechen gegeben wurde, als auch der Dritte ein Recht auf die Erfüllung gegen den Versprechenden. § 854. Der Dritte u., sofern es sich nicht um eine rein persönliche Leistung handelt, dessen Rechtsnachfolger, erwerben ein von dem Willen Desjenigen, welcher sich die Leistung hat versprechen lassen, unabhängiges selbstständiges Recht aus dem Vertrage von der Zeit an, wo sie dem Vertrage beitreten oder die zu Gunsten des Dritten gereichende Leistung annehmen. § 855. Bis zu der Zeit, wo der Dritte oder dessen Rechtsnachfolger ein selbstständiges Recht aus dem Vertrage erlangt haben, kann Derjenige, welchem die Leistung an den Dritten versprochen wurde, den Anderen von der übernommenen Verbindlichkeit befreien. § 856. Einen Verzicht des Dritten oder seiner Rechtsnachfolger auf die versprochene Leistung muß Derjenige, welchem zu Gunsten des Dritten Etwas versprochen ist, gegen sich gelten lassen.

11. Allg. D. HGB. Art. 52. Durch das Rechtsgeschäft, welches ein Prokurist oder ein Handlungsbevollmächtigter gemäß der Prokura oder der Vollmacht im Namen des Prinzipals schließt, wird der letztere dem Dritten gegenüber berechtigt u. verpflichtet. Es ist gleichgültig, ob das Geschäft ausdrücklich im Namen des Prinzipals geschlossen worden ist, oder ob die Umstände ergeben, daß es nach dem Willen der Kontrahenten für den Prinzipal geschlossen werden sollte. Zwischen dem Prokuristen oder Bevollmächtigten u. dem Dritten erzeugt das Geschäft weder Rechte noch Verbindlichkeiten.

12. Das. § 298. Bei einer Vollmacht zu Handelsgeschäften kommen in Betreff des Verhältnisses zwischen dem Vollmachtgeber, dem Bevollmächtigten u.

dem Dritten, mit welchem der Bevollmächtigte Namens des Vollmachtgebers das Geschäft schließt, dieselben Bestimmungen zur Anwendung, welche im Art. 52 in Beziehung auf die Prokuristen u. Handlungsbevollmächtigten gegeben sind.

13. Sächs. Ges.B. § 953. Forderungen gehen von dem zeitherigen Gläubiger auf einen neuen Gläubiger durch Abtretung über. § 968. Die Abtretung hat die Wirkung, daß der Abtretende aufhört Gläubiger zu sein, die Erfüllung der Forderung nicht mehr verlangen, über die Forderung nicht weiter verfügen — kann. Der neue Gläubiger tritt an die Stelle des Abtretenden.

§ 123. 2. Schriftliche und gerichtliche Form der Verträge. (B. § 103 II u. III. G. § 164. St. § 173.)

1. Notariats-Ordn. v. 1512 Einl. § 11. Ehe die Schrifft vollkommentlich gefertiget u. von den Partheyen für vollkommen u. erfüllt geacht, so wird der Contract nicht für vollkommen u. kräfftig gehalten.

2. Oesterr. Ges.B. § 936; s. § 122 Nr. 2.

3. Preuß. LR. I 5 § 131, 155, 156. Ein jeder Vertrag, dessen Gegenstand sich über 50 Thaler in Silber-Courant beläuft, muß schriftlich errichtet werden. — Ist in Fällen, wo die Gesetze einen schriftlichen Vertrag erfordern, derselbe bloß mündlich geschlossen u. noch von keinem Theile erfüllt worden, so findet daraus keine Klage statt. Hat aber ein Contrahent von dem Andern — die Erfüllung angenommen, so ist er verpflichtet, entweder den Vertrag auch von seiner Seite zu erfüllen, oder das Erhaltene zurückzugeben oder zu vergüten.

a. Code civil 1341. Il doit être passé acte devant notaires ou sous signature privée de toutes choses excédant la somme ou valeur de 150 francs — et il n'est reçu *aucune preuve par témoins* contre et outre le contenu aux actes.

4. Mecklenb. Verordn. v. 1. Jun. 1847 § 1. Wenn die Parteien die schriftliche Aufzeichnung eines mündlich oder durch Briefwechsel vereinbarten Vertrags beliebt haben, so wird derselbe vor geschehener Vollziehung der darüber ausgefertigten Urkunde nicht bindend, u. ein Klagerecht findet bis dahin überall nicht, also auch nicht auf Abfassung der Urkunde statt, falls nicht ausdrücklich vereinbart worden, daß schon die getroffene Uebereinkunft den Vertrag gültig machen solle, als in welchem Falle die Aufzeichnung für bloß des Beweises wegen beliebt anzunehmen ist. — § 2. Wenn dagegen über ein Geschäft ein schriftlicher, alle wesentlichen Bedingungen desselben enthaltender Aufsatz (eine sg. Punctation) errichtet u. von den Parteien vollzogen ist, in welchem die Ausfertigung eines förmlichen Contracts oder einer sonstigen förmlichen Urkunde vorbehalten worden, so ist eine solche Punctation vollkommen rechtsverbindlich.

5. Preuß. Ger.Ordn. Th. II Tit. 1 § 3—6. Zu den Handlungen, welche nothwendig vor dem gehörigen Gerichte vollzogen werden müssen, gehören — I. die Veräußerung, Verpfändung oder Belastung eines Grundstücks, oder einer andern zur Eintragung in das Hypothekenbuch qualificirten unbeweglichen Sache. — III. Vor dem ordentlichen persönlichen Richter müssen vollzogen werden: 1. die Verträge, wodurch die Gütergemeinschaft unter Eheleuten — eingeführt, oder — ausgeschlossen werden soll; — 2. die Errichtung von Familienstiftungen u. beständigen Fideicommissen; — 3. die Aussetzung eines Altentheils oder Auszugs; — 4. die Erklärung eines Vaters, wodurch sein noch minderjähriger Sohn der väterlichen Gewalt entlassen werden soll; — 6. die Vergleiche über künftige Verpflegungsgelder.

6. Das. § 9. (Zu den Handlungen), wo die Gesetze zwar die Vollziehung vor Gericht erfordern, den Parteien aber die Wahl lassen, an welches — Gericht sie sich deßhalb wenden wollen, — gehören: — Verträge der Blinden u. Taubstummen; Erbschaftskäufe; — Verkäufe künftiger Sachen, sobald der Kaufpreis — 100 Rthlr. übersteigt; — Schenkungen,

wann sie die Kraft — der gerichtlichen haben sollen; Testamente; Erbverträge; Bürgschaften der Frauenspersonen.

7. Hannov. Ges. v. 16. Dec. 1843 § 3. Verträge, durch welche volles oder beschränktes Eigenthum, oder Erbpachtrechte an Grundstücken zugesichert, ertheilt, übertragen oder aufgegeben werden sollen, bedürfen — zu ihrer formellen Gültigkeit einer öffentlichen Urkunde, d. h. sie müssen vor Gericht oder vor Notar u. Zeugen errichtet oder anerkannt seyn. — § 6. Alle Verträge, auf welche der § 3 Anwendung findet, u. welche nicht in einer öffentlichen Urkunde errichtet oder anerkannt worden, sind durchaus unverbindlich. Jedoch soll ein solcher Vertrag, wenn darüber eine von allen Contrahenten mittelst deren Unterschrift vollzogene u. mit der Tagbezeichnung versehene Privaturkunde errichtet ist, jedem Theile das Recht geben, auf Anerkennung der Urkunde zu klagen. — § 7. Verträge, welche der vorstehende § für unverbindlich erklärt, begründen nicht nur keine Klage, sondern auch keine Einrede u. keinen Anspruch auf Entschädigung.

8. Sächs. Ges.B. § 822. Verträge, welche die Uebertragung des Eigenthums an einem Grundstücke, oder die Uebertragung einer Berechtigung, welche ein Folium im Grundbuche erhalten hat, zum Gegenstande haben, sind mittelst einer von den Betheiligten vollzogenen Urkunde oder vor Gericht zu Protokoll zu schließen.

9. Das. § 823. Ist bei Eingehung eines Vertrages eine besondere Form verabredet, so ist anzunehmen, daß die Form blos die Erlangung eines Beweismittels bezwecke, ausgenommen wenn nach der Absicht der Vertragschließenden der Abschluß des Vertrages von der Beobachtung der Form abhängig sein soll.

10. Das. § 824. Ist durch Gesetz oder Verabredung eine besondere Form für den Abschluß des Vertrags bestimmt, so wird der Vertrag erst mit Vollendung der Form bindend u. es kann auf Herstellung oder Vollendung der Form nicht geklagt werden.

11. Allg. D. HGB. Art. 317. Bei Handelsgeschäften ist die Gültigkeit der Verträge durch schriftliche Abfassung oder andere Förmlichkeiten nicht bedingt. Ausnahmen von dieser Regel finden nur insoweit statt, als sie in diesem Gesetzbuche enthalten sind. (Thöl Handelsr. § 240.)

II. Bestärkungsmittel der Verträge. (Arrha.) (B. § 103 I. G. § 165. St. § 174.) § 124.

Vgl. ob. § 119. Sohm Eheschliessg. S. 47 ff., 53 ff. Stobbe Ztschr. f. RG. 13 S. 221 ff., 231 ff.

1. L. Baiuv. XVI 10. Qui *arras dederit* pro quacumque re, pretium *cogatur inplere*, quod placuit emptori.

2. Lüb. R. Cod. I 72. Si quis *denarium sancti spiritus* super contractu vel mercatione aliqua — erogaverit, idem est ac si *mercipotum* dederit. Si vero uni eorum emtio displicet, antequam pedem mutaverit, denarium sancti spiritus aut restituere aut recipere poterit, quod pede mutato facere neuter eorum poterit.

3. Lüb. R. Cod. II 117. So we so deme anderen gift des hileghen gheystes penninch up enen koop oder up en lovede, dat is also stede, alse he hebbe den litkop gegeven.

4. Rev. Lüb. R. III 6 § 6. Wann einer auff gethanen Kauff, Pact, Miete oder Dienst den Gottespfennig oder Arrham gibt, so ist solches alles kräfftig, es wäre dann, daß also fort, bald u. eher sie sich scheiden in continenti die Arrha wiederumb zurückgegeben oder gefordert würde.

5. Hildesheim. StR. (UB. S. 103) § 22. Si quis aliquid emit et dat *mercipotum*, nec emptor nec venditor possunt revocare. § 23. Si quis aliquid emit et aliquam summam super eo dederit, quod dicitur *oringe*, si idem vult retractare, ipse amittet summam quam dedit et potest cessare; si vero venditor

retractare voluerit, ipse summam quam accepit restituet et postea duplo restituet ipsam summam que dicitur oringe

6. Münch. St. 152. Swer ain haus, ain stadel, ain garten oder swelherlay aigen dingt oder bestet u. leitchauf daran geit, der sol daz de gedingten zeit haben u. niezzen von dem tag, u. er sich sein underwand, ain jar.

7. Freiberg. Stat. b. *Haltaus* p 1257 Welch man seinen kaiffschatz wil bezeugen nach der statt recht, dere muß haben seine leikauffs leute, de dien kauff getruncken haben.

8 Jura et observat Suerinenses v. 1593 (*Westphalen.* 1, 2032) Zum Vierten sein allezeit die Haußkauffe von E. E. Rath bestätiget, u. in Beyseyn der Cammerherrn von wegen E. E. Raths vollenzogen worden, u. nach einen Weinkauff, das ist mit einer großen Kannen voll Biers (so stets offen stehen muß, u. umbher ausgetrunken wird, der es aber versiehet, u. die Kanne zuthut, ist seine Strafe, die halbe Kanne auszutrinken, dabey dan auch geruffen wird: Weinkauff, Weinkauff) also bestättiget, damit angezeiget wird, daß es sich nicht ein heimlich, sondern offentlicher Kauff sey.

9. Würtemb. LR. II 9 § 20. Wa ein Arrha oder Hafftpfenning auff den Kauff gegeben, oder Weinkauff getruncken worden, soll der Käuffer, so er abtretten will, den Hafftpfenning verlohren haben, wie auch den gantzen Weinkauff allein bezahlen. So aber der Virkäuffer begehrte, vom Kauff abzustehn, soll er dem Käuffer neben Bezahlung des Weinkauffs den Hafftphenning doppelt wieder hinauszugeben — schuldig seyn.

10. Preuß. LR. I 5 § 205 Draufgabe (Arrha) ist das, was als Zeichen des geschlossenen Vertrags entrichtet wird. § 206. Was auf Abrechnung der übernommenen Verbindlichkeit vorausgegeben worden, wird Angeld genannt. § 207. Wo die Gesetze oder der Vertrag selbst nicht ausdrücklich ein Anderes bestimmen, ist die Draufgabe zugleich als Angeld anzusehen. § 208. Ist aber die Draufgabe von anderer Art als dasjenige, was der Gebende vermöge des Contracts zu leisten hat, so hat dieselbe nicht die Eigenschaft eines Angeldes.

11. Sächs. Ges.B. § 893. Wird bei einem Vertrage Etwas als Draufgeld, Handgeld, Angeld, Arrha gegeben, so ist im Zweifel anzunehmen, daß dieß zum Zeichen des abgeschlossenen Vertrages erfolgt sei.

12. Das. § 894. Ist nichts Anderes verabredet oder üblich, so wird, wenn der Vertrag erfüllt wird, das Gegebene von dem Empfanger zurückerstattet oder in die Leistung des Gebers eingerechnet.

13. Allg. HGB. Art. 285. Die Daraufgabe (Arrha) — ist, wenn nichts Anderes vereinbart oder ortsgebräuchlich ist, zurückzugeben oder in Anrechnung zu bringen.

14. Urk. v. 1339 (*Westphalen* 2, 141)· et ut praedicta firmiter observentur — ore promisimus et *fidem* dedimus *manualem*.

15. Urk. v. 1478 b. Cramer N. St. Th. 77 S. 73: versprechen — bey unseren Adlichen Ehren, wolhergebrachten queten Nahmen u. wahren Treuen — auf den Tag der heiligen Dreyer König — 3000 Thaler — zu erlegen.' — (Widrigen Falls) wollen wir — dem E. — vollkommene Macht u. Gewalt zugestellet haben, unß sambt u. sonders oder unsere Erben mit schmähen, Gemeldte an Pranger oder Kirchentüren, oder wo es ihnen sonsten geliebet, anzuschlagen, oder sonsten bey allen Ehrenliebenden zu hohnen, schmehen u. verunglimpfen, wie solche, die ihr Siegel u. Zusage nicht in acht haben.

16. R. Pol. Ordn. v. 1577 Tit. 35 § 7. Wann wir auch berichtet worden sind, daß in etlichen Landen dieser — Mißbrauch eingerissen, da dem Glaubiger auf sein Angesinnen von seinem Schuldner oder Burgen nicht bezahlt wird, daß er derentwegen dieselbigen mit schändlichem Gemähld u. Brieffen offentlich anschlagen, schelten, beschreyen u. berufsen lässet. — Solche Geding u. pacta den Verschreibungen einzuverleiben, (wollen wir) hiermit gantzlich verbotten u. aufgehaben — haben.

17. Preuß. LR. I 5 § 199. Durch eidliche Bestarkung erhält kein Vertrag mehrere Kraft, als ihm die Gesetze schon an sich beilegen.

18. Hannov. G. v. 28. Dec. 1821. (In der Erwägung) daß die durch die gemeinen Rechte u. den Gerichtsgebrauch eingeführte Regel, zufolge welcher ein an sich ungültiges Rechtsgeschäft durch hinzugefügtem Eid Gultigkeit erhält, — den Mißbrauch des Eides äußerst befordert — (u.) den heilsamen Vorschriften der Gesetze, wodurch gewisse Rechtsgeschäfte aus wichtigen Gründen für unverbindlich erklärt worden sind, ihre Wirksamkeit größtentheils entzieht — — untersagen (wir) für die Zukunft gänzlich alle Privateide d. h. diejenigen, welche nicht von einer obrigkeitlichen oder öffentlichen Behörde selbst oder doch vermöge deren besonderen Auftrags abgenommen werden — desgleichen alle ohne solchen vorgängigen Auftrag von Notarien abzunehmenden Eide. § 3. Sämmtliche nach dem Obigen verbotene Eide — sollen nicht nur überall keine weitere Wirkung nach sich ziehen, als welche schon ein einfaches Versprechen haben würde, sondern auch außerdem als Eidesmißbrauch bestraft werden.

19. Das. § 12. Auch die gerichtliche Ableistung eines Eides darf — niemals — Statt finden, wenn der beabsichtigte Eid auf die Bekräftigung einer rechtlich ungültigen oder für unwirksam oder nicht klagbar erklärten Verbindlichkeit gerichtet ist oder durch denselben auf die gegen solche Verbindlichkeiten zustehenden Rechtswohlthaten Verzicht geleistet wird. Vielmehr soll jeder solche Eid, wenn auch derselbe mit gerichtlicher Genehmigung geleistet ware, dennoch nichtig u. ohne alle Wirkung sein.

20. Preuß. LR. I 5 § 300. Bei andern Verträgen (als Darlehen) hängt die Bestimmung der Strafe von der Verabredung der Parteien ab. § 301. Wird jedoch dadurch der doppelte Betrag des wirklich auszumittelnden Interesses überstiegen, so muß der Richter die Strafe bis auf diesen doppelten Betrag ermäßigen.

21. Allg. D. HGB. Art. 284. Die Conventionalstrafe unterliegt keiner Beschränkung in Ansehung des Betrages; sie kann das Doppelte des Interesses übersteigen. Der Schuldner ist im Zweifel nicht berechtigt, sich durch Erlegung der Conventionalstrafe von der Erfüllung zu befreien. Die Verabredung einer Conventionalstrafe schließt im Zweifel den Anspruch auf einen den Betrag derselben übersteigenden Schadensersatz nicht aus.

22. RG. v. 14. Nov. 1867 § 1 unten § 138 Nr. 20.

III. Von dem Tragen der Gefahr in Vertragsverhältnissen. § 125.
(St. § 183.)

F. Förster die Verantwortlichkeit des Satzungs-Gläubigers nach d. R. des MA. (Ztschr. f. D. R. 9 S. 101). Stobbe z. Gesch. des D. Vertragsr. S. 209.

1. L. Baiuw Tit XV 1 Si quis cavallum aut quodlibet animalium genus ad custodiendum *mercede placita* commendaverit, si perierit, *eiusdem meriti ille qui commendata suscepit exsolvat*, si tamen mercede fuerit pro custodia consecutus Quod si etiam *nulla placita mercede* susceperat, mortua esse probaverit, *nec ille mercedem requirat nec ab illo aliquid requiratur.* Tamen ratione ut praebeat sacramenta ille qui commendata susceperat, *quod non per suam culpam neque per neglegentiam mortua consumpta sint*, et reddat corio Eadem et de commodatis forma servetur

2. Ssp. III 5 § 3. Svelk man deme anderen sin gut dut to behaldene, wirt it ime verstolen oder afgerovet oder verbrant, oder stirft it, of it ve is, he ne darf dar nene not umme liden, darn he dar sin recht to dun, dat it ane sine sculd geschin si.

3. Das. § 4 u. 5; s. oben § 102 Nr. 18.

4. Rb. nach Dist. III 14, 11; das. Nr. 19.

5. Schwsp. 212 Z. 5 ff.; das. Nr. 20.

6. Augsb. StR. 58 § 1 (Meyer S. 127). Verliust ein man gut, daz im zu behaltenne ist geben, sprichet in der darumbe an, der ez im empfolhen

hat — bereit er danne, daz er ez mit andern sime gute verlorn habe, so ist er im enbrosten, — verlüset aber er nihtes niht damit, dannoch sol er sin reht darumbe naemen, daz er ez ane gevaerde verlorn hab.

7. Augsb. StR. 58 § 2. Lihet ein man dem andern sin gut umbe lon, — verluset er daz oder swaz im geschiht ane sine schulde, des sol er im niht gaelten, wan er ez im umbe lon gelihen hete. — Lihet ein man dem andern sin ros oder sin vihe — ane lon u. durh liebe u. verliust ez im, daz sol er im gelten, ane als verre ern muge — bewisen — daz ez daz gemeine mort habe geslagen.

8. Lub. R. II 195. So war en man deme anderen ghut deit to makende — umme lon, verlust de gene dat ghut — mit sineme ghude, he schal deme manne dat ghut weder gheven (ofte) gelden.

9. Rev. Lüb. R. III 2, 1. Was ein Mann dem andern lehnet, das sol er jme unverdorben widergeben, oder bezahlen nach seiner Würde, wann es verloren wäre.

10. Das. 3, 1. Giebt einer dem andern sein Gut zu bewahren, es sey was es wolle, darvor kein Lohn, Stett- oder Trankgeld gegeben, noch gefordert wird, kompt es abhanden durch Diebstall, Raub, Brand, oder andere Zufälle, könte alsdann derjenige, dem es vertrawet, daß er solch vertrawet Gut so trewlich bewahrt hat als das seine, oder aber, daß er das seine mit verlustig worden, auff seinen Eid erhalten, so darff er darzu nicht antworten.

§ 126. IV. Aufhebung der Forderungen durch Geldzahlung. (B. § 104.)

Münzvertrag der Zollvereinsstaaten mit Oesterreich u. Liechtenstein v. 24. Jan. 1857, in Kraft seit 1. Mai 1857.

RG. betr. die Ausprägung von Reichsgoldmünzen v. 4. Dec. 1871. Münzgesetz (des D. Reiches) v. 9. Juli 1873.

v. Savigny das Obligationenrecht Bd. 1 (1851) § 40 ff. G. Hartmann über den rechtlichen Begriff des Geldes u. den Inhalt der Geldschulden. Braunschwg. 1868. Goldschmidt Handb. des Handelsr. I 2 § 99 (1. Aufl.). Koch im Handb. des Handelsr. (hg. v. Endemann) II (1882) S. 113 ff. — Soetbeer deutsche Münz- u. Bankverfassung (aus. Gesetzgebung des D. Reichs mit Erläuterungen hg. v. Bezold). Erl. 1881.

a Münzvertrag v. 1857 Art. 1. Das Pfund in der Schwere von 500 Grammen — soll in den vertragenden Staaten der Ausmünzung zur Grundlage dienen u. auf deren Münzstätten als ausschließliches Münzgewicht eingeführt werden.

b. Das. Art. 2. Mit Festhaltung der reinen Silberwährung u. auf der Grundlage des neuen Pfundes soll die Münzverfassung der vertragenden Staaten in der Art geordnet werden, daß — entweder der 30-Thalerfuß (an Stelle des bisherigen 14-Thalerfuß) zu 30 Thalern — oder der 45-Guldenfuß zu 45 Gulden — oder $52\frac{1}{2}$-Guldenfuß (an Stelle des bisherigen $24\frac{1}{2}$-Guldenfußes) zu $52\frac{1}{2}$ Gulden aus dem Pfunde feinen Silbers als Landesmünzfuß zu gelten hat.

c. Das. Art. 8. Zur Vermittlung u. Erleichterung des gegenseitigen Verkehrs unter den vertragenden Staaten sollen — zwei Hauptsilbermünzen unter der Benennung Vereinsthaler ausgeprägt werden, nemlich: 1) das Vereins-Einthalerstück zu $\frac{1}{30}$ Pfd. f. Silb. mit dem Werthe von 1 Thaler in Thalerwährung, $1\frac{1}{2}$ Fl. Oesterreich. Währung u. $1\frac{3}{4}$ Süddeutscher Währung; 2) das Vereins-Zweithalerstück zu $\frac{1}{15}$ Pfd. f. Silb. — Diesen Vereinsmünzen wird zu dem angegebenen Werthe im ganzen Umfange der vertragenden Staaten bei allen — öffentlichen Kassen sowie im Privatverkehre — unbeschränkte Gültigkeit gleich den eigenen Landesmünzen beigelegt. Außerdem soll auch in dem Falle niemand deren Annahme zu dem vollen Werth in Zahlung verweigern können, wenn die Zusage der Zahlungsleistung auf eine bestimmte Münzsorte der eigenen Landeswährung lautet.

1. Münzvertr. v. 1857 Art. 5 Als zulässige kleinste in dem Landesmünzfuße auszuprägende Theilstücke der Hauptmünzen werden anerkannt: das $\frac{1}{6}$ Thlr.-Stück im 30 Thlr.-Fuße, das $\frac{1}{4}$ Fl.-Stück im 45 Fl.-Fuße, das $\frac{1}{4}$ Fl.-Stück im $52\frac{1}{2}$ Fl.-Fuße.

2. Das. Art. 14. — — — Niemand darf in den Landen der vertragenden Staaten genöthigt werden, eine Zahlung, welche den Werth der kleinsten groben Münze erreicht (Art. 5), in Scheidemünze anzunehmen.

3. Kurf. August v. Sachsen Constitut. v. 1572 P II const. 28. Da der Valor u. der Werth, u. also bonitas extrinseca verändert, dadurch die Müntze gesteigert oder fället, oder gantz abkommet, soll der Werth, wie er zur Zeit des Contracts gewesen, bezahlet u. erlegt werden. — Also auch, wann Schrot u. Korn, u. also bonitas intrinseca an der Müntz verändert, so soll die Bezahlung in der Müntz, die *tempore contractus* ganghafftig gewesen, oder da man die nicht haben kan, nach derselbigen Werth u. *aestimation* geschehen.

4. Preuß. LR. I 11 § 787. Ist seit der Zeit des gegebenen Darlehns der Münzfuß verändert worden, so bestimmt das Verhältniß des alten gegen den neuen zur Zeit der Rückzahlung bestehenden Münzfuß die Verbindlichkeit des Schuldners. § 788. Ist nur die Münzsorte, in welcher die Valuta gegeben worden, außer Cours gesetzt, so muß zwar auch in diesem Falle die Rückzahlung in der alsdann gangbaren Münzsorte geleistet u. angenommen werden. § 789. Die in letzterer zu zahlende Summe ist aber nach Verhältniß des Courses zu bestimmen, welcher zwischen der gegebenen u. der jetzt gangbaren oder einer solchen Münzsorte, welche mit der jetzt gangbaren auf gleichem Fuße ausgeprägt ist, zur Zeit des geschlossenen Contracts bestanden hat. § 790. Ist die Münzsorte, in welcher die Valuta gegeben worden, nicht außer Cours, sondern nur in ihrem äußern Werthe, ohne Veränderung des innern Gehalts, von dem Landesherrn heruntergesetzt worden, so muß dennoch die Rückzahlung in eben derselben Münzsorte geleistet u. angenommen werden. § 791. Ist diese Münzsorte gar nicht mehr zu haben, so finden die Vorschriften § 788, 789 Anwendung.

5. Oesterr. Ges.B. § 988. Gesetzliche Münzveränderungen ohne Veränderungen des innern Gehaltes gehen auf Rechnung des Darleihers. Er empfängt die Zahlung in der bestimmten gegebenen Münzsorte; z. B. von 1000 Stück kaiserlicher Ducaten, oder 3000 Zwanzig-Kreuzer-Stücken ohne Rücksicht, ob deren äußerer Werth in der Zwischenzeit erhöhet oder vermindert worden ist. Wird aber der innere Werth geändert, so ist die Zahlung im Verhältnisse zu dem innern Werthe, den die gegebene Münz-Sorte zur Zeit des Darleihens hatte, zu leisten.

6. Sächs. Ges.B. § 667. Soll eine früher empfangene Geldsumme zurückgegeben werden, ohne daß eine nähere Bestimmung über die Münzsorte getroffen worden ist, so gilt der früher empfangene Werth der Münze als Gegenstand der Rückgabe, u. kann durch zur Zeit u. am Orte dieser Rückgabe gültige inländische oder diesen durch Gesetz gleichgestellte ausländische Münzsorten jeder Art geleistet werden. § 669. Ist das Verhältniß des Werthes empfangener Münzsorten zu dem Werthe jetzt gültiger Sorten, in welchen jener Werth zurückerstattet werden soll, nicht auszumitteln, auch deren Werth nicht sonst durch Gesetze bestimmt, so ist so viel von jetzt gültigen Münzsorten zu gewähren, als ihrem Metallgehalte nach dem Metallgehalte der empfangenen Münzsorten gleichkommt.

7. Reichsverf. Art. 4. Der Beaufsichtigung Seitens des Reiches und der Gesetzgebung desselben unterliegen —: 3) die Ordnung des Maaß-, Münz- u. Gewichtssystems nebst Feststellung der Grundsätze über die Emission von fundirtem u. unfundirtem Papiergelde.

8. Münzgesetz Art. 1 An die Stelle der in Deutschland geltenden Landeswährungen tritt die Reichsgoldwährung. Ihre Rechnungseinheit bildet die Mark.

9. Kaiserl. Verordnung v. 22. Sept. 1875. Die Reichswährung tritt im gesammten Reichsgebiete am 1. Janr. 1876 in Kraft.

10. RG. v. 4. Dec. 1871 § 1. Es wird eine Reichsgoldmünze ausgeprägt, von welcher aus 1 Pfunde feinen Goldes 139½ Stück ausgebracht werden. § 2. Der zehnte Theil dieser Goldmünze wird Mark genannt u. in 100 Pfennige eingetheilt. § 3. Außer der Reichsgoldmunze zu 10 Mark (§ 1) sollen — ausgeprägt werden: Reichsgoldmünzen zu 20 Mark, von welchen aus 1 Pfunde feinen Goldes 69¾ Stück ausgebracht werden. § 4. Das Mischungsverhaltniß der Reichsgoldmünzen wird auf 900 Tausendtheile Gold u. 100 Tausendtheile Kupfer festgestellt. Es werden demnach 125,55 Zehnmarkstücke, 62,775 Zwanzigmarkstücke je 1 Pfund wiegen.

11. Münzges. Art. 3. Außer den Reichsgoldmünzen sollen als Reichsmünzen u. zwar 1) als Silbermünzen: 5-Markstücke, 2-Markstucke, 1-Markstücke, 50-Pfennigstücke u. 20-Pfennigstücke; 2) als Nickelmünzen: 10-Pfennigstücke u. 5-Pfennigstücke; 3) als Kupfermünzen: 2-Pfennigstücke u. 1-Pfennigstücke — ausgeprägt werden.

12. Das. Art. 9. Niemand ist verpflichtet, Reichssilbermünzen im Betrage von mehr als 20 Mark u. Nickel- u. Kupfermünzen im Betrage von mehr als 1 Mark in Zahlung zu nehmen. Von den Reichs- u. Landeskassen werden Reichssilbermünzen in jedem Betrage in Zahlung genommen. Der Bundesrath wird diejenigen Kassen bestimmen, welche Reichsgoldmünzen gegen Einzahlung von Reichssilbermünzen in Betragen von mindestens 200 Mark oder von Nickel- u. Kupfermünzen in Beträgen von mindestens 50 Mark auf Verlangen verabfolgen.

13. Das. Art. 14. Von dem Eintritt der Reichswährung an gelten folgende Vorschriften: § 1. Alle Zahlungen, welche bis dahin in Münzen einer inlandischen Währung oder in landesgesetzlich — gleichgestellten auslandischen Münzen zu leisten waren, sind — in Reichsmünzen zu leisten. § 4. In allen gerichtlich oder notariell aufgenommenen Urkunden, welche auf einen Geldbetrag lauten, desgleichen in allen zu einem Geldbetrag verurtheilenden gerichtlichen Entscheidungen ist dieser Geldbetrag, wenn für denselben ein bestimmtes Verhältniß zur Reichswahrung gesetzlich feststeht, in Reichswährung auszudrücken.

14. Das. Art. 8. Die Anordnung der Außerkurssetzung von Landesmünzen — erfolgt durch den Bundesrath.

15. Das. Art. 15. An Stelle der Reichsmünzen sind bei allen Zahlungen bis zur Außerkurssetzung anzunehmen: 1) im gesammten Bundesgebiete an Stelle aller Reichsmünzen die Ein- und Zwei-Thalerstücke deutschen Gepräges unter Berechnung des Thalers zu 3 Mark.

16. Verordng. des Bundesraths v. 2. Nov. 1876. Die Zweithaler-Stücke — deutschen Gepräges gelten vom 15. Nov. 1876 ab nicht ferner als gesetzliche Zahlungsmittel. Es ist daher v. 15. Nov. 1876 ab außer den mit der Einlosung beauftragten Kassen niemand verpflichtet, diese Münzen in Zahlung zu nehmen. Nach dem 15. Febr. 1877 werden die Zweithaler-Stücke — auch von diesen Kassen weder in Zahlung noch zur Umwechselung angenommen.

17. RG. v. 20. April 1874. Die Bestimmung im Art. 15 Ziffer 1 des Münzgesetzes (oben Nr. 15) findet auch auf die in Oesterreich bis zum Schluß des J. 1867 geprägten Vereinsthaler u. Vereinsdoppelthaler Anwendung.

18. RG. v. 6. Janr. 1876. Der Art. 15 des Münzgesetzes (ob. Nr. 15) erhält folgenden Zusatz: Der Bundesrath ist befugt zu bestimmen, daß die Einthalerstücke deutschen Gepräges sowie die in Oesterreich bis zum Schluß des J. 1867 geprägten Vereinsthaler bis zu ihrer Außerkurssetzung nur noch an Stelle der Reichssilbermünzen — in Zahlung anzunehmen sind.

19. Münzgesetz Art. 10. Die Verpflichtung zur Annahme u. zum Umtausch (Art. 9 ob. Nr. 12) findet auf durchlocherte u. anders als durch den gewöhnlichen Umlauf im Gewicht verringerte, ingleichen auf verfalschte Münzstücke keine Anwendung.

20. RG. v. 4. Dec. 1871 § 9. Reichsgoldmünzen, deren Gewicht um nicht mehr als 5 Tausendtheile hinter dem Normalgewicht zurückbleibt (Passirgewicht) u. welche nicht durch gewaltsame oder gesetzwidrige Beschädigung am Gewicht verringert sind, sollen bei allen Zahlungen als vollwichtig gelten. Reichsgoldmünzen, welche das vorgedachte Passirgewicht nicht erreichen und an Zahlungsstatt von den Reichs-, Staats-, Provinzial- oder Kommunalkassen sowie von Geld- u. Kreditanstalten u. Banken angenommen worden sind, dürfen von den gedachten Kassen u. Anstalten nicht wieder ausgegeben werden.

21. RG. betr. die Ausgabe von Reichskassenscheinen v. 30. April 1874 § 5. Die Reichskassenscheine werden bei allen Kassen des Reichs u. sammtlicher Bundesstaaten nach ihrem Nennwerthe in Zahlung angenommen u. von der Reichs-Hauptkasse für Rechnung des Reichs jederzeit auf Erfordern gegen baares Geld eingelöst. Im Privatverkehr findet ein Zwang zu ihrer Annahme nicht statt.

22. Das. § 2. Jeder Bundesstaat hat das von ihm seither ausgegebene Staatspapiergeld spätestens bis zum 1. Juli 1875 zur Einlösung öffentlich aufzurufen u. thunlichst schnell einzuziehen.

23. Bankgesetz (des D. Reiches) v. 14. März 1875 § 1. Die Befugniß zur Ausgabe von Banknoten kann nur durch Reichsgesetz erworben oder über den bei Erlaß des gegenwärtigen Gesetzes zulässigen Betrag der Notenausgabe hinaus erweitert werden.

24. Das. § 3. Banknoten dürfen nur auf Beträge von 100, 200, 500 u. 1000 Mark oder von einem Vielfachen von 1000 Mark ausgefertigt werden.

25. Das. § 4. Jede Bank ist verpflichtet, ihre Noten sofort auf Präsentation zum vollen Nennwerthe einzulösen, auch solche nicht nur an ihrem Hauptsitz, sondern auch bei ihren Zweiganstalten jederzeit zum vollen Nennwerthe in Zahlung anzunehmen. Für beschädigte Noten hat sie Ersatz zu leisten, sofern der Inhaber entweder einen Theil der Note präsentirt, welcher größer ist als die Hälfte, oder den Nachweis führt, daß der Rest der Note, von welcher er nur die Hälfte oder einen geringern Theil als die Hälfte präsentirt, vernichtet sei.

26. Das. § 2. Eine Verpflichtung zur Annahme von Banknoten bei Zahlungen, welche gesetzlich in Geld zu leisten sind, findet nicht statt u. kann auch für Staatskassen durch Landesgesetz nicht begründet werden.

27. Das. § 43. Die Noten einer Bank, welche sich bei Erlaß dieses Gesetzes im Besitze der Befugniß zur Notenausgabe befindet, dürfen außerhalb desjenigen Staates, welcher derselben diese Befugniß ertheilt hat, zu Zahlungen nicht gebraucht werden. § 44. Die beschränkenden Bestimmungen des § 43 finden auf diejenigen Banken keine Anwendung, welche bis zum 1. Januar 1876 folgende Voraussetzungen erfüllen (s. das. unter Nr. 1—7.)

28. Das. § 56. Mit Geldstrafe bis zu 150 M. wird bestraft, wer — Noten inländischer Banken oder Noten oder sonstige Geldzeichen inländischer Corporationen außerhalb desjenigen Landesgebiets, für welches dieselben zugelassen sind, zur Leistung von Zahlungen verwendet.

29. Deutsche Wechselordnung Art. 37 unten § 299 Nr. 10.

30. Allg. D. HGB. Art. 50. Wer in einem Laden oder in einem offenen Magazin oder Waarenlager angestellt ist, gilt für ermächtigt, daselbst Verkäufe und Empfangnahmen vorzunehmen, welche in einem derartigen Laden, Magazin oder Waarenlager gewöhnlich geschehen.

31. Das. Art. 51. Wer die Waare u. eine unquittirte Rechnung überbringt, gilt deshalb noch nicht für ermächtigt, die Zahlung zu empfangen.

32. Das. Art. 296. Der Ueberbringer einer Quittung gilt für ermächtigt, die Zahlung zu empfangen, sofern nicht die dem Zahlenden bekannten Umstände der Annahme einer solchen Ermächtigung entgegenstehen.

V. Inhaberpapiere. (B. § 87. G. § 161. St. § 179, 180.) § 127.

Kuntze d. Lehre v. d. Inhaberpapieren. Leipz. 1857. J. Unger die rechtliche Natur der Inhaberpapiere. Leipz. 1857. v. Jhering in

f. Jahrb. 1 (1857) S. 49 u. 23 (1885) S. 326. Renaud Beitrag zur Theorie der Obligationen auf den Inhaber (Zeitschr. f. D. R. 14 [1853] S. 316). Bekker Jahrb. des gem. D. R. 1 (1857). Thöl Handelsrecht § 222—232. Stobbe z. Gesch. der Uebertragung v. Forderungsrechten u. der Inhaberpapiere (Ztschr. f. HR. 11 [1868] S. 397). v. Poschinger die Lehre von der Befugniß zur Ausstellung von Inhaberpapieren. München 1870. Siegel das Versprechen als Verpflichtungsgrund S. 108. v. Poschinger Beitrag z. Gesch. der Inhaberpapiere. Erl. 1875. Brunner Beiträge zur Gesch. u. Dogmatik der Werthpapiere in Ztschr. f. HR. 22 (1877), 23 (1878) S. 225. Ders. das französ. Werthpapier des MA. (Festgabe f. Thöl.) Berl. 1879. Ders. Art. Inhaberpapiere b. Holtzendorff 2 S. 365. Ders. im Handb. des HR. hg. v. Endemann 2 S. 140. M. Pappenheim Begriff u. Arten der Papiere auf Inhaber. Diss. Berl. 1881.

a. Urk. des Ritters Wilhelm Schenk von Nideggen v. 1286 (Ennen Qu. 3, 268 vgl. Stobbe Ztschr. f. HR. 11 S. 427). Noveritis quod de nostro consensu et bona voluntate concedimus per presentes, ut *exhibitori presentium quicumque fuerit* pecunia nobis promissa et danda a civitate Coloniensi ratione compositionis inter nos et dictam civitatem ordinate et concepte *nostro nomine assignetur.*

b Bremische Rathsurk. v. 1295 (Brem. UB. 1 n. 505, vgl. Lörsch u. Schröder n 159) Hermannus dictus B., Gertrudis uxor sua — vendiderunt Radolfo de R in domo sua et area — pro 15 marcis — unius marce et dimidie redditus, quos dabunt predicto Radolfo *vel alicui de concivibus nostris, qui presentem literam presentaverit* coram nobis, annis singulis — nomine pensionis

c Dortmunder Stat. des 14. Jahrh. (Frensdorff IV 46). Rente, dar opene breyve op gemaket sint, ynne haldende helder e des breyff u. enen wederkop, heldet men mit uns vor varende have.

1. Oesterr. Ges.B. § 1393. — Schuldscheine, die auf den Ueberbringer lauten, werden schon durch die Uebergabe abgetreten, u. bedürfen nebst dem Besitze keines anderen Beweises der Abtretung.

2. Preuß. LR. I 15 § 45. Baares cursirendes Geld kann gegen einen redlichen Besitzer nicht zurück gefordert werden. — § 46. Hat jedoch der gegenwärtige Besitzer des Geldes, welches — noch von allem andern Gelde mit Gewißheit unterschieden werden kann, dasselbe unentgeltlich überkommen; so muß er es dem Eigenthümer herausgeben. § 47. Obige Vorschriften (§ 45, 46) gelten auch von den auf jeden Inhaber lautenden Papieren u. Urkunden, so lange dieselben nicht außer Cours gesetzt worden.

3. Oesterr. Ges.B. § 371: — auf den Ueberbringer lautende Schuldscheine sind in der Regel kein Gegenstand der Eigenthumsklage; wenn nicht solche Umstände eintreten, aus denen der Kläger sein Eigenthumsrecht beweisen kann, u. aus denen der Geklagte wissen mußte, daß er die Sache sich zuzuwenden nicht berechtiget sey.

4. K. Sächs. Ges. v. 8. Juni 1846. Alle öffentlichen auf den Inhaber (Vorzeiger oder au porteur) gestellten Creditpapiere können von dem Eigenthümer oder Pfandinhaber, welchem sie abhanden gekommen sind, durch die Vindication oder andere dingliche Klage aus den Händen des dritten redlichen Besitzers nicht zurückgefordert werden.

5. Das. § 3. Die § 1 enthaltene Bestimmung leidet nur dann eine Ausnahme: a) wenn auf den Papieren selbst bei deren Ausstellung bemerkt worden ist, daß sie der Vindication unterliegen sollen; b) wenn ihnen die Zahlbarkeit an den Inhaber dadurch benommen worden ist, daß sie durch eine nach den bestehenden inländischen oder ausländischen Vorschriften darauf gebrachte Bemerkung einer öffentlichen Behörde oder der sie emittirenden Anstalt außer Cours gesetzt oder für Eigenthum einer bestimmten Person erklärt worden sind.

6. Hannov. Ges. v. 5. Apr. 1859 § 1. Der Besitzer von Papieren auf den Inhaber kann auf Herausgabe derselben mittelst einer dinglichen Klage nur dann in Anspruch genommen werden, wenn er die Papiere im bösen Glauben erworben hat, oder ihm beim Erwerbe eine grobe Fahrlässigkeit zur Last fällt.

7. Sächs. Ges B. § 1040. Inhaberpapiere, welche den Schuldner zu einer Geldsumme verpflichten, können nur mit Genehmigung des Staates ausgegeben werden.

8. Das. § 1043. Kommt die Urkunde einem Inhaber abhanden, oder geht sie unter, so kann dieser öffentliche Vorladung des etwaigen Inhabers u., wenn sich kein solcher findet, Mortification der Urkunde verlangen. Im Fall der Mortification gilt er auch ohne die Urkunde als Forderungsberechtigter.

d Reichscivilprozeßordnung § 838. Bei Papieren, welche auf den Inhaber lauten —, ist der letzte Inhaber berechtigt, das Aufgebotsverfahren zu beantragen. § 848. In dem Ausschlußurtheil ist die Urkunde für kraftlos zu erklären. § 850. Derjenige, welcher das Ausschlußurtheil erwirkt hat, ist dem durch die Urkunde Verpflichteten gegenüber berechtigt, die Rechte aus der Urkunde geltend zu machen.

e Preuß. V. v. 16. Juni 1819 § 13. Wegen der verlorenen oder vernichteten Zinskoupons von Staatsschuldscheinen ist ein öffentliches Aufgebot und gerichtliches Amortisationsverfahren überall nicht zulässig, und ebenso wenig eine Klage auf Zustellung anderer Koupons an die Stelle der verlorenen oder vernichteten.

f. Bankgesetz v 14. März 1875 § 4 (oben § 126 Nr. 25). Für vernichtete oder verlorene Noten Ersatz zu leisten ist sie nicht verpflichtet.

g Preuß. V. v. 16. Aug. 1867 § 1. Papiere auf Inhaber sind außer Kurs gesetzt: 1) wenn der Inhaber sein Recht daran auf eine in die Augen fallende Art auf der Urkunde selbst vermerkt hat, ingleichen 2) wenn auf den unter öffentlicher Autorität ausgefertigten Papieren dieser Art durch einen — Vermerk erklärt ist, daß sie nicht mehr an jeden Inhaber zahlbar sein sollen. Die Art. 306 u. 307 des HGB. (unten Nr. 11) finden bei Papieren auf Inhaber, so lange dieselben außer Kurs gesetzt sind, keine Anwendung.

h. Das. § 4. (Außer durch öffentliche Behörden) findet das Wiederinkurssetzen nur durch einen gerichtlichen Vermerk statt nach vorgängiger Prüfung der Legitimation dessen, welcher die Aufhebung der Außerkurssetzung verlangt.

i. Das. § 7. Vermerke, wodurch auf jeden Inhaber lautende unter öffentlicher Autorität ausgefertigte Papiere von Privatpersonen — außer Kurs gesetzt werden, (haben) für das Institut, welchem die Zinsenzahlung oder planmäßige Tilgung obliegt, keine bindende Kraft.

9. Sächs. Ges.B. § 1045. Der aus dem Inhaberpapiere Verpflichtete ist nicht berechtigt, aus der Art der Erwerbung der Urkunde durch den Inhaber Einwendungen gegen diesen zu machen.

10. Das. § 1046. Einwendungen, welche der Verpflichtete aus dem zwischen ihm u. dem Inhaber der Urkunde bestehenden Verhältnisse hat, können der Forderung aus dem Inhaberpapiere entgegengesetzt werden, nicht aber Einwendungen, welche der Verpflichtete gegen einen früheren oder den ersten Inhaber der Urkunde gehabt haben würde.

11. Allg. D. HGB. Art. 307. Die Bestimmungen des vorigen Artikels [s. Art. 306 oben § 83 Nr. 10] finden bei Papieren auf den Inhaber auch dann Anwendung, wenn die Veräußerung oder Verpfändung nicht von einem Kaufmann in dessen Handelsbetrieb geschehen ist, u. wenn die Papiere gestohlen oder verloren waren. 308. Durch die beiden vorhergehenden Artikel werden die Landesgesetze nicht berührt, welche für den Besitzer noch günstigere Bestimmungen enthalten.

12. RG. v. 8. Juni 1871 § 1. Auf den Inhaber lautende Schuldverschreibungen, in welchen allen Gläubigern oder einem Theile derselben außer der Zahlung der verschriebenen Geldsumme eine Prämie dergestalt zugesichert wird,

daß durch Ausloosung oder durch eine andere auf den Zufall gestellte Art der Ermittlung die zu prämiirenden Schuldverschreibungen und die Höhe der ihnen zufallenden Prämie bestimmt werden sollen (Inhaberpapiere mit Prämien), dürfen innerhalb des Deutschen Reichs nur auf Grund eines Reichsgesetzes u. nur zum Zwecke der Anleihe eines Bundesstaats oder des Reichs ausgegeben werden.

13. Allg. D. HGB. Art. 207 (RG. v. 1884). Antheilscheine, in welchen der Bezug von Actien zugesichert wird oder welche sonst über das Antheilsrecht des Actionairs vor Ausgabe der Actien ausgestellt werden (Interimsscheine) dürfen nicht auf Inhaber lauten. (Ebenso Art. 173 in Betr. der Actien-Kommanditgesellschaften.)

Zweiter Abschnitt. Einzelne Verträge.

I. Kauf.

§ 128. A. Im Allgemeinen. (B. § 105. G. § 174. St. § 184, 185.)

1. Preuß. LR. I 11 § 58 Der Einwand, daß der Kaufpreis mit dem Werthe der Sache in keinem Verhältnisse stehe, ist für sich allein den Vertrag zu entkräften nicht hinreichend. § 59. Ist jedoch dieses Mißverhältniß so groß, daß der Kaufpreis den doppelten Betrag des Werths der Sache übersteigt, so begründet dieses Mißverhältniß, zum Besten des Käufers, die rechtliche Vermuthung eines den Vertrag entkräftenden Irrthums. § 60. Wird diese Vermuthung durch die übrigen, bei den Unterhandlungen u bei Abschließung des Vertrags vorgefallenen Umstände nicht gehoben, so ist der Käufer die Aufhebung des Vertrags zu suchen berechtigt. § 69. Der Verkäufer kann den Kauf aus dem Grunde, daß der Werth der Sache den Betrag des Kaufpreises selbst mehr als doppelt übersteige, nicht anfechten.

a Allg. D. HGB. Art. 286. Wegen übermäßiger Verletzung, insbesondere wegen Verletzung über die Hälfte, können Handelsgeschäfte nicht angefochten werden.

2. Preuß. LR. I 11 § 95. So lange der Verkäufer dem Käufer die Sache noch nicht übergeben hat, bleibt bey allen freiwilligen Verkaufen, wenn sie nicht in Pausch u. Bogen geschlossen, oder sonst ein Anderes ausdrücklich verabredet worden, Gefahr u. Schade dem Veräußerer zur Last.

3 Cap. a 806 c. 17 (Mon C 132) Quicumque *tempore messis vel tempore vindemiae* non necessitate sed propter cupiditatem comparat annonam aut vinum, verbi gratia de duobus denariis comparat modium unum, et servat usque dum iterum venundare possit contra dinarios, quatuor aut sex seu amplius, *hoc turpe lucrum dicimus.*

4 Liber Papiensis Karoli 56 (Mon Ll IV 498). Ut nemo propter cupiditatem pecuniae — prius det pretium et *futuram coemptionem* sibi praeparet, ut duplum vel. triplum recipiat, sed tunc tantum, quando fructus praesens est, illum comparet.

5. R. Pol. O. v. 1577 Tit. 19 § 3. Gleichwol männiglich dem armen Mann in der Noth — auf Wein, Frucht u. anders fürzuleyhen oder zuvor auszugeben — erlaubt seyn solle: jedoch daß dasselbig — anders u. mehrers nicht, als auf den Schlag u. gemeinen Kauff, was nemlich der Wein oder Treyd zur Zeit des Contracts oder aber 14 Tag die nechsten nach dem Herbst oder Erndten gelten wird, beschehe.

6. Hannov. Ges. v. 1. Dec. 1849. Um die gegenwärtig bestehenden Beschränkungen des freien Verkehrs mit den Erzeugnissen des Ackerbaues zu entfernen, daneben jedoch der Regierung die Möglichkeit zu sichern, dem gemeinen Wohle nachtheilige Mißbräuche zu hemmen, erlassen Wir — das folgende Gesetz: § 1. Die — Verordnung vom 22. Julius 1816, welche — den An- u. Verkauf des Getreides auf dem Halme u. in Aehren verbietet, sowie alle übrigen ein hierauf zielendes Verbot enthaltenden gesetzlichen Vorschriften sind unter

dem Vorbehalte im § 2 aufgehoben. § 2. Es bleibt der königl. Regierung vorbehalten, ein polizeiliches Verbot des An- u. Verkaufs der vom Lande noch nicht getrennten Feldfruchte für Zeiten der Theuerung oder eines sonstigen allgemeinen Nothstandes unter den sodann fur angemessen erachteten näheren Bestimmungen zu erlassen.

B. Wandelungsklage. (B. § 105 III. G. § 174. St. § 185.) § 129.

Cropp in Heise u. Cropp jurist. Abh. 1 S. 163. Sachsenhauser die Lehre v. d. Nachwährschaft f. verkaufte Hausthiere. Münch. 1857. Hoffmann über die Verjährungszeit u. Währzeit, insb. b. dem Viehhandel (Archiv f. prakt. Rechtswiss. 4 [1857] S. 177). Walther die sg. Hauptmängel beim Pferdehandel (das. N. F. 8 [1871] S. 3). v. Kübel im Würtemb. Archiv 21 (1880) S. 1.

1. L. Baiuv XVI 9. Nemo — firmitatem venditionis inrumpit, — nisi forte vitium invenerit *quod ille venditor celavit*, hoc est *in mancipio aut in caballo aut in qualecumque peculio*, id est aut *ceco* aut *ernioso* aut *cadivo* aut *leproso* — Si autem *venditor dixerit vitium*, stet emptio — Si autem non dixerit, *mutare* potest — (Sed) si *plus de tribus noctibus* habuerit, postea se *non* potest mutare Nisi forte eum invenire non potest infra tres dies, tunc quando invenerit, recipiat qui vitiatum vendidit Aut si non vult recipere, iuret cum uno sacramentali, quia *vitium ibi nullum sciebam in illa die quando negotium fecimus*; et stet factum.

2. Des Angels. K. Ine Ges. 56 (Schmid Angels. Ges. S. 48). Gif mon hwelcne ceap gebygedh and he thonne onfinde him hwelce unhaelo on binnan *XXX* nihta, thonne weorpe thone ceap to honda odhdhe swerige, thaet he him nan facn on nyste, tha he hine him sealde. (Wenn Jemand irgendwelches Thier kauft, u. dann irgend einen Fehler an ihm findet binnen 30 Nachten, stelle er es (dem Verkäufer) zur Hand zurück oder (dieser) schwore, daß er keinen Mangel an ihm wußte, als er es ihm verkaufte.)

3. Lüb. R. Cod. II 201. Vorkofft ienech man deme anderen want, u. gift de andere eme schult darna als it an sine were comen is, dat it tospleten si, dar dat de andere waren an den hileghen, dat he des nicht ne wiste, he ne darf eme nenen schaden beteren vorbat.

4. Hamb. Stat. v. 1270 VI 27. So welkerhande gud een man koft u. besuet u. an sine were bringet, dat schal he gelden. Were over korne ofte holt an eneme schepe, u. dat bovene beter were dan neddene, u. nicht gesecht worde, u. so wat een des gudes an sine were bringet, dat schal he gelden u. dat andere nicht; u. de dat gud valslike an deme schepe hevet, de schal it beteren mit 3 punden. Koft een man quik u. besut it, he schal it gelden. Ein man mat wol swin beseen, dar he se koft, oft se geve sin. Koft ok ein man ein perd, dar en darf he nicht ane waren den men darane sut, sunder hovetseek, ere vorwort ne sin anders.

5. Lüb. R. Cod. III 322 Not. 7 (aus *Brok* II 283) Welkerhande gudt, dat ein minsche kofft u. besüth u. in sine were bringet, dat schall he betalen, men kofft he dat gudt u. in sine were nicht en bringet, so steit dat in sinem behage, eft he den kop entfangen wil edder nicht. Queme dat ock in sine were, u. he dat thovorn nicht beseen hadde, so steit idt aver (d. i. abermals, ebenfalls) in sinem behage, wor he dat beholden wil edder nicht.

6. Hamb. Stadtr. II 8, 17. Wenn ein Mann Korn, Holtz, Ochsen, Schweine, Schafe, Pferde u. dergleichen fahrende Haab auf dem freyen Marckte oder auch in den Schiffen besehen u. gekaufft, auch darauf an seine Behausung u. Gewehr gebracht hat; das muß er ohne alle Exception gelten u. bezahlen; es wären denn ihre Vorworte anders.

7. Brem. Stat. v. 1433 Ord. 55. So we deme anderen vorkoft en perd —, de schal des eme waren vor hovet sek u. vor stare blint dre dage.

8. Alt. Soest. Schrae. Art. 58. Welick man ein pert kopet, is dat hovet seyck efte starblint efte dempich, dat sal hey wandelen binnen dren daghen, et ne si dat he eme dat vor segghe.

9. Magd. R. v. 1304 Art. 36 (= Schoffenr. 32 b. Laband Rqu. S. 122). Vorcouft ein man ein phert her sol in an deme pherde geweren, daz iz nicht sie houbetsich noch hertslegic.

10. Sachs. Weichb. 97. (Der Verkaufer eines Pferdes) sol — geweren, das es nicht stettig sey noch starblindt — noch hartschlegig.

11. Gl. z. Sachs. Weichb. a. a. O. Hie merck auch, das eines pferdes verkauffer schuldig ist zu geweren vor rutzigkeit u. vor kolderen.

12. Rb. n. Dist. IV 42, 23. Dry dingk sal man gewern an eynen pherde, ab is eyner vorkouffet, sy werden benomet adder nicht. Daz irste von unrechten anefange, daz andere von starblint, daz dritte von houbtsich. Dist. 24. Vor houbtsich wert man firczen nacht, vor starblint firczen wochen. Wurde daz ir den benanten tagen ir man sy nicht vorkundiget, weder den he is gekoufft had, der magk is sedder nicht getun. Vorkundiget her is abir yeme in der czith, he mus sin phert wedder neme u. dissem sin gelt wedder gebe. Kundiget her is abir in disser benanten czith daz yeme nicht wedder, he mus sinen kouff halden. Gibt her ome abir schult, he hette om daz phert vorkoufft mit eyner rechten wer u. hette den gebrechen wol gewost, do mus her umbe sprechen neyn adder ja. Wel her sich des entschuldigen, so muß he swern, daz her czu der cziht den gebrechen an deme pherde nicht gewust habe, do hers ome vorkofte. Wel her des nicht thun, so mus her sin phert weddernemen u. yeme sin gelt wedder geben.

13. Frankf. Ref. II 9 § 4. Wann ein Pferdt verkaufft wird, So ist der Verkauffer schuldig, dem Käuffer für die vier Wandel gut zu seyn, u. da deren einer sich beym Pferdt befindt, dasselbig widerumb zu nemmen, u. das dafür empfangene Kauffgelt herauß zu geben. — § 5. Die vier Wandel seyndt aber —: Wann das Pferdt gestohlen, oder geraubt ist —, wann es Hartschlechtig (die Verordn. v. 1626 fugt hinzu: Dampfig) oder Schlebeuchig: Wann es (Verordn. v. 1626 collerisch oder) Stettig: Und wann es Hauptsiech, als Mönig oder Rotzig ist. . Welche Mangel fast unsichtbarlich, u. also dem Kauffer, der seye auch so verstandig als er jmmer wolle, dieselben verborgen seyndt. — § 6. — Würde aber der Kauffer vier Wochen verfliessen lassen, ohn daß er des Pferds halben obberürten Mangel (Hauptsiechthum) klagte: Ob sich dann gleich derselbig hernach befünde: So soll doch der Verkäuffer das Pferdt widerumb zunemmen nicht schuldig seyn.

14. Das. § 7. Schwein u. andere Thier, so mit der Schauw pflegen verkaufft zu werden, obgleich dieselbige Schauw geschehen: So soll doch der Verkauffer, bey uns herkommenem Gebrauch nach, wann solche Schwein zum Einlegen u. der Mast verkaufft werden, auff 4 Wochen lang, wann sie aber zur Schlacht verkaufft, auf 3 Tag lang, Wehrschafft zu thun schuldig seyn.

15 Cod Max Bavar IV 3, 23 Nr. 5 u. 6. Es muß aber auch kein geringer, sondern ein grosser u. solcher Mangel seyn, welcher den Gebrauch der Sach entweder ganzlich hemmet oder doch merklich verschlimmert, welches jedoch nach hiesigen Land-Recht bei dem Pferd-Kauf soweit seinen Absatz leidet, daß nur die drey Haupt-Mangel: Ritzig, raudig, herzschlächtig, u. zwar langer nicht, als 14 Tag auf gegenwartiges Edictum (aedilitium) qualificirt seynd, es seye dann — das verkaufte Pferd für unmangelhaft angegeben worden.

16. Preuß. LR. I 11 § 199, 204 Anhang § 13, 14. Wenn ein Stück Vieh binnen 24 Stunden nach der Uebergabe krank befunden wird, so gilt die Vermuthung, daß selbiges schon vor der Uebergabe krank gewesen sei; — (eben so) bei Schweinen, welche innerhalb 8 Tagen — finnig befunden werden, — (oder) wenn sich bei Schaafen die Pocken, u. beim Rindvieh die sogenannte französische Krankheit innerhalb 8 Tagen äußert. — Eine gleiche Vermuthung gilt von Pferden, bey welchen sich wahre Statigkeit innerhalb 4 Tagen; Raude u. Rotz innerhalb 14 Tagen; Dampfigkeit, Herzschlagigkeit, schwarzer Staar, Mondblindheit u. Dummkoller aber innerhalb 4 Wochen nach der Uebergabe hervorthun.

17. Oesterr. Ges.B. § 924. Wenn ein Stück Vieh binnen 24 Stunden nach der Uebernahme erkrankt oder umfallt, so wird vermuthet, daß es schon vor der Uebernahme krank gewesen sey. § 925. Die namliche Vermuthung gilt: 1) wenn binnen 8 Tagen bey den Schweinen die Finne, u. bey den Schafen die Pocken oder die Raude (Schäbe); oder wenn bey den letzteren binnen 2 Monathen die Lungen- u. Egelwurmer entdeckt werden; 2) wenn bey dem Rindviehe binnen 30 Tagen nach der Uebernahme die Drusenkrankheit, sg. Stiersucht, gefunden wird; 3) wenn bey Pferden u. Lastthieren binnen 15 Tagen nach der Uebergabe die verdächtige Drüse oder der Rotz, wie auch der Dampf; oder wenn binnen 30 Tagen der Dummkoller, der Wurm, die Statigkeit, der schwarze Staar, oder die Mondblindheit entdeckt wird. § 926. Von dieser rechtlichen Vermuthung (§ 924 u. 925) kann aber der Uebernehmer eines solchen Stückes Vieh nur dann Gebrauch machen, wenn er dem Uebergeber oder Gewährsmanne sogleich von dem bemerkten Fehler Nachricht gibt. — § 927. Vernachlassiget der Uebernehmer diese Vorsicht, so liegt ihm der Beweis ob, daß das Vieh schon vor Schließung des Vertrages mangelhaft war.

18. Sachs. Ges.B. § 925. Erkrankt oder fallt das Thier innerhalb 24 Stunden nach dem im § 904 angegebenen Zeitpunkte [Zeit des Vertragsabschlusses], so wird vermuthet, daß es schon zu jenem Zeitpunkte krank gewesen sei.

19. Das. § 926. Eine gleiche Vermuthung tritt ein, wenn sich bei Pferden, Eseln, Maulthieren u. Mauleseln wahre Statigkeit innerhalb 5 Tagen, verdachtige Druse, Rotz, Wurm, Raude, Dampfigkeit oder Herzschlagigkeit, Hartschnaufigkeit oder Kehlkopfspfeife oder pfeifender Dampf, Dummkoller u. schwarzer Staar innerhalb 15 Tagen, Mondblindheit innerhalb 50 Tagen, beim Rindvieh die Perlsucht oder Franzosenkrankheit innerhalb 50 Tagen, Lungen- u. Lebertuberkeln oder Lungen- u. Leberfaule u. Lungenseuche innerhalb 30 Tagen, die Raude innerhalb 15 Tagen, bei Schweinen die Finnen, die Lungentuberkeln u. Lungenwurmkrankheit innerhalb 30 Tagen, bei Schafen u. Ziegen die Pocken innerhalb 10 Tagen, die Räude innerhalb 15 Tagen, die Lungenwurm- u. Egelwurm-Krankheit innerhalb 30 Tagen zeigen.

C Näherrecht.

Walch das Näherrecht. Ausg. 3. Jena 1795. Renaud zur Lehre vom Näherrechte, insbesondere von der Erblosung nach gemeinem Rechte (Zeitschr. f. D. R. 8 [1843] S. 240). *Georg Dahlmann* de retractu legali speciatim gentilicio. Berol. 1868. Laband die rechtliche Natur des Retracts u. der Expropriation (Archiv f. civil. Praxis 52 [1869] S. 151).

1. Begriff und Arten desselben. (B. § 106. G. § 175 u. § 177. St. II § 89, 90.) § 130.

1. V F 13 (Const Friderici II) (cf Mon. Ll II 332) Si quis ex parentela habeat *communem agrum* — et voluerit alienare, non ante liceat ei alienare, quam denunciaverit illis, *quos vocavimus per ordinem in ius* προτιμήσεως *Inprimis* vocentur *parentes*, — post hos vocentur *omnes*, *qui sunt sub uno servitio*, et qui sunt *coniuncti ex aliqua parte* Sin autem *plures* sint in iure προτιμήσεως, *omnibus* denuncietur, ut *intra* 30 *dies* solvendo iustum pretium — unusquisque portionem suam accipiat — *Si intra statutum terminum* — *pretium non solverit, de cetero non habebit ius* προτιμήσεως, nisi si quis eorum erat — vel *minor* 25 *annis*, (vel *ex iusta causa absens*). — Ex causa — *dotis* vel *donationis propter nuptias* vel *simplicis donationis* vel *donationis mortis causa* vel ex *testamento*, *permutatione*, *transactione* et parentes et extranei omnes possunt alienare, nisi quis vendendo — ei, *qui non habuit ius* προτιμήσεως, *simu-*

late donaverit vel legatum dederit Ideoque illi, qui habent ius προτιμήσεως, possunt exigere *iuramentum* a venditore et emtore (Vgl. v. Brünneck Ztschr. der Sav.-Stftg. 1 S. 124.)

2 *Gaill* obs. for II 19 § 1 Ius retractus — ex *generali* quadam *consuetudine* Germaniae *ubique fere locorum* obtinet.

3. Constit. Kurf. August v. Sachsen P II const 32: — wo aus Statuten oder verwahrter Gewohnheit herbracht, daß Freunden oder jemands anders der Vorkauff zustehet, u. der so das Gut verkauffen wil, last es demselbigen ankündigen, er thut sich aber dessen verzeihen, so mag denn das Gut einem andern verkaufft werden. Wo aber solche denunciation nicht geschicht, oder der, so die Nahergeltung hat, den Kauff gäntzlich nicht abschlagt, sondern Bedenkzeit nimmet, — so sol er innerhalb Jahres Frist nochmals zulaßlich sein, ob gleich das Gut verkaufft u. einem andern *tradirt*, den Kauff zu hinterziehen, auch Kauff-Geld u. die Besserung, da die auffgewandt, zu erstatten.

4. Solmſ. LR. Tit. 12. Nachdem der abtrieb der verkaufften leygenden Güter, ob er wol sonst in den gemeynen Kayserlichen Rechten verbotten, doch durch undencklichen gemeinen brauch in dieser gantzen landart eingerissen — u. gleichwol der billigkeyt gemeß ist ꝛc

5. Freiburg. St. v. 1520 Bl. 35b Welcher ligende güter in unser statt gezirck u. gepietten gelegen verkoufft, so habent sin nechsten syppfrund, die alhie under unser obrikeit wonhafft sind oder sin wollen, gewalt solchen kouff in jarßfrist dem nechsten nach dem es inen zewissen wurt, an sich zebringen, so sy den pfant schilling mit sampt gehabtem notturfftigem kosten darlegen u. bezalen, u. wo die nechsten sippfrund nit wolten, sollen ander sippfründ, die nach inen die nechsten sind, sollichs zethun gewalt haben.

6. Landr. des Amts Hagen (*Pufend* III 23) Welcher sein Erbgutth zuvorkauffen willens, muß ehr dasselbe den negsten Erben anbieten. — wen ein Man sein gutth einem fromden vorkaufft, mag das negste blutth oder frund innerhalb 6 Wochen (so ferne ehr binnen Landes ist) solchen Kauff beisprechen u. das gelt, was ein frombder darvor gebotten, nach dem beispruch innerhalb 6 Wochen darleggen u. betzalen, so ferne aber der bluttsfreundt, welcher in den Kauff zu treten bedacht, außerhalb Landes sein wurde, hatt er solch gutth beizusprechen Zeit Jhar u. Tagk.

7. Budjadinger LR. 18 (das. IV 604). Wer angeerbete oder auch andere liegende Grunde verkaufen wil, der sol sie — den nächsten Anverwandten, — nach einander oder jedwedem besonders bis zum dritten Grad canonischer Computation inclusive anbieten, ob sie — dieselbige anzunehmen gemeynet, fur das Geld, warum er sie zu verkaufen gedenket u. an andere auszubringen vermogte.

8. Kehdinger LR. 21 (das. I 155). Wann — einer seine Erb u. Gühtere — verkaufft, mogen u. konnen nachgesetzte Personen solchen Kauff retrahiren (oder beyſprechen) 1) die Vettern, 2) Nach denen die von der Spillseite, 3) Darnach diejenigen, so dem Verkauffer von beyderseits mit Schwiegerschaft zugethan u. verwandt seyn, 4) Wo diese von ihren Rechte abgestanden, werden die zugelassen, so an der Seeseite benachbaret seyn.

9. Wurtemb. LR. II 16 § 17. Wann ein Burger oder Einwohner einer Statt oder Dorffs, gegen einem außerhalb selbiger Markung geseßnen, ein ligend Gut, so in derselben Statt- oder Dorffs-Bannen u. Bezirck gelegen, verkaufft, — daß alsdann ein jeder, so in derselben Statt oder Dorff burgerlich seßhaft — ein Jahr u. Tag die (Marck-)Losung darzu haben soll.

10. Altenhaslauer W. § 8; s. oben § 86 Nr. 24.

11. Offn. von Hongg v. 1338 (Grimm 1, 8). Weli der dorfluten ze Hoengg — sin eigen guot ald das er besitzet in erbes wise wil verkouffen, das sol er zem ersten veil bieten sinem geteilen [d. i. demjenigen, welcher Stucke besitzt, die mit dem zu veraußernden fruher ein großeres Ganzes gebildet haben], u. wil der oder keiner under in als vil geben als ein fromder, dem sol er es ze kouffent geben.

12. Das. S. 9. Ist aber das keinü guoter verkouft werdent, die vormals den geteilen nit veil gebotten sint, wenn sich das enpfindet, wil denn das

geteilit das guot haben umb als vil geltes, als es einen frömden verkouft ist —, ſo ſol das geteilit das ſelb guot umb als vil geltes haben an alle widerred.

13. Schwarzb.-Sondersh. Verordn. v. 23. Decbr. 1721. Daß — hinführo keine Theilung derer zuſammen gehörigen Güther, an Häuſern, Gärten u. Bergen, Hufen u. Viertheln, am wenigſten der einzelnen Aecker anders geſtattet, als die Hufen in Viertheln, die einzeln u. ungehuften Aecker u. Ländereyen, wie auch die gantzen Viertheln weiter nicht getheilet, vielmehr aber die zertheilten Stücke wieder zuſammen gebracht werden, u. hierinnen derjenige, ſo das Gegen-Antheil beſitzet, in dem Näher-Rechte den Vorzug vor denen Anverwandten haben ſolle.

14. Preuß. LR. I 20 § 650. Auf Güter, die ehemals zuſammengehört haben, ingleichen wegen der bloßen Nachbarſchaft u. Lage, findet nach gemeinen Rechten kein Vorkaufs- oder Näherrecht ſtatt. § 651. Wenn jedoch ein zu einem ganzen Gute gehörendes einzelnes Grundſtück mit den Grundſtücken eines andern Guts dergeſtalt eingeſchloſſen oder vermiſcht liegt, daß aus dieſer Lage zwiſchen den beyderſeitigen Beſitzern leicht Uneinigkeiten u. Prozeſſe entſtehen könnten: ſo ſoll, wenn dergleichen Grundſtück einzeln verkauft wird, dem Beſitzer des andern Guts ein Vorkaufsrecht daran zuſtehen. § 655. Iſt — das Grundſtück ohne Vorwiſſen des Nachbars dem Dritten — übergeben worden: ſo kann erſterer ſelbiges binnen 6 Monaten nach der Uebergabe, gegen Erſtattung des dafür gezahlten Preiſes, von dem neuen Beſitzer zurückfordern.

15. Cod. Max. Bavar. IV 5 § 14. Von dem Grund- oder Lehenherrlichen Einſtand bey verkauften Grund- oder Lehenbaren Gütern iſt folgendes zu merken: 1) gehet ſolcher dem Einſtand von Freundſchafts-wegen noch vor, 2) praejudicirt ſich der Grund- oder Lehens-Herr nichts daran, wenn er dem Grund-Unterthan oder Lehen-Mann Consensum ad alienandum giebt, oder den Kauf-Brief fertiget u. ſ. w.

16. Frankf. Ref. II 5 § 1. Were es, daß viel eine Behauſung, oder ander liegend Gut, mit einander als Ganerben, in Gemeinſchafft hetten, u. einer under denſelben wolte ſeinen daran habenden Antheil verkauffen, — daß der jenig, ſo ſeinen Antheil an einem ſolchen gemeinen Ganerben Gut zu begeben u. zu verkauffen gewillt, ſolch Gut niemandt auſſerhalb der Ganerbſchaft, ſondern allein der Ganerben einem, welchem ers am beſten gönnet, verkauffen — ſolle. (Vergl. Souchay Anmerk. I S. 146.)

17. Lüneb. Ref. Th. 2 Tit. 5. Wann viel zugleich eine Behauſung oder ander liegend Gut mit einander in Gemeinſchaft haben, u. es will einer unter denſelbigen ſeinen daran habenden Antheil verkaufen, ſo ſoll er ſolches niemand anders dann einem von der Gemeinſchaft, dem er es am liebſten gönnet, oder aber allen Gemeinern zugleich überlaſſen.

18. Cod. Nap. f. Baden § 1701 ab. Das Geſetz gibt Looſung: den Gemeinden u. Gemeindsbürgern an dem Verkauf auf Ungenoſſen; dem Miteigenthümer eines getheilten Hauſes an dem Verkauf eines Haus-Antheils, das mit dem ſeinigen unter einem Dache ſteht; dem Mit-Eigenthümer einer ungetheilten Liegenſchaft an dem Verkauf eines Antheils an einen Nicht-Gemeiner; dem ſtammgutsberechtigten Familienglied an dem Verkauf eines dazu gehörigen Grundſtücks außer der Familie.

2. Erforderniſſe zur Ausübung des Retractrechts. (B. § 107. G. § 176. St. § 89.) § 131.

1. V. F. 13, ſ. § 130 Nr. 1.

2. Solmſiſch. Landr. Tit. 12. Es ſoll auch der Abtrieb allein im Contract *Emptionis*, — aber in den andern Contracten als Verleyhungen, Tauſchen, Uebergaben, Schankungen ꝛc. gar nicht Stat haben.

3. Würtemb. LR. II 16 § 9. Wann vil Gütter in einem geſambten Kauff hingegeben werden, darunder allein etliche, — darzu jemand — beweißliche Loſung hette, daß denjhenigen, ſo — die Loſung haben, nicht zu verwehren, ſich ihrer Loſungsgerechtigkeit zu gebrauchen.

4 Cod Max Bavar IV 5 § 12 Das Einstands=Recht (hat) nicht Statt: — wenn mehr Sachen zugleich in unvertheilten Kauf gekauft werden, u. der Einstand nicht in allen, sondern nur in einigen gesucht werden will.

§ 132. 3. Natur und Wirkungen der Retractklage. (B. § 107. G. § 175.)

1. Budjadinger Landr. Art. 23. Und soll — der, — so sich — darum angemeldet hat, zum Nahern=Kauf nicht verstattet werden, er habe dann innerhalb kurzer gewisser Zeit, welche ihm nach allen Umstanden u. auf Ermassigung des Gerichts zu ernennen, alle dasjenige wurklich geleistet, was der erste Kaufer zuvor geleistet hat, oder zu leisten uber sich genommen.

2. Preuß. LR. I 20 § 631. Wer ein gesetzliches oder dingliches Vorkaufsrecht hat, ist befugt, die ohne gehorige Bekanntmachung oder vor Ablauf der gesetzmaßigen Frist einem andern Kaufer übergebene Sache von demselben gerichtlich zuruckzufordern.

3. Das. § 635. Ist vor der Ausubung des Rückforderungsrechts das Gut schon weiter für einen hoheren Preis verkauft worden, so ist der Ruckforderer doch nur den ersten Kaufpreis zu entrichten verbunden. § 636. Ist aber der Preis, für welchen der gegenwartige Besitzer das Gut gekauft hat, niedriger als der erste, so kommt dieses auch dem Ruckforderer zu statten.

§ 133. 4. Collision mehrerer Retractrechte. (B. § 107. G. § 177.)

1. Freiburg. Stadtr. v. 1520 Bl. 35 b, s. § 130 Nr. 5.

2. Wurtemb. Landr. II 16 § 20. So in Marcklosungen mehr dann einer zu losen begehren wurde, solle derjhenig den Vorzug haben, welcher sich der Losung am ersten angemaßt. — Wa aber zween oder mehr sich zumal angeben, sollen — sie mit einander sortiren u. losen.

3. Budjadinger Landr. Art. 24. Wann kein Freund, dem der Naher=Kauf anzubieten, oder sich dessen zu gebrauchen, vorhanden, sol im Verkauf der liegenden Gründen — der nachste Benachbarte für andern den Vorzug oder des Einstandes Recht haben.

4. Das. Art. 25. Da unterschiedliche gleiche nahe Benachbarte vorhanden, sol derjenige, so am ersten darum spricht, ohne Unterscheid so wol der Nachbarschaft oder Belegenheit von der Sonnen Auf= u. Niedergang als auch der Quantitat des Landes, womit er an dem verkauften Grunde benachbart, jedoch für allen derjenige, uber dessen benachbartes Land das verkaufte Land weeget, et vice versa —, ob gleich andere Benachbarten im Beyspruch ihm zuvor kamen, den Vorzug haben.

§ 134. 5. Entstehungsgrunde des Retractrechts. (B. § 107. G. § 175.)

1. Kursachs. Constit. v. 1572 P II const 32 Do aber das Gut vor die Nehergeltung geburlich hypothecirt, in diesem u. dergleichen fellen kan der Kauffer angesprochen werden.

2. Wurtemb. LR. II 16 § 12. Weil die anbedingte Losungen auff der Contrahenten besondern Beredungen, wie sie sich deren mit einander vergleichen, hauptsachlichen beruhen rc.

3 Cod Max Bav IV 5 § 17. Wird das Einstands=Recht — durch besonderes Geding oder letzten Willen eingeraumt etc

4. Preuß. LR. I 20 § 569. Ein durch Vertrag oder letztwillige Verordnung bestelltes Vorkaufsrecht ist in der Regel nur ein personliches Recht, wodurch nur der gegenwartige Eigenthümer u. dessen Erben verpflichtet werden. § 570. Die Eigenschaft eines dinglichen Rechts erlangt dasselbe bei unbeweglichen Sachen erst durch die Eintragung in das Hypothekenbuch.

5. Oesterr. Gesetzb. § 1073. Das Vorkaufsrecht — in Rücksicht auf unbewegliche Güter kann — durch Eintragung in die öffentlichen Bücher in ein dingliches (Recht) verwandelt werden.

6. Erlöschung des Retractrechts. (B. § 107. G. § 176.) § 135.

1. Budjadinger LR. Art. 20. Da (die Anverwandten) — auf (das Anbieten) — innerhalb 6 Wochen ihre Erklärung nicht thun, mag (das Gut) der Verkäufer ohne Gefahr — verkaufen.

2. Das. Art. 21. Wann aber das Anbieten vorgesetzter massen nicht geschicht, u. der nächste Befreundter hernacher in Erfahrung bringet, daß ein Gut, darzu er Nähern-Kaufs Gerechtigkeit hatte, verkaufet wäre, sol demselben frey stehen, sich innerhalb eines Jahrs u. 6 Wochen, von Zeit des geschlossenen Kaufs anzurechnen, — des Nähern-Kaufs zu gebrauchen.

3. Würtemb. LR. II 16 § 22. Der jhenig so lösen will, ein Jar u. ein Tag hierzu haben soll.

4. Hohenzollerische Landesordn. Tit. 39 S. 49. Falls er aber von dem Kauf keine Nachricht bekommen haben würde, solle er binnen Monatsfrist oder 30 Tagen dessentwegen nicht gefährt, sondern befugt, in einer solchen Zeit die Lösung behörig zu suchen, bis auf die Marklosung, zu welcher eine Jahresfrist verordnet ist.

5. Langensalz. St. v. 1556 (Walch 7, 278). Mit dem näherkauff, welchen die angebohrnen Freunde vor andern frembden, krafft einer Gewohnheit oder vorjährten Gebrauch, offtermahls zu haben vermeinen, so soll es hinfort, nach Versehung gemeiner Keyserlichen Rechte gehalten werden, also, daß es nicht allein jedermänniglichen, der das seine zu verändern mächtig, dasselbige, wenn er will, ungehindert zu verkauffen zugelassen, sondern daß auch der kauffer die gekauffte Güther vor allen andern des Verkauffers angebohrnen Freundschafft eigenthümlich haben u. behalten möge, es wäre denn daß die angebohrnen des verkaufften Guthes Gespilde oder gegen Wechsel, so etwan zuvor durch theilung darvon gesondert, unter sich hatten, dieselben möchten mit Näherkauffs Rechte die Güter wieder zusammen bringen.

6. Frankf. Ref. II 4 § 1. Wiewol der Abtrieb, im Reich Teutscher Nation, — sonderlich auch dieser Landtart, u. am Rheinstrom, fast gemein u. bräuchlich, auch der Ehrbar- u. Billichkeit ganz gemäß ist, jedoch dieweil derselbig in den Keyserlichen Rechten außtrücklich verbotten, dieselben Keyserlichen Rechten auch bey uns über alle denckliche Zeit — hierinn (außerhalb — in Consorten u. Ganerben) also üblich gehalten, u. nie kein Abtrieb gestattet worden — so lassen wir es auch nachmahls unverendert — dabey bleiben.

7. Preuß. Ges. betr die Ablös. der Reallast. v. 2. März 1850 § 2. Ohne Entschädigung werden folgende Berechtigungen, so weit sie noch bestehen, aufgehoben. — — — 6) die Vorkaufs-, Näher- u. Retraktrechte an Immobilien, mit Ausnahme der im § 4 aufgeführten. — — — § 4. Das durch Verträge oder letztwillige Verfügungen begründete Vorkaufsrecht an Immobilien, das Vorkaufsrecht derjenigen, die eine Sache gemeinschaftlich zu vollem Eigenthume besitzen, an deren Antheilen, so wie das Retraktrecht der Miterben nach dem rheinischen Civilgesetzbuche, bleiben in Kraft. Ein gesetzliches Vorkaufsrecht findet ferner wegen aller Theile von Grundstücken statt, welche in Folge des von dem Staate ausgeübten oder verliehenen Expropriationsrechts zu gemeinnützigen Zwecken haben veräußert werden müssen, wenn in der Folge das expropriirte Grundstück ganz oder theilweise zu dem bestimmten Zwecke nicht weiter nothwendig ist u. veräußert werden soll. Das Vorkaufsrecht steht dem zeitigen Eigenthümer des durch den ursprünglichen Erwerb verkleinerten Grundstücks zu. (Vgl. ob. § 84 Nr. 27—29.)

8. Hannov. Verordngn. v. 12. Jul. 1857 u. 6. März 1858 oben § 19.

9. Allg. D. HGB. Art. 470. Ein gesetzliches Vorkaufsrecht steht den Mitrhedern nicht zu.

10. Preuß G. (f die Prov. Hannover) v. 24. Dec. 1872 § 1. Die noch bestehenden Vorkaufs-, Näher- u. Retractrechte an Immobilien werden aufge-

hoben. § 3. Es bleiben aufrecht erhalten: 1) das durch Verträge oder letztwillige Verfügungen begründete Vorkaufsrecht; 2) das in Fällen der Enteignung gesetzlich begründete Vorkaufs- u Wiederkaufsrecht; 3) das auf den statutarischen Bestimmungen der Ritterschaft des Herzogthums Bremen beruhende Vorkaufs- u. Retraktrecht der Agnaten an den ritterschaftlichen Erbstammgütern.

§ 136. II. Pacht und Miethe. (Eisernviehvertrag.) (B. § 108 u. 196, 197. G § 180. St. § 186)

v Brünneck z. Gesch. der Miethe u. Pacht in den deutschen u germ. R des MA. (Zeitschrift der Sav.-Stftg. 1 [1880] S. 138). — Drechsler der landwirthschaftliche Pachtvertrag. 2 Bde. Halle 1871. Huck die Viehverstellung in d. Ztschr. f. D. R. 5 (1841) S. 226

a Greifswalder Rathswillkur v. 1322 (Kosegarten Pommersche u. Rüg. Geschichtsdenkm. S. 142). Si aliquis nostrorum civium hereditatem conduxerit seu convenerit ab altero ad aliquod tempus deputatum, et si ille qui locaverit hereditatem posthec vendiderit eandem, talis *venditio* hujusmodi *locationem et conductionem infringere non debebit,* nec obstante ipsa venditione ille qui conduxit et convenit ipsam hereditatem, debet apud eam manere et eam inhabitare, quamdiu ipsam convenit seu conduxit

1. Rb. n. Dist. II 4, 5. Had eyn man sin hus adder sin eygen vormid u. vorkouft daz sint der zcith: der daz gemit had, der had sin ingedinge. Wulde on der abetribe, der is gekouft hette, des en sal nicht sin; wen he wer sime ingedinge neher zcu bewisene uf den heyligen zcu eyme jare adder zcu eyme halben, also den or ingeteydinge gestanden hette. Der is denne gekouft hette, der behalde sin eygen, ab her wel, u. warte sines zcinses.

2. Goslar. St. S. 24 Z. 19 ff. s. oben § 102 Nr. 56

b Eisenachisches Rechtsb. III 31. Hat eyn man sin hucz adir eigin vormit, vorkoift her daz, der kouf tued di mite abe. S(tadt)recht. Abir noch lantrechte: wolde en der abetribin u. s. w. (wie Nr 1).

c Glosse des Burgermstrs. Herm. Langenbeck († 1517) z. Hamburg. StR. v. 1497 G. XIV (Lappenberg RA. S. 244). De koper ysz ock plichtich to holdende dat bescheet in dem kope bespraken; so me denne hure moth holden, de de vorkoper beschedeth, ut dicta L Emptor, vele meer de de wonheyt effte recht bestediget; ghelick tho Hamborch schudt, dar hur bricht koep, dat ysz: hur gheyt vor sick; al wert dat ghudt vorkofft, so moth de koper de hur dulden.

d Billwarder LR. Art. 65 (das. S 340). Koep de drift hure up. (Vgl Baumeister Hamb. Privatr 1 S. 356.)

e Dithmarscher LR. v. 1447 § 149 (Michelsen S. 50). Vri kop mach arfhure up driven, malk se wes he hure u. kope.

f Lub. N. Stb. z. J. 1480 (Pauli Lub Zustände 3 S. 128, vgl. das. S. 21). Diderik Huep — vor deme ersamen rade — heft tosprake gedan to Peter Bl. —, wo dat he eme de woninge, darinne he wonet, upgesecht laten hebbe, so en wille doch desulve Peter sodaner woninge nicht rumen. Darupp Peter geantwordet heft, wo dat he sodane woninge van eme nicht, sunder van Godeken Pleskouwen mit vorworden gehuret hebbe, alzo dat erer en deme anderen en halff jar tovoren upseggen scholde. Darup de — rad affgesecht heft nademe — Diderik zin hus mit der erscreven woninge van Godeken gekoft heft u. de Peter to rechter tyd heft toseggen laten, so brekt koep hure u. Peter schal eme de woninge rumen.

3. Hamburg. Stadtr. II 9, 13. Wenn einer sein haus auf ein oder mehr Jahre verhauret hat, u. mittlerweile dasselbige verpfandet, verkaufft, oder sonst alieniret; so soll solcher Contract allezeit dem Haurer an seinem habenden Rechte u. noch restirender Zeit unvorfanglich seyn.

4. Luneb. Ref. II 15. Verkauft der Hauß-Herr oder seine Erben in noch wahrender Zeit der Verheurung das Heur-Hauß einem andern,

so seyndt sie nichts desto weniger schuldig, den Miethmann die versprochene Zeit über vollends bleiben zu lassen.

5. Mainz. Landr. 27, 3. Kein Bestander kan vor der Zeit aus der *Possession* gesetzet werden, obschon ein Gut oder Hauß wäre verkaufft worden.

6. Preuß. LR. I 21 § 350. Auch innerhalb der contractmäßigen Zeit muß der Pachter oder Miether sich die Aufkündigung gefallen lassen, wenn der Fall einer nothwendigen gerichtlichen Veräußerung der Sache eintritt. — § 358. Durch einen freiwilligen Verkauf wird in den Rechten des Miethers oder Pachters nichts geändert.

7. Oesterr. Ges B. § 1095. Wenn ein Bestandvertrag in die öffentlichen Bücher eingetragen ist, so ist das Recht des Bestandnehmens als ein dingliches Recht zu betrachten, welches sich auch der nachfolgende Besitzer auf die noch übrige Zeit gefallen lassen muß.

8. Preuß. LR. I 21 § 265. Ist statt des Pachtzinses ein gewisser nur im Verhältniß gegen das Ganze bestimmter Antheil (pars quota) von Früchten vorbedungen worden: so ist ein solches Geschäft zwar übrigens nach den Regeln des Pachtcontracts zu beurtheilen; § 266. Es finden aber wegen Vertheilung der Früchte zwischen dem Pachter u. Verpachter die Regeln des Gesellschaftsvertrags Anwendung.

9. Das. § 328. Die stillschweigend erfolgte Verlängerung [des Pacht- oder Miethvertrags] wird in der Regel auf Ein Jahr verstanden. § 329. Ist jedoch in einem auf mehrere Jahre geschlossenen Contracte der Zins auf die mehreren Jahre zusammen genommen bestimmt: so erstreckt sich die stillschweigende Verlängerung auf die ganze Dauer der ersten contractmäßigen Zeit. § 330. Ist bei verpachteten Landgütern der Acker in gewisse Felder eingetheilt, so wird die stillschweigend fortgesetzte Pacht um so viel Zeit für verlängert geachtet, als erforderlich ist, daß der Pachter sämmtliche Felder nach landüblichem Wirthschaftsgebrauche nutzen könne.

10. Oesterr. Ges B. § 1115. Die stillschweigende Erneuerung des Bestandvertrages geschieht unter den nähmlichen Bedingungen, unter welchen er vorher geschlossen war. Doch erstreckt sie sich bey Pachtungen nur auf Ein Jahr; wenn aber der ordentliche Genuß erst in einem späteren Zeitraume erfolgen kann, auf eine so lange Zeit, als nothwendig ist, um die Nutzungen Ein Mahl beziehen zu können.

11 Cod trad Altaheim a. 1253 (M B. XI 45) In R habemus XI vaccas, quae dicuntur *Immer Kue* De qualibet illarum dantur L casei — Ex vaccis habet *villicus noster unam*, C unam, Heinricus unam; Hermannus unam etc

12 Cod. Nap f. Baden Art. 1804. Die einfache Vieh-Verstellung ist der Vertrag, wodurch eine Heerde Vieh einzustellen, zu nähren u. zu pflegen unter der Bedingung übergeben wird, daß der Einsteller die Hälfte des Zuwachses an jungem Vieh für sich haben, zugleich aber auch den Verlust zur Hälfte tragen soll Art 1805. Der Einsteller wird durch den bloßen Anschlag nicht Eigenthümer des Viehs, sondern im Zweifel hat die Abschätzung nur den Zweck, Verlust oder Gewinn am Ende der Vertrags-Zeit zu bestimmen. — Art. 1810. Geht alles Vieh ohne Verschulden des Einstellers zu Grund, so trägt der Besteller den Verlust. — Art. 1812. Der Einsteller darf über kein Stück Vieh aus der Heerde, es mag zum Hauptstamm oder zum Zuwachs gehören, ohne Bewilligung des Verstellers schalten; aber auch dieser kann ohne Bewilligung des Einstellers hierüber nicht verfügen.

13. Das. Abschn. 5. Von der gemeinen aber uneigentlichen Viehverstellung. Art. 1831. Wer Melkvieh einem Andern gibt, um es einzustellen u. zu füttern, der behält Gefahr u. Eigenthum, u. die geworfene Jungen sind der einzige Ertrag, den er inzwischen davon hat.

14. Das. Art. 1831 b Es kann bedungen werden, daß die Jungen theilbar werden, u. dagegen ein Milchzins in Milch oder Geld gegeben werde, der jedoch den Gewinn des Einstellers aus den Jungen nicht übersteigen darf.

15. Das Art. 1831 c Der Vertrag kann auch so geschlossen werden, daß der Einsteller die Hälfte des Werths des einstellenden Viehes zahle;

alsdann gehört ihm die Hälfte der Jungen ohne Vergütung, u. er trägt die Gefahr mit, u. hat, sobald das Vieh zu Dritt steht, die Wahl, das alte Thier oder die beeden Jungen für sich zu nehmen.

16. Preuß. LR. I 21 § 453. Den Abgang am Viehstande, welcher sich durch Alter, Gebrauch, oder durch ein grobes oder mäßiges Versehen des Pächters ereignet, muß er selbst tragen, u. für dessen Ergänzung sorgen. § 454. Ein Gleiches findet Statt, wenn nur ein oder das andere Stück durch Krankheiten, die nicht ansteckend sind, verloren geht. § 455. Wenn aber durch Seuchen, Feuer oder andere ungewöhnliche Unglücksfälle ein Verlust am Viehinventario sich ereignet, so trifft derselbe den Verpachter als Eigenthümer dieser Stücke.

17. Das. § 475 verb. m. § 474. Wenn der Pächter das Inventarium als eisern übernommen hat, so trägt er jeden daran sich ereignenden Verlust.

18. Das. § 476. Daraus allein, daß das Inventarium dem Pächter nach einer Taxe übergeben worden, folgt noch nicht, daß er selbiges als eisern übernommen habe.

19. Das. § 601. Ist das Inventarium nach einer Taxe übergeben worden: so muß dennoch bey der Rückgewähr, in Ansehung jeder Sorte von Inventarienstücken, auf die Anzahl derselben, u. nur bey Bestimmung der von einer oder der anderen Seite zu leistenden Vergütungen, auf den Werth der gesammten Inventarienstücke von dieser Sorte gesehen werden. § 602. Der Verpachter ist also nicht schuldig, eine größere Zahl von Inventarienstücken in jeder Sorte zurück zu nehmen, oder für die zurückgewährte geringere Anzahl mit der Anrechnung des höhern Werths derselben sich zu begnügen.

20. Sächs. Ges.B. § 1209. Wird mit der Sache ein Inventar geschätzt übergeben, so ist im Zweifel anzunehmen, daß der Pachter oder Miether die Gefahr des Unterganges u. der Verschlechterung zu tragen hat. Derselbe muß das Inventar im Stande halten. Ueber die einzelnen Stücke darf er verfügen, soweit es mit ordnungsmäßiger Benutzung der Sache vereinbar ist; doch hat er die abgegangenen Stücke durch neue zu ersetzen. Er ist nicht berechtigt, bei Beendigung des Vertrages die Stücke gegen den bedungenen Schätzungswerth zu behalten, sondern hat ein Inventar zurück zu lassen, welches aus ebensoviel Stücken, als er erhalten, besteht u. dessen Schätzungswerth dem des empfangenen Inventars gleichkommen muß. Soweit der erstere den letzteren übersteigt, kann er Vergütung des Ueberschusses fordern.

21 Das. § 1210. Wird Vieh des Einen dem Anderen geschätzt zur Benutzung gegen eine Gegenleistung in Futter u. Pflege überlassen, so kommen die im § 1209 aufgestellten Vorschriften über die Gefahr des Unterganges u. der Verschlechterung u. das Recht der Verfügung über die Sachen zur Anwendung. Nach Beendigung des Vertrages ist Vieh in derselben Stückzahl u. Beschaffenheit, wie es übergeben worden, zurückzugeben.

§ 136a. Insbesondere: Dienst-, Arbeits- und Lehrvertrag. (B. § 213. G. § 182. St. § 188)

Ueber Gesindemiethe unten § 196. — Danckwardt der Arbeitsvertrag in Jherings Jahrb. 14 (1874) S. 228. Löning Vertragsbruch S. 458; Sickel Vertragsbruch S. 96. — Thöl Handelsr. § 81 bis 85.

Deutsche Gewerbeordnung (s. ob. S. 151) Tit VII: gewerbliche Arbeiter (Gesellen, Gehülfen, Lehrlinge, Fabrikarbeiter)

1. Gew.O. § 105. Die Festsetzung der Verhältnisse zwischen den selbständigen Gewerbetreibenden u. den gewerblichen Arbeitern ist, vorbehaltlich der durch

Reichsgesetz begründeten Beschränkungen, Gegenstand freier Uebereinkunft.

2. Gew.O. § 105. Zum Arbeiten an Sonn- u. Feiertagen können die Gewerbetreibenden die Arbeiter nicht verpflichten. Arbeiten, welche nach der Natur des Gewerbebetriebes einen Aufschub oder eine Unterbrechung nicht gestatten, fallen unter die vorstehende Bestimmung nicht.

3. Das. § 120. Die Gewerbeunternehmer sind — verpflichtet, alle diejenigen Einrichtungen herzustellen u. zu unterhalten, welche mit Rücksicht auf die besondere Beschaffenheit des Gewerbebetriebes u. der Betriebsstätte zu thunlichster Sicherheit gegen Gefahr für Leben u. Gesundheit nothwendig sind.

4. Das. § 106 oben § 51 litt a, § 100 e oben § 61 Nr. 42.

5. Das. § 120. Die Gewerbeunternehmer sind verpflichtet, bei der Beschäftigung von Arbeitern unter 18 Jahren die durch das Alter derselben gebotene besondere Rücksicht auf Gesundheit u. Sittlichkeit zu nehmen.

6. Das. § 107. Personen unter 21 Jahren dürfen — als Arbeiter nur beschäftigt werden, wenn sie mit einem Arbeitsbuche versehen sind.

7. Das. § 121 Gesellen u. Gehülfen sind verpflichtet, den Anordnungen der Arbeitgeber in Beziehung auf die ihnen übertragenen Arbeiten u. auf die häuslichen Einrichtungen Folge zu leisten; zu häuslichen Arbeiten sind sie nicht verbunden.

8. Das. § 122. Das Arbeitsverhältniß zwischen den Gesellen oder Gehülfen u. ihren Arbeitgebern kann, wenn nicht ein Anderes verabredet ist, durch eine jedem Theile freistehende, 14 Tage vorher erklärte Aufkündigung gelöst werden.

9. Das. § 123. Vor Ablauf der vertragsmäßigen Zeit u. ohne Aufkündigung können Gesellen u. Gehülfen entlassen werden: 1) wenn sie bei Abschluß des Arbeitsvertrages den Arbeitgeber durch Vorzeigung falscher oder verfälschter Arbeitsbücher oder Zeugnisse hintergangen oder ihn über das Bestehen eines andern, sie gleichzeitig verpflichtenden Arbeitsverhältnisses in einen Irrthum versetzt haben; 2) wenn sie eines Diebstahls, einer Entwendung, einer Unterschlagung, eines Betruges oder eines liederlichen Lebenswandels sich schuldig machen; 3) wenn sie die Arbeit unbefugt verlassen haben oder sonst den nach dem Arbeitsvertrage ihnen obliegenden Verpflichtungen nachzukommen beharrlich verweigern; 4) wenn sie der Verwarnung ungeachtet mit Feuer u. Licht unvorsichtig umgehen; 5) wenn sie sich Thätlichkeiten oder grobe Beleidigungen gegen den Arbeitgeber oder seine Vertreter oder gegen die Familienangehörigen des Arbeitgebers oder seiner Vertreter zu Schulden kommen lassen; 6) wenn sie einer vorsätzlichen u. rechtswidrigen Sachbeschädigung zum Nachtheile des Arbeitgebers oder eines Mitarbeiters sich schuldig machen; 7) wenn sie Familienangehörige des Arbeitgebers oder seiner Vertreter oder Mitarbeiter zu Handlungen verleiten oder mit Familienangehörigen des Arbeitgebers oder seiner Vertreter Handlungen begehen, welche wider die Gesetze oder die guten Sitten verstoßen; 8) wenn sie zur Fortsetzung der Arbeit unfähig oder mit einer abschreckenden Krankheit behaftet sind In den unter Nr. 1—7 gedachten Fällen ist die Entlassung nicht mehr zulässig, wenn die zu Grunde liegenden Thatsachen dem Arbeitgeber länger als eine Woche bekannt sind.

10. Das. § 124 Vor Ablauf der vertragsmäßigen Zeit u. ohne Aufkündigung können Gesellen u Gehülfen die Arbeit verlassen: 1) wenn sie zur Fortsetzung der Arbeit unfähig werden; 2) entsprechend ob. Nr. 9, 5; 3) entsprechend ob. Nr. 9, 7; 4) wenn der Arbeitgeber den Arbeitern den schuldigen Lohn nicht in der bedungenen Weise auszahlt, bei Stücklohn nicht für ihre ausreichende Beschäftigung sorgt, oder wenn er sich widerrechtlicher Uebervortheilungen gegen sie schuldig macht; 5) wenn bei Fortsetzung der Arbeit das Leben oder die Gesundheit der Arbeiter einer erweislichen Gefahr ausgesetzt sein würde, welche bei Eingehung des Arbeitsvertrages nicht zu erkennen war. In den unter 2) u. 3) gedachten Fällen ist der Austritt aus der Arbeit nicht mehr zulässig, wenn die zu Grunde liegenden Thatsachen dem Arbeiter länger als eine Woche bekannt waren.

11. GewO. § 125. Ein Arbeitgeber, welcher einen Gesellen oder Gehülfen verleitet, vor rechtmäßiger Beendigung des Arbeitsverhältnisses die Arbeit zu verlassen, ist dem frühern Arbeitgeber für den dadurch entstandenen Schaden als Selbstschuldner mitverhaftet. In gleicher Weise haftet ein Arbeitgeber, welcher einen Gesellen oder Gehülfen annimmt oder behält, von dem er weiß, daß derselbe einem andern Arbeitgeber zur Arbeit noch verpflichtet ist.

12. Das. § 115. Die Gewerbetreibenden sind verpflichtet, die Löhne ihrer Arbeiter baar in Reichswährung auszuzahlen. Sie dürfen denselben keine Waaren kreditiren. Die Verabfolgung von Lebensmitteln an die Arbeiter fällt, sofern sie zu einem die Anschaffungskosten nicht übersteigenden Preise erfolgt, unter die vorstehende Bestimmung nicht; auch können den Arbeitern Wohnung, Feuerung, Landnutzung, regelmäßige Beköstigung, Arzneien und ärztliche Hülfe, sowie Werkzeuge und Stoffe zu den ihnen übertragenen Arbeiten unter Anrechnung bei der Lohnzahlung verabfolgt werden.

13. Das. § 116. Arbeiter, deren Forderungen in einer dem § 115 zuwiderlaufenden Weise berichtigt worden sind, können zu jeder Zeit Zahlung nach Maßgabe des § 115 verlangen, ohne daß ihnen eine Einrede aus dem an Zahlungsstatt Gegebenen entgegengesetzt werden kann. Letzteres fällt, soweit es noch bei dem Empfänger vorhanden oder dieser daraus bereichert ist, derjenigen Hülfskasse zu, welcher der Arbeiter angehört, in Ermangelung einer solchen einer anderen zum Besten der Arbeiter an dem Orte bestehenden, von der Gemeindebehörde zu bestimmenden Kasse und in deren Ermangelung der Ortsarmenkasse.

14. Das. § 117. Verträge, welche dem § 115 zuwiderlaufen, sind nichtig. Dasselbe gilt von Verabredungen zwischen Gewerbetreibenden und den von ihnen beschäftigten Arbeitern über die Entnahme der Bedürfnisse der letzteren aus gewissen Verkaufsstellen, sowie überhaupt über die Verwendung des Verdienstes derselben zu einem andern Zweck als zur Betheiligung an Einrichtungen zur Verbesserung der Lage der Arbeiter oder ihrer Familien.

15. Das. § 118. Forderungen für Waaren, welche dem § 115 zuwider kreditirt worden sind, können von dem Gläubiger weder eingeklagt, noch durch Anrechnung oder sonst geltend gemacht werden, ohne Unterschied, ob sie zwischen den Betheiligten unmittelbar entstanden, oder mittelbar erworben sind. Dagegen fallen dergleichen Forderungen der im § 116 bezeichneten Kasse zu.

16. RG. (Nd. BG.) v. 21. Juni 1869 § 1. Die Vergütung — für Arbeiten oder Dienste, welche auf Grund eines Arbeits- oder Dienstverhältnisses geleistet werden, darf, sofern dieses Verhältniß die Erwerbsthätigkeit des Vergütungsberechtigten vollständig oder hauptsächlich in Anspruch nimmt, zum Zwecke der Sicherheit oder Befriedigung eines Gläubigers erst dann mit Beschlag belegt werden, nachdem die Leistung der Arbeiten oder Dienste erfolgt u. nachdem der Tag, an welchem die Vergütung — zu entrichten war, abgelaufen ist, ohne daß der Vergütungsberechtigte dieselbe eingefordert hat. § 2. Die Bestimmungen des § 1 können nicht mit rechtlicher Wirkung durch Vertrag ausgeschlossen oder beschränkt werden. Soweit — die Beschlagnahme unzulässig ist, ist auch jede Verfügung durch Cession, Anweisung, Verpfändung oder durch ein anderes Rechtsgeschäft ohne rechtliche Wirkung. § 4. Das — Gesetz findet keine Anwendung — 4) auf den Gehalt u. die Dienstbezüge der im Privatdienste dauernd angestellten Personen, soweit der Gesammtbetrag die Summe von 400 Thalern jährlich übersteigt.

17. D. Civilprozeß-O. § 749. Der Pfändung sind nicht unterworfen: 1) der Arbeits- oder Dienstlohn nach den Bestimmungen des RG. v. 21. Juni 1869 — Der Gehalt u. die Dienstbezüge der im Privatdienste dauernd angestellten Personen (ob. Nr. 16) sind nur soweit der Pfändung unterworfen, als der Gesammtbetrag die Summe von 1500 M. für das Jahr übersteigt.

18. GewO. § 152. Alle Verbote u. Strafbestimmungen gegen Gewerbetreibende, gewerbliche Gehülfen, Gesellen oder Fabrikarbeiter wegen Verabredungen u. Vereinigungen zum Behufe der Erlangung günstiger Lohn- u. Arbeitsbedingungen, insbesondere mittelst Einstellung der Arbeit oder Entlassung der Arbeiter, werden aufgehoben. Jedem Theilnehmer steht

der Rücktritt von solchen Vereinigungen u. Verabredungen frei, u. es findet aus letzteren weder Klage noch Einrede statt.

19. GewO. § 126. Der Lehrherr ist verpflichtet, den Lehrling in den bei seinem Betriebe vorkommenden Arbeiten des Gewerbes in der durch den Zweck der Ausbildung gebotenen Reihenfolge u. Ausdehnung zu unterweisen. Er muß entweder selbst oder durch einen geeigneten, ausdrücklich dazu bestimmten Vertreter die Ausbildung des Lehrlings leiten. Er darf dem Lehrling die zu seiner Ausbildung u. zum Besuche des Gottesdienstes an Sonn- u. Festtagen erforderliche Zeit u. Gelegenheit durch Verwendung zu anderen Dienstleistungen nicht entziehen. Er hat den Lehrling zur Arbeitsamkeit u. zu guten Sitten anzuhalten u. vor Ausschweifungen zu bewahren.

20. Das. § 127. Der Lehrling ist der väterlichen Zucht des Lehrherrn unterworfen. Demjenigen gegenüber, welcher an Stelle des Lehrherrn seine Ausbildung zu leiten hat, ist er zur Folgsamkeit verpflichtet

21. Das. § 128. Das Lehrverhältniß kann, wenn eine längere Frist nicht vereinbart ist, während der ersten 4 Wochen nach Beginn der Lehrzeit durch einseitigen Rücktritt aufgelöst werden. Eine Vereinbarung, wonach diese Probezeit mehr als 3 Monate betragen soll, ist nichtig Nach Ablauf der Probezeit kann der Lehrling vor Beendigung der verabredeten Lehrzeit entlassen werden, wenn einer der im § 123 (ob. Nr 9) vorgesehenen Fälle auf ihn Anwendung findet Von Seiten des Lehrlings kann das Lehrverhältniß nach Ablauf der Probezeit aufgelöst werden: 1) wenn einer der § 124 unter Nr. 1, 3—5 (ob. Nr. 10) vorgesehenen Fälle vorliegt; 2) wenn der Lehrherr seine gesetzlichen Verpflichtungen gegen den Lehrling in einer die Gesundheit, die Sittlichkeit oder die Ausbildung des Lehrlings gefährdenden Weise vernachlässigt oder das Recht der väterlichen Zucht mißbraucht oder zur Erfüllung der ihm vertragsmäßig obliegenden Verpflichtungen unfähig wird.

22. Das. § 128. Der Lehrvertrag wird durch den Tod des Lehrlings aufgehoben. Durch den Tod des Lehrherrn gilt der Lehrvertrag als aufgehoben, sofern die Aufhebung innerhalb 4 Wochen geltend gemacht wird.

23. Das. § 129. Bei Beendigung des Lehrverhältnisses hat der Lehrherr dem Lehrling — über die Dauer der Lehrzeit u. die — erworbenen Kenntnisse u. Fertigkeiten sowie über sein Betragen ein Zeugniß auszustellen. — An Stelle dieser Zeugnisse können, wo Innungen oder andere Vertretungen der Gewerbetreibenden bestehen, die von diesen ausgestellten Lehrbriefe treten.

24. Das. § 130. Verläßt der Lehrling in einem durch das Gesetz nicht vorgesehenen Falle ohne Zustimmung des Lehrherrn die Lehre, so kann Letzterer den Anspruch auf Rückkehr des Lehrlings nur geltend machen, wenn der Lehrvertrag schriftlich geschlossen ist

25. Das. § 131. Wird von dem Vater oder Vormund für den Lehrling, oder, sofern der Letztere großjährig ist, von ihm selbst dem Lehrherrn die schriftliche Erklärung abgegeben, daß der Lehrling zu einem andern Gewerbe oder Berufe übergehen werde, so gilt das Lehrverhältniß — nach Ablauf von 4 Wochen als aufgelöst. Binnen 9 Monaten nach der Auflösung darf der Lehrling in demselben Gewerbe von einem andern Arbeitgeber ohne Zustimmung des frühern Lehrherrn nicht beschäftigt werden.

26. Das. § 132. Erreicht das Lehrverhältniß vor Ablauf der verabredeten Lehrzeit sein Ende, so kann von dem Lehrherrn oder von dem Lehrling ein Anspruch auf Entschädigung nur geltend gemacht werden, wenn der Lehrvertrag schriftlich geschlossen ist. — Der Anspruch — erlischt, wenn er nicht innerhalb 4 Wochen nach Auflösung des Lehrverhältnisses im Wege der Klage oder Einrede geltend gemacht ist.

27. Das. § 133. Ist von dem Lehrherrn das Lehrverhältniß aufgelöst worden, weil der Lehrling die Lehre unbefugt verlassen hat, so ist die von dem Lehrherrn beanspruchte Entschädigung — auf einen Betrag festzusetzen, welcher für jeden auf den Tag des Vertragsbruches folgenden Tag der Lehrzeit, höchstens aber für 6 Monate, bis auf die Hälfte des in dem Gewerbe des Lehrherrn den Gesellen oder Gehülfen ortsüblich gezahlten Lohnes sich belaufen darf. Für die Zahlung der Entschädigung sind als Selbstschuldner mitverhaftet der Vater des Lehrlings sowie derjenige Arbeitgeber, welcher den Lehrling zum Verlassen der

Lehre verleitet oder — in Arbeit genommen hat, obwohl er wußte, daß der Lehrling zur Fortsetzung eines Lehrverhältnisses noch verpflichtet war. Hat der Entschädigungsberechtigte erst nach Auflösung des Lehrverhältnisses von der Person des Arbeitgebers, welcher den Lehrling verleitet oder in Arbeit genommen hat, Kenntniß erhalten, so erlischt gegen diese der Entschädigungsanspruch erst, wenn derselbe nicht innerhalb 4 Wochen nach erhaltener Kenntniß geltend gemacht ist.

28. Gew.O. § 154. Die Bestimmungen der §§ 105 — 133 (s. Nr. 2 ff.) finden auf Gehülfen u. Lehrlinge in Apotheken und Handelsgeschäften keine Anwendung.

29. Das. § 135. Kinder unter 12 Jahren dürfen in Fabriken nicht beschäftigt werden. Die Beschäftigung von Kindern unter 14 Jahren darf die Dauer von 6 Stunden täglich nicht überschreiten. — Junge Leute zwischen 14 u. 16 Jahren dürfen in Fabriken nicht länger als 10 Stunden täglich beschäftigt werden. — Wöchnerinnen dürfen während 3 Wochen nach ihrer Niederkunft nicht beschäftigt werden.

§ 137. III. Verlagsvertrag. (B § 88, 230. G. § 200. St. § 189)

Osc. Wächter das Verlagsrecht mit Einschluß der Lehren von dem Verlagsvertrag u. Nachdruck. 2 Bde. Stuttg. 1857, 58. v. Gerber in dessen und Ihering's Jahrbüchern 3 (1859); jurist. Abh. S. 282 ff. Petsch die gesetzlichen Bestimmungen über den Verlagsvertrag. Leipzig 1870 — Thöl HR. § 207. Goldschmidt HR § 56. Klostermann im Handb. des HR. 3 S 714. — Vgl. auch unten § 145b.

1. Preuß. LR. I 11 § 1000. Der Verfasser ist schuldig, den schriftlichen Vertrag durch Lieferung der Handschrift zur gehörigen Zeit zu erfüllen. § 1001. Thut er dieses nicht, so kann der Verleger von dem Vertrage wieder abgehn.

2. Oesterr. Ges.B. § 1165. Der Verfasser ist verbunden, das Werk der Verabredung gemäß zu liefern u. der Verleger gleich nach geliefertem Werke die bedungene Belohnung zu entrichten. § 1166. Wird das Werk von dem Schriftsteller zur bestimmten Zeit oder auf die festgesetzte Art nicht geliefert, so kann der Verleger zurücktreten, u., wenn die Ablieferung aus Verschulden des Verfassers unterbleibet, die Schadloshaltung fordern.

3. Preuß. LR. I 11 § 1005 Ereignen sich Umstände oder Hindernisse, welche den Verfasser veranlassen, das versprochene Werk gar nicht herauszugeben, so kann er von dem Vertrage zurücktreten. § 1006. Er muß aber dem Verleger den Schaden ersetzen, welcher demselben aus den zum Abdrucke etwa schon getroffenen, u. durch den Rücktritt unnütz werdenden Anstalten, wirklich entsteht.

4. Das. § 1013. Ist im Verlagsvertrage die Zahl der Exemplare der ersten Auflage nicht bestimmt, so steht es dem Verleger frey, auch ohne ausdrückliche Einwilligung des Verfassers, neue Auflagen zu veranstalten. § 1014. Ist aber die Zahl bestimmt, so muß der Verleger, wenn er eine neue Auflage machen will, sich darüber mit dem Schriftsteller oder dessen Erben, anderweit abfinden. § 1015. Können die Parteien sich darüber nicht vereinigen, so dient die Hälfte des für die erste Auflage gezahlten Honorarii zum Maaßstabe. § 1016. Hingegen erstreckt sich das Verlagsrecht in der Regel — nur auf die erste Ausgabe des Werks, mit Inbegriff aller ferneren Theile u. Fortsetzungen desselben. § 1017. Der erste Verleger kann also niemals eine neue Ausgabe machen, ohne mit dem Schriftsteller einen neuen Vertrag darüber geschlossen zu haben. § 1018. Dagegen kann auch der Schriftsteller keine neue Ausgabe veranstalten, so lange der erste Verleger die von ihm nach § 1013, 1014 rechtmäßig veranstalteten Auflagen noch nicht abgesetzt hat.

5. Das. § 1020. Das Recht des Verfassers, daß ohne seine Zuziehung keine neue Ausgabe veranstaltet werden darf, geht — auf seine Erben über.

6. Das. § 1021. Vorstehende Einschränkungen des Verlagsrechts zum Besten des Schriftstellers fallen weg, wenn der Buchhändler die

Ausarbeitung eines Werks, nach einer von ihm gefaßten Idee, dem Schriftsteller zuerst übertragen, u. dieser die Ausführung ohne besondern schriftlichen Vorbehalt übernommen; oder wenn der Buchhändler mehrere Verfasser, zur Ausführung einer solchen Idee, als Mitarbeiter angestellt hat. § 1022. In diesen Fällen gebührt das volle Verlagsrecht von Anfang an dem Buchhändler.

7. Preuß. LR. I 11 § 1024 Niemand darf, ohne Einwilligung des Verfassers und seines Verlegers, einzelne gedruckte Schriften in ganze Sammlungen aufnehmen, oder Auszüge daraus besonders drucken lassen.

8. Das. § 1027. Uebersetzungen sind in Beziehung auf das Verlagsrecht für neue Schriften zu achten.

9. Oesterr. Ges.B. § 1167. Wenn die Zahl der Exemplare bestimmt worden ist, so muß der Verleger zu jeder neuen Auflage die Einwilligung des Verfassers einholen u. über die Bedingungen ein neues Uebereinkommen treffen.

10. Das. § 1168. Will der Verfasser eine neue Ausgabe mit Veränderungen in dem Inhalte des Werkes veranstalten; so ist darüber ebenfalls ein neuer Vertrag zu schließen.

11. Das. § 1169. Die Rechte des Schriftstellers in Rücksicht einer neuen Auflage oder Ausgabe gehen auf seine Erben nicht über.

12. Sächs. Ges.B. § 1142. Der Verlagsvertrag berechtigt blos zu einer Auflage. Ist über deren Stärke nichts verabredet, so bestimmt sie der Verleger, ohne jedoch die Zahl von eintausend Exemplaren überschreiten zu dürfen.

13. Das. § 1143. Im Falle einer Bestimmung des Honorars nach der Bogenzahl ist (das Honorar) zu bezahlen, sobald das Werk, oder, wenn es in einzelnen Abtheilungen erscheinen soll, eine Abtheilung zur Veröffentlichung vollendet ist.

14. Das. § 1144. Wird die Erfüllung des Verlagsvertrages durch einen Zufall unmöglich, welcher nicht auf Seiten des Verlegers eintritt, so erlöscht der Verlagsvertrag.

15. Das. § 1146. Wird die Erfüllung des Verlagsvertrages durch einen Zufall auf Seiten des Verlegers unmöglich, so hat der Verleger das Honorar zu bezahlen, dafern nicht der Urheber oder Inhaber einen anderen Verleger findet, welcher in denselben Verlagsvertrag eintritt.

16. Das. § 1148. Geht das Werk nach Beginn des Vertriebes durch Zufall unter, so ist der Verleger zur Ergänzung der verloren gegangenen Stücke auf eigene Kosten berechtigt. Der Urheber oder Inhaber kann dafür kein neues Honorar fordern.

17. RG. v. 11. Juni 1870 § 5. Als Nachdruck ist — anzusehen: c) der neue Abdruck von Werken, welchen der Urheber oder der Verleger dem unter ihnen bestehenden Vertrage zuwider veranstaltet. d) die Anfertigung einer größern Anzahl von Exemplaren eines Werkes Seitens des Verlegers, als demselben vertragsmäßig oder gesetzlich gestattet ist.

IV. Zinsbares Darlehen. (B. § 109. G. § 187. St. § 190.) § 138.

Eichhorn RG. § 573. J. G. v. Meiern von der Rechtmäßigkeit des 6 Zinsthalers in D. Hannover 1732. 4 (Dazu Allg. D. Biogr. 21 S. 213.) David Mevius Commentarius über des Herzogth. Bremen Constitution von wucherlichen Contracten Stade 1673 4. — Max Neumann Geschichte des Wuchers in Deutschland bis zur Begründung der heutigen Zinsgesetze (1654). Halle 1865. Endemann Studien in der romanisch-kanonist. Wirthschafts- u. Rechtslehre bis gegen Ende des 17. Jahrh. 2 Bde. Berl. 1874—83.

RG. (Nd. BG.) vom 14. Nov. 1867 betreffend die vertragsmäßigen Zinsen. Bairisches Gesetz v. 5. Dec. 1867 (ohne die Kündigungsbefugniß des RG. § 2).

1. Cap a 806 c 11 (Mon C 132) Usura est ubi amplius requiritur quam datur; verbi gratia, si dederis solidos decem et amplius requisieris; vel si dederis modium unum frumenti et iterum super aliud exigeris

2. Gl. z. Ssp. 1, 54. Nu wete wat wuker sy. Wuker is dat eyn man meer upboret wan he uth leneb, eft he dat also tovoren bedegetinget. ut XIIII q III c I We aver meer upboret wan he rede borget, dat is wuker.

3. Freiburg. Stadtr. v. 1520 Bl. 33 b By disen fallen setzen u. ordnen wir, das der ihen der gelt, win, korn oder anders hinlyhet, nicht dann die houptsumm vordern u. nemen, also das er gentzlich dhein gewin noch ubernutz, kein schencke noch vorteil weder er noch die sinen davon emphahen sol; wer das nit halt, der soll straffbar sin als umb ein wucher, dann lyhen umb barschafft sol gantz vergebens beschehen.

4. Luther's Bedenken v. Zinskauf, 1523 an den Kanzler Brück (Erl. Ausg. der Werke 53, 219; Altenb. II 365). Es ist wahr, daß der Zinskauff — wucherisch ist, — u. ein christlich edel Werck ware, daß Fursten u. Herrn zusammenthaten u. ihn abschafften.

5. Meiern vom 6. Zinsthaler S. 90 (aus d Mollner lib hereditatum z. 1564). (Tonies von der Lippe hat) bekannt, dath ehm Claws Brugman -- 100 march gelenet hedde, de he jahrlichs — mith sos marcken vorrenten solde.

6. Brandenb Edict v. 1573 b. Stryk U. M P. XXII 1 § 11 Daß hinführo in unserem Churfurstenthum u. Landen — kein Geld hoher auff Zins, denn das Hundert um sechs soll geliehen werden.

7. Nürnberg. verneute Ref. v. 1564 II 13, 3. Ein yeder Leiher soll sich an gleicher bezalung dessen, so Er gelihen hat, benugen lassen u. daruber kein vorteil, ubernutz oder Wucher bedingen oder nemen. Es were dann, das yemand von dem andern gelt zu seinem geprauch oder handtirung auf ain nemliche zeit anneme, u. das hundert jarlich mit funf zu verzinßen verspreche, So soll alsdann der Annemer solche versprochne zinß neben u. mit der Hauptsumma zu der bestimpten frist zu bezalen schuldig sein. Wo aber ain hohere oder merere verzinßung dann funf aufs hundert bedingt u. versprochen wurde, So soll es in Gericht weder eingeschriben noch darauf geurteilt werden. — Wann aber der entleher mer dann funf auf das hundert gutwillig bezalt hete, dabey soll es beleiben, u. derselbig Entleher hernach solche freywillig hinauß gegebne übermaß widerumb von dem Leiher zu erfordern nit macht haben.

8. Frankf. Ref. II 11 § 10, 11. Mehr als fünff vom Hundert, es seye gleich so scharff verschrieben u. versehen als moglich, soll weder bezahlt, noch auch im Gerichte erkennt werden. Hett aber der Entlehner von sich selber gutwillig mehr vom Hundert als funff gereicht, So soll er solche Übermaaß in Bezahlung der Hauptsummen dem Leiher abzuziehn oder sonst an ihnen zu erfordern nicht macht haben.

9. Ruland aus praejud cameralia v. 1580—1600 (Meiern S 132). *Nam licet 6 in Centum stipulata non valeant, valet tamen stipulatio quoad quinque*, nec vitiatur in totum contractus Ita in causa P contra F. — an. (15)83 et in causa Lubeck contra Rostock; — sic in causa Lt S. contra E. — an 92; — sic etiam in causa E contra L an 88 (iudicatum)

10. R.Deput.Absch. v. 1600 § 139. Ordnen u. wollen wir, daß das Interesse a tempore morae (restituendi pecuniam mutuam) erstattet, u. derentwegen den Creditorn funff Gülden von Hundert bezahlt werden.

11. Das. § 35; s. oben § 109 Nr. 70.

12. Hamb. Stadtr. II 1, 4. Derjenige, so Geld ausleihet, mag von jedem Hundert jahrlich bis auf sechs, u. nicht daruber an Zinse u. Rente bedingen.

a I P O VIII § 5 *De indaganda* aliqua ratione et modo aequitati conveniente, qui persecutiones actionum contra debitores ob bellicas calamitates fortunis lapsos aut nimio usurarum cursu aggravatos moderate terminari — possit, Caesarea Majestas curabit exquiri tam judicii aulici quam cameralis vota et consilia, quae in futuris comitiis proponi et in constitutionem certam redigi possint, interea tamen temporis in hujusmodi causis ad judicia — delatis circumstantiae a partibus allegatae bene ponderentur, ac nemo executionibus immoderatis praegravetur; sed haec omnia Holsatiae constitutione salva et illaesa (Vgl. oben § 119 Nr. 13 ff.)

13. R.Absch. v. 1654 § 174. Anreichend die — Zinß u. Interesse sollen von nun an dieselbe, sie seyn aus wiederkäufflichen Zinsen oder vorgestreckten Anlehn herrührig u. versprochen, jedoch nach Ausweisung der Reichsconstitutionen u. weiter nicht als 5 *pro Cento* — bezahlet — werden.

14. Reichsbedenken v. 30. Apr. 1654 b. Meiern l. c S. 136. Anwesend die künfftigen Zinsen u. Interesse, da ist man an Seiten Churfürsten u. Ständen der Meynung, daß von nun an dieselbe, sie seien ex contractu emptionis annuorum redituum oder mutui herrührig u. versprochen, jedoch weiter nicht als 5 pro Centum — bezahlt — werden solle.

15. Schreiben eines Rechtsgelehrten aus Speier v. 1655 (Meiern S. 133). Cum primariis aliquot iudicii (cameralis) assessoribus, advocatis, procuratoribus nuper diligenter sum collocutus, atque ita plane comperi Sic esse, ut scribis, *quod nempe in supremo hocce dicasterio ex mutuo usurae conventionales nullae, sed demum a tempore morae — adiudicentur*

16. Urtheile des RKG. das. S. 137, 138. (Daß) die versprochenen Zinsen in Anlehens-Fällen dem Creditori nunmehr zu adiudiciren, jedoch nur von der Zeit des Reichsabschiedes an de anno 1654 (1656, 1657 u. s. w.).

17. Preuß. LR. I 11 § 841. Unter landüblichen Zinsen werden im Gesetze 5 vom Hundert verstanden.

18. Oesterr. Ges.B. § 994. Durch Vertrag können bey einem gegebenen Unterpfande 5, ohne Unterpfand 6 von Hundert auf ein Jahr von Jedermann bedungen werden.

b Königl. Hannov. V. v 20. Febr. 1824: mit Rücksicht auf die dem schuldlosen Gläubiger gebührende Sicherung gegen unbilligen Verlust (erklären wir hierdurch), daß dem Gläubiger — Zinsen — über den Betrag der Hauptsumme (das *alterum tantum*) hinaus zuerkannt werden sollen, wenn (er) darthut, daß er es an dem gehörigen Fleiße in Einforderung der fällig gewordenen Zinsen oder Zurückforderung des Capitals nicht habe fehlen lassen, mithin das Aufschwellen der Zinsen ihm nicht beizumessen sei.

c Allg. D. HGB. Art. 287. Die Höhe der gesetzlichen Zinsen, insbesondere auch der Verzugszinsen, ist bei Handelsgeschäften Sechs vom Hundert jährlich. In allen Fällen, in welchen in diesem Gesetzbuche die Verpflichtung zur Zahlung von Zinsen ohne Bestimmung der Höhe ausgesprochen wird, sind darunter Zinsen zu Sechs vom Hundert jährlich zu verstehen.

19. Das. Art. 292. Bei Handelsgeschäften können Zinsen zu Sechs vom Hundert jährlich bedungen werden; höhere Zinsen zu bedingen, ist nur insofern zulässig, als die Landesgesetze solches gestatten. Bei Darlehen, welche ein Kaufmann empfängt, u. bei Schulden eines Kaufmanns aus seinen Handelsgeschäften können auch höhere Zinsen als Sechs vom Hundert jährlich, bedungen werden. Art. 293. Diese Zinsen können bei Handelsgeschäften in ihrem Gesammtbetrage das Kapital übersteigen.

d. Das. Art. 290. Ein Kaufmann, welcher in Ausübung des Handelsgewerbes einem Kaufmann oder Nichtkaufmann Geschäfte besorgt oder Dienste leistet, kann dafür auch ohne vorherige Verabredung Provision — fordern. Von seinen Darlehen, Vorschüssen, Auslagen u. andern Verwendungen kann er, vom Tage ihrer Leistung oder Beschaffung an, Zinsen in Ansatz bringen. Dies gilt insbesondere auch von dem Commissionar u. Spediteur.

20. RG. (Nd. BG.) v. 14. Novbr. 1867 § 1. Die Höhe der Zinsen, sowie die Höhe u. die Art der Vergütung für Darlehne u. für andere kreditirte Forderungen, ferner Konventionalstrafen, welche für die unterlassene Zahlung eines Darlehns oder einer sonst kreditirten Forderung zu leisten sind, unterliegen der freien Vereinbarung. Die entgegenstehenden privatrechtlichen u. strafrechtlichen Bestimmungen werden aufgehoben. § 2. Derjenige, welcher für eine Schuld dem Gläubiger einen höheren Zinssatz als jährlich 6 vom Hundert gewährt oder zusagt, ist zu einer halbjährigen Kündigung des Vertrages befugt. Jedoch kann er

von dieser Befugniß nicht unmittelbar bei Eingehung des Vertrages, sondern erst nach Ablauf eines halben Jahres Gebrauch machen. Vertragsbestimmungen, durch welche diese Vorschrift zum Nachtheil des Schuldners beschrankt oder aufgehoben wird, sind ungultig. — Auf Schuldverschreibungen, welche unter den gesetzlichen Voraussetzungen auf jeden Inhaber gestellt werden, sowie auf Darlehne, welche ein Kaufmann empfangt, und auf Schulden eines Kaufmanns aus seinen Handelsgeschaften leiden die in diesem Paragraphen enthaltenen Vorschriften keine Anwendung. § 3. Wird die Zahlung eines Darlehns oder einer andern kreditirten Forderung verzogert, so bleibt auch fur die Zogerungszinsen der bedungene Zinsfatz maßgebend, sofern derselbe hoher ist als die gesetzlich bestimmten Zogerungszinsen. § 4. Die privatrechtlichen Bestimmungen in Betreff der Zinsen von Zinsen u. die Vorschriften für die gewerblichen Pfandleih-Anstalten werden durch dieses Gesetz nicht geandert.

21. Allg. D. HGB. Art. 291. Wenn ein Kaufmann mit einem anderen Kaufmann in laufender Rechnung (Kontokurrent) steht, so ist derjenige, welchem beim Rechnungsabschlusse ein Ueberschuß gebührt, von dem ganzen Betrage desselben, wenngleich darunter Zinsen begriffen sind, seit dem Tage des Abschlusses Zinsen zu fordern berechtigt.

22. Preuß. LR. I 11 § 654. Hat Jemand durch einen gültigen Vertrag sich verpflichtet, einem Andern ein Darlehn zu geben, so ist er schuldig, diesen Vertrag, zur bestimmten Zeit, durch Zahlung der versprochenen Summe in Gelde oder geldwerthen Papieren zu erfullen. § 656. Gegen (die) Klage (auf Erfullung) kann der Versprecher des Darlehns hauptsachlich mit dem Einwande der veranderten Umstande sich schützen.

23. Sachs. Ges.B. § 1068. Ein Vertrag, zufolge dessen der Eine ein Darlehn zu geben, der Andere dasselbe anzunehmen verspricht, ist erst dann geschlossen, wenn über die Summe oder Menge der darzuleihenden Gegenstande Einverstandniß vorhanden ist. § 1069. Aus einem nach § 1068 geschlossenen Vertrage entsteht für beide Theile eine Klage auf Erfüllung, welche in einem Jahre verjahrt

24. R.-Strafgesetzbuch § 302a (RG. v. 24. Mai 1880). Wer unter Ausbeutung der Nothlage, des Leichtsinns oder der Unerfahrenheit eines Andern für ein Darlehen oder im Falle der Stundung einer Geldforderung sich oder einem Dritten Vermogensvortheile versprechen oder gewahren laßt, welche den ublichen Zinsfuß dergestalt uberschreiten, daß nach den Umstanden des Falles die Vermogensvortheile in auffalligem Mißverhaltnisse zu der Leistung stehen, wird wegen Wuchers — bestraft.

25, RG betreff. den Wucher v. 24. Mai 1880 Art. 3. Vertrage, welche gegen die Vorschriften der §§ 302a, 302b des Strafgesetzbuchs verstoßen, sind ungültig. Sammtliche von dem Schuldner oder für ihn geleistete Vermogensvortheile (§ 302a) müssen zurückgewahrt u. vom Tage des Empfangs an verzinst werden. Hierfur sind Diejenigen, welche sich des Wuchers schuldig gemacht haben, solidarisch verhaftet, der nach § 302c des Strafgesetzbuchs Schuldige jedoch nur in Hohe des von ihm oder einem Rechtsnachfolger Empfangenen. — Das Recht der Ruckforderung verjahrt in 5 Jahren seit dem Tage, an welchem die Leistung erfolgt ist. Der Glaubiger ist berechtigt, das aus dem ungültigen Vertrage Geleistete zurückzufordern; für diesen Anspruch haftet die fur die vertragsmaßige Forderung bestellte Sicherheit.

26. Kaiserl. Erlaß v. 14. Juni 1877 (= Nd. BG. v. 6. April 1870 § 4). Dem Reich bleibt das Recht vorbehalten, die in Umlauf befindlichen Schuldverschreibungen zur Einlosung gegen Baarzahlung des Kapitalbetrags binnen einer gesetzlich festzustellenden Frist zu kundigen. Den Inhabern der Schuldverschreibungen steht ein Kundigungsrecht gegen das Reich nicht zu.

27. Preuß. G. betr. die Consolidation Preuß. Staatsanleihen v. 19. Dec. 1869 § 2. Dem Staat bleibt — das Recht vorbehalten, vom 1. Januar 1885 ab die in Umlauf befindlichen Schuldverschreibungen zur Einlosung gegen Baarzahlung des Kapitalbetrages binnen einer alsdann gesetzlich festzusetzenden Frist zu kündigen.

28. Preuß. Gesetz betr. das Staatsschuldbuch v. 20. Juli 1883 § 1. Schuldverschreibungen der vierprozentigen konsolidirten Anleihe konnen in Buchschulden des Staats auf den Namen eines bestimmten Gläubigers umgewandelt werden. § 2. Die Umwandlung erfolgt gegen Einlieferung zum Umlaufe brauchbarer Staatsschuldverschreibungen durch Eintragung in das — Staatsschuldbuch. § 5. Mit der Eintragung erloschen die Rechte des Inhabers an den eingelieferten Schuldverschreibungen.

V. Spiel und Wette. (B. § 112. G. § 193, 194. St. § 193, 194.) § 139.

Wilda die Lehre vom Spiel a. d. deutsch. Rechte neu begründet (Zeitschr. f. D. R. 2 Hft. 2 [1839] S. 133). Derselbe die Wetten, das. Bd. 8 S. 200. Bruck über Spiel u. Wette. Diss. Greifsw. 1868. Krügelstein über den begrifflichen Unterschied zwischen Spiel u. Wette. Leipz. 1869. Schuster das Spiel, seine Entwicklung u. Bedeutung im D. R. Wien 1878. Thöl HR. § 304—306.

1. Ssp. I 6 § 2. Dopelspel n'is he (der Erbe) nicht plichtich to geldene.

2. Magdeb.-Breslau. R. v. 1261 § 51. Beklaget ein man den anderen umbe topelspiel, her en hat ime nicht zu antwortene.

3. Gl. z. Ssp. III 6. Heft eyn syn gud vorspelet, u. en heft he nicht dat he betale wat he vorloren heft, men darff ene vor deme richtere nicht beclagen: me schal ene ok nicht hoger panden, wen alse he umme u. ane heft. Entlopt he ok, he is los. (Steffenhagen die Tzerstedische Glosse [ob. S. 41] S. 16.)

4. Goslar. Stat. S. 76 Z. 39 ff. Nen wert noch neman scal up enne unsen borghere an dobelspele mer gheven denne sine kledere u. ander dingh wert is, dat he bi sich heft, noch up ene an dobelspele winnen. We dat dar boven det, so mot he dat van eme vorderen vor gherichte. Spenne he ene oder beheldе he ene dar en boven, dat moste he wederdon deme voghede mid wedde u. dem sakwolden mid bute.

5. Rb. n. Dist. IV 36 dist. 9. In wicpilde beclait einer den andern umb topilspil, da en darff man nicht umb antworten, wenn man sich dez mit rechten urteiln ensait. dist 10 Wer in lantrecht den andern beclait umb topilspil, u. bekennet man dez an gericht, ob einer clait, der in dem gericht nicht ein dincphlichte ist: so schol der richter dem darumb helfen. So nympt er den dritten pfenning, ob man ez nicht vorsacht.

6. Bair. Landr. 272 (v. Freyberg IV S. 478). Wer mit dem andern spilt oder chugelt oder dhains solhen dings begint, oder der sein werer ist, oder porg wirt dann so vil, als er pey im verpfenden mag, daz man getreiben u. getragen mag, daz sol unschedlich sein; ez sol auch niemantz erben dhain spil erben: wer auch umb spil, alz vorgeschriben ist, ze chlag chümt, da sol der antwurter ledig sein, u. der chlager dem gericht püzzen mit 10 schilling pfennig. 273. Ez süllen auch die amptlaut nieman dhain spil mer verbieten, wan man mit ainem iglichem wol spilen mag, als vorschriben ist, umb alz vil alz er pey im verpfenden mag, daz man getreiben u. getragen mag.

7. Zürich. Richtebr. v. 1304 (Bluntschli 1, 294). Swer ze Zürich uf spiel lihet, der sol pfant han, das er ziehen ald tragen muge, lihet er ane das, da stat enhein gericht über.

8. Götting. St. v. 1301 (*Puf.* III, 192) Item nullus tesserabit vel alium ludum exercebit, *cum quo pecunia perdi potest*, sub pena libere. Item nemo debet ludere cum globis nisi pro tanta quantitate, ut *in quantum tunc portare potest*, sub pena simili Et qui permittit hos ludos in domo sua exerceri, ita quod non accusat ludentes, dabit libram, nisi excusat ignorantiam suam iuramento, et debet abesse civitati instanter per dimidium miliare ad quindenam aut in domo suo manere tanto tempore

9. Braunschw StR. v. 1402 Art. 81 (UB. S. 108). Umme dobbelspel schal me neymende upholden, he si jung edder old; den jungħen deneyn eghen gud en heft mach me nicht umme doppelspel vorclaghen vor gherichte; den olden de eghen gud hefft mach me vor gerichte vorclaghen umme dobbelspel.

10. Braunschw. Echteding v. 1402 Art. 57 ff. (das. S. 132). We dobbelt boven X schillinge — de schal dem rade eyne mark gheven. We ok dobbelspel holt boven X schillinge, edder pennige dar to utdeyt, yd sy elvene uppe twelve eder wu he se utdeyt darto to dobbelende dorch bate willen, de schal deme rade eyne mark gheben. — Welk jungknecht benedden achteyn jaren wot wunne mit dobbelende, deme en darff me des nicht betalen; vorlust he ok, he en darff des ok nicht betalen u. en schall dar neyne noyd umme lyden. Alle spel, dat pennige gelt, gheyt in dussem broke.

11. Reichs-Reuterbestallung v. 1570 § 211. Es soll — keiner dem andern auff dem Spiel auffschlagen, noch weiter dann er baar Geld hat spielen: Wo aber einer dem andern viel oder wenig auf Borg abgewinne, solle ihm der Ander nichts darumb zu zahlen schuldig seyn.

12. Magdeb. Poliz.-O. 54 § 3. Was auf das Spiel durch Karten, Würfel u. andere Art auf Credit verthan wird, darüber soll zwar weder in unser hohen Untergerichten verholfen werden, gleichwohl aber die *conductio indebiti* wegen dessen, was bezahlt, nicht statt finden.

13. Zittau St. v. 1567 (Ztschr. f. D. R. 2, 165). Es soll auch niemand in seinem Hause gros Spiel zu Gewinn u. Verlust — gestatten, — um Kurzweil willen um ein Gröschel zu spielen kann ehrlichen Bürgern — wohl vergunst — werden.

14. Würtemb. LO. v. 1495 (gedr. 1585) S. ccx: insonderheit was auf Borg verspilt oder auff Spiel geliehen würdt, kein Gericht darauf erkennen, auch die Amptleute hierumb keine Bezahlung gestatten sollen.

15. Preuß. LR. I 11 § 577. Wegen Spielschulden findet keine gerichtliche Klage Statt. § 578. Was aber jemand in erlaubten Spielen verloren u. wirklich bezahlt hat, kann er nicht zurück fordern.

16. M.-Bresl. system. Schöffenrecht III 2, 42. Wetten lute umme wetteleufe mit pferdin adir des glich, adir in deme spele ymant den andirn hindirt, daz ist eyn spil von mutwiln, do sal der richter nicht obir richtin.

17. Lüb. R. Cod *Brok* II 214 b. Hach IV 46. Wo twe luede wedden umme eine sake, wolde ein von den twen des weddes nicht thostaen, so mach eme dat de ander avertuegen mit unbeseten lueden, so verne alse dat baven 60 schillinge nicht engelt, nachdeme dat de richter dat drudde deel daran hebben.

a. Lüb. Nieder-StB. z. Sept. 8. 1452 (Pauli lüb. Zustände 2 S. 74). Henrik d. R. vor deme boke heft bekand, dat he — heft vorkoft Jacob B. u. Jurien M. samentliken een perd vor 60 Rinsche gulden by sodanem beschede, wenneer koning Christiern here is over den Stockholm, yd zy bygekomen van orleges, van degedingen edder wo yd bygekomen zy, so scholen u. willen Jacob u. Jurien efte ere erven — Hinrike — betalen u. anders nicht. Stervet ok Hinrick, eer koning Christiern here over den Stockholm wert, so scholen Jacob u. Jurien mit eren erven van des — perdes u. der gulden wegen ungemanet u. unbelastet bliven.

18. Regensb. St. v. 1320 b. v. Freyberg 5, 79. Man richt auch umb spilgelt, umb chugelgelt, umb wetten, umb überwetten nicht.

19. Münch. St. Art. 229. Alleu überwett habent chain craft.

20. Nürnb. Ref. v. 1479 VI 19. Unziemlich Tat u. Handlung zefürkommen — so sol kein Burger oder Inwoner dem andern umb einich gelihen, geporgt oder ausstendig Spilgelt noch Afterwett u. desgleichen so yemant dem andern wissentlich zu dem Spil leihet — ichts schuldig —, sonder sy sollen als unzymlich u. verpotten abgestellt seyn. — Und hierin sollen Ritterspil, auch Schießen u. wettlauf nit fur Afterwett verstanden werden. Und desgleichen sollen Ritterspil, Schachzabel u. geringe erlaubte Spil auf Maynung eines Rats Gesetze zugegeben hierin auch nit verpotten sein.

21. Freiburg. Stadtr. Bl. 39. Wir haben ouch gesetzt, welche mit einandern bedachtlich wetten, die selb wettung sol irn bestand haben, u. mag der überwinder sin recht suchen u. erlangen, es wer dann die sach des wettens unerlich, schandbar oder lesterlich.

22. Würtemb. LR. Th. 2 Tit. 24. Wann zween oder mehr mit einander bedächtlich wetten, mag der Gewinner seinen Gegentheil gleicher massen mit Recht ersuchen; es were dann die Sache des wettens ohnerbar, oder sonst die erstattung desselben dem verlustigten Theil zuvil nachtheilig u. beschwerlich, welches zu Erkantnus des Richters stehen soll.

23. Frankf. Ref. II 26 § 1. So viel diesen Contract der Wettungen — betrifft, Da Ordnen — Wir: Wann zween mit bedachtlichem Gemüht in Ernst — mit einander Wetten, daß solche Wettung fur krafftig u. bündig soll gehalten werden, Der gestalt, daß der gewinnend Theil dem andern, so verlustigt, umb dasjenig, darumb gewettet worden —, auch Rechtlich anlangen mag —. § 2. Es were dann die Sach, darumb die Wettung geschicht, in sich selbst unehrlich, schandtlich u. argerlich, Oder die Summa der Wettung ubermassig u. dem verlustigten Theil zu erlegen hochnachtheilig, Welches zu Erkanntnuß Rechtens stehen solle. Dann die Wettungen mehr umb Kurtzweil, dann Gelts oder Guts willen, zu geschehen pflegen u. sollen. § 3. Darumb auch solche Wettungssachen — nicht nach der Schärpffe der Rechten, sondern der Billichkeit u. Gelegenheit aller Umbstande nach sollen entscheiden werden.

24. Preuß. LR. I 11 § 579. Auch wegen Wetten ist eine gerichtliche Klage nur alsdann zulaßig, wenn die Wette sogleich baar gesetzt, u. entweder gerichtlich, oder in die Verwahrung eines Dritten niedergelegt worden.

25. Das. § 581. Gelder, die ausdrücklich zum Spielen oder Wetten, oder zur Bezahlung des dabei gemachten Verlustes, verlangt u. verliehen worden, konnen nicht gerichtlich eingeklagt werden.

26. Das. II 20 § 1302. Das Wetten beim Spielen oder sog. Pariren, wenn es auch bei erlaubten Spielen geschieht, soll den Hazardspielen gleich geachtet werden, sobald aus Beschaffenheit der spielenden Personen, des Einsatzes u. der ubrigen Umstande erhellt, daß aus Gewinnsucht gewettet worden.

27. Oesterr. Ges.B. § 1271. Redliche u. sonst erlaubte Wetten sind in so weit verbindlich, als der bedungene Preis nicht bloß versprochen, sondern wirklich entrichtet, oder hinterlegt worden ist Gerichtlich kann der Preis nicht gefordert werden.

28. Das. § 1270. Hatte der gewinnende Theil von dem Ausgange Gewißheit u. verheimlichte er sie dem anderen Theile; so macht er sich einer Arglist schuldig u. die Wette ist ungültig. Der verlierende Theil aber, dem der Ausgang vorher bekannt war, ist als ein Geschenkgeber anzusehen.

29. Sachs. Ges.B. § 1480. Forderungen aus Spiel oder Wette können weder mittelst Klage noch mittelst Einrede geltend gemacht werden. Ist jedoch das bei einem Spiele oder einer Wette Verlorene geleistet, so kann das Geleistete nicht zurückgefordert werden, ausgenommen wenn das Spiel oder die Wette, in Folge deren geleistet wurde, verboten ist.

Von dem Ausspielgeschäft, den Lotterien und Lottos insbesondere. § 140.
(B. § 112 II. G. § 193. St. § 195.)

Georg Cohn die Lotterie- u. Ausspielgeschäfte im Handb. des HR. III S. 36—109.

1. Sachs. Ges B. § 1481. Lotterieen u. Ausspielgeschäfte sind nichtig, ausgenommen wenn sie von der zustandigen Behörde erlaubt worden sind, welchenfalls sie volle rechtliche Wirksamkeit unter den Vertragschließenden haben. Das Verhältniß zwischen dem Ausspielenden u. dem Inhaber des Gewinnloses ist nach den Vorschriften über den bedingten Kauf zu beurtheilen.

§ 141. VI. Leibzuchts- und Leibrentenvertrag. (B. § 111 IV. G. § 191, 192. St. § 196.)

Stobbe Leibrenten in seinen Beitr. z Gesch. des D. R. S. 25. L. Rückert d Leibrentenvertrag. Erlang. 1857. Thöl HR. § 311, 312.

1. Sächs. Ges.B. § 1157. Auszug ist eine auf die Lebenszeit einer oder mehrerer Personen ausbedungene Leistung, welche entweder als Reallast auf ein Grundstück gelegt oder mit einer Hypothek an einem Grundstücke versehen ist. Es kann verabredet werden, daß der Auszug — auf die Erben des Berechtigten übergehen soll.

2. Bekanntmach. des K. Sächs. Justizminist. v. 2. Oct. 1839, Erk. des OAGer. über den Auszug betr. (Ges.-Samml. S. 278) § 7. Ein Auszug kann auch bei andern als bäuerlichen Grundstücken Statt finden.

3. Urk. v. 772 (*Meichelbeck* I nr 31) propriam hereditatem — firmiter tradidi de iure nostro in iurem et potestatem domui s. Mariae ad Frigisingas, ut — ad ipso domo ab hodierno die permaneat confirmatum, et nos *ad finem vitae nostrae prestaria vice usitamur — sine censum*

4. Lub. OStB. z. 1286 (Pauli Abh. 1 S. 107). Dna Margaretha — resignavit — *coram consulibus* hereditatem suam — tali modo Wilhelmo de L, quod Willelmus *ipsam quamdiu viveret nutrire debeat et in necessariis providere, et quando decesserit honorifice sepelire* —, et tunc eâ defuncta dictus Willelmus dictam hereditatem et omnia alia bona dicte Margarethe libere possidebit Ad hęc soror eiusdem Margarethe assensum dedit coram consulibus manifeste

5. Rb. n. Dist. I 48, 1. Had eyner gud, do eyn ander lipczucht ane had, des denne daz gud ist, der erbet is uf sinen nesten erben; jener behilt aber sine lipczucht doran.

6. Großherzogl. Weimar. Ges. v. 26. Apr. 1833 § 1. Ein Ernährungsvertrag, welcher mit Angabe vom Grundeigenthume verbunden ist u. unter den verschiedenen Namen: Leibzucht, Auszug, Altentheil, Altrecht, Altvaterrecht, Leibesnahrung, Leibgeding, Ausgeding, *reservatum rusticum* vorkommt, — erhält nur dann rechtliche Wirkungen, wenn die Bestätigung bei dem Gerichte des Wohnortes derjenigen Person hinzutritt, welche sich in die Ernährung begiebt. — Soweit die abgegebenen Immobilien auch unter diesem Gerichte liegen, ist mit dieser Bestätigung zugleich die der Eigenthumsübertragung zu verbinden. Außerdem muß letztere durch das Gericht der gelegenen Sache besonders erfolgen.

7. Sächs. Ges.B. § 515. Wenn bei Veräußerung eines Grundstücks ein Auszug auf demselben vorbehalten wird, oder wenn der Eigenthümer eines Grundstücks dasselbe durch letzten Willen mit einem Auszuge belastet —, so hat der auf den Auszug Berechtigte, selbst ohne eine darauf gerichtete Bestimmung, das Recht, zu verlangen, daß der Auszug — in das Hypothekenbuch unter den Forderungen eingetragen wird. Diese Eintragung hat die Wirkung, daß der Auszug — die Eigenschaft einer Reallast erhält.

8. Das. § 517. Leibrenten erlangen die Eigenschaft einer Reallast durch Eintragung der jährlichen Renten nach ihrem Geldwerthe in das Hypothekenbuch; die Eintragung kann nur verlangt werden, wenn durch Vertrag oder letzten Willen bestimmt ist, daß sie die Eigenschaft einer Reallast haben sollen.

9. Angef. GH. Weimar. Ges. § 10. Es ist dem Auszüger im Allgemeinen nicht verwehrt, sich noch zu verheirathen. Doch darf dadurch so wenig, wie durch das Nachgeborenwerden von Kindern, oder durch sonstige, dem Auszüger obliegende Alimentations-Verbindlichkeiten dem Gutsübernehmer in irgend einer Hinsicht eine größere Last aufgebürdet werden; er ist auch nicht schuldig, den neuen Ehegatten oder sonst dritte Personen, deren Ernährung dem Auszüger etwa obliegt, in der Auszugswohnung zu dulden, soweit solche nicht in abgesonderten, dem Gegentheile zur ausschließlichen Benutzung überlassenen Räumen besteht.

10. Angef. GH. Weimar. Ges. § 14. Der Grundstücksubernehmer kann die Grundstucke veraußern, bleibt aber wegen der richtigen Leistung des versprochenen Auszuges personlich verhaftet, sofern ihn nicht der Auszüger frei giebt. Neben dem haftet aber auch der Auszug, wenn u. soweit derselbe in das betroffene Hypotheken-Buch des Gerichtes, unter welchem die belasteten Grundstücke liegen, auf diese eingezeichnet ist, als eine dingliche Last auf den abgegebenen Grundstücken, welche mit denselben auf jeden Besitzer ubergeht.

11. Oesterr. Ges.B. § 1286. Weder die Gläubiger noch die Kinder desjenigen, welcher sich eine Leibrente bedinget, sind berechtiget, den Vertrag umzustoßen. Doch steht den ersteren frey, ihre Befriedigung aus den Leibrenten zu suchen, den letzteren aber die Hinterlegung eines entbehrlichen Theiles der Rente zu fordern, um sich den ihnen nach dem Gesetze gebührenden Unterhalt darauf versichern zu lassen.

VII. Bürgschaft. (B. § 110. G. § 201. St. § 191, 192.) § 142.

Stobbe die Bürgschaft, das Versprechen zu gesammter Hand u. das Einlager in Dessen Vertragsrecht S. 115. V. Platner die Bürgschaft. Leipz. 1857. A. Heusler Bürge u. Selbstzahler (Ztschr. f. Schweiz. R 9 [1861] S. 68). Cropp Verzichte bei Intercessionen von Weibern in Heise u. Cropp 1 S. 144.

1 Cap a 803 cap 8 (Mon. C 114) Liber, qui se *loco wadii in alterius potestatem commiserit*, ibique constitutus damnum aliquod cuilibet fecerit, qui eum in loco wadii suscepit aut damnum solvat aut hominem in mallo productum demittat, *perdens simul debitum, propter quod eum in wadio suscepit.*

2 Cap. Ludov. II imp v. 875 (Mon. Ll I p 527) c 42. Si de una causa *plures fidejussores* dati fuerint, et unus ex ipsis fidejussoribus mortuus fuerit, ut proinde *causam suam non perdat*, set pro eo, *qui de illis fidejussoribus vivi sunt, solvatur* quod promisit.

3. Ssp. III 85 § 3. Svie bürgen sat also, dat he selve gelde oder sin bürge vor ine, mach he't vulbringen dat he't vergulden hebbe, he hevet sine bürgen geledeget. § 4. Svie aber burge wert vor den anderen u. lovet en besceiden gelt to geldene, dat mut he selve vulbringen mit getuge, dat he verguldet hebbe, oder jeman von sinent halven.

a. Richtstg. LR. 9. Beclaget men enen — umme borchtuch, — hir is — achterleie wedderrede. Tume ersten vrage, na deme dat de sakweldiche jegenwardich si, oft me den icht bilken allererst beclagen scole. Tum andernmale vrage, oft me N (den Bürgen) icht hoger wen umme sinen antal beclagen moge, er an sinen kumpanen broc werde. Tum drudden male, na deme dat he den, vor den he lovede ene bereidinge, bewisen mach, oft he tu rechte icht loz si.

4. Schwsp. 382. Wirt ein man des andern bürge, jener habt sich an den bürgen oder an den selbscholn, swelhen er wil, — u. ist der ander ledic.

b Westerwolder LR. XV § 16 (v. Richthofen S. 277). Wel schuldich is u. settet enen borghe, sal men den borgen manen; manet men den schuldener, so is die borge vry.

c Wiener StR. Art. 7 (Schuster S. 50). Schol ein man dem andern gelten u. setzt im einen pürgel u. nimpt den auch willichleich fur voll, der hat ze hant gewert u. der pürgel stet in der gült. Sprichet man daruber den gelter an u. gicht, daz der man (u. nenne auch den) ze pürgel willichleich u. für vol genommen, und sei ledig.

5 Cod. Max Bav. IV 10 § 11. Beneficium — Ordinis et Excussionis — nach hiesigen Lands-Gebrauch in folgenden Fallen seinen Absatz leidet: Wenn sich Fideiussor selbst dieser *Exception* — ausdrücklich u. *specialiter* begiebt, oder als Selbst-Zahlern, Haupt-Schuldnern verbindet ꝛc.

6. Preuß. LR. I 14 § 297. Der Gläubiger kann, mit gänzlicher Uebergehung des Hauptschuldners, sich sofort an den Bürgen halten, wenn sich dieser ausdrücklich als Selbstschuldner verpflichtet oder dem Einwande, daß der Hauptschuldner zuerst belangt werden müsse, gehörig entsagt hat.

7. Sächs. Ges.B. § 1462. Das Recht des Bürgen auf die Vorausklagung fällt weg, wenn er — sich als Selbstschuldner oder Hauptschuldner verbürgt.

8. Ssp. III Art. 10 § 2. Is (en man) umme scult beklaget, die noch nicht up ine gewunnen n'is, stirft he binnen deme dage —, so is die burge ledich.

9. Das. Art. 11. Sve aver vor eide burgen sat, stirft he er denne he die eide dun sole, — sin burge mut die eide dun vor ine to geloveder tiet, oder die scult is uppe'n borgen gewunnen, dar die eide vore gelovet waren.

10. Magdeb.-Breslau. R. v. 1261 § 52. Swar ein man burge wirt u. stirbit her, sine kint ne durven vor in nicht gelden.

11. Hamb. Stat. v. 1270 VI 28. Borget en man den anderen to bescheдener tyt vor rechte to bringende, u. stervet de borgede man under der tyt: de borghe darf nene not darumme liden.

12. Schwsp. 9 Z. 18. Stirbet ouch der bürge, sine erben müezen jenem gelten, gein dem er bürge worden ist, ern habe ez danne uz gedinget, also daz er spräche: „ich wird also gein in bürge, ob ich stirbe, daz mine erben ledig sint."

13. Das. 237 a. E. Bürgeschaft muezen die erben gelten.

14. Rb. n. Dist. III 12 dist 1 Welch man eyn burge wert vor den andern umbe schult, sterbet der, der irbet dy burgeschaft nicht uf sinen erben. — dist 4 Vorsterbet her ouch in der vorclageten zcith, sine erben mussen dy schult gelden. — Nach dist 11: Dis capittel ist alles von schultburgen, u. ist lantrechte, wichbilderecht u. keyserrecht.

15. Priv. v. 1294 f. München (Auer S. LXXIII). Ez sol chain borigschaft ze Munichen erben an frowen oder an chint, ez si danne daz sie darumb gelobt habent oder lobent ze gelten.

16. Hannov. Stat. v. 1303 (Dobner S. 36). Siquis promiserit aliquid fideiussoria cautione, nec uxor eius *nec eius veri heredes eo mortuo sint obligati* penitus, *sed absoluti*

17. Rb. n. Dist. III 12 dist 8 Werden me lute burgen wen eyner, u. geloben slecht vor dy schult, wer or denne abestet, do kempt iczlicher mit syner anczal von. Sterbet abir der borgen icht abe, daz en schadet den andern nicht. Der schade ist eynes selber, kegen deme gesprochen waz.

18. Das. dist 9 Geloben lute mit gesampter hand u. werden burgen umbe dy schult, werden sy denne dorumbe beclaget mit rechte, sy mussen dy schult gelden, dywile or eyner lebete, glich mit enander, denne dy gesampten hand erbet or eyner uf den andern, abir nicht uf sine erben.

19. Prager Statutarr. 91 (Roßler S 55). Welcher man, der unser purger ist, mit ainem lanthern oder mit ainem andern man mit gesampter hant unverscheiden umb gelt purg wirt, u. gilt der lanther nicht —, der purger — schol halten u. laisten, als sein brief lauten; u. stirbt der purger di weil, so schullen des selben purgers erben von seinem gut halten u. laisten, als ir vater sich verschriben hat.

20. Hamburg. Stadtr. II 6, 2. Alle dieselben, so für sich bestendiglich contrahiren konnen, konnen sich auch fur andere bürglich verpflichten; daher Weiber, so nach diesem Unsern Stadtrechte unmundig, u. Knaben unter 18 Jahren, ohne ihre Curatoren u. Vormunder sich nicht konnen als Burgen bestendiglich verpflichten.

21. Magdeb.-Breslau. syst. Schöffenr. III 2, 94. Gelobit eyn vrauwe mit erim wirte als ein selbschuldeger, sturbe dy vrouwe u. lizse erbe u. gut, zo sullin di erbnamyn, dy sich des undirwindin, haldin u. geldyn, als recht ist, daz dy vrauwe alzo selbschuldic gelobit hatte (mit dem manne). Hette abir dy vrauwe mit dem manne adir vor den man gelobit als eyn burge nicht selbschuldic, des en dorfin ere erbnamyn nicht geldin.

22. Frankf. Ref. III 7 § 16. Da auch ein Haußfrauw in unserer Cantzley — neben jhrem Ehemann sich verschreiben — u. derwegen neben deß Mannes Gütern, auch jhr eigen Haab u. Güter verpfanden würde. — So Ordnen — Wir, daß im selben Fall, sie die Frauw, der Wohlthat obgedachter *Authenticae* (Si qua mulier), (doch daß sie zuvorderst derselben wol verständigt, u. erinnert werde, u. sie demnach darauff freywilliglich verzeihen würde) auch nicht zu behelffen haben solle.

23. Oesterr. Ges.B. § 1349. Fremde Verbindlichkeiten kann ohne Unterschied des Geschlechtes jedermann auf sich nehmen, dem die freye Verwaltung seines Vermogens zusteht.

24. Sächs. Ges.B. § 1650. Jedes Rechtsgeschäft, durch welches eine Ehefrau sich für den Ehemann verpflichtet, ist nichtig, ausgenommen wenn sie dasselbe mit Einwilligung des Ehemannes vor Gericht vornimmt, u. dieses die Ehefrau vorher in Abwesenheit des Ehemannes über den Vermogensverlust, welchen sie sich dadurch zuziehen kann, belehrt hat.

d Lüb. R. I 21. Nulla mulier potest carius *fidejubere* quam pro duobus nummis et dimidio sine procuratore, *exceptis illis que habent kopschat et solent emere et vendere*

e Das. II 96. Nen vruwe ne mach hogher borge werden sunder vormunde, den vor driddehalven penning; sunder deghene de kopschat hebben u. kopen u. vorcopen.

f Rev. Lüb. R. I 5, 7. (Die unbeerbte Ehefrau haftet nicht für die Schulden ihres Mannes) es were dann daß die Frau mit gelobet, welches doch dahin zu verstehen: wann sie eine Kauff-Frau gewesen oder ihrer fraulichen Gerechtigkeit erinnert u. sich derselben verziehen.

g Allg. D. HGB. Art. 6. (Eine Handelsfrau) kann sich in Betreff ihrer Handelsgeschafte auf die in den einzelnen Staaten geltenden Rechtswohlthaten der Frauen nicht berufen.

h D. Gew.O. § 11 Frauen, welche selbständig ein Gewerbe betreiben, können sich in Betreff der Geschäfte aus ihrem Gewerbebetriebe auf die in den einzelnen Bundesstaaten bestehenden Rechtswohlthaten der Frauen nicht berufen

i. Preuß. G. v. 1. Dec. 1869. Die Vorschriften des gemeinen Deutschen Rechts, des Allgemeinen Landrechts für die Preußischen Staaten u. der provinziellen oder statutarischen Rechte, welche über die Interzessionen der Frauen besondere Bestimmungen enthalten, insbesondere das Senatus consultum Vellejanum, die Authentica si qua mulier, die l. 23 § 2 Cod ad Senat Vellejanum (4, 29) — werden aufgehoben.

25. Rev. Lüb. R. III 5, 1. Wird einer zum Bürgen gesatzt vor Schuld auf gewisse Zeit, der Bürge muß auff den Fall der Nicht-Haltung die Schuld bezahlen, vor den Schaden aber darff er nit antworten, sondern der Principal muß denselben gelten u. richtig machen, Es were dann ein anders austrücklichen paciscirt u. bedinget.

26. Allg. D. HGB. Art. 281. Bei Handelsgeschäften, ingleichen in allen Fallen, in welchen in diesem Gesetzbuche eine solidarische Verpflichtung auferlegt wird, steht einem Solidarschuldner die Einrede der Theilung oder der Vorausklage nicht zu. Dasselbe gilt von Bürgen, wenn die Schuld aus einem Handelsgeschaft auf Seiten des Hauptschuldners hervorgeht, oder wenn die Bürgschaft selbst ein Handelsgeschaft ist.

27. Reichsverf. Art. 73. In Fallen eines außerordentlichen Bedürfnisses kann im Wege der Reichsgesetzgebung die Aufnahme einer Anleihe sowie die Uebernahme einer Garantie zu Lasten des Reichs erfolgen.

VIII. Versicherungsvertrag. (B. § 111. G. § 202. St. § 197.) § 143.

Benecke System des Assecuranz- und Bodmerey-Wesens. 5 Thle. Hamburg 1805—1821. Ueber die umgearbeitete zweite Ausg. unten vor

§ 323. Konr. Malß Betrachtungen über einige Fragen des Versicherungsrechts, insbes. der Feuer- u. Lebensversicherung. Frkf. a. M. 1862; ders. in Ztschr. f. HR. 6 (1863), 8 (1865), 13 (1869). Endemann das. Bd. 9 u. 10. Ludwig Cohn der Versicherungsvertrag nach allg. Rechtsprincipien. Bresl. 1873. V. Ehrenberg die Rückversicherung. Rost. 1885. Thöl HR. § 297—300. Goldschmidt HR. § 49. Makowiczka im Staatswörterb. v. Bluntschli u. Brater 11 (1870) S. 1. Gareis b. Holtzendorff III S. 1079. König die Versicherungsgeschäfte im Handb. des HR. III S. 742. K. Malß Zeitschr. f. Versicherungsrecht. 2 Bde. Leipz. 1866—68 (seitdem mit Goldschmidts Zeitschr. f. HR. verschmolzen).

Staudinger die Rechtslehre vom Lebensversicherungsvertrage. Erl. 1858. Reuling in Ztschr. f. HR. 15 (1870); Hinrichs das. Bd. 20 (1875); Predöhl das. Bd. 22 (1877). Laband die jurist. Natur der Lebens- u. Rentenversicherung (Festgaben f. Thöl). Straßbg. 1879.

Allgem. Versicherungsbedingungen des Verbandes Deutscher Privat-Feuerversicherungs-Gesellschaften v. 1875 (Ztschr. f. HR. 20 S. 538).

1. Preuß. LR. II 8 § 2064. Jeder Versicherungsvertrag, welcher zwischen Königlichen Unterthanen, oder in hiesigen Landen zwischen Konigl. Unterthanen u. Fremden geschlossen wird, muß bey Strafe der Ungültigkeit schriftlich abgefaßt werden.

2. Das. § 2069, 2073, 2088, 2094, 2097. In der Police muß der Name des Versicherten ausgedrückt seyn; — ferner der Gegenstand der Versicherung; — die Versicherungssumme; — sowohl die Art als die Dauer der übernommenen Gefahr; — der Ort, wo sie gezeichnet worden, ingleichen die Unterschrift des Versicherers.

3. Das. § 2070. Ein Commissionair, der Waaren auf fremde Rechnung versendet, kann die Versicherung auf seinen, oder auf des Eigenthümers Namen schließen.

4. Das. § 2071. Nur Kaufleuten ist es erlaubt, mit Verschweigung ihres Namens, unter dem Ausdrucke: An Zeiger dieses, oder fur Rechnung dessen, den es angeht, Versicherung zu nehmen.

5. Das. § 2072. Soll aber demnachst der Versicherer Vergutung leisten; so kann er verlangen, daß ihm der Versicherte genannt, u. vollstandige Legitimation beigebracht werde.

6. Das. § 1952. Ueber alles, was der Gegenstand eines rechtsgültigen Vertrags sein kann, können auch Versicherungen geschlossen werden

7. Das. § 1953. Jede kunftige Gefahr, die nicht mit verbotenen Handlungen verknupft ist, kann der Versicherer übernehmen.

8 Das. § 1968. Jedermann kann sein eigenes Leben versichern lassen. § 1969. Auf einen durch Verbrechen verwirkten Verlust des Lebens kann jedoch eine solche Versicherung weder gegeben, noch gedeutet werden.

9. Das. § 1970. Hat aber Jemand das Leben eines Dritten versichern lassen: so haftet der Versicherer für jeden auch von dem Dritten selbst verschuldeten Verlust des Lebens.

10. Das. § 1971. Aeltern, Kinder, Ehegatten, oder Verlobte können für eigene Rechnung das Leben ihrer Kinder, Aeltern, des andern Ehegatten oder Verlobten versichern lassen. § 1973. Außer diesen kann Niemand zu seinem Vortheile, auf das Leben eines Dritten, ohne dessen gerichtliche Einwilligung, Versicherung nehmen.

11. Das. § 2330. Bei allen übrigen Arten von Versicherungen (als den Seeversicherungen) findet gar kein Abandonnement Statt. § 2331. Hat aber bey Feuerassecuranzen der Versicherer die gezeichnete Summe

bezahlt, so gehört ihm alles, was von den versicherten Sachen erettet oder aufgefunden wird.

12. Preuß. LR. II 8 § 1983. Durch Versicherungen muß der Versicherte sich nur gegen Schaden decken, nicht aber Bereicherung dadurch suchen.

13. Das. § 1984. Niemand darf eine Sache hoher versichern lassen, als bis zum gemeinen Werthe derselben zur Zeit des geschlossenen Vertrages. (Vgl. unten § 324, 3.)

14. Das. § 2000. Niemand soll über einen u. denselben Gegenstand auf dessen nach § 1984 ff. zu bestimmenden Werth mehrere Versicherungen nehmen. (Vgl. unten § 324, 4.)

15. Allg. Feuerversichrgs-Bdggn. § 7. Die Versicherung soll nicht zu einem Gewinne führen; ihr alleiniger Zweck ist Ersatz des — Schadens, welcher nach dem wahren Werthe der versicherten Gegenstande zur Zeit des Brandes, ohne Hinzurechnung des etwa entgangenen Gewinnes, festzustellen ist. § 8 Die Versicherung selbst begründet weder einen Beweis noch eine Vermuthung für das Vorhandensein u. den Werth der versicherten Gegenstände zur Zeit des Brandes.

16. Das. § 5. Wenn in dem Laufe der Versicherung die Feuergefahrlichkeit sich vermehrt oder versicherte Gegenstände noch anderswo versichert werden, so erlischt die Entschadigungsverpflichtung bezüglich aller versicherten Gegenstande.

17. Pr. LR. II 8 § 2016, 2020. Der Versicherer kann sich die gezeichnete Summe ganz oder zum Theil von einem Andern wieder versichern lassen. Die Rechte u. Verbindlichkeiten zwischen dem ersten Versicherer u. Versicherten werden durch die Rückversicherung in nichts geändert.

18. Das. § 2024. Bei Schließung des Versicherungsvertrages sind beide Theile zu besonderer Treue, Redlichkeit u. Aufrichtigkeit verpflichtet.

19. Das. § 2026. Verschweigt der Versicherte Umstande, welche nach — vernünftigem Ermessen — auf den Entschluß des Versicherers sich in den Vertrag einzulassen, hatten Einfluß gewinnen konnen, so ist die Assecuranz unverbindlich u. die Pramie verfallen.

20. Das. § 2119. Insoweit der Versicherte oder dessen Commissionar durch eigene Schuld oder Nachlassigkeit irgend einen Schaden veranlaßt haben, ist der Versicherer zu dessen Vergütung nicht verbunden.

21. Das § 2156. Bei Feuerversicherungen haftet der Versicherer für keinen Schaden, der von dem Versicherten selbst, dessen Ehegatten; Kindern oder Enkeln verursacht worden. § 2235. Er haftet —, wenn das Feuer durch Verschulden der Hausgenossen u. Domestiken des Versicherten entstanden ist.

22. Das. § 2240. Sind bei entstandener Feuersgefahr die versicherten Sachen bei dem Retten u. Fortschaffen beschadigt oder verloren worden, so muß der Versicherer auch dafür Vergütung leisten. § 2241. Für die zur Rettung der versicherten Sachen verwendeten Kosten muß der Versicherer ebenfalls haften.

23. Allg. Feuerversichrgs-Bdggn. § 1. Die Gesellschaft versichert gegen den Schaden, welcher den versicherten Gegenstanden durch Brand oder jede Art von Blitzschlag sowie das dadurch veranlaßte Loschen, Niederreißen oder erwiesen nothwendige Ausraumen zugefügt wird u. in der Beschadigung, Vernichtung oder dem Abhandenkommen versicherter Gegenstande besteht.

24. Das. § 1. Ausgenommen von der Versicherung sind Kriegsschäden u. solche Schaden, welche die Folge eines Ueberfalles durch bewaffnete Macht oder unrechtmaßige Gewalt, bürgerliche Unruhen, eines Aufruhrs, Erdbebens oder einer groben Verschuldung des Versicherten sind. Kriegsschaden sind diejenigen, welche wahrend eines Krieges durch militarische Maßregeln auf Anordnung eines Befehlshabers entstehen.

25. Allg. D. HGB. Art. 271 Handelsgeschafte sind: 3) die Uebernahme einer Versicherung gegen Pramie.

26. Gewerbeordnung § 6. Das gegenwartige Gesetz findet keine Anwendung — auf den Gewerbebetrieb der Versicherungsunternehmer.

27. Reichsverf. Art 4. Der Beaufsichtigung Seitens des Reiches u. der Gesetzgebung desselben unterliegen: 1) die Bestimmungen uber — den Gewerbe-

betrieb einschließlich des Versicherungswesens. (Dazu Schlußprot. v. 23. Nov. 1870 IV · wenn sich die Gesetzgebung des Bundes mit dem Immobiliar-Versicherungswesen befassen sollte, (konnen) die — zu erlassenden — Bestimmungen in Bayern nur mit Zustimmung der Bayrischen Regierung Geltung erlangen.)

Drittes Capitel. Forderungen aus unerlaubten Handlungen und Schadensersatzpflicht.

§ 144. I. Ueberhaupt. (B. § 113. St. § 199—204.)

Wilda Strafr. der Germanen S. 552. Arthur B. Schmidt d. Grundsätze über den Schadensersatz in d. Volksrechten (in Gierkes Unters. XVIII). Bresl. 1885. John Strafr. in Norddeutschland z. Z. der Rechtsbücher (Leipz. 1858) S. 12. v. Wallenrodt in Ztschr. f. RG. 3 (1864) S. 293. — v. Jhering das Schuldmoment im röm. Privatrecht (Gießen 1867) S. 60; Kampf ums Recht S. 77 ff. v. Wächter die Buße bei Beleidigungen u. Körperverletzungen. Leipz. 1874. Dochow die Buße im Strafrecht u. Strafprozeß. Jena 1875. Seitz Untersuchungen über die heutige Schmerzensgeldklage. Erlang. 1860. Regelsberger Art. Schadensersatz bei Holtzendorff III 532. Goldschmidt über die Verantwortlichkeit des Schuldners für seine Gehülfen (Ztschr. f. HR. 16 [1871] S. 287). v. Bar z. Lehre v. d. Culpa u. dem Causalzusammenhange im Straf- u. Civilrecht (Grünhuts Ztschr. 4 [1877]. Busch Darstellung der Rechte geschwächter Frauenspersonen gegen ihre Verführer. Ilmenau 1828. Gett die Rechtsverhältnisse aus der außerehel. Geschlechtsgemeinschaft. München 1836.

1. Würtemb. G. v. 5. Sept. 1839 Art. 8. Alle einzig in dem Römischen Rechte gegrundeten aus einem Verbrechen oder Vergehen entspringenden u. in einem mehrfachen Betrage des Schadens bestehenden Privatstrafen sind aufgehoben. — In der Regel bestehen — die privatrechtlichen Ansprüche eines durch ein Verbrechen oder Vergehen Verletzten lediglich in dem Rechte auf Schadensersatz.

2. Reichs-Strafgesetzb. § 188. In den Fallen der §§ 186 u. 187 (Verleumdung) kann auf Verlangen des Beleidigten, wenn die Beleidigung nachtheilige Folgen für die Vermogensverhaltnisse, den Erwerb oder das Fortkommen des Beleidigten mit sich bringt, neben der Strafe auf eine an den Beleidigten zu erlegende Buße bis zum Betrage von 6000 Mark erkannt werden. Eine erkannte Buße schließt die Geltendmachung eines weitern Entschadigungsanspruches aus.

3. Das. § 231. In allen Fallen der Korperverletzung kann auf Verlangen des Verletzten neben der Strafe auf eine an denselben zu erlegende Buße bis zum Betrage von 6000 Mark erkannt werden.

4. Preuß. LR. I 6 § 112. Wegen erlittener Schmerzen konnen Personen vom Bauer- oder gemeinen Burgerstande, denen (Korper-)Verletzungen aus Vorsatz oder grobem Versehen zugefugt worden, ein billiges Schmerzengeld fordern.

5. Sachs. GB. § 1497. Hat jemand einem Andern die persönliche Freiheit widerrechtlich entzogen oder durch falsche Angaben deren Entziehung veranlaßt, so ist er verpflichtet, dem Beschadigten die Freiheit wieder zu verschaffen, den entgangenen Verdienst u. allen sonst verursachten Schaden nach richterlichem Ermessen zu ersetzen, auch uberdies fur jeden Tag einer Gefangenhaltung den Betrag von 1 Thaler 10 Neugroschen zu bezahlen.

6. Sächs. GB. § 124. Wer zum Schadensersatze verpflichtet ist, hat sowohl den Verlust, welcher in der Vermogensminderung besteht, als auch den Gewinn zu ersetzen, welcher durch die verletzende Handlung entzogen worden ist.

7. Allg. D. HGB. Art. 283. Wer Schadensersatz zu fordern hat, kann die Erstattung des wirklichen Schadens u. des entgangenen Gewinnes verlangen.

8. Reichs-Civilprozeßordnung § 260. Ist unter den Parteien streitig, ob ein Schaden entstanden sei u. wie hoch sich der Schaden oder ein zu ersetzendes Interesse belaufe, so entscheidet hierüber das Gericht unter Würdigung aller Umstande nach freier Ueberzeugung. — Das Gericht kann anordnen, daß der Beweisführer den Schaden oder das Interesse eidlich schatze. In diesem Falle hat das Gericht zugleich den Betrag zu bestimmen, welchen die eidliche Schatzung nicht übersteigen darf. Die Vorschriften uber den Schatzungseid werden aufgehoben.

9. Sachs. GB. § 116. Wer durch Handlungen, seien es Begehungen oder Unterlassungen, die Rechte eines Andern verletzt, ist, wenn ihm eine Verschuldung zur Last fallt, dafür einzustehen verbunden. § 119. Handlungsunfahigen Personen kann eine Verschuldung nicht zur Last gelegt werden.

10. Ssp. II 65 § 1. Nen kint ne mach binnen sinen jaren nicht dun, dar it sin lif mede verwerke. — Svelken scaden it dut, den sal (sin vormunde) gelden na sinem werde mit des kindes gude.

11. Das. III 3 Over rechten doren u. over sinnelosen man ne sal man ok nicht richten; sweme sie aver scaden, ire vormünde sal it gelden.

12. Richtstg LR. 44 § 2. Her richter hir steit N. (der Beklagte aus Ssp II 38), dat N (dem Getodteten) sime liven vrunde, de em ni let en dede, si desse scade scen leider van sinen sculden u. deger (vollig) ane sinen willen u. is em alse leit alse ienegen siner vrunde — u. quam sus tu: he scolde na enem vogel schiten oder he warp na eme hunde u. drapte em. — Na dem dat het ane sinen willen dede u. van ungelucke tu komen si sunder bosen vorrat — so scal he geven des doden wergelt.

13. Oesterr. GB. § 1306. Den Schaden, welchen jemand ohne Verschulden oder durch eine unwillkührliche Handlung verursacht hat, ist er in der Regel zu ersetzen nicht schuldig.

14. Ruprecht v. Freising II c. 39 Wer aus der padstubn stilt gewant — wirt er — nicht funden u. hat ener der paddirn sein gewandt zu behalten gebn u. hat ir den lon von gebn, so sol er den pader ansprechn umb das gewandt — wann das mues er im gelten. Das ist darumb gesetzt, das man siecht vor an dy wirtleut u. nicht di ehalten.

15. Allg. D HGB. 451. Der Rheder ist für den Schaden verantwortlich, welchen eine Person der Schiffsbesatzung einem Dritten durch ihr Verschulden in Ausfuhrung ihrer Dienstverrichtungen zufugt.

16. Das. Art. 400. Der Frachtfuhrer haftet für seine Leute u. für andere Personen, deren er sich bei Ausführung des von ihm übernommenen Transports bedient. 401. Wenn (er) zur — Ausführung des von ihm ubernommenen Transports das Gut einem andern Frachtfuhrer übergiebt, so haftet er für diesen u. die etwa folgenden Frachtfuhrer bis zur Ablieferung.

17. Ssp. II 40 § 1. Sves hund oder ber (Eber) oder perd oder osse — enen man dodet oder belemet oder en ander ve, sin herre sal den scaden — beteren, of he't weder an sine gewere nimt, na des dat he dat erst ereschet. § 2. Sleit he't aver ut u. ne hovet noch ne huset noch ne etet noch ne drenket he't, so is he unsculdich an 'me scaden, so underwinde's sik jene vor sinen scaden, of he wille.

18. Sachs. GB. § 1561. Haben Hausthiere Schaden angerichtet, so haftet derjenige, welcher zur Zeit des Schadens deren Eigenthümer gewesen ist, für Schadensersatz. Kann er jedoch nachweisen, daß er bei der Beaufsichtigung des Thieres nichts verschuldet hat, so kann er sich durch Ueberlassung des Thieres an den Beschadigten von der Ersatzpflicht befreien u. wird von jeder Verbindlichkeit frei, wenn, bevor er von der Klage durch das Gericht benachrichtigt worden, ohne seine Verschuldung das Thier gestorben oder abhanden gekommen ist.

19. Urk. des Hamburg. Raths über Hamb. Schiffsrecht v. c 1259 (Höhlbaum Hansisches UB. I n 538) Ubicunque quis alium advelat, quod dicitur anghesegelet, et dampnum fecerit eidem, cum idem culpaverit eundem hoc voluntarie fecisse, si idem audet supra reliquias jurare, quod fecerit *sine suo consensu, medietatem dampni* persolvet —; si vero non fuerit ausus jurare, tunc debet dampnum — totaliter emendare

20. Lub. Recht II 137 (= Revid. R. VI 4, 3). Dott ienech man mit sineme schepe eneme anderen an sineme schepe schaden mit seghelende oder mit ronde —, wert he beclaghet — u. dar he dat waren an den hileghen, dat it eme led were u. des schaden nicht bewaren ne mochte, (Rev R.: wil er dann schweren, daß es wider seinen Willen geschehen u. er es nicht endern konnen) so schal he eme den schaden half gelden.

21. Hamb. Stat II 17, 7. Da etwan zwey Schiffe zusammen kommen — u. das eine eine an das ander laufft, also daß eins das ander zerbricht u. unterdrücket, das Schiff das oben bleibet sol dem andern das untergehet seinen vollen Schaden wieder erlegen, es were dann daß der Schiffer der oben blieben ist schweren wolte mit seinem Steurman u. Schiffmennern, daß es ohne seinen Willen geschehen, so darff er nur den halben Schaden bessern.

22. Pr. LR. II 8 § 1911. Wenn zwei unter Segel sich befindende Schiffe ohne grobes Verschulden des einen oder des andern Schiffers auf einander ansegeln oder stoßen, dergestalt, daß das ein oder das andere oder beide Schaden leiden, so muß der beiderseitige Verlust oder Schaden berechnet u. zusammengeschlagen werden. § 1912. Von der ganzen Summe tragt jedes Schiff die Halfte.

23. Allg. D. HGB. 737. Fallt keiner Person der Besatzung des einen oder des andern Schiffes ein Verschulden zur Last oder ist der Zusammenstoß durch beiderseitiges Verschulden herbeigeführt, so findet ein Anspruch auf Ersatz des dem einen oder andern oder beiden Schiffen zugefügten Schadens nicht Statt.

24. Das. Art. 395 (vgl. Art. 607). Der Frachtführer haftet für den Schaden, welcher durch Verlust oder Beschadigung des Frachtguts seit der Empfangnahme bis zur Ablieferung entstanden ist, sofern er nicht beweist, daß der Verlust oder die Beschadigung durch hohere Gewalt (vis major) oder durch die natürliche Beschaffenheit des Guts namentlich durch innern Verderb, Schwinden, gewohnliche Leckage u. dgl., oder durch außerlich nicht erkennbare Mangel der Verpackung entstanden ist.

25. Lub. R. II 176 (Elbinger Hs. Art. 138). So we begrepen ofte gevangen wert mit iemendes dochter ofte nichten ofte mit ienegeme wivesnamen, de eneme manne ofte ener vruwen is bevolen u. de bevolene sogedan si, dat se mit en to der taflen sitte u. sen si bi der vruwen to der kerken gan des hilegen dages u. dat witlic si; de mit er begrepen is schal se to echte nemen ofte he schal ere geven 40 mark sulvers.

26. Pr. LR. II 1 § 1015. Wer eine Person außer der Ehe schwängert, muß die Geschwachte entschädigen u. das Kind versorgen.

27. Sachs. GB. § 1551. Wer mit einer unverheirateten Frauensperson den Beischlaf vollzieht, ist verpflichtet, im Falle er die Frauensperson nicht ehelichen will oder kann, derselben eine mit Rücksicht auf deren Stand u. auf die Vermogensverhaltnisse des Beischlafers nach richterlichem Ermessen zu bestimmende Entschadigung zu geben. Es ist gleich, ob der Beischlaf eine Schwangerung zur Folge hat oder nicht.

28. Das. § 1552. Entschadigung kann nicht verlangt werden, wenn die Frauensperson von der Unzucht ein Gewerbe macht oder sich vor oder nach dem Beischlafe einem Andern preisgegeben, wenn sie sich vor dem Beischlafe für denselben eine Belohnung ausbedungen — hat.

29. Pr. LR. II 1 § 1016. In der Regel kann jede Geschwächte von dem Schwangerer Niederkunfts- u. Taufkosten, ingleichen sechswochentliche ihrem Stande gemaße Verpflegung fordern.

30. Sachs. GB. § 1553. Der Anspruch auf Entschadigung geht auf die Erben der Frauensperson nur uber, wenn letztere die Klage deshalb bei Gericht angebracht hat, oder wenn der Anspruch durch Vertrag festgestellt ist.

31. Preuß. G. v. 24. April 1854 § 19. Weder in den Ansprüchen der Geschwängerten noch in denen des Kindes wird durch den Tod des Schwangerers etwas geändert; diese Ansprüche können vielmehr auch gegen dessen Erben verfolgt werden.

II. Haftpflicht. (B § 113 St. § 201, 203.) § 145.

RG betr. die Verbindlichkeit zum Schadensersatz für die bei dem Betriebe von Eisenbahnen, Bergwerken 2c. herbeigeführten Tödtungen u. Körperverletzungen v. 7. Juni 1871 (sg. Haftpflichtgesetz). Unfallversicherungsgesetz v. 6. Juli 1884.

Römer das rechtliche Verhältniß der Haftung des Betriebsunternehmers aus dem RG. zu der Haftung nach gem. R. (Ztschr. f. HR. 18 [1873] S. 1). Westerkamp im Handb. des HR. (hg. v. Endemann) III S. 616.

Commentare zu dem Haftpflichtges. von Endemann 2. Aufl. 1876, Georg Eger 2. Aufl. 1879, L. Jacobi 11. Aufl. 1878, Genzmer Berlin 1882.

1. Preuß. G. über die Eisenbahn-Unternehmungen v. 3. Nov. 1838 § 25. Die Gesellschaft ist zum Ersatz verpflichtet für allen Schaden, welcher bei der Beförderung auf der Bahn, an den auf derselben beförderten Personen u. Gütern oder auch an andern Personen u. deren Sachen entsteht, u. sie kann sich von dieser Verpflichtung nur durch den Beweis befreien, daß der Schade entweder durch die eigene Schuld des Beschädigten oder durch einen unabwendbaren äußern Zufall bewirkt worden ist. Die gefährliche Natur der Unternehmung selbst ist als ein solcher, von dem Schadensersatz befreiender Zufall nicht zu betrachten.

2. Haftpflichtgesetz § 1. Wenn bei dem Betriebe einer Eisenbahn ein Mensch getödtet oder körperlich verletzt wird, so haftet der Betriebs-Unternehmer für den dadurch entstandenen Schaden, sofern er nicht beweist, daß der Unfall durch höhere Gewalt oder durch eigenes Verschulden des Getödteten oder Verletzten verursacht ist.

3. Das. § 2. Wer ein Bergwerk, einen Steinbruch, eine Gräberei (Grube) oder eine Fabrik betreibt, haftet, wenn ein Bevollmächtigter oder ein Repräsentant oder eine zur Leitung oder Beaufsichtigung des Betriebes oder der Arbeiter angenommene Person durch ein Verschulden in Ausführung der Dienstverrichtungen den Tod oder die Körperverletzung eines Menschen herbeigeführt hat, für den dadurch entstandenen Schaden.

4. Das. § 3. Der Schadensersatz (§§ 1 u. 2) ist zu leisten: 1) im Falle der Tödtung durch Ersatz der Kosten einer versuchten Heilung u. der Beerdigung sowie des Vermögensnachtheils, welchen der Getödtete während der Krankheit durch Erwerbsunfähigkeit oder Verminderung der Erwerbsfähigkeit erlitten hat. War der Getödtete zur Zeit seines Todes vermöge Gesetzes verpflichtet, einem Andern Unterhalt zu gewähren, so kann dieser insoweit Ersatz fordern, als ihm in Folge des Todesfalles der Unterhalt entzogen worden ist; 2) im Fall einer Körperverletzung durch Ersatz der Heilungskosten u. des Vermögensnachtheils, welchen der Verletzte durch eine in Folge der Verletzung eingetretene zeitweise oder dauernde Erwerbsunfähigkeit oder Verminderung der Erwerbsfähigkeit erleidet.

5. Das. § 4. War der Getödtete oder Verletzte — durch den Betriebsunternehmer bei einer Versicherungsanstalt — oder — Kasse gegen den Unfall versichert, so ist die Leistung der letztern an den Ersatzberechtigten auf die Entschädigung einzurechnen, wenn die Mitleistung des — Unternehmers nicht unter einem Drittel der Gesammtleistung beträgt.

6. Haftpflichtgesetz § 5. Die — Unternehmer sind nicht befugt, die Anwendung der in den §§ 1—3 enthaltenen Bestimmungen zu ihrem Vortheil durch Verträge (mittelst Reglements oder durch besondere Uebereinkunft) im Voraus auszuschließen oder zu beschränken. Vertragsbestimmungen, welche dieser Vorschrift entgegenstehen, haben keine rechtliche Wirkung.

7. Das. § 7. Als Ersatz für den zukünftigen Unterhalt oder Erwerb ist — in der Regel eine Rente zuzubilligen.

8. Reichs-Postgesetz v. 28. Oct. 1871 § 11. Bei Reisen mit den ordentlichen Posten leistet die Postverwaltung Ersatz: für die erforderlichen Kur- u. Verpflegungskosten im Falle der körperlichen Beschädigung eines Reisenden, wenn dieselbe nicht erweislich durch höhere Gewalt oder durch eigene Fahrlässigkeit des Reisenden herbeigeführt ist.

9. RG. v. 20. Dec. 1875 Art. 8. Wenn bei dem Betriebe einer Eisenbahn ein im Dienst befindlicher Postbeamter getödtet oder körperlich verletzt worden ist, u. die Eisenbahnverwaltung den nach den Gesetzen ihr obliegenden Schadensersatz dafür geleistet hat, so ist die Postverwaltung verpflichtet, derselben das Geleistete zu ersetzen, falls nicht der Tod oder die Körperverletzung durch ein Verschulden des Eisenbahnbetriebs-Unternehmers oder einer der im Eisenbahnbetrieb verwendeten Personen herbeigeführt worden ist.

10. Unfallversicherungsgesetz § 1. Alle in Bergwerken, Salinen, Aufbereitungsanstalten, Steinbrüchen, Gräbereien (Gruben), auf Werften u. Bauhöfen, sowie in Fabriken u. Hüttenwerken beschäftigten Arbeiter u. Betriebsbeamten — werden gegen die Folgen der bei dem Betriebe sich ereignenden Unfälle nach Maßgabe der Bestimmungen dieses Gesetzes versichert.

Viertes Buch.

Urheber- und Erfinderrecht.

§ 145a. Die Urheber- und Erfinderrechte im Allgemeinen.

Stobbe D. Privatr. III § 157 ff.: Rechte an immateriellen Gütern. Dazu v. Meibom Jenaer Litt.-Ztg. 1879 Nr. 4. v. Gerber Privatr. § 219 u. die oben § 137 cit. Abh. Beseler Privatr. § 88. Gareis das jurist. Wesen der Autorrechte (Busch Archiv 35 [1877] S. 185). Kohler das Autorrecht. Jena 1880 (in Iherings Jahrb. Bd. 18).

§ 145b. Das litterarische Urheberrecht.

Pütter der Büchernachdruck nach ächten Grunds. des R. geprüft. Gött. 1774. 4. Ders. von Bücherprivilegien in s. Beyträgen z. Teutschen Staats- u. Fürstenrechte 1 (Gött. 1777) S. 241, schon vorher übers. unter dem Titel: La propriété littéraire défendue. Gött. 1774. 4. Griesinger der Büchernachdruck. Stuttg. 1822. Homeyer das (Preuß.) Gesetz v. 11. Juni 1837 u. d. geistige Eigenthum (in Hinschius jur. Wochenschr. f. d. Preuß. Staaten 4 [1838]). Jolly die Lehre v. Nachdruck. Heidelbg. 1852 (auch als Beilageheft z. Archiv f. civil. Praxis Bd. 35). Bluntschli das sg. Schrifteigenthum (Krit. Ueberschau 1 [1853]

S. 1). O. Wächter das Autorrecht nach d. gem. D. R. systemat. dargestellt. (Stuttg. 1875 (vgl. außerdem oben § 137). Klostermann d. geistige Eigenthum an Schriften, Kunstwerken u. Erfindungen. 2 Bde. 1867—69, dess. Urheberrecht an Schrift- u. Kunstwerken. Bd. 1. Berl. 1871. — Thöl Theaterprozesse. Gött. 1880.

RG. (Nd. BG.) betr. das Urheberrecht an Schriftwerken, Abbildungen, musikal. Konpositionen u. dramat. Werken v. 11. Juni 1870. Dazu Commentare von Endemann Berl. 1871, Dambach Berl. 1871, Kowalzig Berl. 1875.

Litterar-Conventionen des Deutschen Reiches mit Italien v. 12. Mai 1869, mit der Schweiz v. 13. Mai 1869 u. v. 23. Mai 1881, mit Frankreich v. 19. April 1883, mit Belgien v. 12. December 1883.

1 Ad Fridericum illustrissimum Saxoniae ducem Conradi Celtis in opera Rhosvithae (Norinb 1501) prefacio et epistola. — In illis decretoriis et comicialibus Norinbergae diebus cunque codicem istius nostrae poetae tibi obtulissem, tu mox ut imprimeretur jussisti et curasti, data etiam a *caesareo senatu privilegio*, ne quis haec et alia exemplaria impressa *in decem annis* post me et sodales meos in liberis et imperialibus urbibus *imprimere audeat* sub certa et debita mulcta

2. Kursachs. Mandat v. 1686 (Cod. Aug I p. 415). (Den Buchdrucker Buchführern u. Kupferstecher) befehlen wir — sich des verbotenen Nachdruckens zum höchsten Schaden derer, welche Bücher von den Autoribus redlicher Weise an sich gebracht, auch wohl Privilegia darüber erlanget, zu enthalten.

3. Preuß. LR. II 20 § 1294. Bücher, auf welche ein königlicher Unterthan das Verlagsrecht hat, soll niemand nachdrucken.

4. Das. I 11 § 1033. Insofern auswärtige Staaten den Nachdruck zum Schaden hiesiger Verleger gestatten, soll letzteren gegen die Verleger in jenen Staaten ein Gleiches erlaubt werden.

5. K. Franz II Wahlcapitulation (1792) VII § 1. Insonderheit wollen wir den für Deutschland wichtigen Buchhandel nicht außer Acht lassen, sondern das — Reichsgutachten auch darüber erstatten lassen, wiefern dieser Handlungszweig durch die völlige Unterdrückung des Nachdruckes — von dem jetzigen Verfalle zu retten sey.

6. Code Napol f. Baden 577 da Jede niedergeschriebene Abhandlung ist ursprüngliches Eigenthum dessen, der sie verfaßt hat, wenn er nicht allein aus fremdem Auftrag u. für fremden Vortheil sie entwarf, in welchem Fall sie Eigenthum des Bestellers wäre. 577 db Das Schrifteigenthum erstreckt sich nicht nur auf die Handschrift, sondern auch auf deren Inhalt.

7. D. Bundesakte Art. 18. d) Die Bundesversammlung wird sich bei ihrer ersten Zusammenkunft mit Abfassung gleichförmiger Verfügungen über — Sicherstellung der Rechte der Schriftsteller u. Verleger gegen den Nachdruck beschäftigen.

8. Bundesbeschluß v. 6. Sept. 1832 Um — die Rechte der Schriftsteller, Herausgeber u. Verleger gegen den Nachdruck von Gegenständen des Buch- u Kunsthandels sicher zu stellen, vereinigen sich die souverainen Fürsten u. freien Städte Deutschlands vorerst über den Grundsatz, daß bei Anwendung der gesetzlichen Vorschriften u. Maßregeln wider den Nachdruck — der Unterschied zwischen den eigenen Unterthanen eines Bundesstaats u. jenen der übrigen im Deutschen Bunde vereinten Staaten gegenseitig — in der Art aufgehoben werden soll, daß die Herausgeber, Verleger u. Schriftsteller eines Bundesstaats sich in jedem andern des dort gesetzlich bestehenden Schutzes gegen den Nachdruck zu erfreuen haben werden.

9. Bundesbeschluß v. 9. Nov. 1837 Art. 1. Literarische Erzeugnisse aller Art sowie Werke der Kunst — dürfen ohne Einwilligung des Urhebers — auf mechanischem Wege nicht vervielfältigt werden. Art. 2. Das — Recht des Urhebers — geht auf dessen Erben und Rechtsnachfolger über u.

soll — in sämmtlichen Bundesstaaten mindestens während eines Zeitraumes von 10 Jahren (vom Jahre ihres Erscheinens an) anerkannt u. geschützt werden. Art. 4. Dem Urheber — steht der Anspruch auf volle Entschädigung zu. Außer den — gegen den Nachdruck zu verhängenden Strafen soll — die Wegnahme der nachgedruckten Exemplare u. bei Werken der Kunst auch noch die Beschlagnahme der zur Nachbildung gemachten Vorrichtungen — Statt finden. Der Debit aller Nachdrücke u. Nachbildungen — soll in allen Bundesstaaten bei Vermeidung der Wegnahme u. der durch die Landesgesetze angedrohten Strafen untersagt sein.

10. Bundesbeschluß v. 19. Juni 1845. Sämmtliche deutsche Regierungen (sind) über folgende Bestimmungen zur Ergänzung des Beschlusses v. 9 Nov. 1837 übereingekommen. 1) Der — für mindestens 10 Jahre, von dem Erscheinen eines literarischen Erzeugnisses oder Werks der Kunst an, zugesicherte Schutz gegen den Nachdruck u. jede andere unbefugte Vervielfältigung auf mechanischem Wege wird fortan — für die Lebensdauer der Urheber — u. auf 30 Jahre nach dem Tode derselben gewahrt.

11. Bundesbeschluß v. 23. Novbr. 1838. Die souverainen Fürsten u. freien Städte Deutschlands vereinbaren sich, daß den Werken Friedrichs von Schiller zu Gunsten dessen Erben in allen davon bereits veranstalteten oder noch zu veranstaltenden Ausgaben der Schutz gegen Nachdruck während 20 Jahren vom heutigen Tage an in sämmtlichen zum D. Bunde gehörenden Staaten gewahrt werde.

12. Reichsverfassung Art. 4. Der Beaufsichtigung Seitens des Reichs u. der Gesetzgebung desselben unterliegen: — 6) der Schutz des geistigen Eigenthums.

13. RG. v. 11. Juni 1870 § 1. Das Recht, ein Schriftwerk auf mechanischem Wege zu vervielfältigen, steht dem Urheber desselben ausschließlich zu. § 3. Das Recht des Urhebers geht auf dessen Erben über. Dieses Recht kann beschränkt oder unbeschränkt durch Vertrag oder durch Verfügung von Todeswegen auf andere übertragen werden.

14. Das. § 2. Dem Urheber wird — der Herausgeber eines aus Beiträgen Mehrerer bestehenden Werkes gleich geachtet, wenn dieses ein einheitliches Ganzes bildet. Das Urheberrecht an den einzelnen Beiträgen steht den Urhebern derselben zu.

15. Das. § 28. Bei Werken, welche bereits veröffentlicht sind, gilt bis zum Gegenbeweise derjenige als Urheber, welcher — auf dem Werke als Urheber angegeben ist. Bei anonymen u. pseudonymen Werken ist der Herausgeber und, wenn ein solcher nicht angegeben ist, der Verleger berechtigt, die dem Urheber zustehenden Rechte wahrzunehmen.

16. Das. § 60. Die Ertheilung von Privilegien zum Schutze des Urheberrechts ist nicht mehr zulässig.

17. Das. § 4. Jede mechanische Vervielfältigung eines Schriftwerkes, welche ohne Genehmigung des Berechtigten hergestellt wird, heißt Nachdruck u. ist verboten. Hinsichtlich dieses Verbotes macht es keinen Unterschied, ob das Schriftwerk ganz oder nur theilweise vervielfältigt wird. Als mechanische Vervielfältigung ist auch das Abschreiben anzusehen, wenn es dazu bestimmt ist, den Druck zu vertreten.

18. Das. § 22. Das Vergehen des Nachdrucks ist vollendet, sobald ein Nachdrucks-Exemplar eines Werkes den Vorschriften des gegenwärtigen Gesetzes zuwider, sei es im Gebiete des Deutschen Reiches, sei es außerhalb desselben, hergestellt worden ist.

19. Das. § 5. Als Nachdruck ist auch anzusehen: a) der ohne Genehmigung des Urhebers erfolgte Abdruck von noch nicht veröffentlichten Schriftwerken (Manuscripten). Auch der rechtmäßige Besitzer eines Manuscripts oder einer Abschrift desselben bedarf der Genehmigung des Urhebers zum Abdruck; b) der ohne Genehmigung des Urhebers erfolgte Abdruck von Vorträgen, welche zum Zweck der Erbauung, Belehrung oder der Unterhaltung gehalten sind; c) u. d) vgl. oben § 137 Nr. 17.

20.. RG. v. 11. Juni 1870 § 6. Uebersetzungen ohne Genehmigung des Urhebers des Originals gelten als Nachdruck: a) wenn von einem, zuerst in einer todten Sprache erschienenen, Werke eine Uebersetzung in einer lebenden Sprache herausgegeben wird; b) wenn von einem gleichzeitig in verschiedenen Sprachen herausgegebenen Werke eine Uebersetzung in einer dieser Sprachen veranstaltet wird; c) wenn der Urheber sich das Recht der Uebersetzung auf dem Titelblatte oder an der Spitze des Werkes vorbehalten hat, vorausgesetzt daß die Veröffentlichung der vorbehaltenen Uebersetzung nach dem Erscheinen des Originalwerkes binnen einem Jahre begonnen u. binnen 3 Jahren beendet wird. — Bei Originalwerken, welche in mehreren Bänden oder Abtheilungen erscheinen, wird jeder Band oder jede Abtheilung im Sinne dieses Paragraphen als ein besonderes Werk angesehen, u. muß der Vorbehalt der Uebersetzung auf jedem Bande oder jeder Abtheilung wiederholt werden. Bei dramatischen Werken muß die Uebersetzung innerhalb 6 Monaten, vom Tage der Veröffentlichung des Originals an gerechnet, vollständig erschienen sein. — Die Uebersetzung eines noch ungedruckten gegen Nachdruck geschützten Schriftwerkes (§ 5 Littr. a u. b) ist als Nachdruck anzusehen. Uebersetzungen genießen gleich Originalwerken den Schutz dieses Gesetzes gegen Nachdruck.

21. Das. § 15. Das Verbot der Herausgabe von Uebersetzungen dauert in dem Falle des § 6 Littr. b) 5 Jahre vom Erscheinen des Originalwerkes, in dem Falle des § 6 Littr. c) 5 Jahre vom ersten Erscheinen der rechtmäßigen Uebersetzung ab gerechnet.

22. Das. § 7. Als Nachdruck ist nicht anzusehen: a) das wörtliche Anführen einzelner Stellen oder kleinerer Theile eines bereits veröffentlichten Werkes oder die Aufnahme bereits veröffentlichter Schriften von geringerem Umfange in ein größeres Ganzes, sobald dieses nach seinem Hauptinhalt ein selbstständiges wissenschaftliches Werk ist, sowie in Sammlungen, welche aus Werken mehrerer Schriftsteller zum Kirchen-, Schul- u. Unterrichtsgebrauch oder zu einem eigenthümlichen literarischen Zwecke veranstaltet worden. Vorausgesetzt ist jedoch, daß der Urheber oder die benutzte Quelle angegeben ist; b) der Abdruck einzelner Artikel aus Zeitschriften u. anderen öffentlichen Blättern mit Ausnahme von novellistischen Erzeugnissen u. wissenschaftlichen Ausarbeitungen, sowie von sonstigen größeren Mittheilungen, sofern an der Spitze der letzteren der Abdruck untersagt ist; c) der Abdruck von Gesetzbüchern, Gesetzen, amtlichen Erlassen, öffentlichen Actenstücken u. Verhandlungen aller Art; d) der Abdruck von Reden, welche bei den Verhandlungen der Gerichte, der politischen, kommunalen u. kirchlichen Vertretungen, sowie der politischen u. ähnlichen Versammlungen gehalten werden.

23. Das. § 8. Der Schutz des gegenwärtigen Gesetzes gegen Nachdruck wird für die Lebensdauer des Urhebers u. 30 Jahre nach dem Tode desselben gewährt.

24. Das. § 12. Die erst nach dem Tode des Urhebers erschienenen Werke werden 30 Jahre lang, vom Tode des Urhebers an gerechnet, gegen Nachdruck geschützt.

25. Das. § 9. Bei einem von mehrerern Personen als Miturhebern verfaßten Werke erstreckt sich die Schutzfrist auf die Dauer von 30 Jahren nach dem Tode des Letztlebenden derselben. Bei Werken, welche durch Beiträge mehrerer Mitarbeiter gebildet werden, richtet sich die Schutzfrist für die einzelnen Beiträge danach, ob die Urheber derselben genannt sind oder nicht.

26. Das. § 11. Ein Schriftwerk, welches unter einem andern als dem wahren Namen des Urhebers veröffentlicht ist oder bei welchem ein Urheber gar nicht angegeben ist, wird 30 Jahre lang, von der ersten Herausgabe an gerechnet, gegen Nachdruck geschützt. Wird innerhalb 30 Jahre von der ersten Herausgabe an gerechnet der wahre Name des Urhebers von ihm selbst oder seinen hierzu legitimirten Rechtsnachfolgern zur Eintragung in die (bei dem Stadtrath zu Leipzig geführte [§ 39 ff.]) Eintragsrolle angemeldet, so wird dadurch

dem Werke die im § 8 (ob. Nr. 23) bestimmte längere Dauer des Schutzes erworben.

27. RG. v. 11. Juni 1870 § 10. Einzelne Aufsätze, Abhandlungen rc., welche in periodischen Werken, als: Zeitschriften, Taschenbüchern, Kalendern rc. erschienen sind, darf der Urheber, falls nichts Anderes verabredet ist, auch ohne Einwilligung des Herausgebers oder Verlegers des Werkes, in welches dieselben aufgenommen sind, nach 2 Jahren vom Ablauf des Jahres des Erscheinens an gerechnet, anderweitig abdrucken.

28 Das. § 13. Akademien, Universitäten, sonstige juristische Personen, öffentliche Unterrichtsanstalten, sowie gelehrte oder andere Gesellschaften, wenn sie als Herausgeber dem Urheber gleich zu achten sind (§ 2), genießen für die von ihnen herausgegebenen Werke einen Schutz von 30 Jahren nach deren Erscheinen.

29. Das. § 18. Wer vorsätzlich oder aus Fahrlässigkeit einen Nachdruck in der Absicht, denselben innerhalb oder außerhalb des Deutschen Reiches zu verbreiten, veranstaltet, ist den Urheber oder dessen Rechtsnachfolger zu entschädigen verpflichtet u. wird außerdem mit einer Geldstrafe bis zu 1000 Thalern bestraft. — Statt jeder aus diesem Gesetze entspringenden Entschädigung kann auf Verlangen des Beschädigten neben der Strafe auf eine an den Beschädigten zu erlegende Geldbuße bis zum Betrage von 2000 Thalern erkannt werden. Für diese Buße haften die zu derselben Verurtheilten als Gesammtschuldner. — § 21. Die vorräthigen Nachdrucks-Exemplare u. die zur widerrechtlichen Vervielfältigung ausschließlich bestimmten Vorrichtungen, wie Formen, Platten, Steine, Stereotypabgüsse rc., unterliegen der Einziehung. Dieselben sind — entweder zu vernichten oder ihrer gefährdenden Form zu entkleiden u. alsdann dem Eigenthümer zurückzugeben.

30. Das. § 25. Wer vorsätzlich Exemplare eines Werkes, welche den Vorschriften des gegenwärtigen Gesetzes zuwider angefertigt worden sind, — gewerbmäßig feilhält, verkauft oder in sonstiger Weise verbreitet, ist nach Maaßgabe des von ihm verursachten Schadens den Urheber oder dessen Rechtsnachfolger zu entschädigen verpflichtet u. wird außerdem mit Geldstrafe nach § 18 bestraft.

31. Das. § 27. Das gerichtliche Strafverfahren ist nicht von Amtswegen, sondern nur auf Antrag des Verletzten einzuleiten. § 33. Die Strafverfolgung des Nachdrucks u. die Klage auf Entschädigung wegen Nachdrucks, einschließlich der Klage wegen Bereicherung (§ 18), verjährt in 3 Jahren. Der Lauf der Verjährung beginnt mit dem Tage, an welchem die Verbreitung der Nachdrucks-Exemplare zuerst stattgefunden hat.

32. Das. § 43. Die Bestimmungen in den §§ 1—42 finden auch Anwendung auf geographische, topographische, naturwissenschaftliche, architektonische, technische u. ähnliche Zeichnungen u. Abbildungen, welche nach ihrem Hauptzwecke nicht als Kunstwerke zu betrachten sind.

33. Das. § 45. Die Bestimmungen in den §§ 1—5, 8—42 finden auch Anwendung auf das ausschließliche Recht des Urhebers zur Vervielfältigung musikalischer Kompositionen. § 46. Als Nachdruck sind alle ohne Genehmigung des Urhebers einer musikalischen Komposition herausgegebenen Bearbeitungen derselben anzusehen, welche nicht als eigenthümliche Kompositionen betrachtet werden können, insbesondere Auszüge aus einer musikalischen Komposition, Arrangements für einzelne oder mehrere Instrumente oder Stimmen, sowie der Abdruck von einzelnen Motiven oder Melodien eines u. desselben Werkes, die nicht künstlerisch verarbeitet sind.

34. Das. § 50. Das Recht, ein dramatisches, musikalisches oder dramatisch-musikalisches Werk öffentlich aufzuführen, steht dem Urheber u. dessen Rechtsnachfolgern ausschließlich zu. In Betreff der dramatischen u. dramatisch-musikalischen Werke ist es hierbei gleichgültig, ob das Werk bereits durch den Druck rc. veröffentlicht worden ist oder nicht. Musikalische Werke, welche durch Druck veröffentlicht worden sind, können ohne Genehmigung des Urhebers öffentlich aufgeführt werden, falls nicht der Urheber auf

dem Titelblatt oder an der Spitze des Werkes sich das Recht der öffentlichen Aufführung vorbehalten hat. § 52. In Betreff der Dauer des ausschließlichen Rechts zur öffentlichen Aufführung kommen die §§ 8—17 zur Anwendung.

35. RG. v. 11. Juni 1870 § 54. Wer vorsätzlich oder aus Fahrlässigkeit ein dramatisches, musikalisches oder dramatisch-musikalisches Werk vollständig oder mit unwesentlichen Aenderungen unbefugter Weise öffentlich aufführt, ist den Urheber oder dessen Rechtsnachfolger zu entschädigen verpflichtet u. wird außerdem mit einer Geldstrafe nach Maaßgabe der §§ 18 u. 23 bestraft. § 55. Die Entschädigung, welche dem Berechtigten — zu gewähren ist, besteht in dem ganzen Betrage der Einnahme von jeder Aufführung ohne Abzug der auf dieselbe verwendeten Kosten. Ist das Werk in Verbindung mit anderen Werken aufgeführt worden, so ist, unter Berücksichtigung der Verhältnisse, ein entsprechender Theil der Einnahme als Entschädigung festzusetzen. Wenn die Einnahme nicht zu ermitteln oder eine solche nicht vorhanden ist, so wird der Betrag der Entschädigung vom Richter nach freiem Ermessen festgestellt.

36. Das. § 16. In den Zeitraum der gesetzlichen Schutzfrist wird das Todesjahr des Verfassers, bez. das Kalenderjahr des ersten Erscheinens des Werkes oder der Uebersetzung nicht eingerechnet.

37. Das. § 17. Ein Heimfallsrecht des Fiskus oder anderer zu herrenlosen Verlassenschaften berechtigter Personen findet auf das ausschließliche Recht des Urhebers u. seiner Rechtsnachfolger nicht Statt.

38. Litterar-Convention mit Frankreich Art. 1 (gleichlautend die mit Belgien). Die Urheber von Werken der Literatur oder Kunst sollen, gleichviel ob diese Werke veröffentlicht sind oder nicht, in jedem der beiden Länder gegenseitig sich der Vortheile zu erfreuen haben, welche daselbst zum Schutze von Werken der Literatur oder Kunst gesetzlich eingeräumt sind oder eingeräumt werden. Sie sollen daselbst denselben Schutz u. dieselbe Rechtshülfe gegen jede Beeinträchtigung ihrer Rechte genießen, als wenn diese Beeinträchtigung gegen inländische Urheber begangen wäre.

39. Das. Art. 10 (ebenso Belgien). Den Urhebern in jedem der beiden Länder soll in dem andern Lande während 10 Jahren nach dem Erscheinen der mit ihrer Genehmigung veranstalteten Uebersetzung ihres Werkes das ausschließliche Uebersetzungsrecht zustehen.

Das künstlerische Urheberrecht. § 145c.

RG. betreffend das Urheberrecht an Werken der bildenden Künste v. 9. Januar 1876.

O. Wächter das Urheberrecht an Werken der bildenden Künste 2c. Stuttg. 1877.

a Bundesbeschlüsse v. 1837 u. 1845 ob. § 145 b Nr. 8 u. 9.

1. Angef. RG. § 1. Das Recht, ein Werk der bildenden Künste ganz oder theilweise nachzubilden, steht dem Urheber desselben ausschließlich zu. § 2 = RG. v. 1870 § 3 (ob. § 145 b Nr. 13).

2. Das. § 4. Als Nachbildung ist nicht anzusehen die freie Benutzung eines — Werkes zur Hervorbringung eines neuen Werkes.

3. Das. § 5. Jede Nachbildung —, welche in der Absicht, dieselbe zu verbreiten, ohne Genehmigung der Berechtigten hergestellt wird, ist verboten. Als verbotene Nachbildung ist es auch anzusehen: 1) wenn bei Hervorbringung derselben ein anderes Verfahren angewendet worden ist als bei dem Originalwerk; 2) wenn die Nachbildung nicht unmittelbar nach dem Originalwerke, sondern mittelbar nach einer Nachbildung desselben geschaffen ist; 3) wenn die Nachbildung eines Werkes der bildenden Künste sich an einem Werke der Baukunst, der Industrie, der Fabriken, Handwerke oder Manufacturen befindet; 4 u. 5 (vgl. ob. § 137, 17 u. 18).

4. Angef. RG. § 6. Als verbotene Nachbildung ist nicht anzusehen: 1) die Einzelkopie — sofern dieselbe ohne die Absicht der Verwerthung angefertigt wird —; 2) die Nachbildung eines Werkes der zeichnenden oder malenden Kunst durch die plastische Kunst oder umgekehrt; 3) die Nachbildung von Werken der bildenden Künste, welche auf oder an Straßen oder öffentlichen Plätzen bleibend sich befinden. Die Nachbildung darf jedoch nicht in derselben Kunstform erfolgen; 4) die Aufnahme von Nachbildungen einzelner Werke der bildenden Künste in ein Schriftwerk, vorausgesetzt daß das letztere als die Hauptsache erscheint, u. die Abbildungen nur zur Erläuterung des Textes dienen.

5. Das. § 7. Wer ein von einem Anderen herrührendes Werk — auf rechtmäßige Weise, aber mittelst eines andern Kunstverfahrens nachbildet, hat in Beziehung auf das von ihm hervorgebrachte Werk das Recht eines Urhebers, auch wenn das Original bereits Gemeingut geworden ist.

6. Das. § 8. Wenn der Urheber — das Eigenthum am Werke einem andern überlaßt, so ist darin die Uebertragung des Nachbildungsrechts fortan nicht enthalten, bei Portraits u. Portraitbusten geht dies Recht jedoch auf den Besteller über.

7. Das. § 9. Der Schutz — gegen Nachbildung wird für die Lebensdauer des Urhebers und 30 Jahre nach dem Tode desselben gewahrt.

8. Das. § 16. Die Bestimmungen in den §§ 18—42 des Gesetzes v. 11. Juni 1870 — finden auch auf die Nachbildung von Werken der bildenden Künste entsprechende Anwendung.

§ 145d. Das Urheberrecht an Photographieen.

RG. betreffend den Schutz der Photographieen gegen unbefugte Nachbildung v. 10. Januar 1876.

1. Angef. RG. § 1. Das Recht, ein durch Photographie hergestelltes Werk ganz oder theilweise auf mechanischem Wege nachzubilden, steht dem Verfertiger der photographischen Aufnahme ausschließlich zu.

2. Das. § 2. Vgl. oben § 145c Nr. 2.

3. Das. § 3. Die mechanische Nachbildung eines photographischen Werkes, welche in der Absicht, dieselbe zu verbreiten, ohne Genehmigung der Berechtigten hergestellt wird, ist verboten.

4. Das. § 4. Die Nachbildung eines photographischen Werkes, wenn sie sich an einem Werke der Industrie, der Fabriken, Handwerke oder Manufacturen befindet, ist als eine verbotene nicht anzusehen.

5. Das. § 5. Jede rechtmaßige — Abbildung der Originalaufnahme muß auf der Abbildung oder auf dem Karton a) den Namen — des Verfertigers der Originalaufnahme oder des Verlegers u. b) den Wohnort (derselben), c) das Kalenderjahr, in welchem die rechtmaßige Abbildung zuerst erschienen ist, enthalten, widrigenfalls ein Schutz gegen Nachbildung nicht stattfindet.

6. Das. § 6. Der Schutz — gegen Nachbildung wird dem Verfertiger — 5 Jahre gewahrt.

7. Das. § 7. Das — Recht des Verfertigers eines photographischen Werkes geht auf dessen Erben über. Auch kann dieses Recht von dem Verfertiger oder dessen Erben ganz oder theilweise durch Vertrag oder durch Verfügung von Todeswegen auf Andere übertragen werden. Bei photographischen Bildnissen (Portraits) geht das Recht auch ohne Vertrag von selbst auf den Besteller über.

8. Das. § 8 vgl. § 145c Nr. 5.

§ 145e. Das Urheberrecht an Mustern und Modellen.

RG. betreffend das Urheberrecht an Mustern u. Modellen v. 11. Jan. 1876.

1. Angef. RG. § 1. Das Recht, ein gewerbliches Muster oder Modell ganz oder theilweise nachzubilden, steht dem Urheber desselben ausschließlich zu. Als Muster oder Modelle — werden nur neue u. eigenthümliche Erzeugnisse angesehen.

2. Das. § 2. Bei solchen Mustern u. Modellen, welche von den in einer inländischen gewerblichen Anstalt beschäftigten Zeichnern, Malern, Bildhauern ꝛc. im Auftrage oder für Rechnung des Eigenthümers der gewerblichen Anstalt angefertigt werden, gilt der letztere als der Urheber der Muster u. Modelle.

3. Das. § 3 vgl. oben § 145c Nr. 3.

4. Das. § 4. Die freie Benutzung einzelner Motive eines Musters oder Modells zur Herstellung eines neuen Musters oder Modells ist als Nachbildung nicht anzusehen.

5. Das. § 6. Als verbotene Nachbildung ist nicht anzusehen: die Einzelkopie eines Musters oder Modells, sofern dieselbe ohne die Absicht der gewerbsmäßigen Verbreitung u. Verwerthung angefertigt wird.

6. Das. § 7. Der Urheber eines Musters oder Modells genießt den Schutz gegen Nachbildung nur dann, wenn er dasselbe zur Eintragung in das Musterregister angemeldet u. ein Exemplar oder eine Abbildung des Musters ꝛc. bei der mit Führung des Musterregisters beauftragten Behörde niedergelegt hat.

7. Das. § 8. Der Schutz des gegenwärtigen Gesetzes gegen Nachbildung wird dem Urheber des Musters oder Modells nach seiner Wahl 1—3 Jahre lang vom Tage der Anmeldung ab gewährt. Der Urheber ist berechtigt, gegen Zahlung der — bestimmten Gebühr eine Ausdehnung der Schutzfrist bis auf höchstens 15 Jahre zu verlangen.

8. Das. § 9. Das Musterregister wird von den mit der Führung der Handelsregister beauftragten Gerichtsbehörden geführt. § 10. Die Eintragungen in das Musterregister werden bewirkt, ohne daß eine zuvorige Prüfung über die Berechtigung des Antragstellers oder über die Richtigkeit der zur Eintragung angemeldeten Thatsachen stattfindet. § 11. Es ist Jedermann gestattet, von dem Musterregister — Einsicht zu nehmen.

9. Das. § 13. Derjenige, welcher — das Muster oder Modell zur Eintragung in das Musterregister angemeldet u. niedergelegt hat, gilt bis zum Gegenbeweise als Urheber.

Der Schutz der Waarenbezeichnungen. (St. § 163.) § 145f.

RG. über den Markenschutz vom 30. Nov. 1874.

Michelsen die Hausmarke. Jena 1853. Dietzel das Handelszeichen u. die Firma (Jahrb. des gem. D. R. 4 [1860] S. 227). Homeyer die Haus- u. Hofmarken (mit 44 Tafeln). Berlin 1870. Ders. Nachzügler der Hausmarken (Monatsber. der Berl. Akad. 1872 August). — Endemann der Markenschutz. Berl. 1875. Kohler das Recht des Markenschutzes. Würzbg. 1884. — Frhr. v. Völderndorff in Endemanns Handb. 1 S. 208 ff. Meves Art. Markenschutz b. Holtzendorff 2 S. 716. Thöl HR. § 209 u. 267.

1. Strafgesetzb. (f. den Nd. B.) v. 31. Mai 1870 § 287. Wer Waaren oder deren Verpackung fälschlich mit dem Namen oder der Firma eines inländischen Fabrikunternehmers, Producenten oder Kaufmanns bezeichnet oder wissentlich dergleichen fälschlich bezeichnete Waaren in Verkehr bringt, wird mit Geldstrafe von 50 bis zu 1000 Thalern — bestraft. (In der Redaction v. 1876 weggelassen wegen § 14 des cit. RG., unten Nr. 11.)

2. Angef. RG. § 1. Gewerbetreibende, deren Firma im Handelsregister eingetragen ist, können Zeichen, welche zur Unterscheidung ihrer Waaren von den Waaren anderer Gewerbetreibenden auf den Waaren selbst oder auf deren Verpackung angebracht werden sollen, zur Eintragung

in das Handelsregister des Ortes ihrer Hauptniederlassung bei dem zuständigen Gerichte anmelden. § 4. Die Eintragung erfolgt unter der Firma des Anmeldenden. Die Zeit der Anmeldung ist dabei zu vermerken.

3. Angef RG. § 3. Die Eintragung ist zu versagen, wenn die Zeichen ausschließlich in Zahlen, Buchstaben oder Worten bestehen, oder wenn sie öffentliche Wappen oder Aergerniß erregende Darstellungen enthalten.

4. Das. § 8. Das Recht, Waaren oder deren Verpackung mit einem für diese Waaren — angemeldeten Zeichen zu versehen oder auf solche Art bezeichnete Waaren in Verkehr zu bringen, steht dem Inhaber derjenigen Firma, fur welche zuerst die Anmeldung bewirkt ist, ausschließlich zu.

5. Das § 10. Durch die Anmeldung eines Waarenzeichens, welches Buchstaben oder Worte enthalt, wird niemand gehindert, seinen Namen oder seine Firma, sei es auch in abgekürzter Gestalt, zur Kennzeichnung seiner Waaren zu gebrauchen. Auf Waarenzeichen, welche bisher im freien Gebrauche aller oder gewisser Klassen von Gewerbetreibenden sich befunden haben oder deren Eintragung nicht zulassig ist, kann durch Anmeldung niemand ein Recht erwerben.

6. Das. § 11. Der Inhaber einer Firma, für welche ein Waarenzeichen eingetragen ist, hat dasselbe auf Verlangen desjenigen, welcher ihn von der Benutzung des Zeichens auszuschließen berechtigt ist — loschen zu lassen.

7. Das. § 5. Von Amtswegen erfolgt die Loschung: 1) wenn die Firma im Handelsregister geloscht ist; 2) wenn eine Aenderung der Firma u. nicht zugleich die Beibehaltung des Zeichens angemeldet wird; 3) wenn seit der Eintragung des Zeichens — zehn Jahre verflossen sind.

8. Das. § 18. Der dem Inhaber eines Waarenzeichens, eines Namens oder einer Firma — gewährte Schutz wird dadurch nicht ausgeschlossen, daß das Waarenzeichen, der Name oder die Firma mit Abanderungen wiedergegeben sind, welche nur durch Anwendung besonderer Aufmerksamkeit wahrgenommen werden können.

9. Das. § 6. Die erste Eintragung u. die Löschung eines Zeichens wird im Deutschen Reichs-Anzeiger bekannt gemacht.

10. Das. § 13. Jeder inlandische Producent oder Handeltreibende kann gegen denjenigen, welcher Waaren oder deren Verpackung mit einem — zu schützenden Waarenzeichen oder mit dem Namen oder der Firma des ersteren widerrechtlich bezeichnet, im Wege der Klage beantragen, daß derselbe für nicht berechtigt erklärt werde, diese Bezeichnung zu gebrauchen

11. Das. § 14. Wer Waaren oder deren Verpackung wissentlich mit einem — zu schützenden Waarenzeichen oder mit dem Namen oder der Firma eines inlandischen Producenten oder Handeltreibenden widerrechtlich bezeichnet oder wissentlich dergleichen widerrechtlich bezeichnete Waaren in Verkehr bringt oder feilhalt, wird mit Geldstrafe von 150—3000 Mark oder mit Gefangniß bis zu 6 Monaten bestraft u. ist dem Verletzten zur Entschädigung verpflichtet Die Strafverfolgung tritt nur auf Antrag ein.

12. Das. § 17. Erfolgt eine Verurtheilung auf Grund des § 14, so ist auf Antrag des Verletzten bezüglich der im Besitze des Verurtheilten befindlichen Waaren auf Vernichtung der Zeichen auf der Verpackung oder den Waaren oder, wenn die Beseitigung der Zeichen in anderer Weise nicht möglich ist, auf Vernichtung der Verpackung oder der Waaren selbst zu erkennen. Erfolgt die Verurtheilung im Strafverfahren, so ist dem Verletzten die Befugniß zuzusprechen, die Verurtheilung auf Kosten des Verurtheilten öffentlich bekannt zu machen.

§ 145g. Das Patentrecht.

Reichs-Patentgesetz v. 25. Mai 1877.

Klostermann die Patentgesetzgebung aller Länder. Berlin 1876. Ders. das Urheberrecht (ob. § 145b) Bd. 2. Berl. 1876. Kohler deutsches Patentrecht. Mannh. 1878. Dahn das Reichspatentgesetz (krit. Vierteljahrsschr. N. F. 1 [1878] S. 345). Laband Staatsrecht des

D. Reichs 2 (1878) S. 468. Ernst Meier Art. Erfindungspatente bei Holtzendorff 1 S. 715. Klostermann in Endemanns Handb. 2 S. 307. Thöl HR. § 208.

1. Reichsverfassung Art. 4. Der Beaufsichtigung Seitens des Reichs u. der Gesetzgebung desselben unterliegen —: 5) die Erfindungspatente.

2. Patentgesetz § 1. Patente werden ertheilt für neue Erfindungen, welche eine gewerbliche Verwerthung gestatten. Ausgenommen sind 1) Erfindungen, deren Verwerthung den Gesetzen oder guten Sitten zuwiderlaufen würde; 2) Erfindungen von Nahrungs-, Genuß- u. Arzneimitteln, sowie von Stoffen, welche auf chemischem Wege hergestellt werden, soweit die Erfindungen nicht ein bestimmtes Verfahren zur Herstellung der Gegenstände betreffen.

3. Das. § 2. Eine Erfindung gilt nicht als neu, wenn sie zur Zeit der — Anmeldung in öffentlichen Druckschriften bereits derart beschrieben oder im Inlande bereits so offenkundig benutzt ist, daß danach die Benutzung durch andere Sachverständige möglich erscheint.

4. Das. § 3. Auf die Ertheilung des Patents hat derjenige Anspruch, welcher die Erfindung zuerst — angemeldet hat. Ein Anspruch — auf Ertheilung des Patentes findet nicht Statt, wenn der wesentliche Inhalt (der) Anmeldung den Beschreibungen, Zeichnungen, Modellen, Gerathschaften oder Einrichtungen eines Andern oder einem von diesem angewendeten Verfahren ohne Einwilligung desselben entnommen u. von dem letztern aus diesem Grunde Einspruch erhoben ist.

5. Das. § 20. Die Anmeldung einer Erfindung behufs Ertheilung eines Patentes geschieht schriftlich bei dem Patentamte. § 22. Erachtet das Patentamt die Anmeldung für gehörig erfolgt u. die Ertheilung eines Patents nicht für ausgeschlossen, so verfügt es die Bekanntmachung der Anmeldung. Mit der Bekanntmachung treten für den Gegenstand der Anmeldung zu Gunsten des Patentsuchers einstweilen die gesetzlichen Wirkungen des Patentes ein (§§ 4, 5). § 23. Die Bekanntmachung — geschieht in der Weise, daß der Name des Patentsuchers u. der wesentliche Inhalt des in seiner Anmeldung enthaltenen Antrages durch den Reichsanzeiger einmal veröffentlicht wird. Gleichzeitig ist die Anmeldung mit sämmtlichen Beilagen bei dem Patentamte zur Einsicht für jedermann ausgelegt.

6. Das. § 24. Nach Ablauf von 8 Wochen seit dem Tage der Veröffentlichung (§ 23) hat das Patentamt über die Ertheilung des Patentes Beschluß zu fassen. Bis dahin kann gegen die Ertheilung bei dem Patentamte Einspruch erhoben werden. Der Einspruch kann nur auf die Behauptung, daß die Erfindung nicht neu oder daß die Voraussetzung des § 3 Abs. 2 (ob. Nr. 4) vorliege, gestützt werden.

7. Das. § 26. Ist die Ertheilung des Patentes endgültig beschlossen, so erläßt das Patentamt darüber durch den Reichsanzeiger eine Bekanntmachung u. fertigt demnächst für den Patentinhaber eine Urkunde aus. Wird das Patent versagt, so ist dies ebenfalls bekannt zu machen. Mit der Versagung gelten die Wirkungen des einstweiligen Schutzes als nicht eingetreten.

8. Das. § 4. Das Patent hat die Wirkung, daß niemand befugt ist, ohne Erlaubniß des Patentinhabers den Gegenstand der Erfindung gewerbsmäßig herzustellen, in Verkehr zu bringen oder feilzuhalten. — Bildet ein Verfahren, eine Maschine oder eine sonstige Betriebsvorrichtung, ein Werkzeug oder ein sonstiges Arbeitsgeräth den Gegenstand der Erfindung, so hat das Patent außerdem die Wirkung, daß niemand befugt ist, ohne Erlaubniß des Patentinhabers das Verfahren anzuwenden oder den Gegenstand der Erfindung zu gebrauchen.

9. Das. § 5. Die Wirkung des Patentes tritt gegen denjenigen nicht ein, welcher bereits zur Zeit der Anmeldung des Patentinhabers im Inlande die Erfindung in Benutzung genommen oder die zur Benutzung erforderlichen Veranstaltungen getroffen hatte.

10. Das. § 6. Der Anspruch auf Ertheilung des Patentes u. das Recht aus dem Patente gehen auf die Erben über. Der Anspruch u. das Recht können

beschränkt oder unbeschränkt durch Vertrag oder durch Verfügung von Todeswegen auf Andere übertragen werden.

11. Patentgesetz § 7. Die Dauer des Patents ist 15 Jahre; der Lauf dieser Zeit beginnt mit dem auf die Anmeldung der Erfindung folgenden Tage.

12. Das. § 8. Für jedes Patent ist bei der Ertheilung eine Gebühr von 30 Mark zu entrichten, — außerdem — mit Beginn des zweiten u. jeden folgenden Jahres der Dauer eine Gebühr —, welche das erste Mal 50 Mark beträgt u. weiterhin jedes Jahr um 50 Mark steigt. § 9. Das Patent erlischt, wenn — die Gebühren nicht spätestens 3 Monate nach der Fälligkeit gezahlt werden.

13. Das. § 10. Das Patent wird für nichtig erklärt, wenn — 1) — die Erfindung nach §§ 1 u. 2 nicht patentfähig war; 2) — der wesentliche Inhalt der Anmeldung den Beschreibungen — Modellen — oder Einrichtungen eines Andern oder einem von diesem angewendeten Verfahren ohne Einwilligung desselben entnommen war.

14. Das. § 11. Das Patent kann nach Ablauf von 3 Jahren zurückgenommen werden: 1) wenn der Patentinhaber es unterläßt, im Inlande die Erfindung in angemessenem Umfange zur Ausführung zu bringen oder doch Alles zu thun, was erforderlich ist, um diese Ausführung zu sichern; 2) wenn im öffentlichen Interesse die Ertheilung der Erlaubniß zur Benutzung der Erfindung an Andere geboten erscheint, der Patentinhaber aber gleichwohl sich weigert, diese Erlaubniß gegen angemessene Vergütung und genügende Sicherstellung zu ertheilen.

15. Das. § 27. Die Einleitung des Verfahrens wegen Erklärung der Nichtigkeit oder wegen Zurücknahme des Patentes erfolgt nur auf Antrag. § 28. Nachdem die Einleitung des Verfahrens verfügt ist, fordert das Patentamt den Patentinhaber — auf, sich über den Antrag binnen 4 Wochen zu erklären. Erklärt (er) binnen der Frist sich nicht, so kann ohne Ladung u. Anhörung der Betheiligten sofort nach dem Antrage entschieden — werden. § 29. Widerspricht der Patentinhaber rechtzeitig —, so trifft das Patentamt — die zur Aufklärung der Sache erforderlichen Verfügungen. Die Entscheidung erfolgt nach Ladung u. Anhörung der Betheiligten. § 32. Gegen die Entscheidungen des Patentamtes (§§ 28, 29) ist die Berufung zulässig. Sie geht an das Reichsgericht. Sie ist binnen 6 Wochen nach der Zustellung bei dem Patentamte schriftlich anzumelden u. zu begründen.

16. Das. § 5, 2. Die Wirkung des Patentes tritt insoweit nicht ein, als die Erfindung nach Bestimmung des Reichskanzlers für das Heer oder für die Flotte oder sonst im Interesse der öffentlichen Wohlfahrt benutzt werden soll. Doch hat der Patentinhaber in diesem Falle gegenüber dem Reich oder dem Staat, welcher in seinem besondern Interesse die Beschränkung des Patentes beantragt hat, Anspruch auf angemessene Vergütung, welche in Ermangelung einer Verständigung im Rechtswege festgesetzt wird.

17. Das. § 34. Wer wissentlich den Bestimmungen der §§ 4 u. 5 zuwider eine Erfindung in Benutzung nimmt, wird mit Geldstrafe bis zu 5000 Mk. — bestraft u. ist dem Verletzten zur Entschädigung verpflichtet. Die Strafverfolgung tritt nur auf Antrag ein.

18. Das. § 13. Die Ertheilung, die Erklärung der Nichtigkeit u die Zurücknahme der Patente erfolgt durch das Patentamt. § 19 Bei dem Patentamte wird eine Rolle geführt, welche den Gegenstand u. die Dauer der ertheilten Patente, sowie den Namen u. Wohnort der Patentinhaber — angiebt. Der Anfang, der Ablauf, das Erlöschen, die Erklärung der Nichtigkeit u. die Zurücknahme der Patente sind unter gleichzeitiger Bekanntmachung durch den Reichsanzeiger in der Rolle zu vermerken. Tritt in der Person des Patentinhabers — eine Aenderung ein, so wird dieselbe, wenn sie in beweisender Form zur Kenntniß des Patentamtes gebracht ist, ebenfalls in der Rolle vermerkt u. durch den Reichsanzeiger veröffentlicht. Solange dies nicht geschehen ist, bleiben der frühere Patentinhaber — nach Maßgabe dieses Gesetzes berechtigt u. verpflichtet. Die Einsicht der Rolle, der Beschreibungen, Zeichnungen u. s. w., auf Grund deren die Ertheilung der Patente erfolgt ist, steht — jedermann frei.

Fünftes Buch.

Erbrecht.

Erstes Capitel. Gründe der Erbfolge.

Erster Abschnitt. Gesetz.

I. Aelteres Recht. (B. § 132, 133. G. § 248—251. St. V § 288—291, 293, 295, 296.) § 146.

Majer Germaniens Urverfassung (1798) S. 76. — v. Sydow Darstellung des Erbrechts nach den Grundsätzen des Sachsenspiegels. Berl. 1828. Siegel das deutsche Erbrecht nach den Rechtsquellen des MA. Heidelb. 1853. Ders. die german. Verwandtschaftsberechnung mit bes. Beziehung auf die Erbenfolge. Heidelb. 1853. Wasserschleben das Princip der Successionsordnung nach D., insbes. sächsischem Recht. Gotha 1860. Homeyer die Stellung des Sachsenspiegels zur Parentelenordnung. Berl. 1860. Wasserschleben die Germanische Verwandtschaftsberechnung. Eine Replik. Gießen 1864. Ders. das Prinzip der Erbenfolge nach d. älteren D. und verwandten R. Leipz. 1870. Rive zur Frage nach dem Prinzip der Succ.=O. im german. R. (Jahrb. des gem. R. 6 [1863] S. 197). Lewis z. Lehre v. der Succ.=O. des D. R. (Krit. Vierteljahrsschr. 9 [1867] S. 23; 14 [1872] S. 1; 17 [1875] S. 400). Brunner das Anglonormannische Erbfolgesystem, e. Beitr. z. Gesch. der Parentelen=O. Leipz. 1869. Amira Erbenfolge u. Verwandtschaftsgliederung nach den alt=niederdeutschen Rechten. München 1874. Franz Schanz das Erbfolgeprinzip des Ssp. u. des Magd. R. Freiburger Diss. Tüb. 1883 (dazu: Amira in Gött. gel. Anz. 1884 S. 38). Stobbe die Erbfolgeordng. nach den Magdeb. Schöffensprüchen (in s. Beitr. [1865] S. 36). P. Kayser d. Erbrecht nach den Edicten der langob. Könige (in Ztschr. f. RG. 8 [1869] S. 466). H. Miller d. langobard. Erbrecht (das. 13 [1878] S. 38). Pappenheim z. Erbfolgeordnung des altlangob. R. (Forschgn. 23 [1883] S. 616). *Rosin* comm. ad tit. l. Sal. 59 de alodis. Vratisl. 1875. Kohler z. Lehre v. d. Parentelen=O. in s. ges. Abhdlgn. aus d. gem. u. franz Civilr. (Mannh. 1883). — Gierke Erbrecht u. Vicinenrecht im Edict Chilperichs (Ztschr. f. RG. 12 [1876] S. 430). R. Schröder in Forschgn z. D. Gesch. 19 [1879] S. 146. — Rosin der Begriff der Schwertmagen. Bresl. 1877. R. Schröder über die Bezeichnung der Spindelmagen in d. ält. D. Rechtssprache (Ztschr. der Sav.=Stftg. 4 [1883] S. 1). Brunner Sippe u. Wergeld nach niederdeutschen Rechten (das. Bd. 3 [1882] S. 1). — Erbrecht der Unehelichen: Wilda Ztschr. f. D. R. 15 [1855] S. 237; Rive Ztschr. f. RG. 3 [1864] S. 210. — R. Schröder ehel. Güterr, insbes. II 3 S. 2 ff. v. Martitz ehel. Güterr. des Ssp. S. 90 ff. — Homeyer Heimat S. 40 ff. — Brunner bei Holtzendorff S. 261 u. Art. Parentelenordnung das. III 10.

1. Taciti Germ 20 *Heredes successoresque sui cuique liberi, et nullum testamentum* Si liberi non sunt, *proximus gradus* in possessione *fratres, patrui, avunculi.* (Waitz Vf.-G. 1 S. 63.)

2. Ssp. I 3 § 2. Alse de herschilt in me seveden to stat, also to geit de sibbe (Quedlinb. Hs. mageschoph) an deme seveden. § 3. Nu merke wie ok, war de sibbe beginne u. war se lende (aufhore). In deme hovede is besceiden man u. wif to stande. — In des halses lede die kindere, die ane tveinge vader u. muder geboren sin. Is dar tveinge an, die ne mogen an eime lede nicht bestan u. scricket an ein ander let. — Ungetveider brüder kindere de stat an deme lede, dar sculderen u. arm to samene gat; also dut die süster kindere. Dit is de irste sibbe tale, die man to magen rekenet: bruder kindere u. suster kindere. In dem ellenbogen stat die andere. In dem lede der hant de dridde. In dem irsten lede des middelsten vingeres de vierde. In dem anderen lede de vefte. In dem dridden lede des vingeres de seste. In dem seveden stat ein nagel u nicht ein let, dar umme lent dar de sibbe u. hetet nagel mage. Die tvischen deme nagele u. deme hovede sik to der sippe gestuppen mogen an geliker stat, de nemet dat erve gelike. De sik naer to der sippe gestuppen mach, de nimt dat erve to voren.

3. Salzwedel. Stat. v. 1273 (*Riedel* C dipl. Brand 14 n. 17 S. 12). Si autem radix et stirps mortua fuerit, puer mortuus hereditabit super proximos et primos consanguineos, qui *nesten gedelinge* vulgariter nuncupantur.

4. Urk. v. 1282 (*Guden* 1, 790): consanguineos, qui *gebuseme* vulgariter appellantur

5. Magdeb. Schöffenurth. b. *Haltaus* p 200 Grosemuter — die stehit ufwert in deme rechte stamme u. buseme.

6. Gl. z. Ssp. I, 24 b. Gartner S. 68, 69. Bisher hat er angezeigt, was die Schwertmagen aus dem Erbe zuvor nemen. Nu wil er auch sagen, was die nemen, so von der Spielseiten zum erben geboren sind, als die Frau, welche, ob sie nicht vorhanden, neme es ihr Nifftel, das ist ihre nechste Mume, welche ihr von weibshalben angehört — Wie die Schwertmagen das Heergewet zuvor nemen, also hinwieder die Spielmagen die Gerade.

7. Gl. z. Sachs. Lehnr. 56: das weib vererbet ir erb an den nechsten magen, es sey von spil halben oder von schwert halben.

8. Gl. z. Sachs. Weichb. 23. Die nechst Nifftel, die einer Frauen oder Jungfrauen zugehort (vom weibs geschlechts wegen), wenn die gesterben, u. heißt die nechst gespinne weibshalb, darvon, gleicherweis als der nechst mage (mannes halben) heißt ein Schwertmag.

9. Rechte der St. Rheda v. 1355 (Wigand Arch. Bd. 6 S. 260). Stervet och we tho Rede, de uns eder unsen closteren eder unsen borchmannen eder der jenighem tho horet van eghenscaph weghene, u. sin neyste erve ander herscaph hevet van eghendomes eder amptes weghene, des doden erve sal sin herscaph, des he eghen ist, nemen vur den neysten erven.

10. Ssp. I 6 § 1 s. oben § 63 Nr. 31.

11. Das. I 28 s. oben § 80 Nr. 43.

12. Goslar. St. S. 10 Z. 15. Wat in enes weren besterfft, dat sin was do he levede wente an sinen dot, dat is al erve; sunder herwede, gherade oder lengut.

13. Ssp. I 33 s. oben § 34 Nr. 3.

14. L. Alam Lib. II Tit XCV das. Nr. 2.

15. Sachs. Lehnr. 20 § 1 das. Nr. 4.

16. Eisenach Stat. v. 1670 das. Nr. 5.

17. Ssp. I 36 § 1 das. Nr. 6.

18. Schwsp. 42. Hat ein man einen sun unelichen, den mac der pabest wol elich machen, u. ouch der keiser nach sinem rehte. Aber der pabest noh der keiser mugen in daz reht nimmer gegeben, daz si ir mage gerben mügen, als ob si ir muoter ekind sin gewesen.

19. Rsb. n. Dist. I 47, 7. In allem wicpilde u. lantrechte volget den unelichen kinden nicht, noch da man gibt dritteil.

20. Ssp. I 51 § 1 s. oben § 49 Nr. 77.

21. Magdeb. R. v. 1304 s. oben § 49 Nr. 80.
22. Schwsp. 38 Z. 4 ff. das. Nr. 82.
23. Goslar. Stat. S. 8 das. Nr. 85.
24. Ssp. I 4. Uppe altvile (vgl. Homeyer II 1 S. 560 u. A. Höfer Altvile im Sachsenspiegel. Halle 1870) u. uppe dverge ne irstirft weder len noch erve, noch uppe kropelkint. Sve denne de erven sint unde ire nesten mage, de solen se halden in irer plage. — Wirt ok ein kint geboren stum oder handelos oder votelos oder blint, dat is wol erve to lantrechte u. nicht lenerve. Hevet aver he len untvangen, er he wurde alsus: dat verluset he darmede nicht. De meselseke man ne untveit weder len noch erve; hevet he't aver untvangen er der suke, he behalt it u. erft it als ein ander man.
25. Rsb. n. Dist. I 5, 10. Noch finden wir etliche kinder gebort, dy sten an erbegang adder sten nicht doran, beide zcu keyserrechte u. zcu lantrechte u. zcu wichbilde; also missel suchtige lute, stummen u. blinden, fusselosze adder hantlose lute, werden dy geborn also, der ußseccziger. Der sal sich underwinden or nester vater mag, u. sal sy mit oreme erbe in rechter phlage habe, also verne als daz gud daz getragen mag. — Wen sy gesterben, dy erben uf dy nesten. — Uf dyselben erbet wedder len noch eygen noch erbe, dy also geborn werden.
26. Goslar. Stat. S. 15 Z. 1 ff. Worde en ghesunt gheboren u. worde de in ere vangnisse ghelemet oder in erre suke oder van wunden dat he dar van en kröpel worde, de nimt erve u. up den valt erve also uppe enne anderen.
27 L. Baiuv Text I XV 9. Ut fratres hereditatem patris aequaliter dividant —; si vero de ancilla habuerit filios, non accipiant portionem inter fratres — quia in veteri lege scriptum est: non erit heres *filius ancillae* cum filio liberae.
28. Edict Rothar 222 s. oben § 41 Nr. 6.
29 Form. Senon. 42 das Nr. 7.
30. Ssp. I 17 § 1 das. Nr. 11.
31. Das. III 72 das. Nr. 18.
32. Schwsp. 272. Unde stirbet ein man, u. lâzet zwo tohter hinder im die beide meide sint; diu eine nimet einen man der ir genoz ist; diu ander nimet einen man der niht ir genoz ist; u. hat in ir vater guot gelazen daz an ertriche lit: daz sol diu gar han, diu irn genoz oder irn übergenoz hat genomen. u. hat er in aber ander guot gelazen, daz sullen si gelich mit einander teilen.
33. Rsb. n. Dist. I 7, 7. Uf monche u. uf nonnen kan wedder len noch erbe ersterben noch hergewete noch gerade.
34 L Rib. 56, 3: usque ad *quintum genuculum*, qui proximus fuerit, in haereditatem succedat
35 L Sal 44 § 9: secundum parentilla *usque ad sextum genuculum*
36. Bened Lev II c. 130. Christiani ex propinquitate sui sanguinis usque ad *septimum gradum* connubia non ducant.
37. Ssp. I 27 § 2. Jewelk man von ridderes art erft — tvier wegene: dat erve an den nesten evenburdigen mach, sve de is, u. it herwede an den nesten svert mach. Svelk man von ridderes art nicht n'is, an deme to stat des herschildes, de let hinder ime erve to nemene, svenne he stirft, u. nein herwede.
38. Das. III 15 § 4. Sve so herwede vorderet, die sal al ut von sverd halven dar to geboren sin.
39. Das. I 22 § 4. De vrowe (sal) to herwede irs mannes sverd geven, u. dat beste ors oder perd gesadelet, u. dat beste harnasch, dat he hadde to enes mannes live, do he starf, binnen sinen weren; dar to — enen herpole, dat is ein bedde u. ein küssen u. ein lilaken, ein dischlaken, tvei beckene u. ene dvellen. dit is ein gemene herwede to gevene u. recht, al settet die lüde dar mangerhande ding to, dat dar nicht to ne hort.
40. Ruiden. Stat. 45 (Seibertz UB. 2 S. 80). Hyr na steyt dat tho dem herwede horet: tho dem yrsten salmen gheven al eynes mannes scapenen cledere. Vortme wer et eyn bouman: eyn pert, dat nest dem besten were. Weret aver dat eyn borghere nicht me dan eyn pert en hedde, dat solde in der

were blyven dorch nut willen der stat. Vortme salmen gheven eynen halven waghen, dat sal syn dat vorderdel. Vortme eyn kyste, da eyn svert moghe inne leghen, eynen kethel, da men eyne sculderen mochte yne seden. Vortme hedde eyn man twier hande wapen tho syme lyve, dat beste solde in der were blyven, dat andere solde men tho deme herwede gheven; wes da nicht en were, des en darf men nicht gheven. — (47) Wer et eyn beckere, so ghevet he tho dussen vorgen. dingen, eft se da sint, twe knedetroghe, scatelen, voyrvorken, gherstel, svankel. (48) Wer et eyn wullenwevere, — syn thowe, eyn par spolen u. eyn spolthowe, twintich par cloven. — (49) Is et eyn scomekere, — syn snidebret, syn bylenmesser, eynen knyp u. eyne suele. (50) Wer et eyn smyt, — syne blaasbeelghe, synen hanthamer, eyn lopen, eynen hofhamer, eyne hoftangen, eyn scorthevel, u. eyn scufyseren. (51) Wer et eyn tymmerman, — syne bylen, syne barden, syne sulexen u. eynen bantnenegher. (52) Wer et eyn scredere, — syn stecscheren u. syne hantscheren. (53) Wert eyn vleschowere, — syn vleschbylen, syne vleschbarden, syne vleschbank u. syn messet. (54) Wer et eyn lynenwevere, — syn stelle u. synen sclachkam.

a. Ssp. I 27 § 2 (oben Nr. 37) Quedlinb. Hs.: daz herwede in den nehesten u. in den eldesten swertmach.

b Dortm. Stat. III 30 (Frensdorff S. 72). War en man sturve, de twe brodere hedde —, dey borden syn herwede op u. syn erve, dey oldeste van den selven twen dat herwede.

c Ssp. I 22 § 5. Svar twene man oder dre to eneme herwede geboren sin, de eldeste nimt dat svert to voren, dat andere delet se gelike under sik.

41. Das. 27 § 1. Jewelk wif erft twier wegene: ir rade an ir nesten nichtelen, de ir von wifhalven is besvas, u. dat erve an den nesten, it si wif oder man.

42. Rb. n. Dist. I 9, 2. Die eldeste tochter nempt die gerade czuvorn. Ist dy ußgeradet, so nempt sy dy ander, dy nicht ußgeradet ist. Ist abir do keyn tochter, so nempt sy der son, der pfaffe ist adir werden wel.

43. Rüden. Stat. 55. Were et also dat eyn vrowe eyne dochter beredet u. de vrowe mer dochter hevet dan eyne, so sal de eldeste dochter, de in der were blyvet, boren de gherade van der moder, et en sy also vele, dat se de dochtere al beraden hedde, so solde de eldeste dochter de gherade boren. dyt ys eyn recht also vere, als dusse vorgen. dochtere syn eynweldich van vader u. van moder.

44 L Angl et Werin. 38 *Ornamenta muliebria*, quod *rhedo* dicunt

45. Sachs. Dist. b. Polman IX 10, 4. Gerade heisset alse viel als Hausgerethe.

46 L Angl et Werin 31 Ad quemcunque hereditas terrae pervenerit, ad illum *vestis bellica* i e lorica et ultio proximi et solutio leudis debet pertinere 32 Mater moriens *filio terram*, *mancipia*, *pecuniam* dimittat, *filiae* vero *spolia colli* id est *murenulas*, *nuscas*, *monilia*, *inaures*, *vestes*, *armillas*, vel *quicquid ornamenti proprii* videbatur habuisse

47 L Burg 51, 3 *Ornamenta et vestimenta matronalia* ad filias absque ullo fratris fratrumque consortio pertinebunt.

d Das. 86, 1. Si pater filias dimittit, *mala hareda* si vivus dare voluerit, cui voluerit donet, ut postea ad filias suas, si ille dederit, nemo requirat

48. Ssp. I 24 § 3. Allet dat to der rade hort, dat sin alle scap u. gense u. kasten mit upgehavenen leden, al garn, bedde, pole, kussene, lilakene, dischlakene, dvelen, badelakene, beckene, luchtere, lin u. alle wiflike kledere, vingerne, armgolt, tzapel, saltere u. alle buke, die to godes deneste horet, die vrowen pleget to lesene, sedelen, lade, teppede, ummehange, rucgelakene u. al gebende. Dit is dat to vrowen rade hort. Noch is mangerhande klenode, dat in gehort, al ne nenne ik is nicht sunderliken, als borste, schere, spegele. Al laken ungesneden to vrowen kleidere u. gold u. silver ungewercht, dat ne hort den vrowen nicht.

49. Sachs. Weichb. Cod Palat Art. 25 (Thungen S. 20): zu der gerade — gehorn — alle weipliche cleider, u. geschnitten tuch, wollen u. leynenn, u. das frauen pflegen zu hann u. zu tragenn, u. alles golt u. silber, das geworcht ist zu frauenzcirde, als furspan u. fingerlein, moschen, gurtell von seyden gewurcht, armgolt u. umhenge, sperlachenn u. furhenge, bette u. pfule, kussen,

u. stullachenn, pfannen dy man nutzet zu allerhande, dreifusse, einen kostenn, leyn u. flachs, leymat u. gesotten garn, bucher dor auß dy frauen lesenn, gense, enten, schaff dy vor den hirten geen. Is aber yr man ein kromer, das er vill hat scholternn ader schallaunen ader tebbich, des mag dy fraue nicht mer behalden, wen alßo vill, als zu yr kammergewande gehort, ader zum hochstenn yr itzlich drey stuck. Ist er auch ein gastgebe, das er vill bette hette in der gastkamer, sy mag do nicht mer an behalden, dan als hi vor gereth ist. Stirbt aber einem manne sein weip, u. yr neste nyftelle dy gerade nympt, dy sall dem selbenn manne berichten seyn bette, als es stunt, do sein weyp lebte, seine banck mit eym pfule, seynen tisch mit eynem tischlachenn u. hanttuch, seinen stull mit einem kussenn.

50. Rb. n. Dist. I 9, 1. Czu gerade gehorn der fruwen beste cleyder, eyn par mit allem geczuge, mantel u. rogk; ist abir do keyn mantel, so ist do or beste rogkelin; eyn lilachen, eyn deckelachen, eyn bette, eyn tislachen, eyn kossen, eyn houbtgold, czwey armgolt, alle ore fingerlyn u. vorspan. — Disse gerade gibt man czu wichbilde u. nicht czu lantrechte. Adder in deme lantrechte gehorn czu gerade alle feltpherde, rinden, czegen u. swin, dy vor den hirten gen, gense u. geczimmer. Adder mastswin gehorn czu der hovespise in iczlichs mannes hofe.

51. Gl. z. Sachs. Lehnr. 56. Zu der gerade gehören alle schaff, die die fraw het, da sie iren mann nam, u. die nimpt auch ir nifftel. Hat aber der mann selber schaff gezeuget, die nimpt die nifftel nicht, sondern nach dem tode des mannes, so nimpt sie das weib, dann das weib nimpt alle schaff on unterscheit, aber nicht die nifftel. — Wolle aber, die abgeschoren ist, gehort nicht zu der gerade. Kisten, schrein u. laden, da die frawen ir hauptgebendt inn haben, u. sonderlich die sie selbs beschliessen, flachs, garn, gesotten oder rohe, leinwat; es were denn das man die leinwat auff den kauff hette gezeugt u. wolt sie wider verkauffen. — Garen gezwirnet oder nicht, u. alles gewebe u. gestricke, vernim zu weiblicher gezier gemacht, Und darumb gehoren die netze zu dem erb, Sonder mesgewand die gehoren zu der gerade, u. auch bucher, die zu Gottes dienst gehoren, — u. alle weibliche kleider, sie seien geneet oder ungeneet, sie seien leinin oder wullen, Umbheng, sperlachen, bette, pfülhen, küssen, leilachen, tischtücher, handtücher, oder desgleichen, Schleier u. schleier ende, sie seien seidin, leinin oder baumwüllin, Auch aller flachs, er sey gewirckt oder ungewirkt, alles gerhet u. gezeug, das zu weiblicher arbeit gehort, rocken, spindel, windel, garnrocken, klauwen, da man pflegt auff zu wircken, darzu gerhet, da sie es pflegen mit zu bereiten, als schirremen, kessel, waschkessel. Darzu alle weibliche zierge, fingerlin, vorspangen, hefftlin, kronen, zopff, u. ander gezierd, das frawen zugehört, Und darzu alles hausgerhet, becken, leuchter, kannen, deppich, badelachen, brawpfannen, u. alles brawgefesse, das man nützt umb zins Auch mehr, so ist noch ander gerhete, das die frawen angehoret, als pürsten, scheren, spiegel, u. ander kleinode ꝛc. Auch sollet ir mehr wissen, schwein, küe, kelber, oder stutpferde, die teglich zu felde gehen, die gehören auch zu der gerade, Spannet man sie aber ein, das sie ziehen, so gehoren sie zu dem erbe. Dis ist ein gerad, darzu gehören auch milchgefesse, u. etliche sonderliche ding, die zu dem dienst Gottes gehoren, als mesgewant, kelch u. auch bücher, da die frawen pflegen kurtzweil inn zu lesen. — Schoppsse, bock, ochssen gehoren zu dem erb, u. alle menliche thier.

52. Rüden. Stat. 60. In der were sal bliven eyn bedde alync mit alme thughe, also als et stunt by des doden menschen levene, dar tho sunderlikes eyn par lakene tho dem bedde. ok sal in der were blyven der kindere, der knechthe u. der meghede bedde myt alme thughe also als et vore stunt. vortme eyn stolkussen, eyn arkussen, eyn dislaken, eyn hantdvele u. des ghesindes dysclaken. ok blivet in der were lynen laken, dat vor dem wevere were. Tho dem gherade sal men gheven: alle kledere, de ghesnyden sint tho eyner vrowen or junckfrowen lyve, alle ander bedewant ane dat vor uyt ghescriven ys. vortme alle kussene, alle lakene, vorspan u. al ghesmyde, also als et tho eyner vrowen eder juncvrowen lyve ghehart hevet. vortme eyn clederkiste, lynen laken, dat beghunt were af tho snydende, gharen dat dem wevere overlopen were u. alle gharen lyn

dat buthen den knothen were, hekelt vlas, eyn hekele, eyn gharwynde, eyn haspel, eyn rocke, ein spynel u. eyn werve gordel, budel, messet, also als et tho erme live ghehart hevet; wes da nycht en ys, des en darf men nicht gheven. Vortme weret also, dat de gherade weren vallen up eyne vrowen eder juncvroweu u. de sturven yr dan se de gherade uterden, de solden deselven gherade gheven myt erme gherade in al der wyse als hy vorgescreven steyt. Vortme weret eyn e y w o n i c h m e n s c h e, des bedde myt alme tughe sal blyven in der were dem nesthen, dat andere sal men gheven tho deme gherade in aller wise als hy vorghescreven ys. Vortme weret eyn b r u e r s c h e, de dar storve, so blyvet in der were eyn badekuven, eyn athkuven, eyn byrleghelen, eyn dunnebirs leghelen. were dat da nicht, dan eyn byrbode, de selve blyvet in der were; al de anderen vate, de tho dem bruende horet, sal men tho dem gherade ghyven myt al den stucken de hy vorgescr. sint.

53 *Lodtmann* Acta Osnabrug 2, 172 Zum gerade einer frouwen gehört: — ein keßel dar men ein kind in baden kan, — ein pott darin man ein huen sieden kann; — gesponnen garn —, so die frau — i n i h r e r g e w e h r g e h a b t; immen u. schafe, s o d i e f r a u z u i h r e m m a n n e g e b r a c h t.

54. Gl. z. Sachs. Lehnr. 57: es ist noch h e i s t k e i n g e r a d e, d i e w e i l d e r m a n n l e b t.

55. Rb. n. Dist. I 9, 3. Sterbet eyme manne sin wip adder eyner frouwen or man, dy so arm sin gewesen, daz sy nicht den eyn bette haben gehad u. eyn kossen adder czwey u. eyn slaflachen, eyn tislachen u. eyne hantvelen, daz en darf man widder czu gerade noch czu hergewete geben.

e. Urk. Erzb. Hartwig f. Bremen v. 1206 (Brem. UB. 1 n. 103) Statuimus ut cujuscumque mulier sub jure civili, quod vulgo wicbeletd vocatur, mortua fuerit, muliebres ejus reliquias, que vulgo *wifrad* nominantur, nullus vir aut mulier auferre de cetero aut requirere presumat, set in possessione integraliter reliquie remaneant (Einer Abschrift des 15. Jahrh. sind die Worte beigefügt: wyvegerade is affgesath, utinam fieret similiter de heregewede, nam creditur expedire)

56. Lüb. R. I 12 Herewede et radhe *singulariter nullatenus exhibentur;* sed si quis proximus est heres et accipit hereditatem, percipiet simul et herewede et radhe (II 30: mer we negest erve is, de nimpt beide: erve u. herewede u. radhe).

f Priv. Herzog Otto I. f. Hannover v. 1244 (D ö b n e r S. 25) Cum omnia jura tam civilia quam forensia ab antiquis dictata, ut serventur, firmiter sint statuta, nichil ex eis infringi licet vel mutari, nisi de *gratia* quadam fiat. *Quamvis autem jus sit commune* et a multorum annorum temporibus observatum, quod femine de matrum vel sororum aut cognatarum suarum morte accipiant jus quoddam, quod dicitur *rathe*, similiter et masculi de morte patrum vel fratrum aut aliorum propinquorum suorum tollant jus unum, quod vulgari vocabulo *herewede* nuncupatur, nos tamen inspectis magnis obsequiis dilectorum burgensium nostrorum de Honovere jus illud in civitate ipsorum decrevimus *deponendum*, statuentes et mandantes quatinus dicti burgenses inter se *infra civitatem* neque rathe neque herewede nec accipiant nec dent et neutrum illorum debent presentare *extra civitatem* alicui hominum neque dare

57. Urk. der Herzz. Otto u. Wilhelm v. Br.-Lüneburg v. 1329 (Lüneb. UB. 1 n 346) Consulum et universitatis civitatis nostre Luneborch insinuatio patefecit, quod ius sive consuetudo in tollendis et percipiendis rebus que vulgariter *vrowenradhe* dicuntur esset adeo dilatatum, quod plures viri eorum comburgenses post suarum uxorum obitum in bonis suis gravem iacturam perciperent —. Ad imponendum ergo rigori sive consuetudini huius iuris moderamen congruum dicti consules et universitas *de nostro consensu* et *beneplacito* statuendo ordinaverunt: quod nemo inter eos deinceps de ipsis rebus, que vrowenradhe dicuntur, valeat postulare *oves* vel exigere aliqua nisi *solummodo illa*, *que persona defuncta tempore sui obitus inconsumpta ex donatione parentum aut suorum habuit amicorum* Quicquid vero maritus tam in vestibus quam in aliis suppellectilibus et rebus sue uxori comparaverat ante vel post copulam, illud dare nemini teneatur.

58. Naumburg. Rathsschl. v. 1337 § 16 (Mühler S. 66). Ouch wulle wir nicht, das keyn burger ader burgerinne eyn deme anderen gerade ader herwete abe fordere sulle

59. Rb. n. Dist. I 7, 1. Czu erbe gehorth noch lantrechte u. wichbilde — acker, wesszen, holcz, wingarten, tische, huser, fleyßbencke, brodbencke, czins uf husern adder uf garten, alles getreyde, gedroßßen u. ungedrossen, win, mete, bir, alle vaz, alle kasten u. schrine, truhen u. laden, dy czu fruwen gescherre nicht sin ußgescheyden, troge, kessele, holringen, houwestucke, hackebred, pherde, swine, kuwe, kelbere, schaffe —, abir harnasch, der obir eynes lip ist, allis gewant, linen adder wullen, alle koufmannesschacz, alle farende habe, wy dy benant ist, tysche, sedeln u. bencke.

60 L Sal emend. 62, 6 s. oben § 63 Nr. 23.

g Edictum Chilperici v. 561—584 (Mon C 8) c. 3 Placuit atque convenit, ut si quicumque *vicinos* habens aut filios aut filias post obitum suum superstitutus fuerit, quamdiu filii advixerint, terram habeant, sicut et lex Salica habet Et si subito filios defuncti fuerint, *filia* simili modo *accipiant terras* ipsas, sicut et filii si vivi fuerint aut habuissent Et si moritur, frater alter superstitutus fuerit, frater terras accipiant, non vicini Et subito frater moriens frater non derelinquerit superstitem, tunc soror ad terra ipsa accedat possidenda

61. Form Senon 45 s. oben § 63 Nr. 26.

62. L. Rib 56, 4 das. Nr. 24

63 L. Angl et Wer. 6, 1—4, 8 s. unten Nr. 93.

64. Urk. v. 572 (Pardessus Dipl 1 n. 179) Bethta — *villam* B. —, quam filius suus E. quondam moriens dereliquit, et *ad ipsam legibus obvenit*, per vinditionis titulum — vindicat

65. Urk. v. 710 (das. n 476) Bertilindis — dans tibi in pago Texandrensi — quod mihi mater mea — *hereditario iure legitime reliquit:* hoc est *casatas V cum sala et curticle meo* etc

66 L Sax 41. Pater aut mater defuncti *filio*, non filiae *hereditatem* relinquent

67 Ead 44 Qui defunctus non filios sed filias reliquerit, *ad eas omnis haereditas* pertineat.

68 L Burg 14, 1: id volumus custodiri, ut si quis filium non reliquerit, in *loco filii filia* et patris et matris *hereditate* succedat

69 Ll Alam. Hlothar 57. Si *duae sorores absque fratre* relictas post mortem patris fuerint et ad ipsas *hereditas* paternica pertingat etc.

70. Ll Langob. Liutpr a 713 1, 1 Si quis — *sine filiis* — mortuus fuerit, et *filias* dereliquerit, ipsae ei in *omnem hereditatem* patris vel matris suae tamquam *filii legetimi* — heredis succedant

71. Ssp. I 17 § 2. Die Svave ne mach ok von wifhalven nen erve nemen, wende de wif in irme slechte al ervelos sint gemaket dur ir vorvaren missedat.

72. Schwsp. 128 Z. 1 u. 6 ff. Unde stirbet ein man, u. lat sün u. tohter hinder im, — u. ist ouch daz er einen ansedel da er ufe saz hinder im lat — der ansedel ist der süne vor den tohtern; u. stet an der bruoder genaden waz si den swestern geben, ob anders da niht enist.

h Glosse zu Ssp. III 73 (Homeyer Heimat S. 42). Schepenbar vry dat — het darumme so, dat sy ore eygen vry hebben, darumme dat sy schepen ambachtis in einer greveschap warden scholen. Dit is der manne ambacht u. ervet up dy sone alleine oder up dy negesten swertmach. Darumme ervet dit eigen up der dochter kindere nicht, wan yt ervet up dy dochter selven nicht.

i. Salbuch des Grafen v. Falkenstein oben § 78 Nr. 33.

k Jülicher LR. XXXIX 1 unten § 248 Nr. 5.

73. Ssp. I 5 § 3. De pape nimt gelike dele der süster in der muder rade, u. gelike dele den bruderen an egen u. an erve. — De ungeradede suster ne delt nicht irer muder rade mit den papen, de kerken oder provende hevet.

74. Priv. f. Parchim v. c 1225 (Mecklenb. UB. 1 n. 319) § 9: *equam partem habere debent filie cum filiis* in omnibus bonis, *tam feodis, quam aliis,* —

item concedimus, ut ea que *herewede* dicuntur et muliebria que *wiberade* vocantur *minime dentur*, sed *hereditas est per medium dividenda.*

75. Gl. z. Ssp. 1, 17. Die tochter nympt zu unserer zeit zugleich erbe mit dem sohne.

76. Magdeburg. R v. 1304 Art. 129. Hat ein man kindere, beide sune u. tochtere, — daz eigen u. daz gereite gut teilen sie gliche, — daz lehn nemen die knechte bevor.

77. Mülhaus. Stat. (Mühlh. UB. S. 623). Iz daz ein man u. ein vrowe zu samini kumin an rechtir e —; is — daz su sterbin, so erbit ure guit glich uf uri kint, — u. diz eine kint heit alse gut recht an demi guite alse diz andere, is si wibisname edir mannisname, beide an egine u. an erbi u. och an varndir habe u. dazu an me lene.

78. Alt. Soest. Schrae § 163. So war ein erve vorstirvet, dat alle deyghene, dey like sibbe dar to sin, sulen ghelike schichtinge dar van nemen, ande also manich persone so dar to ghehoret, so manighen gheliken deyl sal man dar af gheven. Vortmer dat gherade ande herwede allet dat erve wesen sal.

79. Schwsp. 225. Von vater mage erben. — Swer eines guotes erbe wil sin, der sol swertes halben dar zuo gehoren: daz ist der vater mac. Swa ein vater mac u. ein muoter mac kriegent umb ein erbe, da sol der vater mac erben vor dem muoter mac. Ist aber daz guot von muoter magen dar komen, so erbent ez der muoter mage swer aber einer sippe naher ist, ez si von vater oder von muoter magen, der sol ze rehte erben. (v. Wyß in d. Zeitschr. f. Schweizer R. 4 S. 127.)

80. St. Galler Handfeste c a 1271 (Bluntschli 1, 300). Swer disses guotis iht hat, ez si man alde wib, stirbet der ane kint, den sol sin nahister vatermag erbin, es si wib alde man; vindit aber man der enheinin, so sol ez muoter halb das nehiste tuon.

81. Landsetzungen v. Glarus v. 11. Marz 1387 Art. 5 (Zeitschr. f. Schweiz. R. 4 S. 137). Wir haben ouch — gesetzt, wenn ein erbe in unserm land vallet wer do der nechste vattermag u. elich ist von des vatters, von dem dz erbe gefallen ist, der sol dz selb guot erben u. sol die erbschaft alweg für sich gan, kame aber die sipp von dem vater — untz ze dem vierden oder ze dem fünften u. dan muotermag kamin, die dem totten mentschen von elichem recht nacher sipp wärin, dann ze dem vierden oder ze dem funften, die süllent dann hin für die vattermag erben. Wärint aber die vatter u. ouch die muoter mag von des hin an gelicher sipp, so süllent si ouch gelich erben.

82. Oefn. von Stafa 23 (Grimm 1, 47): wäre das stoß wurde umb erb, wenn der muottermag eins libs necher wer denn vattermag, so erbend sy mit einander glich; werennd sy aber glich, so zücht vattermag für.

83. Groeninger Stadsboek. v. 1425 Art. 31 (Groninger Verhandel. pro excol 1, 129) Vader u. moeder sollen nae dessen dage arven op haere kinder u. de soons sollen toe tasten mit twee handen u. de dochters mit een hand in alle haeres vaders u. moeders naegelatene goederen, reppelike u. onreppelike (bewegl. u. unbewegl.).

84. Budjadinger Landr. 51: haben — die — Kinder vaterliche u. mütterliche Stammgüter — dergestalt unter sich zu theilen, daß nach fünften Theilen zu rechnen, ein Sohn 3 Theile, u. eine Tochter 2 Theile — bekommen.

85. Landr. tho Nyenkerken b. Oelrichs S. 563. In Erbfallen. I. De Erve u. Guth hadde, de geve den Sohnen dat Erveguth, der Dochter averst darvor ein Bruttschatt, so guth se idt upbringen konnen. Doch werde den Deernen ock wol wat Erfegudes mit gegeven, doch thom Bruttschatt.

86 Ll. fam s Petri (Wormat) § 1. Si quis — ad sociam suam legitime venerit, — et — filios simul genuerunt et mater prior obierit, si quid hereditatis ex matre filiis devenerat et ipsi obierint, hereditas *ad proximos matris* redeat

87. Priv. K. Friedrich I f. Worms v. 1184 (*Stumpf* Acta imp ined n. 160). Si alteruter coniugum sine herede premoriatur, superstes *omnem premortui hereditatem, quoad vixerit, libere possidebit* *Defunctis* autem *ambobus* sine

prole coniagibus, *ad proximos* eorum heredes relicta ab illis substancia devolvetur, et *viri quidem hereditas ad heredes viri, mulieris autem hereditas ad heredes mulieris transibit*

88. Magdeb.Bresl. syst. Schoffenr. IV 2, 37. Stirbit eyn man u. lesit kindir u. eyn elich weip, syn unvorgebin gut u. erbe vellit u. erbit uf syne kindir; u. nympt dy witwe eynyn andirn man, mit dem ze ouch kindir gewinnet, u. stirbit der erstin kindir eynis adir me, der selbin totin kyndir erbe stirbit uf di mutir —; u. stirbit dornoch dy vrauwe, zo erbit daz anirsturbene gut uf alle ere kindir, u. nicht alleyne uf daz kint von des vatir daz anirsturbene gut her komyn ist.

89. Kl. Kaiserr. 2, 95. Wo ein man stirbit (off een wyff) synes gudes unvergiftet, daz solent nemen syne erben: also waz gudes von dem vater ist komen, daz sölent ouch nemen des vaters frunde, u. daz von der mutter ist komen, daz sölent nemen der mutter frunde. Hant sy ouch gut mit irer arbeite mit einander gewunnen, dat soelent sy glich teylen.

90. Bergisch Landr. § 21 (Lacomblet Arch. 1, 89). In dem Lande van dem Berge sall alle guith ind Erffzahl widderumb zoruck fallen ind ersterven, dar dat herkomen wehre, also langh als man dat bewiesen kan, wan gein lyffsgeburth dairvan en levede

91. Edict. Rothai. 153 Omnis *parentilla* usque in *septimum geniculum* nomeretur, ut parens parenti *per gradum et parentillam* heres succedat

92 Liber Papiensis ad Edict. Rothar 153 § 1 (Mon. Ll. IV 318). Si quis Longobardus intestatus moriens reliquerit filium vel filios legitimos, ipse vel ipsi in omnem substantiam patris succedant, si in sacris patris et filii famalias erant § 2 Si vero nepotes tantum vel neptes vel deinceps aliqui ex parte filiorum defunctorum superstites fuerint, similiter succedant. — § 4 Quod si — filios — et filiam reliquerit, filii tantum succedant § 5 Si vero *filiam*, et nepotes vel neptes vel deinceps aliquem *ex parte filii defuncti* reliquerit, *aequaliter succedant;* sed ut alii dicunt, nepotes vel *neptes ex parte filii tantum* succedant — § 7 Sed si nepotes vel neptes, vel deinceps aliquis ex parte filii iam defuncti, et nepotes vel neptis vel deinceps aliqui ex parte filiae iam defunctae superstites fuerint, *nepotes vel neptis tantum ex parte filii* avo suo succedant. Si vero nepotes et neptes, *nepotes tantum succedant.*

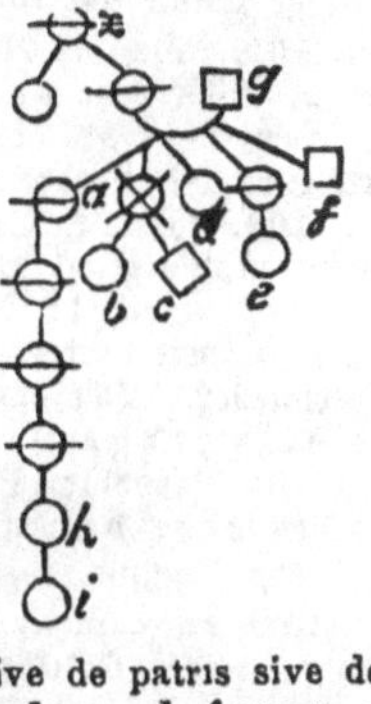

93. L Angl et Werin 26—30. *Hereditatem* defuncti (a) *filius* (b), *non filia* (c) suscipiat Si filium non habuit, — ad *filiam* (c) *pecunia et mancipia, terra vero ad proximum paternae generationis consanguineum* (d, nicht e) pertineat Si autem nec filiam non habuit, *soror* eius (f) *pecuniam* et *mancipia, terram proximus paternae generationis* (d) accipiat. Si autem nec filium nec filiam neque sororem habuit, sed matrem (g) tantum superstitem reliquit, quod filia vel soror debuerunt, *mater* suscipiat, id est *pecuniam* et *mancipia.* Quod si nec — matrem dimisit superstitem, *proximus qui fuerit paternae generationis* (d) heres ex *toto* succedat, tam in pecunia atque mancipiis quam in terra — 34 Usque ad *quintam generationem* (h) *paterna generatio succedat Post quintam autem* (i) *filia* (c) ex *toto* sive de patris sive de matris parte in hereditatem *succedat;* et tunc demum *hereditas ad fusum a lancea transeat*

94. L Sal emend 62, 1, 2 (vgl. Behrend 59). Si quis homo mortuus fuerit et filios non dimiserit, si pater aut mater superfuerint, ipsi in hereditate succedant. *Si pater et mater non superfuerint et fratres vel sorores reliquerit, ipsi hereditatem obteneant*

95. L Wisig. IV 2, 2 In hereditate illius, qui moritur — *filii primi sunt* Si filii desunt, *nepotibus debetur hereditas* Si nec nepotes fuerint, *pronepotes ad hereditatem vocentur.* Si vero qui moritur, nec filios nec nepotes, seu patrem vel matrem relinquit, *tunc avus et avia hereditatem sibimet vindicabit.*

96 L. Alam. L. II c 91 Si quis fratres post mortem patris eorum aliquanti fuerint, *dividant porcionem patris* eorum: dum haec non fuerit factum, nullus rem suam dissipare faciat, usque dum *aequaviliter parciant*

97. L Burg. LXXVIII 1. Statuimus, ut si pater cum filiis sortem suam diviserit et postea mori filium vivo patre contigerit sine filiis, pater voluntate filii integram usufructuario iure vindicet portionem: quam inter filios et nepotes ita moriens dimittat, ut quanti nepotes ex uno filio fuerint qui patrem non habent, portionem patris sui vindicent, qualem pater eorum habiturus erat. — 2 Praesens tamen lex *ad masculos tantummodo* pertinebit.

98. L Baiuv Text I XV 9 Ut fratres *hereditatem* patris *aequaliter* dividant; quamvis multas mulieres habuisset, et *totas liberas fuissent de genealogia sua* aut quas non aequaliter divites, unusquisque hereditatem matris suae possideat, res autem paternas *aequaliter* dividant

99 L Sal *Heroldi* 62, 6 (vgl. Behrend 59). Nepotes aut pronepotes — *non per stirpes, sed per capita* dividantur

100 L Sax 46 Qui filiam ac filium habuerit, et filius uxore ducta et filium genuerit et mortuus fuerit, hereditas patris ad *filium filii*, id est nepotem, *non ad filiam* pertineat.

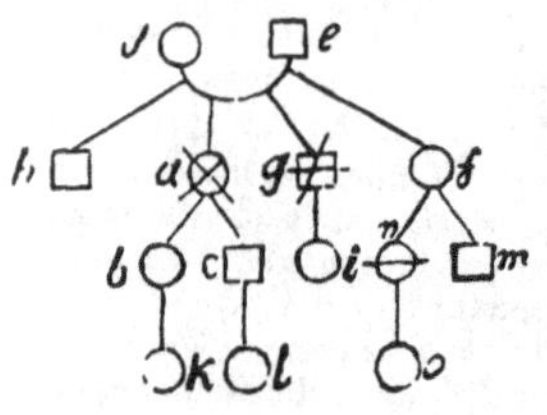

101. Ssp. I 17 § 1. Stirft die man (a) ane kint (b, c, k, l), sin vader (d) nimt in erve; ne hevet he des vader nicht, it nimt sin muder (e) mit mereme rechte, dan sin bruder (f) Vader (d) u. muder (e), suster (g) u. bruder (a) erve nimt de sone (i) u. nicht de dochter (h); it ne si dat dar nen sone ne si, so nimt it de dochter. Sven aver en erve [das Erbe des a] versusteret u. verbruderet [d. h. uber Schwester (gh) u. Bruder (f) hinausgeht, Schwester u. Bruder nicht mehr leben, sondern nur ihre Nachkommen], alle de sik gelike na to der sibbe gestuppen mogen, de nemet gelike dele dar an, it si man oder wif [also erst i u. m, dann o], disse hetet de Sassen ganerven. — Doch nimt sones (b) u. dochter (c) kint (k, l) erve vor vader (d) u. vor muder (e) u. vor bruder (f) u. vor süster (h), durch dat: it ne geit nicht ut dem busmen, de wile de evenburdige busme dar is.

102. Das. II 20 § 1. Brudere u. sustere nemet ires ungetveider broder u. süster erve vor den bruder u. vor die suster, die getveiet von vader u. von muder sin. Ungetveide broder kint sin ok gelike na deme getveiden brudere an dem erve to nemene.

103. Rb. n. Dist. I 6, 4, 6—8. Halbe bruder u. halbe swester nemen glich erbeteil mit bruderkinth u. swesterkinth, dy ungeczweyet sint. — Ungeczweyqete swester u. bruder nemen erbe vor dy gezweygeten von vater u. von muter. Ungeczweygete brudere nemen erbe vor eldervater u. vor eldermutter. Der eldervater u. eldermuter nemen erbe vor swester u. bruder, dy geczweyget sin von vater u. von muter.

104. Goslar. St. 3 Z. 10 u. 11. Dar aver tweyunghe an is van vader oder van moder, de is deme erve vernere.

105 Childeberti II decret a. 596 c 1 (Mon C 15). Ut *nepotes* — ad aviaticas res cum avunculos vel amitas sic *venirent*, *tamquam si pater aut mater vivi fuissent* *De illis tamen nepotis istud placuit observare* qui de filio vel filia nascuntur, non *qui de fratre*

106 Ll Lang Grimoaldi c 5 Si quis habuerit filios legitimos unum aut plures et contigerit unum ex filiis vivente patre mori, et reliquerit filios legitimos unum aut plures, et contigerit avo mori: *talem partem percipiat de substantia avi sui, una cum patruis suis, qualem pater eorum inter fratribus suis percepturus erat, si vivus fuisset*

107 Marculf Form 2, 10 Nepotibus meis — Dum — genetrix vestra filia mea — ab hac luce discessit, ego vero pensans consanguinitatis causa, *dum et per lege cum ceteris filiis meis*, *abuncolis vestris*, *in alode mea accedere minime potueratis*, ideo per hanc epistolam vos — volo, ut — quicquid gene-

trix vestra, si mihi suprestis fuisset, de alode mea recipere potuerat, — vos recipere faciatis.

108. Widukind R. g Sax. II c. 10 oben § 5 Nr. 1.

109. Ssp. I 5 § 1. Nimt de sone wif bi des vader live — u. wint sone bi ire u. stirft he dar na er sineme vadere umbedelet von dem erve, sine sone nemet dele in ires eldervader erve, gelike irme veddern, in ires vader stat. Alle nemet se aver enes mannes deil. Disses ne mach den dochter kinderen nicht geschin, dat se gelike dele nemen der dochter in des eldervader oder in der eldermuder erve.

110. Urk. Ludw. des Baiern f. die Stadt Jerichow v. 1336 (*Riedel* C dipl Brand II 2 n. 722 S. 105): antiquam et reprobatam terre conswetudinem — presentibus cassamus, singulariter pro eo, *quod proles mortui patruelis hereditate avi, vivente patruo vel matertera, sunt exheredıtandi*, quod *iuri imperiali* et *privilegio Saxonico* contrarium et eciam invalidum dicimus (Oben § 5 u 51)

111. Priv. K Johanns f. Breslau v. 1339 (Breslauer UB. n 162) Quod quamvis — cives Wratisslavienses pro jure Maydeburgensi — habeant, quod pueri puerorum mortuis parentibus ab avis et avabus nullam sumpserunt devolucionis porcionem, hoc erronium jus et deviam conswetudinem precibus eorum — moti — concedimus —, ut *pueri puerorum utriusque sexus mortuis parentibus equam et consimilem, quantum parentes eorum contingere posset, ab avis et avabus devoluciariam sumere debeant porcionem*

1 Dortmunder Stat. V 39 (Frensdorff S. 178). To Soist ys ein recht: storve eyn man, de achter leyte eyn syns broder kynt u. drey siner suster kynder, de vere borden syn erve gelyke na hovetale u. yclyck allyke vele. (Vgl. unten Nr. 114.)

112. RAbsch. v Freiburg 1498 § 37. Daß Tichtern oder Enckeln hinfüro an irer Anen verlassen Hab u. Güter mit irer Vater oder Muter Geschwistergit an statt ihrer Vater oder Muter zu erben, laut gemeiner geschribner keyserlicher Recht zugelassen werden sollen, der Gewohnheit, so an etlichen Orten dawider sein mocht, unangesehn. (Vgl. ob. § 13 Nr. 34.)

113. RAbsch. v. Worms 1521 § 19. Nachdem auch in gemeinen Rechten versehen, wie Bruder- oder Schwesterkinder mit ihres abgestorbenen Vatter oder Mutter Brüder oder Schwester die andern Abgestorbenen ihres Vaters oder Mutter Brudern oder Schwestern in Stammtheil erben sollen, — so wollen wir, daß (die Obrigkeiten) solches ihren Unterthanen verkünden.

114. RAbsch. v. Speier 1529 § 31. Wann einer untestirt abstirbt u. nach ihm kein Bruder oder Schwester, sonder seiner Bruder oder Schwester Kinder in ungleicher Zahl verläst, daß alsdann dieselbige seines Bruders oder Schwester Kinder in die Haupter u. nicht in die Stamm erben u. dem Verstorbenen, ihrer Vatter oder Mutter Bruder oder Schwestern dermassen zu succediren u zugelassen werden solten.

II. Heutiges Recht. (St. § 292.) § 147.

Heydemann ob. S. 67; ders. Anklänge des Preuß. Landrechts an die deutsche Parentelenordng. Berlin 1871. 4. Dernburg Preuß. Privatr. III § 185—189 Unger System des Oesterr. Privatrechts Bd. 6 (1864, 2. Aufl. 1871): d Oesterr. Erbrecht Plitt d. Lübeckische Erbrecht nach dem Gesetze v. 10. Febr. 1862 (2. Aufl. 1872). v. Roth Bayr. Civilr. III § 350—354.

1. Kurmark. Landtags-Absch. v. 1534 (C. C March Th. 6 Abth. 1 Nr. 16 Sp. 29). Und dieweil in geschriebenen Rechten klarlig ausgedruckt, daß ein iglicher Sohn oder Tochter seines Vaters oder Mutter Erbe sey, u. zu derselben nachgelassenen Guetern als Erbe vor andern soll zugelassen werden, dem entgegen in unsern etzligen Gerichten als vor einen Gebrauch eingeführet worden, daß

derselben eheligen Kinder etwa darumb, daß ihr Vater u. Mutter unehelich gewesen, ihre Erbgüter entzogen worden; Wollen Wir, daß solches hinfürder nicht mehr geschehen, besondern den eheligen Kindern, ob auch ihr Vater u. Mutter unehelig geboren wehren, nichts desto weniger ihr Erbe folgen u. sie dazu als billig u. recht unverhindert sollen gelassen werden.

2. Solmſ. LR. XXV § 6. Basthharten oder Banckharten, so ausserhalb des Ehestandes (doch nit von verdampter Geburt —) gezeugt worden, die konnen — jhren Vatter, viel weniger aber jhren Anhern u. Uranhern nicht erben, Aber jhre leibliche Mutter mogen sie wol erben —, wie dann auch herwiderumb die Mutter dieselben jhre natürliche Kinder auch erben mag.

3 Cod Max. Bav. III 12 § 2 Nr. 11. Uneheliche Kinder (Naturales vel Spurii), welche entweder gar nicht oder nur *per Rescriptum legitimirt* seynd, succediren hiesigen Land-Rechten nach erstens in dem Vätterlichen Vermogen nur soviel den blossen Unterhalt betrift, es seye dann kein anderer Befreunder mehr vorhanden. Von Ahnherrlicher Verlassenschaft Vatterlicher Seits seynd sie zweytens gar *quoad Alimenta* ausgeschlossen —, hingegen erben sie drittens die Mutter —, wie auch viertens den Mütterlichen Ahn-Herrn —. Annebens soll man funftens bey der Mutter u. Mütterlichen Ahn-Frau dahin sehen, ob sonst noch eine eheliche *Descendenz* von ihnen vorhanden seye, dann wo dieses ist, da *succedi*ren die Uneheliche auch hierin nur *quoad Alimenta*

4. Oesterr. Ges.B. § 754. Zu dem Nachlasse des Vaters u. der vaterlichen Verwandten, dann der Aeltern, Großaltern, u. ubrigen Verwandten der Mutter gebuhret den unehelichen Kindern keine gesetzliche Erbfolge.

5. Sachſ. Geſ.B. § 2020. Außereheliche Geschwister gelten, selbst wenn sie denselben Vater u. dieselbe Mutter haben, nur als halbbürtige Geschwister.

6. Oesterr. Ges.B. § 751. Auf diese sechs Linien der ehelichen Verwandtschaft wird das Recht der Erbfolge in Ansehung eines frey vererblichen Vermögens eingeschränkt. Entferntere Verwandte des Erblassers sind von der gesetzlichen Erbfolge ausgeschlossen.

7. Const. Ioachim Tit. 5 Sect I § 3: werden des verstorben kinds kinder im andern grade mit den kindern des ersten grades an die stete jrer eltern nach dem stammen aus gnaden der Recht gleich zum erbe gelassen. § 4. In den andern absteigenden Erben nach dem kind u. kindes kindern nimpt das Erbe der nechst im grade u. hat bey demselben furder die gnade des rechten, als daß die Kinder in jhrer Eltern stette tretten solten, kein staat.

8. Sachſ. Geſ.B. § 2042. Von den Seitenverwandten in der vierten Classe gebuhrt Demjenigen der Vorzug, welcher einen naheren gemeinschaftlichen Stammvater oder eine nahere gemeinschaftliche Stammmutter mit dem Erblasser hat, als die Uebrigen.

9. Das. § 2041. Abkommlinge von Geschwistern erben mit den Geschwistern, durch welche sie nicht mit dem Erblasser verwandt sind.

10. Rev. Lüb. R. II 2, 1. Die ersten (Erben) seynd des Menschen Kindere, Sohne u. Töchter; die Andern Kindeskinder; die Dritten Brüder u. Schwester, wann sie abgesondert seyn: die Vierdten Vatter u. Mutter; die Fünfften halbe Brüder u. halbe Schwestern; die Sechsten Groß-Vatter u. Groß-Mutter; die Siebenten des Vaters u der Mutter Bruder u. Schwester; die Achten derselben Kinder. Hierinnen seynd beschlossen alle Erben u. Erbnehmen.

11. K. Sächſ. Mand. v. 31. Jan. 1829 § 41. Beim Zusammentreffen vollbürtiger u. halbbürtiger (Geschwister ist) jedes von den ersten für 2 Personen zu rechnen. (Vgl. unten Litt. f)

12. Coln. Ref. v. 1513. Das Gut des Kindes stirbt auf die lebendige Hand Vaters u. Mutters.

13. Ostfries. LR. II c. 112 Alle Loeff Guit [Erbgut] valt dair weder hen, dair it van uitgesproeten is, u. nicht an de sibbeste Fründen.

c 113. De Olderen, wanner se oere Kinder beraden, offte utboelschattet [ausgesteuert] hebben, wan dat van Kinderen of Kindes-Kinderen vervalt, so valt dat wederumme up der Vader Syt, wan id van den Vader utgekomen is, u. weder up de Moeder Syt, dat van oerer Syt utkomen is, u. nicht up Vull-Süsters off Vull-Broeders, dat sy dan Erf-Guet, eder van den oldern gewunnen.

14. Hamb. Stadtr. III 3, 12. Wann ein Mensch Todes verscheidet, u. keine Erben in absteigender Linie verlaßt, seine Güter fallen Vater u. Mutter — anheim: so aber keine der Eltern vorhanden, sind Vollbrüder u. Geschwister die nachsten; — jedoch daß Vollschwester u. Bruderkinder mit ihnen in die Stammen erben.

15. Stadtr. v. Budissin b. Schott 2, 19 Hat auch die Frau Kinder u. verstirbet deren eins oder mehr; deren angeerbtes Guth soll der Mutter in den Schooß fallen.

a Pr. LR. II 2 § 489. In Ermangelung der Verwandten absteigender Linie gelangen die leiblichen Aeltern des Verstorbenen mit Ausschließung seiner Geschwister zur gesetzlichen Erbfolge.

b Das. § 492. Ist keiner von den Aeltern mehr am Leben, so werden die weitern Verwandten in aufsteigender Linie von den vorhandenen vollbürtigen Geschwistern des Erblassers u deren Abkommlingen ausgeschlossen.

c Das. II 3 § 35. Vollbürtige Geschwister u. deren Abkömmlinge schließen die halbbürtigen aus. § 36. Mehrere vollbürtige Geschwister theilen unter sich die Erbschaft nach der Personenzahl. § 37. Sind von denselben einige oder alle mit Hinterlassung von Abkommlingen vor dem Erblasser verstorben, so wird die Erbschaft nach Linien getheilt. (Vgl. oben § 146 Nr. 114.)

d Das. II 2 § 493. Hinterlaßt der Verstorbene nur halbbürtige Geschwister oder davon Abkommlinge, so gelangen diese mit den aufsteigenden Verwandten weiterer Grade zugleich zur Erbfolge. § 494 Die Halbgeschwister u. deren Descendenten nehmen alsdann die eine u. die Verwandten in aufsteigender Linie die andere Hälfte des Nachlasses.

e. Publicationspatent des Preuß. LR. v. 5. Febr. 1794 VII Da Wir vernehmen, daß — über die im allg. Landrechte vorkommenden Abweichungen von den Vorschriften der bisherigen subsidiarischen Gesetze, besonders in Ansehung der Familien- u. Successionsrechte annoch Bedenklichkeiten obwalten sollen, so erklaren wir, daß — diejenigen Stellen der 3 ersten Titel des II Theils, welche Abweichungen (von gewissen einzelnen Vorschriften des Römischen oder gemeinen Sachsenrechts) enthalten, vor der Hand — bei den Gerichtshofen noch nicht zur Anwendung gebracht werden sollen. (Diese Suspension besteht noch z. B. in der Mark Brandenburg.)

f. Sächs. Ges.-B. § 2026. Die Verwandten gelangen in folgenden 4 Classen zur Erbfolge: 1) die Abkömmlinge, 2) die Eltern u. Voreltern, 3) die Geschwister u. deren Abkommlinge, 4) die übrigen Seitenverwandten des Erblassers. Solange Personen vorhanden sind, welche in einer fruhern Classe stehen, sind die zu einer spatern Classe gehorigen nicht zur Erbfolge berufen.

g. Das. § 2031 Treffen in der 3. oder in der 4. Classe vollbürtige u. halbbürtige Verwandte des Erblassers zusammen, so ist jeder vollbürtige für zwei Personen zu rechnen u. erhalt einen doppelten Erbtheil.

h Nürnb. Reform. XXXIV 4. Wann aber nit Kinder vorhanden, sonder allain Enigklin in leben weren, so erben die Enigklin als in gleichem grad nach anzal der Personen in die Heupter als manig mund als manig pfund.

16. Pr. LR. II 1 § 513. Denenjenigen, welchen ein Recht auf Heergerathe, Gerade u. Niftel zukommt, kann dasselbe durch letztwillige Verordnungen nicht entzogen werden.

17. Das. § 519. Nach Provinzen oder Oertern, wo keine Heergerathe, oder keine Niftel gegeben wird, darf auch dergleichen nicht verabfolgt werden.

18. Das. § 522. Wo das Vermogen durch Schulden erschopft wird findet weder Gerade, Niftel, noch Heergeräthe Statt.

19. K. Preuß. Verordn. v. 21. Jun. 1805. Daß in allen denjenigen Fällen, in welchen gesetzlich berufene Erben zu einer Erbschaft vorhanden sind, Fiskus an dasjenige, was in derselben an Heergeräthe, Gerade u. Niftel begriffen sein möchte, niemals fernerhin Ansprüche machen, sondern in Ermangelung der nach Provinzialgesetzen u. Statuten zur besondern Succession in dieselben berufenen Verwandten, solches alles im Nachlasse u. demjenigen, welcher die übrige Verlassenschaft bekömmt, verbleiben solle. — Allerhöchstdero Absicht (ist) hierbei (jedoch) keineswegs dahin gerichtet, durch diese Verordnung, den Kammereien, Korporationen oder anderen Privatpersonen, welchen in solchen Fällen — ein Recht an Heergerathe, Gerade u. Niftel zusteht, diese ihre Gerechtsame zu entziehen.

20. Verordn. f. das Königr. Sachs v. 24. Mai 1814 § 1. Alles, was über Heergerathe u Gerade in Localstatuten verordnet, oder in einzelnen Orten durch das Herkommen eingeführt ist, wird aufgehoben. — — — § 3. Gerade u. Heergerathe soll künftig in keiner rechtlichen Beziehung mehr als eine besondere Gattung des Vermögens angesehen, sondern dem übrigen beweglichen Vermögen durchgängig gleich geachtet werden.

21. Hannov. Verordn. v. 30. Juni 1865. Der Magistrat der Stadt Lüneburg hat um Unsere landesherrliche Bestätigung der folgenden unter verfassungsmäßiger Mitwirkung des Bürgervorsteher=Collegiums von ihm gefaßten Beschlüsse wegen Aufhebung u. Abänderung einiger in Lüneburg bestehenden privatrechtlichen statutarischen Bestimmungen nachgesucht: 1. „Alle Vorschriften des Lüneburger Stadtrechts in Betreff des Heergeweddes u. der Frauengerade werden aufgehoben. Der Nachlaß eines Verstorbenen soll ohne weitere Berücksichtigung des Heergeweddes u. der Frauengerade nach den sonstigen Bestimmungen des Stadtrechts vererbt u. getheilt werden." 2. „Unter Aufhebung der Th. V des reformirten Stadtrechts unter Tit. II „Von Erbschaften der unehelichen Kinder" enthaltenen Vorschriften [vgl. oben § 49 Nr. 81] wird in Betreff des Erbrechts u. der Beerbung unehelicher Kinder Nachstehendes bestimmt: Ueber die Fähigkeit unehelicher Kinder zu erben u. beerbt zu werden, ist fortan nach gemeinem Rechte zu entscheiden. Insoweit hiernach deren Fähigkeit zu erben, bezw. beerbt zu werden, eintritt, sollen dieselben nach der stadtrechtlichen Erbfolgeordnung gleichwie eheliche Kinder erben u. beerbt werden." — ertheilen den vorstehenden Beschlüssen Unsere landesherrliche Bestätigung.

22. Oesterr Ges.B. § 762. Die Personen, welche der Erblasser in der letzten Anordnung mit einem Erbtheile bedenken muß, sind seine Kinder; u. in deren Ermangelung, seine Aeltern. § 763. Unter dem Nahmen Kinder werden — auch Enkel u. Urenkel, u. unter dem Namen Aeltern alle Großältern begriffen. — § 764. Der Erbtheil, welchen diese Personen zu fordern berechtigt sind, heißt: Pflichttheil; sie selbst werden in dieser Rücksicht Notherben genannt.

23. Das. § 774. Der Pflichttheil kann in Gestalt eines Erbtheiles oder Vermächtnisses — hinterlassen werden.

24. Das. § 775. Ein Notherbe, welcher ohne die — vorgeschriebenen Bedingungen enterbt worden, kann den ihm gebührenden vollen Pflichttheil; u. wenn er in dem reinen Betrage des Pflichttheiles verkürzt worden, die Ergänzung desselben fordern.

25. Das. § 776. Wenn aus mehreren Kindern, deren Daseyn dem Erblasser bekannt war, Eines ganz mit Stillschweigen übergangen wird; so kann es ebenfalls nur den Pflichttheil fordern.

26. Das. § 781. Wird ein Notherbe der aufsteigenden Linie mit Stillschweigen übergangen; so kann er immer nur den Pflichttheil — fordern.

27. Nürnb. Ref. XXIX 8. So ainer freund hat, als Bruder, Schwester, Vettern oder dergleichen ime auf die seiten verwandt, dieselben ist er wider seinen guten willen zu Erben einzusetzen oder inen vil oder wenig zu schicken nit verpunden, er hab gleich inn auf= oder absteigender Linien Erben oder nit. Es ist auch von unnöten sie zu enterben oder auszuschließen, dann es steet inn ains

neben Testierers freyem willen, solchen seiten verwandten freunden etwas oder nichts zu verordnen. (Vgl. Roth bayr. Civilr. 3 § 342.)

28. Pr. LR. II 3 § 33. Geschwister haben von einander keinen Pflichttheil zu fordern.

Zweiter Abschnitt. Abänderungen der gesetzlichen Erbfolge durch Verfügungen des Erblassers.

I. Aelteres Recht. (B. § 136. G. § 256. St. § 298, 299.) § 148.

Eichhorn RG. § 202, 374, 455, 571. Albrecht Gewere S. 188 bis 222. G. Beseler die Lehre von den Erbverträgen Th. 1: Die Vergabungen von Todes wegen nach dem älteren D. Rechte. Gött. 1835. Th. 2 in 2 Bdn. Gött. 1837—40. Dazu: Albrecht in Krit. Jahrb. 11 (1842) S 321. Pauli Abhandlgn. aus dem Lüb. R. III: das Erbrecht der Blutsfreunde u. die Testamente nach Lüb. R (1841). F. v. Wyß die letztwill. Verfügungen nach den schweiz. R. der früh. Zeit (Zeitschr. f. Schweiz R. 19 [1876] S. 68 Pappenheim Launegild u. Garethinx. Bresl. 1882 (in Gierkes Unters. XIV). *Val de Lièvre* Revision der Launegildstheorie (Ztschr d. Sav.=Stftg. 4 [1883] S. 26.)

1. L. Sal emend. 48 f. oben § 78 Nr. 12.

2 Edict Rothar c 171. Si quis se disperaverit aut propter senectutem aut propter aliquam infirmitatem corporis, filiûs non possit habere, et *res suas* alii *thingaverit* posteaque eum contegerit filiûs *legitimûs* procreare· *omne thinx, quod est donatio, quod prius fecerat, rumpatur*

3. Das. c 173 Si quis *res suas* alii *thingaverit*, et dixerit in *ipso thinx lidinlaib*, id est, quod in die obitus sui reliquerit, *non dispergat res ipsas postea doloso animo.* — Et si talis ei evenerit *necessitas*, ut terra cum mancipia aut sine mancipia vindere aut locum pigneris ponere debeat, dicat prius illi, cui thingavit: — „subveni mihi et res istas *conservo in tuam proprietatem*“ Tunc si noluerit subvenire, *quod alii dederit*, sit illi *stabilem* et *firmum*, qui acceperit

4 Ll Lang. Liutpr 73 De donatione, quae *sine launigild aut sine thingatione* facta est, *menime stare deveat* — Et si ille supraestis fuerit, qui ipsam donationem sine launigild dedit, possit eam a se recollegere; *excepto si in ecclesiam aut in loca sanctorum aut in exeneodochio pro anima sua aliquit quiscumque donaverit stabile deveat permanere nec thinx nec launigild inpedire devit*, *eo quod pro anima factum est*

5. Das. 6. Si quis — egrotaverit, *quamquam in lectolo reiaceat*, potestatem habeat, dum vivit et recte loqui potest, *pro anima sua iudicandi* vel dispensandi de rebus suis, quid aut qualiter cui voluerit.

6. Das. 65. De eo qui filiam in capillo in casa habuerit et filium non reliquerit legetimum, ut de rebus suis amplius per nullum titulum cuiquam per donationem aut *pro anima sua facere* possit, nisi *partis duas; tertia* vero *relinquat filiae suae*

7 Cap in l Rib mitt. a 803 c 8 (Mon C 118) 48 cap (l. Rib). Qui filios non habuerit et alium quemlibet haeredem sibi facere voluerit, coram *rege* vel coram *comite* et *scabineis* vel *missis dominicis* — *traditionem* faciat.

8 Widukind Res gest Sax 1, 41 (a 936): convocato omni populo, (Henricus) designavit filium suum Oddonem regem, caeteris quoque filiis praedia cum thesauris distribuens· — *testamento itaque legitime facto* — defunctus est.

9. Urk. v. 772 (*Meichelbeck* T I nr 31) f. oben § 141 Nr. 3.

10 *Dronke* C dipl Fuld n 534 (a 841): ea — conditione haec omnia trado —, ut nos *quamdiu vixerimus per cartam prestationis* — *usufructuario possideamus*, solventes inde *censum* per singulos annos — IV denarios — *ne videamur eas ex proprio, sed iure beneficario possidere.*

11 Cod. Patav in M. B XXIX 2 p 252· quedam mulier — tradidit predium quoddam — béato — Stephano in usum canonicorum — *per manum legatarii sui* A. — et *pro maiori et stabiliori prefati predii traditione* mulier prenominata *annuatim dominis fratribus* 30 *denarios persolvit de eodem predio.*

12. Das. p 259. Quaedam libera mulier — legavit predium suum — *in manum cuiusdam liberi hominis* A , ut ipse *post mortem suam* pro remedio anime sue et mariti sui — traderet super altare s Stephani.

13. Das. p 255. — E — iturus Iherosolimam pro memoria anime sue — *delegavit in manus Herrandi* — duo predia sua — ea conditione, *quod si ipse reversus non fuerit* de via Iherosolimitana *predia delegentur a Herrando s Stephano* in usus fratrum ibi Deo servientium

14. Urk. v. 1260 (*Guden* 2, 139) E. — et H uxor sua manu communicata — duos mansos suos — ecclesie *pure et absolute contulerunt*, *post mortem eorum iure proprietario perpetuo possidendos* ita quod idem E et H cum dictis duobus mansis *nichil iuris aut potestatis habent vendendi*, *obligandi*, *commutandi aut faciendi*, *quod eorum fuerit voluntatis*

15. Ssp. II 30. Sve so ime erve to seget nicht von sibbe halven, denne von gelovedes halven, dat hebbe man vor unrecht; man ne moge getügen, dat dat gelovede vor gerichte gestedeget si.

16. Schwsp. 22. Ist daz eyn man sinem friunde guot schafen wil nach sinem tode, wil er ez im sicher machen, er sol im schrift darüber geben, [eyn hantfeste u. daran ein insigel eynes bischofs, oder eines leyenfürsten, oder eines klosters, oder einer stat] — oder er sol für sinen rihter varen oder für sinen herren u. sol den zu geziuge daruber nemen u. ander liut die da bi sint. Wil er imz aber gar state machen, so seze im einen zins daruz, damit hat er die gewer u. mac daz guot niht verliesen. — Hat aber er erben, die versprechenz, — oder si mugen sich versumen. Unde ist daz den man not anget, der dem friunde guot also git, der sol sin guot angrifen u. sol sin — not damit stuphen. Diu gabe heizet ståte, diu vor dem rihter geschit, diu ist ouch staete, diu mit der schrift geschihet, diu ist aber diu aller ståtest, diu mit der gewer geschiet. (Beseler I S. 137 ff. u. Lewis die Succ. des Erben S. 30—35.)

17. München. StR. Art 217 (Auer S. 86). Die gesworen habent von dem rat fur ain recht erfunden —: wenn ain man oder ain fraw an dem totpet ir hab hinschaffet — ainem, der zuo der zeit nicht gagenwurtich ist, u. daz doch sogetaneu hab ist, die man an dem totpet wol schaffen mag, so mag der, dem deu hab geschaft ist u. nicht gagenwürtig ist gewesen, die selben hab wol vodern u. mag daz geschaft weisen mit zwain, die ez gehort habent, die darumb swerent, ez sey fraw oder man, u. sol u. bedarf selb darumb nicht sweren.

18. Urk. v. 1516 (*I A Kopp* de testamentis Germanor Anh. S. 206). Item uff hude ist erschyenen Michelbachs Cuntz, Ludwig, u Elßes jre Schwestern, u. han sich alle drüve gejrbt, jr eins das ander, welches unter enne abgehet, sollen die andern dasselbige Gut jrben, ißs sey erkaufft Gudt, jrb Gudt oder fahrende Habe, nichts ußs geschieden, — u. seindt alle druwe obgenannte ye eins in des andern Gudt u. farende Habe gesetzt u. geweit, mit handt, halm u. mundt, wie dieß geriechts gewohnheit, recht u. herkommen ist.

19. Urk. v. 1528 das. 208. Uff heut sind Michell Ludwig, Michell Cuntz Gebruder u. Else ire Schwester, nachdem sie einander — anno im XVI geerbt haben vor Gericht, — haben soliche Erbschafft mit ir aller willen widerrufen u. aufgesagt, also das ides mit dem seinen zu thun u. zu lassen hat mit seinem Gut, wie ime eben u. gelegen sein will, alß wer dieß Vererbung nie gescheen.

20. Landshut. St. (Zeitschr. f. gesch. Rechtsw. II 322). Item auch ist zu merken, daß weder man, noch frau, noch niemandt den andern an dem todbett nicht enerben (d. h. zum Erben machen) sol noch mag weder mit geschaft, noch mit — andern sachen, er hab in denn desselben gutes vor mit gesundten leib in rechte nuz u. gewer gesetzt, dann daß er es dennoch sein lebtag inne haben, nuzen u. nießen mag.

21. Kl. Kaiserr. 2, 36. Der eim sim frunde wil geben sin farnde habe oder sin ligende gut, der mag ez wol tun mit rechte; er sal ez aber uz der hant geben, wil er daz ers veste habe. Beheldet ers in siner hant u. scheit sich nit davon, so en hat ers im nit gegeben, wan er hat ym schönen wan gemacht u. ist sicherlich betrogen; u. sal ez im auch also geben, daz er, deme ere gibt, moge mit tun u. lassen, u. daz er den nutz von dem gute neme. Gibt ers im also, so hat ers im veste gegebin, u. wie ers im anders gibet, so ist er betrogen daran Die gift mag er auch wol tun, er ge oder ste oder sizze oder lige, er si gesund oder siech, wan der sin gut gibet, der gibt das mit dem mut u. nit mit dem libe.

22. Das. 2, 37. Der sin gut ymanne geben wil nach sim tode, daz er veste mit sy, dem ers gibit, dem sal ers geben mit des keisers hant, daz ist mit solcher vestenunge die nit gewandelt mag werden; wan wie ers im anders gibet, so ist er sin ungewert. Wan wie sicherlich ein man sin gut gibit mit worten nach sinem tode, u. belibt ez doch in siner hant, er mag ez wandeln, ab er wil, er tu ez dan mit des keisers hant: daz sint alsulche hantvesten, die vor dem keiser mugen bezugen; wan wem er daz gut gegeben hat nach sim tode, dem hat ers gelobit u. gibt ers nach der gift eim andern uz der hant, der hat ez mit recht. Belibt ez aber unverwandelt u. an den worten stete, die der frund dem frunde hat getan, ez nimt der frunde mit rechte nach sines frundes tode, der ez im in sin hant hat bescheiden.

a. Dortmunder Stat. I 14 (Frensdorff S. 28). Si aliquis egrotat ad mortem, quod teuthonice in sire vyrsogt dicitur, nichil potest dare vel alicui assignare sive in mobilibus sive in inmobilibus sive in sese moventibus nisi de consensu heredum Si etiam bene sanus est corpore, non potest vendere vel alienare hereditatem suam sine consensu heredum nec dare paratos denarios aut promittere, *nisi illos in momento det de manu sua* et *se ab illis amplius excludat*

b. Das. IV 45 (S. 120). Eyn man, dey so gesunt is, dat hey to styghe u. to strate gheit, wat de van sinen reyden guyde u. varende have slecht uth hant, neyn recht dar ane to behaldene, gevet, de gyfte hevet macht.

23. Ssp. I 52 § 2. Alle varende have gift de man ane erven gelof in allen steden, — al de wile he sik so vermach, dat he begord mit eme sverde u. mit eme scilde up en ors komen mach von enem stene oder stocke ener dum elne ho sunder mannes helpe, deste man ime dat ors u. den stegerep halde. Svenne he disses nicht dun ne mach, so ne mach he geven — dar he't jeneme mede geverne, de is na sineme dode wardende is.

24. Gl. z. Ssp. I 52. Ein bürger kann über seine habe verfugen, dieweil er so stark ist, daß er on hülfe zu wegen u. straßen gehen u. so lang stehen mag, bis er in gehegtem gedinge die gab getan habe; im siechbette alles, was er über das bettbret hinweg reichen mag; ein bauer, so lang er einen umbgang umbpflügen mag eines morgens lang; ein frau, so lang sie zur kirchen gen mag, als sie davon gesessen ist 20 Ruthen.

25. Magdeb. R. v. 1261 § 18. Nichein man noch nichein wip, die ne moch an irme suchebette nicht vorgeben boven drie schillinge an ir erben gelop, noch die vrouwe an ihres mannes gelop.

26. Görlitz. Landr. 45 § 7. Swelich man sin guot einem andirn gibit u. iz doch selbe in sinen werin beheldit unze an den tach daz er gevangen wirt, odir in eine suche bevellit, von der er nicht genesin ne mac; mit der gabe ne hat er sin guot sinen erbin nicht gevremedit, sundir aleine sines wibis morgin gabe.

27. Gosl. Stat. S. 9 Z. 8—10. Vorghift en wat, of he sterve, dat men dat dar denne antwarde, die wile he leve so wille he des geweldich sin, dat ne is nen gave.

28. Das. Z. 14—18. En mach mit sineme ghewunnenen gude dun wat he wil, sunder in sukebedde — to ghevende. Z 24. In suchtbedden mach en nicht vergheven ane erven lof.

29. Gl. z. Ssp. 1, 52: wi sin gut vorgift, als he is nicht mer gebruken ne mach, di vorgift nicht dat sin is, mer gift dat siner erve ist.

30 Dipl. c. a. 800 ap *Meichelbeck* T. I nr. 154. A. — *quicquid* ibidem *habuit, totum ex integro tradidit* ad domum s M —. Ea vero ratione usque ego ipse vivam —, ut habeam *ad utendum et emeliorandum*, *non in nullo comminuendum*. *post obitum* vero *meum* ita *augmentatum* atque *emelioratum*, sicut *obitus meus derelinquat cum omni integritate*, *cum aedificiis et pecoribus et pecuniis* — *firmiter permaneat* ad supra dicta domo.

31. Dipl. a 948 ap *Neugart* I nr 733: ille proprietatem — ad monasterium — reddidit atque revestivit; insuperque praenotatas hobas — iam dicto s. G nobisque contradidit. *Ea* dumtaxat *ratione*, *ut ipse haec omnia ad tempus vitae suae possideat* redemptione omnino denegata. *Post mortem* vero *eius* ipsa loca cum XV mancipiis *et omnibus mobilibus et immobilibus*, *quae illo tempore ibi fuerint inventa*, *ad monasterium ex integro revertatur.*

32. Dipl a 1245 ap *Meichelbeck*. II p 27: ego Ch — *omne dominium rerum sive mobilium sive immobilium seu se moventium* tam in Bawaria, quam in Austria, quam etiam ubicunque locorum iure proprietario me respicientium dedi — ecclesiae Frisingensi, *omnium predictarum rerum usumfructum mihi pro tempore vitae meae reservans*, *salva tamen ipsarum rerum proprietate*, *quam transtuli ad ecclesiam memoratam*

33. Ssp. III 74. Wirt en wif mit rechte von irme manne gesceiden, — man sal ir — weder laten u. geven, svat sie to irme manne brachte, oder also vele des mannes gudes als ir gelovet wart, do sie to samene quamen.

34. Urk. v. 1315 (Sudendorf UB. 1 nr 272) Jk L. v. S. bekenne —, dat ik mit vriem wilkore hebbe gegheven u. gheve u. uplate in dessem breve, dar min ingheseghele to hanghet, al min guot, dat ik nu hebbe u. ewelikеn vordmer winne, – hertogen Otten — hertogen Wilhelme sinem brodere u. eren rechten erven. Des quodes schullet se sik underwinden na mineme dodhe u. ewelikеn dat besitten.

35. Magdeb Fr. I 12, 3. Stehende erb, daz eime manne vor gerichte gegobet ist, u. dorczu andir syn gut, das her selber gewunnen u. irerbeit hat, u. varnde habe mag der man geben syme wibe, frunde adir fromden, wy her wil, ane der erben ansproche. Vorgebe abir ein man syn anirstorben steende eigen, daz mochten syne erben wedersprechen bynnen jare u. tage.

36. Magdeb.-Bresl. syst. Schoffenr. IV 1, 15. Gebit eyn man u. vorreicht in gehegetim dinge vor den scheppfin eyme andirn manne eyn erbe noch syme tode ane undirscheit, alzo daz her ym keyne gewalt beheldit an deme erbe czu tun u. czu lozin, diwile her lebt, zo mag her di gobe nicht gewandiln noch entpfuren adir untpfremdin deme, dem her di gobe zundir undirscheit noch syme tode gegebin hat.

37. Das. IV 1, 21. Gebit — eyn man in gehegtim dinge — eyme synir kindir 100 mark groschin in alle syn gut vor us czu nemyn vor andirn kindin noch syme tode czu tun u. czu lozin, dy wile her abir lebt, zo wil her selbir gewaldic syn des geldis, u. do mete tun u. lozin, wirt di gobe nicht gewandilt —: zo sal dy gobe blibin u. hat craft u. macht.

38. L Burg. 60, 1 Si posthaec barbarus vel *testari* voluerit vel donare, aut Romanam consuetudinem aut barbaricam esse servandam, si vult aliquid firmitatis habere quod gesserit: id est, ut aut scripturis legitimis, quod largiri cuicumque voluerit, teneatur, aut certe quinque ingenuorum testimonio, quod dimittere voluerit vel donare, robur accipiat, et in eius, cui res deputata fuerit, iura commigret

39. *Neugart.* C d Alem II Nr 1021 not b (a 1277) W. v. T. ritter gibt dem Gotteshus testamentsweis seine Guter zu R. für seiner u. der Seinigen Seelen heille.

40 Dipl a 1324 ap. *Gunther* III 1 nr 121 H comes — in suo *testamento et voluntate ultima* LX libras Hallenses — pro suo anniversario — peragendo dari constituit et legavit

41. Urkk. v. 1425 u. 1426 b. Fidicin Beitr. I S. 250: *testamentum* condidit *irrevocabiliter.*

42. Lüb. R. Cod *Brok* II 19 Welk man ein testament doeth, von dem testament schall men allererst gelten de schuld.

43. Lüb. R. Cod *Brok* II 59 Welke frouwe u. man to hope sind in echteschop u. nene kinder thosammende hebben, u. gaen vor den raedt u. laten sick under enander er gudt up, — so blift is stede u. is erer beider vorworvene (d h. wohlerworbenes) gudt, wo se eren negesten erffnamen geven 4 penninge u. 8 schill. were dejenne binnen landes, de dat bespreken wolde, so moste he dat bispreken binnen jar u. dag.

44. Das. 3. Welck man, de sin wolgewunnen gudt vorgift, wo de gevet sinen negesten erven 8 schill u. 4 penninge, wo dat nene liggende grunde offte staende erve sint, so blift idt stede.

45. Magdeb.-Bresl. syst. Schöffenr. IV 1, 20. Tryt eyn burger — in eyn gehegit ding — u. gebit u. vorreicht synym brudir u. synyn geerbin allis daz her hot adir ymmir gewinnyt, is sy an erbe ader an varndir habe, noch syme tode; — hat — der burger (der Geber) schult gemachit, do her lebte, di ist mit der vorgeschrebin gift vorgebin u. — volgin dem brudir u synyn geerbin.

46. Sch.Urth. b. Bohme VI 151 4. Eyn man ist komen vor gehegit ding — u. hot do seynem weybe uffgegebin die helffte alle seynis gutis u. erbis, is sey beweglich u. unbeweglich, das er nu hette u. hernochmals habin werde, das ir das erblich — noch syme tode folgen (solle), doch behilt her ym dy hirschaft u. macht seynes erbes u. gutes, dywyle her lebete. Dornoch gab man ym eyn haus uff vor gehegetim dinge, das her gekauft hatte ym, seinen erbin u. elichin nochkomelingen. — Der man ist tot. Nu sprechen des totin mannis frunde, die frawe habe an dem hause nicht teylis dorumme, das im der tote man ausgenommen hatte hirschaft u macht dywyle her lebete u. sedirmols ym u. seynen erben u. elichin nochkomelingen das haus — uffgegebin ist. Nu spricht die fraw: meyn man hot mich vor gehegetem dinge eynen erbeling gemacht — u. her hot mir das nicht gebrochin domethe, das her ym u. seynen erbin u. elichin nachkomelingen das haus hot lassin uffgebin, wenn ich denn syn gemachtir erbeling — byn u. her mit der macht, di her im behilth, seinis erbis u. gutis nicht weggegebin hot, — noch mich der irstin gobin nicht machtlos gemacht hot, so versehe ich mich recht darczu, der helfte — czu haben des hauses. — (Sent): Nochdemmole der man hirschaft seynis gutis behilt, do her seyne frawe begobete, hot her dornochmols das haus ym u. seynen erbin u. elichin nochkomelingen gekauft, — so hot dy frawe nicht teylis an dem hause, nochdemol dy frawe yn — dem hause u. entphounge vorswegin ist.

47. Priv. K. Wenzels f. Goslar v. 1390 b. Goschen S. 122 Z. 31 ff. Ouch mach iglich burger u burgerynne testament setzen by ghesundem libe oder in suchtbetten von synem ghute, so deme rathe gotlich u. redelich duncke. Unde wie se das zu satzen, also sol datz krafft haben, uff datz Gote jo sein teil werde.

48. Goslar. Stat. Zus. S. 9 Z. 14 ff. Eyn mach van sineme ghewunnen gude testament setten, he sy ghesund eder in sükebedden u. dat testament scholdeme bryngen vor den rad. Wat de des over gheven, dat schal also gan; wat se aver des nicht over en geven, dat ervet gelik alse ander gud, dar neyn testament von gesat ne is. (Vgl. oben Nr. 28.)

49. Brem Schedinge v. 1339 b. Oelrichs S. 220. Herman Rike dhe brachte ene stades hantvesten vor dhe ratmanne dhe de sprac, dat Alburg R. hadde vorgheven Henrike Th. u. Hermanne den Riken u. eren erven alle ere gut weghelic u. unbewegelic na ereme dode tho beholdene. Vortmer Ilsebe —, dhe brachte oc ene stades hantvesten vor dhe ratmanne, dhe sprac dat de silve Alburg dre mark ingeldes —, de su hadde in Gerhardes hus —, dat se dit silve ingelt hadde gheven der vorbenomeden Ilseben u. eren kinderen na erem dode tho beholdene. dar van quam up us en scele: wer man dhe ersten hantvesten scole holden eder dhe lesten? Den silven scele scedede wi — also, dat men de vorbenomeden hantvesten, dhe de sprich uppe Hermanne Riken u. sine brodere, na des dat se eldere is, scal holden u. antworden den silven Hermanne dat gut, dat Alburg hevet ghelevet.

50. Brem. Schedinge v. 1340 b. Oelrichs S. 226 Nr. 146. Eyn schele was twischen J. Cyloldes kindere bi der enen siden u. — J. P. u. H. W. bi

der anderen siden, de dhe testamentere sint Lutteken Huldewardes — umme ghifte, de he schulde gheven hebben des silven J. Cyloldes kinderen in sime sukebedde u. umme sinen testament, dat he hadde dan. Den schele den schede wi — also: also de silve Lutteke Hilwert in sinen lesten sukebedde sin leste testament heft ghesed, des sine testamentere mit tughen vullenkomen moghen, also schal men dat holden.

51. Jülich. LR. v. 1537 X (Lacomblet Arch. 1 S. 124). Item gheyner, er sy man off frauwe, en mach myt Testamenten neyt besetzen noch ewech geven van syner Erffschafft noch ouch van synen gereiden gueteren,. dan myt bewyllongen syner neyster Erven; mach doch vur syne sele zemlicher wyß besetzen yecklicher nae syme staede u. gestalt.

II. Heutiges Recht.

A. Erbvertrag.

Beseler Erbverträge II Bd. 1. — Hasse über Erbvertrag (Rhein. Museum f. Jurisprudenz 2 [1828] S. 149 ff. u. S. 300 ff). G. Hartmann zur Lehre von den Erbverträgen u. den gemeinschaftlichen Testamenten. Braunschw 1860. *Gerber* de pactis hereditariis (Progr.). Jen 1862. Lewis b. Holtzendorff 1 S. 710. v. Roth Bayr. Civilrecht 3 § 330—336. Dazu: Sohm in Jenaer Litt.-Ztg. 1876 Nr. 35. — *Georg de Hahn* de auctoritate pacti de hereditate tertii. Heidelbg 1832. Beseler II 2 S. 328. Roth § 394. Stobbe Privatr. V § 311 Anm. (S. 296).

§ 149. 1. Begriff der Erbvertrage. (B. § 137. G. § 257. St. § 310.)

1 Cod Max Bavar III 11 § 1 Vergleich oder Gedinge über einer noch lebender Person künftige Erb- oder Verlassenschaft werden 1mo *affirmative* oder *negative* gemacht. Nachdeme man nemlich in Kraft derselben entweder succediren oder nicht succediren soll. Sowol eins als anderes ist 2do zwar nach Romischen, nicht aber nach Teutschen Rechten u. Gewohnheiten verbotten. Solchemnach kann 3tio sowol *de conservanda* als *acquirenda*, oder *omittenda Haereditate* pactirt werden, soweit es nemlich 4to nur um die Erbschaft oder das Vermogen eines von denen *Paciscenten* zu thun ist. Jene Pacta hingegen, welche 5to über die künftige Erb- oder Verlassenschaft eines Dritten noch Lebenden ohne dessen Mitbewilligung errichtet werden, gelten ohne Unterschied, ob der Dritte Persona certa oder incerta seye, nur *conditionate* u. *in Eventum*, wenn sothane Erbschaft einem von denen Paciscenten mit der Zeit anfallig wird —. 6to unten § 152 Nr. 1.

2. Bamberg. StR. § 309. Es soll weder sun, noch tochter, noch annder erben, die wart auff erb u. eygen haben, dieselben wart u. recht daran nymandt geben, noch einsetzen, noch zu kauffen geben an seines vaters u. muter wort, welches dan lebt, [oder welches an seiner erben] oder eltern, darauff sie warten die sein, die das erb inn haben, u. wer es daruber neme, oder kaufft oder darauff lihe, das soll kein crafft haben, ob es ymant jagt, den es an trifft.

3. Munchen. StR. Art. 222 (Auer S. 87). Die zeit u. der sun in des vaters gewalt ist, so mag er an des vaters willen u. wort sein erbtail nicht versetzen noch verchümmern, noch anwerden noch verkauffen; dazselb recht ist auch der tochter die zeit u. sie in irs vaters u. in irer muoter gewalt ist. Ez mag nieman ain erbtail, des er wartent ist, u. daz in nicht angevallen ist, setzen noch verchauffen noch anwerden.

4. Kurpfalz. LR. II 26 § 3: ordnen —, daß alle Contract, die wider gute Sitten seynd, — als an ihnen selber nichtig u. krafftloß zu halten u. zu erkennen.

Als da ihrer zween mit einander eines dritten noch lebenden künfftiger Erbschafft halben, oder daß einer kein Testament oder letzten Willen machen wolle, paciscnt u. sich verglichen.

2. Hauptarten der Erbverträge.

a Beerbungsverträge.

α Begriff, Unterarten und Geschichte derselben. (B. § 137. G. § 258. St. § 311. § 150.

Beseler Erbvertr. II 1 S. 207. — Kugelmann gemeinrechtliche Begründung des particulären Erbvertrages. Erlang. 1875. Roth Bayr. Civilr. 3 § 336. Stobbe § 312.

1. Sächs. Ges.B. § 2542. Wer durch Vertrag einem Anderen ein Erbrecht oder ein Vermachtniß oder eine Anwartschaft zusichert, darf dem Berechtigten das zugesicherte Recht weder durch spateren letzten Willen noch durch spateren Erbvertrag entziehen. Insbesondere können einem Vertragserben nach dem Erbvertrage nicht einseitig vom Erblasser noch Vermächtnisse oder Anwartschaften auferlegt werden.

2. Tyrol. LO. v. 1573 Bd. 3 Tit. 1. Von Mahelschafft u. Eheberedungen. Und wo aber verbrieft Mahelschafften aufgericht werden, So sollen doch die parthenen sich darinn dem gemainen Landsbrauch, mit verweisung des Heyratguets, betreuwung der Morgengab u. in ander weg gleichmaßig halten, u. nit vil frombder ungewonlicher beschwarlicher u. gevarlicher Pact oder geding machen, die künfftigklich den Eelichen kindern oder nechsten Freunden zu großem Schaden u. nachtail raichen möchten: dann wo das also gefärlich beschehe, So sal dasselb kain würckung oder krafft haben.

2. Frankf. Ref. III 2 § 4 s. unten § 157 Nr. 7.

3. Wurtemb. LR. III 8 Und wann in dergleichen Heurahts-Pacten ihrer (der Eheleut) Verwandten oder anderer halb Verordnung beschehen, was namlich denselben nach der paciscirenden Eheleut Todfall von jhrem Gut zufallen solle, mögen dergleichen Gemacht, deren volnziehung erst nach der Eheleut Tod geschehen soll, sovil solche nicht contrahirende Personen betreffen thut, durch die paciscirenden Eheleut jhres gefallens wol widerruft u. geändert werden.

4. Pr. LR. I 12 § 646. Uebrigens gelten Erbverträge nur unter den Contrahenten als Verträge; in Ansehung eines Dritten aber, dem darin etwas zugedacht worden, u. der dem Vertrage nicht mit Bewilligung der Hauptcontrahenten ausdrücklich beigetreten ist, haben sie nur die Kraft einseitiger letztwilliger Verfügungen.

5. Oesterr. Ges.B. § 602. Erbvertrage über die ganze Verlassenschaft, oder einen in Beziehung auf das Ganze bestimmten Theil derselben, können nur unter Ehegatten gültig geschlossen werden.

6. Sächs. Ges.B. § 2559. Das Versprechen, Jemanden in Zukunft durch Erbvertrag oder letzten Willen zum Erben einsetzen oder mit einem Vermachtnisse oder einer Anwartschaft bedenken zu wollen, ist, selbst wenn es angenommen wird, wirkungslos.

β Form dieser Erbverträge u. persönliche Fähigkeit zur Errichtung derselben. (B. § 138. G. § 258. St. § 311.) § 151.

Beseler EV. S. 233. Kahlert die Form der Erbverträge nach geltendem gem. R. u. nach den Particularrechten des Großh. Hessen. Diss. Darmst. 1884.

1. Kur-Sächs. Decision Nr. 13 v. 1746 in der Cont. Cod Aug. T I p 353 Wann durch eine Ehestifftung, so *in vim pacti* errichtet, oder

andere *Pacta*, jemand seinem Ehegatten oder einem andern, sein Vermogen auf den Todesfall zuzuwenden, sich verbunden, kann er den zuwider ein Testament oder letzten Willen, oder auch *Donationem mortis causa* nicht aufrichten, noch darinnen von solchem Pacto wieder abgehen; Hingegen ist ihm unbenommen, noch bey Lebenszeit, über sein Vermogen, insoweit er dessen sonst befugt, *inter vivos* zu disponiren, auch insonderheit unbewegliche Güther zu veraußern oder zu verpfanden, es ware denn, daß er sich dessen ausdrucklich begeben, u., soviel die unbeweglichen Güther betrifft, das Pactum bei denen Gerichten, wohin die unbeweglichen Grundstucke gehören, confirmiren, auch den Innhalt desselben in die Gerichts- u. Consens-Bucher eintragen u. annotiren; bey Capitalien u. außenstehenden Forderungen aber dem Debitori davon gerichtliche Notification thun lassen; immaaßen außer obigem Fall, ingleichen wegen des ubrigen Vermögens, *Pacta dotalia* u. *successoria*, ob auch gleich die wurkliche Praestation auf den Todesfall allererst ausgesetzet worden ware, die freye Disposition *inter vivos* nachmals nicht hindern, sondern dergleichen Versprechen nur von dem Vermogen, so nach dem Todesfall vorhanden seyn möchte, verstanden werden sollen.

2 Cod Max Bav III 11, 1 9mo Wenn das Pactum extrajudicialiter gemacht wird, (werden erfordert) wenigst 5 Gezeugen, jedoch ohne anderweiter außerlicher Solennitat, mithin auch ohne Rogitu Testium vel unitate actus 10mo. Mussen selbe — schriftlich u. respective Obrigkeitlich errichtet werden, u. zwar sub poena nullitatis

3. Sachs. Ges.B. § 2546. Ein Erbvertrag ist nur gültig, wenn bei dessen Errichtung die Formen des gerichtlichen letzten Willens beobachtet worden sind.

4. Das. § 2545. Handlungsunfahige u. für ihre Person Bevormundete konnen selbst nicht mit Einwilligung ihrer Vormünder u. Geisteskranke selbst nicht in lichten Zwischenraumen durch Erbvertrag verfügen. Eine Ehefrau bedarf, soweit sie sich nicht ohne ihren Ehemann verpflichten kann, auch zur Verfügung durch Erbvertrag der Einwilligung ihres Ehemannes.

5. Rev. Lub R. I 6, 2. Welcher Mann oder Frau, die da keine Kinder mit einander im Ehestand gezeuget haben, vor den Rath treten u. ihr Gut gegen einander reciproce doniren u. auflassen, ist dann die Frau bevormundet, so ist die Ubergab krafftig, von ihrem beyderseits erworbenen Gute.

6. Preuß. LR. I 12 § 621. Erbverträge müssen, wie Testamente, gerichtlich abgeschlossen, oder von beiden Theilen personlich den Gerichten übergeben werden.

7. Oesterr. Ges.B. § 1249. Zur Gültigkeit eines (Erbvertrags) ist nothwendig, daß er schriftlich mit allen Erfordernissen eines schriftlichen Testamentes errichtet werde.

a Prajudiz des OAG. zu Celle, v. Königе publicirt 3. Marz 1840. Ein Erbvertrag kann auf rechtsbestandige Art u. Weise auch mündlich abgeschlossen werden.

8. Preuß. LR. I 12 § 618. Wer Erbvertrage schließen will, muß mit den Eigenschaften versehen seyn, welche sowohl zur Errichtung eines Testaments, als zur Abschließung eines Vertrags erforderlich sind. § 619. Ermangeln dem Versprechenden die zum gültigen Contrahiren erforderlichen Eigenschaften, so gilt der Erbvertrag auch nicht als eine einseitige letztwillige Verordnung, wenn gleich zu dieser letzteren der Contrahent an sich nach den Gesetzen fahig wäre.

§ 152. γ Inhalt derselben. (B. § 138. G. § 258. St. § 311, 312.)

1. Cod Max Bav III 11 § 1 Nr. 6. Mogen dergleichen Pacta nicht nur um die ganze Erbschaft, sondern auch uber einen Theil derselben u. nur desto mehr uber ein gewisses Stück gemacht werden, jedoch 7mo allerwegen salvo jure Legitimae.

2. Preuß. LR. I 12 § 629. Ist der Erbvertrag nur über einen bestimmten Theil des Nachlasses errichtet: so fallt das übrige Vermögen dem ernannten Testaments- oder in dessen Ermangelung, dem gesetzlichen Erben anheim.

3. Das. § 647. So weit Testamente wegen nicht eintreffender Bedingungen, wegen des von dem Erben verursachten Todes des Erblassers, oder wegen Dazwischenkunft ehelicher Kinder, so wie uberhaupt durch Zufall entkraftet oder vereitelt werden, so weit werden unter eben den Umstanden auch Erbvertrage rückgangig.

4. Oesterr. Ges.B. § 1251. Was von Bedingungen bey Vertragen überhaupt gesagt worden ist, muß auch auf Erbvertrage — angewendet werden.

5. Sächs. Ges.B. § 2549. Die Erwerbung von Erbschaften, Vermachtnissen u. Anwartschaften aus einem Erbvertrage, insbesondere die Wirkung beigefügter Bedingungen, ist nach den Vorschriften über die Erbfolge aus einem letzten Willen zu beurtheilen.

δ Wirkungen derselben. (B. § 138. G. § 259. St. § 311.) § 153.

Beseler EB. S. 246.

1. Kursachs. Dec. Nr. 13 v. 1746 s. § 151 Nr. 1.

2. Oesterr. Ges.B. § 1252. Ein selbst den offentlichen Büchern einverleibter Erbvertrag hindert den Ehegatten nicht, mit seinem Vermögen, so lange er lebt, nach Belieben zu schalten. Das Recht, welches daraus entsteht, setzt den Tod des Erblassers voraus; es kann von dem Vertragserben, wenn er den Erblasser nicht überlebt, weder auf Andere übertragen, noch der künftigen Erbschaft willen eine Sicherstellung gefordert werden.

3. Preuß. LR. I 12 § 624. Durch bloße Erbvertrage wird die Befugniß der Contrahenten, über ihr Vermögen unter Lebendigen zu verfügen, nicht eingeschrankt.

4. Das. § 645. Auch bei der Erbfolge aus Vertragen findet das Recht des Zuwachses statt.

5. Const August Sax v. 1572 P III const. 2 Unsere Verordnete seynd in dem einig, wann eine Ubergabe aufn Todesfall geschicht, u. der Donator behalt ihme etwas vor, darüber seinen letzten Willen zu machen, u. solches erfolget nicht, daß dieses Reservat den Blutsfreunden u. nehesten Erben des Donatoris folgen, u. deme so die andern Guter auffn Todesfall vermacht worden, nicht accresciren noch zuwachsen soll, dabey wir es auch lassen.

6. Oesterr. Ges.B. § 1253. Durch den Erbvertrag kann ein Ehegatte auf das Recht, zu testiren, nicht ganzlich Verzicht thun. Ein reiner Viertheil, worauf weder der jemanden gebuhrende Pflichttheil noch eine andere Schuld haften darf, bleibt kraft des Gesetzes zur freien letzten Anordnung immer vorbehalten. Hat der Erblasser daruber nicht verfüget, so fallt er doch nicht dem Vertragserben, obschon die ganze Verlassenschaft versprochen worden ware, sondern den gesetzlichen Erben zu.

7. Preuß. LR. I 12 § 627. Letztwillige Verordnungen finden gegen den Inhalt eines Erbvertrags nicht statt. § 628. Doch kann der Erbverlasser Vermachtnisse bis auf den zwanzigsten Theil seines Nachlasses errichten, wenn er nicht auch dieser Befugniß sich im Vertrage ausdrucklich begeben hat.

8. Das. § 641. Bey Erbverträgen kann der überlebende Theil eben so, wie der Testamentserbe, sich der Verlassenschaft gültig entschlagen. § 642. Er kann aber alsdann auch seines gesetzlichen Erbrechts sich nicht bedienen.

9. Das. II 2 § 481. Auch durch Vertrage kann die Erbfolge der Kinder bestimmt werden. § 482. Dergleichen Vertrage, welche die Aeltern unter sich, oder mit einem Dritten geschlossen haben, mussen die Kinder sich gefallen lassen;

in sofern sie dadurch in dem aus dem künftigen Nachlasse der Aeltern ihnen gebuhrenden Pflichttheile nicht verkürzt werden.

10. Oesterr. Ges.B. § 1254. Den Notherben bleiben ihre Rechte (gegen einen Erbvertrag), wie gegen eine andere letzte Anordnung vorbehalten.

§ 154. ε Aufhebung derselben. (B. § 139. G. § 260. St. § 311.)

Beseler EV S. 293.

1 Cod Max Bav III 11 § 1 Nr. 13. *Per Agnationem sui Haeredis aut Superventientiam Liberorum* werden dergleichen Geding niemal entkräftet, sondern bleiben nichtsdestoweniger (*salva tamen Legitima*) bey Kraft.

a Kreittmayr. Anm. 14c zu Cod Max III 1, 2 (S. 858). Pacta successoria reguliren sich nach der Natur all anderer Conventionen — gehen mithin *ad haeredes paciscentium* — u. hat transmissio haereditatis auch noch in Lebzeiten des Erblassers ad haeredes praedefuncti compaciscentis Platz. (Roth Bayr. Civilr. § 335 II.)

2. Preuß. LR. I 12 § 631. Aus einem wechselseitigen Erbvertrage erlangt nur der Ueberlebende ein Erbrecht; u. die Erben oder Nachkommen des Erstverstorbenen haben in so weit auf den künftigen Nachlaß des Ueberlebenden keinen Anspruch. (Dernburg III § 177 Anm. 12.)

3. Sächs. GB. § 2551. Wenn der Vertragserbe vor dem Anfalle der Erbschaft stirbt, so erlöscht der Erbvertrag, ausgenommen wenn bestimmt ist, daß er auf die Erben des Vertragserben übergehen soll.

4. Prajudiz des OAG. zu Celle, v. Konige publicirt 8. Jan. 1845. Wenn der in einem Erbvertrage ernannte Erbe vor dem Erblasser stirbt, so gehet sein vertragsmaßiges Erbrecht auf seine Erben nicht uber, wenn nicht in dem Erbvertrage ein Anderes festgesetzt ist.

§ 155. b Erbverzichte. (B. § 140, 173. G. § 264. St. § 313, 314.)

Beseler EV. II 2 S. 215. Lewis b. Holtzendorff 1 S. 713. Vgl. unten § 250.

1. Ssp. I 13 § 1. Sundert vader u. muder enen iren sone oder ene ire dochter van in mit irme gude —, willet se na des vader dode oder na der muder dode an ir erve deil spreken, die bruder an der brudere, oder de gemannede dochter an der umbestadeden süster; se muten in de dele bringen — al dat gut, dar se mede afgesundert waren, of it is varende gut, sunder rade. — § 2. Hadden aver se ir ervedelunge dar an verloft, der solen se umberen, se ne untsegen't uppen hilgen Verlofden se't aver vor gerichte, so mut men's se bat vertügen, den se's unscüldich muten werden.

2. Erblandesvereinigg der Coln Landschaft v. 1590 (Lünig RA. 5 S. 449). In Westvalen soll gehandhabt werden die adeliche Gewohnheit, daß Schwestern, so Bruder haben, sich mit einem ziemlichen Brautschatz müssen aussteuern lassen u. — fur den Freunden in den — Heimlichsbriefen oder fur Gericht auch ohne leiblichen Aydt (dieweil die Gewohnheit auch ohne den Eid pacta de non succedendo bestatigen kann) Verzicht gethan, zu weiterei Succession oder gleicher Theilung mit den Brüdern nicht gestattet werden.

3. Oesterr. Ges.B. § 767. Wer auf das Erbrecht Verzicht geleistet hat; —. hat auf einen Pflichttheil keinen Anspruch, u. wird bey der Ausmessung desselben so betrachtet, als wenn er gar nicht vorhanden ware.

4. Sächs. Ges.B. § 2561. Der Verzicht eines Familiengliedes auf das gesetzliche Erbrecht verpflichtet die Erben desselben nicht, ausgenommen wenn der Verzicht zugleich für sie erklart worden ist.

5 Code civil art 791. *On ne peut* même par contrat de mariage *renoncer à la succession d'un homme vivant* ni aliéner les droits eventuels qu'on peut avoir à cette succession

3. Einzelne Unterarten von Erbverträgen.

a. Erbverbrüderungen. (B. § 173. G. § 263. St. § 299 VI und 311 IV.) § 156.

Eichhorn RG. § 412, 413. Beseler EB. S. 90. Herm. Schulze Deutsches Staatsrecht § 102; Preuß. Staatsrecht § 59. E. Löning die Erbverbrüderung zwischen den Häusern Sachsen u. Hessen, und Sachsen, Brandenburg u. Hessen. Frankf. 1867.

1. Urk. v. 1334 Juni 23 (*Riedel* C dipl. Brandenb. II 2 nr 702) Wir Ludowich — Romischer Cheysir — bekennen —, daz — Ludowich marggrave zu Brandinburg unsir erstbornir sun mit unserm gutin willin — daz lant u. die marke zu Brandinburg mit stetin, burgin, leutin u. gemeinlichin mit allen irin zugehordin, di er izund inne hat u. hernach in gewinnit, ez sin lehin, eigin odir erbe, — gegebin, gemachit u. geschaffit hat den hochgebornin furstin Stephan, Ludowich, Wilhelm u. andirn unsirn sunin, u. ob wir mer — sune gewinnin, sinin brudirn u. irin erbin in so getanir bescheidinhet als her nach beschribin stet. Were daz, daz er ane sune vorsure u. abe ginge —, odir ob er sune gewinne u. auch die fürbaz ane sune vorfurin, so sal daz vorgenant lant — vorfallin, kumin u. erbin an Stephan, Ludowich u. Wilhelm u. andir ir brudir, ob wir mehr sune gewinnin. So habin da widir die vorgenantin furstin St., L. u. W. — Ludowichin dem marggravin zu Brandenburg u. sinin sunen auch mit unsirm gutin willin — nach unsirm tode gebin, gemachit u. geschaffit daz lant zu Beyern u. waz si gutis in Branchin, in Swabin u. in andirn landin habin u. gewinnin, — also daz die lant, lute u. gut an den vorgenanten L. Marggravin zu B. u. sin rechtin sune gevellin, kumin u. erbin — in allir wiz u. bescheidinheit, als er in daz lant u. die marke zu B. gemachit u. geschaffit hat, ob sie ane erbin vorvurin u abegingin. — Und zu einir stetin sicherheit so vorlihin wir u. habin mit vordachtin mute vorlihin den vorgenantin furstin — u. iren erbsunen zu gesamter hand in so getanir bescheidinheit als vor beschribin stet, die vorgenante lant, gut u. lute beidirsit, — die von uns u. dem riche zu lehin gen. Auch setzin wir sie beidirseit bei lebintigin unsirm libe in nutz, gewalt u. volle gewer der lande u. der gute. Zu urchund disser machunge u. zu eynir rechtin gewer suln unsirs suns des margravin amtlute u. phleger zu eynim rechtin zynse u. dienste alle jar 200 marg silbers gebin St., L., W. u. iren sunen uf sant Mertins tag. So sulln dawider St., L. u. W. u. ir erbin u. ir amptlut u. pleger auch zu einin zinse u. dienste alle jar dem — L. margrafin zu B. u. sinen sunin auch uf denselbin St. M. tag 100 marg silbers gebin von irin vorgenantin landin u. guten, — an alle widerrede. — Were auch daz, daz der vorgenante margrave — ane sune vorsure, — so sell je der altiste unsir sune, siner brudir eynir, an hindernizze daz lant mit allin seinin zugehordin besizin u. erbin.

2. Urk. v. 1366 Marz 26 (Lünig RA. 6 erste Forts. S. 54 ff.). Und wann von dieser ordnung u. gemächtnüsse wegen — die vorgenanndten u. andere unsere erbliche landt, — die wir haben oder hernach gewinnen, auf beiden theilen zu einander verpflichtet sindt u. seyn sollen, also daß idweder theil des andern landt u. herrschafften in der weiß u. geschichte, als darvor begriffen ist, wol für die seinen haben, nennen u. schatzen mag, u. wir auch derselben lande beider seiten gemaine, veraınte u. ungesunderte besitzer seyn, so ist billich, daß wir idtweder seit einander dieselben unsere landt u. herrschafften helfen zu schirmen, zu mehren u. zu retten. Darumb wir — mit einander wissentlich übereinkhomen ainer solcher pindtnüsse — daß auf idtwedern theil wir u. alle unsere erben ewigklich mit allen unsern landen — bei einander als ein persohn, das ist als gleiche besitzer gemainer lande, beleiben u. einander mit aller macht gerathen u. geholffen seyn sollen u. wollen 2c.

3. Urk. K. Karl IV v. 1373 Dec. 13 (Moser Staatsr. 17, 23): daß sich die Fürsten (v. Thuringen u. Hessen) ihre Länder 2c. luterlich, recht u. red-

lichen an einander vormacht u. gegeben haben, u. ir itweder der obgenanten Teilen den andern Teil zu in zu rechten Mitgeerben u. Gemeiner seines Furstenthums, Herrschaffte, Lande, Stete, Vesten, Lüte, Gütern u. yrem Zugehorungen entphangen u. gentzlichen genomen had.

4. Erbverbrüderung der Herz. v. Sachsen u. v. Braunschweg v. 1389 Jan. 21 (Sudendorf UB. 6 n 239). Daz wir uns haben — vorennet — in bruderlicher weise — also, daß sie (Hertzoge zu Braunschweig) uns (Hertzogen zu Sachsen) sullen hulden lassin ihre land — u. wir sulen u. willen in unser land — widir hulden lassin in desir weise: ab wir van todis wegin abgingen ane lenis erbin mannes geslechte, — so sullin — unsse lant u. lüte — geruwelichen gefallen an unsse vorscriben bulen. — Desselbin glich sullin sie uns weddir huldin lassen irer lande manscheffte u. stete.

5. Urk. v. 1614 (H. Schulze Hausgesetze 2 S. 38). Nachdem unser, der Chur- u. Fürsten zu Sachsen, (Brandenburg) u. Hessen, Voreltern — von undenklichen Jahren sich mit allen ihren gegenwartigen u. zukünftigen Landen, Chur- u. Fürstenthümer mit gnadigstem Consens — der Römischen Kayser — zusammen verbrüdert; — daß wir uns dem allen zu Folge — umb gemeiner Wohlfahrt willen mit wohlbedachtem Muth u. gutem Rathe unserer Räthe, Mannen u. der Unsern, — auch mit sonderlicher Erlaubniß — Herrn Matthiae, Romischen Kaysers — erblich verbrüdert, — wie folgt: I Da — sich die Falle an uns, dem Landgraffen, zutrügen, so sollen die Chur- u. Fürsten zu Sachsen an unsern Landen u. Leuten zwey, u. das Hauß Brandenburg den dritten Theil ererben. II. (Wo) — das Hauß Brandenburg ledig erfiele, so sollen — Sachsen u. Hessen — zugleich erben, u. unter dem Theil, welcher alsdann auf Hessen fallen wird, die Dignität der Chur mit begriffen seyn. — III (Wenn) sich das ganze Chur- u. Fürstliche Hauß Sachsen erledigte, so sollen — die Churfürsten zu Brandenburg einen, u. die Landgraffen zu Hessen zwey Theil — (mit der) Dignitat der Chur — zu Erben haben. — Da auch unter vorbenanten dreyen Haußern — eins — abstürbe, — so sollen zwey überbliebene Haußer — nichtsdestoweniger in dieser Erbverbrüderung gegen einander ewiglich verharren. — Wir u. unser jedlicher (sollen) dem Andern getreulich mit Landen u. Leuten verholffen seyn, — auch des Andern Lande u. Leute, Manne u Diener, ihre Güter u. Haabe, gleich seinen eigenen Landen, Leuten u. Haabe helffen, wehren — u vertheidigen. — Es sollen auch unser idlicher Parthey Schloß, Festung u. Stätte der andern Parthey offen seyn.

§ 157. b. Erbverträge zwischen Ehegatten. (B. § 115 III. G. § 261. St. § 299 V, 311 S. 394.)

Beseler EV. S. 107.

1. Preuß. LR. II 1 § 439. Erbverträge können Eheleute sowohl vor als nach der Verheirathung schließen.

2. Urk. v 1381 (Mone Zeitschr. V 400). Wir schultheißin u. scheffin zu Ingilnheim bekennen 2c., daz vor uns komen ist vor gerichte Crafft zu R. u. juncfrauwe S. seine eliche wirtin u hant sich besacz recht u. redelichin mit solichin undirscheiden u. vorworten, welchis under den zwein elichin luden abeget von dodes wegen, so sal daz andir blibin siczin sine lebetage ungeschurget u. ungeschalden off alle deme gude, daz sie in des riches gerichte hant, von eigen, erbe u. von farender habe, — u. mag do midde dun u. laßin, brechin u. beißin glicher wiis, als lebinten sie beide. u. waz gudes dan unvergifftet u. unvergeben blibet nach der zweier elichen lude dode, daz sal widdir hinder sich fallin an je die stat, do iz von rechtes wegen hene fallin sol.

3. Coln. Stadtr. v. 1437 Art. 9. Item als etliche Jar her, Mann u. Weib die keine Kinder haben, dickweil ihr Testament, Vermächnusse, Gifft oder Aufftracht unter sich gemacht haben, die leztlebendige Hand von ihnen beiden all ihr Erb u. Güter zu kehren u zuwenden, wo die wolte,

u. die leztlebendige von ihn beiden, darnach als das Beth gebrochen was, dieselben Erb u. Güter in sein Testament vorthan, besetzt u. geweist hatte, deß man doch an etlichen Gerichten u. Schreinen zu Collen nicht hat von Werde noch Macht halten wollen, die ehr genannte leztlebendige Hand hatte erst dieselbe Erb u. Güter in ihrem Leben verwandelt, das ist zu versahn: in eines andern Hand ausgegangen, u. dann von demselben widerumb empfangen; — darauf haben wir gesezt: — Ist dann Sache daß der Leztlebendiger von ihn beiden durch Macht ihrer zusammen Vermachnuß dieselbe Erb u. Güter, da sie also gesammenter Hand angeschrieben stunden, fort in einem andern Testament vor Scheffen u. Amtleuten zu Collen, als das gewohnlich ist u. vorgerurt stehet, vergebe, besezte oder auftruge, u. gesinne in dem newen Testament, daß man ihn inn Macht der ersten Vermachnuß an das Erbe allein schriebe, das soll man ihm nicht weigeren —; u ware es sach, das die leztlebendige Hand — an das — Gut zu geschrichte nit káme, noch sich auch nit ließe schreiben wie vorß. steht, so sollen die Erb u. Güther auff die nechsten von beiden Leiber der vorß. Eheleute fallen u. ersterben nach Recht u. Gewonheit unserer Statt, aber die fahrende Haab soll dem lezten rechten Erben bleiben u. folgen, als fern davon kein Testament gemacht — wáre.

4. Meichßner Formularb. (Frkf. a. M. 1588 fol) 2 Bl. 82. Gemachtsbrieff zweyer Ehegemácht. Ich A. u. ich B. sein Eheliche Haußfraw — haben — uns gegen einander bewilligt, begeben, u. je eins das ander, nemlich, ich A. die genannte B. mein Eheliche Haußfraw, u. ich B. den ehegemeldten A. meinen lieben Haußwirt u. unsere Kinder zu einigen Erben gesetzt u. gemacht, aller u. jeder unser beyder Haaben u Güter, ligender u fahrender, die wir zusammen gebracht, bey einander ererbt, gewunnen u. uberkommen haben, u. nach Todt verlassen werden, in dem uberall nichts außgenommen, bewilligen, begeben, setzen u. machen also hiemit wissentlich in krafft dises Brieff, also, wann u. so baldt unser eins vor dem andern mit todt abgangen u. nicht mehr im leben ist, daß alsdann das blieben im leben, u. so dasselbig darnach auch tods halben vergehet, unsere Kinder, die wir verlassen werden, unser beyder Haab u. Gut, ligends u. fahrends, kleins u. groß, nichts außgenommen, söllen u. mogen zu jren handen nemmen, das alles innhaben, nutzen, niessen, u. damit gefahren, thun u. lassen, als mit jrem eygnen Gut, ungeirrt u. unverhindert menniqklichs.

5. Basel. Rechtserkenntn. v. 1451 (Rechtsqu. v. Basel I S. 148 Nr. 144): als — der stat ordenunge — sye, daz eelute, die nit kinde oder vatter u. muter hant, ir varende habe einander vergaben u. machen mogent ohne fürwort —, u. aber Hanns C. S. u. frowe Tudelin v. B. sin eeliche gemahel, ir varende gut mit solichen fürworten einander ze machen meintent, daz ir yeglichs nach des andern tode solich gut nach siner notturft u. seinem willen nutzen u. nießen solle, u wenn sy bede mit tode abgangen sint, sol solich varende gut, so das leste under inen nach sinem tode verlaßen wirt, wider an ir beder erben nach der stat rechte vallen, das inen ouch also nach der raten rate mit recht bekennt ist wol tun mögen, das man solichs — gegen andern derglich eelichen gemechten, die nit libeserben hant, ouch also halten solle, ob sy des also ze tunde begeren wurdent. Doch so sollent solich gemechtnusse jerlich ernuwert werden, als das ander gemechtnüsse halp herkommen ist

6. Const. Aug. Sax P II 43 Nachdem die Ehestifftungen Contracte seyn, so ist es auch genug, wann zwene Zeugen oder drey darbey gewesen; do es aber mit denen Ehestifftungen die Gelegenheit hatte, daß sie *in vim contractus* nicht konnen erhalten, noch beschutzet werden, als: da die Erbschafft auf den Todes-Fall darinnen vermachet, u es seynd funff oder mehr Zeugen darbey gewesen, so sollen solche Ehestifftungen *in vim ultimae voluntatis* krafftig erkandt werden

7. Frankf. Ref. III 2 § 4. Dieweil auch die Recht außtrucklich wollen, daß die Erbschafften nicht durch Pacta u. Eheberedungen vermacht werden sollen: So wollen Wir, daß hinfuro alle solche Pacta u. Geding, darinn ein Ehegemahel dem andern alle oder einen ansehenlichen benannten Theil seiner Guter (uber

die Ehesteuwer u. Widerlegung) erblich vermachen wolt, sollen underlassen: Und da sie gleich in die Heurahtsverschreibung gesetzt, doch für untüchtig u. krafftlos gehalten werden, Und jedem Theil der freye Will in seinen Gütern (ausserhalb der Ehesteuwer u. Widerlegung) seines gefallens zu Testiren, dardurch unbenommen — seyn solle. § 5. Doch, da solchs geschehe, u. folgends jhre der Ehegemaheln eins sonder Verlassung Ehelicher Leibserben, auch sonder Testament, oder andern rechtmassigen letsten Willen, ohn Widerruffen der Eheberedung mit Todt abgehen würde: So soll dieselbig alsdann erst (als durch den Todt bestatiget) für krefftig gehalten werden, in deß verstorbnen Ehegemahels Gütern u. dieselbigen, wie in der Eheberedung verordnet, fallen. (Vgl. Souchay Anm. II 570 ff.)

8. Würtemb. LR. III 8 § 1. Wann zwey Ehegemächt mit auffgerichten — Gedingen — u. Eheberedungen in die Ehe zusamen komen, sollen dieselbige steiff gehalten werden, u. kein Ehegemächt für sich selber zu des andern Nachtheil darwider einiges Testament, oder andere Verordnung fürzunemmen macht haben.

9. Mainz. LR. I § 1. Alle Ehe-Beredungen, sie mogen etwas von künfftiger Erb-Folg in sich enthalten oder nicht, sollen in ihrer völligen Würckung bleiben, u. ohne beyderseitige Bewilligung nicht aufgehoben, wiederruffen, oder davon abgegangen werden können.

10 Cod Max. Bavar. I 6 § 29 Die zwischen Braut-Personen oder Eheleuten ihrer Güter, Kinder, *Succession* oder anderer Ehe-Sachen halber vorgehende Beredungen u. Gedinge — mogen 2) sowol vor als nach der Copulation entweder von ihnen selbst oder mit ihrer Bewilligung auch von denen Eltern, Befreundten u. andern errichtet werden, doch soll solches 3) zwischen Siegelmäßigen Personen allzeit unter eigner schriftlicher Fertigung, bey andern aber vor ordentlicher, das ist vor jener Obrigkeit, worunter beede oder wenigst eines von beeden *Paciscenten* seiner Person halber gehorig ist, bey Vermeidung der Ungültigkeit, geschehen.

11. Preuß LR. II 1 § 447. Wenn es nach der Fassung zweifelhaft ist: ob Eheleute einen Erbvertrag, oder nur ein wechselseitiges Testament haben errichten wollen: so wird Letzteres vermuthet.

12. Das. § 448. Ist die Erbfolge durch einen wirklichen Vertrag bestimmt: so steht es nicht in der Macht des Ueberlebenden, von dem Vertrage abzugehen, u. die gesetzliche Erbportion zu wahlen.

13. Rescript der Oldenb. Regierungs-Canzlei v. 1713 b. Runde ehel. Güterr. § 18: daß auf dem Lande, nach der Observanz u Prajudicien, die in den Ehestiftungen befindliche Claußel: langst Leib langst Gut an u. vor sich selbst, u. wenn nichts anders verabredet oder an dem Orte hergebracht sey, nur den *usumfructum ad dies vitae* importire u. nicht vom Erbe oder Eigenthume zu verstehen sey.

14. Bericht des Delmenhorst. Landger. v. 1712 das. S. 42: daß die Regel (längst Leib langst Gut) secundum observantiam iudiciorum (wenn Kinder vorhanden) nichts als einen *usumfructum ad dies vitae* in sich halte; in allen Fallen aber, wenn der Mann ohne Leibeserben verstürbe, die nachgelassenen bauerschaftlichen Güter auf dessen hinterlassene Wittwe als ein Eigenthum beerbet, ohne daß jemals Collateral-Erben desfalls einig ius pratendiret oder Anspruch darauf gemacht, u. in diesem *passu* habe die Regel langst Leib langst Gut allein den Verstand zum Eigenthum allhie, nicht aber wenn Leibeserben vorhanden.

a Kgl Hannov. V. v. 24. Mai 1822. Die — Frage: ob die in einigen Provinzen des Königreichs in Beziehung auf die gegenseitige Erbfolge der Ehegatten gewohnliche Clausel: „Langst Leib, längst Gut" durch die Geburt von Kindern aus der eingegangenen Ehe in der Maaße vernichtet werde, daß sie auch dann ihre Kraft verliert, wenn diese Kinder vor ihren Eltern versterben? entscheiden wir dahin, daß sowohl in dem Fall, wenn die Clausel ausdrücklich verabredet worden, als da wo sie dem Herkommen gemaß stillschweigend angenommen wird, lediglich auf den Zeitpunkt des Todes des zuerst versterbenden Ehegatten gesehen werden u. wenn in diesem Zeitpunkte keine

Kinder oder Descendenten von diesen Kindern vorhanden sind, die Clausel ihre volle Kraft zu Gunsten des überlebenden Ehegatten außern soll.

15. Frankf. Ref. III 3 § 3. Wann in den Heinlichsbrieffen dise Clausul befunden wird: Und wann das Letstlebend auch mit Todt abgangen ist, So sollen solche Güter fallen auff deß Erstabgegangenen nechste Erben, die alsdann in Leben seyn ꝛc. Solche Clausul u. dergleichen, u. sonderlich das Wort Alsdann u. das Wort nechsten sollen anderst nicht verstanden werden, dann von denen Erben, so dem Erstverstorbnen, zu der Zeit desselben todtlichen Abgangs, am nechsten verwandt seynt, ob sie gleich deß letstlebenden Ehegemahls, (so allein den blossen Usufruct u. Beysesß an den Gütern hat) Tod nicht würden erleben.

16. Sachs. Ges.B. § 2557. Erbvertrage unter Ehegatten gelten als widerrufen, wenn die Ehe für nichtig erklärt oder in Folge Anfechtung aufgehoben oder geschieden wird oder die Ehegatten auf Lebenszeit von Tisch u. Bette getrennt werden.

B. Testament (B. § 141, 142. G. § 265. St. § 300—307.)

1. Im Allgemeinen. § 158.

Vgl. oben § 148. *F. de Hahn* de diversis testamentorum formis quae in Germania obtinuerunt. Jenae 1847.

1. Magdeb. Fr. I 12, 4. Ab eyn man bey gesundem leibe syn gut weg gebe vor gehegetem dinge —, u. doch der selben gobe ym dy herschafft behilde czu syme leibe, stirbet der geber u. dy gobe blibet unwedirrufen, so hat dy gobe crafft u. macht. Stirbit aber der begobete man, is erbit uff synen (des Gebers) nehesten. (Vgl Albrecht i. Krit. Jahrb. 11 [1842] S. 327.)

2. Lüb. R. II 103. So we sin testament maket, de schal it don in twier ratmanne antworde, wante wo he it voghet vor en van sineme gewunnenen ghude, dat blift stede. — Begripet (de ratmanne) oc sic bi ereme edhe, dat he mechtech were siner sinne u. en mark punt weghen mochte, do he sin testament makede, so blift it al stede. dar men der ratman nicht ne mach hebben, dar moghen twe besetene lude betughen en testament von 10 marken sulvers u. dar beneden.

3. Freyberg. Stat. 5 (Schott 171). Swelch man also sinnik u. also selic ist, daz he sin dinc setzet u. berichtet bi sime lebendigem libe u. diwile he bi guten sinnen ist, — wizzentliche dem richter u. erhaften luten, — he lige oder sitze, daz hat craft, — ab he denne abeget. Ist iz aber, daz he wider ufkumit des legirs, so tut he wol, welchiz he wil.

4. Wurster LR. Tit. 4 (*Pufend* 1, 70) Was einer bey vollmacht seines leibes — vergiebt u. würklich überliefert u. von sich thut, das konnen die erben nicht wieder fordern. Aber was einer auf todesfall vergiebt, — das sind die kinder — zu halten nicht schuldig, — nicht anzusehen, obgleich die vergebene güter ererbet oder gewonnen. — Wolte aber einer zu kirchen, schulen, armen — etwas in sein testament ordnen, dasselbe müssen die erben ohne iren willen halten.

5. Landr. der Bremischen 4 Gohen Qu III (Oelrichs S. 559). (De Landlude sunt gevraget): Von Testamenten. — Werderland: Wo ein de maken laten will, de hebbe idt Macht, id sy averst selden gebrueklik; wenn idt averst geschege, so nehme man de Schworne edder der Nabern twe darby, dar men de Schwarne nich hebben kan. — Hollerlond: Dar nehmen se den Pastoren u. 4 Männer darby. — Viehland: Weten nich dat idt geschehe.

6. Nürnberg. Ref. XXIX 9. Wiewol in gemainen Rechten die Erbsatzung in ainem yeden Testament für das hauptstück gehalten würdet, yedoch zu handhabung des Testierers willen sollen die geschefft u. ordnungen, obgleich darinn kein Erb benent were, fur creftig gehalten u. vollstreckt werden. (Daraus Hamburg. Stadtr. III 1 § 22; vgl. Gries Commentar 2, 195.)

7. Lüb. R. II 1, 2. Wann jemand ein mundlich Testament — machen wil, der soll es thun in Gegenwertigkeit zweyer Rathmannen: — konte man aber so eilends die Rathspersonen nicht haben, so können zweene besessene Bürger ein solch Testament bezeugen, doch allein von zehen Marck Silbers, darunter u. nicht daruber.

8. Frankf. Ref. IV 1 § 2. Daß ein jeder in dieser Statt, der seye Bürger oder Beysesz, so er sein Testament machen will, solchs auch nur vor dreyen darzu erbettenen Personen des Rahts, — thun mag.

9. Revid lüb. R. I 9, 2 Wer da wile sein wolgewonnen Gut vergeben, der muß zuvorn seinen nehesten Erben geben 8 Schilling 4 Pfennig. (Vgl. ob. § 148 Nr. 44)

a Das. II 1, 12. Nach Lübischem Rechte muß ein jeglich Testament institutionem haeredis haben, welche in dieser Clausul in forma begriffen sein soll: Und gibt seinen nehesten Erben, sie seind einer, zwei oder mehr, die sich, wie recht, die nehesten zeugen lassen werden. (Pauli Abh. 3 S. 231 u 260.)

b Lüb. Erbrechtsgesetz v 10. Febr. 1862 Art. 26. Einer ausdrücklichen Erbeseinsetzung bedarf es zur Gültigkeit des Testamentes nicht. (Plitt S. 104 u. 132.)

10. Sachs. Ges.B. § 2196. Gemeinschaftliche letzte Willen zweier oder mehrerer Personen konnen nur gerichtlich oder schriftlich errichtet werden.

11. Preuß. LR. I 12 § 45. (Der Erblasser) kann auch nur uber einen Theil seines Nachlasses verordnen, u. es in Ansehung des Ueberrestes bei der gesetzlichen Erbfolge lassen.

12. Oesterr. Ges.B. § 534. Die — drey Arten des Erbrechts können auch neben einander bestehen, so daß einem Erben ein in Beziehung auf das Ganze bestimmter Theil aus dem letzten Willen, dem andern aus dem Vertrage, u. einem dritten aus dem Gesetze gebuhrt.

13. Das. § 562. Einem bestimmt eingesetzten Erben gebührt in keinem Falle das Zuwachsrecht; wenn also kein unbestimmt eingesetzter Erbe ubrig ist, so fallt ein erledigter Erbtheil nicht einem noch übrigen, für einen bestimmten Theil eingesetzten, sondern dem gesetzlichen Erben zu.

14. Kurköln. Rechtsordn. Tit. 1 § 8. Es steht einem jeden frei, über seine Verlassenschaft ganz oder zum Theil auch ohne Einsetzung eines oder mehr Universalerben durch letzten Willen zu verordnen, u. soll allezeit die Codicil-Clausul, wenn sie schon nicht gemeldet worden, darin verstanden werden, daß nemlich der ubrige Theil der Erbschaft, deren in der Vermächtnus nicht gedacht worden, bei den nächsten Anverwandten, welchen solche sonsten von Rechtswegen gebührt, u. zwar ohne Abzug der *falcidiae* oder *trebellianicae*, verbleiben solle.

15. Hamburg. Stat. III 1, 37. Ferner mag ein jeglicher sein Testament u. letzten willen enderen, mindern, mehren u. gantz abthun, so offt er wil, ungeachtet ob er sich eines andern verpflichtet hette.

16. Kurpfalz. LR. II 26 § 3 s. oben § 149 Nr. 4.

17. Wurtemb LR. III 7. De Mutuis testamentis u. sonderlich von Testamenten der Eheleut. — ordnen, daß einem jeden Ehegemacht sein Testament, Erbsatzung oder Geschafft in seinem Gut beschehen, durch Auffrichtung eines andern Testaments, oder in andere rechtmassige Wege zuwiderrufen u. auffzuheben ohnbenommen: Jedoch solches ohne des andern Ehegemächts vorwissen, waferr die vorhabende Enderung zu dessen nachthail und schaden geraichen thet, oder ohn besondere erhebliche Ursachen, als da seyen: harte ohnverantwortliche Tractation, stehtiger Ohnfrid u. Widerwill, Zwang u. Nothigung zu vorhergangnem Testiren, auch alle so zur Enterbung gnugsamb, u. andere dergleichen — mit nichten geschehen soll. Da auch ein solche heimlicher Weise u. ohne genugsame Ursachen fürgenomne widerrüfung offenbar würde, soll alsdann das widerrufend Ehegemächt alles was ihme in solcher gesambter Disposition über den schuldigen Pflichttheil verschafft gewesen, zu straff verwürckt haben.

18. Hamburg. Stat. III 1, 19. Es soll auch —, wenn zwei Eheleute zusammen ein Testament machen, u. hernacher derselben einer verstirbet, alsdann

dem überlebenden Ehegatten vergönnet — seyn, von seinem antheil Güter ein ander Testament auffzurichten, u. das vorige so weit zu endern.

19 Cod Max Bav III 4 § 10. Testamenta, welche von Eheleuten unter sich gemacht werden, haben nichts besonders an sich, ausser daß die — Rechts-Regul, Kraft welcher — ein letzter Wille des anderen Willkür u. *Arbitrio* nicht überlassen werden kann, nach hiesigen Land-Rechten einen Abfall hierin leidet, dergestalt, daß ein Ehegatte dem anderen Gewalt u. Macht ertheilen kan, von seinem eignen eben so, wie von des andern Ehegattens-Gut testiren zu konnen. Im übrigen haben *Testamenta reciproca, correspectiva* et *simultanea* — nicht nur unter Eheleuten, sondern auch unter anderen allerdings Platz, ohngeacht dessen, was das Romische Recht gegen die sg. *Institutiones captatorias* verordnet, als welches in diesem Stück hier zu Land niemal angenommen worden ist

20. Das. § 11. — Von dem *Testamento Reciproco* ist 3tio zu merken, daß wenn solches einerseits wiederrufen, cassirt oder sonst entkraftet wird, alsdann auch das andere eben dadurch für wiederruffen, cassirt oder entkraftet gehalten werde, es wäre dann bemelte Wiederruff- oder Entkräftung dem andern Theil bekannt gewest, u. er gleichwol auf dem Testament seines Orts beharrt hatte, unerachtet es ihm an gnugsamer Zeit solches gleichfalls wiederruffen zu können nicht ermanglet hat. Denen Testamentis Reciprocis werden 4to auch die *Correspectiva* in diesem Stuck gleichgeschätzt, sonderbar wenn 5to das beederseitige Vermögen — zusammen geworffen, u. gleichsam aus einem Mund u. Willen hiermit testirt wird. — 7mo Werden dergleichen reciprocirliche Dispositiones in Dubio allzeit mehr *pro Pactis Successoriis* als *Testamentis* geachtet, sofern nicht die Disponenten ihre Disposition selbst also benamsen, mithin Animum et Voluntatem testandi ausdrücklich zu Tag legen.

c Rev. lüb. R. II 1, 10. Wann ein Mann u. seine Ehefrau ein Testamentum reciproce machen, ob dasselbe wol nach beschriebenen Rechten beständig, so wird doch solch Testament nach Lübischem Rechte nicht zugelassen.

d Code civil art 968 Un testament ne pourra être fait dans le même acte par deux ou plusieurs personnes, soit au profit d'un tiers, soit à titre de disposition réciproque et mutuelle.

21. Preuß. LR. II 1 § 482. Nur Eheleuten ist es erlaubt, wechselseitige Testamente über ihren Nachlaß zu errichten.

22. Das. § 485. Dergleichen wechselseitige Testamente, in so fern dieselben nicht etwa als ein wirklicher Vertrag errichtet, u. mit der bei Erbverträgen vorgeschriebenen Form versehen sind, werden schon durch den Widerruf eines der Ehegatten vernichtet. § 486. Hat jedoch der andere Ehegatte weder seines Orts ausdrücklich widerrufen noch eine andere letztwillige Verordnung errichtet, so bestehen diejenigen Vermächtnisse, welche er in dem wechselseitigen Testamente andern als solchen Personen, die bloß mit dem Widerrufenden als Verwandte oder besondere Freunde verbunden sind, ausgesetzt hat.

23. Das § 492. Nimmt (der überlebende Ehegatte) die Erbschaft aus dem Testamente an: so kann er auch von seinen eigenen Verordnungen nicht wieder abgehen, in so fern aus der Fassung oder aus den Umständen erhellet, daß der Erstverstorbene ihm seinen Nachlaß in Rucksicht auf diese Verfugungen zugewendet habe.

24. Oesterr. Ges B. § 1248. Den Ehegatten ist gestattet, in einem u. dem nahmlichen Testamente sich gegenseitig oder auch andere Personen als Erben einzusetzen Auch ein solches Testament ist widerruflich; es kann aber aus der Widerrufung des einen Theils auf die Widerrufung des andern Theils nicht geschlossen werden.

25. Sächs. Ges.B. § 2199. Die Verfugungen der mehreren Erblasser, selbst wenn sie sich gegenseitig auf den Todesfall bedenken, sind in der Regel als unabhangig von einander zu betrachten; es kann die eine Verfügung wegfallen, ohne daß dies auf die andere Einfluß hat.

26. Sächs. Ges.B. § 2200. Haben die mehreren Erblasser sich einander in der Maße auf den Todesfall bedacht, daß ihre Verfügungen von einander abhängig sein sollen, so fallt mit der einen auch die andere weg.

27. Das. § 2201. Die Vorschrift im § 2200 findet auch Anwendung, wenn die mehreren Erblasser sich gegenseitig letztwillig bedacht, u. zu Gunsten ihrer Verwandten oder Dritter Anordnungen, welche nach dem Tode des Zuletztsterbenden in Kraft treten sollen, getroffen oder über ihr gemeinschaftliches Vermogen, als über eine Gesammtmasse verfügt, oder gegenseitig in ihrem letzten Willen auf das Recht, denselben zu widerrufen, verzichtet haben.

28. Das. § 2214. Sind gemeinschaftliche letzte Willen auf eine der in §§ 2200, 2201 erwähnten Arten von einander abhangig gemacht, so fallt, wenn der eine widerrufen wird, auch der andere weg, soweit sein Inhalt von jenem abhängig ist. Hat der Ueberlebende die Erbschaft des Zuerstgestorbenen aus dem gemeinschaftlichen letzten Willen angenommen, so kann er seine eigenen Verfügungen nicht widerrufen.

29. Reichs-Militairgesetz v. 2. Mai 1874 § 44. In Kriegszeiten oder wahrend eines Belagerungszustandes können die — den Militairgesetzen unterworfenen Personen letztwillige Verordnungen unter besonders erleichterten Formen gültig errichten (privilegirte militair. letztwill. Verfügungen). Die Vorrechte der Militairpersonen — bestehen allein darin, daß sie — den für ordentliche letztwillige Verfügungen vorgeschriebenen Förmlichkeiten nicht unterworfen sind.

30. Das. 2) Privilegirte militairische letztwillige Verfügungen sind in gültiger Form errichtet: a) wenn sie von dem Testator eigenhandig geschrieben u. unterschrieben sind; b) wenn sie von dem Testator eigenhandig unterschrieben u. von zwei Zeugen oder einem Auditeur oder Offizier mit unterzeichnet sind; c) wenn von einem Auditeur oder Offizier unter Zuziehung zweier Zeugen oder noch eines Auditeurs oder Offiziers uber die mündliche Erklärung des Testators eine schriftliche Verhandlung aufgenommen u. diese dem Testator vorgelesen, sowie von dem Auditeur oder Offizier u. den Zeugen, bez. von den Auditeuren oder Offizieren unterschrieben ist. Bei verwundeten oder kranken Militairpersonen können die — Auditeure u. Offiziere durch Militairärzte oder hohere Lazarethbeamte oder Militairgeistliche vertreten werden. Die — Zeugen sind Beweiszeugen, sie brauchen nicht die Eigenschaften von Instrumentszeugen zu haben, u. es kann die Aussage eines derselben für vollstandig beweisend angenommen werden

31. Das. 4) Die nach Vorschrift sub 2c aufgenommene Verhandlung hat in Betreff ihres Inhalts u. der in ihr angegebenen Zeit der Aufnahme die Beweiskraft einer öffentlichen Urkunde. Ist in der eigenhändig geschriebenen u. unterschriebenen oder in der eigenhandig unterschriebenen letztwilligen Verfügung (2a, b) die Zeit der Errichtung angegeben, so streitet die Vermuthung bis zum Beweise des Gegentheils für die Richtigkeit dieser Angabe. Eine gleiche Vermuthung streitet dafür, daß die letztwillige Verfügung wahrend des die privilegirte Form zulassenden Ausnahmezustandes errichtet ist, wenn dieselbe wahrend dieser Zeit oder innerhalb 14 Tage nach deren Aufhoren einer vorgesetzten Militairbehorde zur Aufbewahrung übergeben ist oder wenn dieselbe in dem Feldnachlaß des Testators aufgefunden wird.

32. Das. 1) Die Befugniß, in Kriegszeiten oder wahrend eines Belagerungszustandes privilegirte militairische letztwillige Verfügungen zu errichten, beginnt für die — bezeichneten Personen von der Zeit, wo sie entweder ihre Standquartiere oder — ihre bisherigen Wohnorte im Dienste verlassen oder in denselben angegriffen oder belagert werden. Kriegsgefangene oder Geißeln haben diese Befugniß, so lange sie sich in der Gewalt des Feindes befinden.

33. Das. 5) Privilegirte milit. letztw. Verfügungen verlieren ihre Gültigkeit mit dem Ablauf eines Jahres von dem Tage ab, an welchem der Truppentheil, zu dem der Testator gehort, demobil gemacht ist, oder der Testator aufgehort hat zu dem mobilen Truppentheil zu gehoren oder als Kriegsgefangener oder Geißel aus der Gewalt des Feindes entlassen ist. Der Lauf dieser Frist wird jedoch suspendirt durch anhaltende Unfahigkeit des Testators zur Errichtung

einer anderweiten letztwilligen Verordnung. Wenn der Testator innerhalb des Jahres vermißt u. in dem Verfahren auf Todeserklarung oder auf Abwesenheitserklarung festgestellt wird, daß er seit jener Zeit verschollen ist, so tritt die Ungültigkeit der letztwilligen Verfügung nicht ein.

2. Von den Vollziehern des letzten Willens. (B. § 143. G. § 265. St. § 308, 309.) § 159.

Beseler v. d. Testamentsvollziehern (Ztschr. f. D. R. 9 [1845] S. 144, 522). *A. Kreutzer* de executoribus testamentariis. Diss. Vratisl. 1865. Stobbe über die Salmannen (Ztschr. f. RG. 7 [1868] S. 405). Lammer das Recht der treuen Hand. Würzb. 1875. Sturm die Lehre v. d. Testamentsvollziehern nach gem. u. Preuß. R. (Jherings Jahrb. 20 [1882] S. 91). M. Rosenthal d. rechtl. Natur der Testamentsexekution. Bresl 1883. P. Hinschius Art. Testamentsvollstrecker b. Holtzendorff III S. 873.

1 Urk. des Bischofs Konrad von Verden v 1297 (Sudendorf Braunschweig-Lüneb. UB. I Nr. 150). Quia — ad nostram pervenit audienciam, quod plerique *executores testamentorum* civitatis Luneborg in complendis *ultimis voluntatibus* decedentium sunt desides —, proinde — duximus statuendum, ut nullus de cetero *positus in egritudine ultima* civis Luneborgensis utriusque sexus suum condat *testamentum vel testamentarios* eligat, *nisi hoc de scitu*, *consensu et consilio consulum faciat* civitatis —, nec aliquid de rebus in pios usus legatis ordinet — preter consensum et consilium consulum — Nos enim quicquid — per consules in executionibus testamentorum secundum canonicas sanxiones — ordinatum fuerit, gratum habebimus

2. Cod Patav V in M B XXIX P 2 p 259 s. oben § 148 Nr. 12.

3. Id p 255 das. Nr. 13.

4. Urk. v. 1323 (*Guden* 3, 213) Ad predicti testamenti seu legati celeriorem executionem discretos viros — pro *manufidelibus nostris* legitimis eligimus et statuimus, *ponentes et ex nunc resignantes in manus ipsorum bona nostra omnia in villis S et M sita*, ut fructus et proventus illorum tollant, percipiant atque vendant, tamdiu quousque predicta legata omnia et singula ordine quo supra fuerint plenarie expedita

5. Frankf. Testam. v. 1437 b. Euler Gesch. der Testamente i. Frkf. (Arch. f. Frankfurts Gesch. H. 7 [1855]) S. 43. Item myn nachges. truwenhandre die daz als vorg. ist jerlichs uffheben, uzrichten u. hantreichen sollen (vermache ich) IIII achtel korns. — — — Wer es auch sache, daz einch stift, closter oder person (lauter Vermachtnißnehmer) den sachen nit nachgingen —, so geben ich mynen truwenhendern macht u. gewalt, daz sie solich korngilte, als denselben gehoren, die yn nit nachgingen, — mochten andern u. keren — an ander ende u. stede, da sie beduchte, daz daz behalden were. — U. ir welcher zu erste von todes wegen abeget, — so sol der der noch im leben ist bynnen dem nesten mande darnach einen andern erb. manne an des abegegangen stat kiesen.

6. Frankf. Test. v. 1494 das. S. 46: u. geb (minen truwenhendern) gantz mogde u. macht beiden u yedem besonder von stond noch mynem tode alles u. iglichs das ich nach minem tode verlassen werde zu iren handen u. gewalt zu nemen, solichs alles u. yedes vor u. nachgeschrieben wie dieser min besatze ordenung codicill u. letzsten wille inhelt uß zu richen, zu tun u. zu geben in maissen sie mir das zu tun zugesagt haben u. ich ine das vertruwete: u. umb soliche muhe u. arbeidt setzen u. bescheiden ich ire iglichem besondern ein marck silbers.

7. Testam civis Trajectensis v. 1496 (*Matthaei* veter. aevi Analecta 3 [Lugd. Batav. 1699] p 313) Ad quae praemissa omnia et singula debite exequenda testator suprascriptus — constituit — suos *executores*, *manufideles*, *fideicommissarios et dispositores* —, *in quorum quidem executorum manibus dedit omnia*

singula bona sua praedicta — praesentia et futura, cedens eisdem ex nunc quoad hoc et transferens in eosdem per tactum ad manus mei notarii omnia et singula bona praedicta —, ipsos in rem suam constituendo *procuratores irrevocabiles*, ita quod post mortem suam *bona praedicta apprehendere, habere, tenere — valeant*

8. Brem. Schedinge v. 1340 oben § 148 Nr. 50.

9. Frankf. Ref IV 11 § 1. Es pflegen die Testirer, wan sie etwan Fürsorg tragen, wie treuwlich u. fleißig ihre Testament durch ihre Erben vollnzogen werden mochten, etliche vertrauwte Personen zu Testamentarien, Executorn u. Ausrichtern desselben ihres Testaments, darin namhaftig zu benennen, u. zu verordnen. So dann dieselben sich dar zu hetten erbitten lassen, u. die Execution auf sich zu laden, dem Testirer bewilligt u. zugesagt: So mogen sie, desselben Ampts sich zu underziehen, wol angehalten werden.

10. Das. § 4. Es gehet aber solches ihr Ampt ehe nicht an, dann nachdem die Testaments-Erben des verstorbenen Testirers Erbschafft adirt u. angenommen haben. Darumb sie dann ermeldte Erben, da sie darinn seumig seyn wolten, zu solcher Adition oder derhalben fürderlicher Erklarung, anhalten mogen.

11. Preuß. LR. I 12 § 557. Hat der Erblasser Jemanden die Vollziehung seines letzten Willens aufgetragen, so ist derselbe als ein Bevollmachtigter des Erblassers, u. die letztwillige Verordnung selbst als seine Vollmacht u. Instruction anzusehen.

12. Das. § 558. Ist mit dieser Vollziehung zugleich die Verwaltung des Nachlasses — verbunden, so ist der Vollzieher in so weit als ein Verwalter fremder Güter zu betrachten.

13. Oesterr. Ges.B. § 816. Hat der Erblasser einen Vollzieher (Executor) seines letzten Willens ernannt, so hangt es von dessen Willkühr ab, dieses Geschaft auf sich zu nehmen. Hat er es übernommen, so ist er schuldig, entweder als ein Machthaber die Anordnungen des Erblassers selbst zu vollziehen, oder den saumseligen Erben zur Vollziehung derselben zu betreiben.

14. Sächs. Ges.B. § 2230. Ein Vollzieher des letzten Willens kann in einem letzten Willen, in einem Erbvertrage, durch einen zwischen dem Erblasser u. dem Vollzieher gerichtlichen geschlossenen Vertrag oder durch eine zwischen den Erben u. dem Vollzieher getroffene Uebereinkunft bestellt werden.

a Bad. LR. § 1026. Der Erblasser kann den Treuhändern (Code civ : exécuteurs testamentaires) Besitz u. Gewahr seiner fahrenden Haabe (la saisine de son mobilier) — einräumen, der aber nicht über Jahr u. Tag von seinem Tod an dauern darf.

15. Sächs. Ges.B. § 2232. Erben, Vermachtnißnehmer u. Anwärter haben die von dem Erblasser erfolgte Ernennung eines Vollziehers des letzten Willens anzuerkennen.

16. Das. § 2238. Zur Verwaltung der Erbschaft ist der Vollzieher nur berechtigt, wenn ihm dieselbe aufgetragen worden ist.

17. Das. § 2240. Der Vollzieher eines letzten Willens ist zur Verwaltung der Erbschaft weder berechtigt noch verpflichtet.

18. Das. § 2244. Das gegenseitige Verhaltniß zwischen den Erben u. dem Vollzieher in Beziehung auf die Geschaftsfuhrung ist, selbst wenn es nicht durch einen Auftrag der Ersteren an den Letzteren entstanden ist, nach den Vorschriften der Geschäftsführung vermoge Auftrags zu beurtheilen.

19. Würtemb. LR. III 27. Zum Fall — von dem Testirer keine Executores ernennet weren, die Erben aber sich in verrichtung des verstorbenen letzten Willens fahrlassig erzeigen wurden, wollen Wir Unsern Amptleutten u. Gerichten hiemit — bevohlen haben, daß durch sie, oder durch zween oder mer erbare Manner — die Execution des Testirers letzten Willens — auff der Erben — Kosten verrichtet — werden solle.

Dritter Abschnitt. Rechtliches Verhältniß der Erben. § 160.
(B. § 131, 134 G. § 252. St. § 281—283, 285.)

Eichhorn RG. § 375, 456. Stobbe über das Eintreten des Erben in die obligatorischen Verhältnisse des Erblassers (Jahrb. des gem. D. R. 5 S. 293). Lewis die Succession des Erben in die Obligationen des Erblassers nach D. R. Berl. 1864. A. Pernice krit. Vierteljahrsschr. 9 (1867) S. 82. Homeyer der Dreißigste (Abhdlgn. d. Berl. Akad. d Wiss. Berl. 1864). Siegel der Dreißigste insbes. nach Hofrecht (krit. Vierteljahrsschr. 7 [1865] S. 275). — Renaud die französ. Rechtsregel le mort saisit le vif (Ztschr f. Rechtswiss. des Auslandes 19 u. 20 [1847, 48]). Cosack der Besitz des Erben. Weimar 1877. Behrend Anevang u. Erbengewere. Berlin 1885. — Roth Jenaer Litt.-Ztg. 1876 Nr. 42 (Recens. v. Fr. Mommsen Entwurf e. Deutschen Reichsgesetzes über das Erbrecht nebst Motiven. Brschwg 1876).

1. Sächs. Lehnr. 6 § 1 s. oben § 68 Nr. 24.

2. Ssp. III 83 § 1 das. Nr. 25.

3. Urk. K. Karl IV. v. Frankreich v. 1322 (*Miraeus* Opp dipl. 1 [1723] S. 780). Robertus de Flandria — tanquam proximior et unicus superstes filius — diceret, se esse saisitum per consuetudinem patriae notariam, qua dicitur: quod *mortuus saisit vivum*, de comitatu et patria Flandriae.

4. Brüsseler Stat. v 1606 (Recueil des anc coutumes de la Belgique 1869 p 178) c 274 Den dooden erft ende saiseert den levenden, zynen naesten hoir ende erfgenaem, bekwaem wezende om te succedeeren; ende wordt de possessie by de dood op denzelven gecontinueerd.

5. Gl. z. Ssp. III 83 § 1: kommt einer — in eines dinges besitzung, ob ihm ein erbe anstirbt, das gut hat er allbereit in sinen geweren u. besitzt es.

6. Magd.-Bresl. syst. Schoffenr. IV 1, 17. Gebit eyn man synym wibe adir synyn kyndin adir eyme vremdyn in gehegtim dinge eyn benumpt gelt adir ander varnde habe — noch syme tode czu tun u. czu lozin, daz sull in ze nemyn. Was der man noch synir gift oberig gelozin hot gutis noch syme tode, daz sullin syne erbnamyn nemyn u. sullin des totin mannis schult geldin, zo verre alz daz erbe u. syne varnde habe wendit. Ist der schult nie, wenne des erbis adir der varnden habe ist, zo sullin di, den daz benumpte gelt alzo 10 mark mynyr adir me adir varnde habe, welcherleye daz ist, gegebin was vor irre gift, daz geldin. Ist abir den vorgenantyn benumet eygen gegeben czu tun u. czu lozin noch des mannis tode, do von endorfin ze nicht des mannis schult geldin.

7. Sch.Urth. (Böhme VI 143, 6) Vordienet lon u. redeliche schuld sol man von eynis toten mannis gute czuvore gelden vor der morgengabe, ap dy frawe an dem gereyten gute begobit ist, aber ist ir morgengabe an stand erbe begobet, so sol dy frawe dy morgengabe doran behalden.

8. Sch Urth. (das. 132, 1). Durch der frauen morgengabe willen, dy ir ir man an seyme farenden gute gegebin hatte, darf der kinder vormund der kinder stand erbe nicht verkeufen, ist aber der kinder vater andir redeliche schult schuldig blebin, — darumme mag her der kinder erbe vorkeufen u. gelden.

9. Magd.-Bresl. syst. Schöffenr. IV 2, 44: weme erbe anirstirbit, der sal komin in gehegit ding u sal benumin den, der daz erbe hot gelozin u. wy nohe daz her im gesippit were u. sal di mogeschafft — bewisin mit sinis eynis hant uf den heilegin, alzo sal her sich czu dem erbe czihin.

10. Ssp. I 33 s oben § 34 Nr. 3.

11. Das. 22 § 1. Die erve mut wol varen to der wedewen in dat gut er deme drittegesten, durch dat he beware, dat des icht verloren werde, des an in gedrepe. Mit sime rade sal ok die vrowe bigraft u. drittegesten dun;

anders ne sal he nene gewalt hebben anme gude bit an den drittegesten.

12. Ssp. I 6 § 4. Man sal ok den erven gelden, dat man deme doden sculdich was.

13. L Rib. 67, 1. Si quis moriens debitosus, aut testamenta venditionis vel traditionis seu tradicionis aliquid fecerit, si filios aut filias non reliquerit, quicunque de parentibus suis quantum unus solidus valet in hereditatem receperit, vel cui weregildum eius, si interfectus fuisset, legitime obveniebat, *omnem debitum culpabilis iudicetur*, *et omnem factum eius idoniare studeat*, *aut culpam incurreret*

14. L Burg. 65. Si qua mulier vidua — et filii sui *cessionem de bonis mariti* — fecerint, *nullam ex debito ipsius reparationem* aut calumpniam *paciantur* *Si* certe *praesumpserint hereditatem, debitum paternum simul solvant*

15 Ll. Lang Liutpr 57 Si quis debitum fecerit, — non habeant licentiam creditoris ejus, res *quas filius de coniuge sua habere vedetur, vel quod postea conquisivit aut laboravit*, repetendum — sic tamen, ut si a creditoribus pulsatus fuerit, *preveat sacramentum*, *quod de rebus patris* — *nihil aput se habeat* nec alicubi comendassit aut abscondissit

16. Ssp. III 31 § 1. Svat en man deme anderen sculdich is oder nimt, dar mut man deme erven vore antwerden, of jene stirft. § 2. Stirft aver jene uppe den die klage gat, sine erven ne antwerden dar vore nicht, sie ne hebben dat gut under en, dar umme jene beklaget was.

17 Görlitz. LR. 46 § 9. Swelih gelt vorgoldin wirt nach des mannis tode, daz ne heizit durch recht nicht ein erbe; — die erbin ne suln durch recht nicht bezzirin der todin missetat, wedir irn braut noch ire missetat u. die manslat.

18. Ssp. I 6 § 2. Sve so dat erve nimt, die sal dur recht die scult gelden also vern, als it erve gewerет an varender have. Düve noch rof noch dopelspel n'is he nicht plichtich to geldene, noch nene scult, wande der he wederstadinge untving, oder burge was worden; de scult sal de erve gelden, of he is geinnert wirt als recht is mit tven u. seventich mannen, de alle vrie scepenbare sin, oder echt borene late. (Gaupp Miscellen des D. R. S. 75—117.)

19. Rb. n. Dist. I 17, 9. Von morgengabe, hergewete u. gerade en gilt man dy schult nicht zcu lantrechte. Von lipczucht en gilt man or ouch nicht, dy eyn man sime wibe gemacht had.

20. Magdeb.-Bresl. syst. Schoffenr. IV 1, 35. Gebit eyn man deme andirn vor gehegtim dinge 10 mark — noch syme tode, — stirbit her u. blibit andirn luten schuldic, dy selbin schult lute sullin ere schult czu vor nemyn an das mannis gut.

21. Gl. z. Ssp. 1, 6. To aller claghe mot de erve antworden, de uppe schuld geyt, edder umme penninge. Is aver de dode beclaget er he starff umme duve edder umme roof, u. heft de erve dat gud under eme, dar genne umme beclaged ward, dar mot de erve vore antworden, also dat he dat weddergeve, u. anders nicht enlyde. ut j li iij ar xxxj

22. Schwsp. 8 Z. 4: swer erbe nimt, der sol ouch ze rehte die schulde gelden die der tote man da gelten sol, die man weiz; u. der man niht enweiz, die sol man irziugen uf dem toten manne selbe sibende.

23. Das. 151 Z. 13: der sun antwürtet ouch vür den vater niht, ob er stirbet, umbe dehein ungerihte; ez ensi danne daz diu schuld uf in erziuget si e daz er sturbe. u. was der klage begunnen u. niht erziuget, e daz er sturbe: man büezet niht vur in.

24. Schwsp. (Laßberg) 178. Hat (der Verstorbene) gut hinder im gelazzen, wen sol dem klager u. dem rihter davon bezzeron. Hat er erben hinder im gelazzen, den er gut uz hat gegeben vor sines todes, die bezzeront nut für in.

25. Goslar. Stat S. 6 Z. 7, 8. Scult der en vor gherichte bekant, of he sterft, der ne moghen sine erven nicht vorsaken.

26. Goslar. Stat. S. 6 Z. 6, 7. We erve nemen wel, de scal des doden scult ghelden, des erve he nemen wel.

27. Das S. 7 Z. 5 ff. Wat man up enne to klaghende heft van scult weghene oder van scaden, of he sterft, dar mot sin erve vor antwarden to deme selven rechte alse he selve scolde of he levede: sunder of he vredebrake ghedan hedde, dar ne antwardet he nicht vore; it ne were dat he de vredebrake hedde ghedan, des he scaden hedde an sineme gude: den scaden moste de erve irlecghen.

28. Das. S. 6 Z. 29 ff. We vorsaket dat he erve up ghenomen hebbe, dar he af ghelden scole, mach men ime dat bewisen, so mot he ghelden oder des erves vortyen: so esche man de schult uppe dat erve. Sterft en de ervegut hevet, — dat ervegut scal men vorkopen u. manlikeme ghelden na siner marktale.

29. Das. Z. 36 ff. Düve noch rof noch dopelspel ghilt de erve nicht, noch vredebrake, dar ne si sone over ghegan u. dar ghelt vor ghelovet si — dat moten de erven ghelden.

30. Das. S. 100 Z. 1. Sterft en de weren schal, sin erve scal weren an siner stad.

31. Magdeb.-Bresl. syst. Schöffenr. IV 2, 49: stirbit einir u. lesit stende eygin bynnyn wichbilde u. andirs keyn gut, wer sich des erbes undirwindit alz eyn erbname, der mus des totyn redeliche schult geldyn u. beczalin.

32. Kl. Kaiserr. 2, 49. Eyn iglich mensche sal wissen daz wer erbe nimt, daz der dy schulde gelten sal; wan ist der schulde vil u. dez erbes wenig, ez sy farnd gud oder ligende gut, u. griffet er es icht an ym zu haben, er ist die schulde zumale schuldig zu gelden, er tu ez dan mit usgescheiden dingen, als es der keiser hat gesatzt.

33. Ssp. I 9 § 1. Sve dem anderen lovet en egen to gevene vor gerichte, u. jene sin silver oder ander sin gut dar up gift, stirft jene danne, er ime de gave gestedeget werde, man sal't sime erven lesten, also man jenem solde, deste he't jeneme vulgelde. Dit selve sal man ok dun umme jewelke varende have.

34. Das. § 6. Stirft aver jene de't laten solde, sin sone n'is nicht plichtich to latene, he ne hebbe't selve gelovet oder bürgen vor gesat.

35. Das. III 77 § 1. Dut en man sin lant beseiet ut to tinse oder to plege to besceidenen jaren, dat man't ime weder beseiet late; to svelker tiet he binnen den jaren stirft, man sal't den erven beseiet weder laten, wende he is in nicht lenger geweren ne mochte, wen die wile dat he levede.

36. Gl. hierzu b. Homeyer. In welkem gude die vormider bedarf siner erven willen u. vulbort, oft he dat verkofte, dar bedarf he ok eres willen, oft he dat dede umme bescheit. — Wente met der vormidinge muchte man den erven er egen also vaste entfernen, alse met vorkopende.

37. Ssp. III 29 § 2. Svar so twene man en erve nemen solen, die eldere sal delen u. die jüngere sal kiesen.

38. Livland. Spiegel (v. Bunge S. 147) III 27. Dat erve schal de oldeste delen u. de jungeste kesen; is er overst meer denn twe, so delen se mit gelote.

39. Rev. Lüb. R. II 2, 27. Haben Mann u. Weib keine Kinder mit einander, stirbet dann der Mann, so mogen die nechsten Erben desselben wol zu der Wittwen in das Hauß fahren, binnen dem dreyssigsten Tage, auff daß sie zu dem Gute mit sehen, das ihnen u. ihren Erben anfallen möchte, u. soll die Fraw mit seinem Rathe die Begräbniß bestellen, sonsten aber soll er an dem Gute keine Macht haben, biß so lange sie theilen werden. — Gleicher Gestalt wird es gehalten, wann die Fraw stirbet.

40. Kurköln. Rechtsordn. Tit. 9 § 1: soll auf den —, dem die Erbschaft von Rechtswegen zugehört, der Besitz oder Gewehr der Güter, sie seyen liegend oder fahrend, sofern sie der Abgestorbene zur Zeit seines Todes possidirt, ohne einige andere leibliche Ergreifung verfallen seyn.

41. Preuß. LR. I 9 § 367. Sobald der Erblasser verstorben — ist, fällt die Erbschaft an denjenigen, welchen rechtsgültige Willenserklärungen des Erblassers, oder in deren Ermangelung die Vorschriften der Gesetze dazu berufen. § 368. Dieser erlangt das Eigenthum der Erbschaft —, ohne daß es weiter einer Besitzergreifung bedarf. § 370. Stirbt der Erbe, noch ehe er die Erbschaft in Besitz genommen hat, so geht dennoch sein Recht daran auf seinen Erben über.

42. Oesterr. Ges.B § 537. Hat der Erbe den Erblasser überlebt, so geht das Erbrecht auch vor Uebernahme der Erbschaft — auf seine Erben über.

43. Nürnb. Ref. XXIX 10. Obwol die gemaine Recht ordnen, das der eingesetzt Erb von des verstorbnen Erbschafft zum wenigsten ain Vierdten teyl bekommen soll — so soll (er) doch sich an dem, so jme von dem Geschefftiger vermaint ist, es sey gleich viel oder wenig — begnügen lassen, u. nit macht haben, sich gegen den Legatarien der gerechtigkeit der Falcidien oder *Trebellianicae* zu gebrauchen

44 Const Aug Saxon P. III 15 (Cod Aug I p 108) Wo zweene Mann ein Erbe nehmen, daß der älteste theilen, u. der jüngste kiesen soll; u. soll solches Recht der Kühr mit der Person verlöschen u. auf die Erben nicht kommen. Wann auch ein Mann u. Weibsperson zu einem Erben gehören, so soll der Mann ohne Unterscheid des Alters die Kühr haben, u. die Weibs=Person mit einem Vormunden, theilen. — Hätte ein Vater im Testament dem jüngsten Sohne die Kühr genommen, darnach soll dißfalls erkannt werden.

§ 161. Vierter Abschnitt. Recht auf erblose Güter.

(B. § 132 II. St. § 297.)

Eichhorn über die der Stadt Lübeck zustehende Befugniß erblose Güter einzuziehen (Ztschr. f. gesch. Rechtswiss. 13 [1846] S. 339). Tomaschek das Heimfallsrecht. Wien 1882.

1. L. Baiuv XV 10. Quodsi maritus et mulier sine herede mortui fuerint, et nullus usque ad septimum gradum de propinquis et quibuscumque parentibus invenitur: *tunc illas res fiscus adquirat*

2. Ssp. I 28 s oben § 80 Nr. 43.

3. Schwsp. 29. Swa ein mensche stirbet, ez si wip oder man, die ane erben sterbent, swaz si hinderen guotes lant, — hant si einen herren des si eigen sint, dem sol man ez antwürten —, oder ist ez eines gotshuses, so ist es daz selbe reht. u. vordert ez nieman u. ist ez uf dem lande, so sol sich der lantrihter sin underwinden, u. ist ez in einer stat, so underwinde sich sin der stete herre oder sin rihter.

4. Braunschw. StR. aus Anfg. des 14. Jh. (UB. S. 23) § 39. Swelk minsche sterft ane erven, dat gud, dat he erft, scal me don an ene ghemene hant jar u. dach, en kumt nement de dar recht to hebbe, de dridde del des gudes scal to dere kerken in deme kerspele dar he sterft, de dridde del den armen luden, de dridde del dem vogede.

5. Witzenmühlenr. § 1, 2 (Grimm 3, 231). Wo old dat ein recht hofestolte in rechte sin schal? darup gefunden: ein hofestolte schal old sin 50 jar, 3 mande, 3 tage. — Wen der hofstolte gestorven is, alle sin wol gewonnen guet (wird zuerkannt) den herrn u. dat arfguet den fründen.

6. Priv. K. Friedrich I. f. Lübeck v. 1188 (Lüb. UB. 1 n 7). Si quispiam mortuus ibi fuerit et forte heredem non habuerit, omnem hereditatem et supellectilem ipsius *annum et diem* integraliter in domo, in qua moritur, reservandam censuimus, nisi forte aliquis ei proximus intra tempus denominatum adveniat, qui hec jure civitatis obtineat; si vero — nullus proximorum suorum venerit, quecunque hereditavit, *regie potestati* solvantur.

7. Lüb. R. I 19 Si aliquis decedit sine herede, facultates ejus reponantur anno et die in ipsa domo, in qua decessit, apud hospitem, dummodo hospes — tantam habeat substantiam —, quod possit pro facultatibus — mortui fidejubere; quod si non potest, *consules custodient* Quod si medio tempore nemo veniet, qui eas de jure habere debeat, *civitati* cedet *medietas* et *regie potestati medietas* reliqua

8. Das. III 132. Stervet en man sonder erven, syn gut schal men den rade antworden tho bewarende, enkomet ok nymant bynnen dem jare u. daghe, de sik to deme gude tee mit rechte, so horet dat gut dem rade. (Frensdorff Verf. Lubecks S. 36 u. 86.)

9. Preuß. LR. II 16 § 16. Wenn ein Verstorbener Niemanden hinterlaßt, dem aus rechtsgültigen Willenserklarungen oder vermoge der Gesetze ein Erbrecht auf sein Vermogen zukommt, so fallt seine Erbschaft dem Staate anheim. § 25. Der Fiskus hat in Beziehung auf einen solchen Nachlaß alle Rechte u. Pflichten eines gemeinen Erben.

10. RG. betr das Urheberrecht § 17 ob. § 145b Nr. 37.

Sechstes Buch.

Familienrecht.

Stobbe Handb. des D. Privatrechts Bd. IV (Berl. 1884). P. v. Roth System des D. Privatrechts Thl. II (Tüb. 1881).

Einleitung. (B. § 114. G. § 221, 222. St. § 206, 207.) § 162.

Eichhorn RG. § 52, 53. Grimm RA. S. 408—466. Kraut die Vormundschaft nach den Grundsätzen des D. Rechts. 3 Bde. Gött. 1835—59. Wackernagel Familienrecht u. Familienleben der Germanen (Kleinere Schriften 1 [Leipz. 1872] S. 1). Weinhold die deutschen Frauen in dem MA. 2 Bde. 2. Aufl. Wien 1882. Waitz Verf.-Gesch. I S. 53—96.

1. L Sal 13, 5 Si — puella, quae trahitur, in *verbo regis* fuerit, *fritus* MMD din — est — Gloss. interlin ad verba Anseg III 30· excepta freda, quae in lege Salica conscripta est (in *Baluz.* not ad h. 1): Freda id est compositio, quae fit pro iniuria facta mulieri in *mundio regis* habitae

2. Form Turon 43 (Mon. F 158): vestra potestate vel *mundoburdo* — — —; sub vestra potestate vel *defensione*

3. Liber Papiens ad Edict Rothar 153 § 24 (Mon Ll IV 319). Si mulier in capillo mortua fuerit — et fratrem consanguineum et sorores dimiserit, *frater tantum succedat, quia mundoaldus est* § 28 Sed nuptae legaliter vir suus fiat haeres vel, ut quidam dicunt, *mundoaldus, qui est vel futurus est.*

4. Burchardi Wormat. decretor. Lib 19 (ed Colon. 1518 f Bl. 192 Col. 3): rapuisti uxorem tuam — sine voluntate parentum in quorum *mundiburdio* tenebatur.

5. Lüb. R. I 21 ob. § 142 Litt d

6. Friesisch 24 Landrechte Nr. 13 Emsig. Text (Richthofen S. 65): mündele, dat is eyn persone, de voermunder behovet.

7. Lüb. R. II 203 (Elbing 116). Also en knecht is achtein jar olt, so is he sulf mundich.

8. Rechtsspr. des Lüb. Oberhofs v. 1470 (Michelsen Oberhof S. 131). Na deme der kinder vader u. erer moder vader — do tor tyd der sulften kindere — oversten vormundere weren ꝛc.

9. Richtst. LR. 43 § 2. Vrage: we de tu rechte vor gerichte vorstan scole, de vormunder hebben scolen u. er dar nicht en hebben? So vintme: de richter. So vrag: oftu en einen geven mutest? Dat vintme.

10. Stat. v. Asperg (Fischer Gesch. der D. Erbfolge 2 S. 143). Von wittwen, juncfrawen, waisen, onmündigen u. sinnelosen. Item wa die jetz bestimpten rechten sollen, haben die dan nit furminder, so soll inen der richter — fürminder geben zu recht.

11. Decret. synod c 800 (Mon C 228) c. 14 Ut viduis et pupillis, orfanis, caecis et claudis tuitionem atque adminiculum inpertiamus iuxta possibilitatem nostram vel vires

12 Cap Baiwar. c a 810 (Mon C 158) c 3 Ut viduae, orfani et minus potentes sub — *nostro mundeburdo* pacem habeant et eorum iustitia

13. Marculf Form 1, 8: actionem comitatus, ducatus aut patriciatus in pago illo — tibi — commissemus, ita ut — *viduis et pupillis maximus defensor appareas.*

14. Kl. Kaiserr. 2, 32: der Keiser (hat) geboten —, daz die nechsten von der kinde vater — sullen der kinde vormunde sin an ern nutz, — u. sollen auch daz wissen, teten die ez nit, daz sie ir lib u. ir gut han gegeben in des keisers hant, ab die kint werden versumet mit keinerlei sache.

15. Ssp. I 44. Klaget ok maget oder wedewe — over iren rechten vormunden, dat he ir ire gut neme, to der klage sal se dat gerichte vormunden.

16. Schwsp. 54. Tuot ein phleger den kinden daz er in ze rehte sol niht tuon, daz mac ir muoter oder ander ir mage an in vordern, oder der lantrihter ob ez uf dem lande ist; oder ist ez in einer stat, so mac ez vordern der stete herre oder ir voget. u. dem muoz er dar umbe antwürten u. mac man in überkomen, daz er in übel hat getan an irem guote, man sol in palmunden, daz er niht mer voget noch phleger mag gesin.

17. Baier. Landes-Ordn. v. 1501 (Krenner Landtagshandl. Bd. 13 S. 279). Wo sie (naml. die Vormünder) von den nächsten Freunden also nicht gegeben würden, so wollen Wir (der Herz. v. Baiern) als Landesfürst u. oberster Gerhab taugliche Vormünder den Waisen ordnen.

18. Lüb. R. II 100. Is dat jemen stervet, de sinen kinderen u. sineme wive nene vormunden ne maket, de oc nene maghe ne hebbet; der vormuntschup ne mach sic neman underwinden sunder der ratman orlof, wante dat der stat to boret.

19. Stat. v. Kaufbeuern a. d. 18. Jhrh. Art. 14 (Walch 3, 308). Ein wohllöblicher Magistrat von tragenden Oberpfleg-Amts wegen ꝛc.

20. R Pol.O. v. 1548 Tit. 31 § 1: wollen — allen u. jeden Churfürsten, Fürsten, Pralaten, Grafen, Herren, vom Adel u. Communen hiemit — befohlen haben, in ihren Fürstenthümern, Herrschafften, Oberkeiten u. Gebieten dermassen Versehung zu thun u. zu verordnen, daß den Pupillen u. minderjahrigen Kindern — Vormünder — gegeben werden (Vgl. unten § 192 Nr. 7.)

21. Berner Handfeste v. 1218 Art. 50: quando pater moritur, et pueri sunt infra annos, nec uxor nec pueri possunt aliquid facere, quod alicuius sit momenti, nisi per manum *tutoris et advocati ipsorum*, *qui a iudice ipsis datus fuerit.*

22. Saarbrück. LR. v. 1321 C. 6 § 1. Ob ein Man das saumpte (Vormünder zu bestellen) sollen zwen Man von den nechsten Magen — Momper sein — u. die Momperschaft von dem Herren oder dem Richter empfangen, u. der Herr soll allezeit der Obermomper seyn.

23. Erfurt. Stat. v. 1306 Art. 9 (Walch 1, 99). Duchte — dem rat, daz di vormunden zu der vormundschaft nicht enfugeten, so sal der rat den kindern vormunden setzen.

24. Preuß. LR. II 18 § 3. Diejenigen, welchen der Staat die Sorge für seine Pflegebefohlenen in Ansehung aller ihrer Angelegenheiten aufgetragen hat, werden Vormünder genannt.

Erstes Capitel. Von der Ehe.

I. Begriff und historische Einleitung. (B. § 116. G. § 223, 224. § 163. St. § 209, 215.)

a Taciti Germ c 17 Severa illic matrimonia, nec ullam morum partem magis laudaveris; nam prope soli barbarorum *singulis uxoribus* contenti sunt, exceptis admodum paucis, qui non libidine, sed ob nobilitatem plurimis nuptiis ambiuntur.

1. Das. c 18 Ipsis incipientis matrimonii auspiciis admonetur (mulier): *venire se laborum periculorumque sociam*, idem in pace, idem in proelio passuram ausuramque.

2. Das. c 19 Unum accipiunt maritum, quomodo *unum corpus unamque vitam*, ne ulla cogitatio ultra, ne longior cupiditas, ne tamquam maritum sed tamquam matrimonium ament.

3. Schwsp. (Laßberg) 3. Man u. sin wip diu reht u. redelichen zer e chommen sint, da ist **niht zweiunge an**, si sint wan **ein lip**.

4. Tac Germ c. 18 Dotem *non uxor marito, sed uxori maritus offert;* intersunt parentes ac propinqui ac munera probant, — *boves* et *frenatum equum* et *scutum cum framea gladioque* (**Schröder** I S. 24.)

b. c. 1 X de sponsalibus IV 1 (ex concilio Triburiensi a 895). De Francia nobilis quidam homo nobilem mulierem de Saxonia lege Saxonum duxit in uxorem —; verum quia *non eisdem utuntur legibus Saxones et Francigenae,* causatus est, quod eam non sua id est Francorum lege desponsaverat vel acceperat vel dotaverat, dimissaque illa aliam superduxit Diffinivit — sancta synodus, ut — a secunda conjuge separetur et ad priorem redire cogatur

5. Ssp. III 45 § 3. Die man is vormünde sines wives **to hant** als sie ime **getrüwet** wert. (**Kraut** Vormundsch. 1, 176 u. f.)

6 Decret. Compendiense a 757 (Mon C 39) c 20. Si quis vir accepit mulierem — et — femina dicit, quod non mansisset cum ea et ille vir dicit quod sic fecit, in veritate viri consistat, quia caput est mulieris (ep I ad Cor. 11, 3)

7. Schwsp. 10 Z 10 f.: der man des wibes **voget** ist u. ir meister.

8. Ostfries. LR. B. II Cap. 109: — de mann is alletyt hovet synes wywes u. synes wywes vormunder.

9. Passau. St. v. 1300 § 31. Was ein man mit seiner hausfrawn zu handeln hat, da gehört kain wertlich recht, **nur geistlich pueß**.

10 L Burg 34, 2 Si quis uxorem suam sine causa dimiserit, inferat ei alterum tantum, quantum *pretium ipsius* dederat et multae nomine sol. 12.

11 Ibid. 61 Quaecumque mulier natione barbara ad viri coitum spontanea voluntate *furtim* convenerit, *nuptiale pretium* in simplum tantum eius parentibus desolvatur

12. Ibid 66, 1 Puella quae marito traditur *patrem et fratres* non habens, nisi patruum et sorores, de *wittimum* tertiam partem *patruus* accipiat, alteram tertiam sorores (Ueber wittemon **Kraut** 1, 302; **Schröder** I 46.)

13. L Wisig III 4, 2 Si inter sponsum et sponsae parentes — *dato pretio* et, sicut consuetudo est, ante testes facto placito de futuro coniugio — facta fuerit definitio

14 L Sax 40 Uxorem ducturus 300 sol *det* parentibus eius

15. Id 43. Qui viduam ducere velit, offerat tutori *precium emptionis* eius — hoc est sol 300

16. Edict Rothar 183 Si quis pro libera muliere aut puella *mundium* dederit, et convenit ut ei tradatur ad uxorem etc.

17. Id c. 178 Si — duo annûs sponsus neclexerit eam tollere, et dilataverit *nuptias exequi:* post transactum biennium potestatem habeat pater aut frater vel qui *mundium eius* potestatem *habet*, distringere fideiussorem, quatinus adinpleat *metam* illam, *quae in diae sponsaliorum promisit*, postea *leciat eos ad*

marito alii dare, *libero tamen*. Et *meta* quae exacta fuerit sit in potestatem puellae

18 Edict Rothar c 215 Si quis puellam aut viduam sponsatam habuerit et contigerit casus, ut ipsa ante moriatur quam a patre aut qui *mundium eius potestatem* habet, *tradita fuerit* tunc *meta*, *quae data fuerat ab illo sponso*, reddatur ei, tantum quantum in ipsa meta dedit. Nam alias res *illius* sint, qui *mundium eius in potestatem* habere videtur, *eo quod ante traditionem mortua est* (Ueber die meta Kraut 1, 299, 414; Schröder I 26.)

19. Liber Pap ad Edict Rothar. 153 oben § 162 Nr. 3.

20. Edict. Rothar 188. Si puella libera aut vedua *sine volontatem parentum* ad maritum ambolaverit, — et si contegerit eam *antea mori*, *quam mundium eius faciat*, res ipsius mulieris *ad eum revertantur*, *qui mundium eius* in potestatem habit

21 L Sal 44. De reipus. Si — homo moriens viduam dimiserit, qui eam voluerit accipere, — *tres solidos* aeque pensantes et *denarium* habere debet. — Et hoc factum accipiat.

22 L. Alam. Karol. 54, 1, 2. Si quis filiam alterius non desponsatam acciperit, — (et) ipsa femina sub illo viro mortua fuerit, *antequam illi mudium apud patrem adquirat*, solvat eam patri eius 400 solidis.

23. Urk. v. 1389 (Kindlinger Hörigkeit S. 186). Er (unser steyffader) unser moder keufte.

24. Urk. v. 1369 (*Guden* 2, 1166). Ob Mettil den — Gerhart überlebte u. na sime dode einen andern elichen man keufte.

c. Limburger Chron. (Mon Germ, Deutsche Chron. IV 1) c 136 Item da man schreip 1386 — da qwam gen Limpurg di edil jungfrawe Hildegart v. Sarwerden u. hatte gekauft den edilin junghern Johanne herren zu Limpurg. c 138 Der edil grebe Gerhart (v. Diez) liß zwo dochtere. Di eldeste kaufte junghern Ailse, greven Johans son von Nassauwe — u. di ander dochter von Ditze di kaufte einen herren von Wildenberg.

d. *Alb Krantz* († 1517) Vandalia 1, 13 Valet hodie ea, ut ferunt, consuetudo in Thietmarsis — ut nuptui tradant filias indotatas, *sponso* quantum inter eos convenit *annumerante* aut *pendente* iis, qui puellam in potestate habuerunt

25. Neocorus Chron. v. Dithmarschen 1598 (hg. v. Dahlmann 1, 109). Crantzii Wort Vand I sind klar, dat solcheß noch tho siner Tidt ummet Jahr 1500 im Gebrucke gewesen: „De gebruk is noch bi den Ditmerschen —, dat se ehre döchter ahne bruttschatt vorlaven u. beehlichen, u. schenket u. betalet der brudegam den, in welcher gewalt de brutt is, so vehle to, als under ehnen bewilligt u. belevet worden."

26. L Angl. et Werin 47 Si libera femina *sine voluntate patris aut tutoris* cuilibet nupserit, *perdat omnem substantiam*, *quam habuit vel habere debuit*

27. L Wisig III 2, 8: si *absque cognitione et consensu parentum* puella sponte fuerit *viro coniuncta*, et eam parentes in gratiam recipere noluerint, mulier cum fratribus suis in facultate parentum *non succedat*. — Nam de rebus suis si aliquid ei parentes donare voluerint, habeant potestatem

28. Hamburg. Stat. v 1270 VI 7: ghevillе it ok also, dat en vrouwe man neme ane vrunde rat, so ne mach de vrouwe an deme gude nicht mer hebben, denne ere kindere ofte ere vrunt er geven willet.

29. Das. X 8. So welk wedewe ofte juncvrouwe man nimpt, — uppe de gut vorstorven is, ane vrunde raet —, de schal an syneme gude nicht hebben u. sin gut scholen hebben de negesten vrunt.

30. Gerichtsb. der Stadt Bamberg v. 1306—1333 Nr. 84 (Zöpfl Bamb. R. UB. S. 155): welhes burgers tochter — sich verenderte zur ehe, an irs vater u. an irer muter wort, die hat ze hant da mit verloren daz erbe, daz sie von vater u. von muter angefallen mocht, — also daz si nach ir wirt keinerley recht noch kein ansprach daran noch darnach ye sullen gehaben.

31. Ssp. III 45 § 3 (oben Nr. 5). Dat wif is ok des mannes genotinne tohant alse sie in sin bedde trit; na des mannes dode is sie ledich von des mannes rechte.

32. Ssp. I 45 § 1. Al ne si en man sime wive nicht evenburdich, he is doch ire vormunde, u. se is sin genotinne, u. trit in sin recht, svenne se in sin bedde gat. (Vgl. oben § 41 Nr. 25a)

33. Schwsp. 55 Z. 28 ff. das. Nr. 25b.

34. Ssp. III 45 § 2. Iewelk wif hevet ires mannes halve bute u. weregelt. Iewelk maget u. ungemannet wif het halve bute, na deme dat sie geboren is.

35. Freiburg. Stadtrodel § 25. Omnis mulier est genoz viri sui in hac civitate *et vir mulieris similiter.* (Kraut 1, 182 ff.)

36. Freiburg. Priv. v. 1120 § 12. Omnis mulier viro parificabitur et e contra

37. Berner Handfeste Art. 40: quicunque burgensis — contraxerit (sc. matrimonium), cuiuscunque fuerint conditionis (sc coniuges), *pares sint in omni iure.*

38. Schöffenurth. b. Böhme VI 113, 5. Wenne ein man einer frawen bette obirschreitet, so ist her alles des gewaldig, was se czu im brengit u. se mag an in nicht vorgebin was se von gerade zu im brengit. das heiset denne nym gerade, diewile se beide lebin, sunder is heiset varnde have. Stirbet abir se u ist unvorruckt, so heiset abir gerade u. stirbet an die stat, do is zu recht hin sterbin sal.

39. Goslar. Rechtserkenntn. (v. Kamptz Preuß. Provinzialr. Th. 1 S. 376 Nr. 39). Icht sek eyn man eyne juncfrawen vortrüwen u. geven leyte u. störve ꝛc. Des wettet na unsem stadrechte dat de juncfrawe an des doden mannes gude yo neyn recht en hedde, de wile dat de juncfrawe in sin bedde nicht gekomen en were.

40. Würtemb. LR. Th. 4 Tit. 2. Was von der Eheleut Succession in diesem unserm Landrecht geordnet, das solle allein von denen Eheleuten, so nach gehaltenem Kirchgang allbereit zu ehelichem Beylager kommen u. die Deckin beschlagen, verstanden werden.

41. Frankf. Ref. III 3, 5. Daß alle Pacta u. Geding, so in den Heurahtsbrieffen abgeredt worden, anderß nicht — für krefftig gehalten sollen werden, Es seyen dann beyde Ehegemahln Christlicher Ordnung nach offentlich zu Kirchen gegangen, Ehelichen beigelegen, darauff einander Beywohnung gethan, u. also rechte Eheleut worden.

42. *Aeneas Sylvius* in hist. Friderici III. pag 39. Iussit igitur (Fridericus III) *Teutonico more* stratum apparari, iacentique sibi Leonoram in ulnas complexusque dari, ac praesente rege cunctisque proceribus astantibus superduci *culcitram Neque aliud actum est, nisi datum osculum* Erant autem ambo vestiti, moxque inde surrexerunt. *Sicque consuetudo Teutonicorum se habet, cum principes primo iunguntur* — Nocte, quae instabat, futurus erat concubitus ex nudis.

II. Eheschließung und Ehescheidung. (St. § 210, 253. R. § 91.) § 163a.

Friedberg das R. der Eheschließung in seiner gesch. Entwicklung. Leipz. 1865. Sohm das R. der Eheschließung aus dem D. u. canon. R. gesch. entwickelt. Weimar 1875. Friedberg Verlobung u. Trauung. Leipz. 1876. Sohm Trauung u. Verlobung. Weim. 1876. Dazu: Brunner Jen. Litt.-Ztg. 1876 Nr. 32. Habicht die altdeutsche Verlobung in ihrem Verhältniß z. d. Mundium u. der Eheschließung. Jena 1879. — v. Scheurl d. gem. D. Eherecht u. seine Umbildung durch das RG. Erl. 1882. — Karl Lehmann Verlobung u. Hochzeit nach den nordgerm. R. des frühern MA. Münch. 1882. — Ed. Bartels Ehe u. Verlöbniß nach gem. u. part. R. in der Prov. Hannover. Hannov. 1871. —

Richter-Dove-Kahl Lehrb. des Kirchenrechts. Aufl. 8 (Leipz. 1885) § 266 ff.

RG. (Nd. BG.) v. 4. Mai 1868 über die Aufhebung der polizeilichen Beschränkungen der Eheschließung (gilt nicht für Baiern u. Elsaß-Lothringen). Preuß. G. v. 9. März 1874 über die Beurkundung des Personenstandes u. die Form der Eheschließung.

RG. v. 6. Febr. 1875 über die Beurkundung des Personenstandes und die Eheschließung. In Kraft seit 1. Jan. 1876. (Citirt: RG) RG. v. 4. Mai 1870 betr. die Eheschließung u. die Beurkundung des Personenstandes von Reichsangehörigen im Auslande.

Commentare vgl. ob. § 34. Stölzel deutsches Eheschließungsrecht 1875.

1. RG. § 28. Zur Eheschließung ist die Einwilligung — der Eheschließenden erforderlich.

2. Badisches LR. § 146. Ohne Einwilligung beeder Ehegatten besteht keine Heirat. (Code civil 146. Il n'y a pas de mariage lorsqu'il n'y a point de consentement.)

3. RG. § 36: (für den) Einfluß des Zwangs, Irrthums u. Betrugs auf die Gültigkeit der Ehe sind die Vorschriften des Landesrechts maßgebend.

4. Preuß. G. (für die Prov. Hannover) v. 1. März 1869 § 37. Die Erzwingung einer Eheschließung durch Geld- oder Gefangnißstrafe ist unstatthaft.

5. Civilprozeß-O. § 774. Kann eine Handlung durch einen Dritten nicht vorgenommen werden, so ist, wenn sie ausschließlich von dem Willen des Schuldners abhangt, auf Antrag — zu erkennen, daß der Schuldner zur Vornahme der Handlung durch Geldstrafen bis zum Gesammtbetrage von 1500 M. oder durch Haft anzuhalten sei. Diese Bestimmung kommt im Falle der Verurtheilung zur Eingehung einer Ehe nicht — zur Anwendung. (Vgl. das. § 779.)

6. Bremisches G. v. 31 Oct. 1875 § 2. Eine Klage auf Eingehung der Ehe oder auf eine an deren Stelle zu leistende Entschadigung sowie eine Klage auf Schadensersatz wegen Nichterfullung eines Eheversprechens findet nicht Statt.

7 Cod Max. I 6 § 10 Das Alter hindert die Ehe, wenn das Weibs-Bild noch nicht 12 oder das Manns-Bild noch nicht 14 Jahr erfullet hat.

8. Preuß. LR. II 1 § 37. Mannspersonen sollen vor zurückgelegtem 18. u. Personen weiblichen Geschlechts vor zuruckgelegtem 14. Jahr nicht heirathen. (Ausgedehnt auf den ganzen Umfang des Preuß. Staates durch G. v. 21. Dec. 1872.)

9. RG. v. 4. Mai 1868 § 1 Abs. 2. Die Befugniß zur Verehelichung darf nicht beschrankt werden wegen Mangels eines bestimmten, die Großjahrigkeit übersteigenden Alters.

10. RG. § 28. Zur Eheschließung ist — die Ehemündigkeit der Eheschließenden erforderlich. Die — des mannlichen Geschlechts tritt mit dem vollendeten 20. —, die des weiblichen — mit dem vollendeten 16. Lebensjahre ein. Dispensation ist zulassig.

11. Solmſ. LR. XIX 35. Ordnen — wir, daß — niemandt — welche noch under den gewalt irer Eltern u. noch nit 24 jar alt seind, sich mit eim andern heimlicher weiß ehelich versprechen u. verglübden. — Würde jemandt dem zugegen handeln u. sich ohn rath, vorwissen u. bewilligen seiner Eltern, Freunde u. Fürmündere verheyrathen, dieselben von uns nit allein vermoge der Recht u. des heil. Reichs peinl. Gerichtsordnung gestrafft, sonder auch solche Ehen für untüchtig u. nichtig, u. die kindere, so darauß geboren, nit für ehelich noch erbvehig erkennt — werden sollen.

12. Nürnb. Ref. XXVIII 9. Die Kinder, die noch in gewalt u. fürsehung irer Eltern steen, sollen sich on oder wider derselben — willen nit verheyraten, nemlich der Sun seines Alters under 25 u. die Tochter under 22 Jaren; u. so sie das uberfürn, seyen die Eltern in irem Leben inen ainich heiratgut, außfertigung oder widerlegung zu geben noch in irem letzten willen ain merers dann die Legitima zu verschaffen nit schuldig.

13. Preuß. LR. II 1 § 45. Kinder — können sich ohne Einwilligung ihres leiblichen Vaters nicht gültig verheiraten. § 49. Bei noch minderjährigen vaterlosen Waisen ist die Einwilligung der Mutter u. des Vormundes nothwendig. § 50. Ist auch die Mutter verstorben, so muß an ihrer Stelle die Einwilligung der Großaltern nachgesucht werden.

14 Code civil art 148 Le fils qui n'a pas atteint l'âge de 25 ans accomplis, la fille qui n'a pas atteint l'âge de 21 ans accomplis, ne peuvent contracter mariage sans le consentement de leurs père et mère; en cas de dissentiment le consentement du père suffit.

15. Sächs. bürg. GB. § 1600. Eine Ehe soll nicht ohne Einwilligung der Personen eingegangen werden, deren Einwilligung zum Verlöbnisse erforderlich ist. Die Einwilligung zum Verlöbnisse gilt auch als Einwilligung zur Ehe. § 1571. Das Verlöbniß erfordert zu seiner Gültigkeit, daß wer von den Eltern der Verlobten noch lebt, in das Verlöbniß einwilligt. Sind die Eltern beider Verlobten gestorben, jedoch Großeltern vorhanden, so bedarf es der Einwilligung der letztern.

16. Preuß. LR. II 1 § 972. (Ungültig sind) Ehen, bei welchen die Einwilligung derjenigen, deren Consens die Gesetze zur Gültigkeit einer Ehe erfordern, nicht beigebracht ist. § 973 Ungültige Ehen können nur auf das Anrufen desjenigen, welcher das Ehehinderniß zu rügen — berechtigt ist, als nichtig aufgehoben werden. § 994. Die Ungültigkeit einer Ehe, bei welcher es von der einen oder andern Seite an der Einwilligung des leiblichen Vaters ermangelt, muß von diesem innerhalb 6 Monaten nach erhaltener Nachricht von der Vollziehung der Ehe gerichtlich gerügt werden. § 995, 996. Ist dies nicht geschehen, so behält zwar die Ehe selbst ihre volle Wirkung, doch ist der Vater alsdann das ungehorsame Kind bis auf die Hälfte des Pflichttheils zu enterben berechtigt. § 997. Hat ein Sohn, der nicht mehr unter väterlicher Gewalt sich befindet, oder eine Tochter nach zurückgelegtem 24. Jahre ohne väterliche Einwilligung geheiratet, so bewirkt dieser Mangel keine Ungültigkeit der Ehe.

17. Cod Max Bavar I 6 § 4 Ehe-Verlobnussen u. Verehelıgungen, welche mit Umgehung der Eltern, Vormündern u. Obrigkeiten geschehen, seynd zwar an sich nicht ungültig, lauffen aber gleichwol gegen die Ehrbarkeit, werden daher nach hiesigen Land-Recht mit verschiedenen Straffen belegt.

18. RG. § 29. Eheliche Kinder bedürfen zur Eheschließung, solange der Sohn das 25., die Tochter das 24. Lebensjahr nicht vollendet hat, der Einwilligung des Vaters, nach dem Tode des Vaters der Einwilligung der Mutter u., wenn sie minderjährig sind, auch des Vormundes. Sind beide Eltern verstorben, so bedürfen Minderjährige der Einwilligung des Vormundes. § 30. Auf uneheliche Kinder finden die — für vaterlose eheliche Kinder gegebenen Bestimmungen Anwendung. § 31. Bei angenommenen Kindern tritt an Stelle des Vaters derjenige, welcher an Kindesstatt angenommen hat.

19. Sächs. bürg. GB. § 1602. Die Einwilligung kann nur aus erheblichen Gründen verweigert u. in Ermangelung solcher von dem zuständigen Gerichte ergänzt werden.

20. RG. § 32. Im Falle der Versagung der Einwilligung zur Eheschließung steht großjährigen Kindern die Klage auf richterliche Ergänzung zu.

21. Königl. Bayr. Familienstatut v 5. Aug. 1819 II 1 (Schulze Hausges. 1 S. 338). Kein bayerischer Prinz u. keine bayer. Prinzessin darf eine eheliche Verbindung eingehen, ohne dazu vorher die Einwilligung des Königs erhalten zu haben. § 3. Unterbleibt diese förmliche Einwilligung, so hat die geschlossene Ehe eines Mitgliedes des kgl. Hauses in Beziehung auf den Stand, Titel u. Wappen desselben keine rechtliche Wirkung. Ebenso wenig können daraus auf Staats-Erbfolge, Apanage, Aussteuer,

Witthum — Ansprüche gemacht werden. Die aus solcher Ehe erzeugten Kinder oder die zurückgebliebene Wittwe haben nur eine Alimentation aus dem eigenen Vermögen des Vaters oder Ehegemahls zu fordern.

22. RG. v. 4. Mai 1868 § 1. Bundesangehörige bedürfen zur Eingehung einer Ehe oder zu der damit verbundenen Gründung eines eigenen Haushalts weder — der Genehmigung der Gemeinde (Gutsherrschaft) oder des Armenverbandes noch einer obrigkeitlichen Erlaubniß

23. RG. § 38. Die Vorschriften, welche die Ehe der Militairpersonen, der Landesbeamten u. der Ausländer von einer Erlaubniß abhängig machen, werden nicht berührt. Auf die Rechtsgültigkeit der geschlossenen Ehe ist der Mangel dieser Erlaubniß ohne Einfluß.

24. Preuß. LR. II 1 § 938. Ehen, die von Militairpersonen ohne die in Ansehung ihrer nach den Gesetzen besonders erforderlichen Einwilligung geschlossen worden, sind nichtig.

25. Preuß. G. v. 3. April 1871. Ehen, welche von Militairpersonen vom 15. Juli 1870, als dem Tage der angeordneten Mobilmachung der Armee, an während des gegenwärtigen Krieges ohne vorherige Königliche Genehmigung, bzw. ohne Genehmigung des vorgesetzten Kommandeurs geschlossen u. aus diesem Grunde nichtig sind, sollen, wenn diese Genehmigung nachträglich erfolgt, als von Anfang an gültig angesehen werden. Dies findet auch dann statt, wenn die Ehe inzwischen durch den Tod aufgelöst sein sollte.

26. Militairstrafgesetzb. für das Deutsche Reich v. 20. Juni 1872 § 150. Wer ohne die erforderliche dienstliche Genehmigung sich verheirathet, wird mit Festungshaft bis zu 3 Monaten bestraft; zugleich kann auf Dienstentlassung erkannt werden. Auf die Rechtsgültigkeit der geschlossenen Ehe ist der Mangel der dienstlichen Genehmigung ohne Einfluß.

27. Reichsmilitairgesetz v. 2. Mai 1874 § 40 ob. § 47 Litt d

28. Hannov. Staatsdienergesetz v. 1858 § 40. Die Regierung kann die Verheiratung — Königlicher Diener — von ihrer Erlaubniß abhängig machen. Letztere wird nicht versagt werden, wenn nicht Rücksichten auf die Würde des Königlichen Dienstes oder auf standesmäßige Subsistenz des Königlichen Dieners solches als nothwendig erscheinen lassen.

29. Preuß. LR. Anhang § 70. Königliche Civilofficianten müssen vor dem Aufgebote u. der Trauung nachweisen, daß sie die zu ihrer Verheirathung erforderliche Erlaubniß des ihnen vorgesetzten Chefs erhalten haben.

30. Beschluß des Preuß. Staatsministeriums v. 17. Aug. 1839 (Justizministerialbl. 1839 S. 302). Nach Einsicht der — Kabinets-Ordre v. 9. Juli 1839, worin jede präventive Beaufsichtigung der von Civilbeamten des Staats zu schließenden Ehen für unerlaubt erklärt u. bestimmt wird, daß diese Beamten zu ihren Ehen die Erlaubniß ihres Chefs nur deshalb nöthig haben, damit sie durch diese Erlaubniß die Nachweisung ihres Beitritts zur Wittwen-Verpflegungs-Anstalt führen, beschließt das Staats-Ministerium — unter ausdrücklicher Aufhebung des Beschlusses v. 7. Nov. 1837 (der „alle diejenigen Personen, welche im königl. unmittelbaren Civildienste amtliche Functionen irgend einer Art zu verrichten haben", verpflichtet hatte), daß nur die bei der Wittwen-Verpflegungs-Anstalt receptionsfähigen Civilbeamten zur Einholung des Eheconsenses — im Sinne des § 70 Anhangs z. Allg. LR. für verpflichtet zu erachten.

31. Würtemb. Minist.-Verfügung v. 20. Dec. 1875 (Franklin Grundriß S. 127). Ausländer, welche im Königreiche eine Ehe eingehen wollen, bedürfen der Erlaubniß des Oberamts, in dessen Amtsbezirk die Eheschließung stattfinden soll. Als Ausländer sind in dieser Beziehung nur die Angehörigen der außerdeutschen Staaten sowie der rechtsrheinischen Provinzen von Bayern zu betrachten.

32. Badisches G. v. 21. Dec. 1869 § 94. Fremde, welche im Inlande eine Ehe schließen wollen, sind verpflichtet nachzuweisen, daß nach den Gesetzen ihres Landes der beabsichtigten Ehe nichts im Wege steht.

33. Versailler Schlußprotokoll v. 23. Nov. 1870 I Es wurde — anerkannt, daß, nachdem sich das Gesetzgebungsrecht des Bundes bezüglich der Heimats- u. Niederlassungsverhältnisse auf das Königreich Bayern nicht erstreckt,

die Bundes-Legislative auch nicht zuständig sei, das Verehelichungswesen mit verbindlicher Kraft für Bayern zu regeln. (Vgl. Reichsverf. Art. 4 unter 1.)

34. Bair. G. über Heimat, Verehelichung u. Aufenthalt v. 16. April 1868 Art. 33. Die Verehelichung (von Angehörigen der Landestheile diesseits des Rheins) darf nur erfolgen auf Grund eines von der zuständigen Behörde ausgestellten Zeugnisses, daß gegen die beabsichtigte Eheschließung kein im gegenwärtigen Gesetz begründetes Hinderniß bestehe. — Zuständig — ist die Districtsverwaltungsbehörde jener Gemeinde, in welcher der Mann seine Heimat hat.

35. Bair. G. v. 23. Febr. 1872 Art. V Eine im Widerspruch mit (Nr. 34) eingegangene Ehe ist solange, als die Ausstellung jenes Zeugnisses nicht nachträglich erwirkt wurde, bürgerlich ungültig, es sei denn daß die Ehe von einem Manne, welcher außerhalb Europas seinen Wohnsitz hat, am Orte dieses Wohnsitzes oder sonst außerhalb Bayerns abgeschlossen wurde u. nach den Gesetzen des betreffenden Staates als giltig zu erachten ist.

36. Bair. G. v. 16. April 1868 Art. 34. Die Ausstellung des Zeugnisses ist bedingt — durch die nach Vorschrift des Art. 35 [besonders geregeltes Aufgebotverfahren] gepflogenen Erhebungen über das Nichtvorhandensein civilrechtlicher Ehehindernisse, durch das Nichtbestehen eines in Art. 36 begründeten Einspruchs. Art. 36. Die Gemeinde, in welcher der Mann seine Heimat hat, kann gegen Ausstellung des Verehelichungszeugnisses Einspruch erheben: 1) wenn der Mann wegen Verbrechens oder Vergehens verurtheilt ist u. sich weder über Abbüßung noch über Nachlaß der Strafe auszuweisen vermag; 2) wenn u. solange sich derselbe wegen Verbrechens oder Vergehens in Untersuchung befindet; 3) wenn derselbe in den unmittelbar vorhergehenden 3 Jahren öffentliche Armenunterstützung beansprucht oder erhalten hat; 4) wenn u. solange derselbe sich mit den der Gemeindekasse oder Armenkasse seiner Heimatgemeinde gegenüber ihm obliegenden Leistungen im Rückstande befindet; 5) wenn u. solange derselbe unter Curatel steht.

37. Das. Art. 39. Ausländer, welche auf bayerischem Gebiete, ohne nach Bayern eingewandert zu sein, eine Ehe schließen wollen, haben der Districtsverwaltungsbehörde des Ortes, an welchem die Eheschließung erfolgen soll, den Nachweis vorzulegen, daß nach den im Heimatlande des Mannes geltenden Gesetzen diese Eheschließung zulässig ist u. dieselben Wirkungen hat, wie wenn sie im Heimatlande selbst erfolgt wäre.

38. RG. § 44. Der Eheschließung soll ein Aufgebot vorhergehen. Für die Anordnung desselben ist jeder Standesbeamte zuständig, vor welchem nach § 42 Abs. 1 (unten Nr. 73) die Ehe geschlossen werden kann.

39. RG. § 74. Wo die Zulässigkeit der Ehe nach den bestehenden Landesgesetzen von einem Aufgebote abhängig ist, welches durch andere bürgerliche Beamte als die Standesbeamten vollzogen wird, vertritt dieses die Stelle des von dem Standesbeamten anzuordnenden Aufgebots. (Oben Nr. 36.)

40. RG. § 50. Die Befugniß zur Dispensation von dem Aufgebot steht nur dem Staate zu. — Wird eine lebensgefährliche Krankheit, welche einen Aufschub der Eheschließung nicht gestattet, ärztlich bescheinigt, so kann der Standesbeamte auch ohne Aufgebot die Eheschließung vornehmen.

41. RG. § 45. Vor Anordnung des Aufgebots sind dem Standesbeamten die zur Eheschließung gesetzlich nothwendigen Erfordernisse als vorhanden nachzuweisen. Insbesondere haben die Verlobten in beglaubigter Form beizubringen: 1) ihre Geburtsurkunden, 2) die zustimmende Erklärung derjenigen, deren Einwilligung nach dem Gesetze erforderlich ist. Der Beamte kann die Beibringung dieser Urkunden erlassen, wenn ihm die Thatsachen, welche durch dieselben festgestellt werden sollen, persönlich bekannt oder sonst glaubhaft nachgewiesen sind. — Der Beamte ist berechtigt, den Verlobten die eidesstattliche Versicherung über die Richtigkeit der Thatsachen abzunehmen, welche — ihm nicht als hinreichend festgestellt erscheinen.

42. RG. § 46. Das Aufgebot ist bekannt zu machen: 1) in der Gemeinde oder den Gemeinden, woselbst die Verlobten ihren Wohnsitz haben; 2) wenn

einer der Verlobten seinen gewöhnlichen Aufenthalt außerhalb seines gegenwärtigen Wohnsitzes hat, auch in der Gemeinde seines jetzigen Aufenthalts; 3) wenn einer der Verlobten seinen Wohnsitz innerhalb der letzten 6 Monate gewechselt hat, auch in der Gemeinde seines frühern Wohnsitzes. Die Bekanntmachung hat die Vor- u. Familiennamen, den Stand oder das Gewerbe u. den Wohnort der Verlobten u. ihrer Eltern zu enthalten. Sie ist während zweier Wochen an dem Raths- oder Gemeindehause oder an der sonstigen zu Bekanntmachung der Gemeindebehörde bestimmten Stelle auszuhängen.

43. RG. § 51. Das Aufgebot verliert seine Kraft, wenn seit dessen Vollziehung 6 Monate verstrichen sind, ohne daß die Ehe geschlossen worden ist.

44. RG. § 49. Soll die Ehe vor einem andern Standesbeamten als demjenigen geschlossen werden, welcher das Aufgebot angeordnet hat, so hat der letztere eine Bescheinigung dahin auszustellen, daß u. wann das Aufgebot vorschriftsmäßig erfolgt ist u. daß Ehehindernisse nicht zu seiner Kenntniß gekommen sind.

45. RG. § 48. Kommen Ehehindernisse zur Kenntniß des Standesbeamten, so hat er die Eheschließung abzulehnen.

46. RG. § 34. Niemand darf eine neue Ehe schließen, bevor seine frühere Ehe aufgelöst, für ungültig oder für nichtig erklärt ist.

47. RG. § 35. Frauen dürfen erst nach Ablauf des zehnten Monats seit Beendigung der frühern Ehe eine weitere Ehe schließen. Dispensation ist zulässig.

48. RG. § 33. Die Ehe ist verboten: 1) zwischen Verwandten in auf- u. absteigender Linie, 2) zwischen voll- u. halbbürtigen Geschwistern, 3) zwischen Stiefeltern u. Stiefkindern, Schwiegereltern u. Schwiegerkindern jeden Grades, ohne Unterschied ob das Verwandtschafts- oder Schwagerschaftsverhältniß auf ehelicher oder außerehelicher Geburt beruht u. ob die Ehe, durch welche die Stief- oder Schwiegerverbindung begründet ist, noch besteht oder nicht, 4) zwischen Personen, deren eine die andere an Kindesstatt angenommen hat, solange dies Rechtsverhältniß besteht, 5) zwischen einem wegen Ehebruchs Geschiedenen u. seinem Mitschuldigen. Im Falle der Nr. 5 ist Dispensation zulässig.

49. Sächs. bürg. GB. § 1610. Die Ehe ist verboten zwischen Geschwisterkindern; durch Nachsichtsertheilung kann sie gestattet werden.

50. Das. § 1609. Die Ehe ist verboten zwischen Oheim u. Nichte, Tante u. Neffe, Großoheim u. Großnichte, Großtante u. Großneffe, ohne Unterschied zwischen ehelicher u. außerehelicher Verwandtschaft. Durch Nachsichtsertheilung kann die Ehe zwischen diesen Personen gestattet werden.

51. Preuß. LR. II 1 § 8. Wenn jemand die Schwester seines Vaters oder seiner Mutter oder eines weitern Verwandten in aufsteigender Linie, die an Jahren älter ist, heirathen will, muß er dazu die Erlaubniß des Staates nachsuchen.

52. Bad. LR. § 162. In der Seitenlinie ist die Ehe unter Schwester u. Bruder — sowie unter Verschwägerten desselben Grads verboten. 164a (Dispensation zulässig) wo die vorige Ehe durch Tod u. nicht durch Ehescheidung getrennt wurde.

53. Das. § 298. Ist die Ehescheidung wegen eines begangenen Ehebruchs zu Recht erkannt worden, so kann der schuldige Ehegatte sich niemals mit seinem Mitschuldigen verehelichen. 298a Jede diesem — Satze zuwiderlaufende Ehe ist nichtig, der andere Theil der ehemaligen Eheleute u. der Kron-Anwald können allein diese Nichtigkeit anklagen.

54. Sächs. bürg. GB. § 1616. Personen, welche vor Gericht geständig oder gerichtlich überführt sind, mit einander Ehebruch getrieben zu haben, können sich nicht ehelichen. Durch Nachsichtsertheilung kann die Ehe gestattet werden, ausgenommen wenn die Ehebrecher während des Bestehens der durch Ehebruch verletzten Ehe sich die Ehe versprochen haben.

55. Das. § 1619. Ehehindernisse, wegen deren Nichtbeachtung die Ehe nach § 1621 für nichtig zu achten ist, gelten für alle vom Staate anerkannten Religionsgesellschaften. Bestehen bei einer vom Staate anerkannten andern Religionsgesellschaft als der evangelisch-lutherischen u. reformirten außer diesen Ehehindernissen noch andere, wegen deren Nichtbeachtung die Ehe für nichtig zu achten ist, so gelten sie für die Mitglieder derselben.

56. RG. § 40. Die Befugniß zur Dispensation von Ehehindernissen steht nur dem Staate zu.

57. RG. § 37. Die Eheschließung eines Pflegebefohlenen mit seinem Vormunde oder dessen Kindern ist während der Dauer der Vormundschaft unzulässig. Ist die Ehe gleichwohl geschlossen, so kann dieselbe als ungültig nicht angefochten werden.

58. Preuß. LR. II 1 § 36. Ein Christ kann mit solchen Personen keine Heirath schließen, welche nach den Grundsätzen ihrer Religion sich den christlichen Ehegesetzen zu unterwerfen gehindert werden.

59. Sächs. bürg. GB. § 1617 ob. § 53 Nr. 41.

60. RG. § 39 das. Nr. 43.

61. RG. § 36. Hinsichtlich der rechtlichen Folgen einer gegen die Bestimmungen der §§ 28—35 geschlossenen Ehe sind die Vorschriften des Landesrechts maßgebend. (Vgl. z. B. oben Nr. 16, 17.)

62. Preuß. LR. II 1 § 136. Eine vollgültige Ehe wird durch die priesterliche Trauung vollzogen. § 137. Zwischen Personen fremder im Staate geduldeter Religionen wird die Vollziehung einer vollgültigen Ehe lediglich nach den Gebräuchen ihrer Religion beurtheilt.

63. Code civil art 165. Le mariage sera célébré *publiquement devant l'officier civil* du domicile de l'une des deux parties.

64. Sächs. bürg. GB. § 1588 Die Ehe wird eingegangen durch die gegenseitige Erklärung der Einwilligung in die Ehe unter Beobachtung der Form, die den Grundsätzen der Kirchen- u. Religionsgesellschaften entspricht, welchen die Ehegatten angehören.

65. Preuß. Verf. Art. 19. Die Einführung der Civilehe erfolgt nach Maßgabe eines besondern Gesetzes, was auch die Führung der Civilstandsregister regelt.

66. Preuß. V. v. 30. März 1847 § 1. Die bürgerliche Beglaubigung der — Heiratsfälle, die sich in solchen geduldeten Religions-Gesellschaften ereignen, bei welchen den zur Feier ihrer Religionshandlungen bestellten Personen die Befugniß nicht zusteht, auf bürgerliche Rechtsverhältnisse sich beziehende Amtshandlungen mit civilrechtlicher Wirkung vorzunehmen, soll durch Eintragung in ein gerichtlich zu führendes Register bewirkt werden. § 7. Zu der Eintragung — ist erforderlich: 1) die Erklärung der Brautleute, daß u. wann die nach dem Gebrauche der geduldeten Religions-Gesellschaft zum Abschluß der ehelichen Verbindung erforderliche Handlung stattgefunden hat. — § 8. Die bürgerliche Gültigkeit einer solchen Ehe beginnt mit dem Zeitpunkt der Eintragung der Ehe in das Register.

67. Preuß. G. v. 11. März 1812 § 25. An die Stelle der nach dem Allg. LR. II 1 § 136 — erforderlichen Trauung tritt bei den Ehen der Juden die Zusammenkunft unter dem Trauhimmel u. das feierliche Anstecken des Ringes.

68. Preuß G. v. 23. Juli 1847 § 8. Die bürgerliche Beglaubigung der — Heiratsfälle unter den Juden soll durch Eintragung in ein gerichtlich zu führendes Register bewirkt werden. § 13. Zur Eintragung — ist erforderlich: — 2) die persönliche Erklärung der Brautleute vor dem Richter, daß sie fortan als ehelich verbunden mit einander sich betrachten wollen. § 14 wie ob. Nr. 66 § 8.

69. Hamb. G. v. 17. Nov. 1865 § 24. Die Trauung kann mit gleicher bürgerlicher Rechtsgültigkeit nach Wahl der Verlobten entweder durch einen Geistlichen einer der Religionsgemeinschaften, welche vom Staate als hiezu berechtigt anerkannt werden, oder durch eine der im § 18 genannten (Civil-) Behörden vollzogen werden. § 32. Die Civiltrauung wird dergestalt vollzogen, daß die — Verlobten von dem Senator befragt werden, ob sie entschlossen sind, eine Ehe mit einander einzugehen. Jener erklärt sodann, nachdem die Verlobten diese Frage einzeln mit ja beantwortet haben, die Ehe für gesetzlich geschlossen.

70. Oldenburgisches G. v. 31. Mai 1855 § 1. Die kirchliche Eingehung der Ehe nach den Vorschriften einer vom Staate anerkannten Religionsgenossenschaft bleibt als bürgerlich gültige Form der Eingehung der Ehe bestehen. § 2. Außerdem kann jede staatsgesetzlich zulässige Ehe vor den bürgerlichen Behörden — bürgerlich gültig, als Civilehe eingegangen werden.

71. Preuß. G. v. 9. März 1874 § 35. Die Ehe wird dadurch geschlossen, daß die Verlobten in Gegenwart von zwei Zeugen vor dem Standesbeamten persönlich ihren Willen erklären, die Ehe mit einander eingehen zu wollen, daß diese Erklärung vom Standesbeamten in das Heiratsregister eingetragen u. daß die Eintragung von den Verlobten u. von dem Standesbeamten vollzogen wird.

72. RG. § 41. Innerhalb des Gebietes des Deutschen Reichs kann eine Ehe rechtsgültig nur vor dem Standesbeamten geschlossen werden.

73. RG. § 42. Zuständig ist der Standesbeamte, in dessen Bezirk einer der Verlobten seinen Wohnsitz hat oder sich gewöhnlich aufhalt. Unter mehreren zuständigen Standesbeamten haben die Verlobten die Wahl. Eine nach den Vorschriften dieses Gesetzes geschlossene Ehe kann nicht aus dem Grunde angefochten werden, weil der Standesbeamte nicht der zuständige gewesen ist.

74. RG. § 43. Auf schriftliche Ermächtigung des zuständigen Standesbeamten darf die Eheschließung auch vor dem Standesbeamten eines andern Orts stattfinden.

75 RG. § 52. Die Eheschließung erfolgt in Gegenwart von zwei Zeugen. § 53. Als Zeugen sollen nur Großjährige zugezogen werden. Verwandtschaft u. Schwägerschaft zwischen den Verlobten u. Zeugen oder zwischen den Zeugen unter einander steht deren Zuziehung nicht entgegen.

76. RG. § 52. Die Eheschließung erfolgt — durch die an die Verlobten einzeln u. nach einander gerichtete Frage des Standesbeamten: ob sie erklären, daß sie die Ehe mit einander eingehen wollen, durch die bejahende Antwort der Verlobten und den hierauf erfolgenden Ausspruch des Standesbeamten, daß er sie nunmehr kraft des Gesetzes für rechtmäßig verbundene Eheleute erkläre.

77. RG. § 72. Für die Landesherren u. die Mitglieder der landesherrlichen Familien sowie der Fürstlichen Familie Hohenzollern (entscheidet) in Betreff der Stellvertretung der Verlobten u. in Betreff des Aufgebots die Observanz.

78. Preuß. G. v. 9. März 1874 § 52. Bei Eheschließungen von Mitgliedern des Königlichen Hauses u. des Hohenzollernschen Fürstenhauses bleibt eine Stellvertretung der Verlobten zulässig.

79. RG. § 54. Die Eintragung in das Heirathsregister soll enthalten: 1) Vor- u Familiennamen, Religion, Alter, Stand oder Gewerbe, Geburts- und Wohnort der Eheschließenden; 2) Vor- u. Familiennamen, Stand oder Gewerbe u. Wohnort ihrer Eltern; 3) Vor- u. Familiennamen, Alter, Stand oder Gewerbe u. Wohnort der zugezogenen Zeugen; 4) die Erklärung der Eheschließenden; 5) den Ausspruch des Standesbeamten. Ueber die erfolgte Eheschließung ist den Eheleuten sofort eine Bescheinigung auszustellen.

80. RG. § 69. Ein Standesbeamter, welcher unter Außerachtlassung der in diesem Gesetze gegebenen Vorschriften eine Eheschließung vollzieht, wird mit Geldstrafe bis zu 600 M. bestraft.

81. RG. § 82. Die kirchlichen Verpflichtungen in Beziehung auf Taufe u. Trauung werden durch dies Gesetz nicht berührt. § 67. Ein Geistlicher oder anderer Religionsdiener, welcher zu den religiösen Feierlichkeiten einer Eheschließung schreitet, bevor ihm nachgewiesen worden ist, daß die Ehe vor dem Standesbeamten geschlossen sei, wird mit Geldstrafe bis zu 300 M. oder mit Gefängniß bis zu 3 Monaten bestraft.

82. RG. § 73. Den mit der Führung der Standesregister oder Kirchenbücher bisher betraut gewesenen Behörden u. Beamten verbleibt die Berechtigung u. Verpflichtung, über die bis zur Wirksamkeit dieses Gesetzes eingetragenen — Heiraten — Zeugnisse zu ertheilen.

83. RG. § 76. In streitigen Ehe- u. Verlobnißsachen sind die bürgerlichen Gerichte ausschließlich zuständig. Eine geistliche oder eine durch die Zugehörigkeit zu einem Glaubensbekenntniß bedingte Gerichtsbarkeit findet nicht Statt. (Vgl. Gerichtsverfassungsgesetz § 15.)

84. RG. § 77. Wenn nach dem bisherigen Rechte auf beständige Trennung der Ehegatten von Tisch u. Bett zu erkennen sein würde, ist fortan die Auflösung des Bandes der Ehe auszusprechen.

85. RG. § 55. Ist eine Ehe für aufgelöst, ungültig oder nichtig erklärt worden, so ist dies am Rande der über die Eheschließung bewirkten Eintragung zu vermerken.

86. RG. § 72. In Ansehung der Mitglieder (der landesherrlichen Häuser s. oben Nr. 77) werden die auf Hausgesetzen oder Observanz beruhenden Bestimmungen über die Erfordernisse der Eheschließung u. über die Gerichtsbarkeit in Ehesachen nicht berührt.

87. RG. § 85. Der Reichskanzler kann einem diplomatischen Vertreter oder einem Konsul des Deutschen Reichs die allgemeine Ermächtigung zur Vornahme von Eheschließungen — wie für Reichsangehörige, so auch für Schutzgenossen ertheilen.

88. RG. v. 4. Mai 1870 § 3. Der Schließung der Ehe muß das Aufgebot vorangehen. Vor Beginn desselben sind dem Beamten die zur Eingehung einer Ehe nach den Gesetzen der Heimat der Verlobten nothwendigen Erfordernisse als vorhanden nachzuweisen. § 6. Der Beamte kann aus besonders dringenden Gründen von dem Aufgebot ganz dispensiren.

89. Das. § 8. Die Ehe erlangt mit dem Abschlusse vor dem Beamten bürgerliche Gültigkeit.

90 Das. § 10. Die Bestimmungen — finden auch Anwendung, wenn nicht beide Verlobte, sondern nur einer derselben ein Bundesangehöriger ist.

III. Einfluß der Ehe auf das Vermögen der Ehegatten.

Chr. L. Runde deutsches eheliches Güterrecht. Oldenbg. 1841. Bocke gemeines ehel. Güter- u. Erbrecht. 2 Bde. Nördl. 1873 Neubauer das in D. geltende ehel. Güterrecht unter Benutzung amtlicher Materialien zusammengestellt. Berl. 1879. R. Schröder Verhandlgn. des 12. deutschen Juristentages 1874 I S. 29—40.

A. Historische Einleitung. (St. § 217—225. R. § 94.)

Hasse Skizze des Güterrechts der Ehegatten nach einigen der ältesten T. Rechtsquellen (Ztschr. f. gesch. Rechtswiss. 4 [1818] S. 60). Kraut Vormundschaft 2 S. 331. Gerber Abhandlgn. S. 311. Roth über Gütereinheit u. Gütergemeinschaft I (Jahrb. des gem. D. R. 3 [1859] S. 313), II (krit. Vierteljahrsschr. 10 [1868] S. 169); das D. ehel. Güterr. (Ztschr. f. vergl. Rechtswiss. 1 [1878] S. 39). Rive Gesch. der D. Vormundschaft 2 S. 130. Rich. Schröder Gesch. des ehel. Güterrechts in D. Thl. I (Zeit der Volksrechte), Thl. II (Mittelalter) in 3 Abth. (Schwäb.-bair. — Fränk — Sächs. u. Fries. R). Stettin 1863 bis 1874. Ders. de dote secundum leges gentium Germanicarum antiquissimas. Dissert. Berol. 1861. Ders. z. Gesch. des ehel. Güterrechts in D. (Ztschr. f. RG. 10 [1872] S. 426). Ders. d. ehel. Güterrecht u. die Wanderungen der D. Stämme (Histor. Ztschr. 31 [1874] S 289; ders. d. ehel. Güterr. D.'s in Vergangenheit, Gegenwart u. Zukunft (D. Zeit- u. Streitfragen Heft 59. Berl. 1875). v. Martitz Jenaer Litt.-Ztg. 1874 Nr. 27 u. Lit. Centralbl. 1874 Nr. 30.

1. Allgemeines. (B. § 118. G. § 225.) § 164.

1. L. Burg C: iubemus ut maritus ipse facultate ipsius mulieris, sicut *in ea habet potestatem*, ita *et de omnes res suas* habeat.

2 Dipl a 1131 (*Guden* 1, 98). per manum mariti sui, *in cuius mundiburdio ipsa et bona eius* habebantur

3. Tac. Germ. c 15: delegata domus et penatium et agrorum cura feminis.

4. Ssp I 31 § 1. Man u. wif ne hebbet nein getveiet gut to irme live.

5. Schwsp. 33. Man u. wip mugen niht gehaben dehein guot gezweihet.

2. Insbesondere.

§ 165. a System des sachsischen Rechts. (B. § 118, 119. G. § 230, 231. St. § 218. R. § 133.)

v. Martitz das eheliche Güterrecht des Sachsenspiegels u. der verwandten Rechtsquellen. Leipz. 1867. Dazu Sohm Gött. gel. Anz. 1867 St. 48 Agricola die Gewere zu rechter Vormundschaft als Princip des Sächs. ehel. Güterrechts. Gotha 1869. A. Hänel die ehel. Gütergemeinschaft in Ostfalen (Ztschr. f. RG. 1 [1861] S. 273). Schröder Gesch. II 3.

1. Ssp. I 31 § 2. Swenne en man wif nimt, so nimt he in sine gewere al ir gut to rechter vormuntscap; dar umme ne mach nen wif ireme manne nene gave geven an irme egene noch an irer varende have, dar se't iren rechten erven mede verne na irme dode; wende die man ne mach an sines wives gude nene andere were gewinnen, wen alse he to dem irsten mit ire untvieng in vormuntscap.

2. Sachs Lehnr. 74 § 1. Hevet en man gut in geweren — von vormuntscap sines wives.

3. Rb. n. Dist. I 47, 4. Kumt ein frowe u. ein man czusamene u. ercrigent gut mit einander, das heist ir gewunnen gut, u. stirbet ir eines, daz erbet daz uff das andere, u. darnach wirt ez erbegut.

4 L Sax 48 De eo, quod vir et mulier *simul conquisierint*, *mulier mediam porcionem* accipiat; hoc apud Westfalaos; apud Ostfalaos et Angarios *nihil accipiat*, sed contenta sit dote sua. (Kraut Vormundsch. 2 S 356.)

5. Ssp. I 31 § 1. Stirft aver dat wif bi des mannes live, se ne erft nene varende have wenne rade, u. egen, of se dat hevet, in den nesten. Wif ne mach ok ires gudes nicht vergeven ane ires mannes willen, dat he't dur recht dulden durve.

6. Magdeb.-Bresl. system. Schoffenr. IV 1, 32. Stirbit eyne vrauwe, u. lesit — varnde habe, — u. die varnde habe in des mannis gewere nicht komyn ist by der vrauwin lebe tage — di varnde habe sol gevallin noch der vrauwin tode an eryn nestin u. nicht an eryn man.

7. Sch.Urth. b. Bohme VI 99, 5 (vgl. Laband MB. syst. Schoffenr. IV 1, 18). Brengit eine frawe gelt ader varnde habe zu erem wirte, u. gibt es im under sine hende u. in sine gewere, der man sterbe adir blibe lebinde, das gelt ader varnde habe mag die frawe adir ire geerbin noch erem tode nicht wedir gevordern.

8. Sch.Urth. das. 141, 6. Was dy frawe gereythis geldis u. gutis zcu erem manne brochte, des darf man ir nicht wedirgeben, wenn das geld was seyn, do her is yn seyne gewere nam.

9. Rb. n. Dist. I 22, 1. Wert eyn wip von orem manne gescheyden, dy eynander nicht gehaben mogen, daz erbe, daz or gelobet ist zcu lipzcucht, daz behilt sy zcu oreme libe; u. behilt ore cleyder u. alle or ingethüme, daz sy zcu orem manne brocht had, daz noch dor ist. Ist or ouch keyn lipczucht gemacht, so sal man or so vil reychen, also sy zcu orem manne brocht had. U. ist dez icht vorthan, daz sal man or wedder kern mit erbe (adir) mit farnde habe.

10. Ssp. I 45 § 2. En wif ne mach ok ane irs mannes gelof nicht ires gudes vergeven noch egen verkopen noch liftucht uplaten, durch dat he mit ir in den geweren sit.

11. Rb. n. Dist. I 20, 16. Keyn wip en magk ores gutes nicht vorgeben an ores mannes willen; — noch lantrecht. Adder noch wichbilde mag

eyn fruwe wedder ir erbe noch ir erbegute noch lipczucht noch ore anwartunge, daz sy anirstorben mag, laßen ane ores elichen mans willen. Tete sy abir daz, u. vorswege orem manne daz abir jor u. tag one weddersproche, dornoch mag her is nicht weddersprechen. — Weddersproche her is in jare u. in tage, so en wer des alles nicht, waz dorane getan wer. (Kraut Vormundsch. II 394.)

12. Gl. z. Ssp. III 76 (Augsb. A. Bl. 183 Col. 4). Wo of sy (or erve) eineme geft met orer erven wille ane eres mannes wille? Segge dy gave geschege u. is stede; sy ne vrommet aver deme sy gegeven was nicht, er dat wyff en sterve, u. dy nut blivet des mannes dy wile sy levet, u. wan sy stervet, so wert yt syn deme yt gegeven was.

13. Gorlitz. LR. 45 § 9. Swelich wip ane irs mannis orloup icht vor gibit, daz mere dan dri schillinge wert is, daz mach der man wol wider nemin.

14. Hildesh. Stat. § 30. Nulla domina potest aliquid fideiubere vel dare sine consensu viri sui *nisi tertium dimidium denarium et peplum suum et colum et fusum suum*

15. Rb. n. Dist. III 9, 10. Claget man zcu eyner fruwen umbe gute, dy sy had geburget ane oren man, — bekennet sy ir, man sal dorobir helffen, ob sy icht hat.

16. Das. III 9, 11. Burget eyn fruwe icht ane ores mannes wissen, dy ungeraten ist, — der burg kan deme manne nicht geschaden, den also vel: funde man der gute icht by ome in oren gewern, dy sal man wedder geben.

17. Das. II 4, 12 s. oben § 68 Nr. 19.

18. Das. I 47, 1. Eyn wip mag ane sines mannes willen nicht vorkouffen noch vorwillekorn, dywile her or ore notdorft gibt.

19. Das. I 47, 8. Eyn wip mag an ores mannes willen lipczucht noch zcinsgud nicht gelassen noch vorkummern sundern libes nod.

20. Das. I 47, 9. Entwert eyn man syme wibe, so daz her or nicht lesset, dorabe ore notdorft zcu haben, der erbegud had, daz su zcu om bracht had, adder daz sy mit enander erworben haben, daz muchte sy wol vorkommern, so daz sy ore notdorft dorabe muchte gehaben noch redelichen dingen. Daz sal abir dy fruwe deme gerichte zcu wissen thun u. zcu den heyligen gewern, daz sy des von libesnod nicht enpern muchte. Dornoch ledige is or man, ab he wulle, u. der blibet ane nod, der is so entphangen had. Unde ist eyn gemeyne lantrecht, wichbilde u. keyserrecht.

21. Das. I 47, 10. Entweret eyn man sinen wibe u. let or ore notdorft nicht, nempt denne dy fruwe icht des mannes schult uf czu orer notdorft, des ist man von deme manne ledigk, wen man u. wip geczweyget gud enhaben nicht. U. ist lanthrecht, wichbilde u. keyserrecht.

22. Freiberg. Stadtr (Schott 156) I 9: waz ein vrowe gelobit — umme ir nutdurft, da muz der man vor antwerten zu rechte.

23. Rb. n. Dist. I 30, 2 (Gosl. St. S. 14 Z. 1 ff.). Leth eyn man adder seczt uß erblich gud adder sogetan gud, do her adder sin wip czins adder anefal (Goslar. St. anwardinghe) ane haben, daz mag sin wip by jare u. tage weddersprechen. Unde rurt lantrecht u. wichbilde.

24. Lüb. R. II 18. Nen man mach vorsetten noch vorcopen noch vorgheven torfhach eghen, dat he mit sineme wive hevet ghenomen, sunder sines wives willen u. erer kindere, ofte se kindere hebben, it ne do eme echt not, vangnisse oder hunger, ofte dat men ene to eghene gheven schole umme ghelt vor gherichte.

25. Gl. z. Sachs. Weichb. 23 (Ludovici S. 51). Ihr sollt wissen, wäre es auch eine Sache, daß ein Mann um seiner Frauen willen versetzen müsse etliche Ding, das zur Gerade — gehöret, also daß solches in Noth geschähe, das muß er beweisen —, ob man ihm nicht glauben wollt, daß ers ohne Noth versetzet.

26. Magdeb.-Bresl. syst. Schöffenr. III 2, 94 (vgl. oben § 142 Nr. 21): was der vrauwin sunderlich icht gelobit ist czu eris selbis hant, das mogen ere erbnamyn vordirn u. nicht der man. Werin abir ir schulde gelobit czu des mannis hant, dy mag der man vordirn.

§ 166. b. System der außersachsischen Rechte. (St. § 221. R. § 101.)

Euler die Güter- u. Erbrechte der Ehegatten in Frankfurt a. M. bis zum J. 1509. Frkf. 1841; ders. das Cölner R. u. die gesammte Hand im Elsaß (Ztschr. f. D. R. 7 [1842] S. 80); ders. Fortbildg. u. Gestaltung des fränk. Güterr. seit dem Eindringen des RR. (das. Bd. 10 [1846] S. 1); ders. Mitthlgn. über ehel. Güterr. mit bes. Hinsicht auf Fränk. u. Frankf. R. (Archiv f. Frankf. Gesch. 4 [1869]). Schwarz die Gütergemeinschaft der Ehegatten nach Fränkischem Rechte. Erlang. 1858. Roth über Gütereinheit u. Gütergemeinschaft ob. § 164. Wächter Würtemb. Privatr. 1 S. 193. v. Gosen das Privatr. nach dem kl. Kaiserrechte S. 107. Sandhaas d. Fränkische ehel. Güterr. Gießen 1866. Roth Bayr. Civilr. § 55. — L. A. Müller histor.-dogmat. Darstellg. der Verhältnisse bei beerbter Ehe nach d. bair.-schwäb. StR. Nördl. 1874. Dazu Schröder Jen. Lit.-Ztg. 1874 Nr. 30. Siegel d. Güterrecht der Ehegatten im Stiftslande Salzburg (Sitzgsber. der Wiener Akad. Bd. 99). Wien 1882. v. Czyhlarz zur Gesch. des ehel. Güterr. im Böhmisch-Mährischen LR. Leipz. 1883. Eug. Huber die histor. Grundlage des ehel. Güterr. der Berner Handfeste. Basel 1884.

1. L. Alam Hlotharii 55, 1, 2. Si quis liber mortuus fuerit et reliquit uxorem sine filiis aut filias et de illa hereditate exire voluerit, nubere sibi alium coaequalem sibi, sequat eam *dotis legitima et quidquid parentes eius legitime placitaverint* *Et quidquid de sede paternica secum adtulit*, omnia in potestate habeat auferendi, *quod non manducavit aut non vindidit*

2 L. Burg. 62, 1. Filius unicus defuncto patre *tertiam partem facultatis* matri *utendam* relinquat: *si tamen maritum alterum non acciperet.* 2 Nam si ad alias nuptias transierit, omnia perdat: *dote* sane *sua*, quam a marito acceperat, quamdiu vixerit, utatur, filio proprietate servata.

3. L. Rib. Tit 37: — si mulier virum supervixerit — *tertiam* de omne re, *quod simul conlaboraverit*, sibi studiat evindicare, et quidquid ei in *morgangaba* traditum fuerit, similiter facjat

4. Capit a 821 (Mon. C 301) c. 9 Volumus, ut uxores defunctorum post obitum maritorum *tertiam partem conlaborationis*, *quam simul in beneficio conlaboraverunt*, accipiant Et de his rebus, quas is qui illud beneficium habuit, *aliunde adduxit* vel *conparavit* vel *ei ab amicis suis conlatum* est, has volumus *tam ad orphanos* defunctorum *quam ad uxores* eorum pervenire.

5 Ll. fam s. Petri Worm 1 Si quis — ad sociam suam legitime venerit —, *quicquid simul acquisierint*, si quis eorum supervixerit, *totum habeat in sua potestate*, et quicquid inde facere velit, faciat.

6. Schwsp. 33 Z. 2 ff. Ein wip mac ir guot nit hin gegeben an ires mannes willen, noch ein man ane sines wibes willen.

7. Berg. LR. § 58 (Lacomblet I 102). Ouch en sall gein man ader frawe erffschaft noch pantschafft im gantzen bedde ein buissen den anderen nith overgeven, versetten noch besweren, wes deß geschege sall van unwerde sin.

8. Schwsp. 10. Stirbet einem manne sin wip, u. sol er gelten, u. hat er niht ze gelten, u. nimt er ein ander wip, u. git im diu varende guot: er giltet von dem guote wol. daz ist da von, daz der man des wibes voget ist u. ir meister. Git dem manne sin wip ander guot wan varend guot, da enmac er niht von vergelten wan nach ir willen. Hat aber si erben die des guotes wartende sint nach ir tode, des enmag der man niht ane werden um sine ereren gülte. Gewinnent si aber erben sampt, die wile die lebent, so wirt er daz wol ane, daz sie im gap. — Zusatz der Züricher Hs. (v. d. Lahr 263 § 6). Ob die erben nit seind, man mag es mit worten wol außdingen, das ir ir

farend gut beleibt. § 7. Sy oder ir freund eyner spreche also: wir dingen das ir mit dem farenden gut nicht zethun habent wann nach unser beyder notturft u. nach ewer wirttin willen. (Kraut Vormundsch. II 484.)

9. Schwsp. 23. Gibt iemant sinem wibe ze heimstiure varent guot oder ander guot, daz guot mac er ir nimmer ane werden, die wile er ander guot hat. Twinget in aber ehaft not, er wirt ez wol ane mit rehte. Git si im ouch so getan guot, er sol daz sine e ane werden e daz ire. wirt er ir daz guot ane, daz si ze im braht hat, u. stirbet der man, u. mac si — erziugen, daz ez ir wille niht enwas: man sol ir ir guot wider lan u. swaz daz guot vergolten (d. h. eingebracht) hat; es si danne daz der man — berede — daz im sin sin seite, daz er reht hate. daz ist dar umbe gesezet, daz diu wip umb guot nit mugen arbeiten als die man; u. ouch dar umb, daz den vrouen wirs stet, sullen si nach dem almuosen gen, dan den mannen. (Kraut Vormundsch. II 480.)

10. Ruprecht v. Freysing (b. Westenrieder) § 175. Hat — den fraw guet pracht zue ir wirt, swie das genant sei, so sol der wirt sein guet er czern, denn das ir. — Ist aver daz si erben mit ander (l. einander) gewinnent, di weil die erben lebentig sint, so mag er wol zern, welches gut er wil.

11. Urk. v. 1270 b. *Neugart.* Cod dipl Alem. II p 279 nr 105. R comes de H. — *de consensu* — *Gertrudis uxoris nostre et A et H. filiorum nostrorum* vendidimus — possessiones nostras.

12. Wetterau. Urk. v. 1131 b. *Guden* Cod dipl Tom I p 98. Ida — hec omnia — libera potestate *per manum mariti sui* —, in cuius mundiburdio ipsa et bona eius habebantur, — nobis obtulit

13. Urk. b. *Neugart* I 420 Nr. 517. Ego H. et coniux mea C. *communi manu* tradidimus ad monasterium s. Galli quicquid in H paternae hereditatis et nostrae adquisitionis habuimus

14. Urk. v. 1307 b. Lacomblet III S. 43: vir nobilis dominus A de R et domina nobilis K eiusdem legitima, domina loci predicti, *manu coniuncta* et *unanimi consensu* vendiderunt nobis — iurisdictionem ville de L.

15. Urk. v. 1327 (Ztschr. f. d. Gesch. d. Oberrheins 6, 192): ich G. R. v. R., ein ritter, mit gesamenter hant miner elichen wirtin — han verkouft — die mülin ze W., — alliu diu reht u. die nutze, die ich — darzů hete. — Und dar umb so gib ich u. min wirtin — uf die vorgeschriben mulin ꝛc.

16. Urk. v. 1331 das. S. 205: wir H. Z., ain burger von Kalwe u. L. sin elichu wirttun — mit gesamenter hant, ainmuteclichen — haben gegeben — dem abbet u. der samnung des closterz ze A. — unsern hof ze S.

17. Urk. v. 1328 das. S. 197. Ich Katerin v. B., elichiu wirtin Helfrichs von M., eins edeln knehtz, vergihe offenlich —, daz ich mit willen mins vorgenanten wirtes unbethwungelich mich han befobert [d. i. bevogtet] u. ze fot genumen den erbern ritter, hern Wernhern v. H., u. in sin hant gegeben mich u. min gut, u. ouch mit siner hant han uf gegeben an friger strazen des kunges elliu diu reht u. ansprach, diu ich — gehan moht an den hof u. diu gut zu M. —, diu min vorgeseiter wirt u. sin bruder — hant verkoft — den herren von A., wan in geseit wart, daz ich — min morgengabe dar uf het, dez min elicher wirt u. ouch ich beidiu zwen gestabet eide han gesworn gen den heiligen, daz ich Katerin nie kein morgengabe dar uf gewan —. Daz abir diz war si u. stet blibe —, dar umb so gibe ich — Katerin mit willen mines foites — u. mins wirtes — disen brief besigelt mit ir beider ingesigel.

18. Lüneburg. Stat. b. Dreyer S. 389 (Kraut S. 72). Dath ein Mahn eine Vrouwe nehme in dieser Stadt mith einem Erve u. dath he rede Guth tho ehr brochte u. mit dem sinen Dach u. Erve beterde, u. he dath sine mith der Fruwen redeliken tho brochte; weres eme Noeth, he mochte dath Erve woll versetten um Gelt mith Vullbordt siner Fruwen, wo se beide ehre Recht den rechten Erven düden, dath idt de Noth ehn dar tho brochte u. anders nein redes Guth haddenn.

19. Freiburg. Priv. v. 1120 § 20. Burgensi licet dare vel vendere *uxore sua vivente quidquid possidet; mortua* autem *uxore, si filios vel filias habet,* non

licet *nisi de consensu eorum* — Si vero *legitimam causam* pro eo interpellaverit, — licet ei vendere Item *si contrahit cum alia uxore, nullo modo licet*

20. Freiburg. Priv. v. 1120 § 44. *Maritus uxore vivente pro voluntate sua de possessione sua disponit* Si *alter* eorum *moritur*, nisi famis necessitas eum urgere ceperit, — *de proprio et hereditate sua nil facere potest*

21. Berner Handfeste v. 1218 Art. 42. Quamdiu — pater et mater vixerint, quotquot *filios* habuerint, *non possunt ei contradicere, quidquid facere voluerint de omnibus rebus suis* Art. 43. Praeterea quamdiu *pater* vixerit, et sanus fuerit et incolumis, *omnia bona que habet in allodiis, feodis et aliis rebus potest dare, vendere et expendere, quomodocunque et cuicunque voluerit, et pueris invitis et uxore nolente.* Sed mulier hoc facere non potest — Art. 44. Idem jus damus *mulieri. si civis aliquis moritur*, et *uxori suae multa bona reliquerit*, potest omnia bona sua dare ac vendere — *praeter allodia*, etiam contra voluntatem puerorum

22. Lüneburg. Stat. 10 (Kraut S. 43). De wile dat eneme manne sin wiff leved u. jenich kind binnen den weren levendich hevet, so mach he mit alle sineme gude u mit sines wives gude doen so wat he wil, dat id eme sin wiff eder sine kindere nicht beweren moghen. Storve aver eneme manne sin wiff u. hedden se welk levendich kind to samene, u. were dar to der tyd ervegud, des en mochte de man na sines wives dode nicht laten, he ne dede dat mit der kindere willen, weren se mündich. Weren se och nicht mündich, so scholde he id doen mit rade der kindere frunde van erer moder weghene. Id ne mach och nen man sin ervegud laten, dat eme gheervet is, de nen kind ne hevet, he ne do id mit willen siner rechten erven.

23. Rupr. v. Freysing § 178. Hat der wirt haeuser oder aigen, daz erbet an sein naechst erben —. Ist aver das, das aigen chauft ist um der frawen gůt, so erbet es die frawen u. nicht di erben.

24. Hamb. Stat. v. 1270 I 20. Wert ener vrouwen erve mede geven, also men se to manne gift, ofte wert mit erme gude erve koft, dat erve mach ere man nicht vorsetten ofte uplaten ane ere vulbort u. ane ere jawort.

25. Schwsp. 59. Ein wip mac an irs mannes urlop ir guotes niht hin gegeben, weder eigen noch lipgedinge noch zinsguot noch varende guot. Daz ist da von, daz er ir voget ist.

26. Augsburg. Stat. (Meyer S 187). Waz ain frowe geschaffen mak an ir totbette durch ir sele willen, swaz ir ir wirt erlaubet ze schaffen oder ze geben, daz hat chraft. Wolt aber er ir niht erlouben, so hat si gewalt ze geben ir versniten gewant an sin wort, u. ir morgengabe u. ir chlainoede, diu ir braht sin, ob si da sint.

27. Munch. Stadtr. (Auer Art. 45): chain — frau mag an irs wirts willen nichts tuon, damit man gelts schuldich wirt.

28. Bamberg. Stadtr. a. d 14. Jhrh. § 241. Item wo ein fraw schulld macht — on ires wirts wort, die bey irem wirt wonet, u. bey irem wirt die schulld machet, die soll sie selb ausrichtenn, u. die soll man an ir vodern u. es mit dem rechten mit ire austragen, die weill sie lebt. § 242. Sturb sie aber vor, ee es mit ir ausgetragen wurde, was sie dan cleider gehabt hate, die zu irem leib gehort hetten, do soll man von denselben ire schuld richten, als verren es gereichenn mag: u. hat der wirt sunst an seiner wirtin schulld nit zu schicken, u. soll im an allen seinen gutern u. an seiner hab kein schaden bringen, also ob er der selben schulld nicht eingenomen oder mit ir nit genossen hat. § 243. Geschee es aber mit seinem wort, das sie mit seinem heißen umb schuld gelobt hat oder es eingenomen hat, do sein recht nit furstand, so soll es der wirt selber ausrichten.

29. Wien. StR. Art. 30 (Schuster S. 59). Nimbt aber ain witib ainen man u. pringt in des gewalt nichts, das ir der vorder wiert lassen hab oder das si witib weis anerstorben ist u. chumbt also plosse in sein gewalt; alles, das ir Got geit oder furbas mit ainander gewinnent oder erarbaiten, da giltet si niemand nichts von allen, das si mit irem vodern wiert gelubt u. verzert hat. Nur was si schuldig wirt bei dem mann, den si' genomen hat, das mues si zu recht gelten mit sampt irem wierte.

30. Schwsp. 127. Stirbet einem wibe ir man, u. belibet si in dem guote unbeteilet mit den kinden —; so sie sich zweien, so nimt diu vrowe ir morgengabe vor erdan. u. hat sie varende guot da mit ir man niht geschafet hat an dem tode, so sol man — geliche teilen under wip u. under kint.

31. StR. v. Baden i. Aargau (Schröder Gesch. des ehel. Güterr. II 2 S. 182): was ligender güter u. gült ein man zuo siner elichen husfrawen bringt, oder ein frau zuo irem man, oder was si von den iren ererbt hand, welches denn vor dem andren abstirbt, u. liberben mit einander hand, denen vervachend sich alle ligenden güter, si habend si zuo einander bracht, ererbt oder erkouft. da mag das, so im leben ist, die nutzung davon niessen, unvertribenlich des hauptguots.

32. Stadtrechtsb. v. Rees Art. 36 (das. S. 82). Als dat echte bedde geschoert is, so besit dat leiste liff al die erstail in tuchte; dan al reidt guit mach dat leste liff to sinen schoensten gebruicken, als dat bedde geschoirt is, were(n) als dan dar einige echte kinder van ein bedde, sein van stond an mit dat erstail beerst, beheltlich dat leiste lieff van den alderen oer tucht an der erstail.

33. Urk. v. 1231 (Quellen z. Gesch. Kölns II 130): *cum consensu mariti sui* H. — remisit *usumfructum suum* —, quem habebat *in omni hereditate sua et mariti sui prioris* Anselmi, pueris suis A. W. et Jutte.

34. Urk. v. 1294 (das. III 391): magister W. — *usumfructum suum* — remisit *pueris suis* de Tula, *prima uxore sua, genitis*.

35. Kl. Kaiserr. 2, 97. Da ein man u. ein wib han liegende gut zu einander bracht, u. die ein kint han, stirbet der gemechte eins, so ist daz kint geerbet mit dem ute; stirbet dan daz kint darnach, so ist die muter geerbet mit dem gute ade der vater allein mit allem dem, da daz kint mit geerbet was.

36. Das. 2, 53. Ein jeglich man, der dae kinde hat mit zween wyben, u. he dan stirbet, da sollen je die kinde nemen dat guet, dat by ire moder ist gewunnen, u. die varnde habe, die he unvergiftet lesset, u. darnae als he by jeder moder ist gewest. Gewint ouch ein man guet nae zweyer wibe dode, it sy varende off liegende, dat soelent die kinde gelich deylen.

B. Spätere Veränderungen im Güterrecht der Ehegatten.

1. Bis zur Reception des Römischen Rechts. § 167.

1. Lüb. OStB. z. 1358 b. Pauli Abh. 2, 11: ad Brunonem — pervenit domus quedam —, que hereditata est super uxorem suam E — ex obitu fratris et sororis ipsius, quibus ante pertinebat. *Quam ipsi Brunoni jussit consilium sic asscribi propriam tali jure*

2. Lüb. OStB. z. 1381 das. S. 14: ad Tydemannum H per obitum — fratris uxoris sue —, *devoluta est* domus quedam —, quam *sibi* consilium in iure demortue hereditatis *asscribi* iussit

3. Lüb. OStB. z. 1371 das. S. 22. Ioannes H. accepit in dotem cum uxore sua — domum quandam —, quam ipsa — sibi coram consilio resignavit, ita quod ipse illa uti possit tytulo empcionis *tamquam mobilibus bonis suis* — Die Inscription über den Verkauf dieses Hauses das. lautet: R. W emit a Iohanne H. domum —, quam *cum uxore sua* —, *cuius dotalicium fuerat*, sibi coram consilio resignavit

4. Lüb. OStB. z. 1360 das. S. 8. Iohannes Crispin accepit cum uxore sua T. —, Nicolai V. relicta, in dotalicium omnia et singula bona sua, hereditates et propria et quecunque pro dotalicio suo, quod ad ipsum Nicolaum predictum priorem eius maritum adduxerat, recuperare in ipsius Nicolai bonis relictis poterit et habere usque ad duodecies centum marcas Lub den Nam ad tantam summam dotalicium idem se extenderat. Que omnia quidem bona sua ipsa cum provisoribus ac proximis eius ipsa Iohanni Crispin coram consilio resignavit, ut eis omnibus ad placitum suum uti possit libere *sicut mobilibus seu mercatoriis bonis suis*.

5. Lüb. R. II 17. Nimpt en man en echte husfruwen mit erve, dat ere vrunt eme ghevet mit ere like copschatte, de man schal sunt dem male weldich wesen des erves to vorcopende u. to settende weme he wil like anders sime copschatte.

6. Lüb. OStB. z. 1346 (Pauli 2, 46). Gh. V —, Hermanni de W uxor, obtinet in — domo L. Sartoris de S. — 13 marcas den. wicbeldes annuatim, quas prius habuit in eadem sibi coram consilio resignatas, cum quibus ipsa libere facere et dimittere poterit, dare, vendere ac aliter dispensare quicquid voluerit, *marito ejus predicto — minime requisito.*

7. Lüb. OStB. z. 1353 das. S. 47. M. —, Hermanni de W. uxor, obtinebit in omnibus redditibus — Hermanno nomine dotalicii sui asscriptis 20 marcas den. wicbeldes annuatim, quas ei coram consilio resignavit, *ut eis libere possit uti, dare et dispensare ubi voluerit — et cum eis plane facere et dimittere quicquid velit.*

8. Lüb. OStB. z. 1366 das. S. 50. Margarete uxori sue — dimisit et resignavit coram consilio Joh. Fl quandam domum —, quam ipse pridem cum ea *in dotem receperat,* et ipsa erit *potens cum ea facere quicquid velit et eadem uti tamquam mobilibus et mercatoriis bonis suis*

9. Lüb. Testam. v. 1382 das. S. 52. 20 marcarum redditus — provisores uxoris mee sibi applicaverunt ad ejus *denarios triphales* proprie *spelepenningen,* quando ipsa michi fuerat desponsata.

10. Lüb. Testam. v. 1387 das. S. 54. Item volo, quod — mee filie uti et frui debent illis 10 marcarum redditibus, quos habeo in domo Marquardi Gr., ad tempora earum vite, — in subsidium *denariorum ludencium* proprie spelepenningen, *et earum mariti nullo modo se imbrigant cum redditibus eisdem.*

11. Rb. n. Dist. I 11, 1. In unsen wichbilden disses landes gibt man den frouwen wedder gerade noch musteyl von des wegen: dy frouwen sin domete vorsichert, ab man sy nicht vorgibt mit lipgedinge noch mit lipczucht noch mit ußgescheyden phenningen, so nemen sy an allen guten, dii under dem mannen sint erstorben, an eygen, an erbe, an zcinsgute, an farender habe, dii in huß adder in hoffe sinth, eyn dritteyl. — Unde daz dritte teyl ist denne or eygen. Do nempt sy denne wol man mete, wenne sy uß der kinder gute zcuth. dist. 2 Nempt sy eynen man zcu der e, waz sy ores dritten teyls zcu om brenget, daz ist sin u. or. Dii vordern kinder haben keynen anefal doran. Dorumbe sullen sy keyn forteyl haben widder an gerade noch an musteyle. Keyn or niftel had ouch furderunge zcu gerad noch zcu musteile.

12. Das. I 5, 5. Sterbet dy frouwe u. nemmet derselbe man eyn ander wip zcu der ee — u. ist daz her mit der leczten fruwen nicht kinder en had, u. sterbet he vor der frouwen, sy nemmet doch ore dritteteyl an des mannes gute zcuvor u. was sy zcu ome bracht had. — Were abir der fruwen gutes icht vorkouft by des mannes leben adder sins ersten gutes, do en had widder dy fruwe noch dy ersten kinder keyne erstatunge an.

13. Das. I 14, 4. In wichbilde der stad, do man dritten teyl gibt, do (sin) — alle frouwen ane lipgedinge, ane morgengabe, ane gerade vorscheyden mit oren dritttenteyl, daz er recht eygen ist, do mete sy eynen andern man nemmet. Nemmet sy keynen andern man u. had nicht kinder, so erbet sy daz uff ore nesten u. nicht uf or mannes.

14. Das. I 23, 1. Wo man den wiben dritten teyl gibt, do folget deme manne nicht mer wen dretten teyl uß der kinderegute u. uß der farnder habe, wen sy so ungeczweyget mit enander haben gesessen. Hat her icht henin bracht, daz nemmet her uß zcuvorn. Hat her ouch erbe gekouft, dy wile sy haben ungezweyget gesessen, uß orem adder mit oren gemeynen gute, dy nempt he ouch ein teyl doran.

15. Das. I 47, 6. Kempt eyn fruwe u. eyn man zcusammene zcu elichen dingen u. gewinnen dy kinder —, brengen dy erbegud zcusammene, ab dy kinder sterben, so mag der man u. dy fruwe, beyde by orme gesunden libe, daz gud wol vorkouffen u. vorkummern, daz sy mit enander derworben haben, dywile daz sy beyde lebeten. Sturbe aber eyns,

u. daz ander lebening blebe, daz en muchte denne daz erbegud nicht vorkouffen noch vorkommern ane des willen, der sin nester ist. — U. ist lantrecht, wichbilde u. keyserrecht. Wo man dritten teyl reichet, do en ist sin nicht.

16. Goslar. Stat. 12, 5. Sterft ein man de ein echte wif hinder sek lete, de kindere tosamede hebben, de wile dat wif nenen anderen gaden nimt, ne darf se mid den kinderen nicht delen; wan se aver enen anderen gaden nimt, so schal se mid den kinderen delen, u. schal to vore nemen alle ore kledere, de se to orem live heft, u. dat gesmide alse se to orme manne gebracht heft, edder also gud gesmide of id dar besterft, u. wat dar over vorder van erve is, dar schal de frouwe mit den kinderen to kindes dele gan.

17. Das. 12, 21. Störve ok eynme manne sin wif, de kindere hinder sek lete, u. neme de man eyn wif, de ne darf mit synen kinderen nicht delen; werft he kindere, so schullen de ersten kindere mit den lesten like gud recht hebben to ores vaders erve; u. wanne de man sterft, so mögen de ersten kindere deil eschen von orer stefmoder; hedde ok de vader der kinder jenich beraden edder afgedelet, dat doch van deme erve nicht gelaten en hedde, welde de delinge nemen, de scholde inbringen wat ome geworden were, ane de frowe ore kledere u. smide, u. de man ane ors, perde u. harnsch, alse dat dit bok utwiset.

18. Freiberg. Stadtr. 1 § 1. Swo ein man stirbet — u. lezet eine husvrowen u. kindere, u. lezit eigen u. erbe, hus, hof, vorwerc, hutten u. teil, koufschatz u. schult, u. bi namen allerlei varnde habe, daz ist daz dritte teil der vrowen, u. di zwei teil der kindere.

19. Das. 1, 17. Welch man oder vrowe oder welch kint erbeteil nimit, daz sal ouch die schult mite gelden zu rechte u. daz di bigraft kostet, also vil alse im geburt u. also verre alse daz erbe gewenden mac.

20. Freiburg. Stadtrodel. § 26. Omnis mulier erit heres viri sui et vir similiter erit heres illius.

21. Berner Handfeste v. 1218 Art. 40: uno defuncto alter omnia bona ipsius, que reliquit, *iure hereditario* — possidebit. — Art. 41. Si duo contraxerint et filios genuerint, liberi eorum *post mortem utriusque parentis* omnia bona parentum iure hereditario — possidebunt.

22. Lüneburg. StR. 16 (Kraut S. 42). Hedde och en man ervegud to sineme wive bracht, — storve der man er der vrowen u. ne hedde se nen levendich kind van eme, des gudes ne mochte de vrowe nicht mer beholden, mer dat ere de man to morghen gave geven hedde; des brukede se ere levedage, dat andere gud velle alto hant in des mannes rechte erven.

23. Das. 8 (Kraut S. 35). Neme en man en wiff, u. wunne se kindere by eme u. stoerve de vrowe er de manne, de kindere noch ere vrund ne mochten den vader uppe nene delinge driven, he ne neme en ander wiff. — Storve och en man er der vrowen, dede welk kind to samene hedden, dat kint eder de kindere noch ere vrund ne mochten de vrowen uppe nene delinge driven, de wile se nenen anderen man en neme.

24. Schwsp. 127 s. ob. § 166 Nr. 30.

25. Lüb. R. II 19. So war en vruwe u. en man to samene hebbet kindere, u. er en vore sterft, — sogedan gut, also dar blivet, dat schal men schichten twischen deme, de dar blivet, u. den kinderen in der were; stervet oc der kindere en, dat ervet sin del up de anderen kindere, de in der were sint, to liker delinge. — Stervet oc der kindere en, dat uth ghesunderet is ane erve, it ervet weder an de were up de anderen also vaste de ut ghesunderet sin, also vaste de in der were sin. Sterven oc se alghemeine, dat erve hort to den negesten erven.

26. Das. 20. So war en man u. en wif kindere hebben u. der eine vore stervet, — is dat der kindere jenech is to sinen jaren komen u. wil dat sin erve hebben, man ne magh es eme nicht vor secgen.

27. Das. 21. Sterft eneme manne sin wif, u. hebbet se nene kindere to samene, de man schal wederkeren der vruwen negesten erven dat halve del des ghudes, dat he mit der vruwen genomen hevet. To liker wis, stervet ener vruwen er man, u. de nene kindere to gadere

hebben, de vruwe nemet soghedan ghut ut to voren alſo se to ereme manne hevet ghebrocht, ofte it dar is; so wat dar ghudes boven is, dat schal se ghelike schichten mit des mannes erven.

28. Lüb. R. II 11. So war man u. wif an echtschap ghot to samene hebbet, is dat deme manne not an leghet, dat men ene dor schult to eghene schal geven, oder in openen orloghe vangen wert in den heyden oder anderswor, den schal men ledeghen u. losen mit alſo daneme ghude, alse se tosamene hebbet, it si der vruwen medegift oder woghedan gut se hebben, dar schal men ene mede losen. Wert oc de man vorvluchtich dor schult, u. hebbet se kindere to samene, — is de schult witlic, men schal ghelden van al deme ghude, dat se beyde hebbet, it si erve oder copschat; ne hebbet aver se nene kindere to samene, u. is de man vorvluchtich, so nimt se ere medegift to voren ut; van deme anderen ghelt men, it ne si alſo dat se mede hebbe ghelovet, denne mot se mede ghelden.

29. Das. 3. Sterft eneme manne sin wif, u. so wanne de man schichten schal mit sinen kinderen, he schal to voren ut nemen sin harnasch u. sine geschapene cledere; so wat dar boven is, dat schal men al ghelike schichten mit sinen kinderen.

30. Das. 4. Sterft oc ener vruwen er man, u. boret ere to schichtende mit eren kinderen, de vruwe nemet to voren ere hanttruwe —, wat so den dar boven ghodes is, dat si an schapenen clederen u. an inghedome, dat schal se al ghelike schichten mit eren kinderen. (Pauli Abh. II 26.)

31. Hamb. St. v. 1270 III 10. So wor een man u. een vrouwe an echtschop tosamende synt u. nene kyndere en hebbet, stervet de man, de vrouwe schal van sik geven to deele eres mannes negesten de helfte eres geldes. Des gelik schal de man don, stervet de vrouwe: de man schal van sik geven dat drudden deel synes wyves vrunden.

a Das. (nach den Hss. C u. D). So wor een man u. een vrouwe an echtschop tosamende sint u. nene kindere en hebbet, stervet de man, de vrouwe schall nemen tovoren er gud up, dat se to eme brocht hefft, u. sind ere kledere offte ere erve offte husgedinghe wat geergeret, schade ere. Und is et wat gebetert, vrome ere. U. datsülve do de man, offte de vrouwe störve; men schall over jo thovoren de schuld gelden van dem'e meenen u. van deme gantzen gude, u. wore darvan enboven de schollde de vrouwe hebben halff, u. datsulve do de man.

32. Das. VI 32. Were dat ener vrowen ere man storve u. er nen gud ne ervede, u. worde se hirna beraden mit helpe erer vrunde, u. wolde se jenich man schuldigen umme eren ersten mannes schult, dar ne darf se nene not umme liden, ofte se dat betugen mochte mit erfhaftigen luden, dat se van erme ersten manne jenegherhande gud untfangen hebbe.

33. Hamb. StR. v. 1292 E. 18. So wor ein vrowe u. ein man tosamene komet an echtscap mit erve u. mit goede, dhe nene kindere ne hebbet. u. sterft dhe vrowe eir de man, men scal dhe schulde ghelden van dheme menen gancen goede u. och so wat cost dair opgheit binnen einen manede van der bigraft u. van seilmanunghen. So wat dar enboven blift, des scal de man nemen dhe twedeil u. der vrowen vrint dat briddendeil. Unde sterft de man eir dhe vrowe sunder kindere, so scal de vrowe de helfte nemen alles des goedes u. des mannes vrint dhe andere helfte, u. dhe scult scal men ghelden van dheme meinen gancen goede.

34. Magdeb. Sch.Urth. (Böhme 6, 144 Abs. 7): eyne fraw (mag) erem manne farnde habe ane erbin lowbe wol vorgebin bey erem leybe.

35. Das. (das. 6, 95 Nr. 4): sprechen — vor ein recht, das die frawe anirstorben erbe erem elichin wirte nicht vorreichin mag, noch vorgebin mag an eren nesten erbe wille.

36. Lüb. OStB. z. 1285 b. Pauli 2, 63. G, maritus Christine W., et ipsa Christina mutuis se donationibus dotaverunt coram consulibus, unanimiter arbitrantes, quod quicunque eorum premoritur, *superstes omnia bona utrorumque sine impeticione cuiuslibet debeat possidere.*

37. Braunschw. StR. v. 1402 § 162. Werd eyn man verfluchtich umme scult edder sterft, alze dat me sine schult nicht gelden mach, u. wel me siner fruwen na wesen, me schal ore laten ore deghelikes kledere u. alzo vele beddewandes, dat se up u. under hebbe, oft se de schult nicht gelovet hefft.

38. Augsb. StR. 76 § 8 (Meyer S. 153). Ist auch daz sich zwai egemächide gesament mit der e, hat daz eine danne gut, daz ez geerbet hat von sinen vordern, ez si aigen, lehen oder swelher hande gut daz ist, u. git ez daz sime gemächide, so sol ez sin sin. Unde ist auch daz, daz ez stirbet ane erben, so sol daz gut daz ander gemachide erben u. soll niht wider hinder sich vallen, wan ez disem gemächide geben ist, davon sol ez sin sin, u. sol niemen anders chein reht daran haben.

39. Ius Susat. antiq § 28 In contractu matrimonii vel etiam *post contractum* quamcunque donationem vir mulieri aut mulier viro sub testimonio bonorum virorum dederit, — super eo amplius in causam trahi non valebit.

40. Brem. Stat. v. 1303 Ord. 41. So wor twe thosamene komen an echtschep, wot dhe hebbet, dhat is herer beydhe na stades rechte. Storve er en, dhe ander scal sine sculde gelden —, dha ne si ander underscheđ u. dhes men vullenkomen mach mit hantfestinghe idher mit tughen.

41. Alt. Soest. Schrae 51 (Seibertz 2, 393). Welick man eyn echte wyf hevet, dey kopet ande vorkopet, weyrt dey man beclaghet umme dey schult, dey sey ghemaket hevet, dey sal de man helpen ghelden van ar beyder ghude.

42. Schwsp. 58, 1—3 (Schilter) (b. v. d. Lahr hinter 3, 313). Unde ist daz eyn frowe ein man hat, der übel geraten ist, u. wil er ires gutes anwerden, das ir ir vater u. ander ir fründe hant gegeben; sie mag es mit rechte wol versprechen u. behaben. Si sol varn zu ir richter u. sol zu dem ersten eynen vormunt nemen u. sol ir der helfen clagen, u mag sie behaben mit der kuntschafft, daß er ungeraten ist u. in der unfüre (i e mala seu probosa vivendi ratio *Haltaus*) ist, daß sie irs gutes vor yme sorge hat, das sol sie erzügen mit zweyn mannen zu ir selber, — so sol der richter sinen botten irem vormund geben u. soln auf das gut farn u. soln sich des underwinden. Unde wer ir darnach dehein leit daran tut, der ist vridebrecher —. Unde ist es daß er ir morgengabe hat gegeben, so sol sie vor den richter varn u. sol ir morgengabe behaben, als hiervor gesprochen ist, u. sol sie der richter uf ir morgengabe beschirmen.

2. Seit der Reception des Römischen Rechts. (B. § 120.) § 168.

C. Heutiges Recht.

1. Heirathsgut und Aussteuer. (B. § 120 II. G. § 237.) § 169.

1 L Alam 55, 1, 2 s. oben § 166 Nr. 1.

2. Baier. LR. 107 (Freyberg 429): ain iglich man, der zuo eleichem heyrat greift, was dem haimstewer geben wirt, es sey aygen oder lehen, oder varendew hab, der hat gewalt damit ze schaffen u. ze tun, was er wil, ez sey dann das im die haimsteur mit besunderm gedinge geben werde, des süllen si pedenthalben brief haben; habent aber si nicht brief, so sol die haimsteur ewiklich dem manne volgen u. sein erben, ob ain fraw vor dem man stirbt u. nicht chint laet.

3. Das. 110 (das. 430). Sturb ain man vor seiner hausfrawen u. liezz ir nicht chint, derselben frawen sol ir u. iren erben ir haimsteur volgen, die si zuo irem wirt pracht hat —, u. auch ir widerlegung, ob alz vil hab da ist.

4. Ed Rothar c 182: habeat — mulier — quod de parentes adduxit, id est *faderfio*

5. Jülich. LR. v. 1537 IX 3. Item so eyne doichter myt eyme gereiden hylichs pennynck u. etlicher Erffschafft uyß bestaidt wyrdt, u. dair myt eyne verziegen doichter ist, als under der Ritterschafft gemeynlichen zo geschien plicht, u. ouch bywylen under den huysluden ꝛc.

6. Sächs. Ges.B. § 1659. Ausstattung oder Aussteuer, Brautschatz, Heirathsgut, Ehegeld, Mitgift ist der Inbegriff Desjenigen, was Dritte für die Ehefrau als Beitrag zu Bestreitung der ehelichen Lasten versprechen oder geben.

7. Das. § 1661. Der Vater ist verpflichtet, seiner Tochter — zu Einrichtung des Hausstandes eine nach richterlichem Ermessen mit Rücksicht auf sein Vermögen u. den Stand des Ehemannes seiner Tochter zu bestimmende Ausstattung zu geben. § 1662. Ist der Vater gestorben oder vermögenslos, oder die Tochter eine außereheliche, so ist die Mutter zur Ausstattung der Tochter verpflichtet.

8. Das. § 1663. Ist die Tochter von einem Dritten an Kindesstatt angenommen, so liegt die Verpflichtung zur Ausstattung — diesem Dritten u. nur, wenn er gestorben oder vermögenslos ist, den leiblichen Eltern ob.

9. Brem. Ritterr. Tit. II § 1. (Es) sollen des Verstorbenen Söhne, so das Erbstammgut vorausnehmen, ihre Schwestern davon — nach aller Nothdurft unterhalten u. — aussteuern, u. alsdann einer jeglichen ein ziemlich Ehegeld oder Mitgift, zusamt Kleidern, Kleinodien u. dergleichen Gezierde, nach ihrem Stande u. Vermögenheit der Güter zu geben — schuldig seyn.

§ 170. 2. Widerlage. (B. § 120 III b St. § 234 II 1)

1 Form Alam. 16 hg. v. Wyß S. 36. Haec omnia eo pacto ipsi sponsae meae contrado, ut si eam in coniugium — accepero, haec omnia *cum ceteris rebus meis mecum pariter — habeat et possideat et augmentare studeat*

2. Baier. LR. 11, 17 s. § 169 Nr. 3.

3. Schwsp. 23 s. § 166 Nr. 9.

4. Bergisch. LR. § 13 (Lacomblet Archiv I 85). Ein man van der Ridderschafft mach synem wyffe ein wederwerff machen an synem Erve zo eyner lyffzucht; ind sturff der man ehe dan sie, ind liesz ander Erven (d. i. Erbgüter), da sie nith an gewedumbt en wehre, dair en sall sie gein recht an haven.

5. Urk. v. 1479 im Schwarzenberg. Stamm-Regišter Beil. S. 30: sollen dem — Michaeln — zu — unser Tochter zu dem echten Heuraths-Gut geben 500 Rhein. Gülden —. Darwieder u. gegen soll er ihr geben 500 fl. zu Wiederlegung; u. so er sie ehelich beschlaffen hat 1000 fl. zur Morgengabe geben: also daß das Zugelt, Gegengelt u. Morgengab 2000 fl. betrift. Dieselbe Summa 2000 fl. sollen u. wollen wir (die Mutter des Michael) — dem Frewlein Agnessen, unsers Sohne Gemahlin verweisen u. vermachen in Jahresfrist nach deme sie ehelich bey einander geschlaffen haben: also ob es zu Fallen käme, daß sie je von 15 fl. einen Gülden gewiesser Nutzung jahrlich wohl gehaben moge uff unserem Schloß Eyßleben mit aller seiner Zu- u. Ingehörung.

6. Gl. z. Sächs. Lehnr. 31: donatio propter nuptias, (die) wir ein ehegelt heissen.

7. Frankf. Ref. III 2 § 1. Als in dieser Statt — breuchlich —, daß die Heurahten mit Geding, das ist, mit Bestimmung der Zugifft oder Ehesteuwer u der Widerlegung, in Latein Dos et Donatio propter nuptias genannt, — geschlossen u. darauff dieselben Pacta verbriefft werden: So lassen Wir es dabey auch nachmahls bleiben.

8 Cod. Max. Bav. I 6 § 14 Was die Ehe-Frau in Ansehen des Heyrath-Guts von ihrem Manne oder statt seiner von anderen mit- oder auch ohne seinem Vorwissen erlangt, das ist u. heißt 1mo die Wiederlag oder Gegen-Vermächtnuß (*Contrados* vel Donatio propter Nuptias), wozu auch 2do nicht nur der Mann selbst, sondern da er etwan nicht so viel in Vermögen hat, sein leiblichen Vatter, Groß-Vatter oder Mutter — verbunden ist. — 3tio Wird zwar nicht erfordert, daß die Wiederlag dem Heyrath-Gut allzeit gleich seye, — falls aber keine formliche Ehe-Pacta vorhanden seynd, so ist man der Ehe-Frauen soviel, als das Heyraths-Gut betragt, pro Contradote schuldig. 4to Kan selbe ohne würklich eingebrachten Heyrath-Gut niemal bestehen —. 5to Stehet der Ehe-

Frauen während der Ehe weder Eigenthum noch Nutzniess- oder Verwaltung hierauf zu, sofern nicht ein anderes ausdrücklich bedungen ist.

9. Preuß. LR. II 1 § 456. Was der Mann der Frau aus seinem Vermögen auf den Todesfall eigenthümlich aussetzt, heißt das Gegenvermächtniß.

10. Das. § 459. Ist die Summe des Gegenvermächtnisses im Vertrage nicht bestimmt; wohl aber die Absicht der Contrahenten, daß dasselbe mit dem Eingebrachten in Verhaltniß stehen solle, — ersichtlich: so ist das Gegenvermächtniß auf die Hälfte des Eingebrachten festzusetzen. § 460. Ist eine solche Rücksicht auf die Summe des Eingebrachten aus dem Vertrage nicht zu entnehmen: so wird das Gegenvermachtniß dem Ehevermächtnisse gleich gesetzt.

11. Oesterr. Ges.B. § 1230. Was der Bräutigam oder ein Dritter der Braut zur Vermehrung des Heirathsgutes aussetzt, heißt Widerlage. Hiervon gebührt zwar der Ehegattin während der Ehe kein Genuß; allein wenn sie den Ehemann überlebt, gebührt ihr — das freye Eigenthum, obgleich dem Manne auf den Fall seines Ueberlebens das Heirathsgut nicht verschrieben worden ist.

12. Das. § 1231: — in eben der Art, in welcher die Aeltern der Braut schuldig sind, ihr ein Heirathsgut auszusetzen, liegt auch den Aeltern des Bräutigams ob, ihm eine ihrem Vermögen angemessene Ausstattung zu geben.

3. Witthum. (B. § 120 III a u. c G. § 239. St. § 234 II 2.) § 171.

1. Taciti Germ c 18 s. oben § 163 Nr. 1.

2. L Sax 47. Dotis ratio duplex est: *Ostfalai* et *Angarii* volunt, si *femina filios genuerit*, *habeat dotem*, quam in nuptiis accepit, *quamdiu vivat*, filiisque dimittat. — Si autem *filios non habuerit*, *dos ad dantem* si vivit revertatur, si defunctus est, ad proximos heredes eius. Apud *Westfalaos*· postquam mulier *filios genuerit*, *dotem amittat*, si autem *non genuerit*, *ad dies suos dotem possideat*.

3. L Burg. 62 s. oben § 166 Nr. 2.

4. Urk. K. Richards v. 1268 (Dynteri chron. ed. Ram 2 S. 425). Ioannes dux — ducatum Lotharingie et Brabantie — a nobis — recepit in feudum —; *dotalitio sive duario aut dote* — ducissae A, matris sue, semper salvo Qui quidem dux — confessus fuit —, quod recognovit — matrem suam dotatam fuisse a — patre suo in villa Geldoniensi redditibus trium millium librarum, — et in villa de Genapia quingentarum librarum — annis singulis iure dotalitii possidendis. Quam quidem *dotem sive dotalitium aut duarium* matris suae — in manus nostras — reportavit. Nos itaque — *dotem* huiusmodi *seu dotalitium sive duarium* in manus predictae ducissae reddidimus.

5. Urk v. 1333 (Scheidt vom Adel Mantissa docum. S. 389). Ego Elizabet relicta — Everhardi famuli de N. assignavi curiam quam possideo *ad usum vitae meae*, qui vulgariter dicitur *lifftucht* — cum suis pertinentiis et usufructibus universis.

6. Ssp. I 21 § 1. Man mut ok wol vrowen geven egen to irme live mit erven gelove — binnen deme gerichte dar't egen inne leget, in jewelker stat, deste dar koninges ban si.

7. Das. § 2. Liftucht ne kan den vrowen neman breken, neweder naborne erve, noch neman uppe den dat gut irstirft, se ne verwerke't selve.

8. Schwsp. 21. Lipgedinge mach den vrowen niemant gebrechen. — Verwürket joch ir man sin guot mit untat, man kan ez ir mit rehte nit genemen.

9. Ssp. I 21 § 2. Wirt san en man mit rechte van sime wive gesceiden, se behalt doch ir lifgetucht, de he ir gegeven hevet an sinem egene.

10. Schwsp. 160 Z. 4 ff. Hat ein vrowe lipgedinge an eigen oder an lehen — so si stirbet: daz eigen wirt den (irs mannes) nasten magen ledic u. daz lehen dem herren.

11. Kl. Kaiserr. 2, 100: der man (mag) sin gut gebin weme her wel an des wibes hand (al. dank), sunder alleine daz gut, da dez wibes widme uf liget.

12. Salfeld. Stat. 39 (Walch 1, 25). Machet ein man siner huzfrawen leipgeding u. verkauft das wider, swiget si jar u. dach, sie muz immer swigen.

13. Gosl. Stat. S. 6 Z. 25. Van liftucht ne ghilt men nicht, de en man sinem wive maket, dar se mede gescheden is van des mannes erve.

14. Ssp. III 75. An egene is recht lifgetucht der vrowen, wende it in nieman gebreken mach to irme lieve, u. an lene nicht, wende it in to maneger wis gebroken mach werden. Len by ires mannes lieve is ire gedinge; na ires mannes dode is it ire rechte len.

15. Rb. n. Dist. I 12, 1. Lipgedinge ist, daz eyn man sinen wibe leth lin u. dinge den hern an sime gute, daz sy besiczen sal u. gebruchen noch sime tode, dywile daz sy lebet u. wol eynen andern man nempt noch sime tode. He mag or dingen zcu lantrechte adder zcu wichbilde erbe, huser, adder acker, adder eygen, vor deme richter u. vor den dingeluthen, vor deme gerichte, do is inne lith, an gehegeter bang. He mag or ouch lipzcucht machen mit gelde, daz or vorborget wert, ab der man sterbet, daz or dii erben adder dy borgen daz geld lissen. Noch orme tode vellet daz gelt nicht hinder sich. Sy erbet is ouch oren man, ab sy den genomen had, u. uf ore kinth, ab sy sich mit om bekindet had, u. allewege uf ore nesten; es en sy denne mit genanten worten ußgescheyden, daz is wedder om sulle vallen.

16. Magdeb.-Bresl. syst. Schöffenr. IV 2, 40. Begobit eyn man syn weib mit 100 markin czu yrme leybe, der man stirbit dornoch u. lesit eyn kint, daz selbe kint sterbe ouch e wenne syn mutir; di 100 mark, — wenne ze stirbit, ze sallen vallin uf des mannis erbin, der ze begobit hatte u. nicht uf der vrauwin erbnamyn —. Wenne der vrauwin mochte von yrme kinde nicht an gevallin, daz uf daz kint nicht bekomyn was, wenne di hundirt mark der muter worin, do ze lebte.

17. Urk. v. 1383 b. Horn Friedr. der Streitb. Urkundensamml. Nr. 28: gebin wir der — frowen Margareten ires — lipgedinges, u. jungfrouwin K., irer tochter, irer heymstuer u. mitegabe czu vormunden G. v. Wolfranastorff, der egnanten frouwen Margareten bruder, der sy von unsir wegin czu — iren lipgeding u. mitegabe vestiglich czu iren rechtin schuczin u. verteidigen sal u. sy ouch vestiglich daby behalden.

18. Gl. z. Sächs. Lehnr. 56. Nun möcht einer fragen: Nach dem jr ehelich mann jr vorsteher jrs leibgedings ist u. jr rechter vormund u. jr auch das leibgeding nicht ehr gehort, denn nach jres mannes tode, warzu bedarff sie denn solches vormundes? Sag also, dis sey durch dreierley ursach willen, das ein fraw vormunden haben sol an jrem leibgeding. Die erste ist, das ir mann das leibgeding weder verkauffen, noch verkeren (l. verkümmern) mag on jres vormundes willen, weder mit jrem, noch auch on jren willen. Die ander sach ist, das der gegeben vormund nach des mannes tod zu hand dem gut mit der sinnunge volgen soll, u. die vorderen an der frawen stat, seid die fraw des hehrschildes, das ist der ritterlichen manschaft, darbet. Die drit sach ist, das man der frawen einen vormund gibt, das er das leibgeding vertreten sol, beide bey des mannes lebenden leib u. darnach, ob man auff das leibgeding etwas fordern wolt.

19. Das. 57. Nimbt ein mann ein wittwe, die leibgeding hat, der mann ist ein vormund ires guts, dieweil sie lebt.

20. Freiberg. StR. I 12. Welch man eine vrowen nimit mit lipgedinge, hat sie wol einen vurmunden daruber gekorn, aber des gutis sal zu rechte der man mit ir gebruchen, di wile si lebit.

21. Brem. Ritterr. VII 1. Der Mann ist schuldig seiner ehelichen Haus-Frauen — eine Leibzucht oder Leibgeding zu verordnen mit einer bequemlichen Wohnung, Haus u. Hofe, Acker, Wische, Weyde u. Lande, davon sie sich — in ihrem Stande erhalten kann.

22. Brem. Ritterr. VII 4. Solch Leib-Geding mag die Frau, so lange sie lebet, oder sich nicht in die andere Ehe begiebt, nützen u. gebrauchen.

23. Ssp. III 74 s. oben § 148 Nr. 33.

24. Urk. v 1379 b. Moser Staatsr. Bd. 21 S. 175. Nos R — comes palatinus — iuramus et promittimus, — quod dictae dominae Catharinae *donationem propter nuptias ac dotalitium aequivalens et in valore consimili doti* — dabimus, et *assignabimus* in *castris*, *villis*, *domaniis*, *reditibus*, — *etiam in terris*.

25 Const. elect Sax II 42 Unsere Räthe, Facultaten u. Schöppenstühle halten es richtig: — wann einer Frauen ein Leibgeding aufgerichtet u. bestatiget worden, welches sie auch beliebet u. angenommen, daß dargegen ihre Mitgifft u. Einbringen verlosche u. abgehe.

26. Das. c 44 Da die Frau bey ihres Mannes Leben, gegen ihr Einbringen, welches sie darthun kan, nicht beleibgedinget, u. nachmahls von denen Lehensfolgern will beleibgedinget seyn, so soll ihr dasselbige folgen. Es (soll) in der Frauen Willkühr stehen, ihr eingebracht Ehegeld wiederzufordern, oder aber das Leibgedinge anzunehmen.

27. Constit. f. d. Herzogth. Hinter-Pommern v. 1691 Tit. 17 § 1. Ein Leibgeding muß also beschaffen seyn, daß eine Wittwe daraus doppelte Zinsen oder 10 *pro Cent* wegen ihres eingebrachten *Dotis* nach Abzug der Contribution u. anderer onerum genießen könne. Es muß aber *probatio dotis illatae* vorher gehen, ehe ein Leibgeding constituirt werden kann.

28. Constit. f. die Ritterschaft der Neumark v. 1724 P II § 22 Wann nun eine Frau Leib-Gedings-weise die Verzinsung ihrer Ehe-Gelder à 20 *pro Cent* jahrlich genossen —; so wird dadurch *Dos* absorbiret, u. können nach der Wittiben Tode ihre Erben davon nichts fordern.

29. Das. P II § 23. Es soll — auch denen Wittiben frey stehen, wann ein Leib-Geding verschrieben ist, ehe u. bevor sie solches antrete, ihre *illata cum augmento*, u. mit denen in dieser Constitution geforderten lucris zurück zu fordern u. das Leib-Geding zu verlassen.

30. Das. P. II § 28. Kan eine Wittibe das Dotalitium nicht prätendiren u. wehlen, es sey dann, daß der Maritus ihr solches *in pactis dotalibus* constituiret habe. Wann nun aber dieses constituiret ist, so muß alsdann der Successor, wann er auch gleich in die Ehe-Stifftung nicht consentiret hat, falls das Dotalitium dieser Constitution gemaß, die Wittibe damit versehen.

31. Brem. Ritterr. V 1. Obwohl, besage der Rechten nach, der Brautschatz durch oder gegen Vermachung des Leibgedings verlöschet, so ist doch nach Landläuffigem Gebrauche dieses Erz-Stiffts — hergebracht, daß der Frauen neben u. mit dem Leibgedinge, auch ihre Mitgift u. Brautschatz samt des dritten Theils Verbesserung (dies ist dem alten Herkommen nach der halbe Brautschatz) wiederum abgefolget u. erstattet werden.

32. Cod Max. Bav. I 6 § 15. Wittib-Sitz oder Leibgeding (Dotalitium vel Vidualitium) ist jene Portion, welche die Ehe-Frau nach ihres Mannes Tod von seinem hinterlassenen Vermögen Lebenslanglich zu geniessen hat, wobey, wenn (in den Ehe-Pactis) von dem Wittib-Sitz nichts enthalten ist, solcher auch nicht gefordert werden kan. Anderenfalls gebührt solcher nur denen adelich Gebohrnen, u. zwar ohne Unterschied, ob sie dem Mann ein Heyrath-Gut zugebracht haben oder nicht, u. soll das *Quantum* in Entstehung der Güte von der Obrigkeit theils nach üblichen Herkommen, theils nach dem Stand u. Verlassenschaft, oder Anzahl deren Kindern des verstorbenen Manns ex aequo et bono ermessen u. bestimmt werden. Wittib-Sitz u. Wiederlag (kan) nicht nebeneinander bestehen, ausgenommen, wenn beedes zugleich bedungen ist, welchenfalls jedoch der Wittib-Sitz die Iura et Privilegia Contradotis nicht gaudirt, sondern nur in Vim Debiti simplicis gilt. Wenn daher eine Gebohrne von Adel ihrem Ehe-Mann ein Heyrath-Gut zubringt, ohne daß die Wiederlag nebst dem Wittib-Sitz ausbedungen worden, so hat sie eins von beeden zu erwählen. — — Der Wittib-Sitz (fallt) hinweg, durch Verruckung des Wittib-Stuhls, das ist, durch weitere Verehelichung, — durch liederlich- u.

unzüchtiges Leben währenden Wittib-Stand, durch die Ehe-Scheidung, wenn solche aus Verschulden der Ehe-Frau erfolgt.

33. Preuß. LR. II 1 § 457. Wird der Frau (auf den Todfall) der Nießbrauch gewisser Güter oder Capitalien angewiesen: so heißt es ein Leibgedinge. § 458. Eine jährliche Summe, die der Frau aus dem Nachlasse des Mannes zu ihrem Unterhalte während des Wittwenstandes ausgesetzt worden, wird Witthum genannt.

34. Das § 462. Ist die Summe des Witthums im Vertrage unbestimmt geblieben: so muß der Richter dieselbe auf den, nach Verhältniß des Standes der Frau, nothdürftigen Unterhalt, soweit die Nutzungen ihres eigenen Vermogens dazu nicht hinreichen, bestimmen.

35. Das. § 470. Leibgedinge u. Witthum — fallen nach dem Tode der Frau an die Erben, oder Lehns- oder Fideicommißfolger des Mannes zurück.

36. Das. § 471. Leibgedinge u. Witthum (hören) auf, wenn die Frau sich wieder verheirathet.

37. Oesterr. Ges.B. § 1242. Das, was einer Gattinn auf den Fall des Wittwenstandes zum Unterhalte bestimmt wird, heißt Wittwengehalt.

38. Das. § 1244. Wenn die Wittwe sich verehelichet, so verliert sie das Recht auf den Wittwengehalt.

39. Sächs. Ges.B. § 1705. Sind einer Ehefrau gewisse Vortheile auf den Todesfall ihres Ehemannes zu ihrem Unterhalte ausgesetzt, Wittwengehalt, Witthum, Leibgedinge, so finden darauf die Bestimmungen über den Leibrentenvertrag Anwendung. Der Wittwengehalt — wird durch Eingehung einer anderweiten Ehe verloren.

§ 172. 4. Morgengabe. (B. § 118. G. § 238. St. § 234.)

1. Guntchramni et Childeberti RR pactum a. 587 (Mon. C 13) De civitatibus —, quae Gailesoindam — tam in *dote* quam in *morganegiba*, hoc est *matutinale donum*, — certum est acquisisse

2. L. Alam Hlotharii 56 c 2. Si — femina dixerit: Maritus meus dedit mihi *moraganghepa*, conputat quantum volet aut in *auro* aut in *argento* aut in *mancipio*, aut in *equo* pecunie 12 solidos valente; tunc liceat ad illam mulierem *iurare* per pectus suum et dicat: quod maritus meus mihi dedit in potestate et ego possidere debeo. Hoc dicunt Alamanni nasthait.

3. Urk. v. 1185 (*Muratori* Antiq Ital. II p. 117): quoniam die illo, quando te sponsavi, promiseram tibi dare *iustitiam tuam*, *secundum legem meam* (sc. Langobardorum) in *morgincap*, id est *quartam portionem* omnium rerum mobilium et immobilium, quas nunc habeo, *aut in antea habuero* Nunc autem si — te in coniugio sociavero, supra scriptam quartam portionem — tuae dilectioni do, credo, confero, et per praesentem cartam *morgincap* in te *habendum confirmo*, *ut faciatis exinde a praesenti die tu et heredes tui aut cui vos dederitis*, *quicquid volueritis*.

4. Ssp. I 20 § 1. Nu vernemet wat jegelik man von ridderes art moge geven sime wive to morgengave. Des morgens, alse he mit ir to dische gat vor etene, ane erven gelof, so mach he ire geven enen knecht oder ene maget, die binnen iren jaren sin, u. tünete u. timber u. veltgande ve. — § 8. Alle de von ridders art nicht ne sin, die ne mogen iren wiven nicht geven to morgengave wen dat beste perd oder ve, dat se hebbet.

5. Schwsp. 19. So git ein frier herre ze morgengabe siner housfrowen daz hundert marc giltet. Ich meine: fursten u. ander vrie herren. Die mittern vrien die mugen geben daz zehen marc giltet. Die dienestman der fürsten daz fünif marc giltet. Swaz anderre liute ist, die en mugen niht gegeben, wan daz peste phaert oder vihe oder ros. Ist ein eigen man (Cod Luneb. Und is yt en enschildig) ritter, der mac niht gegeben, wan ein ros oder ein vihe, u. der koufman der mac niht gegeben wan als der eigen ritter, u. sines varenden gutes mac er geben zehen marc. Der gebur, der vri ist, oder ander vrihen, die niht ritter sint, die en mugen niht gegeben wan ein ros oder ein rint u. zehen

marc. Der eigen man mac niht gegeben wan ein ſchaf oder eine geiz oder fünif ſchillinge ſiner phenninge.

6. Dortmund. Stat. V 36 (Frensdorff S. 177). Eyn man mach ſynen echten wyve eyn morgengave maeken des eerſten morgens, wan he van eer upſteit, eer ſe die weer rumet; na der tyd mach eer eyn dem anderen nicht geven ſunder vulbort der erven.

7. Stadtr. v. Medebach a. 1165 § 14 (Seibertz UB. 1 S. 74). Qui uxorem legitimam — duxerit, quicquid primo mane coram paranimphis et concivibus suis uxori sue dederit et illa ei *cum assensu heredum utriusque*, quod teutonice morengave vocatur, uterque integra pace optinebit; sed si forte contigerit, quod aliquis datum illud — infringere voluerit, ille, qui datum habet in usucapione, quod vulgo dicitur an geweren, testimonio paranimphorum et adiutorio concivium suorum — sua veritate et iuramento debet optinere.

8. Augsb. Stat. v. 1276 (v. Freyberg S. 101, Meyer S. 164): cheiner witewen mak man cheine morgengabe gäben, diu kraft habe.

9. Sſp. III 38 § 3. Musdele u. morgengave ne erft nen wif bi ires mannes live, ſie ne hebbe ſe untvangen na ires mannes dode.

10. Sſp. I 20 § 6. Morgengave behalt dat wif uppen hilgen, de gewere aver mit getüge.

a. Sſp. I 24 § 1. Na deme herwede ſal dat wif nemen ire morgengave. (Zuſatz:) dar hort to alle veltperde u. rindere u. czegen u. ſvin, die vor den hirde gat, u. tünete u. timber.

11. Schwſp. 20. Unde iſt daz ein man ſines wibes morgengabe verkoufen wil oder verſezen, oder ſwie ers an wirt, ez ſi mit ir willen oder an ir willen, die wile der man lebet, man ſol ir reht tuon umb ir morgengabe.

12. Rb. n. Diſt. I 14, 3. Welde man den fruwen morgengabe brechen an farnder habe, dy or gegebin iſt vor gerichte ꝛc.

13. Sächſ. Weichb. (22) Cod. Palat. 24 Nu vornemet was eyne fraue yres mannes gutes behalden muge nach ſeinem tode ynnen weichbilde: was er yr gegeben hat vor gerichte an ſeinem eygenn zu yrem leybe. Man ſaget das man frauen zu weichbilde pflege morgengabenn zu gebenn, das iſt nicht, wan was der frauen wirt gegebenn ynnen weichbilde vor gericht, das muß ſeynn ein leypgezeeit ader ein eigen erbe mit glubde ader varende habe in des mannes gezceitem gute. Hir umme zcweiet ſich das lantrecht u. weichbilderecht. Wan zu morgengabe gehoren zuuene u. zcymmer u. felt gende vich. Wenne man pfleget zu weichbilde mit ſteinen zu bauen, u. ſint alle mit eyme rechten begriffen der zu weichbilde ſitzt. Dar umb nympt das weip nicht dan gerade.

14. Pölman Diſt. IX 11, 17. Auch ſol man wiſſen, das man zu Magdeburgk den frawen nicht morgengabe gibt für gerichte, ſondern ſie haben eine ſolche gewonheit, wenn ſich zwey nemen zu der ehe, ſo gehen derſelben leute freunde zuſammen, u. thun das gelöbte offenbar, u. wenn des mannes freunde das gelobte han entpfangen, ſo ſprechen der frawen freunde alſo: ob Gott an euch etwas thut, das ir ehe ſterbet, denn unſer freundinne, womit wollet ir ſie belaſſen. So ſpricht er: mit hundert marcken, weiniger oder mehr. Das helt man für eine morgengabe, das gibt man der frawen nach ſeinem tode.

15. Baier. LR. 131 (v. Freyberg 435). Es ſol ain iglich fraw, die bemorgengabt wirt, — alle die gewer haben, die ir wirt gehabt hat, an der morgengab, an daz der wirt der nütz gewaltig ſol ſein, die weil er lebt.

16. Daſ. 135 (daſ.). Ez mag ain iglich fraw an iren leſten zeiten ir morgengab ſchaffen ainem irem freunt oder durch Got, oder waz ſi damit ſchafft oder tuot, da ſol ſi weder wirt noch chinder, noch freunt noch nimant an irren noch chrenchen noch hindern.

17. Berlin. Stadtb. S. 147. Eyn islich man von ridders art geſt ſynem wive tu morgengave. Des morgens, wenn he met or tu diſche gat vor eten, ſuonder erven gelof, geſt he or von ſynem eigen u. von erve-lehn wes he wil, u. let or dat ligen u. let ſy dar inwiſen. — Alſo von alle digene, di von den heren oder von ſynen mannen gut hebben, dat laten ſy den frouwen ligen na des landes zede.

18. Bergisch. LR. § 14 b. Lacomblet Arch. I 86. Ein man van der Ridderschafft mach syner huysfrowen ein morgengaff geven, die irste nacht wan er byschlafft; ind wat Erffs hy oer dan zo morgengaff gifft, dair sall sie oere lyffzucht an haven, in des en darff sie mit oeren kinderen nith deylen oer leven lanck.

19. Brem. Ritterr. Tit. 6 § 1. In diesem Erzstift ist ein alt landläuffig Herkommen u. Gewohnheit unter denen von Adel, daß der Mann seine Frau nach dem ehelichen Beylager mit einem Hoff oder dergleichen Stück Guts oder einer Summen Geldes aus seinen Erb- oder Stamm-Gütern — bemorgengabet, u. solche Morgen-Gabe mag die Frau nach Absterben ihres Mannes, also lange sie lebet, behalten, — sie greiffe dann gleich zur andern Ehe oder nicht.

28. Lüneb. Poliz.Ordn. v. 1618 C. 24: wollen — zwar die Morgen-Gabe nicht abschaffen, gleichwol unsern Landsassen u. Unterthanen auferlegt haben, dieselben also zu maßigen, daß es ihnen, ihren Nachkommen, den Gütern u. ihren Vermögen ertraglich.

21 Cod. Max Bav I 6 § 16. Die Morgen-Gaab ist das Geschenk, womit die Braut in Ansehen ihres Jungfraulichen Stands entweder von dem Brautigam selbst oder von anderen in der nemlichen Absicht beehrt wird. Dieselbe kan — durch Geding oder würkliche Uebergaab geschehen. Letzternfalls erlangt die Braut das Eigenthum, erstenfalls eine rechtliche Anspruch gegen den Versprecher, beedes in dem Supposito, daß die Ehe — vollzogen worden ist. Dafern aber weder durch Pacta oder Uebergaab, noch sonst der Morgen-Gaab halber etwas ausgemacht wird, so soll solche auf Instanz des interessirten Theils von der Obrigkeit ausgesprochen, u. das Quantum theils nach dem Gebrauch, theils nach dem Vermögen des Ehe-Manns, jedoch niemal über den dritten Theil des bedungenen, oder sofern kein Pactum deshalb vorhanden ist, pro Qualitate Personarum gewöhnlichen Heyraths-Guts bestimmt werden.

22. Preuß. LR. II 1 § 206—7. Zum gesetzlich vorbehaltenen Vermögen gehört — die bei Schließung der Ehe von dem Manne versprochene Morgengabe.

23. Oesterr. Ges.B. § 1232. Das Geschenk, welches der Mann seiner Gattinn am ersten Morgen zu geben verspricht, heißt Morgengabe

§ 173. 5. Verwaltungsgemeinschaft des neuern Rechts (sg. ususfructus maritalis) (B. § 120 I G. § 235. St. § 231. R. § 134 ff.)

Preuß. LR. II 1 Abschn. 5 § 205—344. Preuß. G. v. 11. Juli 1845. Sächs. bürg. GB. § 1655—1690. Oldenburg. G. v. 24. April 1873 über d. ehel. Güterrecht. Lübeckisches G. v. 10. Febr. 1862.

Rathmann über ehel. Güterr. nach heut. gem. R. in D. 1859. *C. Jager* de orig. ususfr. maritalis. Halis 1872. — Heydemann s. ob. S. 67. L. Korn das Güterr. u. Erbr. der Eheleute nach dem Brandenburg. Provinzialrechte. Berl. 1880.

1. Kursächs. verbess. Proc.-O. XXXIX 21. Und wie in derer Weiber oder Kinder eigene Güther u. Vermögen die Execution ohne dem nicht wegen ihres Ehe-Manns u. Vaters Schulden vollstrecket werden mag: also soll auch dieselbe in die Nutzungen oder Zinsen, welche der Schuldner vi ususfructus daraus zu erheben hat, andrer Gestalt nicht geschehen, als wenn dem Ehe-Weibe u. Kindern zuförderst der Alimenten halber zugleich prospiciret worden.

2. Suarez i. d. Jahrb. f. die Preuß. Gesetzgebg. XLI S. 110. Nach allgemeinen deutschen Gewohnheitsrechten, die auch in unsern Provinzen durchgehends angenommen sind, — (ist) der Mann *legitimus administrator et usufructuarius* des Paraphernal-Vermögens der Frau, insofern sie sich nicht über eins oder das andere Vermogensstück facultatem disponendi vorbehalten, u. dadurch dasselbe zum Receptitio gemacht hatte.

3. Preuß. LR. II 1 § 205. Durch die Vollziehung der Ehe geht das Vermögen der Frau in die Verwaltung des Mannes über, in so fern diese Verwaltung der Frau durch Gesetze oder Verträge nicht ausdrücklich vorbehalten worden.

4. Das. § 231. In Ansehung des eingebrachten Vermögens der Frau hat der Mann alle Rechte u. Pflichten eines Nießbrauchers.

5. Das. § 212. Was sie während der Ehe durch Erbschaft, Geschenke oder Glücksfälle bekömmt, wird dem Eingebrachten beigerechnet.

6. Das. § 234. In die Veräußerung u. Verpfändung eingebrachter Güter u. Capitalien, desgleichen in die Einziehung der letzteren, ist die Frau nur in sofern zu willigen verbunden, als nothwendige, die Substanz betreffende Ausgaben, welche aus dem Nießbrauche nicht getragen werden dürfen, dergleichen Verfügung erfordern.

7. Das. § 261. Die Verwaltung u. Nutzung des aus dem Concurse (des Mannes) geretteten Eingebrachten fällt an die Frau zurück. § 262. Doch muß aus den Einkünften desselben der nöthige Unterhalt des Mannes, nebst der Verpflegung u. Erziehung der mit ihm erzeugten Kinder, — besorgt werden.

8. Das. § 320. In Ansehung des eingebrachten Vermögens sind alle von der Frau während der Ehe ohne Bewilligung des Mannes gemachte Schulden nichtig.

9. Das. § 321. Hat jedoch die Frau zu gewöhnlichen Haushaltungsgeschäften oder Nothdurften Waaren oder Sachen auf Borg genommen, so muß der Mann dergleichen Schuld als die seinige anerkennen.

10. Das. § 326. Hat der Mann sich entfernt, ohne wegen des Unterhaltes seiner Familie oder des Betriebes seines Gewerbes hinreichende Verfügungen zu treffen, so muß er diejenigen Schulden, welche die Frau zu solchem Behufe hat aufnehmen müssen, als die seinigen anerkennen.

11. Das. § 327. Ein Gleiches findet Statt, wenn der Mann durch eine anhaltende Krankheit völlig außer Stand gesetzt wird, wegen Unterhaltung der Hauswirthschaft oder zum Betriebe seines Gewerbes die nöthigen Verfügungen zu treffen.

12. Das. § 335. Die Schulden einer Frau, die für sich ein eigenes Gewerbe treibt, welches seiner Beschaffenheit nach Credit u. Verlag erfordert, bedürfen in keinem Falle einer Genehmigung des Mannes.

13. Das. § 338. Hat die Frau vor der Heirath Schulden gehabt, so sind die Glaubiger, sich deshalb an ihre Person u. Vermögen ohne Einschränkung zu halten, wohl befugt.

14. Sächs. Ges.B. § 1655. Der Ehemann hat an dem Vermögen, welches die Ehefrau zur Zeit der Eheschließung besitzt oder während der Ehe erwirbt, das Recht des Nießbrauches u. der Verwaltung. Er haftet dabei für absichtliche Verschuldung u. für Unterlassung des Fleißes, welchen er in eigenen Angelegenheiten anzuwenden pflegt.

15. Das. § 1656. Alle beweglichen Sachen in der Wohnung des Ehemannes gehören im Zweifel dem Ehemanne eigenthümlich, ausgenommen wenn sie zur Bekleidung, zum Schmucke oder sonst zum Gebrauche blos für die Person der Ehefrau bestimmt sind.

16. Das. § 1674. Veräußert der Ehemann während der Ehe mit Einwilligung der Frau nicht vertretbare Gegenstände des eheweiblichen Vermögens, oder erwirbt er selbst solche Gegenstände von der Ehefrau, so ist anzunehmen, daß der Preis an die Stelle dieser Gegenstände treten soll.

17. Das. § 1675. Veräußert der Ehemann dergleichen Gegenstände ohne Einwilligung seiner Ehefrau, so ist die letztere schon während der Ehe zur Anstellung der auf Wiedererlangung dieser Gegenstände gerichteten Klage berechtigt.

18. Das. § 1677. Ist der Gegenstand des ehemännlichen Nießbrauchs eine Forderung, so bedarf der Ehemann zur Erhebung u. Einklagung der Einwilligung der Ehefrau.

19. Sächs. Ges.B. § 1678. Kein Ehegatte ist verpflichtet, aus seinem Vermögen Verbindlichkeiten des anderen zu erfüllen.

20. Das. § 1679. Alle vor oder während der Ehe gültig entstandenen Verbindlichkeiten der Ehefrau — sind aus deren Vermögen, selbst aus dem erst während der Ehe erworbenen, zu erfüllen.

21. Das. § 1680. Hat eine Ehefrau während der Ehe Schaden zugefügt oder ein Verbrechen verübt, so haftet für Schadensersatz, Geldstrafe u. Kosten des Strafverfahrens oder Rechtsstreites nur das vorbehaltene Vermögen, u., wenn dieses nicht ausreicht, der Stamm des übrigen Vermögens der Ehefrau. Der durch den Unterhalt im Gefängnisse u. durch die Vertheidigung der Ehefrau verursachte Aufwand ist in Ermangelung eigenen Vermögens derselben aus dem des Ehemannes zu bezahlen.

22. Das. § 1683. Von dem eheweiblichen Vermögen, an welchem der Ehemann den Nießbrauch hat, können Gläubiger des Ehemannes zu ihrer Befriedigung die Früchte nur soweit in Anspruch nehmen, als nicht davon — der Unterhalt des Ehemannes u. der Familienglieder, zu deren Unterhalt er gesetzlich verpflichtet ist, zu bestreiten sind.

23. Das. § 1684. Wenn der Ehemann durch unordentliche Wirthschaft das eheweibliche Vermögen in Gefahr bringt, so kann die Ehefrau verlangen, daß ihr die Verwaltung desselben, unbeschadet des Nießbrauches des Ehemannes, überlassen wird.

24. Das. § 1685. Verfällt der Ehemann in Concurs, so kann die Ehefrau ihr Vermögen aus der Concursmasse zurück fordern; an Dem, was sie aus dem Concurse erhalt, besteht das Recht des Ehemannes zur Verwaltung u. zum Nießbrauche fort.

25. Angef. Preuß. G. v. 1845 § 1. Alle die ehelichen Güterverhältnisse, die Erbfolge der Ehegatten sowie die Erbauseinandersetzung betreffenden besondern Gesetze, Statuten u. Gewohnheiten, welche in dem Herzogthum Schlesien u. der Grafschaft Glatz — Anwendung finden, — werden mit dem 1. Jan. 1846 außer Kraft gesetzt. § 4. An die Stelle der aufgehobenen Rechte treten die Vorschriften unseres Allg. LR. nebst den dasselbe abändernden, ergänzenden u. erläuternden Bestimmungen.

6. Eheliche Gütergemeinschaft. (St. § 224, 237—239. R. § 102—108.)

Lippe-Detmoldische Verordnung v. 27. März 1786 wegen der Gütergemeinschaft unter Eheleuten (abgedr. b. Runde ehel. Güterr. S. 511 ff.). Preuß. Landr. II 1 Abschnitt 6 § 345—433: von der Gemeinschaft der Güter unter Eheleuten. Preuß. Gesetz, betr. das ehel. Güterrecht in der Provinz Westphalen u. den Kreisen Rees, Essen u. Duisburg v. 16. Apr. 1860.

Scherer die verworrene Lehre d. ehelichen Gütergemeinschaft. 2 Thle. Mannheim 1799 u. 1800 (wegen der darin abgedruckten Quellen). — Hasse Beitrag zur Revision der bisherigen Theorie von der ehel. Gütergemeinschaft. Kiel 1808. Phillips die Lehre von der ehel. Gütergemeinschaft m. bes. Rücks. auf Preuß. R. Berl. 1830. Duncker das Gesammteigenthum § 20. Runde ehel. Güterrecht § 50—103. — Deiters die ehel. Gütergemeinschaft nach dem Münsterschen Particularr. Bonn 1831. Welter Handb. über das ehel. Güterr. in Westfalen. Paderb. 1861. 2. Ausg. von Ferd. Schultz. 1883. Niehaus die Grundprincipien der ehel. Gütergemeinschaft mit bes. Beziehung auf die Münstersche Poliz.-O. u. das Lingensche LR. (N. Magaz. für Hannov. R. 3 [1862]). Peterssen d. ehel. Güterr. in den Städten u. Flecken des Fth. Osnabr.

Osn. 1863. — Roth die allg. Gütergemeinschaft der bayer. Statuten (Seuffert Bl. f. Rechtsanwendg. 33 [1868] S. 225). Dess. Bayr. Civilr. § 68—88. — Ueber die Hansestädte im Allg.: *Laspeyres* de debitis conjugum ex liberarum Germaniae civitatum Hanseat. jure commentatio. Halae 1857. Ueber Hamburg: Cropp in dess. u. Heise jur. Abhdlgn. 2 Nr. 16. Baumeister Hamb. Privatr. § 77. Schröder II 3 S. 313. Roth D. Privatr. § 103 (S. 78). Stobbe § 237 A. 5. Ueber Lübeck: Pauli Abhdlgn. Thl. 2. Schröder S. 247. Roth § 147. Stobbe § 231 A. 9. Plitt s. ob. § 147. Wilmowski Lüb. R. in Pommern. Berl. 1867. *Kayser* quid veteris jur. Lubic. codices de hereditatibus statuerint. Berol. 1868. R. Freund in Ztschr. der Sav.-Stftg. 3 (1882) S. 153; ders. das Lüb. ehel. Güterr. in ältester Zeit. Weimar 1884. Dazu R. Schröder in D. Litt.-Ztg. 1885 Nr. 21. Ueber Bremen: Berck über das Brem. Güterr. der Ehegatten. Brem. 1832. Post das Sammtgut. Darstellg. des Brem. ehel. Güter- u. Erbrechts. Brem. 1864, 2. Aufl. Halle 1879.

a. Begriff und Eintheilung der Gütergemeinschaft. (B. § 122. G. § 233.) § 174.

1. Nürnberg. Reform. XXVIII 1. Dieweil an dem allem ir jedem der halb teyl zugepürt.

2. *Veracius* Consuetud Bamberg. s. oben § 75 Nr. 42.

b. Begründung der Gütergemeinschaft. (B. § 122 II u. § 124. G. § 228 u. 229.) § 175.

1. Lippische Verordnung v. 1786 § 1—3. Alle in dieser Grafschaft — domicilirte Eheleute — (leben) in einer gesetzlichen allgemeinen Gemeinschaft der Güter, (wenn sie sich auch) erst nach Vollziehung der Ehe in diese Grafschaft begeben haben. — Davon ausgenommen sind jedoch die Ritterschaft u. der adliche Stand überhaupt; — sodann diejenigen Eheleute, die die Gütergemeinschaft durch publicirte Vertrage ausschließen.

2. Brandenb.-Culmbachsche Landes-Constit. Tit. VII § 1—3. Welche Personen — die in unsern Land — zwischen denen Ehe-Gatten hiedurch vest gestellte *Communionem bonorum* (ausschließen wollen, sollen dies) — vor der Priesterlichen Copulation, oder in denen nächsten dreyen Monathen nach derselben bedingen. — Widrigenfalls hat es bey der *Communione bonorum* — sein Bewenden. — (Es) soll beyderseits Eheleute Vermögen, es wäre gleich würcklich ein- u. zugebracht, oder nicht, der *Communioni bonorum universali*, ausgeschieden der Ritter- oder andrer Mannlehn, wie auch Fideicommiß-Güther, unterworfen seyn.

3. Preuß. Ges. üb. d. Westphal. ehel. Güterr. v. 1860 § 2. Die Gütergemeinschaft ist ausgeschlossen bei Ehen, in welchen der Ehemann einer der vormals unmittelbaren Deutschen Reichsständischen Familien angehört; rücksichtlich ihrer verbleibt es bei dem bestehenden Rechte. Außerdem bleibt es bei der gesetzlichen Befugniß, die Gütergemeinschaft durch Vertrag auszuschließen.

a. Pr. LR. II 1 § 345. Die Gemeinschaft der Güter unter Eheleuten findet nur da Statt, wo sie durch Provinzialgesetze oder Statuten eingeführt ist. § 350. (Sie) begründen die Gemeinschaft der Güter nur alsdann, wenn an dem Orte, wo die Eheleute nach vollzogener Heirath ihren ersten Wohnsitz nehmen, dergleichen Gesetze vorhanden sind. § 351. Die Veränderung dieses ersten Wohnsitzes verändert in der Regel nichts an den Rechten, welchen sich die Eheleute vorher unterworfen haben. § 352. Haben jedoch Eheleute ihren Wohnsitz von einem Orte, wo keine Gütergemeinschaft obwaltet, an einen andern Ort, wo dieselbe stattfindet, verlegt, so müssen alle von ihnen an diesem letztern Orte vorgenommenen Handlungen in Beziehung auf einen Dritten nach den Regeln der Gütergemeinschaft beurtheilt werden.

4. Preuß. LR. II 1 § 422. In allen Fallen, da die Gemeinschaft der Güter oder des Erwerbes ausgeschlossen oder aufgehoben werden soll, muß dieses gerichtlich verlautbaret u. in den Zeitungen oder Intelligenzblättern der Provinz zu dreien malen innerhalb 4 Wochen bekannt gemacht werden.

5. Lippische Verordnung §. 1. Diese Güter-Gemeinschaft nimmt gleich nach Vollziehung der Trauung ihren Anfang, u. ist dazu die Beschreitung des Ehebettes nicht erforderlich.

6. Schwerin. Recht v. 1593 (*Westph* 1, 2039) Wann (Mann u. Frau) vertrauet, u. die Decke über sie geschlagen worden, seyen alle Güther, Vorrath, Schuld u. Schaden ihnen gemein; es habe der eine viel, der andere wenig gehabt, werden auch nach eines Absterben halb u. halb getheilt.

7. Schweidnitz. Stat. b. Scherer 1, 51. Wo zwey Leib ehelich zusammen kommen, — ists — daß sie leben miteinander über die Jahr-Zeit, so wird ihr Gut ein Gut.

8. Wurster LR. I 1 § 1. Wann in einer Ehe lebendige Kinder, so die vier Wande des Hauses beschreyet, — zur Welt gebohren, so wird dadurch eine Gemeinschaft aller Güter eingeführet.

9. Hohenloh. LR. I 4 § 1. Alle Güter, so die Eheleute, wann sie einander — ehelichen, entweder schon haben, oder durch ihren Fleiß erwerben, oder aber einem u. dem andern Ehegatten Zeit wahrender Ehe' — zufallen, sind nach der Grafschaft Hohenloh alten Herkommen zwischen beiden Eheleuten gemein, also daß ihrer beyder ein Guth ist, wenn nemlich dieselbe Kinder miteinander erzeuget, oder über Jahr u. Tag beisammen in der Ehe ohne Kinder leben.

10. Lipp. Verordn. § 32. Es soll die Veränderung des Wohnsitzes der Eheleute, — wenn sie sich — in ein fremdes Land, worin die gesetzliche allgemeine Gütergemeinschaft nicht eingeführet ist, begeben, die Aufhebung derselben nicht wirken; es sey dann, daß a) sie solches durch Vertrag ausdrücklich ausgemacht hätten, oder daß etwa b) an dem Ort ihres neuen Wohnsitzes die Gemeinschaft der Güter durch ein ausdrückliches Gesetz verboten ware. In diesen beiden Fällen der Ausnahme kann jedoch die Aufhebung den Creditoren, in Ansehung der schon auf dem Gemeingut haftenden Schulden, nicht prajudiciren Gänzlicher Verlust des gemeinschaftlichen Vermögens (soll) die eheliche Gütergemeinschaft (nicht) aufheben, weil sich diese auch auf das zukünftige Gut — erstrecket. Dagegen stehet den Eheleuten zu jeder Zeit frey, die — Communion — wieder durch Vertrag zu endigen. — Nur ist solche Aufhebung den Creditoren, die schon Forderungen an die Gemeinschaft haben, unnachtheilig; u. damit auch künftige Creditoren nicht — gefahrdet werden, erforderlich, daß sie, wie (bei den) — die Communion ausschließenden oder einschränkenden Ehepacten, — der competenten Obrigkeit insinuiret, u. in den — Intelligenzblättern oder Zeitungen publiciret werden. — Wird die Ehe durch Ehescheidung — getrennet, oder an deren statt bey Katholiken eine beständige Scheidung von Tisch u. Bette erkannt, so ist auch damit die Aufhebung der ehelichen Gütergemeinschaft verbunden.

11. Sachs. Ges.B. § 14. Durch einen Wechsel des Wohnsitzes werden die ehelichen Vermögensrechte nicht geändert.

12. Präjudiz des OAG. zu Celle, v. Königе publ. 8. Jan. 1845. Für das Rechtsverhaltniß der Eheleute in Ansehung ihres Vermögens ist die Veranderung ihres bisherigen gemeinschaftlichen Wohnorts für sich allein, wenn nicht etwa an dem neuen Wohnorte hinsichtlich der Vermogensverhältnisse unbedingt gebietende Gesetze Gültigkeit haben, oder von Seiten der Eheleute darüber neue Verabredungen getroffen werden, ohne Einfluß.

c Beendigung der Gütergemeinschaft. (B. § 122 VI. G. § 229.) § 176.

1. Hamburg. StR. III 3, 11. Ein Weib, so ihrem Manne bey seinem Leben untreu geworden, — hat nach Absterben des Mannes aus den Gütern mehr nicht zu fordern, denn was etwann derselbe ihr aus gutem Willen gegeben u. verordnet. Da sie aber gantzlich vorbeygegangen, sollen ihr gleichwol ziemliche Alimenta gereicht werden.

2. Würtemb. LR. II 32. Wann ein Ehegemächt von dem andern ohne redliche Ursachen hinweglaufen, oder Ehebrüchig u. — darüber die Ehescheidung mit Urtheil erkennt würde, solches Ehegemacht soll nit allein sein zugebracht Zugeld oder Heurahtgut, sondern auch was dasselbig ferner von des andern Ohnschuldigen Haab u. Güter nach Ausweisung ihrer aufgerichteten Heurahts-Abred, oder sonst nach Unserm Erbrechten — zu gewarten hette, gantz u. gar verwurckt u. verlohren haben. — Da aber kein gewisses Heurahtgut, Zugeld, noch Widerlegung zwischen solchen Eheleuten austruckentlich benennt, u. sie ohne sondere Eheberedung in die Ehe kommen, — in solchem Fall soll das hingeloffen oder Ehebrüchig schuldig u. geschieden Ehegemächt den vierdten Theil aller seiner damahls *pleno Iure* gehabten Güter — verwürckt haben. Und solcher 4te Theil dem ohnschuldigen Ehegemacht zugestellt u. eingeraumbt werden.

d. Umfang der Gütergemeinschaft.

α. Allgemeine Gütergemeinschaft. (B. § 122 u. 124. G. § 233.)

A. Bedeutung derselben überhaupt. § 177.

1. Schwerin. R. v. 1593 s. oben § 175 Nr. 6.

2. Hadeler LR. Th. 3 Tit. 17. Alsbald Eheleut in dem Ehestandt beysammen kommen, werden ihre Güter unter ihnen gemein, ungeacht die Güter, so sie zusammen bringen, ungleich sein. Derowegen wan ein Manne seine Haußfrauwe mit Tode abgehet, behelt er das halbe Guth, u. den andern Theil Guts erben die Kinder.

3. Fuld. Ordn. v. 1719 (b. Scherer 1, 97). Daß wenn zwo ledige Personen ohne aufgerichtetes besonderes Ehegeding sich schlechterdings heirathen, dieselbe in eine wahre Gemeinschaft der Güter miteinander treten, sowohl derer, welche sie würklich zusammenbringen, als auch was einem oder andern Theile hiernächst durch Erbfall, Schenkung, oder in andre Wege zukömmt, benebst allem demjenigen, was sie in stehender Ehe erwerben, dergestalt, daß unangesehen ein Ehegatte mehr oder weniger, als der andere, ja auch gar nichts zubrachte, oder hiernächst überkame, dennoch zu den anderseits vorhandenen, überkommenen, oder erworbenen ohne Unterschied mit gehore.

4. Brandenb.-Culmbach. Landes-Constit. Tit. VII § 1—3 s. oben § 175 Nr. 2.

5. Angef. Lipp. Verordn. § 6, 7. In (diese) — Gütergemeinschaft kommt alles sowohl gegenwärtiges als zukünftiges Gut beyder Eheleute ohne Unterschied — Davon ausgenommen sind aber 1. Lehen, Stamm- u. Familien-Fideicommiß- u. überhaupt solche Güter, worüber die Eheleute keine freie Disposition haben; 2. Dasjenige, was einem der Eheleute unter der ausdrucklichen Bedingung, daß es nicht in die Gemeinschaft kommen solle, geschenkt oder vermacht wird; — 3. Hochzeits- u. andere kleine Geschenke, die sich Eheleute zur Bezeugung ihrer Liebe einander geben; — 4. Das Vermögen ihrer noch lebenden Eltern.

6. Gott. Stat. (*Puf* III 169) Weret ok dat vruwe eder maghet man neme u. schult schuldig were, de schult schal de man ghelden van deme, dat de vruwe eder maghet to ome ghebracht heft, alse vorder alse dat waret.

7. Preuß. LR. II 1 § 391. Auch solche Schulden beider Ehegatten, welche schon vor vollzogener Heirath gemacht worden, werden der Regel nach dergestalt gemeinschaftlich, daß die Gläubiger sich deswegen an das gemeinschaftliche Vermogen halten können.

§ 178. B. Rechtsverhältnisse während der Ehe.

1. Angef. Lipp. Verordn. § 8, 9. Beyde Eheleute (erhalten) dadurch ein gemeinschaftliches ungetheiltes Eigenthum über die ganze Vermögens-Substanz. Keiner von beyden kann daher ohne Einwilligung des andern davon willkührlich veräußern, oder — Todes halber disponiren, sondern dies kann nur durch ein unter ihnen wechselseitig errichtetes Testament geschehen. — Die Administration des gemeinschaftlichen Vermogens gebühret (aber dem Mann, der also) für sich allein Contracte, die seine Frau u. das Gemeingut verbinden, schließen (kann).

2. Hamb. StR. II 5, 10: wollen — zu Handhabung gemeinen Nutzens, Trauens u. Glaubens, u. zu Beforderung der Handthierung, auch weil es hiebevor in dieser Stadt üblich also gehalten worden, hiemit geordnet haben, daß die Frau, ihres eingebrachten Brautschatzes halber, in ihres Mannes Schulden, so in stehender Ehe gemacht, nicht allein keinen Vorzug haben, sondern daß auch derselbe Brautschatz, wie denn imgleichen alle andere ihre in stehender Ehe angeerbte Güter, vor ihres Mannes Schulden gantzlich haften u. gehalten seyn sollen. Was ihr aber nach ihres Mannes Tode, oder auch, nachdem derselbe entwichen, anstirbet, dessen hat sie billig sammt ihren Kindern zu geniessen, u. haben ihres Mannes Creditoren keine Forderung oder Zuspruch daran; es sey denn, das sie sich anders verschrieben.

3. Das. II 8, 1. Die (Frau) — kann ohne ihres Mannes oder ihrer Vormünder Wissen u. Vollbort ausserhalb Leinwand u. Flachs, zu des Hauses Nothdurft gehorig, nichts bestandiglich contrahiren. Hatte sie aber ohne Consens ihres Vormundes etwas aufgeborget oder gekauffet, soll dem Gläubiger verstattet werden, ihr das oberste Kleid abzunehmen, bis daß er bezahlet ist.

4. Lüb. R. I 5, 7. Wird ein Mann wegen Schuld flüchtig, hat er dann mit seinem Weibe Kinder, u. ist die Schuld bekenntlich oder wie recht erwiesen, so soll dieselbe bezahlet werden von ihrer beyderseits Gut. Haben sie aber mit einander keine Kinder, u. ist der Mann fluchtig, so nimpt die Fraw ihren Brautschatz, Kleider, Kleinodia, u. jungfrawlich Eingedompte, welches sie ihm zugebracht, zu vorauß; von dem andern Gute zahlet man die Schuld, es were denn, daß die Fraw mitgelobet.

5. Das. I 5, 8 u. 9. Nimbt ein Mann eine Frau zu der Ehe mit Erbgütern, welche ihm ihre Freunde *aestimi*ret u. an Geld gesatzt fahrende übergeben, so soll der Mann — machtig seyn, solch Erbe u. Guter zu verkauffen u. zu verpfanden — nicht anders, als sonsten Kauffmanns Wahren; (sonst mag er sie nicht) verpfanden noch verkauffen noch verschenken — ohne ihren u. ihrer Kinder Willen, — es wäre dann, daß ihnen Ehehafft, Gefangnuß, oder Hungersnoth darzu dringen thäte.

6. Bentheim. LR. Th. 4 Tit. 2. Kein derer Eheleute mag unbewegliche Güter wie auch stehende Renthen veraussern, verpfanden, weniger für einem dritten bürglich einlassen, denn mit beiderseits Belieben.

7. Stat. v. Lippstadt § 2. Es ist aber das Recht, über die in Gemeinschaft stehende Güter zu disponiren, dergestalt verfaßt, daß der Ehemann als das Haupt der Familie u. vornehmster Socius berechtiget ist, sowohl über die Güter selbst als auch uber die Nutzung u. über den Erwerb ohne Zuziehung der Ehefrauen unter den lebendigen zu disponiren, jedoch mit der Einschrankung, daß die Verfugung blos ein zum Besten des Sammtvermogens abzielende freie Verwaltung zum Vorwurf habe; mithin kann der Ehemann solche Handlungen, die aus blosser Freigebigkeit entspringen, als Schenkungen, u. die zur Verringerung des gemeinschaftlichen Vermögens gereichen, ohne ausdrückliche Einwilligung seiner Ehefrau nicht auf eine rechtsgültige Art vornehmen.

8. LR. der Gravsch. Lingen C. 3 § 17. Ein Wyf mach nit kopen noch vorkopen sunder Weten u. Willen eres Mans: ok en is de Man nicht schuldig de Contracten van synen Wyve buten synen Weten u. Willen gemaket tho holden, noch de schulde tho betalen; mer dat Kopwyve

handelen, dat moet de Man ghestandt doen, u. de schulde betalen, de se uplenet in ere Kopmanschap u. Handtieringe.

9. Angef. Lipp. Verordn. § 11. Da jederzeit vermuthet wird, daß der Mann ihr die Besorgung des innern Hauswesens überlassen habe: so kann sie auch ohne dessen ausdruckliche Einwilligung die zur Führung dieser ihr anvertrauten Oekonomie nothigen Contracte gültig schließen u. zu deren Behuf bewegliches Vermogen veraussern, also weibliches Gesinde miethen, Hausgerathe, Kleidungsstücke, u. was zum Essen u. Trinken erforderlich ist, anschaffen, dagegen das in der Haushaltung Ueberflussige oder Entbehrliche verkaufen, u. überhaupt in dergleichen hauslichen u. wirthschaftlichen Angelegenheiten contrahiren, die sich nicht allgemein, sondern nur nach Beschaffenheit jeder Familie u. ihrer Haushaltung bestimmen lassen.

10. Das. § 12, 14. Beyde Eheleute (haben) zur Bezahlung der auf ihrem beiderseitigen Vermogen haftenden Schulden gleiche Verbindlichkeit. — Auch die von einem Ehegatten, wegen eines Verbrechens oder Vergehens verwirkten Geldstrafe, u. deßhalb ihm auferlegten Gerichtskosten u. Entschadigungsgelder müssen aus dem gemeinschaftlichen Vermogen bezahlt werden.

11. Preuß. LR. II 1 § 384. Geldstrafen, in welche der Mann verurtheilt wird, ingleichen die ihm zur Last fallenden Kosten einer gegen ihn verhangten Untersuchung (konnen zwar) aus dem gemeinschaftlichen Vermogen beigetrieben werden, § 385. doch mussen dergleichen Geldstrafen so wie die Inquisitionskosten bei erfolgender Aufhebung der Gemeinschaft auf den Antheil des Mannes angerechnet werden.

12. Dortmund. Stat. IV 24 (Frensdorff S. 114). Hedde eyn man mit uns eyn echte wiif, dey enen mord dede, den mort mach men an erme lyve richten, sunder sey en kan eren echten manne neyn gud dar mede verleysen.

13. Nürnb. Ref. XXVIII 1. Es hat auch ir keins Macht, außerhalb des Andern — Wissen u. Willen ainiche Schulden zu machen; — u. wo solches daruber beschehe, soll damit — der ander Eegenoß nit verpunden, — sonder das alles demselben an seinem gepürenden halben teyl unschedlich seyn. Es were dann dieselbig Handlung, derwegen solche Schulden gemacht, dem andern Eegenoßen zu gleichem Nutz gewendet.

14. Das. Ges. 6. So Man u. Weib zu offnem Kram u. Marckt sitzen, u. gemeine handtierung u. gewerb, mit kauffen u. verkauffen, treiben, — auch offne Gastgeben oder Wirth, — In solchen sellen sein beede Eeleut unverschaidenlich zu bezalen schuldig. — Und dieweiln das Weib in solcher gemainen handtierung, in gleicher gefar u. verlust ist, So soll jr auch im selben gleicher gewyn zusteen.

15. Lüb. R. III 1, 10. Stirbet ein Mann in Schulden vertiefft, u solches offenbar, sollen seine nachgelassene Güter — von den Creditorn inventiret u. vorsiegelt werden. Darnach muß sich seine nachgelassene Wittfrau mit Vormunden versehen u. in 6 Monath bergen u. Dachdings auftragen, soferne als sie beeibet, u. muß also Hauß, Erbe u. Guter mit einem Rock u. Heucken, nicht dem besten auch nicht dem argsten, raumen. (Ueber das Bergen u. Dachdingsauftragen s. Hagemeister i. d. Ztschr. f. gesch. Rechtswiss. 3 S. 173 ff., Stobbe § 221.)

16. Dortmund. Stat. IV 127 (Frensdorff S. 138). Man u. wiif dey in esschap tho samene sittet, stervet dey man u. underwynnet sich dat wiiff eres doden begravenen mannes gudes nycht, so en darf se eres mannes schult nycht betalen.

17. Kl. Kaiserr. 2, 50. Der keyser hat gesaczt, daz ein ieglich wip, die mit irme manne scholt hat gemacht, der neit gelden en darff mit alsulchem underscheide: wan sy iren man begraben hat u. von dem grabe get so ensal sy neit weder gen in dat huis, dae man iren man haet uzgedragen u. sy sol aen argelist allez daz lassin ligin u. steen daz in dem huse ist u. ouch anderswae. Vindet man sy an diser bescheidenheit, so endarf sie der schulde neit

gelden na des keysers rechte. Ouch sal sy iren wedemen ledich behalden —; wan der keyser hat allen wiben iren wedemen geheissen ledich machen, das he in moge volgen ane allen schaden.

18. Saarbrück. LR. C. 4 Art. 1 Nr. 11. Stürbe einig Man u. pliebe so viel schuldig, daß sein Weib nach seinem Tod sich der Schuld annehmen wollte zu bezalen, noch en konte, noch deß Macht en hette zu thun, u. wollte deß ledig seyn, die soll mit ihrem toden Mann zum Grab gehn, mit ihr nehmen ihr Kleyder u. Kleinot zu ihrem Leib gehörig u. nit mehr, u. soll ihr Hauß zuschließen u. den Schlüßel von dem Hauß uff daß Grab legen, in Urkund aller derjenigen, die mit ihr zum Grab gangen weren, u. erleuben allen denjenigen, die daß zu thun hetten, ihr Schuld mit Recht zu fordern auf dem Gut, darauf die Schuld stehn mochte, so sollte sie der Schuld unbelest pleiben.

19. Hildesheim. Rathsbescheid v. 25. Aug. 1684 (*Pufend* 4, 319) Obwol in unser Gerichts-Ordnung klar u. deutlich gedrucket ist, daß, wann die Frau von der Begräbnisse ihres Mannes für dem Sterb-Hause nicht fürüber gehet, Sie alsdenn dessen Schulden ohne Unterscheid bezahlen u. abtragen muß: dessen aber zu dieser Zeit, da die Frauen des Mannes Leiche nicht mehr folgen, sehr mißbrauchet wird; So erklaren Wir vorgemeldetes Stadt-Recht dahin —, daß die Frauen —, welche ihres abgelebten Mannes auf Sie nach alter Gewohnheit vererbeten Nachlaß repudiiren wollen, sofort nach dessen Tode dieses dem regirenden Herrn Bürgermeister anzeigen u. darauf alles, ohne was zur Begrabnisse u. ihrer Trauer notig, im Sterb-Hause vorhanden, treulich versiegeln lassen sollen, damit solches in behörender Zeit — denen Creditoren zu gute inventiret werden moge. Es sollen auch danebenst die Wittiben gehalten seyn, unter der Begrabnisse ihres Mannes aus dem Sterb-Hause zu gehen, u. den Haus-Schlüssel nebenst andern denen zur gedachten Versiegelung deputirten Herren außzuantworten.

20. Angef. Preuß. Ges. v. 1860 § 3. Dem Ehemanne allein gebührt die Verwaltung des gemeinschaftlichen Vermogens, u. alle von ihm gemachten Schulden sind für dasselbe verbindlich. Er ist berechtigt, ohne Einwilligung der Frau über alle zu diesem Vermogen gehörende Gegenstande durch lästige Vertrage zu verfugen, insbesondere auch Grundstücke u. Gerechtigkeiten zu veräußern oder zu verpfanden, sowie Kapitalien, die auf den Namen der Frau, ihres Erblassers oder Geschenkgebers, oder auf den Namen beider Eheleute geschrieben sind, aufzukündigen u. einzuziehen.

21. Das. Abs. 2. Dagegen ist der Mann nicht berechtigt, ohne Einwilligung der Frau über Immobilien oder das gesammte bewegliche Vermogen oder einen aliquoten Theil desselben unentgeltlich zu verfügen; dasselbe gilt von dem Verschenken einzelner beweglicher Sachen, sofern der Mann sich den Nießbrauch daran vorbehalten will.

22. Das. Abs. 3. Verträge, durch welche das gemeinschaftliche Vermogen ganz oder theilweise schon bei Lebzeiten der Eheleute in Rücksicht auf die kunftige Erbfolge abgetreten wird (Uebertragsvertrage), konnen nur von beiden Eheleuten gemeinschaftlich geschlossen werden.

23. Das. § 4. Das Verwaltungs- u. Verfügungsrecht des Mannes ruht u. wird von der Frau ausgeübt: 1) wenn der Mann wegen Verschwendung, Wahnsinns, Blodsinns oder Verurtheilung zu einer Zuchthausstrafe unter Vormundschaft zu setzen ist; — 2) wenn wegen Abwesenheit des Mannes eine Vormundschaft uber ihn einzuleiten ist.

24. Das. § 6. Bei nicht beerbter Ehe kann jeder Ehegatte für sich allein von Todes wegen uber die Halfte des gemeinschaftlichen Vermögens verfugen; bei beerbter Ehe dagegen konnen Verfugungen von Todes wegen über das gemeinschaftliche Vermogen nur von beiden Ehegatten gemeinschaftlich getroffen werden.

C. Rechtsverhaltnisse nach getrennter Ehe. (B. § 122 VI G. § 233.) § 179.

1. Lüb. R. II 2, 12. Stirbet einem Manne sein Weib, u. haben sie keine Kinder mit einander, der Mann soll der Frauen nechsten Erben wiedergeben den halben Theil des Gutes, welches er mit ihr bekommen. Gleichergestalt stirbet der Mann, welcher mit seiner Frauen keine Kinder gezeuget, die Frau nimmt zuvor ihr zu dem Manne zugebrachtes Gut, soferne es vorhanden ist; do noch etwas von dem Gute drüber, das soll sie zugleich theilen mit des Mannes Erben.

2. Das. II 2, 2. Stirbet einem Manne sein Weib, u. er soll theilen mit seinen Kindern, so nimmt der Mann zu voraus seinen Harnisch u. beste Kleider; was alsdann übrig bleibet, — (davon bekommt) der Vatter die Helffte, die Kinder die andere Helffte. Art. 3. Stirbet auch einer Frau ihr Mann, daß ihr also gebühret zu theilen mit ihren Kindern; die Frau nimmt zuvor ihren Trau-Ring, was daruber ist, — das soll sie zugleich theilen mit ihren Kindern, die Mutter die Helffte, die Kinder die Helffte.

3. Magdeb. Schöffenurth. v. 1539 (v. Kamptz Provinzial- u. stat. Rechte I S. 313, auch bei Pauli Abh. 3 S. 349): daß an einem Orth Landes, nahe bei Magdeburg gelegen, über der Elben, in Flemig genand, im tödlichen Absterben der Eheleute mit den nachgelassenen Güthern u. Erbe nach Uebunge, Gebrauch u. alter verwerter Gewohnheit desselben Orths Landes dermaßen gehalten wird, nehmlich: wenn in dem Flemig ein eheliche Person Todeshalber abgegangen — ist, u. sein ehelich Gemahl, Weib oder Mann, sammt Leibes-Erben u. Gütern nach sich hat gelassen, alsdann nimmt die Fraw oder Mann, so am Leben, die Halffte aller gelassenen Güter u. die Kinder die andere Halffte. An Mangel aber der Leibes-Erben, so hat die verstorbene Person des Ehestands alle ihre Güter, die zu Erbe u. Erbrecht gehören, auf seinen gelaßenen Ehegatten die Halffte u. auf seinen nachsten Erbnehmen die andere Halffte nach obbemeldeter Flamischer Gewohnheit gebracht u. gefallet.

4. Osnabr Stat. b. Runde ehel. Güterr. S. 27 No. f De lestlevende is aller des verstorvenen nagelatene Godere vullenkomen u. gewisse negeste rechte Erve.

5. Lipp. Verordn. § 15. (Bei kinderloser Ehe) fallt das alleinige Eigenthum aller bisher gemeinschaftlichen Güter, mit volliger Ausschließung der Verwandten des Verstorbenen sowohl in aufsteigender als der Collaterallinie, — auf den Ueberlebenden.

6. Bericht des Hofger. z. Bamberg v. 1748 ans Reichskammerger. b. Cramer Wetzlar. Nebenst. Th. 38 S. 125. (Ist) gewiß u. ein effectus communionis bonorum, daß diejenige Ehegatten, so ein vermischtes Haab u. Gut gemacht haben, hierdurch ein gemeinsames *dominium in solidum* von allem sowol gegenwartigen, als auch künftigen Vermögen dergestalten erlangen, daß auf todliches Hinscheiden eines aus beiden, der überbleibende Ehegatt, wenn auch schon Kinder vorhanden seyn, von allem eigenthumlichen Vermögen das alleinige *dominium in solidum* überkomme, u. salva liberorum legitima darüber zu disponiren allerdings befugt seie.

7. Bescheid des Stadtraths z. Hildesh. v. 1599 b. *G L. Boehmer* El iciv T 3 p 11· thun kund, daß bey Uns nach üblicher alter Gewohnheit, — Mann u. Weib in communione bonorum sein, auch auf begebenden Todesfall die Frau den Mann erbet, et vice versa, wann schon von ihnen erzeugte Kinder im Leben sein, jedoch nisi aliter pactum.

8. Schweinfurt. Stat. Tit. 54 § 1, 2 s. unten § 190 Nr. 23.

9. Muhlhaus. Stat. L IV art 20 § 1, 2. Erzeugen (zwey Personen) in der — Ehe Kinder, — stirbet alsdann derselben Eheleuthe eins, so (bleibet) das überbleibende — ein Herr aller Guther, welche sie beyde nach der — Trauung u. beschrittnen Ehe mit einander zusammengebracht, erworben, ererbet u. besessen haben, — u. haben die Kinder keine wurkliche Anforderung an solchen Guthern, solange der uberbleibende Vatter oder Mutter am Leben u. im Wittwenstande bleibet.

10. Stadtr. v. Rüden Art. 41. Ys dat also, dat eyn vrowe effthe eyn man — kyndere hebbet, stervet der eyn, so sulen de kyndere den halven deyl des gudes behalden, ande den anderen halven deyl sal de vader efthe de moder, wylich er levendich blyvet, behalden. Vortme were dat also, dat de man efthe de vrowe, de levendich blyvet, sych vorandersedede efthe also blyven, so sal he dat erflike gut tho syme lyve behaldem den halfthen deyl. also ock de vrowe. so wan he dan stervet, so sulen de yrstem kindere denselven halven deyl tho sich nemen.

11. Das. Art. 42 Is dat also, dat eyn man efthe eyn vrowe — neyne kindere en hebbet, stervet der eyn, so sal deghene, welic er levendich blyvet„ den verden del al synes gudes den nesten rechten erven gheven, de deme to horet, de da storven ys.

12. Brandenb.-Culmbach Landes-Constit. Tit. VII § 6, 7, 9. Sofort nach erfolgter Beschreitung des Ehe-Bettes (soll) der überlebende Ehe-Gatte des verstorbenen Erbe *ab intestato ex asse* u. mit Exclusion der — *Collateralium* seyn. Waren aber — Kinder — vorhanden, — soll der uberlebende Ehe-Gatte, – nach getilgten *Passivis*, einen gleichen Kindes Theil alles hinterlassenen Vermogens erben. — Wann keine Descendentes, sondern *Ascendentes* vorhanden, sollen — dem überlebenden Ehe-Gatten ⅔, denen Eltern u. Großeltern aber, es seyen deren eins oder zwey, ⅓ des Vermögens erblich zufallen.

13. Nürnb. Ref. XXXIII 5. Wann in unverdingten Heyraten ains vor dem andern on Geschefft u. on Erben in absteigender Linien mit Tod abgeet, so soll dem pleibenden Eegenossen, zusampt seinem gepurenden halben Teil aller versammenter Haab, von des Verstorbnen andern Teil noch der halb Teil im Aigenthumb u. Genieß volgen, u. der ander halb teil, d. i. ¼ der gantzen haab, auf die Eltern u. des verstorbnen geschwistergit — erblich fallen. (Sind nur entferntere Verwandte vorhanden) so sollen dem pleibenden Eegenossen von des verstorbnen halben teil ⅔ pleiben u. die ubermaß d. i. ⅙ der gantzen haab den negsten des verstorbnen Erben zusteen. Es soll auch der pleibend Eegenoß von solchem Sechsten teil den beysitz u. genieß haben.

14. Hamb. StR. III 3, 8. Stirbet einem Manne seine Ehe-Frau, u. (haben) sie keine Leibes-Erben — verlassen, (so) sollen anfanglich alle Schulden gerechnet, u. von dem gesamten Gute abgezogen werden, was dann ubrig befunden, davon behalt der Mann zwey Theile, u. giebt den nachsten Freunden seiner gewesenen Frau den dritten Theil, scheidet auch — aus diesem Leben der Mann, u. verlaßt keine Kinder, — (so) empfahet (nach Bezahlung der Schulden) die Frau den halben u. die Freunde ihres verstorbenen Mannes den andern halben Theil.

15. Das. II 11, 15. Würde die Witwe nach Absterben ihres Ehemannes wegen der auf dem Sterb-Hause befindlichen beschwerlichen Schulden des Sterb-Hauses u. der nachgelassenen Güter sich nicht anmassen, sondern den Creditoren des verstorbenen Ehemannes die nachgelassene u. am Sterb-Tage vorhandenen Güter wircklich u. aufrichtig abtreten u. auftragen, so kann dieselbe Witwe durch solche bestandige Cession von ihres verstorbenen Ehemanns Creditoren sich los wirken u. entfreyen.

16. Angef. Preuß. Ges. v. 1860 § 7. Wird die Ehe durch den Tod eines Ehegatten aufgelost, so behalt in Ermangelung einer letztwilligen Verfügung der uberlebende Ehegatte die eine Halfte des gemeinschaftlichen Vermogens als sein Eigenthum. Die andere Halfte, als Nachlaß des Verstorbenen, wird nach den Vorschriften des Allg. Landrechts vererbt. — Auch Kinder des Verstorbenen aus einer früheren Ehe, die nicht wegen ihres Erbrechts an seinem künftigen Nachlaß abgefunden sind, nehmen an dieser Erbschaft Theil. — Dem überlebenden Ehegatten gebührt in allen Fallen, in welchen er mit anderen Verwandten als Abkömmlingen des Verstorbenen aus fruherer Ehe an dessen Nachlaß Theil nimmt, auf Lebenszeit der Nießbrauch an den Antheilen der Miterben. Dieser Nießbrauch u. die Hälfte der ihm selbst gebuhrenden Erbportion bilden den

Pflichttheil, welcher dem überlebenden Ehegatten an dem Nachlasse des Verstorbenen zusteht.

β. Particuläre Gütergemeinschaft. (B. § 123. G. § 234. St. § 245 bis 247. R. § 113—132.)

Euler die Fortbildung des fränkischen ehel. Güterrechts ob. § 166. G Binding die Lehre von d. Haft der Eheleute für ihre Schulden nach dem Frankf. ehel. Güterr. Frankf. 1871.

A. Arten derselben. § 180.

1. Würtemb LR III 7 § 2. Wann Eheleut ohne sondere Paction — in die Ehe zusammen kommen, solle an allen in wehrender Ehe errungen u. gewonnen Gütern (darunter auch das jhenig, was den Eheleuten zu jhrer Hochzeit verehrt worden, zu rechnen) jedem Ehegemächt der halb Theil zugehorig sein.

2. Frankf. Ref. V 5 § 2. Daß solche Güter, so zwey Eheleut in stehender Ehe bey einander, es seye durch jr eins — oder sie beyde mit jhrem mühsamen Fleiß, guter treuwlicher Haußhaltung u. fürsichtige Geschicklichkeit uber dasjenig, so sie beyderseits zusammen gebracht haben, durch den Segen Gottes erobern u. an sich bringen, für erzeugte Güter sollen — gehalten werden.

3. Das. § 3. Daß die Güter, so einem oder dem andern Ehegemecht, in wärendem Ehestandt, von seinen Eltern oder andern Gesipten Freunden durch Testament oder auch ohn Testament auffersterben, oder in sonderheit Gesetzt oder sonst Geschenkt werden, nicht für erzeugte Güter geachtet werden sollen.

4. Kurpfalz. LR. IV 12. Errungenschaft aber ist alles, was zwey Ehe-Leuth in stehender Ehe mit irer fleissigen Arbeit, fürsichtiger Haußhaltung u. Geschicklichkeit (über ihr zubringens, ererbts, legirts oder geschenckts) durch Gottes Seegen erlangen, erobern oder an sich bringen u. dardurch ihr Nahrung bessern. Da aber von zugebrachten, ererbten u. geschenckten Gütern etwas verkauft, ist das darauß erloste Gelt — vor kein Errungenschafft zu halten, sonder bleibt dem Ehe-Gemächt allein, dem es vorhin anerstorben oder geschenckt gewesen.

5. Nassau. Landes-O. IV 9 § 1. Fur erkobert Guth soll — dasjenige verstanden werden, was Mann u. Weib aus demjenigen, was sie zusammengebracht u. sonsten gehabt haben, in stehender Ehe erspatet, oder sonsten beyderseits mit muhesamen Fleiß u. guter treulicher Haushaltung erworben u. fur sich bracht haben.

6. Maynz. LR. III § 2. Gestalten dann alles, was eines u. das andere aus zweyen Ehe-Leuten vor ihrem Ehestand an Güteren gehabt, oder auch in stehender Ehe durch Erbschaft, Legaten, Schanckungen von Todtswegen für sich absonderlich erlanget hat, für zugebracht geachtet werden solle.

7. Das. § 3. Hingegen solle dasjenige, was zwey Eheleut in Zeiten ihres Ehestands von der Abnutzung des einen oder ihrer beeden zugebrachten Gütern zuruckgelegt, mit Handlen gewonnen, mit Arbeiten oder Diensten erworben u. erspahret u. nach Abzug deren Zeit stehender Ehe contrahirten Passiv-Schulden, übrig lassen, für Errungenes gehalten werden

8. Das. § 4. Ueberhaupt solle alles Vermögen deren Eheleuten vor errungen geachtet werden, biß daß erwiesen werde, was zugebracht seye.

9. Trier. LR. VI § 10. Was in stehender Ehe von einem Ehe-Gatt errungen wird, kommt beyden zu Vortheil u. ist pro acquisito zu halten.

10. Das. § 11. Was aber durch Abtrieb eines der beyden Ehe-Gatten erworben wird, solches ist nicht unter die acquesten gerechnet; sondern solle dem abtreibenden Ehe-Gatten allein dergestalten verbleiben, daß dem andern Ehe-

Gatten die Halbscheid des auß gemeinschafftlichen Mitteln darzu verwendtem Pretii nach gebrochenem Ehe-Bett gedeyhe.

11. Trier. LR. VI § 32. Wäre auch etwas von eines oder anderem Ehe-Gatts Immobel-Güteren in wahrendem Ehe-Stand verkaufft u. der Kauff-Schilling wiederum angelegt, solle das darauß erkaufftes Gut als ein *Surrogatum* deme oder dessen Erben eigenthumlich verbleiben, dessen Gut verkaufft worden, oder doch auß der Errungenschafft (wann der Kauff-Schilling nicht wiederum angelegt noch in Natura vorhanden) denselben so viel vorab vergnüget — werden.

12. Preuß. LR. II 1 § 396. Ist in den Verträgen, Provinzialgesetzen oder Statuten nur eine Gemeinschaft des Erwerbes festgesezt, so erstreckt sich diese der Regel nach auf den gesammten Erwerb beider Ehegatten.

13. Das. § 402. Erbschaften u. Vermächtnisse, welche einem der Ehegatten zufallen, gehören nicht zu der Gemeinschaft des Erwerbes. § 403. Ein Gleiches gilt von Geschenken, die auf einer bloßen Freigebigkeit beruhen.

14. Das. § 404. Alle anderen Glücksfälle, die sich nach eingegangener Gemeinschaft ereignen, gehören ohne Ausnahme zum Erwerbe.

15. Das. § 405. Auch werden von allen Stücken, die an sich zur Gemeinschaft nicht gehören, die Nutzungen dennoch zum gemeinschaftlichen Erwerbe gezogen.

16. Wetzlar. Reform. (v. d. Nahmer 2 S. 928) Tit. 4 § 6. So Mann u. Weib ihrer eines allein Handthierung oder Kaufhandel treiben, u. aus demselben Handel etwas gewinnen u. erobern wurde, soll solches auch nicht gemein, sondern allein des Handthierers seyn. Es ware dann, das die Handwercksleute, die zu ihrer Nothdurft kaufen, in ihrem u. zu ihrem Handwerck zu gebrauchen, das alles soll gemein seyn. Hatte aber ein Mann oder die Frau neben dem Handwerck ein Handel, das soll nicht gemein seyn.

17 Code civil art. 1399 La communauté, soit légale, soit conventionelle, commence du jour du mariage contracté devant l'officier de l'état civil: on ne peut stipuler qu'elle commencera à une autre époque art 1400 La communauté qui s'établit par la simple déclaration qu'on se marie sous le regime de la communauté ou à défaut de contract est soumise aux règles expliquées dans les six sections (art 1401—1496) qui suivent

18. Das. art. 1401 La communauté se compose — : 1) *de tout le mobilier*, que les époux possedaient au jour de la célébration du mariage, ensemble de tout le mobilier qui leur echoit pendant le mariage à titre de succession ou même de donation, si le donateur n'a exprimé le contraire; 2) *de tous les fruits*, revenus, interêts et arrérages — échus ou perçus pendant le mariage et provenant des biens, qui appartenaient aux époux lors de sa célébration ou de ceux qui leur sont échus pendant le mariage, 3) de tous les *immeubles qui sont acquis pendant le mariage.*

19. Das. art 1404. Les *immeubles* que les époux *possèdent au jour de la célébration* du mariage, ou qui leur *échoient* pendant son cours *à titre de succession, n'entrent point en communauté* 1405. Les donations d'immeubles — faites pendant le mariage — appartiennent au donataire seul

§ 181. B. Rechtsverhaltnisse daraus während bestehender Ehe.

1. Frankf. Ref. III 6 § 1. Wann zwey Ehegemaheln in stehender Ehe einig liegend Gut mit einander kauffen, das soll jnen gemein seyn, Derwegen auch die Wahrschafft jhnen beiden samptlich in unser Cantzley geschehen.

2. Das. § 2. Da aber derselben eines sein eigen Gelt hette, es were erobert, ererbt, oder auß seinen anerstorbenen liegenden Gütern erloßt, u. dasselbig widerumb an Guter oder Gülten anlegen wolte: Solle es — in solche erkauffte Güter allein fur sich u. seine Erben gewahrt werden, Doch daß solchs mit vorwissen u. bewilligung deß andern Ehegemahels — geschehe.

3. Frankf. Ref. III 6 § 3. Deßgleichen soll es auch mit Verkauffung der Güter gehalten werden, Also da ein Gut beyden Eheleuten gemein ist, daß es anderß nicht, als mit irer beyder gutem Willen, soll verkaufft — werden.

4. Das. § 4. Da auch einig liegend Gut einem der Ehegemaheln gleich allein zustendig were: So sol es doch dasselbig ohn Verwilligung deß andern (sofern sie in der Ehe bey einander bleiben u. einträchtiglich leben) zu verkauffen (oder zu verpfänden) nicht Macht haben. (Vgl. auch III 3 § 12.)

5. Wurtemb. LR. II 29. Daß kein Weibs-Person ihre liegende Güter oder etwas nahmhaftes u. ansehnliches von fahrender Haab verandern noch auch ihre Guter mit Zinsen u. Gulten beschweren, oder einigen andern Contract u. Handthierung ohn ihren Ehevogt (sofern sie einen hat) treffen oder fürnemmen solle.

6. Das. IV 4. Wann die Schulden von beeden Eheleuten gemacht, sollen dieselbige von dem gemeinen, in solcher Ehe durch beede Ehegemacht errungnem u. gewunnenem Gut, u. da sich solches so weit nicht erstreckt, von jedes Ehegemachts anderem eigenthumblichem Gut zum halben Theil erstattet werden. Wa aber selbige Schulden nicht von beeden, sondern allein dem einen Ehegemacht, mit seinem verthonischen, zehrhafften, prachtigen u. ohnnutzen Wesen oder strafflichen Handlungen u. dergleichen Excessen, ohne des anderen Ehegemächts Zuthun, verursacht, sollen solche Schulden nicht von dem gemeinen errungenen, sondern desjenigen Ehegemächts, welches berührte Schulden allein verursacht, Angebürnus des Errungenen u. Gewonnenen, Und wa sich dasselb soweit nicht erstreckt, von desselben Ehegemächts ubrigem eigenem Gut — bezahlt werden.

7. Mainz. LR. IV § 1. Alle Schulden, die wahrender Ehe gemacht worden, es seye von Mann oder Weib, die sollen ohne Unterscheid aus der Errungenschaft bezahlt werden; Wann sich aber die Errungenschaft soweit nicht erstrecket, so soll jedes Ehegenoß diejenige Schulden, die es wahrender Ehe absonderlich gemacht u. nicht in gemeiner Nahrung verwendet, desgleichen auch diejenige Schulden, so ein- oder anderer Theil vor angetretener Ehe contrahirt hatte, von seinem Zugebrachten u. Ererbten allein bezahlen, desgleichen auch diejenige Schulden, welche *ex delicto* so des ein- als des andern herrühren, nicht minder die contrahirte Spiel-Schulden von demjenigen, welcher dazu condemniret worden oder respective contrahiret, allein, ohne mindeste Concurrirung des anderen Theils, ganz bezahlt werden — sollen. § 2. Hatten aber beyde Ehe-Genossen die Schulden gesambter Hand, oder das eine aus denenselben solche auch ohne Vorbewust des anderen, jedoch zu ihrem gemeinem Haußwesen oder Guter-Bau gemacht, so solle der Mann zwey Drittel u. die Frau ein Drittel daran zahlen. Wie dann auch diejenige Schulden, welche eines aus denen Eheleuten gemacht (obschon sie zum Besten der gemeinen Nahrung nicht geschehen) der andere Ehe-Gatt nach Maaßgab seines Antheils Errungenschafft aus dem seinigen bezahlen solle, wann es nur Wissenschaft gehabt, daß sein Ehe-Genoß diese Schulden mache, u. dargegen bey Gericht oder bey denen Creditoren nicht protestiret, sondern darzu stillgeschwiegen hat.

8. Das. § 3. Diejenige Weiber, so mit ihren Mannern eine gemeinschaftliche Handelschafft treiben, die sollen von denen in Ansehung — der Handelschafft gemachten Schulden, jedes nach *Proportion* seines an der Errungenschaft habenden Antheils, bezahlen; Wann aber sothane Schulden aus der Errungenschafft nicht konnen bezahlt werden, so sollen alsdann beyde — aus ihrem Vermogen sothane Schulden nach Schwerdt- u. Rockentheil zu bezahlen gehalten seyn; Ist aber des Mannes Vermogen nicht hinlänglich, die zwey Drittel zu zahlen, so soll alsdann — die Frau aus ihrem Zubringen — was daran fehlet, zahlen, u. also auch im Gegentheil, wann die Frau ihren Antheil nicht zu bezahlen im Stand, soll denselben der Mann aus dem Seinigen abtragen u. ergantzen.

9. Trier. LR. VI § 31. Bey wahrender Ehe kan der Mann über die Möbel-Gütere verordnen: — hat — die freye Administration der errungenen liegenden Guteren dergestalten, daß er selbige auch ohne Bewilligung deß Weibs veraussen mag, vermitz dannoch solches in beyden obigen Fallen auß einiger bewegenden Ursach der erforderenden Noth, Nutz oder Vortheil, nicht aber zu beflissentlicher Vervortheilung des Weibs geschehe.

10. Frankf. Ref. III 7 § 12. Dieweil in Kauffhandlen u. Kramereyen, da zwey Eheleuth einen gemeinen Handel treiben, u. die Haußfrauw so wol als der Mann im Gaden oder offnem Kram sitzet, kaufft u. verkaufft, Gelt einnimpt u. außgibt, das Register helt, u. dergleichen ubet, Also auch mit denen Eheleuten, so offentlich Wirtschafft oder Herberg oder einen gemeinen Weinschanck halten, schwarlich ist, — Absonderung u. Abtheilung der Guter zu thun: Damit dann die jenigen, so mit jnen handlen, auch andere, so jhnen jhr Gelt u. Arbeit auffborgen, dardurch nicht betrogen noch vernachtheilt werden: So wollen Wir, daß in solchem Fall sie beyde Eheleut samptlich, auch jhr jedes *in solidum* — die Schulden, so sie mit einander gemacht, zu bezahlen schuldig seyn sollen, u. darinn kein Verzieg noch auch Absönderung, es seyen dann zuvor alle Schulden bezahlt u. vergnugt, gestattet werden.

11. Das. § 14. Es soll auch hierinn das Weib einig Heurahtsabrede, Verschreibung, Beding oder andere Pacta nicht fürtragen noch entheben, Sondern sie nichts desto weniger neben u. zugleich dem Mann — verhafft seyn.

12. Das. § 15. Zu dem Ordnen — Wir, daß in solchen gemeinen Händeln u. Handthierungen die Frauw der Authentica Si qua Mulier — sich gar nicht zu behelffen — haben solle.

13. Das. § 17. Und dieweil das Weib in solchen gemeinen Handeln in gleicher Gefahr u. Verlust stehen muß: So ist auch billich, daß jhr auß solchem Handel aller Gewinn zugleich zustehe.

14. Preuß. LR. II 1 § 406. Durch die Gemeinschaft des Erwerbes wird kein Ehegatte zur Bezahlung der besonderen Schulden des Andern aus der Substanz seines Vermogens verpflichtet.

15. Das. § 407. Der gemeinschaftliche Erwerb hingegen kann von den Gläubigern des Mannes ohne Unterschied, ob die Schulden vor oder nach der Heirath entstanden sind, angegriffen werden.

16. Das. § 408 Auch die Glaubiger der Frau konnen an den Erwerb sich halten, wenn ihre Forderungen — gultig oder noch vor der Heirath entstanden sind.

17. Das § 409. Wird durch die besondern Gläubiger des einen Ehegatten der gemeinschaftliche Erwerb geschwacht, so kann der Andere Ersatz aus dem eigenthümlichen Vermogen des Ersteren fordern.

18. Ostfries. LR. II 165. Dat Wyve-Guet kan nich vorminderen noch vormeren, dat is Auriker, Norder- Reider- u. Harrlinger-Landrecht; dat sy dan Saeke, dat eine Frouwe van den Hert affschedet, u dat Guit is vorbeteret, so mach men der Frouwen wol eine Gave geven na Vermoege u. Grotheit des Averwinst. Dann Emsiger-, Broeckmer-, Aeverledinger- u. Moermer Land-Rechten holden, dat Wyve-Guit halff Baete (d. i. Vortheil, Gewinn) u. Schade winnen u. verlesen mede.

§ 182. C. Rechtsverhaltnisse daraus nach getrennter Ehe.

1. Frankf. Ref. V 4, 3. Weren — keine — Eheliche Kindere vorhanden: Daß alßdann das Letstlebend bey allen liegenden Gutern, — die von dem Erstverstorbenen darkommen, den Usumfructum u. Beyseß sein Lebenlang haben: Aber alle zugebrachte, auch anererbte Fahrende Haab zum Eigenthumb erblich behalten solle.

2. Das. 5, 9, 10. Soviel die Succession — (der) in stehender Ehe erzeugten Guter belangt: So Ordnen u. setzen Wir, daß dieselben — dem Letstlebenden Ehegemacht, im fall da keine Kindere vor-

handem, Eigenthümblich sollen zugefallen seyn u. bleiben. Im fall aber Kindere — vorhanden seyn wurden: So sollen solche erzeugte — Güter zum halben Theil auff — des Verstorbnen Kindere, der ubrig halb Theil aber auff das Letstlebend erblich verstorben — seyn: Doch demselben, (wenn er kein Stieffvatter oder Stieffmutter ist) an der Kindere Theil sein Usumfructum u. Beyseß vorbehalten.

3. Frankf. Ref. III 7, 2 Daß in dem Fall, da das Letstlebende — den Usumfructum oder Beyseß der liegenden Guter u darzu die gantze, oder auch halbe Fahrende Haab eigenthumblich erobert u. behelt, — Dagegen dasselbig — auch alle Schulden, vor oder in der Ehe — gemacht, gantz u. für vollen bezahlen sol. (Vgl. Souchay Anm. II S. 625 ff.)

4. Das. § 5. Were es auch, daß zwey Eheleuth vermischte Güter hetten, u. das Letslebende seine Guter von deß Erstverstorbnen Gütern abzusondern u. abzutheilen, auch auff desselben Erstverstorbnen Guter u. die Fahrende Haab, samptlich zu verzeihen u. deren sich zu begeben, entschlossen were: (dem Schuldenlast — dardurch zu entfliehen): So soll es — Schultheiß u. Scheffen — solch sein Vorhaben anzeigen, Auch offentlich — erklaren, Daß es weder den Beyseß an deß Erstverstorbnen liegenden Gütern, noch auch desselben Antheil Fahrender Haab nicht annemmen noch behalten, Sondern — darauff gäntzlich wolle verziegen haben

5. Das. § 11. Was Wir aber — Disponirt — haben deß Verziegs u. Separation — halben: Solchs wollen Wir gemeinet — haben, allein von solchen Eheleuten, so gar keine Kauffhändel, Handthierung, noch andere Gewarb, als offne Wirtschafften, Herbergen u Weinschänke treiben. .

6. Kur-Pfalz. LR. IV 12. Da ein Ehe-Gemacht von dem andern durch den zeitlichen Todt geschieden, u. (keine) Kinder hinder ihme im Leben verlassen würde; — daß (dann) dem letztlebenden Ehe-Gemacht — nach Abzahlung der Schulden — sein Lebenlang der Beysitz, zu Latein Ususfructus genannt bey dem halben Theil aller, vom Verstorbnen herruhrender ligender Güter — ungeirret verbleiben, der ander halbe Theil aber an des erstverstorbenen Ehe-Gemachts ligenden Gütern, desselben nechsten Erben alsbald gefolgt werden soll. Deßgleichen soll das letztlebend alle Fahrnuß, die sey zugebracht oder ererbt, sampt der gantzen Errungenschaft in ligenden u. beweglichen Gutern ohne Underscheid eigenthumblich behalten.

7. Das. Tit. 13 pr. Wann ein Ehe-Gemacht vor dem andern verstürbe, so Kinder — verliesse, sollen — an deß Verstorbenen Fahrnuß u. Errungenschafft — (den) Kindern —, so der Verstorben dero Vatter gewesen, zwey, da aber die Mutter mit Tod abgangen, ein Drittheil deroselben — eygenthumb- u. erblich gebühren, der übrig Theil aber gedachter Fahrnuß u. Errungenschaft dem letztlebenden Ehe-Gemacht gantzlich verbleiben.

8. Der Reichsstadt Landau uralter Gewohnh. in Erbfallen zw. Eheleuthen § 22 (v. d. Nahmer Bd. 2 S. 880). Von diesen Güthern (näml. den errungenen) gebüren dem Ehemann u. seinen Erben ein Zweytel, genant das Schwerdtheil; der Frawen u. ihren Erben das Drittel, genant das Kunckel- oder Spindeltheil.

9. Mainz LR. III § 1. Wann in denen Ehe-Pacten dem letztlebenden Ehe-Gatt nicht eine besondere Portion Errungenschaft oder ein gewisses aus dem Zugebrachten angewiesen, so bekommt bey erfolgender Abtheilung der überlebende Mann oder Weib sein Zugebrachtes, u. von dem Erworbenen währender Ehe der Mann zwei Drittel, u. das Weib einen Drittel.

10. Nassau. LO. IV 6, 1. Biß anhero gebrauchlich, daß, (wann Eheleute ohne Hinterlassung von Kindern versterben) das letztlebende, gegen Entrichtung — aller derer von dem Verstorbenen hinterlassenen Schulden, alle Fahrnuß u. dann die Helffte derer in stehender Ehe mit einander erkoberter Guther erblichen gezogen.

11. Solms. LR. II 28 § 2, 3, 5 Da 2 Eheleuth — kein Kinder mit einander bekommen haben, oder — dieselben doch vor ihnen — verstorben weren, u. eines vor dem andern sonder Geschafft u. letzten Willen mit Todt abgehet, das alsdann desselben erstverstorbenen leygende Güter, u. so darfür

geacht, — so bald seinen nechsten blutgesipten Freunden — eigenthumblich heimgefallen seyen, u. doch der letztlebend sein lebenlang — den Beyseß dabei haben sol, — aber nach desselben todtlichem Abgang sollen sie den rechten Erben unverzüglich zugestelt werden. — So viel dann die Güter belangt, so beyde Eheleuth in werendem Ehestandt mit einander erzeugt, erkaufft u. samentlich durch ihre Mühe, Arbeyt u. fleissige Haußhaltung erobert haben, bey denselben sol das letztlebend auch sein Lebenlang seinen volligen Beyseß haben, u. davon gefarlichen nichts vereussern, aber nach deß letztlebenden todlichem Abgang, sollen dieselben erzeugten u. eroberten Guter, die seyen leygend oder fahrend, in 2 gleiche Theyl getheilt, u. der halber Theil auff deß Manns, u. der ander halb Theil auff der Frawen nechstverwandt Erben erblich fallen. — (Dagegen) das letztlebend — auch alle schulden, so in stehender Ehe sie Eheleut mit einander gemacht haben, zu zweyen drittheylen, u. die eygenthumbs Erben deß erstverstorbens den uberigen drittentheyl bezahlen sollen.

12. Solms. LR. II 28 § 6. Weren aber eheliche Kinder — vorhanden, als dann sollen denselben die leygende vätterliche oder mutterliche Güter zum Eygenthumb gentzlich u. die fahrende Hab zum halben Theyl auch eygenthumblich u. der ander halber Theyl dem letztlebenden anererbt u. verfallen seyn, doch dem letztlebenden seinen Beyseß an beyden solchen Gütern sein lebenlang vorbehalten, dagegen er auch die Kinder zu Gottesfurcht aufferziehen u. mit aller notturfft versehen, auch die Schulden, so in stehender Ehe gemacht, für vollen bezahlen soll.

13. Würtemb LR. IV 5. Wann ein Ehegemächt — ohne Testament — mit Tod abgeht, u. keine Kinder hinderlassen —, hat das in Leben gebliben Ehegemacht — fur seine eigne Portion — von dem in solcher Ehe errungenen u. gewonnenen den halben Theil pleno iure innzuhalten. Ferners an des abgestorbenen Ehegemachts gantzer — Verlassenschaft — erbt das in Leben geblieben Ehegemacht durchauß den halben Theil pleno iure, frey, ledig, u. eigenthumblich: — der uberige halbe Theil aber — solle — des abgeleibten Ehegemachts nachsten Verwandten — erblich zufallen. — Da aber das verstorben Ehegemacht keine — Ascendenten noch Vollgeschwistrigte von beeden Banden, oder neben denselben deren zuvor abgeleibter Vollgeschwistrigten Kinder, sondern nur — andere in weiterm Grad der Zwerchlinien Verwandte hinterliesse, hat in solchen Fallen das uberlebende Ehegemacht selbigen des abgeleibten Verwandten eigenthumblich angefallenen halben Theil sein Lebenlang — zu nutzen u. zu niessen.

14. Das. IV 7. Wann deren Ehegemacht eins, so Kinder mit einander erzeugt, — mit Tod abgehet, — hat das im Leben gebliebene — fur seine eigene Portion — von dem in solcher Ehe Errungenen — den halben Theil pleno iure innzubehalten. Ferner an des Verstorbenen — gantzer — Verlassenschaft — hat das in Leben gebliben Ehegemacht, wann nur 1 Kind vorhanden, $\frac{1}{3}$ Theil, so aber der Kinder 2, 3 oder mehr einen Kindestheil pleno iure — zu erben. Und was von des abgestorbnen Ehegemachts Verlassenschaft den — Kindern — erblich angefallen, solches hat das uberlebend Ehegemacht sein Lebenlang (doch ohngeschwacht des Hauptguts) zu nutzen u. zu niessen.

15. Hess. Ger.-Ordn. v. 1497 C. 27. Wenn man u. frawe leib u. gut ohne alle geding zusammen bringen, so soll es mit ihrem gut, so sie zusammenbringen, oder mit einander in stehender ehe gewinnen, also gehalten werden, daß sie daß ihr lebenlang mit einander gebrauchen u. genüssen, u so dann eins under inen vom tode ohne Leibs-Erben abgehet, sol das ander bei allen solchen Gütern sein lebenlang sitzen bleiben u. so dasselb auch darnach abgehen wird, sollen die Güter gleich geteilet, jedweder seyts Freunden u. Erben halb u. halb werden.

16. Trier. LR. VI § 30. Und obwohlen dem Weib, dafern sie uff allen ihro auß der Ehe zustehenden Gewinn, u. dasjenige was ihro in Krafft Ehe-Pacten oder sonsten durch Unsere Lands-Ordnung zugelegt wird, inwendig Monats Frist nach absterben deß Ehe-Gemahl gerichtlich verzeihet, — sich

ihres Ehe-Gattens Schulden allerdings entschlagen, u. ihre — in die Ehe gebrachte Heyraths Gab u. andere eigenthümliche Gütere ruckziehen kan, so vermag sie doch, im Fall sie selbst mit contrahirt u. die Schulden auffgemacht, oder mit ihrem Mann offene Kauffman-Wirtschafft- oder gesambte Parthirung getrieben, sich solchen Renunciations-*Beneficii* nicht bedienen; sondern ist in alle weeg verhafftet, die Halbscheid der mit contrahirten oder ab solcher getriebener Kauffmann-Wirth- oder Handelschafft herrührenden Schulden, ab ihren Mittelen zu vergnügen.

7. Erbfolge der Ehegatten. (*Portio statutaria*) (B. § 135. G. § 255. St. § 222. R. § 148.) § 183.

1. L Baiuv. Tit. XV cap. 7, 8, 10 *De viduis*, quae post mortem mariti sui *in viduitate permanet, aequalem inter filios suos*, id est qualem unus ex filiis, *usufructuario habeat portionem*, usque *ad tempus vitae suae* usufructuario iure possideat. Quod si mater *ad alias nuptias* forte transierit, — *usufructuariam portionem — filii — vindicabunt* Mater vero, si habet *proprias* res, et *cum dote sua, quod per legem habet*, egrediato. — De eo, qui *sine filis et filias* mortuus est, mulier accipiat portionem suam, dum viduitatem custodierit, id est *medietatem pecuniae.*

2. L Sax. Tit. 8 u. 9 s. oben § 171 Nr. 2 u. § 165 Nr. 4.

3. Henrici II. Ll. a 1019 c 1 (Mon. Ll. II 38) Quicumque ex quacumque natione legitimam uxorem accepit vel acceperit, si eam mori contigerit sine filiis eorum amborum, *vir suae uxori succedat* et omnia bona eius percipiat.

4. Ssp. I 31 § 1 s. oben § 165 Nr. 5.

5. Das. III 76 § 1. Stirft eneme wive ir man, u. blift sie in des mannes gude ungetveiet mit den kinderen, — svenne sie sik tveiet dar na, so nemet die vrowe ire morgengave u. ire musdele u. ire rade an alle deme gude dat dar denne is, als sie nemen solde to der tiet do ire man starf. § 2. Hadde aver die vrowe man genomen, u. was he to ire u. to den kinderen in dat ungetveide gut gevaren, u. stirft denne dat wif, die man behalt al des wives recht in der varender have, sunder dat gebu u. sunder die rade.

6. Priv. K. Friedrich I f. Worms v. 1184 oben § 146 Nr. 87.

7. Zus. z. dem alt. Lüb. R. (*Hach* IV 89) Eyn islik mach gheven tho testamente syner hußfrouwen boven dat he myt ere ghenomen hefft ßo vele alse he wil.

8. Lüb. Testam. v. 1370 b. Pauli 2, 86: sciendum, quod cum uxore mea recepi in dotalicio 1000 marc Lub. — Istud dotalicium de iure rehabebit, ad quod ei do unam fibulam auream et unam busmenbrecen (Busen-Spange). Cum hiis donis debet esse separata ab omnibus bonis meis, mobilibus et immobilibus, penitus et divisa

9. Frankf. Ref. V 4 § 1. Dieweil je billich ist, daß ein Ehegemahel etwas von dem andern erblich bekomme, von wegen jrer Christlichen u. Ehelichen Beywohnung u. höchster zusammen verpflichter Treuw u. Freundtschafft, da sie auch durch die Verehelichung ein Fleisch u. ein Leib worden, Und sie derowegen Ergetzlichkeit jrer samptlich in jrem Ehestandt getragener Sorg, Mühe u. Arbeit billich haben sollen: Darumb auch fast allenthalben im Reich Teutscher Nation breuchlich u. durch sondere Constitutiones u. Statuta verordnet, daß Eheleut auch einander, doch mit einer maß erben sollen u. mögen.

10. Suarez i. den Jahrb. f. Preuß. Gesetzgeb. Bd. XLI S. 124: wohl sehr wenige Provinzen im Preußischen Staate vorhanden sein werden, wo die Römische Successions-Ordnung unter Ehegatten sich noch wirklich im Gange befande, vielmehr jede Provinz, ja fast jede namhafte Stadt hierin ihre eigenen Gesetze u. Statuten hat, die insgesammt darin übereinkommen, daß sie den überlebenden Ehegatten mehr, als das Römische Recht, begünstigen.

11. Gewohnheitsr. i. Herzogth. Lüneb. auf d. Lande v. 1573 (*Pufend* II Obs. 63 § 1). Gefragt, wen ein Man mit seinen Kindern stirbt, u. sine Fruwe

das Leben behelt, wer dan die nechst Erbe sey. Ingebracht: Dieweile die Fraw das Leben behalten, sey sie der negst Erb.

12. Const elect Sax III 20 Stirbet der Mann vor seinem Weibe u. lasset nach sich Kinder von der ersten u. andern Ehe, eines oder mehr, so soll sein Weib, ohne Unterschied ob sie arm oder reich, nach Bezahlung derer Schulden, aus allen ihres verstorbenen Mannes übrigen Güthern, einen vierten Theil nehmen u. haben. Ließ aber der verstorbene Mann keine Kinder, so soll seinem überlebenden Ehe-Weibe aus seiner Verlassenschaft, nach Ablegung derer Schulden, ein Drittheil folgen, u. die Frau in beyden Fallen alle ihre eingebrachte, anererbte u. andere Güter zusamt der Gerade in die gemeine Theilung zu bringen schuldig seyn; jedoch soll der Frauen — frey stehen, ob sie zu ihrem eingebrachten Guth, oder aber nach Gelegenheit derer Falle zu dem vierdten oder dritten Theil greiffen will, u. ihr solche Wahl, ohne Unterschied, es hatte der verstorbene Mann Kinder oder nicht, in einem oder dem andern Fall, wie obstehet, gelassen werden.

13. Das. 22. Dem Manne (gebühret) nach Sachsen-Recht die Fahrniß. — Waren aber Stucke darunter, so zu der Gerade gehorig, — dieselben sollen denen Tochtern, — oder, da die nicht vorhanden, der nahesten Nifftel, — von dem Manne verreicht werden.

14. Sachs. Ges.B. § 2049. Bei dem Ableben eines Ehegatten erbt von dessen Vermogen der überlebende Ehegatte ein Viertheil, wenn er mit Abkommlingen des Erblassers zusammentrifft. § 2050. Hinterlaßt der gestorbene Ehegatte keine — zur 'gesetzlichen Erbfolge berechtigten Abkommlinge, — so erhalt der überlebende Ehegatte ein Drittheil der Erbschaft. § 2052. Wenn der Ehegatte mit Eltern, Voreltern, Geschwistern oder mit Abkommlingen der Geschwister des Erblassers zusammentrifft, so erhalt er die Halfte der Erbschaft. § 2053. Hinterlaßt ein Ehegatte nur Verwandte der im § 2026 unter Nr. 4 genannten Classe (ob. § 147 Litt. f), so erhalt der überlebende Ehegatte die ganze Erbschaft.

15. Schaumburg. Poliz.-O. v. 1650 C. 14. Ob wir dann wohl fürgehabt, in der Erbfolge des Ehemannes u. der Ehefrauen, daß nach Jahr u. Tag, wenn keine Kinder von ihnen erzeuget im Leben ubrig, ein Ehegatte den andern erbet, u. von dem Nachlaß Vater u. Mutter auch Schwester u. Bruder u. ander Blutsfreunde ausschleust, auf welchen Fall dieselben oft lamentiren, als sollte derselbige Gebrauch der naturlichen Billigkeit u. gemeinen beschriebenen Rechten zuwider laufen, andere Verordnung zu machen, dieweil dennoch diese Gewohnheit nicht allein in dieser Grafschaft, sondern auch in nicht wenig benachbarten Landen u. Stadten von undenklichen Jahren loblich hergebracht, u. darnach in Gerichten geurtheilet worden, inmassenn denn das hochlobl. Kaiserliche Cammergericht mit vielen praeiudiciis solchen Gebrauch gut geheissen u. bestatiget, sonsten auch billig daß Eheleute, so ein Fleisch u. ein Leib worden u. in hochster Pflicht, Treue u. Freundschaft einander verknüpft, u. in gesamter Muhe, Sorge u. Arbeit stehen, an den nachgelassenen Gutern Ergötzlichkeit haben, so lassen wirs bei solchen Gebrauch u. Gewohnheit bewenden. Ordnen u. setzen darauf, wenn Mann u Frau Jahr u. Tag miteinander in der Ehe gelebet u. darin keine Kinder erzeuget, oder da sie die darin gehabt, dieselben doch vor ihnen den Eltern mit Tode abgegangen, u. also keine eheliche Kinder verlassen, daß alsdann der letztlebende Ehegatte dem Abgestorbenen an allen seinen Gütern, ohn was hernach ausgenommen, succediren, u. davon andre Erben, es seyn Mutter oder Vater, Großvater oder Großmutter, Schwester u. Bruder, auch alle andre Verwandten ausschließen soll. — Wo dann Vater oder Mutter, Schwester oder Bruder oder deren Kinder primi gradus alsdann noch am Leben, soll der Wittwer seiner verstorbenen Hausfrauen Kleider, Leibeszirung u. ein Bette, wie das in den Brauttagen gestanden, die Wittwe aber denselben ihres sel. Mannes Kleider, Kleinodien u. Bette samt seinem Petschierringe u. sonsten nichts weiteres herausgeben.

16. Statut v. Hannover a 1303 (Fiedeler in Ztschr. des histor. V. f. NSachsen 1876 S. 11; vgl. Döbner S. 36). Enes borgeres echte wif nimt na sineme dode licken del sines godes mit sinen echten kinderen; sunder mit kunscap goder lude mach he ere geven de tegeden penninc besunderen, ef he wil; darenboven ne mach he er nicht mer geven besunderen. (Vgl. *Pufendorf* IV obs 163 u. III obs 24; Frensdorff Stadtverf. Hannovers S. 25.)

a Kgl. V. v. 18. Juni 1830 (auf Antrag der Stadt) § 1. Unter Ehegatten christlichen Glaubens, welche in unserer Residenzstadt Hannover wohnhaft u. persönlich der bürgerlichen Gerichtsbarkeit des dasigen Stadtgerichts unterworfen sind, soll, vorausgesetzt daß der Ehemann das Burgerrecht daselbst erworben hat u. die Ehe nicht durch rechtskraftiges Scheidungsurtheil getrennt ist, ein gegenseitiges Intestaterbrecht eintreten. § 2. Es soll dem zufolge, wenn ein solcher Ehegatte verstirbt, ohne über das seiner freien Disposition unterworfene Vermogen — disponirt zu haben u. er a) solche Descendenten hinterlaßt, welche nach Vorschrift der gemeinen Rechte ihn ab intestato beerben, der überlebende Ehegatte mit diesen gemeinschaftlich in dem Maße zur Erbfolge berufen sein, daß er einen Kopf- oder Stammtheil erhalt; u. b) wenn er solche Leibeserben nicht hinterlaßt, soll der Ueberlebende den ganzen Nachlaß, wiewohl mit Ausnahme des den miterbenden Ascendenten gebuhrenden Pflichttheils erhalten. (Durch kgl. V. v 17. Oct. 1856 ausgedehnt: auf den Gemeindebezirk der Stadt nach dessen jedesmaligem Umfange, spatere Erweiterungen eingerechnet.)

17. Attestat. v. 1656 b. *Strube* de iure villic VIII 6 no d Daß sowohl in der Nieder- als Ober-Graffschafft Hoya von undenklichen Jahren eine uhralte — Gewohnheit gewesen, u. bis die heutige Stunde continuirlich exerciret u. gehalten wird, lenger Leib, lenger Gut, u. daß der überlebende Ehegatte den (kinderlos) abgestorbenen (daferne keine besondere in Rechten begründete Ehe-*pacta* zwischen Ehe-Leuten aufgerichtet vorhanden seyn) in Flecken u. Dorfferen erbe.

18. Preuß. LR. II 1 § 621—627. Der — Nachlaß des verstorbenen Ehegatten wird unter die nahen Blutsverwandten (d. h. die, welche vom Erblasser nicht weiter als im sechsten Grade entfernt sind) u. den überlebenden Ehegatten vertheilt. Hinterlaßt der Verstorbene Verwandten in absteigender Linie, so ist der überlebende Ehegatte nur Erbe zum vierten Theile. Sind mehr als drey absteigende Linien vorhanden, so erbt der überlebende Ehegatte nur Kindes Theil. Hinterlaßt der Verstorbene nur Verwandte in aufsteigender Linie, Geschwister oder Geschwisterkinder ersten Grades, so ist der überlebende Ehegatte Erbe zu einem Drittel. Sind nur Verwandte in entferntern Graden vorhanden, so erbt der überlebende Ehegatte die Halfte. Sind gar keine nahe Verwandten vorhanden, so erbt der überlebende Ehegatte den ganzen Nachlaß.

19. Oesterr. Ges.B. § 757. Dem überlebenden Ehegatten des Erblassers gebührt, ohne Unterschied, ob er ein eigenes Vermogen besitze oder nicht, wofern drey oder mehrere Kinder vorhanden sind, mit jedem Kinde ein gleicher Erbtheil; wenn aber weniger als drey Kinder vorhanden sind, der vierte Theil der Verlassenschaft zum lebenslangen Genusse; das Eigenthum davon bleibt den Kindern. § 758. Ist kein Kind, aber ein anderer gesetzlicher Erbe vorhanden, so erhält der uberlebende Ehegatte das unbeschrankte Eigenthum auf den vierten Theil der Verlassenschaft.

20 Const. elect Sax III 7. Es wird von den Rechtsgelehrten in gemein gehalten, daß der Mann nicht befugt sey, dem Weibe den dritten oder vierten Theil, oder anders, so ihr nach seinem Absterben, vermoge einer Willkür, oder wohlhergebrachten Gewohnheit, aus des Mannes Gütern gebuhret, gar oder zum Theil zu entwenden, wie dann auch gleichergestalt hinwiederumb dem Weibe nicht nachgelassen wird, dasjenige, was dem uberlebenden Ehemanne aus ihren Gutern zustehet durch ein Testament oder andern letzten Willen zu vermindern, Derowegen wollen wir, wann sich solche Fälle zutragen, daß hierauff in unsern Landen zu Recht erkant — werde.

21. Magdeb. LR. Cap. 44 § 39. Und stehet dem Manne so wenig als dem Weibe frey, durch ein testamentum, fideicommissum, donation, oder in andere Wege des Ehegattens obgesetzte portionem statutariam, ohne des andern Einwilligung zu benehmen.

22. Wurtemb. LR. Th. 3 Tit. 16. Wenn ein — Ehegemacht durch Testamentliche Verordnung ihme Erben einsetzen will, soll es das ander Ehegemacht von seiner Verlassenschafft, ohne gnugsame — Ursachen, auszuschliessen nicht Macht haben, sondern dasselb — mit Verschaffung des Dritten Theils von demjhenigen, so es ab intestato von dem Verstorbnen eigenthumblich zuerben hatte, zubedenken schuldig seyn.

23. Ulm. Stadtordn. Th. I Tit. 2 § 1. Dieweil je u. allwegen der Stadt Ulm Recht gewesen ist, wo zwey Ehegemächt mit unverdingtem Heurat zusammen kommen seyn, u. eins vor dem andern, ohne eheliche Leibeserben gestorben, daß das übergebliebene Ehgemächt des Abgestorbenen Haab u. Gut ererbt, es sey ligends oder fahrends gewesen: Ausser halb der Lehen u. Fideicommiß, die nach Lehens- u. Fideicommißordnung u. Recht gefallen, u daß auch ein Ehegemacht des andern Ehegemächts Schulden zu bezahlen schuldig: so soll es bey demselben auch hinführo also bleiben u. gehalten werden. Doch daß ein jedes Ehegemacht, sein in währender Ehe ererbt Gut, bei seinen Lebzeiten wohl verschaffen kann. Wo aber ein Ehegemacht sein ererbt Gut in Zeit seines Lebens, nicht verschaft oder vermacht hatte, soll solch ererbt Gut nach seinem todtlichen Abgang dem übergebliebenen Ehegemacht auch folgen, werden u. bleiben, unverhindert manniglichs. § 2. Aber das zugebracht, auch gewonnen u. errungen Gut, soll es zu verschaffen nicht Macht haben, sondern dem übergebliebenen Ehegemacht folgen lassen.

24. Würtemb. LR. III 19. Wann ein Ehegemächt das ander 2 Jar lang mutwilliger Weise deserirt u. verlassen, oder gantz hart u. ohnverantwortlich mit Schlagen, Schanden oder Schmahen tractirte, oder — solche Sach beginge, die — zur Ehescheidung gnugsamb were; daß solches Ehegemacht auch deßhalben enterbt werden möge. Deßgleichen sollen auch alle andere, der Elter u. Kinder Enterbung halben — erzehlte Ursachen gegen den Ehegemachten zu ihrer Enterbung genugsamb — seyn.

25. Preuß. LR. II 1 § 631. Die Halfte der durch das Gesetz dem überlebenden Ehegatten bestimmten Erbportion ist als ein Pflichttheil anzusehen. § 632. Diesen Pflichttheil kann ein Ehegatte dem Andern nur wegen solcher Verschuldungen schmälern oder gar entziehen, die ihn berechtiget haben würden, auf Scheidung anzutragen.

b Hannov. V. (oben Litt a) § 3. Wenn der überlebende Ehegatte zugleich mit Descendenten oder Ascendenten des Verstorbenen statutenmaßig erbt, so ist er befugt, sein eingebrachtes oder eigenthümliches Vermogen vorabzunehmen, ohne solches auf seine statutarische Erbportion sich anrechnen lassen zu müssen; auch kann ihm um deswillen, daß er zu einer anderweiten Heirat geschritten, dasjenige, was er von seinem verstorbenen Gatten vermoge dieses Statuts eigenthümlich ererbt hat, nicht entzogen werden. § 4. Die statutarische Erbportion des Ehegatten hat nicht die Natur eines Pflichttheils; auch soll — für den Fall, wo — der Anspruch einer hinterbliebenen Wittwe — ausgeschlossen ist, sie aber als arme Wittwe sich berechtigt glaubt, den Grundsatzen des gemeinen Rechts zufolge einen Erbtheil von dem Nachlasse ihres verstorbenen Mannes zu fordern, ihren etwaigen rechtlichen Befugnissen — nichts benommen sein.

26. Sachs. Ges.B. § 2055. Das Erbrecht des überlebenden Ehegatten besteht, obschon ein Grund zur Anfechtung der Ehe oder zur Scheidung derselben oder zur Trennung der Ehegatten von Tisch u. Bette auf Lebenszeit vorhanden gewesen ist, ausgenommen wenn der gestorbene Ehegatte die Klage deshalb bei Gericht angebracht u. dieses eine Aussohnung vergeblich versucht hat.

27. Sächs. Ges.B. § 2578. Der Pflichttheil der Ehegatten besteht, wenn sie mit Abkömmlingen zusammentreffen, in den ihnen nach § 2049, 2050 [s. oben Nr. 14], 2051 zukommenden Erbtheilen. § 2579. Trifft der überlebende Ehegatte mit Verwandten der zweiten oder dritten Classe des verstorbenen Ehegatten zusammen, so gebühren ihm 2 Drittheile seines gesetzlichen Erbtheils als Pflichttheil. § 2580. Hat der gestorbene Ehegatte nur Verwandte der vierten Classe hinterlassen, so gebührt dem überlebenden Ehegatten die Hälfte der Erbschaft als Pflichttheil.

Zweites Capitel. Rechtsverhältniß zwischen Eltern und Kindern.

I. Einleitung. (B. § 117. G. § 240, 241. St. § 250. R. § 151.) § 184.

Eichhorn RG. § 55, 63, 352, 570. Cropp in Heise und Cropp jurist. Abhandlungen Bd. 1 Nr. 16.

1. Ssp. I 11. Halt ok de vader sine kindere in vormuntscap na ir muder dode.

•2. Magdeb. Fr. I 8, 4. Der vater siner unmundigen kinder vormunde ist.

3. Goslar. St. S. 19 Z. 21. Heft en man sine kindere in sinem brode u. in siner vormunscap.

4. Freiburg. Stadtrodel § 32. Puer sub patris *vel matris* constitutus *imperio*, quamdiu sui juris non est, nichil de rebus suis — potest expendere

5. Freiburg. Stadtpriv. v. 1120 (Gaupp § 47). Filius *sub patre aut matre degens* nichil de rebus suis per ludum vel aliquo modo alienare poterit. Si autem fecerit, patri reddendum est de jure seu matri; et si quis mutuum sibi dederit, de jure nunquam persolvet

6. Schwerin. Stat. v. 1222 § 20 (Böhlau Ztschr. f. RG. 9 S. 284). Si mater securitatem praestare poterit *manebit tutrix*

7. Zeeländische Küren v. 1256 § 28 b. *Mieris* Charterboek 1, 304 Mater tenebit pueros suos cum omni hereditate et rebus mobilibus, donec senior habebit annos discretionis. Cum vero senior puer habuerit annos discretionis, ipse deducet omnes fratres suos et sorores *ab omni tutela alia preter suam*, *nisi de patre et matre*

8 Vita S. Ludgeri c 6 (Mon SS II 406): mos erat paganorum, ut si filium aut filiam *necare* voluissent, *absque cibo terreno* necarentur.

9 Karoli II Edict Pistense a 864 c. 34. In lege — quam praedecessores nostri — constituerunt de his qui filios suos, *fame aut aliqua necessitate cogente*, *vendunt* etc

10. Schwsp. 291. Ein man verkoufet sin kint wol mit rehte, ob in ehaft not dar zuo twinget. Zusatz i. a. Hdschr.: er sol ez aber nicht verkauffen in den tot noch in die heidenschaft noch in dehein hurhaus. er mag ez einem herrn wol für eigen geben.

11. Augsb. St. v. 1276 Art. 68 (Meyer 133). Swaz ein chint getut, daz ze sinen tagen niht chomen ist, daz sol niemen rihten wan sin vater u. sin muter.

12. Kl. Kaiserr. 2, 4. Der keiser hat geboten dem vater u. der muter, daz sie sullen die kint ziehen mit fridlicher bescheidenheit biz an die zit, daz sie selber kunnen in zu staten gesten.

13. Das. 2, 6. Der keiser hat dem vater erleubet, daz er die kint zuhtigen sal mit der kindeszucht, die wile die rute ir mag gewalden. Sint gescr. stet: von kintheit biz uf den ufgang der bescheidenheit sal die rute swenden der kinde missetat. Wan aber die kint kumen an daz alder der bescheidenheit, so hat der keiser uber den sun keinen gewalt gegeben zu zuchten dem vater durch des besten willen; sint gescr. stet: der keiser

hat virboten, daz der vater den sun icht zuchtige, der der ruten ist entwachsen, durch daz: daz sich der sun an dem vater icht virgezze. Wan tut der sun daz missetan ist, der in des vaters huse ist, so hat im der keiser irleubet, daz er in sal zuchtigen mit dez keisers ruten, daz ist mit rate des vaters frunde, u. sal in antwurten in des keisers schul (al sloet), sint gescr. stet: ein kint daz kumen ist zu sinen jaren, u. daz gen sinem vater missetut, daz sal man slahen mit des keisers ruten.

14. Kl. Kaiserr. 2, 7. Ein iglich kint, daz in sins vaters huse ist, daz sal wissen, daz der keiser im hat gesatzt, dem vater zu rechter bescheidenheit gehorsam zu sin, ob ez auch hat die jar der bescheidenheit.

15. Braunschw. StR. v. 1402 § 142. Stervet ein man binnen der tijd, dat sin vader edder sin moder levet, blifft he schuldich, orer neyn darff vor one ghelden; hefft he aver sunderlik gud, dat schal me vor one ghelden.

16. Schwsp. 151. Sprichet man ein kint an daz niht vierzen jar alt ist, u. ist ez unschuldic: der vater sol für ez sweren, u. überziuget man ez der tat, u. hat im der vater (guot) uz gegeben: da von sol man büezen dem klager u. dem rihter. u. hat er im niht uz gegeben, der vater sol von sinem guote niht büezen. — Zusatz b. v. d. Lahr 119 § 7. Und ist das es yeman tödtet, seyn vatter u. seyn mutter die sollent buß für es empfahen.

17. Mühlhäus. Stat. B. 4 Art. 31 § 1. Obwohl in den römischen Rechten die Gewalt uber die Kinder u. Enkel, Sohne u. Töchter bloß denen Vatern u. väterlichen Anherren gegeben, u. die Mütter davon gänzlich ausgeschlossen werden; wir aber dennoch wahrgenommen, daß unsre alte Willkühr u. bisheriger Stadtgebrauch hierinnen unter Vater u. Mutter keinen Unterscheid gemacht, ausser daß dem Vater als Haupt der Familie der Vorzug, wie die Verwaltung oder Administration der gemeinschaftlichen Güter, also auch in Erziehung der Kinder gegönnet worden; also lassen wir er es auch dabei vor jetzo bewenden u. wollen, daß so wohl die Mutter als der Vater Gewalt über ihre Kinder haben soll.

§ 185. II. Rechte und Pflichten der Eltern gegen die Kinder. (B. § 117. G. § 241. St. § 252. R. § 158—161.)

1. Cod. Max Bav I 4 § 3. Die Eltern sollen ihre Kinder christlich u. ehrlich zum Dienst Gottes u. des gemeinen Weesens erziehen, mogen sich auch hierunter nothigen Zwangs u. allenfalliger Züchtigung mit Vernunft u. Maßigkeit gegen sie gebrauchen, u. falls dieselbe in Ungehorsam entlauffen, oder von anderen widerrechtlich vorenthalten werden, solche allenthalben zuruckfordern, wie nicht weniger die boshaften Verführer um den darburch verursachten Schaden u. verdiente Straf gerichtlich belangen. — Der Gebrauch, nach welchen die Kinder ihre Eltern ohne vorgangiger Erlaubnus nicht für Gericht laden darffen, ist zwar wol dem Romischen, nicht aber den Teutschen Rechten u. den Lands-Gebrauch gemäß. Gleichwie im übrigen unter den Kindern nicht nur Sohn u. Tochter, sondern auch Enklen u. all übrige *Descendenten*, — sowol aus ehelich- als unehelicher Geburt, — gemeiniglich verstanden seynd, also auch — werden unter dem Namen der Eltern alle *Ascendenten* — sowol vätterlich- als mütterlicher Seits begriffen, wobey jedoch der Vatter in der Concurrenz regulariter denen anderen vorgezogen wird.

2. Frankf. Ref. III 8, 9. Ordnen, — daß die Kindere, — welche noch in Gewalt jrer Eltern u. die Töchter unter 22, die Sohne aber unter 25 Jaren jres Alters seint, ohne derselben ihrer Eltern — Raht, Vorwissen u. Willen — an niemant sich heimlich zur Ehe verloben — sollen.

3. Hamb. Stat. II 11, 2. Weil, vermöge gottlicher, natürlicher, u. weltlicher Rechte, der Eltern Beliebung u. Vollbort zu der Kinder Ehe nöthig.

a RG. v. 6. Febr 1875 § 29 oben § 163a Nr. 18.

4. Preuß. LR. II 2 § 74. Die Anordnung der Art, wie das Kind erzogen werden soll, kommt hauptsächlich dem Vater zu.

5. Das. II 2 § 92. Sind die Aeltern geschieden worden, so müssen die Kinder der Regel nach bei dem unschuldigen Theile erzogen werden.

6. Das. II 18 § 315. Nach dem Tode des Vaters gebührt der Mutter die Erziehung der Kinder.

7. Das. § 317. Die Erziehung der Kinder soll der Mutter bloß um deswillen, weil sie nach vorhergegangener gehöriger Auseinandersetzung zur fernern Ehe geschritten ist, nicht genommen werden.

8. Oesterr. Ges.B. § 218. Die Person des Waisen soll vorzüglich der Mutter, selbst dann wenn sie — sich wiederverheirathet hat, anvertraut werden.

9. Sächs. Ges.B. § 1802. Bei einer Meinungsverschiedenheit der Eltern über die Erziehung ihrer Kinder entscheidet der Vater.

10. Das. § 1805. Beide Eltern können von ihren Kindern, so lange diese noch ihrer Erziehung bedürfen oder in der häuslichen Gemeinschaft stehen, Gehorsam verlangen u., wenn sie das Kind durch angemessene Mittel häuslicher Zucht nicht zum Gehorsam zu bringen vermögen, obrigkeitliches Einschreiten verlangen.

11. Das. § 1806. Die Kinder sind, so lange sie in der häuslichen Gemeinschaft stehen, verpflichtet, die Eltern in deren Hauswesen u. Gewerbe zu unterstützen.

12. Preuß. LR. II 2 § 76. Sind die Aeltern verschiedenen Glaubensbekenntnissen zugethan, so müssen bis nach zurückgelegtem 14ten Jahre die Söhne in der Religion des Vaters, die Töchter aber in dem Glaubensbekenntnisse der Mutter unterrichtet werden. § 77. Zu Abweichungen von diesen gesetzlichen Vorschriften kann keiner der Aeltern den Andern, auch nicht durch Verträge, verpflichten. § 78. So lange jedoch Aeltern über den ihren Kindern zu ertheilenden Religionsunterricht einig sind, hat kein Dritter ein Recht ihnen darin zu widersprechen.

13. K. Preuß. Declarat. v. 21. Nov. 1803: setzen allgemein fest, daß eheliche Kinder jedesmal in der Religion des Vaters unterrichtet werden sollen, u. daß zu Abweichungen von dieser gesetzlichen Vorschrift kein Ehegatte den andern durch Verträge verpflichten dürfe. Uebrigens verbleibt es auch noch fernerhin bei der Bestimmung des § 78 des A. LR. [II 2 s. die vorige Nr.].

14. K. Preuß. Rescr. v. 25. Nov. 1813. Die Mutter ist — verpflichtet, die Kinder in der Religion erziehen zu lassen, in welcher sie bis zu dem Tode des Vaters erzogen sind.

15. Baier. Relig. Ed. v. 26. May 1818 § 12. Wenn in einem gültigen Ehevertrage zwischen Aeltern, die verschiedenen Glaubensbekenntnissen zugethan sind, bestimmt worden ist, in welcher Religion die Kinder erzogen werden sollen; so hat es hierbei sein Bewenden. — § 14. Sind keine Ehepacten oder sonstige Verträge hierüber errichtet —; so folgen die Söhne der Religion des Vaters, die Töchter werden in dem Glaubensbekenntniß der Mutter erzogen.

16. Würtemb. Relig. Edict v. 15. Okt. 1806 § 6. Die Kinder aus (gemischten) Ehen werden, in der Regel, bis zu den Unterscheidungsjahren in der Religion des Vaters erzogen. Es ist jedoch den Eheleuten erlaubt, eine nach dem Geschlecht der Kinder getheilte Erziehung, oder jede andere Bestimmung dißfalls festzusetzen —; jene Verträge sind aber nur dann gültig, wenn sie vor der Obrigkeit des Gatten abgeschlossen worden.

17. K. Hannov. Ges. v. 31. Jul. 1826 § 1. Dem Ehemanne, als dem Haupte der ehelichen Gesellschaft, soll die uneingeschränkte Befugniß verbleiben, bloß nach eigener Ueberzeugung zu bestimmen, in welchem Glaubensbekenntnisse seine ehelichen Kinder zu erziehen sind. — § 2. Jeder Vertrag, wodurch der Ehemann u. Vater auf sein obiges freies

Recht, gleichviel vor oder nach eingegangener Ehe, im Geringsten verzichten würde, soll nichtig, mithin unverbindlich seyn. — § 6. Vorstehende Bestimmungen gelten ebenfalls für solche außerehelich geborne Kinder, welche — legitimirt sind, desgleichen fur diejenigen, welche der uneheliche Vater anerkannt u. in seinem Hause oder doch auf seine alleinige Kosten, ohne alles Zuthun der Mutter erziehen laßt.

18. Freiburg. Stadtpriv. v. 1120 § 47 s. oben § 184 Nr. 5.

19. Freiburg Stat. v. 1520 Bl. 45. Wir setzen — auch, das der vatter mit seinem Sun, den er in siner Gewalt hat, deß glichen ein bruder mit dem andern, so sy beyd in des vatters gewalt sind, kein pflicht zu sagen oder obligacion mit u. gegen einander beschliessen, thun oder abreden mogen, es gescheh dann mit unser (Burgermeister u. rat) erkantnuß.

20. Kursächs. Decis. 14 v. J. 1746. Ein Contract, welchen ein Vater mit seinen Kindern, so ihre Mündigkeit erlanget, geschlossen, ist um deswillen, daß er solche nicht vorhero emancipiret, vor ungültig keineswegs zu halten; Mit unmündigen Kindern aber mögen Eltern anderergestalt nicht, als wenn sie ihnen hierzu absonderliche Vormünder bestellen lassen, verbindlich contrahiren.

21 Cod. Max Bav I 5 § 2. Obschon nach Römischen Rechten Vatter u. Kinder dergestalt für eine Person geachtet werden, daß zwischen ihnen weder eine Schankung, noch Contract, Process, oder andere Handlung Platz greiffet, so ist doch solches — nicht mehr in Gebrauch, sondern es stehet ihnen miteinander zu handlen u. zu wandlen eben so wie anderen frey, wenn nur die Kinder bey vollen Jahren oder wahrender Minderjährigkeit mit einem *Curatore ad Actum specialem* versehen seynd.

22. Kurpfalz. LR. II 27 § 3: — zu wissen, was Eltern mit ihren Kindern, die sie in ihrem Gewalt haben, oder Kinder mit den Eltern oder ihnen selbst *contrahi*ren, versprechen oder handlen, daß solches zwischen ihnen keine Obligation oder Verbindnuß — machen könne, es seyen dann durch Unser jeder Orth Ampt-Leut u. Gerichtliche Obrigkeiten solche *Contract* bestattiget u. zugelassen.

23. Frankf. Ref. VI 5, 3. Da — die Eltern in irem Leben — den Kindern gemeine u. keine übermassige kostbarliche Schanckungen — gethan hetten: Die sollen dieselben Kindere einzuwerffen nicht schuldig seyn.

24. Sachs. Ges.B. § 1821. Der Vater vertritt seine in vaterlicher Gewalt stehenden minderjährigen Kinder rücksichtlich ihrer Person u. ihres Vermogens vor u. außer Gericht. — Volljährige Kinder handeln selbst für sich.

25. Maynz. LR. Tit. 30 § 1. Es mogen Kinder denen Elteren u. die Elteren denen Kindern schencken, u. hinderet hieran nicht, was wegen gehabter Vätterlichen Gewalt in denen Kayserlichen Rechten daran sonst hinderlich gewesen. § 2. Eben also mag auch ein Bruder oder Schwester seinem Bruder oder Schwester schencken, es seye unter Lebendigen oder von Todtes wegen, ohnangesehen sie noch unter der Elterlichen Gewalt stehen.

26. Sächs. Ges.B. § 1827. Minderjahrigen Kindern sind zu Rechtsgeschaften u. Rechtsstreiten mit dem Vater, namentlich zur Theilung gemeinschaftlichen Vermogens, besondere Vormunder zu bestellen, welche vorzugsweise aus den Verwandten mütterlicher Seite zu nehmen sind.

27. Wurtemb. LR. Th. 3 Tit. 12. Und wiewol die gemeinen Recht dise Pupillarem substitutionem allein den Eltern von Vatterlicher Lini zulassen, So wöllen — Wir doch, daß auch die Müttern u. andere Elter von der Mutter Lini her (zwar nur in dem Fall, da die Eltern von Vatterlicher Linien kein solche Nacherbsatzung verordnet hetten) ihren zu Erben instituirten ohnmündigen Kindern oder Enckeln allein in dem jhenigen, so sie jhnen verlassen, *Pupillariter* substituiren — mogen.

28. Trier. LR. Tit. 1 § 30. Eine Mutter oder Alt-Mutter solle auch — Macht haben ihren Kinderen oder Enckelen u. Uhr-Enckelen jedoch allein in dem jenigen, was sie denselben im Testament vermachet — *pupillariter* zu

substituiren, welche Mütter- oder Alt-Mütterliche Pupillar substitution der Vatter oder Groß-Vatter durch seine Pupillar substitution nicht hinderen noch enderen mag.

III. Begründung und Beendigung der väterlichen Gewalt. § 186.
(B. § 117 I u III. G. § 242. St. § 257—260. R. § 163—170.)

Stobbe die Aufhebung der väterl. Gewalt nach d. R. des MA. in s. Beitr. S. 1. Sohm Fränk. Reichs- u. Gerichtsverfassg. S. 342 u. 545. Waitz Verf.-Gesch. 1 S. 347. Stölzel das Recht der väterl. Gewalt in Preußen. Berlin 1874.

1. Görlitz. LR. 32 § 5. Wedir der babist noch der keisir, die ne muogin von ir muotwillin von eime unechtin kinde einen echtin suon nicht gemachin; wande si mit in die echtin suone u. die erbin irs erbis roubitin.

2. Schwsp. 42 oben § 146 Nr. 18.

3. Schwsp. (v. Laßb.) 377. Hat ein man ein frouwe ze ledeclichen dingen u. hat kint bi ir — u. nimet er si dar nach ze rechter e, swaz si kinde sampt hetten — diu sint ellu sampt rehte e kint, u. erbent eigen u. lehen von vater u. von muoter, u. von andren iren friunden, alse wol alse diu kint, die si dar nach gewinnent, so si ein ander ze e genomen hant; wil man in dez vor weltlichen niut gelouben, so suln si ir elich reht vor geistlichen gerihte behalten, u. suln dez brieve u. ingesigel nemen, so behabent si ir reht vor allem weltlichen gerihte mit rehte. (Vgl. Dieck Beitr. z. Lehre von der Legitimat. durch nachfolgende Ehe S. 12 u. ff.)

4. Gl. z. Ssp. I 37. (Wenn) ein Man ein Fraw bey ihm hat — außerhalb der Ehe, u. zeuget Kinder mit ihr, wann er sie darnach zu der Ehe nimbt, wieviel sie der unehelichen kinder hetten, ehe sie in die Ehe traten, dieselben werden darnach alle ehelich, u. erben eigen u. lehen gleich, alßwol als die, so sie darnach in der Ehe gewonnen.

5. Rb. n. Dist. I 24, 3. Had eyn man u. wip kinder, dy unrecht zcusammene komen sin, u. had daz wip sinth zcu der ee genomen, dy kinder, dy sy vor hatten, dy nemen keyn erbeteyl, u. bliben unelich; zcu lantrechte u. zcu wichbilde. Abir zcu bebistlichen gesecze zcweyget sich daz u. ouch noch keyserrechte.

6. Magdeb. Schöffensp. v. 1532 b. Neumann S. 224. Hat eyner eyne jungfraw geschwengert, ab ehr dan gleych dieselbe darnach zcur ehe genohmen u. alßo jn stehnder ehe das kindt zur welt gebracht etc ßo mag doch dasselbige geborne kyndt nach verordnunge Sechßischer rechte vor ehelich nicht geacht — werden, u. kan alßo aus mangel seyner ehelichen geburt, die erbliche gerechtigkeit seynes vorstorben vadters jm rechte nicht nehmen ader erfordern.

7 *Oefele* Scr rer Boic 1, 776. Nota quod strenuus miles W de G. *genitus a patre subdiacono et matre existente moniali* legitimatus est (ab imp. Ludovico).

8. Urk. K. Karl IV. v. 1353 Dec. 18 (Lacomblet III 430). Der Kaiser ermächtigt den Erzbisch. v. Cöln, ut cum centum personis patientibus defectum natalium, *quoad successiones*, *honores* et *dignitates* et *munerum publicorum functiones*, et *ad quoscumque actus legitimos* eadem nostra auctoritate regia *dispensare*, ipsosque restituere — ea integritate, *ac si fuissent de thoro legitimo procreati, dummodo ista fiant absque heredum legitimorum dispendio et iactura*

9. Würtemb. LR. IV 17 pr Daß solche, vermittelst nachfolgender Vermahlung legitimirte Kinder den andern — in allen — gleich gehalten werden sollen.

10 Cod Max Bavar. I 5 § 9. Durch Landesherrliche Verordnung werden unachte Kinder — *legitimirt* u. ist die Würkung sothaner *Legitimation*, daß die Geburts-Flecken dadurch getilgt wird, folglich dem Legitimato weder ein Vorwurf deshalben gemacht, noch derselbe von Ehren-Aemtern, Zünften u. Handwerken ausgeschlossen werden mag.

11. Aimoin. de gestis Francor (*Bouquet* III 41) 1, 20: — ut — Alaricus iuxta morem antiquorum *barbam* Clodovei *tangens* adoptivus ei fieret pater.

12 *Paul. Diac* 6, 53. Carolus princeps Francorum Pipinum suum filium ad Liutprandum direxit, ut eius *iuxta morem capillum susciperet;* qui eius caesariem incidens *ei pater effectus est.*

13 *Otto Frising* 5, 16: qui (Liuprandus Longobardorum rex) filium eius Pippinum *tonsa caesarie adoptaverat in filium*

14 *Albertus Aquensis* (*Bongars* Gesta Dei per Francos 1 [1611] p 184 sqq) 3, 21. Balduinum sibi filium adoptivum fecit, *sicut mos regionis illius et gentis* habetur, *nudo pectori suo illum adstringens* et sub proximo carnis suae *indumento* semel hunc investiens, fide utrinque data et accepta

15 *Guibert* Gest Dei (das. p. 467 sqq) 3, 13: adoptionis autem talis *pro gentis consuetudine* dicitur fuisse modus: intra *lineam interulam*, quam nos vocamus camisiam, nudum intrare eum faciens sibi adstrinxit, et haec omnia *osculo* libato firmavit idem et mulier postea fecit.

16. Gl. z. Ssp. II 30. Hir rored her Eyke van Repegow enerleye keyserrecht, dat hetet de adoptionibus, — dat was aldus etc — Wen alle desse vorwornheit hebben de Sassen afgelecht, u. holden dat enwoldichliken, dat ere erve nemand noch van gelovede noch van kore nemen mot, wen van sibbe tale.

17. Freiburg. Stat. v. 1520 Bl. 78 b. (Die adoptio) in unser Statt bißhär nit viel gebrucht ist.

18. Kl. Kaiserr. II 5. Da ein vater mit sinem kinde unfridlich lebt, — u. die schulde ist des vaters, da hat der keiser irloubet des vaters nechsten frunden, daz sie den sun scheiden von dem vater, also daz im daz erbe volgen sol.

19 L Wisigoth IV 2, 13 Cum *filius duxerit uxorem, aut filia maritum acceperit*, *statim a patre de rebus maternis suam accipiet portionem*, ita ut *usufructuario iure patri tertia pars praedictae portionis* relinquatur Pater autem tam filio quam filiae, cum *XX annos aetatis* impleverint, *mediam* ex eadem, quam unumquemque contigerit, *de rebus maternis restituat portionem*, *etiamsi nullis nuptiis fuerint copulati* Medietatem vero, dum advixerit, pater sibi vindicet, filiis post obitum reliquendam *Qui autem tam novercam superduxerit, omnes facultates maternas filiis mox reformet.* — Eadem quoque et de nepotibus forma servetur

a Wendisch-Rügianischer-Landbrauch Tit. 116. Eigen Fuer u. Roek maket den Wehrt in Ruigen under den Buhren mündig, all feilde idt ehm ock an den Jahren.

20 Cod Max Bav I 5 § 7. Die Vätterliche Gewalt hort auf — 3tio durch die Entlassung (*Emancipationem*), welche jedoch von Siegelmassigen Personen schriftlich unter eigener Fertigung, von Unsiegelmässigen aber vor ordentlicher Obrigkeit declarirt werden soll, 4to wenn die Kinder sich von Vatterlicher Haushaltung so weit absöndern, daß sie dem Vatter nicht mehr auf dem Brod u. Unterhalt stehen, woran sie auch nach erlangten 25sten Jahr von den Eltern ohne sonders erheblicher u allenfalls von der Obrigkeit zu ermessender Ursach nicht abgehalten werden sollen. 5to Hebt zwar auch die würkliche Raths- u. andere derselben gleichkommend- oder noch hohere Dignitat die Vatterliche Gewalt ebenfalls auf, wenn anders obgedachte Absönderung darzu kommt, ausser dessen ist sie so wenig als die Verehelichung allein zu diesem Effect hinlänglich.

21. Preuß. LR. II 2 § 228. Wenn eine Tochter unter ertheilter oder von dem Richter ergänzter Einwilligung des Vaters heirathet, so hort die vaterliche Gewalt über sie auf. § 229. Ist sie aber noch minderjahrig, so bleiben dem Vater bis zur erlangten Volljahrigkeit alle Rechte und Pflichten eines einer verheiratheten Pflegebefohlnen bestellten Vormundes.

22. Oesterr. Ges.B. § 175. Wenn eine minderjährige Tochter sich verehelichet, so kommt sie zwar in Rücksicht ihrer Person unter die Gewalt des Mannes; in Hinsicht auf das Vermögen aber hat der Vater bis zu ihrer

Großjährigkeit die Rechte u. Pflichten eines Curators. Stirbt der Mann während ihrer Minderjährigkeit, so kommt sie wieder unter die väterliche Gewalt.

23. Frankf. Ref. II 1, 9. Wann ein Vatter seine Kindere, welche ihr mündigs vollkommlich Alter erreicht haben, Ehelichen mit einer gebürlichen Ehesteuwer außbestattet, dieselben auch darauf von ime dem Vatter abgeschieden, ihre eigene Haußhaltung u. Handthierung angestellt, eigen Hauß, Feuwer u. Rauch halten, daß solches für eine rechte *Emancipation*, u. daß sie die Kindere dardurch des vätterlichen Gewalts nicht weniger, als wann solchs für der Oberkeit oder für Gericht solenniter geschehen were, vollkömmlich entledigt seyen, gehalten soll werden. (Souchay Anmerk. S. 28 ff.)

24. Const. elect. Sax II 10. Da sich Kinder, so zu ihrem mündigen Jahren kommen, von dem Vater, mit Anstellung ihrer eigenen Haushaltung u. Nahrung, scheiden, daß alsdann solches für eine Emancipation zu achten u. derselbigen Wirkung haben soll.

25. Preuß. LR. II 2 § 210. Wenn ein Sohn nach erlangter Großjährigkeit eine eigene, von den Aeltern abgesonderte Wirthschaft errichtet, so geht er dadurch aus der väterlichen Gewalt. § 211. Wenn der Vater ihn seiner Gewalt noch nicht entlassen will, so muß er seinen Widerspruch gerichtlich anzeigen u. Gründe dazu beibringen, welche hinreichen, den Sohn für einen Verschwender erklären zu lassen.

26. Das. § 212a Wenn ein großjähriger Sohn ein eigenes Gewerbe treibt, oder ein öffentliches Amt bekleidet, so ist er für entlassen aus der väterlichen Gewalt anzusehen. § 212b Die fortwährende Unterstützung von Seiten des Vaters, durch Gebung des Tisches u. sonst, macht dabey keinen Unterschied.

27. Das. § 214. Ein noch minderjähriger Sohn kann vor zurückgelegten Zwanzigsten Jahre, selbst mit Einwilligung des Vaters, der väterlichen Gewalt nicht entlassen werden.

28. Das. § 230. Eine unverheirathete Tochter kann, auch wenn sie großjährig ist, nicht anders als durch ausdrückliche Erklärung der väterlichen Gewalt entlassen werden.

29. Das. § 231. Nach aufgehobener väterlicher Gewalt ist der Vater schuldig, dem Kinde das bisher unter seiner Verwaltung gestandene eigenthümliche Vermögen desselben — herauszugeben. § 232. Söhne, welche eine abgesonderte Wirthschaft anfangen, müssen zu deren ersten Einrichtung u. zur Anschaffung der Gerathschaften, welche zum Betriebe ihres Gewerbes unentbehrlich sind, mit einer Ausstattung versehen werden. § 234. Haben die Kinder eigenes Vermögen, so können die Kosten der Ausstattung aus der Substanz desselben genommen werden. § 235. So weit sie kein eigenes oder kein hinreichendes Vermögen haben, ist der Vater aus dem Seinigen für diese Ausstattung zu sorgen verpflichtet.

30. Oesterr. Ges.B. § 172. Die väterliche Gewalt hört mit der Großjährigkeit des Kindes sogleich auf, wofern nicht aus gerechter Ursache die Fortdauer derselben auf Ansuchen des Vaters von dem Gerichte verwilliget u. öffentlich bekannt gemacht worden ist.

31. Das. § 174. Kinder können auch vor Zurücklegung des vier u. zwanzigsten Jahres aus der väterlichen Gewalt treten, wenn der Vater mit Genehmhaltung des Gerichtes sie ausdrücklich entläßt, oder wenn er einem zwanzigjährigen Sohne die Führung einer eigenen Haushaltung gestattet.

32. Sächs. Ges.B. § 1832. Die väterliche Gewalt erlöscht, wenn das Kind eine besondere Haushaltung gründet. Ist das Kind minderjährig, so bedarf es dazu der Einwilligung des Vaters u. eines dem Kinde hiezu bestellten Vormundes. Volljährige Kinder können ohne die Einwilligung des Vaters eine besondere Haushaltung gründen.

33. Das. § 1833. Die väterliche Gewalt über die Tochter erlöscht, wenn sich dieselbe verheirathet. Nach Beendigung der Ehe lebt die väterliche Gewalt nicht wieder auf.

34. Code civil art 371 L'enfant à tout âge doit honneur et respect à ses père et mère. 372 Il reste sous leur autorité jusqu'à sa majorité ou son émancipation 373 Le père seul exerce cette autorité durant le mariage

35. Das. art. 476. Le mineur est émancipé de plein droit par le mariage. 477. Le mineur — pourra être émancipé par son père ou à défaut de père par sa mère, lorsqu'il aura atteint l'âge de 15 ans révolus Cette émancipation s'opérera par la seule déclaration du père ou de la mère, reçue par le juge de paix assisté de son greffier 478 Le mineur resté sans père ni mère pourra aussi, mais seulement à l'âge de 18 ans accomplis être émancipé, si le conseil de famille l'en juge capable.

36. Preuß. Vormundschafts-O. v. 1875 § 97. Im Bezirk des Appellationsgerichtshofes zu Cöln findet die nach den bisherigen Vorschriften zulässige Emancipation nicht mehr Statt.

37. Das. § 99. Die Großjährigkeit tritt als Folge der Verheiratung nicht mehr ein. Im Bezirk des Appellationsgerichtshofes zu Cöln erlischt durch Verheiratung des Kindes die väterliche Gewalt.

38. Das. § 61. Die Großjährigkeitserklärung eines Mündels ist zulässig, wenn derselbe das 18. Lebensjahr zurückgelegt hat. Sie erfolgt mit Einwilligung des Mündels durch das Vormundschaftsgericht nach geführter Sachuntersuchung. Verwandte sowie Verschwägerte des Mündels sind nach Maßgabe des § 55 zu hören. § 97. Die Großjährigkeitserklärung eines in väterlicher Gewalt stehenden Kindes erfolgt mit Zustimmung des Vaters nach Maßgabe (des) — § 61. Die Anhörung von Verwandten oder Verschwägerten ist nicht erforderlich.

39. Das. § 98. Die für großjährig Erklärten haben alle Rechte der Großjährigen.

IV. Von den Vermögensverhältnissen zwischen Eltern und Kindern insbesondere.

§ 187. A. Ohne Rücksicht auf den Tod eines der Eltern. (B. § 125. G. § 242. St. § 254—256. R. § 165—168.)

1. Sächs. Lehnr. 74 § 1. Hevet en man gut in geweren — van vormuntscap siner kinder.

2. Freiburg. Stadtpriv. v. 1120 § 47 ob. § 184 Nr. 5.

3. Berner Handfeste v. 1218 Art. 49. Quamdiu filius est *sub patris potestate* —, *quicquid promiserit* aut *expenderit*, vel *ei commissum fuerit sine patris conscientia et voluntate, nec pater nec filius* tenentur hoc solvere vel alicui super hoc respondere

4. Priv. f. Colmar v. 1293 (*Gengler* Cod. jur mun. S. 620) § 36. Dekeins burgers sun von Colmere der under des vatter oder der mutter gewalt dennoch ist, der mag irs gutes niemanne niht gegeben noch verspilen noch in dekeine wis in enpfuren. Swie er aber daz tete, so sol mans deme vatter oder der muter wider geben. U. swer ime dekein gut lihet, des ist vatter u. muter unschuldic ze geltende.

5. Schwsp. 24 (Laßb.). Swelch erbe ze sinen tagen nit chomen was, dem schadet diu gabe niht die der vater getan hat.

6 Cod Falkenst (Mon Boic 7, 491; *Petz* [ob. § 78 Nr. 33] S. 37). Sed quia filius prefati Alberonis (des Verkäufers) *minoris erat etatis, infirmus eius super tali negotio iudicabatur assensus* unde prelibatus Albero data fide prescripto comiti (dem Käufer) pollicitus est, *ut cum primum predictus puer viriles attingeret annos, hortatu suo, ubicunque et quandocunque de data fide ammoneretur, huic venditioni et emtioni ipsum cogeret assensum praebere.*

7. Urk. v. 1335 (*Haltaus* p 364)· proprietatis meae aream unam — vendidi ecclesiae — heredibus meis scil. uxore Gisla, filiis O, I, B. super hac venditione voluntatem suam praebentibus et assensum Pro filio vero meo Heidenrico *infra annos intelligibiles existente* fideiusserunt dicti filii mei O et I.

et B —, quod *cum ad annos discretionis pervenerit*, *facto patris nullatenus contradicat.*

8. Urk. v. 1140 (Kindlinger Münst. Beitr. III S. 27). O. sex mansos — consensu — filii sui, *qui XII annos impleverat*, — Henrico de G contradidit.

9. Zürich. Urk. v. 1314 b. Bluntschli 1, 175 f. Allen die disen brief sehent — künd ich — schultheisse Zürich, das für mich kamen, da ich — offenlich ze gerichte sas, J. Schafli — u. Johans u. Verena sinü kint, u. baten mit fürsprechen zervarne an offener urteilde, ob sü ir eigen guot u. ir vaters J. Schaflins recht libdinge — verkofen woltin mit ir vaters des vorgenant u. ander ir fründen gunst u. guotem willen, durch das der kind eins damit beraten wurde, wie si das möchten getuon, das es kraft hette. Dar umbe fragte ich erbere lüte uf den eit; die erteilten gemeinlich: swa sich J. Schafli des libdinges — willeklich u. frilich entzige an mine hant u. an der kinden vogtes hant zir wegen, u. sich ouch danne dü kint mit ir vogtes hant willeklich des guotes entzigen — an des hant der es gekouft hette, das das wol kraft haben mochte. [J. Schafli verzichtet sodann auf das Leibgeding, die Kinder] mit ir rechtes vogtes hant Niclaus Ch., der dien zwein kinden ouch vor mir mit rehter urteilde u. mit J. Schaflins willen ze vogte geben wart [zu Gunsten des Käufers auf ihr Eigenthum].

10. Kurpfälz. LR. I 27 pr. Persohnen, die under ihrer Eltern — Gewalt, auch nicht fünf u. zwantzig Jahr alt seyn, mögen ohn Vorwissen u. Willen gedachter ihrer — Eltern nichts veräussern, verschencken, entlehnen oder würcklich versprechen, noch mit andern contrahiren § 1. Dann ob schon solchem zu wider, etwas durch sie gethan würde, soll doch diß alles unkräfftig, u. sie, oder deroselben Eltern — deßwegen unverbunden seyn.

11. Preuß. LR. II 2 § 165. Alle Verträge, die sie (näml. die unter väterlicher Gewalt stehenden Kinder) nach erlangter Großjährigkeit in Ansehung ihres freien [d. h. nach § 147 dem väterlichen Nießbrauch nicht unterworfenen] Vermögens schließen, sind auch ohne Beitritt des Vaters gültig.

12. Freiburg. Stat. v. 1520 III 3 Art. 4. Und diese erbteil, so wan sy den kinden zugefallen, sind sy demnach ir eigenthumb, doch die nießung den eltern vorbehalten —. Darumb, so lang solche Nießung wert, mögent dieß erbfall der kinden verfangenschafft genannt werden. Es haben auch vatter u. mutter alle die wil sy by einandern leben — nit macht einich testament, vergabung oder ordnung ze setzen oder ze thun, dadurch den kinden die vorgeschriebnen ihre erbgerechtigkeiten abgeprochen wurden.

13. Oesterr. Ges.B. § 149. Alles, was die Kinder auf was immer für eine gesetzmäßige Art erwerben, ist ihr Eigenthum; so lange sie aber unter der väterlichen Gewalt stehen, kommt dem Vater die Verwaltung zu. — § 150. Von den Einkünften des Vermögens sind, so weit sie reichen, die Erziehungskosten zu bestreiten. Ergibt sich dabey ein Ueberschuß, so muß er angelegt, u. darüber jährlich Rechnung gelegt werden. Nur dann, wenn dieser Ueberschuß gering wäre, kann der Vater von Legung einer Rechnung frey gesprochen, u. ihm derselbe zur freywilligen Verwendung überlassen werden.

14. Sächs. Ges.B. § 1810. Alles, was ein in väterlicher Gewalt stehendes Kind durch selbstständige Arbeiten, Dienste oder Kunstfertigkeiten erwirbt, ist sein Eigenthum.

B. Nach dem Tode eines der Eltern. (Recht des Beisitzes, fortgesetzte eheliche Gütergemeinschaft.) (B. § 125 II u. III. G. § 236. St. § 241. R. § 110, 111.) § 188.

Martitz GR. des Ssp. S. 167, 328. Schröder ehel. GR. II 3 S. 104.

1. Lüb. R. I 7. Si vir et mulier habent liberos et alteruter premoritur, substantia dividetur inter superstitem et liberos, *si nupserit superstes;* si vero non nupserit, *manebit cum pueris suis.*

2. Lüb. OStB. z. 1359 b. Pauli II 116: relicta domini de A. *et eius pueri secum in una bonorum possessione adhuc residentes* emerunt — quatuor marcas wicbelde ann

3. Lüb. Testam. v. 1300 das. S. 141. Si morte preventus fuero et si uxor mea permanere voluerit sine viro, tunc *ipsa*, cum filio nostro residens, *dominabitur omnibus bonis meis secundum nostre iustitiam civitatis.*

4. Senatus Lubec Attestat a. 1676 das. S. 141: daß die beerbte Ehefrau, so lange sie sich nicht anderweit vereheliche oder in ein Gotteshaus bekaufe, *tamquam administratrix atque usufructuaria* in allen ihres verstorbenen Mannes Gütern besitzen bleibe.

5. Lüb. R. II 37. So war is en wedewere oder en wedewe, de kindere hebbet, volt se ghut an van erve, van gave oder van ghewinne, dat scholen se schichten like mit eren kinderen, it ne si also dat dar underscheð ane si.

6. Das. II 27. So war en man u. en wif kindere tosamene hebben u. de beradet to echschap, stervet de man, de vruwe besit mit sodaneme ghude, so se hadden. Dat ghut ne mach se noch vorcopen noch vorsetten noch vorgheven sunder erven lof, it ne si dat se des bedorve to erer liftucht.

7. Brem. Stat. v. 1433 Stat. 7. Wor twe lude tosamene komet — an echteschup u. kindere winnet, so welk ere er stervet, de beervet den anderen. sterft de man allererst u. holt sik de vrowe wol u. erliken na eres mannes dode, de vrowe schal mit eren kinderen vriliken sitten an erve u. in allen gude. Wel se ok enen man nemen, so mach se myt deme dele des erves u. des gudes, de er to boren mach van eren kinderen, enen man nemen. De vrowe de schal deel nemen alle des erves u. des gudes; dar en boven all ere kledere, lynen u. wullen, kolten u. kussene, bedde u. lakene, alse se de hadde by eres mannes tiden in lyve u. in dode. — Heft dy vrowe enen sone, de to synen jaren komen is, u. eschede den de sone synen deel des gudes u. erves, behaghet id synen vrunden u. synen magen, he schal nemen synen deel u. ne schal de anderen kindere an ereme dele eres erves u. eres gudes nicht hinderen ofte nicht anverdigen. Heft de vrowe ene dochter, de also verne komen is, dat se enen man nemen mach, der schal man na erer vrunde rade gheven eren deel, uppe dat men se deste erlikere beraden moghe. De kindere, de ok myt der moder blivet unghedelet, de beervet malik den anderen, de moder den kinderen u. de kindere de moder, de unghedelet syn.

8. Das. Stat. 8. Sterft enes borgers wif de man scal vrileke mit sinen kinderen sunder jenighe herschup besitten sin erve u. sin gud; men levede de man unredeliken dat he sin erve u. sin gud u. siner kindere unnutliken to bringen wolde, de radmanne unser stad u. der kindere vrunt u. sine vrunt de scolen ene manen, dat he des vortige; u. ne deyt he des nicht, so scolen de radmanne mit sinen vrunden u. mit der kindere vrunde eme geven sinen del des erves u. des gudes, dat andere scholen se den kinderen truweliken holden. Nemet ok en man na sines wives dode en ander wif, u. wint se kindere van eme, sterft de man, de vrowe mit eren kinderen, de se van eme hevet, u. mit eres mannes ersten kinderen, de umberaden sin, de scholen nemen liken deel in erve u. an gude, dar en si en ander underscheit ane maket, dat men bewisen moghe. — Sterft de leste vrowe u. behalt de man dat lif u. sin de kindere beyde de ersten u. de lesten beraden, u. sterft de man darna, de ersten kindere mit den lesten, de scolen dat erve u. dat gud like delen, wente se like na sint u. ghelike hemelik.

9. Hameln. Statut. (*Pufend* 4, 229) welk user medeborger storve u lete wif u. kindere, de vruwe mochte mit oren kinderen besitten in al ores mannes gode liker wis also ore man levede.

10. Hess. Ger.O. v. 1497 Art. 31: so — der Mann stirbt vor der Frauen, will dann die Frau, unverruckt ihres Witthumstuls u. unentricht ihres Witthums,

bei den Kindern als eine Vormünderin sitzen, so mag sie mit ihnen die väterliche Haab genießen, nicht als ein Erbe, sondern als eine Vormünderin. (Vgl. Pfeiffer prakt. Ausführ. Bd. 2 S. 205 ff.)

11. Trier. LR. VIII § 7. Wann nach eines Ehe-Gatts Absterben — den Kindern — *quocunque titulo* etwas zukommt, hat darin der Vatter oder die Mutter die Leibzucht so lang sie die Kinder alimentiren; wann die Kinder aber sich verheyrathen, oder doch, nachdem sie das 25 Jahr ihres Alters erreichet, sich von den Eltern absonderen, solle den Kinderen solch Gut abgetretten werden.

12. Ober-Lausitz. Special-Verordn. Buch 2 (Cod August III 89): desgleichen soll die Mutter die Kinder bey sich haben u. ehrlich auferziehen, dagegen die Abnutzung ihrer Kinder Erbschafft auch behalten u. gebrauchen, biß die Kinder mundig werden.

13. Großherz. Weimar. Erbfolgegesetz v. 6. Apr. 1833. In allen den Fällen, wo der Vater, wenn er noch lebte, den gesetzlichen Nießbrauch am Vermögen seiner Kinder gehabt hatte, soll nach seinem Tode derselbe Nießbrauch eben so der überlebenden Mutter zustehen.

14. Nordhaus. Stat. v. 1350—1456 B. 4 Art. 18 (Förstemann III 4 S. 55). Komen eyn man u. eyn vrouwe zcu samene an der e u. gewinnen kint, sterbet der eldern eyn, so sal der andere, der da gelebet, siu erbe nicht verkoufe noch versetze, di wile di kint zcu orn jaren nicht komen weren, he entete's met des kindes nesten willen u. wizzen, os en were denne, daz he wizzentliche schult schuldig were, daz he bewisen solde vor den vrunden u. vor me rate, oder daz he sine easten not bewiste.

15. Berg. LR. 54. Man off frowe van ridderschafft, die zo einer handt sitten, die eheliche gebuirth haven, die en sullen gein erffschafft avergeven, idt en sy mit wille der ehelicher kinder; ader dan durch yres lyffs gebrech ind noitturfft mogen sie idt doen, — ind dat nith forders dan zo oere noitturfft up ein widderloiß ind anders nith.

16. Lüneburg. Stadtr. (Kraut) S. 50 Z. 14 ff. Sete en man na sines wives dode mit sinen kinderen an ungeschedeneme gude, beterde sich dat gud in der samenden hand, den vromen scholde mede hebben de kindere mit dem vadere. Ergherde sich och dat gud in der samenden hand, den schaden scholden se mede hebben.

17. Lipp. Verordn. weg. d. Gütergemeinsch. § 16, 17. Sind — Kinder vorhanden, so setzt der zurückgebliebene Ehegenosse, solange er nicht zur 2ten Ehe schreitet, die Gemeinschaft — mit diesen Kindern fort, auf die alsdann das — ungetheilte Miteigenthum (des Verstorbenen) fallt. — Dem Längstlebenden — gebühret — die alleinige Disposition (zum Besten der Familie), — u ist deshalb zu keiner Inventariums-Errichtung, Rechnungsablage u. Sicherheitsleistung schuldig.

18. Mühlh. Stat. B. IV Tit. 20 § 1, 2 s. oben § 179 Nr. 9.

19. Lipp. Verordn. § 18. Der Langstlebende (muß) — zwar die Kinder aus dem gemeinschaftlichen Vermogen nach Beschaffenheit dieses u. ihres Standes unterhalten, erziehen u. ihnen daraus die zur Erlernung einer Wissenschaft — oder eines Handwerks erforderlichen Kosten reichen: — hingegen (können) die Kinder, wenn sie auch gleich sich verheirathen oder eigene Haushaltung anfangen, keinen Pflichttheil aus dem gemeinschaftlichen Vermogen, oder gar dessen Theilung, sondern nur verhaltnißmäßigen Brautschatz oder Aussteuer fordern. (Für Schulden der Kinder haftet das Gemeingut nicht.)

20. Das. § 19. Alles was der Langstlebende — erwirbt, — kommt ohne Unterschied in die Gemeinschaft, — u. eben so alles, was die Kinder mit gemeinschaftlichem Vermögen acquiriren, oder was vermittelst ihres verstorbenen Vaters oder — Mutter — auf sie von Ascendenten — oder Seitenverwandten durch naturliches Erbgangsrecht vererbt wird; alles Vermögen hingegen, was sie *aliunde* erwerben u. von Anverwandten oder Fremden geschenkt oder durch letzten Willen vermacht erhalten, wird von ihnen in die Gemeinschaft nicht conferirt.

21. Hamb. StR. III 3, 3. Stirbet einem Manne seine Ehefrau, u. er hat mit derselben Kinder gezeuget, die noch im Leben sind; bleibet der Mann Wittwer, u. stehet seinen Dingen recht vor, so mag er nicht genöthiget werden, bey Leben die Güter mit seinen Kindern zu theilen, jedoch soll er schuldig seyn, denselben nothwendige *Alimenta*, so wol auch, wann es die Zeit u. ihre Jahre erfordern, ein billiges Heyrath-Gut u. Aussteuer, Gestalt u. Gelegenheit der Güter nach, zu geben.

22. Bamberg. LR. v. 1769 Th. 1 C. 2 T. 10 § 5. Wann Kinder nach Versterbung eines der Eheleute vorhanden, so bleibt die eheliche Güter-Gemeinschaft: dahero nicht nur das von voriger Ehe vorhandene Vermogen gemeinschaftlich verbleibet, sondern es wird auch dasjenige, was der Wittiber oder Wittib inmittelst, u. solang sie von denen Kindern von Grund aus unab'getheilet seynd, auf ein oder die andere Weis an Haabschaft erlangen, auf die nemliche Weis vermischet, u. eine versammlete Haab; u. kommt denen Kinderen von dem verstorbenen Vatter oder Mutter her das gehörige Recht daran zu, als ob es würklich währender Ehe allschon erworben oder erlangt worden wäre.

23. Luneburg. Ref. VI 1 pr: stirbet (die Frau) vor dem Mann, so mogen die Kinder oder ihre Freunde den Vater auf keine Theilung treiben, so lange er sich nicht wieder verehlicht. — Stirbt auch ein Mann vor der Frauen, u. sie haben Kinder zusammen, so kan das Kind oder die Kinder, oder auch die Freunde die Frau auf keine Theilung treiben, so lange als sie keinen andern Mann nimmt.

24. Das. VI 19. Sitzt ein Mann nach seines Weibes Tode mit seinen Kindern in ungeschiedenem Gut, u. das Gut bessert sich in der gesammten Hand, so sollen die Kinder neben dem Vater den Frommen mit haben; ergert sich auch das Gut in der gesammten Hand, so sollen sie den Schaden mit tragen.

25. Holstein. Vorm.-Ordn. v. 1743 § 4. Wann der Vater zuerst verstirbt, so soll — die noch lebende Wittwe mit ihren Kindern in ungetheilten Gütern zu bleiben befugt seyn, so lange sie nicht selbst auf die Theilung dringet, oder zur andern Ehe schreitet, oder auch die mündig gewordenen Kindern aus der Gemeinschaft gehen, u. ihr vaterliches Erbe fordern, u. sie überhaupt in der Haußhaltung, als einer getreuen Mutter geziemet, verfahren wird.

26. Das. § 5. Wann wahrender Communion der Mutter mit den Kindern, den letztern von den väterlichen Anverwandten ein Erbe anstirbet, ist solches eben wenig, wie oben in Ansehung des Vaters disponiret worden, in die Gemeinschaft zu bringen, sondern von der Mutter, mit Zuziehung des — ihr zugeordneten Assistenten auf dem vorhin, des Vaters halber, festgesetzten Fuß, — besonders zu verwalten, u. die Revenüen, ohne davon abzulegende Rechnung, zum Besten der Gemeinschaft anzuwenden.

27. Pfalz-Zweibrück. Untergerichtsordn. Art. 104. So ein Ehegemahl vor dem andern abstirbt, u. Kinder von ihnen beyden in stehender Ehe erzeuget, hinderlässet, — so lang dann das noch lebend im Wittwenstand bleibet u. ehrbahrlich lebet, auch wohl haußhalt, soll ihme von allen Gütern der ususfructus oder Niessung gebuhren, welches auch die Kinder erhalten, u. wann sie sich mit Rath u. Vorwissen der Eltern verheyrathen, alsdann mit Heyraths-Gut versehen soll Sobald aber sich dasselbig uberbleibend Ehegemahl wiederum verheyrathen wurde, wo fern es der mann ware, soll ihme der ususfructus — von der Kinder Gütern gefolget werden, der auch die Kinder erziehen u. ihnen zu gebührender Zeit — ein Heyraths-Gut von seinen, u. nicht der Kinder Gütern verordnen u. zustellen soll. Da es aber die Mutter ware, so sollen durch die Oberkeit den Kindern alsbald Vormünder geordnet, — aber sie die Mutter den gemeldten usumfructum auch emphahen, solang sie die Kinder erzeucht. Wo aber die Kinder verheyrathet werden, soll sie ihnen ihre vatterliche gütter — sie seyen zugebracht oder erwunden überantworten, jedoch ausserhalb ihres Witthums. — Wann aber die nachste Verwandten oder die Vormünder gemeynt waren, die Kinder bey sich zu erhalten, alsdann soll die Mutter mit den Kindern abtheylen, u. denselben ihre vatterliche

Gütter zustellen, mit Vorbehalt des usufructus — ihres Wittums. — Und in der Abtheylung soll sonderlich Versehung gethan werden, daß den Kindern von den erwundenen Gütern 2 Theil u. der Mutter ein Theil gefolget werde.

28. Preuß. Ges. über d. Westph. ehel. Güterr. v. 1860 § 10. Mit den unabgefundenen eigenen Kindern setzt der überlebende Ehegatte, sei es der Vater oder die Mutter, die Gütergemeinschaft fort. — — Während der fortgesetzten Gütergemeinschaft gebührt dem überlebenden Ehegatten allein nicht nur der Nießbrauch des ganzen gemeinschaftlichen Vermögens, sondern auch die Verwaltung u. Verfügung darüber in dem Umfange, wie solche dem Manne nach § 3 [oben § 178 Nr. 20] während der Ehe zusteht. Dagegen fällt auch Alles, was derselbe aus irgend einem Rechtsgrunde erwirbt, in die Gemeinschaft. Von dem Erwerbe der Kinder fließt nur der Ertrag ihrer Beihülfe in dem elterlichen Gewerbe oder Haushalte der Gemeinschaft zu. Der überlebende Ehegatte ist für sich allein berechtigt, durch Uebertragsverträge oder letztwillige Verfügungen unter den unabgefundenen Kindern die Succession in das gemeinschaftliche Vermögen zu regeln; es muß jedoch jedem Kinde — im Falle einer letztwilligen Disposition — (der Werth) seines Pflichttheils zugewendet werden. — — Zu Gunsten anderer Personen kann der überlebende Ehegatte nur über seinen Antheil an der Gemeinschaft, mit Vorbehalt der Pflichttheile der Kinder, letztwillig verfügen.

29. Das. § 16. — Vor Aufhebung der fortgesetzten Gemeinschaft dürfen die Kinder über ihren Antheil an der Gemeinschaft unter Lebendigen u. von Todes wegen nur zu Gunsten ihrer Abkömmlinge, Ehegatten oder der übrigen Mitbetheiligten der Gütergemeinschaft verfügen. In Ermangelung einer solchen Verfügung wächst der Antheil des verstorbenen Kindes, sofern derselbe nicht auf dessen Abkömmlinge oder hinterlassenen Ehegatten übergeht, den Antheilen der übrigen Kinder zu.

C. Von der Absonderung oder Abschichtung der Kinder. § 189.
(B. § 126. G. § 236 Not. 11—14. St. § 241, 7. R. § 111, 5.)

Cropp über die Ansprüche der Erbschaftsgläubiger an abgefundene Kinder (Heise u. Cropp jur. Abh. 2 Nr. 8). Pauli Abhdlgn. 2 S. 158 ff. Beseler EV. II 2 S. 309. R. Freund der Satz: „was in der Were verstirbt, erbt wieder an die Were" u. s. Anwendung besonders im Lüb. R. Diss. Bresl 1880.

1 L Burg. XXIV 5 Si quis Burgundio filios habet tradita filiis portione, de eo quod sibi reservavit, donare aut vendere cui voluerit habeat liberam potestatem

2. Ssp. I 11. Halt ok de vader sine kindere in vormuntscap na ir muder dode, svenne se sik von ime scedet, he sal en weder laten u. wider geven al ir muder gut, it ne si ime von ungelücke u. ane sine scult geloset. Dit selve sal dat wif des vader kinderen dun, of ir vader stift, u. jewelk man, die kindere vormünde is.

3. Das. 13 § 1 oben § 155 Nr. 1.

4. Schwsp. 159. Ein vater sol sinen sun von im scheiden, als er fümf u. zwenzic jar alt wirt, mit als vil guotes als er geleisten mac, also daz im daz merer teil belibe.

5. Das. 144. U. ist daz ein man verscheidet an gescheste —, sint da kint, diu uz gestiuret sint mit gedinge, daz si sich verzigen hant ir vater guotes —: so hant si niht rehtes dar an, wan daz er in gerne git. u. lit ein man an dem tode, u. hat siniu kint uz gestiuret, u. hat sinem wibe niht varendez guot gegeben: swaz er varendes guotes hat, daz git er dem wibe gar ob er wil mit rehte.

6. Brem. Stat. v. 1433 Stat. 7 oben § 188 Nr. 7.

7. Brem. Stat. v. 1433 Stat. 8 oben § 188 Nr. 8.

8. Lüb. R. I 7 oben § 188 Nr. 1.

9. Das. II 191. Stervet eneme manne de kindere heft sin wif, u. nimt he ene andere, so schal he rekeninghe holden den vrinden siner kindere, ne wil he des nicht don, men dwincht ene dar tho mit rechte vor deme richtere, u. so ne mach he des nicht over wesen, he ne rekene. Sint ok de kindere vromede, dat se dar nene maghe ne hebbet, de dat vorderen moghen, so boret it deme rade to dat men en de rekeninghe holde; de scholent denne also voghen, dat de kindere ere ghut beholden. Liker wis is it ofte ener vruwen stervet ere man. (Pauli II § 36.)

10. Das. 20. So war en man u. en wif kindere hebben u. der eine vore stervet, it si man oder wif, is dat der kindere jenech is to sinen jaren komen u. wil dat sin erve hebben, men ne magh es eme nicht vor secgen.

11. Lüb. OStB. z. 1375 (Pauli II 166). Hinricum Voghed, filium suum, exseparavit a se Druda, Hinrici V senioris relicta, mediantibus provisoribus utrorumque, et *posuit eum extra possessionem omnium bonornm suorum*, tam hereditariorum quam aliorum, dando sibi omnem et totam porcionem suam, que sibi de hereditate paterna et materna quovismodo debebatur, *ita quod ipse a dicta matre sua et eciam a sorore sua B manebit in omnibus bonis mobilibus et immobilibus ac aliis quibuscunque perpetuo separatus et divisus*

12. Lüb. NStB. z. 1331 (das. 167). H W et H — recognoverunt se a matre sua M. divisos et separatos in bonis *tantum mobilibus, reservata cuilibet eorum sua parte hereditatis*

13. Lüb. OStB. z. 1317 (das. 113). Iohanni B. dedit — pater eius C et XXV marcas den, cum quibus ipsum *a se divisit et separavit*, sic quod *quamdiu ipse pater eius et mater vixerint* nichil ab eis possit exigere; *ipsis vero defunctis, si ipse Iohannes cum aliis pueris, existentibus in possessione*, que dicitur were, *voluerit dividere, debet reponere ad possessionem C et XXV marcas den, quas sustulit, et postmodum ibit cum pueris ad equalem divisionem.*

14. Kl. Kaiserr. 2, 5 f. oben § 186 Nr. 18.

15. Handfeste v. Freiburg i. Uechtlande v. 1249 § 128 (Gaupp II S. 104). Nullus burgensis porcionem suis liberis dabit, dum vixerit, *si noluerit*

16. Dortmund. St. II 7 (Frensdorff S. 49). En juwelic kint en sal sinen vader efte sine moder nigt dvingen tu genen gude to gevene efte to delene bi erme levendigeme live ande ne mut en nigt eschen, se ne wellent don sunder dwanc.

17. Oldenb. Stat. 7. Ist et dat desulve lestlevende Ehegade mit den Kindern allen in den Godern nicht besitten blieven, sondern sick vorandern u. den Wedewenstand verrücken will, so iß wol in gemeenen beschrevenen Rechten neen Unterscheet, offt idt ein Mann edder ene Frowe sy, so sick anderwerts verheirathen. Jedoch dat Stadt Boeck holt den Unterscheit, dat de Frowe vor den Ehelicken Beylager öhre Kinder von sick affdelen moth, u. in den Goederen nicht besitten mag, de Mann averst, wennehr he schon wedder friet, iß van rechtswegen, woferne he de Goeder recht administriret, u. nicht unnütlicken tho bringet, sich in sülke Affdeelung in tho laten nicht schuldig; sondern mach de andere Frowe de Kinder vor ohre Kinder annehmen, werden alsdann solke Kinder der ersten Ehe den Kindern, so beyde Ehelüd mit einander in der lesten Ehe telen, gelick geholden.

18. Goslar. Rechtserkenntn. b. Bruns Beitr. S. 182 Nr. 11: na unser stat rechte, wu sek de vruwe nicht voranderweidet en heft, mach se oren kinderen — geven van orem reden gude, wat se wel —, alse icht se dat under sek behelde u. meynde, wan se sterve, dat se es denne deme kinde bet gunde wan deme anderen, des en mochte nicht sin; wen dat en were neyn gave, wan se des woldich wesen wolde dewile se levede.

19. Goslar. Stat. S. 15, 22. Ok ne scal de moder, seder der tid dat se (nämlich die Kinder) delinghe gheeschet hebbet, nene cost mer draghen noch vorgheven van der kindere gude, men irstade en dat.

20. Constit. de tutor der Stadt Hoxter v. 1376 b. Wigand Westph. Archiv I 3 S. 38: wolde aver danne (naml. nach der Abtheilung mit den Kin-

dern) de vruwe de kindere mit seck beholden, so scolden de vormunden de vruwen gheven also vele von der jerliken ghulde des gudes der kindere, alse deme rade duchte vor kost u. vorcledere lik u. moghelik wesen.

21. Goslar. St. S. 17, 1. Wanne en frowe enne anderen gaden nimt, so mot se mit den kinderen delen of se dat eschet. Let en sin vader oder sine moder sitten mit willen in vormuntscap, wanne he delinghe eschet, de sal men ime don, alse't den is alse he dat eschet, it hebbe sic gheergheret oder ghebeteret.

22. Goslar. Rechtserkenntn. b. Bruns S. 193 Nr. 29 a. E.: wu lange eyn mit synem vader in vormunderscop u. in samdem gude sitten mochte. Des wettet: wan eyn der eldern starft u. de ander sek voranderweidet, so schal he deilen mit den kinderen, et en sy, dat se mit willen af beident siden in samdem gude sitten willen.

23. Höxter. Const. de tut. a. a. O. S. 37 u. 39. Nympt de man eyne andere echte vruwen, eyr de kindere to eren jaren komen sint —, so scal de man, eyr he bislape, den kinden eyne rechte delinge don alle synes gudes, — u. mach der kindere vormunde bliven, wente se to eren jaren komen sint —. Nympt de vruwe eynen anderen echten man, er de kindere to eren jaren komen zind, so scal de vruwe, eyr danne se bislape, den kinderen eyne rechte delinge don alle eres gudes —, dat scollen de angebornen vormunden to seck nemen; u. mach der kindere vormunde bliven, went se to eren jaren komen zind.

24. Holstein. Vorm.O. v. 1743 § 4 s. oben § 188 Nr. 25.

25. Lipp. Verordn. wegen der Gütergemeinsch. § 20. (Der Längstlebende kann) keine ungleiche Theilung — unter den Kindern ohne ihre Einwilligung — machen; (wohl aber mit ihnen schichten u. dann über seine Hälfte disponiren).

26. Das. § 22. Der — separirte Kindestheil (wird), wenn keine erhebliche Ursachen dagegen sind, noch ferner dem Vater oder der Mutter der abgetheilten Kinder, gegen deren Unterhaltung u. Erziehung, bis zu ihrer Volljahrigkeit, Verheyrathung oder Anstellung eigener Oekonomie, unter Aufsicht der Vormundschaft, zur Verwaltung u. Nutzung gelassen.

27. Hamburg. StR. III 3, 3 s. oben § 188 Nr. 21.

28. L. Burg. I 2. Illi, qui cum patre dividentes *portiones suas fuerant consecuti*, — penitus *nihil requirant*

29. Dortmunder Stat. II (Frensdorff S. 48) 2. War en vader is ande en moder, — de beradet der kindere en efte twe van erme gude, de vader ande de moder blivet sittende mit eren andren kinderen unverscheden, sterve de unverschedene kindere, de ervet oppe den vader ande oppe de moder u. nicht oppe de utberaden kindere. 3. Oc wat der umberadenen kindere storve, er iuwelic ervede oppe den anderen ande nicht oppe de kindere, de vore beraden weren van eres vader u. ere moder gude.

30. Soest. Aude Schrae Art. 165. So wic man efte vrowe al ere kindere van sich vorscheden hebbet, dey man mach mit sime ghedeylden deyle duyn sinen willen ande dey vrowe also wol.

31. Brem. Stat. v. 1303 Ord. 53; v. 1433 Ord. 54. So weme en erve besterft, dhe erven heft, man edher vrowen, dhe ne mach dhat nicht laten, he ne dot mit erven love; it ne were also dhat he dar afdelt si.

32. Dies. v. 1433 Stat. 11. So wor en unse borgher is ane wiff edder en unse borgersche ane man de ere kindere hebbet van eme delet edder beraden, de mogen wol mit ereme gude ofte myt ereme erve, dat en blift, don so wat se willet.

33. Das. Stat. 8 oben § 188 Nr. 8.

34. Magdeb. R. f. Görlitz v. 1304 Art. 20. Hat daz wib kindere, swas so der uz geradet sin, stirbet der diechein, die kindere, die in deme erbe besturben sin, nemen daz gut; die uz geradet sin, nicht. — Die kindere, die in deme erbe besturben sin, stirbet der einik, daz teilen sie gliche buzen u. binnen. (Vgl. Magd. R. f. Breslau v. 1261 § 15 u. 29.)

35. Salzwedel. Stadtpriv. v. 1273 (*Riedel* 14 n. 17). **Item si pater et mater cum sua voluntate** *et pueri* **eundem puerum in sede matrimoniali legitime locaverint, idem puer** *contentus esse debet in rebus, quibus desponsatur*, **et si pater vel mater moritur, ad heredes reliquos non redibit, exceptis bonis feodalibus, in quibus filii ius habebunt.** *Si vero omnes alii heredes moriuntur, in hereditatem redeat primus heres*

36. Lüneburg. Ref. VI 1 pr (den Anfang dieser Stelle oben § 188 Nr. 23, vgl auch Alt. Lüneb. R VIII Kraut S. 35). Nimmt (der Wittwer) ein ander Weib, so konnen ihn seine Kinder, da sie mündig seynd, wol auf Theilung treiben; seynd sie nicht mündig, so mögen das thun ihre nächsten Freunde, von ihrer Mutter wegen, alsdann soll er seinen Kindern vor ihr gebührend Kindes-Theil geben alles sein Gut halb — u. ihrer Mutter Gerade zuvoraus; — Seynd auch ihre Kinder noch nicht mündig, so bleibt er ihr Vormund biß sie mündig werden, jedoch muß er der Kinder Freunden, so ihnen von der Mutter Seiten verwandt, jährliche Rechnung thun. — Wenn (die Wittwe) einen andern Ehemann nimmt, so mögen sie die Kinder auf Theilung treiben, wofern sie mündig seynd, da sie aber noch nicht mündig, so mögen es thun die nächsten Freunde von des Vaters Seiten, u. der Kinder Vormund bleibt der nächste Manns-Nahme von des Vaters wegen, — u. auf diesen Fall ist die Frau schuldig den Kindern zu geben alles das Guth halb u. des Vaters Hergewett zum Voraus.

37. Das. VI 13. Sondert ein Mann u. Frau alle ihre Kinder bey ihrer beider Leben von sich, stirbt dann die Frau — (u.) nimmt der Mann nach der Zeit ein ander Weib, derselben mag er — vermachen alles Gut, so sein, davon er zu testiren Macht hat, u. es haben seine Kinder — nichts dawider zu sprechen.

38. Das. VI 15. Sondert ein Mann u. eine Frau zu einer Zeit die Kinder zumahl von sich, stirbt dann der Kinder eins ohne Erben, u. verlaßt Erb-Gut, — solches erben sie unter sich eins auf das ander; sondern sie aber die Kinder einzeln aus, eins nach dem andern, stirbt dann derselben eins ohne Erben u. verlast Erb-Gut, — solches fallet wieder in die Gewahr auf den Vater u. Mutter; Es ware dann Sach, daß der Vater ein ander Weib genommen hatte, so fiele es auf die Voll-Brüdere u. Voll-Schwestern u. ihre Kinder.

39. Das. VI 19. Hat ein Mann seine Kinder zumahl berathen, — was sich denn sein Gut bessert nach der Zeit, damit mag er thun was er will; — desselbigen Rechts soll auch gebrauchen eine Frau.

40. Hamburg StR. III 3, 13. Wann Kinder nach Absterben ihres Vaters oder Mutter von vater- oder mütterlichen Gutern gänzlich abgetheilet werden, u. dann eins von den Kindern stirbet; so fallet die Erbschaft nicht auf seinen Vater oder Mutter, sondern seine vollbürtige Brüder u. Schwestern: sind aber die Kinder nur allein von mütterlichen Gutern abgetheilet, u. eins von ihnen stirbet, so erben Vater u. vollbürtige Brüder u. Schwestern des Verstorbenen Verlassenschaft zu gleichen Theilen, jedoch daß vollbürtige Brüder- u. Schwester-Kinder mit ihnen in die Stammen erben.

41. Dithmarſ LR. Art. 20 § 8: efte — ein kind storve dat mit den olderen in samenden gesetten, so stervet syn gut wedder in dat samende.

42. Lüb. R. II 37 oben § 188 Nr. 5.

43. Rev. Lüb. R. II 2, 11. Wann Vater u. Mutter Kinder haben, u. alsdann der Eltern eines verstirbet, seynd der Kinder eines oder mehr zu ihren mündigen Jahren kommen, u. wollen ihr Erbtheil haben von dem verstorbenen Vater oder Mutter, man soll jhme dasselbe nicht vorweigern.

44. Das. II, 16. Fallet einem Wittwer oder einer Witben, welche Kinder haben, Erbguth an, Oder wird inen etwas gegeben, durch was Weise es sey, Oder sie sonst gewinnen u. erwerben, solches alles sollen sie mit den Kindern zugleich theilen, doch mit diesen Kindern, welche nit abgesondert seyn, dann diejenigen, welche von den Eltern abgescheiden, haben nichts zu fordern.

45. Rev. Lüb. R. II 2, 31. Sitzen Mann u. Weib mit einander in der Ehe, u. ihr eins — zuvor Kinder hat, u denselben ware ein Außspruch geschehen von ihres verstorbenen Vaters oder Mutter wegen; — stirbet dann der Mann, u. die Frau ist mit ihm nicht beerbt, u. Irrung sich erhübe, ob die Kinder mit ihrem Außspruch, oder die Frau mit ihrem Brautschatz in deß Mannes Gutern soll vorgezogen werden, so gehet die Frau mit ihrem Brautschatz vor —; ist aber der Ausspruch ordentlicherweise aus seinen Gütern vor dem Rathe geschehn, so gehet Kindergelt vor Brautschatz.

46. Das. II 2, 33. Würden Eltern, so beyde im Leben, ihre Kinder — von sich absondern, Oder aber, da eines der Eltern Todt, das am Leben bleibende den Kindern vor dem Rathe einen Außspruch thun, solches soll geschehen u. verstanden werden von allem ihrem Gute — so wol von dem Lebendigen, als Verstorbenen, Und das seyn u. heissen nach unserm Recht: abgesonderte u. abgetheilte Kinder. Würden aber die Kinder, ihre Freunde u Vormundere, damit nicht zufrieden seyn, sondern ihnen protestando entweder das Vater oder Mutter Theil ausdrucklichen vorbehalten, das seynd keine abgesonderte Kinder.

47. Hamb. Stat. III 3, 4. Da der Vater anderweit heyrathen wollte, muß er — mit Vorwissen u. Consent zwoer seiner verstorbenen Haus-Frauen nachsten Freunden seine Kinder gebührlich abtheilen, dergestalt daß er denselben entweder ihrer verstorbenen Mutter Brautschatz u. angeerbte Guter wieder zukehren, u. dieselben nach seinem Tode mit den Kindern anderer Ehe (wann dieselben gleichergestalt ihrer Mutter Guter voraus genommen) zu seinen Gütern in die Haupter succediren u. erben lassen oder, vermittelst eines leiblichen Eydes, ein beständig Inventarium aller seiner Guter ubergeben, u. seinen Kindern erster Ehe den halben Theil, oder da nur ein Kind vorhanden, demselben den dritten Theil aller Güter zu ganzlicher Abtheilung vaterlicher u. mütterlicher Guter versprechen u geben soll. — Und hat der Vater in den seinen Kindern zugetheilten Gütern die Abnützungs-Gerechtigkeit, bis die Kinder 18 Jahr vollkomlich erreichet.

48. Pfalz-Zweibruck. UGO. Art. 104 oben § 188 Nr. 27.

49. Preuß. G. ub. d. Westph. ehel. Guterr. v. 1860 § 6. Ein jeder der Ehegatten ist bei beerbter Ehe befugt, — durch einseitige letztwillige Verfugung die sofortige Schichtung anzuordnen.

50. Das. § 13. Dem überlebenden, die Gütergemeinschaft fortsetzenden Ehegatten steht zu jeder Zeit frei, die vollstandige Auseinandersetzung mit den Kindern (Schichtung) zu verlangen. § 14. Zur Schichtung verpflichtet ist der uberlebende Ehegatte: 1) wenn er zu einer anderen Ehe schreitet; 2) wenn er wegen Wahnsinns oder Blodsinns unter Vormundschaft gestellt wird; 3) wenn ihm wegen seiner Abwesenheit ein Vormund bestellt wird; 4) wenn gegen ihn — es sei der Vater oder die Mutter — solche Gründe vorliegen, welche nach dem Allg. Landrechte den Verlust der vaterlichen Gewalt zur Folge haben; 5) wenn der verstorbene Ehegatte die Schichtung letztwillig angeordnet hat.

51. Das. § 15. Bei der Schichtung u. ebenso bei der nach dem Tode des Letztlebenden eintretenden Auseinandersetzung wird der den Kindern — gebuhrende Antheil an dem in die fortgesetzte Gutergemeinschaft gefallenen Vermogen nach demjenigen Zustande des Vermogens festgesetzt, in welchem sich dasselbe zur Zeit der Schichtung, beziehungsweise des Todes des Letztlebenden, befindet. Jedes der Kinder muß sich dabei, sowohl dem schichtenden Vater oder der Mutter, wie den Geschwistern gegenüber, Alles anrechnen lassen, was es nach den Gesetzen zu konferiren schuldig ist.

52 Das. § 17. Bei der Schichtung hat der überlebende Ehegatte die Befugniß, das gemeinschaftliche — Vermogen oder einzelne Gegenstande desselben für eine Taxe zu übernehmen, welche entweder von sammtlichen Betheiligten gebilligt oder im Falle des Nichteinverstandnisses in gesetzlicher Form aufgenommen worden ist.

53. Preuß. G. üb. d. Westph. ehel. Güterr. v. 1860 § 19. Der Mutter steht ebenso wie dem Vater nach der Schichtung die Befugniß zu, den Nießbrauch des den Kindern zugetheilten Vermögens bis zu deren Großjährigkeit, oder, sofern diese Fälle früher eintreten sollten, bis zu deren Verheirathung oder eigenen Wirthschaftseinrichtung zu verlangen, jedoch nur gegen Uebernahme der Verpflichtung, die Kinder ohne Anrechnung auf die Substanz ihres Vermogens zu ernähren u. zu erziehen.

§ 190. D. Einkindschaft. (B. § 127. G. § 262. St. § 243, 244. R. § 157.)

Danz Handb. des heut. D. Privatr. VIII (von Schott) S. 137. Ringelmann über die histor. Ausbildung u. rechtl. Natur der Einkindschaft. Würzb. 1826. Beseler EB. II 2 S. 150. Euler die Güterr. der Ehegatten in Frankf. S. 61 ff. *Gerber* de unione prolium observat. Jenae 1844. Hillebrand das Rechtsprinzip in der Lehre v. d. Einkindschaft (Ztschr. f. D. R. 10 [1846] S. 420. Sandhaas Fränk. ehel. Güterrecht S. 596. Schröder ehel. Güterr. II 2 S. 263. Roth Bair. Civilr. 1 § 93. *Groben* de orig. atque indole unionis prolium. Berol. 1870. Lewis b. Holtzendorff 1 S. 622.

Quellen: Maynz. Unterger.-O. v. 1534 in *Saur* Fascic. ordinis iudiciarii (Frcf. 1589 f.) p. 14. Trier. Unterger.-O. v. 1539 das. p. 83. Freiburg. Stat. v. 1520 Tract. 3 Tit. 4. Henneberg. Lands-O. v. 1539 III 3, 12. Solms. LR. II 20. Landsgebräuche des Herzogth. Franken § 72—77 b. *Schneidt* Thesaur. iuris Francon. Abth. 1 S. 164 bis 175. Maynz. LR. Tit. 2. Frankf. Ref. III 10. Berg- u. Jülichische Rechtsordn. Tit. 75. Cöln. Rechtsordn. Tit. 10. Trier. LR. Tit. 9. Bamb. LR. II 1, 5 u. 6. Zweybrück. Unterger.-O. Tit. 105. Landgerichts-O. des Stiffts Würzburg u. Herzogth. Franken III 108—119. Hohenloh. LR. I 6. Würtemb. LR. III 9. Kurpfälz. LR. II 25. Lipp. Verordn. über die Gütergemeinschaft v. 1786 § 25—30. Preuß. LR. II 2 § 717—752. — Urkunden: Lörsch b. Ingelheimer Oberhof (Bonn 1885) S. 551.

1. Urk. v. 1296 (*Guden* 1, 895) Nos Heinricus de H., miles, et Agnes, — coniuges, — liberis nostris, *quos ipso tempore contractus matrimonii habuimus*, videlicet mei Heinrici quatuor liberis, et meae Agnetis tribus pueris, — (omnia bona nostra) assignamus, ut ipsa bona — post mortem nostram *equaliter dividant, et possideant tanquam veri fratres et sorores et legitimi coheredes* — (Coniux tamen superstes) bona omnia — ad tempora vitae suae quiete et pacifice possidebit (Beseler EB. I S. 8. Schröder S. 264.)

2. Lüb. R. II 2. So war en man u. en vruwe sic sanmet mit echtscap u. sunderlike hebben echte kindere, neweder de man noch de vruwe ne moghen eres ghodes nicht to hope gheven sunder der kindere volbort, dat it stede moghe sin. (Pauli Abh. II S. 180 f.)

3. Gosl. Rechtserkenntn. b. Bruns Beitr. S. 193 Nr. 29 a. E.: wan eyn der eldern starft, u. de ander sek voranderweidet, so schal he deilen mit den kinderen, et en sy, dat se mit willen af beident siden in samden gude sitten willen, u. dat moget se don, de wile se willet af beident siden.

4. Urk. v. 1383 (Mone Zeitschr. V 397). Wir schultheißin u. scheffin czu Ingilnheim bekennen 2c., daz Pedir Ancze u. Nese sin eliche wirten hant eyne kint gemacht mit Pedir sine irsten sone, den der vorgen. Pedir hatte mit — siner irsten ehelichen wirten, u. mit den andern kinden, die die vorgen. zwei

eliche lude iczunt mit ein hant odir hernach gewinnen, in allen guden, die sie hant oder gewinnen mogen, u. sollin glich eyne kinde sin, eyne als vil als deme andern. Auch ist komen vor gerichte Pedir, Pedir Anczin son, u. hant bekannt u. verjehen, daz die saczunge sin gut wille u. verhengniße sie, u. hat daz geborget, stede u. veste zu halden.

5. Urk. v. 1387 (das. S. 398). Wir schultheiß ꝛc. Herman H. u. Else sin eliche wirten — hant eyne kinde gemacht mit den kinden, die sie iczunt mit eyn han oder noch gewinnen, also daz die irsten kinde u. die leisten glich eyne kinde sollin sin an alle deme gude, daz sie han oder noch gewinnen, eyme als vil als deme andern. u. ist diß geschehen mit willen u. virhengnißen Hennen, Elsen irsten son, u. hat auch Siffrid B. der irsten kinde anherre gesprochin vor die andern kinde als lange, biz sie czu iren tagen koment u. dar uff auch virzihent u. iren willen u. virhengniße dar czu gebint.

6. Urk. v. 1431 (Bodmann Rheing. Alterth. S. 650). Iz ist zu wissen, daz — eyn gutlich fruntlich beredunge ist geschen — zwuschen Johann v. Riffenberg u. jungfrauwe Femen syner elichen husfrauwen, von Enchin ir dochter wegen, dy sie hatte mit jungher Hennen von Scharpinstein, irme furdern huswerte seligen, uff eyn syt, u. jungher Conratd v. Scharpensteyn dem alden, des egent Enchin neste fetter, uff die ander syt; also bescheydenlich sin sie mit rade ir beider, u. auch des egent. Enchin nehesten frunde, demselben Enchin zu syne besten u. nutze hant sy sich des vereyniget, — daz sie eyne kinde gemacht hant, also, bescheidelich, daz die vorgent. Enche, — u. die kinde, die jungher Henne von Riffenberg egent. mit jungfrauwe Femen — itzund hat, oder hernach gewunnen mogent, sollent furter me eyne kinde syn in allir maße, als sy semetlich liplich von eyner muder u. von eyme vader geborn wern; doch mit solichem underscheide, daz die egent. Enche sal dusent gulden wert gudes irs vetterlichen u. mutterlichen erbes bevoruß han, wan sy zu yren jaren kompt, vor den andiren kindern, die sy dan itzunt mit eyn han, adir gewinnen mogent; u. sal doch die vorgen. Enche an den andern guden, die die vorg. jungher Johann von Riffenberg, u. jungf. Feme — itzunt hant, adir hernach gewinnen mogent, glich den andern kinden erben, u. eyn kint sin mit denselben kinden, glich als sy in eyner mutter lybe gelegen hetten. — Disse vorgeschr. beredunge — ist geschen in geinwertigkeit schulth. u. scheffen des gerichts Kiderich.

7. Oldenburg. Stat. 7 a. E. oben § 189 Nr. 17.

8. Hamburg. VormO. v. 1844 Art. 33 Nr. 6. Bei dritten Ehen, oder wenn schon zweierlei Kinder vorhanden sind, werden Einkindschaften nur in besonderen Ausnahmsfallen gestattet.

9. Landesgebr. des Hzgth. Franken v. 1536 § 72 b. *Schneidt* Abschn. 1 S. 176. Einkindschaft (parificatio liberorum) ist dem Rechten u. Gebrauch nach vil einander Ding dann *adoptio* oder *arrogatio*, dann ein Adoptirter oder Arrogirter — ist allein des Jenigen, — (der) Ihne adoptirt hat, u. nit weiter — natturlicher Noth Erb zu sein zugelaßen, — Aber die Einkindschaft — erstrecket sich biß zu endte aller natürlichen Erbschafften — auf u. abe, in beydseiten Linien, u. derselben erbs Erbenn, In die Heupter u. in die stammen.

10. Sponheim. LR. v. 1578 (Maurenbrecher Rhein. Preuß. LR. 2, 225 ff.). Von Einkindschafften 105 § 1: — das die Kinder voriger Ehe mit denen, so in nachvolgender ehe gezielet werden, in erblicher gerechtigkeit gleiche Kinder sein sollen, als weren sie alle von jr beyder leiben geboren.

11. Würtemb. LR. III 9 § 11. Es sollen sich auch diese Einkindschafften weitter nicht erstrecken, dann allein auf Vätterlich u. Mütterlich Erbschafft.

12. Jülich. LR. v. 1537 XXIX 5. Item die Alderen en haven gheyne macht vurkynder u. naekynder eyne kynder zo machen, gelich zo deillen; idt en were dan sache, dat die kynder alle samen mundich weren u. sulchs richlichen belieffden.

13. Frankf. Ref. III 10 § 3. Da auch die Kindere, so die Frauw in die zweyt Ehe breng, noch under jhren mundtbaren Jaren u. nicht bevormündet

weren: So soll sie den selbigen auß beyderseits Verwandten Freundtschafft, oder in mangel derselben auß andern jren guten Freunden zwen oder drey — zu Vormündern — verordnen lassen, damit dieselben bey Abredung u. Beschließung solcher Einkindschafft seyn — mogen.

14. Frankf. Ref. III 10 § 4. Der Vatter — sol — gleichßfalls zu der Abrede — der Einkindtschafft zwen oder drey auß seiner verstorbnen Haußfrauwen Freundtschafft oder, da die nicht vorhanden, sonst andere ehrbare — Manner erfordern.

15 Preuß. LR. II 2 § 721. Die Einkindschaft kann nur durch einen gerichtlich vollzogenen u. bestatigten Vertrag errichtet werden.

16. Das. § 723. Die freie Einwilligung der Aeltern sowohl, als der zusammen zu bringenden Kinder ist dazu nothwendig.

17. Das. § 725. Jedes der Aeltern, welches schon vorhandene Kinder in die Einkindschaft bringt, muß denselben aus seinem dermaligen Vermogen eine gewisse Summe, auf seinen künftigen Todesfall, zum Voraus bescheiden.

18. Lipp. Verordn § 28 Nr. 1. Die gemachten Kinder werden durch (die Einkindschaft) uberhaupt den leiblichen Kindern — in allen naturlichen Rechten gleich, als wenn sie aus einer Ehe erzeuget waren. Nur erhalten sie dadurch die Rechte der Blutsverwandtschaft u. der Civil-Institute nicht.

19. Landger.-O. des Herzogth. Franken Tit. 118 § 2 (Der) gemachte Vater oder Mutter (bekommt) diese Kinder gleich ihren rechten u. naturlichen Kindern in Gewalt, Zucht u. Gehorsam.

20. Hohenloh. LR. I 6 § 6. Wann nun die Einkindschaft — errichtet — ist; so sind die Eingesetzte- oder angewunschte Eltern, denen angewunschten Kindern — zur Verpflegung u Christlicher Auferziehung verbunden; dagegen auch die Kinder gegen die angewunschte Eltern gebuhrenden *Respect* u. Gehorsam zu erweisen schuldig. Nebst deme sind die beyderseits zusammen gesetzte Guther gemeinschaftlich —. Auch erben darinn die angewunschte Eltern u. Kinder einander, wie rechte Eltern u Kinder.

21. Preuß. LR. II 2 § 720. Die Absicht der Einkindschaft ist, daß zwischen den Stiefaltern u Stiefkindern die personlichen Rechte u. Pflichten, wie zwischen leiblichen Aeltern u. Kindern, ingleichen wechselseitige Successionsrechte hervorgebracht werden sollen.

22. Das. § 733. Der Stiefvater (erwirbt) auf das Vermogen der Stiefkinder keinesweges die einem leiblichen Vater unter Lebendigen zukommenden Rechte.

23. Schweinfurt. Stat. 54 § 1, 2. Wenn zwey Eheleuthe im Stand der Ehe Kinder mit einander zeugen oder *per unionem prolium* annehmen, so seynd dadurch alle derselben Haab u. Guther, — auch Heuraths-Gut u. Gegengeld, ganz u. gar nichts ausgenommen, — ein gemein Guth, u. seynd beyde Eheleuthe dadurch mit einander vererbt: derohalben — bleibt (das uberlebende) in allen Güthern sitzen, hat dieselben seinem Gefallen nach zu gebrauchen u. genießen, auch damit zu thun u. zu lassen, als mit seinem eigenen Guth, — u. haben die Kinder an des verstorbenen — Guth keinen benannten Theil, so lang u. viel, bis die Theilung von dem uberlebenden Ehe-Genossen verwirckt oder angebothen ist. Es (kann) — auch solches im Leben bleibende Ehe-Mensch — durch die Kinder zu einiger Abtheilung oder Reichung ihrer *Legitimae* oder Pflichttheils nicht gemußiget oder getrungen werden, es waren denn Ursachen vorhanden, derenthalben die Eltern die Theilung verwirken, u. mit denen Kindern abzutheilen schuldig.

24. Lipp. Verordn. § 28 Nr. 3. Der gemachte Vater erhalt — über das ganze in die neue Ehe zusammengebrachte Vermogen — alle Rechte, die dem ersten Ehemann in der Gütergemeinschaft zukommen.

25. Das. Nr. 4 (Die) Verwaltung steht ihm selbst uber das *Praecipuum* u. sonstige privative Vermogen der angenommenen Kinder, jedoch unter Aufsicht der — Vormundschaft, zu; u. verbleibet ihm u. der Mutter auch von beiden der Nießbrauch bis zu jener Großjahrigkeit, Verheirathung oder Anstellung eigener Oeconomie.

26. Lipp. Verordn. § 28 Nr. 5. Ingleichen hat die gemachte Mutter, wenn der natürliche Vater stirbt, eben die Rechte, die der natürlichen Mutter in der prorogirten Gütergemeinschaft zukommen.

27. Das. Nr. 6. Dagegen müssen aber auch die gemachten — Eltern die angenommenen Kinder — unterhalten u. erziehen, auch ihnen wenn sie sich verheirathen oder eigene Oeconomie anfangen, verhältnißmäßigen Brautschatz oder Aussteuer mitgeben.

28. Das. § 29 Nr. 1, 2. Die vereinigten Kinder (erben) — das Vermögen ihrer beiderseitigen Eltern — *in capita* — Dieses Erbtheil können — die Eltern den angenommenen Kindern weder durch Disposition unter den Lebendigen noch durch letzten Willen, nicht einmal aus gerechten Ursachen der Enterbung, entziehen oder schmälern.

29. Preuß LR. II 2 § 752. Durch die Einkindschaft entsteht weder Verwandtschaft noch Erbrecht unter den zusammengebrachten Kindern, noch mit oder unter ihren wechselseitigen Familien.

30. Hamburg. Vorm.O. v. 1844 Art. 33. Der hiesigen Gewohnheit gemäß begründet eine Einkindschaft ein gegenseitiges Erbrecht der Vorkinder u. des angesetzten Ehegatten, selbst in dem Falle, da die zweite Ehe kinderlos bliebe, so wie ein gegenseitiges Erbrecht der Vor- u. Nachkinder unter sich.

31. Maynz. LR. II § 18. Soll auch der Vatter u. Mutter diese unirte Kinder nebst ihren rechten vollbürtigen Geschwistern erben; die stieff oder vereinkindschaffte Geschwister aber erben einander nicht.

32. Das. § 19. Wann aber beyde sowohl natürlich als angenommene Elteren verstorben, — soll diese Einkindschaft darmit aufgehoben u. erloschen seyn, u die halbbürtige Schwester u. Bruder mit denen vollbürtigen ferner nicht erben, sondern es alsdann der Succession halber unter allerseits Geschwistrigen anderst nicht gehalten werden, als wann keine Einkindschafft gemacht wäre

33. Würtemb. LR. III 9 § 8. Wann dergleichen Einkindschafften von Eheleutten auffgericht werden, deren eines auß vorgehender Ehe erzeugte Kinder, das ander aber keins in die letzte Ehe gebracht, u. hernacher in stehender letzten Ehe keine Kinder mit einander erzihlen, alßdann, da solcher Ehegemacht eins Tods verfahrt, ist die — Einkindschaft — gefallen.

34. Frankf. Ref. III 10, 18. Were es aber, daß nur der Ehegemecht eines dem andern Kindere in die Ehe zubrechte, u. zwischen denselben u. denen Kindern, so sie zwey Ehegemacht mit einander künfftiglich zu bekommen verhoffend weren, die Einkindtschafft aufgericht were worden, volgends aber auß derselben ihrer zweyter Ehe keine Kindere erfolgten: Oder da gleich etlich darauß geboren, doch vor beyder jrer Eltern todtlichen Abgang verstorben weren: So sol alsdann die Einkindtschafft gefallen u. verloschen seyn u. es der Erbschafft halben vermöge gemeiner Rechten gehalten werden.

35. Lipp. Verordn. § 28 Nr. 7. Die Einkindschaft (wird) nicht aufgehoben, wenn gleich aus der neuen Ehe keine Kinder entstehen.

36. Das. § 30. (Die Einkindschaft soll) aufgehoben u. zur Theilung geschritten werden, wenn beide Eltern, oder — der überlebende Ehegatte — muthwillig verschwenden; oder wenn — der überlebende Ehegatte wieder zur neuen — Ehe schreitet.

37. Preuß LR. II 2 § 741. Auch wenn nur Stiefkinder vorhanden sind, schließen diese die Verwandten des Verstorbenen — von der Erbschaft desselben aus.

38. Das. § 748. Aeltern können nur über dasjenige Vermögen, was bei der Einkindschaft etwa ausdrücklich vorbehalten worden, u. Kinder nur über das, was — in die Einkindschaft nicht gekommen ist, letztwillig verordnen.

39. Das § 749. Doch können zusammen gebrachte Aeltern u. Kinder aus eben den Ursachen, wie leibliche Aeltern u. Kinder einander enterben.

40. Trier. LR. IX § 9. Ist nun eine Einkindschafft also der Gebühr auffgerichtet, solle darauff fest gehalten, u. das Beneficium restitutionis in integrum ex Causa Minorennitatis nicht statt haben.

41. Bad.-Durlach. LR. IV 27. Dieweilen es sich offt zuträgt, daß — Einkindschafften — auffgericht werden, — u. aber hierdurch allzeit einem Theil unrecht u. zu kurtz geschehen muß, — als wollen — Wir fürter die Einkindschaften in Unsern — Landen gäntzlich — verbotten u. abgeschafft haben.

42. Cod. Max Bav. I 5 § 12. Gleichwie (die Einkindschaft) in hiesigen Landen bishero ganz unbekannt — gewesen, also auch in Zukunft um Vermeidung deren hieraus besorglicher Strittigkeiten nicht eingeführt werden soll. Soviel aber die Ober-Pfalzische Lande betrift, hat es in diesem Stück bey dortigen Lands-Gebrauch — noch ferner sein ungeandertes Verbleiben.

43. Oesterr. Ges.B. § 1259. Die Einkindschaft — hat keine rechtliche Wirkung.

Drittes Capitel. Von der Vormundschaft.

Quellen: s. das Verzeichniß b. Rudorff 1 Einl. S. XI—XXII; insbes. Reichspolizei-O. v. 1548 Tit. 31, v. 1577 Tit. 32. Preuß. LR. II 18. Oesterr. Ges.B. § 187—284. Sächs. Ges.B. § 1875 bis 1998. — Preußische Vormundschaftsordnung (f. den ganzen Umfang des Staats) v. 5. Juli 1875, in Kraft seit 1. Jan. 1876. Preuß. Gesetz betr. die Geschäftsfähigkeit Minderjähriger (für den ganzen Umfang des Staats) v. 12. Juli 1875, in Kraft seit 1. Jan. 1876. — Dernburg das Vormundschaftsrecht der preuß. Monarchie. 2. Aufl. 1876.

§ 191. I. Im Allgemeinen. (B. § 128. G. § 243. St. § 263—265. R. § 179 ff.)

Eichhorn RG. § 56, 197, 353, 570. — Rudorff das R. der Vormundschaft. 3 Bde. Berl. 1832—34. Kraut s. ob. § 162. Rive Geschichte der deutschen Vormundschaft. Bd. I und II Abth. 1 und 2. Brschwg. 1862—75.

1. Schwsp. 52 Z. 4 ff. Der kinde u. der frowen phleger, die etwa sicherboten, etwa phleger, etwa voget, etwa vormund, etwa behalter: swie man sie heizet, so sullen sie getriuwe liute sin.

2. Saarbrück. LR. v. 1321 C. 6 § 1 oben § 162 Nr. 22.

3. Freiburg. StR. v. 1520 Bl. 49b. sol — dheiner sich einicher vogtie vonwegen der sipp eigens fürnemenß underziehen, es syg im dann von uns in gesessnem Rat bevolhen worden.

4. R.Pol.O. v. 1548 Tit. 31 § 2. Daß ein jeglicher Vormünder — sich der Vormundschaft nicht unterziehn soll, die Verwaltung sey ihm dann zuvor durch die Obrigkeit *decernirt* u. befohlen.

5. Preuß. LR. II 18 § 235—238. Die Vormünder (sind) als Bevollmächtigte des Staats anzusehen. Sie sind — schuldig, sich bei Führung ihres Amts nach — den besondern Anweisungen des vormundschaftlichen Gerichts sorgfaltig zu achten. Das Gericht ist, sie dabei zu dirigiren u. unter bestandiger Aufsicht zu halten, befugt u. verpflichtet. So oft in Ansehung der Person oder des Vermogens der Pflegbefohlnen eine erhebliche Veranderung vorgenommen werden soll, müssen die Vormünder dem Gerichte davon Anzeige machen u. dessen Genehmigung oder nähere Anweisung einholen.

a. Preuß. VO. § 27. Dem Vormund liegt die Sorge für die Person u. die Vermögensangelegenheiten des Mündels sowie die erforderliche Vertretung desselben ob. § 51. Das Vormundschaftsgericht hat über die gesammte Thätigkeit des Vormundes — die Aufsicht zu führen. § 1. Das Vormundschaftsgericht wird von Einzelrichtern — verwaltet.

6. Sächs. Ges.B. § 1880. Ueber der Vormundschaft steht als Obervormundschaft das zuständige Gericht.

7. Das. § 1882. Bei wichtigen Angelegenheiten kann das Vormundschaftsgericht nach seinem Ermessen im Inlande wohnende Verwandte u. Verschwägerte des Bevormundeten zu Rathe ziehen. Diese dürfen den Rath nicht ohne erhebliche Gründe verweigern, können aber Ersatz des durch Ertheilung des Rathes entstandenen Aufwandes fordern.

8. Das. § 1877. Die Vormundschaft erstreckt sich auch auf das im Auslande befindliche Vermögen, wenn nicht dazu ein besonderer Vormund bestellt ist.

9. Das. § 1878. Hat ein im Auslande Bevormundeter im Inlande unbewegliches Vermögen, so ist dazu ein besonderer Vormund zu bestellen.

10 L Sax 44, 45 Qui defunctus non filios, sed filias reliquerit, — tutela — earum *fratri*, vel *proximo paterni generis* deputetur. Si vidua filiam habens nupserit filiumque genuerit, *tutela filiae ad filium*, quem tunc genuerat, pertineat. Si autem filium habens nupserit filiamque genuerit, *tutela filiae* non ad filium prius genitum, sed ad *fratrem patris* vel *ad proximum eius* pertineat

11 L Sal 46 § 4 s. unten § 193 Nr. 2,

12 L Burg 85, 1. Si *mater* tutelam suscipere voluerit, nulla ei parentela praeponatur

13. Rb. n. Dist I 49, 5. Von wip halben en mag keyn man vormunder gesin, ab wol dy sippe sich neher underwillen entzu zcuth; sundern is folget alles des vater swertmagk bis an dy sybenden sippe.

14. Ssp. I 23 § 1. Svar de sone binnen iren jaren sin, ir eldeste evenburdige svert mach nimt dat herwede al ene, u. is der kinde vormunde daran; wante se to iren jaren komet, so sal he't in weder geven, darto al ir gut; he ne künne se bereden, war he't in ere bederf verdan hebbe, oder it ime roslike oder van ungelücke u. ane sine scult geloset si. § 2. He is ok der wedewen vormünde bit dat se man nimt, of he ir evenbürdich is.

15. Schwsp. 52 Z. 14 ff. (Man soll den Kindern u. den Frauen) einen phleger geben der ir genoz si, der kinde u. irs vaters, u. der bi in in dem lande si. u. hant si niht vaters mage, so gebe (man) in einen irer muoter mac. u. hant si des ouch niht, so neme (man) ein getriwen lantman.

16. Augsb. Stat. Art. 98 (Meyer 180). Ob chint sint, diu weder vater noh muter habent u. gut habent, — der phläger sol sin ir veter; — hant si des niht, so sol ez sin ir nähster vatermak. Hant si kainen vatermak, swär danne ir nähster mutermak ist, der sol ir phlager sin.

17. Ulm. StR. II 9. Da auch dieselbige Kinder keine Blutsfreund oder Schwager hätten, die sich ihrer belasten oder annehmen thäten, So sollen die Benachbarte solche verlaßne Waisen bey denen verordneten zum Pfleg-Ampt anzeigen.

18. Magdeb. Fr. I 8, 8. Is en mag kein man sinen kindern vormunde kisen, sunder wenne er stirbet, so sal sin nehister swertmog der unmundigen kinder vormunde sin. Hetten ouch unmundige kinder keinen swertmog, so sal der richter — den kinden seczen u. geben einen pfleger.

19. Gl. z. Sächs. Weichb. 26. Nach unsers Magdeburgischen rechtens ausweisung u. nach unser stadt gewonheit, so mag ein man seinen kindern ein vormund kiesen wen er wil. — Dieser vormund — mag wol vormund sein zu Weichbild u. zu Landrecht.

20. Schwsp. (Laßb.) 348. Diz ist von gemahten phlegern; daz sint die, swa ein vater sinen kinden einen phleger git bi sinem lebenden libe,

oder ez sol ir phleger sin ir vatermag, nach dez vater tode, u. ist daz deweders geschiht, swer ir herre ist, dez si sint, der git wol einen; ist dez niutt, swer ir rihter danne ist in einer stat oder uf dem lande, der sol in zerihte einen geben. — Die ungeraten sint u. die niut witze hant u. unsinnige liute die suln phleger han untz an ir tot.

21. Salfeld. Stat. Art. 176: iz daz ein man — sin kinden vormunden kuzet, di sullen beste, u. di sullen den nesten dez gutiz vor stad an eine rechenunge gebe, darnach alle jar czwer. — Und wan dü kint czu iren tagen komen, zo mogen sy andere vormunde kize adir mogen dyselben behalde. Were abir daz ein man nicht vormunden kore by sime lebenden libe, zo wern die nesten billich vormunden.

22. Freiburg. StR. v. 1520 Bl. 49. Ein erlicher vatter oder großvatter der vernunfft u. glouben hat, mag in sinem testament sinen kinden, die noch nicht muntpar, oder den jhenen kinden, so toubsinnig, naturlich narren, stummen, blinden, oder in anderweg vernunfftiger wirckung beraubt sind, wol vogt setzen, das ouch der mutter u. großmutter — in irn testamenten zugelassen ist.

23 Cod Max Bav. I 7 § 5 Nr. 6. Dafern auch der Vatterliche letzte Willen aus Abgang der erforderlicher Zierlichkeit oder anderen Mangels halber nicht bestehen kan, so wird doch dadurch die hierin beschehene Vormundschafts-Verordnung nicht kraftlos, wenn man nur von des Vatters *Intention* genugsam gesichert ist.

24. Kursachs. Vorm.-O. v. 1782 C 5 § 7. Es kann aber ein Vater einen Vormund nicht allein durch ein Testament oder andern letzten Willen, sondern auch, wenn er gleich außerdem gar nicht testiret, durch eine bloß geschriebene, oder unterschriebene, oder auch durch eine mündliche Erklarung, wenn solche, letztern Falls, nur in Gegenwart zweyer Zeugen geschehen, verordnen, gestalt auch ein Testament, das in anderen Stucken, wegen Mangel der Solennitaten, unbestandig, oder sonst für ungultig erklart wird, — nichts desto weniger, so viel die Bevormundung betrifft, für bestandig zu achten.

25. Das. C. 4 § 1. Bey Bestellung der Vormünder hat der Richter vornehmlich darauf zu sehen, ob in denen von den Eltern der Unmundigen geschlossenen Ehe-Vertragen deshalber etwas bedungen worden, als welchen vor allen Dingen nachzugehen, u. der darinnen gesetzte Vormund auch denen, welche durch einen letzten Willen verordnet sind, vorzuziehen ist. § 2. Wenn aber nach der Zeit ein Vater erhebliche Ursache fande von den Ehevertragen abzugehen, — so kann der Richter statt des in den Ehevertragen benannten denjenigen, welchen der Vater nachher verordnet hat, oder einen von den nachsten Anverwandten oder sonst eine tüchtige Person zum Vormunde bestatigen oder auch dem in den Ehe-Vertragen benannten als Mit-Vormund beysetzen. § 3. Alle andere Vergleiche, durch welche Vormünder ernannt werden, sollen andergestalt nicht, als wenn sie nach vorgangig angezogener genugsamen Erkundigung gerichtlich, u. zwar vor dem Richter, welchem diejenigen, die den Vergleich errichten, in Ansehung ihrer Personen unterworfen sind, geschlossen oder bestatigt worden, gultig seyn.

26. Sachs. Ges.B. § 1886. Bei Bestellung der Vormunder hat das Vormundschaftsgericht auf die von den Eltern des zu Bevormundenden in Ehestiftungen, letzten Willen oder sonst getroffenen Anordnungen —, soweit nicht ein Bedenken entgegen steht, Rücksicht zu nehmen.

27. Lübeck. Vorm.-O. v. 1820 § 11. Sind weder durch Familien- oder andere gültige Vertrage noch durch das vaterliche oder großvaterliche Testament den hinterlassenen Unmündigen Vormünder ernannt u. s. w.

28. Brem. Vorm.-O. v. 1826 § 15. Aeltern konnen ihren minderjahrigen Kindern, Großaltern ihren alternlosen Enkeln durch Verfugung unter Lebendigen oder auf den Todesfall Vormunder bestellen. — § 22. Ist einem Auswartigen vertragsweise, oder durch einen letzten Willen — eine Vormundschaft übertragen u. s. w.

29 Cod Max Bav I 7 § 5 (Es hat) dem alten Teutschen Gebrauch u. Herkommen nach mit Vormündern, welche von dem Vatter auch ausser letztwilliger *Disposition* auf andere Art benannt oder gar durch Heyraths- u. Familien-*Pacta* verordnet seynd, die nemliche Bewandnuß wie mit Tutoribus testamentariis

30. Das. § 6. Bey der Mutter- u. Groß-Mutter ist zu unterscheiden, ob ihr die Vormundschaft durch letzten Willen, Heyraths-Geding u. andere dergleichen Vatterliche Disposition ausdrücklich übertragen worden, oder nicht. Letzternfalls sollen ihr zwey ordentlich verpflichtete Mitvormunder u. zwar vorzuglich aus des Pupillens nachsten Befreundeten, erstenfalls aber nur zwey unverpflichtete Beystander zugegeben werden, welche allenfalls, wenn sie schlechte Haus-Wirthschaft von ihr verspuren, der Obrigkeit alsogleich gebührende Anzeig hieruber thun sollen.

31. Bielefeld. Burgerspr. (Walch 3, 78). Offt auch — Mann u. fraw beide verstorben u. unmundige — Kinder nachließen, wan de von den Freunden, die gekohren u. gebohrne Vormunder die sich dan der Kinder u. der nachgelassenen guetter undernehmen wollen, vorhanden, u. s. w.

32. Solms. LR. Tit. 21 § 3: wann in den Testamenten kein Fürmünder verordnet seind, so seind die nechstgesipte Blutfreunde von Rechtswegen schuldig der minderjahrigen Pflege u. Fürmünderschafft anzunemen u. deren sich zu beladen, Sie sollen auch, soferr sie sonst darzu tüglich seind, durch die Beampten — Zugelassen u. angenommen werden.

33. Freiburg StR. v. 1520 III 1 Art. 12. Wolten aber sy beyd (naml. die Mutter oder Großmutter) oder ir eine sich der vogtie nit beladen, als sy sich dann des wol entschlahen mogen, oder das sy nit tougenlich geacht wurden, so sollend wir unter den nechsten sipfründen — ein, zwen oder me, die uns geschickt beduncken, u. on grossen kosten gehabt werden mögen, darzu ordnen u. erwelen.

34. Kl. Kaiserr. 2, 32. Da kint sint, den vater u. mutter tot ist, da hat der keiser geboten, — daz die nechsten von der kinde vater u. nit von der muder sullen der kinde vormunde sin. — Ist es auch daz irs vaters bruder ist ein solch man, daz er ungeraten ist, so sal ez tun der aller nehist nach im ist. Sint sie aber alle ungeraden, die darzu horen, dez keisers amptman sal sie bewarn mit eime ersamen manne, dem zu glauben stet.

b. Preuß VO. § 11. Minderjahrige erhalten einen Vormund, wenn sie nicht unter vaterlicher Gewalt stehen, wenn die vaterliche Gewalt — ruht oder wenn ihr Vater selbst bevormundet wird. § 12. Erlischt die vaterliche Gewalt durch Verheiratung, durch getrennte Haushaltung oder durch Entlassung des Kindes, ohne daß dasselbe die Rechte eines Großjahrigen erlangt, so wird der bisherige Gewalthaber gesetzlicher Vormund. Ueber ein uneheliches Kind wird der Vater der unehelichen Mutter gesetzlicher Vormund, so lange das Vormundschaftsgericht nicht einen andern Vormund bestellt. § 13. Ueber einen Mundel, welcher in eine unter Verwaltung des Staats oder einer Gemeindebehorde stehende Verpflegungsanstalt aufgenommen ist, hat bis zu dessen Großjahrigkeit der Vorstand der Anstalt die Rechte und Pflichten eines gesetzlichen Vormundes, solange das Vormundschaftsgericht nicht einen andern Vormund bestellt.

c Das. § 14. Ist ein gesetzlicher Vormund nicht vorhanden, so hat das Vormundschaftsgericht von Amtswegen die Vormundschaft einzuleiten.

d Das. § 17. Als Vormünder sind in nachstehender Reihenfolge berufen: 1) wer ohne die vaterliche Gewalt zu erwerben den Mündel an Kindesstatt angenommen hat; 2) wer von dem Vater in einem Testament oder in einer gerichtlich oder notariell beglaubigten oder eigenhandig geschriebenen u. unterschriebenen Urkunde benannt ist, sofern der Vater zur Zeit seines Todes die vaterliche Gewalt über den Mundel gehabt hat oder unter Voraussetzung der bereits erfolgten Geburt gehabt haben wurde, oder sofern der Vater bis zum Tode die Vormundschaft gefuhrt hat; 3) die Mutter uber ihre ehelichen, nicht an Kindesstatt hingegebenen Kinder; 4) wer von der Mutter in der unter

Nr. 2 bestimmten Form benannt ist, sofern die Mutter bis zum Tode die Vormundschaft geführt hat; 5) der Großvater väterlicher Seits; 6) der Großvater mütterlicher Seits. Die Mutter ist nicht berufen, wenn sie mit einem Andern als dem Vater des Mündels verheiratet oder wenn die Ehe mit dem Vater des Mündels durch Urtheil getrennt ist. Ist einer Ehefrau ein Vormund zu bestellen, so darf vor jedem nach diesem § Berufenen der Ehemann bestellt werden.

e. Preuß. VO. § 19. Kann die Vormundschaft keinem der nach § 17 Berufenen übertragen werden, so hat das Vormundschaftsgericht nach Anhorung des Waisenraths einen Vormund zu berufen u. dabei geeignete Verwandte oder Verschwägerte des Mündels zunachst zu berücksichtigen. Bei der Auswahl des Vormundes ist auf das religiose Bekenntniß des Mündels Rücksicht zu nehmen.

f. Das. § 20. Jeder Preuße, welcher nicht gesetzlich unfahig oder zur Ablehnung berechtigt ist, muß die Vormundschaft, zu welcher er berufen ist, übernehmen. Weigert sich der Berufene, so kann er von dem Vormundschaftsgerichte durch Ordnungsstrafen bis zum Betrage von je 300 Mark zur Uebernahme der Vormundschaft angehalten werden. Mehrere Strafen sind nur in Zwischenraumen von mindestens einer Woche zu verhangen. Ist dreimal eine Strafe ohne Erfolg verhängt, so ist ein anderer Vormund zu bestellen.

g Das. § 21. Unfähig zur Führung einer Vormundschaft sind: 1) Bevormundete oder Handlungsunfahige; 2) wer das 21. Lebensjahr noch nicht zurückgelegt hat; 3) wer der bürgerlichen Ehrenrechte verlustig erklart ist, nach Maßgabe des Strafgesetzbuchs; 4) Gemeinschuldner wahrend der Dauer des Konkursverfahrens; 5) wer offenkundig einen unsittlichen Lebenswandel führt; 6) wer von dem Vater oder von der Mutter nach Maßgabe der im § 17 für die Berufung eines Vormundes gegebenen Vorschriften ausgeschlossen worden ist; 7) weibliche Personen. Nicht unfahig zur Führung einer Vormundschaft sind jedoch die Mutter über ihre ehelichen, unehelichen oder angenommenen Kinder und die Großmutter, sofern sie nicht bei etwaiger Trennung der Ehe für den schuldigen Theil erklart sind, sowie diejenigen weiblichen Personen, welche nach § 17 Nr. 2 und 4 berufen sind. Eine Frau, welche mit einem Andern, als dem Vater des Mündels verheiratet ist, darf nur mit Einwilligung des Ehemannes zum Vormund bestellt werden.

h Das. § 23. Die Uebernahme einer Vormundschaft können ablehnen: 1) weibliche Personen; 2) wer das 60. Lebensjahr uberschritten hat; 3) wer bereits mehr als eine Vormundschaft oder Pflegschaft führt; 4) wer an einer die ordnungsmaßige Führung der Vormundschaft hindernden Krankheit leidet; 5) wer nicht in dem Bezirk des Vormundschaftsgerichts seinen Wohnsitz hat; 6) wer nach Maßgabe des § 58 (unten Litt. k) zur Stellung einer Sicherheit angehalten wird; 7) wer 5 oder mehr minderjahrige eheliche Kinder hat.

35. Ssp. I 23 § 2. Sve — des kindes erve is, dem sal des kindes vormunde bereden von jare to jare des kindes gudes, u. ine des gewis maken, dat he is in unplicht nicht ne verdu. — Wende it is dicke ein der kindere vormünde, u. ein ander ir erve. Svar aver die vormünde is ok erve, die ne darf nemanne berekenen des kindes gut, noch bürgen setten.

36. R.Pol.O. v. 1577 Tit. 32 § 3. Item daß (der Vormund) nach befohlener Verwaltung, von allen Gütern, liegend u. fahrend, Schulden-Brieff u. Register, ein *Inventarium* auffrichte, u. rechtmaßige gnugsame *Caution* u. Versicherung thue, auch mit Gelübden u. Eyden beladen werde, daß er seinen Pflegkindern u. ihren Gütern getreulich u. erbarlich vorseyn, ihre Personen u. Güter versehen u. verwahren, die Güter nicht in seinen eigenen Nutzen kehren oder wenden, noch dieselbigen ohn Vorwissen, Erkantnuß u. Decret der Obrigkeit veräussern, verpfänden oder beschwehren, u. jahrlich nit allein auff Erforderung der Obrigkeit, sonder auch selbst, vermög seines anbefohlnen Ampts, auch geleister Pflicht u. Eyds, gebührlich Rechenschafft anbieten u. thun (wolle).

i Preuß. VO. § 24. Der Vormund wird von dem Vormundschaftsgericht durch Verpflichtung auf treue u. gewissenhafte Führung der

Vormundschaft bestellt. Die Verpflichtung erfolgt mittelst Handschlags an Eidesstatt. Der Vormund erhält eine Bestallung —. Eine Bestellung des gesetzlichen Vormundes findet nicht Statt.

k Preuß. VO. § 58. Vormünder, welche für den Mündel ein erhebliches Vermögen zu verwalten haben, können von dem Vormundschaftsgerichte zur Stellung einer Sicherheit angehalten werden.

l Das. § 35. Von dem bei Einleitung der Vormundschaft vorhandenen oder später dem Mündel zugefallenen Vermögen hat der Vormund — ein genaues u. vollständiges Verzeichniß aufzunehmen u. dem Vormundschaftsgerichte mit der — pflichtmäßigen Versicherung der Richtigkeit u. Vollständigkeit einzureichen. Der Vater des Mündels ist als gesetzlicher Vormund von dieser Verpflichtung frei.

m Das. § 56. Das Vormundschaftsgericht hat jährlich von dem Vormund Rechnungslegung über die Vermögensverwaltung zu fordern. § 57. Der Vater, die Mutter, der Ehemann u. die Großeltern des Mündels sind von der Rechnungslegung während der Verwaltung frei. Der Vater u. die Mutter sind berechtigt, in der § 17 Nr. 2 (ob. Litt. d) bestimmten Form den von ihnen benanntem Vormund von der Rechnungslegung während der Verwaltung zu befreien.

37. Sächs. Ges.B. § 1904 Das Vormundschaftsgericht kann Werthpapiere, Schuldverschreibungen u. andere Urkunden des Bevormundeten in Verwahrung nehmen, u. der Vormund kann verlangen, daß dieß geschieht.

38. Das. § 1934. Geldvorräthe sind zu Ankauf inländischer Staatspapiere oder diesen gesetzlich gleichgestellter Creditpapiere zu verwenden, oder gegen ausreichende Hypothek oder sonstige Sicherheit zinsbar auszuleihen.

n. Preuß. VO. § 67. Der Vormund hat nach Beendigung seines Amtes — binnen 2 Monaten Schlußrechnung zu legen. — Die Schlußrechnung ist dem Vormundschaftsgericht einzureichen. Dieses hat dieselbe dem bisherigen Mündel — zur Erklärung vorzulegen u., wenn Ausstellungen nicht gemacht werden, die Entlastung herbeizuführen. § 68. Von der Pflicht, Schlußrechnung zu legen, kann der Vormund von den Eltern u. dem Erblasser des Mündels nicht befreit werden.

o. Das. § 40. Der Vormund darf Vermögensgegenstände des Mündels nicht in seinem Nutzen verwenden. Er hat das trotzdem in seinem Nutzen verwendete Geld von der Verwendung an zu verzinsen. Den Zinsfuß bestimmt das Vormundschaftsgericht nach seinem Ermessen auf 8—20 vom Hundert.

39. L Wisig. IV 3, 3. Si — quis de filiis jam ad perfectam, id est usque ad *XX annorum* perveniat aetatem, ipse iuniores fratres sua tuitione defendat. — *Cui tamen de fructibus — partem decimam non negamus*

40. Freiburg. St. v. 1520 Bl. 52b Wir wollen —, das dhein vogt, vormund u. pfleger, von siner vogtie u. verwaltung in sinem antritt dhein sold heyschen oder empfahen sol; so er aber sin vogty oder pfleg ein jar trüwlich verwaltet, so sollen u. wöllen wir jm umb sin handlung nach dem die in der rechnung siner anzög erfunden würdt, zimblich belonung erkennen, In aller maß als ob jm die im anfange geschöpfft u. zugesagt wer.

41 Cod. Max Bav I 7 § 15 Nr. 5. (Der Vormund) hat von dem Pupillen nach Beschaffenheit seines Stands u. Vermogens, dann gehabter Mühe, Verrichtung u. Sorg eine *proportion*irliche Verehr- u. Ergötzung zu forderen, wenn anderst die Vormundschaft redlich, ehrbar u. getreulich verwaltet worden.

42. Hamburg. StR. III 6, 20. Ob denn wol das Pfleg- u. Vormundschaft-Amt, — nach den gemeinen beschriebenen Rechten keinen Gewinn — sondern vielmehr eine Bürde — auf sich hat, dennoch, weil dießfalls von unsern Vorfahren aus vernünftigen Ursachen — ein anders verordnet, so lassen wir es auch fortan bey solcher Verordnung bleiben, daß nemlich bei Anhörung der Schluß-Rechnung ihnen den Vormündern nach Gelegenheit der Arbeit u. gehabter Mühe, auch gestaltsame der Personen u. der Kinder Vermögen eine ziemliche Belohnung wiederfahre.

p Preuß. VO. § 39. Gelder, welche zu laufenden oder zu andern durch die Vermögensverwaltung begründeten Ausgaben nicht erforderlich sind, hat der

Vormund im Einverständniß mit dem Gegenvormund — zinsbar anzulegen. Versäumt oder verzögert der Vormund die Anlegung von Geldern, so muß er die anzulegende Summe mit 6 vom Hundert jährlich verzinsen.

q Preuß. VO. § 33. Die Vormundschaft wird in der Regel unentgeltlich geführt. Auslagen müssen dem Vormund u. dem Gegenvormund aus dem Vermögen des Mündels erstattet werden. Hat der Vormund oder Gegenvormund Dienste geleistet, welche seinem Gewerbe oder Berufe angehören, so kann er die Bezahlung dieser Dienste aus dem Vermögen des Mündels fordern. § 34. Ein Honorar steht dem Vormund nur zu, soweit ihm ein solches von dem Erblasser des Mündels oder von dem Vormundschaftsgerichte zugebilligt worden ist. Das Vormundschaftsgericht darf — ein Honorar nach Anhörung des Gegenvormundes u. nur dann zubilligen, wenn die Vermögensverwaltung besonders umfangreich ist. Dem Gegenvormund darf das Vormundschaftsgericht ein Honorar nicht zubilligen.

43 Cod Max Bav I 7 § 21. Obschon in denen Römischen Rechten gewisse Entschuldigungs-Ursachen — ausdrücklich vorgeschrieben seynd, so kommt es doch hierin nach hiesigen Lands-Gebrauch nicht soviel auf die Vorschrift der Rechten als die Beschaffenheit der Umständen an, woraus die Obrigkeit von selbst leicht ermessen wird, ob u. wie weit die vorgebrachte Ursach entweder vor- oder nach angetrettener Vormundschaft zur Entschuldigung hinreiche.

44. Ssp. I 41 [Schwsp. (Laßb.) 50]. Klaget maget oder wedewe — over iren vormünden, dat he se unweldige egens oder lenes oder liftucht, — man sal ine balemünden, dat is, man sal ime verdelen al vormuntscap. Schwsp. Ditz reht habent och die wisen gein ir phlegern.

45. Preuß. VO. § 63. Der Vormund oder der Gegenvormund, welcher sich pflichtwidrig erweist, ist von dem Vormundschaftsgerichte zu entsetzen. Der Vormund oder der Gegenvormund, welcher sich als gesetzlich unfähig erweist oder aus erheblichen Gründen seine Entlassung beantragt oder welchem die — erforderliche Genehmigung nicht ertheilt oder entzogen wird, ist von dem Vormundschaftsgerichte zu entlassen. Als erhebliche Gründe sind namentlich anzusehen die in § 23 Nr. 4—7 (oben Litt. h) angeführten Umstände, wenn sie im Lauf der Vormundschaft eintreten.

46. Das. § 64. Verheiratet sich eine zum Vormunde bestellte Frau, so hat das Vormundschaftsgericht zu entscheiden, ob sie zu entlassen sei. — Die Beibehaltung ist nur mit Einwilligung des Ehemannes zulässig.

47. Das. § 32. Der Ehemann einer zum Vormund bestellten Frau haftet, wenn er nicht der Vater des Mündels ist, für die vormundschaftliche Verwaltung als Bürge.

48. Das. § 52. Dem Vormundschaftsgericht sind für jede Gemeinde — ein oder mehrere Gemeindeglieder als Waisenräthe zur Seite zu setzen. Das Amt eines Waisenraths ist ein unentgeltliches Gemeindeamt. § 53. Der Waisenrath hat die Aufsicht über das persönliche Wohl des Mündels u. über dessen Erziehung zu führen. — Er hat diejenigen Personen vorzuschlagen, welche im einzelnen Falle zur Berufung als Vormund oder Gegenvormund geeignet erscheinen.

49. Das. § 26. Neben dem Vormund kann ein Gegenvormund bestellt werden. Ein Gegenvormund muß bestellt werden, wenn mit der Vormundschaft eine Vermögensverwaltung verbunden ist u. nicht mehrere Vormunder zu ungetrennter Verwaltung bestellt sind. § 31. Der Gegenvormund hat darauf zu achten, daß die Vermögensverwaltung des Vormundes — ordnungsmäßig geführt wird. Er hat in den in diesem Gesetze bestimmten Fällen bei Führung der Vormundschaft mitzuwirken. Er hat von etwaigen Pflichtwidrigkeiten oder der eintretenden Unfähigkeit des Vormundes dem Vormundschaftsgerichte Anzeige zu machen.

50. Das. § 71. Ein Familienrath ist zu bilden: 1) wenn der Vater oder die Mutter des Mündels — die Bildung angeordnet hat; 2) wenn drei Personen, welche mit dem Mündel bis zum 3. Grade verwandt oder verschwägert sind, die Bildung beantragen; 3) wenn der Vormund oder Gegenvormund die Bildung beantragen. Die Bildung — unterbleibt, wenn sie von dem Vater

oder der Mutter — untersagt ist. Zum Eintritt in den Familienrath kann niemand gezwungen werden.

51. Preuß. VO. § 72. Der Familienrath wird aus dem Vormundschaftsrichter als Vorsitzenden u. aus Verwandten oder Verschwägerten des Mündels als Mitgliedern gebildet Andere Personen konnen in denselben berufen werden: 1) durch den Vater oder die Mutter — 2) durch Beschluß eines bestehenden Familienraths. Nur mannliche Personen, welche zur Führung der Vormundschaft gesetzlich fahig sind, können Mitglieder des Familienraths werden. — Die Zahl der Mitglieder beträgt hochstens sechs. § 73. Soweit die Mitglieder — nicht durch den Vater oder die Mutter berufen sind oder — nicht eintreten oder Mitglieder ausscheiden, erfolgt die Berufung — bis zur Herstellung der Beschlußfahigkeit durch den Vormundschaftsrichter —.

52. Das. § 75. Der Familienrath hat die Rechte u. Pflichten des Vormundschaftsgerichts.

II. Arten der Vormundschaft.

A. Altersvormundschaft. (B. § 128. S. § 244. St. § 264—273. R. § 200.) § 192.

1. Schwsp. 52 Z. 20 ff. Ez enmac dehein kint hinder vierzen jaren niht getuon ane sinen phleger, daz state si

2. Das. 54 Z. 16 ff. Ein jegelich sol phleger han unz er kumet ze fünif u. zwenzic jaren —. u. die wile sol er mit sinem guote niht tuon ane sinen phleger

3. Das. Z. 12 ff. Als der kneht ze vierzehen jaren kumet, er nimet wol einen andern phleger.

4. Lub. R. II 102 s. oben § 13 Nr. 7.

5. Testam. J. Schepenstede's b. Siebenkees Beitr. z. D. R. III 10. Item *volo*, quod quando Johannes filius meus habet etatem *sedecim annorum*, tunc sit sui potens, proprie *mundich*, ad regenda bona sua et preessendo eis

6 Cod. Max Bav I 7 § 36. Minderjahrige Personen werden 1mo — genannt, welche — nach Bayrischen u. hinführo auch Oberpfalzischen Rechten das ein- u. zwanzigste Jahr noch nicht vollig erfullt haben. Es seynd dieselbe 2do denen Pupillen u. unvogtbaren Personen — durchgehends gleich geschatzt, u. ist mithin auch zwischen gegenwartiger *Curatel* u. *Tutel* überhaupt kein Unterschied. — 4to muß der Minderjahrige auch wieder seinen Willen einen Curatorem haben. — Desgleichen ist 5to aufgehoben, was (das) Romische Recht von verbottener Verehelichung zwischen der minderjahrigen Pfleg-Tochter u. ihren Vormund, oder dessen Sohn u. Enkel verordnet.

7. R.Pol.O. v. 1548 Tit. 31 § 1. Daß den Pupillen u. Minderjahrigen Kindern jederzeit, biß sie zu ihren vogtbaren u. mannbaren Jahren kommen, Vormünder u. Vorsteher, so die ihnen von ihren Eltern in Testamenten oder letzten Willen nicht verordnet, oder ihre angebohrne Freund u. Verwandten sich der Vormundschaft auß rechtmaßigen Ursachen nicht unterziehen wolten oder darzu tuglich u. geschickt waren, gegeben werden.

8. Frankf. Ref. VII 8 § 1. Nach dem sich die Tutela — bey den Knaben zu Viertzehen, den Meytlin aber zu Zwolff Jaren — endet, Und sie doch deß Alters u. Verstandts noch nicht seynt, daß sie jnen selbst oder auch jren Gütern u. Handlungen nützlich vorstehn mogen: So werden jnen bis sie zu vollkommlichem jrem Alter, der Fünff u. zwentzig Jare, oder biß sie Ehelich bestattet, auff der Freundschafft, auch jre selbst bittlich ansuchen von der Oberkeit Vorsteher oder Versorger — verordnet u. gegeben. (Vgl. aber Souchay Anmerk. zu VII 3 § 9.)

9. Landger.O. des Herzogth. Franken III 2 § 5. Ob auch wohl sonsten in gemeinen geschriebenen Rechten die Tutel u. Vormundschafften bey einem

Knäblein, nachdem es seine vierzehen, u. Mägdlein, nachdem es seine zwölff jahr vollkommentlich erreichet, sich zu enden, u. von dannen an biß auf die 25 Jahr Curatores u. Treuß-Träger zu verordnen versehen, welche *Differenz* u. Unterschied aber nun viel Jahr her so wohl in unserm Stifft u. Hertzogthum als auch sonsten gemeiniglich nicht *observi*ret worden. Als wöllen wir die selbig auch hiemit aufgehebt u. abgethan — haben.

10 Hohenloh. LR II 1 § 3. Ob wol in denen gemeinen beschriebenen Rechten unter denen Tutoren u. Curatoren ein Unterschied ist; — So ist doch solcher Unterscheid in dieser Graffschafft u. vielen anderen Herrschaften Längstens aufgehoben. Und gleichwie — allen Kindern, die unter 25 Jahren, u. noch ohnverheyrathet sind, deren Vatter oder Mutter sich in die weitere Ehe begiebet, andere Personen vorzusetzen sind; Also werden diese vorgesetzte unter dem Namen der Vormünder oder Pfleg-Vatter, ohne Unterscheid, es mögen deren Pfleg-Befohlene noch unmündig oder minderjährig seyn, bemercket. Es wird auch über Beede das Amt auf gleiche Art verwaltet, ausser daß die Vormunder diejenige Pfleg-Befohlene, so zu ihren mannbaren u. verständigen Jahren gelanget sind, einiger Massen zu denen Geschäfften mitziehen sollen.

11. Nürnberg. Ref. XXXIX 11. Wo der Kinder ains vor Erfüllung des 18. Jahrs eelich bestattet wurde, alsdann soll es der Curation geledigt ꝛc.

12. Solmſ. LR. 21 § 28: da solcher Pflegkindere eyns oder mehr für erfüllung des vier oder fünff u. zwentzigsten jars, mit rath u. willen der nechstverwandten Freunde u. der Fürmundere, sich ehelich bestatten würde, als dann soll dasselbig Kind von der Curation erledigt ꝛc.

13. Frankf. Ref. VII 8, 10. So endet sich deß Curators Ampt u. Verwaltung, wann sein Pflägkindere entweder — jr vollkömmlich Alter der Fünff u. zwentzig Jare erreicht, Oder aber, wann dieselben Ehelichen sich bestattet u. zu eigner Haußhaltung begeben haben. (Vgl. Souchay Anmerk. ad h l)

14. Cod. Max Bav. I 7 § 36. 7mo wird die Curatel eines Minderjahrigen — geendiget — durch die Verehelichung sowol auf Seiten des Manns als des Weibs.

15. Preuß. LR. II 18 § 736. Durch die Verheirathung der Pflegebefohlnen wird die Vormundschaft nicht aufgehoben.

16. Sächs. Ges.B. § 1876. Hat sich eine in väterlicher Gewalt stehende Minderjährige verheirathet, so ist ihr ein Vormund zu bestellen für alle Fälle, in welchen es ihrer Mitwirkung neben der ihres Ehemannes bedarf.

17. Das. § 1928. Wenn eine minderjährige Frauensperson sich verheirathet, so geht die Verwaltung u. der Nießbrauch ihres Vermogens auf den Ehemann über. § 1930. Der Ehemann kann die Ausantwortung der der Ehefrau gehörigen baaren Gelder, öffentlichen Creditpapiere u Actien erst fordern, wenn die Ehefrau volljährig geworden ist.

18 L Burg 85, 2—4. (Tutor) res minorum revocare debet ea conditione, ut *qualiter sua facultas proficit*, *sic et res minorum eius utilitati proficiant* Nec ei liceat exinde aliquid *evertere* vel *alienare* Si quis vero praesumpserit de rebus — minorum aliquid [et] sua facultate distrahere voluerit, in simplum reddat

19. Weisth. des Reichshofs v. 1287 (M. G Ll. IV 452)· quesitum exstitit: Si tutor aliquis de bonis pupilli, cuius tutor exstitit, — pactiones, obligationes, promissiones vel aliqua alia facere possit, que in ipsius pupilli preiudicium vel dispendium vergere videantur Et sententiatum exstitit communiter ab omnibus principibus et etiam approbatum: *Quod nullus tutor possit vel debeat de bonis pupilli aliquid facere vel disponere*, *per quod ipsius pupilli*, *cuius est tutor*, *deterioretur condicio*, *vel per quod ipsi pupillo dampnum aliquod generetur*, *maxime cum tutores pupillorum suorum meliorem possint facere conditionem*, *deteriorem vero numquam*.

20. Augsburg. Stat. Art. 72 (Meyer S. 140). Ist daz zwai gemächide sterbent, die elute sint, — u. lant chint, diu zir tagen niht chomen sint, u. hant diu chint phlager — u. wärdent die phläger den chinden ir gut ane, e daz si zir tagen chomen sin; alsdanne diu chint zir tagen chomen sint —, so suln si fur den rihter varn u. suln nah ir gute clagen, u. — sol in der rihter ir gut wider antwurten ane schaden, ez ensi danne als verre, daz si der phläger muge bewisen, ob ein gulte dar si chomen von ir vater oder von ir muter —, swes er si danne bewiset, des ist er ledik. Ist aber daz ein gulte dar ist chomen von den chinden, daz — durh der chinde rehte not gegäben hat, — swes er si danne bewiset mit seinem eide, das ist er schone ledik. — Ist aber daz der phläger den chinden gut ane wirt u. in daz ane leit durh bezzerunge an ander gut, mag er si des gutes bewisen, daz er wider jenem gute hat gewunnen, so ist er des gutes, des er den chinden was ane worden, auh ledik.

21. Saarbrück. LR. VI 4. Fellet den Kindern in Zeit der Momperschafft einig Erb zu, das ihnen gepüret mit ander Partheyen zu theilen u. zu scheiden, u. gepüret sich darinn ein Erb gegen das ander zu setzen, eins gein dem andern mit Erbe oder Geld zu gleichen, als theilens Recht ist, das hant die Momper Macht zu der Kinder Nutze.

22. Rb. n. Dist. I 44, 4. Eyn kinth, daz zcu sinen jarn nicht komen ist, daz mag doch sin erbe vorkouffen adder lossen adder vorgeben mit sines vormunde willen u. siner erben, das hernoch das kint nicht widerrufen mack noch widerbringen. — Und ist lantrecht, keyserrecht u. wicpild, da man dritteil gibet.

23. Das. I 50, 2. Keyn vormunde sal wedder erbegud noch lengud wedder vorkouffen noch vorseczen des kindes, dywile is zcu sinen jarn nicht en komen ist, ane der andern des kindes moge u. willen u. der erben.

24. Saarbrück. LR. VI 7. Die Kinder, die Zeit sie in Momperschafft seind, en hant kein Macht, sich selbst noch ihr Gut zu verbinden, zu beschweren noch zu verwenden, noch einig Schuld zu machen sonder ihr Momper in keinen Weg.

25. Magdeb.-Bresl. syst. Schöffenr. IV 1, 16. Vorgebit u. vorreicht in gehegtim dinge vor den scheppfin eyn vormunde in synir vormundeschaft unmundegir kindir gut adir erbe, daz ze an irstorbin ist, ane derselbin unmundegin kindin irre nestin erbnamyn u. vronde wissen, wort u. willen: ist denne der vormunde der kindir neste erbname, zo mag her tun u. lozin mit der kindir gute ane der andirn vronde wedirsproche. — Ist abir daz dy kindir habin nehir erbnamyn, wenne der vormunde ist, adir en glich nahin sint als der vormunde, zo en mag der vormunde ane dirre kindir erbname u. vronde wissin u. willin mit dir kindir gut nicht getun noch vorgebin noch vorreichin.

26. Frankf. Ref. II 1 § 2. Die Contract, so mit minderjärigen Personen, (das ist, die nicht allein under jhren 14, sondern auch 25 Jaren seynt), — da sie ausserhalb vorwissen, bewilligen u. zuthun der Vormündere u. Curatorn — gantz von unwirden seynt.

27. Rev. Lüb. R. I 7, 6. Ein Jüngling unter 25 Jahren kann sein Gut nicht verkauffen noch alienirn ohne seiner Vormunder Consens u. Willen; Derwegen verkaufft er etwas von seinem Gute, oder verspricht er etwas, oder stecket er sich in Bürgschafft ohne der Vormünder Vollwort, das ist zu Recht unkrafftig.

28 Cod Max Bav I 7 § 17. (Es) machen zwar die Römische Rechten zwischen Puppillen unter- oder über sieben Jahren — einen Unterschied u. erforderen hiernachst, daß der Vormund bey der Handlung selbst allzeit gegenwärtig seye, u. gleich auf der Stell, ohne Bedingnuß u. Vorbehalt, dareinwillige, es ist aber all dieses dem hiesigen Lands-Gebrauch nicht gemaß, sondern es kan der Vormund auch abweesend, oder erst nach beschehener Handlung, Bedingnußweis u. ohne Unterschied, ob der *Puppill* das siebende Jahr schon erfüllet hat oder nicht, seine *Authoritat interponi*ren.

29. Preuß. LR. I 5 § 14. Minderjährige — werden in Ansehung der Fähigkeit, Verträge zu schließen, den Unmündigen gleich geachtet.

30. Oesterr. GB. § 244. Ein Minderjähriger ist zwar berechtiget, durch erlaubte Handlungen ohne Mitwirkung seines Vormundes etwas für sich zu erwerben: allein er kann ohne Genehmhaltung der Vormundschaft weder etwas von dem Seinigen veräußern, noch eine Verpflichtung auf sich nehmen.

31. Frankf. Ref. VI 1 § 6. So auch die Erbschafft etwan minderjärigen Kindern oder Personen, so mit Vormünder oder Curatorn versehen, anfiele: So sollen dieselben Vormündere u. Curatorn den Erbfall nimmer anderß dann mit außtrücklichem Vorbehalt obbemeldter Wolthat Inventarij, in ihrer Pflegkindere Namen annemen.

32. Preuß. LR. I 9 § 390. Steht der Erbe unter Vormundschaft oder Curatel, so muß die (Annahme oder Entsagung einer Erbschaft) von dem Vormunde oder Curator abgegeben werden.

33. Oesterr. Ges B. § 233. Ueberhaupt kann ein Vormund in allen Geschäften, welche nicht zu dem ordentlichen Wirthschaftsbetriebe gehören, u. welche von größerer Wichtigkeit sind, nichts ohne gerichtliche Einwilligung vornehmen. Er kann also eigenmächtig keine Erbschaft ausschlagen oder unbedingt annehmen.

34. Sächs Ges.B. § 1913. Bevormundete können ohne Einwilligung ihrer Vormünder u. ohne Genehmigung des Vormundschaftsgerichtes Erbschaften weder antreten noch ausschlagen. Dasselbe gilt bei Annahme von Vermächtnissen u. Anwartschaften, welche mit Auflagen beschwert sind, u. bei Ausschlagung eines jeden Vermächtnisses u. einer jeden Anwartschaft.

35. Das. § 1921. Der Vormund kann zu Eingehung einer Ehe des Pflegbefohlenen seine Einwilligung nur mit Genehmigung des Vormundschaftsgerichtes ertheilen.

36. Preuß. VO. § 32. Der Vormund sowie der Gegenvormund haftet für die Sorgfalt, welche ein ordentlicher Hausvater auf seine eigenen Angelegenheiten verwendet.

37. Das. § 29 Der Mündel wird durch solche Rechtsgeschäfte berechtigt und verpflichtet, welche der Vormund ausdrücklich im Namen des Mündels oder unter Umständen abgeschlossen hat, welche ergeben, daß das Geschäft nach dem Willen der Betheiligten für den Mündel geschlossen werden sollte.

38. Das. § 38. Der Vormund kann Schenkungen für den Mündel nicht vornehmen Jedoch sind Geschenke zulässig, welche üblich sind oder durch die Vermögensverwaltung begründet werden.

39. Das. § 37. Die Kosten der Erziehung des Mündels hat der Vormund aus den Einkünften desselben zu bestreiten. Reichen die Einkünfte nicht aus, so kann das Stammvermögen angegriffen werden.

40. Das. § 28. Der Mutter des Mündels steht dessen Erziehung unter der Aufsicht des Vormundes zu. Dieselbe kann ihr aus erheblichen Gründen nach Anhörung des Vormundes sowie des Waisenrathes durch das Vormundschaftsgericht entzogen werden.

41. Das. § 41. Der Genehmigung des Gegenvormundes bedarf es: 1) zur Veräußerung von Werthpapieren, 2) zur Einziehung, Abtretung oder Verpfändung von Kapitalien, sofern dieselben nicht bei Sparkassen belegt sind, 3) zur Aufgabe oder Minderung der für eine Forderung bestellten Sicherheit. Die Genehmigung des Gegenvormundes kann durch die Genehmigung des Vormundschaftsgerichts ersetzt werden.

42. Das. § 42. Der Genehmigung des Vormundschaftsgerichts bedarf es: 1) zur Entlassung des Mündels aus der Preußischen Staatsangehörigkeit; 2) zur Annahme des Mündels an Kindesstatt; 3) zum Eintritt des Mündels in eine Einkindschaft; 4) zur Erbauseinandersetzung, sofern dieselbe nicht durch Erkenntniß festgesetzt wird; 5) zur Veräußerung oder Belastung unbeweglicher Sachen, soweit dieselbe nicht im Zwangsverfahren gegen den Mündel erfolgt; 6) zum Erwerb von unbeweglichen Sachen durch lästigen Vertrag; 7) zur Verpachtung oder Vermiethung unbeweglicher Sachen, wenn der Vertrag über

das Alter der Großjährigkeit hinaus gelten soll, sowie zur Verpachtung von Grundstücken, die zu einem Grundsteuerreinertrag von dreitausend Mark oder mehr eingeschätzt sind; 8) zur Abschließung von Vergleichen, wenn deren Gegenstand unschatzbar ist oder die Summe von dreihundert Mark übersteigt; 9) zur Veranderung oder Auflösung, sowie zur Neubegründung oder Uebernahme eines Erwerbsgeschäfts; 10) zur Eingehung wechselmaßiger Verbindlichkeiten; 11) zur Ertheilung einer Prokura; 12) zur Aufnahme von Darlehen; 13) zur Uebernahme fremder Verbindlichkeiten; 14) zur Entsagung einer Erbschaft oder eines Vermachtnisses.

43. Preuß. VO. § 49. Durch die Genehmigung eines Geschäfts Seitens des Gegenvormundes wird der Vormund, durch die Genehmigung Seitens des Vormundschaftsgerichts werden der Vormund u. der Gegenvormund von ihrer Haftpflicht dem Mündel gegenüber nicht befreit.

44. Preuß. G. v. 12. Juli 1875 § 1. Minderjährige, welche das 7. Lebensjahr noch nicht vollendet haben, sind zur Vornahme von Rechtsgeschaften nicht fahig. § 2. Minderjährige, welche das 7. Lebensjahr vollendet haben, sind ohne Genehmigung des Vaters, Vormundes oder Pflegers nicht fähig, durch Rechtsgeschäfte Verbindlichkeiten zu übernehmen oder Rechte aufzugeben, jedoch fähig, durch Rechtsgeschäfte, bei welchen von ihnen keine Gegenleistung übernommen wird, Rechte zu erwerben oder von Verbindlichkeiten sich zu befreien. § 3. Die wegen fehlender Genehmigung unwirksamen Geschäfte werden wirksam, wenn der Minderjahrige nach erlangter Selbstständigkeit sie anerkennt. Durch Zeitablauf werden sie nicht wirksam.

45. Das. § 4. Derjenige, mit welchem der Minderjahrige ein wegen fehlender Genehmigung unwirksames Rechtsgeschaft abgeschlossen hat, ist an dasselbe gebunden; er wird jedoch von seiner Verbindlichkeit frei, wenn der Vater, Vormund oder Pfleger die Genehmigung zu dem abgeschlossenen Rechtsgeschäft verweigert. Der Verweigerung steht es gleich, wenn auf ergangene Aufforderung der Vater, Vormund oder Pfleger oder der Minderjährige nach erlangter Selbstständigkeit die Genehmigung innerhalb einer Frist von 2 Wochen nicht ertheilt.

46. Das. § 5. Hat der Vater oder unter Genehmigung des Vormundschaftsgerichts der Vormund den selbstständigen Betrieb eines Erwerbsgeschafts dem Minderjahrigen gestattet, so ist letzterer zur selbstständigen Vornahme derjenigen Rechtsgeschafte befugt, welche der Betrieb des Erwerbsgeschafts mit sich bringt. Zu einzelnen innerhalb dieses Betriebes vorkommenden Rechtsgeschäften bedarf der Minderjahrige der Genehmigung des Vormundschaftsgerichts in gleicher Weise, wie nach den bestehenden Vorschriften der Vater oder Vormund dieser Genehmigung bedürfen würde.

47. Das. § 6. Hat der Vater oder Vormund seine Genehmigung ertheilt, daß der Minderjährige in Dienst oder Arbeit trete, so ist letzterer selbstständig zur Eingehung u. Auflösung von Dienst- u. Arbeitsverhältnissen der genehmigten Art befugt. Dem Vater oder Vormund steht es frei, eine solche Genehmigung zurückzuziehen oder einzuschränken, soweit dadurch Rechte Dritter nicht beeinträchtigt werden

48. Das. § 7. Hat sich ein Minderjähriger fälschlich für geschäftsfähig ausgegeben u. einen Andern ohne dessen Verschulden zur Vornahme eines Rechtsgeschafts verleitet, so kann letzterer den Ersatz des hierdurch ihm zugefügten Schadens aus dem Vermogen des Minderjahrigen verlangen.

49. Das. § 9. Die Wiedereinsetzung in den vorigen Stand wegen Minderjährigkeit findet gegen die nach Erlaß dieses Gesetzes vorgenommenen Rechtsgeschäfte nicht Statt. Dies gilt auch von den Rechtsgeschäften der den Minderjährigen gleichgestellten Personen.

50. Preuß. VO. § 61. Die Vormundschaft hört auf, wenn der Mündel die Großjahrigkeit erreicht, wenn er fur großjahrig erklärt wird, wenn er in väterliche Gewalt tritt, u. wenn das Ruhen der väterlichen Gewalt oder die Bevormundung des Vaters aufhort.

§ 193. B. Geschlechtsvormundschaft. (B. § 129. G. § 245 u. 246. St. § 263. R. § 62.)

1. L. Sax 42 Qui mortuus viduam reliquerit, tutelam eius *filius*, quem *ex alia uxore habuit*, accipiat. Si is forte defuerit, *frater idem defuncti:* si frater non. fuerit, *proximus paterni generis eius consanguineus.*

2 L Sal emend 46 § 4 (*Herold.* 47). Vgl. den Anfang dieser Stelle oben § 163 Nr. 21. Si autem — omnia — secundum legem inpleverit et 3 sol. et denarium ille cui *reippus* debetur acciperit, tunc eam legitime accipiat. Hoc discernendum videtur, cui reippus (i. e. pretium emtionis viduae denuo collocandae, quod *tutori* offertur, Grimm RA. S. 425) debeatur § 5. Si *nepus* fuerit, *sororis filius senior*, ille reippus accipiat § 6. Si vero *nepus non fuerit, neptis filius senior* ille accipiat. § 7 Quod si *neptis filius non fuerit, consubrinae filius, qui ex materno genere venit*, ipse accipiat § 8 Si autem nec *consubrinae filius fuerit*, tunc *avunculus, frater matris*, reipum accipiat § 9 Si vero *avunculus non fuerit*, tunc *frater illius, qui ipsam mulierem ante habuerat, si in hereditatem defuncti fratris*, id est mariti mulieris illius, *venturus non est*, reipum accipiat § 10 Quod si *nec ipse fuerit*, tunc *qui proximior fuerit* post *superius nominatos*, qui singillatim *secundum parentillam* dicti sunt, usque ad *sextum genuculum, si in haereditatem illius mariti defuncti non accedat*, ipse reippus accipiat. (Schröder I S. 56.)

3. Edict. Rothar. c. 204 *Nulli mulieri* liberae sub regni nostri ditionem, legis Langobardorum viventem *liceat in sui potestatem arbitrium, id est selpmundia vivere*, nisi semper sub potestatem virorum aut certe regis debeat permanere; nec aliquid de res mobiles aut inmobiles *sine voluntate ipsius, in cuius mundium fuerit, habeat potestatem donandi aut alienandi.*

4. Ssp. I 46. Megede u. wif muten — vormunden hebben an jewelker klage, dur dat man se nicht vertügen ne mach, des se vor gerichte spreket oder düt.

5. Das. 46 § 2. Megede — u. ungemannede wif verkopen ir egen ane irs vormünden gelof, he ne si dar erve to.

6. Schwsp. 59 Z. 5 ff. Meide u. wittwen müezen ze rehte vor jeglichem gerihte u. in jeglicher klage ir vormunt bi en han, oder si ensol der rihter niht horen. Unde hat ein vrowe einen man, der inner landes ist, der sol ir vormunt sin. u. ist er inner landes niht, so neme si ir einen vor dem rihter. der sol sin irs wirtes mac oder ir selber. daz ist da von gesezet, daz si bezer reht habent danne die man; swaz si vor gerihte sprechent daz in schade ist, daz si des nieman überziugen mac ob sie lougent. Swa ez den vrowen ze eiden kumet, den suln si selben tuon, u. niht ir vormunt. Ir vormunt sol ouch gewer für si loben, u. sol si daz leisten. — Sin vormundeschaft wert niht lenger wan daz ir man wider kumet, oder als lange si wil. uf jeglichem gerihte nimet si wol einen vormunt, u. lat jenen varen.

7. Goslar. St. S. 77 Z. 44. Wert en maghet oder wif beklaghet, de mach ten uppe iren vormunden: den scal se vore bringhen over drye verteyn nacht, se ne vormetes sich er. Wel se aver selve antwarden, dat mach se don.

8. Lüb. R. I 21. Nulla mulier potest bona sua *impignorare, vendere vel dare sine procuratore* Das Folgende oben § 142 Litt. d.

9. Rev. Lüb. R. I 7, 8. Es soll keine Mannsperson unter 25 Jahren, wie sonsten Frawen u. Jungfrawen, zu keinen Zeiten Macht haben, Sachen im Gericht zu führen, weder durch Klage noch durch Antwort, Sollen auch nicht aufflassen vor dem Rathe, noch jemand vollmachtig machen, ohne ihrer Vormunder *Consens* u. Willen.

10. Das. 10, 1. Es mag keine Fraw ihr Gut verkauffen noch versetzen ohn ihr Vormunder Vollwort, Wissen u. Willen, So mag auch keine Fraw hoher Bürge werden, ohn Willen der Vormunder, dann vor drittehalb Pfening.

11. Das. III 6, 21. Eine Kauff-Fraw, was sie kaufft, muß sie zahlen. Vgl. noch das. art. 13.

12. Hamb. Stat. III 6, 21. Die Frauen können keine Sachen fördern für Gericht, noch Gut auflassen oder geben ohne Vormund, dahero derselben Curation u. Vormundschaft ehe nicht, dann dieselbe in die Ehe bestattet, geendiget wird, alsdann — der Mann ihr rechter Vormund ist.

13. Das. III 1, 13. Ferner mögen auch von wohlgewonnenem Gut kein Knabe unter 18 Jahren, noch eine Frauens-Person, sie sey ledig oder verheyrahtet, ohne Vormund in ihrem Testamente oder letzten Willen etwas vergeben.

14. Das. II 8, 1. Eine Frau, die Kauffmannschaft gebrauchet, — soll pflichtig sein, dasjenige, so sie kauffet oder verkauffet, zu zahlen u. zu liefern.

15. Henneberg. LO. II 3, 2. Item nach gemeynem gebrauch dieser unser Herrschaft — die frawens person, es sey umb jre eygne oder andere gütter u. sachen, sie seyend verehelicht oder nit, die sollen in Recht zu keiner klag noch antwort nit zugelassen werden, Sunder dieselbigen personen sollen jre Elter u. Vetter auch verordnette Formunder u. Anweyser, wo sie die haben, in Recht vertretten, u. derselbigen notturft handlen wie Recht ist: Wo sie aber nit Elter noch Formunder haben, solle als dann der Richter oder jre Oberkeyt jnen Curatores u. Versorger zu der sachen Ambts halber verordnen.

16 Const. elect Saxon II 15: ordnen —: daß hinfüro Wittwen u. Jungfrauen, ohne Unterschied des Alters, in allen rechtlichen Processen — ohne Vormünden nichts beständiges handeln mögen. — Gleicher Gestalt soll auch denen Weibs-Personen dasjenige, was sie, ohne Vorwissen u. Auctorität ihrer Ehelichen u. andern verordneten Vormünden, inn u. außerhalb Gerichts schließen u. handeln, damit sie sich gegen jemand verpflichten, unschadlich u. unnachtheilig seyn; jedoch mogen Ehefrauen, Wittwen u. Jungfrauen, wo sie ihre mündige Jahre erreichet haben, vor sich selbst (auch ohne Vormünden), von ihren Haab u. Güthern, beweglichen u. unbeweglichen, — Testament machen; wie dann auch denen Wittwen u. Jungfrauen, so mündig, — mit ihrer fahrenden Habe zu thun, dieselbige, soweit die Rechte nachlassen, zu vergeben, u. insonderheit den Weibspersonen, so zu handthieren pflegen mit Kauffen u. Verkauffen, in den Krahmen u. andern dergleichen Wehren ohne Vormunden beständig u. verbindlich zu schliessen u. zu handeln, hiermit unbenommen seyn soll.

17. Würtemb. LR. II 26. Ferners — ordnen Wir, daß Unsere Underthonen, so Bevogtet oder Bevormundet (sie seien Manns- oder Weibspersonen —) nicht Macht haben sollen, einig ligend oder fahrend Gut, zu verkauffen, zu verschencken, zu vertauschen, hinzuleihen, oder in einige andere weise oder wege zuverändern, ohne wissen u. willen jhrer Vögt oder Vormünder. Wa auch ein vogtbare oder verpflegte Person darüber ettwas veränderte, sollen die deßwegen fürgangene Contract oder Handlungen ohnkrafftig sein: waferr solchen vogtbaren oder verpflegten Personen dardurch Nachtheil u. Schaden zugefügt würde. Im Fall sie aber nicht vernachtheilt worden weren, sollen diese Conträcte (da sie wöllen) krafft haben, ohnverhindert daß kein Vogt oder Vormünder darbei gewesen.

18. Preuß. LR. II 18 § 51. Unter die Personen, welche gewisse Angelegenheiten nur mit Zuziehung eines Beistandes vornehmen können, gehören 1) volljährige unverheirathete Frauenspersonen; 2) diejenigen verheiratheten Frauen, welche weder eines Vormundes noch eines Curators bedürfen.

19. Allg. D. HGB. Art. 6 u. 9. Eine Frau, welche gewerbemäßig Handelsgeschafte betreibt (Handelsfrau) — kann in Handelssachen selbstständig vor Gericht auftreten; es macht keinen Unterschied, ob sie unverheirathet oder verheirathet ist.

20. Gew.O. v. 21. Jun. 1869 § 11. Das Geschlecht begründet in Beziehung auf die Befugniß zum selbstständigen Betriebe eines Gewerbes keinen Unterschied Frauen, welche selbstständig ein Gewerbe betreiben, konnen in Angelegenheiten ihres Gewerbes selbstständig Rechtsgeschäfte abschließen u. vor Gericht auftreten, gleichviel, ob sie verheirathet oder unverheirathet sind. —

Es macht hierbei keinen Unterschied, ob sie das Gewerbe allein oder in Gemeinschaft mit anderen Personen, ob sie dasselbe in eigener Person oder durch einen Stellvertreter betreiben.

21. Preuß. G. üb. Aufhebung der Geschlechtsvormundsch. v. 21. Jan. 1869 § 1. Die in den Provinzen Hannover u. Schleswig-Holstein geltende Geschlechtsvormundschaft wird aufgehoben. § 2. Diese Aufhebung hat auf die eheliche Vormundschaft keinen Einfluß.

22. K. Sächs. Ges. v. 8. Jan. 1838. 1) Die Geschlechtsvormundschaft, welche auf obrigkeitlicher Bestätigung beruhet, wird hiermit gänzlich aufgehoben. — 3) Uebrigens soll sich dieses Gesetz nicht auf diejenigen Pflegschaften erstrecken, welche den Ehemännern in Ansehung ihrer Ehefrauen in den Rechten beigelegt wird, u. welche unter dem Namen der ehelichen Vormundschaft begriffen ist.

C. Vormundschaft für Abwesende (Verschollene).

Kraut Vormundschaft 2 § 62—67. Heise u. Cropp Abhdl. 2 Nr. IV u. V. Pfeiffer practische Ausführgn. 2 Nr. V, 4 Nr. XI. Bruns die Verschollenheit ob. § 34.

§ 194. 1. Gestaltung der römischrechtlichen *cura absentis* in Deutschland. (B. § 130. G. § 247. R. § 208.)

1 Cod Max Bav I 7 § 39. (Curatores) giebt man — gegen Abwesende in Ansehen ihrer hinterlassener Güter, wenn sie sich auf Instanz der Jenigen, welchen an ihrer Gegenwart gelegen ist, weder persönlich stellen noch einen Anwald benennen. Dergleichen Curatelen hat die Obrigkeit, worunter die Güter liegen, zu bestellen u. allzeit vorzüglich auf die nächste Befreundte zu reflectiren. Ist in der Administration das nemliche hierbey zu beobachten, was auch anderen *Curatoribus* obliegt.

2. Oesterr. Ges B. § 277. Sucht Jemand — die gerichtliche Todeserklarung eines Abwesenden an, so hat das Gericht für diesen Abwesenden vor allem einen Curator zu ernennen; (das Folgende oben § 34 Nr. 14).

3. Das. § 278 oben § 34 Nr. 18.

4. Preuß. LR. II 18 § 19. Abwesenden, deren Aufenthalt unbekannt ist, muß der Staat zur Erhaltung ihres zurückgelassenen Vermögens, u. zur Besorgung ihrer übrigen Angelegenheiten, Vormünder bestellen.

5. Brem. Vorm.O. v. 1826 § 120. Die — Curatoren (der Abwesenden) haben im Wesentlichen dasselbe zu beobachten u. zu leisten, was andern Vormündern obliegt, sind auch zur jährlichen Rechnungsablage verpflichtet.

6. Oldenburg. Verordn. v. 16. Febr. 1844 § 3. Die Rechte u. Pflichten eines Curators (für einen Abwesenden) sind gleich denen eines Vormundes Minderjahriger zu beurtheilen.

7. Sachs. Ges.B. § 1998. Bei den bisher erwahnten besonderen Arten der Vormundschaft finden die Bestimmungen über die Vormundschaft über Minderjährige Anwendung, soweit es die Natur des Verhaltnisses zulaßt u. nicht andere Vorschriften vorhanden sind.

§ 195. 2. Deutschrechtliche Vormundschaft über Verschollene. (B. § 130. G. § 247. St. § 276. R. § 209.)

1. Ssp. I 28, 29 s. oben § 80 Nr. 43.
2. Rb. n. Dist. I 34, 1 das. Nr. 46.
3. Goslar. Stat. S. 14 Z. 19 ff. Bestorve en erve —, dat men spreke, de dar to horde de were dot, de andere partye spreke, he levede noch, uppe dat men deme dat darmede vernede de hir binnen landes were, so scolde de erve,

de binnen landes were, dat deme rade vorwissen, of jene to lande queme, dat men eme dat antwarden welde, u. scolde sic des denne underwinden.

4. Magdeb. Fr. I 7, 5: wer sich czu deme erbe czüet, is sey der erste adir der ander, der sal das erbe in dem gerichte vorgewissen mit stendem eygene, ab ymand queme bynnen jare u. tage, der neher mog gesippet sey, das her den zcu dem erbe losse komen Were ouch das, daz der neheste were bussen landis, das ym unwissende were von desem anirstorbenen erbe, ab der in lengir cziet queme wenne jar u. tag u. bewiste syne mogeschafft, das her der nehiste were, so sullen dy ander alle abetreten u. deme nehistin daz erbe loszen volgen.

5. Lüb. OStB. z. 1373 (Pauli Abh. 3, 133). Notandum quod ad Godscalcum Constantini per mortem fratris sui Iohannis Constantini hereditarie devoluta est domus pridem eiusdem Iohannis, quam — Constantinus Constantini, frater suus — cedens eidem Godscalco fratri suo soli — coram consilio resignavit. Et quia dictus Iohannes Constantini *credebatur esse mortuus*, caverunt et consilio *promiserunt* dicti fratres Godscalcus et Constantinus, *ut si adhuc viveret et bona sua repeteret, deberet sibi predicta domus libere reddi*, sic uti sibi fuerat asscripta

6. Ssp. II 44 § 2. Sve — en gut in geweren hevet, dat ime an irstorven is, oder ime gegeven oder gelegen is, u. he't selve niemanne ne nimt, des ne darf he nicht wedergeven, des he dar ut nimt, of ime dat gut afgewunnen wert, de wile he dar af nenes rechtes ne weigeret.

7. Richtst. LR. Cap. 16 a. E. Vraget denne de kleger: na deme dat de erve de have genüttet u. der penninge genoten hebbe, oft he der nut em tu rechte icht scolde wedder keren? Dar vrage jenne wedder: na deme dat it eme geervet si u. he dar af ni rechtes en weigerde, oft he jenege nut dorve wedderkeren, edder wat dar rechtes umme sy? So vintme: he ne dorve.

8. Lüb. Verordn. v. 30. Dec. 1829 § 12 oben § 34 Nr. 20.

9. Würtemb. Ob.=Tribunals=Erlaß v. 1826 das. Nr. 21.

10. Erbrecht der St. Mühlhausen v. 1742 II 11 § 5. Wann dann nach dieser Zeit der Abwesende wieder erscheinen würde, sollen dessen Verwandte, so das Guth zu Handen bezogen, — schuldig seyn, ihm das vollkommene Capital, jedoch ohne Zinsen, wieder zu erstatten.

11. Salzb. Verordn. v. 1777 b. Zauner I 57 ff. 1) In so lange bis die Abwesenheit sich auf 30 Jahre erstreckt, soll das Vermögen des Abwesenden oder Verschollenen unter ordentlicher Kuratel belassen, sohin — Rechnung darüber — bei gehöriger Obrigkeit geleget — werden; wenn aber 2) die Abwesenheit schon volle 30 Jahr, ohne daß man von des Abwesenden Aufenthalt, Leben u. Tod was verlassiges erfahren können, angedauert hat, ist auf vorhergehendes Anrufen — eine Ediktal=Citation des Abwesenden — zu verfügen. Soferne nun 3) sich hierauf weder der Abwesende, noch seinetwegen jemand meldet, mag dessen Vermogen den nach Verlauf der 30jährigen Abwesenheit sich meldenden Nächstgesippten gegen Real=Kaution verabfolget, u. solches in der Maaß unter selbe nach Erbfolgsrecht getheilt werden, daß sie zugleich die Früchte u. gänzliche Nutznießung auch in dem Fall gewinnen, wenn der rechtmäßige Eigenthümer oder jemand von seinetwegen, dem dessen Erbschaft gebührte, nach dieser Zeit hervor kommen — würde. 4) — sind von der Zeit dieser Abtheilung fernere 20 Jahre in der Gestalt — bestimmt, daß wenn auch in dieser Zeit, u. nach einer nochmaligen Edictal=Vorladung, keine weitere Meldung — von dem Abwesenden oder von seinetwegen geschehen sollte, alsdann jene das vollkommene Eigenthum — gewinnen, welche die Erbschaft durch die erste richterliche Theilung an sich genommen haben. (Vgl. Bl. f. Rechtsanwendung zunachst i. Bayern hg. v. Seuffert 1851 Nr. 14 u. 15.)

12. Nassau. Verordn. v. 21. Mai 1781 § 3. Wenn der Abwesende 10 Jahre lang von seinem Leben u. Aufenthalt gar nichts mehr hat hören lassen, soll dessen Erbe ab intestato sein Vermögen, oder die ihm angefallene Erbschaft erga cautionem nutznießlich dergestalt verabfolgt werden, daß, wenn er oder seine rechtmäßige Leibes= oder Testaments=Erben sich hiernachst noch melden, jene weder

einige Zinsen von den ihnen *a Curatoribus* ausgelieferten Geldsummen oder Capitalien, noch auch die von den liegenden Gütern erhobene Nutzungen zu berechnen oder herauszugeben schuldig, sondern nur allein zur Restitution des Vermögens in dem Zustand, wie es sich tempore extraditionis befunden hat, gehalten sein sollen.

13 Cod. Max. Bav I 7, 39 (vgl. Nr. 1 zum vorigen §). Dafern die Abwesenheit solang daurt, daß man entweder hieraus oder sonst aus anderen Umständen den Tod wahrscheinlich vermuthen kan, so bedarf es keiner Curatel mehr, sondern der Abwesende wird für abgestorben erklärt, u. seine Hinterlassenschaft auf Art u. Weis, wie in Sterb-Fällen gebräuchlich ist, denen rechtmassigen Successoribus, jedoch andergestalt nicht als gegen genugsame Sicherheit, ausgefolgt, daß solche seiner Zeit dem Abwesenden, auf allenfallige Zuruckkunft sammt allen Nutzungen getreulich wiederum restituirt werde.

14. Preuß. VO. § 82. Abwesende Großjährige, über deren Aufenthalt ein Jahr lang keine Nachricht eingegangen ist, oder welche an ihrer Rückkehr sowie an der Besorgung ihrer Vermogensangelegenheiten gehindert sind, erhalten einen Vormund zur Vertretung bei ihren Vermogensangelegenheiten, insoweit sie dazu einen Bevollmächtigten nicht bestellt haben oder Umstande eingetreten sind, welche die ertheilte Vollmacht aufheben oder deren Widerruf zu veranlassen geeignet sind. — Jeder, welcher dem Vormundschaftsgericht ein Interesse zur Sache nachweist, ist berechtigt, die Einleitung der Vormundschaft zu beantragen. Die nach dem geltenden Rechte bestehenden Anspruche der Erben auf die Verwaltung u. Nutznießung des Vermögens eines Abwesenden werden durch dies Gesetz nicht berührt.

15. Das. § 84. Die Vormundschaft — über einen Abwesenden hört auf — wenn derselbe für todt, für verschollen oder im Bezirk des Appellationsgerichtshofes zu Cöln für abwesend erklärt worden ist.

16. Das. § 83. Der Vormund eines Abwesenden ist berechtigt, für denselben zu erwerben, Rechtsstreite zu führen u. Erbschaften anzutreten.

§ 195a. D. Vormundschaft über andere Großjährige und Pflegschaft. (St. § 274, 275, 277. R. § 201—211.)

Kraut Vormundschaft 2 S. 191—217. Rive II 1 S. 167; 2 S. 174.

1. Ssp. III 3 Over rechten doren u. over sinnelosen man ne sal man — nicht richten; sweme sie aver scaden, ire vormünde sal it gelden.

2. Richtst. LR. 43 § 7. Vrag, we tu rechte — unsinneger lude vormunder scole sin. So vintme: ir oldeste evenburdige swertmach.

3. Lüb. R. I 89. Vir sensu debilitatus vel insensatus et mulier similiter nulla dare possunt bona cuiquam, quod ratum esse possit vel sit admittendum *Proximi heredes vel consanguinei* ipsorum cavere tenentur, ne civitati vel alicui hominum dampnum aut gravamen possit accidere; si necesse fuerit, compediantur aut aliquo cubiculo includantur (vgl. II 173).

4. Dortmund-Weseler Urtheile 95 (Frensdorff Dortm. Stat. S. 302). Hedden — kynder enen broder, die geck were, so is die aldste syn voirmunder, off hy wille; mer hy sal den anderen broideren ind susteren wyss maiken, dat des gecken broiders guet in synen wesen bleve.

5. Das. 96 (S. 303). Broedere, die emen broider hebn, die onwittich is, is hy also wittich, dat hy enen broider kyesen wille, so mach hie kyesen, wen hie wil; mer en is hy nyet wittich, so en mach hy geenen voirmonder kyesen, so sullen die bruedere syn gut verstaen.

6. Lüb. R. II 102. Na dem 25. jare schal de junghelinc sulven raden, ofte Ghot eme de wisheit gift —; kan aver hes nich ofte ne doch he dar nicht to ofte is he *furiosus* ofte *prodigus*, he schal also langhe wesen under den bisorgheren, bet deme rade anders umme ene bedunke. Vordmer *omnes mente*

capti, surdi et qui in perpetuo morbo laborant sine intervallo, den schal men bisorghere gheven, ane de se nicht don moghen, dat stede moghe bliven, wo olt se oc werden. (Vgl. § 4 Inst. de curatoribus I 23)

7. Priv. K. Johanns v. Böhmen für Breslau v. 1339 (Bresl. UB. Nr. 161). Ordinamus — et — consulibus concedimus liberam facultatem et potestatem, ut ipsi pueros et juvenes ipsorum insollencias exercentes aut exercere volentes aut ipsorum bona et hereditates inutiliter dilapidare et consumere satagantes corrigere valeant et artari ad bene faciendum, prout dictorum consulum industrie melius videbitur expedire.

8. Priv. K Wenzels für Dortmund v. 1379 (Fahne Dortmunder UB. 1 Nr. 159): vobis proconsulibus et consulibus civitatis Tremoniensis — auctoritate regia conferimus plenariam facultatem, ut *laico prodigo*, si etatem XXV annorum excedat, curatorem, et, si minorum annorum fuerit, tutorem, ne res et bona dilapidet et inutiliter expendat, preficere possitis.

9. Lüb. NStB. z. 1474 (Pauli lüb. Zustände 2 S. 93). Hinrik L. borger to Lubeke vor deme — rade — is irschenen, sick beclagende, wo dat sin — broder Hildebrand — dat sine jamerliken vorbrachte dagelix, dar enboven malke dat sine afborgede u. in merklike schulde sette, begerende — eme einen torn u. des rades venknisse to lenende, umme ene darinne etlike tid to verwarende, bet dat he ein ander levent anneme u. sik loveliker regeren wille: welk de raed na bisprake eme gegunt heft.

10. Ssp. I 4 oben § 146 Nr. 24.

11. Rb. nach Dist. I 5, 10 das. Nr. 25.

12 Ssp. I 42 § 1. Over sestich jar is (de man) boven sine dage komen, alse he vormünden hebben sal, of he wel, u. ne krenket dar mede sine bute nicht noch sin weregelt.

13. Preuß. LR. I 1 § 30. Verschwender sind, welche durch unbesonnene u. unnütze Ausgaben oder durch muthwillige Vernachlässigung ihr Vermogen betrachtlich vermindern oder sich in Schulden stecken. § 31. Diejenigen, welche als Verschwender gerichtlich erklart sind, werden den Minderjährigen gleich geachtet.

14. Sachs. Gesetzb. § 1987. Personen, welche ihr Vermögen auf leichtsinnige Weise durchbringen u. hierdurch sich und ihre Familie der Gefahr eines Nothstandes aussetzen, sind — zu bevormunden, in der Regel nach vorgängiger fruchtloser Verwarnung, jedoch, wenn Gefahr im Verzuge ist, auch ohne diese.

15. CPO. § 593. Eine Person kann für geisteskrank (wahnsinnig, blödsinnig u. s. w.) nur durch Beschluß des Amtsgerichts erklart werden. Der Beschluß wird nur auf Antrag erlassen. § 595. Der Antrag kann von dem Ehegatten, einem Verwandten oder dem Vormunde des zu Entmündigenden gestellt werden. Gegen eine Ehefrau kann nur von dem Ehemanne, gegen eine Person, welche unter väterlicher Gewalt oder unter Vormundschaft steht, nur von dem Vater oder dem Vormunde der Antrag gestellt werden. Die Bestimmungen des bürgerlichen Rechts, nach welchen noch andere Personen den Antrag stellen können, bleiben unberührt. In allen Fallen ist auch der Staatsanwalt bei dem vorgesetzten Landgerichte zur Stellung des Antrags befugt.

16. Das. § 597. Das Gericht hat unter Benutzung der in dem Antrag angegebenen Thatsachen u. Beweismittel von Amtswegen die zur Feststellung des Geisteszustandes erforderlichen Ermittelungen zu veranstalten und die geeignet erscheinenden Beweismittel aufzunehmen. § 598. Der zu Entmündigende ist persönlich unter Zuziehung eines oder mehrerer Sachverständigen zu vernehmen. § 599. Die Entmundigung darf nicht ausgesprochen werden, bevor das Gericht einen oder mehrere Sachverstandige — gehört hat.

17. Das. § 604. Gegen den Beschluß, durch welchen die Entmündigung abgelehnt wird, steht dem Antragsteller u. dem Staatsanwalte die sofortige Beschwerde zu.

18. Das. § 605. Der die Entmündigung aussprechende Beschluß kann im Wege der Klage binnen der Frist eines Monats angefochten

werden. Das Recht zur Erhebung der Klage steht dem Entmündigten selbst, dem Vormunde desselben u. den im § 595 bezeichneten Personen zu.

19. CPO. § 616. Die Wiederaufhebung der Entmündigung erfolgt auf Antrag des Entmündigten oder seines Vormundes oder des Staatsanwalts durch Beschluß des Amtsgerichts.

20. Das. § 621. Eine Person kann für einen Verschwender nur durch Beschluß des Amtsgerichts erklärt werden. Der Beschluß wird nur auf Antrag erlassen. — Eine Mitwirkung der Staatsanwaltschaft findet nicht statt.

21. Das. § 623. Der die Entmündigung aussprechende Beschluß tritt mit der Zustellung an den Entmündigten in Wirksamkeit.

22. Das. § 627. Die Entmündigung einer Person wegen Verschwendung sowie die Wiederaufhebung einer solchen Entmündigung ist von dem Amtsgericht öffentlich bekannt zu machen

23. Preuß. VO. § 81. Großjährige erhalten einen Vormund: 1) wenn sie für geisteskrank erklärt sind; 2) wenn sie für Verschwender erklärt sind; 3) wenn sie taub, stumm oder blind u. hierdurch an Besorgung ihrer Rechtsangelegenheiten gehindert sind. § 84. Der Vater ist gesetzlicher Vormund. — Die Ehefrau ist zur Führung der Vormundschaft fahig und hat die in diesem Gesetze dem Ehemann beigelegten Rechte. Im Uebrigen finden auf die Vormundschaft über Großjährige die Vorschriften des 2. Abschnitts (§§ 11—80) dieses Gesetzes entsprechende Anwendung.

24. Das. § 86. Die in väterlicher Gewalt oder unter Vormundschaft stehenden Personen erhalten einen Pfleger für Angelegenheiten, bei welchen die Ausübung der väterlichen oder vormundschaftlichen Rechte erforderlich ist, aber aus thatsächlichen oder rechtlichen Gründen nicht stattfinden kann.

25. Das. § 88. Eine Leibesfrucht, welche unter Voraussetzung ihrer bereits erfolgten Geburt nicht unter väterlicher Gewalt stehen würde, erhält auf Antrag der Schwangern oder auf Antrag desjenigen, dessen Rechte durch eine mögliche Geburt betroffen werden, oder in geeigneten Fällen von Amtswegen einen Pfleger.

26. Das. § 89. Ist der Erbe eines Nachlasses unbekannt, so ist zur Erhaltung des Nachlasses und zur Ausmittelung des Erben ein Pfleger zu bestellen.

§ 196. Viertes Capitel. Gesinderecht. (B. § 108 II c. G. § 181. St. § 187.)

Dorn Versuch einer ausführlichen Abhandlung des Gesinderechts. Erlang. 1794. — G. Hertz die Rechtsverhältnisse des freien Gesindes nach den D. Rqu. des MA. (Gierke Unters. VI). Bresl. 1879.

1. Goslar. St. S. 93 Z. 12—16 wird unterschieden zwischen: „Enes mannes brodede ghesinde", dem „de mit ime in kost is umme sine penninghe" und „enes mannes bewissede man oder deme he wekenpenninghe ghift."

2. Ssp. II 32 § 1. Nieman n'is plichtich vor sinen knecht to antwerdene vorbat, wen alse sin lon geweret, he ne werde sin bürge. § 2. Verdrift aver die herre den knecht, he sal eme sin vulle lon geven. § 3. Untgat die knecht deme herren von mutwillen, he sal deme herren alse vele geven, als ime die herre gelovet hadde; u. svat so ime vergulden is, dat sal he twigelde weder geven.

3. Ssp. II 33. Svelk knecht aver elik wif nimt, oder ene vormuntscap an irstirft von kinderen die binnen iren jaren sin, die mut wol ut sines herren dienste komen, u. behalt also vele lones, alse ime geboret bit an die tiet. Is aver ime mer gegeven, dat mut he weder geven sunder wandel.

4. Das. I 22 § 2. Van dem erve sal man aller irst gelden deme ingesinde ir verdenede lon, als in gebort bit an den dach dat ir herre starf; u.

man sal sie halden bit an den drittegesten, dat sie sik mogen bestaden; wil aver die erve, sie solen vuldenen u. vullon untvan. — Stirft ok de gemedede man, er he sin lon verdene dat im gelovet was, man n'is sinen erven nicht mer lones plichtich to gevene, wen alse hė verdienet hadde u. im geborede to der tiet do he starf.

5. Urk. v. 1364 (Rechtsqu. v. Basel 1, 34 Nr. 21). So men denne umbe alle lòne —, es si knecht lòne, jungfrowen lòne —, das man dar umbe über twerche nacht antwurten sol. Were aver das deheinr zwen jarlòne ze samen slüge, u. were das deheinr me denne acht tagelòne ze samen slüge, so sol es dannanthin heissen schulde u. sol man och denne dar umbe antwurten als umbe schulde.

6. Passau. Stat. v. 1300 § 32. Wer einen knecht oder ein dirn in seinem brot hat, was er mit dem zürnet an gewaffender hant, an den tode, da ist er nyemant umb schuldig.

7. Kl. Kaiserr. 2, 28. Eyn ielich man, dem Got hat beschert, daz er hat gesinde, beide magede u. knechte, der enhat keyn recht uber sie nit dan alz vil, alz im ir dienst gevellet um sinen lon. Und kumt ez also, daz sich zorn under in hebet, wez dan die schulde ist, der mag dem ander urloub geben mit rechte. — Legt auch der here sine hende an den knecht mit unschulde zu zorne u. zu slahen (al dem knechte zu schande u. zu schaden), dez muz er dem keiser verbuzzen.

8. Das. 2, 29: ein iglich knecht, den der here gedinget hat zu dienst u. hat sin gewalt sins gescheftes, der mag im sin varndes gut veruzzern, ab er wil unrecht tun, daz ez der here enbern muz. Er mag auch im schulde machen zu den, di im borgen, daz er sie gelten muz, wie ez um den kneht kumt.

9. Lüb. R. III 8, 10. Ein jeglicher Herr mag sein gedinget Gesinde wegen ihrer Verbrechung mit Schlägen wol züchtigen, u. darff darvor keine Straffe leiden, soll ime aber keine Wunden wirken, lahm schlagen, noch Beinbrüche beybringen, dann solches ist straffbar.

10. Kursächs. Gesinde-Ordn. Tit. IV § 3 in der Cont Cod August I. p. 978. (Dem Gesinde bleibet) unbenommen, über diejenigen Herren, — von denen bey sothaner Correction über Gebühr geschritten worden, bey der ordentlichen Obrigkeit sich zu beklagen.

11. Hamburg. Stat. II 9, 8. Wiederfähret ohne des Herrn Schuld einem Knechte in seinem Dienste ein Unglück an seinem Leibe u. Gesundheit; des bleibet der Herr ohne Schaden: doch muß er ihm das volle Lohn geben.

12. Preuß. LR. II 5 § 86, 87. Zieht ein Dienstbote sich durch den Dienst oder bei Gelegenheit desselben eine Krankheit zu, so ist die Herrschaft schuldig, für seine Cur u. Verpflegung zu sorgen. Dafür darf dem Gesinde an seinem Lohn nichts abgezogen werden.

13. Ssp. III 6 § 1. Verdobelet en knecht sines herren gut, oder versat he't oder verkoft he't, die herre mach it wol weder vorderen mit rechte, deste he sik dar to tie als recht is.

14. Hamburg. Stat. II 9, 7. Es kann der Knecht seines Herrn Gut nicht verspielen, versetzen, verkauffen oder verwircken ohne desselben Vorwissen u. Befehl; u. da es geschähe, kann der Herr solch Gut mit Recht, ohne Entgeltniß wieder fordern. Da auch der Diener ohne seines Herrn Bewilligung u. Befehl Gut gekauft hätte u. solches in des Herrn Nutzen nicht gewendet wäre — das ist sein Herr zu bezahlen nicht verbunden.

15. RG. v. 21. Juni 1869 oben § 136a Nr. 16 u. 17.

16. Deutsche Konkursordnung § 54. Die Konkursforderungen werden nach folgender Rangordnung — berichtigt: 1) die für das letzte Jahr vor der Eröffnung des Verfahrens oder dem Ableben des Gemeinschuldners rückständigen Forderungen an Lohn, Kostgeld oder andern Dienstbezügen der Personen, welche sich dem Gemeinschuldner für dessen Haushalt, Wirthschaftsbetrieb oder Erwerbsgeschäft zu dauerndem Dienste verdungen hatten.

Siebentes Buch.

Von den Lehen, Stammgütern und Familienfideicommissen.

Erstes Capitel. Von den Lehen.

§ 197. Einleitung. (B. § 147, 148. G. § 103. St. § 116, 117.)

Quellen: ob. § 10 u. 11.

Geschichte: Waitz Verf.-Gesch. II (A. 2) S. 258, (A. 3) S. 307, IV S. 151, (A. 2) S. 176. Ders. über die Anfänge der Vassallität (Abh. der K. Ges. der Wiss. z Göttingen Bd. 7) 1856, die Anfänge des Lehnswesens (Histor. Zeitschr. 13 [1865] S. 90; Artikel Lehnwesen bei Bluntschli u. Brater StWB. 6 (1861) S. 357. Roth Geschichte des Beneficialwesens von den ältesten Zeiten bis ins 10. Jhrh. Erlang. 1850. Ders. Feudalität u. Unterthanverband. Weimar 1863. V. Ehrenberg Commendation u. Huldigung nach Fränk. R. Weimar 1877. Cl. Perthes das deutsche Staatsleben vor der Revolution (Gotha 1845) S. 21 ff. Homeyer Syst. des Lehnr. (ob. § 10 S. 45) § 89.

Litteraturgeschichte u. Litteratur des Lehnrechts: Weber Handb. des Lehnr. 1 S. 303.

1) Commentare über das Langobardische Lehnrecht: *I. F. Rhetius* Comment. in ius feudale commune. Frcf. ad Viadr. 1673. 4. *Casp. Bitsch* Comment. in consuetudines feudorum. Argentor. 1673. 4

2) Lehrbücher: *Herm. Vulteius* de feudis eorundemque iure libri duo. Marburgi 1595. ed 5. Frcf. 1629. *Io. Schilter* Institutiones iuris feudalis Germanici et Longobardici. Argentor. 1695 u. öfter, observationibus *I. G. Heineccii* illustratae Berol 1742, cur. *I. L. Uhl.* 1740. Ein Commentar über die 3 ersten Capitel von Schilter's Institutiones ist: v. Buri ausführliche Erläuterung des in Deutschland üblichen Lehnr. Gießen 1732—38. 4. u. m. e. Vorrede u. berichtigenden Anmerkungen aufs Neue hg. v. J. F. Runde. 2 Abthlgn. Gießen 1788 u. 89. 4. *B. G. Struv* Iurisprudentia feudalis. Ien. 1727. ed. 3. 1742. *Eiusd.* Elementa iuris feudalis, quae ex schedis b. auctoris edidit *Hellfeld.* Ien. 1745. ed. 3. 1754. *Hellfeld* Elementa iuris feudalis, quibus doctrinae iurisprudentiae feudalis Struvianae etc. proponuntur. ed. 2. Ien. 1775. Titius das deutsche Lehnrecht. Leipz. 1699. 4. A. 1730. *I I. Mascov* de iure feudorum in imperio Rom. Germ. liber. Lips. 1750 u öfter. Hommel akademische Reden über Mascov's Buch de iure feud. Frankf. 1758, 2. A. 1767. *G. L. Boehmer* Principia iuris feudalis. Goett. 1765, ed 8. cur. *A. Bauer* 1819. Hierzu: Schnaubert Erläuterg. des in Deutschland übl. Lehnr. i. e. Commentar über die Böhmer'schen principia iur. feud. Gieß. 1784, 2. A. Braunsch. 1791, 3. A. 1799. 4.,

erste und zweite Forts. 1786 u. 88, 2. A. 1794 u. 95. 4. K. W. Pätz Lehrb. des Lehnr., hg. u. vollendet v. Göde. Gött. 1808 u. öfter (jedoch unverändert). Ph. J. Mayr Handb. des gem. u. Bayerisch. Lehnr. Landsh. 1831.

3) Grundriß: C. F. Dieck das gem. in Deutschland gültige Lehnr. i. Grundrisse m. beigefügten Quellen. A. 2. Halle 1827.

4) Größere Werke: *Ludolph Schrader* Tractatus feudalis. Frcf. 1594. f. *H. a Rosenthal* Tractatus et synopsis totius iuris feudalis. Spirae 1597 u. öfter, zuletzt Frcf. 1722. 2 Tom. f. *G. A. Struv* Syntagma iuris feudalis. Ien. 1653 u. öfter, zuletzt cur. *H. Ch. Senckenberg*. Frcf. 1734. 4. *C. H. Horn* Iurisprudentia feudalis. Viteb. 1705, accur. *Ch. Hannaccio*. 1741. 4. G. M. Weber Handb. des in Deutschland übl. Lehnr. nach den Grundsätzen G. L. Böhmer's. 4 Thle. Leipz. 1807—11. Register dazu. Leipz. 1818.

5) Schriften über das Reichslehnrecht: *I. W. Itter* de feudis imperii. Norimb. 1714 u. mehrmals. J. J. Moser Einleitung zu dem Reichshofrathsproceß (Frkf. u. Leipz. 1734 u. f.) Th. 3 u. 4 bis S. 284. Ders. von der deutschen Lehnsverfassung. Frkf. u. Leipz. 1774. 4.

6) Sammlungen von Abhandlungen: a) desselben Verfassers: *Hulder. ab Eyben* Electa iuris feudalis. Giess. 1669 u. in dess. Scripta c praef. *I. N. Hertii*. Argent. 1780. f. p. 518. *Ch. Thomasii* Selecta feudalia. Hal. 1708, ed. 2. 1728. 2 Tom. *Buder* Amoenitates iuris feudalis. Jen. 1741. *I. P. de Ludewig* Iura feudorum Romani imperii atque Germaniae principis et provincialium nobilium landsassiorum. Hal. 1740. J. A. Kopp auserlesene Proben des deutsch. Lehnrechts. Marb. 1739, 2. A. 1757. 2 Thle. 4. *Hommel* Oblectamenta iuris feud. Lips. 1755. 4. Gerken vermischte Abhandlungen a. d. Lehn= u. deutschen Rechte, der Historie u. s. w. 3 Thle. Leipz. 1771—81. *I. G. Bauer* Opuscula academica. 2 Tom. Lips. 1781. 4. *Püttmann* Observationes iuris feudalis Lips. 1783. *G. L. Boehmer* Observationes iuris feud. Goett. 1764, ed. 2. 1784. *Eiusd.* Electa iuris feudalis. 2 Tom. Lemgov. 1795. 4. E. Ch. Westphal Teutschlands heut. Lehnr. Leipz. 1784. Reichhelm Versuch einer Auslegung dunkler, für den Theoretiker u. Practiker gleich wichtiger Gesetze a. d. Civil= u. Lehnr. Halle 1799. Bezin kleine jurist. Schriften, vorzügl. a. d. Lehnr. 2 Hefte. Osnabr. 1798 u. 99. Vermehren Erinnerungen ans Lehnr. Jena 1827. Eine Reihe das Lehnrecht betreffender Abhandlungen von B. W. Pfeiffer in Weiske's Rechtslexicon Bd. 6 S. 386—651. b) verschiedener Verfasser: *Ienichen* Thesaurus iuris feud. 3 Tom. Frcf. 1750—54. 4. Zepernick Sammlung auserlesener Abhdlgn. a. d. Lehnr. 4 Thle. Halle 1781—83. Dess. Analecta iur. feud. sive selectae varior. observationes feud. 2 Tom. Hal. 1783 u. 84. Dess. Miscellaneen zum Lehnr. 4 Bde. Halle 1787—94.

7) Schriften der Praktiker: *Finkelthaus* Feudales controversiae illustres ed. *I. E. Noricus*. Lips. 1680. 4. *C. A. Moeller* Primae lineae usus practici distinctionum feudalium. Rostoch. 1749 c.

animadv. *Baleke* et *Woltaer*. 1775. — *C. F. Zepernick* Repertorium iuris feudalis theoretico-practicum. Halae 1787.

8) Schriften über particulares Lehnrecht: K. S Zachariae Handb. des Sächs. Lehnr. (Leipz. 1796), A. 2 hg. v. Weiße u. v. Langenn (Leipz. 1823). P. Roth Mecklenburgisches Lehnrecht. Rostock 1858.

Beispiele von Landesgesetzen über das Lehnsverhältniß b. Eichhorn Einltg. § 17 Note e. Die ältern in *Lünig* Corp. jur. feud. T. 2 u. 3.

Altenburg. Lehnsmandat v. 5. Juni 1795. Dritte Sammlg. versch. von Zeit der public. LO. ergangener Gesetze S. 537.
Badisches Edict v. 12. Aug. 1807.
Baier. Lehnsedict v. 7. Juli 1808; abgedr. b. Weber Handb. 4 S. 757 und b. *Boehmer* princ jur feud (ed. 8. Gott 1819) p. LXIII
Gotha. Lehnsmandat v. 6. Jan. 1800.
Kursächs. Lehnsmandat v. 30. April 1764, abgedr. im Codex August. cont. p 1021, b. *Boehmer* l. c p. XXXIV u. b. Zachariae Handb. des Sachs. Lehnr. S. 355.
Allodificationsgesetze s. unten vor § 247.

1. *Fulberti* episc Carnotens (circa a 1020) epist. 101 in der Max biblioth patrum. Tom. 18 p 28. De forma fidelitatis aliquid scribere monitus, haec vobis — *ex librorum auctoritate* notavi

2 *Iac. Alvarotus* († 1453) super feudis (Venet. 1477 f.) Fol. 2 col. 2. Super hoc (feudorum) opere multi scripserunt glosas: nonnulli composuerunt summas, plurimi quoque egregii commentatores evaserunt *Bulgarus* enim et *Pileus primitus glosaverunt Hugolinus* insuper et *Conradinus: Simon Vincentinus, Iacobus Gofredi* glosas aliquas addiderunt Post quos *Iacobus Columbi de Regio* glosas utiles et plenas huic operi adiecit, ipsumque opus suis glosis tam utiliter tamque copiose et eleganter ornavit, ut nemo post ipsum alias glosas inscribere ausus sit In his enim et hodie versamur: et sculptas nostris codicibus tenemus *Summistae* autem plures fuerunt: quorum *Pileus* primus fuit, cuius summam postea idem *Iacobus Columbi* in melius reformavit. Insuper summas varias scripserunt *Io. Faxioli*, *Odofredus*, *Rolandinus; Io de Brunosco: Iob. Io Blancus: Gof. Io. Lector: Martinus Syllalignus: Iac. de Area: Iac. de Ravanis: Henricus* archiepiscopus Ebredunensis, postea vero nuncupatus *Hostiensis: — Petrus Quesnellus*, qui opus elegans et utile, sed rarum ac pene incognitum reliquit, quod directorium iuris nuncupavit. Fuit praeterea inter alios summista excellens *Iac. Ardizoni* Veronensis, qui summam adeo copiosam scripsit, hisque iuribus feudalibus redundantem, ut nihil in ea, quod ad rem feudalem pertineat, intactum relinquatur. Restat, ut de *commentatoribus* quoque sermo habeatur. *Iacobus Aurelianensis* se nobis primum ostendit: post hunc *Petrus de Cervisio: Iac. de Belviso*, doctor perspicuus: *Andreas de Isernia*, utilitate magis et redundantia, quam ordine laudandus: *Raynerius Forliviensis* et *Nicolaus de Neapoli*, qui in omnibus praefatos, Iacobum de Belviso et Andream de Isernia, nihil aut parum addentes, secuti sunt. Novissime *Baldus*, doctor illustris, qui etsi plures notabiles et frequentes decisiones in suis scriptis adduxerit, profecto tamen et plerumque glosarum et aliorum scribentium sententias ad materiam pertinentes aut in totum omisit, aut sine ordine ullo prosecutus est. *Nos* vero — omnium supra dictorum dicta collegimus, et suo debito ordine collocavimus, ut quicquid a prioribus dictum hoc brevi libello introclusum reperias — Videmus, — inter *glosatores Iacobum Columbi* principatum tenuisse: inter *summistas Iacobum Ardizoni:* inter *commentatores Iacobum de Belviso*

3. *Matthaeus de Afflictis* in tres libros feudorum; praelud nr 15 Multi doctores *antiqui* scripserunt super hoc libro *ordinatim*, cum *stipendio publico*, ut fuit *Iac de Belvisio*, *Petrus de Cremona etc* —, et multi doctores *moderni*, ut *Iac. de Alvaroto: Martinus de Laude·* et praepositus sancti Ambrosii, *Carolus Alexander:* et *Andreas de Prato veteri* et multi alii doctores

Erster Abschnitt. Begriff und Haupteintheilungen der Lehen. (B. § 149. G. § 104, 105.) § 198.

1. II. F. 23 § 1 Beneficium — ex benevolentia ita datur alicui, ut *proprietas* quidem *rei immobilis* beneficiatae penes *dantem* remaneat, *ususfructus* vero illius rei ita ad *accipientem* transeat, ut *ad eum heredesque suos masculos* — in *perpetuum* pertineat, ad hoc ut ille et sui heredes *fideliter* domino serviant

2. Sächs. Lehnr. 55 § 9. Svat die herre manlike liet, dat is recht len oder erflen oder burchlen, oder gedinge an enes benümeden mannes gude, oder wardunge an enes unbenümeden mannes gude svar't deme herren ledich werde.

3. Ilzstadt. W. v. 1256 (Grimm 6, 114) § 19: iudex — indicabit omnes casus propositos — excepto causam de *iusto feudo*.

4. Urk. v. 1289 (*Boehmer*. elect. iur. feud I p 102). Nos dominus de H. recognoscimus dedisse *proprietatem castri nostri* H. — domino nostro, *Alberto duci Saxoniae*, — et iusto *titulo feodali dictum castrum recepimus*, — ita quod *contra omnes viventes domino nostro duce de Luneborch excepto*, cum nostro castro — *servire debemus*.

5. Vet Aut. de benef 1, 130 Quicquid homo non suscipit per *hominium*, non iudicetur esse *beneficium*; sicut cum bona concedit dominus suis *ministerialibus*, non per hominium, sed secundum *ius curiae*. Haec concessio caret *beneficiali iure*, sed est *concessio officialis*.

6. Sächs. Lehnr. 63 § 1. Svelk gut deme manne ane manschap gelegen wert, dat ne het nen recht len, also dat gut dat die herre sime dinstmanne liet ane manscap to hoverechte; dar sal he hoverechtes af plegen u. nicht lenrechtes.

7. Schw. Lehnr. 28. Swa man iergeliches zins von git, daz ist niut reht lehen.

8. Das. 108. Ez en mac mit rehte dehein man sim genoze zinslehen gelihen; er lihet ez wol sinem undergenoze, daz ist aber nit reht lehen. Mule u. munze u. allerhande zol u. alles guot, daz man umb zins lihet, daz endurfen die nahkommen nit enphahen.

9. Reichs-Deput.-Hauptschl. v. 1803 § 29. Alle u. jede Gerichtsbarkeit eines Fürsten, Standes oder Mitglieds des deutschen Reichs in dem Bezirke des Helvetischen Territoriums hört künftig auf, gleichwie alle Lehnsherrlichkeit. — Das nämliche hat in Ansehung der Schweizerischen, im Umfange des deutschen Reichs liegenden Besitzungen statt.

10. Preßburg. Friede. Art. 15. Sa Majesté l'Empereur d'Allemagne et d'*Autriche* — renonce à tous droits — de *suzeraineté* — sur tous les états — de Leurs Majestés, les Rois de *Bavière* et de *Wurtemberg* et de S A S. l'Electeur de *Bade*.

11. Rheinbundsacte Art. 34. Les — princes confédérés *renoncent*, chacun d'eux pour soi, ses héritiers et successeurs, à tout droit actuel, qu'il pourrait avoir ou prétendre *sur* les possessions des autres membres (Breslauer z. Interpretation des 34. (sg. Verzichts-) Art. der Rheinbds-A. Bresl. 1878.)

12. Wiener Congreßacte Art. 18. S. M Imp. et Roy Apostolique — *renonce* — *aux droits de suzeraineté* sur les margraviats *de la Haute et Basse-Lusace*, droits qui lui appartiennent en Sa qualité de Roi de Bohème, en autant qu'ils concernent la partie de ces provinces, qui a passé sous la domination de S. M. le roi de Prusse, en vertu du traité, conclu avec S M. le roi de Saxe à Vienne le 18 Mai 1815

13. Das. Art. 19. S M. le Roi de Prusse et S M. le roi de Saxe — *renoncent*, chacun de son côté — *à tout droit ou prétension de feodalité*, qu'ils exerceroient — au-delà des frontières fixées par le present traité

14. W. v. 1469 (Grimm RA. S. 278, Weisth. 3 S. 865). Erstlich ist zu wißen, daß das haus u. herschaft Richolt nieman lehenrurig, sondern ein frei herschaft is u. wirt das lehen an der sonnen ontfangen.

15 *Schoppius* b. *Struv* jurispr feud c 2 § 7 in fin. Das Stammhauß Werberg und Güter ist nebst andern Lehnstücken der Herren von Werberg

bei Helmstett uhralt Eigenthum gewesen. Es hat aber solches — Senior gegen der Sonnen Aufgang mit Harnisch und bloßen Schwert anreitend, und ein Creutzstrich in der Sonnen Strahlen schlagend, addita quadam devotione et pauperibus eleemosynis datis *a Deo* recognosciret.

§ 199. Zweiter Abschnitt. Vom Gegenstande des Lehns.

(B. § 152. G. § 106—108. St. § 118.)

Franklin Kammer- und Kellerlehen bei Holtzendorff II 431, Pfandlehen das. III 45.

1. II. F. 1 § 1 Sciendum est, — feudum sive beneficium *non nisi in rebus soli aut solo cohaerentibus, aut in iis, quae inter immobilia connumerantur (veluti cum de camera aut de cavena feudum datur) posse consistere*

2. II. F. 23 § 1 oben § 198 Nr. 1.

3. Schwab. Lehnr. (Laßb.) 96. Lehen ane gwer ist nit lehen.

4. Sächs. Lehnr. 11 § 3. In molne u. in münte u. in tolne u. in wingarden u. in tegeden oder in süsgedanen dingen, of en man belent wert, deme lene volget de man u. erft it, al hebbe die herre des lenes stat in siner gewalt to bestadene.

5. Schwab. Lehn. 109. Gerihte ze lihen mac mit rehte weder phaffe noch wip gehan.

6. Sächs. Lehnr. 11 § 2. Of die herre sinen manne liet en gantz dorp oder wingarden oder tegeden oder gerichte oder süsgedanes dinges icht.

7. Schwäb. Lehnr. 110. Von amptmans lehen.

8 Urk. v. 1222 (*Guden* 3, 1090). Ipsam *advocatiam* iure feodali ab abbate — receperunt

9. Altenhaßlau. W. v. 1354 § 2 (Grimm 3, 410). Item wisen wir, daß ein herr von T. in demselben frey gerichte belehnet ist gewest mit dem Gottes lehen, daß er recht hat gehabt die pastoreien zu verleyhen, als oft die von einem pastorn ledig wird, u. einen andern pastorn mit dem Gottes lehen zu belehnen.

10. Urk. v. 1270 (Kremer Ardenn. Geschl. Cod. prob S. 347): dun kunt, — daz wir verlient unsern lieben getruwen — J. u. Sch. rittern — in unserm walde dem Warende holtz zu hollen als viel sy des bedurffent zu yren husern zu W. zu buwende u. auch zu burende, u. daz sollent sy von uns zu lehen besitzen u. sollent nit macht haben eyniigerleye holtz in unserm vorgenanten walde zu verkeuffen, noch anderswo hin zu furen, auch behaldent wir uns crafft u. macht den vorgenanten wald zu verkeuffen, zu verandern oder zu verpenden, sunder der vorgenanten brüder widerrede.

11. Urk. K. Rudolfs v. 1286 (*Boehmer*. C d. Francof. 1, 224). Cum nos — Wernhero sculteto de Oppenheim redditus 8 marcarum den. Coloniensium de theloneo in Frankenvort pro 80 marcis Colon. obligaverimus, quas sibi ratione emptionis cuiusdam dextrarii solvere tenebamur, nos pro dono gracie singularis sibi *redditus* 8 *marcarum predictos in feodum — concedimus*, colligendos tamdiu, quousque per nos vel nostros successores sibi vel suis heredibus legitimis predicte 80 marce plenarie fuerint persolute Solucione vero facta, idem Wernherus predictas marcas *in empciones prediorum locabit, eadem a nobis et Romano imperio feodali titulo perpetuo possidenda.* Praeterea — eidem Wernhero concedimus, quod si eum sine masculis heredibus mori contigerit, *filie sue sibi libere possint succedere* tamquam filii in feodo supradicto

12. Urk. v. 1493 (Mecklenb. Jahrb. VIII 268): das wy an dem dorpe S. vorlehnet hebben, dat die bure im dorpe den vormelten L. des jares teyn dage denen scholen. Ock scholen die L. neynerley rechtichéydt sundern wo baven bescreven is im dorpe hebben.

13. Urk. Friderici I. v. 1163 (M B 6, 180): *familiam* — B Quirini martyris, quam a duce — *in beneficium* possidebat.

14. Baier. LR. § 218. Wer umb laeut wirt angesprochen, si sein aigen oder lehen, der er pey nucz u. pey gewer siczt ꝛc.

15. Urk. v. 1231 (Niesert Münst. Urk. Samml. II 378): *litones* in *iusto feudo* concedimus.

16 II. F. 20. Si quis dixerit se — de *annua praestatione* aut *qualibet alia re* per feudum investituram accepisse.

17. Preuß. LR. I 18 § 26. Es können — nicht nur unbewegliche Sachen u. Rechte, sondern auch bewegliche Sachen, in sofern deren Substanz oder Werth auf eine dauerhafte Art sicher gestellt wird, die Eigenschaft eines Lehns erlangen.

18. Lehnbr. v. 1432 b. *Lunig* C I F. 1, 1561. Wir — Bischoff von Würzburg (verleihen) unserm — getreuen E., herrn zu Schwartzenberg — u. seinen männlichen lehnserben zu rechtem burggut — das hohe haus in unserm schloß.

19. Dipl a 1333 (*Guden* 1, 991): (*castrum H.*) — recepimus — in feodum *ligium* et *aperibile* a — archiepiscopo Treverensi, — ita quod *dictum castrum* eidem domino nostro — *aperibile* erit, et esse debeat — *omni* tempore *contra omnem hominem* ad *omnem* ipsorum utilitatem

20. Dipl a 1188 (*Günther.* 1, 455): nos (Colon. archiep.) domum in A., quam Gozwinus fidelis noster a nobis in feodo tenuit, — preposito et ecclesie Bunnensi eo iure, quod *ledecheit* dicitur, contulimus, ita quod eam Gozwinus et omnes eius heredes ad servitium prepositi et ecclesie Bunnensis contra omnem hominem, excepto Coloniense archiepiscopo, *liberam exhibebunt.*

21. Urk. v. 1308 (*Boehmer* Elect i feud. I p 103) Dominus noster, — dux Saxoniae, nobis contulit *feudum castrense*, quod vulgo dicitur *borchlehn*, in castro suo Dutzow, *ipso cum castro*, *sibi et suis usibus reservato;* pro quo *feudo castrensi* — assignavit nobis *villam Dutzow*, *molendinum cum nemore et omnibus adiacentibus et pertinentiis suis.* — *Quod etiam feudum nos et heredes nostri legitimi in perpetuum possidebimus titulo et iustitia feudali.* De praedictis quoque bonis — vigiles et ianitores procurabimus. — Si denique contigerit dominum nostrum habere guerram cum quocunque, et si opus habuerit de castro praedicto ad expeditiones sive reysas inde faciendas, et profectum suum ordinandum: tunc ibidem suum capitaneum sibi placentem constituendi habebit liberam facultatem. — (Si de castro) capitaneum constituere et armigeros mittere non placuerit, tunc *nos dictum castrum nostris expensis ad manus domini nostri — servabimus.*

22. Urk. v. 1317 b. Retter Hess. Nachr. II S. 101: redditus VI lib. Haller de nostra precaria in Omstadt, ipsi et heredibus suis annis singulis solvendos, pro *haereditario castrensi feodo*, quod *in castro nostro B. deservire* debent

23. Urk. v. 1338 (*Schilter* Cod I F Alem. p 311 b): tunt kunt, — das wir — genomen hant Johansen — zu eime seßmanne, also das er sitzen sol zu Z. in unser stat, wenne wir — es an in voidern, umb 120 pfund S. pfennige, die wir darumb globt hant — zu gebende. — Wenne — ime oder sinen lehnserben die vorgen. 120 pfund von uns — werdent gentzlich vergolten, so sollent su die pfennige an ein eygen legen u. das enpfoen — von uns — zu einem seßlehn.

24 *Schilter* l c Ich der Wegei burggrave von D., ein ritter, han zu seßlehen von mime herren dem bischove uffe der burg zu G. VIII pfunt pfenning geltz uff der Hornung bette zu M.

25. Urk. K. Heinrichs v. 1222 (Mon Ll. II 248). In regie maiestatis nostre conspectu sententiam queri fecimus, si videlicet aliquis teneatur ex iure ad talium concessionem sive solutionem feodorum, *que nec loco nec alia aliqua certitudine*, *nisi tantum ex camere proventibus sunt distincta.* Et super hoc utique talis sententia data fuit, *quod ad huiusmodi feoda conferenda sive solvenda nemo ex iure vel ex debito tenetur aliquatenus*, *nisi quantum gratia atque voluntas propria cuilibet persuaserit in hoc facto*

26. Schw. Lehnr. 99. Kamerlehen ist nit reht lehen; daz hat ende, so der herre u. der man wil. Kamerlehen ist daz, so ein herre sprichet ze sinem

man: ich lihe dir us minr kamer eine marke oder mer, da hat der man dehein gewer an.

27. Urk. v. 1404 (*Schilter* 1 c p. 176 b): hat mir u. myns libes lehenhern eben zu einem rechten mannlehn geluwen ein fuder wingelts — alle jare in unser vas in sinem burgkelre zu W. zu gebende —, u. dasselbe fuder wingelts ich zu rechter manschafft von yme emphangen han.

28. Schw. Lehnr. 14. Lihet ein herre einem man ze einem phunde oder me uz einem guote —, der herre sol den man bewisen sins geltes uz dem guote.

29 II. F. 25 (Si vasallus) cum de feudo interpellabatur, — dominum, ut eum defenderet, vocavit et hoc probare possit, si in eo iudicio vasallus fuerit convictus, *de re aliena* investitum fuisse: — *dominus vasallo eiusdem aestimationis, quod erat tempore rei iudicatae, feudum restituat, vel nummos in feudum dandos numeret.*

30. Urk. K. Rudolfs v. 1279 (*Boehmer.* C. d. Francof 1, 193). Volentes, quod idem Reinhardus et sui heredes tamdiu curiam teneant antedictam, quousque 100 marce den. Colon. ipsis per nos — plenarie persolvantur, quibus solutis dictus Reinhardus et sui heredes ipsas convertent *in 10 marcarum redditus a nobis et imperio castrensis feodi titulo possidendos*

31. Urk. v. 1294 das. S. 286. Fr. — Spirensis episcopus — Henrico militi: — te iam dudum in fidelem ecclesie nostre recepimus —, tibi 40 *marcas den. Col. pro feodo* — assignantes Sed quia hucusque *te certum non reddidimus, ubi tuum feodum deberes requirere*, volentes ut ammodo certus existas, tibi duas carratas vini pro dictis 40 marcis obligamus, solvendas tam diu *de decima nostra in Didensheim*, donec dicte 40 marce fuerint integre persolute. Soluta vero prefata pecunia, tantum *de bonis tuis, que titulo proprietatis possides*, nobis et ecclesie nostre demonstrabis, que valorem 40 marcarum den. Col. valeant —, eadem bona a nobis —, tu et tui heredes, *feodali titulo* perpetuo possessuri.

32. Urk. v. 1312 (Kremer Gesch. des Ardenn. Geschl. p. 158). Wir — E. — u. wir J. — verjehen —, daz dei grave Symon selige von Z. den ersamen ritter heren Peter v. B. gewan zu eime burchmanne zu Stouf uffe deme huse zu sizzene, er oder sine erben ein halp jar —, wanne des graven Symons erben daz an ime vorderint, u. gap ime darumbe 7 punt Haller geltes —, u. hat ime die bewisit alle jar an sancte Remiges dage uffe sime deile des eygenes daz zu Stoufe horit, alſo besceiden, wanne graven Symons erben herin Peter — oder sinen erbin gebint 70 punt guder Hallere, do solint di 7 punt geldes uffe deme eygene zu Stouf ledich sin, u. sol her Peter oder sin erbin di 70 punt belegen, oder darvor bewisen 7 punt geldes Hallere uffe irme eygene —, da man wohl muge anhabende sin, u. solint si daz gelt von des graven erbin zu eime burchlene han, als ein reith ist.

33. *(Maur Sarti)* de claris archigymnasii Bonon. professorib. T I P. I p. 444. Est autem Hugoni tributa a populo Bononiensi, ut medicinam Bononiae profiteretur, 600 *librarum monetae Bononiensis summa, non in annuum stipendium*, ut aliqui non recte existimarunt, sed, ut dicere amabant, *in feudum* In eundem modum aliis professoribus quandoque grandis pecunia ab aliis civitatibus semel tradita, ut se publice ad aliquam facultatem vel docendam vel exercendam obligarent; quod novi scriptores praeter rationem interpretati sunt de annuo stipendio. Id multo serius Bononiae institutum. Iis *pecunia dabatur in feudum* quemadmodum etiam a Regiensibus tributa est Guidoni Suzario, ut leges in Regiensi academia traderet Et multo ante Pillius 100 argenti marcas a Mutinensibus acceperat, ut in ea civitate doceret Erat autem *late patens feudi appellatio iis temporibus;* et quisquis *sive pecuniam, sive aliud quidpiam accepisset, ut obstringeretur ad praestandum alteri servitium* aliquod sive in pace, sive in bello, is *feudum accipere* dicebatur

34. Preuß. LR. I 18 § 73. Das Geldlehn setzt ein Kapital voraus, welches sicher gestellt u. wovon dem Vasallen das Nutzungsrecht zu Lehn gegeben worden.

35. I F. 4 § 5. Si aliquis possederit castrum vel aliam rem, et dominus dixerit *se pro pignore ei dedisse*, e contrario ille dixerit se accepisse pro feudo, si potuerit dominus probare, quod ei *pro pignore* dedisset, tunc ille qui tenet domino restituet vel probet supradicto modo, *se postquam a domino pro pignore accepit*, *feudi nomine accepisse*, et si dominus non poterit probare, se nomine *pignoris* dedisse, erit defensio illius qui possidet

36 I. F. 11 pr. Si quis voluerit dicere *de pignore sibi dato se investitum esse*, non credatur suo iuramento, sed testibus idoneis, paribus domus vel curiae.

37. I. F. 27 pr. Si quis obligaverit *aliquam rem pignori* eo pacto, ut si statuto tempore pecunia soluta non fuisset, res esset creditoris, et eam *pro feudo* habeat, potest debitor quandocunque pecuniam solvendo, *pacto non obstante*, pignus recuperare.

38. I. F. 28 Quidam *obligaverat terram quandam* suo militi, deinde cum filius sui domini longum post tempus pecuniam offerendo *pignus* liberare voluisset, filius militis contendebat, patrem suum a domino suo defuncto de *praedicto pignore investitionem feudi accepisse*.

29. Sächs. Lehnr. 55 § 6. Gut mach die herre setten sunder manscap enen manne. Dat stat uppe des herren trüwe, dat he't deme manne stede late; wel he't ime breken mit siner unscult, dat mut he wol dun, die man ne moge ine des vertügen dat he't vor gerichte ime gesat hebbe.

40. Das. § 8. Swie seget gut to sattunge gelegen, die seget unrecht, wende sattunge ne mach nieman lien. Sal man gut setten als it helpende si, dat mut geschien vor des landes richtere, so dat man is die dingplichten to getüge hebbe; sal aver lenunge geschien als it helpende si, die sal geschien vor des herren mannen an den man is getüch hebbe. Gelegen sattunge dat n'is weder len noch sattunge. (Homeyer Syst. S. 346).

41. Urk. v. 1277 (*Boehmer*. princ. iuris feud. § 75 no a) (Militi) obligantur bona pro 70 libris argenti, ut ea teneat iure feodi, quod vulgariter dicitur pfantlehen.

42. Preuß. LR. I 18 § 75. Wenn einem Gläubiger das Pfandrecht auf eine zur Sicherheit seiner Forderung übergebene Sache zu Lehn verliehen worden, so heißt es ein Pfandlehn.

43. Sächs. Lehnr. 71 § 6. Swie so egen to lene hevet, dar n'is nen volge an. Doch gat die lenunge bit in die seveden hant, also ander len dat des rikes gut is. (Vergl. Homeyer S. 297).

44. Urk. c. a. 1180 (*Meichelbeck* H F. I 2 nr. 1349). Erat hoc praedium Ottoni palatino comiti a Frisingensi episcopo beneficiali iure concessum, item illud Otto homini suo Eberhardo de F, similiter Eberhardus pro hominio praestito cuidam D de S idem concesserat

Dritter Abschnitt. Subjective Lehnsfähigkeit.

Franklin Art. Lehnsfähigkeit bei Holtzendorff II 640. Ficker vom Heerschilde. Innsbr. 1862.

I. Auf Seiten des Lehnsherrn. (B. § 150 I. G. § 109. St. § 119.) § 200.

1. Sachs Lehnr. 2 § 6. Of en man vulkomen an me herscilde von papen oder von wive oder von eneme die des herscildes nicht ne hevet belent wert, deme lene ne mach he nicht volgen an enen anderen herren, it ne si dat en pape oder en wif des rikes gut bi kore untva u. den herscilt dar af hebbe; dat gut mogen sie lien, u. deme gude mach man volgen an enen anderen herren. § 7. Burchlen aver u. kercken, u. alle len dar en man deme rike nen dienst plichtich n'is af to done, dat mach lien papen u. wif, al ne hebben sie des herscildes nicht, u. deme mach man volgen an enen anderen herren.

2. Ssp. I 26. Wirt en besloten nunne ebbedische, oder en monik biscope, den herscild mogen se wol hebben von me rike.

a. Ssp. I 3 § 2. Tu derre selven wis (wie die sieben Weltalter § 1) sint de herschilde ut geleget, der de koning den irsten hevet; de biscope u. ebbede u. ebdischen den anderen; die leien vorsten den dridden, sint se der biscope man worden sin; die vrien herren den vierden; de scepenbare lude u. der vrienherren man den veften; ire manne vort den sesten. Alse de kristenheit in der seveden werlt nene stedicheit ne weit, wo lange se stan sole, also ne weit man ok an dem seveden scilde, of he lenrecht oder herschilt hebben moge. Oben § 146 Nr. 2.

b Schwsp. 5. Der künic hefet den ersten herschilt; die bischöve u. die apte u. abbtissinne, die da gefürstet sint, die hebent den andern herschilt; die leigen fürsten den dritten, die vrien herren den vierten, die mittern vrien den fünften, die dienstman den sehsten

c Ssp. III 65 § 2. Wirt en man sines genoten man, sine bord noch sin lantrecht ne hevet he nicht gekrenket dar mede, sinen herschilt hevet he aver genederet.

3. Urk v. 1338 (Lacomblet III Nr. 337): machgen kunt wir J. Scheyvart, ridder, — inde Grete mine huisvrouwe, dat wir zwey mid gesamender hand — verkust hain — deme — vursten heren Wilhelme — van Guilghe, unsme lieven heirren — unse man, die hierna benant — staen, dat ys ze wissene heren Hermanne van B., heren Gerarde R. van W, inde heren Arnolde Ch. van B., riddere, mid den manschaffen inde den hulden ind eyden, der si uns gebunden waren, inde darzu mid den manlenen, die si van uns ze halden plagen.

4. Urk. v. 1319 b. Schwarz Pommersche Lehns-Hist. S. 299. Si qui autem in praenominatis bonis (sc. in Ober- u. Unter-Wyck, die Herzog Otto der Statt Stettin verkaufte) a nobis (sc. Ottone duce) in pheodo quidquam tenent, hi bona talia in pheodo suscipient *a consulibus* (sc Stetinensibus).

5. Das. S. 312, 313. Eben so gab 1321 Fürst Witzlaf der Stadt Stralsund das Recht, durch den Rath forthin Lehngüter zu verleihen.

6. *Cocceji* de eo quod iustum est circa rusticos in materia feudali cap III § 3 Compertum habemus, in pago quodam, nomine *Schopperitz*, *alibique* in *ducatu Altenburgico* reperiri eiusmodi *rusticos, qui habent suos vasallos*.

7. Preuß. LR. I 18 § 43. So wie eine Person höhern Standes einer niedern, so kann auch eine Person niedern Standes einer höhern Lehne verleihen oder auftragen.

8. Sächs. Lehnr. 53 a. E. Die herre ne mach niemanne gut lien u. is ine geweren, he ne hebbe't selve in geweren.

9 V A de benef. I 123 Nulli — dominus beneficii warandiam concedere poterit, quam *non solutam* habuerit.

§ 201. II. Auf Seiten des Vasallen. (Lehnsfähigkeit im eigentlichen Sinne.) (B. § 150 II. G. § 110. St. § 119.)

1. Sächs. Lehnr. 23 § 1. Die herre ne sal niemannes manscap verspreken, ane des die des herscildes darvet, oder des die in des rikes achte si, oder des die in deme selven gerichte vervest is, oder of in die selve herre beklaget hevet vor des landes richtere umme rof oder umme andere ungerichte, u. im mit ordelen gedegedinget is, binnen den degedingen ne darf die herre in to manne nicht untvan.

2. Das. 2 § 1. Papen, wip, dorpere, koplüde u. alle die rechtes darvet oder unecht geboren sin, u. alle die nicht ne sin von ridders art von vader u. von eldervader, die solen lenrechtes darven. § 2. Svelk herre doch disser eneme gut liet, von deme hebbet sie lenrecht in deme gude, u. ne ervent it nicht an ire kindere, u. darvet selve der volge an enen anderen herren. Von getuge mach man sie vorlecgen in lenrechte u. ordel to vindene alle die des herscildes darvet. Ire herre aver

von deme sie lenrecht hebbet, die mut iren getüch liden u. ordel, u. ne mach sie uppe nemanne nütten.

3. Schw. Lehnr. 1. Phaffen u. geburen u. alle die niut semper sint, u. niut von ritterlicher art geborn sint, die suln alle lehenrehtes darben. — Lehent aber der herre dirren einem ein guot, der hat alse guot reht daran, alse der den rehten (al sechsten) herschilt füret, u. erbent diu lehen an iriu kint, umbe allez lehen reht mugen si nit urteil vinden, di dez herschiltes darbent, wan vor ir herren von dem sis hant.

4. Friderici I. const v. 1187 oben § 49 Nr. 7.

5 *Aurea bulla XIV* 3. Contrarium faciens, — *infamis* existat et *banno imperiali* subiaceat, et *nullus ad feuda vel beneficia — pateat ei — aditus*

6. Schw. Lehnr. 4. Ein jegelich phaffe, der von ritterlicher art ist, mag wol haben ze sinem libe lehen.

7. Das. 100. Von der frowen mac niemen lehen geerben, wan si des herschiltes darbet.

8. Dipl a. 1384 (*Schilter* Cod. i f Alem ad c. 67 § 3). Wir Rupiecht rc. bekennen, (das Phye uns) irer sune zehenden — für recht eigen uffgegeben hat, — u. hat sie denselben zehenden — von uns zu rechten manlehen wider emphangen, u. sollen dieselben ir sune u. ir lehenserben den zehenden — ewiclich zu rechten manlehen emphahen. — (Wenn) ire sune u. ir erben — (nur) dochter ließent, so sollen wir — den zehenden denselben dochtern — alltzyd verlihen.

9. Dipl a 1342 (*Guden* C. dipl 3, 321): *feudum vasallatus*, quod ein manlehen vulgariter dicitur

10. Schw. Lehnr. 1. Die kiunige hant alſo gesetzet: swer mit dem sibenden herschilte zetuonne habe, der sol lehenrehtes darben.

11. Kl. Kaiserr. 3, 5: (ez) sal nyman dez riches gut besiczin von lehens wegen dan ein ritter, der von dem geborn ist, daz sin stam von allen sin vir anen hat gehort in dez riches ritterschaft.

12. Urk. K. Ludwigs v. 1315 s. oben § 45 Nr. 18.

13. Urk. K. Rudolphs f Winterthur v. 1275 das. Nr. 19.

14. Urkk. v. 1340 u. 1350 das. Nr. 20 u. 21.

15. Kl. Kaiserr. 4, 1. Auch hat in (den Reichsbürgern) der keiser die genade getan, daz sie mugen dez riches gut besitzen zu lehenrecht glich des riches dinstmanne, die wile sie des riches burger sint.

16. Iura archiepisc. Trev. (Lac. Arch. 1, 374). Item Paulus de E. habet ex hiis 5 mansis unum qui dicitur *rydehuve*, quem nullus debet possidere *nisi miles vel armiger*, qui tenetur esse eques in servitio dum requisitus fuerit

17. Priv. f. die Vorpommersche Rittersch. v. 1720 b. *Lunig* C. I F. 2, 1476, 1477 Nachdemmahlen oberwehnte Ritterschaft — angehalten, daß wir — geruhen mochten, bey Wiederbelehnung der entweder bereits würcklich eroffneten, oder zur Eröffnung stehenden Lehne auf die Eingebohrne von Adel, welche mit der abgegangenen oder abgehenden Familie verwandt sind, vor andern zu reflectiren; — so wollen wir u. unsere Successoren auch darinnen – willfahren.

18. Kursächs. Priv. f. d. Oberlausitz. Rittersch. v. 1666 im Cod Aug T 2 P. III p 364, 366 Wegen derer daselbst (in der Oberlausitz) vorhandenen Privilegien, daß keiner vom Adel sein Ritter-Guth einigen Bürger verkauffen solle, — (soll keiner) Macht u. Gewalt haben, — seine Lehen- u. Erb-Güther, welche zum Land- u. unter die konigliche Aemter gehörig, jemanden anders als einem vierschildigen Herren-Standes, oder vom Adel uralten Geschlechts u. Herkommens, hinzulassen, zu versetzen, zu verpfänden, oder sonsten alio quocunque titulo auf ihn zu transferiren.

19. Kursächs. Lehnsmand. v. 1764 VI § 3 in Cont Cod Aug T. 1 p. 1032. Immaaßen wir in Zukunfft denen Bauers-Leuten, weder die Acquisition derer Ritterguter, noch auch die Aufnehmung dererselben in die gesammte Hand daran zu erlauben gemeynet.

20. Theilungsvertrag zwischen H. Wilhelm v. Br.-Lünebg. u. s. Bruder Heinrich v. 1337 (Sudendorf I n 609): welkerleye len fallen an gheystliken lene, an ridderlenen odyr an borgherlenen in den vorgen. richten, de scole we myt eynander lygen, sunder burlen de lyge user jowelc in den dorpen, de ome gefallen synt.

21. Preuß. LR. I 18 § 66, 67. Adliche Lehne heißen diejenigen, von welchen der Vasall nach dem ursprünglichen Vertrage Ritterdienste zu leisten verpflichtet ist. Personen unadelichen Standes können also zu solchen dem Adel bestimmten Lehnen in der Regel nicht zugelassen werden.

22. *Lunig* C I. F. 2, 466, 467. Bericht Herrn Lands-Haupt-Mann u. Vitzdomen in Caerndten der Beutel-Lehen wegen (a 1557): Die Lehen, so Edel-Leuthe innen haben, seyen Rittermäßig, die Lehen aber, welche Bürger u. Bauern besitzen, seynd Beutel-Lehen, u. da sich nun mit den Beutel-Lehen mit Absterb- u. Verkauffung oder in andere Wege eine Veränderung zuträgt, so wird dem Lehen-Herrn von dem Lehen-Mann wegen des Lehen-Guths, ungefehr soviel, als dasselbe Guth, ein Jahr im Bestand oder Zinß-Weiß auffs Höchste ausgelassen ertragen mochte, sonsten aber keine andere Dienstbarkeit gereicht.

23. Oesterr. Landtafel Tit. 2 b. Hommel acad. Reden S. 129. Welches Lehn man ungeadelten Leuten giebt, das nennt man Beutellehn; weil man weiter keinen Ritterdienst erwarten kann, sondern solches Lehn mit Beutelgab oder Geld verdienet wird.

24. Bayer. Lehensedict § 35. Jeder Bayerische Staatsbürger kann Lehen empfangen.

25. K. Sächs. Ges. v. 22. Febr. 1834 § 5. Die Bestimmung in kreisländischen Gesetzen, daß Personen vom Bauernstande weder Rittergüter erwerben, noch Mitbelehnschaften an solchen Gütern erlangen sollten, wird hiemit aufgehoben.

Vierter Abschnitt. Begründung des Lehns.

I. Durch Investitur. (B. § 153. St. § 120.)

Homeyer System § 9—21. Brunner bei Holtzendorff II S. 393.

§ 202. A. Ueberhaupt. (G. § 111.)

1 I. F. 25 pr Sciendum est, feudum *sine investitura* nullo modo constitui posse, etiamsi domino iubente quis alicuius rei possessionem nomine feudi nanciscatur et teneat Licet tamen possessionem taliter adeptam dum vixerit quasi feudi nomine retinere, herede eius in hoc iure nullo modo ei succedente

2 II. F. 2 pr. Investitura *proprie* dicitur possessio; *abusivo* autem *modo* dicitur investitura, quando hasta vel aliud corporeum quidlibet porrigitur a domino feudi se investituram facere dicente.

§ 203. B. Von den die Investitur vorbereitenden Geschäften. (B. § 153 I. G. § 112.)

1. Ssp. I 34 § 2. Svelk man sin gut gift u. dat weder to lene untveit, dem herren hilpt de gave nicht, he ne behalde dat gut in sinen ledichliken geweren jar u. dach.

2. Urk v. 1197 (*Ludewig* Rel Mss 9, 603). Quod Otto Brandenburgensis marchio et comes A, frater eius, — praedia ipsorum — in ducatu transalbino — Magdeburgensi ecclesiae tradidissent, — (quae archiepiscopus)

transacto anno et sex hebdomadis a tempore collationis ipsis concedet in feudo, et restituet eis universa oppida etc

3. Urk. K. Friedrich II. v. 1235 (Mon. Ll. II 318) Otto de *Luneburch* — *proprium* castrum suum Luneburch, quod idiomate Teuttonico vocatur eygen cum — terris et hominibus eidem castro pertinentibus, in *nostram proprietatem* et *dominium* specialiter assignavit, ut de eo, quicquid nobis placeret, tamquam de nostro proprio faceremus Nos autem — predictum castrum de Luneburch cum omnibus — pertinentiis et hominibus suis, — in *presentia principum in imperium transtulimus et concessimus*, *ut per imperium infeodari deberet* Civitatem insuper de *Brunswich*, cuius medietatem proprietatis dominii a marchione de Baden et reliquam medietatem a duce Bavarie — emimus, — similiter — imperio concessimus, *proprietatem nobis debitam* in dominium imperii transferentes. Preterea Ottone in — generali curia in manibus nostris connexis palmis super sancta cruce imperii — prestante fidei iuramentum, nos — civitatem *Brunswich* et castrum *Luneburch* cum omnibus — pertinentiis suis *univimus* et creavimus inde *ducatum*, et imperiali auctoritate dictum — Ottonem ducem et principem facientes, ducatum ipsum in *feodum imperii* ei concessimus, ad heredes suos *filios* et *filias* hereditarie devolvendum, et eum solempniter iuxta consuetudinem investivimus *per vexilla*

4. Schannat Fuld. Lehnhof. Cod. prob nr. 388. H. M. hat Eytholfs das Hus eym Apt von Fulde u. dem Stift —, als das sin frye eygen gewest ist, lediglichen u f g e g e b i n, u. had das a l s p a l d w i d e r v o n d e m s e l b e n A p t e n t p h a n g e n z u r e c h t e m L e h e n.

C. Form der Investitur. (B. § 153 II. G. § 113. St. § 120 II.) § 204.

1. Schw. Lehnr. 95. So der herre sin manlehen lihet u. sint sine man da nit zegagen —, u. sint a n d e r lute da bi, dann des herren man, — d a z i s t — n i t r e h t. — Hat der herre s i b e n manne n i t, die lehen von im haben, so mac er j e n z w o l t u o n.

2. Sächs. Lehnr. 3. Die man sal sime herren bi plicht h u l d e d u n, u. sveren dat he ime so trüwe u. also holt si, alse durch recht die man sime herren sole, die wile dat he sin man wesen wille u. sin gut hebben wille.

3. Friderici I const de iure feud. a 1158 i f. (Mon Ll. II 114): Illud quoque sancimus, ut in omni sacramento fidelitatis nominatim imperator excipiatur.

4 Arnold Lubec III 1 Bernardus dux — nobiliores terrae adesse praecepit, ut receptis ab eo beneficiis suis *hominium* ei facerent et *fidelitatem* ei *per sacramenta* confirmarent.

5 *Schaten* I 917: *hominium* fecimus et *fidelitatem* iuravimus

6. Thietmari Merseb. chron VI 3 (Mon. SS III 805). (Henricus II) habito regali placito militi sumet generoque Heinrico — cum *omnium laude praesentium* cumque *hasta signifera* ducatum dedit.

7. Urk. K. Karl IV. f. d. Abt v. St. Gallen v. 1361 (*Glafey* Anecd n 432) Infeudavimus et investivimus eum per *sceptrum imperialis* ut moris est *eminentiae osculo comitante*.

8. Urk. K Ludwigs v. 1317 Oct. 22 (*Ioannis* Spicil. p. 411) Et super hoc — Mechtildim matrem, nec non E. et L filias, *recepto prius ab eis et earum singulis osculo*, *prout in talibus de iure et consuetudine fieri consuevit*, de dote et donacione huiusmodi investivimus

9. Richtst. Lehnr. 22 § 5. Wille't — di din here u n g e k u s s e t ligen, d a t h e t a n e m a n s c a p ꝛc.

10. Wormser Concordat v. 1122 (Mon. Ll II 75). Ego Heinricus (V) — dimitto Deo et sanctis Dei apostolis, Petro et Paulo, sanctaeque catholicae ecclesiae omnem investituram per *anulum et baculum*.

11. Ssp. III 60 § 1. Die keiser liet a l l e g e i s t l i k v o r s t e n l e n m i t d e m e s c e p t r e, a l l e w e r l t l i k e v a n l e n liet he mit v a n e n.

12. Richtst. Lehnr. 22 § 5: med ener kogelen edder wat dar sodanes were, — dar liget de here dat gud mede.

13. *Lunig* C. I. F. 2, 1403 (a 1670): so wäre dieses fürstenthums (Lauenburg) hergebrachter gewohnheit gemaeß, daß die neuen lehnleute durch angreifung ihres gn. lehnsherrn huts ihrer lehnstücke halber vergewissert u. in die possession gesetzt würden.

14. Schw. Lehnr. 42. Kumet der sun — zuo dem herren —, u. biutet im sine manschaft mit zesammen getanen handen u. gange im alse nahe, ob er stande, daz er in gereichen miuge; sitzet aber der herre, sol er fiur in kniuwen. Sumliche liute sagent, daz er dem herren die hende wegen sule; dez ist niut, wan alse der man gat fiur den herren, da er stat, oder kniuwet vor im, da er sitzet, so weget sich aller sin lip u. ouch die hende. Alsus sol der man sprechen, alse er sins guotes mit gevaltenen henden gert: Herre ich vorder an iuch sogetan guot, alse ich mit rehte an iuch braht han, u. biute iuch dar umbe mine manschaft, einest, andrest, dristunt; u. sin des iuwer manne mine geziuge.

15. Sächs. Lehnr. 23 § 3. Die herre sal sinen manne to aller tiet u. in allen steden gut lien, dar man's ine to rechte an geret, wan al ene in kerken u. in kerkhoven.

16. Bair. Lehnsedict § 1, 2, 42. Künftig bestehen keine andere Lehen, als Mannlehen der Krone. Diese werden entweder von dem König selbst, (auf dem Throne, von den Ministern, Kronbeamten u. obersten Hofämtern umgeben, vor dem versammelten Hofe, nach den Vorschriften des Belehnungs-Ceremoniels) verliehen, u. heißen Thron-Lehen, oder im Namen des Königs von dem obersten Lehenshofe, u. heißen Kanzelei-Lehen.

17. Preuß. LR. I 18 § 84. Sollen unbewegliche Güter unter Privatpersonen als neue Lehne verliehen werden, so ist die gerichtliche Abschließung des Vertrages, u. die Vermerkung der Lehnseigenschaft im Hypothekenbuche nothwendig.

18. Das. § 89. (Die Investitur) geschieht durch die Uebergabe der zu Lehn verliehenen Sache von der einen u. das Angelöbniß der Lehnstreue von der anderen Seite. § 90. Besondere Leistungen oder Feierlichkeiten — können von dem Vasallen nur so weit gefordert werden, als es der Lehnsvertrag oder ein wohlhergebrachter Gebrauch des Lehnhofes mit sich bringen.

§ 205. D. Urkunden über die Belehnung. (B. § 153 IV. G. § 113.)

1. Urk. b. Wenck Hess. Landesgesch. 2 Nr. 229: infeudavimus et infeudamus *vi huius scriptionis.*

2. Urk. v. 1340 (*Erath* C d. Quedlinb. p. 460): die lehen, die wir im — tun in diesem briefe, die sullen gantze macht haben, als ob wir sie im liplich mit der hant u. mit dem munde getan hetten.

§ 206. E. Wirkungen der Investitur. (B. § 153 III. G. § 114.)

1. Sachs. Lehnr. 10 § 3. Swenne en herre sinem manne gut bewisen let dat he ime liet, tohant hevet die man die gewere an deme gude, die des herren was, er he't ime gelege. § 4. Svan aver die herre weigeret to bewisene sogedan gut als he ime gelegen hevet, de man underwinde sik sogedanes gudes als ime de herre gelegen hevet, svar't sime herren ledich si, sunder bewisunge. § 5. — Behalt he dat gut, des he sik sus underwint ane bewisunge, jar u. dach ane rechte wedersprake sines herren, die herre ne mach it ime nicht wandelen.

2. Schw. Lehnr. 158. Swer ein niwez lehen enphahet, daz niht vater lehen heizet, noch sin gedingede nit enist, der sol den herren biten, daz er im wisunge daruf gebe, so hat iesa er gewer an dem lehen.

3. Sächs. Lehnr. 11 § 1 f. oben § 68 Nr. 42.

4. Das. 59 § 3. — Al len ane gewere darvet der volge u. al gewere ane lenunge is unrecht.

5. Das. 78 § 1. Al lenunge die de herre dem manne dut, die sal he ime geweren to sime live.

6. Das. 7 § 4. Of twene man en gut anspreket die beide der gewere darvet, beide solen sie benomen die tiet der lenunge, u. swelk ir die erren lenunge getügen mach, die sal it mit rechte behalden.

F. Einzelne Arten der Belehnung.

1. Reinfeudation. (B. § 152. G. § 109). § 207.

1. Sächs. Lehnr. 71 § 3. Vanlen — mut he (der Lehensherr) — san mit rechte nicht ledich behalden over en jar.

2. Neueste Wahlkapit. Art. 11 § 10, 11. Wann auch inskünftige Lehen dem Reiche durch Todesfälle oder Verwirkung eröffnet u. ledig heimfallen werden, so etwas merkliches ertragen, als Kurfürstenthümer, Fürstenthümer, Graf- u. Herrschaften, Städte u. dergleichen, die sollen u. wollen Wir (der Kaiser) die Kurfürstenthümer ohne des kurfürstlichen Collegii, die Fürstenthümer, Graf- u. Herrschaften, Städte u. dergleichen aber ohne die kurfürstlichen, fürstlichen, auch (wenn es nämlich eine Reichsstadt betrifft) städtischer Collegiorum Vorwissen u. Consens ferner niemanden leihen, auch niemanden einige Expektanz oder Anwartung darauf geben; sondern zu Unterhaltung des Reichs, Unser u. Unserer nachkommenden Könige u. Kaiser behalten, einziehen u. inkorporiren.

3. Receß zw. Christian Ludewig u. Georg Wilhelm z. Braunschw. u. Lüneb. v. 1646 Art. 23 b. Strube R. Bed. Th. I Nr. 115 § 2. (Daß) die adliche, auch Bürger- u. Bauer-Lehne, gräfliche Lehne allein ausgeschlossen, zu keinen Tafelgütern zu machen, sondern wohlverdiente Leute damit zu belohnen sind.

4. Preuß. LR. I 18 § 40. Bei Sachen, die nach vorhandenen allgemeinen Landes- oder besondern Lehnsverträgen oder nach hergebrachtem Gebrauche des Lehnshofes zu Lehn gegeben zu werden bestimmt sind, ist der Obereigenthümer das ihm anheim gefallene nutzbare Eigenthum wiederum einem Andern zu verleihen schuldig.

5. Bayer. Verf. III § 5. Dem Könige (steht) die Wiederverleihung heimfallender Lehn jederzeit frei.

6 Würtemberg. Verf. Urk. v. 1819 § 107. Das Kammergut — kann ohne Einwilligung der Stande — durch Veräußerung (nicht) vermindert werden. — Unter Veräußerung (ist) der Fall nicht begriffen, wenn vom Könige ein heimfallendes Lehn zur Belohnung ausgezeichneter Verdienste um den Staat wieder verliehen wird.

2. Eventualbelehnung. (B. § 154 I. G. § 115. St. § 121 I). § 208.

Homeyer System § 14 u. 15. Franklin b. Holtzendorff I S. 753. *E. ab Horn* de investitura event. et exspectativa feud. Diss. Berol. 1865.

1. Richtst. Lehnr. 21 § 1. Gedinge, dat is dat de here liget met underscheit, also dat he id di liet, du en scalt des aver nicht lenger hebben wen to dineme live; edder du scalt des nicht er hebben, N de sterve denne ane lenerven; edder du scalt des nicht er hebben, wente dat id erst leddich wert.

2 V. A I 24, 25 *Pater hereditat in filium* possessionem, sicut et *beneficium*, propter quod non eget filius, ut demandari bona patris sibi faciat dominus. Sic et homo *carens filio* hereditat in *dominum* possessionem beneficii, sicut et beneficium, nisi dominus concesserit alicui *expectationem* beneficii.

3. Sächs. Lehnr. 5 § 1. Tven mannen mach die herre en gut lien, also dat en die gewere dar an hebbe u. die andere dat gedinge, of de ane len erven stervet die dat gut in geweren hevet. An 'me gedinge n'is nen volge. (Ueber volge Homeyer Syst. S. 441). Let it ok jene die it in geweren hevet, dat gedinge is gebroken, it ne si dat he't weder untva de't dar gelaten hevet, u. dar an irsterve.

4. Das. 10 § 1. Ittelike lüde seget, dat man nen gedinge lien ne müte ane jenes bede di it gut in geweren hevet; des n' is nicht, wende die man sal tügen sine lenunge of he's bedarf, u. niemannes bede. § 2. Is ok en man belent von sineme herren mit eneme punde —, svar't ime irst ledich wirt, lenrecht hevet he dar an; noch mer rechtes hevet disse dar an, dem it gelegen u. benümt wert.

5. Ssp. I 33 s. oben § 34 Nr. 3.

6. Sächs. Lehnr. 20 § 1. Die sone die stirft er deme vadere, die — ne brict — niemanne sin gedinge an des vader lene.

7. Das. 57 § 1. Liet en herre wive oder manne gedinge an enes mannes gude, stirft jene dar na die't in geweren hevet, die gewere des gudes is irstorven uppe dene, deme it gedinge gelegen was. Er was it sin len under gedinge u. under dem besceide, of die ane lenerven sturve die't in geweren hadde: do he starf, do was it sin len sunder gedinge; deste he's den herren innere, of he's nicht ne bekant, binnen siner rechten jartale, mit twier siner manne getüge, die de lenunge sagen u. horden, do he't ime sunder gewere lech. § 2. Svenne die stirft ane lenerven die't gut in geweren hevet, die herre mut is sik wol underwinden, of he's sik nicht versint, dat he't gedinge dar an jemande gelegen hebbe. § 3. Underwint is sik ok jene, dem en wardunge oder en gedinge dar an gelegen is, er den die herre, he ne missedut nicht, deste he't tohant vorsta u. sin recht dar an berede jegen sinen herren, svenne he ine dar umme scüldeget oder dar umme degedinget. Nener jartale ne sal he denne dar mede beiden, wen als he sine jartale mit sinnene lengt, also kört sie die herre, of he ime recht dar von büt. § 4. Stirft en herre, oder let he up sines mannes gut binnen der jartale als it dem manne an irstorven is, u. he den herren siner lenunge inneren sal, he volge sineme gude nicht vor en gedinge denne vor en recht len, svenne he an ine gewiset wert mit rechte. Deme erren herren sal aver he bieden dat gut to behaldene mit getüge; wederspriet he dat mit unrechte, so hevet he behalden dat gut mit rechte, dar ime rechtes af geweigeret is, u. hevet dar rechte volge an. § 5. Was it aver gelaten bi jenes live, die't in geweren hadde, u. was he redelike u. rechte an jenen gewiset dem it die herre lit, oder hadde he't von ime untvangen, so is al gedinge gebroken, dat die erre herre gelegen hadde in deme gude.

8. Richtst. Lehnr. 30 § 4 a. E. Hedde — de here di gelegen enes mannes gedinge, u. queme dat gut na an dines heren sone edder an enen anderen heren, u. lege de dat gedinge enem anderen, vragede me denne, welkore lenunge vorgan scole, so vindme: de leste.

9. Schw. Lehnr. 13. Unde lihet ein herre einem man ein guot also: Ich nenne dir den man Cuonrat oder swie er danne heizzet, alse der stirbet, so si daz guot sin lehen. Unde stirbet der man, er var an sinen herren u. bitte eine wisunge uffen sin guot. Und tuot aber er dez niht, so underwinde sich der man des guotes selbe, u. tuot wider reht niut.

10. Richtst. Lehnr. 30 § 6. Koftestu ok en gedinge an enes mannes gude jegen dineme heren, dat di gelegen worde van eme, lete denne de man na sin gud up, u. lege't de here eneme anderen; vragedestu denne, eft di din here icht scole dat irstaden edder din gelt wedder geven, so vindme: he ne dorve, he ne hebbe di dat denne sunderliken gelovet.

11. Urk. v. 1368 (*Gercken* C. dipl Brand VI 637). Geschege dat, dat disse (di zeitigen Besitzer) dat hus laten wolden, dat se von uns hebben, dat en schulle wy nemande lygen, wy en dun dat myt der von A. (der Gedingsleute) willen.

12. Sächs. Lehnr. 7 § 5. Svenne en herre liet gut sinen manne, svar't ime irst ledich wert von sines mannes dode, — die man sal hebben

dat irste gut dat deme herren ledich wert, it si ledich oder verlegen.

13. Sächs. Lehnr. § 1. Svelk herre en gut liet sime manne svar't ime irst ledich wert, — u. dar na liet enen anderen en benomet gedinge, mit deme erren lene ne mach jene disseme sin benomede gedinge nicht gebreken, svenne jene stirft di it in geweren hevet, wend' it deme herren nicht ledich ne wart.

14. Richtst. Lehnr. 30 § 7. Spreken ok twe up en gedinge, so schun se beide nomen de tid der lenunge. So vrage de dar de erste an si, eft he icht dat gud beholden scole. So vindme he scole, deste he dat betügen moge. So vrage he vort alsus, sint des din here bekant, eftu dar boven tüge bedervest. So vindme, he ne dorve nicht wen des heren bekantnisse, u. beholt so dat gud jegen den heren u. nicht jegen sinen husgenoten. Were ok eneme legen dat erst ledich worde, u. deme anderen in ene benomede stede, de vrage wedder den ersten, eft he di med deme gemeinen lene din benomede gedinge breken moge. So vindme he ne moge.

15 Schw. Lehnr. 12. Von gedinge. — Swelh herre ein guot lihet, swa ez im erst lidig werde —, u. in dez guotes (niht) bewiset, wa ez lige, u. kumet ein andre, u. lihet ez ouch dem, swenne ez im erst lidig werde, u. benennet im daz, u. bewiset in sin. Nu stirbet der, der daz benante guot da hatte; si kument beide fiur ir herren u. vordernt ir lehen. Der herre sprichet: ich sol ez niwan einem lihen. Sin errer man sprichet: Herre ir liuhent mirs zem ersten; der ander spricht: Herre ir liuhent mir daz guot u. benanten mirz u. bewistent mich sin. Giht im dez der herre, dez ist gegen in genuog.

16. Sächs. Lehnr. 7 § 7. It gut dat irst ledich wert, des sal sik die man underwinden, al si is mer oder min dann ime gelegen si, wante he siner lenunge die vülle hebbe.

17. Richtst. Lehnr. 30 § 4. Let — jenne dat gud bi sunden live up, des anwardinge di gelegen is ꝛc.

18. Sachs. Lehnr. 55 § 9; s. oben § 198 Nr. 2.

19. Richtst. Lehnr. 24 § 1. Here hedde ok juwe vader eneme anwardinge gelegen, so vraget enes ordels, eft gi eme des plichtich na to ligende sin. So vindme, he ne si.

20. Sächs. Lehnr. 49 § 2. Liet en herre twen mannen oder dren gut svar't ime irst ledich wert, die dar irst belent wert die sal des irsten gudes warden dat ime ledich wirt.

21. *Puttmann* Obs. iur. feud. Nr 21 (Daß), daferne berührtes Geschlecht derer von B. — erloschen, u. sothanes Lehn — uns oder unsern — Successorn eröffnet werden solte, — unser — *eventualiter* neu belehnter von A. u. seine männliche Leibes-Lehns-Erben — alle u. jede von uns zu Lehen gehende B. Güther, — immaßen wir sie dergestalt u. in *eventum* kraft dieses tradiret, u. also ein *ius reale* darin constituiret haben wollen, *propria auctoritate* in Besitz zu nehmen — berechtigt seyn.

22. Preuß. LR. I 18 § 448. Ist — die Eventualbelehnung Jemanden wegen seiner Verdienste um den Staat ertheilt worden, so mussen die Nachfolger des Verleihenden dieselbe in allen Fällen anerkennen.

23 Henrici VI. sent. a. 1190 (Mon. Ll II 186): quod — non liceret alicui episcopo decimam quamcunque cuius usus *suis temporibus non contigisset provenire*, per infeodacionem sive vendicionem aut per alium quemcumque alienationis modum *ab ecclesia sua nullatenus alienare*

24. Preuß. LR. I 18 § 469. Dem Eventualbelehnten kommt ein wirkliches gegenwärtiges Recht auf das Lehn (nicht) zu. § 470. Seine Zuziehung ist also bei Veräußerungen u. Verpfändungen des Lehns nicht nothwendig. § 471. Vielmehr muß er das Lehn in dem Zustande übernehmen, in welchem sich dasselbe zur Zeit der Erledigung an den Lehnsherrn befindet.

§ 209. Anhang: Von der Lehnsanwartschaft. (B. § 154 B. G. § 112.)

1 V. A. I 24, 25 Sächs. Lehnr. 5 § 1 oben § 208. Nr. 2 u. 3.

2. Neueste Wahlkapit. XI § 11 oben § 207 Nr. 2. § 12: doch — den von unsern Vorfahren am Reiche den Ständen *propter bene merita* ertheilten, u. den damaligen Reichsconstitutionen gemaßen Anwartungen auf künftig sich erledigende Reichslehen an ihrer Kraft u. Bindlichkeit unschadlich.

3. Urk. a d. E. des 11. Jahrh. (*Gunther.* I 160, 600): mansos in beneficium collaudavi — hac — discretione, ut ubicunque cessantibus beneficiorum heredibus in manus nostras venerint, — ipse ad nos — veniens a manu nostra suscipiat, nec alter ante eum a nobis suscipiat

4. Urk. v. 1428 (*Gercken* C d VII 185): (wollen) 20 Schock Geldes so uns die schirst in unsen landen — vervallen u. an uns komen, zu einem rechten manlehen leihen.

5. Gl. z. Ssp. (Homeyer Syst. 341): *anwartunge* intelligitur de feudo statim aperiendo, *non in certa persona neque in determinato feudo*, sed quandocunque et undecunque se casus obtulerit, et habet hoc casu vasallus tantum *spem succedendi ac ius in rem et non in re*

6. Urk. v. 1507 (*Schilter* Comment ad I F Alem cap 19 § 7). Haben wir (Maximilian I) den obgenannten Hertzog Fridrichen u. Hertzog Johannsen (von Sachsen) hiermit weiteres zugesagt u. versprochen, wo Hertzog Magnus von der Lauenburg ohne eheliche Männliche Leibes-Erben mit Tode abgehen sollte, das wir alsdann ihnen u. iren Männlichen Leibs-Erben, u. da sie nicht weren, den vorgedachten Hertzog Georgen u. Hertzog Heinrichen von Sachsen, u. iren Männlichen Leibs-Erben sein Fürstenthum u. Lande zu der Lauenburg — leihen. — Wir wollen u. sollen sie auch dabey gnadiglich handhaben, auch hiewider nichts handeln noch ausgehen lassen. — Was darwider geschehe, solches alles (wir) izt als dann, u. dann als izt *derogiren*, abthun u. vernichten.

7. Preuß. LR. I 18 § 454. Das Recht der Anwartschaft erstreckt sich in der Regel auf die lehnsfahigen Nachkommen des Anwarters.

8. Bayer. Lehnsedict § 41. Ein Lehen kann nur durch die wirkliche Belehnung erworben werden. Zusagen, letzte Willensverordnungen u. Anwartschaften sind ohne Wirkung.

§ 210. 3. Mitbelehnung. (B. § 155. G. § 116. St. § 121 II).

Homeyer Syst. § 45. Stobbe Z. f. RG. 4 (1864) S. 243. v. Sicherer über die Gesammtbelehnung in deutschen Fürstenthümern. Münch. 1865. Stölzel Arch. f. prakt. Rechtswiss. 10 (1863) S. 184. Roth z. Lehre v. d. Genossenschaft (1878) S. 101. Franklin bei Holtzendorff II S. 784.

1. Sächs. Lehnr. 32 § 1. Man mach vele brüderen en gut lien, of sie't mit samender hant untvat u. gelike were dar an hebbet. Willet aver sie sik sceiden mit deme gude, sie delet it under sik ane des herren orlof, swo sie willet. Sven aver sie sik delet, ir nen hevet recht an des anderen gude of die andere stirft, ime ne si anderweive dat gedinge daran gelegen.

2. Stendal Gl. hierzu oben § 75 Nr. 36.

3. Sächs. Lehnr. 32 § 2. Die wile ok sie't gut to samene hebbet, stirft ir en, sin kint trit in des vader stat, u. behalt sin gut gemene mit den vedderen als it sin vader hadde.

4. Das. § 3 f. oben § 75 Nr. 37.

5. Das. § 4. Of mer lüde den en mit eme gude belent sin, u. sint sie unbesceiden dar an, ir nen mach volgen an enen anderen herren of ir herre stirft, wanne en enich man.

6. Richtst. Lehnr. 28 § 2. — Sprikt jenne: min vader u. ik hadden ene samende hant, u. dar umme hadde we dat gud in liker were, u. bidde

enes ordels to lenrechte, sint ik ene samende hant hadde med mineme vader, est ik von icht mochte hebben med eme ene samende were ꝛc.

7 Widukind. R gest Sax III 11 Bernharius *manus filii sui A. suis manibus implicans* — famulatui regis se cum filio subiugavit

8. Urk. v. 1245 ob. § 75 Nr. 34.

9. Zepernick Misc. III 121 oben § 75 Nr. 38.

10. Urk. v. 1275 das. Nr. 39.

11. Sächs. Lehnr. 35 § 1. Of die herre liet kinderen ires vader gut bi ires vader live, u. die vader alene dat gut in geweren hevet bit an sinen dot ꝛc. — § 2. Svar aver die vader u. die kindere ene gemene u. ene gelike gewere hebbet an enem gude ꝛc.

12. Schw. Lehnr. 16. In einer sache von einem lehen mugen zwene man niut geziuge sin, die wile si an dem lehen umbeteilet sint; u. teilent si daz lehen mit ein ander, so ist jetwedre dez andren geziug wol an dem lehen.

13. Richtst. Lehnr. 13 § 4: vrage (he): sint dat N. u. N. beide tugen willen u. nicht en hebben van mineme heren wenne en len dat is ene samende hand, est he desser tüch liden dorve van rechtes wegen. So vindeme, he ne dorve.

14. Schw. Lehnr. 16. Ob zwene man mit einem guote belehent sint von einem herren, u. den nutz beide hant, der eine mag ane den andren niht daz guot uf geben dem herren, noch mag er deheinen wandel da mit getuon, daz ez dem andren schaden miuge, ez si danne daz si sich mit dem lehen u. mit dem nutze beteilen.

15. Das. 61. Die wile si ein guot zesamene habent, die mit ein ander belehent sint, ir mag einer ane den andern niut getuon mit dem lehen noch mit dem guote.

16. Urk. v. 1330 (*Gunther* C Rh Mos. III p. 290) Ginge ouch der erbin einir abe ane erbin, so sal sin teil vallin an die andren gemeinre.

17. Urk. v. 1365 (*Herrgott* III nr 830): u. offenetent —, das inen der kaiser — gelihet het mit einander unverschaidenlich u. das och su in rechter gemainde von im ephangen hant ze rechten lehen die graffschaft in K. — Sunderlich offenet noch der — graf G. — das er seinen teil — ze koffene geben het — dem — graf R.

18. Reichshofr.O. III § 12. In welchen Geschlechten u. in denjenigen Reichs-Creysen, da die *simultanea Investitura* hergebracht, u. im Gebrauch, dabey solle solche auch gehalten u. derselben nachgelebet werden.

19. Kursächs. Lehns-Mand v. 1764 VII § 1. Wenn nun jemand — ein Lehnguth neuerlich acquiriret hat, — so ist selbigem — nachgelassen, binnen 6 Jahren — Mitbelehnte anzugeben.

20. Gotha. Lehns-Mand. § 173, 175. (Dem neuen Acquirenten) steht in der Regel, — u. zwar ohne Unterschied, ob vor dem (Erwerbe) — noch Mitbelehnten vorhanden gewesen sind oder nicht, das Recht zu, binnen einem doppelten sachsischen Jahre, von dem Tage der Aushändigung der Consens-Urkunde an, zwey neue Mitbelehnten (nach seiner eigenen Willkühr) zu präsentiren.

II. Begründung des Lehns durch Verjährung. (B. § 156. G. § 118. St. § 120 IV.) § 211.

1. Sächs. Lehnr. 13 § 1. Of die herre sinem manne besact gudes, dat die man an sinen geweren hevet ses weken u. en jar, na deme dat he it untving, ane des herren rechte wedersprake, of die man die rechten geweren dar an getügen mach mit seven mannen, des lenes gewere sterct he al ene uppe'n hilgen, u behalt dat gut ane getüch, of man mit rechter klage die gewere ime nicht breken ne mach. — § 2. Let aver en herre enen man sitten mit sime gude jar u. dach ane rechte wedersprake, — mit den geweren ne mach he sime herren an deme gude nicht vernen, of he sik verjaret u. of he's san an enen anderen herren tüt, die herre ne behalde't also recht is.

2. II F 26 § 5. Si quis per *triginta* annos rem aliquam *ut feudum* possedit et servitium domino exhibuit, quamvis de ea re *non sit investitus*, *praescriptione tamen triginta annorum* se tueri potest (Vgl. pr. § 1—4 h t)

3 II. F. 33 pr. Sciendum est — feudum *acquiri investitura*, *successione*, *vel eo quod habeatur pro investitura*, ut *ecce* si dominus alicui *coram paribus curiae* dixerit: Vade in possessionem illius fundi et teneas illum pro feudo. Licet enim non intercessisset investitura, tamen tale est, ac si intercessisset, quia ille eius voluntate possessionem fundi nactus est feudi nomine. *Inde* etiam dicitur, quod si aliquis probaverit, *se aliquid nomine beneficii aliquo tempore tenuisse domino presente et non contradicente*, et *servitium eius quasi a vasallo recipiente*, licet non probet investituram, verumtamen obtinebit praestito iuramento, nisi aliud contra inducatur (Homeyer Syst. S. 408.)

4 II F 37. *In beneficiis* — *praescriptiones currere satis humanum*, et *rationi congruum* videtur Si quis ergo *feudum alienum bona fide* ab aliquo *iusta traditione* acceperit, licet dominus non sit, cum verus dominus in traditione putetur, *longi temporis praescriptione* ius sibi acquirit. Si vero *malam fidem* habuerit, *nulla* se poterit tueri *praescriptione*, nec etiam de evictione agere poterit.

5. Urk. v. 1321 oben § 13 Nr. 36.

6. Preuß. LR. I 18 § 79 u. 80. Die Lehnseigenschaft einer Sache wird nicht vermuthet, sondern muß durch Nachweisung eines sie begründenden rechtsgültigen Titels dargethan werden. Dieser Titel beruht entweder auf Lehnsverträgen, oder auf letztwilligen Verordnungen, oder auf der Verjährung.

7. Baier. Lehns-Edict § 77. Durch die Verjährung kann kein Lehen constituirt oder erlangt werden.

Fünfter Abschnitt. Rechtsverhältnisse in Ansehung errichteter Lehen.

Erste Abtheilung. Rechtsverhältnisse der Lehnspersonen unter einander.

I. Vererbung des Lehns.

§ 212. Einleitung. (B. § 164. G. § 267. St. V § 315.)

R. Schröder Art. Lehnssuccession b. Holtzendorff II 646.

A. Allgemeine Natur der Lehnsfolge.

§ 213. 1. Nach dem Langobardischen Rechte. (B. § 164. G. § 268. St. § 315 II)

R. Schröder Z. f. RG. 5 (1866) S. 285.

1. II F 11 Agnati (vocantur) — Quod ita intelligendum est, si feudum sit *paternum*, hoc est, si fuit illius parentis, *qui eius fuit agnationis communis*.

2. I F 4 § 3. Cum — quis dixerit, feudum ad se per successionem pertinere, asserendo illud esse *paternum*, si fuerit in *possessione medietatis* vel *alicuius partis*, — iure obtinebit; si vero probare non potuerit praedicto modo, dabitur ei defensio cum XII *sacramentalibus*

3. I F 12. Si contentio fuerit inter me et dominum de portione feudi fratris mei defuncti, dicendo *paternum* esse, — ille vero *minime*, — sive *possideo* sive alienavi, dabitur mihi *iusiurandum*, scilicet patrem meum iure investitum fuisse; licet *non possideam portionem fratris mei*. *Si vero nullam partem habuero illius feudi, nec mihi — dabitur iusiurandum*

4. II F 11 Si — dominus — beneficium defuncti *novum* esse dicat, *agnatus* autem illius *proximus paternum* esse contendat, tunc onus probationis incumbit illi, qui *novum* dicit

5. Mecklenb. Assecurationsrevers v. 1621 § 24 b. *Lunig* C I. F T II p. 1579. Daß in alten Lehen die Agnaten, so eines Nahmens, Schild u. Helms seyn, wann sie sich schon der Sipschafft halber nicht berechnen können, einander succediren mogen.

§ 214.

2. Nach dem Deutschen Rechte. (B. § 164 u. 166 I u. II. G. § 269. St. § 315 I.)

1. Sächs. Lehnr. 21 § 3 It ne erft nieman nen len wen die vader uppe den sone.

2. Reichssentenz v. 1299 (Mon. Ll II 473): quod ex quo — vir (tenens bona feodalia ab aliqua ecclesia) decederet *sine heredibus descendentibus*, communi iure — ipsa bona, que tenuit ab ecclesia, vacant ipsi ecclesie.

3. Sächs. Lehnr. 37 § 1. Let die vader sime sone gut up vor sime herren, ervelen ne hevet die sone dar an nicht, al was it sines vader, wende't up ine nicht geerst n'is. Swie sin ervelen uplet u. it anderwerve untveit, ervelenes ne hevet he dar nicht an.

4. Schw. Lehnr. 158 ob. § 206 Nr. 2.

5. Das. 42a Ez en erbet nieman lehen, wan der vater uf den sun, daz heizet erbelehen.

6. Sachs. Lehnr. 11 § 1 oben § 68 Nr. 42.

7. Das. 6 § 1 oben § 68 Nr. 24.

8 V. A de benef. I 24, 25 oben § 208 Nr. 2.

9. Sächs. Lehnr. 32 § 1—3 oben § 210 Nr. 1, 3 u. 4.

10. V A de benef I 75 — 77 Dominus (*unum*) *tantummodo* hominis inbeneficiabit *filium*, cum homo mortuus fuerit Infra terminum filiorum *in arbitrio sit eorum*, *quis inbeneficietur a domino* Unanimiter vero si *unum* non transmiserunt ad dominum, dominus inbeneficiet *quem eorum velit*. — Si secundum libitum — inbeneficiat dominus unum ex filiis, *nil noceat aliis*. Si quis filiorum suum negligat terminum, ab illo sit dominus solutus ulterius

11. Sächs. Lehnr. 29 § 2. Die herre n'is ok nicht plichtich mer kinderen to liene den eneme irs vader gut, svenne die vader stirft. Binnen der kindere jartale stat dat an irme kore, dat die herre belene svelken so sie willet. Kumt it aver ut der jartale, so stat is an des herren kore, welk irn he belenen wille under den die is mit rechte an in gesunnen hebbet.

12. Randnote z. „liene den eneme" b. Homeyer das. Nr. 4: u. wenn der stirbt, so muß der herre dat gut aber einem andern sun leihen, u. fellt nicht an den herrn, wiewol die kinder semptlichen nicht belehent seint, das ist durch der semptlichen gewere willen, die der vater auf sy geerbet hat, u. auch darumb das sy sitzen auff gewinn u. auff verlust.

13. Gl. z. Sachs. Lehnr. 29 (Homeyer Syst. S. 482). Nach recht sol der herr dem altesten son leihen das gut, der es verwalten sol, u. die andern kinder darvon halten, bis sie komen zu jren jaren.

14. Schw. Lehnr. 57. Unde vordrot eines mannes sun, der zuo sinen tagen komen ist, sin lehen an sinen herren, u. hat er bruoder, die dannoch in iren tagen sint, er muoz dem herren geloben, so sine bruodere ziren tagen komen, daz si in dar umbe iht an sprechen, die wile ir bruoder lebe. So die bruoder zir tagen koment, so vordrent si daz lehen an den herren. Der bruoder sol den herren versprechen u. daz guot, u. sol den herren bitten, daz er im u. sinen bruodern einen tag gebe fiur sine man, da sol er in lehenreht tuon. Daz reht ist also: daz stat an dez eltesten bruoders wal, wil er sine bruoder daz lehen mit im lan enphahen, daz tuot er wol. Wil er ez niut, daz tuot er ouch wol, so ist daz an dez herren wal, daz er niut wan dem eltesten daz lehen sol lihen. Lihet aber der herre von gnaden u. niut

von rehte in allen daz lehen, so suln si die gewer mit einander han.

15. Ssp. I 14 § 1. Al si't lenrecht, dat de herre nicht ne lie mer eme sone sines vader len, it ni's doch nicht lantrecht, dat he't al ene behalde, he ne irstade't sinen brüderen, na deme dat is in gebord an der lene (al an der teilunge).

16. Rb. n. Dist. I 25, 4. Had eyner lengud alleyne enphangen, daz sal her teyln mit alle den, dy dorzcu gehorn, adder sal on daz irstaten mit andern guten. Unde daz ist in allen wichbilden.

17. Ruprecht v. Freys. II 91. Wo geswistergeud sind — dy lehnn habenn das jn ir vater lassnn hat, enphacht der elltist das lehenn, das sol den anndernn geswistergeudnn nicht schadenn. Sy habenn alle dy recht an dem lehenn dy der elltist brueder hat, u. ist das sy das lehnn tailnn wellenn, das sullenn sy nicht tuen an des herrnn urlaub des das lehnn ist. Sy habenn dann alle geleich enpfanngnn, so mögen sy es wol tailnn an des herrnn urlaub. Es süllnn auch dy ellternn tailnn u. dy jüngernn söllenn dy wal habenn.

18. Sächs. Lehnr. 32 § 4 oben § 210 Nr. 5.

19. Rigisch. Ritterr. Art. 14. Alleine der herr dem eldensten sone gudt vorlenet, doch hebben de andern allike recht dorto, dewile se ungedeylet sin; were idt aver, dat se deleden, so were ein jewelick plichtig syn got to emphande.

20. Schw. Lehnr. 64. Die kint hilset niut, daz si daz guot mit dem vater enphiengen, wan si der gewer niut en hetten; si suln ir vater lehen vordern alse von erst. Dem kinde ist vil bezzer, daz ez daz lehen mit dem vater niut enphahet. Swa aber der vater u. diu kint eine gemeine u. eine geliche gewer hant an dem guote, u. ez mit einander enphangen hant, u. stirbet der vater, si trettent an dez vater stat, u. suln niut ir guot andrest enphahen.

21. Sächs. Lehnr. 32 § 1 oben § 210 Nr. 1.

22. Urk. v. 1304 (Scheidt Adel S. 289): iura feudorum volunt, *ut feudum — post divisionem hereditatis per mortem feudatarii, non ad fratres, sed potius ad feudi dominum revertatur*.

23. Urk. v. 1307 (*Boehmer* Obs feud. Nr VIII § 8). Quod nos (dux Saxoniae —) nobilibus dominis comitibus Holsatiae et Schomborch, G, I., A, W et filiis domini comitis H., — et eorum omnium veris heredibus *perpetuo*, de heredibus in heredes, *totam terram* Holsatiae et Stormariae — contulimus *manu unanimi*, quae sambte hand in vulgo dicitur, iure seu titulo feudali, et *non obstante eo*, quod praecedentes terrae et dominia, *sive dividantur, aut* saltem inter hos dominos comites *maneant indivisa, nihilominus cuicunque heredi* dicti domini comites, aut eorum heredes, aliquam partem terrarum — *assignare et dividere voluerint*, eidem conferimus iure feudale, *servata et obtenta manu unanimi*, sicut superius est expressum

24 Urk. v. 1319 (*Gercken* Fragm. March II 42): were dat enich ridder oder knecht storve, sinen rechten ervnamen scal man dat guet liegen mit samender hand ane gedeilet. Were dat sik kindere veddere oder brudere scheiden van en andere, dat se sünderlik brod hadden, dat en scal de samende hand nicht scheiden.

25. Urk. v. 1397 b. Lenz Markgräfl. Brandenb. Urk. S. 986: u. scal en an der samenden hant nicht schelen (d. i. trennen), dat sy scheiden rock u. brot hebben, u. oft erer enich aveginge ane liverven, so scal dat gut by den anderen bliven.

26. Kursachs. Lehnsm. v. 1764 I § 1. Es ist — die Lehn — auf alle *in manu dominante* oder *serviente* sich begebende Fälle von denen Besitzern derer Lehngüther zu suchen, nicht weniger auch bey solchen sich ereignenden Veränderungen, von denen Mitbelehnten, ob sie schon die Lehngüther in wirklichen Besitz nicht haben, die Mitbelehnschaft zu erneuern, sowohln von des verstorbenen Mitbelehnten hinterlassenen Sohnen, weil nach den Sächsischen Lehnrechten die Lehnsfolge allein auf der gesammten Hand stehet, u. dieselbe ein jeder Mitbelehnter vor sich selbst suchen, u. also *proprio facto* erlangen muß, die gesamte Hand — zu muthen.

27. Goth. Lehnsmand. § 71. Niemand (kann) zur Succession gelangen, der nicht entweder ein Descendent, oder ein Mitbelehnter des Verstorbenen ist.

28. Herzogl Pommersch. Bescheid v. 1609 b. Schwartz Pommersche Lehns-Hist. S. 941. Soweit nun die Agnation erweißlich, haben die Lehn-Leute um Erlangung der gesamten Belehnung sich nicht zu bemühen, sondern ohne dieselbe können Brüder u. Brüder-Kinder, auch andere *in remotioribus* gradibus, so *a primo acquirente*, *in linea descendenti* herkommen, der Succession genießen. — Mögte ihnen (aber), oder künfftig ihren Nachkommen der Beweis *agnationis* schwer fallen, — mögen (sie) *mutuam et vicissitudinariam successionem* bitten, welche dieses würcket, daß, obschon künfftig die Agnation nicht könnte probiret werden, sie dennoch krafft der gesamten Hand oder *reciprocae investiturae*, unter einander succediren.

29. Urk. v. 1411 b. Horn Leben Friedr. des Streitb. S. 771. (Wir, Friedrich u. W., Landgrafen von Thüringen haben) uns gesundert — u. mit unsern Landen geortert — von Gebunge dißes Brifes vier Jar; — wenn auch dise vier Jar verlouffen, so sollen wir Friedrich vulle Macht haben, zu kisen, ab wir den Ort, den wir iczund ingenommen haben, fürder vier Jar behalden, oder den andern Ort innemen wollen.

30. Kl. Kaiserr. III 12. Eyn iglich man sal wissen, der gemein lehen hat mit andern luten, — mutschart er sy, — so beliben die lehen bi den ganerben. Teilt er aber sie nach des keisers rechte (Cod. Gott : lehenrecht); — irstirbt dan die ein site, sie vellnt in des keisers hant.

31. Urk. v. 1321 (*Boehmer* C d. Frcf 1, 459) H. miles — et Greda eius conthoralis —, P. armiger de O. et Kusa collateralis (l. conthoralis) eius legitima recognoscimus —, quod *non per formam vere particularis divisionis, sed per modum, qui dicitur mûtschar* de huiusmodi bonis feodalibus —, que pariter et indivisa titulo feodi hactenus tenuimus etc

32. Magdeb. Dienstr. ob. § 9 Nr. 6 Z. 7.

33. Ilzstädt. W. v. 1256 (Grimm 6, 113) § 9. Item notandum, quod quicunque vel quecunque ministerialis abbacie decessit *preter heredes*, feuda sua respicient et attinebunt *proximis heredibus*, ita si fuerint veri ministeriales abbacie

3. Insbesondere: Ist die Lehnsfolge eine Singularsuccession? (B. § 164. G. § 266. St. § 316.) § 215.

1 II. F. 1 § 1. Feudum neminem posse acquirere, nisi *investitura aut successione*

2. *Accurs* ad II. F. 1 § 1. "*Aut successione.*" Istud potest habere locum in coheredibus, sed non in filio, cum patri succedat: nimirum quia, etiam vivente patre, dominus intelligitur: *ut Instit. de hered. qua et diffe* § *sui* (§ 2 I 2, 19); et alibi dicitur, quod pene ad propria bona venire intelligitur: *ut ff. de suc edi L.* 1 § *largius* (L 1 § 12 D 38, 9), unde nihil ei deest praeter administrationem: *ut ff de li et posthu. L in suis* (L 11 D. 28, 2) *Ex his ergo colligitur*, *quod filii non acquirunt patri succedendo, sed acquisitum capiunt*

3 I F. 14 § 1: filii vel nepotes ex parte filiorum succedunt. Si vero unus ex his filiis vel nepotibus sine descendentibus masculini sexus heredibus mortuus fuerit, — fratres vel nepotes *per investituram patris et avi in beneficium succedunt*

4. II F. 17 pr Qui *sibi vel haeredibus suis masculis — investituram feudi accepit*

5 II. F. 31: ad (feudi) petitionem admittuntur, qui quarto gradu sunt remoti ab eo, qui id acquisivit, et etiam usque *ad infinitum*, dum tamen hoc *constet ab eo per masculos descendisse*

6 II. F 45 pr. Si contigerit vasallum sine omni prole decedere, *agnatus*, ad quem universa hereditas pertinet, *repudiata hereditate*, feudum, *si paternum* fuerit, *retinere* poterit, nec *de debito hereditario* aliquid feudi nomine solvere

cogitur: sed in *fructibus*, si quos reliquit, ut de eis *debitum solvatur*, quo tempore decesserit, — considerabitur

7. Gl ad II F. 45 pr "*Retinere poterit*" Hoc ideo contingit, quia potius *principali providentia*, quam *ex iudicio sive ex successione defuncti* ad eum pervenit; ut ff. de adopt. L. si arrogator (L 22 D. 1, 7); a *maioribus* enim potius hoc intelligitur, quam ab *isto*

8. II F 45 § 1 Ubi vero *filium* reliquit, ipse non potest hereditatem *sine beneficio* repudiare, sed *aut utrumque retineat*, *aut utrumque repudiet:* quo repudiato, ad agnatos, si paternum sit, pertinebit Et licet *alterum sine altero* retinere non possit, *agnatis tamen consentientibus, poterit dominus eum, si voluerit, quasi de novo beneficio investire*, *quo facto licebit ei repudiata hereditate feudum tenere, nullo onere ei hereditario imminente.*

9. Gl ad II. F 45 § 1 ad verb. "*repudiare*" Nota, *quod deterior conditio est filiorum*, *quam agnatorum*, — *quod videtur mirum*. maxime cum (feudum est) paternum, quod potius *principali providentia* videtur ad eum pertinere debere, quam iudicio defuncti.

10. Gl. ad § 1 cit. ad verb. "*aut utrumque*". Nota ergo hic, quod filius vasalli non potest retinere feudum, repudiata hereditate paterna ad hoc, ut non teneatur satisfacere creditoribus hereditariis et est pro hoc arg. *ff. de verb. sig L. bonorum* (L. 208 D 50, 16) *ff ut in poss. lega. L is cui § bonorum* (L. 5 § 6 D 36, 4).

11 II F. 51 § 4. Filius non potest recusare hereditatem patris absque feudo, propinquus autem potest.

12. Sachs. Lehnr. 55 § 5. Die man n'is nicht plichtich to lestene sines herren gelovede, noch dat kint sines vader, umme sin gut to latene.

§ 216. Anhang. Wirkungen der Verbindung der Lehns- und Allodialsuccession. (G. § 273.)

B. Successionsrecht. (Lehnsfolgefähigkeit.)

§ 217. 1. Rechtmaßige Abstammung. (B. § 165 I. G. § 268. St. § 317.)

Dieck über die Lehnsfolgefähigkeit der Mantelkinder in Dess. Beiträgen zur Lehre von der Legitimation durch nachfolgende Ehe. (Halle 1832.) — Entschdgn. des Reichsgerichts 12 (1885) Nr. 60.

1. Sächs. Lehnr. 71 § 11. Stirft en man die wile sin wif kint dreget, u. is dat gedinge an sime gude verlegen, jene deme dat gedinge gelegen is dar an, die sal besitten mit deme gude bit an die tiet, dat dat wif enen sone gewinne. Die sone ne vernt ok niemanne nen gedinge, he ne werde levendich geboren u. he ne leve na des vader dode.

2 II F. 26 § 10 Naturales filii, *licet postea fiant legitimi*, ad successionem feudi, nec soli nec cum aliis, admittuntur. (Vgl. Zöpfl Staatsrecht [A. 4] Th. 2 § 234 Nr. 2.)

3 Gl ad II F 26 § 10 Quod de naturalibus dicitur, ita intelligo, nisi fiant ita legitimi, ut in feudo succedant, et hoc sit *nominatim dictum ab imperatore:* et sic *ex rescripto* licebit, quod alias non liceret

4. Sachs. Lehnr. 2 § 1 s. oben § 201 Nr. 2.
5. Görlitz. LR. 32 § 5 s. oben § 186 Nr. 1.
6. Schwsp. 42 s. oben § 146 Nr. 18.
7. Das. 377 s. oben § 186 Nr. 3.
8. Urk. v. 1408 s. oben § 13 Nr. 39
9. Urk. v. 1409 (*Schilter* Comment ad ius feud Alem c 40 p 216 b) (Die schon per subsequens matrimonium Legitimirten werden) zu merer sicherheit Rittermessig, lehenbar u. Schilts- u. Wapengenosse geschepfet u. gemacht, schepfen u. machen sie also, daß sie Manlehn, Burglehn

u. Erblehn entpfenglich sin, — als andere des Geschlechts von Zeißenheim, die eelich geboren, u. von Vater u. Mutter rittermessig Schildes u. Wapens-Genoß sind. Sunderlich sall in nit schaden das Gesetze u. Gewohnheit in kayserlichen Lehnrechten begriffen in dem Kapitel, das anfahet: *Naturales*

10 Gl. z. Ssp. I 37 s. oben § 186 Nr. 4.

11. Ssp. I 36 s. oben § 34 Nr. 6.

12. Gl z. Ssp. I 5 § 1 s. oben § 41 Nr. 24.

13. II. F 29 u. II F 26 § 15 s. oben § 42 Nr. 10 u. 11.

14. II F 26 § 8 Adoptivus filius in feudum non succedit.

2 Passive Lehnsfähigkeit. (B. § 165 II, III. G. § 268.) § 218.

1. Ssp. I 4 oben § 146 Nr. 24.

2 Richtst. Lehnr. 28 § 5. — So vrage de ander, sint blinden, stummen, lamen, meselsuchtigen, altvile u. dwerge nicht lenerven en sin, eft de here nu dessen heie belent, eft di dat hinderen moge dat du med eme deilen scolest. So vintme: id ne scole.

3. Sachs. Lehnr. 30 § 2. Man ne mach ok niemanne sin len nemen dar mede of he blint is, oder of he jeneges ledes darvet, noch umme nenerhande suke.

4. I F. 6 § 2 s. unten § 244 Nr. 5.

5 II. F 36. Mutus et surdus, caecus, claudus, vel aliter imperfectus, etiam si sic natus fuerit, *totum feudum paternum retinebit.* Obertus et Gerardus et multi alii Quidam tamen dicunt eum, *qui talis natus est*, *feudum retinere non posse*, quia ipsum servire non valet Sic dicimus *in clerico*, *in femina*, et *in similibus*

6. Gotha. Lehnsm. § 75. Sollte der Lehnserbe mit einem korperlichen Gebrechen oder mit einer Seelenschwache behaftet seyn, so kann er deßhalb keinesweges, u. wenn er auch vollig wahnsinnig (furiosus) ware, von der Succession ausgeschlossen werden, sondern es ist ihm alsdann ein Vormund zur Verwaltung seines Lehns zu bestellen.

7. Schw. Lehnr. 1 s. oben § 201 Nr. 3.

8. Dass. 4 § 2 s. oben § 201 Nr. 6.

9. Aurea bulla VII 2 Postquam principes electores seculares et eorum quilibet esse desierit, ius, vox et potestas electionis — ad filium primogenitum legitimum *laicum* — devolvatur. c XXV 2 Primogenitus — succedat — nisi forsan mente captus, fatuus seu alterius famosi et notabilis defectus existeret, propter quem non deberet seu posset hominibus principari

10 *Const elect. Sax* 28 P III (v. 1572). Daß die geistliche Personen, aus derer Lehn-Güther Succession nicht — ausgeschlossen werden; — daß viel weniger die Ordens-Herren u. *milites Hierosolymitani* in Succession derer Lehen-Guther konnen ausgeschlossen werden. Soviel aber die Monche betrifft, wo die das Klosterleben verlassen, u. sich desselbigen gantz u. gar begeben, so sollen sie — auch zugelassen werden.

11. I F 1 § 2 Hoc autem notandum est, quod licet filiae ut masculi patribus succedant *legibus*, tamen a successione feudi removentur.

12. II F 11 pr Ad *filias* — seu *neptes* vel *proneptes*, vel ex filia nepotes seu pronepotes successio feudi non pertinet *Proles* enim *feminini sexus* vel ex *femineo sexu descendens ad huiusmodi successionem aspirare non potest*, *nisi eius conditionis sit feudum*, *vel eo pacto acquisitum*

13 II F 17 pr Qui sibi vel heredibus suis masculis vel his deficientibus feminis per beneficium investituram feudi accepit, una tantum filia superstite, nullo alio descendente relicto, decessit Haec marito paternum feudum in dotem dedit et duobus filiis ex eo procreatis obiit, quorum unus duas filias reliquit, alter vero uno filio masculo relicto decessit. De praedicto itaque feudo ingentem vidimus quaestionem, masculo quidem hoc feudum totum sibi, quia solus eius, qui primo investituram accepit, heres masculus sit, vindicante, feminis vero totam sui patris partem sibi defendentibus, quia ex eo nullus

extitit masculus Cumque inter sapientes saepe super hac quaestione sit disputatum, tandem *pro masculo pronuntiatum est Non enim patet locus feminae in feudi successione, donec masculus superest ex eo qui primus de hoc feudo fuerit investitus*

14. II F 30 pr Si femina habens feudum decesserit, quia *femineum* est *feudum et sine pacto speciali*, deficientibus filiis masculis, ad filias pertinebit Obertus et Gerardus. Alii vero dicunt, *nisi per pactum speciale* ad eas non pertinere: sicut si datum esset masculo, quia si ideo, quod est femineum, sine pacto transit in feminas, eadem ratione, quia est femineum, transit in femineam prolem, etiam masculis exstantibus· *quod falsum est.*

15. Urk. K. Friedrich I f. Oesterreich v. 1156, sg. priv. minus (UB. des Landes ob d. Ens II n 188): marchiam Austrie in ducatum commutavimus et ducatum patruo nostro Heinrico et prenobilissime uxori sue Theodore in beneficium concessimus, perpetuali iure sanctientes, ut ipsi et liberi eorum post eos *indifferenter filii et filie* eundem Austrie ducatum hereditario iure a regno teneant et possideant

16. II F 51 § 3 Si quis investitus fuerit de feudo, ita ut ad feminas transiret, et duas filias tantum reliquerit, quarum una filium habeat et altera filiam, utrum post mortem illarum masculus tantum feudum habere debeat? *secundum Gerardum masculus tantum, Obertus contra; et e converso, si filios ille habuerit.*

17. Alberti I sent a 1299 (Mon. Ll. II 471): quod *nulla filia* vel mulier possit in bonis feodalibus succedere, *nisi de plenaria voluntate domini feodi et consensu.*

18. Urk. v. 1281 (*Gunther* 2, 444): cum H miles de C omnia bona sua allodialia — nobis resignaverit, eidem H — concedimus in feodum sub pactionibus — infra scriptis: videlicet quod — heredes ipsius H — masculi et *eis deficientibus femine* dicta bona a nobis — in feodum recipient.

19. Urk. K. Friedrich II. v. 1235 s oben § 203 Nr. 3.

20. K. Rudolfs I Priv. f. Winterthur v. 1275 II. Dü dritte genade ist, die wir inen — gegeben hain, das dü lehen, dü su hant von der herschefte von Kiburg, suln ir tochteran erben als ir sune, ob da enkain sun ist.

21. Priv. f. Parchim v. c 1225 § 146 Nr. 74.

22. Mühlhaus. Stat. (oben § 146 Nr. 77). Is dan daz di mannisnamen urin suesterin rechte wollen mite vare u. teile, so sulen su uren herren bite, daz su daz lein uren suesterin lien u. uren vormundin, ab su si habin, u. un selbin. In wollin iz dan di herren nimine lie, dan den knechten und den sunen, so sulen su iz intpha u sulin iz dan uren suesterin wider sazi mit andireme guite, alse guite luite dunkit daz iz mugelich si.

23. Soester Aude Schrae. § 166. So war sustere ande brodere sin, dey ervetale to deylene hebbet, — ande hebbet sey lenghuyt, dat dey brodere entfangen hebbet ande dey sustere nicht, dey brodere sulen dat lenghut to liker schichtinge brengen mit anderen ghude ande dey sustere sulen so like sibbe dar to sin, so dey brodere.

24. Nordhaus. Stat. v. 1350—1456 B. 4 Art. 2 (Forstemann III 4 S. 54). Lieze — eyn man edir eyn vrouwe len, daz sullen beide, sone u. tochtere, gelich hinnefort met eynander teilen. Wolde abir der lenherre den tochtein des lehenes nicht bekennen, so soldenz di ore brudere ei ursazen met anderme gute.

25. Bair. LR. 187. Swer von dem andern ain lehen chaufft u. daz die mannserben absterbent, — die — frawenerben süllen dieselben lehen alz wol erben, als die manserben.

Urk. v. 1202 (*Gunther* 2, 71) Filii — castellanorum seniores in feodo, quod dicitur burglehn, parentibus succedent, *si non filii sint, filie simili modo; si non filie, proximi in consanguinitate in utroque sexu* eis succedent.

27. Magdeb. Dienstr. oben § 214 Nr. 32.

28. Urk. des Abts v. Fulda v. 1665 (Schannat Fuld. Lehnhof Nr. 630): bekennen —, daß unsers Stifts Herkommen — u. Recht ist, daß Fuldische Lehen, so nicht zu Mann-Lehn geliehen, u. keine Burglehen genent

werden, — beede man- u. weiblichs Geschlecht doch mit diesem Unterscheid erben —, daß, wo der letzverstorbene Vasal Sohn u. Döchter hinterlassen, die Söhn denen Dochtern, in Ermangelung oder Absterben der Sohne aber die Dochter den Agnaten — vorgezogen werden. Hinterlasset der Verstorbene aber allein Agnaten, Vetter u. Baasen disparis gradus, so succedirt, qui proximior est in gradu, *sive mas sive foemina* sit; si vero *eiusdem* gradus sint, omnes *simul* succedent, *sive mares, sive foeminae*

C. Successionsordnung.

1 Uebersicht. (B. § 166. G. § 271. St. § 318.) § 219.

1. II F. 11 pr s. unten § 220 Nr. 2.

2 II F 50 s. unten § 220 Nr. 4.

3. II F 37 pr s. unten § 220 Nr. 1.

4 I F 19 § 1. Si quis miles (a) mortuus fuerit *sine filio* masculo (b), et *nepotem* (c) reliquerit, *in beneficium avi* (a) *in patris* (b) *vicem succedat* Et si hic [filius seu nepos] deest, [secund. *Cuiac* et MSS) et *fratrem* (d) reliquerit, in *beneficium patris* (e) *ipse succedat.* Et si *filius fratris* (f) mortuus fuerit, *frater patris* (g) in beneficium avi defuncti (h) succedat

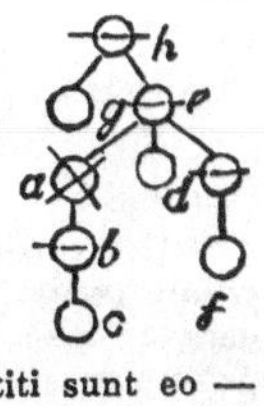

5 II F 18 Duo fratres — de *novo* beneficio simul investiti sunt eo — tenore, ut quamdiu ipsi vel eorum heredes masculi viverent *et masculis deficientibus feminae*, si superessent, feudum haberent Ex fratribus his *unus, una filia relicta, altero adhuc vivente decessit.* Quaeritur, cui portio defuncti deferatur, utrum filiae an fratri Respondetur: *filiae* unusquisque enim sibi suisque heredibus videtur prospexisse Si tamen is, *qui filiam reliquit*, *sine herede decessisset*, propter *tenorem investiturae insertum* eius pars *fratri*, *non domino* acquisita foret.

2. Prüfung der verschiedenen Systeme über die Successionsordnung der Seitenverwandten. (B. § 166. G. § 271 Not. 4.) § 220.

1 II F 37 pr Ad *agnatum proximiorem* feudum pertinebit, si paternum fuerit, *eodem prorsus observando, quantum ad ordinem gradus, qui continetur in legibus*

2 II. F 11 pr § 1 Mortuo eo, qui beneficium tenebat (a), *prima causa liberorum est* (b c. d e) *Filiis enim existentibus* masculis vel ex filio nepotibus (f g), vel deinceps per masculinum sexum descendentibus (h i k) *ceteri* (l. m etc) *removentur agnati* — His vero *deficientibus* (b—k) vocantur *primo fratres* (m) *cum fratrum praemortuorum* (n) *filiis* (o p), *deinde agnati ulteriores* (q s r)

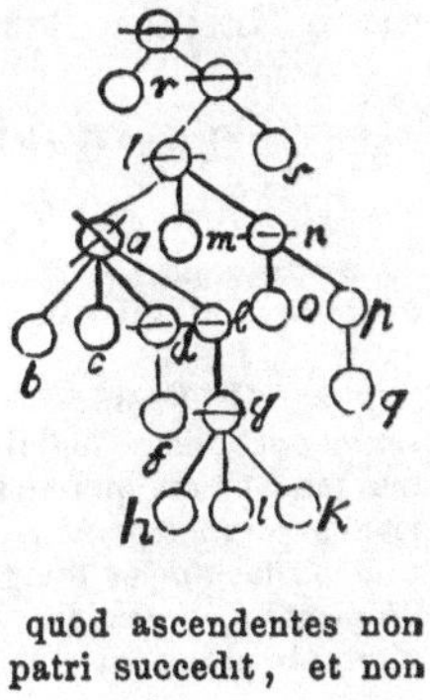

3. I F 19 § 1 s. oben § 219 Nr. 4.

4 II F. 50 Successionis feudi *talis* est *natura*, quod ascendentes non succedunt, verbi gratia pater filio; inferius vero filius patri succedit, et non

filia, nisi ex pacto, vel nisi sit femineum Tunc enim succedit filia matri et patri; secundum quosdam succedit *nepos ex filia solus*, et sic usque in infinitum; ex latere omnes per masculos descendentes, usque in infinitum, si feudum sit paternum. — *Dummodo scias*, quod si quis habens beneficium (a) quatuor superstitibus filiis (b c d e) decedat, et feudum ad unum (b) solum ex divisione deveniat, et iste superstitibus filiis duobus vel tribus (f g h) decedat, qui patrueles dicuntur, et ad unum eorum (f) beneficium ex divisione perveniat. et similiter iste superstitibus filiis (i k l) decedat, ad quorum unum (i) feudum similiter pervenit, sicut etiam ex aliis superioribus vel primis fratribus supersunt masculi, si ille qui feudum habet (i), decesserit nullo filio relicto, *an ad omnes vel ad quos perveniat*, *quaeritur* Respondeo· *ad solos et ad omnes*, *qui ex illa linea sunt* (k l), *ex qua iste* (i) *fuit* *Et hoc est*, *quod dicitur* *ad proximiores pertinere Isti* (k l) *vero proximiores esse dicuntur respectu aliarum linearum* (c—h); *sed omnibus ex hac linea deficientibus* (k l), *omnes aliae lineae* (c—h) *aequaliter vocantur*

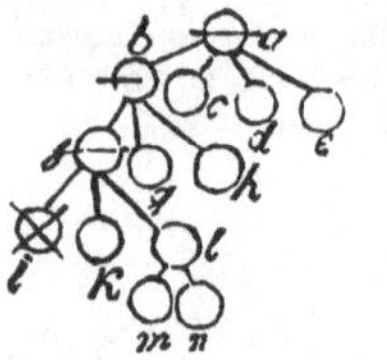

§ 221. D. Begründung einer besondern Successionsordnung. (G. § 272.)

1. Aurea bulla XXV 1, 2 Si *ceteros principatus* congruit in sua integritate servari, — multo magis — principatus — et iura *electorum principum* debent illesa servari —; decernimus igitur — (quod) principatus (electorum principum secularium) — *dismembrari non debeant*

2. Julich. Landr. XXIX 2: ghenne lehene sullen gedeilt noch versplyssen werden buyssen den heren.

3. Kursachs. Lehnsm. v. 1764 Tit. VII § 4 (Es) ist wegen der Succession (der prasentirten Mitbelehnten) dieser Unterschied zu halten, daß, wenn selbige ohne eine bestimmte — Ordnung, u. zu gleicher Zeit prasentirt sind, sie sodann zusammen, hingegen wenn sie nach einer gewissen Ordnung oder zu verschiedener Zeit zur gesambten Hand gebracht worden, sodann entweder nach dem vorgeschriebenen Modo, oder wie sie der Zeit nach prasentiret, zur Succession gelassen werden sollen.

4. Kursachs. Rescript v. 1770 im Cont Cod. Aug I p. 1037 (Bey euch ist) unter andern die Frage entstanden, ob bey der Lehnfolge nach Recht der Sippzahl, lediglich auf *Proximitatem gradus*, oder auch auf *lineae* zu sehen sey? Ihr (habt) aber letzteres — der Analogie der Lehn-Rechte gemaß gehalten, — (welcher) Meynung (wir) — volligen Beyfall gegeben.

5. Gotha. Lehnsmand. § 72. Wenn die Mitbelehnten zur Succession eines Lehns gelangen, so schließt — jederzeit der dem Verstorbenen dem Grade nach nahere Mitbelehnte den dem Grade nach entferntern aus.

§ 222. Anhang: Vom Erblehn. (B. § 149. G. § 270. St. § 316 A. 10.)

1 II. F 78 Cum *feudum hereditarium* uni ex coheredibus *propria culpa auferetur a paribus per iudicium*, ceteris non praeiudicat Hoc autem ita intelligitur, ut vivo eo vel suis heredibus feudum ad ceteros venire non intelligatur

2 II F 83. Si alter ex fratribus, qui *paternum habeat beneficium*, suam portionem dederit *domino* vel *alicui extraneo*, dominus vel extraneus tamdiu teneat sine praeiudicio, quam diu ille, qui dedit, *heredem* masculum habuerit; si vero *sine herede* decesserit, alter frater, si vixerit, vel eius heres sine ullo obstaculo et temporis praescriptione *beneficium quod hereditarium est*, vindicet a quocunque possidente Hoc idem dicimus, etsi fratres fuerint, et alter ab altero ex fratribus acquisierit

3 Urk. K. Heinrich II v. 1013 (Höfer Zeitschr. 1 S. 163): — ecclesiae — Merseburgensi — concedimus — tale *ereditarium beneficium* quod vulgo *erbelehen* dicitur

4 Urk. v. 1203 (*Mieris* 1, 137) Haec bona concessit dux comiti *iure Brabantino*, ita videlicet, *quod nullus haeres inde exhaeredabitur*

5. Urk. v. 1238 (Lünig RA. 21 b, 1226): episcopus (Argent.) concessit nobis *et omnibus heredibus nostris* eadem bona in feodum secundum *consuetudinem terrae Romanae*

6 Schw. Lehnr. 42 a s. oben § 214 Nr. 5.

7. Preuß. LR. I 18 § 437. Ist bey einem Lehne die Successionsordnung der gemeinen Rechte vorgeschrieben, so wird solches ein Erblehn genannt.

8. Das. § 439: — auch in solchen Lehnen (schließen), bey übrigens gleichem Rechte zur Succession, männliche Verwandte die weiblichen aus.

9. Gotha. Lehnsmand. § 65 Nr. 1. Ein Erblehn, dessen Besitzer zwar die Freiheit der Disposition unter den Lebendigen u. auf den Todesfall hat, bey welchem aber nicht die Allodialsuccession statt findet, soll ein Erblehn der dritten Gattung heißen.

10. Das. Nr. 2. Ein Erblehn, bey welchem zwar die gewöhnliche Allodialsuccession statt findet, dessen Besitzer aber nicht die Freyheit hat, unter den Lebendigen u. auf den Todesfall zu disponiren, soll ein Erblehn der zweyten Gattung genannt werden.

11. Das. Nr. 3. Ein Erblehn, bei welchem diese beyden Rechte sich vereinigen, — soll mit dem Nahmen eines Erblehns der ersten Gattung, oder auch eines freyen Erblehns belegt werden.

12. Das. § 70. Ein Erblehn der ersten Gattung unterscheidet sich von dem *Allodio* bloß dadurch, daß bei demselben so, wie bey einem andern Lehne, von Fallen zu Fallen die Lehn befolget werden muß, u. daß es von dem Lehnherrn wegen begangener Felonie eingezogen werden kann.

II. Verschiedene Arten der Ausübung der aus dem Lehnsverbande entspringenden Rechte.

A. Im Allgemeinen. (B. § 151.) § 223.

B. Insbesondere.

1. Vom *Prodominium* (B. § 151 I G. § 120.) § 224.

Franklin b. Holtzendorff III S. 188.

1. Aurea bulla VII 5 Si vero aliquem ex huiusmodi principatibus (electorum) — *imperio* sacro vacare contingeret, tunc *imperator* seu *rex Romanorum* — de ipso *providere* debebit et poterit, tanquam de re ad *se et imperium* legitime devoluta

2. Das. V 1, 2. Quoties — sacrum vacare continget imperium, illustris comes palatinus Rheni — in partibus Rheni et Suevie et in iure Franconico, (dux autem Saxonie in his locis, ubi Saxonica iura servantur), esse debet *provisor ipsius imperii* cum potestate — *investiendi de feudis, iuramenta fidelitatis vice et nomine sacri imperii recipiendi* — feudis principum dumtaxat exceptis et illis, que vanlehen vulgariter appellantur, quorum investituram et collationem *soli imperatori* vel *regi Romanorum* specialiter reservamus

2 *Provasallagium* (B. § 151 II G. § 129. St. § 119 III) § 225.

Albrecht Gewere S. 231—244.

1. Urk. v. 1439 (*Haltaus* p 1803). Wir C. von Hohenlohe bekennen, — daß wir — dem vesten B. v. W. — zu seinem theile u. — sinen vetteren,

die noch nicht zu ihren tagen khommen sein, in getruwes handen zu tragen, zu rechten mannlehn — verlihen haben das dorff St.

2. Urk. v. 1373 (das. p. 1232). Ich D. L. v. A. bekenne — von bete wegen der meisterinne u. des convents zu Sch. (daß ich) in dy lehen vor sol tragen, alz ein getrewer lehentrager sol, alz lange biz daz die meisterinne u. der convente — es widerruffen.

3. Urk. v. 1472 (*Senckenberg* Select 5, 630). Daß wir — Contzen R. v. K. als eynen lehntreger u. an stadt Johans v. C. — zue rechtem manlehn geluwen han, — zwo hube lands — u. der gen. C. R. sol im sulche — zwo hube lands als ein lehntreger u. biß so lange der obgen. Johan zun sinen mundigen jaren komt, — von uns — zun rechtem manlehin haben, tragen, verstehin, verdienen u. entphaen, — u. unßer — getruwe man darumb sin.

4. Sachs. Lehnr. 75 § 1. It is gut, dat en man der vrowen vrünt ire gut mit ire untva, durch dat, of ir herre stirft, u. dar die vrowe nicht volgen ne mach durch dat sie des herscildes darvet, dat die man volge deme gude na sime rechte, wende he den herscilt hevet.

5. Das. 56 § 1. Ok mach die man gut untvan mit ener vrowen, so dat he sie an deme gude vorsta u. volge dar mede an enen anderen herren of ire herre sterve, dat (d. i. so daß) ir der volge tostat, wende sie des herschildes nicht ne hevet. Die man hevet den herschilt, u. die gewere von der vrowen halven an deme gude; durch dat hevet he die volge dar an. § 2. Stirft aver die vrowe von der he die gewere hevet an me gude, sin lenunge hevet ende die he to vormuntscap untvieng, ime ne si recht len oder gedinge dar an gelegen. — § 4. Let ok die vrowe ire gut up oder wert it ir mit lenrechte verdelt, jene ne hebet dar nicht an die't mit ir untvieng Let aver he't oder wert it ime verdelt mit lenrechte, sie ne verluset dar mede nicht, durch dat sie in den geweren sit. Lien ne mach he ok dar nicht an weder der vrowen willen, ane dat ine verlegen an kumt u. dar he mit lenrechte to gedwungen wert. — § 5. Gedinge an verlegeneme gude mach he wol verlien mit der vrowen willen, — durch dat sie beide en vulle lenrecht an deme gude hebbet mit samender hant untvangen; he hevet die lenunge u. den herschilt u. sie hevet die selve lenunge u. die gewere.

6. Schw. Lehnr. 100. Ez mac ein man guot enphahen also mit einr frowen, daz er si verste an dem guote swa si des bedurfe, u. si volge da mit an einen andern herien, ob ir herre sterbe. Der man sol die gewer han vor den frowen u. er mac si daz guot wol mit rehte lazen niezen. So diu frowe enist, so hat des mans lehen ende, ern hab daz guot enphangen mit der frowen mit einr lehens hant, u. hab och oh daz guot genozzen mit der frowen, also hat er reht lehen an dem guote so diu frowe enist.

7. Urk. v. 1352 (Lacomblet III n 515). J. — hertoghe van Lothringen — doen cont —, dat — voer ons ende voer onse manne van leene coemen is — jonfrouwe Ph. van V., end heeft ontfaen van ons met heren H. v. B., riddere, — hoeren mombore in desen saken, alsulke lene, alse hoere verstorven syn van — hoeren brudere —. End heeft ons die voirseide jonfrouwe Ph. daeraf ghedaen alle dat si ons sculdich was te doene na den rechte, end wi ontfingen se — te voirsten in onsen man. Van den welken leengoeden here H. v. B. voirghenoemt, alse hoer mombore, ons van hoeren wegen end tot hoeren behoef hulde end eyt dede, ghelyc dat eyn mombore sculdich is te doene.

8. Urk. b. *Schannat* Hist Worm 1, 246 Daz wir (der deutsche Ritterorden) dem — bischof zu W., H. v. H. geben han zu einem man, dieselben lehen zu tragen, — also wan der vorgen. H. von todis wegen abegangen ist, — so sollen wir von unsir u. unsirs ordins wegen dem egen. stifft einen andern wolgebornen man, der schilt u. helmsgenoß ist, an sin stat geben.

9. Urk. v. 1360 (*Haltaus* p 1232) Und wann er ein geistlich man — ist u. solicher lehen nicht behalten mag, so geben wir im einen lehen-

träger, — den — bischoff zu W., — daz sie ym die — lehen seine liebetage als vormunde getrewlichen tragen sullen.

10. Urk. v. 1327 (Janicke Quedlinb. UB. 1 n 104). We — greven von Rezenstein — ligen de uyen stat to Quedelingborch den — radesmeisteren u. dem rade in der alden stad to Quedelingborch tho der meynheyt hant to rechtem lene u. to erve.

11. *Haltaus* l c Der rath zu Leipzig hat — das rittergut Lindenau — vom bischof zu Merseburg zu lehn, halten dahero einen lehntrager, einen aus dem rath, nicht von den altesten, nicht von den jüngsten.

12. Urk. v. 1397 (das. col 1804). Das under den vorgeschriebenen v. Seinsheim der eldist das — seehaus — von dem graf L. — zu rechten manlehn emphahen soll — u. soll das zu getreuer hand tragen den vorgeschr. v. S. u. ihren lehen leibs erben ohngeverd, die des stammes sind; u. were es, daß derselbe abging, der es empfangen hette, furbas soll es jeder eldist unter ihnen emphahen u. den anderen zu getreuer hand tragen.

13. Sachs. Lehnr. 8 § 2. Die herre mut wol sinen mannen mit ordelen gebeden die en gut von ime hebbet, dat sie sik binnen ses weken besceiden, dat he wete up wene he sines dienstes se, u. ne dut sie des nicht, — man verdelt in ere gut.

14. Rigisch. Ritterr. Art. 6. Sint twe bröder edder mer in ungedeledem gude, de hebben ere samende hant an dem gude, — stervet de eine, de dat gut entvangen heft, de ander entvangen dat gut binnen jar u. dage.

15. Kl. Kaiserr. 3, 29. Da die lute sin, die gemein lehen han, die sullen wissen, daz sie die eldeste hant mag enphahen den andern allen nach des keisers rechte, daz sie ez gewert sint.

16. *Lunig* C I F 1, 851. (Der Senior des Hauses Anhalt) muß — die Reichs-Lehen bey Kaiserlicher Majestat, wie auch die Bambergische Lehen, als Lehen-Trager des gesammten Fürstlichen Hauses, mittelst der andern regierenden Herren Vollmachten, empfangen.

17. Kursachs. Lehnsmand. Tit. I § 12. Ganze Collegia, Corpora u. Communen, welche Lehngüther besitzen, müssen die Lehn vermittelst gewisser hierzu aus ihren Mitteln zu bestellender Lehntrager suchen, u. solche, so oft der Lehntrager stirbet, oder daferne mehrere, als einer bestellet, wenn sie sammtlich mit Todte abgegangen, gebuhrend erneuern.

18. Preuß. LR. I 18 § 49. Moralische Personen, welchen Lehne verliehen worden, sind in der Regel zur Leistung der damit verbundenen Pflichten, einen Lehnsträger zu bestellen, befugt u. schuldig.

19. Das. § 52. Die Fahigkeit eines Lehnstragers muß nach eben den Grundsatzen, wie die Fahigkeit eines Vasallen selbst, beurtheilt werden.

20. Das. § 58. Besitzen mehrere Vasallen zugleich Ein Lehn, so muß einer von ihnen zur Leistung der Dienste u. Pflichten im Namen aller zugelassen werden.

C. Von der Lehnsvormundschaft. (B. § 151. G. § 130. St. § 119 IV.) § 226.

Kraut Vormundschaft 3 S. 1—110.

1. Sachs. Lehnr. 26 § 1. Kindere jartale is 13 jar u. 6 weken von ir bort. Doch bedorven sie's dar na, of sie jeman bedegedingen wel um ir len, die wile sie to iren dagen nicht gekomen sin, dat is to eneme jare u. tvintich, so muten sie wol vormunden nemen enen irs herren man, die sie vorsta to lenrechte. — § 2. Swe so it kint len anspriket binnen sinen jaren des man ime nicht ne bekant, dat mut die herre besceiden in des kindes stat mit des kindes mannen, oder des kindes vormünden, of deme kinde oder ime selven dat anevelle gelegen is. Die herre is immer des kindes vormünde an deme gude dat it kint von ime hevet, die wile he it anevelle unverlegen hevet, u. sal dat

gelt des gudes nemen, wente it kint to sinen jaren kome. — § 5. Svo jung dat kint is na sines vader dode, of it sin vormünde to me herren bringt, u. sines lenes na rechte an den herren sint, die herre sal ime sin gut lien. § 7. Anevelle — nimt ok ende, svenne dat belente kint — to sinen jaren kumt.

2. V. A de benef I 72 Si dominus — non concesserit puero ius suum, quod *anevelle* dicitur, in beneficio, quod *nullus habebit in beneficio excepto tutore pueri vel puero* etc

3. Gl. z. Sachs. Lehnr. 26 Ist aber dem kind das angefelle selbst gelihen, so ist sein ebenbürtig schwertmag sein vormund beide zu lehenrecht u. zu landrecht

4. Kl. Kaiserr. 3, 9. Sint — die kint also jung, (daz gut) mag der elste nemen, der zu dem gut geborn ist, diwile die kint under irn zwelf jaren sint, aber also, das er den kinden ire notdurft gebe. Wan aber die kint kumen uber ir zwelf jar, so nemen sie ir lehen in ir hant u. mugen mit schikken waz sie wollen —. Aber die wile sie under irn jarn sint, so enhant sie nit dan die notdurft. — Han sie aber anders also vil, daz sie des lehengutes enbern mugen, so sullen ez die nutzen, die dem rich mugen zu staten gesten — u. nutze gesin.

5. Ssp. I 23 § 2. Al si en kind to lenrechte to sinen jaren komen, sin rechte vormünde sal it doch an sineme gude vorstan to sineme bederve, u. sinem herren in des kindes stat na des kindes rechte denen, de wile it sik selve nicht bedenken kan van sinei dorheit, oder kintheit, oder van unkraft sines lives.

6. Gl. z. Sachs. Weichb. 26. Nach unserm rechten sol einer 21 jar alt sein, wenn er seines lehens gewaltig sein wil.

7. Magdeb. Dienstr. ob. § 9 Nr. 6 Z. 7.

8. Schw. Lehnr. 104. Ein jeglich herre anvellet ein kint wol daz niht ze sinen jarn komen ist, ez irre dann daz ez einen vormunt hab, der des herren man si.

9. Das. 48: wil dez der herre niut enbern der im lehen lihet, die friunde muozzen dem kinde einen vormunt geben, der dem herren antwiurte fiur daz kint ze lehenrehte u. ze fiursprechen, swa ez sin bedirfe. Der vormunt sol dem herren antwiurten fiur daz kint untz ez wirt eins u. zweinzeg jar alt. Dez kindes vormunt sol dez herren man sin.

10. Das. 49. Swie jung daz kint ist u. hat ez einen voget, der ze rehte sin voget ist, u. ist er dez herren man, von dem daz kint sol lehen han, u. bringet er daz kint zuo sinem herren u. vordert er sin lehen alse reht ist, der herre sol dem kinde daz lehen lihen mit rehte.

11. Das. 51. — Stirbet ein man u. lat kint, die niut zir jarn komen sint, der herre lihet einem andren daz anvel, ob ez niut vormundes hat, der dez herren man si. Hat ez den, der sol dem kinde sin lehen vordron, u er sol ez mit rehte lihen; u. sol der vormunt von dem lehen antwiurten dem herren.

12. Das. 49. Ein kint daz drizehen jar alt ist u. sechs wochen, daz ist lehnber; u. ist ez vierzehen jar alt, so swert ez wol umbe sin selbes gescheffede.

13. Das. 52 (v. d. Lahr 28, 2): u. kumet daz kint zuo sinen jarn, (das seind dreyczehen jar u. sechs wochen), und vordert sin guot wider, men sol ez dem kind lan.

14. Neueste Wahlkapit. Art. XI § 5, 6. Wann auch ein — Lehenmann des Reichs mit Tod abgeht, u. minderjahrige Lehnserben, *sive puberes*, *sive impuberes*, hinter sich verlaßt: so soll der Vormünder — der Minderjahrigen von dem Reiche habende Regalien u. Lehen — suchen u. bey der darauf folgenden Belehnung das gewöhnliche *Iuramentum fidelitatis* ablegen, u. die Gebuhr entrichten; an welche der Vormünder Empfangung u. eidliche Versprechung die Minderjahrige selbst nach erlangter — Majorennitat — gebunden seyn sollen — (Dagegen) wollen wir sie — zu anderwartiger Empfangniß

solcher Lehen, — wie auch Leheneide nicht — anhalten, sondern sie bey obgedachter ersten den Vormundern ertheilten Belehnung allerdings lassen.

15. Gl. u Anm. z. Ssp. 2, 58 ed Zobel. Diesen § vornim, eher sich ein kind bejahret, das ist, so die kinder jung u. binnen ihren jharen sind. — Und so lange müssen sie unter des Lehenherrns vormundschafft sein, — der herre hette dann die vormundschafft vorlihen. — Hodie tamen (d. h. im 16ten saeculo) vasalli minores habent tutores, qui *horum nomine* dominis serviunt, et ideo *illi* fructus feudi accipiunt, inque *ipsorum pupillorum* usus convertunt

16. Kursachs. Vormundsch. O. v. 1782 C. XXI § 1. Zu allen bey uns zu Lehn gehenden Gutern, — nicht minder zu den Mitbelehnschaften an dergleichen Lehngütern soll ein besonderer Lehens-Vormund, von unserer Landes-Regierung u. respective unseren sonstigen Lehnhofen, wenn auch die Güter amtsaßig sind, bestellet werden. Auf diese Lehns-Vormundschaft kann weder die Mutter, noch ein Anverwandter, wegen seiner Vormundschaft Anspruch machen, u. eben so wenig durch Vertrage oder durch einen letzten Willen ein Lehnsvormund verordnet werden, sondern es wird von dem Lehnhofe entweder ein Mitbelehnter oder eine andere tüchtige Person zum Lehns-Vormunde ernennet.

17. Das. § 2. Der Lehns-Vormund ist verbunden, dasjenige, was wegen Befolgung der Lehn, u. der dem Unmündigen etwa zustehenden Mitbelehnschaften, oder wegen Prasentation neuer Mitbelehnten — bey dem Lehnhofe zu beobachten ist, zu besorgen, auch darauf, daß die Lehns-Prastanda von dem Allodial-Vormunde richtig abgefuhrt werden, Acht zu geben.

18. Preuß. LR. II 18 § 996, 997. Wenn zu dem Vermogen des Pflegebefohlenen ein Lehn gehort, so muß demselben ein Lehnscurator bestellt werden. Von dieser Curatel ist der nachste Agnat oder Mitbelehnte, wenn er selbige übernehmen will u. dazu fahig ist, niemals auszuschließen.

19. Das. § 998 u. 1000. Dieser Curator hat jedoch nur dasjenige zu besorgen, was zur Ausübung der Lehnrechte u Lehnspflichten des Pflegebefohlnen bey dem Lehnshofe u. zur Erhaltung der Substanz des Lehns gehort. — Die gewohnliche Verwaltung des Lehns u. der davon fallenden Einkunfte gebührt dem ordentlichen Vormunde.

20. Baier. Lehnsedict § 137, 138. Eine eigene Lehensvormundschaft findet nicht statt, sondern — (es) tritt die durch das burgerliche Gesetzbuch bestimmte Vormundschaft ein. Der Vormünder ist Lehenstrager; er muß daher lehensfahig seyn. Wenn er es nicht ist, muß ihm von der Obrigkeit ein lehensfahiger Mitvormund beygegeben werden.

21. Gotha Lehnsmand. § 36. Die den minderjahrigen, blodsinnigen, oder im rechtlichen Verstande abwesenden Vasallen von ihrer ordentlichen Obrigkeit zu ihren ubrigen Angelegenheiten bestatigten Vormünder sind, ohne Rücksicht auf Stand u. Geschlecht, in den Lehnsangelegenheiten ihrer Pflegbefohlnen von unserm Lehnhofe ebenfalls zu admittiren, u. es soll daher keinem dergleichen Vasallen — von dem Lehnhofe hinfuhro noch ein besonderer Lehnsvormund bestellt werden.

22. K. Sachs. Ges. v. 28. Jan. 1835 B § 7. Die Bestimmungen uber die Lehnsvormundschaft — werden hiermit aufgehoben Es findet auch in den Kreislanden künftig keine Lehnsvormundschaft mehr statt.

III. Rechte des Lehnsherrn.

A. Natur der Lehnsherrlichkeit. (B. § 157. G. § 119. St. § 122) § 227.

B Rechte gegen die Person des Vasallen.

1. Recht auf Lehnstreue. (B. § 157 II. G. § 120. St. § 122 II) § 228.

1. Schw. Lehnr. 7. Ez sol ouch ein man sine herren eren mit worten u. mit werchen; er sol ouch gegen im uf stan, er rite oder er gange, er sol in

ouch vor lan gan; er sol im den stegereif haben, so er uffsitzet u. in dem tage einest, da mit ist ez genuog.

2. Sachs. Lehnr. 76 § 6: die herre sineme manne noch die man sime herren mit rade noch mit dat nicht scaden ne sal, ir en untsecge deme anderen. Herren u. mannes valsche rat geliket wol ungetruwer dat.

3. Ssp. I 60 § 2. Vorspreke ne mach nieman weigeren to wesene binnen deme gerichte, dar he wonehaft is, oder gut binnen hevet, oder dar he recht vorderet, ane uppe sinen mach u. uppe sinen herren oder uppe sinen man, of ime die klage an sin lif oder an sin gesunt oder an sin recht gat.

4. Richtst. Lehnr. 8 § 1. Nu wetet, welke sake de man dot wedder sinen heren de wedde wert sin, dar mach eme de here umme degedingen dat is lenrichtes dage lecgen. Tom ersten, eft en man sinen heren nicht eren wolde, also eft he eme nicht dinen ne wolde, edder eft he sinen heren wat to smaheit spreke edder dede, u. ok eft he ene nicht wolde here heten, edder jegen em nicht wolde upstan, edder sinen heren nicht wolde vor laten gan. § 2. To dem anderen, eft he ene nicht truwe en were, also eft he sin len dat he van sime heren hedde ute sinen weren lete, u. so sines heren herscop wolde los sin, edder dat he sin gud, dat sineme heren leddich mochte werden, wolde wedder recht u. wedder sines heren willen em untfernen. § 3. To dem drüdden, eft he sineme heren nicht so holt en were alse he scolde, also eft he sines heren mannen gewalt dede, edder eft he se mishandelde, dar he wiste dat se in sines heren denste weren.

5. Das. 11. Nu wetet dat de here den man mach sculdigen um achteleie sake. To dem ersten male, eft he ene nicht alse sinen heren geeret heft. To dem anderen male, eft he ene alse sinen heren nicht gedinet hebbe. — To dem achten male, eft he sik voruntruwet heft.

6. Das. 15 § 1. Desse vorderen rede sint gewesel um den man, de den heren nicht en eerde u. eme nicht dende, alse he van rechte scolde. Desse de hir na volgen de komen to van untruwe.

7 II F 33 § 5 Similiter vasallus dominum *accusare*, vel *testimonium contra eum* reddere non debet in *civili causa modica aut criminali.* Quidam tamen dicunt in *criminali* non licere, in *civili* licere: in quibus si contrafecerit, feudo privabitur

8. V A III 14 Dominus — si suo homini vim intulerit, aut eum spoliaverit et praedicto modo dominum prosecutus fuerit homo, si in iudicium veniens spolium conqueratur super dominum —, *in hoc contra fidem suam nihil faciat*, quamvis domino non contradixerit suum hominium, nec resignaverit beneficium

9. Schw. Lehnr. 5. Der man sol sinem herren hulde tuon mit sinem eide, daz er im also holt u. also getriuwe si alse er von rehte ze sagenne habe, swa er dez gevraget werde, sinen frummen ze furdren u. sinen schaden ze wendenne alse verre alse er muge.

10. *Lunig* C I F 1, 95. Euch, dem xc. — Kayser — schweren wir — von der Lehen wegen — allen Deroselben Nachkommen am Rom. Reich, Rom. Kaysern u. Konigen u. dem Reich treu, hold, gehorsam u. gewartig u. s. w.

11. Urk. v. 1263 b. Wigand Archiv Bd. 2 S. 336. Si vero nos — contra huiusmodi contractum venire vellemus, — *prefatos testes ad ferendum testimonium contra nos licenciamus* et consentimus tamquam *nostros homines* nobis *nomine hominii* obligatos.

12 II F 7· fidelitatis iuramento forma —· Ego — juro —, quod ab hac hora in antea usque ad ultimum diem vitae meae ero fidelis tibi — domino meo *contra omnem hominem*, *excepto Imperatore vel Rege* (Oben § 204 Nr. 3.)

13. Ssp. III 78 § 2. Die man mut — sime koninge u. sime richtere unrechtes wederstan, u. san helpen weren to aller wis, al si he sin mach oder sin herre, u. ne dut dar an weder sine trüwe nicht.

2. Recht auf den Lehndienst. (B. § 158 I. G. § 120. St. § 122 II 2.) § 229.

1. Sächs. Lehnr. 4 § 1. Des rikes denst, dat dem manne geboden wert mit ordelen ses weken vor deme dage er he varen sole —, dat sal he denen bi plicht. — Ses weken sal die man dienen sime herren mit sines selves kost, u. ses weken vore u. ses weken na sal he des rikes vrede hebben u. schacht rowe (d. i. Ruhe vom Lanzendienst), so dat ime nen sin herre to lenrechte degedingen ne mach noch des rikes dienst gebieden.

2. Das. 71 § 18. Von burchlene n'is die man nicht plichtich sime herren to dienene ne weder hofvart noch herevart (Urk. v. 1023 ap *Hontheim* I 359 *in expeditionem ire* et *curiam regalem petere*), mer uppe'r burch sal he wonen, u. sal sie weren of sie's bedarf.

3. Das. 72 § 6. Recht len u. borchlen.

4. Das. 46 § 2. Of die man hevet twene herren oder mer, die ime des rikes dienst alle bieden mit ordelen, die't ime torst gebot mit deme sal he varen, u. den anderen alle herstüre geven, den tegeden schilling oder punt die he jarlikes von ime hevet.

5. Das. 34. Belent wif u. maget ne sint nicht plichtich des rikes hervart to dienene, mer hersture solen sie geven na satteme rechte.

6. Schw. Lehnr. 63: daz ist swaz si ze lehen von dem riche hant, dez suln si daz zehende teil dem riche ze herstiure geben. also sol ouch der pfaffe der niut fiurste ist.

7. Das. 83. Hat — der man niut wan von einem herren dez riches guot, mit dem muoz er varn oder lazze im daz guot ligen.

8 V. A I 17 Si quis *equum vel huiusmodi aliquid domino suo concesserit* et non rehabuerit, vel aliquid *perdiderit in eius servitio*, interim non tenetur ex debito eius beneficiali interesse iuri, *nec servire aliquid*, *quamdiu non habuerit rectam rationem sui damni*

9 Iura archiep Trev (Lac. Arch. 1, 349) XXIV 4 Duo militares mansi, qui *proprio sumptu* usque ad montes debent ire, sed ultra progredientes *archiepiscopi donaria eos debent sustentare* Si ad Anglos vel Tenedos sunt mittendi, provideant interim sibimet ipsis impensas usque Walesgemundi, ultra provideat archiepiscopus

10. Urk. v. 1423 b. Horn Leben Friedr. des Streitb. S. 877. So sal iglicher dynen nach synen vermogen, u. wir (Churf. Friedrich v. Sachsen) sullen yn vor schadin stehin, u. redeliche notdurft gebin.

11. Urk. v. 1406 b. Schwarz Pomm. Lehns-Hist. S. 485. Wen sie uns (Herzog — von Pommern) — dehnen scholen, so schole wy en vor allen schaden stahn, — u. scholen en geven de wile allent dat, dat'se dorven.

12. Sächs. Lehnr. 4 § 2 u. 3. Swenne die Düdischen enen koning kiesen, u. he to Rome vert to der wienge, so — sal dar varen jegelik man mit sime herren die (naml. der Mann) des rikes gut to lene hevet, oder he sal die vart losen mit deme tegeden punde, dat he jarlikes von ime hevet.

13. Worte Kurf. Augusts v. Sachs. v. 1563 (*Carlowitz* de orig servit equ c II 1 no k) Dieweil aber bis daher sich von Jahren zu Jahren der Ritterdienst je langer je schwacher gemacht, auch also abgenommen, daß nicht, halte ich bey mir vor, gar gewiß der funfte seine Pferde u. Knechte, damit er schuldig zu dienen, bei der Hand oder an baaren hat ꝛc.

14. Eichhorn Rechtsgesch. § 547 Not. i (a 1552). So wollen wir (die Kursachs. Rittersch.) von jedem Schock des Werths unserer Lehnguter, doch nach Abziehung der Ritterdienste — zwene Pfennig geben.

15 Cod Augusteus 1, 2307 (a 1632) (Wir Kurf. v. Sachsen haben) dahin geschlossen denen von der Ritterschafft frey zu stellen, ob sie vor dismal vor jedes Pferd 15 Reichs-Thaler *in specie* Anrittgeld bahr erlegen, oder jeder sich ungeseumbt mit tuchtigen Pferden, Knechten u. Armatur einstellen wolle.

16 Cod Augusteus 1, 2309 (a 1704). Als begehren wir, ihr wollet diejenigen Ritterpferde, so uns ihr zu stellen verbunden, in solcher Bereitschafft halten rc.

17. *Lunig* 2, 813 (a. 1617). Wir — Joh. Sigismund, Marggraf zu Brandenburg — haben — ein allgemein Aufgebot ergehen lassen, — daß sich ein jeder — mit denen Lehenrossen, auch mit der Anzahl Knechten, die er uns vermog der alten Verfassungen in dergleichen Fallen zuzuschicken schuldig, — gefaßt u. beraht halte.

18. Das. 2, 846 § 6 (a 1717) Und gleichwie die von der Ritterschaft (in der Chur u. Marck Brandenburg) *pro annuo Canone* künfftig (auf jedes Lehn-Pferd) zu erlegende viertzig Thaler nicht anders als ein *purum surrogatum*, an Statt der sonsten aufgebrachten Ritter-Pferde u. geleisteten Lehens-*Onerum* consideriret werden konnen; so geben Sr. Königl. Maj auch die — Versicherung, daß hierdurch denen Freiheiten, — so der Ritterschafft — gegeben worden, nicht das geringste praeiudiciret — werden soll.

19 *Carlowitz* l c not x, y (a 1657). „Weßhalb wir (Churf. Joh. Georg v. Sachs.) nochmals — begehren, ihr von der Ritterschaft wollet euch entweder wegen der Ritterpferde eines gewissen — erklehren, oder ob ihr lieber anstatt eines Ritterpferdes mit einem Stück Geldes euch gefaßt halten wollet". — Die Ritterschaft erklarte hierauf unter andern: „Wiederholen im ubrigen nochmals, daß wir, daferne eine Mustrung oder Aufforderung geschehen solle, mit dem freywilligen Donativ der 60000 Gülden fortzukommen nicht vermogen".

20. Sachs. Lehnr. 13 § 3. Svar man jarlikes jenegen tins ave gift, dar ne mach die man an deme gude nen len behalden.

21. Richtst. Lehnr. 20 § 4: vrage —, eft en man moge des anderen tinsman sin, de bat geboren si edder also wol alse sin tinshere —. So vindme he ne moge. (Vergl. Sachs. Lehnr. 60 § 1.)

22. Urk. K. Karl IV v. 1360 (*Glafey* Anecd. n 55): tibi velut bene merito et tui contemplatione tuis heredibus curiam cum aratura — in *feudum militare* damus — condicione tali, quod *tu et heredes tui singuli,* nostris heredum et successorum regum Boemiae solaciis, *cum uno accipitre nobili, qui — actibus venacionum sit utilis, et uno cane similiter, qui exercitiis accipitris eiusdem narium odoranti sagacitate deserviat, annis singulis, consuetis anni temporibus teneamini ac debeatis alludere*

23 Iura archiep Trev XXVIII 5 (Lac. Archiv 1, 358). In L — quidam homines — tenent feoda, unde in expeditione archiepiscopi tenentur *soumarios suos ducere;* quidam tenent ibidem feoda, unde archiepiscopo *ad quecunque servitia voluerit* servire tenentur

24. Birgeler W. (Grimm 1, 516). Item hant dieselben herren nünczehen hube landes, die armer lude lehen sin: der gibet igliche hube vier achtel kornes zu unser frauwen tage.

25. Bayer. Lehensedict § 81. Die Lehensdienste bestehen darin, daß der Lehensmann a) so oft am Hofe des Lehensherrn erscheint, als er einberufen wird, b) anstatt der ehemals üblichen Lehenspferde-Stellung eine jahrliche Ablosungstaxe an den obersten Lehenshof abfuhrt.

26. Badisch. Lehnsedict § 26 f. Als stillschweigend bestimmte Dienste, wo nicht ausdrucklich etwas anders ausgemacht ist, sind jederzeit anzusehen: die Erscheinungen zur Vermahlungsfeyer des Lehnsherrn oder seines dereinstigen Nachfolgers, zum Antritt der Lehensregierung, u. zur Leichenbegleitung des Lehensherrn u. Lehenfolgers; jedoch sind die Lehenleute hierzu nur im Aufforderungsfall u. nur soweit sie sich im Staats- oder Gerichtsgebiet des Lehenherrn aufhalten, u. keine rechtmaßigen Verhinderungen haben, verbunden. Die Erscheinung geschieht auf ihre Kosten; der nothwendige Aufwand bey ihrem Aufenthalt an dem Ort der Berufung aber auf Kosten des Lehenherrn, der sie dort in Quartier, Futter u. Mahl frey halten muß.

3. Recht auf die Lehngerichtsbarkeit. (B. § 158 II G. § 121. St. § 122 II 3) § 230.

1. Chuonradi III sent. a 1149 (Mon Ll. II 564): *omnem hominem sive liberum sive ministerialem oportere domum illius adire, cuius nomine possideret, in quocumque regno vel provincia sita esset, si de ipsa possessione controversia ageretur.*

2 Eiusd a. 1150 (*Erhard* cod dipl Westf II n 272 p 55). Hec contradictio *inter ministeriales Corbeiensis ecclesie* a prefato abbate — ventilata est, et per *iudicium eorum* eidem (ministeriali) — omnis potestas de committendis clavibus — abiudicata est Huic *comparium suorum iudicio* idem (ministerialis) — cum acquiescere noluisset, — abbas apud clementiam nostram impetravit, quod in *plena curia nostra* — iudicium super eodem verbo a *ministerialibus regni* sciscitati sumus, qui etiam, *in conspectu nostro et principum regni*, idem iudicium, quod Corbeienses invenerant, pari consensu asseruerunt

3. Priv. f. Parchim v. c 1225 (Meckl. UB. 1 n. 319) § 8: datum est omnibus in terra morantibus, quod — ad ius feodale, quod lenrecht vocatur, sunt minime conpellendi, sed tantum ad ius quod mannerecht vulgo sonat

4. Schw. Lehnr. 84. Swenne der herre alse hoh ist, daz er lehenreht mag han, u. hat alse vil manne, die ein urteil vinden mügen, so mag er sinen mannen tag geben wol umbe lehenreht, der sol zem minsten sibene sin.

5. Das. 119 b Als der herre mit einem sinem man lehenreht tuon wil, so sol er einen sinen man an sine stat setzen, den der man niht arcwaenic hab

6. Ssp. II 42 § 1. Sve so klaget up enen anderen, he neme ime gut, dat ir jeweder ime to lene seget: secget se't in von twen herren, ir jeweder sal sinen geweren to dinge bringen.

7. Gl. hierzu: „ir jeweder ꝛc." Dit is wunderlich: di lantrichter ne mach over minen man nicht richten u. over dat lengut —; u. set hir, ic scole sulve tu syme richte cumen; mer secge, du cumest nicht umme din len dar, mer du cumest dar, dat du's dime manne bekennist, dar mede ledigistu em der gewalt.

8. Reichsspruch unter K. Rudolf I. v. 1292 (Lacomblet UB. II Nr. 894): nobis sedentibus pro tribunali apud Erfordam, — petitum fuit in iudicio coram nobis et sentencialiter diffiniri · Si dominus aliquis habeat vasallum, qui attemptavit aliquid contra dominum et contra quem dominus habet actionem et ius agendi in iudicio, qualiter contra vasallum domino succurratur? et extitit per sententiam consensu principum etc. approbatam legitime definitum, *quod ipse dominus suum vasallum presentibus aliis vasallis coram se ad iudicium poterit evocare et cognoscere poterit et iudicare pro vel contra ipsum vasallum, prout ipsorum dictaverit sententia vasallorum*

9. Urk. K. Friedr. III v. 1489 b. Reyscher Samml. Würtemb. Ges. 4, 29: thuen kund —, daß unns — Eberhardt der elther grave zu Wurttemperg — hat furbringen lassen, wiewoll bei ime herkommen u. gewohnheit seie, das alle handel u. sachen, so lehen beruern vor seinem lehen richter u. mannen berechtet werden sollten, so begeb sich doch zu vilmalen, wann er lehenmann tag furnem u. seine lehen mann darzu — ervorder —, das derselben ervorderten man etlich kranckheit, auch etlich ander irer anligen u. geschafft halb ußpliben u. die, so gehorsam erschinen, seiend etlich in sollicher jugendt —, auch etlich alt genug, oder sonst so ungeübt u. ungebraucht, zu recht zu reden u. nach ordnung rechtlich zu handlen, das es nit zu sonderlichem ußtrag u. rechten diene —, darumb so haben wir zu furderung des rechten demselben graff — zu Wurtemberg dise sondere gnad — gethan —, das nun furbaß hin inn ewig zeit der genannt grave Eberhart — zu seinen lehenrichter — annder verstendig personen, so nit mann seind, zu recht nidersetzen, u. inen uber alle lehenn — zurichten — u. zu procediren bevehlen mag, und das alle proceß u. hendel, so vor dennselben personen ergeen —, alle macht habenn, als ob sie vor lehenmannen ergangen — wern.

10. Kurfürstl. Sachs. Rescr. v. 1780 in Cod cont. Aug I p 557 (In) denen aus Lehns-*Pactis* zwischen den Land-Erben des Lehns-Mannes u. denen Lehnsfolgern entspringenden, das Lehn, sammt was dem anhängig, mittel- oder unmittelbar betreffenden Irrungen — (sollen) die Klagere — jedesmal an unsere Lehns-Curie verwiesen (werden).

11. Das. I p 549 Daß, wenn um die Execution in ein Lehngut oder dessen *Fructus* gebeten wird, die Impetranten mit ihrem Gesuch alsofort zur Landes-Regierung verwiesen — werden sollen.

12. Reuß Staatskanzley Th. 22 S. 239 ꝛc. (a 1788). Wir Heinrich, Fürst zu Hohenlohe, — des gesammten Furstl. Hauses Hohenlohe Senior u. desselben Lehen-Herrlichkeiten Administrator — bekennen hiemit: — daß unser — Vasall — v. H. (sich) verschiedene seinem — Lehen-Aid — zuwiderlauffende Vergehungen zu Schuld gebracht, — dermasen, — daß uns — kein anderer Weg übrig geblieben ist, als ein formliches Lehengericht von unsers Fürstlichen Gesammthauses adlichen Lehen-Mannen niederzusetzen.

13. Preuß. LR. I 18 § 166, 169. Durch die Belehnung wird der Vasall in allen nicht streitigen Angelegenheiten, welche das Lehn als Lehn betreffen, der Gerichtsbarkeit des Lehnsherrn u. dessen Lehnhofes unterworfen. — In streitigen Angelegenheiten kommt dem Lehnsherrn u. dessen Lehnhofe eine Gerichtsbarkeit nur in sofern zu, als er zugleich Landesherr ist; oder ihm diese Gerichtsbarkeit von dem Landesherrn ausdrucklich oder stillschweigend eingeraumt worden.

14. Neueste Wahlkapit. XXI § 1. Wir — versprechen Kurfürsten, Fursten u. Stande, wegen ihrer angehorigen Lehen, sie seyn gelegen, wo sie wollen, bei ihren lehenherrlichen Befugnissen auch Gerichtsbarkeit — unbeeinträchtiget, u. ihnen darinn von keinem Reichsgerichte *neque sub praetextu continentiae causarum, neque iudicii universalis* eingreifen zu lassen.

15. Ordn. des Hofger. z. Wittenberg b. Ludovici Lehnsproc. C. I § 62. Alle, so von Uns u. Unserm Churfürstenthum belehent, — in den Fallen, alle wie beruhrt, sollen u. mogen die Rechtfertigung an Unserm Hofgericht gehandelt — werden.

16. Halberstadt. Justizordn. v. 1713 § 6 ebendas. § 71. Daß — die zwischen Unsern Vasallen entstehende Streitsachen bey Unserm hiesigen Kammergericht u. bey denen Regierungen, als Unsern — anstatt der *parium curiae* bestellten Lehnhofen, erortert u. entschieden werden.

17. Gotha. Lehnsmand. § 229. Da wir die Ausübung aller zum Lehnhofe gehorigen Befugnisse u. die Beobachtung der damit verbundenen Incumbenzen unserer hiesigen Regierung aufgetragen haben, so ist sich in allen Lehnsangelegenheiten lediglich an dieselbe zu wenden.

18. Bair. Lehnsed. § 214, 216, 217. Es soll keine eigene Lehengerichtsbarkeit bestehen, sondern alle streitige Lehenssachen sollen vor den Gerichtshöfen verhandelt werden. — Zur Behandlung der nicht streitigen Lehenssachen — wird ein oberster Lehenshof angeordnet, — (dieser) besteht bey dem Ministerium der auswartigen Angelegenheiten.

§ 231. 4. Recht auf Erneuerung der Belehnung. (B. § 158 III. G. § 122. St. § 122 II 4.)

1 II F. 40 pr Si post mortem domini *vasallus* vel post mortem vasalli *heredes eius per annum et diem* steterint, quod *dominum* vel *heredem* eius non adierint *fidelitatem pollicendo et investituram petendo*, si tale sit beneficium, ut fidelitas sit praestanda, (tanquam ingratus existens II F 24 pr) ipsum perdant, *sicut et antiquitus consuetudo fuit*, sed non Mediolani

2. Sächs. Lehnr. 44 § 3. Also dicke alse enes mannes len an enen anderen herren kumt, also dicke verniet sik sine jartale.

3. Das. 44 § 1. Die man — volget — mede (deme gude) an enen anderen herren —, of sin herre stirft oder of he't uplet oder verkoft oder of he ime untseget.

4. Sachs. Lehnr. 25 § 1: die man (sal) volgen sime gude an den overen herren manscap to biedene, of sin herre stirft oder of he sin gut uplet oder it ime verdelt wert.

5. Das. 50 § 4. Stirft en man over mere oder andersvar, alse sine kindere sinen dot erst ereschet, dar gat an ire jartale ire gut to untvande. Stirft ok enes mannes herre unwetelikes sinen mannen, svenne sie sinen dot erst ereschet, dar gat an ir jartale ire gut to untvande.

6. Das. 27 § 1. Stirft en man, die sone hevet, binnen der jartale dat he sin gut untvan sal, dar mede n'is deme sone dat gut nicht gevernet, al ne hebbe't sin vader nicht untvangen, die wile he sik ok nicht verjaret ne hebbe § 2. Stirft ok enes herren sone binnen der jartale dat die man ir gut von ime untvan solen, sie volgen irme gude svar't henen vert, u. ne verlieset darmede nicht.

7. Das. 29 § 1. Die man ne dorven ok nicht denne von eneme irs herren sone ire gut untvan, al sie't in allen gelegen; dat mut aver de overe herre besceiden, an welk irn he sie wise, of sik die belenden herren dar umme nicht ne verenet.

8. Schw. Lehnr. 54 b der ober herre sol si — wisen —, sint die bruoder alle zir tagen komen, — an den eltesten u. ist ir niut wan einer ze sinen tagen komen, an den sol er si wisen.

9. Gloss. lat z. Sachs. Lehnr. b. Homeyer Syst. S. 443: ex consuetudine senior frater nomine suo et aliorum investituram facit

10. Kursachs. Lehnsm. Tit. I § 1. Es ist — die Lehn — auf alle *in manu dominante* oder *serviente* sich begebende Fälle von denen Besitzern derer Lehngüther zu suchen, nicht weniger auch bey solchen sich ereignenden Veränderungen von denen Mitbelehnten, ob sie schon die Lehngüther in wirklichen Besitz nicht haben, die Mitbelehnschaft zu erneuern, sowohln von des verstorbenen Mitbelehnten hinterlassenen Söhnen, weil nach denen Sächsischen Lehnsrechten die Lehnsfolge allein auf der gesamten Hand stehet, u. dieselbe ein jeder Mitbelehnter vor sich selbst suchen, u. also *proprio facto* erlangen muß, die gesammte Hand — zu muthen.

11. Das. Diejenigen aber, so eine bloße Anwartschaft auf ein Lehngut erhalten, sind die Lehn eher nicht, als wenn sich der Fall zugetragen, u. sie den wirklichen Besitz des Lehnguths erlangen, zu suchen schuldig, es wäre dann, daß ein dergleichen Expectativarius *per investituram abusivam* bereits beliehen worden, als in welchem Fall derselbe sothane Lehn, bey denen *in manu dominante* vorkommenden Fällen zu renoviren verbunden.

12 Ebendas. § 2. (Wenn das Lehn) auf verschiedene Mitbelehnte fället, so haben selbige, sie mögen *in communione* zu verbleiben gesonnen seyn oder nicht, die Lehn daran in gesetzter Frist, jeder zu seinem Antheil u. zugleich die gesammte Hand gegen einander, an ihrer — Mitlehnserben Antheilen, — zu suchen, u. daferne währender Communion einer von denen Mitbesitzern ohne Leibes-Lehnserben stirbet u. sein Antheil auf die übrigen verfallet, es in Ansehung der Renovation eben so zu halten.

13. Gotha. Lehnsm. § 12. Bey einer Lehnsmuthung sind folgende Formalitäten nothwendig: 1. Sie muß durch ein an uns selbst gerichtetes Schreiben bewirket werden. — 2. Das Schreiben — ist in der Regel von dem Vasallen eigenhändig zu unterschreiben. — 3. In einem jeden Lehnmuthungsschreiben muß enthalten seyn· a) der Fall, auf welchen die Lehn gemuthet wird; b) der Tag, wenn dieser Fall sich zugetragen; — c) das Lehn, bey welchem der Fall entstanden ist; d) eine Erklärung, daß die Lehn gemuthet werde; u. e) eine Bitte um Anberaumung eines Termins zur Beleihung mit der — Lehn oder Mitbelehnschaft. 4. Geschieht die Lehnsmuthung wegen eines sich ereigneten Todesfalls des Vasallen, so ist zugleich die Bescheinigung des Sterbetags beyzufügen.

14. Reichsweisth. v. 1234 (Mon Ll II 304): quicunque feudum suum a domino feudi sive feudatoris ad annum et diem *recipere vel requirere neglexerit*, ex tunc *feudum ad dominum feudi revertatur*

15. Schw. Lehnr. 56: versumet der kind eins sine jarzal —, vor dem si der herre lidig; ez berede danne ehafte not.

16. Das. 15: ob er (der Lehnsmann) dez lehens niut envordert in jar u. tage, der herre sol daz guot behalten, daz im lidig worden ist jar u. tag unverwandelt. Mag aber der man mit sin eines hant bereden zen heiligen, daz er niut en wiste, daz dem herren daz guot lidig were worden, dez sol er geniezzen, u. der herre sol im daz lehen lihen.

17. Reichsweisth. v. 1276 (Mon Ll II 406) petitum fuit — diffiniri, quid iuris esse debeat, si vasallus (archiepiscopi Trev) *existens in provincia et facultatem habens ipsum archiepiscopum adeundi*, ab ipso infra unius anni spacium feodum non requirit, et — est sententialiter ab omnibus approbatum, quod dictus archiepiscopus *feodum huiusmodi a vasallo sibi retrahere valeat, detinendum unius anni spatio sine possessionum huiusmodi et fructuum earundem qualibet lesione, ut infra dicti temporis spatium veniente vasallo et feodum obtinente legitime idem feodum suum absque diminutione recuperet, ultra anni spatium nullatenus audiendus*

18 II F 52 § 3 (Lotharius III. a. 1127) Quoniam inter dominum et vasallum *nulla fraus nec ullum malum ingenium* debet intervenire, idcirco — sancimus, si vasallus *non dolose* per annum et diem steterit, *quod a domino sui beneficii investituram non petierit, feudum non ob hoc amittat Dolus enim abesse videtur, si iusta causa impediente steterit*

19. II F 55 § 2 (Fridericus I a 1158) Si quis infeudatus *maior quatuordecim annis sua incuria vel neglігentia* per annum et diem steterit, quod *feudi investituram* a proprio domino *non petierit*, transacto hoc spatio *feudum amittat et feudum ad dominum redeat*

20. I F 21 pr (Lotharius II). Sancimus, ut nemo miles *ultra annum et mensem* vadat, ut investituram beneficii sui a filio vel successore domini sui non petat, vel post mortem patris sui vel alterius cui succedebat, *nisi iusta causa intervenerit, quare non petierit, veluti mors vel capitales inimicitiae vel infantia vel iusta absentia*, et si — non petierit, *damnetur*

21. Mecklenb. Landesgrundgesetzl. Erbvergl. § 447. Wann die Lehns-Muthung aus einem Versehen nicht zu rechter Zeit gesuchet oder versaumt, oder sonst ein Lehns-Fehler ohne Vorsatz begangen ist; So sollen die Lehne nicht nach der Strenge der Lehn-Rechte deswegen für *Caduc* u. Unserer Lehn-Cammer heimgefallen geachtet — werden.

22. Preuß LR. I 18 § 151. Die Verzogerung des Gesuches um die Belehnung — wird als eine Felonie der dritten Classe angesehen. — § 157. Eine Felonie der dritten Classe wird allemal nur mit einer Geldbuße, oder sonst, nach Gewohnheit des Lehnhofes, mit einer minder empfindlichen Strafe belegt.

23. Bayer. Lehnsedict § 183. Die Lehenstreue wird verletzt — durch Unterlassung der Lehensmuthung aus boser Absicht (*dolo malo*)

24. Sachs. Lehnr. 23 § 2. Sven aver die herre to manne untvat, he ne mach ime nicht weigeren gut to liene, dat he mit rechte an in gebracht hevet, u. sine manscap umme geboden hevet.

25. Das. 22 § 3. Of die herre weigeret mit unrechte dat he ine to manne untva, die man sal behalden dat gut dar he sine manscap umme geboden hevet, u. besitte ane dienst, u. ne darf nimmer des gudes mer gesinnen, die wile he's levende orkunde hevet, u. erst dat gut an sine kindere, u. mach darmede belenen sine man.

26. Neueste Wahlkapit. XI § 1, 2. Wir sollen u. wollen auch die Lehen u. Lehenbriefe den Churfursten, Fürsten u Standen des Reichs (die unmittelbare Reichsritterschaft mit begriffen), u. andern Reichsvasallen jedesmal nach dem vorigen Tenor, in soweit nicht die inzwischen von Seiten derselben vorgekommenen besondern Umstande eine andre Einrichtung erfordern, unweigerlich u. aller Contradiction ungehindert (als welche zum rechtlichen Austrage zu verweisen) widerfahren lassen; dabei auch dieselben mit der Edition der alten *pactorum familiae* nicht

beschwerrn, vielweniger die Reichsbelehnung wegen erstgedachter Edition der *pactorum familiae,* — sie seyen neue oder alte, noch wegen der illiquiden u. streitigen Lehentaxen oder Laudemiengelder u. dergleichen aufhalten.

27. Preuß. LR. I 18 § 138. Die gehörig nachgesuchte Belehnung ist der Lehnsherr unweigerlich zu ertheilen verbunden.

28. Das. § 141. Wenn Lehnbriefe verschiedenen Inhalts sich finden, so gilt im zweifelhaften Falle der neuere, auch zum Nachtheile des Vasallen, welcher ihn angenommen hat, u. seiner Erben; in sofern nicht erhellet, daß die Annahme unter dem gegen den Lehnsherrn oder bey dem Lehnshofe ausdrücklich erklärten Vorbehalte seiner Rechte geschehen sey.

29. Das. § 142. Hingegen kann der, ältern Lehnbriefen zuwiderlaufende, Inhalt neuerer, zum Nachtheil der Agnaten oder Mitbelehnten nur in sofern gelten, als nachgewiesen werden kann, daß die Aenderung mit ihrer oder ihrer Erblasser Genehmigung vorgenommen worden.

30. Bamberg. Dienstr. Si (ministerialis) absque liberis obierit — *proximus agnatus* defuncti *loricam suam vel equum, quem meliorem* habuerit, *domino suo offerat* et *beneficium* cognati sui *accipiat*

31. Ll famil. St Petri (Wormat.) c 3 Si quis in dominicato nostro *hereditatem* habens moritur, heres *sine oblatione* hereditatem accipiat et postea debitam servitutem inde provideat

32. Urk. v. 1325 b. Seibertz 2 S. 213: successor eius inpheodandus a novo dabit pro iure quod dicitur *herwede* unam marcam

33. Karl IV. Landbuch v. 1375: in Marchia consuetudo, quod principes suos vasallos *gratis*, alios vero *pro muneribus* inpheudarunt

34. Urk. v. 1257 b. Seibertz 1 S. 375. *Ius infeodacionis* — bonorum, quod vulgo lenwere dicitur, oppido Susaciensi et domui s Spiritus — contuli.

35 A bulla XXX § 2 Principes imperii, — dum — eorum aliquis feuda sua ab imperatore Romanorum suscipit vel a rege, dabit *officialibus imperialis sive regalis curiae* sexaginta tres marchas argenti cum uno fertone

36. Kurf. Augusts sonderl. Constit. v. 1572 (Cont I Cod August T. I p 131) Die Lehenwar an Oertern, da sie bißhero ungebräuchlich, — soll auch daselbst nicht — gegeben werden; derer Oerter aber, da sie — hergebracht, soll sie ferner — genommen werden.

37. Das. Wo ein Gut — verkauffet wird, so ist der Käuffer — die Lehenwar zu verrichten schuldig; — (eben) so auch jeder, der — *ex titulo lucrativo* das Gut erlanget, als so es ihme geschencket, oder — vermachet wird.

38. Das. Wann der Lehen-Herr stirbet, oder das Gut verändert wird, oder seine Kinder sich theilen, so soll keine Lehenwar gefordert noch gegeben werden.

39. Das. Wann der Besitzer — stirbet u. lasset Kinder, so seynd dieselben Lehenwar zu geben nicht schuldig, weil sie in der vorigen Investitur begriffen.

40. Das. Wann aber keine Kinder, sondern Freunde seitwärts verwandt, als *collaterales* u. *extranei* vorhanden, auf welche das Gut verfället, dieweil das *Dominium* in dieselbige *ipso iure* nicht — gebracht wird, so seynd sie auch die Lehenwar zu geben pflichtig.

41. Preuß. LR. I 18 § 720. Die Lehnwaare muß, wo nicht andere Bestimmungen vorhanden sind, mit zwey vom Hundert des Kaufgelds entrichtet werden.

42. Bayer. Lehnsed. § 48. Die von dem Lehensmanne für die Belehnung zu entrichtenden Gebühren bestehen in der a) Lehenstaxe — b) in dem Gradations-Stempelbetrage, c) in den Kanzleigebühren. § 49. Sämtliche Lehne werden, in Rücksicht der Belehnungsgebühren, in 6 Klassen gereihet.

C Rechte des Lehnsherrn am Lehn selbst. (B. § 157 I. G. § 119. St. § 122 III.) § 232.

1. Sachs. Lehnr. 25 § 1. — dat n'is nicht recht, dat man jemande nedere mit sime gude.

2. V. A de benef. I 58 Non — est licitum, ut *superior dominus in inferiorem clypeum* hominem cum suis faciat declinare beneficiis

3. Sächs. Lehnr. 54 § 1. Svenne en herre sinen schilt mit manscap nederet, al siner manne len hevet he verloren dat sin egen nicht n'is, u. die man solen ire gut von dem overen herren untvan, oder he sal sie wisen an irs herren genot. Dat selve du die man, of sin herre sin gut nederet, u. it von eme nederen herren untveit den he't er hadde.

4. Schw. Lehnr. 33: — wise (der herre den man) niederer, dez geweigert er — wol.

5. Das. 85: alse der herre einem andren sin guot uf git, daz sol er sinem manne kiunden inner jarz vrist.

6. Urk. v. 1304 (Scheidt Adel S. 423). Cum rationi sit consonum et *iuri consentaneum* ac a nostris militibus viris prudentibus in nostra curia probatum: *quod nullus dominus vasallum suum eo invito alienare valeat*, ipsi vasallo illum, qui *inferioris conditionis* existat, quam ipse dominus sit, pro domino assignando

7. Gl. z. Sachs. Lehnr. 55 b. Homeyer Syst. S. 390: ir sollet wissen, das sie dem sollen hulde geloben, dem sie versatzt sind, ob sie der herr an in weiset mit handt u. mit mund, — u. nach rechtem pfandrecht sollen sie jm hulde thun.

8. Preuß. LR. I 18 § 182. In allen Fallen ist der Vasall einen Lehnherrn niederen Standes, als der bisherige war, wider seinen Willen anzuerkennen nicht schuldig.

9. Bad. Lehnsed. § 24. Die Lehenherrlichkeit kann nicht zur argeren Hand übertragen werden, also nicht von Unserm Staat an einen Standesherrn, nicht von diesem an einen Ritter u. Grundherrn, weniger noch an einen ungefreyten Staatsbürger.

10 II F 34 § 2 Ex eadem lege (Conradi) descendit, quod dominus *sine voluntate* vasalli feudum alienare *non potest*. quod *Mediolani* non obtinet. *Ibi* enim *sine curia* etiam beneficium totum recte alienatur, dum tamen aut *aequali domino* aut *maiori* vendatur *Inferiori* vero sine vasalli voluntate non licet *partem* alienare, etiam maiori retenta parte alia feudi — *Cum curia* vero *cuicunque* beneficium, etiam *rustico*, et *sine vasalli voluntate* potest, dum tamen non totum alienet Obertus. Quidam autem dicunt, ut Gerardus, non valere, si fiat inferiori

IV. Rechte des Vasallen.

§ 233. A. Im Allgemeinen. (B. § 153 III. G. § 117. St. § 123)

1. Sächs. Lehnr. 78 § 1. Summe lüde (seget), dat mer lenunge sin die ende nemen to besceidener tiet, alse scilt len dat sal ende nemen mit dem scilde, u. buwe len dat sal enden als die man dar nicht mer uppen sit. Dit is allit unrecht, wende al lenunge die de herre dem manne dut, die sal ime weren to sime live, he ne lat'et up, oder it werde ime mit lenrechte verdelt. (Vergl. Homeyer Syst. § 20 S. 357.)

2. Schw. Lehnr. hinter C. 158. Baulehen nyemet ende so der man den bauw nicht verwesen mag, das ist recht, wann was der herre bauwelehens leyhet dem mann ze bauwerecht, das soll er haben zuo seynem leyb, also ob er es verwesen mag. — Und stirbet der bawman u. lat hynder im weib u. kinde, sy seyen sun oder töchter, die sol der herre lan besiczen, als er es ir vater hette; man sol keinen baw hyn lan, wan umbe halbes korn.

3 II F. 105: *feuda habitationum*, nisi aliud specialiter cautum sit, morte accipientium finiuntur

4. Urk. v. 1343 b. Wenck Hess. Landesgesch. Urk. 401: das he uns diese gude haed geluwen mit diesem unterscheide, wanne he bezalt uns 150 mk., so sullen wir ine diese gude ledig u. loes widder antwurten, u. sin auch der manschaft loes von dem guede.

5 Dipl. a. 1276 ap *Buder*. amoen 40. Ut castrum post obitum nostrum ad dominum libere revertatur, ita quod nullus heredum nostrorum iure successorio valeat vindicare.

6. Urk. v. 1382 b. Schannat Fuld. Lehnhf. Nr. 330. Hoben yme u. H. syme sune zu ir beider u. ir iglichs besundern lebtagen u. nicht lenger zu rechten manlehen verlihen ꝛc.

B. Rechte gegen die Person des Lehnsherrn. (B. § 159 I. G. § 124. St. § 123 I.) § 234.

1. Sächs. Lehnr. 76 § 6 s. oben § 228 Nr. 2.

2. Ssp. III 84 § 2. Dodet en man sinen herren, he hevet vorworcht — dat gut, dat he von ime hadde. Dit selve verwerct die herre, of he sinen man dodet.

3. Urk. des Fürsten Heinrich v. Mecklenburg v. 1318 (Mecklenb. UB. 6 n 4025): nos *ipsos milites defendere et tueri tenebimur* in omnibus suis causis honestis iustis vel licitis, *prout quivis dominus suis fidelibus est astrictus*

4. Preuß. LR. I 18 § 164. Der Lehnsherr, welcher seinem Vasallen widerrechtlich nach dem Leben trachtet, oder seine Gewalt zum Nachtheile der Gesundheit, Freiheit, oder Ehre des Vasallen mißbraucht, oder denselben bey dem Besitze u. Genusse des Lehns nach bestem Vermogen zu schützen unterlaßt, wird für seine Person des Obereigenthums u. der lehnsherrlichen Rechte verlustig.

C. Rechte am Lehngut.

1. Von diesen Rechten überhaupt. (B. § 159 II G. § 125. St. § 123 II) § 235.

1. II F 8 § 1 oben § 74 Litt a Si precio vel dolo aut incuria *servitutem* rei beneficiariae *imponi* patiatur (vasallus), et ad dominum ex qualibet causa postea beneficium revertatur· an ex eo praeiudicium domino generetur, quaesitum fuit; et responsum est ut *vasallo* quidem, *donec feudum tenet*, possit *obesse*, *domino* autem, *etsi per longa tempora perseveraverit servitus*, *minime noceat*.

2 II F 8 § 2. Quamvis enim possessio per beneficium ad eum (sc. vasallum) pertineat, tamen proprietas ad alium spectat

3. II F 23 § 1 s. oben § 198 Nr. 1.

4. Sachs. Lehnr. 28 § 2. Al hevet die man it gut in sinen geweren mit der nut, dar umme n'is sime herren die lenes gewere deste vernere nicht.

5. Urk. v. 1301 (Scheidt Adel S. 347). Relinquens — abbati et conventui ipsius curie tam *proprietatem* feodi, quam *possessionem*.

6. Richtst. Lehnr. 29 § 1: dat gud to N. dat hebbe ik in lene u. in geweren.

7. Preuß. LR. I 18 § 13. Eine Sache, deren nutzbares Eigenthum Jemand unter der Bedingung einer dem Obereigenthümer zu erweisenden besonderen Treue, gegen den von diesem ihm zu leistenden Schutz besitzt, wird ein Lehn genannt.

8. Das. § 3. Das zum Eigenthume gehörige Mitbesitzungsrecht des Obereigenthümers ruht so lange, als der nutzbare Eigenthümer seines Rechts auf die Sache nicht verlustig geworden ist.

9. Ssp. II 21 § 3: jewelk man mut wol sin gebu beteren u. ergeren uppe sime lene weder sines herren willen.

10 Gl Lign zu Sachs. Lehnr. 7 b. Homeyer Syst. S. 434: dy urbore adir czinse dy ein man auf eime lehingute hot, mag er vormyten ader verkoufin odir vorsetzin.

2. Insbesondere.

§ 236. a Von der Befugniß zur Rechtsverfolgung. (B. § 159 III. G. § 125. St. § 123 II 5)

1 II F 43. Si controversia inter vasallum et alium de beneficio fuerit, adversario *proprietatem totius* vel *partem* vel *aliud aliquod ius* sibi vindicante, causa per *vasallum* etiam *domino absente* quasi *propria* ad finem perducatur. Ipse enim *solus utiliter agendi et excipiendi habet potestatem*, et *si pro eo* aut *contra eum* iudicatum fuerit vel cum adversario *transegerit*, *dummodo fraudulenter factum non sit*, etiam si post beneficium domino aperiatur, *tale erit ac si eo causam agente* iudicatum fuisset, et *ideo ab eo ratum haberi* oportet

2 II F 8 § 1 oben § 235 Nr 1.

3 II F. 26 § 23 Si vasallus de beneficio suo *agat* vel *conveniatur*, sive obtineat sive non, licet *ignorante domino* fiat, *omni tempore firmum* erit illud iudicium; nam et *transigere* recte poterit, nec quod accepit transactionis nomine, feudum erit

b Von der Veräußerung des Lehns.

§ 237. α. Historische Einleitung. (B. § 160. G. § 126. St. § 124.)

1 Anseg. Capit III c 20 (Hlotharii I. Cap a 832 c 24) (Mon. Ll I 364) Audivimus, quod aliqui reddant *beneficium nostrum* ad alios homines *in proprietatem*, et in ipso placito dato pretio comparant ipsas res iterum sibi in alodem *Quod omnino cavendum est*, quia qui hoc faciunt, *non bene custodiunt fidem*, quam nobis promissam habent

2. Sent a 1290 (Mon Ll II 456) quod neque vasallus vel alter aliquis fidelis *preter scientiam domini* ipsa bona, que tenet a domino, *non possit alienare vel distrahere quoquo modo*, et si in contrarium fecerit, *ipsa bona ad manus domini devolvantur*

3. Urk. K. Heinrichs VII v. 1309 (Mon Ll II 498): quod vasallus *qui feudum domino inconsulto et sine consensu eiusdem alienat, feudum perdit*, et *dominus a quocumque possessore vindicare potest*

4 Richtst. Lehnr. 15 § 1 u. 2. Desse de hir na volgen de komen to van untruwe; also eft en man sineme heren sin gud untfernen wolde. — Schüt id, so underwinde sik de here des gudes altohand.

5. Gorlitz. Lehnr. 29. Der vatir ne mac sime suone sin len nicht uf lazin ane sinis herrin willen.

6. Schw. Lehnr. 58. Swer sinem herren oder sinem kinde oder iemanne, der dez wartende ist, sin lehen wil enphüren, ob er ez sinem herren uf git oder ez hin lihet, niut mag ez ime geschaden, ob er ez wider nimet in sinen nutz, u. ez in siner gewer hat untz er an dem siechbette lit, da er inne stirbet, so suln ez sin lehens erben mit rehte han; hat er der niut, so sol ez dem herren lidig sin.

7. Das 65. Git ein man sinem herren guot uf also bescheidenlichen, daz er daz guot einem andren lihe, u. wil daz danne der herre im selber han, da brichet der herre sine triuwe an dem man u. hilfet in doch niut. Er hat sin guot mit rehte niut verlorn, er sol ez wider vordron, daz er im sin guot wider lihe, tuot er dez niut, so habe (er) sin guot mit rehte.

8. Das. 52. Nieman mag mit rehte gewer han an einem lehen, dem ez versetzet wirt ane dez herren hant.

9. Das. 21. Unde git ein man dem andren ein lehen ze kouffene u. lobet ez im ze vertigen gegen sinem herren ane schaden, der man bitte sinen herren daz er daz guot von im neme u. ez diesem lihe. Der herre verzihet ez im, er sol dem herren also liep tuon, daz er ez tuo, wan der herre geweigert ez wol mit rehte. Und mag er ez den herren niut uiberkumen, so sol er im ander guot geben, daz im alse liep si, alse jens guot. Unde mag er dez niut gewinnen, so berede zen heiligen, wie liep im daz guot were, u. er gebe im alse vil guotes.

10. Schw. Lehnr. 90. Dinget ein man sin lehen mit sins herren hant u. mit siner lehens erben urlobe, dar umbe daz ez sinem wibe werde, u. sint die lehens erben zir tagen komen, daz kan ir weder der herre noch diu kint gebrechen. Sint aber diu kint zir tagen niut komen, si mugen ez stete halten oder niut, der herre sol ez stete haben.

11. Daſ. 105. Daz ist gevärde: ob ein man zuo sinem herren get u. bit in, daz er in laze dingen einem sinem vriunde oder er setzet ez mit sinr hant einem sinem vriunde umb minner oder umb mer, u. der selbe hat niht lehens erben, der herre verseit im diu beidiu. Der man vert zuo u. lihet daz guot einem sinem vriunde u. bitet den selben, daz er guot setze mit siner hant sinr wirtin oder eim sinem vriunde, daz ist niht reht, wan als im der herre verseit, so mag er da mit nit getuon ane des herren willen, daz im guot si. Da von mac er sin guot niht hin gelihen, den et er nutz u. gewer dar an git, darnah mag er nit dar an getuon ane des herren willen, wan ez heizet et allez gevärde. Swer also guot lihet, der lihet ez wider Got u. wider reht u. wider sinen triwen. — Der man lihet niht sin guot, er lihet sins herren guot hin, oder eines andern, der nah im an daz guot kumt.

12 I F. 13 pr Si clientulus voluerit, partem suam feudi alienare, id est *medium*, sine domini voluntate poterit hoc facere, *ulterius* progredi non potest, secundum iustum et verum usum; alioquin et feudum amittit, et non valebit, quod factum est. — Huic consuetudini derogatum est per legem Lotharii.

13 II. F. 52 pr (a 1136) (Lotharius imperator). — Per multas interpellationes ad nos factas comperimus, *milites sua beneficia passim distrahere*, ac ita omnibus exhaustis, suorum seniorum servitia subterfugere; per quod *vires imperii maxime attenuatas* cognovimus, dum *proceres nostri milites suos — ad felicissimi nostri numinis expeditionem nullo modo transducere valeant* Hortatu itaque et consilio archiepiscoporum, — ducum, comitum, — ceterorumque nobilium — hac edictali lege — decernimus, *nemini licere beneficia — sine — (seniorum) permissione distrahere, — per quod imperii vel dominorum minuatur utilitas.*

14 Eodem § 1 Si quis vero contra haec — praecepta — machinari tentaverit, *precio* ac *beneficio* se cariturum agnoscat *Notarium* vero qui super hoc tali contractu libellum vel aliud instrumentum conscripserit, post *amissionem officii* ipsum *infamiae* periculum sustinere sancimus

15 II F 55 pr (a. 1154) Fridericus imp — sancimus, ut nulli liceat feudum *totum vel partem aliquam vendere* vel *pignorare* vel *quocunque modo distrahere seu alienare* vel pro *anima iudicare sine permissione — domini.* — Unde imp. Lotharius, — ne fieret, legem promulgavit *Nos autem* — non solum in posterum, sed etiam huiusmodi alienationes illicitas *hactenus perpetratas* hac praesenti sanctione *cassamus*, et in irritum deducimus, *nullius temporis praescriptione impediente* — Callidis insuper machinationibus quorundam obviantes, qui precio accepto, quasi *sub colore investiturae*, quam sibi licere dicunt, feudum vendunt et in alios transferunt, ne tale figmentum vel aliud ulterius in fraudem huius nostrae constitutionis excogitetur, modis omnibus prohibemus· poena — imminente, ut *venditor et emtor — feudum amittant, et ad dominum libere* revertatur *Scriba* vero, qui hoc instrumentum sciens conscripserit, post *amissionem officii*, cum *infamiae periculo manum amittat*

β. Heutiges Recht.

A. Unterschied zwischen verbotener u. erlaubter Veraußerung. § 238.
(B. § 160. G. § 126. St. § 123 III.)

1. II F 9 § 3 (Vasallus potest) *locare*, nisi locatio esset *fraudulenta* alienatio, sicut est *per libellum*, ut dicunt, *venditio* Quis enim dubitat, quod libellario nomine sub vilissima duorum denariorum pensione perpetuo concedatur utendum, *alienatum in fraudem* esse?

2 II F 52 pr § 1; 55 pr. ſ. oben § 237 Nr. 13—15.

3 II F. 40 § 1 s. unten § 239 Nr. 5.

4. I. F 5 § 4 Si fidelis *minus medietate libellario nomine* feudum dederit, — et feudum ad dominum redierit, vel postquam — *pignori* obligaverit, domino refutaverit, tunc ille, qui ab eo acceperit, *nullo iure adversus dominum se tueri poterit.*

5. Sächs. Lehnr. 60 § 1. Swie in unrechter gewere sit sunder lenunge, wel he sie behalden dar mede dat he seget, dat gut si sin tins gut, — so wete man dat, dat burge noch stede noch gerichte noch dienst over manne gut nieman to tinse dun ne mach, namelike sime genoten oder manne boven sik, als it sin herre von ime dulden dorve, noch die lüde noch die man over den't gerichte oder dienst gat. § 2. Molen aver u. münte u. allerhande toln u. huve u. gut to tinse oder to plege utgedan ne mut anderweide nieman to tinse dun, alse man't durch recht dulden dorve. Swie tins gut redelike hebben wel, die sal't selve arbeiden oder sine knechte, die he bekostege mit spise u. mit lone. Dut he't anderwerve lüden to tinse oder to plege, so is he selve en unrecht tinsman von deme gude. (Homeyer Syst. S. 433.)

6. Priv. K. Karl IV f. Trier v. 1346 (*Hontheim* II 168): quod nullus vasallorum *absque* expresso *consensu* ipsius *archiepiscopi* feoda — *titulo pignoris* aut alio quovis modo presumat alienare in aliumve transferre

7. Preuß. LR. I 18 § 192. Wenn der Vasall einzelne Theile oder Stücke des Lehns auf Erbzins, Erbpacht oder sonst zur Cultur austhut: so ist dieses für eine strafbare Veraußerung nicht zu achten.

B. Einzelne Wirkungen der Veraußerung insbesondere.

§ 239. a. Revocationsrecht der Lehnsfolger. (B. § 160 III G. § 126. St. § 124 IV.)

E. Spangenberg in Hagemann's pract. Erörterungen Bd. 8 Abth. 2 Nr. XI S. 117 ff.

1 II. F 26 § 14. Titius *filios masculos non habens* partem suam feudi Seio, partem eiusdem feudi *possidenti agnato* suo concessit. Sempronius *proximior agnatus mortuo demum Titio* partem illius feudi *nullo dato precio recuperare* potest; quod si Titius *filium* haberet, *pretio reddito* etiam *vivo Titio*, quod si consensit alienationi, vel *per annum ex quo scivit* tacuit, omnino removebitur

2 II. F 39 pr. Alienatio feudi *paterni* non valet etiam domini voluntate, nisi *agnatis consentientibus*. ad quos beneficium quandoque sit reversurum, — et licet prohibeatur — alienatio, *inter agnatos* tamen, si paternum fuit, conceditur, et — est — quasi refutatio.

3 II. F 55 pr. s. oben § 237 Nr. 15.

4 I. F 18 § 1 Si aliquis — beneficium sive totum sive partem alienaverit, et ipse vel *heres eius* sine herede decesserit, quia beneficium *senioribus* aperitur, totum quod fecit *revocari* debet

5 II F. 40 § 1 Liceat dominis *omnes* alienationes feudi factas *nulla obstante praescriptione* revocare.

6. II. F 9 § 3 Concessa erat domino pro aequali pretio *redemtio* (feudi venditi), nisi hoc beneficium amiserit dominus *per refutationem*, vel *annali silentio, ex quo sciverit* computando. *Praescriptione autem triginta annorum* submovebatur tam *sciens* quam *ignorans*, in *prohibendo* autem vel *redimendo potior erat proximi agnati quam domini conditio*, si tamen feudum erat paternum

7. I F. 8 § 1. Si frater meus alienaverit partem suam feudi —, *si moriatur sine herede masculo*, nihilominus revertitur ad me

8. II. F. 52 § 2. Quidam miles *bina beneficia a duobus dominis* — acquisivit, qui decedens duos reliquit filios, qui *paterna beneficia inter se dividentes, alter* eorum *domino suo pro* beneficio, quod ad eum pervenit, *fidelitatem nullo anteposito*, sicut pater fecerat, *fecit* *Alter* vero frater pro suo beneficio alteri *domino suo similiter*, quia nullum alium dominum habere videbatur, *nullo*

anteposito fidelitatem fecit Defuncto posteriore fratre sine filiis, utique feudum in unam venit, ut prius, personam, et sic dominus talem fidelitatem quaerit, qualem eius frater fecerat Quas amputantes altercationes sancimus, *quod frater fecit nil superstiti obesse, licet in secundam et tertiam generationem et usque in infinitum pervenerit*

9. II. F 83 s. oben § 222 Nr. 2.

10. Sachs. Lehnr. 45 § 2. De sone ne antwerdet nicht deme herren in's vader stat, it ne si dat he gut hebbe dar sin vader umme beklaget were, oder of sime herren wedde irdelt si uppe sin gut; dat mut he geven oder untreden mit rechte an des vader stat.

11. Kl. Kaiserr. 3, 32. Der gut hat von dem riche, u. verkouffet daz ane dez keisers wiszzen eim andern für eigen, waz der me gutes hat zu lehen von dem riche, daz ist sinen erben ledig worden, als ab sie unschuldig sin an dem kouffe mit rate oder mit tate oder mit wiszzen; hat aber er der erben nit, so ist ez dem keiser ledig worden.

12. Baier. LR. 194. Ez mag ain iglich man pei seinem lebentigem leibe mit seinem lehen wol tuon waz er wil mit dez lehenherren hant, u. mügen in die erben nichtz daran geirren; waer aber ob er an seinem totpett mit dem lehen anders schaffen wolt, dann den erben liep waer, daz sol dhain chraft haben.

13. Urk. v. 1280 (Seibertz UB. I S. 473): Wichardus, *uxor sua*, ac *eorum filii, — fratres quoque* ipsius Wichardi, — *ac ceteri legitimi heredes* predictorum — prefate curti, quam de manu nostra tenuerunt in feoda, *renunciaverunt et eam ad manus nostras libere resignarunt*

14. Preuß. LR. I 18 § 302. Hat — der Lehnsbesitzer das Lehn ganz oder zum Theil veräußert, so kann ein dabey nicht zugezogener Agnat oder Mitbelehnter dasselbe — zurückfordern

15. Das. § 269, 270. Hat der Vater das Lehn ganz oder zum Theil veräußert, so kann zwar der Sohn das Veräußerte von dem dritten Besitzer zurückfordern; er muß aber demselben nicht nur den dafür gegebenen Werth ersetzen, sondern ihm auch für seine übrigen Verwendungen nach eben den Grundsätzen, wie der Eigenthümer einem redlichen Besitzer, gerecht werden.

16. Das. § 309. Agnaten u. Mitbelehnte verpflichten durch ihre Einwilligung (in Verfügungen des Lehnbesitzers) ihre Abkömmlinge, in sofern dieselben damals entweder noch gar nicht vorhanden oder noch unter väterlicher Gewalt waren; sie mögen in Folge ihrer consentirenden Väter Erben geworden seyn, oder nicht.

17. Gotha. Lehnsmand. § 80. Wenn der Verstorbene eine Disposition, sie sey unter den Lebendigen oder auf den Todesfall, über das Lehn gemacht hat; so müssen dessen Lehnserben in absteigender Linie dieselbe halten u erfüllen. Im Falle daher ein Vater unter mehreren Söhnen dem einen einen größeren Theil an dem Lehne als dem andern beschieden, oder wohl gar das Lehn dem einen ganz vermacht hätte; so sind die übrigen, wenn sie auch dadurch verloren haben sollten, dieses sich gefallen zu lassen verbunden, insofern sie nur nicht in dem Pflichttheile verkürzt sind. Und auch selbst im letzteren Falle können sie nichts verlangen, als nur die Erfüllung dessen, was ihnen am Pflichttheile fehlt.

18. Baier. Lehnsed. § 122. Der Widerruf kommt nicht nur den Agnaten u. Lehensfolgern von der Seitenlinie, sondern auch den Kindern u. Descendenten des Veräusserers zu. Jedoch haften diese mit der Allodialerbschaft, in so fern sie sich derselben nicht entschlagen.

19. Das. § 129. Die Einwilligung schadet nur dem Bewilliger u. seinen Erben allein, nicht aber den andern Lehensfolgern, welche nicht eingewilligt haben.

20. Hannov. Ges. v. 13. Apr. 1836 § 28. Was — die nach Publication dieses Gesetzes eintretenden Veräußerungsfälle betrifft, so bestimmen Wir, daß die Descendenten eines Vasallen 1) an den von demselben vorgenommenen, nach dem gemeinen Lehnrechte nichtigen Veräußerungen, wodurch er sein gesammtes Recht am Lehen oder an einem einzelnen Theile desselben an einen Andern übertragen hat, so wie 2) an sonstige von ihm

getroffene Verfügungen u. Bestimmungen jeder Art, welche die Nachfolger ihres Rechts an dem Lehne berauben, sofern sie nicht in rechtsgültigen Fideicommiß-Stiftungen bestehen, nicht gebunden sein sollen. — Die vermöge ihrer Eigenschaft als Allodial-Erben den Descendenten etwa obliegende Verpflichtung zur Entschädigung des dritten Besitzers, welche sich indeß auf den entzogenen Gewinn nicht erstreckt, bleibt jedoch unverändert bestehen.

§ 240. b. Retractrecht des Lehnsherrn u. der Lehnsfolger. (B. § 160 VI G. § 127. St. § 124 VI.)

1. II F. 26 § 13 oben § 239 Nr. 1.
2. II. F 9 § 1 oben § 239 Nr. 6.
3. II F 83 oben § 222 Nr. 2.
4. Preuß. LR. I 18 § 307. Die Einwilligung in die Veräußerung überhaupt enthält, auch bey Agnaten u. Mitbelehnten noch keine Entsagung des Vorkaufs- u. Näher-, wohl aber des Rückforderungsrechts.
5. Gotha. Lehnsmandat § 218, 219, 223. Behalten Wir uns u. unsern Nachkommen das Recht vor, — das uns als Lehnherr zustehende Einstandsrecht ausüben zu können. — Den Mitbelehnten (kann) in keinem, als nur dem einzigen Falle ein Einstandsrecht eingeräumt werden, wenn sie — (bey ihrer) Einwilligung zum künftigen Verkaufe des Lehns — das Vorkaufsrecht sich ausdrücklich vorbehalten haben. — (Außer diesen Fällen) findet sonst in keinem Falle, er mag Nahmen haben wie er will, ein Einstands- oder Vorkaufsrecht beym Lehne statt.
6. Baier. Lehnsedict § 130. Ein Einstandsrecht hat bey Lehnsveräußerungen nicht Statt.

§ 241. C. Von der Verpfändung, Afterbelehnung und den Verfügungen von Todeswegen insbesondere. (B. § 161. G. § 128. St. § 123 II 3, 124 VII, 125)

Franklin bei Holtzendorff I S. 50.

1. Henrici R const a 1231 (Mon Ll II 283): in civitatibus nostris nemo recipiat in *pignore* bona quibus quis infeodatus est, *sine consensu et manu domini principalis*.
2. Richtst. Lehnr 19. Settet ok juwe man sin len ut pandes, u. wil gi en darumme besculdigen, so spreket aldus: ik sculdege di N., dat du hefst ut gesat din gud, dat du van mi to lene hefst, pandes ane minen orlof. Bekant des de man, so vrage de here, eft he dem manne icht mote gebiden, dat he dat gud wedderlose binnen ses weken. Dat vindme. Loset he denne dat nicht, he mod darumme wedden. So vrage de herre vort, eft he eme icht gebeden moge, dat he dat gud wedder in sinen weren neme binnen ses weken. Dat vindme. Dot he des nicht, so underwinde sik de here des gudes.
3. Kl. Kaiserr. 3, 23. Eyn iglich man sal wiszen, daz er sin lehen nit versetzen mag mit keinerlei sache, daz man habende daran mug gesin; wan den geval von dem gut lezzet einer wol ufheben einen siner schuldgenoz (d. i. Gläubiger), alz lang als er es besitzet.
4. Schw. Lehnr. 25. Ob der man guot versetzet, daz er von einem herren hat, ane dez herren hant, u. ez jener in siner stillen gewer hat ein jar u. sehs wochen, daz der herre den man, noch dem er ez versetzet hat, dar umbe niut rehtvertiget, so hat jener reht an der satzunge u. mag er sinen man darumbe niht angesprechen; wan wurde ez dem herren lidig, er muse ez lösen. — Unde ob der herre niut enwiste, daz er versetzet waz, u. gat der herre fiur sinen man, u. beredet ze den heiligen, daz er niut enwiste daz im sin man sin guot versetzet hete; der man breche imz selbe dritte mit ir eiden, daz erz wol wiste.

5. Schw Lehnr. 25. Nieman mag sin lehen versetzzen ane sins herren hant, daz ez craft habe.

6. Das. Von dem tage, daz sin der herre innen wirt, daz sin guot versetzet ist, so sol der herre dem man gebieten, — daz er im sin guot lose inner sehs wochen u. einem tage, u. sol er daz dristunt tuon.

7 V. A. de benef. c 2 § 50 Si quis exponit sua beneficia absque domini licentia, dominus illi sententialiter *praecipiat*, *ut ea infra sex hebdomadas redimat quod si non fecerit, domino suo vadiabit*

8 I F 5 Si (vasallus) *pro pignore plus medietate* obligaverit, ita ut *transactum* permittat, — *amissione feudi multabitur*

9 I. F 5 § 1 Non poterit (vasallus) ipsum feudum — alicui sine consensu domini sui *dare* vel *pignori obligare*

10 II F. 55 pr oben § 237 Nr. 15.

11 II F 26 § 22 Beneficium a vasallo in feudum, si nihil in fraudem legis fiat, *recte dari potest*, dum tamen *militi detur*

12 II. F 9 § 3. *iudicare pro anima — nullius curiae* poterat *consuetudine.*

13 I. F. 8 pr Sequitur de successione feudi videre Si quis igitur decesserit filiis et filiabus superstitibus succedunt tantum filii *aequaliter*, vel nepotes ex filio loco sui patris *nulla ordinatione defuncti in feudo manente*, *vel valente*

14. Baier. LR. 194 f. oben § 239 Nr. 12.

15. Wahlkapit. seit 1711 I § 9. Wollen auch Churfürsten, Fürsten u. Standen — die sowohl vor als auch nach diesem Wahlvertrage gemachten u. noch — zu machenden — Unionen, zuvorderst aber die unter (ihnen) — aufgerichteten Erbverbruderungen — auf gebuhrendes Ansuchen — in beständiger Form confirmiren.

16. Preuß. LR. I 18 § 280. Testamente oder andere letztwillige Verordnungen, wodurch der Vater uber das Lehn zum Nachtheile seiner Leibeslehnserben oder eines derselben etwas verfugt, gelten nur gegen diejenigen, welche zugleich Erben in seinem übrigen Nachlasse geworden sind. § 281. Diese können sich auch gegen solche Verfügungen mit dem Einwande der Rechtswohlthat des Inventarii nicht schutzen.

17. Das. § 285. In allen Fallen kann der Vater die Art der Theilung unter den Söhnen, um Streitigkeiten unter ihnen zu vermeiden, gültig anordnen.

18. Goth. Lehnsmand. § 80 oben § 239 Nr. 17.

19. Baier. Lehnsedict § 132. Ein Vermachtniß über ein Lehen ist vollkommen nichtig.

20. Das. § 134. Wenn der Lehensmann das Lehen nur einem Nachfolger aus mehreren gleich Berechtigten oder den sämmtlichen Lehnsfolgern zu ungleichen Theilen vermacht, so ist diese Verfügung ungültig.

21. Das. § 136. Erbvertrage konnen uber das Lehen ohne Einwilligung des Lehnsherrn nicht eingegangen werden.

22. Hannov Ges. v. 13. Apr. 1836 § 28 oben § 239 Nr. 20.

D. Veräußerliche Lehen. (B. § 161. G. § 127. St. § 124 VIII.) § 242.

1. II F. 26 § 25 Feudum ea lege datum, ut ipse et heredes sui, masculi et *feminae*, et *cui dederit* habeant, iisdem culpis amittitur, quibus et aliud feudum Quodsi vasallus alienavit, *feudum esse desinit apud emtorem*

2 II. F 48 pr Si quis ea lege alicui feudum dederit, ut ipse et sui heredes et "*cui ipse dederit*" habeant, respondeo: iste, qui sic accepit, poterit id *vendere* vel *donare* vel aliter, si sibi placuerit, *etiam sine voluntate domini alienare*, et ille *etiam* cui datum *fuerit*, *non habebit ipsum pro feudo*, *nisi sicut ei datum est*

3 II. F 48 § 1 Sed qualitercunque ei datum fuerit, sive ad *proprium* sive ad *libellum*, licet *propriam feudi naturam non habeat*, *iure tamen feudi censebitur*, ut ex his causis ipsum *amittat*, quibus et *verum* feudum.

4 II F 48 § 2 Ubi ergo sic datum est feudum: "*et cui in feudum dederis*" aliud est, *et propriam feudi naturam habet.*

5. Urk. v. 1336 (Seibertz UB. 2 S. 262). Insuper est condictum quod dictus Bodo (der Vasall) — prefatam curiam — *ad annos vel hereditarie vendere poterit seu obligare cuicunque voluerit* —, quod quidem predicti I, H., K (die zur gesammten Hand Belehnten) *contradicere non debent* — sed benivole consentire, cum ab ipso fuerint requisiti —, ac illud *eciam ego* (der Lehnsherr) et — mei filii *consentire debemus*, illi cui idem Bodo dictam curiam — vendiderit — gratis — conferendo *iure feudali* — *possidendam* curiam sepedictam

6. Urk. v. 1319 ap. *Gercken* C de Brandenb. III 89: were dat ennich man sin gud vorkofte, dat scal man lien deme he dat vorkoft, komt he dem lande u. der herschaft evene.

7 *Lunig* C I F. II p. 296 (a 1714). (Daß in den Fürstenthümern Schweidnitz u. Jauer) — die freie *Dispositio inter vivos* zur Veräußerung dieser Lehen-Güther, vermöge derer angeführten Statutorum u. Privilegien, auch dem Letzten von der Familie, wenn nur die Güther auf einen Lehensfähigen transferirt werden, in alle Wege zustehe.

8. Priv. f. die Vasallen in d. Ober-Lausitz v. 1544 (*Lunig* C I F 2, 691) Wo sichs begabe, — daß einer — dermassen mit Schulden beladen, u. gleichwohl keine Mannliche Erben hatte, dadurch er mit Beschwerlichkeit seine Guther erhalten konnte, u. do er die zu verkauffen willens, soll — der Land-Voigt — gestatten, daß derselbige seine Guter — verkauffen mag; Desgleichen, wo Einer keinen Mannlichen Leibes-Erben hatte u. so jung gesund u. starck ware, daß er in seinem Küriß von der Erden auf ein Hengstmaßiges Pferd sitzen mag, — soll er auch Macht haben, seine Güther — zu verkaufen. — Doch wollen Wir, daß diese Unsere Gnade Uns u. der Cron Boheimb, an Lehen, Diensten, Pflichten u. Mannliches Rechten unschadlichen sey.

9. Mecklenb. Landes-Reversalien v. 1572 § 8 (*Lunig* 2, 1579) wollen — hinführo keinem von der Ritterschaft, der zu Ablegung seiner Schulden, oder Abwendung anderer obliegenden Nothen, sein alt Stamm-Lehn, so nicht auf den aussersten Fall der Anwartung oder Eroffnung stande, versetzen, oder auch zum Leib-Geding vermachen wolte, Unsern Consens — wegern, doch daß dasselbe denen nachsten Agnaten vorhero angeboten werde.

Zweite Abtheilung. Rechtsverhältnisse der Lehnspersonen mit Fremden.

§ 243. I. Rechtsverhältnisse der Lehnspersonen mit den Allodialerben. (Sonderung des Lehns von dem Allodium.)

(B. § 163. G. § 131. St. § 127.)

1. Baier. Lehnsed. § 171. Das Lehen muß von dem Erbgute abgesondert werden, a) wenn das Lehen an einen Lehnsfolger kommt, welcher nicht zugleich Allodialerbe ist, b) wenn das Lehen dem Lehensherrn heimfallt, oder c) wenn das Allode, wegen Schulden des Lehensmannes, in den Concurs gerath.

2. Das. § 173. In jedem Falle wird die Mitwirkung des Lehensherrn hierzu erfordert, u. ohne dieselbe ist die Auseinandersetzung ungültig.

3 II F. 8 § 3. Si quid feudo *a vasallo* additum sit, si quidem tale adiectum sit, quod *per se* subsistere possit, id est ut *per se* censeatur, *ut praedium*, id *non accrescit feudo* Si vero *per se non* possit subsistere, *ut servitus*, plerisque placet *feudo accedere*, et *sicut partem feudi* disponendam esse.

4 II F 28 § 2 Si vasallus in feudo aliquod *aedificium* fecerit, vel ipsum sua pecunia *melioraverit*, et contigerit postea, ut vasallus sine filio masculo decedat, dominus aut patiatur *aedificium* auferri, aut solvat *pretium meliorationis* Idem dico, si pretio *servitutem* feudo *acquirat* Quidam alii dicunt omnino ad dominum pertinere

5. Ssp. II 21 § 2. Wirt it ok ledich eme herren, die nimt dat gebu mit sament deme lene.

6. Das. § 3. Hevet ok en wif lifgetucht — an lene, svat se gebuwes dar uppe hevet svenne sie stirft, dat — nimt die, deme dat gut ledich wirt.

7 Das. § 4: die — lenerve — behalt doch sines vader gebu uppe sime lene mit mereme rechte, den die, die sin erve is na lantrechte.

8 II F 28 § 3 Si vasallus decedat sine herede masculo, et contingat, feudum ad dominum reverti, sic distinguitur: *quod*, *si ante Martium*, *omnes fructus illius anni ex feudo provenientes ad dominum pertinebunt Si vero post kalendas Martii usque ad Augustum, omnes fructus, qui interim percipiuntur, ad heredes vasalli pertineant Si vero post Augustum*, *omnes fructus anni percipiet dominus* Quidam tamen dicunt, quocunque tempore anni decedat, omnes *pendentes* fructus ad dominum pertinere.

9. Ssp. II 58 § 1 u. 2 oben § 77 Nr. 1.

10. Das. § 3. Of en kint sine jartale behalt er den tins dagen, dat dat gut verdenet is, it sal den tins utnemen. Jarit it sic aver na den rechten tins dagen, dat geld des gudes hevet it verloren. Dit rede ik dar von: arbeidet en herre, oder jeman von sinent halven, garden oder wingarden oder bomgarden, u. bekosteget he sie bit an sente Urbanus dach (25. Mai), u. ne hevet sik dat kint nicht gejaret dennoch, die herre nimt die vrucht dar af. Hevet ok die herre laten geseit des kindes land, er it sik gejare, die herre behalt de sat u. nicht den stoppel noch die winstavelen, wende se in der erde stan u. to'me winholte gebunden sin. He ne mut ok des kindes holt nicht laten houwen, noch gras sniden, sint sik dat kint gejaret hevet. Jarit sik dat kint aver vore, die herre hevet sin arbeit verlorn, wan dat kint ne gilt is ime nicht. — Also ne dut di herre deme kinde noch des kindes erven, svenne he dat anevelle nimt.

11. Gotha. Lehnsmand. § 87. Alle am dreißigsten Tage nach dem Sterbetage des letzten Besitzers bereits angesammelten Früchte, ferner — alle Erbzinsen u. andere Einnahmen, welche an Gelde u. Naturalstücken geleistet werden, in sofern die Verfallzeit schon vor dem dreißigsten Tage nach dem Todestage des Erblassers gewesen ist, der wirkliche Abtrag mag geschehen seyn oder nicht, gehören lediglich zum Allodialnachlasse.

12. Das. § 88. Die am dreißigsten Tage nach dem Absterben des letzten Besitzers noch auf dem Felde stehenden, u. also schon vorher ausgesaeten oder gepflanzten Feldfrüchte u. Gartengewachse, — gehören zum Allodialnachlasse.

II. Rechtsverhältnisse mit den Gläubigern. (Lehnsschulden.) § 244.

(B. § 162. G § 132—133b. St. § 126.)

Gerber zur Lehre v. d. Lehns- u. Familienfideicommiß-Schulden (zuerst Ztschr. f. Civilr. u. Prozeß 11 [1854] S. 183; j. Jurist. Abh. S. 159). *O. Gierke* de debitis feudalibus. Diss. Berol. 1860. Franklin Artt. Lehnsschulden und Lehnsstamm bei Holtzendorff II S. 643 ff.

1 Const elect. Sax 46 P II (a 1572) Obwohl gemeiniglich von denen Lehen-Gütern die Lehens-Folgere des verstorbenen Besitzers hinterlassene Schuld abzutragen nicht schuldig seyn. Wann aber mit ihrer Bewilligung solche Schuld gemacht, u. auff die Lehn verschrieben, oder da die Schuld wegen Aussteurung der Tochter oder Schwestern, oder zu Ablegung der Leibgedinge auffgenommen, oder es waren dieselben Schulden in nützliche Besserung des Lehen-Guts gewendet, In solchen u. dergleichen Fällen sollen solche Schulden durch die Lehens-Folger aus dem Lehn vergnüget, u. die Land-Erben damit verschonet werden. Also auch: do es sich zutruge, daß einer, zu Erkauffung etlicher Lehngüter, Geld

auffgenommen, u. hätte dasselbige, so er zu nichts anders, dann allein zu Bezahlung des Lehn-Guts angewandt, gantz oder zum Theil, bey seinem Leben, nicht abgeleget, so soll diese Schuld durch die Lehens-Folger, welche solche Lehen-Güter bekommen, bezahlt werden.

2. Preuß. LR. I 18 § 229, 261. Nur solche Schulden des Vasallen treffen zum Nachtheil des Lehnsherrn (der Agnaten u. Mitbelehnten) das Lehn oder dessen Früchte, die entweder die Gesetze für Lehnsschulden ausdrücklich erklären, oder in deren Aufnehmung der Lehnsherr (Agnat u. Mitbelehnte) gewilligt hat.

3. Das. § 230, 261. In wiefern das Lehn zur Vermehrung, Verbesserung oder Wiederherstellung der Substanz; zur Vertheidigung desselben u. seiner Gerechtsame; zur Abfindung der Ehegattin u. Töchter des Vasallen; zur Kriegsrüstung für Söhne; zur Beerdigung des Vasallen u. Anschaffung der Trauer für seine Familie; zur Berichtigung des rückständig gebliebenen Lehnscanons, Dienstlohns, u. anderer das Lehn betreffenden Abgaben, auch ohne die Einwilligung des Lehnsherrn (der Agnaten u. Mitbelehnten) mit Schulden gültig belastet werden könne: bleibt, nach Verschiedenheit der Verfassungen, der näheren Bestimmung der Provincialgesetze vorbehalten.

4. Das. § 231. Nach eben diesen Gesetzen muß auch beurtheilt werden, in wiefern eine solche Schuld aus dem Lehne schlechterdings, oder nur in Ermangelung eines zureichenden Allodialvermögens, bezahlt werden müsse.

5. I F. 6 § 2 *Mutus feudum retinere non* potest, scilicet qui nullo modo loquitur; sed si *feudum* fuerit *magnum, quo ei ablato se exhibere non valeat, tum ei relinqui debet, unde se sustinere possit.*

6. II. F 39 § 3 Si *a morte* vasallus dominum liberare potuerit, et non fecerit, *beneficio carebit,* sed licet potuerit facere, ne dominus in peccatum praecipitaretur, veluti *periurium, non tamen feudo privandus erit*

7. II F 58 § 1 Dominum — feudi dare (feudum) posse intelligitur, *omni aere alieno deducto.* Non enim aequum est eum videre *egentem*, quem prius habuit in *coniugem* vel *amicum*

8. Bayer. Lehnsed. § 169. Die Töchter des Lehensmannes können, wenn sie nicht durch besondere Verfügung in dem Lehensbriefe zur Lehensfolge berufen sind, aus dem Lehen keinen Pflichttheil u. kein Heirathsgut fordern.

9. Gotha. Lehnsmand. § 121. Jeder Besitzer eines Lehns hat das Recht bey seiner Verheyrathung den 20sten Theil des Werths desselben als ein Ehegeld von seiner Gattin ins Lehn zu nehmen, u. ihr dafür, so lange sie im Wittwenstande bleibt, die vierfachen Interessen zu 4 Procent, u. also 16 Procent vom ganzen Ehegelde, zum jährlichen Witthume (Dotalitio) zu versprechen, auch noch überdies ihr soviel zusammen an Deputatstücken, Hausmiethgeldern u. dergl. auszusetzen, als der 4te Theil des baaren Witthums ausmacht.

10. Das. § 122. Wann ein Besitzer seiner Gattin durch die von ihr zu bewirkende Einbringung eines gewissen Ehegeldes ein verhältnißmäßiges Witthum verschaffen will; so ist es nicht genug, daß bloß diese Einbringung von ihr bewiesen werde, sondern es muß auch allezeit die Verwendung des Ehegeldes zum Nutzen des Lehns selbst dargethan werden.

11. Mecklenb. LGG. Erbvergl. § 457. Da auch nach Unsrer Lande notorischem Herkommen u. üblichem Gebrauch, die Lehne durch entstehende Concurse aus der Familie fallen u. s. w.

12. Gotha. Lehnsmand. § 134. Wenn jemand zu Bewahrung des Lehns vom Verderben u. von der Verwüstung, als z. B. zu Bezahlung einer in Kriegszeiten ausgeschriebenen Contribution; zu Abwendung einer angedrohten Plünderung; zu Wiederaufbauung abgebrannter Wohn- u. Wirthschafts-Gebäude; zu Bestellung der, ohne Schuld des Besitzers unbebaut gebliebenen Felder; zu Fortführung seiner Wirthschaft bey großem Wasserschaden, gänzlichem Mißwachse, Einbuße des größten Theils seiner Schaafe oder Rindvieh-Heerde durch das Viehsterben u. d. g. dem Besitzer etwas vorgeschossen hat; so muß demselben sein Vorschuß aus dem Lehne wieder bezahlt werden, es mag solches

an die Descendenten des Besitzers, oder an dessen Mitbelehnten, oder Uns oder Unserm Nachkommen d. h. dem Lehnsherrn, heimfallen, oder der Besitzer mag in Concurs gerathen.

13. Baier. Lehnsedict § 57. Die Mannlehen der Krone werden bey Berechnung des Pflichttheiles nicht in das Vermogen eingerechnet.

14. Gotha. Lehnsmand. § 191. Sollten vielleicht die nicht lehnsfahigen Notherben des Acquirenten behaupten, daß sie durch den von ihm geschehenen Ankauff des Lehns im Pflichttheil verkürzt worden wären; so konnen sie ihre auf die Erfüllung des Pflichttheils gerichteten Ansprüche — gegen die lehnsfahigen Descendenten des Acquirenten geltend machen.

15. Kursachs. Lehnsmand. I 14 Bey denen wirklichen Lehnstammen (ist) — ein gewisses Geldquantum von dem Lehnherrn, auf vorgegangene Oblation, zu Lehn gemachet u. verliehen worden.

16. Erlaut. Kursachs. Proz.-Ordn. Tit. 40 § 3. Daß ins künfftige von dem Kauffgelde eines subhastirten Lehn-Guthes, allein die *Debita feudalia* bezahlet, die Uebermaasse aber wieder zu Lehn gemachet, oder an ein Lehn gewendet, u. die Mitbelehnten daran zur gesamten Hand gebracht werden sollen.

17. Das. Jedoch ist dieses auf solche Lehn-Guther, — da vermoge vorhandener *Pactorum* oder Reverse — denen Mitbelehnten nur ein gewisser Lehn-Stamm, oder auch nur ein Lehn-*Quantum* ausgesetzet ist, nicht zu erstrecken, als in welchem letztern Fall sie mit solchem Lehn-Stamm oder *Quanto* sich billig begnügen lassen.

18. Das. Tit. 45 § 6. (Es soll) weder denen Töchtern, wegen ihrer Ausstattung, noch denen Mitbelehnten wegen eines Lehn-*Quanti* ein *Ius reale* an Lehn-Guthern zustehen.

19. Preuß. LR. I 18 § 605, 607, 608. Die Interessenten bey einem Lehne können, mit gemeinschaftlicher Bewilligung, die Lehnseigenschaft desselben auf einen gewissen Theil einschranken. — Dadurch (wird) die Lehnseigenschaft des ganzen Guts im zweifelhaften Falle nicht verandert. Vielmehr erhalt dadurch der Besitzer nur die Befugniß, das Lehn auf den, den festgesetzten Lehnstamm ubersteigenden Theil seines Werths, auch ohne Einwilligung der Agnaten oder Mitbelehnten, gultig zu verschulden.

20. Das. § 610. Ist aber bey Festsetzung des Lehnstammes ausdrücklich verabredet worden, daß nur das bestimmte *Quantum* Lehn seyn solle: so erlangt das Gut selbst in Ansehung der contrahirenden Interessenten, die Eigenschaft eines freien Eigenthums, u. der Lehustamm selbst ist als ein Geldlehn zu betrachten.

21. Das. § 243. Wenn eine Schuld bloß durch die Einwilligung des Lehnsherrn die Eigenschaft einer Lehnsschuld erlangt hat, so haftet, wenn nicht ein Andres ausdrucklich erklart worden, das Lehn nur bey Ermangelung eines hinreichenden Allodialvermogens.

22. Gotha. Lehnsmand. § 146a. Sollten nicht alle, sondern nur einige Mitbelehnten, in eine mit lehnsherrlichem Consense versehene Verpfandung eingewilligt haben, so ist die Schuld zwar für eine Lehnschuld zu halten; die dieserhalb gesuchte Execution aber muß entweder bloß in die Einkunfte des Lehns vollstreckt werden, oder es ist doch wenn der Glaubiger auf der Subhastation besteht, den nicht eingewilligt habenden Mitbelehnten auf den Fall, wenn sie die Successionsordnung treffen würde, ihr Recht zur Lehnfolge ausdrücklich vorzubehalten.

23. Das. § 146b Selbst die einer solchen Schuld wegen in die Einkünfte des Lehns vollstreckte Execution ist nicht langer kraftig, als so lange der Schuldner u. dessen lehnsfahige Descendenz, ingleichen die in der Succession vorherstehenden Mitbelehnten, welche consentirt haben, u. deren lehnsfahige, in der Succession ebenfalls vorherstehende Nachkommen, am Leben sind. Von der Zeit hingegen, da die letzte dieser Personen verstorben ist, mussen die Mitbelehnten, welche nicht eingewilligt haben, — den vollkommnen Besitz des Lehns erhalten, ohne daß der Glaubiger etwas von ihnen verlangen kann.

24. Preuß. LR. I 18 § 581. So weit der verstorbene Lehnsbesitzer das Lehn von den Schulden zu befreien, verbunden war, so weit kann, wenn er seine Verbindlichkeit nicht erfüllt hat, der Lehnsfolger, welcher diese Schulden gegen

die Gläubiger übernehmen u. vertreten muß, aus dem Allodialnachlasse Vergütung fordern.

25. Preuß. LR. I 18 § 583. Von Schulden, welche die Substanz des Lehns angehen, — ist ein Lehnsbesitzer das Lehn zu befreien in der Regel nicht verpflichtet.

26. Das. § 585, 586. Dagegen hat jeder Lehnsbesitzer die Pflicht, solche Schulden, die nur die Einkünfte des Lehns betreffen, — aus den Nutzungen des Lehns nach u. nach, so weit es moglich ist, zu berichtigen u. das Lehn davon zu befreien. Dazu ist er — den vierten Theil der reinen Einkünfte des Lehns anzuwenden verbunden.

27. Das. § 592. Hat ein Lehnsbesitzer mehrere Schulden bezahlt, als er nach vorstehenden Grundsätzen zu bezahlen verbunden war, so konnen dennoch seine Allodialerben deßhalb keine Vergütung von dem Lehnsfolger fordern.

28. Das. § 594. (Ausgenommen ist), wenn er Schulden, welche die Substanz angehen, bezahlt, u. dabey ausdrücklich u. schriftlich erklart, daß er seinen Erben den Ersatz aus dem Lehne vorbehalte.

29. Gotha. Ger.Ordn. P I Cap. 37 Art. 4 § 16. (Die Lehnsglaubiger werden) in nachstehender Ordnung vergnuget: als 1) die auf dem Lehn haftenden *Onera publica*, als Rittersteuern u. dgl. — 2) Die Begrabnißkosten des gemeinen Schuldners, wie auch dasjenige, was der *Medicus*, *Chirurgus* u. Apotheker wegen der letztern Krankheit zu fordern hat. — 3) Diejenigen, von deren Gelde erweislich das Lehn vom Verderben u. Verwüstung erhalten worden. — 4) Derer Schwestern des Besitzers Ausstattung. — 5) Diejenigen, welchen mit des Lehnsherrn u. der Mitbelehnten Einwilligung das Lehn ausdrücklich zum Unterpfande verschrieben worden.

30. Das. Wenn nun solche Lehnschulden alle abgetragen sind, so sollen die andern *Creditores*, nach Beschaffenheit ihrer Forderungen u. des diesfalls habenden Rechts, gleichfalls aus denen Nutzungen des überbleibenden Lehns befriedigt werden.

31. Gotha. Lehnsmand. § 144. Sollte bereits vorher ein Allodial-Gläubiger in die Einkünfte des Lehns eingewiesen worden seyn; so muß derselbe — dem Lehnsglaubiger, welcher aus den Einkünften bezahlt zu werden bittet, nachstehn, u. es kann alsdann der Allodial-Glaubiger aus diesen Einkünften nicht eher wieder etwas bekommen, als bis der Lehnsglaubiger seine ganzliche Befriedigung erhalten hat.

Sechster Abschnitt. Beendigung des Lehnsverhältnisses.

§ 245. I. Für alle Lehnspersonen. (B. § 167 I. G. § 134. St. § 128 I.)

1. Preuß. LR. I 18 § 665. Hat ein Fremder ein — Grundstück — aus einem an sich rechtsgültigen Titel, redlicher Weise, als Allodium an sich gebracht, so erwirbt er das freie Eigenthum davon, durch die gewöhnliche Verjährung, gegen alle u. jede Lehnsberechtigte.

§ 246. II. Aufhebung der Rechte des Vasallen. (Consolidation.) (B. § 167 II. G. § 135. St. § 128 II.)

Brunner Art. Felonie bei Holtzendorff I S. 812.

1. Schw. Lehnr. 6. Und wil ein man sin lehen sinem herren uf geben u. en wil sin niut me von im han, er mag ez mit rehte niut geweigern; er muoz ez von im uf nemen.

2. Aurea bulla c. XIV. In plerisque partibus — feudatarii — feuda, — quae a dominis ipsis obtinent, *intempestive verbaliter* et *in fraudem* renunciant, — et facta renunciatione — dominos ipsos malitiose diffidant, — et beneficia — sic relicta — iterum invadunt et occupant ac detinent occupata. Eapropter —

sancimus, quod talis resignatio — haberi debeat *pro non facta*, nisi — *possessio* beneficiorum — dominis ipsis *corporaliter* et *realiter* assignetur, in tantum *quod nullo unquam tempore* — dominos ipsos *perturbent* per se vel per alios.

3. Urk. K. Albrecht I. v. 1299 (Mon Ll II 472). Quesitum fuit: si quis tenens feodum a domino aliquo moriatur absque heredibus illis, qui vulgo dicuntur leivenherben, et dominus feodorum ipsa feoda sibi attrahet, et ea per *annum unum et diem sicut sua propria* possidet pacifice et quiete, et ex tunc venit aliquis dicens, se in dictis feodis ius habere, et impetit dominum feodorum super ipsis; utrum ipso domino feodorum huiusmodi possessio anni et diei debeat suffragari? Responsum: *quod dicto domino feodorum dicta possessio suffragatur*, et impetenti ipsum *nulla omnino actio in posterum competit* in eisdem.

4. Sächs. Lehnr. 6 § 2. Svelk man des sones darvet, die erst uppe'n herren die gewere des gudes, it ne si dat die herre it gedinge dar an vorlegen hebbe u. die belende man dat behalde na rechte binnen siner rechten jartale.

5. I F. 5 § 1. Si (vasallus) dominum assalierit, vel castrum domini, sciens dominum vel dominam ibi esse; item si fratrem suum occiderit vel nepotem, id est filium fratris; aut si libellario nomine amplius medietate in feudum dederit; — amissione feudi multabitur. *His omnibus casibus* feudum ad *dominum* revertitur.

6 II. F 37 *Si quis interfecerit fratrem domini sui*, non ideo beneficium amittit, sed si *fratrem suum interfecerit* — vel *aliam feloniam* commiserit, verbi gratia *hominem tradendo*, ut *in curia amplius stare non possit*, privabitur beneficio; quia tamen erga dominum non fuerit facta, ad *agnatum proximiorem* feudum pertinebit, si paternum fuerit.

7. Ssp. I 40 f. oben § 49 Nr. 42.

8. Wahlkapit. XXI § 2. Wenn auch (der Reichsstände) — Vasallen oder Unterthanen *ex crimine laesae Maiestatis* (ihre Lehen) verwirckt hätten.

9 II. F. 23 pr Obertus de Orto Anselmo (filio) suo salutem. Cogis me, — ut causas, quibus beneficium amittatur, enumeratas tibi significarem — Ne videar — studium discendi tibi nunc imminens negligere, quid mihi super hoc videatur, paucis explicabo, dummodo memineris, causas illas *sub aliqua certa regula aut definitione rotunda* non posse comprehendi. — Si quis (ergo) — dixerit, quae causae quemadmodum alicui domino ad ingratitudinem alicuius vasalli probandum possint sufficere, *nullo certo modo posse definiri, nihil erraverit De illa tamen ingratitudine* loquor, *per quam beneficium amittatur* Non enim ad hoc sufficit *omnis occasio*, per quam fidelis accepti beneficii videtur ingratus; *sed sunt quaedam* (ut ita dixerim) *egregiae ingratitudinis causae*, quibus beneficium secundum mores curiarum solet adimi

10 II F 24 § 8. Praedictis modis beneficium debere amitti, tam naturalis quam civilis ratio suadet, quae potest colligi, si quis *novam constitutionem iustas exheredationis causas enumerantem, et alias constitutiones veteres, iustas ingratitudinis et repudii causas, quibus matrimonia recte contracta solvuntur, et donationes iure perfectae revocantur*, subtiliter scrutatus fuerit. Sed quia natura novas deproperat edere formas, potest multis modis contingere ut *aliae* emergant *causae*, quibus videatur iuste adimi posse feudum, ideoque iudex *solers* et *discretus* et *aequitati obsecundare solicitus*, *cuncta subtiliter dispensans*, provideat, si qua fuerit antiquioribus causis *similis* seu *maior*, ut proinde sciat, utrum beneficium sit amittendum an nihilominus retinendum

11 II F. 24 § 11 Saepe *quaesitum est*, vasallo propter *iustam culpam* a feudo cadente, utrum *ad dominum an ad successorem vasalli* beneficium pertineat Sed haec distinctio *tam ratione quam moribus* comprobata est, ut si quidem vasallus ita *in dominum* peccaverit, ut feudum amittere debeat, *non ad proximos, sed ad dominum* beneficium revertatur, *ut hanc saltem habeat suae iniuriae ultionem* Si vero *non in dominum*, sed alias grave quid commiserit, *sicut ille*, *qui fratrem suum interfecit*, vel aliud grave crimen (quod parricidii appellatione continetur) commiserit, feudum amittit, *et non ad dominum, sed ad proximos pertinet; si tamen beneficium fuerit paternum* Sic enim *saepe* pronuntiatum scio

12 II F 26 § 18 Si vasallus culpam committat, propter quam feudum amittere debeat, *neque filius neque eius descendentes ad id feudum revocabuntur, sed agnati* qui quarto gradu sunt, dummodo ad eos pertineat

13. Schw. Lehnr. 85. Unde ist daz ein man solich untat tuot, daz im — sin lehen — verteilet wird; — hat — der man einen sun, dem sol der herre daz lehen lihen. Dehein kint sol dez vater schulde engelten, da ez selbe niut schulde an hat, wan daz were wider Got.

14. Kl. Kaiserr. 3, 7 oben § 49 Nr. 93.

15 Const elect Sax. 27 P III (a 1572) Es begiebt sich zu Zeiten, wann drei oder mehr Bruder seynd, daß einer den andern ubel u. boßlich vom Leben zum Tode bringet, u. wird alsdann in Zweiffel gezogen, ob deß Mißhandelers Lehen dadurch den andern Brudern, u. derselbigen Sohnen heimfallen, oder aber dem Lehnherrn eroffnet werden. Wann nun unsere zusammengeordnete Rathe etc sich auf die (erstere) Opinion, als das billigste verglichen, nemlich, daß der Agnat, u. Mitbelehnte, auch des Thaters Sohn, des Lehens in diesem Fall nicht zu *priviren*, So lassen wir es dabei bewenden.

16 II F 51 § 2 Si *voluerit* vasallus dominum offendere, sed *non laboraverit* feudum non amittit, nisi *insidiatus ei fuerit*, et hoc probatum fuerit

17 V A de benef II § 46, 48. Homo *vadiabit* domino pro omni incusatione, quae *digna est vadio* — Pro omni causa homo vadiabit domino, per quam *opprobrium* ei intulerit, aut *damnum*, aut si aliquid *loquitur*, vel *egerit* in beneficiali iure *super id, quod debuit*

18 I F 21 pr Sancimus, ut nemo miles sine *cognita culpa* beneficium suum amittat, si ex culpis iis vel causis *convictus non fuerit*, quas milites usi sunt nominare, quando fidelitatem faciunt dominis suis, vel per *laudamentum parium suorum*, vel si dominis suis deservire noluerint, tunc *condictio causa data* proponitur *ad repetendum feudum*, ex quo non servit domino Nam si steterit *viginti annis et ultra*, quod non servierit domino, nisi necesse fuerit domino, *feudum non amittit*

§ 247. III. Aufhebung der Rechte des Lehnsherrn. (Appropriation. Allodification.) (B. § 167 III G. § 137. St. § 128 III.)

Eichhorn über die Allodification der Lehen. Gött. 1828. Franklin Art. Allodification b. Holtzendorff I S. 77.

Allodificationsgesetze: Preußische. Für Pommern: v. 10. Juni 1856, 4. März 1867, 27 Juni 1875. Für die Mark Brandenburg: 23. Juli 1875, 28. März 1877. Für Westfalen. 3. Mai 1876. Für Schlesien: 19. Juni 1876. Für Ostpreußen: 16. März 1877. Für Sachsen: 28. März 1877, 10. März 1880, 20. April 1883. Hannover: 13. April 1836 über die Ablösbarkeit des Lehns-Verbandes, die Verhältnisse bleibender Lehne u. die Errichtung von Familienfideikommissen; dazu Declarationen durch G v. 19. Juli 1848 u. 24. Jan. 1851. Kurhessen: 26. Juni 1848 u. 20. Juni 1850. — Bayern: 4. Juni 1848. Würtemberg: 8. Oct. 1874. Baden: 19. April 1856, 9. Aug. 1862. Sachsen: 22. Febr. 1834, 3. Juni 1852, 22. Mai 1872. Braunschweig: 28. März 1837, 13. Dec. 1849. Oldenburg: 28. März 1852. Andere G. bei Stobbe § 117.

1 II F 26 § 24 *Domino committente feloniam*, ut ita dicam, per quam vasallus amitteret feudum, si eam committeret, quid obtinere debeat de consuetudine, quaeritur, et respondetur *proprietatem feudi ad vasallum pertinere, sive peccaverit in vasallum, sive in alium*

2. Preuß. LR. I 18 § 164 f. oben § 234 Nr. 4.

3. Preuß. LR. I 18 § 657, 658. Durch bloße Unterlassung der Ausübung lehnsherrlicher Rechte wird die Lehenseigenschaft einer Sache nicht aufgehoben, noch ein Lehen in freies Eigenthum verwandelt. Hat jedoch der Besitzer seinen Willen, die Sache als freies Eigenthum zu besitzen, durch öffentliche Handlungen geäußert, u. der Lehnsherr hat bey dieser ihm bekannt gewordenen Aeußerung durch den zur gewöhnlichen Verjährung wider ihn erforderlichen Zeitraum sich beruhigt, so ist die Befreiung von der Lehnsverbindlichkeit erworben.

4. Baier. Lehnsedict § 211. Durch die Verjährung wird der Lehensverband nicht aufgelöset.

5. Hannov. Ges. v. 19. Jul. 1848 § 1. Die in der Verordnung v. 13. April 1836 enthaltenen Vorschriften über die Ablösbarkeit des Lehnsverbandes werden auf alle im Umfange Unseres Königreichs belegenen Lehne mit alleiniger Ausnahme der zum Heimfalle, d. h. der nur auf vier oder weniger Augen stehenden Lehne ausgedehnt.

6. Hannov. Ges. v. 13. April 1836 § 6. Alle Rechte der Agnaten u. sonstigen Lehnfolger, so wie der Expectivirten auf ein allodificirtes Lehn sind von dem Augenblicke der Auflösung des Lehns-Verbandes ohne Entschädigung erloschen. — Indessen sollen nach den Bestimmungen dieses Artikels die in Familien neben dem Lehns-Verhältnisse etwa rechtsgültig bestehenden besonderen Erbfolge-Ordnungen (Seniorate, Majorate, Minorate u. s. w.) durch die eintretende Allodification nicht aufgehoben werden.

7. Das. § 7. Auch soll noch eine einmalige Succession in die allodificirten Lehne, — nach den bestehenden Lehnrechten Statt finden, also daß in dem ersten nach der Allodification eintretenden Erbfalle diese Rechte die Succession bestimmen.

8. Das. § 9. Die Allodification eines Lehns kann nur gegen Entschädigung des Lehnsherrn für seine Rechte Statt finden.

9. Bair. Ges. v. 4. Jun. 1848 Art. 1. Sämmtliche Lehen können vom Lehnverbande befreit werden, u. zwar 1) Sohn- u. Tochterlehen durch Erlage von ein Prozent, 2) Mannerlehen durch Erlage von drei Prozent, 3) Heimfällige-Lehen durch Erlage von zehn Prozent des Lehenfassionswerthes. Als auf dem Heimfalle stehend zu betrachten sind jene Lehen, welche nur noch auf vier Augen stehen, wenn Besitzer u. beziehungsweise Anwärter bereits das fünfzigste Lebensjahr erreicht haben. — Art. 2. Ausgenommen von der Allodifikation sind: a) die thronlehnbaren Würden; b) jene Lehen, welche auf königlicher Dotation oder auf Staatsverträgen beruhen, so ferne denselben nicht ein lästiger Rechtstitel zu Grunde liegt. Art. 3. Lehen, welche urkundlich als aufgetragene (feuda oblata) oder durch den Vasallen vom Lehenherrn erkaufte (feuda emtitia) nachgewiesen werden, verwandeln sich in volles Eigenthum ohne Entgelt.

10. Das. Art. 4. Die fideicommissarischen Verhältnisse der Lehen, sowie die Berechtigungen zur Erbfolge in dieselben werden hiedurch nicht verändert.

11. Preuß. Verf. v. 31. Jan. 1850 Art. 40. Die Errichtung von Lehen u. die Stiftung von Familien-Fideicommissen ist untersagt. Die bestehenden Lehen u. Familien-Fideicommisse sollen durch gesetzliche Anordnung in freies Eigenthum umgestaltet werden. Auf Familien-Stiftungen finden diese Bestimmungen keine Anwendung. Art. 41. Vorstehende Bestimmungen finden auf die Thronlehen, das Königliche Haus- u. Prinzliche Fideicommiß sowie auf die außerhalb des Staats belegenen Lehen u. die ehemals reichsunmittelbaren Besitzungen u. Fideicommisse, insofern letztere durch das deutsche Bundesrecht gewährleistet sind, zur Zeit keine Anwendung.

12. Preuß. G. v. 2. März 1850 § 2. Ohne Entschädigung werden — aufgehoben: 1) das Ober-Eigenthum des Lehnsherrn u. die lediglich

aus demselben entspringenden, in dem § 5 (unten § 256 Nr. 38) nicht als fortbestehend bezeichneten Rechte bei allen innerhalb des Staats belegenen Lehnen, mit alleiniger Ausnahme der Thronlehne.

13. Preuß. G. v. 5. Jun. 1852 Art. 1. Die Art. 40 u. 41 der Verf.-Urk. (ob. Nr. 11) werden aufgehoben. An ihre Stelle treten folgende Bestimmungen. Art. 2. Die Errichtung von Lehen ist untersagt. Der in Bezug auf die vorhandenen noch bestehende Lehnsverband soll durch gesetzliche Anordnung aufgelöst werden. Art. 3. Die Bestimmungen des Art. 2 finden auf Thronlehen u. auf die außerhalb des Staats liegenden Lehen keine Anwendung.

14. Preuß. G. v. 23. Juli 1875 § 1. Der Lehnsverband der nach dem Lehnrecht der Kurmark, Altmark u. Neumark zu beurtheilenden Lehne, dieselben mögen in Grundstücken, Gerechtigkeiten, Nutzungen oder Kapitalien (Lehnstammen) bestehen, Manns- oder Kunkellehnen sein, wird — aufgelöst.

15. Das. § 2. Innerhalb des Zeitraums von 4 Jahren — kann die Auflösung — mittelst Umwandlung in freies Eigenthum durch einen — Familienschluß erfolgen. Während desselben Zeitraums können Lehne — unter Zustimmung der beiden nächsten — Agnaten in beständige Familienfideicommisse für die zur Lehnssuccession berufenen Familienglieder verwandelt werden.

16. Das. § 3. Ist binnen des in § 2 bestimmten Zeitraums eine Verwandlung des Lehns in freies Eigenthum nicht erfolgt oder eine Fideicommißurkunde behufs der Bestätigung nicht eingereicht, so — (werden) bei dem Auflösungsverfahren nur diejenigen Agnaten, Mitbelehnte oder andere Successionsberechtigte — berücksichtigt, welche bis zum Ablauf des 4jährigen Zeitraums oder bis zum 302. Tage nach Ablauf dieser Frist geboren und außerdem binnen 2 Jahren, von Ablauf des in § 2 bezeichneten Zeitraums an gerechnet, bei dem zuständigen Appellationsgericht angemeldet oder — in das Grundbuch eingetragen sind.

17. Das. § 4. Das im Besitz eines zur lehntragenden Familie gehörenden Mitgliedes befindliche Lehn verliert die Lehnseigenschaft: 1) wenn bis zum Ablauf der 2jährigen Frist ein Lehnberechtigter weder — angemeldet noch — eingetragen ist; 2) wenn beim Ablauf dieser Frist — neben dem Besitzer des Lehns und dessen Descendenz keiner der — zu berücksichtigenden Lehnberechtigten mehr am Leben ist; 3) wenn die außer dem Lehnsbesitzer vorhandenen — angemeldeten oder — eingetragenen Lehnberechtigten durch Vertrag in die Auflösung des Lehnsverbandes — einwilligen.

18. Das. § 5. Das in § 4 bezeichnete Lehn verliert, auch wenn Lehnberechtigte — eingetragen oder — angemeldet sind, die Lehnseigenschaft, wenn der besitzende Lehnsmann bei Ablauf der im § 2 bezeichneten Frist lehnsfähige Descendenz hat oder bis zum 302. Tage von dieser Zeit ab gewinnt.

19. Das. § 6. Hat der Lehnsbesitzer keine — lehnsfähige Descendenz, ist aber bei seinem Tode — ein nach § 3 zu berücksichtigender Lehnberechtigter am Leben, so vererbt das Lehn als solches nach Recht und Ordnung der bisherigen Lehnsfolge, ohne daß es in Bezug auf die Zulassung noch anderer Personen zur Lehnsfolge auf die Zeit der Geburt u. auf die Eintragung bez. die Anmeldung der Lehnberechtigten ankommt.

20. Das. § 7. Hat der zur Succession gelangende Agnat oder Mitlehnte bei dem Anfall des Lehns lehnsfähige Descendenz, so verliert das Lehn in seiner Hand die Lehnseigenschaft.

21. Das. § 9. Der Lehnsmann, in dessen Händen — die Lehnseigenschaft aufhört, hat die Wahl, ob er das bisherige Lehn 1) gegen eine Abfindung von 10 Procent des Lehnwerths nach Abzug der Lehnsschulden (bei Geldlehnen und Lehnsstammen des Kapitalwerths) als freies Eigenthum behalten oder 2) — in ein Fideicommiß für die zur Lehnssuccession berufenen Familienmitglieder dergestalt verwandeln will, daß er selber in die Stelle des ersten Fideicommißbesitzers tritt. § 10. Der Lehnsmann hat — die getroffene Wahl bei dem zuständigen Appellationsgerichte binnen 4 Jahren — zu erklären. § 13. Erfolgt innerhalb der — Frist keine Wahl oder bei gewählter Fideicommißstiftung keine Einreichung einer Fideicommißurkunde, so gilt die Zahlung der Abfindung als gewählt.

Zweites Capitel. Von den Stammgütern und Familienfideicommissen.

I. Verschiedene Arten von Stammgütern. (B. § 175. G. § 82. St. § 137 u. 320.) § 248.

Litteratur oben b. § 70. Franklin b. Holtzendorff III 772.

1. Const elect Sax. 12 P. II. Weil dieser Text (Sachsensp. I 52) saget, daß ohne derer Erben Erlaub keiner seine eigene Erbstamm-Güter vergeben konne, so ist zu wissen, daß Stamm-Güther solche Guther seynd, welche der Donator nicht selbst acquiriret, — sondern die von seinen Vorfahren, als Großvater u. dergleichen — ihren Ursprung haben.

2. Lub. R. I 10, 6. Erbgut wird geheißen, — welches einem Menschen anfallen mag von seinen Eltern oder Blutfreunden. — Solches Erbgut mag man ohne der Erben Erlaubniß nicht alieniren außer bei außerster ehehafter Noth. — Wann solches geschicht, so haben die nehesten Erben den Kauff daran, wann sie wollen; doch vor soviel Geld, als der Frembde dafür geben wollen. (Pauli Abh. 1 S. 184.)

3. Hamb. Stat. III 1, 4: von Erb-Gut ist niemand — ohne seiner nächsten Erben Erlaubniß oder Bewilligung zu testiren ermachtigt, sondern dasselbe seinen rechten Erben ungeschmalert zu lassen schuldig. — 7. Und wird dießfalls für Erb-Gut gehalten, — nicht allein was jemand von seinen Eltern oder nachsten Freunden durch todliche Falle angeerbet, sondern auch mit was Gute die Eltern ihre Kinder, oder die Freunde ihre nächste Erben bey derselben Wolmacht herathen u. ausgesteuert haben.

4. Senatus Lubec declaratio auth v. 24. Apr. 1754 (Pauli 1 S. 181). Daß unter dem Erbgute, welches nach Lübischem Rechte bei dem Erbgang bleiben muß, alle unbewegliche u. bewegliche, folglich auch die baar vorhandenen u. ausstehenden Gelder — verstanden werden, auch dieses die tägliche Praxis seit undenklichen Jahren außer allen Widerspruch gesetzet.

5. Jülich. LR. XXIX 1. Item wanneir eyner van der Ritterschafften imme furstendomp Guylich afflyvich wyrdt u. kynder achter liest, so nympt der alste son den Ansedell vor uyß, so wie derselvyge myt synen graven u. zuynen gelegen ist, u. asdan fortan deyllen sy alle Erffschaften u. gueter gelich als broeder u. suster.

6. Kolln. Rechtsordn. v. 1555 (*Lunig* C I. F. I 1500) Tit. 6 Nr. 12: im Fall nur ein einziges Stammhaus oder adelicher Sitz vorhanden, solchen der alteste Sohn sammt dessen — Geschutz — vorab — nehmen moge.

7. Brem. Ritterr. I 1. Wann einer von Adel verstirbet, der fallet, nach altem löblichen Herkommen — dieses Erzstiftes Bremen, alle seine Erbstammgüter, auf seine mannliche Leibeserben u. in Mangel deren auf seine Brüder, Brudersöhne oder sonsten auf die nachsten Agnaten — ungeachtet, daß von der Spillseiten nahere Cognaten — vorhanden seyn.

8. Das. XII 1. So einer bey gesunden Leibe, oder in seinem Letzten bey guter Vernunft, ein bestendig Testament gemacht u. aufgerichtet hatte, dasselbige soll bey Würden u. Macht gehalten werden, doch so weit u. ferne, daß darin keine Erbstammgüter, so vom Großvater herkommen, den nechsten Erben u. Schwertmagen entwendet u. vergeben werden: denn woferne dasselbige geschehe, soll solches zu Rechte kraftlos u. unbündig seyn, aber von seinen wohlgewonnenen Gütern beweg- u. unbeweglich, mag ein jeder in seinem Testament, oder sonst, verordnen u. solche Güter hinwenden u. kehren wohin er will.

9. Das. XIII 1. Niemand mag sein Erbstammgut ohne der nechsten Erben u. Schwertmagen Willen — vergeben, verkauffen vel quovis

alio titulo verändern: so aber jemand seine Stammgüter ganz oder eines Theils verkaufen wollte, so soll er dieselbigen am ersten seinen nechsten Stammvettern anzubieten, u. woferne ihrer einer oder mehr mit ihm darum handeln wollten, ihnen alsdann um einen Landsittlichen Werth zu lassen schuldig seyn. Würde aber jemand ohne solche Anbietung solche Güter einem andern verkaufen, so soll solcher Kauf auf Begehren der naheren Vettern cassiret u. kraftlos erkannt u. gehalten werden. § 2. Wann aber die Anbietung geschehen u. die Stammvettern sich des Kaufes entschlagen, so mogen alsdann wol solche Güter jemand anders bestandiglich verkaufet werden, jedoch wo in solchem Falle, da die Vettern nicht kaufen wollten oder auch, so keine Vettern, sondern alsdann Tochtere, Schwestern u. dergleichen nahe Spillmagen vorhanden waren, die sollen für andern u. Fremden zu dem Kauf gestattet u. zugelassen werden.

II. Von den Familienfideicommissen insbesondere.

Quellen: Cod. Maximilian. Bavar. III 10. Bairische Gesetze v. 28. Juli 1808, v. 22. Dec. 1811 u. v. 26. May 1818. (Das letzte auch als Beilage VII zum Tit. V der Verfassungsurkunde.) Preuß. LR. II 4 Abschn. 2—5. Oesterreich. Gesetzb. § 618 — 646. Code Napoléon f. Baden Art. 577 ca—cv. Hannov. G. v. 13. Apr. 1836. Braunschw. GG. v. 28. März 1837 u. v. 20. Mai 1858. Sächs. GB. § 2527 bis 2541.

Knipschildt tractatus de fideicommissis familiarum nobilium. Ulmae 1654. v. Gerber Beiträge zur Lehre vom deutsch. Familienfideikommiß; ders.. die Fam.-Stiftg. in der Function des Fam.-FC. (zuerst in Jherings Jahrb. 1 u. 2 [1857—58]; j. jurist. Abh. S. 100 u. 144. Lewis Recht des Familienfideicommisses. Berl. 1868. C. Wippermann kl. Schriften 1873. S. Meyer Beitr. z. Gesch. der fideicommissar. Substitutionen, insb. der bürg. Fam.-FC. in Deutschland. Diss. Bonn 1878 u. Z. der Sav.-Stftg. 1 (1880) S. 131. Pfaff u. Franz Hoffmann Comment. z. österr. bürg. GB., Excurse II 3 S. 277 ff.: Beitrag z. Gesch. der Fam.-FC. (Wien 1884). — Brunner Art. Fam.-FC. bei Holtzendorff 1 S. 792. Vgl. auch die Litt. oben zu § 38.

§ 249. A. Begriff und Entstehung derselben. (B. § 176 I—V. G. § 84. St. § 138—140.)

Eichhorn RG. § 540—543.

1. Preuß. LR. II 4 § 47, 48. Jedem Einwohner des Staats ist es erlaubt, — Fideicommiß-Substitutionen — zu errichten. Zu beständigen Familienfideicommissen aber konnen nur Capitalien u. Grundstucke, mit welchen Ackerbau u. Viehzucht verbunden ist, gewidmet werden.

2. Das. § 50. Lehne konnen zwar in Fideicommisse nicht verwandelt; wohl aber darin eine Successionsordnung, wie bey Fideicommissen, mit Beistimmung sammtlicher Interessenten, eingeführt werden.

3. Das. § 51, 59. Das Landgut — muß wenigstens einen reinen Ertrag von 2500 Thalern nach einem landublichen Wirthschaftsanschlage gewähren. — Zu einem — Geld-Fideicommiß ist ein Capital von 10,000 Thalern hinreichend.

4. Oesterr. Ges.B. § 627. Ohne besondere Einwilligung der gesetzgebenden Gewalt kann kein (Familien-) Fideicommiß errichtet werden.

5. Baier. Edict v. 1818 § 1 oben § 39 Nr. 21.

6. Das. § 2. Zur Errichtung — wird ein Grundvermögen erfordert, von welchem an Grund u. Dominikalsteuer in simplo wenigstens 25 Gulden zu entrichten sind.

7. Das. § 22. Ein Familienfideicommiß wird erst 1) durch gerichtliche Bestätigung u. 2) durch die Eintragung in die (bei den Appellationsgerichten zu führende) Fideicommiß-Matrikel wirksam.

8. Hannov. G. v. 1836 § 29. Einem jeden Lehnsbesitzer steht es frei — mit seinen Lehnen — ein Familien-Fideicommiß (Majorat, als welcher Ausdruck in diesem Gesetze mit Fideicommiß gleichbedeutend seyn soll, u. worunter, wo diese Ausdrücke in diesem Gesetze vorkommen, ein immerwährendes Familien-Fideicommiß mit Succession nach Ordnung der Primogenitur u. mit Vorzug des Mannsstamms zu verstehen ist) — zu stiften.

9. Das. § 36. Die Fideicommiß-Stiftung tritt in Kraft, sobald die von dem Stifter in der Form einer einseitigen Disposition darüber errichtete Urkunde von Uns —, u., soweit Lehngüter darunter begriffen sind, auch lehnsherrlich bestätigt — ist.

10. Sächs. Ges.B. § 2530. Ist der Gegenstand der Familienanwartschaft (Familienfideicommiß) ein Grundstück, so ist die Eigenschaft desselben, als eines Gegenstands der Familienanwartschaft, in das Grundbuch einzutragen.

B. Succession in Familienfideicommisse.

1. Successionsrecht und dessen Wirkungen. (B. § 176 VI, VII u. IX G. § 84 u. 274. St. § 314, 321.) § 250.

Eichhorn RG. § 454. Reyscher das Erbrecht der adelichen Töchter u. deren Verzichte (Z. f. D. R. 6 [1841] S. 257 u. 15 [1855] S. 1). Oben § 155.

1. Baier. Ed. v. 1818 § 78. Nur adeliche Nachkommen sind fähig, das Fideicommiß zu erlangen. — Mit dem Verluste des Adels erlischt demnach zugleich das Erbfolge-Recht in die Familien-Fideicommisse.

2. Oesterr. GB. § 626. Die weibliche Nachkommenschaft hat in der Regel keinen Anspruch auf Fideicommisse. Hat aber der Stifter ausdrücklich verordnet, daß nach Erlöschung des Mannsstammes das Fideicommiß auf die weiblichen Linien übergehen soll, so geschieht dieses nach der für die männliche Geschlechtsfolge vorgeschriebenen Ordnung; doch gehen die männlichen Erben derjenigen Linie, welche zum Besitze des Fideicommisses gelangt ist, den weiblichen Erben vor.

3 Cod Max Bav III 10 § 13 1mo Hat der rechtmässige Fideicommiss-Besitzer Dominium utile von dem Fideicommiss-Gut u. aller Zugehör.

4. Preuß. LR. II 4 § 72 ob. § 74 Litt b

5. Oesterr. GB. § 629. Das Eigenthum des Fideicommiß-Vermögens ist zwischen allen Anwartern u. dem jedesmahligen Fideicommiß-Inhaber getheilt. Jenen kommt das Obereigenthum allein, diesem aber auch das Nutzungs-Eigenthum zu.

6. Das. § 630. Das Obereigenthum berechtiget die Fideicommiß-Anwarter, die Hinterlegung der Fideicommiß-Schuldscheine zu Gerichtshanden zu verlangen; eine üble Verwaltung der Fideicommiß-Güter gerichtlich anzuzeigen; zur Vertretung des Fideicommisses u. der Nachkommenschaft einen gemeinschaftlichen Fideicommiß-Curator in Vorschlag zu bringen; überhaupt alle zur Sicherheit der Substanz nöthige Maßregeln zu treffen.

7. Baier. Edict v. 1818 § 42. Das Eigenthum des Fideicommiß-Vermögens steht nicht dem jedesmaligen Besitzer desselben allein, sondern auch den übrigen zur Nachfolge Berechtigten (Anwärtern) zu. § 43. Vermöge des Miteigenthums sind die Anwärter berechtigt 2c.

8. Das. § 67. Die zum Fideicommiß gehörigen grundherrlichen Rechte können zwar durch gemeinsames Einverständniß des Grundherrn u. der Grund-

holden abgelöset werden. § 68. — wenn im Falle des § 67 ein Ablosungs-Capital bedungen worden, muß das Ablosungs-Capital zum Besten des Fideicommisses, besonders zum Ankauf fruchtbringender Realitaten verwendet, u. bis es geschehen kann, gegen hypothekarische Sicherheit verzinslich angelegt werden.

9. Sächs. GB. § 2535. Haben sammtliche am Leben befindliche Anwärter, für diejenigen, welche beim Tode ihres Vaters empfangen, aber noch nicht geboren sind, deren Vormünder, in die Veräußerung eingewilligt, so kann diese von Nachgeborenen nicht angefochten werden, welche, falls sie zur Zeit der Veraußerung gelebt oder die Rechte Geborener gehabt hatten, auf die Anwartschaft berechtigt gewesen wären.

10. Hannov. G. v. 1836 § 35. Der succedirende Descendent darf die Allodial-Erbschaft seines Ascendenten, insofern dieser nicht der Stifter des Majorats ist, ausschlagen u. die Fideicommiß-Erbschaft davon trennen.

11. Formel v. 1227 (Eichhorn l. c No. 1) Renunciat omni iuri, quod uxor — in hereditate — ex parte patris — sibi proveniente habebat, *si quod habebat*

12. Urk. v. 1514 (Neurath Regredienterbsch. S. 65). Verzichte für sich u. ihre Erben u. Nachkommen, gegen Herrn Hans v. B., ihren — Vettern, auch Herrn Hans Georg, ihren Brudern, deren Erben u. Nachkommen, alles väter-, mutter- u. brüderlichen Erbs u. Guts, ligend u. fahrendem, jedoch mit der vorbehaltlichen Clausula, auf den Fahl, wenn Herr Hans Georg v. B. vor ihr mit Tod u. hinterlassenden Leibeserben abgienge, so solle sie u. ihre Kinder, da sie auch einige hinterlassete, ahn ihr mutterlich Erb stehen; begebe sich aber, daß derselbe keinen Sohn, sondern Töchter hinter sich lassete, so solle sodann sie u. ihre Erben an einer Tochter statt stehen.

13. Verzicht v. 1374 das. S. 83. Es were denne, daß unser Vater, Burggraf Friedrich (von Nürnberg) abstürbe, u. nyt Sohne ließe, so wollen Wir u. unsere Erbin, 2000 Mark Silbers, ob uns die worden weren, als die Heyrathsbriefe besagent, wider zu andern unsere Schwestern werffen, u. nyt mehr, u. denn mit denselben unsern Schwestern gelichen Erbtheil nehmen, u. ofheben, nach des Landes Recht u. Gewohnheit.

14. Erbeinigung der Grafen v. Witgenstein v. 1607 (Moser Staats-R. XVI S. 66). Die Tochter — sollen vor Vollenziehung der Ehe uf alle väterliche, mutterliche, bruderliche u schwesterliche u. sonsten allerseits Bey- u. Anfälle — vermittelst eines leiblichen Eyds, dem gantzen Stamme zu gutem verzeihen, u. deßwegen einen brieflichen Schein unter ihrer u. ihren Gemahls Hand u. Siegel von sich geben. — (Wenn aber eine) Tochter vor Leistung des Verzichts mit Todt abgehen, oder sich sonsten ein solches — zu leisten verweigern würd, so soll dieselbe u. ihre Erben doch nichtsdestoweniger — von aller Succession abgewisen, u. diser Ordnung bestandig gelebt — werden, weil die *Renunciationes* oder Vertrage nit *ex necessitate*, sondern allein zu Stamms- u. Namens-Erhaltung u Bekraftigung des uhralten Herkommens u. Gewohnheit u. diser unser Erbeinigung — erfordert werden.

15. Bremisch. Ritterr. Tit. 1 § 1 f. oben § 248 Nr. 7.

16. Preuß. LR. II 4 § 199. Sind bey dem Ableben des letzten von dem Ersten Stifter herstammenden männlichen Abkommlings keine Tochter u. keine zur Succession fahige Descendenten derselben vorhanden —: so geht das Fideicommiß auf die andern von dem Ersten Stifter durch Weiber abstammenden mannlichen Descendenten über. § 200. Dabey wird wiederum auf die Ordnung der Erstgeburt, in Verhaltniß gegen den Ersten Stifter oder Erwerber, Rücksicht genommen.

§ 251. 2. Successionsordnung. (B. § 176 VII a. G. § 275.)

Herm. Schulze das Recht der Erstgeburt i. den deutsch. Fürstenhäusern. Leipz. 1851.

1. Preuß. LR II 4 § 145. Verordnet der Stifter, daß zwar der nächste aus der Familie, dem Grade nach, zur Succession gelangen, unter

mehrern gleich nahen aber der ältere, den Jahren nach, die jüngeren ausschließen solle: so heißt die Stiftung ein Majorat.

2. Preuß. LR. II 4 § 146. Ist die Succession zwar ebenfalls nach der Nähe des Grades, jedoch dergestalt angeordnet, daß unter mehrern gleich nahen der jüngere den ältern ausschließt: so wird ein solches Fideicommiß ein Minorat genannt.

3. Das. § 140. In Zukunft sollen Landgüter zu Senioraten nicht mehr gewidmet werden.

4. Oesterr. GB. § 620. Im Zweifel wird die Primogenitur eher, als ein Majorat oder Seniorat; u. das Majorat wieder eher, als ein Seniorat vermuthet.

5 Aurea bulla c 25 Si ceteros principatus congruit in sua integritate servari, — multo magis magnifici *principatus, dominia, honores et iura electorum principum* debent *illesa* servari — Decernimus *igitur*, (quod eorum) terre — *dismembrari non debeant*, ut pocius in sua perfecta integritate perpetuo maneant, *primogenitus* filius (a) succedat in eis; cap 7: illo vero non exstante ad *eiusdem primogeniti* (a) *primogenitum* (b) similiter laicum — devolvatur — Si vero primogenitus huiusmodi (b) absque heredibus masculis legitimis laicis ab hac luce migraret, — ad *seniorem fratrem* laicum (c) per veram paternalem lineam descendentem et deinceps ad *illius primogenitum* laicum (d) devolvatur. c 25 oben § 218 Nr. 9. In quo casu inhibita sibi successione secundogenitum, si fuerit in ea progenie, seu alium seniorem fratrem vel consanguineum laicum, qui paterno stipiti in descendenti recta linea proximior fuerit volumus successurum (Schulze S. 387, 393.)

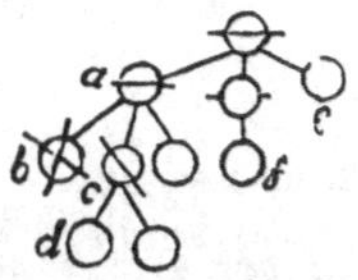

6. Oesterr. GB. § 622. Der Stifter kann auch die Ordnung der Erbfolge ganz umkehren; u. den Letztnachgebornen aus der ältern Linie oder den Jüngsten aus allen Linien, oder überhaupt denjenigen berufen, welcher im Grade entweder dem Fideicommiß-Stifter, dem ersten Erwerber, oder dem letzten Besitzer am nächsten kommt.

7. Hannov. G. v. 1836 § 31. Die Fideicommiß-Güter bleiben stets untheilbar.

8. Baier. Ed. v. 1818 § 87. Bei Familien-Fideicommissen, welche neu errichtet werden, kann keine andere Successions-Ordnung, als die Erstgeburts-Folge eintreten, vermöge deren die weibliche Nachkommenschaft, so lange noch männliche Nachkommen vorhanden sind, von der Succession ausgeschlossen bleibt, u. immer der Erstgebohrne in der ältern Linie zum Fideicommiß gelangt, so daß der Bruder des letzten Besitzers dessen Söhnen, Enkeln u. weitern männlichen Descendenten weichen muß.

9 Code Napol f. Baden Art. 577 em Stammgut, wenn es wegen seinem geringen Betrag oder wegen der Familienverträge untheilbar ist, kann nur an einen der Stammgenossen kommen; dieser bestimmt sich bey dem Herrenstand nach Erstgeburtsrecht, u. bey dem Ritterstand, wenn nicht Erstgeburts- oder Alter-Erbe in den Familienverträgen sich festgesetzt befindet, — nach Vorzugs-Erbrecht (d. i. Majorat).

10. Preuß. LR. II 4 § 166. Hat der Stifter zwey oder mehrere Fideicommisse, eines für die erstgeborne, u. die anderen zum Besten der nachgebornen Linien errichtet: so gelangen die Descendenten des Stifters aus der ersten Linie in dem zweiten Fideicommisse niemals zur Succession, so lange noch ein anderer von den Stiftern entsprossener Mannsstamm vorhanden ist.

C. Aufhebung des Fideicommisses. (B. § 176 VIII. G. § 84. St. § 140 VII, VIII:) § 252.

1. Oesterr. GB. § 632. Ein Fideicommiß-Besitzer kann zwar für sich, jedoch keineswegs für die, wenn gleich noch nicht vorhandene, Nachkommenschaft auf sein Recht Verzicht thun.

2. Oesterr. GB. § 644. Ein Fideicommiß kann aufgelöset werden, wenn keine zum Fideicommisse berufene Nachkommenschaft zu vermuthen ist. Zur Auflösung des Fideicommiß-Bandes aber wird nebst der Einwilligung des Nutzungseigenthümers u. aller Anwarter, die durch ein Edict vorzuladen sind, auch die Einvernehmung des Curators der Nachkommenschaft, u. die gerichtliche Bewilligung erfordert.

3. Baier. Edict v. 1818 § 97. Durch gemeinsames Einverständniß aller Familien-Glieder mit gerichtlicher Genehmigung kann ein Familien-Fideicommiß nur alsdann aufgelöst werden, wenn der Familie durch die Auflösung ein ausgezeichneter u. fortdauernder Nutzen zugeht, oder wenn solche gebietende Umstände eintreten, welche bei einer Familie die Auflosung des Fideicommisses nothwendig machen.

4 Code Napol. f. Baden Art. 577 cs Das Stammgut verliert diese Eigenschaft —, wenn alle Stamm-Erbberechtigte, die am Leben sind, oder deren Pfleger unter landesherrlicher Bewilligung die Auflosung beschliessen; die Ungebornen sind hierbey weiter nicht in Betracht zu ziehen, als so weit sie schon gezeugt sind, ihr Vater aber gestorben ist, u. deswegen — ein Pfleger der Leibesfrucht sie zu vertreten hat.

5. Sächs. GB. § 2538. Eine Familienanwartschaft kann, sofern nicht von dem Stifter mit Genehmigung des Landesherrn etwas Anderes bestimmt ist, von den Betheiligten geandert oder aufgehoben werden, wenn sie mit Einschluß desjenigen, welcher in Folge der Anordnung der Anwartschaft der erste Inhaber des Gegenstands derselben ist, in die dritte Hand gekommen ist. § 2539. Zur Aenderung oder zur Aufhebung der Familienanwartschaft wird die Einwilligung sammtlicher am Leben befindlichen Anwärter erfordert. Rücksichtlich Bevormundeter bedarf es der Beobachtung der über Veräußerung des Vermögens Pflegbefohlener bestehenden Vorschriften.

6. Das. § 2541. Zur Veräußerung des Gegenstandes einer Familienanwartschaft, sowie zur Aenderung u. Aufhebung derselben ist die Genehmigung der zuständigen Behorde erforderlich.

Achtes Buch.

Von den adeligen und Bauer-Gütern.

§ 253. Erstes Capitel. Von den adeligen Gütern. (B. § 180. G. § 79. St. § 129.)

Eichhorn RG. § 426, 547.

1. Sachs. Oberhofger.-O. v. 1488 (Günther Priv. de non appell des Haus. Sachsen S. 99). Alle beschloste ader andere Edellewte, dy in dy Ampt nicht gehören, u. also dy, den Insunderheit auß unßer Canczeley geschribene wirth.

2. Urk. v. 1262 (*Guden* 4, 903) Item die Martini quilibet villanus ibidem residens — dabit advocato maldrum avene et pullum, preter illos qui resident in *curtibus nobilium virorum*, que dicuntur sedelhove. In illis solummodo unus erit absolutus a *precaria* Item *nemo nobilium virorum* debet ibidem habere, *nisi unam curtem* que dicitur sedelhov.

3. Priv. Herz. Erichs v. Br-Lüneb. v. 1526 (Kleinschmidt Landt-Absch. II S. 15): welche riddermatig Mann op sin erve u. gut toge, schall u. mag

sin Erve u. Land op dem Hove, darop he wohnet, vor Ridder-guet gebroken.

4. Br.-Wolfenb. Landt.-Absch. z. Salzdahlum v. 1597 § 18. Wann von den von Adel die versetzte — Güther wieder eingelöset werden, sollen dieselben, welche für der Verpfändung — beweißlich dienstfrey gewesen, wiederum — dienstfrey werden. Da aber solche Dienstfreyheit nicht zu beweisen, alsdann werden davon die (bäuerlichen) Dienste nach wie vor billig geleistet; Es sey denn, daß solche Stücke als freye Güther in ihren — Lehnbriefen von 50 u. mehr Jahren her ausdrücklich zu befinden, u. sie dieselbe zu ihren eigenen habenden adelichen Sitzen oder freyen Sattelhöfen pleiblich gebrauchen wollen.

5. Bergisch. LR. § 35 (Lacomblet Arch. I S. 94). Der Ridderschafft hoff ind guither sullen frye syn, man en sall oen¦ daruff gein gebot noch kummer doin noch penden noch gein gewalt doin.

6. Ilzstadt. W. v. 1256 (Grimm 6, 113) § 5. Item notandum, quod *infeudati in predictis locis* pro predicto iure quod chunigsteura dicitur, non tenentur ire cum domino episcopo *in negociis imperii nec dare steuras ad eandem expeditionem*, si vero alias pro necessitate ecclesie iverit, illuc sibi obsequi tenebuntur

7. Urk. v. 1495 (Strube Nebenst. 2 S. 348). *Nobiles — tributum negarunt*, dicentes se liberos, qui Romanum imperium *non argento*, *sed virtute et sanguine suo* — essent adiuturi.

8. Oesterr. LR. Art. 64 (hg. v. Meiller; Hasenöhrl Art. 68). Ez sol dehain edl man dehain mauth geben weder auf wazzer noch auf land; waz er in sinem haus ezzen oder trinchen wil, daz sol er umb des landes herren dienen mit sinem schilt.

9. Mecklenb. LGG. Erbvergl. § 286. Betreffend aber die Zoll-Freyheit der Ritterschaft insonderheit, so soll ihnen selbige nicht nur von allem, zu ihrer Haushaltung bedürfenden Vieh u. sonstigen Zubehor, imgleichen von allen, zu Erbau- oder Besserung ihrer Wohnhäuser, Scheuren, Ställe u. anderer Gebäude auf den adelichen Gütern erforderlichen Materialien, sondern auch ausdrücklich von (allen Producten, sie mogen Nahmen haben wie sie wollen), so sie auf ihren Gütern gebauet u. entübriget, u. entweder daselbst, oder in Unseren Städten, oder außerhalb Landes verkauft, — ungekrankt hiemit versichert u. gelassen werden. Gestalt Wir auch solche Freyheit auf ihre Pächter hiemit erstrecken.

10. Das. § 7. Es soll — in einem jeden, durch — Ausmessung u. Taxation zu einem gewissen Hufen-Stand überhaupt gebrachtem Adelichen Guth, ohne einige weitere Ausnahme, die Hälfte der Hufen, gegen Leistung der, in allen Lehn- u. Allodial-Briefen vorbehaltenen Ritter- u. Mann-Dienste, von der Landes-Contribution befreyet, u. solcher Gestalt für Immun zu ewigen Zeiten gehalten werden, die andere Hälfte der Hufen aber, es besitze sie wer da wolle, Contributionspflichtig bleiben, u. von selbiger steuerpflichtigen Hälfte der Hufen die jährliche Landes-Contribution abgetragen werden solle.

11. Das. § 309. Unsere Ritter- u. Landschaft ist u. bleibt, — von allem Beytrag zu Bezahlung u. Verpflegung Unserer Truppen, gänzlich befreyet.

12. Das. § 310: versprechen — insonderheit Unsrer Ritterschaft hiemit: daß sie u. ihre Hintersassen von aller Einquartirung u. Verpflegung Unserer Militz, sie bestehe in Infanterie oder Cavallerie, oder wie sie sonst Nahmen haben mogte, zu allen Zeiten u. in alle Wege frey seyn u. bleiben soll.

13 *Lunig* C i feud T II p 845 f. oben § 86 Nr. 89.

14. Revers des Kurf. Joh. Sigism. v. 1611 f. oben § 87 Nr. 20.

15. Bergisch. LR. § 50. Der Ridderschaft lehenluydt, die up yren lehenguideren wohnen, die en sullen up geine dwanckmoelen bedwungen syn, sie mogen up der Ridderschafft moelen malen laissen.

16. Rheinb. A. Art. 27. Les princes ou comtes actuellement régnans conserveront chacun, comme *propriété* patrimoniale et privée, tous les domaines sans exception qu'ils possèdent maintenant ainsi que tous les *droits seigneuriaux*

et *féodaux* non essentiellement inhérens à la *souveraineté*, et notamment les droits de *basse* et *moyenne jurisdiction* en matière *civile* et *criminelle*, de *jurisdiction* et de *police forestière*, de *chasse*, de *pêche*, de *mines*, d'*usines*, de *dîmes* et de *prestations féodales*, de *patronage* et autres semblables et les revenus provenans des dits domaines et droits Leurs domaines et biens seront assimilés, quant à *l'impôt*, aux domaines et biens *des princes de la maison* sous la souveraineté de laquelle ils doivent passer en vertu du présent traité, ou si aucun des princes de la dite maison ne possédait d'immeubles, aux domaines et biens *de la classe la plus privilégiée*, ne pourront les dits domaines et droits être vendus à un souverain étranger à la confédération, ni autrement aliénés, sans avoir été préalablement offerts au prince sous la souveraineté duquel ils se trouvent placés

17. Deutsche Bundes-A. Art. 14 (s. den Anfang dieses Art. oben § 36 Nr. 6). b) Sind die Häupter dieser Häuser die ersten Standesherren in dem Staate, zu dem sie gehören; sie u. ihre Familien bilden die privilegirteste Classe in demselben, insbesondere in Ansehung der Besteuerung. — Unter den (unter lit c [a. a. O.]) erwähnten Rechten sind insbesondere u. namentlich begriffen: — 3) Privilegirter Gerichtsstand u. Befreiung von aller Militär-Pflichtigkeit, für sich u. ihre Familien. 4) Die Ausübung der bürgerlichen u. peinlichen Gerechtigkeitspflege in erster, u., wo die Besitzung groß genug ist, in zweiter Instanz, die Forstgerichtsbarkeit, Ortspolizei u. Aufsicht in Kirchen- u. Schulsachen, auch über milde Stiftungen, jedoch nach Vorschrift der Landesgesetze, welchen sie, so wie der Militär-Verfassung u. der Oberaufsicht der Regierungen über jene Zuständigkeiten, unterworfen bleiben. — Bei der näheren Bestimmung der angeführten Befugnisse sowohl, wie überhaupt u. in allen übrigen Puncten, wird zur weiteren Begründung u. Feststellung eines, in allen Deutschen Bundesstaaten übereinstimmenden Rechtszustandes der mittelbar gewordenen Fürsten, Grafen u. Herren, die in dem Betreff erlassene königlich-baierische Verordnung vom Jahre 1807, als Basis u. Norm unterlegt werden. — Dem ehemaligen Reichsadel werden — — Antheil der Begüterten an Landstandschaft, Patrimonial- u. Forstgerichtsbarkeit, Ortspolizei, Kirchen-Patronat, u. der privilegirte Gerichtsstand zugesichert. Diese Rechte werden jedoch nur nach Vorschrift der Landesgesetze ausgeübt. — In den durch den Frieden von Lüneville vom 9. Febr. 1801 von Deutschland abgetretenen u. jetzt wieder damit vereinigten Provinzen, werden bei Anwendung der obigen Grundsätze auf den ehemaligen unmittelbaren Reichsadel, diejenigen Beschränkungen statt finden, welche die dort bestehenden besondern Verhältnisse nothwendig machen.

18. Königl. preuß. Instruction v. 30. Mai 1820 § 14. Für Civilstreitigkeiten haben die Standesherren u. die Mitglieder ihrer Familien einen privilegirten Gerichtsstand dergestalt, daß in ihren persönlichen Rechtssachen, desgleichen in solchen, welche ihre standesherrlichen Besitzungen oder die diesen anklebenden Gerechtsame betreffen, dasjenige Oberlandesgericht kompetent ist, in dessen Gerichtssprengel sie in Hinsicht auf ihren Wohnort oder nach den übrigen bei der Sache eintretenden Verhältnissen zufolge der Landesgesetze gehören. § 17. In peinlichen Sachen mit Ausnahme der in Unserm Dienste begangenen Verbrechen genießen die Häupter der standesherrlichen Familien, sofern sie nicht den Gerichtsstand eines Oberlandesgerichts vorziehen, einen privilegirten Gerichtsstand vor Austrägen. § 18. Die Mitglieder genießen, Militairverbrechen ausgenommen, denselben privilegirten Gerichtsstand vor dem Oberlandesgerichte wie in bürgerlichen Rechtshändeln.

19. Kgl. Preuß. Verordnung v. 2. Jan. 1849 (I Aufhebung der Privatgerichtsbarkeit) § 1. Die standesherrliche, städtische u. Patrimonialgerichtsbarkeit jeder Art in Civil- u. Strafsachen wird aufgehoben. Fortan soll die Gerichtsbarkeit überall nur durch vom Staate bestellte Gerichtsbehörden — in Unserm Namen ausgeübt werden. § 2. Die Aufhebung der Privatgerichtsbarkeit erfolgt ohne Entschädigung der zeitherigen Inhaber, jedoch gehen vom Tage der Aufhebung nicht blos die Nutzungen neben den sonstigen

aus der Gerichtsbarkeit fließenden Gerechtsamen, sondern auch alle Lasten derselben — auf den Staat über.

20. Kgl. Preuß. Verordnung v. 2. Jan. 1849 § 9. Der eximirte u. privilegirte Gerichtsstand für Personen, Grundstücke u. Gerechtigkeiten — wird allgemein aufgehoben. Jedermann steht fortan unter dem ordentlichen Gerichte, welches für den Ort u. Bezirk zunächst u. unmittelbar bestellt ist, und jedes Grundstück gehört im dinglichen Gerichtsstande vor das ordentliche Gericht desjenigen Sprengels, in welchem es gelegen ist.

21. Kgl. preuß. V. v. 12. Novbr. 1855 § 1. Der den mittelbar gewordenen Deutschen Reichsfürsten u. Grafen — u. den Mitgliedern ihrer Familien durch den Art. 14 der D. BA. zugesicherte, durch die Gesetzgebung seit dem 1. Jan. 1848 aufgehobene privilegirte Gerichtsstand wird — wiederhergestellt.

22. Deutsches Gerichtsverfassungsgesetz v. 27. Jan. 1877 § 15. Die Gerichte sind Staatsgerichte. Die Privatgerichtsbarkeit ist aufgehoben; an ihre Stelle tritt die Gerichtsbarkeit desjenigen Bundesstaats, in welchem sie ausgeübt wurde. Präsentationen für Anstellungen bei den Gerichten finden nicht Statt.

23. Einführungsgesetz z. Gerichtsverf.-G. § 5. In Ansehung der Landesherren u. der Mitglieder der landesherrlichen Familien sowie der Mitglieder der fürstlichen Familie Hohenzollern finden die Bestimmungen des Gerichtsverfassungsgesetzes nur insoweit Anwendung als nicht besondere Vorschriften der Hausverfassungen oder Landesgesetze abweichende Bestimmungen enthalten. § 7. Die Militairgerichtsbarkeit sowie das landesgesetzlich den Standesherren gewährte Recht auf Austräge werden durch das Gerichtsverfassungsgesetz nicht berührt.

24. RG. betr. die Quartierleistung für die bewaffnete Macht während des Friedenszustandes v. 25. Juni 1868 § 4. Befreit (von der Quartierlast) sind — 1) die Gebäude, welche a) sich im Besitze der Mitglieder regierender Familien befinden, b) zu den Standesherrschaften der vormals reichsständischen oder derjenigen Häuser gehören, denen diese Befreiung durch Verträge zugesichert ist oder auf Grund besonderer Rechtstitel zusteht, insofern diese Gebäude für immer oder zeitweise zum Wohnsitze ihrer Eigenthümer bestimmt sind.

25. Preuß. Kreis-O. v. 13. Dec. 1872 § 46. Die Polizei wird im Namen des Königs ausgeübt. Die gutsherrliche Polizeigewalt ist aufgehoben.

Zweites Capitel. Von den Bauergütern.

Sommer Handbuch über die älteren u. neueren bäuerlichen Verhältnisse — in Rheinland-Westphalen. 2 Bde. Hamm 1830. P. Wigand die Provinzialrechte der Fürstenthümer Paderborn u. Corvey. 3 Bde. Leipz. 1832. Ders. die Provinzialrechte des Fürstenthums Minden u. s. w. 2 Bde. Lpz. 1834. Dankwart das Mecklenburg-Schwerinsche Bauernrecht. Schwerin 1862. Grefe Hannovers Recht § 48—79. B. W. Pfeiffer das deutsche Meierrecht nach seiner rechtlichen Begründung u. dermaligen Gestaltung. Cassel 1848. Mor. Busch Beiträge zum Meierrecht mit bes. Rücks. auf das Hildesheimische Recht. Hildesh. 1855. G. Francke Sammlg. der bauernrechtl. Entscheidungen des Oberapp.-Gerichts zu Celle aus den J. 1860—84. 2. Aufl. Celle 1885.

I. Begriff der Bauergüter. Grund- und Gerichtsherrschaft. § 254.
(B. § 183. G. § 80. St. § 130.)

1. Urk. des Erzb. Reinald v. Cöln v. 1165 (Seibertz UB. 1 n 54): in curte nostra G agiorum nostrorum, qui vulgo selelant nuncupantur, pars

quedam excoli non potuit ab incola ipsius curtis — Reliqua tota, ne ob nimiam sui remotionem inculta remaneret, ab antecessoribus nostris fuit exposita, quod mansus quilibet 4 tantum solidos annuatim persolvebat Tota vero terra hec vulgariter dicitur burlant et in 14 *portiones* est divisa Nos igitur, quod postea sede incerta raro studiosus reperitur agricola, — prenominate terre possessoribus possessionem ipsius perpetuavimus

2. Swanheim. W. (Grimm 1, 521). Zu dem ersten ist eyn apt u. eyn convent des — cloisters eyn rechter gruntherr des dorfs S. u. sines zugehors, u. im gehorent zu walt, wasser u. weyde zu rechter eygenschaft, u. wer daselbs etwas besitzet, das besitzet er zu rechtlichem erbe von in u. von irem cloister umb — zyns, pacht u. gulde.

3. Urk. v. 1251 s. oben § 63 Nr. 39.

4. Descriptio bonor monast. Michelfeld das. Nr. 40.

§ 255. II. Besondere Quellen des Bauernrechts. (G. § 138 No. 4.)

Paderbornische Meyerordnung v. 1765. Calenbergische Meyerordnung v. 12. May 1772. Münsterische Erbpachtordnung v. 21. Septbr. 1783. Das Habsburg-Oesterr. Urbarbuch hg. v. Franz Pfeiffer (Bibliothek des literar. Vereins zu Stuttgart XIX 1855).

1. Urk. v. 1207 (*Ried*, cod dipl Ratisbon 1 n 309): capitulum per testes idoneos et librum qui *salbuch* vulgariter appellatur rationabiliter probavit, — F ejusque cognationem traditos esse Ratisponensi capitulo ad censum 5 den, qui persolvuntur annuatim in festo s Emmerani

2. Würtemb. LR. I 34. Item Rhodel, Urbar, u. andere alte Schrifften, die in Unseren Statten Gewolbern oder Kästen verwahrt seyn, deßgleichen Zinß- Steuer- u. Rechenbücher, so auff den Rahthäusern ligen, sollen vor Unsern Gerichten gute Kundtschafft geben: doch unsern Gerichten jhr erkanntnus darüber vorbehalten.

3 L Alam. Hlotharii 2, 1 Si quis liber, qui res suas ad ecclesiam dederit, et per cartam firmitatem fecerit, — et post haec ad pastorem ecclesiae ad beneficium susceperit, — quod spondit persolvat ad ecclesiam censum de illa terra, et hoc per *epistulam firmitatis* fiat, ut post eius discessum nullus de heredibus non contradicat

4. Preuß. LR. I 18 § 732. (Bei Erbzinsgütern) ist der neue Besitzer in der Regel einen neuen Erbzinsbrief zu losen verbunden. § 733. In diesem müssen die Zubehörungen des Gutes, der Erbzins, u. die übrigen etwanigen besondern Verpflichtungen des Erbzinsmannes, um die Verdunkelung derselben zu verhüten, mit möglichster Genauigkeit verzeichnet seyn.

III. Rechte des Besitzers an dem Bauergute ohne Rücksicht auf Succession.

§ 256. A. Historische Einleitung. (G. § 138. St. § 131.)

Eichhorn RG. § 368, 545. G. L. v. Maurer Geschichte der Frohnhöfe, der Bauernhöfe u. der Hofverfassung in Deutschland. 4 Bde. Erlang. 1862, 63. F. J. Mone über die Bauergüter vom 13. bis 16. Jahrh. in Baden, Wirtemberg, Hohenzollern u. der Schweiz (Zeitschr. f. Gesch. des Oberrheins 5 [1854] S. 1 ff. u. S. 129). v. Inama-Sternegg Untersuchungen über das Hofsystem im MA. Innsbr. 1872. — Litteratur ob. zu § 46.

1. Urk. v. 772 ob. § 141 Nr. 3 Urk. v. 841 ob. § 148 Nr. 10.

2 Karoli II Edict. Pistense a. 864 c 30 (Mon Ll I 495) In quibusdam locis *coloni*, tam fiscales quam et de casis Dei, suas *hereditates*, id est mansa, quae tenent, *non solum suis paribus*, *sed et* — *aliis* — vendunt, et tantummodo *sellam* retinent

3 Archiep Trev dipl c a. 965 – 975 (*Gunther* 1, 76)· famulis s Petri in potestate P manentibus cartam confirmationis prediorum suorum et hereditatum, quae habuerunt et possiderunt *iure hereditario ab avitis temporibus* — scribère (iussimus) — eo — tenore, ut — (ea) successoribus suis relinquant et *liberam* habeant *potestatem* de predictis *inter se donandi*, *vendendi*, *comutandi*

4. Urk. des 10. Jahrh. oben § 115 Nr. 15.

5. Urk. v. 1136 (Mittelrh. UB. 1 n 484): vineam unam *salice terre* quod vulgo dicitur manuwerc — cuidam *homini eiusdem* curie — *suisque heredibus colendam concessimus*, — ea scilicet ratione, ut diligenter eam colant et fratribus (ecclesiae Trev) *dimidiam partem vini* tribuant, dimidia parte sibi retenta Et ne cuiquam preposito vel canonico qui fuerit predicte ville procurator eandem vineam illis auferre liceat, nisi vel *solitudinis* vel *fraudis* convincantur et *iudicio parium suorum* ab hac hereditate alienentur, hanc cartam — signavimus

6. Urk. c. a. 1132 (das. n. 474): (allodium quoddam) *hereditario iure* concessimus Wolvechino et filio eius — hac ratione, ut in domo ad idem allodium pertinente manerent et eam *ne vasta fieret caute procurarent*, et tam vineas quam agros eiusdem allodii *colerent*, et *de vineis dimidietatem frugum* et *de arboribus similiter* que honeste dividi et conservari possunt, *de agris vero quantum de vicina terra dari solet*, — per singulos annos responderent Illud etiam superaddidimus, ut non duo vel tres, sed *unus tantum de heredibus* illorum hanc semper hereditatem haberet et omnia prenominata sine contradictione perageret. Si vero per incuriam illorum vel domus vel vinee vel agri devastarentur, nec studiose percolerentur, — in causam inde ducti, si emendare nollent, *hereditatem suam legitimo iure perderent*

7. Urk. v. 1134 (das. nr 477): bonum — R. fideli viro hac ratione in hereditatem concessimus, ut quotannis — III marcas — persolvat, adducturus quandoque in capitulum fratrum (der Gutsherren) *quem elegerit sibi successorem*, idem bonum predicta lege a preposito et decano annuentibus fratribus suscepturum.

8. St. Galler Urk. v. 807 (Wartmann UB. 1 n 192): convenit — ut res quas nobis tradidit Werdhilt — ei per *precariam represtari* deberemus — ea videlicet ratione, ut annis singulis censum inde persolvat, id est solidum I. Et si supervixerit illam — *filia eius*, illa habeat sub eodem censu, et *filii eius* (*sc filiae*) ipsi similiter in eundem censum habeant

9. Urk. v. 804 (das. n. 179): ego R — hec omnia trado — ad monasterium S. Gall — in ea convencione, ut ipsas res ego et coniux mea — tempus vitae nostre *sub usufructuario ipsas res possedeamus*, et *censum inde persolvamus*, — et qualis de nobis alium supervixerit, ipsum *censum solvat*, *et illas possedeat*, et P *filia nostra* ipsum *censum solvat*, *si nobis supervixerit*

10. Urk. v. 1282 b. Binterim Rhein. Westph. dipl. Cod. Th. 1 S. 378 Th de W , Ev et Th eius filii — confessi sunt, se recepisse a — decano — ecclesie Xanctensis insulam *ad dies vite sue possidendam* pro annua pensione unius marce Coloniensium denariorum.

11. Urk. v. 897 oben § 111 Nr. 1.

12. Urk. v. 1262 oben § 115 Nr. 4.

13. Urk. v. 1229 das. Nr. 5

14. Urk. v. 1023 b. Koch v. d. Erbleihe Beil. Nr. 2: quinque iugera — firmo tytulo *emphiteosis* et *colonie* que — dicitur: eyme erbe concessimus.

15. Urk. v. 1345 (*Schilter*. de bonis laudemial § 48): recognovit, se dictam aream pro se et eius heredibus universis locasse et concessisse dicto N. in *emphyteusin perpetuam* quod vulgo dicitur zu eim rechten erbe, pro censu annuo 12 solidorum den Argent *sine qualibet augmentatione census* eiusdem solvendi

16 Cap. a 817 c. 4 (Mon Ll I 214) Si quis *terram censalem* habuerit, quam antecessores sui vel ad aliquam ecclesiam vel ad villam nostram dederunt, *nullatenus* eam *secundum legem tenere potest*, nisi ille voluerit ad cuius potestatem vel illa ecclesia vel illa villa pertinet; nisi forte *filius aut nepos* eius sit qui eam tradidit, et ei eadem terra ad tenendum placita sit

17. Urk. K. Friedrich II v. 1232 (Mon Ll II 294). Osnabr. episcopus — petiit, si *libero censuali bona censualia sibi collata* in hominem *conditionis alterius* liceat *absque comitis vel conferentis voluntate transferre.* Super quo sententiatum est, *non licere*

18. Ssp. III 79 § 1. Svar gebure en nie dorp besettet von wilder wortelen, den mach des dorpes herre wol geven ervetinsrechte an deme gude, al ne sin sie to deme gude nicht geboren.

19. Gl. z Sachs. Lehnr. 60. Gemietet gut, das ist bawergut oder zinsgut. — Ir geding stehet (an solche vermietung), dieweil einer dem andern nicht aufffagt. — Etlich vermietung ist auch erblich, als so jemandt ein land bestund das noch ungewunnen war, u. bawet das von newem. Dis heißt dan ein bawer erb — Das gut müssen sie auch emphahen von dem erbherrn.

20. Ssp. II 59 § 1 u. 2. Wel en herre wisen sinen tinsman von sinem gude, die to'me gude nicht geborn is, dat sal he ime kündegen to lichtmissen. Dit selve sal die man dun, of he't land laten wel § 2. Stirft de tinsman des herren, sin erve trit an sine stat, u. gilt van'me gude also jene solde. Stirft ok die herre, die man gift sinen tins, den he dem herren gelovet hadde, jeneme an den dat gut dript, u. ne bedarf nemannes die ene gewere wen sinen pluch.

21. Gl. zu „de to deme gude nicht geboren is". Dat men to eyme gude geboren werd, dar ane schedet Sassesch recht u. Markesch recht. Wente we in Sassenlande to tinssgude geboren is, das is eyn late, de en mach des gudes ane synes heren orloff nicht vorthien — Mit uns aver hebben de gebur eive uppe pachtgude. — dat mogen se laten wan se willen; dat is darumme dat unse land mosten besat werden, wente to men se besatte, do letmen de huven den geburen, ut j. li. iij ar xliiij Wente nu de huven beter geworden synt mit erem arbeyde, darum vorkopen se dat wan se willen; dit hetet burerve.

22. Gl. z. Sachs. Lehnr. 41. Meine bawren, die do in meinem dorff sitzen, die sind mein, u. die ecker, die sie haben, die sind auch mein. Nun mag ich meinem bawren nicht davon treiben, er verwurck es denn mit sonderlichen sachen.

23. Ssp. II 21 § 1. Die tinsman sve he si, die erft sin gebu uppe sinen erven uppe tinsgude; it ne si en man von ridderes art, die't sime wive to morgengave hebbe gegeven.

24. Gl. hierzu. Hir beginnet he to seggende dat de gebuw scholen blyven by der stede. Dat is darumme, dat alle dorpgebuwe synt erve, darumme ervet id uppe synen erven, he sy we he sy, dat is, he hore to deme tinsgude edder nicht. — „id en sy en man van ridders ard". Wo, mach en ridder eyn tinsman syn. Ichtwelke seggen ja, wente men vind vele lude de van ridders ard syn, de uppe pacht edder uppe tinsgude sitten. Mer segge dat to rechte de ridder uppe tinsgude nicht schole sitten. Tinsgud is aver twyerleye. Ichtwelk gud heft uppe sik tyns, den me sulven heft to lene, den moten de riddere wol hebben, u. allene dat id lene synt, se erven doch de gebuwe uppe de landerven, also beschedeliken deste de grund nicht leen en sy; alle gebuw nach menem erffrechte volget dem grund. Dat andere tinsgud is, dar men tynss eyneme anderen van geven mot, des en scholen de riddere to rechte nicht hebben.

25. Ssp. III 77 § 1. Dut en man sin lant beseiet ut to tinse oder to plege to besceidenen jaren, dat man't ime weder beseiet late; to svelker tiet he binnen den jaren stirft, man sal't den erven beseiet weder laten, wende he is in nicht lenger geweren ne mochte, wen die wile dat he levede.

26. Kl. Kaiserr. 2, 101. Der gut bestet czu erbe um eynen zins, daz mag er wol tun mit rechte; er enmag ez aber nit uflazzen, ez sy dan dez gut wille wider zu nemen, der ez im vererbet hat. Er enmag auch nit furbaz erben keinem menschen, daz er veste daran sy, ez geschee dan mit dez hant, dez daz gut eygen ist; wan wes der vorhenget mit wißen an sinem eigen, daz mag wol mit recht sin.

27. Xantei Latenr. C. 20: erfflaten guedere, die men tot erfflyffgewins rechten — helt.

28. Gl. z. Ssp. III 45. Hoffleut u. Meyer, welchen man ein Gut austhut, — sind auf dem Gut gleich als Geste, kommen darauff u. ziehen wieder davon, nach der Erbherren Willen u. Geheiß.

29. Urk. v. 1298 b. Lennep Leihe z. Landsiedel-R. C. prob p 708 Mansos — villanis ipsius curtis *locamus* — in hunc modum, quod — *pensionem* — annis singulis prestabunt Ceterum — antefatos mansos *suis iustis heredibus* — *hereditabunt*, — (et) *vendere* poterunt.

30. Altenhaßlau. W. v. 1461 (Grimm 3, 415) § 21. Darnach wei in diesem gericht erbgut hette u. die alte erben abgingen, so soll man ihren erben solch erblehen leyhen ohne gold u. ohne silber; auch weiset man, daß die erben der erblehen nicht los werden können, sie schweren dan zu den heyligen, daß sie solch erblehen ferner fort zu bauen u. zu handhaben unvermögend weren.

31. Schwsp. 314 Z. 1 u. Z. 22 ff. Lipgedinge sint underscheiden. — Unde ist daz ein man guot gewinnet ze zweihen lîben oder ze me lîbe ꝛc.

32. Baier. Landr. Art. 182. Jaech ieman — leipgeding auf ain guot —, ob er daz mit nutz u. mit gewer behaben wolt, daz sol in nicht fürtragn, er hab dann brief darumb; ging aber die hantvest ab von alter oder von ungelück, daz man si nicht gelesen noch erchennen mocht, die sol der herr vernewen.

33. Altenhaßlau. W. § 22. Darnach weist man, wer landsiedelgut jemand geliehen hette zu landsiedelrechten, der soll den nicht vertreiben umb eines liebern landsiedels oder hohern pfachts willen; ist es aber daß derselbe es selbsten nutzen u. bauen u. gebrauchen will, so soll er es ihme verkünden drey tage u. sechs wochen vor St. Peters tage.

34. Ordtnung des Landtscheidens u. Landsiedel-Rechtens i. Landt Bücherthal b. Carl kl. jur. Aufsätze (Frkf. a. M. 1830 8) S. 51. Item wer güter bestehet umb ein pfaht, Zinß oder Halbtheil zu Landsiedeln rechten, derselbe muß er verdienen u. verbeeden u. nit der Lehenherr.

35. Solmisches Landrecht II 7 § 2 f unten § 260 Nr. 2.

36. Urk. des Bischofs v. Meißen v. 1154 b. Schöttgen Gesch. Conrad des Gr. S. 322. Notum esse volumus, — qualiter ego — strenuos viros *ex Flandrensi provincia adventantes* in quodam loco inculto et pene habitatoribus vacuo collocaverim. Et *in stabilem aeternamque et hereditariam possessionem* tam ipsis, quam omni eorum posteritati villam eandem, — cum subscripto iure tradiderim Praefatis etenim Flandrensibus in memoriam et signum *emptae possessionis* 4 talenta et eandem villam, cum 18 *cum omni utilitate quae nunc inest vel inesse poterit in futurum* mansis, tam in cultis agris quam in incultis, tam in campis quam in sylvis, in pratis et pascuis, in aquis et molendinis, in venationibus et piscationibus tradidi — Ex mansis — *unum ecclesiae* cum omni decima eiusdem mansi concessi, *duos* autem *eorundem incolarum magistro*, *quem scultetum appellant absque decima* permisi Reliqui mansi numero 15 singulis annis 30 solidos, et pro iustitia, quae *zipp* (Körnerabgabe s. *Haltaus* Sp. 211 u. Stenzel UB. S. 12 f.) vocatur, 30 nummos persolvunt. *Omnium rerum suarum decimam*, praeter opum et lini, praefati homines dant, et ter in anno advocato in placitis, quae cum ipsis et apud ipsos cum paucis habiturus est, *sumptus administrant. Duae partes*, quae in placitis advocati vel sculteti accesserint *episcopo*, *tertia sculteto* dantur. *Theolonio* in locis nostris sint *liberi*, nisi qui fuerint negotiatoribus mancipati. Panes et cerevisiam et carnes *inter se ipsos licite vendant*, non tamen in villa *suo publico mercatu* insistant Ceterum ab omni exactione episcopi, advocati, villici seu hominum reliquorum *liberos eos reddimus*.

37. Iura in Monre zw. 1264—1268 (Grimm 3, 619): *scultetus* habet in M, suo officio, unum mansum, *pro quo tenetur colligere redditus et census dominorum*, et ideo de hoc non solvit censum

38. Preuß. Ges. v. 2. März 1850 § 2. Ohne Entschädigung werden folgende Berechtigungen, soweit sie noch bestehen, hiermit aufgehoben: — 2) das Obereigenthum des Erbzinsherrn, u. das Eigenthumsrecht des Erbverpachters; der Erbzinsmann u. der Erbpächter erlangt mit dem Tage der Rechtskraft des gegenwartigen Gesetzes, u. lediglich auf Grund desselben, das volle Eigenthum; 3) die Berechtigungen des Zinsberechtigten, den ihm zustehenden Kanon oder Zins willkührlich zu erhohen. § 5. Die — Aufhebung des Ober-Eigenthums des Lehnsherrn, Guts- oder Grundherrn u. Erbzinsherrn sowie des Eigenthums des Erbverpachters hat nicht zugleich die Aufhebung der aus diesen Verhaltnissen entspringenden Berechtigungen auf Abgaben oder Leistungen oder ausdrücklich vorbehaltenen Nutzungen zur Folge.

39. Preuß. Verf. Urk. v. 1850 Art. 42 oben § 114 Nr. 3.

40. Preuß. Kreis-O. v. 13. Dec. 1872 § 36. Die mit dem Besitz gewisser Grundstücke verbundene Berechtigung u. Verpflichtung zur Verwaltung des Schulzen- (Richter-) Amtes ist aufgehoben.

B. Heutiges Recht.

§ 257. 1. Bauerguter zu vollem Eigenthum. (B. § 184a G. § 80. St. § 134.)

1 Würtemb. LR. II 9 § 16. Zinßgüter — (mogen) nach jedes Gelegenheit verkaufft, vertauscht oder verandert werden.

2 Const Sax Elect. P II 39 In den Erbzinsgütern — wird allein die erbliche Nutzbarkeit des Guthes, utile dominium, in dem Erbzinsmann, Emphyteutam gewandt, u. behält der Lehnherr darauff den Grundeigenthumb, directum dominium: aber solches beydes, nemlich *directum et utile dominium*, hat ein jeglicher schlechter Zinßmann in allen solchen seinen Güthern. — So einem aus raucher Wurtzel ein Gut um einen Zins zu einem Erbzinsgut eingethan u. ein Lehenbrief daruber gemachet, so ware es auch *pro emphyteusi* zu halten. — So viel nun betrifft, ob im Zweifel, sonderlich wenn der Lehenherr den Zinsmann ob non solutum canonem priviren will, das Gut pro emphyteusi, oder vor ein schlecht Zinsgut zu achten, haben unsere Verordnete das billichste zu seyn vermeynet, u. dahin geschlossen, daß in dubio die Guther *censitica bona* zu halten.

3. Preuß. LR. I 18 § 680. Wenn Jemanden der Besitz u. Genuß eines Grundstücks, gegen eine davon zu entrichtende gleichformige u. beständige Abgabe verliehen worden, so wird ein solches Grundstück ein Zinsgut genannt. § 681. In der Regel gebührt dem Besitzer des Grundstücks das volle u. nur mit der Abgabe belastete Eigenthum desselben.

4 Code Napol f. Baden Art. 577 ab Das Daseyn eines zertheilten Eigenthums ist nur da anzunehmen, wo in Veranderungsfallen von dem neuen Besitzer eine besondere Anerkenntniß des Grundeigenthums nach bestimmten Formen, z. B. durch Erbleih-Erneuerung, Handlohnzahlung geschieht; wo diese nicht besteht, da ist der Besizer voller Eigenthümer, wenn er gleich von dem Genuß eine Gult an einen Andern gibt; es mag auch in den alten Urkunden noch so viel von einem Eigenthum des Gültbeziehers die Rede seyn.

2. Guter, an welchen ein Dritter die Proprietät hat.

§ 258. a. Verleihungen nach gemeinem Recht. (G. § 139.)

1. Oesterreich. Landtafel Tit. 2 s. oben § 201 Nr. 23.
2. Würtemb. LR. II 9 § 15. Daß keiner — Hof- u. Erblehen oder

Hubgütter ohn — der Eigenthumbs=Herrn Erlaubnus zertrennen, — verkauffen, vertauschen, oder verandern solle.

3 Const Sax Elect P II 39 s. oben § 257 Nr. 2.

b Deutschrechtliche Verleihungen.

α. Ueber die Erbleihe. (B. § 184 b—f u. § 185 I—VI. G. § 140. St. § 132.) § 259.

1. Calenb. Meyer=O. C. 1 § 1. Da die mehreste in unserm Fürstenthum Calenberg befindliche unfreye Bauer=Güther Meyer=Güther sind, woran denen Gutsherren das Eigenthum, denen Meyern aber ein Erb=Pacht=Recht unter der Bedingung zustehet, daß sie das Guth in gutem Stande erhalten, einen jahrlichen festgesetzten u. nicht zu erhöhenden Meyer=Zins richtig abtragen, u. bey jeder Veranderung des Hauswirths, auch wo es hergebracht ist des Gutsherren, gegen Bezahlung des Weinkaufs, einen neuen Meyer=Brief auslosen u. s. w.

2. Das. § 2. Dem Meyer u. dessen Kindern kommt ein Erb=Rech auch alsdann zu, wenn gleich der Meyer=Brief nur auf die Lebenszeit des Meyers, oder auch auf gewisse als 9 oder 12 Jahre gerichtet ware, maßen dieses ein mehreres nicht zu erkennen giebet, als daß nach Ablauf der gesetzten Zeit der Weinkauf gegen Quittung entrichtet, u. dadurch der Meyer=Brief über den Hof fur erneuert geachtet werden soll.

3. Preuß. LR. I 18 § 683. Wenn — dem Besitzer das nutzbare Eigenthum des Grundstücks gegen die dafür zu entrichtende Abgabe verliehen, u. dem Empfanger dieser Abgabe das Obereigenthum vorbehalten ist: so wird ein solches Grundstuck ein Erbzinsgut, der nutzbare Eigenthümer Erbzinsmann, u der Obereigenthümer Erbzinsherr genannt. — § 685. Sobald bestimmt ist, daß die Abgabe zum Anerkenntniß des Obereigenthums des Empfangers entrichtet werden solle, sobald ist der Besitzer als Erbzinsmann anzusehen.

4. Oesterr. Ges. B. § 1122. Der Vertrag, wodurch jemanden das Nutzeigenthum eines Guthes erblich unter der Bedingung uberlassen wird, daß er die jahrlichen Nutzungen mit einer jahrlichen, im Verhaltnisse zu dem Ertrage bestimmten Abgabe in Gelde, in Früchten, oder auch in verhaltnißmaßigen Diensten vergelten solle, heißt ein Erbpachtvertrag.

5. Das. § 1123. Wird eine geringe Abgabe von dem Besitzer nur zur Anerkennung des Grundeigenthums geleistet; so heißt der Grund ein Erbzinsgut.

6. Sachs. Lehnr. 60 § 2: gut to tinse oder to plege utgedan ne mut anderweide nieman to tinse dun, also man't durch recht dulden dorve. Swie tins gut redelike hebben wel, die sal't selve arbeiden oder sine knechte, die he bekostege mit spise u. mit lone. Dut he't anderwerve lüden to tinse oder to plege, so is he selve en unrecht tinsman von deme gude.

7. Richtst. Lehnr. 20 § 4: vrage —, est jemant enen tinsman hebben moge, de dat tinsgut sulven nicht bearbeidet edder bekostiget. So vindme he ne moge.

8. Oefn. des Gotteshauses Schännis z. Knonau v. 1461 (Grimm 1, 53). Item es soll och niemen kein gut, des mern vorgenanntten hoff gehört, koffen noch verkoffen an zins, doch mag man es verkoffen mit zins, doch onscheidlich dem gotzhus.

9. Preuß. LR. I 18 § 697. Der Erbzinsmann ist berechtigt, das ihm zustehende nutzbare Eigenthum nach seiner Nothdurft zu belasten, u. so wohl unter Lebendigen als von Todes wegen zu veraussern.

10. Lipp. Verordn. v. 1779. Daß wenn zur Bezahlung gesetzmaßiger Schulden außer dem zur Fortsetzung des Ackerbaues unentbehrlichen Inventario keine andere Mittel weiter vorhanden sind, alsdann mit Vorbehalt landes= u. gutsherrlicher Abgaben der erbeigenthümliche, erbmeyerstättische

oder erbzinspflichtige Hof — an den Meistbietenden nach Vorschrift der Distractionsordnung verkaufft werden solle.

11. Stift-Hildesheim. Dienst-O. § 28. Daß, wann der Dienst- oder Guths-Herr, welcher nicht consentiret hat, Klage erhebet, u. den dienstpflichtigen Hof redintegriret wissen will, die Restitution sofort geschehen, u. der Innhaber seinen Regreß wider denjenigen, welcher das Stück veraußert oder verpfändet, u. dessen Erben nehmen soll. — Wäre hingegen der klagende Meyer des *alienantis* oder *oppignorantis* Schulden zu bezahlen verbunden, weil sie etwan zum Besten des Hofes, mithin des Dienst- u. Gutsherrn angewendet worden, oder mit denen erforderten Consensen versehen seynd, oder es drünge nicht zugleich der Dienstherr oder Gutsherr, dessen Consens nothig ist, u. jedoch ermangelt, auf die Reunion, so ist dem Besitzer das veräußerte oder verpfandete Stück so lange zu lassen, bis er sein ausgelegtes Geld, samt denen Meliorationen — wieder erhalten.

12. Calenb. Meyer-O. § 7. Der Gutsherr kann weder bei neuer Besetzung eines Hofes noch sonst, von denen dazu gehörenden Landereyen oder Gerechtsamen etwas, ohne dagegen dem Meyer, wenn solcher darin williget, mit Zuziehung der Obrigkeit ein am Werth gleiches Aequivalent, u. zwar an liegenden Gründen, nicht aber in Gelde, zu geben, an sich nehmen oder zum Nachtheil des Meyers selbigem neuere härtere Bedingungen, als er zu übernehmen schuldig ist, auflegen.

13. Oeffn. v. Laufen oben § 115 Nr. 13.

14. Urk. v. 1206 s. oben das. Nr. 14.

15. Urk. des 10. Jahrh. oben das. Nr. 15.

16. Preuß. LR. I 21 § 207. Hat das Erbpachtsstück in seinem Ertrage, durch unvermeidlichen Zufall, eine solche fortwährende Verringerung erlitten, daß die bestimmte Erbpacht daraus nicht mehr genommen werden kann, so muß dieselbe bis auf den wirklichen reinen Ertrag des Pachtstücks herunter gesetzt werden.

17. Das. § 210. Wegen bloßer die Früchte u. Nutzungen des Pachtstücks betreffenden Unglücksfalle kann der Erbpachter — keinen Nachlaß — fordern. § 211. Hat ein unvermeidlicher Zufall den Erbpachter — ganz außer Stand gesetzt, sein Recht ein oder mehrere Jahre lang — auszuüben, so kann ihm für diese Zeit kein Zins abgefordert werden.

18. Oestern. Ges. B. § 1133 s. oben § 115 Nr. 16.

19. Cod Nap f. Baden § 710 ff das. Nr. 17.

20. Hannov. Verordn. v. 23. Jul. 1833 § 15 das. Nr. 18.

§ 260. β Ueber die nicht erbliche Leihe. (B. § 184 g G. § 142. St. § 133.)

1. Const Elect Sax P II 40 Laßgüter (sind) *ex titulo locati et conducti* — dem Besitzer oder dessen Vorfahren um einen gewissen Zins auf etliche Jahre alleine miethweise — eingethan.

2. Solms. Landr. Th. 2 Tit. 7 § 2. Die Erbleihe (ist) erblich. — Aber die Landsiedelleihe, ob sie wohl dem Beständer mit dem Zusatz derer Wörter: u. seinen Erben, geschiehet, so ist die doch nicht erblich, — sondern mag der Lehenherr, wann er seine Güther wiederum zu sich zu nehmen begehret, — wiederum aufkünden; (§ 12) — doch daß er sie alsdann — selbst baue, — u. nicht anderwärts verleyhe. — § 19. Es mag aber der Lehenherr — die verliehene Güther andern erblich u. eigenthümlich verkauffen, unbefragt des Landsiedels. — § 22. (Der Landsiedel) soll die Güther in rechtem Wesen u. Baue halten, (§ 30) — (u.) nicht verändern, (§ 31) noch weniger soll er die Güther — vertheilen, seine Kinder damit außsetzen, u. also in fremde Hände kommen lassen. — § 35. Item soll er seine Zinß u. Pfächte jährlich getreulich — liefern.

3. Code Napol f. Baden Art. 1831 aa Der Vertrag, womit jemand den Besiz u. Genuß einer Liegenschaft einem Andern bis an seinen Tod

gegen einen bestimmten mäßigen Zins verleihet, ist Todbestand (Schupflehen). Art. 1831 ab Er kann auch zugleich auf die Ehefrau, oder auf diese u. ein Kind, mithin zu zwei oder drey Leibern begeben seyn. — Art. 1831 ah Ein tauglicher Leibes-Erbe des Todbestanders hat das Vorrecht auf die Erneuerung des Todbestandes vor Fremden.

4. Calenb. Meyer-O. C. 1 § 3. Wäre nicht nur die Bemeyerung auf eine gewisse Zeit geschehen, sondern auch die Bedingung hinzugefüget, daß nach deren Ablauf das Guth dem Herrn zu seiner willkührlichen Disposition wiederum anheim fallen solle; es konnte auch nicht dargethan werden, daß diese Clausel neuerlich zum Abbruch derer das Erb-Recht der Meyer begründenden Landes-Gesetze dem Meyer-Briefe eingerücket, so ist das Guth vor ein auf die Erben nicht kommendes blosses Pacht-Guth zu halten.

5 Cod. Max. Bavar. IV 7 § 29. Leib-Geding kommt mit dem Erb-Recht durchaus übereins, ausser in folgenden: 1mo Gehet solches nicht weiter, als auf des Leib-Rechters Lebenlang, u. obwol 2do nach seinem Tod bei neuer Gerechtigkeits-Verleihung gemeiniglich auf desselben hinterlassene Erben vorzüglich *reflectirt* zu werden pflegt, so ist es doch keine Schuldigkeit. 3tio Ist zwar auch nicht gewohnlich auf mehr dann zwey Personen zugleich Leib-Recht zu geben, seynd aber gleichwol dem Grund-Herrn die Hande disfalls nicht gebunden. — 11mo Soll man endlich Leib-Geding u. blosse Nutzniessung nicht miteinander vermischen, dann sie entscheiden sich unter anderen gar merklich darin, daß der Leib-Rechter *Dominium utile* hat, keine Cautionem leistet, u. bey der Heimfälligkeit die Fructus pendentes, wie bey dem Erb-Recht pro Rata getheilt werden.

6. Ebendas. § 31. Herren-Gunst distinguirt sich von Erb-Recht nur darin: 1mo daß man von der Grund-Herrschaft alle Jahr auch ohne Ursach abgestiftet werden kan, wobei 2do derselben freystehet, ob sie das Gut selbst an sich bringen, oder dem Unterthan solches an einen anderen zu verkauffen auftragen wolle.

7. Mecklenb. LGG. Erbvergl. § 334. (Es) bleibt die Verlegung u. Niederlegung einem jeden Gutsherrn dergestalt frei u. unbenommen, daß er den Bauren von einem Dorfe zum andern zu setzen, u. dessen Ackerwerk zum Hof zu nehmen, oder sonst dasselbe zu nutzen Fug u. Macht haben soll, jedoch mit der Maaße, daß — die verlegten oder niedergelegten Bauren nach jedes Gutsherrn Convenience, auch außer u. ohne Hufen wieder untergebracht werden.

IV. Erbfolge bei Bauergütern.

Preuß. G. v. 2. Juni 1874 betr. das Höferecht in der Prov. Hannover; ergänzt durch G. v. 24. Febr. 1880 u. 20. Febr. 1884. Preuß. G. v. 21. Febr. 1881 betr. das Höferecht im Kreise Herzogth. Lauenburg. Landgüterordnung f. die Prov. Westfalen u. die Kreise Rees, Essen, Duisburg u. Mülheim a. d. Ruhr v. 30. April 1882. Landgüterordnung f. die Prov. Brandenburg v. 10. Juli 1883, für die Prov. Schlesien v. 24. April 1884. — Oldenburg. G. (für das Herzogth. Oldenburg) betr. das Erbrecht v. 24. April 1873. Braunschweig. G. den bäuerlichen Grundbesitz betr. v. 28. März 1874.

v. Miaskowski das Erbrecht u. die Grundeigenthumsvertheilung im deutschen Reiche 1882—84 (Schriften des Vereins f. Socialpolitik 20 S. 185, 25 S. 133). Herm. Schulze in Annalen des D. Reichs 1884 S. 484. — Meyersburg Erläuterungen des hannov. Höferechts. 4. Aufl. Hannov. 1882.

§ 261. A. Natur der Erbfolge. (B. § 187. G. § 253. St. § 322.)

1. Schwsp. 128 Z. 10: lat er zinslehen hinder im, daz hat daz selbe reht ze erben als das eigen.

2. Weisth. v. 1526 (Wigand Provinzialr. v. Paderb. 1 S. 128): dor Kinder oder Erven von einem Hovesgute unvertegen weren, de mogen dat gut nicht splettern oder erffteilen, — sondern mogen dat versetten u. Pennynge ufnemen, u. eren Erffdeil affwilligen.

3 Cod. Max. Bav IV 7 § 14. 1mo Succedirt man in Erb=Rechts=Gutern sowol *ex testamento* als *ab Intestato* zwar auf die nemliche Weis, wie in anderen vollen Eigenthum, u. wenn 2do mehr Erben seynd, so wird auch die Abtheilung unter ihnen auf den nemlichen Fuß gemacht. Nachdem aber gleichwol 3tio eines Theils die Zertrümmerung deren Bauern=Gütern Vermog deren Lands=Generalien de Genere Prohibitorum ist, mithin das Gut entweder einem aus sammentlichen Miterben allein gegen Hinauszahlung der anderen überlassen, oder allenfalls gar an einen Auswartigen verkauft werden muß, anderen Theils auch der Grundherr keinen unanstandigen *Successorem* auf das Gut kommen zu lassen schuldig ist, so soll derselbe zu dergleichen Erbschafts=Vertheil= oder Verhandlungen allzeit mitbeygezogen, u. ihme sohin wider seinen Willen kein solcher Mayer, deme man eine Rechtserhebliche Ausstellung zu machen hat, von der Obrigkeit aufgedrungen werden. 4to Ist endlich in solchen Fällen mit der neuen Bemayrung allzeit mehr auf die Kinder erster Ehe —, als auf die hinterlassene Stief=Mutter zu sehen.

4. Preuß. LR. I 21 Abschn. 4. (Von den zur Cultur ausgesetzten Grundstücken.) § 634. Im zweifelhaften Falle ist anzunehmen, daß dergleichen Grundstücke auf die Erben des Besitzers in absteigender Linie, ohne Unterschied des Geschlechts; u. bey deren Ermangelung, auf die überlebende Ehegattin übergehen sollen.

5. Das. § 635. Unter mehreren zur Nachfolge im Besitz gleichberechtigten Erben hat der Gutsherr die Auswahl desjenigen, den er für den tauglichsten halt, dem Gute vorzustehen.

6. Das. § 636. Hat der verstorbene Besitzer verordnet, welches von seinen Kindern das Gut ubernehmen solle, so müssen, wenn der Grundherr gegen den ernannten Uebernehmer nichts zu erinnern findet, die übrigen Kinder bei der vaterlichen Willensmeinung sich beruhigen.

7. Das. § 641. Mit dem Gute zugleich geht das dazu ursprünglich ausgesetzte Vieh=, Feld= u. Wirthschafts=Inventarium auf jeden Erben u. Besitzer über.

8. Das. § 639. In allen Fallen muß den minderjahrigen Erben, solange sie sich selbst noch nicht fortbringen konnen, in Ermangelung andern Vermogens der nothdürftige Unterhalt aus dem Gute angewiesen werden.

9. Rheinhess. Urk. v. 1297 (Mone Zeitschr. f. die Gesch. des Oberrheins V 58): quod post mortem ipsorum (coniugum) in perpetuum *senior heres* ipsorum eadem bona possideat *indivisa*, qui etiam heres suis coheredibus aliis — *recompensam talem* facere tenebitur, ut eadem bona sine eorum praeiudicio *possideat indivisa*

10. Rheinbair. Urk. v. 1314 das. V 60: hec bona post mortem predicti W. S *senior filius eius* possidebit et *illius filii senioris senior filius* et sic in infinitum, ita ut *semper maneant indivisa apud unum*

11. Calenb. Meyer=O. C. 5 § 1. Die Erbfolge in Meyer=Güther (ist) keineswegs auf diejenigen, welche von dem ersten Erwerber abstammen, einzuschranken, sondern es konnen in Meyer=Guther alle, welchen nach denen gemeinen Rechten eine Erbfolge an den ubrigen Güthern des Meyers zukommt, mithin auch Ascendenten u. Collateral=Anverwandte, succediren.

12. Calenb. Meyer-O. C. 5 § 2. In Bestimmung der Erbfolge selbst, ist den gemeinen Rechten nachzugehen, dergestalt, daß wer nach solchen der nächste ist, den entfernteren ausschließet.

13. Das. § 3. Nachdem aber das Meyer-Guth selbst nur an einen Erben gelangen kann, u. der Regel nach nicht zu theilen ist, So sollen die Gutsherrn die Macht haben, so wohl unter denen Kindern als unter den nächsten Seiten-Verwandten, die etwa gleiches Grades sind, denjenigen zu wählen, der den Hof erhalten soll.

14. Das. § 4. Diese Successio ab intestato hat jedoch keinen Platz, wenn der Meyer entweder durch einen letzten Willen oder auf eine andere rechtsbeständige Art ein anderes verordnet. Es kann solches aber nicht von ihm ohne des Gutsherrn Genehmigung geschehen. Diese Genehmigung ist der Gutsherr zu versagen nicht befugt, daferne der Vater unter seinen Kindern eines, es sey ein Sohn oder Tochter, wählet, der die Stelle haben soll, falls gegen dessen oder der Tochter Ehemann Tüchtigkeit dem Hofe vorzustehen, etwas erhebliches nicht eingewandt werden konnte.

15. Das. § 5. Eheleute sind befugt, einander die Erbfolge in das Meyer-Guth in der Ehestiftung mittelst der gewöhnlichen Clausel: langst Leib längst Guth, oder durch andere genommene Abrede zu versichern, wenn der Gutsherr keine hinlangliche Ursachen anfuhren kann, warum er seine Genehmigung dazu nicht geben wolle.

16. Das. § 8. Alle Erbfolge in Meyer-Güther setzt zum voraus, daß der neue Wirth der Stelle gehorig vorzustehen — im Stande sey. Der Guthsherr ist also hierauf zu bestehen befugt, u. kann, wenn der nächste Erbe — die gehorige Fähigkeit nicht hat, selbigen bey Besetzung des Hofes übergehen, u. dem in der Ordnung der Succession folgenden die Bemeyerung ertheilen.

17. Delbrück. Landr. C. 2 § 3. Wenn beide Eltern ohne zur zweiten Ehe geschritten zu sein, Todes verblichen, oder Alters u. Unvermogenheit, oder sonst anderen erheblichen Ursachen halber die Guter überzugeben gemüssiget werden, solchem nach hat der jungster Sohn, bei Abgang der Söhnen aber die jüngere Tochter zu dem erledigten Erbe u. Meyerey das Vorrecht.

18. Gräfl. Successions-Verordn. f. die Herrschaft Kniephausen v. 31. Jul. 1709 (Ms.): daß in Sterb- u. Erbfällen, wenn die nützlichen Inhabere der Heerdstädten mit Tode abgehen, zwar so lange vom Geblüt u. Stamm des ersten Acquirenten, es sei in ab- oder aufsteigender oder Seiten- oder Neben-Linie Erben vorhanden sind, solche Güther dem Herkommen u. alten Gebrauch nach, auf des letzten Besitzers nachsten Verwandten aus dem Stamm, daraus die Guther herfließen, — vereiben sollen, jedoch niemahlen auff Vatter oder Mutter des letzt verstorbenen Inhabers, wann der oder diese zu den Gutheın frembd, noch auf einige andere frembde Person vererbfallet werden mögen.

19. Das. Dafern aber unter denen Erben einige in gleichem *gradu* als Geschwister oder Geschwister Kinder u. s. w zu der Erbschaft concurriren sollten, soll es in solchen Fallen bei dem eingeführten *iure minoratus* u. üblicher Gewohnheit allerseits sein Bewenden haben, so daß jederzeit der Bruder die Schwester, u. unter beeden der jüngste die altern ausschließe, jedoch deren rechtlichen u. gewohnlichen Antheil unbenommen.

20. Calenb. Meyer-O. C. 6 § 2. Das Meyerguth — kommt nicht zur Theilung, sondern gebuhret nur einem der Erben. Es ist bei der Abfindung auf solches u. dessen Ertrag einige Rücksicht nicht zu nehmen, u. die Abfindung blos nach dem ubrigen Vermogen des Meyers — zu bestimmen.

21. Minden. Eigenth. O. C. 10 § 4. Daß ein mehreres aus den Gütern nicht verschrieben werden soll, als was etwa nach einer aufzunehmenden eidlichen Taxe die auf der Stätte stehende Gebaude, Feld- u. Vieh-*Inventaria* nebst Mobilien werth, auch was der Colonus etwa an exigibeln Activschulden ausstehn haben mochte, u. demnächst danach der Brautschatz pro rata derer vorhandenen Kinder determiniret werden soll.

22. Paderborn. Meyer-O § 12. Daß nur eines von den Kindern in die Güter succediren, u. seine übrigen Geschwister nach Gelegenheit, u. nach dem Ertrag der Güter davon ablegen, diese Ablage aber mit Zuziehung u. Bewilligung des Gutsherrn reguliret werden solle.

23. Das. § 16. Ueber diese Ablagen sollen sie gleichwohl ein mehreres zu fordern, oder wegen des Vatterlichen u. Mütterlichen besondere Ansprüche zu machen nicht befugt seyn; wenn aber erwiesen werden kann, daß die Ablagen nur von dem Meyerstattischen Gut u. dessen Zubehorungen, Mobilien u. Moventien, nicht aber von denen anderen Allodial-Gutern — geschehen seyn, so bleibt ihnen deßfalls ihr Recht bevor.

24. Das. Die minderjährigen Kinder, ob ihnen gleich ihre Ablage abgesetzet worden, müssen indessen in so lang, bis sie ihr Brod selbst verdienen konnen, von eben bemeldetem Successore des Guts frey u. ohnentgeltlich unterhalten werden.

25. Delbrück. Landurth. v. 1679 (Wigand Provinzialr. v. Paderb. 3 S. 107). Wan einer seinen Sohn verheirathet, u. den Brautschatz mitlobet, nachgehendts aber seine Stette einem seiner Kinder auftraget, u. der versprochene Brautschatz noch nicht entrichtet, ob der Vatter derselben, oder der Meyer zahlen solle? D Bringet im Namen des Landes ein, daß der Meyer den Brautschatz bezahlen müße, was aber der Vatter etwa bezahlet habe, komme dem Meyer zu Gute.

26. Delbrück. Landurth. v. 1729 das. S. 110: weilen die Kinder von dem Brautschatz ehender nicht, alß zur Zeit der Bestattniß zu fordern, alßo konnten auch dieselbe keine Schulden darauf *contrah*iren.

27. Delbrück. Landurth. v. 1737 das. S. 114: Qu Ob nicht die auf einer eigenbehoriger Stette von denen Eltern — gemachte Schulden von dem folgenden Meyer bezahlt werden mussen, mithin des jungen Meyers abbestatteter Bruder u. Schwestere, umb solche — Schuld keineswegs konnen besprochen werden —?— erkannt —, der Meyer müsse die *debita passiva* bezahlen, hatte auch die Activa einzucassiren.

28. Münster. Erbpacht-O. v. 1783 § 108: auch — bleibt der Erbpächter (zur Unterhaltung der aufm Erbe nach der Erbtheilung vorhandenen Kinder) gehalten, wenn solche mochten Krank- u. Schwachheit, oder Blodsinnigkeit halber, u. also ohne ihr Verschulden, keinem andern dienen konnen; wohingegen auch bis dahin, u. in solchem Fall der Wehrfester ihren Erbtheil zu nutzen hat.

29. Das. § 171. Indem der Erbpachter Kinder in dem Peculio mit succediren; so ist auch der Anerbe oder Wehrfester nicht schuldig, seinen Geschwistern einen Brautschatz zu geben: es wäre denn, daß die Eltern nichtes hinterlassen hatten; auf welchem Fall mit Vorwissen des Gutsherrn — der Brautschatz von dem Anerben oder Erbpachter den Geschwistern zu zahlen ist

30. Hildesh. Verordn. wegen der Aussteuer v 1781 § 22. Der Meyer ist schuldig, seine Geschwister oder Stiefkinder bis in's 14. Jahr ihres Alters vollig zu ernahren, — ohne daß dafur von ihrer Ablage etwas gekürzt werden darf.

31. Preuß. Vf. v. 31. Jan 1850 Art. 42. Das Recht der freien Verfugung uber das Grundeigenthum unterliegt keinen andern Beschrankungen als denen der allgemeinen Gesetzgebung. Die Theilbarkeit des Grundeigenthums u. die Ablosbarkeit der Grundlasten wird gewahrleistet.

32. Preuß. G. v 14. April 1856 Art. 1. Der Art. 42 — der Verf.-Urk. — ist aufgehoben.

33. Preuß. G. v. 28. Mai 1873 betr. das Grundbuchwesen in der Prov. Hannover § 8. Die bestehenden Rechtsnormen, nach welchen die Theilung eines Bauerhofes, die Veraußerung einzelner Theile desselben, die Vereinigung eines Bauerhofes mit andern Grundstucken — verboten sind — werden, soweit sie von dem sonst geltenden Rechte abweichen, aufgehoben u. kann auf Grund derselben eine fruher stattgehabte Veraußerung oder Uebertragung fortan nicht angefochten werden. Außerdem werden die fur die sg. Hofekontracte (Hof-

übertragungs=, Ehe=, Abfindungs=, Altentheils=, Interimswirthschaft=Kontracte u. s. w.) bestehenden besondern Rechtsnormen, nach welchen dieselben zu ihrer Gültigkeit der Mitwirkung oder Genehmigung einer Behörde oder der öffentlichen Beurkundung bedürfen, aufgehoben.

34. Hofeordnung f. Hannover § 1. Die Rechtsnormen, durch welche die Befugniß der Eigenthümer von Bauerhöfen, über den Hof oder Theile desselben unter Lebenden oder von Todeswegen zu verfügen, beschränkt ist, werden, insoweit sie von dem sonst gültigen Rechte abweichen, aufgehoben. § 3. *Auf die Beerbung der Eigenthümer von Bauerhöfen findet das sonst gültige Erbrecht Anwendung.* § 4. Das sonst gültige Recht im Sinn dieses Gesetzes ist das abgesehen von dem besondern bäuerlichen Rechte geltende allgemeine Recht.

35. Das. § 5. Ein in der Hoferolle des zuständigen Amtsgerichts eingetragener Hof ist ein Hof im Sinne — dieses Gesetzes. Als Hof kann jede landwirthschaftliche mit einem Wohnhaus versehene Besitzung, für welche nach dem bisherigen bäuerlichen Recht ein Anerbenrecht galt, in die Hoferolle eingetragen werden. (G. vom 24. Febr. 1880 streicht die W.: „für welche — galt" und fügt hinzu: Landtagsfähige Rittergüter sind nicht eintragungsfähig. Diesen Zusatz beseitigt wieder das G. v. 20. Febr. 1884.)

36. Landgüter=O. fur Brandenburg § 1, f. Westfalen § 1, f. Schlesien § 1: in die (Landgüter=)Rolle kann *jede* in der Provinz — belegene [Schlesien: mit einem Wohnhaus versehene] *Besitzung* eingetragen werden, *welche zum Betriebe der Land= oder Forstwirthschaft bestimmt* und mit einem Reinertrage von mindestens 75 [Schlesien: 60] Mark zur Grundsteuer veranlagt ist.

37. Das. § 13. Wird der Eigenthümer eines Hofes von mehreren Personen beerbt, so fällt *der Hof* nebst Zubehör *als Theil der Erbschaft kraft des Gesetzes einem Erben (dem Anerben) allein zu.* Das Anerbenrecht gilt nur für Nachkommen des Erblassers. Es tritt nur ein, wenn der Anerbe zugleich Erbe des Erblassers ist. Mit dem Erwerb der Erbschaft erwirbt der Anerbe das Eigenthum des Hofes nebst Zubehör.

38. Das. § 14. Ueber die *Berufung zum Anerben* gelten folgende Bestimmungen. Leibliche Kinder u. deren Nachkommen gehen Adoptivkindern u. deren Nachkommen, eheliche den unehelichen vor. Durch nachfolgende Ehe legitimirte Kinder stehen den ehelichen gleich. Ferner geht vor der *ältere Sohn* u. dessen Nachkommenschaft beiderlei Geschlechts, in Ermangelung von Söhnen u. von Nachkommen derselben die *ältere Tochter* u. deren Nachkommen beiderlei Geschlechts. Unter den Nachkommen eines Kindes richtet sich die Berufung zum Anerben nach denselben Grundsätzen.

39. Landgüter=O. f. Westfalen § 14. Für Landgüter in den Bezirken der Landgerichte Bielefeld u. Paderborn sowie der Amtsgerichte Tecklenburg u. Ibbenbüren kann mittelst Eintragung in der Landgüterrolle bestimmt werden, daß der *jüngere Sohn*, u. in Ermangelung von Söhnen die *jüngere Tochter* vorgeht.

40. Das. § 13. Kinder, welche zur Zeit des Erbanfalles für geisteskrank oder für Verschwender erklärt sind, *stehen bis zur Wiederaufhebung der Entmündigung*, Kinder, welche eine Verurtheilung zur Zuchthausstrafe u. zugleich zum Verlust der bürgerlichen Ehrenrechte erlitten haben, *für immer den übrigen Miterben nach.*

41. Höfe=O. f. Hannover § 17. Der Erblasser kann, falls bei seinem Tode ein Anerbenrecht eintreten würde, in einem Testament oder in einer gerichtlich oder notariell beglaubigten oder eigenhändig geschriebenen u. unterschriebenen Urkunde bestimmen, daß ein Anerbenrecht nicht eintreten; daß die Bevorzugung des Anerben in einer andern — Weise stattfinden; welche Person unter den zur Erbfolge berufenen Nachkommen Anerbe sein; zu welchem Betrage der Hofeswerth bei der Erbtheilung angerechnet werden soll.

42. Das. § 16. Der Anerbe hat nach Abzug eines ihm als Voraus verbleibenden Drittels zwei Drittel des [schuldenfreien] Hofeswerths — in die Erbschaftsmasse einzuschießen. Die Theilung der Erbschaftsmasse unter die Miterben anschließlich des Anerben erfolgt nach dem allgemeinen Rechte. Nach diesem

Rechte richtet sich auch die Haftung der Erben für Erbschaftsschulden. Der Anerbe haftet den Erbschaftsgläubigern auch mit dem Vermögen, welches er als Anerbe erhalten hat.

43. Oldenburg. G. v. 1873 Art. 3 § 1. Nur eine behausete Grundbesitzung kann — die Eigenschaft einer Grunderbstelle haben. § 3. Jeder Grundeigenthümer ist befugt — aus seinem Grundbesitz oder einem beliebigen Theile desselben eine Grunderbstelle zu bilden. Art. 4 § 1. Die — gedachten Verfügungen werden — getroffen durch die — Willenserklärung — (des Eigenthümers) zum Protokolle desjenigen Verwaltungsamts, in dessen Mutterrollen der Artikel der betreffenden Grunderbstelle sich befindet.

44. Das. Art. 2 § 1. An den Grnnderbstellen findet ein bevorzugtes Erbrecht eines Miterben — in Ermangelung anderer letztwilliger Verfügungen statt: a) unter den Abkömmlingen des Erblassers, b) wenn derselbe ohne Hinterlassung eines Ehegatten verstorben ist, unter seinen Eltern oder Ureltern, Voll- oder Halbgeschwistern sowie den Kindern seiner Voll- oder Halbgeschwister.

45. Das. Art. 7 § 1. Der Grunderbe wird bestimmt durch den Vorzug des männlichen Geschlechts vor dem weiblichen u. in dem einen u. andern Geschlecht: a) durch den Vorzug der ältern Geburt in den Aemtern Varel, Westerstede, Wildeshausen, Vechta, Damme, Cloppenburg, Löningen, Friesoythe, in dem Amte Oldenburg mit Ausnahme der Gemeinde Holle, sowie in den Stadtgemeinden Oldenburg u. Varel, b) durch den Vorzug der jüngern Geburt in den übrigen Landestheilen.

46. Das. Art. 8 § 1. Das Grunderbrecht besteht darin, daß der Grunderbe: a) das Alleineigenthum der Grunderbstelle in seinem Erbtheile erwirbt gegen die Verpflichtungen, den vollen Werth derselben zur Erbtheilungsmasse einzuschießen und b) aus der Erbtheilung als Voraus 1) in den Aemtern Jever, Stollhamm u. Landwührden, der Stadtgemeinde Jever u. den Gemeinden Esenshamm, Rodenkirchen, Ovelgönne, Golzwarden 15 Procente, 2) in den übrigen Landestheilen 40 Procente des schuldfreien Werthes der Grunderbstelle erhält.

47. Braunschw. G. v. 1874 § 1. Die landesgesetzliche Geschlossenheit des bäuerlichen Grundbesitzes im bisherigen Sinne u. die Rechtsnormen, auf denen diese Geschlossenheit beruht — welche die Zerschlagung oder Theilung eines Bauerguts oder die Veräußerung einzelner Zubehörungen desselben verbieten oder von einer Genehmigung der — Landesregierung abhängig machen, treten, unbeschadet jedoch der dem Bauernrechte eigenthümlichen Institute des Anerbenrechts, der Interimswirthschaft u. der Leibzucht, außer Kraft, dergestalt daß dem Eigenthümer eines Bauergutes fortan die Befugniß eingeräumt sein soll, über dasselbe u. dessen Zubehörungen unter Lebenden u. von Todeswegen — frei zu verfügen.

48. Das. § 5. In Ermangelung anderer rechtsbeständiger Verfügungen des Erblassers gelangt da, wo das Anerbenrecht bis jetzt in Anwendung war, kraft des für die Bauergüter — in Geltung bleibenden Anerbenrechts von den vorhandenen Erben nur einer (der Anerbe) zum Naturalbesitz des Hofs sammt Zubehör u. Inventar; die übrigen erhalten Abfindungen.

49. Das. § 11. Fehlt es an einer — Bestimmung (des Erblassers) und an einer gütlichen Einigung der Betheiligten, so erhält der Anerbe von dem — zu ermittelnden Werthe des Hofes — seinen Erbtheil mit einem so hohen Voraus, als erforderlich ist, damit der Hof bei Kräften bleibe. Jedoch soll dieses Voraus ein Drittheil des ermittelten Hofwerths nicht übersteigen. Der Anerbe — hat die Antheile der Miterben herauszuzahlen u. diese Antheile bilden deren Abfindung vom Hofe, auf welchem sie als dingliche Last bis zur Tilgung haften u. auf den sie bei Berichtigung des Besitztitels des Anerben mit einzutragen sind. § 16. So lange die Abfindlinge im Hofe bleiben, haben sie kein Recht auf Zahlung oder Verzinsung ihrer Abfindung.

§ 262. B. Leibzucht. (B. § 188. G. § 254. St. § 323—325.)

Ch. L. Runde die Rechtslehre von der Leibzucht oder dem Altentheile auf deutschen Bauerngütern. Oldenb. 1805. Ders. über die erfrühete Erbfolge in Z. f. D. R. 7 (1842) S. 1—35. W. H. Puchta über die rechtl. Natur der bäuerl. Gutsabtretung. Gießen 1837. Beseler Erbvertr. II 2 S. 200. Preuß die Leibzucht. Hannov. 1862. Lewis Art Altentheil b. Holtzendorff I 79.

1. Osnabr. Eigenth. O. VII § 1—5. Die Leibzucht ist ein an das Erbe gehoriges Pertinens, welches denen alten abstehenden *Colonis*, — Zeit Lebens *usufructuarie* zu genießen eingeraumt wird. — (An) Land, Wiesenwachs, Kuhweyde, auch zu Zeiten Holtzung — (soll) nicht mehr als etwa der sechste Theil — denen Alten — eingeraumet werden. — Die alte Erb- oder Marck-Kotter, welche kleine Kotten — beziehen, sonst insgemein bey denen Anerben — bleiben, behalten — das Backhaus oder den Kotten mit den Garten frey (von Zins). — Im übrigen bleibet es, wie — sie sich gütlich verglichen. Doch kan der Gutsherr, falls darunter *enormis laesio* sich außern sollte, solchen Vergleich zu gebührender Gleichheit bringen. — Verstirbt aber einer von denen Alten, so fällt die Halbscheid wieder an das Erbe.

2. Calenb. Meyer-O. C. 7 § 1. Ein Meyer muß weder ohne Gerichts- u. Gutsherrliche Einwilligung noch vor dem 60sten Jahre seines Alters, den Hof ubergeben, es sey denn, daß er Schwachheitshalber solchem ferner vorzustehen nicht im Stande, oder ihm der Hof nur auf gewisse Jahre interims-weise eingeraumet ware.

3. Das. § 2. Wenn der Meyer den Hof übergiebet, so gebühret demselben vor sich u. seine Frau eine nach denen Umstanden dem Ertrage des Guths, u. dem Vermogen, was der abgehende Wirth außer solchem besitzet, zu bestimmende Leib-Zucht, wobey allezeit darauf Rücksicht zu nehmen, ob die abgehenden dem Hof gut vorgestanden, ihn verbessert, Schulden abgetragen, neu gebauet, auch viel eingebracht u. in dem Hofe zu dessen Besten verwendet haben, als in welchen Fallen ihnen mehr gebühret, als wenn der Hof unter ihrer Administration heruntergekommen ist. — Zu der Bestimmung der Leib-Zucht wird die Einwilligung des Guthsherrn erfordert, — u. ist allezeit dahin zu sehen, daß der Hof dadurch nicht zu sehr beschweret werde.

4. Kurfürstl. Sächs. Rescr. v. 28. Febr. 1726 im Cod. Aug. Cont I p I p 275. den Auszug, wenn der Contract, darinne derselbe vorbehalten, gerichtlich confirmiret, gleich denen *Servitutibus* u. denjenigen *Oneribus*, welche *per subhastationem* nicht erloschen, anzusehen.

5. Preuß. LR. I 11 § 602. Auszug oder Altentheil heißen diejenigen Vortheile, welche der Uebernehmer einer Rustikalstelle dem vorigen Besitzer zu seiner Versorgung auf Lebenslang anweist. § 603. Dergleichen Auszug oder Altentheil muß allemal gerichtlich regulirt werden. § 604. Der Richter ist befugt u. schuldig, darauf zu achten, daß der neue Besitzer dem Abgehenden nicht solche übermaßige Vortheile einräume, wodurch er selbst der Stelle gehorig vorzustehen u. die Lasten derselben zu ubertragen unvermogend wird.

C. Interimswirthschaft. (B. § 189. G. § 141. St. § 135.) § 263.

Ch. L. Runde Abhandlung der Rechtslehre von der Interims-Wirthschaft auf deutschen Bauergütern. 2. Ausg. Gött. 1832. Cropp in Heise u. Cropp jur. Abh. 2 Nr. 3. Lewis b. Holtzendorff II 378.

1. Osnabr. Eigenth.-O. IV § 22, 23. Wann ein — Ehegatt auf dem Erbe oder Kotten durch den Tod abgegangen, ist dem Ueberbliebenen vergönnet, mit Einwilligung des Gutsherrn wieder darauf zu heyrathen. — Sind aber Kinder aus voriger Ehe vorhanden, so soll die Bewohnung des Erbes auf gewisse von dem Guthsherrn zu determinirende Jahre gesetzet, u.

gedachter Person solche Zeit übei das Erbe oder Stätte zu bewohnen verstattet werden. Jedoch kan solche Zeit — nicht weiter, als biß zur Majoiennität des Anerben, oder aufs langste biß derselbe 30 Jahr alt, ausgesetzet werden. — (Nach Verlauf dieser Mahlıahre) ziehen die Alten auf die Leibzucht, als welche Leibzucht solcher Person, so durch Heyrathen oder sonst auf gewisse Jahre auf das Erbe gekommen ist, ebenfalls, als wenn sie des Anerben leiblicher Vatter oder Mutter wäre, eingeräumet werden soll.

2. Calenb. Meyer-O. V 7. Dem Interimswirthe gebührt, wenn er dem Hofe gut vorgestanden, nicht nur vor sich, sondern auch, wenn er zu einer anderweiten Ehe — schritte, seiner zweiten Frau die Leibzucht vom Hofe, u. seine auf der Stelle erzeugte Kinder eıhalten — aus dem Hofe ihre Abfindung, wogegen jedoch sowohl Vater als Mutter ihr Eingebrachtes, u. die während der Verwaltung gemachte Verbesserung im Hofe lassen müssen.

§ 264. V. Rechte des Gutsherrn. (B. § 185 I—III, VII. G. § 143. St § 136.)

1 Cod Max. Bav IV 5 § 14 s. oben § 130 Nr. 15.

2. Preuß. LR. I 18 § 710. Der Erbzinsherr hat bei jedem Verkaufe innerhalb zweier Monate das Vorkaufsrecht.

3. Urk. v. 1239 (*Guden* II nr 22): quod si quis predictorum (der Beliehene) ius naturae exsolverit moriendo, heredes eiusdem ecclesie (der Verleiherin) *solidum levis monete* pro *vinicopio* dabunt, *et ecclesia iisdem recognoscet ius hereditarium et concedet*

4. Urk. v. 1249 (das. II p 948) Insuper taliter est ordinatum, quod dictus mansus — recipi debeat de manu nostra seu heredum nostrorum ita quod *receptor* (der neue Colon) *persolvet nobis* — *IV sol* den *ratione iuris quod vulgariter* gewere *appellatur*

5. Urk. v. 1139 (*Gunther* I nr. 124)· volumus ut successio posteritatis nostre predictas possessiones ab ecclesia obtineat et censum debitum persolvat ita videlicet, ut *si unus heres defuerit, alter succedat* et a camerario eadem bona recipiat, *ipsi tantum sex den* in *vorehura* reponat

6. Urk. v. 1260 (*Neugart* nr 972) Villicus — debet — exigere — *ab herede, qui succedit, nomine honoris seu* ehrschaz IV solidos

7. Strasburg. Urk. v. 1340 (Mone Zeitschr. V 389): dicti conductores et eorum heredes de domo et area antedictis non dabunt *laudimium, vulgo* erschatz *nuncupatum*, quotienscumque autem domus et aree prescripte *ad manum alienam* translate fuerint seu *alienate* titulo alienationis quocumque, tociens *laudimium, vulgo* erschatz *nuncupatum*, erit dandum

8. Strasb. Urk. v. 1337 das.: ex *permutatione* quoque *dominorum directorum* domus et aree predictarum *laudimium* similiter *non erit dandum*

9. Oefn. von Hongg v. 1338 (Grimm 1, 9). Und wer der ist, dem der probst semlichü gueter lihet —, der sol einem probst geben vier kopf des besten wins —, u. dem closterkeller zwen kopf, u. dem meiger von Hongg zwen kopf des selben wins.

10. Urk. v. *Kuchenbecker* Anal. Hass coll 3 p 111· so der — S. (der Lehnsmann) von Dodes wegen abgehet — also sollen sin Kinder — den Hof von nuhen — empfahen u. zu drucken Wincop geben 3 fl.

11. Lehnbr. v. 1694 (Kopp Lehnprob. Th 1 S. 330): (der Leihemann soll) nach Ausgang der (10) Leyh-Jahr diese Leihe wieder recognosciren — u. als denn wie vor Alters hero brauchlich gewesen, Einen Spanischen Thaler zum Verheure u. was sonsten zu Kuchen u. Weinkauf brauchlich u. Herkommens ist, — entrichten.

12. Osnabr. Eigenth.-O. V § 1: de *laudemiis* in specie, sive Weinkauff, vulgo Auffahrten. Der Weinkauff ist ein gewisses Geld, so dem Guths-Herrn von demjenigen, welcher fremd zur Statte kommt, u. dieselbe vermog Erb-Rechts nicht *praetendi*ren kan, accordirtermaßen

gegeben wird, gegen dessen Zuzahlung der fremde Contrahent an die von dem Guths-Herrn als Eigener, ihm offerirte Güther ein *Ius quaesitum* erlanget.

13. Calenb. Meyer-O. C. 2 § 3. Der Meyer-Brief ist der Regel nach nur alsdann zu erneuern, u. zugleich Weinkauf zu entrichten, wenn ein neuer Meyer auf die Stelle kommt. — Bey Veränderung des Guths-Herrn wird kein Weinkauf entrichtet, noch ein neuer Meyer-Brief gegeben, wenn gleich solcher ein Successor singularis wäre. Dafern jedoch der Meyer-Brief auf gewisse Jahre, oder auf die Lebenszeit des Guthsherrn, gerichtet, oder erweißlich wäre, daß vorhin bey Abgang des Guthsherrn Weinkauf bezahlet worden: So ist selbiger nach Ablauf der gesetzten Jahre, u. auch bey Veränderung des Guthsherrn, abzutragen.

14. Das. § 4. Konnte ein Meyer erweisen, daß vorhin überall kein Weinkauf gegeben, auch solcher von ihm nicht gefordert worden, u. die Schuldigkeit, den Weinkauf zu entrichten, auf andere Art nicht erwiesen werden, so muß ihm der Meyer-Brief auch ohne dessen Entrichtung ertheilet werden.

15 Cod. Max Bavar IV 7 § 11. 2do Ist der neue Guts-Innhaber — den Anfall regulariter, wo kein minderes hergebracht ist, mit fünf von hundert nach der Schätzung, was das grundbare Gut — werth ist, an den Grund-Herrn zu bezahlen verbunden.

16. Preuß. LR. I 18 § 714. Jeder neue Erbzinsmann ist dem Obereigenthümer das Laudemium oder die Lehnwaare zu entrichten verbunden.

17. Das. § 715. Auch bei Erbverpachtungen eines Erbzinsguts muß das Laudemium bei jedem Antritte eines neuen Erbzinsmanns u. Erbverpachters entrichtet werden.

18. Das § 716. Nur Erben in absteigender Linie sind der Regel nach von dieser Abgabe frei.

19. Oefn. v. Laufen (Grimm 1, 104) s oben § 111 Nr. 7.

20. Schwsp. 69 das. Nr. 6.

21. Oefn. v. Laufen das. Nr. 8.

22. Herz. Meining. Verordn. v. 16. Jun. 1829 Art. 24. Den Rittergutsbesitzern stehet die eigene executive Beitreibung ihrer laufenden Gefälle u Dienste zu, wozu sie ihre Gerichtshalter oder einen zu bestellenden Schuldheißen beauftragen können. Jedoch können Auspfändungen nur durch die Gerichte verfügt werden.

23. Preuß LR. I 21 § 204. Hat der Erbpachter bei dem Eintritt des zweiten Jahres die Erbpacht des vorhergehenden noch nicht abgeführt, so ist der Verpachter auf Sequestration des Grundstücks zu seiner Sicherheit anzutragen berechtigt. § 205. Nur wenn der Erbpächter die Bewirthschaftung des Pachtstücks dergestalt gröblich vernachlässigt, daß der Verpachter Gefahr läuft, den versessenen u. künftigen Zins daraus nicht mehr erhalten zu können, ist letzterer auf den gerichtlichen Verkauf der Erbpachtgerechtigkeit selbst anzutragen befugt. § 206. Ein Gleiches findet Statt, wenn der Erbpachter seine Verbindlichkeit zur Entrichtung der Erbpacht wider besseres Wissen unredlicher Weise ableugnet.

24. Oesterr. GB. § 1130. Vernachlässigt der Nutzungseigenthümer ungeachtet der geschehenen Warnung die Erfüllung der Pflicht, für die Erhaltung u. Bestellung des Grundstücks Sorge zu tragen; oder ist er die auf dem Grunde haftenden Lasten zu tragen unfähig; so kann der Obereigenthümer auf die Ueberlassung des Gutes an andere Erbpacht- u. Erbenzinsmänner dringen.

25 Code Napol. f. Baden Art. 1831 bk: kann der Richter auf Anrufen den Erbbestand auch für erloschen erklären: wegen in geeigneten Fällen in Zeiten nicht gesuchter Erneuerung des Bestandbriefs; wegen grobem oder halsstarrigem Mißbrauch der bestandenen Sache; wegen unberechtigtem Verkauf des Erbbestands; wegen zweijähriger Nichtzahlung des Zinses, wenn nach mehrmaligem urkundlichen Mahnen der dritte verfallt, ehe der Rückstand bezahlt ist.

Neuntes Buch.

Handelsrecht mit Einschluß des Wechselrechts und Seerechts.

Einleitung.

§ 265. I. Begriff des Handels und Handelsrechts. (B. § 214. G. § 154, 155)

§ 266. II. Geschichte des Handelsrechts. (B. § 214 Not. 2)

§ 267. III. Quellen des Handelsrechts. (B. § 214. G. § 155 No. 1.)

Handelsgesetze. Edit de Louis XIV. servant de règlement pour le commerce des négocians et des marchands tant en gros qu'en détail v. 1673 (sg. ordonnance du commerce). Ordonnance de la marine de Louis XIV. v. 1681. Beide abgedr. b. G. F. v. Martens Gesetze u. Verordnungen der — europäischen Mächte über Handel, Schiffahrt. Thl. 1 (einz.) Gött. 1802, letztere bei *Pardessus* Cours de droit commercial (unten § 268) t. IV. — Preuß. LR. II Tit. 8: vom Bürgerstande, Abschn. 7—15 (§ 475—2464): v. Kaufleuten, v. Wechseln, v. Handelsbillets u. Assignationen, v. Mäklern, v. Rhedern, Schiffern u. Befrachtern, v. Haverey u. Seeschäden, v. Versicherungen, v. d. Bodmerey, v. Fuhrleuten. — Code de commerce v. 1807. — Spanien: Codigo de comercio v. 1829. Uebersetzung v. F. C. Schumacher. Hambg. 1832. Portugal: Codigo commercial v. 1833. Holland: Wetboek van Koophandel 1838. Uebers. v. Schumacher. Hambg. 1840. Italien: Codice di commercio del regno d'Italia v. 1865. Rußland: Handelsgesetzb. v. 1835; F. v. Schultz d. HGB. des russ. Reichs. Riga 1851. Schweiz: s. oben vor § 119. Ueber außerdeutsche Gesetze vgl. Thöl HR. § 9; Goldschmidt HR. § 23, 24—32. O. Borchardt die geltenden Handelsgesetze des Erdballs — in das Deutsche übertragen. 3 Bde. Berl. 1883—85.

Entwurf e. allg. Handelsgesetzbuches f. Deutschland von der durch das Reichsministerium der Justiz niedergesetzten Commission. Abth. 1. Frankf. 1849 (sg. Reichsentwurf). Entwurf e. HGB. f. die Preuß. Staaten nebst Motiven. 2 Thle. Berl. 1857. Entwurf e. österr. Handelsrechts. Wien 1857. — Protokolle der Commission z. Berathg. e. allg. D. HGB., hg. v. J. Lutz. 9 Bde. u. ein Beilagenband u. ein Registerband. Würzbg. 1858—61. Thöl z. Gesch. des Entwurfs e. allg. D. HGB. Gött. 1861. Sammlg. der Einführungsgesetze sämmtl. D. Staaten zum A. D. HGB., hg. v. Lutz. Würzbg. 1863—67. Preußisches Einführungs-G. v. 24. Juli 1861; Bayr. v. 10. Nov. 1861; Hannov. v. 5. Oct. 1864; Hamburg. v 22. Dec. 1865.

Norddeutsches BG. v. 5. Juni 1869 betr. die Einführung der Allg. D. Wechselordnung, der Nürnberger Wechselnovellen u. des Allg. D. Handelsgesetzbuches als Bundesgesetze. Ueber die Geschichte des Allg. D. HGB. vgl.: Thöl Handelsrecht § 18—21; Goldschmidt § 10—19.

Abänderungen des HGB.: RG. v. 11. Juni 1870 betr. die Kommanditgesellschaften auf Actien u. die Actiengesellschaften (sg. Actiennovelle). RG. v. 27. Dec. 1872 Seemannsordnung Reichs-Civilprozeßordnung v. 30. Jan. 1877 mit Einführungsgesetz von gleichem Datum. RG. vom 18. Juli 1884 betr. die Kommanditgesellschaften auf Actien u. die Actiengesellschaften.

1. Freiburger Stiftungsbrief v. 1120 ob. § 8 Litt a, wiederholt in der Handfeste f. Bern v. 1218 Art. 5.

2. Handfeste v. Freiburg i. Uechtlande v. 1249 § 46. Si qua querimonia inter mercatores nostros de rebus suis orta fuerit, *inter ipsos* secundum *eorum consuetudines et iura* eam libere concordent

3. Urk. K. Philipps f. Regensburg v. 1207 (Mon. Bo 29a n 586). *Hansgrave* de officio suo *iura* et *consuetudines ipsorum* in nundinis requirat, et si infra civitatem is aliquid ordinare disposuerit, id nonnisi secundum civilia instituta et ex consensu urbanorum fiat.

4. Kaiserl. Commissions-Decret v. 10. Oct. 1668 (NS. der RA. 4, 59). Drittens, in Kauf- u. Handelssachen bei den hochsten Gerichten vor Eroffnung der Urthel, verständiger Kaufleute Gutachten *circa Factum mercantile* gehört, u. nicht beyseit gesetzt werde.

5. Bundesbeschluß v. 18. Dec. 1856. Die zur Ausarbeitung des Entwurfs eines allgemeinen Handelsgesetzbuches für die Deutschen Bundesstaaten niederzusetzende Commission hat am 15. Januar 1857 zu Nürnberg zusammenzutreten. Dieselbe hat unter angemessener Benutzung des vorhandenen Materials u. der ihr mitgetheilten Vorarbeiten in gemeinsamer Berathung einen vollstandigen Gesetzentwurf aufzustellen u. diesen schließlich der Bundesversammlung zur Mittheilung an die hochsten u. hohen Regierungen u. zur weitern Einleitung in Vorlage zu bringen. Die — Beschlüsse sind durch einfache Stimmenmehrheit zu fassen. Es gebuhrt hierbei jedem in der Commission — vertretenen Staate eine Stimme, mehreren etwa durch einen gemeinsamen Commissär vertretenen Staaten indessen gleichfalls nur eine Stimme.

6. Bundesbeschl. v. 31. Mai 1861 ob. § 18 Nr. 6.

7. Nordd. Bundesges. v. 5. Juni 1869 § 1 oben § 18 Nr. 7. § 2. Die bei oder nach Einführung der Wechselordnung, der Nurnberger Novellen u. des Handelsgesetzbuchs in die einzelnen Bundesstaaten oder deren Landestheile im Wege der Landesgesetzgebung erlassenen Vorschriften bleiben als landesgesetzliche Vorschriften insoweit in Kraft, als sie nur eine Ergänzung u. nicht eine Abänderung einer Bestimmung der Wechselordnung, der Nürnberger Novellen oder des Handelsgesetzbuches enthalten.

8. HGB. Art. 1. In Handelssachen kommen, insoweit dieses Gesetzbuch keine Bestimmungen enthalt, die Handelsgebrauche u. in deren Ermangelung das allgemeine bürgerliche Recht zur Anwendung.

IV. Literatur des Handelsrechts. (B. § 214. G. § 155 No. 1.) § 268.

De mercatura decisiones et tractatus varii, praecipue *Benvenuti Stracchae*. Colon. 1622. *I. Marquard* tractatus politico-iurid. de iure mercatorum et commerciorum singulari. Francof 1662. f. *Casaregis* discursus legales de commerciis. Florent. 1719. f. G. F v. Martens Grundriß des Handelsrechts insbes. des

Wechsel- u. Seerechts. Gött. 1797, 3. Aufl. das. 1820. Heise's Handelsrecht. Frankf. a. M. 1858. M. Pöhls Darstellung des gem. deutschen u. des Hamb. Handelsrechts f. Juristen u. Kaufleute. 4 Bde. in 9 Thln. Hamb. 1828—34. H. Thöl das Handelsrecht als gemeines in Deutschland geltendes Privatrecht m. Berücksichtigung des außerdeutschen Handelsr. Bd. 1 Gött. 1841, Bd. 2 (enth. das Wechselrecht) 1847, Aufl. 6 von Bd. 1 Leipz. 1879, Aufl. 4 von Bd. 2 das. 1878. Bd. 3. das Transportgewerbe. Das. 1880. L. Goldschmidt Handbuch des Handelsrechts Bd. I in 2 Abth. Erl. 1864—68; 2. Aufl.: Bd. I Stuttg. 1875, II Lief. 1 das. 1883. Endemann das D. Handelsrecht. 3. Aufl. Heidelbg. 1876. J. Fr. Behrend Lehrbuch des Handelsrechts Bd. I Lief. 1—3. Berlin 1880—84. Gareis das D. Handelsrecht. 2. Aufl. Berl. 1884. — Handbuch des deutschen Handels-, See- und Wechselrechts unter Mitwirkung Anderer hg. v. Endemann. 4 Bde. Leipz. 1881 bis 1885. Commentare zum Allg. D. HGB.: von Fr. v. Hahn 2 Bde. 2. Aufl. Brschw. 1871—82, von Makower. 9. Aufl. Berl. 1884, m. Ausschluß d. Seerechts v. Anschütz u. v. Völderndorff. 3 Bde Erl. 1867—1873. Neues Archiv f. Handelsrecht, hg. v. Voigt, Heinichen u. a. 4 Bde. Hambg. 1858—66. Zeitschr. f. d. Handelsrecht m. Hinblick auf d. Handelsrechts-Praxis in Preußen u. a. die Grunds. des Obertribunals z. Berlin v. W. Gelpke. 3 Hefte. Berl. 1852—53. Zeitschr. f. d. gesammte Handelsrecht, hg. v. L. Goldschmidt, Laband u. a. Erlang. seit 1858. Archiv f. Theorie u. Praxis des allg. D. HR., hg. v. Busch. Leipzig seit 1862.

Sammlgn. v. Entscheidungen ob. § 32 S. 90. Thöl Praxis des Handelsrechts u. des Wechselrechts. Heft 1. Leipzig 1874.

Außerdeutsche Literatur: *Pardessus* cours de droit commercial. 4 tom. 6me edit. publ. par *E. de Rozière*. Paris 1856—57. Frémery études de droit commercial. Paris 1833. *Kent* commentaries on American law. 4 voll. 12. edit. Boston 1873.

§ 269. V. Hülfsmittel des Handelsrechts. (B. § 214 B)

Geschichte des Handels: *Pardessus* Coll. des lois marit. (unten § 312) introduction. *Anderson* histor. and chronol. deduction of the origin of commerce from the earliest account to the present time. 2. ed 4 Ts. Lond. 1787—89. 4. Deutscher Auszug daraus. 7 Thle. Riga 1773—79. v. Gülich gesch. Darstellung des Handels, der Gewerbe u. des Ackerbaues. 5 Bde. Jena 1830—45. A. Beer allg. Gesch. d. Welthandels. 3 Abthlgn. Wien 1860—84. Lastig Entwicklungswege u. Quellen des HR. Stuttg. 1877. Andere Lit. ob. zu §§ 8 u. 138. G. Sartorius Geschichte des Hanseat. Bundes. 3 Thle. Gött. 1802—08. Dess. Urkundl. Geschichte d. Ursprungs d. deutsch. Hanse hg. von Lappenberg. 2 Bde. Hamb. 1830. 4. Hans. UB. oben S. 25. Hanserecesse Abth. I (1256—1430) 5 Bde. 4. hg. v. Koppmann, Leipz. 1870—80; II (1431—1476) 4 Bde. hg. v. von der Ropp, 1876—83; III (1477—1530) 2 Bde. hg. v. Dietr. Schäfer, 1881—83.

Handelswissenschaft: *J. Savary Desbrulons* Dictionnaire universel de commerce. Nouv. édit. Copenhague 1759—65. 5 Ts f. Der 5. Theil auch besonders unter dem Titel: Le parfait négociant des ältern *Jacques Savary*. 2 Voll. Genev. 1676. 4. u. öfter. *Mac Culloch* Dictionary practical, theoretical and historical of commerce and commercial navigation. London 1832 u. öfter. Deutsch. bearb. v. C. F. E. Richter Handb. für Kaufleute. 2 Bde. Stuttgart 1834. Supplementband von L. R. Schmidt. Leipz. 1837. A. Schiebe Universal-Lexicon der Handelswissenschaften hg. im Verein m. Dr. Bender. 3 Bde. Leipz. 1837—39. 4. J. G. Büsch Theoretisch-practische Darstellung der Handlung in deren mannigfaltigen Geschäften. 2 Thle. Zusätze 3 Thle. Hambg. 1792—1800. 3. Ausg. mit Einschaltungen u. Nachträgen von Normann. Hamb. 1808. 2 Bde. Bleibtreu Lehrb. der Handelswissenschaft. Carlsruhe 1830. Fr. Noback system. Lehrb. der Handelswissenschaft. 2. Aufl. Leipz. 1851.

Erstes Capitel. Engeres Handelsrecht.

I. Begriff der Handelsgeschäfte. (B. § 227. G. § 155 Not. 2.) § 270.

1. HGB. Art. 271. Handelsgeschäfte sind: 1) der Kauf oder die anderweite Anschaffung von Waaren oder anderen beweglichen Sachen, von Staatspapieren, Aktien oder anderen für den Handelsverkehr bestimmten Werthpapieren, um dieselben weiter zu veraußern; es macht keinen Unterschied, ob die Waaren oder anderen beweglichen Sachen in Natur oder nach einer Bearbeitung oder Verarbeitung weiter veraußert werden sollen; 2) die Uebernahme einer Lieferung von Gegenständen der unter Ziff. 1 bezeichneten Art, welche der Uebernehmer zu diesem Zweck anschafft; 3) die Uebernahme einer Versicherung gegen Prämie; 4) die Uebernahme der Beförderung von Gütern oder Reisenden zur See u. das Darleihen gegen Verbodmung.

2. Das. Art. 272. Handelsgeschafte sind ferner die folgenden Geschafte, wenn sie gewerbemäßig betrieben werden: 1) die Uebernahme der Bearbeitung oder Verarbeitung beweglicher Sachen für Andere, wenn der Gewerbebetrieb des Uebernehmers über den Umfang des Handwerks hinausgeht; 2) die Bankier- oder Geldwechslergeschafte; 3) die Geschafte des Kommissionars, des Spediteurs u. des Frachtführers, sowie die Geschafte der für den Transport von Personen bestimmten Anstalten; 4) die Vermittelung oder Abschließung von Handelsgeschaften für andere Personen; die amtlichen Geschafte der Handelsmakler sind jedoch hierin nicht einbegriffen; 5) die Verlagsgeschafte, sowie die sonstigen Geschäfte des Buch- oder Kunsthandels; ferner die Geschafte der Druckereien, sofern nicht ihr Betrieb nur ein handwerksmaßiger ist. — Die bezeichneten Geschafte sind auch alsdann Handelsgeschafte, wenn sie zwar einzeln, jedoch von einem Kaufmann im Betriebe seines gewohnlich auf andere Geschafte gerichteten Handelsgewerbes gemacht werden. Art. 273. Alle einzelnen Geschäfte eines Kaufmanns, welche zum Betriebe seines Handelsgewerbes gehoren, sind als Handelsgeschäfte anzusehen. Dieses gilt insbesondere für die gewerbliche Weiterveraußerung der zu diesem Zweck angeschafften Waaren, beweglichen Sachen u. Werthpapiere, sowie für die Anschaffung von Gerathen, Material u. anderen beweglichen Sachen, welche bei dem Betriebe des Gewerbes unmittelbar benutzt oder verbraucht werden sollen. Die Weiterveraußerungen, welche von Handwerkern vorgenommen werden, sind, insoweit dieselben nur in Ausübung ihres Handwerksbetriebes geschehen, als Handelsgeschafte nicht zu betrachten. Art. 274. Die von einem Kaufmann geschlossenen Vertrage gelten im Zweifel als zum Betriebe des Handelsgewerbes gehorig. Die von einem Kaufmann gezeichneten Schuldscheine gelten als im Betriebe des Han-

delsgewerbes gezeichnet, sofern sich nicht aus denselben das Gegentheil ergiebt. Art. 275. Verträge über unbewegliche Sachen sind keine Handelsgeschäfte. Art. 276. Die Eigenschaft oder die Gültigkeit eines Handelsgeschäfts wird dadurch nicht ausgeschlossen, daß einer Person wegen ihres Amtes oder Standes, oder aus gewerbepolizeilichen oder anderen ähnlichen Gründen untersagt ist, Handel zu treiben oder Handelsgeschäfte zu schließen. Art. 277. Bei jedem Rechtsgeschäft, welches auf der Seite eines der Kontrahenten ein Handelsgeschäft ist, sind die Bestimmungen dieses vierten Buchs in Beziehung auf beide Kontrahenten gleichmäßig anzuwenden, sofern nicht aus diesen Bestimmungen selbst sich ergiebt, daß ihre besonderen Festsetzungen sich nur auf denjenigen von beiden Kontrahenten beziehen, auf dessen Seite das Geschäft ein Handelsgeschäft ist.

§ 271. II. Von den Handelsgerichten und Handelsregistern. (B. § 216. G. § 157 b.)

HGB. Artt. 12—14. RG. v. 12. Juni 1869 betr. die Errichtung eines obersten Gerichtshofes für Handelssachen. Gerichtsverfassungsgesetz v. 27. Jan. 1877 Tit. VII: Kammern für Handelssachen.

III. Von den beim Handel vorkommenden Personen.

§ 272. A Kaufleute und Kauffrauen. (B. § 216 u. 217. G. § 157 u. 157 b.)

HGB. Artt 4—11 u. 15—27.

Heise u. Cropp jurist. Abhandl. Bd. 1 Nr. 1 u. 2.

1. HGB. Art. 4. Als Kaufmann im Sinne dieses Gesetzbuchs ist anzusehen, wer gewerbemäßig Handelsgeschäfte betreibt.

2. Das. Art. 5. Die in Betreff der Kaufleute gegebenen Bestimmungen gelten in gleicher Weise in Betreff der Handelsgesellschaften, insbesondere auch der Kommanditgesellschaften auf Aktien und der Actiengesellschaften, [bei welchen der Gegenstand des Unternehmens in Handelsgeschäften besteht] *). Dieselben gelten auch in Betreff der öffentlichen Banken in den Gränzen ihres Handelsbetriebs, unbeschadet der für sie bestehenden Verordnungen.

3. Preuß. LR. II 8 § 477. Ein Minderjähriger soll zur Treibung kaufmännischer Geschäfte erst nach erhaltener Großjährigkeits-Erklärung gelassen werden.

4. Nürnberg. Reform. XXVIII Ges. 6 oben § 178 Nr. 14.

5. Mainz. LR. IV § 3 oben § 181 Nr. 8.

6. Frankf. Ref. III 7 § 12. Dieweil in Kauffhändlen u. Krämereyen, da zwey Eheleuth einen gemeinen Handel treiben, u. die Haußfrauw so wol als der Mann, in Gaden, oder offenem Kram, sitzet, kaufft, u. verkaufft, Gelt einnimpt, u. außgibt, das Register helt, u. dergleichen ubet, Also auch mit denen Eheleuten, so offentlich Wirthschafft, oder Herberg, oder einen gemeinen Weinschanck, halten, schwärlich ist, — Absonderung u. Abtheilung der Güther zu thun: Damit dann die jenigen, so mit ihnen handeln, auch andere, so ihnen ihr Gelt u. Arbeit auffborgen, dardurch nicht betrogen, noch vernachtheilt werden: So wollen Wir, daß in solchem Fall sie beyde Eheleut, samptlich, auch ihr jedes *in solidum* — die Schulden, so sie mit einander gemacht,

*) Die Aenderungen, welche das HGB durch die Reichsgesetzgebung erfahren hat, sind mit lateinischer Schrift gedruckt, gestrichene Stellen des HGB in eckige Klammern gefaßt, die durch das RG. von 1884 hinzugefügten Bestimmungen durch Cursivdruck hervorgehoben

zu bezahlen schuldig seyn sollen, u. darin kein Verzieg, noch auch Absonderung, es seyen dann zuvor alle Schulden bezahlt u. vergnügt, gestattet werden.

7. HGB. Art. 6. Eine Frau, welche gewerbemaßig Handelsgeschäfte betreibt (Handelsfrau), hat in dem Handelsbetriebe alle Rechte und Pflichten eines Kaufmanns. — Es macht hierbei keinen Unterschied, ob sie das Handelsgewerbe allein oder in Gemeinschaft mit Anderen, ob sie dasselbe in eigener Person oder durch einen Prokuristen betreibt.

8. Das. Art. 7. Eine Ehefrau kann ohne Einwilligung ihres Ehemannes nicht Handelsfrau sein. Es gilt als Einwilligung — wenn die Frau mit Wissen u. ohne Einspruch desselben Handel treibt. Die Ehefrau eines Kaufmanns, welche ihrem Ehemanne nur Beihülfe in dem Handelsgewerbe leistet, ist keine Handelsfrau.

9. Das. Art. 15. Die Firma eines Kaufmanns ist der Name, unter welchem er im Handel seine Geschafte betreibt u. die Unterschrift abgiebt.

B. Gehülfen des Kaufmanns.

1. Die Prokuristen, die Handlungsbevollmächtigten und die Handlungsgehülfen. (B. § 218. G. § 158.) § 273.

HGB. Artt. 41—64.

1. HGB. Art. 41. Wer von dem Eigenthümer einer Handelsniederlassung (Prinzipal) beauftragt ist, in dessen Namen u. für dessen Rechnung das Handelsgeschaft zu betreiben u. per procura die Firma zu zeichnen, ist Prokurist.

2. Das. Art. 47. Wenn ein Prinzipal Jemanden ohne Ertheilung der Prokura, sei es zum Betriebe seines ganzen Handelsgewerbes oder zu einer bestimmten Art von Geschäften oder zu einzelnen Geschaften, in seinem Handelsgewerbe bestellt (Handlungsbevollmachtigter), so erstreckt sich die Vollmacht auf alle Geschafte u. Rechtshandlungen, welche der Betrieb eines derartigen Handelsgewerbes oder die Ausführung derartiger Geschäfte gewöhnlich mit sich bringt.

3. Das. Art. 58. Ein Handlungsgehülfe (Handlungsdiener, Handlungslehrling) ist nicht ermächtigt, Rechtsgeschäfte im Namen u. für Rechnung des Prinzipals vorzunehmen. Wird er jedoch von dem Prinzipal zu Rechtsgeschäften in dessen Handelsgewerbe beauftragt, so finden die Bestimmungen über Handlungsbevollmachtigte Anwendung.

2. Die Handelsmäkler. (B. § 219. G. § 158 b) § 274.

HGB. Artt 66—84.

1. HGB. Art. 66. Die Handelsmäkler (Sensale) sind amtlich bestellte Vermittler für Handelsgeschäfte. Sie leisten vor Antritt ihres Amtes den Eid, daß sie die ihnen obliegenden Pflichten getreu erfüllen wollen.

C. Handelsgesellschaften.

1. Im Allgemeinen. (B. § 221. G. § 195.) § 275.

2. Arten derselben.

a. Offene Gesellschaft. (B. § 222. G. § 156.) § 276.

HGB. Artt. 85—149.

1. HGB. Art. 85. Eine offene Handelsgesellschaft ist vorhanden, wenn zwei oder mehrere Personen ein Handelsgewerbe unter gemeinschaftlicher Firma betreiben u. bei keinem der Gesellschafter die Betheiligung auf Vermögenseinlagen beschrankt ist. Zur Gültigkeit des Gesellschaftsvertrages bedarf es der schriftlichen Abfassung oder anderer Förmlichkeiten nicht.

§ 277. b. Stille Gesellschaft. (B. § 223 B. G. § 197.)

HGB. Artt. 250—265.

1. HGB. Art. 250. Eine stille Gesellschaft ist vorhanden, wenn sich Jemand an dem Betriebe des Handelsgewerbes eines Anderen mit einer Vermögenseinlage gegen Antheil an Gewinn u. Verlust betheiligt.

§ 278. c. Kommanditgesellschaft. (B. § 223. G. § 196 b)

HGB. Artt. 150—172.

1. HGB. Art. 150. Eine Kommanditgesellschaft ist vorhanden, wenn bei einem unter einer gemeinschaftlichen Firma betriebenen Handelsgewerbe ein oder mehrere Gesellschafter sich nur mit Vermögenseinlagen betheiligen (Kommanditisten), während bei einem oder mehreren anderen Gesellschaftern die Betheiligung nicht in dieser Weise beschränkt ist (persönlich haftende Gesellschafter). Sind mehrere persönlich haftende Gesellschafter vorhanden, so ist in Ansehung ihrer die Gesellschaft zugleich eine offene Gesellschaft.

§ 279. d Aktiengesellschaft. (B. § 224. G. § 198.)

HGB. Artt. 207—249. Abänderungen oben S. 557.

1. HGB. Art. 207. Eine [Handels-]Gesellschaft ist eine Aktiengesellschaft, wenn sich die sämmtlichen Gesellschafter nur mit Einlagen betheiligen, ohne persönlich für die Verbindlichkeiten der Gesellschaft zu haften. Das [Gesellschaftskapital] *Einlagekapital (Grundkapital)* wird in Aktien [oder auch in Aktienantheile] zerlegt. Die Aktien [oder Aktienantheile] sind untheilbar. Dieselben können auf Inhaber oder auf Namen lauten. *Antheilscheine, in welchen der Bezug der Aktien zugesichert wird oder welche sonst über das Antheilsrecht des Aktionärs vor Ausgabe der Aktien ausgestellt werden (Interimsscheine), dürfen nicht auf Inhaber lauten* Art 215c *Interimsscheine, welche auf Inhaber lauten, sind nichtig, die Ausgeber haften den Besitzern solidarisch für allen durch die Ausgabe verursachten Schaden. Das Gleiche gilt, wenn Aktien oder Interimsscheine auf einen geringeren als den nach Art 207a zugelassenen Betrag gestellt sind oder wenn sie ausgegeben werden, bevor der Gesellschaftsvertrag bei dem Handelsgerichte — in das Handelsregister eingetragen ist* (Vgl. § 207a u. 211, unten Nr. 10.)

2. Das. Art. 207a Die Aktien [oder Aktienantheile] müssen, [wenn sie auf Namen lauten] auf einen Betrag von mindestens [50 Vereinsthalern] 1000 *Mark* [wenn sie auf Inhaber lauten, auf einen Betrag von mindestens 100 Vereinsthalern] gestellt werden. [Bei Versicherungsgesellschaften müssen auch solche Aktien oder Aktienantheile, welche auf Namen lauten, auf einen Betrag von mindestens 100 Vereinsthalern gestellt werden Aktien oder Aktienantheile, welche auf einen geringeren Betrag gestellt werden, sind nichtig Die Ausgeber solcher Aktien oder Aktienantheile sind den Besitzern für allen durch die Ausgabe verursachten Schaden solidarisch verhaftet. Der Nominalbetrag der Aktien oder Aktienantheile darf während des Bestehens der Gesellschaft weder vermindert noch erhöht werden.] *Für ein gemeinnütziges Unternehmen kann — der Bundesrath die Ausgabe von Aktien, welche auf Namen lauten, zu einem geringeren, jedoch mindestens 200 Mark erreichenden Betrage zulassen. — Auf Namen lautende Aktien, deren Uebertragung an die Einwilligung der Gesellschaft gebunden ist, dürfen auf einen Betrag von weniger als 1000, jedoch nicht von weniger als 200 Mark gestellt werden* Die vorstehenden Bestimmungen gelten auch von [Promessen u] Interimsscheinen.

3. Das. Art. 208. [Aktiengesellschaften können nur mit staatlicher Genehmigung errichtet werden.] Eine Aktiengesellschaft gilt als Handelsgesellschaft, auch wenn der Gegenstand des Unternehmens nicht in Handelsgeschäften besteht. [Ueber die Errichtung u. den Inhalt des Gesellschaftsvertrages (Statuts) muß eine gerichtliche oder notarielle Urkunde aufgenommen werden. Zur Aktienzeichnung genügt eine schriftliche Erklärung.]

4. Das. *Art.* 209 *Der Inhalt des Gesellschaftsvertrages (Statut) muss durch mindestens fünf Personen, welche Aktien übernehmen, in gerichtlicher oder*

notarieller Verhandlung festgestellt werden. In derselben ist zugleich der Betrag der von jedem Einzelnen übernommenen Aktien anzugeben Der Gesellschaftsvertrag muss bestimmen 1) die Firma und den Sitz der Gesellschaft, 2) den Gegenstand des Unternehmens, 3) die Höhe des Grundkapitals und der einzelnen Aktien; 4) die Art der Aktien, ob sie auf Inhaber oder auf Namen lauten, und im Falle der Ausgabe beider Arten die Zahl der Aktien einer jeden Art, 5) die Art der Bestellung und Zusammensetzung des Vorstandes, 6) die Form, in welcher die Zusammenberufung der Generalversammlung der Aktionäre geschieht; 7) die Form, in welcher die von der Gesellschaft ausgehenden Bekanntmachungen erfolgen Bekanntmachungen, welche durch öffentliche Blätter erfolgen sollen, sind in den Deutschen Reichsanzeiger einzurücken. Andere Blätter ausser diesem hat der Gesellschaftsvertrag zu bestimmen.

5. HGB. Art. 209a *Der Aufnahme in den Gesellschaftsvertrag bedürfen Bestimmungen, nach welchen 1) das Unternehmen auf eine gewisse Zeit beschränkt wird, 2) Aktien für einen höheren als den Nominalbetrag ausgegeben werden; 3) eine Umwandlung der Aktien rücksichtlich ihrer Art statthaft ist; 4) für einzelne Gattungen von Aktien verschiedene Rechte, insbesondere betreffs der Zinsen oder Dividenden oder des Antheils am Gesellschaftsvermögen, gewährt werden; 5) über gewisse Gegenstände die Generalversammlung der Aktionäre nicht schon durch einfache Stimmenmehrheit, sondern nur durch eine grössere Stimmenmehrheit oder nach anderen Erfordernissen Beschluss fassen kann Für einen geringeren als den Nominalbetrag darf die Ausgabe der Aktien nicht festgesetzt werden.*

6. Das. Art. 209b *Jeder zu Gunsten einzelner Aktionäre bedungene besondere Vortheil muss in dem Gesellschaftsvertrage unter Bezeichnung des Berechtigten festgesetzt werden.*

7. Das. Art. 209c *Die Aktionäre, welche das Statut festgestellt haben oder welche andere als durch Baarzahlung zu leistende Einlagen machen, gelten als die Gründer der Gesellschaft.*

8. Das. Art. 209f. *Jede Aktiengesellschaft muss ausser dem Vorstande einen Aufsichtsrath haben.*

a Das. Art. 227. Die Aktiengesellschaft wird durch den Vorstand gerichtlich u. außergerichtlich vertreten.

b. Das. Art. 225a (jetzt 225). **Der Aufsichtsrath überwacht den Vorstand bei seiner Geschäftsführung in allen Zweigen der Verwaltung** [zuerst Art. 225: ist ein Aufsichtsrath bestellt, so überwacht derselbe die Geschäftsführung der Gesellschaft in allen Zweigen der Verwaltung].

9 Das. Art. 210. Der Gesellschaftsvertrag muß bei dem Handelsgerichte, in dessen Bezirk die Gesellschaft ihren Sitz hat, in das Handelsregister eingetragen u. im Auszuge veröffentlicht werden. Vgl. jetzt Art. 210 u. 210c

10. Das. Art. 211. Vor erfolgter Eintragung in das Handelsregister besteht die Aktiengesellschaft als solche nicht. [**Die vor der Eintragung ausgegebenen Aktien oder Aktienantheile sind nichtig Die Ausgeber sind den Besitzern für allen durch die Ausgabe verursachten Schaden solidarisch verhaftet**] Ist vor der Eintragung im Namen der Gesellschaft gehandelt worden, so haften die Handelnden persönlich u. solidarisch.

11. Das. Art. 213. Die Aktiengesellschaft als solche hat selbstständig ihre Rechte und Pflichten; sie kann Eigenthum u. andere dingliche Rechte an Grundstücken erwerben; sie kann vor Gericht klagen u. verklagt werden. Ihr ordentlicher Gerichtsstand ist bei dem Gerichte, in dessen Bezirke sie ihren Sitz hat.

12. Das. Art. 216. Jeder Aktionär hat einen verhältnißmäßigen Antheil an dem Vermögen der Gesellschaft. Er kann den eingezahlten Betrag nicht zurückfordern und hat, solange die Gesellschaft besteht, nur einen Anspruch auf den reinen Gewinn, soweit dieser nach dem Gesellschaftsvertrage zur Vertheilung unter die Aktionäre bestimmt ist.

13. Das. Art. 217. Zinsen von bestimmter Höhe dürfen für die Aktionäre nicht bedungen noch ausbezahlt werden; es darf nur dasjenige unter sie vertheilt werden, was sich nach der jährlichen Bilanz [u. wenn im Gesellschaftsvertrage die Innehaltung eines Reservekapitals bestimmt ist, nach Abzug desselben] als reiner [Ueberschuß **über die volle Einlage**] *Gewinn* ergiebt. [**Die Aktionäre können bis zur Wiederergänzung des durch Verlust verminderten Gesammtbetrages**

der Einlagen Dividenden nicht beziehen] Jedoch können für den im Gesellschaftsvertrag angegebenen Zeitraum, welchen die Vorbereitung des Unternehmens bis zum Anfange des vollen Betriebes erfordert, den Aktionären Zinsen von bestimmter Höhe bedungen werden.

14. HGB. Art. 218. Der Aktionär ist in keinem Falle verpflichtet, die in gutem Glauben empfangenen Zinsen u. Dividenden zurückzugeben.

15. Das. Art. 219. *Die Verpflichtung des Aktionars, zu den Zwecken der Gesellschaft u zur Erfullung ihrer Verbindlichkeiten beizutragen, wird durch den Nominalbetrag der Aktie, in dem Falle des Art* 209a *Ziff* 2 (oben Nr. 5) — *durch den Betrag, fur welchen die Aktie ausgegeben ist, begränzt*

16. Das. Art. 224 (j. 221). Die Rechte, welche den Aktionären in den Angelegenheiten der Gesellschaft, insbesondere in Beziehung auf die Führung der Geschäfte, die [Einsicht und] Prüfung der Bilanz u. die Bestimmung der Gewinnvertheilung zustehen, werden [von der Gesammtheit der Aktionäre] in der Generalversammlung *durch Beschlussfassung der erschienenen Aktionare* ausgeübt. [Jede Aktie gewährt dem Inhaber eine Stimme, wenn nicht der Gesellschaftsvertrag ein anderes festsetzt.]

17. Das. Art. 222. *Die Vorschriften im Art* 190a (*unten* § 280 *Nr* 10) — *uber die Anfechtung eines Beschlusses der Generalversammlung finden mit der Massgabe Anwendung, dass an Stelle der personlich haftenden Gesellschafter der Vorstand tritt.*

§ 280. e Kommanditgesellschaft auf Aktien. (B. § 226. G. § 198b)

HGB. Artt. 173—206. RG. v. 1870 u. 1884 oben S. 557.

1. HGB. Art. 173. Das *Gesammt*-Kapital der Kommanditisten kann in Aktien [oder Aktienantheile] zerlegt werden. *Die Aktien sind untheilbar.* [Die Aktien oder Aktienantheile müssen auf Namen lauten.] *Dieselben konnen auf Inhaber oder auf Namen lauten.* [Sie müssen auf einen Betrag von mindestens funfzig Vereinsthalern gestellt werden, wenn nicht die Landesgesetze nach Maaßgabe der besonderen örtlichen Bedürfnisse einen geringeren Betrag gestatten.] [Aktien oder Aktienantheile, welche auf Inhaber lauten, oder welche auf einen geringeren als den gesetzlich bestimmten Betrag gestellt werden, sind nichtig. Die Ausgeber solcher Aktien oder Aktienantheile sind den Besitzern für allen durch die Ausgabe verursachten Schaden solidarisch verhaftet.] Vgl. 181a = 215c oben § 279 Nr. 1.

2. Das. Art. 173a. *Die Aktien mussen auf einen Betrag von mindestens* 1000 *Mark gestellt werden* (Ausnahmen wie oben § 279 Nr 2)

3. Das. Art. 174. [Kommanditgesellschaften auf Aktien konnen nur mit staatlicher Genehmigung errichtet werden.] Eine Kommanditgesellschaft auf Aktien gilt als Handelsgesellschaft, auch wenn der Gegenstand des Unternehmens nicht in Handelsgeschaften besteht

4. Das. Art. 174a. *Die personlich haftenden Gesellschafter haben sich bei Errichtung der Gesellschaft mit Einlagen zu betheiligen, welche zusammen mindestens den zehnten Theil des Gesammtkapitals der Kommanditisten und, wenn dieses drei Millionen Mark ubersteigt, fur den ubersteigenden Betrag den funfzigsten Theil desselben darstellen*

5. Das. Art. 175. *Der Inhalt des Gesellschaftsvertrages (Statut) muss durch die personlich haftenden Gesellschafter in gerichtlicher oder notarieller Verhandlung festgestellt werden Der Gesellschaftsvertrag muss enthalten.* 1) *den Namen, Vornamen, Stand und Wohnort, sowie die Hohe und Art der Einlage jedes personlich haftenden Gesellschafters;* 2) *die Firma der Gesellschaft und den Ort, wo sie ihren Sitz hat,* 3) *den Gegenstand des Unternehmens,* 4) *die Zahl und den Betrag der Aktien,* 5—7 wie ob. § 279 Nr. 4 sub 4, 6, 7.

6. Das. Art. 175a *Der Aufnahme in den Gesellschaftsvertrag bedurfen Bestimmungen, nach welchen.* 1—5 (wie ob. § 279 Nr. 5 sub 1—5); 6) *ein Austreten einzelner personlich haftender Gesellschafter die Auflosung der Gesellschaft nicht zur Folge hat. — Fur einen geringeren als den Nominalbetrag darf die Ausgabe der Aktien nicht festgesetzt werden.*

7. HGB. Art. 175b = oben § 279 Nr. 6, nur statt Aktionar: *Gesellschafter.*

8. Das. Art. 178. Vor erfolgter Eintragung in das Handelsregister besteht die Kommanditgesellschaft als solche nicht. [Die vor der Eintragung ausgegebenen Aktien oder Aktienantheile sind nichtig.] Ist vor der Eintragung ꝛc. wie ob. § 279 Nr. 10.

9. Das. Art. 199. Eine Uebereinkunft, durch welche das Austreten eines oder mehrerer personlich haftender Gesellschafter bestimmt wird, steht der Auflosung der Gesellschaft gleich Zu derselben bedarf es der Zustimmung [einer] *der* Generalversammlung der Kommanditisten. Es kann jedoch durch den Gesellschaftsvertrag [oder durch einen denselben abandernden Vertrag] bestimmt werden, dass das Austreten eines oder mehrerer persönlich haftender Gesellschafter die Auflosung der Gesellschaft dann nicht zur Folge habe, wenn mindestens noch ein personlich haftender Gesellschafter bleibt

10. Das. Art. 181. *Die Einlagen, mit welchen ein persönlich haftender Gesellschafter sich — betheiligt hat, durfen ihm weder ganz noch theilweise zuruckgegeben oder erlassen werden. Er darf den Antheil, welcher ihm am Gesellschaftsvermögen einschliesslich des Gesammtkapitals der Kommanditisten auf solche Einlagen zugewiesen ist, nur an andere persönlich haftende Gesellschafter veraussern. In gleicher Weise ist, wenn er als persönlich haftender Gesellschafter ausscheidet, die Veräusserung desjenigen, was ihm auf solche Einlagen bei der Auseinandersetzung zugewiesen ist, bis zum Ablauf von drei Jahren seit dem Ausscheiden, jedoch nicht langer als bis zum Ablauf von zehn Jahren seit Eintragung des Gesellschaftsvertrages in das Handelsregister beschrankt. Während der Dauer dieser Beschränkung darf der Antheil des Gesellschafters oder dasjenige, was ihm bei der Auseinandersetzung zugewiesen ist, nicht ausgeliefert und fur Privatgläubiger desselben nur insoweit gepfandet werden, als diese Gegenstände nicht bis zum Ablauf der Zeitbeschränkung wegen Forderungen der Gesellschaft oder solcher Gesellschaftsglaubiger, deren Anspruche vor dem Ausscheiden des persönlich haftenden Gesellschafters entstanden waren, verwendet oder gepfandet sind Soweit die Einlagen auf das Gesammtkapital der Kommanditisten gemacht sind, hat der Aufsichtsrath die hierfur auszustellenden Aktien- oder Interimsscheine in Verwahrung zu nehmen und mit dem Vermerk „unveräusserlich" zu versehen Die Loschung des Vermerkes findet durch den Aufsichtsrath nach dem Wegfalle der bezeichneten Beschrankung statt.*

11. Das. Art. 190a *Ein Beschluss der Generalversammlung kann wegen Verletzung des Gesetzes oder des Gesellschaftsvertrages als ungultig im Wege der Klage angefochten werden Dieselbe findet nur binnen der Frist von einem Monate statt Zur Anfechtung befugt ist ausser personlich haftenden Gesellschaftern jeder in der Generalversammlung erschienene Kommanditist, sofern er gegen den Beschluss Widerspruch zum Protokoll erklart hat, und jeder nicht erschienene Kommanditist, sofern er die Anfechtung darauf grundet, dass die Berufung der Generalversammlung oder die Ankundigung des Gegenstandes der Beschlussfassung nicht gehorig erfolgt war. Die Klage ist gegen die personlich haftenden Gesellschafter, soweit sie nicht selbst klagen, und gegen den Aufsichtsrath zu richten. Ein klagender Kommanditist hat seine Aktien gerichtlich zu hinterlegen und auf Verlangen der Gesellschaft wegen der ihr drohenden Nachtheile eine nach freiem Ermessen des Gerichts zu bestimmende Sicherheit zu leisten Soweit durch ein Urtheil rechtskraftig der Beschluss für ungultig erklart ist, wirkt es auch gegenuber den Kommanditisten, welche nicht Partei sind Dasselbe ist von den personlich haftenden Gesellschaftern ohne Verzug zu dem Handelsregister einzureichen. War der Beschluss in dasselbe eingetragen, so ist auch das Urtheil einzutragen und in gleicher Weise wie der Beschluss zu veroffentlichen. Art 190b. Fur einen durch unbegrundete Anfechtung des Beschlusses der Gesellschaft entstandenen Schaden haften ihr solidarisch die Kläger, welchen bei Erhebung der Klage eine bösliche Handlungsweise zur Last fallt.*

12. Das. Art. 191. *Der Aufsichtsrath besteht, sofern nicht der Gesellschaftsvertrag eine hohere Zahl festsetzt, aus drei von der Generalversammlung der Kommanditisten zu wahlenden Mitgliedern. Persönlich haftende Gesellschafter können nicht Mitglieder des Aufsichtsraths sein.*

§ 281. Anhang. Erwerbs- und Wirthschafts-Genossenschaft.

RG. (Nd.-BG.) v. 4. Juli 1868, betr. die privatrechtliche Stellung der Erwerbs- u. Wirthschafts-Genossenschaften.

1. RG § 1. Gesellschaften von nicht geschlossener Mitgliederzahl, welche die Förderung des Kredits, des Erwerbes oder der Wirthschaft ihrer Mitglieder mittelst gemeinschaftlichen Geschäftsbetriebes bezwecken (Genossenschaften), namentlich 1) Vorschuß- u. Kreditvereine, 2) Rohstoff- u. Magazinvereine, 3) Vereine zur Anfertigung von Gegenständen u. zum Verkauf der gefertigten Gegenstande auf gemeinschaftliche Rechnung (Productivgenossenschaften), 4) Vereine zum gemeinschaftlichen Einkauf von Lebensbedürfnissen im Großen u. Ablaß in kleineren Partien an ihre Mitglieder (Konsumvereine), 5) Vereine zur Herstellung von Wohnungen an ihre Mitglieder, erwerben die im gegenwärtigen Gesetze bezeichneten Rechte einer „eingetragenen Genossenschaft" unter den nachstehend angegebenen Bedingungen.

a RG. v. 19. Mai 1871. Die im § 1 des G. v. 4. Juli 1868 bezeichneten Gesellschaften verlieren den Character von Genossenschaften im Sinne des gedachten Gesetzes dadurch nicht, daß ihnen die Ausdehnung ihres Geschäftsbetriebes auf Personen, welche nicht zu ihren Mitgliedern gehoren, im Statute gestattet wird.

2. RG. § 2. Zur Gründung der Genossenschaft bedarf es 1) der schriftlichen Abfassung des Gesellschaftsvertrags (Statuts); 2) der Annahme einer gemeinschaftlichen Firma. Die Firma — muß vom Gegenstande der Unternehmung entlehnt sein u. die zusätzliche Bezeichnung „eingetragene Genossenschaft" enthalten. Der Name von Mitgliedern (Genossenschaftern) oder anderen Personen darf in die Firma nicht aufgenommen werden.

3. Das. § 4. Der Gesellschaftsvertrag muß bei dem Handelsgerichte, in dessen Bezirk die Genossenschaft ihren Sitz hat, nebst dem Mitgliederverzeichnisse durch den Vorstand eingereicht, vom Gerichte in das Genossenschaftsregister, welches, wo ein Handelsregister existirt, einen Theil von diesem bildet, eingetragen u. im Auszuge veröffentlicht werden.

4. Das. § 6. Jede Abanderung des Gesellschaftsvertrags muß schriftlich erfolgen u. dem Handelsgerichte — angemeldet werden.

5. Das. § 8. Das Genossenschaftsregister ist offentlich, u. gelten hierbei die im Allg. D. HGB. in Bezug auf das Handelsregister gegebenen Bestimmungen.

6. Das. § 11. Die eingetragene Genossenschaft kann unter ihrer Firma Rechte erwerben u. Verbindlichkeiten eingehen, Eigenthum u. andere dingliche Rechte an Grundstücken erwerben, vor Gericht klagen u. verklagt werden. — Genossenschaften gelten als Kaufleute im Sinne des Allg. D. HGB., soweit dieses Gesetz keine abweichenden Vorschriften enthalt.

7. Das. § 12. Insoweit die Genossenschaftsgläubiger aus dem Genossenschaftsvermogen nicht befriedigt werden konnen, haften ihnen alle Genossenschafter, ohne daß diesen die Einrede der Theilung zusteht, für die Ausfalle solidarisch u. mit ihrem ganzen Vermogen. Diese Solidarhaft kann von einem Genossenschaftsglaubiger nur geltend gemacht werden — im Falle des Konkurses — oder wenn die Eroffnung des Konkurses nicht erfolgen kann. Wer in eine bestehende Genossenschaft eintritt, haftet gleich den anderen Genossenschaftern für alle von der Genossenschaft auch vor seinem Eintritte eingegangenen Verbindlichkeiten. Ein entgegenstehender Vertrag ist gegen Dritte ohne rechtliche Wirkung.

8. Das. § 13. Die Privatglaubiger eines Genossenschafters sind nicht befugt, die zum Genossenschaftsvermogen gehorigen Sachen 2c. zum Behufe ihrer Befriedigung oder Sicherstellung in Anspruch zu nehmen.

9. Das. § 16. Hat ein Privatglaubiger eines Genossenschafters nach fruchtlos vollstreckter Exekution in dessen Privatvermogen die Exekution in das demselben bei der demnachstigen Auseinandersetzung zukommende Guthaben erwirkt, so ist er berechtigt, — Behufs seiner Befriedigung, nach vorher von ihm geschehener Aufkündigung, das Ausscheiden jenes Genossenschafters zu verlangen.

10. Cit. RG. § 17. Jede Genossenschaft muß einen aus der Zahl der Genossenschafter zu wahlenden Vorstand haben. Sie wird durch denselben gerichtlich u. außergerichtlich vertreten.

11. Das. § 18. Die jeweiligen Mitglieder des Vorstandes müssen alsbald nach ihrer Bestellung zur Eintragung in das Genossenschaftsregister angemeldet werden.

12. Das. § 20. Die Genossenschaft wird durch die vom Vorstande in ihrem Namen geschlossenen Rechtsgeschafte berechtigt u. verpflichtet. — Die Befugniß des Vorstandes zur Vertretung der Genossenschaft erstreckt sich auch auf diejenigen Geschäfte u. Rechtshandlungen, für welche nach den Gesetzen eine Specialvollmacht erforderlich ist.

13. Das. § 39. Die aus der Genossenschaft ausgetretenen oder ausgeschlossenen Genossenschafter — haben, wenn der Gesellschaftsvertrag nichts Anderes bestimmt, an den Reservefonds u. an das sonst vorhandene Vermögen der Genossenschaft keinen Anspruch, sind vielmehr nur berechtigt zu verlangen, daß ihnen ihr Geschaftsantheil, wie er sich aus den Büchern ergiebt, binnen 3 Monaten nach ihrem Ausscheiden ausgezahlt werde.

14. Das. § 40. Nach Auflosung der Genossenschaft außer dem Falle des Konkurses erfolgt die Liquidation durch den Vorstand, wenn nicht dieselbe durch den Gesellschaftsvertrag an andere Personen übertragen wird.

15. Das. § 41. Die Liquidatoren sind von dem Vorstande beim Handelsgerichte zur Eintragung in das Genossenschaftsregister anzumelden. — Das Austreten eines Liquidators oder das Erloschen der Vollmacht eines solchen ist gleichfalls zur Eintragung in das Genossenschaftsregister anzumelden.

16. Das. § 43. Die Liquidatoren haben — die Genossenschaft gerichtlich u. außergerichtlich zu vertreten.

17. Das. § 63. Die Klagen gegen einen Genossenschafter aus Ansprüchen gegen die Genossenschaft verjahren in 2 Jahren nach Auflösung der Genossenschaft oder nach seinem Ausscheiden oder seiner Ausschließung aus derselben, sofern nicht nach Beschaffenheit der Forderung eine kürzere Verjahrungsfrist gesetzlich eintritt.

18. Konkursordnung v. 10. Febr. 1877 § 195. Ueber das Vermögen einer eingetragenen Genossenschaft findet das Konkursverfahren außer dem Falle der Zahlungsunfähigkeit in dem Falle des § 48 des G. v. 4. Juli 1868 Statt.

19. Genoss.-G. § 48. Die Liquidatoren haben — eine Bilanz aufzustellen. Ergiebt diese, daß das Vermögen der Genossenschaft zur Deckung der Schulden nicht hinreicht, so haben die Liquidatoren bei eigener Verantwortlichkeit sofort eine Generalversammlung zu berufen u. hierauf, sofern nicht Genossenschafter binnen 8 Tagen — den zur Deckung des Ausfalles erforderlichen Betrag baar einzahlen, die Eroffnung des Konkurses — zu beantragen.

20. Konkurs-O. § 197. Nach der Aufhebung des Konkursverfahrens sind die Konkursglaubiger, deren Forderungen festgestellt worden sind, berechtigt, wegen des in dem Verfahren erlittenen Ausfalls einschließlich der Zinsen u. Kosten, die einzelnen ihnen solidarisch haftenden Genossenschafter in Anspruch zu nehmen.

IV. Von den bei den Handelsgeschäften eintretenden Rechten.

A. Im Allgemeinen. (B. § 227.) § 282.

HGB. Artt. 278—336.

B. Einzelne Handelsgeschäfte.

1. Der Handelskauf.

a Ueberhaupt. (B. § 228. G. § 178.) § 283.

HGB. Artt. 337—359.

1. HGB. Art. 337. Das Anerbieten zum Verkauf, welches erkennbar für mehrere Personen, insbesondere durch Mittheilung von Preislisten, Lagerverzeichnissen, Proben oder Mustern geschieht, oder bei welchem die Waare, der Preis oder die Menge nicht bestimmt bezeichnet ist, ist kein verbindlicher Antrag zum Kauf.

2. Das. Art. 338. Nach den Bestimmungen über den Kauf ist auch ein Handelsgeschäft zu beurtheilen, dessen Gegenstand in der Lieferung einer Quantität vertretbarer Sachen gegen einen bestimmten Preis besteht.

3. Das. Art. 339. Ein Kauf auf Besicht oder auf Probe ist unter der in dem Willen des Käufers stehenden Bedingung geschlossen, daß der Käufer die Waare besehen oder prüfen u. genehmigen werde. Diese Bedingung ist im Zweifel eine aufschiebende.

4. Das. Art. 340. Ein Kauf nach Probe oder Muster ist unbedingt, jedoch unter der Verpflichtung des Verkäufers geschlossen, daß die Waare der Probe oder dem Muster gemäß sei.

5. Das. Art. 341. Ein Kauf zur Probe ist unbedingter Kauf unter Hinzufügung des Beweggrundes.

§ 284. b. Insbesondere beim Handel mit Staatspapieren. (B. § 229. G. § 179.)

HGB. Artt. 354—359.

§ 285. 2. Das Kommissionsgeschaft. (B. § 231. G. § 199.)

HGB. Artt. 360—378.

1. HGB. Art. 360. Kommissionar ist derjenige, welcher gewerbemäßig in eigenem Namen für Rechnung eines Auftraggebers (Kommittenten) Handelsgeschäfte schließt. Durch die Geschäfte, welche der Kommissionar mit Dritten schließt, wird er allein berechtigt u. verpflichtet. Zwischen dem Kommittenten u. den Dritten entstehen daraus keine Rechte u. Pflichten. Ist von dem Auftraggeber ausdrücklich bestimmt, daß das Geschäft auf seinen Namen abgeschlossen werden soll, so ist dies keine kaufmännische Kommission, sondern ein gewöhnlicher Auftrag zu einem Handelsgeschäft.

§ 286. 3. Das Speditionsgeschäft. (B. § 232. G. § 199 2).)

HGB. Artt. 379—389.

1. HGB. Art. 379. Spediteur ist derjenige, welcher gewerbemäßig in eigenem Namen für fremde Rechnung Gütersendungen durch Frachtführer oder Schiffer zu besorgen übernimmt.

4. Das Frachtgeschaft.

§ 287. a Ueberhaupt. (B. § 233. G. § 183.

HGB. Artt. 390—421.

1. HGB. Art. 390. Frachtführer ist derjenige, welcher gewerbemäßig den Transport von Gütern zu Lande oder auf Flüssen u. Binnengewässern ausführt.

§ 288. b. Bei Eisenbahnen insbesondere. (B. § 233. G. § 183.)

HGB. Artt. 422—431. RG. v. 7. Juni 1871 (ob. § 145).

Zweites Capitel. Wechselrecht.

I. Einleitung.

A. Begriff und Arten des Wechsels. (B. § 235 u. 236 G. § 206.) § 289.

1. Formular eines trassirten Wechsels:

Prima Frankfurt a. M, den 29. October 1879. Für Mk. 1000.

Acht Tage nach Sicht zahlen Sie gegen diesen meinen Prima-Wechsel an Herrn Joachim Müller oder dessen Ordre die Summe von Eintausend Mark. Werth baar erhalten u. stellen es in Rechnung laut Bericht.

Herrn Leopold Konig Franz Schneider.
in Hamburg. Acceptirt am 3. November 1879 für Tausend Mk.
Leopold König.

2. Formular eines eigenen Wechsels:

Sola Göttingen, den 29. October 1879. Pr. 1500 Mark.

Sechs Wochen a Dato zahle ich gegen diesen meinen Sola-Wechsel an Herrn Joseph Meyer oder Ordre die Summe von funfzehn Hundert Mark. Werth baar erhalten.

Auf mich selbst dahier Valentin Schuster.

3. Formular eines Wechsels an eigene Ordre:
Zwei Monate nach Dato zahlen Sie gegen diesen Prima-Wechsel an meine eigene Ordre die Summe von Eintausend Gulden. Werth in mir selbst.

4. Deutsche WO. 6. Der Aussteller kann sich selbst als Remittenten (Art. 4 Nr. 3) bezeichnen (Wechsel an eigene Ordre). Desgleichen kann der Aussteller sich selbst als Bezogenen (Art. 4 Nr. 7) bezeichnen, sofern die Zahlung an einem anderen Orte als dem der Ausstellung geschehen soll (trassirt-eigene Wechsel).

5 Code de comm art. 110. La lettre de change est tirée *d'un lieu sur un autre*

B Gang eines trassirten Wechsels. § 290.

C. Geschichte des Wechselrechts. (B. § 235.) § 291.

Martens Versuch einer historischen Entwickelung des wahren Ursprungs des Wechselrechts. Gött. 1797. Eichhorn RG. § 574. *W. T. Kraut* de argentariis et nummulariis. Gött. 1826. Fr. A. Biener Abhandlungen a. d. Gebiete der Rechtsgeschichte (Leipz. 1846) Abh. 2; dess. Wechselrechtl. Abhandlungen (s. § 293) Abh. 1. Dedekind Vergangenheit u. Gegenwart des deutsch. Wechselrechts. Braunschw. 1844. M. Neumann Geschichte des Wechsels im Hansagebiete bis zum 17. Jahrh. Erlang. 1863. C. W. Pauli lübeckische Zustände (oben S. 92) I S. 143 ff.; II S. 98 ff. Stobbe in Ztschr. f. HR. 8 (1865) S. 33; Brunner das. Bd. 22 (1877) S. 1.

1. RAbsch. v. 1654 § 107. Als auch bey den Handels-Stadten, in Wechsel-Sachen, zu Meß-Zeiten u. sonsten *Casus* vorfallen, da nicht allein nach Kauffmanns-Gebrauch, sondern nach aller Rechts-Gelehrten Meynung die *parata Executio* stracks Platz haben solle, u. innerhalb 24 Stunden oder etlich wenig Tagen zu geschehen pflegt, so lassen wir es auch — darbey dergestalt verbleiben, daß in

solchen Wechsel-Fällen dem Richter erster Instanz unbenommen seyn solle, ohngehindert einiger Appellation oder Provocation — die Execution zu vollziehen.

2. Reichsschluß v. 1671 (RAbsch. IV 76). Wir ordnen u. setzen, daß nach der bekannten Handelsregel: *Qui acceptat, solvat*, in acceptirten Wechselbriefen die Exceptio *non numeratae pecuniae* nicht angenommen werden, hingegen aber dergleichen Acceptationes — schriftlichen geschehen sollen; jedoch daß nichtsdestoweniger wegen der mündlich acceptirten Wechselbriefe es bey den Rechten u. Observanz sein Bewenden habe.

§ 292. D. Quellen des Wechselrechts. (B. § 234. G. § 205 No. 1.)

Dedekind Abriß einer Geschichte der Quellen des Wechselrechts. Braunschw 1843.

Quellen-Sammlungen: *Siegel* Corpus iuris cambialis. 2 Thle. Leipz 1742. f. Hierzu 4 Fortsetzungen v. Uhl. Leipz. 1757—86. f. Meißner Codex der Europäischen Wechselrechte. 2 Bde. Nürnb. 1836 bis 1837 (Bd. 1: die deutschen Wechselgesetze). S. Borchardt vollst. Sammlg. der deutschen Wechselgesetze u. der ausländ. Wechselgesetze in deutscher Uebersetzung. Berl. 1871. — Hamburg StR. v. 1603 II 7. Preuß. LR. (ob. § 267) II 8 § 713—1249.

Entwurf e. WO. für das Kgr. Sachsen v. Einert. Dresd. 1841. 4., für das Herzogth. Braunschweig v. Liebe. Brschwg. 1843, für Mecklenburg v Thöl. Rost. 1847. Entwurf e. WO. für die Preußischen Staaten nach den Beschlüssen der Commission des königl. Staatsraths. Berl 1847.

Protocolle der zur Berathung einer Allg. D. WO. in der Zeit v. 20 Oct.—9. Dec. 1847 in Leipzig abgehaltenen Conferenz. Leipz. 1848. 4. Protocolle der Leipziger Wechsel-Conferenz hg v. Thöl. Gött. 1866.

RG. v 26. Nov 1848 (ob. § 18 Nr. 5, Thöl WR. § 148 n. 6). Einführungsgesetze: Preußen 6. Jan. 1849, Oesterreich, Bayern 25. Juli 1850, Hannover 7. April 1849. RG. (Nd. BG.) v. 5. Juni 1869 ob. § 267 u. § 18 Nr. 7. Ueber die Geschichte der Allg. D. WO Thöl WR. § 147—150. Die Nürnberger Novellen das. § 149. — Der Text der WO und der Nürnb. Nov. ist im vorliegenden Grundriß vollständig abgedruckt; die Nürnb. Nov. sind durch lat. Schrift kenntlich gemacht. Vgl. die Uebersicht am Schluß des Vorworts.

RG betr. die Wechselstempelsteuer v. 10. Juni 1869 und Abändrung desselben durch RG. v. 4. Juni 1879 RG. betr. die Aufhebung der Schuldhaft v. 29 Mai 1868. Civilprozeßordnung v. 30. Jan. 1877 § 565—567 (Wechselprozeß), Einführungsgesetz § 13. Concursordnung v. 10 Feb. 1877, Einführungsgesetz § 3.

1. D. WO. 84. Die Fähigkeit eines Ausländers, wechselmäßige Verpflichtungen zu übernehmen, wird nach den Gesetzen des Staates beurtheilt, welchem derselbe angehört. Jedoch wird ein nach den Gesetzen seines Vaterlandes nicht wechselfähiger Ausländer durch Uebernahme von Wechselverbindlichkeiten im Inlande verpflichtet, insofern er nach den Gesetzen des Inlandes wechselfähig ist.

2. Art. 85. Die wesentlichen Erfordernisse eines im Auslande ausgestellten Wechsels, so wie jeder anderen im Auslande ausgestellten Wechselerklärung werden nach den Gesetzen des Ortes beurtheilt, an welchem die Erklärung erfolgt

ist. Entsprechen jedoch die im Auslande geschehenen Wechselerklärungen den Anforderungen des inländischen Gesetzes, so kann daraus, daß sie nach ausländischen Gesetzen mangelhaft sind, kein Einwand gegen die Rechtsverbindlichkeit der später im Inlande auf den Wechsel gesetzten Erklärungen entnommen werden. Ebenso haben Wechselerklärungen, wodurch sich ein Inländer einem anderen Inländer im Auslande verpflichtet, Wechselkraft, wenn sie auch nur den Anforderungen der inländischen Gesetzgebung entsprechen.

3. D. WO. 86. Ueber die Form der mit einem Wechsel an einem ausländischen Platze zur Ausübung oder Erhaltung des Wechselrechts vorzunehmenden Handlungen entscheidet das dort geltende Recht.

E. Literatur des Wechselrechts. (B. § 234. G. § 205 No. 1.) § 293.

G. C. Treitschke alphabetische Encyclopädie der Wechselrechte u. Wechselgesetze. 2 Bde. Lpz. 1831. C. Einert das Wechselrecht nach den Bedürfnissen der Wechselgeschäfte im 19. Jahrh. Leipz. 1839. Liebe die Stipulation u. das einfache Versprechen. Braunschweig 1840. Thöl Handelsr. Bd. 2 (oben S. 558). A. Renaud Lehrb. des gem. Deutschen sowie des in der Allg. D. Wechselordnung enthaltenen Wechselrechts. Aufl. 3. Gießen 1868. Kuntze Deutsches Wechselrecht. Leipz. 1862. Kuntze u. Brachmann das Wechselrecht in Endemanns Handbuch des HR. IV 2 (Leipz. 1884). — Biener wechselrechtl. Abhdlgn. Leipz. 1859. — Archiv f. deutsches Wechselrecht hg. v. E. Siebenhaar u. Th. Tauchnitz, erscheint z. Leipzig seit 1851, jährl. 1 Bd. in 4 Hftn.

II. Von der Wechselfähigkeit. (B. § 237. G. § 207.) § 294.

1. D WO. 1. Wechselfähig ist Jeder, welcher sich durch Verträge verpflichten kann.

2. Art. 2. Der Wechselschuldner haftet für die Erfüllung der übernommenen Wechselverbindlichkeit mit seiner Person und seinem Vermögen. Nov. 1 oben § 119 Litt b. Jedoch ist der Wechselarrest nicht zulässig: 1) gegen die Erben eines Wechselschuldners; 2) aus Wechselerklärungen, welche für Corporationen oder andere juristische Personen, für Aktiengesellschaften oder in Angelegenheiten solcher Personen, welche zu eigener Vermögensverwaltung unfähig sind, von den Vertretern derselben ausgestellt werden; 3) gegen Frauen, wenn sie nicht Handel oder ein anderes Gewerbe treiben. Nov 2. Den Landesgesetzen bleibt vorbehalten, die Vollstreckung des Wechselarrestes auch noch auszuschliessen a) gegen die Mitglieder der Standeversammlung wahrend der Dauer der letzteren; b) gegen Officiere u Soldaten, Auditeure u Militärärzte u sonstige Militarbeamte, so lange sie sich im aktiven Dienste befinden; c) gegen Civilstaatsdiener im aktiven Dienste; d) gegen ordinirte Geistliche; e) gegen den Schiffer, die Schiffsmannschaft, sowie alle übrigen auf dem Schiffe angestellten Personen, wenn das Schiff zum Abgehen fertig (segelfertig) ist; f) wenn über das Vermögen des Schuldners der Concurs eröffnet, oder der Schuldner zur Güterabtretung zugelassen worden ist, wegen der früher entstandenen Forderungen, u. g) wenn der Schuldarrest wenigstens 1 Jahr hindurch vollstreckt worden ist, wegen der früheren Forderungen desjenigen Gläubigers, welcher den Arrest beantragt hat, sofern derselbe nicht nachweist, dass dem Schuldner Befriedigungsmittel zu Gebote stehen. Inwiefern aus Gründen des öffentlichen Rechts die Vollstreckung des Wechselarrestes gegen andere als die vorgenannten Personen Beschränkungen erleidet, ist in besonderen Gesetzen bestimmt.

a RG. v. 29. Mai 1868 § 1 oben § 119 Nr. 21.

3. D. WO. 3. Finden sich auf einem Wechsel Unterschriften von Personen, welche eine Wechselverbindlichkeit überhaupt nicht oder nicht mit vollem Erfolge eingehen können, so hat dies auf die Verbindlichkeit der übrigen Wechselverpflichteten keinen Einfluß.

4. Art. 94. Wechselerklärungen, welche statt des Namens mit Kreuzen oder anderen Zeichen vollzogen sind, haben nur dann, wenn diese Zeichen gerichtlich oder notariell beglaubigt worden, Wechselkraft.

5. Art. 95. Wer eine Wechselerklärung als Bevollmächtigter eines Anderen unterzeichnet, ohne dazu Vollmacht zu haben, haftet persönlich in gleicher Weise, wie der angebliche Machtgeber gehaftet haben würde, wenn die Vollmacht ertheilt gewesen wäre. Dasselbe gilt von Vormündern und anderen Vertretern, welche mit Ueberschreitung ihrer Befugnisse Wechselerklärungen ausstellen.

6. Art. 84 s. § 292 Nr. 1.

III. Rechtsverhältnisse bei trassirten Wechseln.

§ 295. A. Begründung der Wechselschuld. (B. § 235. G. § 209)

1. D. WO. 8. Der Aussteller eines Wechsels haftet für dessen Annahme und Zahlung wechselmäßig.

§ 296. B. Erfordernisse des Wechsels. (B. § 239. G. § 208.)

1. D. WO. 4. Die wesentlichen Erfordernisse eines gezogenen Wechsels sind: 1) die in den Wechsel selbst aufzunehmende Bezeichnung als Wechsel, oder, wenn der Wechsel in einer fremden Sprache ausgestellt ist, ein jener Bezeichnung entsprechender Ausdruck in der fremden Sprache; 2) die Angabe der zu zahlenden Geldsumme; 3) der Name der Person oder die Firma, an welche oder an deren Ordre gezahlt werden kann (des Remittenten); 4) die Angabe der Zeit, zu welcher gezahlt werden soll; die Zahlungszeit kann (Nov 3) für die gesammte Geldsumme nur eine u. dieselbe sein u nur festgesetzt werden auf einen bestimmten Tag, auf Sicht (Vorzeigung, a vista 2c.) oder auf eine bestimmte Zeit nach Sicht, auf eine bestimmte Zeit nach dem Tage der Ausstellung (nach Dato), auf eine Messe oder einen Markt (Meß- oder Markt-Wechsel); 5) die Unterschrift des Ausstellers (Trassanten) mit seinem Namen oder seiner Firma; 6) die Angabe des Ortes, Monatstages und Jahres der Ausstellung; 7) der Name der Person oder die Firma, welche die Zahlung leisten soll (des Bezogenen oder Trassaten); 8) die Angabe des Ortes, wo die Zahlung geschehen soll; der bei dem Namen oder der Firma des Bezogenen angegebene Ort gilt für den Wechsel, insofern nicht ein eigener Zahlungsort angegeben ist, als Zahlungsort u. zugleich als Wohnort des Bezogenen.

2. Art. 5. Ist die zu zahlende Geldsumme (Art. 4 Nr. 2) in Buchstaben u. in Ziffern ausgedruckt, so gilt bei Abweichungen die in Buchstaben ausgedrückte Summe. Ist die Summe mehrmals mit Buchstaben oder mehrmals mit Ziffern geschrieben, so gilt bei Abweichungen die geringere Summe.

3. Art. 6 s. oben § 289 Nr. 4.

4. Art. 7. Aus einer Schrift, welcher eines der wesentlichen Erfordernisse eines Wechsels (Art. 4) fehlt, entsteht keine wechselmäßige Verbindlichkeit. Auch haben die auf eine solche Schrift gesetzten Erklärungen (Indossament, Accept, Aval) keine Wechselkraft. Nov 4 Das in einem Wechsel enthaltene Zinsversprechen gilt als nicht geschrieben.

a. Oesterr. V. v. 2. Nov. 1858. Aus einer Schrift, welcher eines der wesentlichen Erfordernisse eines Wechsels (Art. 4) fehlt, oder in welcher ein Zinsversprechen enthalten ist, entsteht keine wechselmäßige Verbindlichkeit. Auch — Wechselkraft.

5. Art. 84 s. oben § 292 Nr. 1.

C. Uebertragung des Wechsels auf Andere, vorzüglich Indossament. (B. § 240. G. § 210.) § 297.

1. Art. 9. Der Remittent kann den Wechsel an einen andern durch Indossament (Giro) übertragen. Hat jedoch der Aussteller die Uebertragung im Wechsel durch die Worte „nicht an Ordre" oder durch einen gleichbedeutenden Ausdruck untersagt, so hat das Indossament keine wechselrechtliche Wirkung

2. Art. 10. Durch das Indossament gehen alle Rechte aus dem Wechsel auf den Indossatar über, insbesondere auch die Befugniß, den Wechsel weiter zu indossiren. Auch an den Aussteller, Bezogenen, Acceptanten oder einen früheren Indossanten kann der Wechsel gültig indossirt u. von denselben weiter indossirt werden.

3. Art. 11. Das Indossament muß auf den Wechsel, eine Copie desselben oder ein mit dem Wechsel oder der Copie verbundenes Blatt (Alonge) geschrieben werden.

4. Art. 12. Ein Indossament ist gültig, wenn der Indossant auch nur seinen Namen oder seine Firma auf die Rückseite des Wechsels oder der Copie, oder auf die Alonge schreibt (Blanco-Indossament).

5. Art. 13. Jeder Inhaber eines Wechsels ist befugt, die auf demselben befindlichen Blanco-Indossamente auszufüllen; er kann den Wechsel aber auch ohne diese Ausfüllung weiter indossiren.

6. Art. 14. Der Indossant haftet jedem späteren Inhaber des Wechsels für dessen Annahme und Zahlung wechselmäßig. Hat er aber dem Indossamente die Bemerkung „ohne Gewährleistung", „ohne Obligo" oder einen gleichbedeutenden Vorbehalt hinzugefügt, so ist er von der Verbindlichkeit aus seinem Indossamente befreit.

7. Art. 15. Ist in dem Indossamente die Weiterbegebung durch die Worte „nicht an Ordre" oder durch einen gleichbedeutenden Ausdruck verboten, so haben diejenigen, an welche der Wechsel aus der Hand des Indossatars gelangt, gegen den Indossanten keinen Regreß.

8. Art. 16. Wenn ein Wechsel indossirt wird, nachdem die für die Protest-Erhebung Mangels Zahlung bestimmte Frist abgelaufen ist, so erlangt der Indossatar die Rechte aus dem etwa vorhandenen Accepte gegen den Bezogenen u Regreßrechte gegen diejenigen, welche den Wechsel nach Ablauf dieser Frist indossirt haben. Ist aber der Wechsel vor dem Indossamente bereits Mangels Zahlung protestirt worden, so hat der Indossatar nur die Rechte seines Indossanten gegen den Acceptanten, den Aussteller und diejenigen, welche den Wechsel bis zur Protest-Erhebung indossirt haben. Auch ist in einem solchen Falle der Indossant nicht wechselmäßig verpflichtet.

9. Art. 17. Ist dem Indossamente die Bemerkung „zur Einkassirung", „in Prokura" oder eine andere, die Bevollmächtigung ausdrückende Formel beigefügt worden, so überträgt das Indossament das Eigenthum an dem Wechsel nicht, ermächtigt aber den Indossatar zur Einziehung der Wechselforderung, Protesterhebung u. Benachrichtigung des Vormannes seines Indossanten von der unterbliebenen Zahlung (Art. 45), so wie zur Einklagung der nicht bezahlten u. zur Erhebung der deponirten Wechselschuld. Ein solcher Indossatar ist auch berechtigt, diese Befugniß durch ein weiteres Prokura-Indossament einem anderen zu übertragen. Dagegen ist derselbe zur weiteren Begebung durch eigentliches Indossament selbst dann nicht befugt, wenn dem Prokura-Indossamente der Zusatz „oder Ordre" hinzugefügt ist.

10. Art. 36 s. unten § 299 Nr. 9.

11. Art. 82 s. unten § 309 Nr. 1.

D. Präsentation des Wechsels zur Acceptation und Acceptation selbst. (B. § 241. G. § 211.) § 298.

1. Art. 91. Die Präsentation zur Annahme oder Zahlung, die Protesterhebung, die Abforderung eines Wechselduplicats, so wie alle sonstigen bei einer

bestimmten Person vorzunehmenden Acte müssen in deren Geschäftslocal u. in Ermangelung eines solchen, in deren Wohnung vorgenommen werden. An einem anderen Orte z. B. an der Börse kann dies nur mit beiderseitigem Einverständnisse geschehen. Daß das Geschäftslocal oder die Wohnung nicht zu ermitteln sei, ist erst dann als festgestellt anzunehmen, wenn auch eine dieserhalb bei der Polizeibehörde des Orts geschehene Nachfrage des Notars oder des Gerichtsbeamten fruchtlos geblieben ist, welches im Proteste bemerkt werden muß.

2. Art. 92. Verfällt der Wechsel an einem Sonntage oder allgemeinen Feiertage, so ist der nächste Werktag der Zahlungstag. Auch die Herausgabe eines Wechselduplicats, die Erklärung über die Annahme, so wie jede andere Handlung können nur an einem Werktage gefordert werden. Fällt der Zeitpunkt, in welchem die Vornahme einer der vorstehenden Handlungen spätestens gefordert werden mußte, auf einen Sonntag oder allgemeinen Feiertag, so muß diese Handlung am nächsten Werktage gefordert werden. Dieselbe Bestimmung findet auch auf die Protesterhebung Anwendung.

3. Art. 18. Der Inhaber eines Wechsels ist berechtigt, den Wechsel dem Bezogenen sofort zur Annahme zu präsentiren u. in Ermangelung der Annahme Protest erheben zu lassen. Nov. 5. Eine entgegenstehende Uebereinkunft hat keine wechselrechtliche Wirkung. Nur bei Meß- oder Marktwechseln findet eine Ausnahme dahin statt, daß solche Wechsel erst in der an dem Meß- oder Marktorte gesetzlich bestimmten Präsentationszeit zur Annahme präsentirt u. in Ermangelung derselben protestirt werden können. Der bloße Besitz des Wechsels ermächtigt zur Präsentation des Wechsels u. zur Erhebung des Protestes Mangels Annahme.

4. Art. 19. Eine Verpflichtung des Inhabers, den Wechsel zur Annahme zu präsentiren, findet nur bei Wechseln statt, welche auf eine bestimmte Zeit nach Sicht lauten. Solche Wechsel müssen bei Verlust des wechselmäßigen Anspruchs gegen die Indossanten u. den Aussteller, nach Maßgabe der besonderen im Wechsel enthaltenen Bestimmung u. in Ermangelung derselben binnen zwei Jahren nach der Ausstellung zur Annahme präsentirt werden. Hat ein Indossant auf einen Wechsel dieser Art seinem Indossamente eine besondere Präsentationsfrist hinzugefügt, so erlischt seine wechselmäßige Verpflichtung, wenn der Wechsel nicht innerhalb dieser Frist zur Annahme präsentirt worden ist.

5. Art. 20. Wenn die Annahme eines auf bestimmte Zeit nach Sicht gestellten Wechsels nicht zu erhalten ist, oder der Bezogene die Datirung seines Acceptes verweigert, so muß der Inhaber bei Verlust des wechselmäßigen Anspruchs gegen die Indossanten u. den Aussteller die rechtzeitige Präsentation des Wechsels durch einen innerhalb der Präsentationsfrist (Art. 19) erhobenen Protest feststellen lassen. Der Protesttag gilt in diesem Falle für den Tag der Präsentation. Ist die Protesterhebung unterblieben, so wird gegen den Acceptanten, welcher die Datirung seines Acceptes unterlassen hat, die Verfallzeit des Wechsels vom letzten Tage der Präsentationsfrist an gerechnet.

6. Art. 21. Die Annahme des Wechsels muß auf dem Wechsel schriftlich geschehen. Jede auf den Wechsel geschriebene u. von dem Bezogenen unterschriebene Erklärung gilt für eine unbeschränkte Annahme, sofern nicht in derselben ausdrücklich ausgesprochen ist, daß der Bezogene entweder überhaupt nicht oder nur unter gewissen Einschränkungen annehmen wolle. Gleichergestalt gilt es für eine unbeschränkte Annahme, wenn der Bezogene ohne weiteren Beisatz seinen Namen oder seine Firma auf die Vorderseite des Wechsels schreibt. Die einmal erfolgte Annahme kann nicht wieder zurückgenommen werden.

7. Art. 22. Der Bezogene kann die Annahme auf einen Theil der im Wechsel verschriebenen Summe beschränken. Werden dem Accepte andere Einschränkungen beigefügt, so wird der Wechsel einem solchen gleichgeachtet, dessen Annahme gänzlich verweigert worden ist, der Acceptant haftet aber nach dem Inhalte seines Acceptes wechselmäßig.

8. Art. 23. Der Bezogene wird durch die Annahme wechselmäßig verpflichtet, die von ihm acceptirte Summe zur Verfallzeit zu zahlen. Auch dem Aussteller haftet der Bezogene aus dem Accepte wechselmäßig. Dagegen steht dem Bezogenen kein Wechselrecht gegen den Aussteller zu.

9. Art. 24. Ist in dem Wechsel ein vom Wohnorte des Bezogenen verschiedener Zahlungsort (Art. 4 Nr. 8) angegeben (Domicilwechsel), so ist, insofern der Wechsel nicht schon ergiebt, durch wen die Zahlung am Zahlungsorte erfolgen soll, dies vom Bezogenen bei der Annahme auf dem Wechsel zu bemerken. Ist dies nicht geschehen, so wird angenommen, daß der Bezogene selbst die Zahlung am Zahlungsorte leisten wolle. Der Aussteller eines Domicilwechsels kann in demselben die Präsentation zur Annahme vorschreiben. Die Nichtbeobachtung dieser Vorschrift hat den Verlust des Regresses gegen den Aussteller u. die Indossanten zur Folge.

E. Bezahlung des Wechsels und deren Folgen. (B. § 242. § 299. G. § 212.)

1. Art. 30. Ist in dem Wechsel ein bestimmter Tag als Zahlungstag bezeichnet, so tritt die Verfallzeit an diesem Tage ein. Ist die Zahlungszeit auf die Mitte eines Monats gesetzt worden, so ist der Wechsel am 15ten dieses Monats fällig. **Nov. 7. Ist die Zahlungszeit auf Anfang oder ist sie auf Ende eines Monats gesetzt worden, so ist darunter der erste oder letzte Tag des Monats zu verstehen**

2. Art. 31. Ein auf Sicht gestellter Wechsel ist bei der Vorzeigung fällig. Ein solcher Wechsel muß bei Verlust des wechselmäßigen Anspruchs gegen die Indossanten und den Aussteller nach Maßgabe der besonderen im Wechsel enthaltenen Bestimmung, und in Ermangelung derselben binnen zwei Jahren nach der Ausstellung zur Zahlung präsentirt werden. Hat ein Indossant auf einem Wechsel dieser Art seinem Indossamente eine besondere Präsentationsfrist hinzugefügt, so erlischt seine wechselmäßige Verpflichtung, wenn der Wechsel nicht innerhalb dieser Frist präsentirt worden ist.

3. Art. 32. Bei Wechseln, welche mit dem Ablaufe einer bestimmten Frist nach Sicht oder nach Dato zahlbar sind, tritt die Verfallzeit ein: 1) wenn die Frist nach Tagen bestimmt ist, an dem letzten Tage der Frist; bei Berechnung der Frist wird der Tag, an welchem der nach Dato zahlbare Wechsel ausgestellt oder der nach Sicht zahlbare zur Annahme präsentirt ist, nicht mitgerechnet; 2) wenn die Frist nach Wochen, Monaten, oder einem mehrere Monate umfassenden Zeitraume (Jahr, halbes Jahr, Vierteljahr) bestimmt ist, an demjenigen Tage der Zahlungswoche oder des Zahlungsmonats, der durch seine Benennung oder Zahl dem Tage der Ausstellung oder Präsentation entspricht; fehlt dieser Tag in dem Zahlungsmonate, so tritt die Verfallzeit am letzten Tage des Zahlungsmonats ein. Der Ausdruck „halber Monat" wird einem Zeitraume von 15 Tagen gleichgeachtet. Ist der Wechsel auf einen oder mehrere ganze Monate u. einen halben Monat gestellt, so sind die 15 Tage zuletzt zu zahlen.

4. Brem. WO. 38. Alle Wechsel-Briefe sollen 8 Respit-Tage nach dem Verfall-Tag haben, ausgenommen die Wechsel-Briefe, welche auf den Ausgeber selbst, u. a Vista oder auf Sicht schlechterdings, oder auf 2, 3, 4 Tage Sicht halten, auch wann in dem Wechsel-Briefe ausdrücklich ausbeschieden, daß dem Bezogenen keine Respit-Tage zu gute kommen, sondern nach dem Verfall-Tage sogleich derselbe zu bezahlen schuldig seyn solle.

5. Hamb. WO. § 17. Wenn ein Wechselbrief verfallen, bleibt dem Inhaber frei, nach seinem Belieben innerhalb den 12 Discretionstagen zu protestiren, oder bis auf den zwölften, wenn selbiger kein Sonn- oder Festtag ist, damit zu warten.

6. Art. 33. Respecttage finden nicht statt.

7. Art. 34. Ist in einem Lande, in welchem nach altem Style gerechnet wird, ein im Inlande zahlbarer Wechsel nach Dato ausgestellt, u. dabei nicht bemerkt, daß der Wechsel nach neuem Style datirt sei, oder ist derselbe nach beiden Stylen datirt, so wird der Verfalltag nach demjenigen Kalendertage des neuen Styles berechnet, welcher dem nach altem Style sich ergebenden Tage der Ausstellung entspricht.

8. Art. 35. Meß- oder Marktwechsel werden zu der durch die Gesetze des Meß- oder Marktortes bestimmten Zahlungszeit, und in Ermangelung einer sol-

chen Festsetzung an dem Tage vor dem gesetzlichen Schlusse der Messe oder des Marktes fällig. Dauert die Messe oder der Markt nur einen Tag, so tritt die Verfallzeit des Wechsels an diesem Tage ein.

9. Art. 36. Der Inhaber eines indossirten Wechsels wird durch eine zusammenhängende, bis auf ihn hinuntergehende Reihe von Indossamenten als Eigenthümer des Wechsels legitimirt. Das erste Indossament muß demnach mit dem Namen des Remittenten, jedes folgende Indossament mit dem Namen desjenigen unterzeichnet sein, welchen das unmittelbar vorhergehende Indossament als Indossatar benennt. Wenn auf ein Blanco-Indossament ein weiteres Indossament folgt, so wird angenommen, daß der Aussteller des letzteren den Wechsel durch das Blanco-Indossament erworben hat. Ausgestrichene Indossamente werden bei Prüfung der Legitimation als nicht geschrieben angesehen. Die Echtheit der Indossamente zu prüfen, ist der Zahlende nicht verpflichtet.

10. Art 37. Lautet ein Wechsel auf eine Münzsorte, welche am Zahlungsorte keinen Umlauf hat, oder auf eine Rechnungswährung, so kann die Wechselsumme nach ihrem Werthe zur Verfallzeit in der Landesmünze gezahlt werden, sofern nicht der Aussteller durch den Gebrauch des Wortes „effectiv" oder eines ähnlichen Zusatzes die Zahlung in der im Wechsel benannten Münzsorte ausdrücklich bestimmt hat.

11. Art. 38. Der Inhaber des Wechsels darf eine ihm angebotene Theilzahlung selbst dann nicht zurückweisen, wenn die Annahme auf den ganzen Betrag der verschriebenen Summe erfolgt ist.

12. Art. 39. Der Wechselschuldner ist nur gegen Aushändigung des quittirten Wechsels zu zahlen verpflichtet. Hat der Wechselschuldner eine Theilzahlung geleistet, so kann derselbe nur verlangen, daß die Zahlung auf den Wechsel abgeschrieben u. ihm Quittung auf einer Abschrift des Wechsels ertheilt werde.

13. Art. 40. Wird die Zahlung des Wechsels zur Verfallzeit nicht gefordert, so ist der Acceptant nach Ablauf der für die Protesterhebung Mangels Zahlung bestimmten Frist befugt, die Wechselsumme auf Gefahr u. Kosten des Inhabers bei Gericht oder bei einer anderen zur Annahme von Depositen ermächtigten Behörde oder Anstalt niederzulegen. Der Vorladung des Inhabers bedarf es nicht.

14. Art. 91 s. den vorigen § Nr. 1.

15. Art. 92 s. den vorigen § Nr. 2.

16. Art. 93. Bestehen an einem Wechselplatze allgemeine Zahltage (Cassirtage), so braucht die Zahlung eines zwischen den Zahltagen fällig gewordenen Wechsels erst am nächsten Zahltage geleistet zu werden, sofern nicht der Wechsel auf Sicht lautet. Die im Art. 41 für die Aufnahme des Protestes Mangels Zahlung bestimmte Frist darf jedoch nicht überschritten werden.

§ 300. F. Wechselprotest und dessen Folgen. (B. § 238. G. § 213.)

1. Art. 41. Zur Ausübung des bei nicht erlangter Zahlung statthaften Regresses gegen den Aussteller nnd die Indossanten ist erforderlich: 1. daß der Wechsel zur Zahlung präsentirt worden ist, und 2. daß sowohl diese Präsentation, als die Nichterlangung der Zahlung durch einen rechtzeitig darüber aufgenommenen Protest dargethan wird. Die Erhebung des Protestes ist am Zahlungstage zulässig, sie muß aber spätestens am zweiten Werktage nach dem Zahlungstage geschehen.

2. Art. 42. Die Aufforderung, keinen Protest erheben zu lassen („ohne Protest", „ohne Kosten" 2c.), gilt als Erlaß des Protestes, nicht aber als Erlaß der Pflicht zur rechtzeitigen Präsentation. Der Wechselverpflichtete, von welchem jene Aufforderung ausgeht, muß die Beweislast übernehmen, wenn er die rechtzeitig geschehene Präsentation in Abrede stellt. Gegen die Pflicht zum Ersatze der Protestkosten schützt jene Aufforderung nicht.

3. Art. 43. Domicilirte Wechsel sind dem Domiciliaten, oder wenn ein solcher nicht benannt ist, dem Bezogenen selbst an demjenigen Orte, wohin der Wechsel domicilirt ist, zur Zahlung zu präsentiren, und wenn die Zahlung unterbleibt, dort zu protestiren. Wird die rechtzeitige Protesterhebung beim Domiciliaten

verabsäumt, so geht dadurch der wechselmäßige Anspruch nicht nur gegen den Aussteller und die Indossanten, sondern auch gegen den Acceptanten verloren.

4. Art. 44. Zur Erhaltung des Wechselrechts gegen den Acceptanten bedarf es mit Ausnahme des im Art. 43 erwähnten Falles weder der Präsentation am Zahlungstage noch der Erhebung eines Protestes.

5. Art. 45. Der Inhaber eines Mangels Zahlung protestirten Wechsels ist verpflichtet, seinen unmittelbaren Vormann innerhalb zweier Tage nach dem Tage der Protesterhebung von der Nichtzahlung des Wechsels schriftlich zu benachrichtigen, zu welchem Ende es genügt, wenn das Benachrichtigungsschreiben innerhalb dieser Frist zur Post gegeben ist. Jeder benachrichtigte Vormann muß binnen derselben, vom Tage des empfangenen Berichts zu berechnenden Frist seinen nächsten Vormann in gleicher Weise benachrichtigen. Der Inhaber oder Indossatar, welcher die Benachrichtigung unterläßt oder dieselbe nicht an den unmittelbaren Vormann ergehen läßt, wird hierdurch den sämmtlichen oder den übersprungenen Vormännern zum Ersatze des aus der unterlassenen Benachrichtigung entstandenen Schadens verpflichtet. Auch verliert derselbe gegen diese Personen den Anspruch auf Zinsen und Kosten, so daß er nur die Wechselsumme zu fordern berechtigt ist.

6. Art. 46. Kommt es auf den Nachweis der dem Vormanne rechtzeitig gegebenen schriftlichen Benachrichtigung an, so genügt zu diesem Zwecke der durch ein Postattest geführte Beweis, daß ein Brief von dem Betheiligten an den Adressaten an dem angegebenen Tage abgesandt ist, sofern nicht dargethan wird, daß der angekommene Brief einen anderen Inhalt gehabt hat. Auch der Tag des Empfanges der erhaltenen schriftlichen Benachrichtigung kann durch ein Postattest nachgewiesen werden.

7. Art. 47. Hat ein Indossant den Wechsel ohne Hinzufügung einer Ortsbezeichnung weiter begeben, so ist der Vormann desselben von der unterbliebenen Zahlung zu benachrichtigen.

8. Art. 48. Jeder Wechselschuldner hat das Recht, gegen Erstattung der Wechselsumme nebst Zinsen und Kosten die Auslieferung des quittirten Wechsels und des wegen Nichtzahlung erhobenen Protestes von dem Inhaber zu fordern.

9. Art. 87. Jeder Protest muß durch einen Notar oder einen Gerichtsbeamten aufgenommen werden. Der Zuziehung von Zeugen oder eines Protocollführers bedarf es dabei nicht.

10. Art. 88. Der Protest muß enthalten: 1) eine wörtliche Abschrift des Wechsels oder der Copie und aller darauf befindlichen Indossamente und Bemerkungen; 2) den Namen oder die Firma der Personen, für welche und gegen welche der Protest erhoben wird; 3) das an die Person, gegen welche protestirt wird, gestellte Begehren, ihre Antwort oder die Bemerkung, daß sie keine gegeben habe oder nicht anzutreffen gewesen sei; 4) die Angabe des Ortes, so wie des Kalendertages, Monats und Jahres, an welchem die Aufforderung (Nr. 3) geschehen oder ohne Erfolg versucht worden ist; 5) im Falle einer Ehrenannahme oder einer Ehrenzahlung die Erwähnung, von wem, für wen und wie sie angeboten und geleistet wird; 6) die Unterschrift des Notars oder des Gerichtsbeamten, welcher den Protest aufgenommen hat, mit Beifügung des Amtssiegels.

11. Art. 89. Muß eine wechselrechtliche Leistung von mehreren Personen verlangt werden, so ist über die mehrfache Aufforderung nur eine Protesturkunde erforderlich.

12. Art. 90. Die Notare und Gerichtsbeamten sind schuldig, die von ihnen aufgenommenen Proteste nach deren ganzen Inhalte Tag für Tag und nach Ordnung des Datums in ein besonderes Register einzutragen, das von Blatt zu Blatt mit fortlaufenden Zahlen versehen ist.

13. Frankf. WO. § 14. (Daß, wenn die Zahlung) nicht erfolgt, alsdann die Wechselbrief protestiret, oder doch zum wenigsten notiret werden mögen. Welches notiren gleichwohl von dem protestiren weiter nicht unterschieden ist, als daß das Protestations-Instrument noch einige Zeit, u. bis es der Requirent verlangt, ohnausgefertiget bleibet.

§ 301. Insbesondere Regreßklage und Klage gegen den Acceptanten. (B. § 242 u. 243. G. § 213.)

1. Art. 25. Wenn die Annahme eines Wechsels überhaupt nicht, oder unter Einschränkungen oder nur auf eine geringere Summe erfolgt ist, so sind die Indossanten und der Aussteller wechselmäßig verpflichtet, gegen Aushändigung des Mangels Annahme aufgenommenen Protestes genügende Sicherheit dahin zu leisten, daß die Bezahlung der im Wechsel verschriebenen Summe oder des nicht angenommenen Betrages so wie die Erstattung der durch die Nichtannahme veranlaßten Kosten am Verfalltage erfolgen werde. Jedoch sind diese Personen auch befugt, auf ihre Kosten die schuldige Summe bei Gericht oder bei einer anderen zur Annahme von Depositen ermächtigten Behörde oder Anstalt niederzulegen.

2. Art. 26. Der Remittent sowie jeder Indossatar wird durch den Besitz des Mangels Annahme aufgenommenen Protestes ermächtigt, von dem Aussteller und den übrigen Vormännern Sicherheit zu fordern und im Wege des Wechselprozesses darauf zu klagen. Der Regreßnehmer ist hierbei an die Folgeordnung der Indossamente und die einmal getroffene Wahl nicht gebunden. Der Beibringung des Wechsels und des Nachweises, daß der Regreßnehmer seinen Nachmännern selbst Sicherheit bestellt habe, bedarf es nicht.

3. Art. 27. Die bestellte Sicherheit haftet nicht bloß dem Regreßnehmer, sondern auch allen übrigen Nachmännern des Bestellers, insofern sie gegen ihn den Regreß auf Sicherstellung nehmen. Dieselben sind weitere Sicherheit zu verlangen nur in dem Falle berechtigt, wenn sie gegen die Art oder Große der bestellten Sicherheit Einwendungen zu begründen vermögen.

4. Art. 28. Die bestellte Sicherheit muß zurückgegeben werden: 1) sobald die vollständige Annahme des Wechsels nachträglich erfolgt ist; 2) wenn gegen den Regreßpflichtigen, welcher sie bestellt hat, binnen Jahresfrist, vom Verfalltage des Wechsels an gerechnet, auf Zahlung aus dem Wechsel nicht geklagt worden ist; 3) wenn die Zahlung des Wechsels erfolgt oder die Wechselkraft desselben erloschen ist.

5. Art. 29. Ist ein Wechsel ganz oder theilweise angenommen worden, so kann in Betreff der acceptirten Summe Sicherheit nur gefordert werden: 1) wenn über das Vermögen des Acceptanten der Concurs (Debitverfahren, Falliment) eroffnet worden ist, oder der Acceptant auch nur seine Zahlungen eingestellt hat; 2) wenn nach Ausstellung eines Wechsels eine Execution in das Vermögen des Acceptanten fruchtlos ausgefallen [oder wider denselben wegen Erfüllung einer Zahlungsverbindlichkeit die Vollstreckung des Personalarrestes verfügt worden ist]. Wenn in diesen Fallen die Sicherheit von dem Acceptanten nicht geleistet und dieserhalb Protest gegen denselben erhoben wird, auch von den auf dem Wechsel etwa benannten Nothadressen die Annahme nach Ausweis des Protestes nicht zu erhalten ist, so kann der Inhaber des Wechsels und jeder Indossatar gegen Auslieferung des Protestes von seinen Vormannern Sicherstellung fordern (Art. 25—28). Der bloße Besitz des Wechsels vertritt die Stelle einer Vollmacht, in den Nr. 1 und 2 genannten Fällen von dem Acceptanten Sicherheitsbestellung zu fordern, und wenn solche nicht zu erhalten ist, Protest erheben zu lassen. Nov. 6. Der Wechselinhaber ist berechtigt, in den Nr 1 u 2 genannten Fallen auch von dem Acceptanten im Wege des Wechselprocesses Sicherheitsbestellung zu fordern.

6. Art. 49. Der Inhaber eines Mangels Zahlung protestirten Wechsels kann die Wechselklage gegen alle Wechselverpflichtete oder auch nur gegen Einige oder Einen derselben anstellen, ohne dadurch seinen Anspruch gegen die nicht in Anspruch genommenen Verpflichteten zu verlieren. Derselbe ist an die Reihenfolge der Indossamente nicht gebunden.

7. Art. 50. Die Regreßansprüche des Inhabers, welcher den Wechsel Mangels Zahlung hat protestiren lassen, beschränken sich auf: 1) die nicht bezahlte Wechselsumme nebst 6 Procent jährlicher Zinsen vom Verfalltage ab, 2) die Protestkosten und anderen Auslagen, 3) eine Provision von ⅓ Procent. Die vorstehenden Beträge müssen, wenn der Regreßpflichtige an einem anderen Orte als dem Zahlungsorte wohnt, zu demjenigen Course gezahlt werden, welchen ein vom Zahlungsorte auf den Wohnort des Regreßpflichtigen gezogener Wechsel auf Sicht

hat. Besteht am Zahlungsorte kein Cours auf jenen Wohnort, so wird der Cours nach demjenigen Platze genommen, welcher dem Wohnorte des Regreßpflichtigen am nächsten liegt. Der Cours ist auf Verlangen des Regreßpflichtigen durch einen unter öffentlicher Autorität ausgestellten Courszettel oder durch das Attest eines vereideten Maklers oder in Ermangelung derselben durch ein Attest zweier Kaufleute zu bescheinigen.

8. Art. 51. Der Indossant, welcher den Wechsel eingelöst oder als Rimesse erhalten hat, ist von einem früheren Indossanten oder von dem Aussteller zu fordern berechtigt: 1) die von ihm gezahlte oder durch Rimesse berichtigte Summe nebst 6 Procent jährlicher Zinsen vom Tage der Zahlung, 2) die ihm erstandenen Kosten, 3) eine Provision von ⅓ Procent. Die vorstehenden Beträge müssen, wenn der Regreßpflichtige an einem andern Orte, als der Regreßnehmer wohnt, zu demjenigen Course gezahlt werden, welchen ein vom Wohnorte des Regreßnehmers auf den Wohnort des Regreßpflichigen gezogener Wechsel auf Sicht hat. Besteht im Wohnorte des Regreßnehmers kein Cours auf den Wohnort des Regreßpflichtigen, so wird der Cours nach demjenigen Platze genommen, welcher dem Wohnorte des Regreßpflichtigen am nächsten liegt. Wegen der Bescheinigung des Courses kommt die Bestimmung des Art. 50 zur Anwendung.

9. Art. 52. Durch die Bestimmungen der Art. 50 und 51 Nr. 1 und 3 wird bei einem Regresse auf einen ausländischen Ort die Berechnung höherer, dort zulässiger Sätze nicht ausgeschlossen.

10. Art. 53. Der Regreßnehmer kann über den Betrag seiner Forderung einen Rückwechsel auf den Regreßpflichtigen ziehen. Der Forderung treten in diesem Falle noch die Mäklergebühren für Negozirung des Rückwechsels, so wie die etwaigen Stempelgebühren hinzu. Der Rückwechsel muß auf Sicht zahlbar u. unmittelbar (a drittura) gestellt werden.

11. Art. 54. Der Regreßpflichtige ist nur gegen Auslieferung des Wechsels, des Protestes und einer quittirten Retourrechnung Zahlung zu leisten verbunden.

12. Art. 55. Jeder Indossant, der einen seiner Nachmänner befriedigt hat, kann sein eigenes und seiner Nachmänner Indossament ausstreichen.

13. Art. 20 s. oben § 298 Nr. 5.

14. Art. 81. Die wechselmäßige Verpflichtung trifft den Aussteller, Acceptanten und Indossanten des Wechsels, so wie einen Jeden, welcher den Wechsel, die Wechselcopie, das Accept oder das Indossament mitunterzeichnet hat, selbst dann wenn er sich dabei nur als Bürge (per aval) benannt hat. Die Verpflichtung dieser Personen erstreckt sich auf Alles, was der Wechselinhaber wegen Nichterfüllung der Wechselverbindlichkeit zu fordern hat. Der Wechselinhaber kann sich wegen seiner ganzen Forderung an den Einzelnen halten; es steht in seiner Wahl, welchen Wechselverpflichteten er zuerst in Anspruch nehmen will.

G. Nothadresse und Intervention. (B. § 244. S. § 214.) § 302.

1. Art. 56. Befindet sich auf einem Mangels Annahme protestirten Wechsel eine auf den Zahlungsort lautende Nothadresse, so muß, ehe Sicherstellung verlangt werden kann, die Annahme von der Nothadresse gefordert werden. Unter mehreren Nothadressen gebührt derjenigen der Vorzug, durch deren Zahlung die meisten Verpflichteten befreit werden.

2. Art. 57. Die Ehrenannahme von Seiten einer nicht auf dem Wechsel als Nothadresse benannten Person braucht der Inhaber nicht zuzulassen.

3. Art. 58. Der Ehrenacceptant muß sich den Protest Mangels Annahme gegen Erstattung der Kosten aushändigen und in einem Anhange zu demselben die Ehrenannahme bemerken lassen. Er muß den Honoraten unter Uebersendung des Protestes von der geschehenen Intervention benachrichtigen und diese Benachrichtigung mit dem Proteste innerhalb zweier Tage nach dem Tage der Protesterhebung zur Post geben. Unterlaßt er dies, so haftet er für den durch die Unterlassung entstehenden Schaden.

4. Art. 59. Wenn der Ehrenacceptant unterlassen hat, in seinem Accepte zu bemerken, zu wessen Ehren die Annahme geschieht, so wird der Aussteller als Honorat angesehen.

5. Art. 60. Der Ehrenacceptant wird den sämmtlichen Nachmännern des Honoraten durch die Annahme wechselmäßig verpflichtet. Diese Verpflichtung erlischt, wenn dem Ehrenacceptanten der Wechsel nicht spätestens am zweiten Werktage nach dem Zahlungstage zur Zahlung vorgelegt wird.

6. Art. 61. Wenn der Wechsel von einer Nothadresse oder einem andern Intervenienten zu Ehren angenommen wird, so haben der Inhaber und die Nachmänner des Honoraten keinen Regreß auf Sicherstellung. Derselbe kann aber von dem Honoraten und dessen Vormännern geltend gemacht werden.

7. Art. 62. Befinden sich auf dem von dem Bezogenen nicht eingelösten Wechsel oder der Copie Nothadressen oder ein Ehrenaccept, welche auf den Zahlungsort lauten, so muß der Inhaber den Wechsel spätestens am zweiten Werktage nach dem Zahlungstage den sämmtlichen Nothadressen und dem Ehrenacceptanten zur Zahlung vorlegen und den Erfolg im Proteste Mangels Zahlung oder in einem Anhange zu demselben bemerken lassen. Unterläßt er dies, so verliert er den Regreß gegen den Adressanten oder Honoraten und deren Nachmänner. Weist der Inhaber die von einem anderen Intervenienten angebotene Ehrenzahlung zurück, so verliert er den Regreß gegen die Nachmänner des Honoraten.

8. Art. 63. Dem Ehrenzahler muß der Wechsel und der Protest Mangels Zahlung gegen Erstattung der Kosten ausgehändigt werden. Er tritt durch die Ehrenzahlung in die Rechte des Inhabers (Art. 50 und 52) gegen den Honoraten, dessen Vormänner und den Acceptanten.

9. Art. 64. Unter Mehreren, welche sich zur Ehrenzahlung erbieten, gebührt Demjenigen der Vorzug, durch dessen Zahlung die meisten Wechselverpflichteten befreit werden. Ein Intervenient, welcher zahlt, obgleich aus dem Wechsel oder Proteste ersichtlich ist, daß ein Anderer, dem er hiernach nachstehen müßte, den Wechsel einzulösen bereit war, hat keinen Regreß gegen diejenigen Indossanten, welche durch Leistung der von dem Anderen angebotenen Zahlung befreit worden waren.

10. Art. 65. Der Ehren-Acceptant, welcher nicht zur Zahlungsleistung gelangt, weil der Bezogene oder ein anderer Intervenient bezahlt hat, ist berechtigt, von dem Zahlenden eine Provision von $\frac{1}{3}$ Procent zu verlangen.

§ 303. H. Vervielfältigung eines Wechsels. (B. § 245. G. § 208.)

1. Art. 66. Der Aussteller eines gezogenen Wechsels ist verpflichtet, dem Remittenten auf Verlangen mehrere gleichlautende Exemplare des Wechsels zu überliefern. Dieselben müssen im Contexte als Prima, Secunda, Tertia u. s. w. bezeichnet sein, widrigenfalls jedes Exemplar als ein für sich bestehender Wechsel (Sola-Wechsel) erachtet wird. Auch ein Indossatar kann ein Duplicat des Wechsels verlangen. Er muß sich dieserhalb an seinen unmittelbaren Vormann wenden, welcher wieder an seinen Vormann zurückgehen muß, bis die Anforderung an den Aussteller gelangt. Jeder Indossatar kann von seinem Vormanne verlangen, daß die früheren Indossamente auf dem Duplicat wiederholt werden.

2. Art. 67. Ist von mehreren ausgefertigten Exemplaren das eine bezahlt, so verlieren dadurch die anderen ihre Kraft. Jedoch bleiben aus den übrigen Exemplaren verhaftet: 1) der Indossant, welcher mehrere Exemplare desselben Wechsels an verschiedene Personen indossirt hat, u. alle späteren Indossanten, deren Unterschriften sich auf den bei der Zahlung nicht zurückgegebenen Exemplaren befinden, aus ihren Indossamenten; 2) der Acceptant, welcher mehrere Exemplare desselben Wechsels acceptirt hat, aus den Accepten auf den bei der Zahlung nicht zurückgegebenen Exemplaren.

3. Art. 68. Wer eines von mehreren Exemplaren eines Wechsels zur Annahme versandt hat, muß auf den übrigen Exemplaren bemerken, bei wem das von ihm zur Annahme versandte Exemplar anzutreffen ist. Das Unterlassen dieser Bemerkung entzieht jedoch dem Wechsel nicht die Wechselkraft. Der Verwahrer des zum Accepte versandten Exemplars ist verpflichtet, dasselbe demjenigen

auszuliefern, der sich als Indossatar (Art. 36) oder auf andere Weise zur Empfangnahme legitimirt.

4. Art. 69. Der Inhaber eines Duplicats, auf welchem angegeben ist, bei wem das zum Accepte versandte Exemplar sich befindet, kann Mangels Annahme desselben den Regreß auf Sicherstellung und Mangels Zahlung den Regreß auf Zahlung nicht eher nehmen, als bis er durch Protest hat feststellen lassen: 1) daß das zum Accepte versandte Exemplar ihm vom Verwahrer nicht verabfolgt worden ist, u. 2) daß auch auf das Duplicat die Annahme oder die Zahlung nicht zu erlangen gewesen.

5. Art. 70. Wechselcopieen müssen eine Abschrift des Wechsels und der darauf befindlichen Indossamente und Vermerke enthalten und mit der Erklärung: „bis hierher Abschrift (Copie)“ oder mit einer ähnlichen Bezeichnung versehen sein. In der Copie ist zu bemerken, bei wem das zur Annahme versandte Original des Wechsels anzutreffen ist. Das Unterlassen dieses Vermerkes entzieht jedoch der indossirten Copie nicht ihre wechselmäßige Kraft.

6. Art. 71. Jedes auf einer Copie befindliche Original-Indossament verpflichtet den Indossanten eben so, als wenn es auf einem Original-Wechsel stünde.

7. Art. 72. Der Verwahrer des Originalwechsels ist verpflichtet, denselben dem Besitzer einer mit einem oder mehreren Original-Indossamenten versehenen Copie auszuliefern, sofern sich derselbe als Indossatar oder auf andere Weise zur Empfangnahme legitimirt. Wird der Originalwechsel vom Verwahrer nicht ausgeliefert, so ist der Inhaber der Wechselcopie nur nach Aufnahme des im Art. 69 Nr. 1 erwähnten Protestes Regreß auf Sicherstellung u. nach Eintritt des in der Copie angegebenen Verfalltages Regreß auf Zahlung gegen diejenigen Indossanten zu nehmen berechtigt, deren Original-Indossamente auf der Copie befindlich sind.

IV. Rechtsverhältnisse bei eigenen Wechseln. (B. § 249. G. § 215.) § 304.

1. Art. 96. Die wesentlichen Erfordernisse eines eigenen (trockenen) Wechsels sind: 1) die in den Wechsel selbst aufzunehmende Bezeichnung als Wechsel, oder, wenn der Wechsel in einer fremden Sprache ausgestellt ist, ein jener Bezeichnung entsprechender Ausdruck in der fremden Sprache; 2) die Angabe der zu zahlenden Geldsumme; 3) der Name der Person oder die Firma, an welche oder an deren Ordre der Aussteller Zahlung leisten will; 4) die Bestimmung der Zeit, zu welcher gezahlt werden soll (Art. 4 Nr. 4); 5) die Unterschrift des Ausstellers mit seinem Namen oder seiner Firma; 6) die Angabe des Orts, Monatstages u. Jahres der Ausstellung.

2. Art. 97. Der Ort der Ausstellung gilt für den eigenen Wechsel, in sofern nicht ein besonderer Zahlungsort angegeben ist, als Zahlungsort und zugleich als Wohnort des Ausstellers.

3. Art. 98. Nachstehende in diesem Gesetze für gezogene Wechsel gegebene Vorschriften gelten auch für eigene Wechsel: 1) die Art. 5 u. 7 über die Form des Wechsels; 2) die Art. 9—17 über das Indossament; 3) die Art. 19 u. 20 über die Präsentation der Wechsel auf eine Zeit nach Sicht mit der Maßgabe, daß die Präsentation dem Aussteller geschehen muß; 4) der Art. 29 über den Sicherheitsregreß mit der Maßgabe, daß derselbe im Falle der Unsicherheit des Ausstellers stattfindet; 5) die Art. 30—40 über die Zahlung u. die Befugniß zur Deposition des fälligen Wechselbetrages mit der Maßgabe, daß letztere durch den Aussteller geschehen kann; 6) die Art. 41 u. 42, so wie die Art. 45—55 über den Regreß Mangels Zahlung gegen die Indossanten; 7) die Art. 62—65 über die Ehrenzahlung; 8) die Art. 70—72 über die Copieen; 9) die Art. 73—76 über abhanden gekommene u. falsche Wechsel mit der Maßgabe, daß im Falle des Art. 73 die Zahlung durch den Aussteller erfolgen muß; 10) die Art. 78—96 über die allgemeinen Grundsätze der Wechselverjährung, die Verjährung der Regreßansprüche gegen die Indossanten, das Klagerecht des Wechselgläubigers, die ausländischen Wechselgesetze, den Protest, den Ort u. die Zeit für die Präsentation u. andere im Wechselverkehre vorkommende Handlungen, so wie über mangelhafte Unterschriften.

4. Art. 99. Eigene domicilirte Wechsel sind dem Domiciliaten oder, wenn ein solcher nicht benannt ist, dem Aussteller selbst an demjenigen Orte, wohin der Wechsel domicilirt ist, zur Zahlung zu präsentiren u., wenn die Zahlung unterbleibt, dort zu protestiren. Wird die rechtzeitige Protesterhebung beim Domiciliaten verabsäumt, so geht dadurch der wechselmäßige Anspruch gegen den Aussteller u. die Indossanten verloren. Nov 8. Bei nicht domicilirten eigenen Wechseln bedarf es zur Erhaltung des Wechselrechts gegen den Aussteller weder der Prasentation am Zahlungstage noch der Erhebung eines Protestes.

V. Gemeinschaftliche Punkte der trassirten und eigenen Wechsel.

§ 305. A. Sicherheitsmittel für den Wechselgläubiger. (B. § 248. G. § 216.)

1. Art. 81 s. oben § 301 Nr 14.

§ 306. B. Erlöschen der Wechselverbindlichkeit. (B. § 247. G. § 217.)

1. Art. 77. Der wechselmäßige Anspruch gegen den Acceptanten verjährt in drei Jahren vom Verfalltage des Wechsels an gerechnet.

2. Art. 78. Die Regreßansprüche des Inhabers (Art. 50) gegen den Aussteller und die übrigen Vormanner verjähren: 1) in 3 Monaten, wenn der Wechsel in Europa, mit Ausnahme von Island und den Faröern, zahlbar war; 2) in 6 Monaten, wenn der Wechsel in den Küstenlandern von Asien und Africa längs des mittelländischen und schwarzen Meeres, oder in den dazu gehörigen Inseln dieser Meere zahlbar war; 3) in 18 Monaten, wenn der Wechsel in einem anderen außereuropaischen Lande oder in Island oder den Faröern zahlbar war. Die Verjährung beginnt gegen den Inhaber mit dem Tage des erhobenen Protestes.

3. Art. 79. Die Regreßansprüche des Indossanten (Art. 51) gegen den Aussteller und die übrigen Vormanner verjähren: 1) in 3 Monaten, wenn der Regreßnehmer in Europa, mit Ausnahme von Island und den Faroern, wohnt; 2) in 6 Monaten, wenn der Regreßnehmer in den Küstenländern von Asien und Africa langs des mittelländischen und schwarzen Meeres oder in den dazu gehörigen Inseln dieser Meere wohnt; 3) in 18 Monaten, wenn der Regreßnehmer in einem anderen außereuropäischen Lande oder in Island oder den Faroern wohnt. Gegen den Indossanten läuft die Frist, wenn er, ehe eine Wechselklage gegen ihn angestellt worden, gezahlt hat, vom Tage der Zahlung, in allen übrigen Fallen aber vom Tage der ihm geschehenen Behändigung der Klage oder Ladung.

4. Art. 80. Die Verjahrung (Art. 77—79) wird nur durch Behändigung der Klage unterbrochen und nur in Beziehung auf denjenigen, gegen welchen die Klage gerichtet ist. Jedoch vertritt in dieser Hinsicht die von dem Verklagten geschehene Streitverkündigung die Stelle der Klage.

a. Einführgsgeſ. z. Civilprozeß-O. § 13; z. Concurs-O. § 3. Der Art. 80 der WO. wird dahin abgeändert, daß die Verjährung auch nach Maßgabe der §§ 190, 254, 461 Abs. 2, 471 Abs. 2 der Civilprozeß-O. und § 13 der Concurs-O. unterbrochen wird.

5. Art. 83. Ist die wechselmaßige Verbindlichkeit des Ausstellers oder des Acceptanten durch Verjahrung oder dadurch, daß die zur Erhaltung des Wechselrechts gesetzlich vorgeschriebenen Handlungen verabsaumt sind, erloschen, so bleiben dieselben dem Inhaber des Wechsels nur soweit, als sie sich mit dessen Schaden bereichern würden, verpflichtet. Gegen die Indossanten, deren wechselmaßige Verbindlichkeit erloschen ist, findet ein solcher Anspruch nicht Statt.

6. Art. 100. Der wechselmäßige Anspruch gegen den Aussteller eines eigenen Wechsels verjährt in drei Jahren vom Verfalltage des Wechsels an gerechnet.

C. Abhanden gekommene und falsche Wechsel. (B. § 246. G. § 217.) § 307.

1. Art. 73. Der Eigenthümer eines abhanden gekommenen Wechsels kann die Amortisation des Wechsels bei dem Gerichte des Zahlungsortes beantragen. Nach Einleitung des Amortisationsverfahrens kann derselbe vom Acceptanten Zahlung fordern, wenn er bis zur Amortisation des Wechsels Sicherheit bestellt. Ohne eine solche Sicherheitsstellung ist er nur die Deposition der aus dem Accepte schuldigen Summe bei Gericht oder bei einer anderen zur Annahme von Depositen ermächtigten Behörde oder Anstalt zu fordern berechtigt.

2. Art. 74. Der nach den Bestimmungen des Art. 36 legitimirte Besitzer eines Wechsels kann nur dann zur Herausgabe desselben angehalten werden, wenn er den Wechsel in bosem Glauben erworben hat oder ihm bei der Erwerbung des Wechsels eine grobe Fahrlässigkeit zur Last fällt.

3. Art. 75. Auch wenn die Unterschrift des Ausstellers eines Wechsels falsch oder verfälscht ist, behalten dennoch das ächte Accept und die ächten Indossamente die wechselmäßige Wirkung.

4. Art. 76. Aus einem mit einem falschen oder verfälschten Accepte oder Indossamente versehenen Wechsel bleiben sammtliche Indossanten und der Aussteller, deren Unterschriften acht sind, wechselmaßig verpflichtet.

D. Rechte der Wechsel im Concurse. (G. § 218.) § 308.

1. Weimar. WO. § 174. Hat sich ein Wechselgläubiger einmal im Concurs gemeldet, so ist sein Wechselrecht gegen den Gemeinschuldner, so lange der Concurs dauert, unwirksam. Er hat als solcher kein Vorzugsrecht, u. kann sich auch von einem, von der Mehrheit der Glaubiger bewilligten, Nachlaßvertrag nicht ausschließen.

2. Concurs-O. § 133. Auf Wechseln und sonstigen Schuldurkunden ist von dem Gerichtsschreiber die Feststellung zu vermerken.

3. Das. § 27. Wechselzahlungen des Gemeinschuldners können auf Grund des § 23 Nr. 1 von dem Empfänger nicht zurückgefordert werden, wenn nach Wechselrecht der Empfanger bei Verlust des Wechselanspruchs gegen andere Wechselverpflichtete zur Annahme der Zahlung verbunden war. Die gezahlte Wechselsumme muß von dem letzten Wechselregreßschuldner oder, falls derselbe den Wechsel für Rechnung eines Dritten begeben hatte, von diesem erstattet werden, wenn dem letzten Wechselregreßschuldner oder dem Dritten zu der Zeit, als er den Wechsel begab oder begeben ließ, einer der im § 23 Nr. 1 erwahnten Umstände bekannt war.

E. Wechselproceß; insbesondere Einreden gegen die Wechselklage. (B. § 248. G. § 217.) § 309.

1. Art. 82. Der Wechselschuldner kann sich nur solcher Einreden bedienen, welche aus dem Wechselrechte selbst hervorgehen oder ihm unmittelbar gegen den jedesmaligen Kläger zustehen.

F. Wechselstempel. § 309 a.

1. RG v. 10. Juni 1869 § 1. Gezogene u. eigene Wechsel unterliegen — einer — zur Bundeskasse fließenden Abgabe. Von der Stempelabgabe bleiben befreit: 1) die vom Ausland auf das Ausland gezogenen, nur im Auslande zahlbaren Wechsel; 2) die vom Inlande auf das Ausland gezogenen, nur im Auslande u. zwar auf Sicht oder spatestens innerhalb 10 Tagen nach dem Tage der Ausstellung zahlbaren Wechsel, sofern sie vom Aussteller direkt in das Ausland remittirt werden.

2. RG. v. 10. Juni 1869 § 6. Die Entrichtung der Stempelabgabe muß erfolgen, ehe ein inländischer Wechsel von dem Aussteller, ein ausländischer von dem ersten inländischen Inhaber (§ 5) aus den Händen gegeben wird. § 7. (Beiden) ist gestattet, den mit einem inländischen Indossament noch nicht versehenen Wechsel vor Entrichtung der Stempelabgabe lediglich zum Zweck der Annahme zu versenden u. zur Annahme zu präsentiren. Der Acceptant eines unversteuerten Wechsels ist verpflichtet, vor der Rückgabe oder jeder anderweiten Aushändigung des Wechsels die Versteurung desselben zu bewirken.

§ 310. Anhang. Von kaufmännischen Anweisungen und Ordrepapieren. (V. § 236.)

1. HGB. 300. Ein Kaufmann, welcher eine auf ihn ausgestellte Anweisung (Assignation) gegenüber demjenigen, zu dessen Gunsten sie ausgestellt ist, angenommen hat, ist demselben zur Erfüllung verpflichtet. Die auf eine schriftliche Anweisung geschriebene und unterschriebene Annahmeerklärung gilt als ein dem Assignatar geleistetes Zahlungsversprechen.

2. Das. 301. Anweisungen und Verpflichtungsscheine, welche von Kaufleuten über Leistungen von Geld oder einer Quantität vertretbarer Sachen oder Werthpapiere ausgestellt sind, ohne daß darin die Verpflichtung zur Leistung von einer Gegenleistung abhängig gemacht ist, können durch Indossament übertragen werden, wenn sie an Ordre lauten. Zur Gültigkeit der Urkunde oder des Indossaments ist nicht erforderlich, daß sie die Angabe des Verpflichtungsgrundes oder das Empfangsbekenntniß der Valuta enthalten. Wer eine solche Anweisung acceptirt hat, ist demjenigen, zu dessen Gunsten sie ausgestellt oder an welchen sie indossirt ist, zur Erfüllung verpflichtet.

3. Das. 302. Ingleichen können Konnossemente der Seeschiffer und Ladescheine der Frachtführer, Auslieferungsscheine (Lagerscheine, Warrants) über Waaren oder andere bewegliche Sachen, welche von einer zur Aufbewahrung solcher Sachen staatlich ermächtigten Anstalt ausgestellt sind, ferner Bodmereibriefe und Seeassekuranzpolizen durch Indossament übertragen werden, wenn sie an Ordre lauten.

4. Das. 303. Durch das Indossament der in den beiden vorhergehenden Artikeln bezeichneten Urkunden gehen alle Rechte aus dem indossirten Papiere auf den Indossatar über. Der Verpflichtete kann sich nur solcher Einreden bedienen, welche ihm nach Maßgabe der Urkunde selbst oder unmittelbar gegen den jedesmaligen Kläger zustehen. Der Schuldner ist nur gegen Aushändigung des quittirten Papiers zu erfüllen verpflichtet

5. Das. 304. Ob außer den in diesem Gesetzbuch bezeichneten noch andere an Ordre lautende Anweisungen, Verpflichtungsscheine oder sonstige Urkunden mit der in Art. 303 erwähnten Wirkung durch Indossament übertragen werden können, ist nach den Landesgesetzen zu beurtheilen.

6. Das. 305. Für Papiere, welche an Ordre lauten, und welche durch Indossament übertragen werden können (Art. 301—304), gelten in Betreff der Form des Indossaments, in Betreff der Legitimation des Inhabers und der Prüfung dieser Legitimation, sowie in Betreff der Verpflichtung des Besitzers zur Herausgabe dieselben Bestimmungen, welche die Art. 11—13, 36 und 74 der allgemeinen deutschen Wechselordnung in Betreff des Wechsels enthalten. Sind die in Art. 301 bezeichneten Papiere abhanden gekommen, so finden in Bezug auf die Amortisation die in Art 73 der allgemeinen deutschen Wechselordnung gegebenen Bestimmungen Anwendung. Die Amortisation der im Art. 302 bezeichneten Papiere richtet sich nach den Landesgesetzen.

7. Das. 182. *Aktien (einer Kommanditgesellschaft), welche auf Namen lauten, müssen mit genauer Bezeichnung des Inhabers — in das Aktienbuch der Gesellschaft eingetragen werden Sie können, soweit nicht der Art 181 oder der Gesellschaftsvertrag ein Anderes bestimmt, ohne Einwilligung der Gesellschaft auf andere Personen übertragen werden Zu der im Gesellschaftsvertrage vorbehaltenen Einwilligung der Gesellschaft in die Uebertragung von Aktien, welche auf einen Betrag von weniger als 1000 Mark gestellt sind, ist die Zustimmung*

des Aufsichtsraths und der Generalversammlung erforderlich. Die Uebertragung dieser Aktien bedarf zu ihrer Gultigkeit einer die Person des Erwerbers bezeichnenden gerichtlich oder notariell beglaubigten Erklärung Die Uebertragung anderer Aktien, welche auf Namen lauten, kann durch Indossament geschehen. In Betreff der Form desselben kommen die Bestimmungen der Art. 11—13 der Deutschen Wechselordnung zur Anwendung.

8. HGB. 220. *Fur die Eintragung — der auf Namen gestellten Aktien (einer Aktiengesellschaft) in das Aktienbuch sowie für die Uebertragung derselben auf andere Personen sind die Vorschriften der Art.* 182 *u* 183 *massgebend* (vgl. früher Art. 223).

Drittes Capitel. Seerecht.

I. Begriff, Quellen und Literatur des Seerechts.

A. Begriff und Eintheilung. (B. § 215.) **§ 311.**

B. Quellen des Seerechts. (B. § 251. G. § 155 No. 1.) **§ 312.**

Zum Folgenden vgl. R. Wagner (unten § 313) §§ 3 u. 7—10.

Quellen=Sammlungen: *Pardessus* Collection des lois maritimes antérieures au 18 siècle. 6 Ts. Par. 1828—45. 4. *Travers Twiss* Monumenta juridica. The black book of the admiralty with an appendix. 4 voll. Lond. 1871—76 (Rerum Britannic. medii aevi Scriptores).

A. **Aeltere Quellen.** I. Römisches Recht. Dig.: nautae caupones stabularii ut recepta restituant IV 9; de exercitoria actione XIV 1; ad legem Rhodiam de jactu XIV 2, de nautico foenore XXII 2; furti adversus nautas caupones stabularios XLVII 5; de incendio ruina naufragio XLVII 9. Cod.: de nautico foenore IV 33, de naufragiis XI 5. Nov. 106. Vgl. *Pardessus* I 85—132. II. Sg. Rhodische Seegesetze, b. *Pardessus* I 231—260. Sie bestehen aus drei verschiedenen Stücken, die nichts mit der Insel Rhodus noch der l. Rhodia des Corpus juris zu thun haben. Das dritte Stück, aus 51 den Seehandel regelnden Artt. bestehend, ist ein byzantinisches Kaisergesetz aus der Mitte des 8. Jahrh., dem die beiden andern Stücke, das erste eine unhistorische Erzählung von der Bestätigung der rhodischen Gesetze durch römische Kaiser enthaltend, das andere von der Schiffspolizei und einigen Verträgen handelnd, später angeschlossen sind. Zachariae v. Lingenthal Gesch. des griech.=röm. R. 2. Aufl. (1877) S. 292. III. Tabula Amalfitana, Seerecht von Amalfi aus einem lateinischen dem 11. Jh. angehörigen (Art. 1—21) u. einem italiänischen, aus dem Ende des 14. Jh. stammenden Theile (22—66) bestehend. Hg. v. Laband Ztschr. f. HR. 7 (1864) S. 303—337; *Twiss* IV 1—50. IV. Consulat der See. Eine private rechtsbuchartige Aufzeichnung in der zweiten Hälfte des 14. Jahrh. in Barcelona entstanden auf Grundlage einer um ein Jahrhundert ältern Sammlung von Seerechtsgebräuchen (costumes de la mar). Durch Vermittlung italiänischer Uebersetzungen erlangte das Rechtsbuch im Gebiete des Mittelmeeres, aber auch im nördlichen Europa weite Verbreitung. — Aeltester Druck: Barcelona 1494;

Pardessus II 49—368 (Orig. u. franz. Uebers), *Twiss* III 35—657 (Orig. u. engl. Uebers.; Glossar dazu IV 198). Commentar: *Casaregis* il consolato del mare. Firenze 1718. V. Seerecht von Oleron, Rooles d'Oléron ou jugemens de mer: eine im 12. Jh. entstandene Sammlung seerechtlicher Urtheile des Gerichtshofes auf der Insel Oleron, anfänglich 24 Urtheile umfassend, nachher in Hss. und Drucken bis zu 47 Artikeln vermehrt. In Frankreich, England und Castilien viel gebraucht. Der von *Cleirac* Us et coutumes de la mer (Bordeaux 1661. 4) veröffentlichte Text des 15. Jahrh. wurde in fast alle lebenden Sprachen übersetzt. Ausgaben: *Pardessus* I 323—354 mit Nachträgen in VI 487—490 gascognischer Text. *Twiss* III 4—32: französ Text in 24 Artt.; II 210—240 franz. Text gleichfalls in 24 Artt. mit Beimischung gascognischer Worte; Texte der zweiten als normännisch-bretonischen bezeichneten Classe hat er in I 88 ff., II 432 ff. abgedruckt. VI. Durch Vermittlung von Flandern wurde das Seerecht von Oleron auch dem deutschen Norden und Skandinavien zugeführt. Der Seegerichtshof von Damme recipirte im 14. Jahrh. die 24 ältesten Artt. des Oleronensischen Seerechts, die in ihrer flämischen Fassung als Vonnesse (Findungen) van der zee oder Vonnesse van Damme bezeichnet werden: gedr. b. *Pardessus* I 371—392, Warnkönig Flandr. RG. 1 Anhang S. 86 ff., *Twiss* IV 302 ff. Mit dieser Sammlung verband man im 15 Jahrh. eine zu Anfang desselben errichtete Ordinancie, die de schipheren u. coplude met malkanderen begheren van schiprecht, ein Statut zur Regelung des Schiffrechts, von hansischen Kaufleuten und Schiffern wahrscheinlich zu Amsterdam vereinbart. Die Verbindung dieser beiden Bestandtheile, das sg. Waterrecht, war in den hansischen Städten in verschiedenen Redactionen in Gebrauch. Ueber die wiederaufgefundene Kölner Hs. desselben Höhlbaum Mittheilungen aus dem Stadtarchiv von Köln Heft 8 (Köln 1885) S. 39; über eine lübecker Hs. R. Wagner Ztschr. f. HR 27 (1882) S. 410. Dem Waterrechte fügte man Bestimmungen der lübischen Statuten von seerechtlichem Inhalte hinzu und gab durch Weglassung der Ueberschrift Ordinancie der Compilation den Schein eines einheitlichen Ganzen. In dieser als gothländisches Waterrecht bezeichneten Form ist die Sammlung ins Dänische, Schwedische, Holländische, Niederdeutsche übersetzt und auch 1505 zu Kopenhagen von Gotfrid von Gemen gedruckt (wiederholt b. *Pardessus* I 463—502 u. *Twiss* IV 54—129). Da Wisby im 15. Jahrh. das Waterrecht in besonders reiner Form besaß und der dortige Seegerichtshof nach dieser Rechtsquelle urtheilte, so glaubte man wohl an einen Ursprung desselben auf Wisby und nannte seit dem 16. Jahrh. auf Grund einer Schlußbemerkung des Gemenschen Abdruckes das Ganze Wisbysches Seerecht. Ausg. des sg. Wisbyschen Seerechts (zusammen mit dem Wisbyer Stadtrechte) *Schlyter* Corpus jur. Sueo-Gotor. (ob. S. 84) VIII: Corpus juris Visbyensis urbici et maritimi (Lund 1853); dazu die Anzeige von Goldschmidt krit. Zeitschr. 3 (Heidelb. 1856) S. 28. Koppmann Hans. Gesch.-Bl. 1872 S. 174 ff. Hirsch Danzigs Handels- u. Gewerbsgesch. S. 79. — R. Wagner zur Gesch. der Quellen des Wisbyschen Seerechts in Ztschr. f. HR. 27 (1882) S. 393. *Güter-*

bock de jure maritimo quod in Prussia sec. XVI et ortum est et in usu fuit. Regim. 1866. 4. VII. Hansisches Seerecht. Mittheilung von Hamburg an Lübeck über einzelne in Hamburg geltende seerechtliche Bestimmungen um 1259, gedr. Höhlbaum Hans. UB. I n. 538, früher Hamb. UB. n. 616, Lüb. UB. I n. 260. — Hamburger Schiffrecht als Anhang der Statuten (ob. S. 30) nicht vor 1292, b. Lappenberg Hamb. RA. S. 75—86. — Lübisches Schiffrecht v. 1299 durch Albrecht v. Bardewik zusammengestellt. Lüb. UB. II n. 105. — In den Hamb. Statuten v. 1497 handelt der letzte Titel P in 50 Artt. van schiprechte, eine Verarbeitung des alten Hamb. R. mit dem Pandektentitel Ad legem Rhodiam de jactu und mit Waterrecht und Ordinancie. Lappenberg Hamb. RA. S. 306—320. — Die seerechtlichen Bestimmungen der Hanserecesse sind Anfangs vorwiegend öffentlich-rechtlichen Inhalts, seit dem 15. Jahrh. beschäftigen sie sich auch mit Privatseerecht. *Pardessus* II 455—558 hat nach Lappenbergs Mittheilungen Auszüge aus den Recessen von 1369—1614, Nachträge dazu VI 497 ff. veröffentlicht. Vgl. Lappenbergs Recension in den [Berl.] Jahrb. f. wiss. Kritik 1832 Nr. 77 u. 78. — In der Sammlung der Hanserecesse (ob. S. 558) sind bisher die Recesse veröffentlicht in Abth. I 1256—1410, in Abth. II 1431—1459, in Abth. III 1477—1491. Ueber die beiden ältesten hansischen Recesse von c 1260 vgl. Frensdorff Hans. Gesch.-Bl. 1871 S. 9 ff. u. 1883 S. 155. VIII. Guidon de la mer, eine zu Ende des 16. Jh. zu Rouen entstandene Privatarbeit eines unbekannten Verfassers, von bedeutendem Einfluß auf die staatliche Gesetzgebung Frankreichs im 17. Jh. (s. u.).

B. **Neuere Quellen.** Rev. lübisches R. v. 1586 B. VI: von Seehändeln. Hänsische Schiffsordnung v. 1591. Der Erbarn Hansee-Städte Schiffsordnung und Seerecht v. 1614. Die beiden letztern Gesetze oft besonders gedruckt, auch b. *Engelbrecht* Corpus jur. nautici I (Lüb. 1790) S. 116—144, b. *Pardessus* II 507—558. *Reinold Kuricke* Jus maritimum Hanseaticum. Hamb. 1667. 4. (auch bei *Heineccius* scriptorum de jure nautico fasc [Halae 1740] S. 637 ff.). — Hamburger Stat. v. 1603 B. II Tit. 13—19. Herm. Langenbeck Anmerkungen über das Hamb. Schiff- u. Seerecht. Hambg. 1727. 4. — Königlich preußisches Seerecht v. 1727 (gedr. Königsbg. 1728. 4.). Preuß. LR. II 8 Abschn. 11—14 (ob. § 267). — Ordonnance de Louis XIV. touchant la marine (ob. S. 556), häufig einzeln, auch bei *Pardessus* Collection IV 325—418. *Valin* nouv. commentaire sur l'ord. de la marine. 2 tom. La Rochelle 1760. 4. Neue Ausg. v. *Becane* Paris 1829. Code de commerce v. 1807, livre II: du commerce maritime.

C. **Geltendes deutsches Recht.** Allg. deutsches Handelsgesetzbuch B. V: vom Seehandel. Ueber Geschichte u. Einführung dess. ob. S. 556; nicht eingeführt in Oesterreich. RG. v. 5. Juni 1869 (ob. S. 557). — RG. v. 25. Oct. 1867 betr. die Nationalität der Kauffahrteischiffe u. ihre Befugniß zur Führung der Bundesflagge. RG. v. 28. Juni 1873 betr. die Registrirung u. die Bezeichnung der Kauffahrteischiffe. RG. v. 22. Mai 1881 betr. die Küstenfrachtfahrt. Seemannsordnung v. 27. Dec. 1872.

RG. v. gl. Datum betr. die Verpflichtung deutscher Kauffahrteischiffe zur Mitnahme hülfsbedürftiger Seeleute. Strandungsordnung v. 17. Mai 1874. RG. v. 27. Juli 1877 betr. die Untersuchung v. Seeunfällen. Kaiserl. V. v. 7. Jan. 1880 zur Verhütung des Zusammenstoßens der Schiffe auf See. Kais. V. v. 16. Feb. 1881 betr. Suspension des Art. 10 der vorangehenden V. Kais. V. v. 15. Aug. 1876 über das Verhalten der Schiffer nach einem Zusammenstoß von Schiffen auf See. — Schiffsvermessungsordnung v. 5. Juli 1872 (V. des Bundesraths, vgl. Laband Staatsr. 2 S. 450, G. Meyer StR. § 172). RG. v. 8. Nov. 1867 betr. die Organisation der Bundeskonsulate. RG. über die Konsulargerichtsbarkeit v. 10. Juli 1879. RG. v. 25. März 1880 betr. die Schiffsmeldungen bei den Konsulaten des D. Reichs.

1. Seemanns-O. § 110. Dieses Gesetz tritt mit dem 1. März 1873 in Kraft. Mit demselben Tage tritt der 4. Titel des V. Buches des allgemeinen Deutschen Handelsgesetzbuches außer Kraft.

§ 313. C. Literatur des Seerechts.

F. J. Jacobsen Seerecht des Friedens u. des Kriegs in Bezug auf Kauffahrteischiffe. Altona 1815. M. Pöhls HR. (oben S 558), Bd. 3 Seerecht, Bd. 4 See-Assecuranzrecht. 2 Theile. Hamburg 1832, 34. Miruß das Seerecht und die Fluß-Schifffahrt nach den Preußischen Gesetzen. 2 Bde. Leipz. 1839. C. v. Kaltenborn Grundsätze des praktischen Europäischen Seerechts, besonders im Privatverkehre. 2 Bde. Berlin 1851. Nizze d. allgem. Seerecht der civilisirten Nationen Bd. 1 (öffentl. Seerecht). Rostock 1857. Lewis d. deutsche Seerecht. Commentar zu HGB. B. V. 2 Bde. 2. Aufl. Leipz. 1883—84. Handb. des deutschen Handelsrechts hg. v. Endemann. Bd. IV Abth. 1: Seerecht v. Lewis, R. Schröder u. Reatz. Leipz. 1884. Rudolf Wagner Handbuch des Seerechts Bd. 1. Leipz. 1884. — Ehrenberg beschränkte Haftung des Schuldners nach See- u. Handelsrecht. Jena 1880. W. Ullrich Sammlung von seerechtlichen Erkenntnissen des Handelsgerichts zu Hamburg nebst den Entscheidungen der höheren Instanzen. 2 Hfte. Hamburg 1858—61. Fortsetzungen v. Seebohm, 2 Hefte 1865—66, v. G. Hermann u. C. Hirsch, 4 Hefte 1871—76. Entschdgn. des Reichsoberhandelsgerichts, des Reichsgerichts ob. S. 90, der OAG. zu Lübeck u. zu Rostock ob. S. 89, 90. Entscheidungen des Oberseeamts u. der Seeämter des D. Reichs hg. im Reichsamt des Innern. Hambg. seit 1879, bisher 5 Bde. — Für das Französische Seerecht: *Pardessus* Cours de droit commercial (ob. S. 558) T. 3. *Boulay-Paty* Cours de droit commercial maritime, d'après les principes et suivant l'ordre du code de commerce. 4 Vols. Rennes 1821 bis 1823. — Für das Englische Seerecht: *Maxwell* The spirit of marine law or compendium of the statutes relating to the admiralty alphabetically arranged. Lond. 1800. *Charles Abbott* (später *Lord Tenterden*) a treatise of the law relative to merchant ships and seamen. 2 Ts. Lond. 1802 ed. 11 by *Shee*. 1867.

II. Von den Schiffen überhaupt, insbesondere von ihrem Erwerb. § 314. (B. § 252.)

HGB. Artt. 432—446.

1. HGB. 446. Ein zum Abgehen fertiges (segelfertiges) Schiff kann wegen Schulden nicht mit Beschlag belegt werden. Diese Bestimmung tritt jedoch nicht ein, wenn die Schulden zum Behuf der anzutretenden Reise gemacht worden sind. — — Eine zur Schiffsbesatzung gehörige Person kann wegen Schulden von dem Zeitpunkt an nicht mehr verhaftet werden, in welchem das Schiff segelfertig ist. (Civilprozeß-O. § 785, 3.)

2. RG. v. 25. Oct. 1867 § 1. Die zum Erwerb durch die Seefahrt bestimmten Schiffe (Kauffahrteischiffe) der Bundesstaaten haben fortan als Nationalflagge ausschließlich die Bundesflagge zu führen. (Art. 54 u. 55 der Reichsverf.)

3. Reichsverf. Art. 54. Die Kauffahrteischiffe aller Bundesstaaten bilden eine einheitliche Handelsmarine. Das Reich hat das Verfahren zur Ermittelung der Ladungsfähigkeit der Seeschiffe zu bestimmen, die Ausstellung der Meßbriefe sowie der Schiffscertificate zu regeln und die Bedingungen festzustellen, von welchen die Erlaubniß zur Führung eines Seeschiffes abhängig ist.

4. Das. Art. 55. Die Flagge der Kriegs- und Handelsmarine ist schwarz-weiß-roth.

5. RG. vom 25. Oct. 1867 § 2. Zur Führung der Bundesflagge sind die Kauffahrteischiffe nur dann berechtigt, wenn sie in dem ausschließlichen Eigenthum solcher Personen sich befinden, welchen das Bundesindigenat (Art. 3 der Reichsverf.) zusteht. Diesen Personen sind gleich zu achten die im Bundesgebiet errichteten Aktiengesellschaften u. Kommanditgesellschaften auf Aktien — die — eingetragenen Genossenschaften, sofern diese Gesellschaften u. Genossenschaften innerhalb des Bundesgebiets ihren Sitz haben u. bei den Kommanditgesellschaften auf Aktien allen persönlich haftenden Mitgliedern das Bundesindigenat zusteht.

6. Das. § 3. Für die zur Führung der Bundesflagge befugten Kauffahrteischiffe sind — Schiffsregister zu führen. § 7. Die Eintragung des Schiffes in das Schiffsregister darf erst geschehen, nachdem das Recht desselben, die Bundesflagge zu führen — glaubhaft nachgewiesen ist. § 8. Ueber die Eintragung — wird von der Registerbehörde eine — Urkunde (Certificat) ausgefertigt. Das Certificat muß — bezeugen, daß — das Schiff zur Führung der Bundesflagge befugt sei.

7. Das. § 10. Das Recht, die Bundesflagge zu führen, darf weder vor Eintragung des Schiffes in das Schiffsregister noch vor der Ausfertigung des Certificats ausgeübt werden.

8. RG. v. 28. Juni 1873 § 1. Schiffe von nicht mehr als 50 Kubikmeter Brutto-Raumgehalt sind zur Ausübung des Rechts, die Reichsflagge zu führen, auch ohne Eintragung in das Schiffsregister u. Ertheilung des Certificats befugt.

9. RG. v. 22. Mai 1881 § 1. Das Recht, Güter in einem deutschen Seehafen zu laden u. nach einem andern deutschen Seehafen zu befördern, um sie daselbst auszuladen (Küstenfrachtfahrt), steht ausschließlich deutschen Schiffen zu. § 2. Ausländischen Schiffen kann dies Recht durch Staatsvertrag oder durch Kaiserliche Verordnung mit Zustimmung des Bundesraths eingeräumt werden.

III. Von dem Rheder und der Rhederei (Mitrhederei). (B. § 253. G. § 195 Nr. 2.) § 315.

HGB. Artt. 450—477.

Heise u. Cropp 1 Nr. 24 (Vom correspondirenden Rheder).

1. HGB. 450. Rheder ist der Eigenthümer eines ihm zum Erwerb durch die Seefahrt dienenden Schiffs.

2. HGB. 477. Wer ein ihm nicht gehöriges Schiff zum Erwerb durch die Seefahrt für seine Rechnung verwendet, u. es entweder selbst führt oder die Führung einem Schiffer anvertraut, wird im Verhaltniß zu Dritten als Rheder angesehen.

3. Das. 445. Zur Schiffsbesatzung werden gerechnet der Schiffer, die Schiffsmannschaft, sowie alle übrigen auf dem Schiff angestellten Personen.

4. Seemanns-O. § 3 (früher HGB. 528). Zur „Schiffsmannschaft" („Mannschaft") werden auch die Schiffsoffiziere mit Ausschluß des Schiffers gerechnet; desgleichen ist unter „Schiffsmann" auch jeder Schiffsoffizier mit Ausnahme des Schiffers zu verstehen.

5. HGB. 451. Der Rheder ist für den Schaden verantwortlich, welchen eine Person der Schiffsbesatzung einem Dritten durch ihr Verschulden in Ausführung ihrer Dienstverrichtungen zufügt.

6. Das. 453. Der Rheder haftet für die Forderungen der zur Schiffsbesatzung gehörenden Personen aus den Dienst- u. Heuerverträgen nicht nur mit Schiff u. Fracht, sondern zugleich persönlich. Wenn jedoch das Schiff dem Rheder ohne sein Verschulden vor Vollendung der Reise verloren geht, — so haftet der Rheder für die Forderungen aus der nicht vollendeten Reise oder, sofern dieselbe aus mehreren Abschnitten besteht, für die Forderungen aus dem letzten Reiseabschnitt nicht persönlich.

a Seemanns-O. § 68. Der Rheder haftet für die Forderungen des Schiffers u. der zur Schiffsmannschaft gehörigen Personen aus den Dienst- u. Heuerverträgen nicht nur mit Schiff u. Fracht, sondern persönlich. Diese Bestimmung tritt an die Stelle des Art. 453 des Allg. D. HGB.

7. HGB. 456. Wird von mehreren Personen ein ihnen gemeinschaftlich zustehendes Schiff zum Erwerb durch die Seefahrt für gemeinschaftliche Rechnung verwendet, so besteht eine Rhederei.

8. Das. 458. Für die Angelegenheiten der Rhederei sind die Beschlüsse der Mitrheder maßgebend. Bei der Beschlußfassung entscheidet die Mehrheit der Stimmen. Die Stimmen werden nach der Größe der Schiffsparten gezählt.

9. Das. 459. Durch Beschluß der Mehrheit kann für den Rhedereibetrieb ein Korrespondentrheder (Schiffsdirector, Schiffsdisponent) bestellt werden.

10. Das. 460. Im Verhaltniß zu Dritten ist der Korrespondentrheder kraft seiner Bestellung befugt, alle Geschäfte u. Rechtshandlungen vorzunehmen, welche der Geschäftsbetrieb einer Rhederei gewöhnlich mit sich bringt.

11. Das. 461. Durch ein Rechtsgeschäft, welches der Korrespondentrheder als solcher innerhalb der Grenzen seiner Befugnisse geschlossen hat, wird die Rhederei dem Dritten gegenüber — berechtigt u. verpflichtet.

12. Das. 470. Jeder Mitrheder kann seine Schiffspart jederzeit u. ohne Einwilligung der übrigen Mitrheder ganz oder theilweise veräußern. Ein gesetzliches Vorkaufsrecht steht den Mitrhedern nicht zu. Es kann jedoch die Veräußerung einer Schiffspart, in Folge welcher das Schiff das Recht die Landesflagge (jetzt Reichsflagge) zu führen verlieren würde, rechtsgültig nur mit Zustimmung aller Mitrheder erfolgen. Die Landesgesetze, welche eine solche Veraußerung überhaupt für unzulässig erklären, werden durch diese Bestimmung nicht berührt.

13. Das 472. Eine Aenderung in den Personen der Mitrheder ist ohne Einfluß auf den Fortbestand der Rhederei. — Eine Aufkündigung von Seiten eines Mitrheders oder eine Ausschließung eines Mitrheders findet nicht statt.

14. Das. 473. Die Auflösung der Rhederei kann durch Stimmenmehrheit beschlossen werden. Der Beschluß, das Schiff zu veräußern, steht dem Beschluß der Auflösung gleich.

§ 316. IV. Von dem Schiffer und der Schiffsmannschaft. (B. § 254.)

HGB. Artt. 478—556.
Heise u. Cropp 1 Nr. 23.

1. HGB. 485. Wenn der Schiffer in Fällen der Gefahr mit den Schiffsoffizieren einen Schiffsrath zu halten für angemessen findet, so ist er gleichwohl

an die gefaßten Beschlüsse nicht gebunden; er bleibt stets für die von ihm getroffenen Maßregeln verantwortlich.

2. HGB. 486. Auf jedem Schiff muß ein Journal geführt werden, in welches für jede Reise alle erheblichen Begebenheiten — einzutragen sind. § 487. — Die Eintragungen müssen, soweit die Umstande nicht hindern, täglich geschehen. Das Journal ist von dem Schiffer u. dem Steuermann zu unterschreiben.

3. Das. 490. Der Schiffer hat über alle Unfälle, welche sich wahrend der Reise ereignen — mit Zuziehung aller Personen der Schiffsbesatzung oder einer genügenden Anzahl derselben eine Verklarung abzulegen. Die Verklarung ist ohne Verzug zu bewirken. — 492. Die Verklarung muß — bei dem zustandigen Gerichte angemeldet werden. — 493. Der Schiffer u. die zugezogenen übrigen Personen der Schiffsbesatzung haben ihre Aussagen zu beschwören. — 494. Die in Gemaßheit der Art. 492 u. 493 aufgenommene Verklarung liefert vollen Beweis der dadurch beurkundeten Begebenheiten der Reise (aufgehoben durch Einführungs-G. z. Civilprozeß-O. § 13).

4. Das. 495. Rechtsgeschafte, welche der Schiffer eingeht, wahrend das Schiff im Heimathshafen sich befindet, sind für den Rheder nur dann verbindlich, wenn der Schiffer auf Grund einer Vollmacht gehandelt hat, oder wenn ein anderer besonderer Verpflichtungsgrund vorhanden ist. Zur Annahme der Schiffsmannschaft ist der Schiffer auch im Heimathshafen befugt.

5. Das. 496. Befindet sich das Schiff außerhalb des Heimathshafens, so ist der Schiffer Dritten gegenüber kraft seiner Anstellung befugt, für den Rheder alle Geschäfte u. Rechtshandlungen vorzunehmen, welche — die Ausführung der Reise mit sich bringt. Diese Befugniß erstreckt sich auch auf die Eingehung von Frachtvertragen; sie erstreckt sich ferner auf die Anstellung von Klagen, welche sich auf den Wirkungskreis des Schiffers beziehen.

6. Das. 498. Auf den persönlichen Kredit des Rheders Geschäfte abzuschließen, insbesondere Wechselverbindlichkeiten fur denselben einzugehen, ist der Schiffer nur auf Grund einer ihn hierzu ermächtigenden Vollmacht (Art. 452) befugt.

7. Das. 502. Durch ein Rechtsgeschäft, welches der Schiffer in seiner Eigenschaft als Führer des Schiffs — innerhalb seiner gesetzlichen Befugnisse geschlossen hat, wird der Rheder dem Dritten gegenüber berechtigt u. die Haftung des Rheders mit Schiff u. Fracht begrundet. Der Schiffer selbst wird dem Dritten durch das Rechtsgeschäft nicht verpflichtet.

8. Das. 504. Im Interesse der Ladungsbetheiligten hat der Schiffer während der Reise zugleich für das Beste der Ladung nach Moglichkeit Sorge zu tragen.

9. Das. 513. Was der Schiffer vom Befrachter, Ablader oder Ladungsempfänger außer der Fracht als Kaplaken, Primage oder sonst als Belohnung oder Entschadigung — erhalt, muß er dem Rheder als Einnahme in Rechnung bringen.

10. Das. 514. Der Schiffer darf ohne Einwilligung des Rheders fur eigene Rechnung keine Güter verladen.

11. Das. 515. Der Schiffer kann, selbst wenn das Gegentheil vereinbart ist, jederzeit von dem Rheder entlassen werden, jedoch unbeschadet seiner Entschadigungsansprüche.

12. Das. 521. Der Schiffer, welcher auf unbestimmte Zeit angestellt ist, muß, sobald er eine Reise angetreten hat, in dem Dienst verbleiben, bis das Schiff in den Heimathshafen oder in einen inlandischen Hafen zuruckgekehrt u die Entloschung erfolgt ist.

13. Seemanns-O. § 5. Niemand darf im Bundesgebiet als Schiffsmann in Dienst treten, bevor er sich über Namen, Heimat u. Alter vor einem Seemannsamte ausgewiesen u. von demselben ein Seefahrtsbuch ausgefertigt erhalten hat. Ist der Schiffsmann ein Deutscher, so darf er vor vollendetem 14. Lebensjahr zur Uebernahme von Schiffsdiensten nicht zugelassen werden; auch hat er sich — wenn er noch der vaterlichen Gewalt unterworfen oder minderjahrig ist, über die Genehmigung des Vaters oder Vormundes zur Uebernahme von Schiffsdiensten auszuweisen. § 6. Die — Genehmigung gilt, sofern ihr eine Einschrankung nicht beigefügt ist, als ein- fur allemal ertheilt. Kraft derselben wird der Minderjahrige einem Großjahrigen gleichgeachtet, insoweit es sich um den Abschluß

von Heuerverträgen, die aus ihnen hervorgehenden Rechte u. Pflichten u. das gerichtliche Verfahren darüber handelt.

14. Seemanns-O. § 24. Die Gültigkeit des Heuervertrages ist durch schriftliche Abfassung nicht bedingt.

15. Das. § 10. Der Schiffer hat die Musterung (Anmusterung, Abmusterung) der Schiffsmannschaft — zu veranlassen.

16. Das. § 11. Die Anmusterung besteht in der Verlautbarung des mit dem Schiffsmann geschlossenen Heuervertrages vor einem Seemannsamt. — § 12. Die Anmusterungsverhandlung wird vom Seemannsamt als Musterrolle ausgefertigt.

17. Das. § 8. Wer nach Inhalt seines Seefahrtsbuches angemustert ist, darf nicht von neuem angemustert werden, bevor er sich über die Beendigung des frühern Dienstverhältnisses durch den in das Seefahrtsbuch einzutragenden Vermerk (§§ 20, 22) ausgewiesen hat.

18. Das. § 26. Wenn ein Schiffsmann sich für eine Zeit verheuert, für die er durch einen früher geschlossenen Heuervertrag gebunden ist, so hat der Anspruch auf Erfüllung des zuerst geschlossenen Vertrages den Vorzug. Hat jedoch eine Anmusterung auf Grund des spätern Vertrages stattgefunden, ohne daß auch auf Grund des ersten Vertrages angemustert ist, so geht jener vor.

19. Das. § 28. Die Verpflichtung des Schiffsmannes, mit seinen Effekten sich an Bord einzufinden u. Schiffsdienste zu leisten, beginnt, wenn nicht ein Anderes bedungen ist, mit der Anmusterung.

20. Das. § 15. Wenn ein angemusterter Schiffsmann durch ein unabwendbares Hinderniß außer Stande gesetzt wird, den Dienst anzutreten, so hat er sich hierüber sobald wie möglich gegen den Schiffer u. das Seemannsamt, vor welchem die Musterung erfolgt ist, auszuweisen.

21. Das. § 28. Wenn der Schiffsmann den Dienstantritt länger als 24 Stunden verzögert, ist der Schiffer zum Rücktritt von dem Heuervertrage befugt. § 29. Den Schiffsmann, welcher nach der Anmusterung dem Antritt oder der Fortsetzung der Reise sich entzieht, kann der Schiffer zur Erfüllung seiner Pflicht durch das Seemannsamt zwangsweise anhalten lassen.

22. Das. § 47. Wenn ein Schiffsoffizier oder nicht weniger als drei Schiffsleute bei einem Seemannsamte Beschwerde darüber erheben, daß das Schiff, für welches sie angemustert sind, nicht seetüchtig ist oder daß die Vorräthe, welche das Schiff für den Bedarf der Mannschaft an Speisen u. Getränken mit sich führt, ungenügend oder verdorben sind, so hat das Seemannsamt eine Untersuchung — zu veranlassen — (und), falls die Beschwerde sich als begründet erweist, für die geeignete Abhülfe Sorge zu tragen.

23. Das. § 34. Wird nach Antritt der Reise entdeckt, daß der Schiffsmann zu dem Dienste, zu welchem er sich verheuert hat, untauglich ist, so ist der Schiffer befugt, den Schiffsmann, mit Ausschluß des Steuermanns, im Range herabzusetzen und seine Heuer verhältnißmäßig zu verringern.

24. Das. § 72. Der Schiffsmann ist der Disziplinargewalt des Schiffers unterworfen. Dieselbe beginnt mit dem Antritt des Dienstes u. erlischt mit dessen Beendigung.

25. Das. § 30. Der Schiffsmann ist verpflichtet, in Ansehung des Schiffsdienstes den Anordnungen des Schiffers unweigerlich Gehorsam zu leisten u. zu jeder Zeit alle für Schiff u. Ladung ihm übertragene Arbeiten zu verrichten. Er hat diese Verpflichtungen zu erfüllen sowohl an Bord des Schiffs u. in dessen Booten als auch in den Leichterfahrzeugen u. auf dem Lande, sowohl unter gewöhnlichen Umständen als auch unter Havarie. Ohne Erlaubniß des Schiffers darf er das Schiff bis zur Abmusterung nicht verlassen.

26. Das. § 32. Bei Seegefahr, besonders bei drohendem Schiffbruch sowie bei Gewalt u. Angriff gegen Schiff oder Ladung hat der Schiffsmann alle befohlene Hülfe zur Erhaltung von Schiff u. Ladung unweigerlich zu leisten u. darf ohne Einwilligung des Schiffers, solange dieser selbst an Bord bleibt, das Schiff nicht verlassen. Er bleibt verbunden, bei Schiffbruch für Rettung der Personen u. ihrer Effekten sowie für Sicherstellung der Schiffstheile, der Gerathschaften u. der Ladung, den Anordnungen des Schiffers gemäß nach besten Kräften zu sorgen u. bei der Bergung gegen Fortbezug der Heuer u. der Verpflegung Hülfe zu leisten.

27. Seemanns-O. § 35. Die Heuer ist in Ermangelung einer anderweitigen Abrede vom Zeitpunkte der Anmusterung zu zahlen.

28. Das. § 25. Wenn bei dem Abschluß des Heuervertrages die Vereinbarung über den Betrag der Heuer nicht durch ausdrückliche Erklärung getroffen ist, so wird im Zweifel diejenige Heuer als vereinbart angesehen, welche das Seemannsamt des Hafens, in welchem der Schiffsmann angemustert wird, für die daselbst zur Zeit der Anmusterung übliche erklärt.

29. Das. § 36. Die Heuer ist dem Schiffsmann, sofern keine andere Vereinbarung getroffen ist, erst nach Beendigung der Reise oder bei der sonstigen Beendigung des Dienstverhältnisses zu zahlen, wenn diese früher erfolgt.

30. Das. § 36. Der Schiffsmann kann jedoch bei Zwischenreisen in dem ersten Hafen, in welchem das Schiff ganz oder zum größern Theile entlöscht wird, die Auszahlung der Hälfte der bis dahin verdienten Heuer (§ 67) verlangen, sofern bereits 6 Monate seit der Anmusterung verflossen sind. In gleicher Weise ist der Schiffsmann bei Ablauf je weiterer 6 Monate nach der frühern Auszahlung wiederum die Auszahlung der Hälfte der seit der letzten Auszahlung verdienten Heuer zu fordern berechtigt.

31. Das. § 38. Alle Zahlungen an Schiffsleute müssen, wenn nicht ein Anderes vereinbart ist, nach Wahl derselben entweder baar oder mittelst einer auf den Rheder ausgestellten, auf Sicht zahlbaren Anweisung geleistet werden.

32. Das. § 40. Wenn die Zahl der Mannschaft sich während der Reise vermindert u. nicht wieder ergänzt wird, so sind, falls nicht ein Anderes bedungen ist, die dadurch ersparten Heuerbeträge unter die verbleibenden Schiffsleute nach Verhältniß ihrer Heuer zu vertheilen. Ein Anspruch auf die Vertheilung findet jedoch nicht Statt, wenn die Verminderung — durch Entweichung herbeigeführt ist u. die Effekten des entwichenen Schiffsmannes nicht an Bord zurückgeblieben sind. Wenn die Zahl der Mannschaft sich während der Reise um mehr als ein Sechstel verringert, so muß der Schiffer dieselbe auf Verlangen der verbleibenden Schiffsleute ergänzen, sofern die Umstände eine Ergänzung gestatten.

33. Das. § 41. In allen Fällen, in welchen ein Schiff länger als 2 Jahre auswärts verweilt, tritt in Ermangelung einer anderweitigen Abrede für den seit 2 Jahren in Dienst befindlichen Schiffsmann eine Erhöhung der Heuer ein, wenn diese nach Zeit bedungen ist.

34. Das. § 54. Der Schiffsmann ist verpflichtet, während der ganzen Reise einschließlich etwaiger Zwischenreisen bis zur Beendigung der Rückreise im Dienste zu verbleiben, wenn in dem Heuervertrage nicht ein Anderes bestimmt ist. Endet die Rückreise nicht in dem Hafen, von welchem das Schiff seine Ausreise angetreten hat, so hat der Schiffsmann Anspruch auf freie Zurückbeförderung nach diesem Hafen u. auf Fortbezug der Heuer während der Reise oder nach seiner Wahl auf eine entsprechende Vergütung.

35. Das. § 55. Nach beendigter Reise kann der Schiffsmann seine Entlassung nicht früher verlangen, als bis die Ladung gelöscht, das Schiff gereinigt u. im Hafen oder an einem andern Orte festgemacht, auch die etwa erforderliche Verklarung abgelegt ist.

36. Das. § 56. Der Heuervertrag endet, wenn das Schiff durch einen Zufall dem Rheder verloren geht. — Dem Schiffsmann gebührt alsdann nicht allein die verdiente Heuer, sondern auch freie Zurückbeförderung nach dem Hafen, von welchem das Schiff seine Ausreise angetreten hat oder nach Wahl des Schiffers eine entsprechende Vergütung.

37. Das. § 57. Der Schiffer kann den Schiffsmann abgesehen von den in dem Heuervertrage bestimmten Fällen — vor Ablauf der Dienstzeit entlassen: 1) solange die Reise noch nicht angetreten ist, wenn der Schiffsmann zu dem Dienste, zu welchem er sich verheuert hat, untauglich ist; 2) wenn der Schiffsmann eines groben Dienstvergehens, insbesondere des wiederholten Ungehorsams oder der fortgesetzten Widerspenstigkeit, der Schmuggelei sich schuldig macht; 3) — des Vergehens des Diebstahls, Betrugs, der Untreue, Unterschlagung, Hehlerei oder Fälschung oder einer nach dem Strafgesetzbuche mit Zuchthaus bedrohten Handlung sich schuldig macht; 4) — mit einer syphilitischen Krankheit behaftet ist oder — durch eine unerlaubte Handlung eine Krankheit oder Verwundung

sich zuzieht, welche ihn arbeitsunfähig macht; 5) wenn die Reise, für welche der Schiffsmann geheuert war, wegen Krieg, Embargo oder Blokade oder wegen eines Ausfuhr- oder Einfuhrverbots oder wegen eines andern Schiff oder Ladung betreffenden Zufalls nicht angetreten oder fortgesetzt werden kann. § 58. Dem Schiffsmann gebührt in den Fällen 1—4 nicht mehr als die verdiente Heuer, in den Fallen der Z. 5 hat er, wenn er nach Antritt der Reise entlassen wird, — auch auf freie Zurückbeförderung — Anspruch.

38. Seemanns-O. § 61. Der Schiffsmann kann seine Entlassung fordern, 1) wenn sich der Schiffer einer schweren Verletzung seiner ihm gegen denselben obliegenden Pflichten, insbesondere durch Mißhandlung oder durch grundlose Vorenthaltung von Speise u. Trank schuldig macht; 2) wenn das Schiff die Flagge wechselt; 3) wenn nach Beendigung der Ausreise eine Zwischenreise beschlossen oder wenn eine Zwischenreise beendigt ist, sofern seit dem Dienstantritt 2 oder 3 Jahre — verflossen sind.

39. Das. § 66. Dem Anspruche auf freie Zurückbeförderung wird genügt, wenn dem Schiffsmann, welcher arbeitsfahig ist, mit Genehmigung des Seemannsamtes ein seiner frühern Stellung entsprechender u. durch angemessene Heuer zu vergütender Dienst auf einem deutschen Kauffahrteischiffe nachgewiesen wird, welches nach dem Hafen, von welchem das Schiff seine Ausreise angetreten hat, oder einem demselben nahe belegenen Hafen geht; letzternfalls unter Gewahrung der entsprechenden Vergütung für die weitere freie Zurückbeforderung bis zum Hafen, von welchem das Schiff seine Ausreise angetreten hat. Ist der Schiffsmann kein Deutscher, so wird ein Schiff seiner Nationalität einem deutschen Schiffe gleichgeachtet.

40. Das. § 65: — ein Anspruch auf freie Zurückbeförderung — umfaßt — auch den Unterhalt wahrend der Reise.

41. RG. v. 27. Dec. 1872 § 1. Jedes deutsche Kauffahrteischiff, welches von einem außerdeutschen Hafen nach einem deutschen Hafen oder nach einem Hafen des Kanals, Großbritanniens, des Sundes oder des Kattegats oder nach einem außerdeutschen Hafen der Nordsee oder der Ostsee bestimmt ist, ist verpflichtet, deutsche Seeleute, welche im Auslande sich in hülfsbedürftigem Zustande befinden, behufs ihrer Zurückbeförderung nach Deutschland auf schriftliche Anweisung des Seemannsamtes gegen eine Entschadigung nach seinem Bestimmungshafen mitzunehmen. In Ansehung ausländischer Seeleute, welche unmittelbar nach einem Dienste auf einem deutschen Kauffahrteischiffe außerhalb Deutschlands sich in einem hülfsbedürftigen Zustande befinden, liegt den nach deren Heimatslande bestimmten deutschen Kauffahrteischiffen eine gleiche Verpflichtung ob. § 6. Die Auszahlung der Entschadigung erfolgt im Bestimmungshafen durch das Seemannsamt gegen Auslieferung der wegen der Mitnahme ertheilten Anweisung. § 7. Der Mitgenommene haftet für die durch die Zurückbeforderung verursachten Aufwendungen.

42 Seemanns-O. § 75. Der Schiffsmann darf ohne Erlaubniß des Schiffers keine Güter an Bord bringen oder bringen lassen. Für die gegen dies Verbot beforderten eigenen oder fremden Güter muß er die hochste am Abladungsorte zur Abladungszeit für solche Reisen u. Güter bedungene Fracht zahlen, unbeschadet der Verpflichtung zum Ersatz eines erweislich hohern Schadens. Der Schiffer ist auch befugt, die Güter über Bord zu werfen, wenn dieselben Schiff oder Ladung gefährden.

43. Das. § 64. Im Auslande darf der Schiffsmann, welcher seine Entlassung fordert, außer in dem Falle eines Flaggenwechsels, nicht ohne Genehmigung eines Seemannsamtes den Dienst verlassen.

44. Das. § 105. Der Schiffsmann darf den Schiffer vor einem fremden Gericht nicht belangen. Handelt er dieser Bestimmung zuwider, so ist er nicht allein für den daraus entstehenden Schaden verantwortlich, sondern er wird außerdem der bis dahin verdienten Heuer verlustig.

45. Das. § 51. Stirbt der Schiffsmann nach Antritt des Dienstes, so hat der Rheder die bis zum Todestage verdiente Heuer zu zahlen und die Bestattungskosten zu tragen. Wird der Schiffsmann bei Vertheidigung des Schiffes getodtet, so hat der Rheder überdies eine angemessene, erforderlichenfalls von dem Richter zu bestimmende Belohnung zu entrichten.

46. Seemanns-O. § 16. Die Abmusterung besteht in der Verlautbarung der Beendigung des Dienstverhaltnisses seitens des Schiffers und der aus diesem Verhältniß ausscheidenden Mannschaft. Sie muß, sobald das Dienstverhältniß beendigt ist, erfolgen u. zwar, wenn nicht ein Anderes vereinbart wird, vor dem Seemannsamte desjenigen Hafens, wo das Schiff liegt, u. nach Verlust des Schiffs vor demjenigen Seemannsamt, welches zuerst angegangen werden kann. § 20. Die erfolgte Abmusterung wird von dem Seemannsamt in dem Seefahrtsbuche des abgemusterten Schiffsmannes u. in der Musterrolle vermerkt.

V. Von dem Frachtgeschäft zur Beförderung von Gütern über See. § 317.

(B. § 255. G. § 184)

HGB. Artt. 557—664. Lewis b. Endemann IV 123—227. Wilda Art. Connossement in Weiskes Rechtslex. III 31. Thöl HR. I §§ 270, 271 Goldschmidt HR. I (erste Aufl.) §§ 70—74. v. Ihering gesammelte Auff. 1 S. 117, 207 ff. Laband Z. f. D. R. 19 (1859) S. 121. J. F. Voigt jun. N. Archiv f. HR. 2 (1860) S. 119. Schlodtmann in Z. f. HR. 21 (1876) S. 384 u. 398. J. Fr. Voigt sen. z. See- u. Versicherungsrecht. Jena 1880. Lewis die neuen Connossementsclauseln u. die Stellung der Gesetzgbg. denselben gegenüber. Leipz. 1885.

1. HGB. 557. Der Frachtvertrag zur Beförderung von Gütern bezieht sich entweder 1) auf das Schiff im Ganzen oder einen verhaltnißmaßigen Theil oder einen bestimmt bezeichneten Raum des Schiffes oder 2) auf einzelne Güter (Stückgüter).

2. Das. 558. Wird das Schiff im Ganzen oder zu einem verhältnißmäßigen Theil oder wird ein bestimmt bezeichneter Raum des Schiffs verfrachtet, so kann jede Partei verlangen, daß über den Vertrag eine schriftliche Urkunde (Chartepartie) errichtet werde.

3. Das. 563. Der Verfrachter muß statt der vertragsmaßigen Güter andere, von dem Befrachter zur Verschiffung nach demselben Bestimmungshafen ihm angebotene Güter annehmen, wenn dadurch seine Lage nicht erschwert wird. Diese Bestimmung findet keine Anwendung, wenn die Güter im Vertrage nicht blos nach Art oder Gattung, sondern speziell bezeichnet sind.

4. Das. 568. Bei der Verfrachtung eines Schiffs im Ganzen hat der Schiffer, sobald er zur Einnahme der Ladung fertig u. bereit ist, dies dem Befrachter anzuzeigen. Mit dem auf die Anzeige folgenden Tage beginnt die Ladezeit. Ueber die Ladezeit hinaus hat der Verfrachter auf die Abladung noch langer zu warten, wenn es vereinbart ist (Ueberliegezeit). Für die Ladezeit kann, — keine besondere Vergütung verlangt werden. Dagegen muß der Befrachter dem Verfrachter für die Ueberliegezeit eine Vergütung (Liegegeld) gewahren.

5. Das. 573. Das Liegegeld wird, wenn es nicht durch Vertrag bestimmt ist, von dem Richter nach billigem Ermessen, nothigenfalls nach Anhorung von Sachverständigen festgesetzt.

6. Das. 581. Der Befrachter kann vor Antritt der Reise, sei diese eine einfache oder zusammengesetzte, von dem Vertrage unter der Verpflichtung zurücktreten, die Halfte der bedungenen Fracht als Fautfracht zu zahlen.

7. Das. 589. Hat der Frachtvertrag Stückgüter zum Gegenstand, so muß der Befrachter auf die Aufforderung des Schiffers ohne Verzug die Abladung bewirken.

8. Das. 595. Bei der Verfrachtung eines Schiffs im Ganzen hat der Schiffer, sobald er zum Loschen fertig u. bereit ist, dies dem Empfänger anzuzeigen. — Mit dem auf die Anzeige folgenden Tage beginnt die Loschzeit. Ueber die Löschzeit hinaus hat der Verfrachter nur dann auf die Abnahme der Ladung noch langer zu warten, wenn es vereinbart ist (Ueberliegezeit).

9. HGB. 607. Der Verfrachter haftet für den Schaden, welcher durch Verlust oder Beschädigung der Güter seit der Empfangnahme bis zur Ablieferung entstanden ist, sofern er nicht beweist, daß der Verlust oder die Beschädigung durch höhere Gewalt (vis major) oder durch die natürliche Beschaffenheit der Güter, namentlich durch inneren Verderb, Schwinden, gewöhnliche Leckage u. dgl., oder durch äußerlich nicht erkennbare Mängel der Verpackung entstanden ist. Verlust u. Beschädigung, welche aus einem mangelhaften Zustande des Schiffs entstehen, der aller Sorgfalt ungeachtet nicht zu entdecken war, werden dem Verluste oder der Beschädigung durch höhere Gewalt gleichgeachtet.

10. Das. 608. Für Kostbarkeiten, Gelder und Werthpapiere haftet der Verfrachter nur in dem Falle, wenn diese Beschaffenheit oder der Werth der Güter bei der Abladung dem Schiffer angegeben ist.

11. Das. 617. Der Verfrachter ist nicht verpflichtet, die Güter, mögen sie verdorben oder beschädigt sein oder nicht, für die Fracht an Zahlungsstatt anzunehmen. Sind jedoch Behältnisse, welche mit flüssigen Waaren angefüllt waren, während der Reise ganz oder zum größeren Theil ausgelaufen, so können dieselben dem Verfrachter für die Fracht u. seine übrigen Forderungen an Zahlungsstatt überlassen werden. Durch die Vereinbarung, daß der Verfrachter nicht für Leckage hafte oder durch die Klausel: „frei von Leckage", wird dieses Recht nicht ausgeschlossen. Dieses Recht erlischt, sobald die Behältnisse in den Gewahrsam des Abnehmers gelangt sind.

12. Das. 618. Für Güter, welche durch irgend einen Unfall verloren gegangen sind, ist keine Fracht zu bezahlen u. die etwa vorausbezahlte zu erstatten, sofern nicht das Gegentheil bedungen ist.

13. Das. 619. Ungeachtet der Nichtablieferung ist die Fracht zu zahlen für Güter, deren Verlust in Folge ihrer natürlichen Beschaffenheit (Art. 607) eingetreten ist, sowie für Thiere, welche unterwegs gestorben sind.

14. Das. 624. Der Verfrachter hat wegen der im Art. 615 erwähnten Forderungen ein Pfandrecht an den Gütern. Das Pfandrecht besteht, so lange die Güter zurückbehalten oder deponirt sind; es dauert auch nach der Ablieferung noch fort, sofern es binnen 30 Tagen nach Beendigung derselben gerichtlich geltend gemacht wird.

15. Das. 627. Hat der Verfrachter die Güter ausgeliefert, so kann er wegen der gegen den Empfänger ihm zustehenden Forderungen (Art. 615) an dem Befrachter sich nicht erholen.

16. Das. 631. Jeder Theil ist befugt, von dem Vertrage zurückzutreten, ohne zur Entschädigung verpflichtet zu sein: 1) wenn vor Antritt der Reise das Schiff mit Embargo belegt oder zum landesherrlichen Dienst oder zum Dienst einer fremden Macht in Beschlag genommen, der Handel mit dem Bestimmungsort untersagt, der Abladungs- oder Bestimmungshafen blokirt, die Ausfuhr der nach dem Frachtvertrage zu verschiffenden Güter aus dem Abladungshafen oder die Einfuhr derselben in den Bestimmungshafen verboten, durch eine andere Verfügung von hoher Hand das Schiff am Auslaufen oder die Reise oder die Versendung der nach dem Frachtvertrag zu liefernden Güter verhindert wird. In allen vorstehenden Fällen berechtigt jedoch die Verfügung von hoher Hand nur dann zum Rücktritt, wenn das eingetretene Hinderniß nicht voraussichtlich von nur unerheblicher Dauer ist; 2) wenn vor Antritt der Reise ein Krieg ausbricht, in Folge dessen das Schiff oder die nach dem Frachtvertrag zu verschiffenden Güter oder beide nicht mehr als frei betrachtet werden können u. der Gefahr der Aufbringung ausgesetzt würden.

17. Das. 643 u. 644. Wenn der Vertrag nicht auf das Schiff im Ganzen, sondern nur auf einen verhältnißmäßigen Theil oder einen bestimmt bezeichneten Raum des Schiffs oder auf Stückgüter sich bezieht, — [so hat der Schiffer] nach Beendigung jeder einzelnen Abladung dem Ablader ohne Verzug gegen Rückgabe des etwa bei der Annahme der Güter ertheilten vorläufigen Empfangsscheins ein Konnossement in so vielen Exemplaren auszustellen, als der Ablader verlangt. — Dem Schiffer ist auf sein Verlangen von dem Ablader eine mit der Unterschrift des Letzteren versehene Abschrift des Konnossements zu ertheilen.

18. HGB. 646. Auf Verlangen des Abladers ist das Konnossement — an die Ordre des Empfängers oder lediglich an Ordre zu stellen. Im letzteren Falle ist unter der Ordre die Ordre des Abladers zu verstehen. Das Konnossement kann auch auf den Namen des Schiffers als Empfängers lauten.

19. Das. 647. Der Schiffer ist verpflichtet, im Löschungshafen dem legitimirten Inhaber auch nur eines Exemplars des Konnossements die Güter auszuliefern. Zur Empfangnahme der Güter legitimirt ist derjenige, an welchen die Güter nach dem Konnossement abgeliefert werden sollen, oder auf welchen das Konnossement, wenn es an Ordre lautet, durch Indossament übertragen ist.

20. Das. 649. Die Uebergabe des an Ordre lautenden Konnossements an denjenigen, welcher durch dasselbe zur Empfangnahme legitimirt wird, hat, sobald die Güter wirklich abgeladen sind, für den Erwerb der von der Uebergabe der Güter abhängigen Rechte dieselben rechtlichen Wirkungen wie die Uebergabe der Güter.

21. Das. 653. Das Konnossement ist entscheidend für die Rechtsverhältnisse zwischen dem Verfrachter u. dem Empfänger der Güter; insbesondere muß die Ablieferung der Güter an den Empfänger nach Inhalt des Konnossements erfolgen. Die in das Konnossement nicht aufgenommenen Bestimmungen des Frachtvertrags haben gegenüber dem Empfänger keine rechtliche Wirkung, sofern nicht auf dieselben ausdrücklich Bezug genommen ist. — Für die Rechtsverhältnisse zwischen Verfrachter u. Befrachter bleiben die Bestimmungen des Frachtvertrags maßgebend.

22. Das. 661. Nachdem der Schiffer ein an Ordre lautendes Konnossement ausgestellt hat, darf er den Anweisungen des Abladers wegen Zurückgabe oder Auslieferung der Güter nur dann Folge leisten, wenn ihm die sämmtlichen Exemplare des Konnossements zurückgegeben werden. Dasselbe gilt in Ansehung der Anforderungen eines Konnossementsinhabers auf Auslieferung der Güter, so lange der Schiffer den Bestimmungshafen nicht erreicht hat. Handelt er diesen Bestimmungen entgegen, so bleibt er dem rechtmäßigen Inhaber des Konnossements verpflichtet. Lautet das Konnossement nicht an Ordre, so ist der Schiffer zur Zurückgabe oder Auslieferung der Güter, auch ohne Beibringung eines Exemplars des Konnossements, verpflichtet, sofern der Ablader u. der im Konnossement bezeichnete Empfänger in die Zurückgabe oder Auslieferung der Güter willigen.

VI. Von dem Frachtgeschäft zur Beförderung von Reisenden über See. (B. § 255 XIII.) § 318.

HGB. Artt. 665—679. Lewis b. Endemann IV 228—234.

1. HGB 665. Ist der Reisende in dem Ueberfahrtsvertrage genannt, so ist derselbe nicht befugt, das Recht auf die Ueberfahrt an einen Anderen abzutreten.

2. Das. 667. Der Reisende, welcher vor oder nach dem Antritt der Reise sich nicht rechtzeitig an Bord begibt, muß das volle Ueberfahrtsgeld bezahlen, wenn der Schiffer die Reise antritt oder fortsetzt, ohne auf ihn zu warten.

3. Das. 668. Wenn der Reisende vor dem Antritt der Reise den Rücktritt von dem Ueberfahrtsvertrage erklärt oder stirbt oder durch Krankheit oder einen anderen in seiner Person sich ereignenden Zufall zurückzubleiben genöthigt wird, so ist nur die Hälfte des Ueberfahrtsgeldes zu zahlen. Wenn nach Antritt der Reise der Rücktritt erklärt wird, oder einer der erwähnten Zufälle sich ereignet, so ist das volle Ueberfahrtsgeld zu zahlen.

4. Das. 670. Der Reisende ist befugt, von dem Vertrage zurückzutreten, wenn ein Krieg ausbricht, in Folge dessen das Schiff nicht mehr als frei betrachtet werden kann u. der Gefahr der Aufbringung ausgesetzt wäre, oder wenn die Reise durch eine das Schiff betreffende Verfügung von hoher Hand aufgehalten wird. Das Recht des Rücktritts steht auch dem Verfrachter zu, wenn er in einem der vorstehenden Fälle die Reise aufgibt, oder wenn das Schiff hauptsächlich zur Beförderung von Gütern bestimmt ist, u. die Unternehmung unterbleiben muß, weil die Güter ohne sein Verschulden nicht befördert werden können.

5. HGB. 672. Muß das Schiff während der Reise ausgebessert werden, so hat der Reisende, auch wenn er die Ausbesserung nicht abwartet, das volle Ueberfahrtsgeld zu zahlen. Wartet er die Ausbesserung ab, so hat ihm der Verfrachter bis zum Wiederantritt der Reise ohne besondere Vergütung Wohnung zu gewähren, auch die nach dem Ueberfahrtsvertrage in Ansehung der Beköstigung ihm obliegenden Pflichten weiter zu erfüllen. Erbietet sich jedoch der Verfrachter, den Reisenden mit einer anderen gleich guten Schiffsgelegenheit ohne Beeinträchtigung der übrigen vertragsmäßigen Rechte desselben nach dem Bestimmungshafen zu befördern u. weigert sich der Reisende, von dem Anerbieten Gebrauch zu machen, so hat er auf Gewährung von Wohnung u. Kost bis zum Wiederantritt der Reise nicht weiter Anspruch.

6. Das. 675. Der Verfrachter hat wegen des Ueberfahrtsgeldes an den von dem Reisenden an Bord gebrachten Sachen ein Pfandrecht. Das Pfandrecht besteht jedoch nur so lange die Sachen zurückbehalten oder deponirt sind.

§ 319. VII. Von der Bodmerei. (B. § 256. G. § 204.)

HGB. V 7: Artt. 680—701. R. Schröder b. Endemann IV 235—258.

Benecke System des Assecuranz- u. Bodmereiwesens unten vor § 323. H. Tecklenborg über Bodmerei u. Havarie-grosse. Brem. 1858. *C. H. H. Franck* de bodmeria. Lub. 1862. Mathiass das foenus nauticum u. die geschichtl. Entwicklung der Bodmerei. Diss. Würzbg. 1881. Ehrenberg beschränkte Haftung S. 42 ff. Behrend b. Holtzendorff I 398.

1. HGB. 680. Bodmerei im Sinne dieses Gesetzbuches ist ein Darlehnsgeschäft, welches von dem Schiffer als solchem kraft der in diesem Gesetzbuche ihm ertheilten Befugnisse unter Zusicherung einer Prämie u. unter Verpfändung von Schiff, Fracht u. Ladung oder von einem oder mehreren dieser Gegenstände in der Art eingegangen wird, daß der Gläubiger wegen seiner Ansprüche nur an die verpfändeten (verbodmeten) Gegenstände nach Ankunft des Schiffs an dem Orte sich halten könne, wo die Reise enden soll, für welche das Geschäft eingegangen ist (Bodmereireise).

2. Das. 681. Bodmerei kann von dem Schiffer nur in folgenden Fällen eingegangen werden: 1) während das Schiff außerhalb des Heimathshafens sich befindet, zum Zweck der Ausführung der Reise, nach Maßgabe der Art. 497, 507 bis 509 u. 511; 2) während der Reise im alleinigen Interesse der Ladungsbetheiligten zum Zweck der Erhaltung u. Weiterbeförderung der Ladung nach Maßgabe der Art. 504, 511 u. 634. In dem Falle der Ziffer 2 kann der Schiffer die Ladung allein verbodmen, in allen übrigen Fällen kann er zwar das Schiff oder die Fracht allein, die Ladung aber nur zusammen mit dem Schiff u. der Fracht verbodmen.

3. Das. 683. Ueber die Verbodmung muß von dem Schiffer ein Bodmereibrief ausgestellt werden. Ist dieses nicht geschehen, so hat der Gläubiger diejenigen Rechte, welche ihm zustehen würden, wenn der Schiffer zur Befriedigung des Bedürfnisses ein einfaches Kreditgeschäft eingegangen wäre.

4. Das. 685. Auf Verlangen des Bodmereigebers ist der Bodmereibrief, — an die Ordre des Gläubigers oder lediglich an Ordre zu stellen. Im letzteren Falle ist unter der Ordre die Ordre des Bodmereigebers zu verstehen.

5. Das. 687. Der Bodmereigeber kann die Ausstellung des Bodmereibriefs in mehreren Exemplaren verlangen. Werden mehrere Exemplare ausgestellt, so ist in jedem Exemplare anzugeben, wie viele ertheilt sind. Der Bodmereibrief kann durch Indossament übertragen werden, wenn er an Ordre lautet.

6 Das. 688. Die Bodmereischuld ist, sofern nicht in dem Bodmereibrief selbst eine andere Bestimmung getroffen ist, in dem Bestimmungshafen der Bodmereireise u. am achten Tage nach der Ankunft des Schiffs in diesem Hafen zu zahlen.

7. HGB. 689. Zur Zahlungszeit kann die Zahlung der Bodmereischuld dem legitimirten Inhaber auch nur eines Exemplars des Bodmereibriefs nicht verweigert werden.

8. Das. 692. Die sämmtlichen verbodmeten Gegenstände haften dem Bodmereigeber solidarisch.

9. Das. 695. Der Schiffer darf die verbodmete Ladung vor Befriedigung oder Sicherstellung des Gläubigers weder ganz noch theilweise ausliefern, widrigenfalls er dem Gläubiger für die Bodmereischuld insoweit persönlich verpflichtet wird, als derselbe aus den ausgelieferten Gütern zur Zeit der Auslieferung hätte befriedigt werden können.

10. Das. 699. Wird vor dem Antritt der Bodmereireise die Unternehmung aufgegeben, so ist der Gläubiger befugt, die sofortige Bezahlung der Bodmereischuld an dem Orte zu verlangen, an welchem die Bodmerei eingegangen ist; er muß sich jedoch eine verhältnißmäßige Herabsetzung der Prämie gefallen lassen.

11. Das. 701. Die Bestimmung über die uneigentliche Bodmerei d. h. diejenige, welche nicht von dem Schiffer als solchem in den im Art. 681 bezeichneten Fällen eingegangen ist, bleiben den Landesgesetzen vorbehalten.

VIII. Von der Haverei und Seeschäden. (B. § 258. G. § 185.) § 320.

HGB. V 8: Artt. 702—741. Schröder a. a. O. S. 259 bis 290. Stevens Versuch über Havarien- u. Assecuranz-Gegenstände, aus d. Engl. von Schumacher. Hamb. 1829. Behrend b Holtzendorff III 299. Ehrenberg S. 77 ff. J. Fr. Voigt die neuen Unternehmgn. z. Zweck der Ausgleichung — der — geltenden Havariegrosse- u. Seefrachtrechte. Jena 1882. R. Ulrich große Haverei. Die Gesetze u Ordnungen der wichtigsten Staaten über Havarie-grosse nebst Commentar. Berl. 1884.

1. HGB. 622 Abs. 2. Die gewöhnlichen u. ungewöhnlichen Unkosten der Schiffahrt, als Lootsengeld, Hafengeld, Leuchtfeuergeld, Schlepplohn, Quarantainegelder, Auseisungskosten u. dgl. fallen — dem Verfrachter allein zur Last, selbst wenn derselbe zu den Maßregeln, welche die Auslagen verursacht haben, auf Grund des Frachtvertrags nicht verpflichtet war.

2. Das. 702. Alle Schaden, welche dem Schiff oder der Ladung oder beiden zum Zweck der Errettung beider aus einer gemeinsamen Gefahr von dem Schiffer oder auf dessen Geheiß vorsatzlich zugefügt werden, sowie auch die durch solche Maßregeln ferner verursachten Schaden, ingleichen die Kosten, welche zu demselben Zweck aufgewendet werden, sind große Haverei. Die große Haverei wird von Schiff, Fracht u. Ladung gemeinschaftlich getragen.

3. Das. 703. Alle nicht zur großen Haverei gehörigen, durch einen Unfall verursachten Schäden u. Kosten, soweit letztere nicht unter den Art. 622 fallen, sind besondere Haverei. Die besondere Haverei wird von den Eigenthümern des Schiffs u. der Ladung, von jedem für sich allein getragen.

4. Das. 704. Die Anwendung der Bestimmungen über große Haverei wird dadurch nicht ausgeschlossen, daß die Gefahr in Folge des Verschuldens eines Dritten oder auch eines Betheiligten herbeigeführt ist. — Ist die Gefahr durch eine Person der Schiffsbesatzung verschuldet, so tragt die Folgen dieses Verschuldens auch der Rheder nach Maßgabe der Art. 451, 452.

5. Das. 705. Die Havereivertheilung tritt nur ein, wenn sowohl das Schiff als auch die Ladung u. zwar jeder dieser Gegenstände entweder ganz oder theilweise wirklich gerettet worden ist. 706. Die Verpflichtung, von einem geretteten Gegenstande beizutragen, wird dadurch, daß derselbe spater von besonderer Haverei betroffen wird, nur dann vollstandig aufgehoben, wenn der Gegenstand ganz verloren geht.

6. HGB. 709. Nicht als große Haverei, sondern als besondere Haverei werden angesehen: 1) —; 2) die Reklamekosten, auch wenn Schiff u. Ladung zusammen u. beide mit Erfolg reklamirt werden; 3) die durch Prangen verursachte Beschädigung des Schiffs, seines Zubehörs u. der Ladung, selbst wenn, um der Strandung oder Nehmung zu entgehen, geprangt worden ist.

7. Das. 718. Der gesammte Schaden, welcher die große Haverei bildet, wird über das Schiff, die Ladung u. die Fracht nach Verhältniß des Werths u. des Betrags derselben vertheilt.

8. Das. 725. Zur großen Haverei tragen nicht bei: 1) die Kriegs- u. Mundvorräthe des Schiffs; 2) die Heuer u. Effekten der Schiffsbesatzung; 3) die Reiseeffekten der Reisenden. Sind Vorräthe oder Effekten dieser Art aufgeopfert oder haben sie eine zur großen Haverei gehörige Beschädigung erlitten, so wird für dieselben nach Maßgabe der Art. 713—717 Vergütung gewährt; für Effekten, welche in Kostbarkeiten, Geldern u. Werthpapieren bestehen, wird jedoch nur dann Vergütung gewährt, wenn dieselben dem Schiffer gehörig bezeichnet sind (Art. 608).

9. Das. 728. Eine persönliche Verpflichtung zur Entrichtung des Beitrags wird durch den Havereifall an sich nicht begründet.

10. Das. 730. Der Schiffer ist verpflichtet, die Aufmachung der Dispache ohne Verzug zu veranlassen. Handelt er dieser Verpflichtung zuwider, so macht er sich jedem Betheiligten verantwortlich. — 731. Im Gebiete dieses Gesetzbuchs wird die Dispache durch die ein für allemal bestellten oder in deren Ermangelung durch die vom Gericht besonders ernannten Personen (Dispacheure) aufgemacht.

§ 321. IX. Von der Bergung und Hülfeleistung in Seenoth.

(B. § 258 III. G. § 91 Nr. 4.)

HGB. V 9: Artt. 742—756. Strandungsordnung v. 17. Mai 1874 Litt. ob. vor § 77. Schröder a. a. O. S. 291—298. Ehrenberg S. 65.

1. HGB. 742. Wird in einer Seenoth ein Schiff oder dessen Ladung ganz oder theilweise, nachdem sie der Verfügung der Schiffsbesatzung entzogen oder von derselben verlassen waren, von dritten Personen an sich genommen u. in Sicherheit gebracht, so haben diese Personen Anspruch auf Bergelohn. Wird außer dem vorstehenden Fall ein Schiff oder dessen Ladung durch Hülfe dritter Personen aus einer Seenoth gerettet, so haben dieselben nur Anspruch auf Hülfslohn. Der Schiffsbesatzung des verunglückten oder gefährdeten Schiffs steht ein Anspruch auf Berge- oder Hülfslohn nicht zu.

a Strandungs-O. § 20. Wenn außer dem Falle der Seenoth eines Schiffes besitzlos gewordene Gegenstände von der See auf den Strand geworfen oder gegen denselben getrieben u. vom Strande aus geborgen werden, so haben auch in diesen Fällen die Berger Anspruch auf Bergelohn nach den Vorschriften des HGB. V 9. Sie sind verpflichtet bei Verlust des Anspruchs auf Bergelohn von den geborgenen Gegenständen der nächsten Polizeibehörde oder dem Strandvogt sofort Anzeige zu machen u. dieselben zur Verfügung zu stellen.

b Das. § 21. Denselben Anspruch u. dieselbe Verpflichtung haben die Berger, wenn versunkene Schiffstrümmer oder sonstige Gegenstände vom Meeresgrunde heraufgebracht oder wenn ein verlassenes Schiff oder sonstige besitzlos gewordenen Gegenstände in offener See treibend von einem Fahrzeuge geborgen werden. Die Verpflichtung tritt in diesem Falle ein, sobald das bergende Fahrzeug nach der Bergung an der deutschen Küste anlegt oder vor Anker geht, fällt aber fort, wenn das Fahrzeug inzwischen an einer fremden Küste angelegt hat oder vor Anker gegangen ist u. die Berger dort die geborgenen Gegenstände dem Eigenthümer oder einer Behörde zur Verfügung gestellt haben.

2. HGB. 743. Wenn noch während der Gefahr ein Vertrag über die Höhe des Berge- oder Hülfslohns geschlossen ist, so kann derselbe wegen erheblichen Uebermaßes der zugesicherten Vergütung angefochten u. die Herabsetzung der letztern auf das den Umständen entsprechende Maß verlangt werden.

3. Das. 747. Der Berge- oder Hülfslohn darf ohne den übereinstimmenden Antrag der Parteien nicht auf eine Quote des Werthes der geborgenen oder geretteten Gegenstände festgesetzt werden.

4. Das. 748. Der Betrag des Bergelohns soll den dritten Theil des Werthes der geborgenen Gegenstände (Art. 746) nicht übersteigen. Nur ausnahmsweise, wenn die Bergung mit ungewöhnlichen Anstrengungen u. Gefahren verbunden war u. jener Werth zugleich ein geringer ist, kann der Betrag bis zur Hälfte des Werthes erhöht werden.

5. Das. 749. Der Hülfslohn ist stets unter dem Betrage festzusetzen, welchen der Bergelohn unter sonst gleichen Umständen erreicht haben würde. Auf den Werth der geretteten Gegenstände ist bei Bestimmung des Hülfslohns nur eine untergeordnete Rücksicht zu nehmen.

6. Das. 752. Auf Berge- u. Hülfslohn hat keinen Anspruch: 1) wer seine Dienste aufgedrungen, insbesondere ohne Erlaubniß des anwesenden Schiffers das Schiff betreten hat; 2) wer von den geborgenen Gegenständen dem Schiffer, dem Eigenthümer oder der zuständigen Behörde nicht sofort Anzeige gemacht hat.

7. Das. 755. Eine persönliche Verpflichtung zur Entrichtung der Bergungs- u. Hülfskosten wird durch die Bergung oder Rettung an sich nicht begründet. Der Empfänger von Gütern wird jedoch, wenn ihm bei Annahme derselben bekannt ist, daß davon Bergungs- oder Hülfskosten zu berichtigen seien, für diese Kosten insoweit persönlich verpflichtet, als dieselben, falls die Auslieferung nicht erfolgt wäre, aus den Gütern hätten berichtigt werden können.

8. Das. 753. Wegen der Bergungs- u. Hülfskosten, wozu auch der Berge- u. Hülfslohn gezählt wird, steht dem Gläubiger ein Pfandrecht an den geborgenen oder geretteten Gegenständen, an den geborgenen Gegenständen bis zur Sicherheitsleistung zugleich das Zurückbehaltungsrecht zu.

9. Das. 754. Der Schiffer darf die Güter vor Befriedigung oder Sicherstellung des Gläubigers weder ganz noch theilweise ausliefern, widrigenfalls er dem Gläubiger insoweit persönlich verpflichtet wird, als derselbe aus den ausgelieferten Gegenständen zur Zeit der Auslieferung hätte befriedigt werden können.

10. Strandungsordnung §§ 26—28, 35 oben § 77 Litt c—f

X. Von den Schiffsgläubigern. § 322.

HGB. Artt. 757—781. Schröder a. a. O. S. 302—310.

1. HGB. 757. Die nachbenannten Forderungen gewähren die Rechte eines Schiffsgläubigers: 1) die Kosten des Zwangsverkaufs des Schiffs; zu diesen gehören auch die Kosten der Vertheilung des Kaufgeldes, sowie die etwaigen Kosten der Bewachung, Verwahrung u. Erhaltung des Schiffs u. seines Zubehörs seit der Einleitung des Zwangsverkaufs oder seit der derselben vorausgegangenen Beschlagnahme; 2) die in der Ziffer 1 nicht begriffenen Kosten der Bewachung u. Verwahrung des Schiffs u. seines Zubehörs seit der Einbringung des Schiffs in den letzten Hafen, falls das Schiff im Wege der Zwangsvollstreckung verkauft ist; 3) die öffentlichen Schiffs-, Schiffahrts- u. Hafenabgaben, insbesondere die Tonnen-, Leuchtfeuer-, Quarantaine- u. Hafengelder; 4) die aus den Dienst- u. Heuerverträgen herrührenden Forderungen der Schiffsbesatzung; 5) die Lootsengelder, sowie die Bergungs-, Hülfs-, Loskaufs- u. Reklamekosten; 6) die Beiträge des Schiffs zur großen Haverei; 7) die Forderungen der Bodmereigläubiger, welchen das Schiff verbodmet ist, sowie die Forderungen aus sonstigen Kreditgeschäften, welche der Schiffer als solcher während des Aufenthalts des Schiffs außerhalb des Heimathshafens in Nothfällen abgeschlossen hat (Art. 497, 510), auch wenn er Miteigenthümer oder Alleineigenthümer des Schiffs

ist; den Forderungen aus solchen Kreditgeschäften stehen die Forderungen wegen Lieferungen oder Leistungen gleich, welche ohne Gewahrung eines Kredits dem Schiffer als solchem während des Aufenthalts des Schiffs außerhalb des Heimathshafens in Nothfallen zur Erhaltung des Schiffs oder zur Ausführung der Reise gemacht sind, soweit diese Lieferungen oder Leistungen zur Befriedigung des Bedürfnisses erforderlich waren; 8) die Forderungen wegen Nichtablieferung oder Beschädigung der Ladungsgüter u. der im zweiten Absatz des Art. 674 erwähnten Reiseeffekten; 9) die nicht unter eine der vorigen Ziffern fallenden Forderungen aus Rechtsgeschäften, welche der Schiffer als solcher kraft seiner gesetzlichen Befugnisse u. nicht mit Bezug auf eine besondere Vollmacht geschlossen hat (Art. 452 Ziffer 1), sowie die nicht unter eine der vorigen Ziffern fallenden Forderungen wegen Nichterfüllung oder wegen unvollständiger oder mangelhafter Erfüllung eines von dem Rheder abgeschlossenen Vertrags, insofern die Ausführung des letzteren zu den Dienst-Obliegenheiten des Schiffers gehört hat (Art. 452 Ziff. 2); 10) die Forderungen aus dem Verschulden einer Person der Schiffsbesatzung (Art. 451 u. 452 Ziffer 3), auch wenn dieselbe zugleich Miteigenthümer oder Alleineigenthümer des Schiffs ist.

2. HGB. 758. Den Schiffsgläubigern, welchen das Schiff nicht schon durch Verbodmung verpfandet ist, steht ein gesetzliches Pfandrecht an dem Schiff u. dem Zubehör desselben zu. Das Pfandrecht ist gegen dritte Besitzer des Schiffs verfolgbar.

3. Das. 763. Das einem Schiffsgläubiger zustehende Pfandrecht gilt in gleichem Maße für Kapital, Zinsen, Bodmereiprämie u. Kosten.

4. Das. 764. Der Schiffsglaubiger, welcher sein Pfandrecht verfolgt, kann sowohl den Rheder als auch den Schiffer belangen, den letzteren auch dann, wenn das Schiff in dem Heimathshafen liegt (Art. 495). Das gegen den Schiffer ergangene Erkenntniß ist in Ansehung des Pfandrechts gegen den Rheder wirksam.

5. Das. 779. Im Falle der Konkurrenz der Schiffsglaubiger, welche ihr Pfandrecht verfolgen, mit anderen Pfandglaubigern oder sonstigen Glaubigern, haben die Schiffsglaubiger den Vorzug.

XI. Von der Seeversicherung. (B. § 259. G. § 203.)

Quellen: der Stadt Hamburg Assecuranz- oder Haverey-Ordnung. Hamb. 1731. 4., auch bei (Klefeker) Samml. Hamburg. Gesetze u. Verfass. Bd. 1 S. 28 u. f. Assecuranz- u. Haverey-Ordnung der Stadt Amsterdam vom 28. April 1744, auch bei Zimmerl Sammlung der Wechselgesetze Bd. 1 Abth. 1 S. 59. Preuß. LR. II 8, 13 (ob. § 267). Bedingungen der jetzt in Bremen bestehenden 4 Assecuranzcompagnien, nach welchen sie mit dem 1ten Januar 1818 zu versichern anfangen. 4, neu bearbeitet i. J. 1854. Revidirter allgemeiner Plan Hamburgischer See-Versicherungen. Herausg. v. d. Commerz-Deputation, in Kraft tretend am 1. Jan. 1853 Benecke-Nolte (s. unten) I S. 421 u. II Anhang S. 71. J. Fr. Voigt zum Seeassecuranzrecht. Hambg. 1863 (aus N. Arch. f. HR. IV).

HGB. V 11: von der Versicherung gegen die Gefahren der Seeschiffahrt (Artt. 782—905). H. Tecklenborg allgem. Seeversicherungsbedingungen v. 1867, nach der v. d. Handelskammer in Hamburg veranstalteten Ausgabe. Bremen 1868. Revidirte Seeversicherungsbedingungen der bremischen Versicherungsgesellschaften v. 1875.

W. Benecke System des Assecuranz- u. Bodmerei-Wesens. 5 Thle.

Hamb. 1805—1821. Vollſtändig u. zeitgemäß umgearbeitet von Vincent Nolte. 2 Bde. Hamb. 1851 u. 52. *W. Benecke* **Treatise on the principles of indemnity in marine insurance, bottomry and respondentia. London 1824.** M. Pöhls Darſtellung des See-Aſſecuranz-Rechts. 2 Thle. Hamb. 1832—34 (4. Band von deſſ. HR). H. Tecklenborg Syſtem des Seeverſicherungsweſens. Bremen 1862. Reatz Geſch. des europ. Seeverſicherungsrechts I. Leipzig 1870. Goldſchmidt zur Geſch. der Seeverſicherung in Juriſt. Abhdlgn. Feſtgabe f. G. Beſeler (Berlin 1885) S. 201—219. Ehrenberg die Rückverſicherung. Roſtock 1885. — Lewis Seerecht II S. 174 ff. Gareis bei Holtzendorff III 1 S. 656. Reatz bei Endemann IV 1 S 320—466.

A. Erforderniſſe des Verſicherungsvertrags. § 323.

1. HGB. 785. Der Verſicherungsnehmer kann entweder ſein eigenes Intereſſe (Verſicherung für eigene Rechnung) oder das Intereſſe eines Dritten (Verſicherung für fremde Rechnung) u. in dem letzteren Falle mit oder ohne Bezeichnung der Perſon des Verſicherten unter Verſicherung bringen. Es kann im Vertrag auch unbeſtimmt gelaſſen werden, ob die Verſicherung für eigene oder für fremde Rechnung genommen wird (für Rechnung „wen es angeht"). Ergiebt ſich bei einer Verſicherung für Rechnung „wen es angeht", daß dieſelbe für fremde Rechnung genommen iſt, ſo kommen die Vorſchriften über die Verſicherung für fremde Rechnung zur Anwendung. Die Verſicherung gilt als für eigene Rechnung des Verſicherungsnehmers geſchloſſen, wenn der Vertrag nicht ergiebt, daß ſie für fremde Rechnung oder für Rechnung „wen es angeht" genommen iſt.

2. Daſ. 786. Die Verſicherung für fremde Rechnung iſt für den Verſicherer nur dann verbindlich, wenn entweder der Verſicherungsnehmer zur Eingehung derſelben von dem Verſicherten beauftragt war oder wenn der Mangel eines ſolchen Auftrags von dem Verſicherungsnehmer bei dem Abſchluß des Vertrags dem Verſicherer angezeigt wird. Iſt die Anzeige unterlaſſen, ſo kann der Mangel des Auftrags dadurch nicht erſetzt werden, daß der Verſicherte die Verſicherung nachträglich genehmigt. Iſt die Anzeige erfolgt, ſo iſt die Verbindlichkeit der Verſicherung für den Verſicherer von der nachträglichen Genehmigung des Verſicherten nicht abhängig. Der Verſicherer, für welchen nach den Beſtimmungen dieſes Artikels der Verſicherungsvertrag unverbindlich iſt, hat, ſelbſt wenn er die Unverbindlichkeit des Vertrags geltend macht, gleichwohl auf die volle Prämie Anſpruch.

3. Daſ. 787. Iſt die Verſicherung von einem Bevollmächtigten, von einem Geſchäftsführer ohne Auftrag oder von einem ſonſtigen Vertreter des Verſicherten in deſſen Namen geſchloſſen, ſo iſt im Sinne dieſes Geſetzbuchs weder der Vertreter Verſicherungsnehmer, noch die Verſicherung ſelbſt eine Verſicherung für fremde Rechnung. Im Zweifel wird angenommen, daß ſelbſt die auf das Intereſſe eines benannten Dritten ſich beziehende Verſicherung eine Verſicherung für fremde Rechnung iſt.

4. Daſ. 788. Der Verſicherer iſt verpflichtet, eine von ihm unterzeichnete ſchriftliche Urkunde (Polize) über den Verſicherungsvertrag dem Verſicherungsnehmer auf deſſen Verlangen auszuhändigen.

5. Daſ. 789. Auf die Gültigkeit des Verſicherungsvertrags hat es keinen Einfluß, daß zur Zeit des Abſchluſſes desſelben die Möglichkeit des Eintritts eines zu erſetzenden Schadens ſchon ausgeſchloſſen oder daß der zu erſetzende Schaden bereits eingetreten iſt.

6. Daſ 810. Der Verſicherungsnehmer iſt ſowohl im Falle der Verſicherung für eigene Rechnung als im Falle der Verſicherung für fremde Rechnung

verpflichtet, bei dem Abschluß des Vertrags dem Versicherer alle ihm bekannten Umstände anzuzeigen, welche wegen ihrer Erheblichkeit für die Beurtheilung der von dem Versicherer zu tragenden Gefahr geeignet sind, auf den Entschluß des Letzteren, sich auf den Vertrag überhaupt oder unter denselben Bestimmungen einzulassen, Einfluß zu üben.

7. HGB. 811. Im Falle der Versicherung für fremde Rechnung müssen dem Versicherer bei dem Abschluß des Vertrags auch diejenigen Umstände angezeigt werden, welche dem Versicherten selbst oder einem Zwischenbeauftragten bekannt sind.

8. Das. 812. Wenn die in den beiden vorstehenden Artikeln bezeichnete Verpflichtung nicht erfüllt wird, so ist der Vertrag für den Versicherer unverbindlich.

9. Das. 815. Dem Versicherer gebührt — gleichwohl die volle Prämie.

§ 324. B Gegenstände des Vertrags.

1. HGB. 782. Jedes in Geld schätzbare Interesse, welches Jemand daran hat, daß Schiff oder Ladung die Gefahren der Seeschiffahrt bestehe, kann Gegenstand der Seeversicherung sein. 783. Es können insbesondere versichert werden: das Schiff; die Fracht; die Ueberfahrtsgelder; die Güter; die Bodmereigelder; die Havereigelder; andere Forderungen, zu deren Deckung Schiff, Fracht, Ueberfahrtsgelder oder Güter dienen; der von der Ankunft der Güter am Bestimmungsort erwartete Gewinn (imaginäre Gewinn); die zu verdienende Provision; die von dem Versicherer übernommene Gefahr (Rückversicherung). In der einen dieser Versicherungen ist die andere nicht enthalten.

2. Das. 784. Die Heuerforderung des Schiffers u. der Schiffsmannschaft kann nicht versichert werden.

3. Das. 790. Der volle Werth des versicherten Gegenstandes ist der Versicherungswerth. Die Versicherungssumme kann den Versicherungswerth nicht übersteigen. Soweit (sie ihn) übersteigt (Ueberversicherung), hat die Versicherung keine rechtliche Geltung

4. Das. 792. Wird ein Gegenstand, welcher bereits zum vollen Werthe versichert ist, nochmals versichert, so hat die spätere Versicherung insoweit keine rechtliche Geltung, als der Gegenstand auf dieselbe Zeit u. gegen dieselbe Gefahr bereits versichert ist (Doppelversicherung). Ist durch die frühere Versicherung nicht der volle Werth versichert, so gilt die spätere Versicherung, insoweit sie auf dieselbe Zeit u. gegen dieselbe Gefahr genommen ist, nur für den noch nicht versicherten Theil des Werths.

§ 325. C. Umfang der von dem Versicherer übernommenen Gefahr.

1. HGB. 824. Der Versicherer trägt alle Gefahren, welchen Schiff oder Ladung während der Dauer der Versicherung ausgesetzt sind, soweit nicht durch die nachfolgenden Bestimmungen oder durch Vertrag ein Anderes bestimmt ist. Er trägt insbesondere 1) die Gefahr der Elementarereignisse u. der sonstigen Seeunfälle, selbst wenn diese durch das Verschulden eines Dritten veranlaßt sind, als: Eindringen des Seewassers, Strandung, Schiffbruch, Sinken, Feuer, Explosion, Blitz, Erdbeben, Beschädigung durch Eis u. s. w.; 2) die Gefahr des Kriegs u. der Verfügungen von hoher Hand; 3) die Gefahr des auf Antrag eines Dritten verhängten, von dem Versicherten nicht verschuldeten Arrestes; 4) die Gefahr des Diebstahls, sowie die Gefahr des Seeraubs, der Plünderung u. sonstiger Gewaltthätigkeiten; 5) die Gefahr der Verbodmung der versicherten Güter zur Fortsetzung der Reise oder der Verfügung über dieselben durch Verkauf oder durch Verwendung zu gleichem Zweck (Art. 507—510, 734); 6) die

Gefahr der Unredlichkeit oder des Verschuldens einer Person der Schiffsbesatzung, sofern daraus für den versicherten Gegenstand ein Schaden entsteht; 7) die Gefahr des Zusammenstoßes von Schiffen u. zwar ohne Unterschied, ob der Versicherte in Folge des Zusammenstoßes unmittelbar oder ob er mittelbar dadurch einen Schaden erleidet, daß er den einem Dritten zugefügten Schaden zu ersetzen hat.

2. HGB. 826. Die Verpflichtung des Versicherers zum Ersatz eines Schadens tritt auch dann ein, wenn dem Versicherten ein Anspruch auf dessen Vergütung gegen den Schiffer oder eine andere Person zusteht. Der Versicherte kann sich wegen Ersatzes des Schadens zunächst an den Versicherer halten. Er hat jedoch dem Versicherer die zur wirksamen Verfolgung eines solchen Anspruchs etwa erforderliche Hülfe zu gewähren.

3. Das. 827. Bei Versicherung des Schiffs für eine Reise beginnt die Gefahr für den Versicherer mit dem Zeitpunkt, in welchem mit der Einnahme der Ladung oder des Ballastes angefangen wird, oder, wenn weder Ladung noch Ballast einzunehmen ist, mit dem Zeitpunkt der Abfahrt des Schiffs. Sie endet mit dem Zeitpunkt, in welchem die Löschung der Ladung oder des Ballastes im Bestimmungshafen beendigt ist.

4. Das. 828. Sind Güter, imaginärer Gewinn oder die von verschifften Gütern zu verdienende Provision versichert, so beginnt die Gefahr mit dem Zeitpunkt, in welchem die Güter zum Zweck der Einladung in das Schiff oder in die Leichterfahrzeuge vom Lande scheiden; sie endet mit dem Zeitpunkt, in welchem die Güter im Bestimmungshafen wieder an das Land gelangen.

5. Das. 829 Abs. 2. Bei der Versicherung von Ueberfahrtsgeldern beginnt u. endet die Gefahr mit demselben Zeitpunkt, in welchem die Gefahr bei der Versicherung des Schiffs beginnen u. enden würde.

6. Das. 831. Die begonnene Gefahr läuft für den Versicherer während der bedungenen Zeit oder der versicherten Reise ununterbrochen fort. Der Versicherer trägt insbesondere die Gefahr auch während des Aufenthalts in einem Noth- oder Zwischenhafen u. im Falle der Versicherung für die Hin- u. Rückreise während des Aufenthalts des Schiffs in dem Bestimmungshafen der Hinreise.

7. Das. 832 Abs. 2. Werden die Güter, nachdem die Reise des Schiffs aufgegeben ist, in anderer Art als mit dem zum Transport bestimmten Schiff nach dem Bestimmungshafen weiter befördert, so läuft in Betreff derselben die begonnene Gefahr fort, auch wenn die Weiterbeförderung ganz oder zum Theil zu Lande geschieht. Der Versicherer trägt in solchen Fällen zugleich die Kosten der früheren Löschung, die Kosten der einstweiligen Lagerung u. die Mehrkosten der Weiterbeförderung, auch wenn diese zu Lande erfolgt.

8. Das. 838. Dem Versicherer fallen zur Last: 1) die Beiträge zur großen Haverei mit Einschluß derjenigen, welche der Versicherte selbst wegen eines von ihm erlittenen Schadens zu tragen hat; die in Gemäßheit der Art. 637 u. 734 nach den Grundsätzen der großen Haverei zu beurtheilenden Beiträge werden den Beiträgen zur großen Haverei gleich geachtet; 2) die Aufopferungen, welche zur großen Haverei gehören würden, wenn das Schiff Güter u. zwar andere als Güter des Rheders an Bord gehabt hätte; 3) die sonstigen zur Rettung sowie zur Abwendung größerer Nachtheile nothwendig oder zweckmäßig aufgewendeten Kosten (Art. 823), selbst wenn die ergriffenen Maßregeln erfolglos geblieben sind; 4) die zur Ermittelung u. Feststellung des dem Versicherer zur Last fallenden Schadens erforderlichen Kosten, insbesondere die Kosten der Besichtigung, der Abschätzung, des Verkaufs u. der Anfertigung der Dispache.

D. Rechte und Pflichten des Versicherten. § 326.

1. HGB. 797. Wird durch Vereinbarung der Parteien der Versicherungswerth auf eine bestimmte Summe (Taxe) festgestellt (taxirte Polize), so ist die

Taxe unter den Parteien für den Versicherungswerth maßgebend. Der Versicherer ist jedoch befugt, eine Herabsetzung der Taxe zu fordern, wenn er beweist, daß dieselbe wesentlich übersetzt sei; ist imaginärer Gewinn taxirt, so hat er im Falle der Anfechtung der Taxe zu beweisen, daß dieselbe den zur Zeit des Abschlusses des Vertrags nach kaufmännischer Berechnung möglicher Weise zu erwartenden Gewinn übersteigen habe.

2. HGB. 799. Als Versicherungswerth des Schiffs gilt, wenn die Parteien nicht eine andere Grundlage für die Schätzung vereinbart haben, der Werth, welchen das Schiff in dem Zeitpunkte hat, in welchem die Gefahr für den Versicherer zu laufen beginnt. Diese Bestimmung kommt auch dann zur Anwendung, wenn der Versicherungswerth des Schiffs taxirt ist.

3. Das. 803. Als Versicherungswerth der Güter gilt, — derjenige Werth, welchen die Güter am Ort u. zur Zeit der Abladung haben, unter Hinzurechnung aller Kosten bis an Bord einschließlich der Versicherungskosten.

4. Das. 805. Bei der Versicherung von Gütern ist der imaginäre Gewinn oder die Provision, selbst wenn der Versicherungswerth der Güter taxirt ist, als mitversichert nur anzusehen, sofern es im Vertrage bestimmt ist. — Wenn im Falle der Mitversicherung des imaginären Gewinns der Versicherungswerth nicht taxirt ist, so werden als imaginärer Gewinn zehn Prozent des Versicherungswerths der Güter (Art. 803) als versichert betrachtet.

5. Das. 808. Hat der Versicherer seine Verpflichtungen erfüllt, so tritt er, insoweit er einen Schaden vergütet hat, dessen Erstattung der Versicherte von einem Dritten zu fordern befugt ist, — in die Rechte des Versicherten.

6. Das. 822. Jeder Unfall muß, sobald der Versicherungsnehmer oder der Versicherte — Nachricht von dem Unfall erhalt, dem Versicherer angezeigt werden, widrigenfalls der Versicherer befugt ist, von der Entschädigungssumme den Betrag abzuziehen, um welchen dieselbe bei rechtzeitiger Anzeige sich gemindert hatte.

7. Das. 823. Der Versicherte ist verpflichtet, wenn ein Unfall sich zuträgt, sowohl für die Rettung der versicherten Sachen als für die Abwendung großerer Nachtheile thunlichst zu sorgen.

8. Das. 839. In Ansehung der Beiträge zur großen Haverei — bestimmen sich die Verpflichtungen des Versicherers nach der — aufgemachten Dispache.

9. Das. 845. Der Versicherer ist nach Eintritt eines Unfalls berechtigt, durch Zahlung der vollen Versicherungssumme von allen weiteren Verbindlichkeiten aus dem Versicherungsvertrage sich zu befreien, insbesondere von der Verpflichtung, die Kosten zu erstatten, welche zur Rettung, Erhaltung u. Wiederherstellung der versicherten Sachen erforderlich sind.

10. Das. 848. Die Verpflichtung des Versicherers, einen Schaden zu ersetzen, wird dadurch nicht wieder aufgehoben oder geändert, daß später in Folge einer Gefahr, welche der Versicherer nicht zu tragen hat, ein neuer Schaden u. selbst ein Totalverlust eintritt.

11. Das. 849. Besondere Havereien, wenn sie ohne die Kosten der Ermittelung u. Feststellung des Schadens drei Prozent des Versicherungswerths nicht übersteigen, hat der Versicherer nicht zu ersetzen, wenn sie aber mehr als drei Prozent betragen, ohne Abzug der drei Prozent zu vergüten.

12. Das. 858. Ein Totalverlust des Schiffs oder der Güter liegt vor, wenn das Schiff oder die Güter zu Grunde gegangen oder dem Versicherten ohne Aussicht auf Wiedererlangung entzogen sind, namentlich wenn sie unrettbar gesunken oder in ihrer ursprünglichen Beschaffenheit zerstort oder für gute Prise erklart sind. Ein Totalverlust des Schiffs wird dadurch nicht ausgeschlossen, daß einzelne Theile des Wracks oder des Inventars gerettet sind.

13. Das. 865. Der Versicherte ist befugt, die Zahlung der Versicherungssumme zum vollen Betrage gegen Abtretung der in Betreff des versicherten Gegenstandes ihm zustehenden Rechte in folgenden Fallen zu verlangen (Abandon): 1) wenn das Schiff verschollen ist; 2) wenn der Gegenstand der Versiche-

rung dadurch bedroht ist, daß das Schiff oder die Güter unter Embargo gelegt, von einer kriegführenden Macht aufgebracht, auf andere Weise durch Verfügung von hoher Hand angehalten oder durch Seeräuber genommen u. während einer Frist von 6, 9 oder 12 Monaten nicht freigegeben sind, je nachdem die Aufbringung, Anhaltung oder Nehmung geschehen ist: a) in einem europäischen Hafen oder in einem europäischen Meere oder in einem, wenn auch nicht zu Europa gehörenden Theile des mittelländischen, schwarzen oder azow'schen Meeres, oder b) in einem anderen Gewässer, jedoch diesseits des Vorgebirges der guten Hoffnung u. des Kap Horn, oder c) in einem Gewässer jenseits des einen jener Vorgebirge. Die Fristen werden von dem Tag an berechnet, an welchem dem Versicherer der Unfall durch den Versicherten angezeigt ist.

14. HGB. 866. Ein Schiff ist als verschollen anzusehen, wenn es innerhalb der Verschollenheitsfrist den Bestimmungshafen nicht erreicht hat, auch innerhalb dieser Frist den Betheiligten keine Nachrichten über dasselbe zugegangen sind. Die Verschollenheitsfrist beträgt: 1) wenn sowohl der Abgangshafen als der Bestimmungshafen ein europäischer Hafen ist, bei Segelschiffen 6, bei Dampfschiffen 4 Monate; 2) wenn entweder nur der Abgangshafen oder nur der Bestimmungshafen ein nichteuropäischer Hafen ist, falls derselbe diesseits des Vorgebirges der guten Hoffnung u. des Kap Horn belegen ist, bei Segel- u. Dampfschiffen 9 Monate, falls derselbe jenseits des einen jener Vorgebirge belegen ist, bei Segel- u. Dampfschiffen 12 Monate; 3) wenn sowohl der Abgangs- als der Bestimmungshafen ein nichteuropäischer Hafen ist, bei Segel- u. Dampfschiffen 6, 9 oder 12 Monate, je nachdem die Durchschnittsdauer der Reise nicht über 2 oder nicht über 3 oder mehr als 3 Monate beträgt. Im Zweifel ist die längere Frist abzuwarten.

15. Das. 868. Die Abandonerklärung muß dem Versicherer innerhalb der Abandonfrist zugegangen sein. Die Abandonfrist beträgt 6 Monate, wenn im Falle der Verschollenheit der Bestimmungshafen ein europäischer Hafen ist u. wenn im Falle der Aufbringung, Anhaltung oder Nehmung der Unfall in einem europäischen Hafen oder in einem europäischen Meere oder in einem, wenn auch nicht zu Europa gehörenden, Theile des mittelländischen, schwarzen oder azow'schen Meeres sich zugetragen hat. In den übrigen Fällen beträgt die Abandonfrist 9 Monate. Die Abandonfrist beginnt mit dem Ablauf der in den Art. 865 u. 866 bezeichneten Fristen. Bei der Rückversicherung beginnt die Abandonfrist mit dem Ablaufe des Tags, an welchem dem Rückversicherten von dem Versicherten der Abandon erklärt worden ist.

16. Das. 869. Nach Ablauf der Abandonfrist ist der Abandon unstatthaft.

17. Das. 870. Die Abandonerklärung muß, um gültig zu sein, ohne Vorbehalt oder Bedingung erfolgen u. auf den ganzen versicherten Gegenstand sich erstrecken, soweit dieser zur Zeit des Unfalls den Gefahren der See ausgesetzt war.

18. Das 896. Der Versicherte ist befugt, nicht allein die aus einem bereits eingetretenen Unfall ihm zustehenden, sondern auch die künftigen Entschädigungsansprüche einem Dritten abzutreten. Ist eine Police ertheilt, welche an Ordre lautet, so kann dieselbe durch Indossament übertragen werden — Bei der Versicherung für fremde Rechnung ist zur Gültigkeit der ersten Uebertragung das Indossament des Versicherungsnehmers genügend.

19. Das. 899. Wird die Unternehmung, auf welche die Versicherung sich bezieht, ganz oder zum Theil von dem Versicherten aufgegeben, oder wird ohne sein Zuthun die versicherte Sache ganz oder ein Theil derselben der von dem Versicherer übernommenen Gefahr nicht ausgesetzt, so kann die Prämie ganz oder zu dem verhältnißmäßigen Theil bis auf eine dem Versicherer gebührende Vergütung zurückgefordert oder einbehalten werden (Ristorno).

20. Das. 900. Ist die Versicherung wegen Mangels des versicherten Interesse (Art. 782), oder wegen Ueberversicherung (Art. 790), oder wegen Doppelversicherung (Art. 792) unwirksam u. hat sich der Versicherungsnehmer bei dem Abschluß des Vertrags u. im Falle der Versicherung für fremde Rechnung auch der Versicherte bei der Ertheilung des Auftrags in gutem Glauben befunden, so kann die Prämie gleichfalls bis auf die im Art. 899 bezeichnete Ristornogebühr zurückgefordert oder einbehalten werden.

21. HGB. 904. Wird der versicherte Gegenstand veräußert, so können dem Erwerber die, dem Versicherten nach dem Versicherungsvertrage auch in Bezug auf künftige Unfälle zustehenden Rechte mit der Wirkung übertragen werden, daß der Erwerber den Versicherer ebenso in Anspruch zu nehmen befugt ist, als wenn die Veräußerung nicht stattgefunden hatte u. der Versicherte selbst den Anspruch erhöbe.

§ 327. XII. Von der Verjährung im Seerechte. (B. § 260.)

HGB. Artt. 906—911.